ISBN 978-0-260-91604-4
PIBN 10986667

This book is a reproduction of an important historical work. Forgotten Books uses
state-of-the-art technology to digitally reconstruct the work, preserving the original format
whilst repairing imperfections present in the aged copy. In rare cases, an imperfection in
the original, such as a blemish or missing page, may be replicated in our edition. We do,
however, repair the vast majority of imperfections successfully; any imperfections that
remain are intentionally left to preserve the state of such historical works.

Physikalisches Wörterbuch

oder

Erklärung der vornehmsten zur Physik gehörigen Begriffe und Kunstwörter

so wohl

nach atomistischer als auch nach dynamischer Lehrart betrachtet

mit

kurzen beygefügten Nachrichten von der Geschichte der Erfindungen und Beschreibungen der Werkzeuge

in

alphabetischer Ordnung

von

D. Johann Carl Fischer

der Philosophie Prof. zu Jena, der mathematisch - physikalischen Gesellschaft zu Erfurth und der mineralogischen Gesellschaft zu Jena Ehrenmitgliede.

———◆———

Erster Theil.
Von A bis Elektr.

Mit fünf Kupfertafeln in Quart.

Göttingen

Vorrede.

Es würde ganz wider meinen Zweck seyn, in
einer kurzen Vorrede alle meine Gründe den ge-
ehrtesten Liebhabern der Naturwissenschaft darzu-
legen, welche mich zur Herausgabe eines physikalischen Wörterbuchs bewogen haben. Nichts
weniger, als Neuerungssucht und leidenschaft-
liche Gesinnungen vermochten mich zur Unternehmung dieses Werkes hinzureißen; ganz allein ver-
nünftige Betrachtungen über die Natur wirklicher Dinge, und gehörige Prüfung älterer und
neuerer Vorstellungen über selbige waren die vorzüglichsten Triebfedern, welche außer andern Ursachen mir Veranlassung hierzu gaben. Es dünkt

X 2   mir,

mir, daß es jederzeit einer Wissenschaft zuträglich sey, verschiedene Urtheile über dahin gehörige
Gegenstände zu prüfen und mit einander zu vergleichen, indem man dadurch wenigstens Gelegenheit findet, diese Gegenstände nach allen ihren
Seiten zu betrachten, und der Wahrheit näher
zu kommen. Eine jede Wissenschaft muß, objektiv
betrachtet, ihre eigenen Gründe besitzen, unser
Geist forschet darnach, und erhascht oft — den
Schatten. In der Naturwissenschaft insbesondere, welche ganz auf Erfahrungssätzen beruhet,
hat es gewiß oft keine geringe Schwierigkeit, die
Umstände, unter welchen ein gewisses Phänomen
erfolget, genau zu entdecken und anzugeben. Un-

uschun-

ahl ge-

n, eine ganze

ie Folge. Alle Phänomene
aber, welche wir an materiellen Dingen wahrnehmen, setzen wirkende Ursachen voraus, und
diese müssen nothwendig in materiellen, nicht gei-
stigen Gegenständen aufgesucht werden. Allein

die

die Materie selbst ist nichts weiter, als ein Phänomen, und setzet daher ebenfalls wirkende Ursachen voraus. Da nun diese schon außer der
Grenze der Erfahrung liegen, so erhellet, daß
sie zum eigentlichen Gebiete der Naturlehre nicht
mehr gehören, und daß sie ganz allein aus metaphysischen Gründen entwickelt werden müssen,
welche folglich die Physik voraussetzet und ihr
gleichsam zur Grundlage dienen. Es muß daher
der philosophische Naturforscher diesen metaphysischen Theil der Naturwissenschaft nothwendig
kennen, um die aus den Erfahrungen hergeleiteten
Sätze auf die ersten Grundursachen zurückführen
zu können, welche allein bestimmte Gesetze, folglich wahren Vernunftzusammenhang der Erklärungen zulassen. Schon dieß rechtfertiget mich, wie
ich glaube, hinlänglich, die Phänomene nicht allein nach dem atomistischen, sondern auch und
vorzüglich nach dem dynamischen Systeme in dieser Schrift zu beurtheilen. Die alphabetische
Ordnung, welche in gewissen Hinsichten unverkennbare Vorzüge, selbst vor dem wissenschaftli-

)(3 chen

chen Vortrage der Naturlehre hat, gibt mir hierzu
die schönste Gelegenheit, beyde Systeme gehörig zu
prüfen und zu zeigen, was und wie viel beyde
vermögen. Verschiedenes hiervon wird man unter andern bey dem Worte Attraktion und Cohäsion finden; eine kurze Vergleichung beyder
Systeme werde ich besonders unter dem Artikel
Grundkräfte im zweyten Theile dieses Werkes
anstellen.

In sehr vielen Artikeln dieses ersten Theiles
wird man manche Erläuterungen von demjenigen,
was ich in meinen Anfangsgründen der Physik
(Jena 1797.) nur kurz sagen konnte, aber auch
manches finden, was nach meiner jetzigen Ueber-
zeugung unter einem ganz andern Gesichtspunkte
vorgetragen ist. In Ansehung der gewöhnlichen
Erklärungen einiger zur Physik gehörigen Wörter bin ich ebenfalls, und wie ich hoffe, nicht
ohne allen Grund, in etwas abgewichen.

Die Quellen, woraus ich geschöpft habe, sind
jederzeit angegeben worden; dahin gehöret unter
andern auch des sel. Dr. Gehlers physikalisches
Wörter

Wörterbuch, welches mir vorzüglich bey der al-
phabetischen Anordnung der Artikel sehr zu Statten gekommen ist; bey Vergleichung desselben aber
mit dem meinigen wird man sehr viele und beträchtliche Abweichungen finden.

So sehr ich mich auch gehütet habe, die so
lästigen Wiederhohlungen gänzlich zu vermeiden,
so schien mir dieß doch nicht allemahl, ohne der
Deutlichkeit zu schaden, angehen zu wollen, zumahl da das stete Hinweisen auf die damit in
Verbindung stehenden Artikel für den Leser noch
weit mühsamer ist. Indessen wird man doch nur
sehr wenige und ganz kurze Wiederhohlungen
bemerken.

Uebrigens muß ich es dem Urtheile Sachver-
ständiger überlassen, ob und in wie fern es der
Physik in der Folge noch einträglicher seyn könne,
dieselbe auf die Erforschung der dynamischen Er-
klärungsgründe zu leiten. - Ich habe mich wenigstens bemühet zu zeigen, daß die Physik nach der
dynamischen Lehre alle ihre Gründe aus den materiellen Substanzen herhohlet, und keine geist-
stigen

ftigen Einwirkungen, wie man nach der atomifti-
fchen Lehre zuletzt nothwendig annehmen muß,
vorausfetzet, und dieß wird, wie ich hoffe, fchon
Bewegungsgrund genug feyn, diefe Lehre nicht
mit ganz gleichgültigen Augen zu betrachten. Doch irren ift menfchlich; und es wird mir
gegründeter Tadel allemahl fehr lehrreich feyn.
Ich glaube wenigftens den Naturforfchern eine
Schrift in die Hände zu geben, welche nicht ganz
unnütz feyn wird, und dieß ift fchon für mich Be-
lohnung genug.

Jena, im April 1798.

J. C. Fifcher.

Physikalisches
Wörterbuch

oder

Erklärung der vornehmsten zur Physik
gehörigen Begriffe und Kunstwörter
nach alphabetischer Ordnung.

Aal, elektrischer s. Zitteraal.

Abdämpfen, Abrauchen (euaporatio, euaporation). Hierunter verstehet man in der Chemie eine Arbeit, von flüssigen Gemischen flüchtige Substanzen von weniger flüchtigen vermittelst eines gewissen Grades von Wärme und der Luft abzusondern, ohne selbige zum weitern Gebrauch in einem besondern Gefäße aufzufangen. Es geschiehet dieses Abdampfen in offenen und flachen Gefäßen, um dadurch der Luft eine desto größere Oberfläche auszusetzen, und die flüchtigern Theile in kürzerer Zeit davon zu lassen. Zu diesem Zwecke wird auch wohl bey manchen Gemischen ein Luftzug auf die Oberfläche angebracht. So wird z. B. das Wasser bey Salzauflösungen in Schaalen, Pfannen u. d. g. abgedampft, um dadurch die Salze, welche in Crystallen anschießen, in fester Gestalt zu gewinnen. Die größere und geringere Stärke, womit die flüchtigen Theile mit den weniger flüchtigen zusammenhangen, so wie die nach der verschiedenen Natur der Substanzen unendlich verschiedenen Grade der Flüchtigkeit derselben erfordern beym Abdampfen verschiedene Wärme. So verlangen mehrere Arten von Salzauflösungen auch verschiedene Wärmegrade, und bey verschiedenen Substanzen wird anfänglich eine geringe, nach und nach aber eine größere Wärme zum Abdampfen erfordert. Das Geschäft des Abdampfens hat allemahl zur Absicht, die zurückbleibenden Theile zu gewinnen, indem die verflüchtigten in der Luft zerstreuet werden, und eben in diesem letztern Umstande unterscheidet sich das Abdampfen vom Destilliren. Es verursachet also die Wärme

A 2

ganz

ganz allein, daß die flüchtigen Theile von den weniger flüchtigen abgesondert werden. Die Expansivkraft der Wärmematerie reißt nähmlich die flüchtigern Theile des flüssigen
Gemisches mit sich fort, oder verwandelt sie in eine dampfförmige Flüssigkeit s. **Dämpfe.**

Abend, Abendgegend, Abendseite (occidens,
plaga occidentalis, occident, Ouest). Ist diejenige
Seite des Horizontes, wo die Sterne untergehen. Wenn
irgend ein Beobachter sein Gesicht gegen Mittag richtet, so
ist ihm der Abend gerade zur Rechten.

Abend, Abendzeit (vespera, soir), ist diejenige
Zeit, um welche die Sonne untergehet, und ist in verschiedenen Jahreszeiten verschieden. –

Abenddämmerung s. **Dämmerung.**

Abendpunkt, Westpunkt (occidens, occident,
couchant, Ouest). Ist derjenige Punkt, welchen der
Aequator mit dem Horizonte an der Abendseite gemein hat,
welcher folglich der Durchschnittspunkt des Aequators mit
dem Horizonte ist. Gerade zur Zeit der Herbst- und Frühlingsnachtgleiche geht die Sonne in diesem Punkte unter, indem sie sich alsdann im Aequator befindet. In der übrigen
Zeit aber ist der Untergangspunkt der Sonne von diesem
Abendpunkte entfernet; im Winter nähmlich würde der
Untergangspunkt der Sonne bey uns mehr gegen die Mit-
tagsseite, im Sommer aber mehr gegen die Mitternachts-
seite hin fallen. Der Abstand des Untergangspunktes der
Sonne von dem Abendpunkte ist mit der Abendweite der
Sonne einerley (s. **Abendweite**), und am längsten Tage
im Sommer und am kürzesten Tage im Winter am größten.

Abendröthe. Ist diejenige Röthe am Himmel und
an den Wolken, welche zur Zeit des Unterganges der Sonne
wahrgenommen wird. Auch bey Sonnenaufgang wird sie
bemerket, und heißt daher **Morgenröthe** (aurora, aurore). Ohne Zweifel ist die Ursache hiervon darin zu suchen,

daß

in unfer Auge kommen können.

Abendſtern (hesperus), der Zunahme eines bekannten Planeten, der Venus. Wenn nähmlich die Differenz
der Länge der Venus von der Länge der Sonne ſo groß iſt,
daß man ſie am Abendhorizont nach Sonnenuntergang noch
ſehen kann, ſo heißt ſie der Abendſtern. S. **Venus.**

Abendweite (amplitudo occidua, amplitude oc-
caſe ou occidentale).. Man verſteht hierunter die Entfernung des Abendpunktes von dem Untergangungspunkte eines
Sternes. Wenn (tab. I. fig. 1) o der wahre Weſtpunkt,
2 o b der Aequator und p d ſ ein Deklinationskreis des Sternes ſ iſt, ſo wird die Abendweite dieſes Sternes der Bögen
o ſ des Horizontes ſeyn. Die Abendweite iſt theils ſüdlich,
theils nördlich, nachdem der Stern in der ſüdlichen oder
nördlichen Halbkugel ſich befindet. So wird in der Zeichnung die Abendweite o ſ ſüdlich ſeyn, weil o ſ gegen Mittag,
hingegen o h nördlich, weil o h gegen Mitternacht gerichtet
iſt. Will man die Abendweite o ſ finden, ſo muß in dem
bey d rechtwinklichten Kugeldreyecke die Seite ſ d oder die
Abweichung des Sternes ſ nebſt dem Winkel o oder der Aequatorhöhe des Ortes gegeben ſeyn; alsdenn hat man

ſin. o : ſin. tot. = ſin. ſd : ſin. oſ. oder

ſin. Aequatorh. ſin. tot. = ſin. Abweich : ſin. Abendweite

$$\text{mithin ſin. Abendweite} = \frac{\text{ſin. tot.} \times \text{ſin. Abweichung}}{\text{ſin. Aequatorhöhe}}$$

und für ſin. tot. = 1

$$\text{ſin. Abendw.} = \frac{\text{ſin. Abweich.}}{\text{ſin. Aequatorh.}} = \frac{\text{ſin. Abweichung}}{\text{caſ. Polhöhe}}$$

weil die Aequatorhöhe und Polhöhe einander zu 90 Graden
ergänzen. S. **Aequatorhöhe** und **Polhöhe**. Vermöge
dieſer Formel kann nun eine Tabelle berechnet werden, aus
welcher für die Polhöhe eines jeden Ortes und für die Deklination eines jeden Sternes die Abendweite genommen werden

A 3 kann.

kann. Eine solche findet man in der Berliner Sammlung astronomischer Tafeln im dritten Bande Seite 255.

Die Abendweite der Sonne für Jena am längsten und kürzesten Tage findet man also: es ist nähmlich die Polhöhe $= 51°\,2'$, die Abweichung der Sonne $= 23°\,28'$, folglich

l. sin. tot. $+$ l. sin. Abweichung $= 19,6001181$
l. cos. Polhöhe $= 9,7985596$
und l. sin. Abendweite $= 9,8015585$
und daher die Abendweite $= 39°\,17'\,42''$.

Abirrung des Lichtes (aberratio lucis, aberration de la lumière). Hierunter versteht man eigentlich den Winkel, welchen die beyden Richtungslinien einschließen, nach denen ein leuchtender Punkt, welcher zur Fortpflanzung des Lichtes Zeit gebrauchet, gesehen wird, wenn entweder dieser Punkt oder das Auge des Beobachters oder auch beydes in Bewegung ist. Es sey (fig. 2) l ein leuchtender Punkt, welcher sich in der geraden Linie l a mit der Geschwindigkeit γ gleichförmig, und das Licht mit der Geschwindigkeit φ bewege. Das Auge o aber sey in relativer Ruhe, so kann nun der Punkt l nicht mehr in l seyn, wenn das Auge selbigen in der Richtung o l siehet, wofern das aus l ausfließende Licht die Zeit t gebrauchet, um von l nach dem Auge o des Beobachters zu kommen. Man nehme an, in dieser Zeit t sey der Punkt von l nach a gerückt, so wird er allenthalben in seiner Bahn folglich auch in l nach allen Seiten hin Licht mit der Geschwindigkeit φ aussenden. Wenn also der Lichtstrahl l o ins Auge kommt, so wird auch Licht nach l b parallel mit a o ausgeflossen seyn, und es ist folglich die Bewegung des Lichtes nach der Richtung l o aus beyden Seitenbewegungen nach den Richtungen l b $=$ a o und l a zusammengesetzet. S. **Zusammensetzung der Bewegung.** In dem Dreyecke l a o hat man nun

$$a\,o : l\,a = \varphi : \gamma = \text{sin. } o\,l\,a : \text{sin. } l\,o\,a, \text{ mithin}$$

$$\text{sin. } l\,o\,a = \frac{\gamma}{\varphi} \text{ sin. } o\,l\,a$$

Wenn

Wenn also der Winkel o l a nebst der Geschwindigkeit des Lichtes und der Geschwindigkeit des leuchtenden Punktes in seiner Bahn bekannt ist, so läßt sich der Winkel l o a als die Abirrung des Lichtes finden. Wäre hingegen der leuchtende Punkt l (fig. 3) in relativer Ruhe, das Auge o aber bewege sich in der Zeit t von o nach c mit der gleichförmigen Geschwindigkeit γ, so wird es für das Auge einerley seyn, wenn man annimmt, das Auge ruhe, der leuchtende Punkt l aber bewege sich mit der Geschwindigkeit γ nach einer dem Auge entgegen gesetzten Richtung, und durchlaufe in der Zeit t den Weg l a gleich und parallel mit o c. S. Bewegung. Folglich würde o a die Richtung seyn, nach welcher der strahlende Punkt l gesehen würde, wenn das Licht gar keine Zeit gebrauchte, von l nach c zu kommen; da aber dieses das Auge, welches in seiner Bewegung sich befindet, erst nach Verlauf einer gewissen Zeit rühret, so hat es eben die Empfindung, als wenn das Licht mit beyden Geschwindigkeiten fortgehe, nähmlich mit der Geschwindigkeit φ nach der Richtung l c und mit der Geschwindigkeit γ nach der Richtung d c der Bewegung des Auges gerade entgegen. Folglich wird der leuchtende Punkt l von dem Auge in c in der Richtung c e, oder in der Diagonale des Parallelogramms l c d e beobachtet. Zieht man nun b o parallel mit e c, so ist der Winkel a o b = l c e = der Abirrung des Lichtes, und man hat

$$a o : a b = \varphi : \gamma = \text{sin. } a b o : \text{sin. } a o b$$

folglich sin. a o b = $\frac{\gamma}{\varphi}$ · sin. a b o

woraus sich wiederum die Abirrung des Lichtes finden ließe. Vermittelst ähnlicher Schlüsse kann man auch die Abirrung des Lichtes finden, wenn nicht allein das Auge, sondern auch der leuchtende Punkt in Bewegung ist.

Den Gedanken, daß das Licht zu seiner Fortpflanzung Zeit gebrauche und nicht urplötzlich erfolge, veranlaßten vorzüglich die Beobachtungen der Verfinsterungen der Jupiterstrabantrabanten. Man fand nähmlich, daß die Finsterniffe der Jupiterstrabanten allemahl etwas später erfolgten, als es der Rechnung gemäß seyn sollte, wenn Jupiter mit der Sonne in Zusammenkunft, im Gegentheil aber etwas früher, wenn er mit der Sonne im Gegenschein war. Schon die Herrn **Cassini** *) und **Olof Römer** fielen im Jahre 1675 auf den Gedanken, daß die Ursache hiervon in der Bewegung des Lichtes, welches zu seiner Fortpflanzung Zeit gebrauche, zu suchen sey. Cassini änderte jedoch diese seine Meinung wieder, da hingegen Römer die Hypothese von der allmähligen Fortpflanzung des Lichtes stark vertheidigte. Gegen diese Hypothese machte Herr **Miraldi** ᵝ) verschiedene Erinnerungen, und behauptete, daß das Licht urplötzlich erfolge. Auf Veranlassung des **Dr. Hook** ᵞ), welcher mit einem 36füßigen Fernrohre zu London an dem Sterne γ oder B. im Drachen Beobachtungen anstellte, und daraus zu schließen glaubte, daß bey den Firsternen eine jährliche Parallaxe, (f. Parallaxe) von ungefähr 40 Sekunden statt finde, ward **Jakob Bradley** ᵟ) aufmerksam gemacht, dergleichen Beobachtungen an den Firsternen mit größerem Fleiße anzustellen. Zu dem Ende gebrauchte er im Jahre 1725 in Kew bey London einen von **Graham** verfertigten Sektor von 24 Fuß im Halbmesser, und beobachtete mehrere Tage hinter einander die Abstände einiger Sterne vom Scheitel Dergleichen Beobachtungen stellte er drey ganzer Jahre hindurch an, und suchte dadurch unwidersprechlich zu beweisen, daß die jährliche Parallaxe der Firsterne noch lange nicht 2 Sekunden betragen könne; dagegen entdeckte er eine periodisch-scheinbare Veränderung in der Lage der Firsterne, welche er nicht anders, als aus einer zusammengesetzten Bewegung

---

*) *Jo. Dom. Cassini* discussio problematis, de motu luminis progressivo in dem tract. de origine et progressu astronomiæ.

ᵝ) Der königlichen Akademie zu Paris, physische Abhandlungen Th. III. aus dem Französischen von Wolf Balthasar. Adolf v. Steinwehr. Breslau 1749. 8 S 36.

ᵞ) Tentamen pro probanda telluris revolutione. Lond. 1674. 4

ᵟ) Philosoph. transact. n. 406. art. 4.

wegung des Lichtes und der Erde erklären konnte, und nennte
diese scheinbare Bewegung die Abirrung des Lichtes. Nach
einer genauen Angabe des Bradley beträgt die Zeit, in welcher das Licht einen Weg, der der Entfernung der Sonne,
von der Erde gleich ist, gleichförmig durchläuft, 8 Minuten
$7\frac{1}{4}$ Sekunden. S. Licht.

Es sey (fig. 4) tcda die Erdbahn in der Ebene der
Ecliptik ilkm, f die Sonne und fg die Are der Ecliptik,
folglich g der dazu gehörige Pol; ferner sey f ein Firstern,
igk ein durch den Firstern laufender Breitenkreis (s. Breitenkreis) und t die Erde. Man nehme nun an, die Erde
bewege sich mit der Geschwindigkeit φ nach der Richtung der
Tangente tb, und das Licht mit der Geschwindigkeit γ in
der Richtung ft. Man nehme fd : tb $= \gamma : \varphi$, und ver-
zeichne das Parallelogramm ftbg, so ist die Abirrung des
Lichtes $=$ ftg, und der Firstern wird in der Richtung tg
gesehen. Es scheint also der Firstern alle Jahre eine Ellipse
zu beschreiben, deren große Are mit der Ecliptik parallel,
deren conjugirte Are aber ein kleiner Theil des Breitenkrei-
ses ist. Hätte die Erde ihre Stelle in d, so daß der Firstern f mit der Sonne im Gegenschein wäre, so erscheinet er
in seiner elliptischen Bahn in h. Wenn die Erde nach c
fortgerücket ist, so erscheinet der Stern im Geviertschein nach
der Zusammenkunft mit der Sonne; alsdenn ist seine Breite
am kleinsten. Hierauf nimmt die Breite des Sterns wieder
zu, und wird am größten, wenn die Erde in a anlangt,
folglich der Stern im Geviertschein nach dem Gegenschein
mit der Sonne ist. Die von Bradley angestellten Beobachtungen ergeben, daß alles diesen Schlüssen gemäß erfolge.
Es gibt also die Abirrung des Lichtes einen vorzüglichen Beweis von der jährlichen Bewegung der Erde um die Sonne
ab. Durch eine leichte Rechnung findet man, daß die Geschwindigkeit des Lichtes 10310 mahl größer ist als die Geschwindigkeit der Erde; mithin hätte man tb : tf $= 1 : 10310$
und $\dfrac{tb}{tf} = \dfrac{1}{10310} = 0{,}0000969$. Vermöge der trigo-

A 5　　　　　　nome-

nometrischen Tafeln findet man tang. 1 Minute $= 0,0002909$
für den Halbmesser $= 1$, und man kann setzen

$$0,0002909 : 0,0000969 = 60'' : 20''$$

folglich ist die gröste Abirrung des Lichtes, wenn der Firstern mit der Sonne in Zusammenkunft oder im Gegenschein
sich befindet, 20 Sekunden, welches vollkommen mit den
Beobachtungen übereinstimmet. Man siehet aber hieraus,
daß die Abirrung des Lichtes zwischen der wahren Länge und
Breite, der Rectascension und Deklination eines Sternes
von der scheinbaren einen kleinen Unterschied von wenigen
Sekunden macht, welcher aber von der Lage des Sternes
mit der Sonne abhängt. Die Theorie von den Veränderungen in den Erscheinungen der Firsterne und der Planeten,
welche von der Abirrung des Lichtes abhangen, findet man
von Euler in commentat. Acad. Petropol. T. XI. p. 150
und in memoir. de l'Academie de Prusse 1746. p. 141.
und Tabellen hierzu in der Berliner Sammlung astronomischer Tafeln 1776. B. III. p. 162. unter der Aufschrift: für
die Abirrung des Lichtes der Planeten und Cometen. Ferner hat man dergleichen Tabellen von Metzger (tabulae
aberrationum et mutationum. Manhem. 1788.) und
Supplemente hierzu von de Lambre (connoissance de
temps 1789. 1790. 1791.).

M. s. Lehrbegriff der gesammten Mathematik von Wenc.
Joh. Gust. Karsten Th. VII. Greifswald 1775. 8. Optik
VI. Abschn. S. 59 u. f. Desselb. Anfangsgründe der mathe-
matischen Wissenschaften. Greifswald 1780. 8. Band III.
Optik V. Abschn. S. 54 u. f. Vollständiger Lehrbegriff der
Optik nach Herrn Robert Smith's engl. mit Veränderun-
gen und Zusätzen von Abrah. Gotth. Kästner. Altenb.
1755. 4. Buch 4. Cap. 7. S. 353. Joh. Elert Bode kurz-
gefaßte Erläuterung der Sternkunde Th. I. §. 405-408 Th.
II. §. 621. Vollständiger und faßlicher Unterricht in der
Naturlehre in einer Reihe von Briefen von Michael Hube.
Leipz. 1794. B. III. 13. Brief S. 99 u. f.

Ableiter s. Blitzableiter.

Abpral-

Abprallung ſ. Zurückwerfung.

Abprallungswinkel ſ. Zurückwerfungswinkel.

Abſolut heißt dasjenige, was an und für ſich ohne Beziehung auf etwas ähnliches betrachtet wird, und iſt dem relativen entgegengeſetzet.

Abſorbirend nennt man überhaupt alle diejenigen Materien, welche ſich mit den Säuren verbinden. Mehrentheils geſchiehet bey Aufgießung der Säuren auf abſorbirende Materien ein Aufbrauſen, wie z. E. bey der Kreide, dem Marmor, Kalkſpath u. d. gl. wobey ſich allemahl ein Gas (ſ. Gas) entwickelt, das ſich durch den pneumatiſch-chemiſchen Apparat gewinnen läßt. Ob aber das Gas wirklich ſchon in den Materien in gebundenem Zuſtande da geweſen, oder ob es ſich bey Aufgießung der Säuren erſt erzeuget, das ſoll unter dem Artikel Gas weiter ausgeführet werden.

Abſtand ſ. Entfernung.

Abſtand vom Mittage (diſtantia a meridie, diſtance au meridien) iſt ein Bogen des Aequators von dem Mittagskreiſe gerechnet bis zu dem Punkt, in welchem der Abweichungskreis eines Sternes den Aequator ſchneidet. Wäre (fig. 5) ſf die Abweichung des Sternes ſ, a b p q, der Mittagskreis, und a v b der Aequator, ſo iſt a f der Abſtand des Sternes ſ vom Mittage. Aus der gegebenen Abweichung ff, der Polhöhe p k und der Höhe des Sternes ſh ließe ſich der Abſtand des Sternes vom Mittage finden, indem alsdenn im ſphäriſchen Dreyecke gſp die drey Seiten bekannt ſind, woraus der Winkel ſpg, wovon a f das Maß iſt, berechnet werden kann.

M. ſ. aſtronomiſche Abhandlungen von Abr. Gotth. Käſtner. Göttingen, 1772. 3te Abhandl. S. 127 u. ſ.

Abſtand der Nachtgleiche vom Mittage (diſtantia aequinoctii a ſole, diſtance de l'equinoxe au ſoleil ou au meridien). Hierunter verſteht man den Bogen des Aequators vom Frühlingspunkte an gerechnet bis zu dem

dem Punkte des Aequators, welcher in dem Augenblicke
den Mittagskreis kommt. Man druckt ihn gewöhnlich
Graden oder auch in Zeit aus. Wäre (fig. 5) a v b l
Aequator, d v b die Ecliptik, a b p q der Mittagskreis u
v der Frühlingspunkt, so würde der Bogen v b der Absta.
der Nachtgleiche vom Mittage seyn. In Graden find
man diesen Bogen jederzeit. 360° weniger der geraden Au
steigung der Sonne. (f. Aufsteigung, gerade). Ma
setze z. E. die gerade Aufsteigung der Sonne sey 140°, ob
die Sonne komme mit dem 140° des Aequators im Mer
dian, so wird auch in diesem Augenblicke der Abstand de
Nachtgleiche vom Mittage = 360° — 140° = 220° seyn
d. h. es müssen nun noch 220° des Aequators durch den Mit
tagskreis geschoben werden, bis der Frühlingspunkt dahi
kommt. Sind nun die Grade des Aequators in Zeit ent
weder Stern, oder Sonnenzeit (f. Sternzeit; Son
nenzeit) verwandelt worden, so läßt sich auch dieser Abstand
in Zeit verwandeln. In dem angeführten Beyspiele geben
220° so viel als 14 Stunden 40 Minuten Sternzeit oder 14
Stunden 37 Minuten 36 Sekunden mittlere Sonnenzeit.

Abstand vom Scheitel oder Zenith (distantia a
vertice, distance au Zenith) ist der Bogen eines Schei-
telkreises vom Zenith an gerechnet bis zu einem merkwürdigen Punkte z. E. einem Stern am Himmel. Weil ein jeder
Scheitelkreis auf dem Horizonte senkrecht steht, folglich der
Abstand des Scheitels vom Horizonte 90° beträgt, so wird
die Höhe eines Sternes oder eines merkwürdigen Punktes
und sein Abstand vom Scheitel zusammen ebenfalls 90° ausmachen. Es läßt sich also aus der bekannten Höhe der Abstand vom Scheitel sehr leicht finden. Wäre z. E. die Höhe
eines Sternes = 40° 15', so ist sein Abstand vom Scheitel
= 49° 45'.

Absteigende Knoten f. Knoten.

Absteigende Zeichen f. Zeichen.

Absteigung (descensio, descension). Sie wird in
gerade (recta, droite) und in schiefe (obliqua, oblique),

ten, oder der Annäherung anderer widerstehen.

Die atomistische Lehrart, nach welcher die Materie aus

Atome) genennet werden, besteht, nimmt keine der Mate-

gemeine Anziehung, deren Ursache unbekannt ist, die Körpertheilchen in Verbindung bringe. Hiernach wird die primitive Materie als gleichartig betrachtet; und der mannig-

wird. So wenig man nur irgend einen Grund nach der atomistischen Lehrart von der Elasticität angeben kann, eben so
wenig konnte man das scheinbare Zurückstoßen der Körper
von Demokrit an bis auf unsere Zeiten durch Anziehen erklären, bis zuletzt Herr Hofrath Mayer *) in Erlangen einen
sinnreichen Ausweg fand, das scheinbare Zurückstoßen als
eine wahre Anziehung zu betrachten. Er stellt sich vorzüglich bey flüssigen Materien vor, daß sich um die Theilchen
derselben Atmosphären von Wärmestoff bildeten (s. Wärmestoff), deren Dichtigkeit in einer jeden Entfernung von dem
Körpertheilchen, das die Atmosphäre anzöge, durch die Anziehung ein bestimmtes Maximum habe, welches entweder
ohne eine größere Anziehung des Körpertheilchens oder ohne
Anwendung äußerer Kraft nicht überschritten werden könnte.
Würde nun eine solche Atmosphäre durch eine äußere Kraft
zusammengedruckt, so würde nach Nachlassung derselben jene
Dichtigkeit in ihre vorige Grenzen wieder zurückgehen, weil
diejenige Menge von Wärmestoff, welche in jeder Schichte
der Atmosphäre durch die Anziehung des Körpertheilchens
erhalten werden kann, nothwendig diejenige Menge aus der
Stelle verdrängen müsse, welche über den gehörigen Grad
daselbst angehäufet wäre. Außerdem komme noch hinzu,
daß eine solche Atmosphäre auch ihre bestimmte Gestalt
habe, welche von der Gestalt des Körpertheilchens abhange,
und sich nach Nachlassung der äußern Kraft eben so wieder
herstellen müsse, wie die Figur eines Quecksilbertropfens,
den man platt gedruckt hätte. Hier wäre also die Wiederherstellung der Figur bloß als ein Erfolg des Strebens nach
Gleichgewicht in der Anziehung. Bey den Luftarten ließe
sich nach eben der Annahme der Atmosphäre vom Wärmestoffe um die Theilchen die specifische Elasticität durch Anziehung erklären. Sollte man jedoch hierbey Anstoß finden,
so ließe sich auch die Elasticität der luftförmigen Stoffe durch
Anziehung, wie es schon ältere Naturforscher unter andern

de

*) Ueber die Gesetze und Modifikationen des Wärmestoffs. Erlan-
gen, 1791. 8.

De Lanis *) gethan hatte, auf folgende Art erklären: bestehe nähmlich eine Luftart aus einer Auflösung eines Stoffs
im Wärmefluidum, und werde in einem Gefäße zusammengedruckt, dessen Zwischenräume undurchdringlich für die
Grundtheilchen der Basis, nicht aber für den Wärmestoff
wären, so würde der Wärmestoff genöthiget werden, durch
diese Zwischenräumchen zu entweichen. Anfänglich würde
dieß leicht von statten gehen, so lange der locker anhängende
Wärmestoff ausgetrieben würde; nachher aber würde immer
mehr Gewalt nöthig seyn, bis man zuletzt gar nicht mehr
im Stande wäre, den die Theilchen zunächst umgebenden
Wärmestoff abzusondern. Ließe man nun mit dem Drucke
nach, so würde der Stempel zurückgetrieben, nicht weil die
Luft ursprüngliche Elasticität habe, sondern weil sie jetzt so
viel Wärmestoff, als sie verloren hatte, wieder einsaugen
könne, wodurch sie in einen größern Raum ausgebreitet werden müsse. — Was man doch nicht alles mit dem Wärmestoffe beweisen kann! — Dieß sind doch wahrhaftig lauter künstlich ausgesonnene Hypothesen, welche vorzüglich
deßwegen höchst unwahrscheinlich sind, weil es noch durch
keinen einzigen Versuch entscheidend hat dargethan werden
können, daß es in den Körpern leere Zwischenräume gebe.
Fänden nun aber wirklich keine statt, wie könnte alsdenn
ein Theil vom Wärmestoffe entweichen? — Jedoch würde
sodann nach der atomistischen Lehrart keine Elasticität statt
finden können; daher ist man in die absolute Nothwendigkeit
versetzet, leere Zwischenräume nach seinem Bedürfnisse groß
oder klein anzunehmen und durch Fiktionen der Natur gleichsam zu Hülfe zu kommen.

Die dynamische Lehrart setzt das Wesen der Materie
in zurückstoßende und anziehende Kräfte (s. Kraft, zurückstoßende, anziehende), und hiernach ist man schlechterdings genöthiget, aller Materie Abstoßen und Anziehen
wesentlich beyzulegen. Herr Kant *) hat unwidersprechlich

_____

a) Magisterium naturae et artis. Brixiae, 1684. Tom. II. p. 222.
b) Metaphysische Anfangsgr. der Naturwissenschaft. Riga, 1787. 8.

lich bewiesen, daß diese Lehrart dem empirischen Begriffe der
Materie weit angemessener als die atomistische sey. Herr
Gren *), welcher anfänglich noch der atomistischen Lehrart zugethan war, nahm die Expansivkraft oder Dehnkraft
als eine eigene Grundkraft der Natur an, weil sie aus unläugbaren Phänomenen folge; nachher ist er aber auch der
dynamischen Lehrart beygetreten ⁼). Nach dieser Lehrart
weiß man nun einen Grund von der Elasticität anzugeben
(s. Elasticität), denn sie ist eben die zurückstoßende Kraft,
und ihre Wirkung die Zurückstoßung.

M. s. meine Anfangsgründe der Physik in ihrem mathematischen und chemischen Theile nach den neuesten Entdeckungen. Jena, 1797. gr. 8.

Abschwefeln der Steinkohlen. Hierunter versteht
man eine Verkohlung der Steinkohlen, um sie zum Gebrauche
geschickter zu machen. Hierbey bedienet man sich eines doppelten Verfahrens; es geschiehet nähmlich diese Verkohlung
entweder in offenen Meilern, wie etwa die Verkohlung des
Holzes, oder auch in besondern dazu eingerichteten Oefen.
Man nimmt die besten Steinkohlen, welche rein und ohne
Bergarten sind, und zerschlägt sie in mäßige Stücken. Bey
dem ersten Verfahren errichtet man, wie beym Holzverkoh-
len, einen Meiler, welcher im Durchmesser 10 bis 15 Fuß,
und in der Höhe 2 bis 2½ Fuß hat. An der Spitze des
Meilers läßt man eine Oeffnung von 8 Zoll Tiefe, wodurch
der Meiler durch Hineinwerfung glühender Kohlen angezündet wird. Der Meiler wird alsdenn entweder mit Stroh
oder Laub bedeckt, auf welche feuchte Erde einen starken Zoll
dick gelegt, und im Umkreise hier und da einige Löcher zum
Ausgange des Rauchs gemacht werden. Uebrigens muß
man bey dem Brennen selbst Sorge tragen, daß das Feuer
nirgends durchdringe. Die Arbeit hat ein Ende, wenn entweder

*) Grundriß der Naturlehre in seinem mathematischen und chemischen
　　Theile neu bearbeitet. Halle, 1793. 8.
⁼) Grundriß der Chemie nach den neuesten Entdeckungen. Th. I.
　　1796. 8. Th. II. 1797. Desselben Grundriß der Naturlehre,
　　3te Aufl. Halle, 1797. gr. 8.

weiter gar kein Rauch mehr auffſteigt, oder wenn er ganz
hell iſt, alsdann wird das Feuer erſtickt. Bey dem andern
Verfahren hat man noch den Vortheil, das empyreumatiſche
Oel der Steinkohlen als ein nutzbares Theer und den urinöſen
Geiſt zur Salmiakbereitung zu gewinnen.

M. ſ. Gren ſyſtematiſches Handbuch der geſammten
Chemie. Halle, 1795. 8. Th. III. S. 11. §. 2068. 2069.
Gabr. Jars über die Abſchwefelung der Steinkohlen, und
deren Gebrauch bey Hüttenarbeiten anſtatt der Holzkohlen:
in deſſen metallurgiſchen Reiſen überſetzt von Gerhard.
S. 529 ſ.

Abwage ſ. Moment.

Abweichung oder Deklination der Geſtirne
(declinatio, declinaison) heißt der Bogen eines größten
Kreiſes, welcher durch beyde Weltpole geführet worden, von
den Geſtirnen an gerechnet bis zu dem Aequator. Wenn
(fig. 6) der Kreis p ſ f durch die beyden Weltpole p und q
geleget wird, ſo ſteht er auf dem Aequator ſenkrecht, und
heißt des Geſtirnes ſ, durch welchen er gehet, **Abwei-**
chungskreis oder Deklinationskreis. Der Bogen ſ f
dieſes Kreiſes, welcher zwiſchen dem Geſtirn ſ und dem Aequator ſich befindet, heißt eben die Abweichung des Geſtirnes ſ. Die Abweichung iſt theils **nördlich,** theils **ſüd-**
lich, nachdem das Geſtirn in der nördlichen oder ſüdlichen
Halbkugel ſich befindet. Die Abweichung eines Geſtirnes
wird am beſten durch ſeine Mittagshöhe gefunden. Sobald
nähmlich das Geſtirn in den Mittagskreis des Beobach-
tungsortes kommt, ſo fällt ſein Abweichungskreis mit dem
Mittagskreiſe zuſammen, weil ein jeder Mittagskreis ein
größter Kreis iſt, und durch beyde Weltpole gehet. Beobachtet man nun in dieſem Augenblicke die Mittagshöhe des
Geſtirnes, ſo iſt dieſe = der Abweichung + der Aequatorhöhe des Ortes, folglich auch

Abweichung = Mittagshöhe — Aequatorhöhe.
Wäre die Mittagshöhe kleiner, als die Aequatorhöhe, ſo
würde die Abweichung negativ gefunden, welches anzeigte,

daß

daß das Gestirn in der andern Hälfte der Weltkugel sich befände.   Wenn man die Abweichung des Gestirnes genau
haben will, so muß eigentlich bey der beobachteten Mittagshöhe noch eine Verbesserung wegen der Strahlenbrechung
vorgenommen werden (s. **Brechung der Lichtstrahlen**), wofern es nicht ein Stern ist, welcher sich sehr nahe
beym Zenith befindet.

Für Jena ist z. E. die Mittagshöhe der Sonne am längsten Tage

$$62^\circ\ 26'$$

die Aequatorhöhe $= 38^\circ\ 58'$

Abweichung der Sonne $= 23^\circ\ 28'$ nördlich.

Wenn sich ein Stern im Aequator befindet, so ist seine
Abweichung $= 0$, befände er sich aber im Pole, so würde
die Abweichung 90° seyn.   Ueberhaupt findet keine größere
Abweichung als die von 90° statt.

Weil die Sonne im Frühlinge in die nördliche Halbkugel
hinaufsteiget, im Herbste aber in die südliche Halbkugel hin-
abgehet, so sieht man, daß bey uns die Sonne im Frühjahr
und Sommer nördliche, im Herbst und Winter aber südliche
Abweichung haben müsse.   In den Solstitialpunkten ist sie
gerade der Schiefe der Ecliptik gleich (s. **Schiefe der
Ecliptik**); in den Nachtgleichungspunkten aber $= 0$.
Wäre v (fig. 5) der Frühlingspunkt, l die Sonne, folglich
lf die Abweichung und vl die Länge derselben (s. **Länge**).
In dem sphärischen Dreyecke lfv hat man nun

sin. tot: sin. lvf $=$ sin. lv: sin. lf oder

sin. tot: sin. der Schiefe der Ecliptik $=$ sin. Länge der
Sonne: sin. Abweichung;
folglich sin. Abweich. $=$ sin. Schiefe der Eclipt. $\times$ sin. Länge
der Sonne für den Halbmesser $= 1$. Ist demnach die Schiefe
der Ecliptik nebst der Länge der Sonne bekannt, so läßt sich
von Tage zu Tage die Abweichung der Sonne berechnen.
Tabellen hiernach berechnet, woraus man die Abweichung
der Sonne für eine jede Stelle in ihrer Bahn nehmen kann,

findet

findet man in den Berlin. aſtronom. Samml. B. I. S. 274.
Taf. XXI. unter dem Titel: Die Abweichung der Sonne
für die Schiefe der Ecliptik 23° 18′ 15″ nebſt Verbeſſerung
für eine Minute Veränderung dieſer Schiefe.

M. ſ. **Joh. El. Bode** Erläuterung der Sternkunde.
§. 191.

Abweichung, dioptriſche (aberratio lentium,
aberration des verres). Wenn von einerley leuchtendem
Punkte auf eine Glaslinſe Licht fällt, ſo wird ſelbiges nach
der Brechung ſich nicht wieder genau in einem Punkte vereinigen, einige Strahlen werden den Hauptſtrahl eher ſchneiden, andere aber weiter davon entfernet, und eben die Entfernung des einen Durchſchnittspunktes von dem entferntern
in dem Hauptſtrahle nennt man die **Abweichung.** Weil
zum deutlichen Sehen nothwendig erfordert wird, daß ſich
alle Strahlen, welche von einerley leuchtendem Punkte auf
eine Glaslinſe fallen, nach der Brechung wieder in einerley
Punkt zuſammen ſammeln, ſo ſieht man leicht ein, daß bey
Anordnung aller nur möglichen dioptriſchen Werkzeuge, als
Fernröhre, Mikroſkope u. ſ. f. eine gewiſſe Unvollkommenheit wegen der Abweichung obwalte, und daß man vorzüglich Sorge tragen müſſe, die Abweichung ſo viel als möglich
zu vermindern. Die Erfahrung hat jedoch gelehret, daß es
zweyerley dioptriſche Abweichungen gibt, welche alſo ein vorzügliches Hinderniß der Vollkommenheit der dioptriſchen
Werkzeuge ſind. Sie ſind folgende:

**Abweichung wegen der Kugelgeſtalt der Glas-
linſen** (aberratio ob figuram ſ. ſphaericitatem lentium,
aberration de ſphèricité.). Dieſe entſteht wegen der ſphäriſchen Geſtalt der Gläſer, welche das aus einem leuchtenden
Punkte eines ſichtbaren Objektes auf ſie fallende Licht nach
der Brechung nicht wieder genau in einerley Punkt vereinigen. Die Theorie der Brechung in den Linſengläſern (ſ.
Linſengläſer) beweiſet aber, daß diejenigen Strahlen,
welche von einerley Punkt nahe an der Are einfallen, nach
der Brechung ſich in einen ſehr engen Raum zuſammen ver-

eini-

einigen; mithin iſt auch die Abweichung für dieſe Strahlen
nicht ſo groß, als ſie für diejenigen iſt, welche von dem
leuchtenden Punkte auf die Glaslinſe von der Are entfernter
auffallen.   Vorzüglich aus dieſem Grunde werden die Gläſer
der optiſchen Werkzeuge an den Rändern mit einem undurchſichtigen Ringe (ſ. Apertur) bedeckt, damit nur diejenigen
Strahlen, welche der Are nahe auf die Linſe fallen, durch
ſelbige hindurchgehen.   Dadurch wird nun zwar wohl die
Abweichung wegen der Kugelgeſtalt der Linſen vermindert,
auf der andern Seite kann aber der Helligkeit des zu betrachtenden Objektes und der Größe des Geſichtsfeldes (ſ. Ge-
ſichtsfeld) ein großer Abbruch geſchehen.   Daher erfordert die Vollkommenheit der optiſchen Werkzeuge, daß man
hier eine gewiſſe Grenze beſtimme, wie groß die Oeffnung
der Gläſer gelaſſen werden müſſe, damit nicht allein ſo viel
als möglich die Abweichung vermindert werde, ſondern auch
die Deutlichkeit des zu betrachtenden Gegenſtandes nicht leide.
Hiervon mit mehreren unter dem Artikel Apertur.

  Bey alle dem blieb doch ſonſt noch bey den optiſchen
Werkzeugen eine ſehr große Undeutlichkeit der betrachteten
Gegenſtände, wenn man gleich die Ränder der Gläſer mit
ſtarken undurchſichtigen Ringen bedeckte.   Den Grund dieſer Undeutlichkeit glaubte man dennoch in der Abweichung
des Glaſes wegen der Kugelgeſtalt zu finden.   Carteſius =)
ſchlug daher vor, ſtatt der ſphäriſchen Linſengläſer plan-con-
vex-hyperboliſche, oder convex-hyperboliſche oder elliptiſche
und hyperboliſche Menisken zu wählen, weil ſelbige die parallelen Strahlen nach der Brechung genau in einem einzigen Punkte vereinigten, wodurch folglich die Abweichung
wegen der Kugelgeſtalt ganz wegfallen, und ein ganz vollkommen deutliches Bild des Gegenſtandes dargeſtellet würde.
Selbſt Newton ß) gab anfänglich Carteſens Vorſchlage
Beyfall, und ſuchte dergleichen Gläſer zu optiſchen Werkzeugen zu ſchleifen.   Nachdem er aber im Jahre 1666 Un-
terſu-

=) In diōptrl. c. 8.
ß) Princip. philoſ. natura. mathemat. lib. I. propoſ. 98. ſchol.

terfuchungen mit dem gläſernen dreyſeitigen Prisma wegen der Farben *) (ſ. Farben) anſtellte, ſo wurde er dadurch gar bald überzeuget, daß die Unvollkommenheit der optiſchen Werkzeuge nicht ſo wohl der Abweichung wegen der Kugelgeſtalt, ſondern vielmehr der verſchiedenen Brechbarkeit des Lichtes in den Gläſern zu zuſchreiben ſey. Er gab daher die Bemühung auf, hyperboliſche und elliptiſche Gläſer zu ſchleiſen, weil er mit größerem Rechte behauptete, man müſſe vor allen Dingen Sorge tragen, die Unvollkommenheit der Gläſer wegen der verſchiedenen Brechbarkeit des Lichtes wegzuſchaffen, indem dieß Hinderniß weit beträchtlicher und größer, als die Abweichung wegen der Kugelgeſtalt wäre, und eben dieß iſt die andere Abweichung, wovon nun gehandelt werden ſoll.

Abweichung der Lichtſtrahlen wegen der Farben (aberratio ob diuerſam frangibilitatem lucis, aberration de frangibilité). Dieſe Abweichung entſteht aus der verſchiedenen Brechbarkeit des Lichtes in den Gläſern, da einige Lichtſtrahlen der Axe der Linſe näher, andere aber davon entfernter gebrochen werden. Aus dieſer verſchiedenen Brechung der einfachen Lichtſtrahlen folget, daß dasjenige Licht, welches von einem Objekte auf eine Glaslinſe fällt, hinter derſelben in ein und eben demſelben deutlichen Bilde ſich nicht vereinigen könne, vielmehr muß ein jeder einzelner geſärbter Lichtſtrahl einen eigenen Vereinigungspunkt geben. Es ſtelle (fig. 6) a b eine Glaslinſe, c f ihre Axe und c einen leuchtenden Punkt in der Axe vor, welcher den Strahlekegel a c b auf das Glas ſendet, ſo werden die dazu gehörigen Lichtſtrahlen bey der Brechung im Glaſe auf folgende Art zerſtreuet; die violetten Strahlen vereinigen ſich zunächſt dem Glaſe in dem Punkte e, die rothen aber am weiteſten davon in f. Man ſetze den Abſtand der Linſe von dem violetten Bilde g e = α, ſo wird e f als Zuwachs von α durch d. e f = d. α bezeichnet werden können; ferner ſey das Brechunge-

B 3 verhält-

*) Optice ſ. de reflexionibus, refractionibus, inflexionibus et coloribus lucis lib. III. lat. redd. Sam. Clarke. Lond. 1706. 4.

verhältniß für den violetten Strahl $= n:1$, folglich das Brechungsverhältniß für den rothen Strahl $= n - dn : 1$. Nun hat man, wenn der Halbmesser der einen Convexität $= r$, und der der andern $= \varrho$ gesetzet wird,

$$a = \frac{r\varrho}{(n-1)(r+\varrho)} \text{ (f. } \mathbf{Linfengläfer)}, \text{ folglich}$$

$$(n-1)\, a = \frac{r\varrho}{r+\varrho} \text{ d. h.}$$

es mag sich n und a ändern wie man will, so wird jederzeit der Ausdruck $(n-1)\, a$ eine beständige Größe bleiben, daher hat man

$$(n-1)\, da + a\, dn = 0, \text{ und folglich}$$

$$da = - \frac{a\, dn}{n-1} = ef$$

Nach Newtons Versuchen ist die Größe des Brechungsverhältnisses für den violetten Strahl $= n : 1 = 1{,}56 : 1$ und für

den rothen $= 1{,}54 : 1$, folglich $- dn = \frac{2}{100}$ und $- \dfrac{dn}{n-1}$

$= \frac{2}{100} : 0{,}56 = \frac{2}{56} = \frac{1}{28}$, und daher $ef = \frac{1}{28} a = \frac{1}{28}$ ge; es beträgt also der Abstand ef der violetten und rothen Strahlen ungefähr $\frac{1}{28}$ von ge, und er kann noch größer ausfallen.

Alle die gebrochenen Strahlen, welche sich wegen der verschiedenen Brechbarkeit zwischen e und f vereinigen, fahren sobann wieder von einander, und verursachen daher ein undeutliches Bild des leuchtenden Punktes c. So wird z. E. das violette Bild in e am äußersten Rande mit rother, hiernächst mit dunkelgelber, darauf mit hellgelber u. f. f. Farbe umgeben seyn, und es wird folglich das Bild farbicht erscheinen; auf eben diese Weise wird man das Bild zwischen e und f farbicht wahrnehmen.

Newton, welcher diese Abweichung entdeckt hatte, bewies, daß sie bey den gewöhnlichen Fernröhren an die 5000 Mahl mehr betrage, als die Abweichung wegen der Kugelgestalt der Glaslinsen; sie sey also das vornehmste Hinderniß,

ein deutliches Bild bey den gewöhnlichen Fernröhren darzustellen, und man müsse vorzüglich erst auf Mittel denken,
dieses Hinderniß auf die Seite zu bringen, ehe man sich um
das weit weniger beträchtliche, nähmlich um die Abweichung
wegen der Gestalt der Gläser, bekümmere. Da er aber aus
einigen seiner Versuche folgerte, daß die Zerstreuung der far-
bichten Strahlen allein von der Stärke der Brechung abhänge, und daß eine Materie, welche das Licht unter gleichem Einfallswinkel stärker als eine andere bricht, auch die
Farben in dem Verhältnisse stärker zerstreuen müsse, als
diese, so gab er alle Hoffnung auf, die gewöhnlichen Fernröhre von der Abweichung der Lichtstrahlen wegen der Farben
jemahls zu befreyen. Dieß gab ihm Veranlassung, sein Augenmerk mehr auf Spiegel zu richten, und statt der Gläser
in den Fernröhren Spiegel zu gebrauchen (s. Spiegelteleskope). Newtons Ansehen war schon hinreichend, seine
aus gemachten Versuchen hergeleitete Folge, daß mit der
Brechung die Farbenzerstreuung unzertrennlich verbunden
sey, unbedingt anzunehmen, und sie auf keine Weise zu bestreiten. Daher kam es, daß erst nach einer langen Reihe

die Sache von neuen einer Untersuchung zu unterwerfen und
be eben angeführte Newtonische Folge vorzüglich aus dem
Grunde zu bestreiten, weil doch das menschliche Auge be-

verschiedener brechender Materien aufgehoben wer   könne.
Auf Eulers Veranlassung wurde endlich der ältere Dollond

für ganz richtig hielt, aufmerksam, wiederhohlte die Newtonischen Versuche, und fand aus noch andern Versuchen,
daß es wirklich möglich sey, die Abweichung der Lichtstrahlen wegen der Farben ganz zu vermeiden, wenn die Gläser
aus verschiedenen Glasarten zusammengesetzet werden.

B 4   Hier-

s) Sur la perfection des verres objectifs des lunettes p. Msr. Euler
in der histoir. de l'Acad. de Prusse an. 1747. p. 274 sqq. histoir.
le l'Acad. de Berl. an. 1753. p. 303.

Hiervon f. m. weiter den Artikel **Fernröhre, achromatische.**

M. f. Anfangsgründe der mathematischen Wissenschaften von **W. J. G. Karsten** B. III. Photomet. Abschn. XIV. und XV. *Abrah. Gotth. Käſtneri* diſſ. de aberratione lentium sphaericarum in comment. Gotting. Tom. I. p. 185. *eiusd.* diſſ. de aberrationibus lentium ob diuerſam refrangibilitatem radiorum. Tom. II. p. 183.

Abweichung, katoptriſche der Hohlſpiegel wegen der Kugelgeſtalt (aberratio ob figuram speculorum, aberration de sphèricité des miroirs). Wenn in der Are (fig. 7) l a des Hohlſpiegels c a d ein leuchtender Punkt l ſich befindet, ſo werden alle diejenigen Strahlen, welche zunächſt der Are in b rund herum auffallen, ſo reflektir', daß ſie ſich alle in einerley Punkt f der Are wieder vereinigen, und daſelbſt ein Bild des leuchtenden Punktes l zu wege bringen; im Gegentheil werden alle diejenigen Strahlen, welche von der Are weiter entfernet in c rund herum auffallen, nach der Reflerion ſich in dem Punkte g der Are vereinigen, und eben die Entfernung g f dieſes Punktes g von dem wahren Bilde f nennt man die **Abweichung der Hohlſpiegel wegen der Kugelgeſtalt.** Wäre der leuchtende Punkt l von dem Hohlſpiegel ſehr weit entfernt, ſo läßt ſich durch Rechnung beweiſen, daß die Abweichung des vom Spiegel zurückgeworfenen Lichtes ungefähr 7½ Mahl kleiner, als die Abweichung des in der Glaslinſe gebrochenen Strahls, wenn die Brennweite und die Oeffnung, auf welche das Licht fällt, in beyden gleich iſt. Es wird demnach das Bild, welches durch die Reflerion der Lichtſtrahlen in einer Spiegelfläche entſteht, allemahl deutlicher ausfallen, als wenn es Glaslinſen zu wege bringen. Außerdem ſind recht glatt polirte metalliſche Spiegelflächen von der Fabenzerſtreuung frey, und ſtellen aus dieſer Urſache ein deſtodeutlicheres Bild dar. Daher kam es auch, daß **Newton** ſeine Gedanken mehr auf Verfertigung der Spiegelteleſkope, als auf die der gewöhnlichen Fernröhre mit Linſengläſern richtete.

rete. Ob man gleich zu den Teleskopen gewöhnlich Hohlspiegel von sphärischer Gestalt brauchte, so wurde doch schon
in den ältesten Zeiten der Vorschlag gethan, statt der sphärischen Spiegel parabolische zu gebrauchen, welche die re-
flektirten Strahlen genau in einem einzigen Punkte wieder
vereinigen, wodurch folglich auch die Abweichung wegen der
Kugelgestalt wegfällt. So lange man auch diesen Vorschlag
nicht gehörig anzuwenden wußte, so wurde er doch in den
neuern Zeiten mit dem erwünschten Erfolge ausgeführet.
Hiervon f. m. mit mehreren Spiegel, parabolische.

M. f. Anfangsgründe der mathematischen Wissenschaften
von Karsten B. III. Photomet. Abschn. XVI. §. 306.

Abweichung der Magnetnadel (variatio f. declinatio acus magneticae, Variation ou declinaison de
l'aimant). Hierunter versteht man einen Winkel, welchen
die Richtung der Magnetnadel mit der Mittagslinie eines
Ortes macht, wenn die Mittellinie eines so genannten Compasses (f. Compaß) über die Mittagslinie des Ortes genau gestellet worden. Wenn irgend ein Magnet, oder statt
dessen eine Magnetnadel, welche mit dem Magnete gehörig
bestrichen worden, so eingerichtet ist, daß man selbige auf
einer vertikal aufgerichteten Spitze frey spielen lassen kann,
so wird sie sich mit der einen Spitze allemahl gegen die Nordseite hin bewegen, und folglich die andere Spitze gegen Mittag richten. In den mehresten Fällen ist aber der Stand
der Nadel nicht so beschaffen, daß deren Mittellinie genau
über die Mittagslinie der verschiedenen Oerter sich befinde,
sondern sie weicht bald mehr gegen Osten, bald mehr gegen
Westen von der wahren Mittagslinie ab. Am gewöhnlichsten wird die Abweichung der Magnetnadel auf folgende Art
gesucht: man nimmt einen besonders dazu eingerichteten
Compaß, den man Abweichungscompaß nennt, legt
die magnetische Mittagslinie genau auf die Mittagslinie des
Ortes, und gibt nun Acht, auf welchem Grade die Magnetnadel in der Büchse ruhig stehen geblieben ist, und eben dieser Grad zeigt die Größe der Abweichung an. Dergleichen

Abwei-

Abweichungscompaſſe haben de la **Hire** [α]), und **Brander**
und **Höſchel** [β]) angegeben. Will man auf dieſe Weiſe die
Abweichung der Magnetnadel genau erfahren, ſo müſſen die
Nadeln, welche man hierzu gebrauchet, nicht zu kurz und
gehörig magnetiſiret ſeyn, obgleich **Maraldi** [γ]) zu ſeinen
Beobachtungen nur 4 Zoll lange Nadeln aus dieſer Urſache
gewählet hat, weil längere Nadeln an ein und eben demſelben Tage eine beſtändige Veränderung zeigten. Allein dieſer
ſer angeführte Grund beweiſet vielmehr das Gegentheil, indem durch längere Nadeln die tägliche Veränderung wahrgenommen werden kann, welche Maraldi dazumahl noch
nicht kannte, und von welcher bald mit mehreren geredet werden ſoll. Wie aber dergleichen Magnetnadeln zu genauen
Beobachtungen einzurichten ſind, ſ. m. den Artikel **Magnetnadel.**

Herr **le Monnier** bediente ſich ſeit 1779 folgender Methode, die Abweichung der Magnetnadel zu finden: er nahm
eine Bouſſole, deren Gehäuſe von Kupfer war, und welche
ein Fernrohr mit einem Ringe von 11½ Zoll im Halbmeſſer
hatte. Die Länge der Magnetnadel betrug 15 Zoll 4 Linien,
und war 1446 Gran ſchwer, und bis zur Sättigung mit
ſtarken Magneten beſtrichen. Dieſe Bouſſole ſtellte er auf
ein Poſtement, welches im Garten der Sternwarte 36 Toiſen
vom Gebäude entfernet errichtet war. Statt auf ſelbiger
eine Mittagslinie zu ziehen, wählte er vielmehr ein entferntes Objekt am Horizonte, und das war die Are einer entfernten Windmühle. Vermittelſt gehöriger Beobachtungen
und Meſſungen wurde das Azimuth (ſ. Azimuth) derſelben auf 31′ 20″ weſtlich befunden. Addirte er nun dieſes
Azimuth zu dem Winkel zwiſchen der Richtungslinie der
Magnetnadel und der Geſichtslinie gegen die Are der Windmühle, ſo gab die Summe die Abweichung der Magnetnadel

---

[α]) Mémoir. de l'Acad. roy. des ſcienc. an. 1716. p. 6.
[β]) Beſchreibung des magnetiſchen Declinatorii und Inclinatorii, des-
gleichen eines beſonders bequemen und nußbaren Sonnenquadran-
ten, zu genauer Beſtimmung der Mittagslinie. Augsb. 1779. 8.
[γ]) Mémoir. de l'Acad. roy. des ſcienc. an. 1722. p. 6.

nabel *). Im Jahre 1783 gab der Graf Caſſini dieſer
Einrichtung folgende Aenderung: ſtatt die Magnetnadel auf
der Spitze ſpielen zu laſſen, hieng er ſie an einem zarten Sei-
denfaden auf, und ließ ſie auf dieſe Weiſe frey in einem
bleyernen Gehäuſe, das auf einem ſteinernen Poſtemente eingekittet war, ſpielen. Das Gehäuſe hatte die Form eines
Winkelmaßes, in deſſen vertikalem Theile die Nadel herab-
hieng, in dem horizontalen Theile aber, worin die Nadel
ſpielte, am Ende eine viereckige Oeffnung mit Spiegelglas
bedeckt befindlich war. Ueber dieſer Oeffnung war ein Mi-
kroſkop mit einem Mikrometer angebracht, um hiermit die
feinſten Bewegungen der Magnetnadel nebſt der Anzahl von
Graden, auf welche die Spitze wies, zu beobachten. Da
nun die magnetiſche Mittagslinie mit der Mittagslinie des
Ortes in Anſehung der Größe des Winkels genau bekannt
war, ſo konnte man bey jedesmahligem Anblick die Abweichung der Magnetnadel ſehr leicht beſtimmen.

Herr Prof. Seyffer in Göttingen gebrauchte folgende
Methode, die Abweichung der Magnetnadel zu finden: er
ſtellte ein Reisbret, das mit gutem Papier überzogen und
mit Stellſchrauben verſehen war, auf der Sternwarte zu
Göttingen ſo auf, daß es vor und nach dem Durchgange der
Sonne durch den Mittag von ſelbiger beſchienen werden
konnte. Vermittelſt dieſer Stellſchrauben und zweyer ſehr
empfindlichen Waſſerwagen, deren Axen einander ſenkrecht
ſchnitten, wurde das Reisbret vollkommen horizontal geſtellet. Auf ſelbigem ward mit dem Halbmeſſer der Grundfläche
eines zinnernen Kegels ein Kreis beſchrieben, und auf dieſem
der Kegel, deſſen Spitze des Schattens wegen ſchwarz an-
gelaufen war, geſtellet. Hierauf wurden vor und nach dem
Durchgange der Sonne durch den Mittagskreis folgende
Beobachtungen angeſtellet, wobey die Zeit nach einer Uhr
mit roſtförmigem Pendel beobachtet und die dazu gehörige
Sonnenhöhe in wahre Zeit verwandelt wurde; in der Zwi-
ſchenzeit von einigen Sekunden bemerkte man die Mitte der
Schat-

---

*) Mémoir. de l'Acad. roy. des ſcienc. an. 1778. p. 68.

Schattenspitze des Kegels auf dem Reisbrete mit einem feinen Punkte, und beobachtete zugleich die Zeit nach der Uhr.
Hierauf nahm man den Kegel weg, setzte eine Boussole mit
einer 7 Zoll langen Nadel auf das Reisbret so auf, daß ihre
Mittellinie durch den Mittelpunkt der Grundfläche des Kegels
und durch einen Punkt der Schattenspitze ging, und bemerkte
den Stand der Nadel.   Da man nun bey jeder Beobachtung die wahre Zeit, mithin den Stundenwinkel (f. Stundenwinkel) wußte, so ließ sich aus der bekannten Polhöhe
und der Abweichung der Sonne das Azimuth der Sonne für
eine jede Beobachtung finden, und dieses gab mit dem jedesmahligen Stande der Magnetnadel verglichen die Abweichung
der Magnetnadel *).

Herr Oberstwachtmeister von Zach in Gotha bedienet
sich folgendes Abweichungscompasses, um mittelst selbigem
die Abweichung der Magnetnadel zu finden.   Die messingene
Büchse, in welcher sich die Magnetnadel auf einer vertikalen
Spitze wie gewöhnlich beweget, ist mit einem Planglase bedeckt, und mit einem wohl eingeriebenen Centralzapfen versehen, um welchen sie sich sanft in horizontaler Lage herumdrehen läßt.   Am Rande dieser Büchse sind zwey diametral
entgegengesetzte Absehen angebracht, von deren eine zur andern in der Vertikalfläche der Alhidadenlinie zwey feine horizontale Fäden, der eine oben und der andere unten ungefähr
2¼ Zoll von einander, ausgespannt sind.   Diese Fäden müssen so eingerichtet seyn, daß sie mit der Spitze, worauf die
Magnetnadel spielt, genau in einerley Vertikalfläche liegen.
Uebrigens ruht die Büchse auf drey Stellschrauben, vermöge
welcher sie durch ein darauf angebrachtes kleines Niveau völlig horizontal gestellet werden kann.   Mit dieser ganzen Einrichtung wird nun die Abweichung der Magnetnadel auf folgende Art gefunden: man stellt diesen Abweichungscompaß
an einen Ort, welchen die Sonne bescheinen kann, horizontal visirt von oben herab, und drehet die ganze Büchse um
den

*) Göttingische Anzeige von gelehrten Sachen 1788. St. 208.

den centralen Zapfen so lange, bis die Magnetnadel mit den
beyden horizontal ausgespannten Fäden in einerley Vertikale-
bene sich befinde. Nun visiret man durch die Dioptern nach
irgend einem Gegenstande, welcher sich in einer Entfernung
befindet, und bemerket genau die Stelle, wo die Visirlinie
den Gegenstand trifft; hierdurch erhält man die Richtung
der magnetischen Mittagslinie. So bald nun die Sonne in
den Mittagskreis kömmt, so werden die ausgespannten Fäden mit dem südlichen Diopter auf dem Planglase des Compasses Schatten werfen, alsdann drehet man die Büchse um
den Zapfen, bis die Fäden diesen geworfenen Schatten im
Augenblicke der Culmination der Sonne von oben herab gesehen vollkommen decken. Visiret man hierauf wiederum
durch die Dioptern nach einem entfernten Gegenstande, und
bemerkt auch hier genau die von der Visirlinie getroffene
Stelle, so hat man nun die Richtung der wahren Mittagslinie. Endlich wird mit einem Hadleyschen Spiegelsextanten
der Winkel zwischen beyden Richtungen der magnetischen und
wahren Mittagslinie genau gemessen, wodurch die Abweichung der Magnetnadel gefunden wird *).

Zur See kann man unter andern Methoden die Abweichung der Magnetnadel zu finden auch folgende gebrauchen:
man beobachte die Höhe der Sonne oder auch eines andern
Sternes, wovon die Abweichung bekannt ist und bemerke zu
gleicher Zeit den Rhumb im Compasse. Aus der Polhöhe,
Abweichung und Höhe des Sternes oder der Sonne suche
man das Azimuth, so wird die Differenz des Azimuthes und
der Entfernung des beobachteten Rhumbs von Süden die
verlangte Abweichung der Magnetnadel angeben ').

Insgemein wird Flavio Gioja, ein Neapolitaner, als
der erste angegeben, welcher im 13ten Jahrhunderte zu seinen

Reisen

---

*) Nachricht von einem sehr vortheilhaft eingerichteten Deklinato-
rium von dem Herrn von Zach im Gothaischen Magazin für das
Neueste aus der Physik und Naturgesch. IX. Band. 2tes Stück.
S 94 u. f.

') Wolfs elementa mathes. univers. Hal. 1756. 4. Tom. IV. Geogr.
§. 902.

Reiſen auf dem mittelländiſchen Meere die Magnetnadel
gebrauchte. Es iſt daraus zu vermuthen, daß die Abweichung derſelben zuerſt zur See iſt entdecket worden; jedoch
bleibt es völlig ungewiß, wer ſie am erſten wahrgenommen
hat. Thevenot *) erzählet in ſeiner Reiſebeſchreibung,
daß er einen geſchriebenen Brief von Peter Adſigerius
geſehen habe, welcher ſchon im Jahre 1269 wahrgenommen,
daß die Magnetnadel 5 Grade von Norden abgewichen ſey.
Ricciolus β) hingegen gibt für die erſten, welche die Abweichung der Magnetnadel beobachtet haben, den Gonza-
lum Oviedo und Sebaſtianum Chabot an; allein Herr
de l'Isle γ) hatte eine Handſchrift eines Piloten, Crignon
aus Dieppe, vom Jahre 1534, das dem Sebaſtian Chabot zugeeignet war, und in welcher der Abweichung der
Magnetnadel erwähnet wird. Daher iſt es zweifelhaft, ob
Chabot die Abweichung der Nadel zuerſt entdecket habe,
oder ob ſie längſt vor ihm bekannt geweſen ſey. Noch andere δ) führen Robert Normannen als den erſten an,
der die Abweichung bemerket habe. So ungewiß es alſo iſt,
wer ſie zuerſt entdecket, ſo ſieht man doch hieraus, daß erſt
im 16ten Jahrhunderte zuverläſſige Beobachtungen von der
Abweichung der Magnetnadel bekannt geworden ſind. Dieſe
Beobachtungen haben aber gar bald gelehret, daß die Abweichung der Nadel an ein und eben demſelben Orte veränderlich ſey. Die vorzüglichſten und wichtigſten Beobachtungen, welche ununterbrochen über die Abweichungen der Nadel
fortgeſetzet ſind, ſind zu Paris und London angeſtellet worden.
Herr Picard ε) führet an, daß im Jahre 1666 die Abweichung in Paris 0 geweſen wäre, da ſie in den vorhergehenden Jahre öſtlich war; Thevenot ζ) hingegen gibt nach
ſeinen Beobachtungen an, daß drey Jahre früher, alſo im
Jahre

---

*) Recueil des voyages. Paris 1681. 8.
β) Geograph. et hydrogr. reformat. lib. 8. c. 12.
γ) Mémoir. de l'Acad. roy. des ſcienc. an. 1712.
δ) Traité de l'aimant Amſterd. 1687. (p. Dalencé).
ε) Abrégé de la meſure de la terre. Par. 1685. 12. p. 17.
ζ) Collection des voyages à Paris 1681. p. 30.

Jahre 1663, die Abweichung der Nadel o gewesen wäre.
Caſſini in *Rozier* journal de phyſ. 1792. p. 298 u. ſ.
welcher Thevenots Beobachtungen, die er zu Iſſy angeſtellet
hat, für ſehr zuverläſſig hält, iſt daher der Meinung, es
müſſe entweder ein Unterſchied im Lokalen zwiſchen Paris und
Iſſy, oder irgend ein Fehler Schuld daran ſeyn, welcher
Picards Nadel immer um 1° 45' mehr öſtlich gehalten habe,
als Thevenots verſchiedene Nadeln, welche alle einerley Richtung hatten. Die vorzüglichſten Beobachtungen, welche zu
Paris gemacht ſind, enthält folgende Tabelle:

Jahre.	Nahmen der Beobachter.	Abweichung.	
1664	Picard	0° 40' gegen Oſten	
1666	———	0° 0'	
1670	———	1° 30' gegen Weſten	
1680	———	2° 40'	———
1683	de la Hire	3° 50'	———
1684	———	4° 10'	———
1685	———	4° 10'	———
1686	———	4° 30'	———
1692	———	5° 50'	———
1693	———	6° 20'	———
1696	———	7° 8'	———
1698	———	7° 40'	———
1699	———	8° 10'	———
1700	———	8° 12'	———
1701	———	8° 25'	———
1702	———	8° 48'	———
1703	———	9° 6'	———
1704	———	9° 20'	———
1705	———	9° 35'	———
1706	———	9° 48'	———
1707	———	10° 10'	———
1708	———	10° 15'	———
1709	———	10° 30'	———
1710	———	10° 50'	———
1711	———	10° 50'	———
1712	———	11° 15'	———
1713	———	11° 12'	———
1714	———	11° 30'	———
1715	———	11° 10'	———

Jahre.	Nahmen der Beobachter.	Abweichung.			
1716	de la Hire	12° 20′	—	—	*)
1720	Maraldi	13° 0′	—	—	
1725	——	13° 15′	—	—	
1730	——	14° 25′	—	—	
1740	——	15° 45′	—	—	
1745	Fouchy	16° 15′	—	—	
1750	——	17° 15′	—	—	
1760	——	18° 0′	—	—	
1770	——	19° 0′	—	—	

Vom Jahre 1777 bis 1779 wurden dergleichen Beobachtungen vernachläſſiget; in dem Jahre 1779 aber wieder von
le Monnier angefangen, und in den folgenden Jahren mit
Caſſini β) ununterbrochen fortgeſetzet. Aus Caſſini's anhaltenden Beobachtungen über die Veränderung der Magnetnadel von 1783 bis 1789 ließen ſich dieſe Folgen herleiten: in
den drey erſten Monathen des Jahres nimmt die weſtliche
Abweichung zu, die Nadel wird aber vom Monath April
an bis gegen den Sommerſtillſtand rückgängig; nachher geht
ſie wieder gegen Weſten. Beſonders iſt hierbey zu bemerken, daß ſie im Anfange des Octobers faſt immer auf dem
nähmlichen Punkte ſtehet als zu Anfange des May. Dieß
haben le Monnier und Caſſini ununterbrochen ſechs Mahl bemerket. In den drey letzten Monathen des Jahres nimmt
ſie ihren Gang immer weiter nach Weſten fort, erreicht gewöhnlich die größte weſtliche Abweichung, und ſchwankt alsdenn bloß in den Grenzen von 5 bis 6 Minuten hin und her.
Hieraus ſcheint nun überhaupt das Geſetz zu folgen, daß die
Magnetnadel von der Frühlingsnachtgleiche an bis zum folgenden Sommerſtillſtandspunkte rückgängig oder öſtlich, von
dem Sommerſtillſtandspunkte an aber bis zur folgenden Frühlingsnachtgleiche fortſchreitend oder weſtlich iſt. Da nun die
Nadel binnen 9 Monathen einen weit größern Bogen be-
ſchreibet als binnen drey Monathen, ſo iſt daraus klar, daß
die

α) Mémoir, de l'Acad. roy. des ſcienc. an. 1717. p. 7.
β) De la declimison et des variations de l'aiguille aimantée par
Mſr. Caſſini. Paris, 1791. 4.

die westliche Abweichung bey uns jährlich zunehmen müsse. Im Jahre 1791 wurde sie von Cassini auf 22° gegen Westen befunden. Besonders merkwürdig ist Cassini dieser Umstand, daß der Winterstillstandspunkt und die Herbstnachtgleiche keinen Einfluß auf die Magnetnadel habe, und sie in ihrem Gange nach Westen nicht störe, da im Gegentheil die Frühlingsnachtgleiche sie rückgängig macht, und der Sommerstillstandspunkt wieder in ihren vorigen Gang nach Westen zurückbringt.

Halley *) hat die Abweichung der Magnetnadel zu London, welche von verschiedenen daselbst beobachtet worden ist, folgender Maßen angegeben:

Jahre.	Nahmen der Beobachter.	Abweichung.		
1580	Burrows	11° 15′	gegen Osten	
1622	Gunter	6° 0′	— —	
1634	Gellibrand	4° 5′	— —	
1657	Bond	0° 0′	— —	
1672	Halley	2° 30′	gegen Westen	
1692	— —	6° 0′	— —	
1774	— —	21° 16′	— —	β)

Aus sehr vielen Beobachtungen über die Abweichung der Magnetnadel, welche Halley auf seinen Reisen zur See sorgfältig angestellet hatte, kam er auf den Gedanken, eine besondere Abweichungscharte zu entwerfen, die er auch wirklich im Jahre 1700 zu Stande brachte γ). Er fand, daß es auf der Erdfläche zwey Linien gebe, wo die Abweichung 0 ist, die eine geht durch Nordamerika und die andere durch China. Sie haben eine eigene Krümmung, sind weder Mittagskreise noch Parallele, und alle Oerter, welche der erstern Linie nach Osten liegen haben eine westliche, und die welche nach Westen liegen, eine östliche Abweichung. Entfernet

---

*) Philosoph. transact. num. 195. p. 564.

β) Philosoph. transact. Vol. LXIV. P. 2.

γ) Philosoph. transact. num. 195. miscellan. curios. Vol. I. p. 80. Petr. van Muschenbroeck dissertat. physica experim. de magnete in seiner dissert. phys. et geometr. Lugd. Bat. 1729. 4.

fernet man sich von dieser Linie nach und nach, so nehmen
anfänglich beyde Abweichungen zu, nachher aber wieder ab.
Alle diejenigen Oerter nun, welche westliche oder östliche Abweichung hatten, vereinigte er von 5 zu 5, 10 zu 10 u. s.
Graden, und erhielt dadurch Linien, in welchen die Abweichungen immer um 5 Grade verschieden waren. Alle diese
Linien durchschneiden größtentheils einander nicht, sondern
laufen neben einander hin, ob sie gleich nicht parallel sind.
Nachher sind aus neuern Beobachtungen mehrere dergleichen
Abweichungscharten entworfen worden; für das Jahr 1744
eine von **Mountaine** und **Dodson** *); für das Jahr 1755
eine von **Zegollström** ᵝ); für das Jahr 1765 eine von **Bellin** ᵞ); für das Jahr 1772 eine von **Lambert** ᵟ), und noch
neuerlich 1794 drey Charten von **Churchmann** ᵋ), auf
welchen die Abweichungslinien gezeichnet sind. Gegen die
Theorie des Churchmanns hat aber **Thomas Harding** ᶻ)
verschiedene Zweifel aufgestellt, und manche Unrichtigkeiten
angegeben, die er sich hat zu Schulden kommen lassen.
Wenn man alle diese Abweichungscharten mit einander vergleichet, so scheinet es, als ob die Halley'schen Abweichungslinien in der nördlichen Hälfte der Erde von Westen nach
Osten, in der südlichen aber von Osten nach Westen immer
weiter fortrückten, und dieß stimmt auch mit den neuern
Beobachtungen, welche man an vielen andern Orten, besonders zur See angestellet hat, überein. Uebrigens ist es
nicht zu läugnen, daß alle die Abweichungslinien auf den
Charten nach gewissen Punkten hinzulaufen scheinen.

So

α) Philosoph. transact. Vol. L. P. I. p. 329.
 β) Mar. Strömer et Jo. Gust. Zegollström differt. de theoria declinat.
   magneticae. Vpsl. 1755.
γ) Carte des variations de la Boussole & des vents généreaux, que
   l'on trouve dans les mers les plus frequentées p. M. Bellin à Paris
   1765.
δ) Berliner astronomisches Jahrbuch für das Jahr 1779.
ε) The magnetic Atlas or Variation's Carts of the whole terraneous
   Globe, comprising a System of the Variation and Dip of the Needle,
   by which the Observations being truly made, the Longitude may
   be ascertained. Lond. 1794. 4.
ζ) Transact. of the Royal Irish Academy. Vol. IV. Dublin. 4. art. 6.

So viele Hypothesen vor Halley's Zeiten aufgestellet sind, um die Abweichungen der Magnetnadel daraus zu erklären, so haben sie doch alle mit den Beobachtungen selbst nicht über-einstimmen wollen, und fallen daher von selbst weg. Erst Halley *) versuchte eine Theorie, welche er auf seine man-nigfaltigen Beobachtungen bauete, und daher großen Beyfall fand. Er nimmt an, daß sich im Innern der Erde zwey große Magnete befinden, wovon die beyden Pole nahe am Nordpol, die beyden andern aber nahe am Südpol liegen. Aus dieser Hypothese sucht nun Halley die Abweichungen der Magnetnadel dadurch zu erklären, daß die verschiedenen Pole auch verschiedene anziehende Kräfte besäßen, wodurch eben die sonderbar gekrümmten Abweichungslinien auf der Charte entstehen müßten. Da er aber auch auf die Veränderung der Abweichung der Magnetnadel sehen mußte, so nahm er in einem besondern Aufsatze .*) an, daß der äußere Theil der Erde eine Rinde ausmache, welche den innern Kern als ein concentrisches Kugelstück umgebe, der Raum zwischen bey-den sey aber mit einer flüssigen Materie ausgefüllet. Ob nun gleich Rinde und Kern sich täglich um ihre Axe drehen, so nimmt er doch an, daß die Umdrehungszeit des Kerns von der der Rinde ein wenig verschieden sey; dieser Unterschied müsse in der Folge der Zeit sehr merklich werden, und es würde daher ein Punkt des Kernes immer von andern und andern Stellen der Rinde getroffen. Nähme man nun an, Kern und Rinde wären zwey Magnete, so würden sich na-türlich hierdurch die vier verschiedenen Pole gegen einander ändern, und daraus beweiset er die Veränderung in der Ab-weichung der Magnetnadel an ein und dem nähmlichen Orte. Gegen diese Theorie hat der jüngere Euler γ) wichtige Zweifel erhoben, und bewiesen, daß man mit der Annahme

C 2 von

---

*) A theory of the variation of the magnetical compass by Mr. Edm. Halley in Philos. transact. n. 148. p. 208.
*) An account of the cause of the change of the variation of the magnetical needle by E Halley in Philos. transact. n. 159. p. 563.
γ) Recherches sur la declinaison de l'aiguille aimantée. p. Msr. Euler in den memoir. de l'Acad. roy. des scienc. de Pruss. 1757. p. 175.

von zwey magnetischen Polen alle mögliche Abweichungen der Magnetnadel beweisen könne. Nach folgenden Voraussetzungen, wenn die beyden Pole einander gerade entgegengesetzet sind, und zwar 1) wenn sie in einerley Meridiane, 2) wenn sie in zwey verschiedenen Meridianen, und 3) wenn sie in zwey entgegengesetzten Meridianen lägen, hat **Euler** mittelst der Mathematik Formeln zu berechnen gesucht, nach welchen die Halley'schen Abweichungslinien sich würden bestimmen lassen. Nimmt er nun an, daß der magnetische Nordpol 14, der Südpol 35 Grade von den Erdpolen abstünden, die durch beyde gelegten Meridiane aber 63 Grade von einander entfernet wären, so findet er die Abweichungslinien nach diesen Formeln ziemlich zusammentreffend mit der fürs Jahr 1744 von Mountaine und Dobson entworfenen Charte. Nach der Vermuthung des Herrn Eulers würden seine gegebenen Formeln noch mehr mit den Beobachtungen zusammentreffen, wenn er den Nordpol 17 Grad und den Südpol 40 Grad von den Erdpolen entfernet annähme.

Gegen Eulers Theorie hat der große Astronom in Göttingen, **Tobias Mayer**, in einer in der dasigen gelehrten Gesellschaft vorgelesenen ungedruckten Abhandlung nach dem Zeugniß der Herrn **Erxleben** und **Lichtenberg** *) einige Erinnerungen gemacht, und die Erscheinungen am Magnete auf folgende Art zu erklären gesucht: es sey ein Magnet in der Erde anzutreffen, welcher in Vergleichung mit dieser als unendlich klein zu betrachten ist, er liege jedoch nicht im Mittelpunkt der Erde sondern etwa 120 Meilen davon, und zwar nach demjenigen Theile der Erde hin, welchen das stille Meer bedecket. Dieser Magnet habe nur zwey Pole, seine Axe laufe nicht mit der Erdaxe parallel, und seine Kraft nehme ab, wie die Würfel der Entfernungen zunehmen. Er entferne sich in jedem Jahre etwa um $\frac{1}{1000}$ des Halbmessers der Erde von dem Mittelpunkte derselben. Wenn eine gerade Linie durch den Mittelpunkt der Erde und des Magneten

ten

*) Anfangsgründe der Naturlehre von J. C. P. Erxleben. s. 709.

ten gezogen würde, so schnitte sie die Oberfläche der Erde in einer Länge von 201 Graden von der Insel Ferro, und in 17 Grade nördlicher Breite. Die Länge dieses Durchschnitts-punktes nehme jährlich um 8, die Breite um 14 Minuten ab. Uebrigens sey er der Meinung, daß die Axe des Magneten auf der Linie durch die Mittelpunkte der Erde und des Magneten gezogen senkrecht stehe, und dieses in einer Ebene, welche mit der Ebene des Meridians, worin jene Linie liegt, einen Winkel von 11½ Graden macht und zwar bey uns gegen Osten zu, auch wachse dieser Winkel jährlich etwa um 8¼ Minuten. Aus dieser Hypothese folgerte Mayer für verschiedene Oerter der Erde die Größen der Abweichun-gen, und nach Herrn Lichtenbergs Urtheil muß man sich ver-wundern, daß bey so unvollkömmenen Beobachtungen, de-ren sich Mayer bedienen mußte, eine solche Uebereinstim-mung mit den wahren Abweichungen dieser Oerter statt fände.

Meines Erachtens glaube ich, daß man die Erde selbst als einen großen Magnet betrachten könne, wovon die Pole mit den Erdpolen nicht zusammenfallen, und die magnetische Axe nicht durch den Mittelpunkt der Erde gehe. Die magne-tischen Pole der Erde muß man aber als beweglich annehmen, weil vermöge der Erfahrung die Abweichung der Magnet-nadel an einerley Orte sich beständig verändert. Könnte man nun bestimmen, nach welchem Gesetze die magnetischen Kräfte entweder durch Anziehen oder Zurückstoßen wirkten, so würde alsdenn die Mathematik Mittel an die Hand ge-ben, die Größen der Abweichungen an jedem Orte zu finden. Schon William Gilbert *), ein englischer Arzt, nahm an, daß unsere Erde ein Magnet sey, und kam daher auf den Gedanken, die magnetischen Versuche am besten durch einen solchen Magnet anzustellen, welcher die Gestalt der Erde habe. Er ließ daher den Magnet rund als eine Kugel

C 3   schlei-

*) De magnete magneticique corporibus et de magno magnete tel-lure physiologia nova. Lond. 1600. fol.

schleifen, welche er eine Terrelle (tetrella) oder eine kleine
Erde nennte. Der Erfolg hat aber gewiesen, daß dergleichen Terrellen gar keine Dienste geleistet haben. Aus Cassini's Beobachtungen aber scheint es fast unmöglich zu seyn,
ein beständiges Gesetz von der Wirkung der magnetischen
Kräfte aufzufinden; indem er die jährliche fortschreitende
Bewegung der Magnetnadel vom Jahre 1784 bis 1788 von
5 bis 18 Minuten veränderlich befunden hat. Vielleicht kann
aber dieser Unterschied in der Einwirkung anderer Kräfte der
Natur liegen, welche die magnetischen Kräfte schwächen,
wie z. E. der Wärme, Elektricität u. s. Genaue Versuche
und eine Reihe zu gleicher Zeit im Jahre angestellter Beobachtungen werden hier in der Zukunft mehr thun, als allgemeine
Untersuchungen. Vielleicht ließe sich alsdann aus den in
einer Reihe von Jahren hinter einander gemachten Beobachtungen eine Mittelzahl annehmen, welche die jährliche fortschreitende oder endlich zurückgehende Bewegung der Magnetnadel ziemlich genau anzeigte. Nach den in Paris angestellten Beobachtungen vom Jahre 1670 bis 1770, folglich 100
Jahre hinter einander, hatte die Abweichung gegen Westen
um 17° 30' zugenommen, folglich in jedem Jahre als Mittelzahl 10½'. Hiernach würde also die westliche Abweichung
im Jahre 1792 in Paris 10½' $\times$ 22 = 21° 11' gewesen seyn
müssen, welches aber von Cassini's Angabe um 49' verschieden wäre. Es liegt am Tage, daß genaue Resultate hiervon für die Schifffarth ungemein nützlich seyn würden.

Die Erfahrung lehret wirklich, daß Wärme und Kälte
einen sehr großen Einfluß auf die Magnetnadel haben, und
daß die atmosphärische Elektricität oftmahls auf eine sonderbare Weise auf die magnetische Kraft wirkt. Beobachtet
man eine sehr empfindliche Magnetnadel sorgfältig, so wird
man gar bald überzeuget werden, daß die Abweichung der
Magnetnadel beständig bald größer bald kleiner wird, und
daß sie immer in einer Bewegung ist, wenn man sie gleich
weder im geringsten erschüttert, noch durch nahe gebrachte
eisenartige Körper störet. Diese geringe Bewegung der
Magnet-

Magnetnadel bald nach der einen bald nach der andern Seite
der magnetischen Mittagslinie nennt man die Veränderung
oder Variation. In Europa beweget sich an den mehresten Orten die Magnetnadel allmählig fast alle Tage Vormittags gegen Westen, und kehrt Nachmittags oder gegen
Abend eben so gegen Osten wieder zurück; jedoch finden an
verschiedenen Orten noch gewisse kleine Abänderungen statt.
Diese geringe und allmählige Veränderung der Magnetnadel, wodurch die mittlere Abweichung nicht geä dert wird,
kann man die tägliche oder regelmäßige Veränderung
nennen. Selten findet man diese größer als ¼ Grad und oft
viel kleiner. Allein mannigmahl nimmt man auch wahr,
daß die mittlere Abweichung der Nadel von Tage zu Tage
ei e merkliche Veränderung leidet, welche nicht allmählig,
sondern plötzlich erfolget, oder auch daß die Nadel eine Zeitlang hin und herschwanket. Dergleichen Veränderungen,
welche oftmahls wohl ein Paar Grade und darüber betragen,
kann man unregelmäßige nennen. Die tägliche Veränderung bemerkte schon im Jahre 1722 Graham, und
Wargentin und Canton *) stellen darüber Beobachtungen an. Canton fand die tägliche Veränderung an die 574
Tage regelmäßig; unregelmäßige Veränderungen hat er weniger befunden, und wenn sich dergleichen ereigneten, so
waren sie fast jederzeit mit einem Nordlichte begleitet. In
den neuern Zeiten haben besonders die Herrn Cotte *) und
Cassini über die tägliche Veränderung der Magnetnadel
sorgfältige Beobachtungen angestellet, und gefunden, daß
sich die Magnetnadel vorzüglich stark in den Monathen May,
Junius, Julius und August verändere, besonders an den
Tagen, welche nach Gewittern, oder nach welchen Gewitter
folgen. Canton sucht den Grund der täglichen Veränderung
der Magnetnadel in der durch die Wärme geschwächten

C 4   magne-

*) An attempt to account for the regular diurnal variation of the
horizontal magnetic needle, by John Canton in Philos. transact.
Vol. LI. P. I. p. 398.
*) Journal des savans. Juillet 1775.

magnetiſchen Kraft, und beweiſet dieſes durch folgende Verſuche: In der Gegend von Oſt-Nord-Oſt eines Compaſſes ſtellte er einen kleinen Magnet ſo weit davon, daß er im Stande war mit der magnetiſchen Kraft des Südpols den Nordpol der Nadel auf 45 Grade nach Nordoſt zu halten; hierauf beſchwerte er ihn mit einem hohlen Gewichte von 16 Unzen, und goß in ſelbiges 2 Unzen ſiedendes Waſſer, wodurch der Magnet etwa 7 Minuten lang erhitzt wurde. In dieſer Zeit ging die Magnetnadel um ½ Grad nach Norden zurück, blieb auf 44½ Grad eine Zeitlang ſtehen, und kam in 9 Minuten wieder auf 44⅔ Grad, nach einigen Stunden aber erſt wieder auf 45 Grade. Er nahm ferner zwey Magnete, ſtellte auf jeder Seite des Compaſſes einen ſo, daß die Südpole derſelben den Norpol der Magnetnadel gleich ſtark zogen; nahm er aber einen weg, ſo brachte der andere die Magnetnadel auf 45 Grade. Beyde Magnete wurden mit hohlen Gewichten, jedes von 16 Unzen beſchweret, und in den öſtlichen 2 Unzen ſiedendes Waſſer gegoſſen. In der erſten Minute bewegte ſich die Magnetnadel um ½ Grad, und kam nach 7 Minuten auf 2⅔ Grade; hier blieb ſie eine Zeitlang ſtille ſtehen, nach 34 Minuten aber, von der erſten Bewegung an, ging ſie wieder zurück auf 2½ Grad, und in 50 Minuten auf 2¼ Grad. Nun wurde das weſtliche Gewichte mit 2 Unzen ſiedenden Waſſer angefüllt, und er bemerkte, daß die Nadel in der erſten Sekunde auf 1¼ Grad ſtand; nach 6 Minuten auf der andern Seite auf ½ Grad zeigte, und ungefähr 40 Minuten hierauf die anfängliche Stellung wieder erlangte. Hieraus erkläret nun Canton die regelmäßige Veränderung der Magnetnadel auf dieſe Art: würden nähmlich in den Morgenſtunden die öſtlichen magnetiſchen Theile der Erde eher erwärmet, als die öſtlichen, ſo würde dadurch die magnetiſche Kraft geſchwächt, und die Nadel müſſe ſich mehr gegen Weſten bewegen; wenn aber auch die Weſtſeite erwärmet würde, und die Wärme auf beyden Seiten gleich hoch geſtiegen wäre, ſo müſſe die Nadel eine Zeitlang ſtille ſtehen, und die Abweichung ihr Größtes erreichet haben; wenn hierauf in den Nachmittags - und Abendstunden die östliche Seite eher als die westliche sich abkühlte, so müsse die magnetische Kraft der westlichen Theile der Erde geschwächt werden, und die Magnetnadel müsse wieder zurückgehen, bis auf beyden Seiten eine gleiche Temperatur statt fände, da alsdann die westliche Abweichung ein Kleinstes würde. Hieraus erkläret es sich nun auch, daß in den Sommermonathen die Abweichung der Magnetnadel alle Mahl größer bemerket werden müsse als in den Wintermonathen. Jedoch kann die Wärme nicht die alleinige Ursache des Rückgangs der Magnetnadel im Frühlinge seyn, welches aus den anhaltenden Beobachtungen des Cassini ohne Ausnahme erfolget, weil man annehmen müßte, daß die Westseite der Erde eher als die Ostseite erwärmet würde. Mir scheint aber hier die Luftelektricität mehr als die Wärme auf die Magnetnadel zu wirken, und zu verursachen, daß sie rückgängig werden müsse. Denn vermöge vielfältiger Erfahrungen so wohl zu Lande als Wasser wird die magnetische Kraft durch die Elektricität sehr geschwächt. Ja man hat häufige Beyspiele, daß Gewitterwolken, welche über schwankende Magnetnadeln gezogen sind, derselben ihre magnetische Kraft ganz beraubet haben *). Nach den zuverlässigen Beobachtungen des Herrn von Saussüre ist Elektricität bey Nebeln vorzüglich anzutreffen, und nimmt immer zu, je mehr sich die Nebelbläschen einander nähern. Zur Zeit der Frühlingsnachtgleiche, wo bey uns die stärksten Nebel sind, und die Sonne in die nördliche Halbkugel hinaufsteiget, wird die kühle Erde von der von Tag zu Tag höher kommenden Sonne nur allmählig wieder erwärmet. Wenn nun in den Frühstunden die Sonne auf den dichten

Verwandlung des Nebels in durchsichtigen Dampf verwendet, auf der Westseite hingegen verdichtet sich der Nebel, die Bläschen kommen näher an einander,

C 5

*) Recueil des mémoires sur l'analogie de l'électricité et du magnétisme par J. H. van Swinden. Tom. I. p. 472.

ander, und die atmosphärische Elektricität nimmt zu. O
nun gleich die immer höher steigende Sonne die magnetisch
Kraft der Theile der Erde auf t. Ostseite zum Theil no
schwächt, und die tägliche Veränderung der Magnetnadel z
wege bringt, so schwächt doch die Kraft der Elektricität di
magnetische Kraft der westlichen Theile der Erde noch meh
und verursachet, daß die tägliche westliche Abweichung klei
ner als die östliche ausfallen müsse, mithin wird die Magnet
nadel dadurch rückgängig. Zur Zeit der Herbstnachtgleich
fällt zwar eben dieser Umstand ein; allein die noch stark vo
der Sommerhitze erwärmte Erde schwächt mit Hülfe der auf
gehenden Sonne die magnetische Kraft der Erde auf de
Ostseite mehr, als die Elektricität auf der Westseite, und
muß daher die Magnetnadel immer mehr gegen Westen hi
sich bewegen.

Unregelmäßige Veränderungen der Magnetnadel erfolge
größtentheils bey starker Elektricität, starken Winden u. d. g
M. s. von Büffon's Naturgeschichte im V. Theile de
Mineralogie. Peter Elwin's von den Aenderungen b
Abweichung der Magnetnadel; in den schwedischen Abhand
lungen 1747. S. 89. Gothaisches Magazin für das Neuest
aus der Physik und Naturgeschichte VI. Bandes, 1tes St
S. 172 u. f. Abweichung und Variation der Magnetnadel
auf dem königl. Observatorium zu Paris seit 1667 bis 179
beobachtet von Hrn. Cassini aus dem Journal de phys
que in Grens Journal der Physik. B. VII. S. 48 u. f
Fortsetzung, ebendas. B. VIII. S. 433 u. f. Vollständige
und faßlicher Unterricht in der Naturlehre in einer Reihe vo
Briefen von Michael Hube, Leipz. 1793. I. Theil. 58 un
59ter Brief.

Abweichungskreis (circulus declinationis, cerc
de declinaison) s. Abweichung oder Deklination de
Gestirne.

Abwiegung (libratio, libration) s. Gewicht.

Accord s. Consonanz.

Achromatische Fernröhre s. Fernröhre.

Adhä

Adhäsion, Anhängen (adhaesio, adhésion, adhérence).

Dieser Ausdruck bezeichnet das Phänomen, wo sich flüssige Körper an feste Körper in der Berührung anhängen. Unzählige Beyspiele, wovon die vorzüglichsten gleich mit mehreren angeführet werden sollen, überzeugen uns, daß dieses Phänomen allgemein sey.

Man nehme eine runde Marmor = oder Metall = oder Glasplatte, und hänge selbige vermittelst eines in der Mitte der einen Fläche angebrachten Hakens durch einen Faden an den Arm eines Wagebalkens so auf, daß die andere Grundfläche völlig horizontal ist. nun diese Wage durch Gewichte ins Gleichgewicht gebracht, und die andere Fläche auf die Oberfläche des stillstehenden Wassers geleget würde, so wird sich selbiges an die Fläche der Platte anhängen, und wenn das Auflegen der Fläche auf die Oberfläche des Wassers mit gehöriger Vorsicht geschehen ist, daß keine Luftblasen zwischen beyden Flächen sich befinden, so wird man Gegengewichte brauchen müssen, um die Platte von dem Wasser loszureissen. Die Gewichte welche zum Losreissen der Platte nöthig waren, werden bestimmen, mit welcher Kraft die Platte an dem Wasser hieng. Wird dieser Versuch bey verschiedenen Flüßigkeiten, als z. B. bey Weingeist, Oel u. d. gl. wiederhohlet, so wird sich finden, daß bey gleicher Berührungsfläche verschiedene Gegengewichte gebrauchet werden müssen, ehe die Platte losreisset. Es ist daher die Kraft, mit welcher verschiedene flüssige Materien an einerley Berührungsfläche anhängen, gar sehr verschieden. Muschenbroek *) hatte verschiedene metallene Cylinder verfertigen lassen, deren Durchmesser 1,916 rheinländische Zolle hatte. Die Grundfläche dieser Cylinder, welche recht glatt poliret waren, bestrich er nach gehöriger Erwärmung mit Talg, ließ zwey an einander erkalten, und riß den einen, nachdem er den andern genug befestiget hatte, mittelst Gewichte von dem andern los. Hierbey nimmt er nun an, daß der Druck
der

*) Introductio ad philosoph. natural. Tom. I. §. 1056.

der Luft 41 Pfund betragen habe, und fand, daß zusammenhiengen Cylinder

von Glas	mit 130 Pfund	— 41 =	89 Pfund
— Messing	150 —	— 41 =	109 —
— Kupfer	200 —	— 41 =	159 —
— Silber	125 —	— 41 =	84 —
— gehärtetem Stahl	225 —	— 41 =	184 —
— weichem Eisen	300 —	— 41 =	259 —
— Zinn	100 —	— 41 =	59 —
— Bley	275 —	— 41 =	234 —
— Zink	100 —	— 41 =	59 —
— Wismuth	150 —	— 41 =	109 —
— weißem Marmor	225 —	— 41 =	184 —
— schwarzem Marmor	230 —	— 41 =	189 —
— Elfenbein	108 —	— 41 =	67 —

Auch Herr v. Morveau [a] stellte einige Versuche mit
verschiedenen Metallplatten an, deren Durchmesser 1 Zoll
betrug, die Kraft des Anhängens mit Quecksilber zu bestimmen. So hieng an der Fläche des Quecksilbers

Gold	mit 446 Gran	Zink	mit 204 Gran
Silber	— 429 —	Kupfer	— 142 —
Zinn	— 418 —	Spiesglaskönig	— 126 —
Bley	— 397 —	Eisen	— 115 —
Wismuth	— 372 —	Kobalt	— 8 —

Herr Achard [ß] hat ebenfalls eine sehr große Anzahl
von Versuchen dieser Art mitgetheilet.

Ferner hat Herr Prof. Zuth [γ] Versuche über das Anhängen des Wassers an verschiedene Holzarten angestellet.
Er bediente sich hierzu Würfel von einem rheinländ. Cubikzoll, ließ vorher dieselben 24 Stunden lang unter Wasser
eingetaucht, damit während des Versuchs kein Wasser mehr
vom Holze eingesogen würde. Hierauf wurden die so durch-
näßten

---

[a] Anfangsgründe der theoretischen und praktischen Chemie von Hrn.
v. Morveau, Maret und Durande, aus dem Franz. von
Christ. Ehrenfr. Weigel. Th. I. Leipz. 1779. 8. S. 49.

[ß] Versuche über die Kraft, mit welcher die flüssigen und festen Körper zusammenhängen in seinen chemisch-physischen Schriften,
Berlin 1780. gr. 8. S. 354 f.

[γ] Grens neues Journal der Physik. B. III. S. 299 u. f.

nässten Würfel in der Luft so weit abgetrocknet, daß kein an=
hangendes Wasser auf der Oberfläche sichtbar war. Das
Wasser selbst, dessen er sich beym Versuche bediente, hatte
eine Temperatur von 14 Grad nach Reaumur mit Quecksil=
ber. Seine Resultate waren folgende

| Holzarten. | Stärke des Anhängens an eine Quadratzollfläche. | |
	Gesägte Fläche.	Gehobelte Fläche.
Kienenholz	56 Grane	51 Grane
Eichenholz	52 —	52 —
Elsenholz	53 —	53 —
Weißbuchenholz	56 —	54 —
Pflaumenholz	55 —	55 —
Birnbaumholz	50 —	50 —
Nußbaumholz	53 —	53 —
Maulbeerholz	54 —	53 —
Fliederholz	53 —	52 —
Türkisch Fliederholz	51 —	53 —

Berechnet man nun aus dieser Tabelle, wie stark ein
rheinländischer Quadratfuß Seitenfläche dieser Holzarten
mit dem Wasser zusammenhänge, so ergibt sich, daß man
die Stärke, womit das Wasser sich an die verschiedenen Holz=
arten bey einer rheinländischen Quadratfußfläche hängt, ohne
die größte Schärfe dabey zu beabsichtigen, auf 1 Pfund
schätzen kann.

Wenn auf diese Weise mit verschiedenen Platten, deren
Durchmesser sich wie 1, 2, 3, 4 u. s. verhalten, Versuche
angestellet werden, so scheinet daraus dieß Gesetz zu folgen,
daß die Kraft, womit die flüssigen Materien an
festen Körpern anhängen, sich wie die Grund=
fläche der Körper verhalte. So hängen z. B. metal=
lene Platten, deren Durchmesser sich wie 1, 2, 3, 4 u. s. ver=
halten, mit Wasser, Oel oder Quecksilber u. s. verschie=
dentlich zusammen, die Verhältnisse der Kraft aber, womit
sie zusammenhängen, sind wie 1^2, 2^2, 3^2, 4^2 u. s. folglich
wie die Grundflächen. Außerdem ist aber noch kein allge=
meines Gesetz bekannt, nach welchem sich die Kraft des An=
hängens bey ungleichartigen Körpern richte. Die Erfah=
rung lehret hier nichts weiter, als daß sich Flüssigkeiten
mehren=

mehrentheils nur an diejenigen festen Körper anhängen, welche specifisch schwerer und dichter sind, als die Flüssigkeiten; nicht aber so leicht an diejenigen, welche specifisch leichter und nicht so dicht sind. Jedoch leidet auch dieser Satz sehr viele Ausnahmen, und es ist keinesweges allgemein wahr, wie Hamberger *) darzuthun sich bemühte, daß sich die Kraft des Anhängens bey verschiedenen ungleichartigen Körpern wie die Dichtigkeiten verhalte. So bald sich aber flüssige Körper an feste anhängen, so müssen nothwendig die Theile derselben mit der Oberfläche des festen Körpers stärker zusammenhängen, als unter sich selbst. Denn es reissen sich die Theile der flüssigen Körper los, und hängen sich bey der Berührung an die Oberfläche der festen Körper an, oder zerfließen auf ihr, machen sie naß. Ist im Gegentheil die Kraft des Zusammenhanges der Theile einer flüssigen Materie unter sich stärker, als mit den Theilen eines festen Körpers, so zerfließen jene nicht auf diesen, oder machen ihn nicht naß, wenn er in die Flüssigkeit eingetauchet wird, sondern bilden auf selbigen lauter kleine platt gedruckte Kügelchen, welche einer völligen Kugel desto näher kommen, je kleiner die Theile sind. So zerfließt Quecksilber auf Gold, Silber, Bley, Zinn u. s. f. und macht sie naß; im Gegentheil zerfließt es nicht auf Holz, Stein, Glas, Papier und andern Körpern, und macht diese daher nicht naß. Wasser zerfließt nicht auf einer mit Fett oder Oel oder mit Bärlappsamen bestrichenen Fläche; und man kann einen Finger ins Wasser tauchen, ohne ihn naß zu machen, wenn dergleichen Samen auf die Oberfläche des Wassers ist gestreuet worden; sonst macht es aber Holz, Stein, Papier, die Metalle und die mehresten Körper naß oder zerfließt auf ihnen.

Außer diesen angezeigten Wirkungen der Adhäsion gründen sich darauf noch die von folgenden Phänomenen.

Wenn eine flüssige Materie in einem Gefäße sich befindet, dessen Theile unter sich stärker zusammenhängen, als mit den Theilen der flüssigen Materie, so steiget die flüssige

Materie

*) Elementa physices. Jenae 1735. 8. §. 157. 158.

Materie an den Wänden des Gefäßes hinauf, und die Oberfläche bildet eine concave Fläche, welche desto mehr concav
ist, je enger das Gefäß selbst ist. Auf eben diese Weise
wird auch die flüssige Materie an einem festen Körper rund
herum hinauf steigen, wenn er in selbige getauchet wird.
So steht in einem gläsernen Gefäße Wasser mit einer conca-
ven Fläche, so wie auch Quecksilber in einem zinnernen oder
bleyernen Gefäße. Auch wird sich um einen Glascylinder,
welcher ins Wasser getauchet wird, und um eine Zinnstange
im Quecksilber eine Erhöhung bilden. Würde eine solche
flüssige Materie ganz allein den Gesetzen der Schwere folgen,
so müßte sie vermöge hydrostatischer Gesetze in dem Gefäße
eine vollkommene horizontale Fläche bilden; da sie aber mit
den Theilen des Gefäßes zusammenhänget, so müssen eben
die an den Wänden desselben befindlichen Theile der flüssigen
Materie durch die Kraft der Adhäsion in ihrem, vermöge der
Schwere, senkrechten Drucke nach unten vermindert, und
folglich an den Wänden des Gefäßes um so viel in die Höhe
steigen, daß ihr verminderter Druck mit dem Gegendrucke
der entfernten Theile der flüssigen Materie im Gleichgewicht
stehe. Wenn aber die Theile einer flüssigen Materie unter
sich stärker, als mit den Theilen desjenigen Körpers, woraus
ein Gefäß gemachet worden, in welchem die flüssige Materie
sich befindet, zusammenhängen, so bildet sie eine convexe
Oberfläche und zeiget an den Wänden des Gefäßes eine Vertiefung. Je enger das Gefäß ist, desto mehr kömmt die
Oberfläche mit der Oberfläche eines Kugelsegmentes überein.
Auch wenn ein fester Körper von eben der Art in eine solche
flüssige Materie eingetauchet wird, so bildet sich um jenen
herum eine Vertiefung. So steht Quecksilber in einem gläsernen Gefäße mit einer convexen Fläche, so wie auch Wasser
in Gefäßen, deren Seitenwände mit Fett bestrichen und mit
Bärlappsamen bestreuet sind. Wären die Theile einer solchen flüssigen Materie ganz allein den Gesetzen der Schwere
unterworfen, so müßten sie eine vollkommen wagrechte Fläche
bilden. Da aber diese Theile zu gleicher Zeit schwer und

zusamzufammenhängend find, fo müffen auch diejenigen Theile, welche in der Mitte um denjenigen Theil des von der Schwere fenkrecht bewirkten Druckes höher stehen, den die Kraft des Zusammenhangs zu erhalten nicht vermag, herabsinken. Daher wird auch die Convexität nur an den Wänden des Gefäßes bemerkbar seyn, da sonst die Oberfläche ein vollkommnes Kugelsegment bilden müßte.

Wenn eine kleine hohle Glaskugel in die Mitte des Wassers, das in einem kleinen Gefäße sich befindet, gesetzet wird, so bleibt es daselbst ruhig stehen; so bald es aber nach ein oder der andern Seite der Wand des Gefäßes etwas näher kommt, so wird es sich mit beschleunigter Bewegung dahin bewegen. Taucht man einen Finger oder sonst einen festen Körper, an welchem das Wasser zerfließt, hinein; so wird sich eben so die Kugel von der Mitte hinweg nach demselben bewegen, und daran hängen bleiben. Aus eben dem Grunde erfolget eine beschleunigende Bewegung von zweyen Glaskugeln gegen einander, wenn sie sich auf dem Wasser nahe genug bey einander befinden. Gesetzt die kleine Glaskugel A (fig. 8) werde in die Mitte eines mit Wasser angefüllten Gefäßes gebracht, so wird es sich nach hydrostatischen Gesetzen bis zu einer gewissen Tiefe eintauchen, und rund herum, wie bey f und e, einen kleinen Wasserberg erheben. Weil nun das Wasser um die Kugel herum gleich hoch stehet, so wird sie von demselben nach allen Seiten hin gleich stark gezogen. Vermöge der Voraussetzung ist sie aber nach allen Richtungen von den Wänden des Gefäßes gleich weit entfernet; folglich heben sich dadurch alle entgegengesetzten Kräfte gegen einander auf, und es kann die Kugel keiner Bewegung folgen, mithin muß sie ruhen. So bald aber die Kugel von der Mitte weg der einen Seite des Gefäßes sich nähert, so wird der an der Seitenwand des Gefäßes befindliche Wasserberg a mit dem an dieser Seite der Kugel befindlichen sich vereinigen, und dadurch verursachen, daß das Wasser auf dieser Seite höher als an den übrigen Seiten der Kugel stehet. Da nun dieserwegen die Kraft der Adhäsion an dieser

Seite

Seite vermehret wird, so muß die Kugel dahin sich bewegen. Je näher sie der Wand des Gefäßes kommt, desto höher steiget das Wasser an der Wand und an der Kugel; dadurch wird aber die Berührung des Wassers mit der Kugel desto größer; demnach wird sie sich auch mit desto größerer Geschwindigkeit gegen die Wand des Gefäßes hin bewegen.

So bald das Gefäß mit einer flüssigen Materie, welche die Theile desselben naß macht, etwas über voll angefüllt wird, jedoch so, daß sie nicht überläuft, so bildet die Oberfläche eine convexe Gestalt, welche desto mehr einer sphärischen nahe kommt, je kleiner der Durchmesser des Gefäßes ist. Der Grund hiervon liegt allein darin, daß die flüssige Materie für sich allein Tropfen bildet. Würde nun eine kleine hohle gläserne Kugel A (fig. 9) auf die erhabene Oberfläche des Wassers in dem damit angefüllten Gefäße a b c d an den Rand desselben geleget, so kann selbige nicht ruhig stehen bleiben, sondern sie wird sich gegen die Mitte hin bewegen, indem sich in f vermöge der Kraft der Adhäsion mehr Wasser an die Kugel anleget, als am Rande des Gefäßes in e, folglich wird auch die Kraft der Adhäsion in f stärker als in e wirken, und dadurch eine Bewegung verursachen, welche nicht eher aufhören wird, als bis das Wasser sich rund herum um die Kugel gleich hoch angeleget hat, folglich nicht eher als bis sie in die Mitte des Wassers gekommen ist.

Wenn ein mit einer flüssigen Materie angefülltes Gefäß, dessen Theile von jener naß gemacht werden, gegen den Horizont geneigt wird, so daß die flüssige Materie auslaufen kann, so wird selbige längs der äußern Wand des Gefäßes herabsinken, da sie doch eigentlich, wenn sie bloß den Gesetzen der Schwere folgte, senkrecht gegen die Erde sich bewegen sollte. Weil aber diese sich bewegende flüssige Materie von zweyen Kräften zugleich nähmlich von der Kraft der Adhäsion und der Schwere zur Bewegung angetrieben wird, so muß sie dadurch eine mittlere Bewegung erhalten, deren Richtung der äußere Rand des Gefäßes ist. Wenn im Gegentheil die in dem Gefäße flüssige Materie unter sich stärker, als

D als

als mit den Theilen des Gefäßes zusammenhänget, so wird
sie auch, wenn sie allmählig ausgegossen wird, nicht an der
Wand des Gefäßes von außen herablaufen, sondern senkrecht
gegen die Erde herabfallen. Dieß ist der Grund, warum
man im gemeinen Leben dem Geschirr, aus welchem flüssige
Materien ausgegossen werden sollen, oben an der Oeffnung
einen gebogenen Rand gibt, oder daselbst eingeschnittene Aus-
güsse macht, um dadurch die Berührung zu vermindern,
und der Kraft der Adhäsion eine andere Richtung zu geben,
damit sie nicht an der äußern Wand des Gefäßes herablaufen können. Es sey a b c d (fig. 10) ein Glas, das mit
Wasser angefüllet worden. Wird nun selbiges gegen den
Horizont geneiget, so daß das Wasser auslaufen kann, so
wird es an der äußern Wand a b herablaufen, und in b gegen die Erde herabsinken. Weil nun die Richtung der Kraft
der Adhäsion auf der Wand des Gefäßes senkrecht ist, mithin nach a d wirkt, die Richtung der Schwere aber senkrecht
gegen die Erde nach a e, so wird das Wasser in der mittleren Richtung a b sich bewegen, folglich an der äußern Wand
des Gefäßes herablaufen. So bald aber das Wasser in b
anlangt, so wird nun die Kraft der Adhäsion nach der Richtung b f wirken, welche mit der Richtung der Schwere b g
in einer geraden Linie fällt, folglich wird auch selbiges in dieser Richtung b g herabfallen. Würde der Wasserstrahl an
der Wand des Gefäßes sehr schnell herablaufen, so erhält es
durch den Fall eine gewisse Geschwindigkeit noch der Richtung
b k fort zu gehen. Weil aber die Richtung der Schwere
b g beständig auf ihn wirkt, so durchläuft er die Diagonale
b h, welche eigentlich eine krumme Linie ist, die man Parabel nennt. Hätte sich aus dem Glase nur ein einziger Tropfen
an der Wand des Gefäßes herabgesenkt, so könnte auch die
Kraft der Adhäsion nach der Richtung b f in b größer seyn
als die Schwere nach der Richtung b g; in diesem Falle
würde der Tropfen in b am Gefäße hängen bleiben. Wenn
endlich das Glas schnell gegen den Horizont geneiget wird,
so daß die Kraft der Adhäsion durch die Schwere überwäl-

tiget

ziget wird, so wird das Waſſer nicht mehr an der Wand des
Gefäßes herablaufen, so wie eben dieſer Erfolg ſtatt finden
wird, wenn die Wand des Gefäßes mit der Horizontalfläche
parallel iſt.   Denn alsdann fällt die Richtung der Kraft der
Adhäſion mit der Richtung der Schwere in eine gerade Linie,
und iſt dieſer gerade entgegengeſetzt.

   Wenn aus einer engen Röhre, deren Oeffnungshalb-
meſſer etwa den vierten Theil einer Linie beträgt, ein Waſſerſtrahl ſenkrecht in die Höhe ſpringt, und man berühret
ſelbigen mit einem runden Stabe, worauf das Waſſer zerfließt, ſo legt es ſich rund um den Stab herum an, und
fällt alsdann herab.   Es ſey nähmlich ba (fig. 11) die
Röhre, aus deren Oeffnung a das Waſſer ſenkrecht in die
Höhe ſpringt, und e ein hölzerner Stab, welcher den Waſſerſtrahl berühret.   Man betrachte den Tropfen c, dieſer hat
eine Kraft nach der Richtung c d in die Höhe zu ſteigen;
vermöge der Kraft der Adhäſion aber wird er nach dem
Mittelpunkte des Stabes gezogen, folglich muß er in der
mittleren Richtung c f ſich fortbewegen.   Da nun die Kraft
der Adhäſion ſtetig auf ihn wirkt, ſo wird er beſtändig von
der Richtung der Tangente abgelenket, und muß um den
Stab herum eine krumme Linie beſchreiben.   Iſt der Tropfen
in h angelangt, ſo erhält er auch wegen der darauf wirkenden Schwere eine beſchleunigende Bewegung, welche aber
wieder geſchwächt wird, wenn er in g der Richtung der
Schwere entgegen wieder in die Höhe ſteigen will.   Da nun
die ſehr ſchnell nachfolgenden Tropfen ſich mit den vorhergehenden in g vereinigen, und daſelbſt ſich häufen, folglich vermöge ihres größern Gewichtes die Kraft der Adhäſion überwinden, ſo folgt, daß der Waſſerſtrahl bey g von dem Stabe
herabfalle.   Wäre im Gegentheil die Mündung der Röhre,
woraus der Waſſerſtrahl ſenkrecht in die Höhe ſpringt, weit,
ſo wird ſich das Waſſer um den Stab herum alsdann nicht
bewegen; denn alsdann iſt die Kraft des Waſſerſtrahls ſo
ſtark, daß die Kraft der Adhäſion dagegen verſchwindet.

Springt ein Wasserstrahl aus einer senkrechten Röhre, deren Oeffnung schief ist, in die Höhe, so wird er nun nicht senkrecht, sondern in einer geneigten Richtung steigen, wofern die Oeffnung nur klein ist. Wäre aber die Oeffnung groß, so wird der Strahl senkrecht in die Höhe gehen. Gesetzt, es wäre a b (fig. 12) eine enge Röhre, aus deren schiefen Oeffnung bey b das Wasser senkrecht heraus zu springen genöthiget ist, so wird die Kraft des Strahls nach der Richtung b c gehen; da aber die Kraft der Adhäsion noch in der Richtung b d auf den Wasserstrahl wirket, so muß er in der mittleren Richtung b e sich bewegen, und folglich in einer geneigten Richtung in die Höhe steigen. Wäre die Oeffnung weit, so wird die Kraft der Adhäsion gegen die Kraft des Wasserstrahls, senkrecht aufzusteigen, unmerklich.

Wenn ein leicht beweglicher Körper auf einer flüssigen Materie schwimmt, deren Theile unter sich stärker als mit dieser zusammenhängen, die flüssige Materie aber in einem Gefäße sich befindet, welches damit zusammenhänget, so beweget sich dieser Körper von dem Rande des Gefäßes wegwärts, und zwar ist die Bewegung desto größer, je näher derselbe dem Gefäße gebracht wird. Auch wenn ein Körper in die flüssige Materie, welche daran zerfließt, gesteckt, und dem schwimmenden Körper nahe genug gebracht wird, so beweget er sich ebenfalls von jenem wegwärts. Wenn z. E. eine hohle Glaskugel mit Fett bestrichen und mit Bärlappsamen bestreuet auf die Oberfläche des Wassers, das sich in einem gläsernen Gefäße befindet, gebracht wird, so beweget es sich von dem Rande des Gefäßes gegen die Mitte; auch diese Bewegung erfolget, wenn ein Finger dieser Kugel im Wasser nahe genug gebracht wird. Der Grund von diesem Phänomen liegt bloß darin, daß die Kugel von einer schiefen Ebene herabgleitet.

Wenn zwey reine glatte Glasstreifen unter einem spitzigen Winkel a b d (fig. 13) über einander gestellet werden, und ein Tropfen von einer flüssigen Materie, welche am Glase zerfließet, als Wasser, Oel, Weingeist u. d. gl. gebracht wird,

wird, ſo daß er beyde Glasſtreifen berühret, ſo wird er vermöge der Kraft der Adhäſion dieſe Geſtalt a c d g annehmen.
Weil nun dieſe Kraft der Adhäſion gegen die Flächen beyder Glasſtreifen e b und f b ſenkrecht wirkt, folglich die Richtung derſelben gegen den einen Streifen e b nach c a, und die
Richtung gegen den andern f b nach c d iſt, welche beyde
den Winkel a c d einſchließen, ſo muß ſich der Tropfen in der
mittleren Richtung c b hinbewegen, weil auf dieſer Seite
die größte Berührung ſtatt findet. Je näher er nun dem
Winkel b kommt, deſto größer wird die Berührung, folglich iſt auch die Bewegung deſto größer. Er muß ſich alſo
mit beſchleunigter Bewegung gegen die Spitze des Winkels
hinbewegen.

Auf die Kraft der Adhäſion gründen ſich noch ſehr viele
bekannte Handthierungen, als das Löthen, Vergolden, Ver-
ſilbern, Verzinnen, das Leimen, der Mörtel u. d. gl. Auch
die Wirkungen in den ſo genannten Haaröhrchen haben ihren
Grund in der Kraft der Adhäſion, wovon der Artikel Haarröhrchen nachzuſehen iſt.

Wenn man ſich um die wahre Urſache der Adhäſion bekümmert, ſo trifft man auf Schwierigkeiten, welche es beynahe unmöglich zu machen ſcheinen, ſelbige mit Gewißheit
zu entdecken, und die bisherigen Verwechſelungen der Begriffe von dem allgemeinen Anziehen aller Materie und dem
Anziehen, welches in der Berührung ſtatt findet, vermehren
dieſe noch mehr. Unter dem Artikel Attraktion werde ich
mich bemühen, alles in Verbindung gehörig aus einander
zu ſetzen. Hier nehme ich nur Gelegenheit, noch einiges
wenige hierher gehörige beyzubringen.

Nach der atomiſtiſchen Lehrart, welche bloß Anziehen der
Materie gegen einander annimmt, ohne nur irgend einen
Grund davon angeben zu können, wird die Urſache der Adhäſion in alle Ewigkeit ein unerforſchliches Geheimniß
bleiben.

Nach der dynamiſchen Lehrart hingegen muß man das
Anziehen der Materie, welches auch in der Entfernung durch

den

den leeren Raum wirkt, von dem Anziehen in der Berührung wohl unterscheiden. Die Gesetze von dem erstern Anziehen hat schon längst Newton entdecket, die Gesetze von
dem andern Anziehen aber, wohin die Adhäsion und Cohäsion zu rechnen ist, hat man aus seiner Wirkung auch bis
auf den heutigen Tag noch nicht entwickeln können. Dieser
Unterschied von beydem Anziehen ist bisher gar nicht mit
Sorgfalt beobachtet worden, und es würde der daraus zu
ziehenden Folgen wegen der Deutlichkeit einen sehr großen
Eintrag thun, das Anziehen in der Ferne allein Anziehen,
das scheinbare Anziehen in der Berührung aber lieber Adhäsion und Cohäsion zu nennen. Aus dem empirischen Begriffe der Materie läßt sich keinesweges folgern, daß die wirkende Ursache als Kraft von der Wirkung der Adhäsion oder
Cohäsion eine wesentliche Kraft der Materie sey, obgleich
die Wirkung ein allgemeines Phänomen ist, und sie kann
daher nicht als Grundkraft betrachtet werden. Herr Gren *)
ist selbst durch Fehlschlüsse aus dem Begriff der Attraktion
verleitet worden, wie ich unter dem Artikel Grundkräfte
ausführlicher darthun werde, die Cohäsionskraft oder, wie
er sie nennt, anziehende Kraft als eine eigene Grundkraft zu
betrachten, und sie von der Schwerkraft, welche doch nur
Wirkung von der allgemein anziehenden Kraft ist, zu unterscheiden.

M. s. G. Erh. Hambergeri elementa physices. Jenae 1735. 8. §. 167. 168. Erxleben Anfangsgründe
der Naturlehre. §. 180 u. f. Meine Anfangsgr. der Physik.
Kapitel Cohärenz.

Aeolipile s. Windkugel.

Aeolusharfe s. Windharfe.

Aepfelsäure (acidum malicum, acide malique).
Sie ist eine eigene vegetabilische Säure, welche sich in den
Aepfeln und andern säuerlichen Früchten findet. Man kann
sie auf folgende Art erhalten: man sättiget den Saft der

Aepfel

---

*) Grundriß der Chemie nach den neuesten Entdeckungen von Gren
I. Theil. §. 17. Desselb. Grundriß der Naturlehre. Halle 1797. 8.

Aepfel mit Pottasche oder Soda, gießt darauf eine Auflösung von essiggesäuertem Bley, dadurch verbindet sich die
Aepfelsäure mit dem Bley, und fällt zu Boden. Diesen
Niederschlag wäscht man aus, und gießt alsdenn hierauf eine
schwache Schwefelsäure, welche sich mit dem Bley verbindet und die Aepfelsäure flüssig zurückläßt, die nun durchs
Filtriren erhalten werden kann. Sie läßt sich auch künstlich
aus Zucker bereiten. Man gießt nähmlich verdünnte Salpetersäure auf den Zucker, und schüttet in diese Auflösung
Kalkwasser, so verbindet sich der Kalk mit den übrigen darin
enthaltenen Pflanzensäuren, fällt zu Boden und hinterläßt
im Flüssigen eine apfelgesäuerte Kalkerde, woraus durch Bley-
essig und Schwefelsäure die Apfelsäure wie vorhin gewonnen
werden kann. Mit den Laugensalzen und Erden verbunden
gibt sie eigene Neutral - und Mittelsalze: nähmlich mit Pottasche apfelgesäuerte Pottasche (alcali vegetabile malatum, malate de potasse); mit Soda apfelgesäuerte
Soda (alcali minerale malatum, malate de soude);
mit Ammoniak apfelgesäuertes Ammoniak (alcali volatile malatum, malate d'ammoniaque). Mit der Kalkerde gibt sie das Mittelsalz die apfelgesäuerte Kalkerde
(calx malata, malate de chaux), welches sich im Wasser
aber nicht im Weingeiste auflösen läßt, und vorzüglich hierdurch von den vegetabilischen Säuren unterscheidet.

Nach dem antiphlogistischen Systeme ist die Apfelsäure
zusammengesetzt aus Wasserstoff, Kohlenstoff und Sauerstoff; jedoch enthält sie mehr Sauerstoff als die Sauerklee-
säure, aber weniger als die Essigsäure; dagegen befindet sich
in ihrer Grundlage etwas mehr Kohlenstoff und etwas weniger Wasserstoff als in der Essigsäure. Nach dem phlogistischen System ist sie zusammengesetzt, aus Brennstoff, Wasserstoff und kohlensaurer Grundlage, nebst Basis der Lebensluft.

M. s. über die Frucht - und Beerensäure von Herrn C.
W. Scheele in Crells chem. Annal. 1785. B. II. S. 291 f.
Hermbstädt über die neu entdeckte Aepfelsäure; in seinen

Verfuchen und Beobachtungen. B. I. S. 304. **Weftrumb**, etwas von der Natur der Aepfelfäure, in feinen kleinen chem. Abhandl. B. II. H. 1. S. 357. Anfangsgründe der anti‐phlogiftifchen Chemie von **Chrift. Girtanner**. Berl. 1795. 8. S. 327. Syftemat. Handbuch der gefammten Chemie von **F. A. C. Gren** Th. II. Halle, 1794. 8. §. 1122 u. f.

Aequator, Mittelkreis, Aequinoctialkreis, Gleicher (aequator, circulus aequinoctialis, équateur) ift ein größter Kreis der Himmelskugel, auf deffen Ebene die Weltare fenkrecht fteht, welcher folglich von den Weltpo‐len allenthalben gleich weit, nähmlich um einen Quadranten, entfernet ift. Diefer Kreis theilet daher auch die ganze Him‐melskugel in zwey gleich große Halbkugeln, in die fo genannte **nördliche** und **füdliche** ab. Wenn fich die Himmelskugel um die Weltare zu drehen fcheinet, fo befchreibet ein jeder Stern binnen 24 Stunden einen Kreis, der mit dem Ae‐quator parallel gehet, und **Tagekreis** genennet wird (f. **Tagekreis**). In der Aftronomie wird der Aequator vor‐züglich gebrauchet, um die Lage der Geftirne gegen ihn zu beftimmen. In diefer Abficht wird er alsdann, wie ein jeder anderer Kreis, in 360 Grade, jeder Grad in 60 Minuten u. f. f. eingetheilet. Die Grade werden von dem Frühlings‐punkte an von Abend gegen Morgen gezählet, und eben da‐durch wird die gerade Auffteigung der Geftirne beftimmet (f. **Auffteigung, gerade**). Wenn alfo die Abweichung und die gerade Auffteigung eines Sternes bekannt ift, fo ift auch felbft die Lage des Sternes bekannt. Vorzüglich dienet aber auch der Aequator zur Beftimmung der Zeit der täg‐lichen fcheinbaren Bewegung der Geftirne. Die Beobach‐tungen lehren nähmlich, daß die fcheinbare Bewegung des Himmels gleichförmig von ftatten gehe, d. h., daß in glei‐chen Zeittheilen auch gleiche Bogen vom Aequator, folg‐lich auch gleiche Bogen von dem Tagekreife der Sterne durch ten Mittagskreis hindurchgehen. Weil folglich alle 24 Stunden 360 Grade durch den Mittagskreis gefchoben wer‐den, fo läßt fich nach der Regel Detri ungemein leicht be‐

rechnen,

rechnen, daß in 4 Minuten 1°, in 4 Sekunden 1′, in 4 Tertien 1″, in 1 Stunde 15° in 1 Minute 15′ und 1 Sekunde 15″ des Aequators durch den Mittagskreis gehen müssen. Dieß würde nun eben so viel bedeuten, als wenn zwey Firsterne von einander um so viele Grade, Minuten oder Sekunden in Ansehung der geraden Aufsteigung von einander entfernet sind, so muß so viele Zeit verfließen, wenn nach der Culmination des vorhergehenden Sternes der nachfolgende culminiren soll. Man nennt die auf diese Weise bestimmte Zeit die Sternzeit oder die Zeit der ersten Bewegung (s. Sternzeit). Umgekehrt läßt sich nun auch sehr leicht berechnen, wie viele Grade, Minuten u. s. f. in einer gewissen Zeit von dem Aequator durch den Mittagskreis geschoben werden. So gehen z. B. in einer Stunde 15 Grade, in einer Minute 15′ durch den Mittagskreis u. s. Wenn ferner aus den Beobachtungen bekannt ist, wie viele Grade und Minuten vom Aequator ein mittlerer Sonnentag zum Durchgehen der mittleren Stelle der Sonne durch den Mittagskreis gebrauchte, so würde nun auch das Verhältniß der Sternzeit zu der mittleren Sonnenzeit bekannt seyn, und man könnte alsdann sehr leicht Bogen des Aequators in mittlere Sonnenzeit, und diese in jene verwandeln (s. Sonnenzeit).

Alle größte Kreise auf der Himmelskugel werden von dem Aequator in Halbkreise geschnitten, und diejenigen Kreise besonders, welche durch die Weltpole gehen, stehen auf dem Aequator senkrecht, wie z. E. die Abweichungskreise der Gestirne, die Mittagskreise u. d. gl. Besonders schneiden der Aequator und der Horizont einander im wahren Morgen- und im wahren Abendpunkte. So bald wie die Sonne in den Aequator in ihre scheinbare Bahn kommt, so ist auch an allen Orten der Erde Tag und Nacht gleich, und eben hiervon hat er den Nahmen erhalten.

M. s. meine Anfangsgründe der optischen und astronomischen Wissenschaften. Jena, 1794. 8. Astronom. dritt. Kapitel S. 297. §. 109 u. s. J. E. Bode kurz gefaßte Erläuterung der Sternkunde: §. 177 u. s.

D 5   Aequa-

Aequator der Erde, Aequinoctiallinie, die Linie (aequator telluris, linea aequinoctialis, équateur de la terre, ligne équinoxiale, la ligne), iſt der gröſte Kreis auf unſerer Erdkugel, welcher von den Erdpolen allenthalben gleich weit, nähmlich um einen Quadranten, entfernet iſt. Er fällt alſo gerade in die Ebene des Mittelkreiſes, indem er gehörig bis an die Himmelskugel erweitert den Aequator ſelbſt gibt. Es ſind folglich auch die Erdpole die Pole und die Erdaxe die Axe des Erdäquators. Nimmt man die tägliche Bewegung der Erde um die Axe an, ſo beſchreiben alsdann alle Oerter auf der Erde Kreiſe, welche mit dieſem Erdäquator parallel ſind, und die Weltpole zu Polen haben. Alle Meridiane, welche bis an die Himmelskugel erweitert Deklinationskreiſe geben würden, ſtehen auf dem Erdäquator ſenkrecht, und ihre Durchſchnittspunkte mit demſelben ſind von den Polen um 90 Grade entfernet. Die Schiffer nennen den Erdäquator ſchlechthin die Linie, und es iſt leicht zu begreifen, was die Redensart ſagen wolle, ein Ort auf der Erde liege unter der Linie.

Alle Oerter auf der Erde, durch welche dieſer Aequator gehet, haben den Aequator des Himmels im Zenith, und ſie haben folglich die Sonne im Mittage jährlich zwey Mahl über ihrem Scheitel. Auch iſt bey ihnen das ganze Jahr hindurch Tag und Nacht gleich, und eben daher hat dieſer Kreis den Nahmen erhalten.

Dieſer Kreis dienet vorzüglich dazu, um die Lage der Oerter auf der Erdfläche zu beſtimmen, und er wird zu dieſer Abſicht, wie alle übrige Kreiſe, in 360 Grade getheilet. Wenn durch irgend einen Ort der Meridian geleget wird, ſo wird alsdann der Bogen dieſes Meridians von dem Orte bis zum Aequator die **geographiſche Breite** genennet (ſ. Breite, **geographiſche**). Um alsdann die Lage dieſes Ortes zu beſtimmen, kommt es auf den Anfangspunkt des Aequators an, von welchem die Grade deſſelben fortgezählet werden. Dieſer Punkt iſt nun an und für ſich willkürlich, und es haben ihn auch verſchiedene Geographen verſchiedent-

- lich

lich angenommen; so bald er aber ein Mahl geſetzet iſt, ſo
nennt man alsdann den Mittagskreis, welcher durch ſelbigen
gehet den erſten Mittagskreis, und es werden von dieſem Punkte an die Grade des Aequators von Abend gegen
Morgen fortgezählet. Wenn nun ein Mittagskreis irgend
eines Ortes den Aequator trifft, ſo heißt alsdenn der Bogen
des Aequators von dem erſten Meridiane angerechnet bis zu
dem Durchſchnittspunkte des Meridianes mit dem Aequator
die geographiſche Länge (ſ. Länge, geographiſche).
Iſt die geographiſche Länge und die geographiſche Breite
eines Ortes bekannt, ſo iſt auch die Lage des Ortes auf der
Erdfläche beſtimmt; nur iſt noch zu bemerken, daß die Breite
nördlich und ſüdlich ſeyn kann, nachdem der Ort auf der
nördlichen oder auf der ſüdlichen Halbkugel lieget.

Aequatorhöhe (eleuatio aequatoris, hauteur me-
ridienne de l'équateur) iſt der Bogen des Mittagskreiſes
zwiſchen dem Aequator und dem Horizonte. Wenn (fig. 1)
a o b der Aequator, i o k der Horizont und p i q k für irgend
einen Ort der Mittagskreis iſt, ſo iſt die Aequatorhöhe dieſes Ortes der Bogen ai = kb. Dieſer Bogen iſt zugleich
das Maß des Winkels, unter welchem ſich die Ebenen des
Aequators und des Horizontes ſchneiden. Da nun der Horizont den Mittagskreis in zwey Halbkreiſe theilet, ſo
hat man

$$kp + pa + ai = 180° \text{ aber}$$
$$pa = 90° \text{ mithin}$$
$$\overline{kp + ai = 90° \text{ b. h.,}}$$

die Polhöhe pk und die Aequatorhöhe betragen zuſammen
90 Grade. Wäre alſo die Polhöhe irgend eines Ortes gegeben, (ſ. Polhöhe), ſo würde man die Aequatorhöhe
finden, wenn man die Polhöhe von 90 Graden ſubtra-
hirte. Z. E.

$$90° = 89° \ 60'$$
Polhöhe für Jena $= 51° \ 2'$
Aequatorhöhe für Jena $= 38° \ 58'$

Aequi-

Aequinoctialkreis f. **Aequator.**

Aequinoctiallinie f. **Aequator der Erde.**

Aequinoctialpunkte, **Nachgleichungspunkte**
(puncta aequinoctiorum, points équinoxiaux) heißen
die beyden Durchschnittspunkte der Ecliptik mit dem Aequator. Weil nähmlich die Sonne eine eigene Bahn im
Jahre hindurch zu durchlaufen scheinet, deren Ebene mit der
Ebene des Aequators nicht zusammenfällt, sondern selbige
unter einem Winkel schneidet, so kann auch nur die Sonne
jährlich zwey Mahl in den Aequator kommen; das eine Mahl
um den 21. März und das andere Mahl um den 23. September. Gerade zu dieser Zeit ist an allen Orten der Erde Tag
und Nacht gleich, und eben daher haben auch diese Punkte
ihren Nahmen erhalten. Den erstern Punkt nennt man
**Frühlingspunkt, Widderpunkt, ersten Punkt des
Widders** (punctum aequinoctii verni, punctum primum arietis, équinoxe du printems, premier point
du Bélier), den andern aber **Herbstpunkt, ersten Punkt
der Wage** (punctum aequinoctii autumnale, équinoxe d'automne). Der Frühlingspunkt wird gemeinig-
lich mit $0°\,\Upsilon$, und der Herbstpunkt mit $0°\,\triangleq$ bezeichnet,
weil dazumahl, da die Sterne im Thierkreise (f. Thier-
kreis) ihre Nahmen erhalten hatten, die Sonne beym ersten Frühlingstage in den Widder, und beym ersten Herbst-
tage in die Wage trat. Von dem Frühlingspunkte an
steigt nun die Sonne in die nördliche Halbkugel hinauf, und
von eben dem Punkte werden die Grade und Theile davon
so wohl des Aequators als auch der Ecliptik zu zählen angefangen, und gegen Morgen zu fortgezählet. Dieser Punkt
hat jetzt seine Stelle nicht mehr bey dem Gestirn des Widders, sondern er ist nach Abend zu fortgerückt und steht jetzt
bey dem Gestirn der Fische (m. f. **Vorrücken der Nachtgleichen**). Was den Herbstpunkt betrifft, so ist dieser von
dem Frühlingspunkte gerade um 180 Grade entfernet, und
liegt folglich mit diesem in einer geraden Linie, nähmlich in
der Durchschnittslinie der Ebene der Ecliptik und der Ebene

des

des Aequators. Natürlich kann er auch seine Stelle nicht mehr wie vormahls bey der Wage haben, sondern er ist um eben so viel weiter gegen Abend fortgerückt, als der Frühlingspunkt; er steht daher bey dem Gestirn der Jungfrau. Wenn durch die beyden Aequinoctialpunkte und durch die beyden Weltpole eine Ebene geleget wird, so erhält man einen größten Kreis, welcher der Colur der Nachtgleichen genennet wird (s. Coluren).

Aequinoctium s. Nachtgleiche.

Aerometrie (aërometria, aerometrie) ist eine Wissenschaft von den Gesetzen der Kräfte elastischer flüssiger Massen. Ob nun gleich alle Materie ursprünglich elastisch ist; so werden doch hier vorzüglich diejenigen Massen verstanden, welche in einem hohen Grade, wie die Luft und Luftarten, Elasticität besitzen, die Elasticität mag entweder ursprüngliche oder abgeleitete seyn. Sie läßt sich bequem in zwey Haupttheile abtheilen, nähmlich in die Aerostatik oder die Wissenschaft von den Gesetzen des Gleichgewichts elastischer flüssiger Massen, und Pneumatik oder Aeromechanik oder die Wissenschaft von den Gesetzen der Bewegung elastischer flüssiger Massen.

Der Herr von Wolf war der erste, welcher der Aerometrie die Form einer Wissenschaft gab, und sie im Jahre 1709 zu Leipzig unter dem Titel: elementa aërometriae herausgab. Seine Untersuchungen betreffen aber mehrentheils bloß das Gleichgewicht der Kräfte, die auf die Luft wirken. Nachher aber, als man die Aerometrie als einen besondern Theil der Mathematik behandelte, und mehrere elastische flüssige Materien außer der gemeinen oder atmosphärischen Luft kennen lernte, welche alle in Ansehung ihrer Elasticität einerley Gesetzen unterworfen sind, so hat man auch diese Wissenschaft ungemein erweitert. So große und wichtige Zusätze indessen die Aerometrie nach und nach erhalten hat, so muß man doch offenherzig gestehen, daß allgemeine Untersuchungen über die Gesetze elastischer flüssiger Massen mit sehr vielen Schwierigkeiten verbunden sind, indem man

viele

viele Vorausſetzungen wegen Mangel der Erfahrungen annehmen muß, welche nicht alle Mahl in der Natur völlig
Statt haben. So weiß man z. B. noch kein allgemeines Geſetz über die Größe der Ausdehnung der Luft für beſtimmte
Wärmegrade anzugeben, und ſo iſt überhaupt die Elaſticität
der Luft ſo vielen Veränderungen unterworfen, daß man bey
jeder geringen Abweichung, die wir nicht alle Mahl zu beſtimmen im Stande ſind, neue Unterſuchungen anſtellen
müßte. M. ſ. hiervon mit mehreren den Artikel **Luft,**
und die Artikel **Luftpumpe, Barometer, Hygrome-**
ter u. d. gl.

M. ſ. Lehrbegriff der geſammten Mathematik von **W.**
J. G. Karſten, Thl. III. Greifswald 1769. 8. Die Aeroſtatik, S. 289. Thl. VI. Die Pneumatik, S. 289 u. ſ.
Deſſelben Anfangsgründe der mathematiſchen Wiſſenſchaften.
B. II. Greifswald 1780. Die Aeroſtatik S. 218 u. ſ. Maſchinenlehre VII. Abſchnitt. §. 103 u. ſ. Geſchichte der Aeroſtatik, hiſtoriſch, phyſiſch und mathematiſch ausgeführt, von
Dr. **Kramp.** Straßburg 1784. 8. 2 Theile; deſſelben An-
hang zur Geſchichte der Aeroſtatik. Strasb. 1786. 8.

Aeroſtat, Montgolfiere, aroſtatiſche Maſchine,
Luftball (machina aëroſtatica, Aëroſtat, Montgol-
fière, Machine ou Ballon aëroſtatique). Hierunter verſteht man eine Maſchine, welche in der atmosphäriſchen Luft
aufſteigen und beträchtliche Laſten mit ſich nehmen kann. Ob
es gleich gewiß iſt, daß die ſo genannte Luftſchifffarth noch
nicht entdecket worden, ſo iſt doch nicht abzuläugnen, daß die
Erfindung der Luftbälle eine ſehr merkwürdige Anwendung
der aroſtatiſchen Geſetze gewähret. Dieſerwegen muß es auch
dem Phyſiker wichtig ſeyn, weitere Unterſuchungen zur ge-
naueren Entdeckung der Eigenſchaften der Luft und der Luftarten anzuſtellen. Nach hydroſtatiſchen Geſetzen verliert ein
Körper in der Luft von ſeinem Gewichte ſo viel, als das Gewicht der Luft beträgt, welche der Körper verdrängt. Geſetzt alſo, es ſey der körperliche Raum, welchen der Körper
in der Luft einnimmt, in Cubikfüßen $= c$, und das Gewicht
eines

eines Cubikfußes Luft $= p$, ſo verlieret der Körper in der Luft das Gewicht $= pc$. Man ſetze ferner das Gewicht eines Cubikfußes von derjenigen Materie, womit der Körper angefüllet worden, $= a$, mithin das ganze Gewicht dieſer Materie $= ac$; endlich ſetze man noch das Gewicht des Körpers ſelbſt mit der daran gehängten Laſt $= q$; ſo wird nun das geſammte Gewichte des Körpers mit der darin enthaltenen Materie $= q + ac$ ſeyn. Hieraus erhellet nun, daß der Körper in der Luft in die Höhe ſteigen müſſe, wenn pc größer als $q + ac$ iſt; denn alsdann wird er mit einer Kraft $= pc - (q + ac) = pc - q - ac = (p - a) c - q$ aufſteigen. Sollte die Luftmaſchine nicht aufſteigen, ſondern nur ſchweben, ſo muß offenbar $o = (p - a) c - q$, folglich $q = (p - a) c$ ſeyn. Hieraus findet man alſo $c = \dfrac{q}{p - a}$.

Nun nehme man die ganze Oberfläche der Hülle der Luftmaſchine in Quadratfüßen ausgedruckt $= m$, und das Gewicht eines Quadratfußes von dieſer Hülle $= n$, mithin das ganze Gewicht der Hülle $= mn$, ſo wird nun die ganze Laſt q, wenn die ſchwebende Maſchine weiter keine Laſt tragen ſoll, $= mn$ ſeyn, und es ergibt ſich $c = \dfrac{mn}{p - a}$. Hätte die Luftmaſchine die Geſtalt einer Kugel, deren Durchmeſſer $= d$ wäre, ſo würde $m = \pi d^2$ und $mn = \pi d^2 n$, und $c = \frac{1}{6} \pi d^3$ ſeyn, wenn das Verhältniß des Durchmeſſers zur Peripherie $= 1 : \pi$ geſetzet wird; demnach wird

$$\tfrac{1}{6} \pi d^3 = \frac{\pi d^2 n}{p - a} \quad \text{oder}$$

$$\tfrac{1}{6} d = \frac{n}{p - a} \quad \text{und} \quad d = \frac{6n}{p - a} \quad \text{gefunden.}$$

Wenn alſo eine Luftmaſchine in Geſtalt einer Kugelhülle mit brennbarem Gas angefüllt in der Luft ſchweben ſoll, ſo wird ihr Durchmeſſer gefunden, wenn man das Gewicht der Quadratfußes der Hülle mit 6 multipliciret, und dieſes Produkt durch die Differenz von dem Gewichte eines Cubikfußes atmoſphä-

atmosphärischer Luft und von dem Gewichte eines Cubikfußes brennbarer oder erhitzter Luft dividiret. Nähme man
den auf diese Weise berechneten Durchmesser nur etwas größer
an, so würde der schwebende Luftball steigen müssen. Denn
ohne Zweifel muß der Luftball steigen, wenn das Gewicht
der Kugelhülle und der darin befindlichen erhitzten Luft kleiner als das Gewicht der verdrängten Luft, oder

$$\tfrac{1}{6}\pi d^3\, p \gtrdot \tfrac{1}{6}\pi d^3\, a + \pi d^2\, n \text{ ist; folglich}$$

$$\tfrac{1}{6}\pi d^3\,(p-a) \gtrdot \pi d^2\, n \text{ oder}$$

$$\tfrac{1}{6}\, d\,(p-a) \gtrdot n \text{ oder}$$

$$d \gtrdot \frac{6\,n}{p-a}.$$

Sollte der Luftball bloß durch Erwärmung der in selbigem befindlichen atmosphärischen Luft schwebend erhalten
werden; so setze man, es würde die innere Luft durch die
Erwärmung etwa um $\tfrac{1}{3}$ leichter, als die äußere atmosphärische Luft; alsdann würde der Durchmesser des Luftballes
gefunden

$$d = \frac{6\,n}{p-\tfrac{2}{3}\,p} = \frac{18\,n}{p}.$$

Setzt man hingegen die brennbare Luft, womit der Ball
angefüllet würde, ungefähr 6 Mahl leichter als die atmosphärische, so ist der Durchmesser der schwebenden Kugel

$$d = \frac{6\,n}{p-\tfrac{1}{6}\,p} = \frac{(7\tfrac{1}{5})\,n}{p};$$

nach dieser Voraussetzung würde also bey einerley Zeug die
mit erwärmter atmosphärischer Luft angefüllte Kugel einen

$$\frac{18}{7\tfrac{1}{5}} = 2\tfrac{1}{2} \text{ Mahl größern Durchmesser, mithin auch } 6\tfrac{1}{4} \text{ Mahl}$$

mehr Zeug zur Hülle haben müssen, als die mit brennbarer
Luft angefüllte.

Es wiege z. E. ein jeder Quadratfuß der Hülle $1\tfrac{1}{2}$ Loth,
jeder Cubikfuß atmosphärischer Luft $= 2$ Loth, und ein Cubikfuß brennbare Luft $= \tfrac{1}{3}$ Loth, so wird der Durchmesser der
schwebenden Kugel

$$d =$$

$$d = \frac{6.1\frac{1}{2}}{2-\frac{1}{3}} = \frac{9}{1\frac{2}{3}} = \frac{27}{5} = 5\frac{2}{5} \text{ Fuß.}$$

daher müßte der Durchmesser für erwärmte Luft $5\frac{2}{5} \cdot 2\frac{1}{2} = 13\frac{1}{2}$ Fuß, und wenn die Kugel steigen sollte, 14 bis 15 Fuß groß seyn.

Wenn der Luftball noch eine beträchtliche Last, als Menschen und andere Sachen tragen sollte, so erhellet, daß er alsdann in der Luft schwebend erhalten werden müsse, wenn das Gewicht des Balles, der darin enthaltenen verdünnten Luft und der angehängten Last zusammen eben so groß ist, als das Gewicht der verdrängten Luft. Setzt man nun die am Luftball angehängte Last $= b$, so wird im Falle des Gleichgewichtes seyn müssen

$$\tfrac{1}{6}\pi d^3 p = \tfrac{1}{6}\pi d^3 a + \pi d^2 n + b$$

dieß wäre also eine kubische Gleichung, wenn der Werth von d als unbekannt angenommen wird. Sie läßt sich in dieser Rücksicht auf folgende Form bringen:

$$\tfrac{1}{6}\pi d^3 (p-a) - \pi n d^2 = b \text{ und}$$

$$d^3 - \frac{6n}{p-a} \cdot d^2 = \frac{6b}{(p-a)\pi}.$$

Aus dieser Gleichung würde sich nun der Werth von d in jedem besondern Falle finden lassen.

Es sey z. E. wie vorhin $p = 2$ Loth, $n = 1\frac{1}{2}$ Loth $= \frac{3}{2}$ Loth, $a = \frac{1}{3}$ Loth und $b = 200$ Pfund $= 6400$ Loth, so findet man

$$6b = 6,6400 = 38400 \text{ Loth}$$

$$(p-a)\pi = \tfrac{5}{3} \cdot 3,1416 = 5,236, \text{ folglich}$$

$$\frac{6b}{(p-a)\pi} = \frac{38500}{15,236} = 7353$$

$$6n = \tfrac{3}{2} \cdot 6 = 9 \text{ und}$$

$$\frac{6n}{p-a} = 9 : \tfrac{5}{3} = \frac{27}{5} = 5\frac{2}{5}$$

mithin ist ungefähr die Gleichung

$$d^3 - (5\tfrac{2}{5}) d^2 = 7353.$$

Setzt man nun für d nach und nach immer andere und andere bestimmte Werthe, und vergleichet alles gehörig mit einander, so wird man dadurch d ziemlich genau finden können. Nähme man hier $d = 20$ Fuß, so findet man

E

$$d^3 -$$

$$d^3 - (5\tfrac{2}{3}) \, d^2 = 5840$$

mithin noch nicht wie verlangt wird 7353. Nähme man ferner d = 21 Fuß, so ergäbe sich

$$d^3 - (5\tfrac{2}{3}) \, d^2 = 6980$$

also ebenfalls noch nicht 7353. Setzte man noch weiter d =
22 Fuß, so würde

$$d^3 - (5\tfrac{2}{3}) \, d^2 = 8034.$$

Hieraus kann man nun mit Sicherheit schließen, daß der wahre
Werth von d zwischen 21 und 22 Fuß fallen müsse; demnach
könnte man hier ohne merklichen Irrthum d = 22' setzen.

Was die Materie betrifft, woraus die Kugelhülle des
Luftballes zu verfertigen ist, so ist es natürlich der Absicht
gemäß, sie von solchem leichten Gewichte als möglich zu wählen; jedoch muß sie auch die in selbiger eingeschlossene verdünnte oder brennbare Luft nicht so leicht fahren lassen. Zu
kleinen Bällen, an welche weiter keine Last angehängt werden soll, und welche mit brennbarer Luft zu füllen sind, wird
ohne Zweifel die sogenannte Goldschlägerhaut die bequemste
Materie seyn. Sie ist eigentlich das vom Fett gereinigte
und von den Ochsendärmen abgezogene innere Häutchen, welches auf einen Rahmen gespannt, getrocknet, und mit Blut-
stein abgerieben, und zum besondern Gebrauch der Goldschlä-
ger noch mit einem Firnisse überzogen worden. Bey solchen
Luftbällen hingegen, welche mit erhitzter Luft angefüllet werden sollen, und deren Durchmesser nach dem obigen auf 2⅓
Mahl größer seyn müßten, würde dergleichen Materie nicht
mehr angewendet werden können. Zu kleinen Luftbällen hat
man das Papier zur Verfertigung der Hüllen am besten gefunden. Bey großen Luftmaschinen endlich, welche gemeiniglich beträchtliche Lasten mit in die Höhe nehmen sollen,
würde das Papier allein untauglich seyn. Man wählet daher
besonders bey denjenigen Luftbällen, welche mit verdünnter
Luft angefüllet werden, linnenes oder baumwollenes Zeug,
welches die Luft nicht leicht durchläßt, und welches oftmahls
doppelt genommen oder auch noch mit Papier ausgefüttert
wird. Das Gewicht eines Quadratfußes von solchem Zeuge

kann

kann man ungefähr 2 Unzen rechnen. Diejenigen Luftbälle, welche durch brennbare Luft gefüllt werden sollen, verfertiget man mehrentheils aus Taffet, weil sie um ein beträchtliches kleiner, als die mit erhitzter Luft seyn können. Man kann den Quadratfuß Taffet ungefähr $\frac{3}{4}$ Unzen schwer annehmen. Uebrigens werden mehrentheils die linnenen oder baumwollenen Hüllen, um sie vor der Gluth des Feuers und vor dem Regen zu schützen, von innen etwa mit einer Erdfarbe, und von außen mit einer leicht trocknenden Oelfarbe, die taffeten Hüllen hingegen, welche die brennbare Luft sehr leicht durchlassen würden, von innen und außen mit Firniß überstrichen. Folgenden Firniß hat man am besten befunden: man kocht Vogelleim mit Leinöhl ab, und vermischt alsdann diese Masse mit Terpentingeiste.

Nimmt man nun in der für Kugelhüllen angegebenen Formel bey leinenem Zeuge $n = 2$ Unzen $= 4$ Loth, bey Taffet aber $n = \frac{3}{4}$ Unzen $= 1\frac{1}{2}$ Loth, und setze das Gewicht eines Cubikfußes Luft $= p = 2\frac{2}{5}$ Loth, das Gewicht eines Cubikfußes erhitzter Luft $= a = \frac{2}{3} . p = 1\frac{2}{5}$ Loth, das Gewicht eines Cubikfußes brennbarer Luft $= \frac{1}{6} p = \frac{2}{5}$ Loth; so wird man alle Halbmesser der Kugelhüllen für andere und andere Werthe von b finden können, wenn die Bälle schwebend erhalten werden sollen. Folgende kleine Tabelle zeigt einige Resultate an:

Werthe von b in Pfunden.	Werthe von d für Taffet mit brennbarer Luft.	Oberfläche der Kugel in Quadr. Füßen.	Inhalt körperl. in Cubikfüßen.	Werthe von d für linnenes Zeug mit erhitzter Luft.	Oberfläche der Kugel in Quadr. Füßen.	Inhalt körperl. in Cubikfüßen.
1	5,5 Fuß.	95	87	30,1 Fuß.	2846	14277
50	12,8 —	515	1099	33,5 —	3525	20092
100	16,2 —	824	2224	35,9 —	4049	23890
200	19,9 —	1244	4115	40 —	5036	32906
500	26,4 —	2196	9662	47,2 —	6998	54584
1000	33 —	3320	18260	55,2 —	9572	88062

Die Kugelgestalt der aerostatischen Maschinen hat vor andern Formen einen Vorzug, weil sie unter allen Körpern, welche mit der Kugel einen gleichen körperlichen Raum einnehmen, die kleinste Oberfläche hat; sie erfordert daher die

 geringste

geringste Menge von Zeug zur Verfertigung der Hülle, um
eine gewisse Quantität atmosphärischer Luft aus der Stelle
zu treiben. Es ist zwar nicht zu läugnen, daß die zugespitzten Luftmaschinen alsdann die besten seyn würden, wenn man
sie willkürlich nach einer jeden Gegend hinlenken könnte.
Da aber dieß bis jetzt noch nicht in unserer Gewalt stehet,
und dieserwegen dem Luftstrom eine sehr große Fläche ausgesetzet würde, wenn nicht mehr die Spitze, sondern die Seitenfläche gegen denselben gerichtet wäre; so bleibt immer noch
die Kugelgestalt die vorzüglichste. Um nun dergleichen kugelförmige Luftmaschinen zu verfertigen, muß man die Hülle aus
verschiedenen Streifen von dem gewählten Zeuge zusammen-
leimen oder zusammennähen, und alsdann die Nähte beson-

zu machen sind, läßt sich aus folgendem beurtheilen: wenn
die Anzahl der Streifen, woraus die Kugelhülle zusammen-

gleiche Theile thei-
len, als die Kugelhülle Streifen haben soll. Ueberhaupt
hat man nur nöthig, den Halbmesser $= 1$ zu setzen, indem
man für einen jeden andern Halbmesser die gleichen Theile
der Peripherie findet, wenn man die gleichen Theile der Peripherie für den Halbmesser $= 1$ mit dem andern Halbmesser
multipliciret. Zu dem Ende sey (fig. 14) $ac = cd = 1$
dem Halbmesser einer Kugel, der Bogen df so wie bf ein
Quadrant eines größern Kreises der Kugel, und die ganze
Fläche dfb der vierte Theil der Halbkugelfläche oder der achte
Theil der ganzen Kugelfläche. Gesetzt es wäre nun der Bogen fe einer von den gleichen Theilen der Peripherie und der
Bogen de ein Quadrant, so wird der Streifen dfe ein eben
so vielter Theil von dem vierten Theile der Halbkugelfläche
seyn, als der Bogen fe vom Quadranten fb ist. Den Bogen fe halbire man in a, und gedenke sich den Quadranten
ad,

a d, welcher auch den Streifen f c d e halbiren wird. Dieser Quadrante a d sey in gleiche Theile etwa von 10 zu 10, oder 5 zu 5, oder 3 zu 3 Grade u. f. eingetheilet, und durch alle diese Theilungspunkte Bogen auf der Oberfläche der Kugel mit f e parallel gezogen, so gehören zu diesen Bogen die gegen den Pol d zu immer kleiner werdenden Halbmesser g α, x β, o γ u. f. Nun kommt hier alles darauf an, die Bo-
: Nach Lehren der Trigo-
nometrie ist klar, daß g α $=$ cof. g a; x β $=$ cof. x a u. f. und da nun a c : g α $=$ a f : g i oder 1 : cof. g a $=$ a f : g i und a c $=$ x β $=$ a f : k m oder 1 : cof. k a $=$ a f : k m u. f.

$\times$ cof. k a u. f. · Hieraus ist es nun leicht zu begreifen, wie auf einer Ebene ein Streifen (fig. 15) d f e verzeichnet werden könne, welcher den Kugelstreifen (fig. 15) d f e gleich ist. Man ziehe nähmlich die gerade Linie f e (fig. 15), und mache nach einém verjüngtén Maßstabe den Theil a f $=$ a e $=$ (fig. 14.) dem Bogen a f $=$ a e, setze die Linie (fig. 16) a d auf f e senkrecht auf, und nehme sie nach dem Maßstabe dem Quadranten (fig. 15) a d gleich. Wenn nun die gleichen Theile a g, g k, k o, o q u. f. des Quadranten gehörig berechnet sind, so trage man diese (fig. 15) von a nach d, ziehe durch alle Theilungspunkte g, k, o, q u. f. Linien mit f e parallel, und mache g i, k m, o p, q f u. f. : so wie auch die Theile auf der andern Seite, der geraden Linie so groß als die Bogen (fig. 14) g i, k m, o p u. f. gefunden sind. Durch die Punkte (fig. 15) f, i, m, p. u. f. ziehe man aus freyer Hand die krumme Linie d f, und eben so die Linie d e, so wird dieser ebene Streifen f d e dem Streifen (fig. 14) f d e auf der Kugelfläche gleich seyn. Auf die nähmliche Art wird sich auch unter (fig. 15) f e der Streifen f a e $=$ f e d zeichnen lassen, und es wird d f a e ein ganzer Streifen auf der Oberfläche der ganzen Kugel seyn. Hat man nun nach dieser Vorschrift ein Modell verzeichnet, so kann man hiernach Streifen von dem Zeuge, wovon der Ball verfertiget werden soll, abschneiden; der Naht wegen wird jedoch auf bey-
E 3
den

den Seiten eines jeden Streifens etwas zugegeben. Wenn z. B. für den Halbmesser der Kugel $= 1$ die gleichen Bogen des Quadranten (fig. 14) ad 10 Grade fassen, folglich der ganze Quadrant in gleiche Theile getheilet worden, so findet man den Quadranten $= 1{,}570796$, und die gleichen Bogen ag $=$ gk $=$ kb u. s. $f. = 0{,}174533$. Nimmt man nun an, daß die Kugelhülle aus 28 Streifen, folglich der vierte Theil derselben aus 7 Theilen bestehen soll, so wird fa der 58 Theil von der Peripherie seyn, und $6°\ 25'\ 42''\ 51'''$ fassen. In Theilen des Halbmessers findet man:

$$6° = 0{,}104719$$
$$25' = 0{,}007272$$
$$42'' = 0{,}000203$$
$$51''' = 0{,}000003$$

und fa $= 0{,}112198$.

Ferner hat man col. $10° = 0{,}984807$, mithin ig $= 0{,}984897 \times 0{,}112198 = 0{,}110493$; col. $20° = 0{,}939692$, und km $= 0{,}939692 \times 0{,}112198 = 0{,}105431$ u. s. f.

Für einen jeden andern Halbmesser der Kugel darf man nur die Zahl, welche die Größe desselben angibt mit einer jeden von den vorigen gefundenen Zahlen multipliciren, um die Linien (fig. 15) af, gi, km, u. s. f. zu finden.

Wenn auf diese Weise die Kugelhülle verfertiget ist, so wird besonders bey denjenigen Luftbällen, welche mit erhitzter Luft gefüllet werden sollen, unten am Boden eine Oeffnung im Durchmesser etwa $\frac{1}{4}$ bis $\frac{1}{3}$ des Durchmessers der Kugelhülle gemacht, und an selbiger ein cylindrischer Hals von etwa 6 Fuß Länge von Leinwand daran genehet, um die Maschinen vermittelst eines unter selbigem angemachten hellen Feuers mit erhitzter Luft füllen zu können.

Was das Steigen eines Luftballes betrifft, so kann dieß nur bis zu dieser Höhe statt finden, wo die specifische Schwere der Luft mit der specifischen Schwere des Luftballes einerley ist, in diesem Zustande wird er nun von der Luft nur schwebend erhalten werden. Könnte man alsdann annehmen, daß die

die specifischen Elasticitäten der atmosphärischen und der in
der Kugelhülle eingeschlossenen Luft gleich blieben, wenn sich
auch die absoluten Elasticitäten änderten, so müßte doch das
Gewicht p — a im gleichen Verhältnisse in p abnehmen.
Dieser Voraussetzung gemäß ließe sich das Gewicht eines Cubikfußes der in einer von der Erdfläche bekannten Höhe befindlichen Luft, auf welche der Luftball bis zum Schweben
gestiegen ist, mithin auch das Verhältniß der Dichtigkeit der
untern und der obern Luft in bestimmter Höhe finden. Wäre
aber umgekehrt das Verhältniß der Dichtigkeiten der untern
und der über der Erdfläche erhabenen Luftschichten bekannt,
so könnte man daraus auch finden, wie hoch der Luftball steigen müsse. Erhebt sich der Luftball ohne angehängte Last,
so war

$$d = \frac{6n}{p-a}; \text{ folglich}$$

$$p - a = \frac{6n}{d} \text{ und } p = \frac{6n}{d} + a;$$

da nun d, n und a als bekannt angenommen werden, so findet man das Gewicht p eines Cubikfußes Luft in der Höhe
über der Erdoberfläche, in welcher der Luftball schwebend erhalten wird. Trägt aber der Luftball noch die Last b, so
hatte man

$$\tfrac{1}{6} \pi d^3 \, p = \tfrac{1}{6} \pi d^3 \, a + \pi d^2 \, n + b,$$

und hieraus erhält man

$$p = a + \frac{6n}{d} + \frac{6b}{d^3 \pi}$$

woraus sich wiederum p als das Gewicht eines Cubikfußes
Luft in der bestimmten Höhe über der Erdfläche finden ließe.

Es würde ganz wider meine Absicht seyn, mich noch
länger mit Beschreibung alles dessen aufzuhalten, was erfordert wird, um die Luftbälle mit erhitzter oder brennbarer Luft
zu füllen, da dieß ohnehin schon jedermann bekannt ist, und
es überdem noch gar nicht in unserer Gewalt steht, von den
Luftbällen einen für das Wohl der Menschheit bestimmten Ge-

brauch

brauch zu machen. Dieserwegen ist es auch von Erfindung
dieser Luftbälle an ein bloß kühnes Unternehmen derjenigen
gewesen, welche sich in die obere Luft gewaget haben. Selbst
in dem letztern französischen verderblichen Kriege, in welchem
von den Luftbällen ein ernstlicher Gebrauch von einer Nation
gemacht wurde, welche Erfinder derselben war, und welche
so zu sagen in einem Moment von dem Polster der Weich-
lichkeit bis zur höchsten Stufe der Kühnheit gebracht werden
kann, wurden mit einer kaltblütigen Verachtung des Lebens
Luftfahrten unternommen.

Schon in den ältern Zeiten ist man auf den Gedanken
gekommen, sich in die Luft zu erheben; gemeiniglich geschah
aber dieses mit künstlichen Flügeln, und es war größtentheils
das Schicksal derer, welche dieses wagten, traurig, indem
sie entweder ihr Leben dabey verloren, oder einen siechen Körper davon trugen. Erst im vorigen Jahrhunderte hatte der
Jesuit **Franz Lana** oder **de Lanis** *) den Einfall, daß
vier große kupferne Kugeln von dünnem Kupferbleche, welche
luftleer gemacht, und woran ein Schiffchen gehängt würde,
wegen der großen luftleeren Räume weniger wiegen müßten,
als die von selbigen verdrängte Luft, und es werden daher
selbige in die Luft aufsteigen. Allein so wenig er angeben
konnte, dergleichen Kugeln luftleer zu machen, eben so wenig ist ein solcher Versuch zu Stande gebracht worden. Im
Jahre 1755. schlug ein Dominikaner Mönch in Frankreich,
Nahmens **Galien** *) vor, einen sehr großen Kasten in den
obern Luftregionen, wo der Schnee entstehet, zu bauen, dessen Gerippe von Holz, und das übrige von Leinwand mit
Wachs und Theer wohl bestrichen wäre. Dieser Kasten wäre
alsdann mit Luft erfüllt, welche halb so dünne als die untere
atmosphärische Luft; brächte man daher diesen Kasten herunter, so würde er endlich, wenn er nur groß genug wäre, in
eine Gegend kommen, wo er von der Luft schwebend erhalten werden müße. Obgleich dieser Vorschlag eben so wenig
wie

---

*) Prodromo dell' arte maestra. Brescia 1670. fol.
*) L'art de naviger dans les airs. Avignon 1755. 12.

wie der erstere ausgeführet werden könnte, so beweiset er doch wie jener, daß man schon den Gedanken hatte, verdünnte Luft könne ein Mittel seyn, das damit angefüllte Gefäß in der Luft schwebend zu erhalten. Als nun um das Jahr 1766 Cavendish die große Leichtigkeit des brennbaren Gas erfunden hatte, gerieth einige Zeit darauf D. Black in Edinburgh auf den Gedanken, daß eine dünne Blase mit dieser Luft gefüllt aufsteigen würde, ohne jedoch einen Versuch anzustellen. Cavallo *) hingegen machte im Jahre 1781. mit brennbarer Luft Versuche, und füllte zuerst hiermit Seifenblasen, welche nach Wunsche gut in die Höhe stiegen. Allein mit Papier und Blasen von Thieren gelangen ihm dergleichen Versuche nicht. Endlich hat.e er noch den Gedanken, daß die sogenannte Goldschlägerhaut wegen der geringern Schwere hierzu geschickter als die Blasen von Thieren wären. Die eigentlichen Erfinder der Aerostaten waren die Gebrüder Stephan und Joseph Montgolfier im Jahre 1782. Der ältere Montgolfier verfertige ein Parallellepipedum von Taffet von 40 Cubikfuß Inhalt, welches, nachdem es inwendig mit brennendem Papier erhitzt ward, in freyer Luft eine Höhe von ungefähr 70 Fuß erreichte. Dadurch wurden sie veranlaßt unter andern Versuchen einen Luftball den 5ten Jun, 1783. zu Annonay in Vivarais in die Höhe steigen zu lassen. Dieser Ball war von Leinwand gemacht, die man an Netze von Bindfaden geheftet hatte; besonders aber noch mit Papier gefüttert. Der Umfang derselben betrug ungefähr 100 Pariser Fuß. Unten am Boden hatten sie eine Oeffnung gelassen, durch welche die zusammengefaltete Hülle vermittelst eines darunter gemachten Strohfeuers entfaltet wurde. Dadurch schwoll die Hülle auf, und stieg zu einer Höhe von ungefähr 1000 Toisen, blieb 10 Minuten in der Luft und fiel ganz sanft 7200 Fuß vom Orte des Aufsteigens zusammen-

fähr 22000 Cubikfuß. Rechnet man die Luft etwa 800 Mahl leichter als das Wasser, so verdrängte die Kugel 1560 Pfund atmosphärische Luft. Die innere erhitzte Luft rechneten sie halb so schwer als die äußere, also 780 Pfund, und die ganze Maschine wog 500 Pfund; folglich wog alles zusammen 1280. Weil nun der Trieb in die Höhe zu steigen 1560 Pfund betrug, so war dieser doch noch um 280 Pfund größer als die Schwere der ganzen Masse; mithin mußte die Maschine mit einer großen Geschwindigkeit in die Höhe gehen. Als die Pariser Gelehrten von diesem Montgolfierischen Versuche Erfahrung eingezogen hatten, so entschlossen sie sich, ihn ebenfalls nachzuahmen; da sie aber nicht wußten, welches Mittels sich die Gebrüder Montgolfier zur Füllung des Luftballes bedienet hatten, so wählten sie hierzu brennbare Luft. Herr **Charles**, Professor der Physik, und die beyden Mechaniker **Robert** führten diesen Versuch am 27. August 1783 aus. Der Luftball war von Taffet und mit Firniß von elastischem Harze überzogen. Der Durchmesser dieses Balles hatte 12 Fuß und 2 Zoll und der kubische Inhalt etwa 943 Fuß. Er wog ohne Luft 25 Pfund, und stieg nach der Füllung mit brennbarer Luft auf 488 Toisen. Erst nach ¾ Stunden fiel er 5 Stunden weit von Paris sanft nieder. Die Füllung des Luftballes geschahe mittelst eines aufrecht stehenden Fasses, in dessen obern Boden zwey Löcher befindlich waren. Durch das eine Loch wurde das mit Wasser verdünnte Vitriolöhl auf die im Fasse befindlichen Eisenfeile gegossen, und nach diesem sorgfältig verschlossen; in das andere Loch aber gieng eine Röhre, welche im Luftball unten befestiget war, und mit einem Hahn verschlossen werden konnte; durch diese Röhre gieng der elastische Dampf in die Kugelhülle über, wurde dadurch aufgeschwellt, und alsdann der Luft überlassen. Es theilten sich also gleich bey Erfindung der Aerostaten dieselben in zwey Classen, nähmlich in diejenigen, welche mit erhitzter Luft, und in diejenigen, welche mit brennbarer Luft gefüllt wurden.

Der

Der jüngere Montgolfier, welcher nach Paris gereiset war, machte im September 1783 zwey verschiedene Versuche im Großen, den einen für die Akademie der Wissenschaften, und den andern für den König und die königliche Familie. Der am 19. Septemb. zu Versailles für den König angestellte Versuch war vorzüglich merkwürdig: der Luftball hatte die Gestalt eines Sphäroids, war von Leinwand verfertiget, 57 Fuß hoch, 41 Fuß breit, und wurde mittelst der Verbrennung von 80 Pfund Stroh auf 240 Toisen hoch in die Luft geführet. Mit diesem Balle wurden besonders in einem Käfige ein Hammel, eine Ente und ein Hahn mit in die Höhe genommen. Er blieb 8 Minuten lang in der Luft, und fiel ganz sanft ohne irgend eine Beschädigung dieser Thiere 1700 Toisen weit von dem Orte des Aufsteigens nieder. Im October dieses Jahres verfertigte abermahls dieser Montgolfier einen Luftball, 70 Fuß hoch und 46 Fuß breit. An diesem wurde unten am Boden eine Gallerie von leichtem Holze an Stricken hängend mit dem Luftball verbunden, in welcher man hin und her gehen konnte. Unter der am Boden des Luftballes befindlichen Oeffnung von 15 Fuß im Durchmesser ward eine Gluthpfanne von starkem eisernen Draht angebracht, um auf selbiger von der Gallerie aus das Strohfeuer beständig unterhalten zu können. Dieser Luftball erhob sich mit dem Pilatre de Rozier zugleich, der sich auf die Gallerie gestellet hatte. Dieser Pilatre de Rozier war also der erste, welcher die Kühnheit hatte, sich in die Luft zu erheben. Der Ball selbst stieg auf 80 Fuß in die Höhe, indem man ihn mit Stricken zurückhielt. Einige Tage darauf stieg de Rozier wiederum auf, indem der Ball immer durch Stricke gehalten wurde, und machte von der Gallerie aus auf der Gluthpfanne bald stärkeres bald schwächeres Feuer an, um theils höher theils niedriger zu fahren. Nachher begleitete de Rozier der Herr Giroud de Vilette auf seiner Reise, und beyde stiegen zu einer Höhe von 324 Fuß. Nun wagte es auch der Marquis d'Arlandes mit Rozier eine Luftreise aus dem Schlosse la Muette vorzunehmen, indem die

Luft-

Luftmaſchine nicht mehr mit dem Seile zurückgehalten wurde. Sie wurden von dem Winde in der Luft über einen Theil der Stadt und über die Seine geführet, und kamen nach 25 Minuten auf 5000 Toiſen weit von dem Schloſſe la Muette unbeſchädiget wieder zur Erde. Im December 1783 unternahmen die Herrn Charles und Robert aus Paris eine Luftreiſe. Statt der Gallerie hatten ſie unter dem Luftballe ein Schiffchen angehängt, und den Luftball beſonders mit einem Ventil verſehen, um nöthigen Falls brennbare Luft herauszulaſſen, wenn ſie ſich niederlaſſen wollten, den größten Verſuch dieſer Art machte der ältere Montgolfier im Januar 1784. Er und Pilatre de Rozier nebſt noch andern 5 Perſonen ſtiegen die Gallerie eines Balles, welcher 126 Fuß hoch und 104 Fuß breit, und mit verdünnter Luft gefüllt war. Dieſe Luftreiſe dauerte aber nur 12 Minuten, weil der Luftball einen Riß bekam, und ſchnell auf die Erde herabſank. Nach dieſer Zeit ſind größtentheils wegen Feuersgefahr die Luftbälle nicht mit erhitzter, ſondern mehr nach Charles Methode mit brennbarer Luft gefüllet worden. Nun hatte Pilatre de Rozier den Einfall, eine Luftreiſe über die Meerenge zu machen, welche Frankreich von England trennt; allein Herr Blanchard kam ihm hierin zuvor, und endigte ſeine Reiſe glücklich. Pilatre de Rozier blieb jedoch ebenfalls auf dieſem Gedanken, und ſtieg mit ſeinem Freunde Romain mit einem doppelten Luftball, wovon der untere nach Montgolfier, und der obere nach Charles Art gemacht war, in die Luft. Unglücklicher Weiſe gerieth die ganze Maſchine in Brand, und beyde ſtürzten von einer anſehnlichen Höhe todt herab. Dieſer unglückliche Fall ward jedoch nicht abſchreckend. Blanchard gieng vielmehr nach England und wagte es nach verſchiedenen vorhergegangenen Verſuchen, mit dem D. Jefferies aus Amerika, eine Luftreiſe über den Canal zu machen, welches auch am 7. Jan. 1785 binnen 2 Stunden 32 Minuten glücklich ausgeführet wurde. Nachher begab ſich Blanchard nach Deutſchland, und hat an verſchiedenen Orten dergleichen Luftreiſen angeſtellet. Blanchard erfand vorzüglich

den

Regen-
lle dazu,

einer Höhe herabzulaffen.

So muthvoll auch die vielfältigen Verfuche, auf Aeroſtaten in die Luft zu ſteigen, gleich nach der Erfindung derfelben angeſtellt wurden, ſo ſank doch endlich diefes Unternehmen ſo tief herab, daß es zuletzt im gleichen Range mit Gau-
kelspielen war, bis in den neuern Zeiten die franzöfifche Na-

den Aeroſtaten gemacht hat.

M. ſ. Geſchichte der Aeroſtatik, hiſtoriſch, phyſiſch und
mathematiſch ausgeführet von Hr.
1784. 8. Th. I. 1785. 8. Th. II.

handl. von J. L. Ehrmann. Straßburg 1784. 8. Verſuch über die neu erfundene Luftmaſchine des Herrn v. Mont-

ihrem Bau. Straßburg 1784. 8. Decouverte d'un point
d'appui dans l'air à l'uſage des machines aëroſtat. pour
naviger contre le vent, adreſſé p. M. D. à M. Montgolfier. en France 1784. 8.

Aeroſtatik ſ. Aerometrie.

Aeroſtatiſche Maſchine ſ. Aeroſtat.

Aether (Aether, Naphtha, ſpiritus aethereus, Ether)
iſt in der Chemie eine eigene Flüſſigkeit, von Farbe meiſtentheils weiß und durchſichtig, ſehr leicht, flüchtig, entzünd-
bar,

bar, von Geruch angenehm aber durchbringend, und im
Weingeiſte leicht, im Waſſer hingegen ſchwer auflösbar,
welche aus dem Alkohol mittelſt der Säuren erzeuget wird.
Beynahe aus allen Säuren läßt ſich Naphtha machen, wenn
ſie mit dem Alkohol einer Deſtillation unterworfen werden,
und von den angewandten Säuren erhält ſie den Nahmen
**Schwefelſaure Naphtha, Salpeterſaure Naph-
tha** u. ſ. ſ. Die gewöhnlichſte iſt die Schwefelſaure-Naph-
tha. Die Naphtha verdunſtet ſehr leicht und ſehr ſchnell,
und erzeuget dabey eine ſehr anſehnliche Kälte, ſo daß man
hiermit ſelbſt im Sommer Waſſer zum Gefrieren bringen kann.
Nach dem neuern Syſtem iſt die Naphtha eine Verbindung
des Alkohols mit dem Sauerſtoffe der angewandten Säuren,
indem man durch wiederhohlte Deſtillation des Alkohols über
rothe Queckſilberhalbſäure eine Naphtha bereiten kann. Bey
der Deſtillation des Alkohols mit angewandten Säuren muß
ſich alſo der Sauerſtoff mit dem Waſſerſtoffe und mit dem
Kohlenſtoffe des Alkohols verbinden, und hieraus muß entſtehen 1) ein ſehr flüchtiges Oehl, oder die Naphtha 2) ein
riechendes Oehl und 3) ein Harz. Die Naphthen ſind ein
vorzüglich kräftiges Auflöſungsmittel ſehr vieler Körper, als
der Harze, des Goldes, Silbers u. dergl. Nach der atomiſtiſchen Lehre würden bey der Entſtehung der Naphthen
durch die Einwirkung der Wärme die verſchiedenen Beſtand-
theile des Alkohols und der angewandten Säuren ein ganz
anderes Verhältniß der Anziehung der Theile erhalten müſ-
ſen, ohne daß man weiter einen Grund von der Anziehung
angeben kann: nach der dynamiſchen Lehre hingegen werden
durch die Wärme die Grundkräfte der Beſtandtheile abgeändert, und liefern dadurch in ihrer innigſten Verbindung neue
Produkte; ob aber allein zurückſtoßende oder anziehende
Kräfte, oder bende zugleich wirkſam ſind, ſoll unter dem Artikel **Auflöſung** weiter ausgeführet werden.

　　M. ſ. Pet. Joſ. Macquer chymiſches Wörterbuch, aus
d. Franz. von Joh. Gottf. Leonhardi. Leipzig 1788 —
1791. Th. I — VII. 8. Artikel **Aether.** Girtanner An-
fangs-

fangsgründe der antiphlogistischen Chemie. Berlin 1795. 8.
S. 344.

Aether, feine Himmelsluft, feine Materie im
Weltraume (aether, materia subtilis, elementum
primum Cartesii, ether, matière subtile). Hierunter
verstehen die Physiker eine ganz feine flüssige höchst elastische Materie, welche im ganzen Welträume verbreitet ist,
und alle nur mögliche Körper durchdringt. Das Daseyn
dieser feinen Materie hat man aus der Erfahrung keinesweges erwiesen, mithin auch die Natur derselben nicht entdecken
können; vielmehr ist sie ein zur Bestimmung der Gesetze verschiedener Phänomene hypothetisch angenommene elastische
flüssige Materie. Euler wuste durch seine scharfsinnige Berechnungen dem Aether unter den Physikern vorzüglichen Eingang zu verschaffen, obgleich schon lange vor ihm eine solche,
feine im ganzen Weltraume verbreitete elastische flüssige Materie angenommen wurde.

Cartesius *) hielt dafür, daß alle Materie, woraus die
ganze sichtbare Welt entstanden sey, von dem Schöpfer anfänglich in ziemlich gleiche mittelmäßig große Theile getheilet
worden, welche sich um ihre eigenen Mittelpunkte gleichförmig
in einem Wirbel gleichförmig herumbeweget, und durch das
Reiben an einander drey verschiedene Elemente gebildet hätten;
das erste Element wären die feinsten abgeriebenen Stäub-
chen, das zweyte Element die kugelförmigen Theilchen,
und das dritte Element die gröbern unregelmäßig gebildeten Theilchen. Nach Cartesius Meinung fülle das dritte
Element oder die feinste Materie alle leere Stellen in der Welt
aus, und durchdringe die Zwischenräume aller Körper; weil
aber diese feine abgeriebene Materie in einer so großen Menge
erzeuget würde, daß ein Theil sich irgendwo anhäuffen, und
um einen gewissen Mittelpunkt in einer kreisförmigen Bewegung herumgetrieben werden könne, so entstehe auch aus
dieser feinen Materie eine Sonne; das zweyte Element hielt
er für die Materie des Lichtes, und das dritte Element stellte
er

*) Principia philosoph. parte III.

er sich, als den Grundstoff der Erde und der Planeten vor. Aus dieser Hypothese sieht man, daß Cartesius sich eine feine im ganzen Weltraume verbreitete Materie vorstellte, welche alle nur mögliche leere Räume ausfülle, und die Zwischenräume der Körper durchdringe, und welche folglich eine völlige Aehnlichkeit mit derjenigen feinen flüssigen Materie hat, die die nachherigen Naturforscher mit dem Nahmen Aether belegten.

Jakob Bernoulli *), welcher sich über den Zusammenhang der Theile der Körper um eine Ursache bekümmerte, glaubte selbige zuerst in dem Drucke der Luft aufgefunden zu haben; allein da er nach hinlänglicher Prüfung diese als unzureichend erkannte, so nahm er eine feine flüssige Materie an, welche er Aether nennte, und welche durch den äußern Druck den Zusammenhang der Theile der Körper bewirken sollte.

Huyghens *) suchte Cartesens Meinung von der feinen flüssigen Materie dadurch zu verbessern, daß er ihr Elasticität zuschrieb, und sie unter dem Nahmen Aether als eine zur Erzeugung des Lichtes nothwendige Materie darstellte. Es war also Hungens Aether gewisser Maßen von Cartesens feiner Materie verschieden. Die Theile dieses Aethers sollten durch den Stoß die Empfindung des Lichtes verursachen. Die Fortpflanzung des Lichtes erklärte er durch wellenförmige Bewegung, welche ein jedes von dem leuchtenden Körper bewegte Theilchen nach allen Seiten bewirke.

Newton *) welcher alle nur mögliche Hypothesen verabscheuete, und die Gesetze, nach welchen die Phänomene der Körper erfolgten, mit ganzem Rechte aus der Erfahrung herzuleiten suchte, bestritt bloß den mit Materie völlig ausgefüllten Raum, wie Cartesius behauptete, und die wellenförmige Fortpflanzung des Lichtes vermöge der Schwingungen des Aethers, wie Hungens annahm; aber nie hat er das

Nicht-

---

*) Dissert. de grauitate aetheris. Amstel. 1683. 8. u. in f. oper. T. I. p. 45.

ß) Traité de la lumière. Leide 1690.

γ) Philosoph. naturalis principia mathematica in verschied. Stellen und in optice; latin. redd. Sam. Clarke. Lond. 1706. 4.

Nichtdaſeyn einer feinen flüſſigen elaſtiſchen Materie im Weltraume geläugnet, vielmehr war er mit Bernoulli geneigt zu glauben, daß eine ſolche ſubtile Materie nicht allein den Zuſammenhang der Theile eines Körpers durch einen Druck oder Stoß verurſache, ſondern daß ſie ſelbſt das Geſetz der Schwere bewirke. Er nahm gegen Huygens eine eigene Licht-materie an, welche von einem leuchtenden Gegenſtande nach allen Seiten hin ausflöſſe, und auf dieſe Weiſe das Auge rührte. Dieſe ſeine Lehre, nach welcher er die Erſcheinungen des Lichtes (ſ. Licht) glücklich zu beweiſen ſuchte, wurde nachher unter dem Nahmen Emanationsſyſtem allgemein angenommen, und hat auch bis jetzt noch nicht widerlegt werden können.

Euler *), welcher dem Emanationsſyſtem verſchiedene wichtige Zweifel entgegenſtellte, und Newtons Theorie mit einer gewiſſen Heftigkeit beſtritt, verſchaffte durch ſeine ſcharf-ſinnige und fruchtbare Anwendung der huygenſchen Hypo-theſe von Erzeugung und Fortpflanzung des Lichtes ein ſehr großes Anſehen. Er nimmt eine höchſt feine, im ganzen Weltraume ausgebreitete, flüſſige Materie an, welche er Aether nennt, und welche durch Druck oder Stoß die Schwere der Körper bewirke. Nach ſeiner ſcharfſinnigen Berechnung, welche hier nicht gezeiget werden kann, ſoll dieſer Aether 3873600 Mahl dünner als die Luft, und ſeine Elaſticität 1278 Mahl größer als die der Luft ſeyn.

Nach der atomiſtiſchen Lehre konnte Newton gegen Car-teſens mit Materie völlig ausgefüllten Raum mit allem Rechte ſtreiten, weil ſonſt die Körper abſolut undurchdring-lich ſeyn müßten; nach der dynamiſchen Lehre hingegen iſt die Folge gegründet, daß es gar keine leeren Räume geben könne, mithin alles mit Materie ausgefüllet ſey. Ob nun gleich

*) Nova theoria lucis et colorum in ſeinen opuſcul. varii argument und in ſeinen Briefen an eine deutſche Prinzeſſinn, aus dem Franz. mit Anmerk. und Zuſätzen und neuen Briefen vermehrt von Frie-drich Kries. III. Bände. Leipz. 1792-1794. 8.

F

gleich aus der Erfahrung eine feine, flüffige, elaftifche Materie, welche allenthalben in dem ganzen Weltraume ausgebreitet ift, nicht erkannt werden kann, fo ift es doch höchftwahrfcheinlich, daß es eine folche gebe, und Herr Kant *) felbft ift nicht abgeneigt zu glauben, daß vielleicht die anziehende Kraft einer folchen feinen, flüffigen Materie die Urfache des Zufammenhanges der Theile der verfchiedenen Körper fey. Es ift allerdings erlaubt, diefe Materie mit dem Nahmen Aether zu belegen.

Aetherifche Oele f. Oele, ätherifche.

Aetzbarkeit f. Kaufticität.

Affinität f. Verwandfchaft.

Aggregat (aggregatum, aggregation), **Zufammenhäufung, Zufammenfügung** ift der Zuftand eines Körpers, worin die Theile deffelben fo mit einander verbunden find, daß fie als ein Zufammenhängendes Ganze erfcheinen, ohne daß jedoch die Theile in ihren Eigenfchaften irgend eine Veränderung erleiden. So wird z. E. eine Menge Waffers, Queckfilbers, Oels u. d. gl. als ein Aggregat zu benennen feyn, weil die Theile diefer flüffigen Körper ein zufammenhängendes Ganze geben. Eben fo kann auch ein mit Mörtel verbundenes Mauerwerk als ein Aggregat betrachtet werden. Wenn im Gegentheil Theile von ungleichartigen Maffen fich fo mit einander verbinden, daß fie in ihren Eigenfchaften wechfelfeitigen Antheil nehmen, und folglich einen ganz neuen Körper von einer ganz andern Natur, als die Theile für fich haben, bilden, fo heißt alsdann diefer nicht mehr ein Aggregat, fondern ein **Gemifch** oder eine **Mifchung.** Da der Aggregatzuftand eines Körpers nicht anders erfolgen kann, als wenn die Theile, welche zufammen ein Ganzes bilden follen, in die Berührung kommen, fo fieht man, daß keine andere Kraft dabey wirkfam feyn könne, als die Cohäfionskraft, wovon man die Gefetze noch nicht hat entdecken können. M. f. jedoch den Artikel **Grundkräfte.**

Aiguillen f. Berge.

Akro-

---

*) Metaphyfifche Anfangsgründe der Naturwiffenfchaft. S. 156.

Akronyktiſch (acronychos, acronyctus, acrony-
che, acronyctique) oder Auf- oder Untergang zu
Anfange der Nacht heißt, wenn ein Stern beym Sonnenuntergang auf- oder untergehet. Auf dieſe Bemerkungen iſt man durch die ſcheinbare jährliche eigene Bewegung
der Sonne gekommen, und ſie dienten vorzüglich bey den Alten, ehe man noch die Kalender gehörig geordnet hatte, die
Jahreszeiten zu unterſcheiden.

Akuſtik ſ. Muſiklehre.

Akuſtiſche Werkzeuge (inſtrumenta acuſtica, in-
ſtrumens acouſtiques) ſind ſolche Werkzeuge, welche ſchwer
hörende Perſonen zur Verſtärkung des Schalles oder Tones
gebrauchen, wohin insbeſondere das Höhrrohr gehöret.
ſ. Höhrrohr.

Alaun (alumen, ſulfate d'alumine) iſt ein Mittel-
ſalz aus der Verbindung der Schwefelſäure und der Alaun-
oder Thonerde. Man findet auch dieſes Salz in der Natur
bey Vulkanen. Im kalten Waſſer löſet es ſich ſchwer, im
warmen Waſſer aber leichter auf, und kryſtalliſiret. Die
Kryſtallen ſind achtſeitig, von Geſchmack ſüßlich aber zuſammen ziehend. Sie enthalten viel Cryſtalliſationswaſſer,
welches in einer etwas erhöheten Temperatur abdampft, das
Salz hingegen ſich in eine lockere, weiße und ſchwammige
Materie, den ſo genannten gebrannten Alaun, verwandelt. An der Luft zerfällt er ein wenig in weißes Pulver.
Der römiſche Alaun wird meiſtentheils für den beſten gehalten.

M. ſ. Syſtematiſches Handbuch der geſammten Chemie
von S. A. C. Gren Th. I. §. 508 u. ſ. Girtanner Anfangsgründe der antiphlogiſt. Chemie. Berlin 1795. S. 373.

Alaunerde, Thonerde (argilla, terra argillacea,
aluminis, aluminaris, alumine) iſt eine von den bis jetzt
bekannten einfachen Erden, und auch ſelbſt die einzige, welche
man in ganz reinem Zuſtande in der Natur gefunden hat.
Außerdem macht ſie einen Beſtandtheil des Thones und der
Thonarten aus, und iſt darin mit Kieſelerde verbunden.
Man kann auch die Thonerde gewinnen aus dem Alaun,

F 2 wenn

wenn man nämlich den Alaun im Wasser auflöset, und dazu
etwas von Aner-Auflösung der Pottasche im Wasser träufelt.
Die Schwefelsäure verbindet sich alsdann mit der Pottasche,
und die Alaunerde fällt zu Böden, und eben daher hat sie
auch den Nahmen Alaunerde erhalten. Sie löset sich im
Wasser nicht auf, läßt sich aber darin sehr fein zertheilen,
und damit zu einem milden, schlüpfrichen Teige kneten. Wird
sie noch feuchte ins Feuer gebracht, so bekommt sie Risse und
springt wegen der schnellen Expansion der Wassertheile umher.
Wird sie hingegen erst gelinde getrocknet, und nachher ins
Feuer gebracht, so schwindet sie außerordentlich zusammen,
und wird so hart, daß sie mit dem Feuerstahl Feuer gibt.
Alsdann löset sie sich aber im Wasser nicht mehr auf, jedoch
erhält sie ihre Zähigkeit und Schlüpfrigkeit wieder, wenn
sie in Säuren aufgelöset und durch Alkalien niedergeschlagen
worden ist. Im gewöhnlichen Feuer schmilzt sie nicht, nur in
der größten Hitze vor dem Löthrohr mit Lebensluft brachte sie
Herr **Ehrmann** zum Fluß. Wenn sie aber mit vieler Kieselerde verbunden wird, so schmelzt sie durch Hülfe der Alkalien zugleich zu einem Glase. Auch dieß erfolget, wenn sie
mit Kalkerde verbunden wird.

M. s. **Gren** a. a. O. §. 373 u s.

Alchymie (alchymia, alchymie.) Mit diesem Nahmen bezeichneten die so genannten Adepten eine Wissenschaft,
nach welcher sie sich durch Kunst alle Operationen, welche
die Natur bewirket, vorzüglich aber die Veredlung der schlech-
teren Metalle nach zu machen fähig wären. Des Problems der
Goldmacherey und überhaupt des Nahmens Alchymie findet
man erst nach dem vierten Jahrhunderte nach unsers Erlö-
sers Geburt erwähnet, und die unvernünftige Habsucht,
große Reichthümer zu besitzen, nahm bald allgemein zu,
so daß man bloß darauf dachte, und alle Zeit damit verschwen-
dete, das Problem des Goldmachers zu lösen. Noch im
16ten Jahrhunderte würhete diese Raserey fort, indem die
Alchymie an dem berüchtigten Alchymisten **Aureolus Phi-
lipp Paracelsus Theophrast Bombast von Hohen-
heim,**

heim, einen Mann von übertriebener Einbildungskraft, einen überaus großen Vertheidiger und rasenden Liebhaber fand. Doch suchten auch zu dieser Zeit andere verdiente Männer die Chemie auf nützlichere Geschäffte, vorzüglich aber auf die Arzneykunde anzuwenden; und vorzüglich gewann die Chemie mehrere Verehrer durch die mehreren physikalischen Entdeckungen. Zu Ende des 17ten Jahrhunderts wurde endlich die Chemie als eine Wissenschaft behandelt, und die Alchymie hatte nur noch wenige und von vernünftigen Männern bedauernswürdige Liebhaber. Nach dieser Zeit wurde die Chemie immer mehr vervollkommet, und die Thorheiten der Alchymie durch gründliche Chemiker aufgedeckt, so daß jetzt die so genannten Adepten nur noch hier und da im verborgenen Unwissende zu ihrem Schaden auf die Goldmacherey zu lenken suchen. Ein mehreres von der Alchymie, welches eigentlich nicht hierher gehöret, findet man in folgenden Schriften:

Herm Conringii de hermetica Aegyptiorum vetere et Paracelsicorum noua medicina liber. Helmst. 1648. 1669. 4. *Olai Borrichii*, Hermetis, Aegyptiorum et chemicorum sapientia ab *Herm. Conringii* animaduersionibus vindicata. Hafn. 1674. 4. Histoire de la philosophie hermetique, par Mr. l'Abbé *Lenglet du Fresnoy* à la Haye 742. To. I-III 8. *Torb. Bergmann* historiae chemiae medium s. obscurum aeuum a medio seculo VII. ad medium seculi XVII. Upsal. 1787. 4. Joh. Christ. Wiegleb historisch-kritische Untersuchung der Alchymie, oder der eingebildeten Goldmacherkunst. Weimar 1777. 8. 1793. 8. Ebendess. Geschichte des Wachsthumes und der Erfindungen der Chemie in der neuern Zeit. Berlin B. I. 1790. B. II. 1791. 8.

Alkalien s. **Laugensalze.**

Alkohol (alcohol, alcool). Hierunter versteht man den höchst rektificirten Weingeist. Er ist im reinsten Zustande völlig farbenlos, wasserhell und klar, von Geschmacke und Geruche stark und durchdringend, und brennt mit einer

bläuli-

bläulichen Flamme ohne Rauch und Ruß ohne irgend einen Rückstand zu hinterlassen. Er siedet bey einer sehr geringen Hitze, verdunstet leicht, und läßt sich mit dem Wasser in allen Verhältnissen vermischen. M. s. den Artikel **Weingeist**. Nach dem neuern System besteht der Alkohol aus Wasserstoff, Kohlenstoff und etwas Wasser.

Almucantharatskreise, Höhenkreise heißen die kleinern Kreise der Himmelskugel, welche über einander mit dem Horizonte parallel gezogen werden, und folglich gegen den Scheitelpunkt immer kleiner werden. Wenn ein solcher Kreis durch einen Stern gehet, so schneidet er auf dem Scheitelkreise dieses Sterns seine Höhe ab.

Amalgama (amalgama, amalgame). Das Queck-silber löset die mehresten Metalle auch ohne alle Beyhülfe des Feuers auf, und eben diese Vereinigung des Quecksilbers mit den Metallen nennt man in der Chemie das **Amalgama** oder auch ein **Quickbrey**, und die Operation selbst das **Amalgamiren** oder **Verquicken**. In dem Hüttenwesen ist eine von dem Herr **von Born** *) erfundene Amalgamationsmethode eingeführet worden, welche größere Vortheile verschafft, als die vormals bekannte. Das Amalgamiren kann auf eine gedoppelte Art geschehen: ein Mahl durch Reiben des Quecksilbers mit dem zerstückten Metalle, und das andere Mahl durch Schmelzung der Metalle und Hinzumischen des Quecksilbers. Diese letzte Methode ist jedoch alsdann nicht zu gebrauchen, wenn das Metall eine größere Hitze verlangt als die Siedhitze des Quecksilbers ist, weil alsdann das Quecksilber in Dampfgestalt davon gehet. Wenn das Quecksilber mit den Metallen in einer geringen Menge vereiniget wird, so macht es nur selbige zerreiblich und vermindert ihre Zähigkeit; in gehöriger Menge aber zugesetzt löset es diese völlig auf. Ist eine solche Auflösung durch Wärme flüssiger gemacht worden, so erfolgen nach Erkaltung, wie bey andern

*) Ueber das Anquicken der gold- und silberhaltigen Erze, Rohsteine, Schwarzkupfer und Hüttenspeise von Ignaz Edlen von Born. Wien 1786. 4.

andern Auflösungen,) wirkliche Crystallen. Vorzüglich verbindet sich das Gold und Silber am leichtesten mit dem Quecksilber, schwer mit dem Kupfer und Spießglaskönig, gar nicht mit Eisen und Kobalt. Außer der Amalgamation im Hüttenwesen, um Gold und Silber aus Erzen zu ziehen, gebrauchet man auch das Amalgama zur Vergoldung und Versilberung anderer Metalle.

M. s. Grens systematisches Handbuch der gesammten Chemie. Th. III. Halle 1795. §. 2520 u. f. f.

Amalgama, elektrisches (amalgama electricum, amalgame électrique) ist ein Amalgama, womit das Reibzeug einer Elektrisirmaschine bestrichen wird, um eine stärkere Elektricität hervorzubringen.

Man hat sonst verschiedene elektrische Amalgama gebrauchet, welche aber nach und nach, theils wegen der geringen Wirkung, theils wegen anderer dabei vorkommenden Unbequemlichkeiten, ganz außer Gebrauch gekommen sind. Erst in den neuern Zeiten hat man folgende beyde Arten von Amalgama, welche Adams *) angegeben hat, als vorzüglich wirksam befunden: das eine wird aus 5 Theilen Queckfilber und 1 Theile Zink mit etwas wenigem gelben Wachse zusammengeschmolzen; das andere ist das so genannte Musivgold. Dieses Musivgold erhält man aus 8 Theilen Zinn und 8 Theilen Queckfilber, und macht davon ein Amalgama; dieses vermischt man nachher mit 4 Theilen kochsalzgesäuerten Ammoniak und sechs Theilen Schwefel, setzt dieses Gemische dem Feuer aus, das sich entzünden wird, und das Musivgold zurückläßt. Man nimmt etwas von einem solchen Amalgama, trägt es auf ein mit etwas Schweinefett bestrichenes Leder, und reibt hiermit das Glas der Elektrisirmaschine recht durch, ohne etwas an die Küßen zu bringen. Noch gewöhnlicher ist folgendes Amalgama: man schmelzt 5 Theile Queckfilber und 1 Theil Zink zusammen, oder bringt es bloß durch Reiben zu einem Teig, hierzu setzt man etwas klargerie-

F 4

*) Essay on electricity. Lond. 1784. 8. Versuch über die Elektricität. Leipz. 1785. 8.

geriebene und wohl getrocknete Kreide hinzu,

zes Pulver an, ohne anzugeben,
sey; der Herr von **Kiermayer**
D. **Ingenhouß** durch einen Brief bekannt *).
het aus 2 Theilen Quecksilber, 1 Theile gereinigten
1 Theile Zinn; man schmelzt nämlich den Zink und
zusammen, gießt hierüber, ehe es noch erkaltet
Quecksilber, und rührt alles mit ein
Sollte aber das Amalgama in ein
gemacht werden, so ist es wegen
bers und der daher entsteh
mahl sicherer, den geschmolzenen Zink mit dem Zinn in eine
hölzerne, inwendig mit Kreide ausgestrichene, Büchse, worin

verschlossen werden kann, zu gießen, und selbige verschlossen
auf dem Boden hin und her zu rollen. Das daher entstan-

marmorne Platte oder in steinerne oder
gossen, und so lange gerieben, bis es gan
lich sieht es weiß aus, wird aber nach u
zuletzt ganz schwarz. Wenn es alt wird,
in Staub. Dieses elektrische Amalgama t
mit etwas Fett bestrichenen Küssen mittel
dünn auf, oder, welches noch besser ist, man
das Pulver selbst mit etwas Fett zu einer Salbe,
streicht hiermit die Küssen ganz dünn.

M. s. über eine neue Bereitungsart des elektrischen
und

---

a) Journal de Paris 1788. n. 23c.
*) Journal de Physique Août. 1788.

x mayer im

des

concentrirten Zuſtande haben,
dem Froſte aus. · Dieſe Säure
ihrer Natur von dem Eſſig faſt

preßten Oele; in ſein. chym. Schriſten. B. I. S. 340.

Ammoniak ſ. Laugenſalze.

Anakamprik ſ. Catoptrik.

Anaklaſtik ſ. Dioptrik.

Anaklaſtiſche Linien (curuae anaclaſticae, courbes anaclaſtiques). Dieß ſind, nach dem Herrn von Mairan *), ſcheinbare krumme Linien oder auch krumme Flächen,
welche gerade Linien oder ebene Flächen verurſachen, wenn
ſie in einem Mittel, wo ſie gebrochen werden, betrachtet
werden. So erſcheinet ein im Waſſer liegender gerader Stab,
der Boden eines Gefäßes, in welchem Waſſer ſich befindet,
u. ſ. f. krumm. Auf eben dieſe Weiſe erſcheinen oft Gegenſtände, die gerade Linien oder ebene Flächen begränzen, durch
Glas betrachtet krumm u. ſ. w.

F 5　　　　Anakla-

*) Sur les courbes anaclaſtiques, memoir. de l'Acad. roy. des ſcienc.
an. 1740.

Anaklaſtiſches Werkzeug, ſ. Brechung der Lichtſtrahlen.

Anamorphoſe (anamorphoſis, anamorphoſe).
Hierunter verſteht man eine Zeichnung einer Figur, welche
an einer beſtimmten Stelle betrachtet ein ganz anderes Bild
darſtellet, als ſie dem bloßen Auge außer dieſer Stelle geſehen erſcheinet. Die Anamorphoſen laſſen ſich in optiſche,
catoptriſche und dioptriſche eintheilen. Man ſieht leicht ein,
daß es bey den optiſchen Anamorphoſen ganz darauf an
komme, daß die von der Zeichnung ausgehenden Geſichts-
linien in das Auge an der angewieſenen Stelle, von welcher aus
es die Zeichnung betrachtet, ſo kommen, daß ſie ein der
Natur gemäßes proportionirliches Bild von der Zeichnung
dem Auge ſo darſtellen, wie es die Zeichnung darſtellen ſoll.
Um ſich hiervon einen Begriff zu machen, nehme man an,
das Auge (fig. 16.) könnte in der Stelle o ſo getäuſchet werden, daß es die wahren Entfernungen der Punkte a, b, c,
d, e, nicht mehr erkennen könne, folglich demſelben die liegende
Linie ae eben ſo erſcheine, als wenn ſie in der Entfernung
ka vom Auge in der aufgerichteten Stellung ai ſich befände,
ſo hat man nur nöthig, die Theile ih, hg, gf, fa einer der
Natur gemäß gemahlten Zeichnung m die proportionirten
Theile de, dc, cb, ba auszudehnen. Wird alsdann die daher
entſtandene verzerrte Figur ae auf einen Tiſch oder auf ein
Bret gelegt, worauf das Bret kl ſenkrecht ſteht, ſo wird
das Auge in o dieſe für ſich betrachtete verzerrte Figur ganz
regelmäßig als aufgerichtet in der Stellung ai ſehen. Hierher gehören auch noch die Bilder, welche in Streifen zer-
ſchnitten ſind, und auf Seitenflächen dreyſeitiger Priſmen,
welche neben einander ſich befinden, geklebet worden. Auf
dieſen wird das Auge ein anderes Bild wahrnehmen, wenn
es die Priſmen bald von der rechten bald von der linken Seite
betrachtet. Von dieſen Bildern handeln Wolf[a] und
Schwenter[ß]).

Was

a) Elementa matheſ. univerſ. To. III. Halæ 1753. elem. optic. §. 312.
ß) Mathematiſche Erquickſtunden, Nürnb. 1651. 4. Th. I. S. 271.

Was die katoptrischen Anamorphosen betrifft, so müssen diese in cylindrischen, konischen oder pyramidenförmigen Spiegeln betrachtet werden, wenn sie das wahre Bild dem Auge darstellen sollen. Jakob Leupold *), hat ein eigenes Instrument erfunden, die katoptrischen Anamorphosen einer jeden gegebenen Zeichnung bloß mechanisch zu entwerfen, so daß sie durch einen konischen oder cylindrischen Spiegel betrachtet dem Auge als wahre Bilder erscheinen. Vorschriften, die katoptrischen Anamorphosen zu zeichnen, findet man bey Wolf ß) und auch schon bey Caspar Schott ɣ). Um sich hiervon eine Vorstellung zu machen, nehme man an (fig. 17), es sey a b c ein konischer Spiegel, und aus dem Mittelpunkte der Grundfläche seyn concentrische Kreise von einander gleich weit entfernet beschrieben; befände sich nun das Auge in der verlängerten Axe des Kegels in o, so werden die Gesichtslinien, welche nach den Punkten d, e u. f. der concentrischen Kreise gehen, auf der konischen Spiegelfläche nach g h, f i und ferner reflectiret. Stelle man sich also ein ordentliches Bild zwischen den concentrischen Kreislinien der Grundfläche des konischen Spiegels gezeichnet vor, so müssen alle die Gesichtsstrahlen, welche in dem Ringe zwischen den concentrischen Bogen d und e auf das gezeichnete Bild gezogen werden können, auf der konischen Spiegelfläche nach dem Ringe zwischen den concentrischen Kreisbogen k l m und in o reflektiret werden; mithin geben auch diese ein auf der Ebene verzerrtes Bild mit bloßen Augen betrachtet, welches aber aus der Stelle o auf der konischen Spiegelfläche gesehen als ein ordentliches Bild dem Auge darstellen würde. Auf eben diese Weise stellen die cylindrischen und pyramidalischen Spiegel verzerrte Bilder von ordentlichen Zeichnungen dar. Wären also diese verzerrten Bilder nach richtigen Regeln auf Ebenen verzeichnet worden, so müßten sie auch umgekehrt durch)

*) Anamorphosis mechanica nova. Lipf. 1714. 4.
ß) Elementa mathef. vniuerf. Hal. 1753. 4. Tom. III. elem. catopt. §. 290 - 305.
ɣ) Magia vniuerfalis Herbipol. 1657. 4. P. I.

durch dergleichen Spiegel betrachtet dem Auge als ordentliche
Bilder erscheinen.

In Ansehung der dioptrischen Anamorphosen ist zu bemerken, daß diese durch ein Polyeder oder durch ein vieleckig
geschliffenes Glas betrachtet werden müssen. M. s. Polyeder. Vorschriften, die dioptrischen Anamorphosen zu zeichnen,
geben Wolf *) und Leutmann *). Wenn man nämlich
durch das Polyeder eine ebene Fläche betrachtet, so sieht man
durch die Flächen dieses Glases nicht die ganze ebene Fläche,
sondern nur Theile davon wie an einander liegen, ob sie
gleich auf derselben weit von einander entfernet sind und an
verschiedenen Orten liegen. Sucht man also an diese Stellen Theile von einer Zeichnung zu bringen, welche durch das
Polyeder betrachtet zusammenhängend erscheinen, so wird
man auf diese Weise auf der ebenen Fläche mit bloßen Augen gar keine ordentliche regelmäßige Zeichnung wahrnehmen, welche aber dem Auge durchs Polyeder betrachtet ein
richtiges zusammenhängendes Bild darstellet.

Anamorphotische Maschine (machina anamor-
photica, machine anamorphotique) ist das von Leupold
erfundene Instrument, um die katoptrischen Anamorphosen
mechanisch zu zeichnen. M. s. Anamorphose.

Anatomischer Heber s. Heber.

Aneignung s. Verwandtschaft.

Anelektrische Körper s. Leiter der Elektricität.

Anemometer s. Windmesser.

Anemoskop (Anemoscopium, Anemoscope) ist ein
Instrument, um die Richtung des Windes darnach zu erkennen. Das gewöhnlichste und einfachste Anemoskop ist die
so genannte Wetterfahne auf den Dächern oder Thürmen.
Wenn man aber die Richtung des Windes genauer als durch
die gewöhnliche Einrichtung der Wetterfahne, und zwar mit
Bequemlichkeit im Zimmer betrachten will, so kann man
die

---

*) Elementa mathes. univers. Hal. 1753. 4. Tom. III. elem. dioptr.
§. 277.

*) Anmerk. vom Glasschleifen. Wittenb. 1719. 8.

Axe beweglich ist,
zugleich umdrehen
fen. Geht alsdann die Axe bis zu der Decke des Zimmers,
worin man die Richtung des Windes beobachten will, so

fer nach gehöriger
einer Windrose zu
zeigen beschreiben **Casatus** *), **Ozanam** *),
pold *), welcher letztere vorzüglich verschiedene
gen dieses Werkzeuges unter dem Nahmen **P**
angegeben hat.

Man hat auch andern Instrumenten aber uneigentlich
den Nahmen Anemoskop gegeben. So benennte man das
sonst bekannte so genannte Wettermännchen des **Otto von
Guerike** *) Anemoskop, welches eigentlich nur ein noch un-
vollkommenes Barometer war. Otto von Guerike beschreibe
dieß nämlich als eine gläserne oben verschlossene Röhre, welche
in einem Liquor eingetaucht ist, und worin durch den Druck
der äußern Luft der Liquor bald höher bald niedriger erhalten
wird. Auf der Oberfläche dieses Liquors schwimmt eine Figur, welche auf einer Skale Grade des Fallens und Steigens mit einem Finger anzeiget. Wer aber diesem sogenannten Wettermännchen den Nahmen Anemoskop gegeben habe,
ist unbekannt. Noch andere verstehen unter dem Nahmen
Anemoskop das Hygrometer.

Anhän-

*) In mechanica lib. 5. cap. 9. p. 968 u. f.
*) Recreations mathematiques. T. II.
*) Theatrum aerostat. f. theat. static. voluerf. P. III. c. X.
*) Experimenta noua de vacuo spatio L. III. c. 30.

Anhängen f. Adhäfion.
Anhöhen f. Berge.
Anker des Magnets f. Magnet.

Anomalia (anomalia, anomalie). Hierunter versteht man in der Astronomie einen Winkel, welchen ein Planet bey seiner Bewegung um die Sonne von der Sonnenferne an gerechnet zurückgeleget hat, so wie er aus der Sonne
beobachtet werden würde. Der würtenbergische Astronom,
Kepler *), hat aus verschiedenen Beobachtungen zuerst gefunden, daß die Planetenbahnen Ellipsen sind, in deren einem
Brennpunkte die Sonne liegt: Hieraus leitete er vorzüglich
folgendes Gesetz her: wenn (fig. 18) a b c d die Planetenbahn
vorstellet, und die Sonne in f ihre Stelle hat, folglich f a
die Sonnenferne und f c die Sonnennähe des Planeten ist, so
verhält sich die Zeit, welche bey der Bewegung eines Planeten durch jeden elliptischen Bogen a b von der Sonnenferne
angerechnet verfließt, zur ganzen Umlaufszeit; wie die Fläche
des elliptischen Sektors b f a zwischen den beyden aus dem
Mittelpunkte der Sonne nach den Endpunkten a und f des
Bogens a f laufenden Strahlen f a und f b zur ganzen Fläche
der Ellipse; oder welches einerley ist, der Radiusvektor f b
schneidet in gleichen Zeiten gleiche elliptische Sektoren von
der Planetenbahn ab. Daraus ist also zu begreifen, daß
die Planeten in gleichen Zeiten nicht gleiche elliptische Bogen durchlaufen können, vielmehr werden sie sich bald geschwinder bald langsamer bewegen müssen. Um sich aber die Berechnung über die Bewegungen der Planeten zu erleichtern,
so unterscheidet man die wahre Bewegung derselben von
der mittleren, indem man sich vorstellet, als wenn in gleichen Zeiten der Radiusvektor gleiche Winkel um die Sonne
beschriebe. Daher theilet man auch die Anomalie in wahre
und mittlere Anomalie ein. Unter der mittleren versteht
man denjenigen Winkel an der Sonne, um welchen ein Planet in seiner Bahn von der Sonnenferne entfernt seyn würde,
wenn er mit mittlerer Bewegung fortgienge; der Unterschied
zwischen

*) De motibus stellæ Martis 1609.

zwischen der wahren und mittleren Anomalie nennt man alsdann die Gleichung des Mittelpunktes (aequatio cen-
tri, prostaphaeresis). Wäre nun das Verhältniß eines
elliptischen Sektors zur ganzen Fläche der Ellipse, folglich
dadurch der Sektor selbst gegeben, so kömmt es hierbey vorzüglich nur darauf an, daß man den Mittelpunkt zwischen
seinen geradlinichten Schenkeln zu finden wisse, oder was für
eine wahre Anomalie mit der mittleren für eine gegebene
Zeit zusammen gehöre. Hieraus läßt sich alsdann für eine
jede gegebene andere Zeit die mittlere Anomalie bloß durch
die Regel Detri, und wenn die Gleichung der Zeit bekannt
ist, die wahre Anomalie finden. Die Aufgabe aus der mittleren Anomalie die wahre zu finden, heißt die **keplerische
Aufgabe**, so wie die Aufgabe, aus der wahren Anomalie
die mittlere zu finden, **die umgekehrte keplerische Aufgabe** genennet wird. Nach dem damahligen Zustande der
Geometrie half sich **Kepler**, welcher diese Aufgabe nicht
methodisch auflösen konnte, durch Annahme einer dritten Anomalie, welche er die **eccentrische** nennte. Beschreibt
man nämlich mit der Hälfte g c = g a der großen Axe der
Ellipse die halbe Peripherie c h a, und zieht durch den Punkt
b in der Planetenbahn die Linie h k senkrecht auf die große
Axe der Ellipse, welche die halbe Peripherie in dem Punkte
h trifft, so nennt Kepler den Winkel h g a in dem Mittelpunkte die **eccentrische Anomalie** des Planeten. Aus
den damahligen bekannten Ausmessungen der Planetenbahnen
mit Hülfe der eccentrischen Anomalie gelang es **Keplern**,
Tafeln zu berechnen, worin für die bekannten mittleren Anomalien die dazu gehörigen wahren Anomalien sehr leicht durch
Nachschlagen gefunden werden konnten *). Die nachherigen weitern Entdeckungen und Verbesserungen in der Astronomie haben es freylich nöthig gemacht, vollkommenere Tafeln zu berechnen; indessen haben sich die keplerischen Tabellen
in dem vorigen Jahrhunderte in ihrem Ansehen erhalten.
Die methodische Auflösung dieser Aufgabe empfahl Kepler
den

---

*) Io. Kepleri tabulae Rudolphinae. Ulm 1627. fol.

den, verschiedene mit

Leonh. Euler ['),

ität.

s. Erdferne.

er Apparat.
Oeffnung (appertura,
man eine kreisrunde Oeffnung,
ngen der Linfengläfer in den Ferntöhr
kommenden und
Lichtstrahlen hindurch gehen können.
ifengläfer in den Fernröhren

er Are auf

α) Element. aftronom. phyfic. et geometric. Oxon. 1702. fol. I. III.
β) Introductio ad veram aftronomiam Lugd. Batav. 1725. 4. Lect. 23.
γ) De problemate Kepleriano, in commentat. Acad. Petropol. T. I.
δ) Theoria motuum planetarum et comet. Berol. 1744. 4.
ε) Anfangsgründe der Analyfis des Unendlichen; am Ende.

verringet werden, als diejenigen, welche nahe an der Axe
auffallen. M. f. **Abweichung**, dioptrische. Durch
die Blendung werden nun die von der Axe der Gläser entfern=
ten Lichtstrahlen aufgehalten, daß sie nicht hindurchgehen,
und dadurch kein undeutliches Bild des betrachteten Gegen=
standes zuwege bringen können. Es bleibt hier aber die
Frage vorzüglich zu untersuchen übrig, wie groß die Apper=
tur seyn dürfe, wenn weder der Deutlichkeit noch der Hel=
ligkeit des zu betrachteten Gegenstandes geschadet werden
soll? Aus dem Gesagten ist es klar, daß das Bild desto deut=
licher auffallen müsse, je kleiner die Appertur ist; allein als=
dann wird auch die Helligkeit gar sehr leiden, und die Größe
des Gesichtsfeldes sehr eingeschränkt seyn. Denn offenbar
muß die Helligkeit eines Bildes desto größer werden, je
mehr Licht von einerley leuchtendem Punkte ins Auge kommt.
Man muß also bey Anordnung eines Fernrohrs vorzüglich
darauf Rücksicht nehmen, daß beydes Deutlichkeit und Hel=
ligkeit des Bildes am größten ausfalle. Soll die von der
Farbenzerstreuung herrührende Undeutlichkeit bey verschiede=
nen Fernröhren einerley bleiben, so setze man für ein Fernrohr
die Brennweite des Objektivs, die Brennweite des Okulars
und die Vergrößerungszahl, p, q und m, und für ein anderes
Fernrohr eben diese Ausdrücke, P, Q und M; alsdann erfor=
dert die Theorie, daß sich verhalte $p : P = m^a : M^a$, und
es ist $q = \dfrac{p}{m}$ und $Q = \dfrac{P}{M}$, folglich $q : Q = \dfrac{p}{m} : \dfrac{P}{M} = m : $
M oder auch $q : Q = \sqrt{p} : \sqrt{P}$. Nimmt man nun den Halb=
messer der Appertur des Objektives $= y$, und die der Apper=
tur des Okulars x in dem ersten Fernrohre, und Y und X
die nämlichen Ausdrücke in dem andern Fernrohre, so wird

$\dfrac{y}{x} = m$ und $\dfrac{Y}{X} = M$, folglich

$$xm = y, \text{ und } XM = Y, \text{ und}$$

$$x = \dfrac{1}{m} \cdot y, \; X = \dfrac{1}{M} \cdot Y$$

Soll die Helligkeit in beyden Fernröhren bey einerley Au=
genöff=

genöffnung einerley seyn, so wird nothwendig erfodert, daß

$$\frac{y}{m} = \frac{Y}{M} \text{ seyn müsse, und daher}$$

$$y : Y = m : M = \sqrt{p} : \sqrt{P} \text{ sich verhälte.}$$

Wenn also die Anordnung irgend eines Fernrohrs bekannt ist, welches die dadurch betrachteten Objekte hell und deutlich vorstellet, als sich bey gegebener Vergrößerungszahl thun lässet, so kann man die Anordnung eines ändern Fernrohres, welches bey einer andern Vergrößerungszahl eben so deutlich und hell die betrachteten Objekte darstellet, durch folgende Regeln bestimmen:

1. Bey einerley Deutlichkeit müssen sich die Brennweiten der Objektivgläser verhalten wie die Quadrate der Vergrößerungsläser, und die Brennweiten der Okulargläser wie die Vergrößerungszahlen selbst, oder wie die Quadratwurzeln der Brennweiten der Objektivgläser.

2. Bey einerley Helligkeit müssen sich die Halbmesser der Appertur der Objektivgläser wie die Vergrößerungszahlen, oder wie die Quadratwurzeln aus den Brennweiten der Objektivgläser verhalten.

Huygens *), welcher schon diese Regeln in seiner Dioptrik vorgeschrieben hat, fand, daß ein Sternrohr gute Dienste leiste, wenn die Brennweite des Objektivglases 30 Fuß, dessen Durchmesser der Appertur = ⅓ Zoll, und die Brennweite des Okularglases = 3,3 Zoll Rheinländ. Maß. hatte. Es bedeutet also hier p = 30 Fuß = 360 Zoll, q = 3,3 Zoll, und y = 1,5 Zoll, folglich m = $\frac{360}{3,3}$ = 109, und x =

$\frac{1}{109} \cdot$ 1,5 = $\frac{1}{73}$ Zoll. Klügel ⁸) führt an, daß der göttingische Astronom, Tobias Mayer, in einer handschriftlichen Tafel einem Objektivglase von 30 Fuß Brennweite ein Okularglas von 5,77 Zoll, und dem Objektive einen Oeffnungsdurchmesser von 2,6 Zoll gibt; hiernach wären also

$$m = \frac{360}{5,77} = 62,4, \text{ und } x = \frac{1}{62,4} \cdot 1,3 = \frac{1}{48} \text{ Zoll.}$$ Da sich nun

*) In opusculis posthumis. Lugd. Batav. 1703. 4. diopt. prop. 56.
⁸) Analytische Dioptrik. 2. Theil. 5. Abschn. §. 428. S. 178.

nun die Helligkeit wie x^2 verhält, so hat man das Verhältniß der Helligkeiten beym huygenschen und mayerschen Fern-
rohre wie $\frac{1}{73^2} : \frac{1}{48^2}$ beynahe $= 48^2 : 72^2 = 4 : 9$. Hieraus
erhellet also, daß die mayersche Anordnung wenigstens in An-
sehung der Helligkeit der huygenschen vorzuziehen ist, weil
sie bey jener mehr als noch ein Mahl so groß wie bey dieser
ausfällt. Klügel theilet aus dieser mayerschen handschriftlichen Tabelle folgenden Auszug mit:

Brennweite d. Objekt- ves in Füßen.	Brennweite d. Okulars in Zollen.	Vergröße- rungszahl.	Oeffnungs- durchmesser des Objekt. in Zollen.
1	1,09	11,0	0,46
2	1,52	15,7	0,66
3	1,84	19,5	0,82
4	2,13	22,5	4
5	2,38	25,5	5
6	2,60	27,7	1,15
7	2,81	29,9	1,24
8	3,00	32,0	1,33
9	3,18	34,0	1,41
10	3,35	35,2	1,56
12	3,65	39,3	1,67
14	3,95	42,5	1,77
16	4,22	45,5	1,89
18	4,47	48,3	2,01
20	4,71	50,9	2,12
25	5,24	57,1	2,37
30	5,77	64,4	2,60
35	6,23	67,3	2,81
40	6,65	72,2	
45	7,04	76,5	3,19
50	7,42	80,6	3,36
60	8,14	88,4	3,68
70	8,78	95,4	3,98
80	9,39	102,1	4,26
90	9,96	108,4	4,52
100	10,49	114,4	4,77
110	11,00	120,1	5,01
120	11,49	125,5	5,24
130	11,96	130,7	5,45
150	12,84	140,2	5,48

Auch

Auch Huygens hat nach seinen oben gegebenen Vorschriften eine Tafel mitgetheilet, welche auch in dem smith schen Lehrbegriffe der Optik, von Kästner übersetzet, auf der 193 Seite befindlich ist, und welche hier ebenfalls folgt:

Brennweite d. Objektivs in Füßen.	Oeffnungshalbmesser des Objektivs in Zollen.	Brennweite d. Okulars in Zollen.	Vergrößerungszahl.
1	0,55	0,61	20
2	0,77	0,85	28
3	0,95	1,05	34
4	1,09	1,20	40
5	1,23	1,35	44
6	1,34	1,47	49
7	1,45	1,60	53
8	1,55	1,71	56
9	1,64	1,80	60
10	1,73	1,90	63
13	1,97	2,17	72
15	2,12	2,32	77
20	2,45	2,70	89
25	2,74	3,01	100
30	3,00	3,30	109
35	3,24	3,56	118
40	3,46	3,81	126
45	3,67	4,04	133
50	3,87	4,26	141
55	4,06	4,47	148
60	4,24	4,66	154
70	4,58	5,04	166
80	4,90	5,39	178
90	5,20	5,72	189
100	5,48	6,03	199
120	6,00	6,60	218
140	6,48	7,13	235
160	6,93	7,62	252
180	7,35	8,09	267
200	7,75	8,53	281

Wenn der Halbmesser der Pupille im Auge entweder eben so groß oder auch noch etwas kleiner als der Oeffnungshalbmesser des Okulars ist, so wird alsdann von dem durch die Gläser betrachteten Gegenstande eben so viel Licht ins Auge kommen, als es selbigen ohne Gläser betrachtete (das wegen der unvollkommenen Durchsichtigkeit der Gläser verlorene nicht gerechnet). Wäre aber der Halbmesser der Pupille größer als der Oeffnungshalbmesser des Okulars, so würde auch das Bild auf der Netzhaut von dem durch die Gläser betrachteten Gegenstande nicht so viel Licht erhalten, als ohne Gläser. Man setze nun den Halbmesser der Pupille $= r$, den Oeffnungshalbmesser des Okulars $= x$, die Helligkeit des Bildes auf der Netzhaut durch die Gläser $= e$, und die Helligkeit des Objekts ohne Gläser $= E$, so ergibt sich

$$r^2 : x^2 = E : e, \text{ folglich } e = \frac{x^2}{r^2} \cdot E$$

Den Durchmesser $2r$ der Pupille kann man in mittlerer Größe etwa $\frac{1}{10}$ Zoll rechnen, und das gibt $r = \frac{1}{20}$ Zoll. Wild nun x ebenfalls in Zollen ausgedruckt, so erhält man

$$e = 400 \cdot x^2 \cdot E.$$

Nach Huygens war $x = \frac{1}{45}$ Zoll, folglich wäre die Helligkeit des huygenschen Sternrohrs $= e = 0,0784$ E, also überaus geringe. Huygens erinnert aber ausdrücklich, daß die Anordnung des Fernrohrs bloß zu astronomischen Beobachtungen eingerichtet wäre, und beym Gebrauch desselben am hellen Tage mehr Licht erfordere; daher brauchte er auch bey Tage andere Okulargläser von doppelter Brennweite, wodurch er vier Mahl mehr Helligkeit erhielt. Dessen ungeachtet betrug aber die Helligkeit doch noch nicht $\frac{1}{3}$ der Klarheit mit bloßem Auge.

Uebrigens muß man auch allerdings Rücksicht auf den stärkern und schwächern Glänz der zu betrachteten Gegenstände sehen, welche bey einerley Glasarten, wie D. Hook [a] bemerket hat, verschiedene Oeffnungen erfordern. Daher gibt selbst Wolf [b] die Regeln, man solle verschiedene Ringe von verschiedenen Oeffnungen zu Blendungen ausschneiden,

G 3   und

[a] Philosoph. transact. n. 4. p. 55.
[b] Elementa matheseos vniuersae. Tom. III. element. dioptr. §. 994.

und die Vergrößerungszahl $= m$; für ein
teleskop sey X der Oeffnungshalbmesser des
P die Brennweite desselben. Q die Brennweite des
und M die Vergrößerungszahl; so wird nach der Theorie
erfordert, daß bey gleicher Deutlichkeit des Bildes

$$\frac{x^3}{p^2 \cdot q} = \frac{X^3}{P^2 \cdot Q}, \text{ mithin}$$

$x^3 : X^3 = p^2 \cdot q : P^2 \cdot Q$ seyn müsse.

Wäre ferner der Oeffnungshalbmesser des Okulars in dem
ersten Teleskope $= y$, und der in dem andern $= Y$, so ist

$$y = \frac{x}{m} \text{ und } Y = \frac{X}{M}.$$ Bey gleicher Helligkeit wird also er-

fordert, daß $\frac{x}{m} = \frac{X}{M}$, folglich $x : X = m : M$ oder $x : X =$

$\frac{p}{q} : \frac{P}{Q}$ und

$$x^3 : X^3 = \frac{p^3}{q^3} : \frac{P^3}{Q^3}, \text{ seyn müsse.}$$

Hieraus erhält man nun

1. $\frac{p^3}{q^3} : \frac{P^3}{Q^3} = p^2 \cdot q : P^2 \cdot Q$ und $p : P = q^4 : Q^4$ d. h.
die Brennweiten der Objektivspiegel müssen sich ver-
halten wie die Biquadrate der Brennweiten der Okulargläser.

Multipli-

Multipliciret man ferner die Proportion $x^3 : X^3 = p^2$. $q : P^2$, Q durch die Proportion $x : X = \frac{p}{q} : \frac{P}{Q}$, so ergibt sich

2. $x^4 : X^4 = p^3 : P^3$ b. h. die Biquadrate der Oeffnungs-halbmesser der Objektivspiegel müssen sich verhalten wie die Würfel ihrer Brennweiten.

Weil nun weiter $x : X = m : M$, mithin auch $x^4 : X^4 = m^4 : M^4$, so hat man

3. $m^4 : M^4 = p^3 : P^3$ oder die Biquadrate der Vergröße-rungszahlen verhalten sich wie die Würfel der Brenn-weiten der Objektivspiegel.

Wenn endlich $x^4 : X^4 = p^3 : P^3$ durch $x^3 : X^3 = \frac{p^3}{q^3} : \frac{P^3}{Q^3}$ dividiret wird, so folget

4. $x : X = q^3 : Q^3$ oder die Oeffnungshalbmesser der Objektivspiegel verhalten sich wie die Würfel der Brenn-weiten der Okulargläser.

Hadley *), welcher die Spiegelteleskope zuerst zu meh-rerer Vollkommenheit brachte, fand ein Spiegelteleskop gut, welches einen Objektivspiegel von 62,5 Zoll Brennweite hatte. Nachdem nun die Oeffnungsmesser des Objektivspie-gels 4, 5 oder 5 oder 5,5 Zoll waren, so gab er dem Oku-larglase eine Brennweite von $\frac{1}{18}$ oder 0,3 oder $\frac{1}{3}$ Zoll. Es war also bey mittlerer Eröffnung des Objektivspiegels die Vergrößerungszahl $= \frac{62,5}{0,3} = 208,3 = m$. Wollte man nun ein Spiegelteleskop haben, welches 200 Mahl $= M$ vergrößern soll, so hat man nun $m : M = x : X$ oder $208,3 : 200 = 5 : \frac{5 \cdot 200}{208,3}$ also $X =$ dem Oeffnungsdurchmesser des Ob-jektivs $= 4,8$ Zoll. Ferner ist $x : X = q^3 : Q^3$ oder $5 : 4,8 = 0,3^3 : \frac{4,8 \cdot 0,3^3}{5}$ oder $Q^3 = 0,0259$ und $Q =$ der Brenn-

weite

*) Philosoph. transact. N. 376. 378.

weite des Okulars $= 0,295$ Zoll. Endlich hat man nun

noch $x^4 : X^4 = p^3 : P^3$ oder $5^4 : 4,8^4 = 62,5^3 : \dfrac{62,5^3 \cdot 4,8^4}{5^4}$,

also $P = 59$ Zoll.

Nach dieser Anordnung hat man $y = \dfrac{x}{m} = \dfrac{2,5}{208,3} =$
$0,012$, folglich die Helligkeit des betrachteten Objektes $=$
$e = 400 \cdot y^2 \cdot E = 0,0576 \cdot C$
also wenigstens 17 Mahl geringer als mit bloßen Augen.

Diesen Gründen gemäß ist im smithschen Lehrbegriffe
der Optik, von Käſtner überſetzt, S. 194. folgende Tabelle
für Spiegelteleſkope berechnet worden:

Brennweite des Hohlspiegels in Füßen.	Brennweite des Okulars in Zollen.	Vergrößerungszahl.	Oeffnungsdurchmeſſer in Zollen.
$\frac{1}{2}$	0,167	36	0,864
1	0,199	60	1,440
2	0,236	102	2,448
3	0,261	138	3,312
4	0,281	171	4,104
5	0,297	202	4,848
6	0,311	232	5,568
7	0,323	260	6,240
8	0,334	287	6,888
9	0,344	314	7,536
10	0,353	340	8,160
11	0,362	365	8,760
12	0,367	390	9,360
13	0,377	414	9,936
14	0,384	437	10,488
15	0,391	460	11,040
16	0,397	483	11,592
17	0,403	506	12,143

Wenn man diese Tabelle für die Spiegelteleſkope mit
der huygenſchen Tabelle für aſtronomiſche Fernröhre vergleichet, so erkennet man gar bald, daß bey der Vergrößerungszahl 100 das aſtronomiſche Fernrohr 25 Fuß ſeyn
müſſe, da das Spiegelteleſkop bey eben der Vergrößerungszahl

zahl nur 2 Fuß zu seyn brauchet. Da nun bey beiden die
Oeffnungsdurchmesser beynahe gleich sind, mithin auch die
Helligkeit einerley ist, so sieht man, daß ein Teleskop von

sind in der Astro-

der eine der Sonne am   der andere aber derselben am nähesten ist. Wenn (fig. 18.) s die Sonne vorstellet, so ist der Punkt a am weitesten und der Punkt c am
nähesten davon entfernt, mithin sind diese beiden Punkte
die Apsiden.

Apsidenlinie, größte Axe der Planetenbahn
(linea apsidum, axis orbitae, ligne des apsides, le

G 5   grand

grand axe de l'orbite), ist die gerade Linie, deren Endpunkte die Apsiden sind. Sie ist folglich die große Are der
Planetenbahn, geht durch die Sonne und durch den Mittelpunkt der Planetenbahn. Diese Linie ist die Linie (fig. 19.) ac.
Beobachtungen haben gelehret, daß die Apsidenlinie von
Zeit zu Zeit ihre Lage verändert. Es scheint, als wenn
sie etwas vorwärts nach der Ordnung der Zeichen rücke.

Aquädukt s. **Wasserleitung.**

Aräometer, hydrostatische Senkwage (araeome-
trum, hygrobaroscopium, baryllion, aréomètre, pese-li-
queur), welches von dem besondern Gebrauche, wozu es bestimmt ist, die Nahmen **Bierwage, Soolwage, Salzspin-
del, Weinwage** u. s. f. erhält, ist ein solches Werkzeug,
vermittelst welchen man die specifischen Gewichte flüssiger Materien bestimmen kann. Die Theorie der Aräometer gründet sich
ganz allein auf hydrostatische Gesetze. M. s. vorzüglich den
Artickel, **Schwere, specifische.** Man kann nämlich das
specifische Gewicht einer flüssigen Materie vermittelst eines
eingetauchten, festen Körpers, welcher darin nicht untersinkt,
dadurch finden, daß man den körperlichen Inhalt des in
der flüssigen Materie eingetauchten Theils von dem festen
Körper suchet, und diesen in das Gewicht des festen Körpers dividiret; der Quotiente ist das Gewicht eines Cubikfußes oder Cubikzolles der flüssigen Materie, nachdem die
Größe des eingetauchten Theils in Cubikfüßen oder Cubikzollen ausgedrucket ist. Setzt man also das Gewicht des
festen Körpers $= p$, die geometrische Größe des eingetauchten Theils $= v$, und das specifische Gewicht der flüssigen
Materie $= \gamma$, so muß $p = v\gamma$, folglich $\gamma = \dfrac{p}{v}$ seyn.
Würde ein und der nämliche Körper in verschiedene flüssige
Materien eingetaucht, und die eingesenkten Theile wären
ungleich groß, so müssen sich alsbann die specifischen Gewichte der flüssigen Materien umgekehrt wie die eingetauchten Theile verhalten. Wäre also das specifische Gewicht
einer

einer andern flüssigen Materie $= g$, und der eingetauchte Theil des festen Körpers in selbiger $= V$, so muß ebenfalls $p = Vg$, und daher $Vg = v\gamma$ seyn; daraus ergibt sich $g : \gamma = v : V$. Man kann aber auch einen und den nämlichen festen Körper in verschiedene flüssige Materien von verschiedenem specifischen Gewichte gleich tief einsenken; alsdann müssen aber an selbigem in specifisch schwereren flüssigen Materien mehrere Gewichte, in specifisch leichtern aber weniger Gewichte angebracht werden. In dieser letzten Voraussetzung sey das Gewicht des festen Körpers $= p$, welcher sich mit einem Theile von körperlicher Größe v in der einen flüssigen Materie von specifischem Gewichte γ eintaucht, das Gewicht eben dieses festen Körpers mit dem angehängten oder abgenommenen Gewichte zugleich $= P$, welcher sich in der andern flüssigen Materie von specifischem Gewichte gleich tief eintauchet; so hat man $p = \gamma \cdot v$ und $P = gv$, folglich $\gamma = \dfrac{p}{v}$ und $g = \dfrac{P}{v}$ und daher $\gamma : g = \dfrac{p}{v} : \dfrac{P}{v} = p : P$ d. h. die specifischen Gewichte zweyer flüssiger Materien verhalten sich auch wie die Gewichte zweyer Körper, wenn ihre eingetauchten Theile gleich viel körperlichen Inhalt besitzen. Aus diesen festgesetzten Gründen kann man einsehen, daß die hydrostatischen Senkwagen eine doppelte Einrichtung erhalten können: Ein Mahl, wenn die Wage von unverändertem Gewichte in verschiedene flüssige Materien eingetaucht wird, das andere Mahl aber, wenn die Senkwage nur bis zu einer gewissen bestimmten Tiefe einsenkt werden soll. Es ist jedoch leicht zu begreifen, daß die letztere Art einen Vorzug vor der ersten habe, weil man die Gewichte mit größerer Genauigkeit als die körperlichen Räume bestimmen kann. Dessen ungeachtet gebrauchet man im gemeinen Leben zur Bestimmung der specifischen Schwere der verschiedenen flüssigen Körper die erste Art von Aräometer mehr als die andere Art, und die gewöhnlichste

wöhnlichſte und einfachſte Einrichtung iſt folgende: eine
mit einer hohlen Kugel oder auch
wohl mit zweyen ſolchen Kugeln, einer größern und einer
kleinern verſehen; in dieſe Kugel bringt man allein ſo viel
Bleyſchroot, daß ſie bis an eine gewiſſe Tiefe in der einen
flüſſigen Materie ſinke, welche an der Röhre durch ein gewiſſes Zeichen bemerket wird. In jeder andern flüſſigen
Materie wird dieſe Senkwage entweder weniger tief oder
noch tiefer einſinken, wenn ſie von ſchwererer oder leichterer
Art iſt. Auf dieſe Weiſe werden an der Röhre durch Verſuche Abtheilungen gemacht. Weiß man alsdann genau
die geometriſchen Räume der in den flüſſigen Materien
eingetauchten Theile, und nimmt das ſpecifiſche Gewicht
der einen flüſſigen Materie, z. E. des deſtillirten Waſſers,
als Einheit an, ſo läßt ſich hierdurch das Verhältniß der
ſpecifiſchen Schwere der flüſſigen Materie finden. Dergleichen Aräometer hat Boyle *) angegeben; obgleich
ſchon lange vor ihm der Gebrauch der Aräometer bekannt
war. Weil aber dergleichen Arten von hydroſtatiſchen Senkwagen keine ſehr große Vollkommenheiten beſitzen, indem
man unmöglich ſo genau die geometriſchen Größen der eingetauchten Theile, als zur Abſicht erfordert wird, beſtimmen kann; ſo kann man nach folgenden Gründen die Eintheilungen an der Röhre einer Senkwage finden, wenn ſie die
e derjenigen flüſſigen Materie, in welche ſie
Vergleichung mit der ſpecifiſchen Schwere
s angeben ſoll: man tauche die Senkwage
deren ſpecifiſches Gewichte $= \gamma$
ine Weiſe entweder gefunden oder gegeben iſt,
an der Röhre die Stelle (fig. 19) b, wo ſie

Iſt
nun das Gewicht der ganzen Senkwage $= p$, ſo iſt das
Gewicht einer Menge reinen Waſſers, welches den Raum

$a b$ ausfüllen würde, $= \dfrac{p}{\gamma}$, wenn das ſpecifiſche Gewicht
des

*) Philoſophic. transact. n. 24. n. 447.

des Wassers $= 1$ gesetzet wird. Es sey ferner, das specifische Gewicht einer andern flüssigen Materie $= g$ und
$g > \gamma$, so wird sich die Wage in selbiger nur bis c einsenken; alsdann erhält man das Gewicht einer Menge reinen Wassers, welches den Raum a c ausfüllt, $= \frac{p}{g}$, wenn
das specifische Gewicht g bekannt ist. Hieraus aber ergibt
sich nach dem eben angeführten Gesetze

$$ab : ac = g : \gamma, \text{ folglich } ac = \frac{\gamma}{g} \cdot ab, \text{ und}$$

$$bc = ab - ac = ab\left(1 - \frac{\gamma}{g}\right) = \frac{g - \gamma}{g} \cdot ab$$

Man setze noch weiter die specifische Schwere einer dritten
flüssigen Materie $= G$, in welcher sich die Wage bis d einsenke, so daß bd $= n \cdot bc$, so hat man wiederum

$$ab : ad = G : g, \text{ mithin } ad = \frac{g}{G} \cdot ab \text{ und}$$

$$ad = ab - bd = ab - n \cdot bc, \text{ oder}$$

$$ad = \left(1 - \frac{n(g - \gamma)}{g}\right) ab = \frac{g}{G} \cdot ab = \frac{g - n(g - \gamma)}{g} \cdot ab$$

daraus findet man

$$\frac{\gamma}{G} = \frac{g - n(g - \gamma)}{g} \text{ und}$$

$$g\gamma = gG - n(g - \gamma)G \text{ und } n = \frac{(G - \gamma)g}{(g - \gamma)G} = \frac{g}{g - \gamma}\left(1 - \frac{\gamma}{g}\right)$$

Es läßt sich also für einen jeden angenommenen Werth G
die Größe bd $= n \cdot bc$ bestimmen und dadurch die Röhre
gradulren, da alsdann bey einer jeden auf diese Weise gefundenen Stelle die dazu gehörige Zahl G gesetzet wird.
Weil der Bruch $\frac{\gamma}{G}$ kleiner, wenn G wächst, aber größer
wird, wenn G abnimmt, so folgt, daß im ersten Falle auch
der Werth von n wachsen und im andern Falle abnehmen
müsse; ist aber $\gamma = G$, so verschwindet die Zahl n. Wird
ferner $G < \gamma$ angenommen, so wird nun n sowohl als auch
n. bc

n. bc negativ, und es muß nun b'd oberhalb b gesetzet werden; denn in einem solchen Falle senkt sich die Wage offenbar tiefer als bis b ein. Wäre schon $g < \gamma$, so würde auch schon c oberhalb b und $n = \dfrac{(\gamma - G) g}{(\gamma - g) G}$ gefunden seyn.

Bliebe demnach $G < \gamma$, so bleibt auch n. bc $=$ bd positiv und bd fällt unterhalb b; wird aber $G > \gamma$, so fällt nun bd oberhalb b.

Unter den bekannten flüssigen Materien ist außer dem Quecksilber die Schwefelsäure am schwersten und die Naphtha am leichtesten. Nach Bergmann ist die concentrirte Schwefelsäure bis 2,125 und nach Kirwan die Naphtha 0,708 Mahl schwerer als das destillirte Wasser. Wenn man also auf einer einzigen Senkwage von der beschriebenen Einrichtung alle Abtheilungen haben wollte, welche das specifische Gewichte aller flüssigen Materien bis auf tausend Theilchen anzeigen sollte, so müßte die Röhre sehr lang, und um des Willen sehr unbequem seyn. Daher ist es besser, mehrere dergleichen Senkwagen zum Gebrauch zu verfertigen, wovon eine jede zu solchen flüssigen Materien eingerichtet ist, deren eigenthümliches Gewicht zwischen ein Paar Grenzen fällt, wovon das Verhältniß etwa 1 : 1,2 beträgt. Dergleichen Einrichtung geben die Herren Brander und Höschel*) in Augsburg ihren hydrostatischen Senkwagen. Gewöhnlich liefern sie sechs Senkwagen, wovon die eine für solche flüssige Materien bestimmt ist, deren specifische Gewichte dem specifischen Gewichte des Regenwassers sehr nahe kömmt, und zwischen den Grenzen 0,983 und 1,018 fällt. Zwey andere Senkwagen dienen für flüssige Materien, die leichter als Wasser sind; die erstere gibt das specifische Gewicht $= 1$ und erstreckt sich bis zum specifischen Gewichte $= 0,928\frac{1}{2}$; mit diesem specifischen Gewichte fängt die andere an, und geht bis zum specifischen Gewichte $= 0,857\frac{1}{4}$. Noch sind zwey andere für solche flüssige

*) In der Beschreibung des neuen Spiegelquadranten nach Zadler's Theorie. Augsb. 1777.

so erfordern sie doch in der Ausübung, wenn die Abtheilungen auf der Röhre allemahl genau das specifische Gewicht, in Vergleichung mit dem Regenwasser, angeben
sollen, solche Aräometer, deren Röhren vollkommen cylindrisch
sind, welches bey gläsernen so leicht nicht zu erhalten ist.
Dieserwegen bleiben alle solche Aräometer

α) Versuch einer Mathematik zum Nutzen und Vergnügen des
bürgerlichen Lebens. 2ter Theil. Hamb. 1791. 8. Hydrostat.
S. 49. u. f.

β) Theatr. static. vniuers. P. II, cap. 6.

besten Untersuchungen darüber aber Herr **Lambert** *) angestellt. Mit Recht urtheilet aber Herr **Beckmann**, daß
es der Mühe nicht werth wäre, weitläuftige Untersuchungen
über die Soolwagen anzustellen, da wir doch in der Natur
keine ganz reine Auflösung des Salzes im Wasser fänden,
indem sie allemahl noch andere Bestandtheile, als Gypserde,
Kalkerde, Bittersalz u. d. gl. enthielte, und diese vorzüglich
das specifische Gewicht der so genannten Soole vermehreten.
Mit besserem Erfolge kann diese Art, durch Versuche die
Aräometer zu graduiren, bey den Bierproben gebrauchet werden, wie **Faggot** *) für das schwedische Bier vorgeschlagen
hat. Da aber in Deutschland zu viele Sorten Bier angetroffen werden, so würde auch diese Graduirung der Aräometer äußerst mühsam seyn.

　　Man hat auch die Aräometer dadurch zu graduiren vorgeschlagen, daß man durch Versuche zwey feste Punkte bestimme, und den Zwischenraum in gleiche Theile eintheile.
Dergleichen hat **Muschenbrök** *) und **Baumé** *) angegeben. Allein dieser Vorschlag beruhet auf keinen wahren Gründen.

　　Eine vorzügliche Methode, die Aräometer durch Veränderung ihrer Gewichte zu graduiren, lehret **Brisson** *).
Man setze das specifische Gewicht einer flüssigen Materie $=$
γ, den geometrischen Raum, um welchen sich das Aräometer in selbiger einsenket, $= v$, und das Gewicht des Aräometers $= p$, so ist es natürlich, daß das Gewicht p verändert werden müsse, wenn das Aräometer im destillirten Wasser eben so tief, als in jener flüssigen Materie eingesenket
werden soll. Man nehme also die specifische Schwere des
Wassers $= g$, in welchem das Aräometer ebenfalls um den

　　　　　　　　　　　　　　　　　　　　　　Raum

---

*) Experiences sur les poids du sal et la gravité spécifique de saumu-
　　res faites et analysées par M. *Lambert* in histoir. de l'Acad. de
　　Prussr. ann. 1762. T. 18. p. 27 f.
*) Schwedische Abhandlung, übers. v. **Kästner** 1768. S. 49.
*) Introductio ad philosoph. natural. Tom. II. §. 1384.
*) Avant-Coureur 1768. n. 45. 50. 51. 52; 1796. n. 2.
*) Dictionaire de physique; art. Aréomètre.

Raum v ſich einſenken ſoll, ſo hat man $\gamma : g = p : \frac{gp}{\gamma}$;
und das Aräometer muß nun das Gewicht $\frac{gp}{\gamma}$ haben. Wäre
die flüſſige Materie ſpecifiſch leichter als das Waſſer, ſo muß
auch $\frac{gp}{\gamma}$ größer als p ſeyn, und es muß das Gewicht p um

$\frac{gp}{\gamma} - p = \frac{(g - \gamma) p}{\gamma}$ vermehret werden, wenn es ſich im
Waſſer eben ſo tief als in der flüſſigen Materie einſenken
ſoll. Nähme man nun das ſpecifiſche Gewicht des Waſſers = 1000 an, und γ nach und nach 990, 980, 970,

960 u. ſ. f. ſo bekömmt $\frac{(g - \gamma) p}{\gamma}$ nach und nach die Wer-
the $\frac{10}{990} \cdot p$, $\frac{20}{980} \cdot p$, $\frac{30}{970} \cdot p$, $\frac{40}{960} p$ u. ſ. f. Um nun
nach dieſen Gründen das Aräometer zu graduiren, verfahre
man auf folgende Art: man wäge das Aräometer genau ab,
und tauche es in reines deſtillirtes Waſſer, bemerke alsdann
an der Röhre, wie tief ſich das Aräometer eingeſenket habe;
hierauf vermehre man das anfängliche Gewicht des Aräome-
ters durch hinzu gegoſſenes Queckſilber, um $\frac{10}{990} = \frac{1}{99}$, und
bemerke auch hier an der Röhre, wie tief es ſich eingeſenket
habe; das zugegoſſene Queckſilber nehme man wieder hinweg,
und ſchütte zu dem anfänglichen Gewicht des Aräometers
$\frac{20}{980} = \frac{1}{49}$ deſſelben von dem Queckſilber hinzu, und bemerke
wiederum, wie tief das Aräometer ſich eingeſenket habe u. ſ. f.
Setzt man nach und nach an die eingeſenkten Tiefen die Zahlen 990, 980, 970, 960 u. ſ. f. ſo iſt das Aräometer von 10
zu 10 Graden richtig eingetheilet. Wollte man die Eintheilung für jeden Grad haben, ſo könnte man nur, ohne einen
merklichen Fehler zu begehen, den Raum zwiſchen 10 u. 10 in
gleiche Theile theilen. Wären im Gegentheil die flüſſigen
Materien ſpecifiſch ſchwerer als Waſſer, ſo wird alsdann der

Ausdruck $\frac{(g - \gamma) p}{\gamma}$ negativ, und es müßte nun das anfäng-

liche Gewicht p um $\frac{(\gamma - g) p}{\gamma}$ vermindert werden. Bliebe

Ꜧ   alſo

also g $=$ 1000, und es sollte die Eintheilung wie vorhin von 10 zu 10 Grad geschehen, so würde die Verminderung des Gewichtes nach und nach um $\frac{10}{1010}$, $\frac{20}{1010}$, $\frac{30}{1010}$ u. s. seyn. Zuletzt erhält das Aräometer sein anfängliches Gewicht p wieder. Ohne Zweifel ist diese Einrichtung der Aräometer mit unveränderlichem Gewichte die beste, bey Verfertigung aber erfordert sie mühsame Arbeit.

Herr Prof. **Schmidt** *), in Gießen, hat wegen dieser mühsamen Arbeit eine andere Einrichtung angegeben, und zugleich erwiesen, daß die Aräometer mit Skalen denen mit veränderlichen Gewichten weit nachstehen. Seine Vorschriften sind folgende: man verwandele den Raum des Aräometers nach dem bekannten Verhältnisse der untern Gefäße zu dem Raume des Halses, so weit nämlich die Ausdehnung der Skale reicht, in eine cylindrische Röhre von der Weite des Halses, und trage die Länge dieser Röhre auf eine gerade Linie (fig. 20) von b nach a, und bemerke zugleich die Länge des Halses b h. Auf die Endpunkte a und b dieser Linie errichte man die senkrechten Linien d g und e f. Von a nach d trage man eine Linie von so vielen gleichen Theilen von willkürlicher Größe, als man sich in dem Raume des ganzen Aräometers enthalten vorstellet, z. B. 100, wenn die Skale hundert Theile, 1000, wenn sie tausend Theile des ganzen Raumes angeben soll. Von diesen gleichen Theilen trage man noch so viele auf a g, als in der Ausdehnung der Skale enthalten sind. Durch alle Theilungspunkte der geraden Linie a g ziehe man mit a b parallele Linien, bis sie die Linie e f schneiden. Bey d schreibe man nun 0, bey a 100, und sofort auf a g 110, 120, 130 u. f. Eben diese Zahlen schreibe man bey die zugehörigen Theilungspunkte der Linie e f. Hierauf lege man ein Lineal an d und die Theilungs-

*) Ueber die vortheilhafte Einrichtung eines Aräometers mit einer Skale, welches unmittelbar Procente einer gemischten Flüssigkeit angeben soll; in Grens neuem Journal der Physik, B. III. S. 117. u. f.

lungspunkte 110, 120, 130 u. f. der geraden Linie b f, und bemerke die Durchschnittspunkte des Lineals mit der Linie a b, so geben diese die Grade der Skale des Aräometers b h an, welche den specifischen Gewichten 110, 120, 130 u. f. zugehören. Von der Richtigkeit dieser Gradeintheilung überzeuget man sich auf folgende Art: das Aräometer, welches hier durch die Linie a b vorgestellet wird, senkt sich im Wasser bis b ein. Gesetzt nun, es senke sich in einer andern Flüssigkeit bis 120 ein, so verhält sich das specifische Gewicht des Wassers zum specifischen Gewichte dieser Flüssigkeit wie a 120 zu a b; vermöge der Construktion ist aber dieses Verhältniß, dem Verhältnisse d a : d 120 = 100 : 120 gleich; folglich hat man auch 100 : 120 = a 120 : ab; und es ist demnach das specifische Gewicht der Flüssigkeit, in welcher sich das Aräometer bis 120 einsenket, = 120, wenn das specifische Gewicht des Wassers = 100 gesetzet wird, oder 1,20, wenn das specifische Gewicht des Wassers = 1 ist. Es erhellet ferner, daß durch diese Construktion die Skale jenseits der Grenzpunkte h und b nach Belieben fortgesetzet werden könne, wenn dieses die Einrichtung des Werkzeuges verstattet. Durch die Grenzpunkte c, 80, 90 u. f. ziehe man die senkrechten Linien c l u. f. bis zu den durch die Theilungspunkte der Linien a g gehörigen Parallellen, und führe durch diese Punkte die krumme Linie l m hindurch, so drückt diese Linie das allmählige Wachsthum der Skale des Aräometers aus. Die von dem Punkte d an auf d g getragenen Theile, stellen die Abscissen, und die mit a c parallellen Linien die Applikaten dieser krummen Linie vor, und es erhellet, daß sich die Abscissen wie die specifischen Gewichte der Flüssigkeiten, die Applikaten aber wie die eingetauchten Theile des Aräometers verhalten. Setzt man das specifische Gewichte des Wassers d a = α, den im Wasser eingetauchten Theil des Aräometers a b = β, die Abscisse = x, und die dazu gehörigen Applikate = y, so hat man

$$x : a = \beta : y \text{ und } y = \frac{\alpha \beta}{x}. \quad \text{Das Wachsthum der Appli-}$$

katen drückt eigentlich die Grade des Aräometers aus; setzt
man also das Wachsthum der Abscissen $= \Delta x$, und das
Wachsthum der dazu gehörigen Applikaten $= \Delta y$, so ist

$$x + \Delta x : x = y : y - \Delta y$$

und daraus erhält man

$$\Delta y = \frac{y \Delta x}{x + \Delta x} = \frac{a \beta \Delta x}{x (x + \Delta x)},$$

wenn für y sein Werth $\frac{a \beta}{x}$ gesetzet wird. Für unendlich kleine Aenderungen wäre demnach das Differenzial dy
$= \frac{a \beta dx}{x^2}$. Aus der Gleichung für Δy ließe sich ebenfalls
die Linie der Skale des Aräometers auch ohne Construktion
entwerfen. Nähme man $ad = db = 1,000$ an, so würde
nun $y = \frac{1}{x}$, und $dy = \frac{dx}{x^2}$. Man setze, es sollte nach
dieser Voraussetzung die Ausdehnung der Skale, wie a die
Figur zeiget, von der specifischen Schwere. 0,7 an bis zur
doppelten specifischen Schwere des Wassers gehen, so suche
man die Größe eines Grades aus der Gleichung dy, indem man x zuerst $= 0,700$ und hernach $= 2,000$ setzet.
Für den ersten Werth von x erhält man

$$dy = \frac{0,001}{0,700^2} = 0,002041, \text{ und für den andern}$$

$$dy = \frac{0,001}{2,000^2} = 0,00025.$$

Hieraus sieht man, daß die obersten Grade der Skale beynahe 10 Mahl größer würden als die niedrigsten. Um nun
die wahre Größe derselben zu finden, muß man die Werthe
von dy mit der wahren Ausdehnung von $a\,b$ multipliciren.
Wäre bh $= 3$ pariser Zoll und ba 9 pariser Zoll $= 0,75$
par. Fuß, so erhält man beide Werthe von $dy = 0,00153$
und $= 0,0001875$ par. Fuß. Beide Größen sind aber zu
klein, um sie messen zu können, selbst die letzte, wenn man

ihr

ihr Zehnfaches nimmt, d. h. wenn man die Skale des Aräo-
meters nur bis auf hundert Theile genau haben wollte.
Hieraus erhellet, daß man bey festgesetzter Ausdehnung der
Skale mehrere Aräometer wählen müßte. Wollte man drey
Aräometer verfertigen, wovon die Skale des erstern

von 2,00 bis 1,50, des zweyten
von 1,50 bis 1,00, und des dritten
von 1,00 bis 0,70 gehe;

so gibt dieß folgende Verhältnisse von dem Raume der Gefäße zu dem Raume der Skale

für das erste Aräometer $0,50 : 1,5 = 1 : 3$
für das zweyte ———— $0,5 : 1,0 = 1 : 2$
für das dritte ———— $0,3 : 0,7 = 3 : 7$

Setzt man nun den Hals eines jeden Aräometers $=$ 3 pariser Zoll und nimmt an, die Skale sollte hundert Theile
zeigen, so hat man für das erste Aräometer a b $=$ 1 pariser Fuß, und die Größen der beiden äußersten Grade
$= 0,0025$ und $0,0044$ par. Fuß.

Für das zweyte Aräometer a b $= 0,75$ pariser Fuß,
die beiden äußersten Grade $= 0,00333$ und $0,0075$ par. Fuß.

Für das dritte Aräometer a b $= 0,833$ pariser Fuß,
die beiden äußersten Grade $= 0,00833$ und $0,017$ pariser Fuß.

Der kleinste Grad dieser drey Aräometer beträgt ⅓ par.
Decimallinie, und der größte noch nicht zwey Linien. Wollte
man nun bey gleicher Größe der Grade die Skale bis auf
tausend Theile genau haben, und doch die Länge der Aräometer nicht vergrößern, so müßte man statt drey, dreyßig
solcher Aräometer verfertigen. Vergleichet man nun hiermit das von Hr. Schmidt verbesserte fahrenheitische, welches bald angegeben werden soll, so ist klar, daß zwey solche
fahrenheitische eben das und noch mit größerer Schärfe
angeben, was dreyßig Aräometer mit Skalen von ungefähr gleichen Diversionen leisten, so gemein auch diese Art
von Aräometer noch ist.

        Was

Was die fahrenheitischen Aräometer betrifft, so hat man von dieser Gattung besondere Einrichtungen, wovon ich nur die vorzüglichsten hier beschreiben will. Das gewöhnlichste, welches auch das fahrenheitische allgemeine Aräometer genennet wird, ist also eingerichtet: an einer gläsernen Kugel (fig. 21.) b befindet sich eine kleinere mit einigem Queck-silber oder Bleyschrot beschwerte Kugel, und oben eine sehr dünne Röhre cd mit einer kleinen Schaale d, um kleine Ge-wichte hinein zu legen. Uebrigens ist an der dünnen Röhre ein Zeichen e gemacht. Wird nun dieses Werkzeug sorgfäl-tig gewogen, und das Gewicht $= p$ befunden, so taucht man es zuerst in destillirtes Wasser, und legt in die Schaale so viel Gewichte hinzu, bis es an das Zeichen e eingetauchet ist; es wäre also das ganze Gewicht des Aräometers mit dem zugelegten $= p + q$, wenn das zugelegte mit q bezeichnet wird. Bringt man hierauf dieses Werkzeug in eine andre flüssige Materie, so nehme man an, man müsse noch das Ge-wicht P in die Schaale legen, damit es bis an das Zeichen e einsinke; alsdann werden sich die specifischen Gewichte des Wassers und der andern flüssigen Materie wie $p + q : p + P$ verhalten. Wenn z. E. das Aräometer 500 Grän wiegt, und es müßten 56 Grän in die Schaale gelegt werden, damit es sich im Regenwasser bis in e einsinke; in einer andern flüs-sigen Materie aber müßten 90 Grän in die Schaale gebracht werden, so verhalten sich die specifischen Gewichte bey der flüssigen Materie $= 500 + 56 : 500 + 90 = 556 : 590 = 1 : 1,061$. Leutmann [a] hat diese Einrichtung bloß darin abgeändert, daß die zugelegten Gewichte durch die Röhre cd, welche zu dieser Absicht hohl seyn muß, hineingeworfen werden.

Eine neuere Einrichtung eines allgemeinen Aräometers ist von dem Herrn Prof. Schmidt in Gießen und Hofphy-sikus Clarcy [b] in Darmstadt angegeben: an dem hohlen birnförmigen gläsernen Gefäße (fig. 22.) a befindet sich das massive

[a] Commentar. petropol. T. V. p. 273.

[b] Beschreibung eines sehr bequem eingerichteten allgemeinen Aräo-meters in Grens Journal der Physik. Band VII. S. 186 u. f.

massive Stück Glas d, woran das unterwärts birnförmige
gläserne Gefäß c geschmolzen ist. Oben an das Gefäß a
ist ein dünnes massives Stück Glas e f angebracht, welches
am Ende f eine Schaale zur Einlegung der Gewichte träget.
Unten bey der Spitze b wird anfänglich durch ein Loch in das
birnförmige Gefäß c so viel Quecksilber eingegossen, daß das
ganze Instrument genau 800 halbe Grän vom köllnischen
Markgewichte wieget. Das größte Gewicht, welches dieses
Aräometer tragen soll, ist 400 halbe Grän. Wird nun dieses Aräometer in destillirtes Wasser gebracht, (die Temperatur ist 15 Grad nach einem Quecksilberthermometer 80 gra-
diger Eintheilung angenommen,) so hat es diese Einrichtung,
daß es sich bis an ein in g gemachtes Merkmahl einsenke,
wenn auf die Schaale f noch 200 halbe Grän geleget werden; folglich beträgt das gesammte Gewicht 800 $+$ 200 $=$
1000 halbe Grän: Wenn man also dieses Aräometer in
eine andere flüssige Materie bringt, so zeigt das hinzugelegte
oder hinweggenommene Gewicht den Unterschied der specifischen Schwere des Wassers und der andern flüssigen Materie an. Addiret man demnach das zugelegte Gewicht oder
subtrahiret das hinweggenommene von 1000, so gibt die Summe
oder die Differenz das specifische Gewicht der flüssigen Materie so gleich an. Dieses Aräometer gibt das specifische Gewicht 800 bis 1200, oder, wenn das specifische Gewichte des
Wassers $=$ 1 gesetzt wird, 0,8 bis 1,2 an; mithin kann es
für alle Oele, geistige, flüssige Materien und viele Salzsolu-
tionen dienen. Für schwerere Salzauflösungen und Säuren
verfertiget Herr Ciarcy nach eben den Grundsätzen ein anderes Aräometer, welches mit dem specifischen Gewichte von
1200 an bis über 2000 hinaus gehet. In Regenwasser
bis g versenkt treibt dieses Aräometer 500 Grän Wasser aus
der Stelle. Nimmt man nun an, daß ein rheinländischer
Cubikzoll Wasser bey 15 Grad Wärme nach dem 80 graduir-
ten Quecksilberthermometer 502$\frac{1}{13}$ Grän wiegen, so nimmt
das von 500 Grän verdrängte Wasser einen Raum von
0,9947 rheinl. Cubikzollen ein. Folglich wird $\frac{1}{2}$ Grän,

H 4

welcher

welcher auf die Schaale dieses Instrumentes geleget wird, noch $\frac{1}{1000}$ davon, oder 0,0009947 Cubikzoll mehr Wasser aus der Stelle treiben. Da aber der Durchmesser des Halses an diesem Instrumente noch nicht $\frac{1}{20}$ Zoll, mithin der Flächeninhalt eines Querschnittes desselben $\frac{1}{400}$ beträgt, so muß sich dieses Instrument um mehr als 400 $\times$ 0,0009947 = 0,3979 Zoll tiefer einsenken. Gesetzt auch, es würde diese Bewegung wegen Reibung und anderer Ursachen um die Hälfte vermindert, so bleibt doch immer die Größe, um welche es sich, bey Beschwerung eines halben Gräns, tiefer einsenket, noch etwas über 0,2 Zoll; mithin eine Bewegung die sehr gut wahrgenommen werden kann.

Man hat noch anderen Instrumenten, welche eigentlich zur Findung der specifischen Schwere bestimmt sind, den Nahmen Aräometer gegeben, wovon aber mit mehreren unter den Artikeln **Schwere**, specifische und **Hydrometer** gehandelt werden soll.

Uebrigens erfordern alle Aräometer, wenn sie gebrauchet werden sollen, folgende dabey zu beobachtende Vorsichtsregeln, welche auch schon Nollet *) gegeben hat:

1. Die flüssigen Materien, in welche die Aräometer eingesenket werden sollen, müssen einerley Grad Wärme haben. Denn hätten sie dieß nicht, so würden sich nicht allein die specifischen Gewichte sondern auch selbst die Umfänge der Aräometer verändern.

2. Wenn das Aräometer in die flüssige Materie gesenkt wird, so muß es genau vertikal stehen, weil man sonst den Punkt, welcher den Niveau angeben soll, nicht richtig beobachten kann.

3. Solche Aräometer, welche mit unverändertem Gewichte zur Bestimmung der specifischen Gewichte der flüssigen Materien gebrauchet werden sollen, müssen einen durchaus gleich dicken Stiel, worauf die gleichen Grade gemacht werden, besitzen, weil sie sonst die specifischen Gewichte nicht genau angeben können.

                                     4. Zu-

---

*) Leçons de physique experimentale à Paris 1743. 8. To. II. p. 28.

4. Zuletzt müssen noch die Aräometer sehr rein gehalten, und beym jedesmahligen gemachten Gebrauche ganz

Bey   die Aräometer e   ; indem die
                                             l herum ver-
möge der Adhäsionskraft erheben, und eine Erhabenheit verursachen, woduch der Einsenkungspunkt nicht ganz genau

M. f. Karsten, Anfangsgründe der mathematischen
Wissenschaften. Greifsw. 1780. Band II. Hydrostat. §. 52
u. f. Wolf, nützliche Versuche zu genauerer Kenntniß
der Natur und Kunst. Th. I. §. 207.
sches Wörterbuch Th. I.

                                             e, specifische.
                                             t.

                                             71
                                             arsenici alba,
oxidum arsenici album, oxide d'arsenic blanc) weißer,
ist nach dem neuern System eine metallische Halbsäure (nach
dem ältern System ein metallischer Kalk) des so genannten
Arsenikmetalls. Er unterscheidet sich von andern metallischen Halbsäuren vorzüglich durch die Flüchtigkeit im Feuer,
wodurch er sich nicht allein in verschlossenen Gefäßen sublimiren läßt, sondern er verwandelt sich auch in offenen Gefäßen in einen nach Knoblauch riechenden Dampf, welcher
für die Gesundheit sehr gefährlich ist. Diese Halbsäure löset sich im Wasser ganz auf, erfordert aber zur Auflösung nach
Bergmann bey mittlerer Temperatur 80, in der Siedhitze
hingegen 15 Theile Wassers. Durchs Abdampfen dieser Ar-
senikauflösung erhält man Crystalle in der Gestalt kleiner dreyseitigen Pyramiden. Bey einer starken Temperatur sublimiret sich diese Halbsäure zu einem weißen Glase, welches
aber an der Luft die Durchsichtigkeit wieder verlieret, und
zum Theil verwittert. Sie verbindet sich leicht mit dem
Schwefel zu einer gelben geschwefelten Arsenikhalbsäure, welche,

H 5   natürlich

natürlich gefunden, **Operment** (auripigmentum, oxide d'arsenic sulfuré jaune) genennet wird, und welche sich im Wasser nicht auflöset. Wenn diese geschwefelte Arsenik-halbsäure geschmolzen wird, so nimmt sie eine rothe Farbe an, und wird feuerbeständiger. In der Natur diese rothe geschwefelte Arsenikhalbsäure gefunden heißt sie **Sandarac** oder **Rauschgelb** (Realgar, oxide d'arsenic sulfuré rouge). Diese Arsenikhalbsäure wird in der Natur höchst selten gefunden. Man gewinnt sie aus dem Arsenikmetall, wenn man dieses schnell in die Glühehitze bringt, ohne es allmählig zu erwärmen; es entzündet sich mit einer weißlich blauen Flamme, und stößt weiße dicke Dämpfe von sich, welche sich an kalte Körper anlegen, und eben die Arsenikhalbsäure geben. Die specifische Schwere der Arsenikhalbsäure ist 3,706, wenn die specifische Schwere des Wassers = 1 gesetzet wird.

Arsenikmetall, Arsenikkönig (arsenicum, regulus arsenici, arsenic) ist ein sprödes unedles Metall, welches man zuweilen rein in schweren schwarzen Massen findet. Auf dem frischen Bruche ist dieses Metall von einer Mittelfarbe, zwischen zinnweiß und bleygrau, wird aber an der Luft sehr bald erst gelblich, nachher schwarz und verliert allen metallischen Glanz. Die Sprödigkeit dieses Metalls ist so groß, daß es sich unter dem Hammer sehr leicht in Pulver zerschlagen läßt. Sein specifisches Gewicht, in Vergleichung mit dem Wasser, wird auf 8,308 gesetzet. Dieses Metall ist im Feuer sehr flüchtig, und läßt sich in verschlossenen Gefäßen ganz sublimiren. Hat man diese Sublimation bey allmählich verstärktem Feuer unternommen, so findet man den sublimirten Arsenik mehr oder weniger regulinisch crystallisiret. Wenn im Gegentheil das Metall schnell in eine Glühehitze gebracht wird, so entzündet es sich, und die dabey ausgestoßenen Dämpfe geben die Arsenikhalbsäure. M. s. **Arsenik, weißer.**

Arseniksäure (acidum arsenici, acide arsenique) ist eine eigene Säure, welche als ein Bestandtheil des Arsenikmetalls

egen einiger Eigenschaften unter die Classe der Salze, bis zuerst **Scheele** *) und nachher **Torb. Bergmann** ᵝ) unwidersprechlich zeigten, daß der weiße Arsenik

Nach dem neuern Systeme verwandelt sich nämlich das Ar-

Arsenikhalbsäure, welche bis zur Sättigung mit Sauerstoff in die Arseniksäure übergehet. **Fourcroy** ᵞ) führet außer- von der Arsenikhalbsäure unter dem Nah- men acide arsenieux (Arsenikfaurem) an, welche sich mit

Die Arseniksäure gewinnt man auf folgende Art: auf fein geriebenen weißen Arsenik Salzsäure, und so lange kochen, bis sich der Arsenik auf-

säure, und destillire dieses Gemische langsam ab; der Rück- stand in der Retorte ist die weiße Arseniksäure. Die trockene Arseniksäure ist ziemlich feuerbeständig, und fließt beym mäßigen Glühen klar und helle, und wird beym Erstarren milchicht. Wird sie aber einem heftigen Glühefeuer ausge- setzet, so geräth sie in ein starkes Sieden, und wird zuletzt wieder zum weißen Arsenik. In freyer Luft sauget diese Säure Feuchtigkeiten ein, und zerfließet. Die Arseniksäure ist vom Geschmack viel beissender als der weiße Arsenik, und löset sich in zwey Theilen Wasser auf, und verbindet sich leichter mit der Kalkerde als Schwererde und Bittererde. Ihr specifisches Gewicht in Vergleichung mit dem des Was- sers ist 3,391.

M. f. **Gren**, systematisches Handbuch der gesammten Chemie. Halle 1795. Theil III. §. 2874 u. f. **Gittan-** **ner,**

---

*) Abhandl. der schwed. Akad. d. Wiss. 1775. Qu. IV. n. 1.
ᵝ) Differt. de arsenico Upsal. 1777. 4. u. in d. opusc. phys. chem. Vol. II. S. 272. Abhandl. vom Arsenik. Altenb. 1778. 8.
ᵞ) Philosophie chimique ou verités fondamentales de la chimie mo- derne à Paris 1794. 8. (l'an III. de la republique).

ner, Anfangsgründe der antiphlogistischen Chemie. Berlin 1795. 8. S. 274 u. f.

Ascension s. Aufsteigung.

Ascensionaldifferenz (differentia ascensionalis, difference ascensionelle). Hierunter versteht man den Unterschied zwischen der geraden und schiefen Aufsteigung (m. s. Aufsteigung, gerade und schiefe) eines Gestirnes. Dieser Unterschied ist der Bogen (fig. 23.) oe des Aequators cod, welcher zwischen dem Punkte o des Aequators, welcher mit dem Sterne f zugleich aufgehet, und dem Deklinationskreise peq des Sternes f enthalten ist, und daher den Unterschied der geraden Aufsteigung ve und der schiefen va angibt. Wenn man die Ascensionaldifferenz berechnen will, so muß in dem Kugeldreyecke oef außer dem rechten Winkel bey e der Winkel o, welcher der Aequatorhöhe gleich ist, und die Abweichung fe des Sternes f bekannt seyn. Denn in diesem Dreyecke hat man

$$\text{tang. } o : \text{tang. } fe = \text{fin. tot} : \text{fin. } oe, \text{ mithin}$$
$$\text{fin. } oe = \frac{\text{tang. } fe \times \text{fin. tot. und vor fin. tot.} = 1}{\text{tang. } o}$$

$$\text{fin. a f c Diff.} = \frac{\text{tang. Abweich}}{\text{tang. Aequat. h.}} = \frac{\text{tang. Abweich.}}{\text{cotan. Polhöhe.}}$$

weil die Aequatorhöhe sich mit der Polhöhe zu 90 Graden ergänzet (s. Aequatorhöhe); folglich auch

$$\text{fin. Asc. Diff.} = \text{tang. Abweich.} \times \text{tang. Polhöhe.}$$

Hieraus könnten sehr leicht Tafeln berechnet werden, aus welchen die Ascensionaldifferenzen für einen jeden Stern an einem jeden Orte genommen werden könnten, wenn für einen solchen Ort die Abweichung eines jeden Sternes und die Polhöhe bekannt wären.

Befände sich der Stern in der südlichen Halbkugel wie f, so würde nun die Ascensionaldifferenz og negativ, wie auch diese die vorige Formel geben muß, wenn man die Abweichung fg des Sterns negativ setzet.

Aus

Aus der Afcenſionaldifferenz kann nun die ſchiefe Aufſtei-
gung v o gefunden werden, denn man hat

$$vo = ve - oe \text{ oder}$$

ſchiefe Aufſt. = gerade Aufſt. — Afcenſ. Differ.
hätte man die Afcenſionaldifferenz negativ gefunden, ſo würde
alsdann

ſchief. Aufſt. = gerade Aufſt. + Afcenſion. Diff. oder

$$vo = vg + go.$$

Weil der wahre Morgenpunkt o von dem Mittagskreiſe
p a q d um 90° entfernet iſt, ſo hat man c e = c o + o e =
90° + Afcenſionaldifferenz. Befindet ſich alſo jetzt gerade
der Stern ſ im Horizonte oder will aufgehen, ſo iſt eben der
Punkt c des Aequators in dem Mittagskreiſe p a q d, und es
kann der Stern ſ nicht eher in den Mittagskreis p a q d kommen, als bis der Bogen c e des Aequators durch dieſen Mittagskreis durchgegangen iſt; denn alsdann erſt fällt der Abweichungskreis p ſ q mit dem Mittagskreiſe p a q d zuſammen. Es muß folglich vom Anfange des Aufganges eines
Sternes ſ bis zur Culmination gerade ſo viel Zeit verfließen,
als der Bogen c e des Aequators Zeit gebrauchet, um durch
den Mittagskreis p a q d zu gehen. Es läßt ſich alſo auch
aus der bekannten Afcenſionaldifferenz die Zeitdauer des Sternes ſ über dem Horizonte finden. Denn wenn man co +
oe = 90° + Afcenſionaldifferenz in Sternzeit verwandelt,
ſo wäre dieſe die halbe Zeitdauer des Sternes ſ, mithin dieſe
doppelt genommen die Zeitdauer des Sternes über dem Horizonte. Wäre ſ ſelbſt die Sonne, ſo würde man durch dieſes Verfahren die Tageslänge beſtimmen können: denn
man hat

halbe Tageslänge = (90° + Afcen. Diff. d. Son.) in Zeit.
Ob nun gleich die Sonne in ihrer eigenen Bewegung täglich
etwa um einen Grad von Weſten gegen Oſten, außer der täglichen Bewegung, rückwärts geht, und folglich der Punkt e
des Aequators nicht zugleich mit der aufgehenden Sonne ſ
in den Mittagskreis kommen kann, ſo bewirket doch dieß
Fortrücken der Sonne, daß gerade ſo viel Sternzeit verfließt,

als

als die Sonne gebrauchet haben würde, wenn sie gar nicht fortgerücket wäre; mithin ist die Wirkung in Ansehung der Zeit eben so, als wenn die Sternzeit wahre Sonnenzeit wäre. Man findet daher die halbe Tageslänge in wahrer Sonnenzeit, wenn man den Bogen c e in Sternzeit ausdrückt. Subtrahiret man alsdann die gefundene halbe Tageslänge von 12 Stunden, so erhält man die halbe Nachtlänge.

Für Jena ist z. B. die Polhöhe = 51° 2′, die Abweichung der Sonne am längsten und am kürzesten Tage 23° 28′, mithin

$$
\begin{aligned}
\text{l. tang. Abweich.} &= 0,6376106 \\
\text{l. tang. Polhöh.} &= 10,0921475 \\
\hline
&\quad\; 19,7297581 \\
\text{l. sin. tot.} &= 10 \\
\hline
\text{l. sin. Ascen. Diff.} &= 9,7297581 \text{ und}
\end{aligned}
$$

die Ascensionaldifferenz = 32° 27′ 42″

$$
\begin{aligned}
&\qquad\qquad\qquad\quad 90° \;—\; — \\
\hline
90° + \text{Ascen. Diff.} &= 122° 27′ 42″
\end{aligned}
$$

diese in Sternzeit verwandelt geben

122° so viel als 8 Stund. 8 Minut. 0 Sek. 0 Tert.

$$
\begin{array}{lcccccc}
27′ &—&— & 0 &— & 1 &— & 48 &— & 0 \\
42″ &—&— & 0 &— & 0 &= & 2 &— & 48 \\
\hline
\end{array}
$$

halbe Tageslänge = 8 Stund. 9 Min. 50 S. 48 Tert.

12

halbe Nachtlänge   3 St. 50 M. 9 S. 12 T. folglich
ganze Tageslänge = 16 Stund. 20 Min. 42 Sek. 36 Tert.
ganze Nachtlänge = 7 Stund. 40 Min. 18 Sek. 24 Tert.
Am kürzesten Tage im Gegentheil würde die Ascensionaldifferenz negativ, und man würde finden
ganze Tageslänge = 7 Stund. 40 Min. 18 Sek. 24 Tert.
ganze Nachtlänge = 16 — 20 — 42 — 36 —

Für die halben Tagebogen der Gestirne sind schon Tabellen berechnet worden, in welchen man aus der Polhöhe des Ortes und der Abweichung der Gestirne die Sternzeit
finden

finden kann. Dergleichen enthalten die Berliner Sammlung astronomischer Tabellen. B. III. S. 233 u. f. unter der
Aufschrift: Tafel für die halben Tagebögen.

Asche (cineres, cendres) ist der erdige Theil aller
brennbaren Materien, welcher zurück bleibt, wenn sie bis
auf den höchsten Grad durch das Feuer zerleget sind. Die
Asche der Pflanzen enthält die feuerbeständigen Theile derselben ohne allen Zusammenhang. Außer den erdigen Theilen besitzt sie salzige Theile, welche durchs Auslaugen mit
Wasser gewonnen werden können. So erhält man aus der
Asche der mehresten Pflanzen die so genannte Pottasche s.
Laugensalze. Die nach dem Auslaugen der Asche zurückgebliebenen erdigen Theile sind nach Beschaffenheit des Bodens, worauf sie gestanden haben, verschieden, mehrentheils
sind sie Kalke, Thonerde und Kieselerde, oftmahls auch
phosphorirte Kalkerde oder auch eisenhaltige Erde.

Was die Knochenasche betrifft, so ist diese nicht wie die
Pflanzenasche locker oder staubig, sondern sie behält noch einen
solchen Zusammenhang, welche die organische Struktur der
Knochen zeiget. Beym Auslaugen mit Wasser erhält man
von ihr nicht, wie bey der Pflanzenasche, so genannte Pottasche.

Aschentrecker s. Turmalin.

Asphalt s. Erdharze

Aspekten (adspectus L. configurationes planetarum, aspects). Diesen Nahmen erhalten die verschiedenen Stellungen der Planeten, worunter auch die Sonne
und der Mond gerechnet wird, im so genannten Thierkreise
gegen einander. Es ist aus der Astronomie bekannt, daß die
verschiedenen Planeten mit ungleichen Geschwindigkeiten in
ihren Bahnen sich bewegen, woher es natürlich kommen muß,
daß sie sich in ihrer Bewegung bald einander nähern, bald
zusammen kommen können, und bald wieder von einander
entfernen; folglich müssen sie auch ganz verschiedene Lagen
oder Aspekten gegen einander haben. Sie sind folgende:

Die Zusammenkunft oder Conjunktion (coniunctio,
coniunction) (☌). Diese entstehet, wenn zwey Planeten
einerley

einerley Länge haben (f. **Länge**); ihre Breite (f. **Breite**) ist alsdann von keinem großen Unterschiede, und es werden die Planeten neben einander ihre Stellung haben. Wäre aber auch die Breite $= o$, so würde nun einer den andern bedecken, und eine so genannte Finsterniß zu Wege bringen. Eben die Zusammenkunft der Sonne mit dem Monde verursachet den so genannten **Neumond**, und wenn der Mond der Sonne so nahe kömmt, daß entweder beide gar keine oder nur wenige Breite haben, so erfolget allemahl eine Sonnenfinsterniß. Sonst sind die Zusammenkünfte der Planeten für die Astronomie und selbst für die Geographie sehr wichtig, indem man dadurch den Lauf der Planeten vollkommener kennen lernt, und die Länge der Oerter auf der Erdoberfläche bestimmen kann. Vorzüglich dienen zur richtigen Bestimmung der Länge der Oerter auf der Erde die Finsternisse der Jupitersmonde.

Der **Gegenschein** oder **Opposition** (oppositio, opposition) ($8°$). Diese erfolget wenn ein Planet dem andern gegenüber stehet, oder wenn sie in Ansehung ihrer Längen um 180° verschieden sind. Auch die Oppositionen sind für die Astronomie wichtig. So verursachet der Gegenschein des Mondes mit der Sonne den so genannten **Vollmond;** ist alsdann zugleich die Breite des Mondes entweder $= o$, oder doch sehr gering, so erfolget allemahl eine **Mondfinsterniß.** Auch die Mondfinsterniß dienet zur Bestimmung der Länge der Oerter der Erdoberfläche.

Der **Gedrittschein** oder **Trigonalschein** (trigonus f. trinus terminus) ($\triangle$). Dieser findet statt, wenn die Längen der Planeten um 120° verschieden sind.

Der **Geviert-** oder **Quadratschein** (tetragonus f. quadratus terminus) ($\square$). Dieser ereignet sich, wenn die Längen der Planeten um 90 Grade verschieden sind. So sagt man, daß der Mond nach der Conjunktion im **ersten Viertel** sey, wenn er im Quadratscheine sich befindet; im Gegentheil nach der Opposition, daß er im letzten Viertel sey, wenn er abermahls in Quadratschein kömmt.

Der

Der **Geſechſt-** oder **Sextelſchein** (ſextilis terminus) (*). Dieſer erfolget, wenn die Längen der Planeten um
60 Grade verſchieden ſind.

Die Lehre von den Aſpekten iſt vorzüglich von den Aſtrologen eingeführet worden, welche in der verſchiedenen Lage
der Geſtirne gegen einander einen Einfluß auf die Schickſale der Menſchen und Staaten zu finden glaubten. So
nannten ſie die Conjunktion des Jupiters und des Saturns
die **große,** und wenn dieſe im Anfange des Geſtirnes des
Widders ſich ereignete, die **größte Conjunktion.** Die
große erfolge ungefähr alle 20 und die größte alle 800 Jahre,
zu welchen Zeiten, nach ihrer Meinung, die wichtigſten
Ereigniſſe geſchehen ſollen. Obgleich dergleichen Aberglauben hier und da noch zu unſern Zeiten in Calendern angetroffen wird, ſo achtet ihn doch derjenige, welcher vom höhern Weſen einen richtigern Begriff hat, für nichts.

M. ſ. *Wolfii* elementa matheſeos vniuerſal. Halae
1713. 4: To. III. elementa aſtronomiae, §. 926 ſqq.

Aſterismen ſ. Sternbilder

Aſtrognoſie, Sternkenntniß (aſtrognoſia, aſtrognoſie), iſt die Kenntniß der Geſtirne, welche man am
ſcheinbar gewölbten Himmel erblicket, bloß in Anſehung
ihrer Lage gegen einander und der beſondern ihnen gegebenen Nahmen. Ein jeder nur wenig aufmerkſame Beobachter wird bey weitem die meiſten Sterne, welche er bey heiterer
Nachtzeit am Himmel erblicket, in Anſehung ihrer Lage
gegen einander und ſcheinbaren Entfernung von einander,
immer einerley finden; dieſe heißen Firſterne. Die meiſten von
dieſen Firſternen hat man ſchon vor Alters in mancherley Figuren geordnet und ſelbige darnach benennet, welche ſich
theils auf wahre Geſchichten, theils auch auf Fabeln der
alten Dichter beziehen. Daher heißen ſie auch **Sternbilder, Geſtirne, Conſtellationen** u. ſ. f. mit deren
Kenntniß ſich alſo die Aſtrognoſie größtentheils beſchäfti-
get. Für die ſphäriſche Aſtronomie bleibt es beſtändig ein
vorzügliches Geſchäfte, alle dieſe Geſtirne ſich bekannt zu

J   machen,

machen, und es iſt dieß nothwendig, ehe man es wagen
darf, die Geſetze über die Bewegung dieſer Himmelskörper,
ihre Entfernungen von einander und ihre Größe zu betrachten. Die vorzüglichſten Hülfsmittel, ſie kennen zu
lernen, ſind die künſtliche Himmelskugel (ſ. Himmelskugel), die Sternkegel (ſ. Sternkegel) und die Sterncharten (ſ. Sterncharten).

M. ſ. Junks Anweiſung zur Kenntniß der Geſtirne
auf zwey Planiglobien und zwey Sternkegel. Leipzig
1777. 8. Chriſt. Gottl. Semmlers Aſtrognoſia noua
oder ausführliche Beſchreibung des ganzen Firſtern- und
Planetenhimmels mit 35 Figuren der Sternbilder. Halle
1742. 8. Wiedeburg Einleitung zur Aſtrognoſie nach
den Homanniſchen Himmelscharten. Jena 1745. 8. Joh.
Wolfg. Müllers Anweiſung zur Kenntniß und dem Gebrauche der künſtlichen Himmels- und Erdkugel, beſonders in Rückſicht auf die neueſten Nürnberger Globen.
Nürnberg 1791. 8. Bodens Anleitung zur Kenntniß des
geſtirnten Himmels. Berlin 1792. gr. 8. 6te Aufl.

Aſtrologie, Sterndeutekunſt (aſtrologia iudicia-
ria, aſtrologie) iſt eine vermeinte Wiſſenſchaft, aus dem
Stande der Geſtirne die menſchlichen Schickſale zu enträth-
ſeln. Der wahnwitzige Gedanke, daß der Stand der Geſtirne auf die Bildung, Sitten und überhaupt alle Schickſale der Menſchen einen ſehr großen Einfluß habe, iſt ſehr
alt. Selbſt die übrigen Wahrſagerkünſte ſcheinen aus der
Sterndeutekunſt entſproſſen zu ſeyn, indem z. B. in der
Chiromantie und Punktirkunſt lauter aſtronomiſche Wörter
gebräuchlich ſind. Die alten Schriftſteller bezeugen einſtim-
mig, daß die Aſtrologie von den Chaldäern ihren Urſprung habe, und daß ſie von dieſen unter andere Völker iſt
verbreitet worden. So lehret Phavorinus bey dem Gellius *): dicebant chaldaei, iſto modo coeptam fieri
obſeruationem, vt animaduerteretur, quo habitu, qua-
que poſitura ſtellarum aliquis naſceretur: tum dein-
ceps

---

*) Noct. Attic. L. XIV. cap. 1.

ceps ab ineunte vita, fortuna eius et mores, et ingenium
et circumſtantiae rerum, negotiorumque, ad poſtre‐
mum etiam finis vitae expectaretur; eaque omnia, vt
vſu venerant, litteris mandarentur: ac poſtea longis
temporibus, cum ipſa illo eodem in loco eodemque
habitu forent, eademque ceteris quoque euentura exi‐
ſtimarentur, qui eodem tempore nati fuiſſent. Es
werden daher auch die Sterndeuter von den ältern Schrift‐
ſtellern immer chaldaei genannt. Da ſich nachher vermuth‐
lich die übrigen Wahrſagerkünſte mit der Sterndeutekunſt
vergeſellſchafteten, und diejenigen, welche ſich damit obga‐
ben, ſich ein mathematiſches Anſehen gaben, ſo wurden ſie ma‐
thematici genennet *). Dieſen Nahmen hatten ſie vorzüg‐
lich unter den römiſchen Kaiſern, und ſelbſt dieſe legten
anfänglich den Wahrſagereyen vielen Werth bey. So hatte
ſelbſt der berüchtigte Tiberius den Sterndeuter Thraſyllus
beſtändig zu ſeinem Geſellſchafter, um ihm täglich zu wahr‐
ſagen. Da aber dieß Unweſen von Tage zu Tage ſo ſtieg,
daß man ſogar Geſahr fürs gemeine Wohl daraus befürch‐
tete, ſo vertrieb ſie Tiberius ſelbſt aus Rom β), und un‐
ter dem Kaiſer Claudius γ) wurde wegen der Vertreibung
ter ſo genannten mathematicorum ein heftiges ſenatus‐
conſultum abgefaßt. Auch in dem Codex im 9ten Buche
tit. 18. werden die mathematici den maleficis gleich geach‐
tet, jedoch aber in lege 2. von den wahren mathematicis
unterſchieden. So wahnwitzig auch die Sterndeutekunſt war,
ſo hat ſie doch viel zur Vervollkommenung der Aſtronomie
beygetragen, indem die Aſtrologen vorzüglich aufmerkſam
ſeyn mußten, den Stand der Geſtirre zu beobachten.

In dem 12ten Jahrhunderte wurde die Aſtronomie und
mit dieſer zugleich die Aſtrologie unter den Arabern aufbe‐
wahret. So erzählet Joſeph Scaliger δ) aus dem Ri‐

J 2

gordo,

α) *Gellius* Noct. Attic. Lib. I. cap. 9.
β) *Dio Caſſius* L. LVII. p. 694. 612.   *Sueton* vita Tiber. cap. 36.
    Tacitus Annal. II. cap. 32.
γ) *Tacit.* Annal. XII. c. 52.
δ) In prolegom. ad Manil. p. 9.

gordo, daß im Jahre 1179 alle orientalische, christliche, jüdische und arabische Astrologen Briefe in alle Länder umher gesendet hätten, worin sie geweissaget, daß sieben Jahre darauf, oder im Jahre 1186. dem menschlichen Geschlechte ein Untergang durch fürchterliche Gewitter und Winde bevorstünde, so daß alles dadurch in Schrecken versetzet worden sey. Unter den Arabern, welche von der Astrologie gehandelt haben, sind vorzüglich zu bemerken **Haly Abenragel**, welcher acht Bücher von den Gestirnen hinterlassen hat *), und **Alcabitius** *). So sehr auch in den damahligen Zeiter der Astronomie im 15ten Jahrhunderte, wie z. B. **Joh. Jovian. Pontanus** und andere, dieselbe hoch schätzten, so suchte doch schon **Pico**, Graf von Mirandula den alten eingewurzelten Irrthum der Astrologen, daß die Stellungen der Gestirne einen Einfluß auf die menschlichen Schicksale hätten, mit Gründen zu widerlegen. Allein die große Liebe zur Astrologie vermochte nicht, diesen Gründen Eingang zu verschaffen. Im 16ten Jahrhunderte waren vorzüglich starke Vertheidiger der Astrologie **Lucas Gauricius, Hieronymus Cardanus, Cyprian Leovitius, Joachim Heller** und andere mehr. Von allem Aberglauben handelt **Caspar Peucer** *) mit vieler Gelehrsamkeit. Selbst im vorigen Jahrhunderte beschäfftigten sich noch die berühmtesten Astronomen mit der Sterndeutekunst, und legten ihr einen großen Werth bey, wie man in **Keplers** *) verschiedenen Schriften finden kann. Auch dieser große Astronom vertheidigte die Astrologie. **David Origanus** *) in seinen Ephemeriden

*) De iudiciis astrorum octo libri latl. editi cum excerptis et tractatibus Messalae, Alkindi, Albenait, Omar, Zahal, ab Antonio Stupa et Petro Lichtenstein. Basil. 1571. fol.
*) Isagoge astrologica cum commentario *Valent. Nabod.* Colon. 1560. 4. Opera astrologica cum expositione *Ioannis de Saxonia.* Venetiis 1491.
*) Tractat. de praecipuis divinationum generibus. Viteberg 1560. 8.
*) Harmonicae libri V. in lib. IV. integro, praecipue c. 7. Lincii 1619. fol. Libelli tres de cometis; astronomicus, physicus et astrologicus August. Vindel. 1619. 4.
*) Ephemerides astronomicae. Francof: ad Oder. 1609. III. Tomi in 4.

meriden, vom Jahre 1595 bis 1630, handelt in der
beſonders auch von der A
Morinus ⁎) ſuchte ſogar dieſelbe aus phyſiſchen

Königinn von Polen, Maria Ludovica von Gonzaga, 2000 Thaler hergegeben habe. Zu Ende des vorigen Jahrhundertes,
e endlich der aſtrologiſche Aberglaube
bgewürdiget, daß durch ein beſonderes
Edikt verboten wurde, dergleichen in den verbeſſerten Calendern zu erwähnen. Auch die meteorologiſchen Weiſſagun-
gen, welche man noch hier und da in Calendern antrifft,

leget ſind. Ueberhaupt wurde ſchon nach **Newtons** Entdeckung der Geſetze der allgemeinen Anziehung der Himmelskörper gegen einander die Aſtrologie verachtet, und jetzt, nachdem das kopernikaniſche Syſtem ſo gut als mathematiſch

einen geringen Werth in die Aſtrologie zu ſetzen. Herr Hofrath **Käſtner** ⁎) hat daher auch die Frage aufgeworfen, ob

, Entfernungen und
Himmelskörper. Hierzu wird endlich noch die
J 3 phyſi-

a) Aſtrologia gallica. Hagae Com. 1661. fol.
ſ) Schriften der götting. deutſch. Geſellſchaft. II. Samml.

phyſiſche Aſtronomie geſetzet, als welche ſich mit den wahren Urſachen der Geſetze über die Bewegungen der Himmelskörper beſchäfftiget. Dieſe Eintheilung iſt allerdings der
Natur der Sache gemäß, indem es. natürlich iſt, daß die
Bewegung der am Himmel ſchimmernden Körper, beſonders aber der Sonne und des Mondes, die Aufmerkſamkeit der Menſchen zuerſt rege machen muß. Ob man ſich
nun gleich anfänglich zu überreden ſcheinet, daß alle dieſe
Himmelskörper vom Auge des Beobachters gleich weit entfernet wären, ſo geben doch nachher beſondere Beobachtungen
Veranlaſſung, mittelſt mathematiſcher Principien, ander-
weitige Unterſuchungen anzuſtellen, und daraus nicht allein
die wahren Entfernungen der Himmelskörper von einander,
ſondern auch ihre Größen und die Geſetze ihrer Bewegungen zu entwickeln. Es wird ſodann dem Beobachter der
Gedanke von ſelbſt aufſteigen, welche Urſachen dieſe Bewegungen hervorbringen möchten.

Die Aſtronomie iſt eine von den Wiſſenſchaften, welche
in den allererſten Zeiten iſt getrieben worden. Denn die älteſten Schriftſteller ſind Zeuge, daß die Menſchen ihre Geſchäffte nach dem Laufe der Himmelskörper geordnet haben.
Und wie könnte ſich jemand überreden, daß niemand nur
einige Aufmerkſamkeit auf Himmelsbegebenheiten, wie z. B.
Sonn- und Mondfinſterniſſe, gerichtet hätte? Friedrich
Weidler *), Bailly ⁺) und Montucla ᵞ) haben die Geſchichte der ältern Aſtronomen erzählet. Die älteſten Nachrichten, welche von den aſtronomiſchen Beobachtungen auf-
behalten ſind, ſind die ſineſiſchen. Die Geſchichte der ſineſiſchen Aſtronomen erzählet vorzüglich P. Gaubil ᶻ), welche
Souciet

*) Hiſtoria aſtronomiae. Vitembergae 1741. 4.
⁺) Hiſtoire de l'aſtronomie ancienne. Par. 1775. Bailly Geſchichte
der Sternkunde des Alterthums überſetzt von D. Chriſtian Ernſt
Wünſch. Leipzig 1777. 8. Bailly hiſtoire de l'aſtronomie moderne. 1779. überſetzt von Bartels. Leipzig 1796 u. 97. 2 Bände. 8.
ᵞ) Hiſtoire des mathematiques. Paris 1758. 4.
ᶻ) Hiſtoria aſtronomiae Sinenſis.

Soucier *) in ſeinen aſtronomiſchen Beobachtungen der Sineſer im II. Tom. eingerückt hat. Auch die Patriarchen, nach der Erzählung Moſes, haben ſich mit der Aſtronomie beſchäfftiget. Von den Chaldäern findet man erſt zuverläſſige Nachrichten, vom Ptolemäus *) angeführet, bis zum Jahre 726 vor Chriſti Geburt. Von den Aegyptiern erzählet Diogenes Laertius 7), daß ſie lange vor den Zeiten Königs Alexanders des Großen 363 Sonnen- und 832 Mondfinſterniſſe beobachtet hätten. Vorzüglich merkwürdig iſt es, daß ſchon die Aegyptier bewieſen, Merkurius und die Venus bewegten ſich in eigenen Kreiſen um die Sonne *). Auch ihre Pyramiden beweiſen Einſichten der Aſtronomie, indem ihre Seiten genau nach den vier Hauptgegenden der Welt gerichtet waren. Was die Phönicier betrifft, ſo beweiſen ihre angeſtellten Schifffarthen Kenntniſſe in der Aſtronomie. Bey alle dem waren aber doch die aſtronomiſchen Kenntniſſe dieſer alten Völker, wie man ſich leicht einbilden kann, noch nicht groß. Sie ſchränkten ſich vermuthlich nur auf die ſcheinbare Bewegung der Himmelskörper ein, und ſuchten hieraus die merkwürdigen Begebenheiten und ihre Wiederkehr zu beſtimmen, um die Geſchäffte gehörig darnach zu ordnen. Vorzüglich in Griechenland fieng man an, mit größerem Fleiße die Aſtronomie zu treiben. Thales Mileſius, der bekannte Stifter der joniſchen Schule, war der erſte, welcher die wahren Gründe der Aſtronomie fortſetzte. Er und ſeine Nachfolger in der joniſchen Schule, als Anaximander, Anaximenes, Anaxagoras, Pericles und Archelaus lehreten ſchon, daß unſere Erde ein kugelartiger Körper ſey, welcher ſich um den Himmel herum bewege.

J 4 Auch

---

*) Obſervations mathematiques, aſtronomiques, geographiques, chronologiques et phyſiques, tirées des anciens livres chinois, ou faites nouvellement aux Indes à la Chine et ailleurs par les pères de la comp. de Jeſus, publiées par *Etienne Soucier.* Pariſ. 1732. Tomi III. 4 maj.

*) Almageſtum. Lib. IV. c. 6.

7) In prooemio operis de vitis philoſophorum.

*) *Macrobius* in ſomnium Scipionis. L. I. c. 19.

mlich **Claudius Ptole-**
mäus hervor, welcher beſonders die Beobachtungen Hip-

der

Verzeichniß der Gestirne, welches Hipparch entworfen hatte. Alles dieß brachte er zusammen in ein einziges Werk, das er μεγάλη σύνταξις nannte und in 13 Bücher getheilet ist. Die Araber belegten dieß Werk, da sie es im Jahre 827 in ihre Sprache übersetzten, mit dem Nahmen Almagestum. Die Theorie in selbigem bezieht sich auf die Hypothese, daß die Erde im Mittelpunkte der Welt unbeweglich sey, und die übrigen Himmelskörper um selbige herum geführet werden. Daher heißt sie auch noch bis jetzt die **ptolemäische Welt-ordnung**. Nachher wurde in einem langen Zeitraume, bis zum neunten Jahrhunderte, nichts von Wichtigkeit in der Astronomie gethan. Erst von diesem Jahrhunderte an wurde die Astronomie gleichsam von neuem von den Arabern oder Saracenen getrieben, jedoch aber in selbiger weiter keine großen Fortschritte gemacht, weil im Grunde die Astrologie mehr als die Astronomie galt. Zwar ist nicht zu läugnen, daß einige Califen, unter andern **Abu Jaafar Alman-sur, Abdalla Almamon** u. f. große Freunde der Wissenschaften waren, und sie auf alle mögliche Art unterstützten, und daß verschiedene arabische Astronomen griechische Werke in ihre Sprache übersetzten. Auch **Muhammed Ebn Musa** berechnete astronomische Tafeln, welche unter dem Nahmen **Alsendhend** lange Zeit im Gebrauche gewesen sind. Von den Arabern wurde im 12ten und 13ten Jahrhunderte die Astronomie auf die Europäer gebracht; und eben daher rühren noch die verschiedenen übergetragenen arabischen Kunstwörter, als Zenith, Nadir, Azimuth, und die Benennungen der verschiedenen Sterne als Alcor, Algal, Scheat, Aldebaran u. d. gl. In der Mitte des 13ten Jahrhundertes unternahm es der König **Alphonsus X**, von den berühmtesten Astronomen Tafeln zu berechnen, welche unter dem Nahmen **alphonsinische Tafeln** berühmt gewesen sind.

In der Mitte des 15ten Jahrhunderts wurde die Astronomie vorzüglich durch **Georg Purbach** in Deutschland

mie

mit dem größten Eifer betrieben, und von feinem Schüler,
Johann Müller Regiomontan; mit Lebhaftigkeit
fortgeſetzet. Dieſe beiden großen Männer ſtellten wichtige Beobachtungen an, berechneten daraus Tabellen und
Ephemeriden, und erweiterten dadurch die aſtronomiſchen
Kenntniſſe. Am Ende dieſes Jahrhunderts beſorgte auch
Johann Lucilius Santritter Ephemeriden ſ. Almanach perpetuum, worin er auch zugleich die Stellen angibt,
wo die Planeten nach einigen Jahren wieder zuſammen
kommen. Im 16ten Jahrhunderte, ungefähr um das Jahr
1530, wurde von **Nikolaus Copernikus** die ſchon von
den Pythagoräern angenommene Weltordnung gegen den
Ptolemäus beſtritten, welche zwar wegen einiger mißver
ſtandener Stellen in der heiligen Schrift vielen Wider
ſpruch fand, zuletzt aber doch einen allgemeinen Sieg erhielt. Im Jahre 1536 gab **Johann Carion** vom Jahre
1536 bis 1550 Ephemeriden heraus, und im Jahre 1556 erweiterte **Cyprian Leovitius,** nach Maßgabe der alphon
ſiniſchen Tabellen, die Ephemeriden bis 1606. Im Jahre
1561 bis 1592 ließ der Marggraf von Heſſen, **Willhelm IV.**
ein Obſervatorium erbauen, und ſtellte mit ſeinen Aſtronomen; **Chriſtoph Rothmann,** Beobachtungen, vorzüglich
über verſchiedene Firſterne, an. **Tycho de Brahe** war
vorzüglich bemühet, verbeſſerte Inſtrumente zu Beobachtungen zu gebrauchen. Seine, mit dem größten Fleiße angeſtellten Beobachtungen gaben vorzüglich dem großen würtenbergiſchen Aſtronomen, **Johann Kepler,** im Anfange
des 17ten Jahrhunderts, Veranlaſſung, die Geſetze der Planetenbahnen zu entdecken. Der Zeitgenoſſe Keplers, **Galileus,** machte mit Hülfe der erfundenen Fernröhre die wichtigſten Beobachtungen, die ihn auch bewogen, das kopernikaniſche Weltſyſtem mit dem größten Nachdrucke zu vertheidigen. **Carteſius** fing nun an Gründe über den Plänetenlauf aufzuſuchen, und nahm die Hypotheſe an, daß die
Planeten im Wirbel ſich herum dreheten, und auf dieſe
Weiſe gleichſam fortgeſchleudert würden. Die theoriſche

Aſtrono

nt. **Newton** endlich war es vorbehalten, dieſe wichtige Entdeckung zu machen. Er erwies mit Hülfe der erhabenen Mathematik, daß nicht allein, wegen der allgemeinen Anziehung der Weltkörper unter einander, Keplers

beſtimmen. Erſt nach dieſen wichtigen man im Stande, die ſchon längſt bemerkten Ungleichheiten und Abweichungen der Himmelskörper in ihrem Laufe mit Gründen einzuſehen, und ſie durch Anwendung der mathematiſchen Principien zu verbeſſern. Dadurch erhielt aber auch das copernicaniſche Weltſyſtem immer mehr Feſtigkeit, bis es endlich durch die von **Bradley** im Jahre 1725 entdeckte Abirrung des Lichtes (m. ſ. **Abirrung des Lichtes**) zur völligen Wahrheit erhoben iſt. Aus den newtonſchen Geſetzen, mittelſt der Analyſe, berechnete auch der berühmte göttingiſche Aſtronom, **Tobias Mayer**, die genugſam bekannten Mondstafeln. Ueberhaupt wurden nun die Aſtronomen immer eifriger, mit Verachtung der ſonſt ſo ſehr beliebten Aſtrologie, durch Hülfe verbeſſerter Fernröhre und Teleſkope die Aſtronomie immer mehr zu vervollkommenen. Vorzüglich aufmerkſam waren die größten Aſtronomen auf die Durchgänge der Venus durch die Sonnenſcheibe in dem Jahre 1761 und 1769. Denn vermöge dieſer Erſcheinung gelang es denſelben, die Horizontalparallaxe der Sonne genauer, als es ſonſt geſchehen war, zu beobachten, wodurch die Entfernung und wahre Größe der Sonne viel beſtimmter berechnet werden konnte. Durch die größte Vollkommenheit der Spiegelteleſkope, welche ein Deutſcher, Nahmens **Herſchel**, in England mit ungeheurem Koſtenaufwande und beynahe unglaublicher

licher Mühe denſelben gab, iſt die Aſtronomie mit den wichtigſten Entdeckungen bereichert worden. So entdeckte Herſchel im Jahre 1781 den ſechſten Planeten, und nachher noch zwey Saturnusmonde und zwey Uranusmonde. In Anſehung der Firſterne hat man jedoch bey dieſen vollkommenſten Werkzeugen noch gar keine Vergrößerung wahrnehmen können, woraus denn natürlich folget, daß dieſe von unſerer Erde ſehr weit entfernet ſeyn müſſen. Dieß leitet auf den kühnen Gedanken, daß ein jeder Firſtern ein eigenes Sonnenſyſtem ausmache, und was fühlet dabey das Herz der armen Erdbewohner, gewiß tiefe Verehrung deſſen, der alles dieß geſchaffen hat. Auch der Herr Oberamtmann, Joh. Hieron. Schröter in Lilienthal, hat die Aſtronomie ungemein bereichert, wovon unter den folgenden hierher gehörigen Artickeln weiter gehandelt werden ſoll.

Die vorzüglichſten neuern Lehrbücher über die Aſtronomie ſind folgende:

Aſtronomie, par Mr. *de la Lande.* Paris 1792. To. I–III. 4 maj. Tom. IV. 1781. Von den Weltkörpern zur gemeinnützigen Kenntniß der großen Werke Gottes, verfaſſet von N. Schmid. Leipzig 1789. 8. Einleitung in die aſtronomiſchen Wiſſenſchaften von Lamp. Heinr. Röhl, Th. I. Greifsw. 1768. 8. Th. II. Greifsw. 1779. 8. Anfangsgründe der angewandten Mathematik von Abr. Gottl. Käſtner, II. Th. II. Abtheil. Göttingen 1792. 8. Deſſelben aſtronomiſche Abhandlungen zu weiterer Ausführung der aſtronomiſchen Anfangsgründe. Götting. 1772–1774. 8. I. u. II. Samml. Joh. Elert Bode Erläuterung der Sternkunde. Berlin 1792. 8. II Theile. Cosmologiſche Unterhaltungen von Wünſch, I. Band. Leipzig 1791. 8. Ein vollſtändiges Verzeichniß aſtronomiſcher Bücher liefert Herr Prof. Scheibel in der Einleitung zur mathematiſchen Bücherkenntniß, dritter Band, 13tes bis 17tes Stück. Breslau 1784–1787. 18tes Stück 1789. 8.; auch beſonders Joh. Ephraim Scheibels aſtronomiſche Bibliographie, 1–3te Abtheil. Breslau 1784–1789. 8. Jedoch geht das Verzeichniß

zeichniß nur bis zum Jahre 1615. Recueil pour les aſtrono-
mes par *I. Bernoulli* To. I-III. Berlin 1771-1776. Die beſten aſtronomiſchen Tafeln ſind unter der Aufſicht der königl.
preußiſchen Aakademie der Wiſſenſchaften zu Berlin 1776,
in 3 Oktavbänden veranſtaltet worden; auch mit dem fran-
zöſiſchen Titel recueil des tables aſtronomiques.

Aſtronomiſches Fernrohr ſ. Fernrohr.

Athmen, Athemhohlen (respiratio, respiration)
beſteht in einer wechſelſeitigen Erweiterung und Verengerung der Bruſt bey Menſchen und Thieren, um die zum
Leben nothwendige Luft einzuſaugen und wiederum auszu-
ſtoßen. Die mechaniſchen Wirkungen des Athemhohlens,
wovon hier nur geredet werden kann, beſtehen bloß darin,
daß die Lungenbläschen durch das Ein- und Ausathmen wechſelſeitig erweitert und verengert werden, um die atmoſphäri-
ſche Luft einzulaſſen, und wenigſtens einen Theil wieder aus-
zuſtoßen. Dadurch müſſen aber nothwendig die in der Lunge
befindlichen Blutgefäße bald geſpannt, bald wieder erſchlafft
werden. Daher ſowohl, als auch vielleicht noch mehr durch
Zuführung eines Theils der eingeathmeten atmoſphäriſchen
Luft, müſſen im thieriſchen Körper Wirkungen erfolgen, die
zum Leben nothwendig ſind. Die Erfahrung lehret aber
wirklich, daß das Athmen dem Körper einen heilſamen
Theil der atmoſphäriſchen Luft zuführen, einen andern ſchäd-
lichen Theil aber ausführen müſſe, weil lebendige Thiere
in engeingeſchloſſenen Behältniſſen nach einer gewiſſen Anzahl von Athemzügen mit Verzuckungen ſterben, und die
in ſelbigen befindliche Luft höchſt verderblich wird, ſo daß
ein anderes Thier darein gebracht augenblicklich das Leben
verlieret. Mit Uebergehung aller der Meinungen, nach
welchen das Athmen als ein phlogiſtiſcher Proceß angeſehen
wird, will ich kurz anführen, wie es nach dem neuern Syſtem erkläret werde. Es iſt nunmehr eine ausgemachte
Thatſache, daß das Stickgas durch die bekannten Proceſſe,
wie man ſonſt glaubte, nicht erſt erzeuget, ſondern daß es
nur abgeſchieden werde. (m. ſ. Gas, Stickgas). Daher
iſt

iſt es unläugbar, daß beym Einathmen der atmoſphäriſchen Luſt dieſelbe zerſetzet werde, indem nämlich die Sauerſtoff-luft dem Körper zugeführet und die Stickluft durch das Ausathmen wieder ausgeſtoßen wird. Die Erfahrung be-ſtätiget folgende Sätze: 1) Das Athmen iſt mit der Cir-kulation des Blutes in dem genaueſten Verhältniſſe; es iſt daher beſtändig das Athmen deſto ſchneller, je ſchneller der Puls ſchlägt, und umgekehrt. Gewöhnlich werden wäh-rend des Einathmens und Ausathmens 4 bis 5 Pulsſchläge gezählet, und es ſteht die mittlere Zahl der Pulsſchläge mit der Zahl der Athemzüge in einer gegebenen Zeit im Ver-hältniſſe. 2) Das Blut, welches aus der rechten Herzkam-mer durch die Lungenpulsader in die Lunge kömmt, ſieht ſchwarz aus; dasjenige aber, welches aus der Lunge, durch die Lungen-Vene in die linke Herzkammer kömmt, ſieht roth aus. Es wird demnach durch das Athemhohlen das ſchwarze Blut in rothes verwandelt. 3) Die Menge der ausgeath-meten Luft iſt nie der Menge der eingeathmeten gleich. Beym Athemhohlen geht $\frac{1}{30}$ bis $\frac{1}{25}$ verloren. 4) Wenn ein erwachſener Menſch eines natürlichen Todes geſtorben iſt, ſo enthält die Lunge im Zuſtande des völligen Ausathmens im Durchſchnitte 109 Cubikzolle Luft. Nach genauen Ver-ſuchen des Herrn Menzies *) beträgt die Menge Luft, welche auf ein Mahl eingeathmet wird, 40 Cubikzolle; demnach enthalten die Lungen nach dem Einathmen 149 Cubikzolle Luft, und es verhält ſich die Ausdehnung der Lungen nach dem Ausathmen, zur Ausdehnung derſelben nach dem Einathmen $= 109 : 149$, oder wie $4,7769 : 6,5299$; folglich iſt der Unterſchied $1,7530$, und noch nicht ein Mahl 2 Cubikzoll; es kann daher die Wirkung der Ausdehnung auf die Blutgefäße in der Lunge nicht ſo beträchtlich ſeyn, wie Haller *) angenommen hat, der Zweck des Athemhoh-

lens

---

*) Tentamen phyſiologicum de reſpiratione. Edinb. 1790. im Aus-zuge in Grens Journal der Phyſik. B. VI. S. 107. u. ſ.

*) De part. corp. humani fabrica et funct. edit. Bernae et Lauſan-nae T. VII. 1778. 8. lib. VIII.

lens ist folglich nicht sowohl die Ausdehnung der Lunge, sondern vielmehr die Zersetzung der eingeathmeten atmosphärischen Luft. 5) Die atmosphärische Luft besteht gemeiniglich aus 27 Theilen Sauerstoffgas, 72 Theilen Stickgas, und aus 1 Theile kohlengesäuerten Gas. Durch das Athemhohlen wird die Menge des kohlengesäuerten vermehrt, die Menge des Sauerstoffgas nimmt ab und die Stickluft bleibt unverändert. Da nun ein erwachsener Mensch jedesmahl 40 Cubikzolle Luft einathmet, und in jeder Minute dieses 18 Mahl erfolget, so athmet er in jeder Minute $18 \times 40 = 720$ Cubikzoll Luft ein. Nun enthalten diese 720 Cubikzolle $\frac{27}{100}$. $720 = 194,4$ Cubikzoll Sauerstoffgas, welches durch das Athemhohlen verändert wird. Bey jedem Athemzuge werden 0,05 Theile der eingeathmeten atmosphärischen Luft in Kohlensäure verwandelt; mithin erzeugen sich in jeder Minute in der Lunge eines erwachsenen Menschen 36 Cubikzolle kohlengesäuertes Gas, und in einem Tage 51840 Cubikzolle, welches beynahe 4 Pfund beträgt. 6) Wenn ein und dieselbe Luft eine Zeitlang ein- und ausgeathmet wird, so wird die Menge des Sauerstoffgas immer geringer, hingegen die Menge des kohlengesäuerten Gas immer größer, und zuletzt wird die Luft zum Athemhohlen ganz untauglich. Das kohlengesäuerte Gas ist aber nur schädlich, in wie fern es durch seine Schwere das Eindringen des Sauerstoffgas in die Lunge verhindert. 7) Ein Theil des Sauerstoffgas wird beym Einathmen in Wasser verwandelt, und geht als solches beym Ausathmen fort. Wenn die Wärme unter 40 Grad nach Reaum. ist, so ist dieses Wasser sichtbar. Aus diesen unläugbaren Erfahrungen folget, daß kein Thier ohne Sauerstoffgas leben kann. Es wird also zum Leben der Thiere nothwendig erfordert, daß das Blut derselben von Zeit zu Zeit, mittelbar oder unmittelbar, mit dem Sauerstoffe, oder mit der atmosphärischen Luft, welche Sauerstoffgas enthält, in Berührung komme. Bey alle dem sind doch noch die Antiphlogistiker über die Lehre des Athemhohlens unter sich nicht einerley Meinung.

Nach

Nach Lavoisier und Crawford verbindet sich der Sauerstoff mit dem venösen Blute nicht, sondern es sondert sich
aus demselben beym Athemhohlen gekohltes Wasserstoffgas
ab, und verbindet sich mit dem Sauerstoffgas der atmosphärischen Luft; ferner vereiniget sich der Kohlenstoff mit dem
Sauerstoffgas, und daher entstehet das kohlengesäuerte Gas,
das sich beym Ausathmen findet; aus der Verbindung des
Wasserstoffgas mit dem Sauerstoffgas der Atmosphäre entstehen Wasserdämpfe, welche beym Ausathmen erfolgen;
und endlich rühret die veränderte Farbe des Blutes, aus der
schwarzen in die rothe, ganz allein von dem Verluste des ge-
kohlten Wasserstoffs her. Girtanner *) hingegen hat eine
andere Theorie des Athemhohlens versuchet und mit vielen
Versuchen unterstützet, welche ergeben, daß wirklich eine
Verbindung des Sauerstoffs mit dem venösen Blute geschehe,
und daß vorzüglich daher die Röthe des Blutes entstehe. Die
Theorie ist kurz folgende: Beym Athmen wird das Sauerstoffgas der atmosphärischen Luft zersetzt; ein Theil des Sauerstoffes geht mit dem venösen Blute in Verbindung über,
und gibt dadurch demselben die rothe Farbe; ein anderer
Theil des Sauerstoffes verbindet sich mit dem Kohlenstoffe,
welcher aus dem venösen Blute abgesondert wird, und erzeuget kohlengesäuertes Gas; ein dritter Theil des Sauerstoffes vereiniget sich mit dem Kohlenstoffe des schwärzlichen
Schleims, welche sich in den Aesten der Lunge in großer
Menge absondert, und erzeuget ebenfalls kohlengesäuertes
Gas; ein vierter Theil des Sauerstoffs tritt mit dem Wasserstoffgas, das sich im venösen Blute absondert, in eine Verbindung, wodurch Wasser entsteyt, das beym Ausathmen
wahrgenommen wird. Der Wärmestoff des zersetzten Sauerstoffgas gehet theils mit dem einen Theil Sauerstoff in das
venöse Blut über, und verursachet, daß die Wärme in dem

arteriellen

---

*) In *Rosier* Journal de Physique 1790. Jouin. p. 422 sq. übers. in
Grens Journal der Physik. B. III. S. 317 u. f. S. 507 u. f.
Girtanner, Anfangsgründe der antiphlogistischen Chemie. Ber-
lin 1795. 8. S. 209 u. f.

arteriellen Blute größer als in dem venösen ist, wie **Craw-ford** *) bewiesen hat, theils verbindet er sich mit dem koh-lengesäuerten Gas, und theils mit dem Wasserdämpfen. Es sind also die Wirkungen des Athemhohlens folgende: 1) Das venöse Blut verliert gekohltes Wasserstoffgas, und saugt Sauerstoffgas ein; hierdurch erhält es eine rothe Farbe, so wie die metallischen Halbsäuren, das salpetersaure Gas und einige andere Körper, durch ihre Verbindung mit dem Sauer-stoffe eine rothe Farbe erhalten. 2) Durch das Einsaugen des Sauerstoffgas wird die Fähigkeit des Blutes für die Wärme größer; indem überhaupt die Fähigkeit aller Kör-per größer wird, wenn dieselben mit dem Sauerstoffe ver-bunden werden. 3) Zum Theil wird das Sauerstoffgas der Atmosphäre von dem venösen Blute aufgenommen; zum Theil wird es durch den Kohlenstoff des Blutes und den Kohlen-stoff des Schleims der Lunge in kohlengesäuertes Gas verän-dert, und zum Theil wird es in Wasserdampf durch den Was-serstoff des venösen Blutes verwandelt. Die Produkte welche durch das Athemhohlen entstehen, sind: 1) arterielles Blut, 2) kohlengesäuertes Gas, 3) Wasser, 4) eine kleine Menge ungebundenen Wärmestoffs. Der Sauerstoff, welcher durch das Einathmen sich mit dem venösen Blute verbindet, ver-breitet sich durch die Cirkulation in den Arterien durch alle Theile des Körpers. Er vereiniget sich mit diesem, wodurch die Wärme frey wird. Daher entstehet die **thierische Wärme**, vermöge welcher die Thiere eine höhere Tempera-tur haben, als das Mittel, worin sie leben. Hieraus lassen sich folgende Sätze herleiten: je größer die Lunge eines Thie-res ist, desto größer ist die thierische Wärme und umgekehrt, mithin ist die thierische Wärme derjenigen Thiere, welche keine Lungen haben, sehr gering; die thierische Wärme eines jeden Thieres ist im ordentlichen Verhältnisse mit der Menge von Sauerstoffgas, welche es in bestimmter Zeit einathmet;

in

a) Experiments and observations on animal heat, and the inflamma-tion of combustible bodies. London 1788. 8.

K

in einem kalten Mittel athmet ein Thier bey einerley Zeit weit mehr Luft ein, als in einem wärmern; und stärkere Bewegungen in der freyen Luft verursachen, daß die thierische Wärme zunimmt.

Gegen diese Theorien des Athemhohlens hat Herr **Gren** folgende Einwendungen gemacht: 1) werde von den Antiphlogistikern angenommen, daß der Kohlenstoff die atmosphärische Luft zersetze, sich mit ihrem Sauerstoff verbinde, und dadurch Wärme fühlbar mache. Es wäre daher das Geschäfft des Athemhohlens eine Art schwacher Verbrennung des Carbone. Nach dem eigenen Geständniß der Antiphlogistiker aber soll der Kohlenstoff das Sauerstoffgas nicht eher als bey der Glühehitze zersetzen; folglich könne auch der Kohlenstoff des Blutes und des Lungenschleims bey der bloßen Wärme des thierischen Körpers mit dem Sauerstoff nicht kohlengesäuertes Gas erzeugen. Eben so sey es mit dem Wasser beschaffen, welches beym Athemhohlen entstehen soll. Die Antiphlogistiker forderten nämlich zur Erzeugung des Wassers aus Wasserstoff und Sauerstoff eine Glühehitze; mithin könne die Temperatur des thierischen Körpers dieß nicht bewirken. — Allein hierauf läßt sich antworten, daß der Kohlenstoff und der Wasserstoff des Blutes in ganz andern Verhältnissen angetroffen werden, als die Kohle bey den gewöhnlichen Versuchen; und es läßt sich daher leicht gedenken, daß sie in diesen Verhältnissen auch ganz anders wirken müssen. — 2) läugnet auch Herr **Gren**, daß das Athemhohlen die eigentliche Quelle der thierischen Wärme sey, er behauptet vielmehr gerade das Gegentheil, und betrachtet die Lunge als das Werkzeug zur Entlassung der Wärme aus dem Blute. Er sagt, man könne mit allem Rechte behaupten, je größer die Wärme des thierischen Körpers sey, desto mehr müsse die Lunge arbeiten, um das Blut abzukühlen. Er fragt endlich, was daraus entstehen würde, wenn sehr erhitzte thierische Körper durch das schnelle Einathmen der atmosphärischen Luft verhältnißmäßig noch mehr Hitze erhielten? Auf diese Weise könnten also alle diese Thatsachen,

welche

welche für den Ursprung der Wärme aus dem Athmen für an.
geführet würden, eben so wohl als Beweise der Abkühlung
des Bluts durch das Athmen ausgeleget werden. —. Hier.
auf läßt sich aber so antworten: beym erhitzten Zustande des
thierischen Körpers geschiehet zwar das Einathmen der at.
mosphärischen Luft desto schneller, und es muß die thierische
Wärme zunehmen; allein auf der andern Seite hat auch
schon die gütige Natur dafür gesorget, daß nicht nur bey
heftiger Bewegung, sondern auch nach Nachlassung derselben
die dem thierischen Körper schädlich werdende Wärme durch
andere Wege abgeführet werde, bis alles nach und nach im
gesunden Zustande des Körpers wieder ins gehörige Gleich.
gewicht gekommen ist.

Da es ein unläugbares Gesetz ohne alle Ausnahme ist,
daß kein Thier ohne Sauerstoff leben kann, so scheint meiner
Meinung nach die Lunge das vorzüglichste Werkzeug zu seyn,
wodurch das dem thierischen Körper wesentlich zukommende
Lebensprincip, oder nach dem jetzigen Ausdruck, die Lebenskraft
mittelst des Sauerstoffgas beym Einathmen der atmosphäri.
schen Luft gereizt werde. Ob aber der Sauerstoff sich wirk.
lich mit dem venösen Blute, wie Girtanner glaubt, verbinde,
oder ob dieses nach Lavoisier Behauptung nicht geschehe, das
läßt sich bis jetzt noch nicht mit Gewißheit entscheiden.

Atmometer, Atmidometer, Ausdünstungsmaß
(atmometrum, atmomètre). Ein Werkzeug, die Aus.
dünstung des Wassers zu messen. Obgleich alle mögliche
Körper in Dampfgestalt übergehen können, wozu aber unendl.
lich verschiedene Grade von Wärme erfordert werden, so lehret
doch die Erfahrung, daß hierzu das Wasser vorzüglich ge.
schickt ist. Auch unter allen möglichen Temperaturen dun.
stet das Wasser aus. Bey einerley Druck der Atmosphäre
ist aber die Ausdünstung desto größer, je größer der Wärme.
grad ist, und umgekehrt. Daraus läßt sich also schon ein.
sehen, daß es mit Schwierigkeiten verbunden ist, mittelst
dergleichen Werkzeuge richtige Resultate zu erhalten. Die
Absicht, um die Größe der Ausdünstung des Wassers zu be.

K 2   stimmen,

stimmen, kann zweyfach seyn; ein Mahl sie in gewissen Jahreszeiten oder auch in einer Reihe von Jahren zu erhalten; das andere Mahl dieselbe in einem kurzen Zeitraume zu finden. Für beydes sind eigene Werkzeuge nöthig.

Halley [a]) bediente sich folgender Methode, die Größe der Ausdünstung des Wassers zu finden: er nahm einen Kessel von 4 Zoll Tiefe und etwa 8 Zoll im Durchmesser; diesen füllte er mit Wasser, that ein Thermometer hinein und setzte ihn nachher auf ein gelindes Kohlenfeuer. Wenn nun die Wärme so hoch gestiegen war, als sie in heißen Sommertagen zu seyn pfleget, so hieng er den Kessel mit dem Thermometer an eine Wage, und brachte alles ins Gleichgewicht, trug aber dabey Sorge, daß das Wasser beständig einerley Grad Wärme hatte. Während verflossener zweyen Stunden waren 233 Gran Wasser verdunstet, welche nach seiner Rechnung $\frac{5}{53}$ eines englischen Cubikzolles betrugen. Dieses Verfahren gibt aber offenbar kein richtiges Resultat, wenn daraus bestimmt werden soll, wie viel Wasser in den heißen Sommertagen ausdunstet, indem das Wasser und die Luft nicht einerley Wärmegrad haben. Statt eines Kessels nahm Mußschenbroek [b]) bleyerne Gefäße von 6 Zollen ins Gevierte. Stellte er diese in die freye Luft, so fand er die Größe der Ausdünstung in einem solchen Gefäße von 12 Zoll Höhe beträchtlicher, als in einem Gefäße von 6 Zoll Höhe. Aus verschiedenen solchen angestellten Beobachtungen hielt er sich zu schließen berechtiget, daß die Größen der Ausdünstungen sich zu einander verhielten, wie die Cubikwurzeln der Höhen der Gefäße. Brachte er aber diese Gefäße von ungleichen Höhen in sein Zimmer, so bemerkte er keinen merklichen Unterschied zwischen den Größen der Ausdünstung. Der Grund der verschiedenen Ausdünstung des Wassers in ungleich hohen Gefäßen in freyer Luft liegt bloß in der verschiedenen Temperatur der Luft, indem das Wasser im tiefern Gefäße nicht

so

---

a) Miscellanea curiosa. Lond. 1708. 8. To. I. p. 2.
b) Tentamina experimentorum capt. in acad. del Cimento. T. II. p. 62.

der Ausdehnung
Versuchen des
hierzu ganz verschiedene kubische
Inhalte wählte, fand die Größen
verschiedenen Verhältnissen. De

rfer ausdünste, als

ende Regeln hinzu-
die Größe der Aus-

stung verschieden ist. 4) Muß das Atmometer
Wasser so gestellet werden, daß das Wasser im Atmometer
K 3 mit

α) Commentat. Petropol. T. XIV. p. 273. Nov. comment. Petrop.
T. i. p. 198. T. ii. p. 145.
β) Schwedische Abhandlungen 1746. S. 3. 1747. S. 235.
γ) Journal de phyfique. Octob. 1781.
δ) Effai fur l'hygrometrie, à Neufchatel 1783. 8 maj. §. 243. Versuch über die Hygrometrie durch Horaz Bened. de Sauffüre aus
d. Fr. von J. D. T. Leipzig 1784. 8.

mit dem äußern in einerley Horizontalebene lieget, damit es mit diesem unter einerley Umständen sich befindet. 5) Muß man bey dem Atmometer auch ein Ombrometer oder ein Regenmaß haben, um etwa das aufs Atmometer gefallene Regenwasser abziehen zu können.

Will man das Atmometer bloß dazu gebrauchen, um in einer sehr kurzen Zeit die Größe der Ausdünstung zu bestimmen, so kann man sich hierzu leichter und kleiner Gefäße bedienen, welche leicht an einem Wagebalken gewogen werden können. Richmann *) beschreibet zu solchen Beobachtungen folgendes Atmometer: das blecherne Gefäß (fig. 24) a b c d, welches oben einen verschlossenen Deckel besitzet, wird voll Wasser geschüttet; in diesem schwimmt ein anderes ganz verschlossenes aber leeres blechernes Gefäß i, welches zwischen den beyden mit Rollen versehenen Stäben ef und gh auf und nieder sich bewegen kann, ohne aus der Stelle zu weichen. Oben in diesem Gefäße sind drey blecherne Röhren eingelöthet, welche durch den Deckel des Gefäßes a b c d frey hindurch gehen, und das offene Gefäße k tragen, welches mit Wasser angefüllet worden, das zur Beobachtung der Ausdünstung bestimmt ist. So bald nun von diesem Wasser etwas verdunstet, so wird es dadurch leichter, mithin hebt sich das im Wasser schwimmende Gefäß i und hiermit zugleich das Gefäß k. An der Seite ist eine Skale d l angebracht, auf welcher durch einen am Gefäß k befindlichen Zeiger die gehobene Höhe des Gefäßes k angezeiget wird. Hat man nun vorher bestimmt, wie viele Grän ein jeder Theil auf der Skale erfordere, um welchen sich das Gefäß k heben soll, so weiß man auch die Größe der Ausdünstung des im Gefäß k befindlichen Wassers. De Saussüre *) bediente sich bey den Beobachtungen über die Ausdünstung des Wassers auf dem Col du Geant eines eigenen Atmometers.

---

*) Atmometri f. machinae hydrostaticae constructio in Nov. comment. Petrop. T. II. p. 121.
*) Journal de physique. To. XXXIV. Mars 1789. p. 161 sqq. übers. in Grens Journal der Physik. B. I. S. 443 u. f.

mometers. Er wählte nämlich hierzu ein Rechteck von seiner Leinwand 13 Zoll in der Länge und 10 Zoll in der Breite, spannte selbiges in einen leichten Rahmen, jedoch so, daß es selbigen nicht berührte. Diese ausgespannte Leinwand ließ er am Feuer oder in der Sonnenhitze ganz austrocknen, hing sie sodann an eine gute Wage und bestimmte das Gewicht mit dem Rahmen genau; nun befeuchtete er die Leinwand mit einem Schwamm gleichförmig, und brachte sie wieder auf diese Weise an die Wage; wog sie nicht 150 Grän mehr, als getrocknet, so befeuchtete er sie noch mehr; wog sie aber mehr als 150 Gräne, so ließ er sie an der Wage hängen, bis sie nicht mehr als 150 Grän Feuchtigkeit hatte. Etwa 6 Zoll weit von der Mitte dieser Leinwand hieng er ein empfindliches Thermometer und Hygrometer auf, und beobachtete in dem Augenblicke, da die Leinwand 150 Grän Feuchtigkeit hatte, die Thermometer und Hygrometer Grade nebst der Zeit an einer genauen Uhr, wiederhohlte diese Versuche von 20 zu 20 Minuten so lange fort, bis die Leinwand gegen 65 Grän Feuchtigkeit verloren hatte, weil über diese Grenze die Verdünstung wegen der stärkern Adhäsion des Wassers mit der Leinwand aufhört. Hiernach fand er, daß auf dem Col du Geant, wo das Barometer 18 Zoll 9 Linien zeigte, die Wärme mehr als die Trockenheit; in Genf aber, wo das Barometer auf 27 Zoll und 3 Linien stand, die Trockenheit etwas mehr als die Wärme auf die Größe der Ausdünstung wirkte. Diese Beobachtungen berechtigten ihn ferner zu schließen, daß bey einerley Graden des Thermometers und des Hygrometers auf dem Berge und in der Pläne die Größe der Ausdünstung auf dem Berge bey einer etwa drey Mahl geringern Dichtigkeit der Luft mehr als doppelt so groß ist, wie in der Pläne, indem auf dem Berge bey diesen vorausgesetzen Umständen 84 Grän verdunsten würden, wenn in der Pläne nur 37 Grän verdunsteten.

Atmosphäre (Atmosphaera, atmosphère). Hierunter versteht man überhaupt eine Anhäufung einer feinen flüssigen Materie, welche einen jeden Körper von allen Sei-

ten

ten umgibt. So stellt man sich z. E. um einen elektrisirten Körper eine elektrische Materie, um einen Magnet eine magnetische Materie, und überhaupt um einen jeden Körper eine feine flüssige Materie (den Aether) angehäuft vor. Durch dergleichen Atmosphären, welche sich um alle Körper bilden, sucht man verschiedene Phänomene zu erklären. Bey der atomistischen Lehrart nimmt man z. E. an, daß auch um die Atomen sich Atmosphären von Wärmestoff bildeten, vermöge welcher eine zusammengedruckte Materie durch bloßes Anziehen in ihren vorigen Zustand zurückgehen müsse, und daß folglich das Zurückstoßen der Theile derselben nur scheinbar wäre (s. Abstoßen).

Die Frage, ob wirklich um einen jeden Körper eine Atmosphäre statt finde? gehörig zu prüfen, unterscheide ich die atomistische und dynamische Lehrart. Nach der atomistischen Lehrart, nach welcher leere Räume angenommen werden müssen, und welche keine wesentliche Anziehung der Materien gegen einander voraussetzet, ist es allerdings möglich, daß Körper so wohl im leeren Mittel, als auch im vollen Mittel ohne eine sie umgebende Atmosphäre fortbeweget werden können. Nach der dynamischen Lehrart hingegen, welche keine leeren Räume annimmt, und nach welcher wesentliche Anziehung auch durch den leeren Raum statt finden muß, ist man berechtiget, um jeden Körper Atmosphären anzunehmen. Denn eben diese wesentliche Anziehung verhält sich umgekehrt wie die Quadrate der Entfernungen, und folglich muß die flüssige Materie um jeden Körper angehäuft sich befinden.

Atmosphäre der Erde s. Luftkreis.

Atmosphäre der Sonne (atmosphaera solis, atmosphère solaire) ist eine feine flüssige Materie, i. welche die Sonne gleichsam gehüllt, und welche gegen dieselbe schwer ist. Weil nach der atomistischen Lehre Körper ohne Atmosphären existiren können, und überdem die Alten besondere Meinungen von der Sonne hatten, so ist es natürlich, daß man anfänglich zweifelhaft war, ob die Sonne von einer flüssigen

gegen

Sonnenäquators die Ebene, der Ekliptik unter dem
nkel 7° 30'. Hieraus ließe sich also begreifen, daß durch
osphäre. derselben am
nb, dadurch die starke
kleinen Winkels aber,
des . Sonnenäquators

a) Decouverte de la lumière celeste, qui paroit dans le zodiaque,
dans le recueil d'observations. Paris 1693. f.

β) de la Lande Astronomie. Liv. III.

γ) Traité physique et historique de l'aurore.boreale. Paris 1733. 4.
1754. gr. 8.

baren Ortes der Sonne von der Spiße des Zodiakallichtes
an. Vermöge Beobachtungen erstreckt sich diese mannigmahl auf 100 Grade, folglich müßte die Sonnenatmosphäre
noch über die Erdbahn hinausgehen, und die Erde selbst
würde in diese eingehüllet werden, wenn sie in einem solchen Falle, entweder in einem der Punkte sich befindet,
in welchem die Erdbahn die Ebene des Aequators der Sonne
schneidet, oder nahe dabey ist.

Verschiedene neue Naturforscher nehmen im Gegentheile
an, daß das so genannte Zodiakollicht bloß ein luftiges,
feuriges Wesen sey, welches die Natur ei es Nordlichtes
habe, und sich oft zuletzt in ein wahres Nordlicht umän-
dere *). Hätte dieses wirklich seine Richtigkeit, so würde
es noch zweifelhaft seyn, ob nach der atomistischen Lehre die
Sonne eine Atmosphäre besäße. Wenigstens läßt es sich
mit Gewißheit noch nicht entscheiden, daß das Zodiakallicht
ein Theil der Sonnenatmosphäre ausmache.

Nach der dynamischen Lehrart, welche gar keine Räume
annimmt, ist man vermöge der anziehenden Kraft der Sonnen-
materie berechtiget anzunehmen, daß sich eine feine, flüssige Materie rund um die Sonne anhäufe, und folglich eine Sonnenatmosphäre bilde. Ob jedoch diese flüssige Materie eine Aehnlichkeit mit der Luft, die unsere Erde umgibt, besitze, oder
ob sie noch feiner als diese, wie etwa der Aether sey, darüber
können wir gar nicht entscheiden.

Atmosphäre des Mondes (atmosphaera lunaris,
atmosphère lunaire) ist wie bey der Sonne eine feine,
flüssige Materie, welche um den Mond angehäuft und gegen denselben schwer ist. — Es ist über das Daseyn dieser Atmosphäre viel gestritten worden.

Verschiedene haben für das Daseyn einer Mondatmosphäre folgende Gründe angegeben: 1) wenn von dem Monde
Planeten oder Firsterne bedeckt würden, so veränderte
sich ihre Gestalt, indem sie dem Monde nahe kämen, oder
indem

---

*) Vollständiger Unterricht in der Naturlehre von M. Hube. Th. I.
60. Brief S. 470.

indem sie denselben verließen.   Mehrentheils sähen sie in
diesem Falle länglich und unförmlich aus, welches beweise,
daß ihre Lichtstrahlen in der Atmosphäre des Mondes gebrochen würden.   2) Wenn eine totale Sonnenfinsterniß
Statt fände, so sähe man einen hellen concentrischen Ring
um den Mond.   3) Würden die Mondflecken bald mit
größerer bald mit geringerer Deutlichkeit wahrgenommen;
dieses und der helle Streifen, welchen Franz. Bianchini *)
in der dunkeln Höhle des Plato wahrgenommen, beweisen
eine Atmosphäre des Mondes.   Diese und dergleichen ähnliche Gründe bewogen Hevel *), Wolf *), Mairan *),
Carbo *) und andere zur Annahme einer Mondatmosphäre.
Einige waren sogar der Meinung, daß es in dem Monde
eben so wie auf unsrer Erde regne, schneye, blitze und reise.
Halley *) versichert sogar, daß er bey der Sonnenfinsterniß am 3ten May im Jahre 1715, Blitze im Monde
beobachtet habe.   Aus der Vergrößerung des Sonnendurch-
messers bey der ringförmigen Sonnenfinsterniß im Jahre
1748 hat Euler *) geschlossen, daß den Mond wirklich
eine Atmosphäre umgebe, welche aber 200 Mahl dünner
als die der Erde ist.   Dagegen behaupten andere, daß der
Mond keine Atmosphäre haben könne und suchen die vorhin
angegebenen Gründe auf eine andere Art zu erklären: was
nämlich die veränderte Gestalt der Planeten und der Firsterne betrifft, wenn sie nahe an den Mondrand kommen, so
sagen sie, daß diese Erscheinung leichter und natürlicher aus
der Beugung des Lichtes sich erklären lasse, und eben diese
bewirke auch den hellen concentrischen Ring um den Mond

Bey

*) Hesperi et phosphori noua phaenomena s. observationes circa
planetam veneris. Romae 1728. fol. p. 5.

*) Cometographia, cometarum naturam et omnium a mundo con-
dito historiam exhibens. Ged. 1668. fol. L. VII. p. 362.

*) Elementa matheseos vniuersae Tom. III. Halae 1753. 4. elementa
astronomiae. §. 486.

*) Traité phys. et histor. de l'aurore boreale. Par. 1754. p. 276.

*) Philos. transact. n. 396. art. V.

*) Philos. transact. n. 243.

*) Mémoires de l'Académie de Prusse 1748. S. 103.

bey gänzlichen Sonnenfinsternissen; auch haben die Herren
de L'Isle und de la Hire ⁵) gezeiget, daß dergleichen
Ring um jeden durchsichtigen Körper sich zeige, womit die
Sonne verdeckt wird, oder um welchen man das Sonnenlicht in einen verfinsterten Orte fallen läßt. Cassini ⁶)
suchte diesen Ring von der Sonnenatmosphäre herzuleiten.
Vorzüglich hat Christlob Mylius ⁷) alle die Gründe,
welche zur Behauptung einer Mondatmosphäre aufgestellet
sind, zu widerlegen gesucht, und Tobias Mayer ⁸) hat
sogar zu beweisen sich bemühet, daß der Mond gar keine
Atmosphäre haben könne; einen ähnlichen Beweis hat auch
Grandjean de Fouchy ⁹) unternommen.

Huygens ⁵) führt besonders noch folgende Gründe an,
das Daseyn der Mondatmosphäre zu läugnen: wenn der
Mond wirklich eine Atmosphäre hätte, so müßte auch der
Mondrand bey Bedeckungen der Planeten und der Firsterne
mit einem Schimmer umgeben seyn; auch befinde sich im
Monde kein Wasser, woraus Dünste aufsteigen könnten,
auch nehme man keine Wolken in demselben wahr. Allein
Mairan führt dagegen an, wenn man die Atmosphäre
des Mondes in Vergleichung mit dem Monde eben so groß
annähme, als die Atmosphäre unserer Erde in Vergleichung
mit derselben, so bewege sich ein Stern durch den brechenden Theil der Mondatmosphäre in einer Sekunde, und diese
Zeit sey viel zu klein, um die Wirkung der Strahlenbrechung
zu beobachten. Durch die 14tägige Erwärmung der Mondoberfläche von der Sonne müßten überdem die Dünste im
Monde so sehr verdünnet werden, daß wir keine Wolken
wahrnehmen könnten. Auch Herr Bode ⁹) hat den Gedanken: durch die 14½tägige Erleuchtung und vermuthliche

Erwär-

α) Mémoires de l'Académie des sciences 1715. p. 147.
β) Mémoires de l'Academie des sciences 1706. p. 253.
γ) Gedanken über die Atmosphäre des Mondes. Leipzig 1746. 4.
δ) Kosmographische Sammlungen 1748. Abhandl. 9.
ε) Philos. transact. n. 455. art. 3.
ζ) Κοσμοθεωρος s. de terris coelestibus earumque ornatu coniecturae
Hagae 1698. 4. p. 115.
η) Kurzgefaßte Erläuterung der Sternkunde, Th. I. S. 407.

Erwärmung der Mondoberfläche durch die Sonne könnte es
seyn, daß die Wolken des Mondes dadurch zerstreuet und
in die Nachtseite übergeführet würden, wo bey einer gleichfalls 14tägigen Abwesenheit der Sonne die kühle Nachtluft
sie mehr verdichte und zusammenhalte.

Andere neuere Vertheidiger der Atmosphäre, als z. B.
dů Sejour a), behaupten, daß Beugung des Lichtes am
Rande des Mondes ohne Atmosphäre um ihn sich gar
nicht gedenken lasse. Auch Don Antonio de Ulloa ß) ist
der Meinung, daß die Erscheinung des Ringes, welcher
sich bey gänzlichen Sonnenfinsternissen allemahl um die
Mondscheibe zeiget, wie dergleichen von ihm selbst am
24. Jun. 1778. auf dem Meere zwischen Tercera und Cap
St. Vincent beobachtet worden, ohne Atmosphäre des Mondes sich nicht erklären lasse. Endlich hat, in ganz neuern
Zeiten, Herr Schröter γ) in Lilienthal das Daseyn der
Mondatmosphäre durch Beobachtungen ganz außer Zweifel
gesetzet. Er nahm verschiedene Aenderungen an den Mondflecken wahr, die er nicht anders, als durch Annahme
einer Atmosphäre, erklären konnte. So beobachtete er an einem
Berge im Cleomedes bisweilen eine sehr große helle Vertiefung, welche zu einer andern Zeit unter dem nämlichen
Erleuchtungswinkel nicht wahrgenommen wurde u. dergl.
Am 24. Februar 1792. Abends um 5 Uhr 40 Minuten,
2½ Tag nach dem Neumonde, gelang es ihm endlich, mittelst eines 7schuhigen herschelischen Teleskops, welches 74 Mahl
vergrößerte, eine Monddämmerung δ) zu beobachten.
Zuerst erblickte er sie am Rande der äußersten Spitzen,
und bemerkte hierbey zugleich ein äußerst mattes graulichtes
Licht, welches gegen das Licht der äußersten Spitze des Mondes eben so abstach, als unsere Erddämmerung gegen das
unmittel-

a). Mémoires de l'Acad. des sciences 1775. p. 268.
ß) Mémoires de l'Acad. des sciences 1778. p. 64. Rozier Journal
de Physique 1780. Avril. p. 319. T. XV. P. I.
γ) Selenotopographische Fragmente. Lilienthal 1791. gr. 4. S. 379-
396. S. 525. 526.
δ) Götting. gelehrte Anz. 1792. 86. Stück. S. 857. u. f.

unmittelbare Sonnenlicht. Nach 8 Minuten wurde endlich der ganze Mondrand und zwar auf einmahl mit einem solchen dämmernden Lichte umgeben. Die Weite dieser Dämmerung, von der dämmernden Lichtgrenze an bis zum vollen Lichte des Mondes, welches dem Erdenlichte gleich ist, bestimmt er auf 2.° 34′ 25″ eines Bogens der Mondfläche, oder 10¼ geographische Meilen. So wenig nach diesen gemachten Entdeckungen der Mondbdämmerung nur irgend ein Zweifel über die Mondatmosphäre nach der atomistischen Lehrart gemacht werden kann, so berechtigt doch schon die dynamische Lehrart, eine Mondatmosphäre anzunehmen. Ueber die Natur dieser Atmosphäre läßt sich freylich nichts gewisses behaupten, und sie scheint keinesweges, wie Wolf und andere glaubten, der Atmosphäre unserer Erde so sehr ähnlich zu seyn.

Atmosphären, elektrische s. **Wirkungskreise, elektrische.**

Atmosphärische Elektricität s. **Elektricität, atmosphärische.**

Atmosphärilien, atmosphärische Körper (corpora atmosphaerica, corps atmospheriques) sollen nach dem Vorschlage des Herrn Bergrath Widemann *) ein viertes Naturreich in der Naturgeschichte auemachen, und den Wärmestoff, Lichtstoff, die Luftarten und das Wasser unter sich begreifen.

Atmosphärische Luft s. **Gas, atmosphärisches.**

Atomen (Atomi, Atomes). Hierunter verstehen verschiedene Naturforscher die ersten ganz untheilbaren körperlichen Bestandtheile der Materie.

Wenn man den empirischen Begriff der Materie zu Grunde leget und über das Wesen derselben Untersuchungen anstellet, so kann man nicht mehr als zwey Wege betreten; der eine führet darauf, daß alle Materie aus einer Menge fester, harter, absolut undurchdringlicher, schwerer, träger

*) Von der Nothwendigkeit, bey der Haupteintheilung der natürlichen Körper ein viertes Naturreich anzunehmen; in Crells chem. Annal. 1793. B. II. St. 7.

jenige System nach welchem alle Körper aus den Atomen zusammengesetzet sind, und deren verschiedene Arten bloß in den verschiedenen Gestalten der Grundkörperchen ihren Grund haben, heißt das **atomistische System** oder die **Corpuscularphilosophie** und wird von den **dynamischen System**, nach welchem der Materie wesentliche Kräfte inhäriren, unterschieden. Bey allen Erscheinungen in der Körperwelt kömmt es darauf an, daß die Erfahrungen auf die ersten Gründe zurückgeführet werden können. Die Erklärung aus Naturgesetzen ist keine Erklärung aus physischen Gründen; die Naturgesetze zeigen nur, daß die Körper, unter vollkommen denselben Umständen, eben dieselben Erscheinungen hervorbringen, warum aber allemahl diese erfolgen müssen, das zeigen sie nicht. Wenn man z. E. mit **Robert Symmer** zwey elektrische Materien annimmt, so lassen sich aus allen Erfahrungen bey der Elektricität die allgemeinen Gesetze herleiten, daß sich die gleichnahmige elektrische Materie zurückstößt, die ungleichnahmige aber anziehet. Bleibt hier aber nicht noch die Frage zurück, gibt es denn wirklich zwey verschiedene elektrische Materien und woher kommt das Zurückstoßen und Anziehen dieser Materien. Wenn man sich nicht im Kreise herumdrehen will, so muß man das nicht für physische Gründe angeben, was zur Erklärung wiederum andere Gründe voraussetzet. Es bleibt folglich dem Physiker nichts übrig, wenn er Gründe angeben will, als daß er sich zuletzt auf metaphysische Sätze stützt, welche ganz allein aus dem empirischen Begriffe der Materie hergeleitet werden müssen. (M. s. **Materie**.) So sehr sich auch der Physiker mit allem Rechte gegen metaphysische Untersuchungen verwahret, so muß er doch sein ganzes Lehrgebäude darauf gründen, und hier muß er entweder das atomistische oder das dynamische System wählen. Nach dem ersteren System beruhet der Grund aller Erscheinungen

nungen der Körper, auf das Anziehen der Grundkörperchen
oder der Atome gegen einander, ohne daß das Anziehen
den Atomen wesentlich zukomme, sondern von außen her,
durch irgend etwas, was wieder einen andern Grund erfordert, bewirket werde, d. h. man kann eigentlich gar keinen
Grund von allen Erscheinungen angeben; und hiernach ist
die ganze Natur todt und erhält nur Leben von äußern einwirkenden Kräften. Daher kann; dieses System mit allem
Rechte das **mechanische System,** und die Naturlehre,
welche darauf gebauet wird, die **mechanische Naturlehre**
genennet werden. Man muß also die Atome selbst als Maschine betrachten, welchen bloß eine äußerliche, eingedruckte
Kraft fehlet, um die mancherley Naturwirkungen mechanisch zu erklären. Zur vornehmsten Beglaubigung dieses
Systems hat man die Nothwendigkeit angeführet, zum
specifischen Unterschiede der Dichtigkeit der Materie leere
Räume zu gebrauchen, welche man zwischen den Atomen
zum Behuf einiger Naturerscheinungen von solcher Größe
eingestreuet sich gedachte, daß der mit Materien erfüllte
Theil des Raums gegen den leeren Theil, auch sogar der
dichtesten Materie, für nichts zu achten ist. Dieses System
hat von dem alten **Leucippus, Demokrit** und **Epikur**
an bis auf **Cartesen** und selbst bis auf unsere Zeiten, immer ihr Ansehen und ihren Einfluß auf die Principien der
Naturwissenschaft erhalten. Weil also nach diesem System
die verschiedenen Körper aus untheilbaren Atomen zusammengesetzet sind, so folgt natürlich, daß auch keine unendliche Kraft vermögend ist, die Theilbarkeit der Körper bis
ins Unendliche zu treiben (s. **Theilbarkeit**); denn die
Grenze der Theilung sind die Atomen. Keine wahre Auflösung kann hier folglich gar nicht Statt finden, sondern bloß
eine Nebeneinanderstellung der Atome des so genannten aufzulösenden Körpers. (s. **Auflösung.**)

Nach dem dynamischen System, welches zurückstoßende
und anziehende Kraft der Materie wesentlich voraussetzet,
finden keine ersten Grundkörperchen oder Atome statt, son-

dern

einander nähern, oder doch wenigstens zu nähern trachten, wenn sie in ihrer Bewegung aufgehalten werden. So fällt z. B. ein Körper, sich frey überlassen, gegen die Erde herab oder druckt wenigstens das, was ihn hält. Eben so erhebt der Mond das Meer auf unserer Erde, und der Mond selbst bleibt beständig mit unserer Erde, und diese nebst den übrigen Planeten mit der Sonne in einer bewundernswürdigen Ordnung verbunden; und überhaupt beweisen alle Himmelskörper gegen einander ein beständiges Bestreben zur Annäherung. Alle diese unläugbaren Phänomene setzen eine wirkende Ursache, eine Kraft voraus, welche eine solche Wirkung hervorzubringen im Stande ist. Die Erfahrung allein aber ist nicht hinreichend auszumachen, welcher Kraft sich die Natur hierbey bedienet. Man ist folglich schlechterdings genöthiget, metaphysische Untersuchungen darüber anzustellen. Um alles mit nöthiger Deutlichkeit aus einander zu setzen, will ich dieses wichtige Phänomen erst nach der atomistischen, nachher nach der dynamischen Lehrart betrachten; vorher aber noch von dem Unterschiede der Anziehung in der Ferne, und der Anziehung in der Berührung der Körper, welcher bisher nicht mit gehöriger Sorgfalt ist beobachtet worden, reden. Das Anziehen in der Ferne nennt man auch **Gravitation, allgemeine Schwere** (f. Gravitation), das Anziehen in der Berührung aber kann wieder doppelt seyn, ein Mahl, da die Theile ein und des nämlichen Körpers sich wechselseitig anzuziehen scheinen, und dieß Phänomen nennt man **Cohäsion** (f. Cohäsion); das andere Mahl, da Theile eines flüssigen Körpers sich an einen festen Körper anhängen, und dieß Phänomen nennt man **Adhäsion** (f. Adhäsion). Es würde sehr vortheilhaft für die

wissen-

wissenschaftlichen Untersuchungen der Körperwelt gewesen seyn, wenn man jederzeit diese drey genannten Arten der Anziehungen nicht so mannigfaltig mit einander verwechselt hätte. Eben hierdurch sind wir in ein Labyrinth gekommen, woraus man so leicht nicht wieder kommen kann. Selbst Hr. Gren, in seiner neuesten Ausgabe der Naturlehre, ist in diesen Fehler gefallen, wie ich noch weiter unten unter dem Artickel Grundkräfte zeigen werde. Die Gesetze des Anziehens der Körper in der Ferne, welche Newton zuerst entdecket hat, sind himmelweit unterschieden von den Gesetzen der Anziehung in der Berührung, und dieß ist doch wohl schon ein hinreichender Grund, beyde Anziehungen von einander mit aller Sorgfalt zu unterscheiden. Ich werde beständig Anziehung in der Entfernung bloß Anziehung, hingegen Anziehung in der Berührung in gehörigen Fällen Adhäsion und Cohäsion nennen, und hier allein von der erstern handeln.

Nach der atomistischen Lehre, nach welcher Bewegungen an Körpern nur durch äußere eingedrückte Kräfte erfolgen können, muß folglich schlechterdings angenommen werden, daß irgend eine äußere Kraft das Phänomen der Anziehung bewirke. Nun entsteht aber die Frage, wo soll diese äußere Kraft herkommen? — Newton, welcher mit Recht von allen Hypothesen abstrahirte, suchte die Gesetze des Anziehens durch die erhabensten Theorien der Mathematik aufzufinden, ohne sich weiter um die physische oder metaphysische Ursache der Attraktion zu bekümmern. An einigen Stellen sagt er, daß er die Worte, attractio, propensio, impulsio, ohne Unterschied gebrauchen, und keinesweges die Attraktion als eine Wirkung betrachten wolle, welche von einer im Körper wesentlich liegenden anziehenden Kraft herrühre; er ist vielmehr geneigt zu glauben, daß die Attraktion entweder, ein Stoß oder die Wirkung einer uns ganz unbekannten Ursache sey. Und in der Vorerinnerung zur zweyten Ausgabe der Optik sagt er ausdrücklich: ne quis grauitatem inter essentiales corporum proprietates me habere existimet, quaestionem vnam de eius causa inuestiganda subieci.

Natur-

Kepler[y]), aus deffen Beobachtungen über den Lauf der Himmelskörper und der daraus gemachten Folgen, nebst Galilei's Erfahrungen Newton die Gesetze der Anziehung entwickelte, nahm eine innere in den Körpern anziehende Kraft an, und gebrauchte oft die Wörter, Freundschaft, Sympathie, Abneigung, Gefühl der Körper u. d. gl. Auch Roberval[δ]), Roger Cotes[ε]), Erxleben[ζ]) und noch andere glaubten, daß den Körpern wesentlich eine anziehende Kraft zukäme. Weil aber eine solche wesentliche Kraft unmöglich mit der atomistischen Lehre nur auf irgend eine Weise bestehen konnte, so war es natürlich, daß eine solche in den Körpern wesentlich liegende anziehende Kraft als eine verborgene Qualität angesehen wurde; und vorzüglich bestreitet Euler[η]) die Meinung derer, welche die Attraktion als eine wesentliche Eigenschaft der Körper betrachtet haben. Will man die Attraktion durch druckende oder stoßende Kräfte einer andern Materie herleiten, wie Cartes[ϑ]), Huygens[ι]), Kratzenstein[κ]), Bilfinger[λ]), le Sage[μ]) u. andere thun,

a) Physic. element. mathem. Leid. 1742. gr. 4. L. I. c. 5.
β) Introductio ad philosoph. natur. cap. 30.
γ) Epitome astronom. copernic. Lentiis ad Danub. 1618. 8.
δ) Aristarch Samus de mundi systemate liber singularis. Paris 1644. 4.
ε) Praefatio ad Newtoni princ. ed. Cantabr. 1713. 4.
ζ) Anfangsgründe der Naturlehre. §. 112.
η) Briefe an eine deutsche Prinzessinn über verschiedene Gegenstände der Physik und Philosophie 68 Brief u. f.
ϑ) Princip. Philosoph. L. IV. propos. 19. 20 u. f.
ι) Differt. de causa grauitatis in fein. operib. reliq. T. I. S. 93 u. f.
κ) Vorlesungen über die Experimentalphysik. S. 60.
λ) De causa grauitatis physica generali disquisitio experimentalis. Paris 1728. 4.
μ) Lucrece Newtonien par Mfr. le Sage in den Mémoires de l'Acad. royale des sciences de Berlin. an. 1782, S. 404 u. f.

thun, so läßt sich dagegen einwenden; 1) daß sich die Größe der Wirkung, welche von der Attraktion herrühret, nicht wie die Oberfläche sondern wie die Masse verhält; 2) daß es nicht zu begreifen ist, woher die andere Materie ihre Kraft habe. In einem vorzüglich hierher gehörigen schätzbaren Aufsatze des Herrn Hofr. Kästners [*] wird gesagt: "von einer Kraft oder Materie reden, die sich durch nichts unseren Sinnen entdeckt, diese nach Gesetzen wirken lassen, von denen man auch keine Erfahrung hat, sondern die man nur so annimmt, wie man sie nöthig hat, das heißt nicht erklären, sondern nur erdichten." Noch verschiedene andere, als Herr Hofr. Lichtenberg [°], sind der Meinung, daß das Phänomen der Attraktion noch allzu zusammengesetzet sey, als daß man es in die Classe der ganz einfachen Phänomene setzen, und alle Bemühungen, es zu erklären, aufgeben sollte. Aus dieser kurzen und hinlänglichen Darstellung sieht man ein, daß bey allen den Bemühungen, das Phänomen der Attraktion zu erklären, auch kein einziger so glücklich gewesen ist, den wahren Grund davon aufzufinden. Meiner Meinung nach ist es auch nach der atomistischen Lehrart ganz unmöglich, die Ursache davon zu entdecken, weil die Annäherung der Körper an einander nach diesem System ganz allein durch eine äußere auf sie wirkende Kraft erfolgen kann; diese äußere wirkende Kraft setzt ja aber eine Materie voraus, welche sie ausübet, diese wieder eine und so bis ins Unendliche, so daß wir zuletzt selbst auf den Schöpfer kommen müssen, welcher bey jeder Bewegung die wirkende Ursache ist. Aber so was behaupten, würde in uns wahrhaftig eine geringe Idee von dem vollkommensten Wesen erwecken. — So weit das Phänomen der Attraktion nach der atomistischen Lehrart betrachtet.

Nach

---

[*] Prüfung eines von Herrn le Sage angegebenen Gesetzes für fallende Körper im deutschen Museum. Jun. 1776. und in der deutschen Uebersetz. des de Lüc über die Atmosphäre B. II. S. 660 u. f.

[°] Erxleben Anfangsgründe der Naturwissenschaft. §. 119. b.

Nach dem dynamischen Systeme kommen der Materie zurückstoßende und anziehende Kraft wesentlich zu. Das Phänomen der Attraktion erfordert schlechterdings zusammendrückende Kraft, und sie muß der Materie ursprünglich inhäriren, indem sie unmöglich in der Zusammendrückung einer andern Materie gesuchet werden kann; denn diese würde selbst eine zusamendrückende Kraft erfordern. Diese Kraft wirket aber in entgegengesetzter Richtung der zurücktreibenden Kraft, d. i. zur Annäherung der Theile der Materie, mithin ist sie eine Anziehungskraft. Weil also die Möglichkeit der Materie wesentlich eine Anziehungskraft erfordert, so muß sie auch selbst ein vorzüglicher Grund von der Möglichkeit der physischen Berührung der Materie seyn. Daraus folgt, daß sie noch vor derselben gedacht werden, und ihre Wirkung von der Bedingung der Berührung ganz unabhängig seyn muß. Nun ist aber die Wirkung, welche von der Bedingung der Berührung unabhängig ist, auch von der Erfüllung des Raums zwischen beiden, auf einander wirkenden Materien, unabhängig, d. h. sie muß auch ohne dazwischenliegende Materie statt finden, oder sie muß eine Wirkung durch den leeren Raum seyn. Folglich ist die ursprüngliche Anziehung einer jeden Materie eine unmittelbare Wirkung derselben auf eine jede andere durch den leeren Raum. Es scheint allerdings widersprechend zu seyn, daß eine Materie da, wo sie nicht ist, unmittelbar wirken könne. Herr de Lüc *) sagt daher auch: "wer kann be-
„greifen, daß ein Körper da wirken soll, wo er nicht ist?
„Zwey Theile der Materie sind entfernet von einander, und
„ohne materielle Verbindung, und doch soll sich eins um
„des andern Willen bewegen! Und ohne daß beiden etwas
„widerfähret, soll sich das eine vier Mahl geschwinder be-
„wegen, wenn es dem andern doppelt so nahe gekommen
„ist! Welche Zauberkraft mag ihnen diese Bestimmung ge-
„ben? Um der geringen Entfernung willen (welche Nichts
„ist,

£ 3

*) **Briefe über die Geschichte der Erde u. s. Th. I. Num. XI.**

„ist, wenn man kein Zwischenmittel annimmt) soll die Be-
„strebung genau nach einem Verhältnisse zunehmen? Dieß
„ist mehr als unverständlich. — Theile des Mondes und
„der Erde sollen ohne Mittel, bloß durch den Zauber des
„Wortes-Schwere, wesentliche Eigenschaft der Materie, in
„einander wirken. Selbst wenn die Materie Verstand hätte
„und durch Bewegungsgründe bestimmt würde, müßte man
„doch noch Boten annehmen, durch die sie von der Ge-
„genwart anderer Körper, von ihrer Masse, Lage und Ent-
„fernung benachrichtiget würde, ehe sie sich nach ihnen hin
„bewegen könnte." — Allein dieses scheinbar Widersprechende
beruht auf einem bloßen Mißverstande; man verwechselt nämlich die mathematische Berührung der Räume und die physische durch zurückstoßende Kräfte. Wollte man behaupten,
daß eine Materie auf die andere in die Ferne unmittelbar
nicht wirken könnte, so würde dieß eben so viel sagen, als
sie könnten auf einander nicht anders unmittelbar wirken, als
in der physischen Berührung, d. h. vermittelst ihrer zurückstoßenden Kräfte oder vermöge ihrer Undurchdringlichkeit;
dieß hieße aber, die zurückstoßenden Kräfte sind die einzigen
Bedingungen, unter welchen Materien aufeinander wirken
können, welches also entweder die Anziehungskraft für ganz
unmöglich oder wenigstens von der Wirkung der zurückstoßen-
dbhängig erklären würde: aber beides
läßt sich nicht mit Grunde behaupten. Denn unmittelbare
Anziehung außer der Berührung heißt nichts weiter, als
daß sich Materien nach gewissen Gesetzen beständig einander
nähern, ohne daß irgend eine zurückstoßende Kraft als Bedingung darzu nöthig wäre, und muß sich eben so wohl
gedenken lassen, als Zurückstoßung nach einem beständigen
Gesetze, ohne daß irgend eine anziehende Kraft Theil daran
hat. So könnte z. B. unsere Erde auf den Mond durch
Anziehung wirken, ohne daß es nöthig wäre, daß zwischen beiden Materie sich befände, d. h. sie könnte auch auf den Mond
durch den leeren Raum unmittelbar wirken. Weil also die
ursprüngliche Anziehung der einen Materie auf die andere

auch

auch durch den leeren Raum wirket, und keine Materie,
welche sich zwischen jenen befindet, dieser Wirkung Grenzen setzet, so muß sie alle Theile der Materie durchdringen.
Jedoch kann aus der Anziehung in der physischen Berührung gar keine Bewegung erfolgen, indem diese Berührung die Wechselwirkung der zurückstoßenden Kräfte ist, welche
alle Bewegung abhält. Daraus folgt, daß nur außer der
Berührung irgendwo, also in der Entfernung, eine unmittelbare Anziehung Statt finden müsse. Obgleich der große
Stifter der Attraktionstheorie, Newton, keine wesentliche
oder ursprüngliche Attraktion der Materie annahm, so merkt
man wohl, daß der Anstoß, welchen er und seine Zeitge-
nossen am Begriffe einer ursprünglichen Attraktion nahmen,
ihn mit sich selbst uneinig machte: denn er konnte schlechterdings nicht sagen, daß sich die Anziehungskräfte zweyer Planeten, welche sie in gleichen Entfernungen ihrer Monde beweisen, wie die Masse jener Weltkörper verhalten, wenn er
nicht annahm, daß sie bloß als Materie, folglich nach einer
allgemeinen Eigenschaft derselben, andere Materien anzögen.
Es ist daher ganz irrig, wenn Herr Gren *) sagt, daß
die in die Entfernung wirkende Kraft der Schwere keine
nothwendige, mit dem Begriffe der Materie unzertrennlich
verknüpfte Eigenschaft der Materie sey; ja die Erscheinungen einiger Materien berechtigten uns, sie für völlig schwer-
los zu halten. Dieser schätzbare Gelehrte verwechselt hier
offenbar die Anziehung in der Berührung, die nur scheinbar seyn kann, mit der Anziehung in der Entfernung. Es
war nämlich ganz unmöglich, die Gesetze der Anziehungen
oder Himmelskörper und folglich auch der Schwere zu entdecken, wenn man nicht eine wesentliche Anziehung der Materien in der Entfernung auch durch den leeren Raum annahm. Da aber die Zurückstoßung bey einerley Anziehung
unendlich verschieden seyn kann, so läßt es sich gar wohl gedenken, daß bey einerley Anziehung die Zurückstoßung ein

L 4 Ueber-

*) Grundriß der Naturlehre. dritte Auflage. Halle 1797. gr. 8. S. 204.

herrühre, oder daß die Cohäsionskraft eine Grundkraft
Die Metaphysik beweiset nur überhaupt, daß die an-

jene bestimmte Grenze haben müßte; diese Erscheinung ist
bloß **zufällig**.
die Größe

nennt man die **Cohäsion.** Die Erfahrung selbst wird uns
berechtigen, die Cohäsion in verschiedene Arten einzutheilen,
wovon der Artickel **Cohäsion** weiter nachzusehen ist.
M. s. meine Anfangsgründe der Physik nach den neuesten
Entdeckungen. Jena 1797. 8. §. 48. u. f.
Aufbrausen (efferuescentia, effervescence). Hierunter versteht man nur eine innere heftige mit einem Geräusch
und in die Höhe steigenden Blasen begleitete Bewegung verschiedener Substanzen, welche sich in dem Augenblicke mit einander verbinden, oder auch einer einzigen Substanz, welche
eine Vermischungsveränderung erleidet.
Das Aufbrausen wird allemahl durch eine schnelle und
häufige Entwickelung einer Gasart hervorgebracht, welche
sich durch den pneumatisch-chemischen Apparat auffangen läßt.
Man darf aber ja nicht glauben, daß diese Luftart vor der
Verbindung der verschiedenen Substanzen in irgend einer
gebunden gewesen ist, sondern sie wird vielmehr jederzeit durch
wechselseitige Wirkung der ihnen inhärirten Kräfte aufs neue
erzeuget.

erzeuget. Das Aufbrausen entstehet bey den mehresten Auflösungen der Körper in Säuren; und bey den Gährungen. Daher rühret auch bey den leztern der so genannte Gäscht.

Aufgang der Gestirne (ortus siderum, lever des astres) ist die Sichtbarwerdung der Gestirne im Horizonte. Der Aufgang der Gestirne ist an verschiedenen Orten der Erde gar sehr verschieden: unter den Erdpolen findet gar kein Aufgang der Gestirne Statt, unter der Linie gehen alle Ge-

zwischen den Polen und der Linie liegen, nur diejenigen Gestirne auf, deren nördliche oder südliche Abweichung kleiner als die Aequatorhöhe ist. Bey uns geht daher die Sonne täglich auf, weil ihre Abweichung niemahls über 23½° kommen kann; also ist sie beständig kleiner, als unsere Aequatorhöhe.

Man findet den Aufgang der Gestirne aus der Dauer der Gestirne über dem Horizonte und der Zeit, in welcher sie im Mittag kommen oder da sie culminiren (s. **Culmination**). Es ist nämlich alsdann

Stunde des Aufganges = Zeit der Culminat. — halben Dauer der Gestirne üb. d. Horiz. Für die Firsterne wird auf diese Weise die Zeit des Aufganges in Sternzeit gefunden, welche aber sehr leicht in Sonnenzeit verwandelt werden kann (s. **Sonnenzeit**). Für die Sonne ist die Stunde des Aufganges gleich der halben Nachtlänge, und selbst die Verwandlung der Zeit nicht nöthig (s. **Ascensionaldifferenz**). Für die Planeten muß eigentlich noch eine Berichtigung wegen ihrer eigenen Bewegung vom Abend gegen Morgen vorgenommen werden, welche vom nächstvorhergehenden Mittage bis zur Stunde des Aufganges erfolget; jedoch wird diese so beträchtlich nicht ausfallen, außer beym Monde, welcher sich etwa 13 Grad täglich von Abend gegen Morgen hinbeweget. Man hat also für den Mond nur nöthig, die ganze Rechnung zwey Mahl zu machen, das zweyte Mahl aber die Data so anzunehmen, wie sie für die Stunde des Aufganges, welche in der ersten Rechnung gefunden ist, gelten müssen.

Wegen

Wegen der Horizontalrefraktion aller Gestirne und wegen
der Horizontalparallaxe der Planeten, wird die wahre Stunde
des Aufganges nach der gewöhnlichsten Rechnung nicht ganz
genau gefunden. Herr Hofr. Kästner *) hat daher eine
Formel für die Berechnung des Aufganges der Gestirne,
welche aber der Wahrheit nur nahe kommt, angegeben, in
welcher hierauf Rücksicht genommen worden. Nach dieser
Formel sind Tafeln berechnet worden, welche man in de la
Lande Astronomie. 2te Ausg. §. 1028. von Envoy berechnet, auch in Bode astronomisch. Jahrbuche 1784. S. 115.
findet. Schärfer ist die Rechnung durch Hülfe der sphärischen Trigonometrie, vom Hrn. Prof. Rüdiger *) durch
Einführung des Cosinus des halben Tagebogens, und durch
vorläufige Berechnung eines Hülfwinkels angegeben.

Aufgang der Gestirne nach dem Sinne der alten
Dichter (ortus siderum poëticus, lever des astres so-
lon les anciens). Da bey den Alten die Einrichtung der
Calender noch äußerst unvollkommen war, um die Geschäfte
im gemeinen Leben darnach zu ordnen, so konnte es gar nicht
fehlen, die Eintheilungen und Kennzeichen der Zeit nach dem
jährlichen Laufe der Himmelskörper einzurichten. Vorzüglich aufmerksam mußte sie natürlich der Auf- und Untergang der Gestirne machen, indem sie dadurch in Vergleichung
mit dem Auf- und Untergange der Sonne ein Mittel erhielten, gewisse Jahreszeiten zu unterscheiden. Wenn z. B. ein
gewisses Sternbild mit Untergang der Sonne aufgieng, so
zeigte dieß einerley Jahreszeit an. Diese Art gewisse Tage
zu bezeichnen, findet man noch bey alten Schriftstellern und
Poeten, welche letztere ihre Verse durch mancherley Fabeln
über die Entstehung der Gestirne ausschmückten, wovon man
z. B. des Ovids libros fastorum nachlesen kann. Man findet die mathematische und philologische Untersuchung der poetischen

---

*) Astronomische Abhandlungen. I. Sammlung. Gött. 1772. III. Ab-
handl. §. 444 u. f.
*) Progr. de effectu refractionis in ortu et occasu stellarum compu-
tando. Lips. 1792. 4.

tischen Auf- und Untergänge der Gestirne in Herrn Prof.
Pfaff's comment. de ortibus et occasibus siderum apud
auctores classicos commemoratis. Goetting. 1786. 4.
Die Alten haben unter dem Worte Aufgange vorzüglich
dreyerley verstanden; 1) wenn der Stern mit der Sonne
zugleich, oder wenn er cosmice aufgehet.; 2) wenn er mit
Untergang der Sonne oder akronyktisch aufgehet; und 3)
wenn es bisher bey der Sonne so nahe gestanden, daß man

der Sonne weit genug absteht, daß man ihn am Horizonte
kurz vor Sonnenaufgange erblicken kann, oder wenn er *he-
liace* aufgehet.

M. s. Scheibels Unterricht vom Gebrauche der Him-
mels- und Erdkugel. Breslau 1785. 8. H. 216.

Auflösung (solutio, dissolution). Hierunter versteht man die Wirkung zweyer ungleichartiger Materien gegen
einander, so fern sie auch in Ruhe durch eigene Kräfte wechselseitig die Theile der Materie von einander trennen, und
sich unter einander so verbinden, daß sie einen vollkommnen
gleichartigen Körper zuwege bringen. Nach der atomistischen Lehrart müßten in der Erklärung die Worte, durch eigene
Kräfte, weggelassen werden, weil die Theile der Materien
nur durch äußere eindruckende Kräfte gegen einander wirken
können. Obgleich bey einer jeden Auflösung zweyer ungleichartiger Materien dieselben wechselseitig gegen einander wirken; so scheinet doch mehrentheils eine von diesen Materien
theils wegen ihrer Flüssigkeit, theils wegen ihrer Schärfe,
theils auch wegen der größern Menge wirksamer als die andere zu seyn, der letztern Theile gleichsam von einander zu
trennen, und sich mit ihr aufs innigste zu vereinigen. Diese
Materie nennt man daher auch das **Auflösungsmittel**
(soluens, menstruum). Die andere Materie aber, welche
sich mehr leidend zu verhalten scheinet, den **aufzulösenden
Körper.** Bey der Auflösung selbst werden die Theile des
aufzulösenden Körpers mit dem Auflösungsmittel so genau
verbunden, daß beyde zusammen einen vollkommenen gleich-

artigen

artigen Körper bilden, bey welcher man auch durch die besten Vergrößerungsgläser gar keine ungleichartigen Theile, welche sich aufgelöset haben, bemerken kann. Bey einer jeden Auflösung müssen Kräfte wirksam seyn, indem ja doch wenigstens die Theile des aufzulösenden Körpers von einander getrennt werden, welches eine Kraft voraussetzet. Um nun hier wie bey dem Artickel der Attraktion möglichst deutlich zu seyn, will ich die Auflösung zuerst nach dem atomistischen, nachher aber nach dem dynamischen System betrachten.

Nach dem atomistischen Systeme kann die Trennung der Theile des aufzulösenden Körpers nicht weiter als bis zu den Atomen gehen, und weil nach dieser Lehre die Materie absolut undurchdringlich ist, so muß man annehmen, daß diese getrennten Theile bloß in den Zwischenräumen des Auflösungsmittels schwimmen. Es könnten also diese Atomen des aufzulösenden Körpers mit den Atomen des Auflösungsmittels in keine andere Verbindung treten, als daß sie sich entweder unmittelbar berührten, wie Wasser und Glas, oder daß sie mittelbar durch anziehende Kräfte, welche von außenher auf sie wirken müßten, zusammenhiengen, und so ein Ganzes ausmachten. In allen diesen Fällen kann es aber doch wahrhaftig keine wahre Auflösung genennet werden, sondern es wäre ja nur Nebeneinanderstellung der Atome. Folglich würden in der wirklichen Natur ganz allein gemengte aber keine gemischten Körper statt finden können. Und was endlich die äußere Kraft anlangt, welche die Theile des aufzulösenden Körpers trennte, so liefe dieß wieder wie bey der Attraktion, auf die Thorheit hinaus, daß der Schöpfer die wirkende Ursache bey jeder Auflösung seyn müsse.

Vorzüglich gaben die Auflösungen der Körper einen stärksten Beweis für die Richtigkeit des dynamischen Systems ab. Hier liegen schon ohne Zwang, ohne Ungereimtheit die Ursachen der Auflösungen in den Körpern selbst, und eben daher nehmen beide, nämlich der aufzulösende Körper und das Auflösungsmittel, wechselseitigen Antheil an der Natur derselben, und constituiren einen ganz neuen Körper

per von eigener Natur. Man kann sich eine Auflösung
gedenken; worin kein Theil der einen Materie angetroffen
wird, welcher nicht mit einem Theile der andern von jener
specifisch verschiedenen Materie in demselben Verhältnisse,
wie die ganzen, vereiniget ist, und eine solche Auflösung
heißt eine absolute Auflösung, welche zugleich eine
chemische Durchdringung ist. Denn so lange die Theile
einer aufgelöseten Materie noch Klümpchen enthält, so muß
sich aus eben dem Grunde, wie bey größern Theilen, annehmen lassen, daß noch eine Auflösung möglich sey, ja daß
sogar diese erfolgen müsse, so lange die aufzulösende Kraft
dauert, bis endlich kein Theil mehr da ist, welcher nicht aus
der aufzulösenden Materie und aus dem Auflösungsmittel
in eben dem Verhältnisse zusammengesetzet wäre, worin beide
zu einander im Ganzen sind. Da nun in einem solchen
Falle kein Theil von dem Raumesinhalte der Auflösung seyn
kann, welcher nicht einen Theil von dem Raumesinhalte des
Auflösungsmittels enthielte, so muß auch dieses als ein Zusammenhängendes den ganzen Raum erfüllen. Weil auch
ferner kein Theil eben desselben Raumesinhaltes der Auflösung seyn kann, welcher nicht einen Theil der aufgelöseten
Materie enthielte, so muß auch diese, als ein Zusammenhängendes, den ganzen Raum erfüllen. Diesemnach würde
auch eine absolute Auflösung eine Durchdringung der Materie
seyn, welche nicht außer, sondern in einander zusammen einen
Raum annehmen, welcher sich nach der Summe ihrer Dichtigkeit richtet. Diese chemische Durchdringung, gegen
welche auch nicht das mindeste einzuwenden ist, enthielte nun
zugleich eine vollendete Theilung ins Unendliche, welche ebenfalls so wenig Widersprechendes hat, als die absolute Auflösung, weil die Auflösung durch eine Reihe Augenblicke mit
Beschleunigung geschiehet, folglich auch die gänzliche Auflösung in einer anzugebenden Zeit vollendet werden kann.
Gesetzt auch die chemische Kunst wäre nicht vermögend,
eine solche absolute Auflösung zu bewirken, so folgt doch
nicht, daß die Natur sie nicht in ihrer Gewalt habe. Schon

daraus

daraus läßt sich dieses beweisen, weil die chemische Kunst es bey weitem noch nicht so weit gebracht hat, die einfachsten Bestandtheile derjenigen Materien, welche gewiß noch mit andern specifisch verschiedenen Materien aufs genaueste verbunden sind, aufzufinden.

Zwey feste Körper können untereinander keine Auflösung bewirken; daher hatten auch schon die Alten den Grundsatz: Corpora non agunt, nisi fluida. Es muß folglich wenigstens der eine Körper flüssig gemacht, d. h. er muß geschmolzen werden, wenn zwischen beiden Körpern eine Auflösung vor sich gehen soll. Den Grund hiervon sucht man gemeiniglich darin, weil die Summe der Cohäsionskräfte der gleichartigen Theile fester Körper größer ist, als die Summe der Verwandschaften. Allein es erfordert die Möglichkeit der festen Körper außer dem Zusammenhange ihrer Theile noch einen ganz andern Erklärungsgrund, wie aus dem Artickel Körper, feste erhellen wird, also kann darin unmöglich die Ursache liegen: vielmehr scheint die Auflösung die wesentliche Bedingung vorauszusetzen, daß die Theile, wenigstens des einen Körpers, eine große Verschiebbarkeit besitzen, um sich ungehindert, vermöge ihrer eigenen Kräfte, aufs innigste verbinden zu können. Da dieß nun bey den Theilen der festen Körper wegen ihrer Reibung an einander nicht Statt findet, so fällt auch jene Bedingung weg, und dieserwegen können auch zwey feste Körper unter einander sich nicht auflösen. Ich bin überzeuget, daß zwey feste Körper sich eben so gut, wie flüssige, aufs genaueste vereinigen würden, wenn keine Reibung zwischen den Theilen derselben Statt fände, weil alsdann schon ihre eigene Kräfte sich wirksam erzeigen müßten. Es liegt also der eigentliche Grund der Unauflöslichkeit der festen Körper in einander mehr in der Reibung als in den Cohäsionskräften der Theile unter einander. Aus dieser Ursache können selbst getrennte Theile einen und des nämlichen festen Körpers sich nicht anders wieder vereinigen, als wenn sie zusammengeschmolzen werden. Dieß hat nun den Unterschied der Auflösungen

auf

auf dem naſſen Wege (ſolutiones humidae) und der Auflöſungen auf dem trockenen Wege (ſolutiones ſiccae) veranlaſſet. Bey jenen iſt von den ſich aufzulöſenden Körpern wenigſtens der eine an und für ſich ſchon im flüſſigen Zuſtande, bey dieſen aber müſſen ſie erſt flüſſig gemacht d. h. geſchmolzen werden, ehe ſie ſich auflöſen können. Wenn das Auflöſungsmittel ſo viele Theile von dem aufzulöſenden Körper aufgelöſet hat, daß es nun keine Theile mehr aufzunehmen ſcheinet, ſo ſagt man, das Auflöſungsmittel ſey geſättiget (ſaturatum). Man ſtellt ſich nämlich die Sache ſo vor, als wenn das Auflöſungsmittel die aufgelöſeten Theile aufnähme, und ſobald es geſättiget iſt, keine mehr aufnehmen könnte. Dieß rührt eigentlich von der falſchen Vorſtellung her, als wenn die aufgelöſeten Theile in die leeren Zwiſchenräume des Auflöſungsmittels ſich begäben, und wenn dieſe voll gepfropft wären, keine Auflöſung mehr Statt finde. Uebrigens iſt die Sättigung bey vielen Körpern nach der verſchiedenen Temperatur gar ſehr verſchieden. Das Volumen, welches die Auflöſung einnimmt, kann der Summe der Räume, welche die einander aufzulöſenden Materien vor der Vermiſchung erfülleten, gleich oder kleiner oder größer ſeyn, nachdem die aufzulöſenden Kräfte gegen die zurückſtoßenden im Verhältniſſe ſtehen *).

Weil keine Auflöſung anders Statt finden kann, als wenn die beiden Materien in eine unmittelbare Berührung kommen, ſo laſſen ſich auch keine andre Kräfte bey der Auflöſung wirkſam gedenken, als Cohäſionskräfte. Da nun aber die Cohäſion bloß aus der Erfahrung erkennbar iſt, und a priori gar nicht erkannt werden kann, indem ſie nicht zur Möglichkeit der Materie gehöret; ſo entſtehet eine der wichtigſten Fragen, welche allererſt unter dem Artickel Cohäſion beantwortet

a) Is. Dav. Hahn diſſ. de efficacia mixtionis in mutandis corporum voluminibus L. B. 1751. 4. Anmerkung über die Gußprobe auf Zinn und Bley von Axelbergenſtierna; in d. ſchwed. Abhandl. B. I. 1780. S. 156. überſetzt in Crells neueſten Entdeckungen, Th. VIII. S. 162.

wortet werden kann, unter welchem Gesichtspunkte können die Cohäsionskräfte eine oftmahls so heftige Wirkung der Auflösungen zu Wege bringen?

Auflösungsmittel (menstrua, menstrues) s. Auflösung.

Auflösungssystem s. Ausdünstung.

Aufsteigender Knoten s. Knoten.

Aufsteigende Zeichen s. Zeichen.

Aufsteigung, gerade, Rectascension (ascensio recta, ascension droite) ist der Bogen (fig. 24.) v e des Aequators, welcher zwischen dem Frühlingspunkte v und dem Abweichungskreise p s q des Gestirnes s enthalten ist. Der Nahme gerade Aufsteigung rührt eigentlich von dem Punkte e des Aequators her, welcher den Bogen v e begrenzt; denn dieser Punkt e geht unter der Linie mit dem Gestirne s zugleich auf, d. h. er steigt mit ihm gerade auf. Man zählet die Grade der geraden Aufsteigung vom Frühlingspunkte an, von Abend gegen Morgen, oder von der Rechten zur Linken, woher leicht zu begreifen, daß die gerade Aufsteigung eines Gestirns beynahe 360 Grade haben könne.

Wenn die gerade Aufsteigung verschiedener Gestirne gleich groß ist, so haben sie alle ihre Stelle in einerley Deklinationskreise, und culminiren zu gleicher Zeit. Ist aber ihre gerade Aufsteigung verschieden, so kommen sie nach derjenigen Ordnung in den Mittagskreis, nach welcher die Grade der geraden Aufsteigung gerechnet werden. Ist also die gerade Aufsteigung eines Sterns bekannt, so läßt sich auch die gerade Aufsteigung eines jeden andern Sternes finden. Man beobachte nämlich die Zeit nach einer Uhr, welche nach der Sternzeit eingerichtet ist, die von dem Augenblicke an, da der erste Stern in den Mittagskreis kömmt bis zu dem Augenblicke, da der nachfolgende culminiret, verfließet, und verwandele sie in Bogen des Aequators, so hat man die Ascensionaldifferenz, woraus sich die gerade Aufsteigung des andern Sternes finden läßt. (M. s. Ascensionaldifferenz.)

Um

Um aber die gerade Aufsteigung eines Firsternes zu finden, muß man die Zeit nach einer Uhr, welche die Sternzeit genau zeiget, da der Stern cylminiret, aber auch zugleich die Culmination der Sonne, welche entweder dem Stern vorgehet oder demselben folget. Die Zeit, welche nach der Culmination des einen bis zur Culmination des andern verfließt, verwandele man in Grade des Aequators, so hat man den Zeitbogen zwischen dem Deklinationskreise der Sonne und dem Deklinationskreise des Sternes. Aus der Mittagshöhe der Sonne findet man ihre Deklination, und hieraus ferner ihre Rektascension, welche sie zu Mittage hat, und hierzu addiret oder subtrahiret man den vorhin gefundenen Zeitbogen zwischen den beyden Deklinationskreisen der Sonne und des Firsternes.

Die Rektascension der Gestirne, mittelst der Buchstabenrechnung zu finden, lehret Kästner in den astronomischen Abhandlungen, 3te Abhandlung. §. 578.

Aufsteigung, schiefe (ascensio obliqua, ascension oblique) ist der Bogen (fig. 24.) vo des Aequators, welcher zwischen dem Frühlingspunkte v, und dem mit einem Gestirne f zugleich aufgehenden Punkte o des Aequators enthalten ist. Hieraus folget, daß die schiefe Aufsteigung ein und des nämlichen Gestirnes in verschiedenen Orten der Erde auch verschieden seyn müsse. Die Differenz der geraden und schiefen Aufsteigung wird die Ascensionaldifferenz genennt, wovon bereits schon oben ist gehandelt worden.

Aufschauungspunkt s. Thermometer.

Aufthauen des Eises s. Thauwetter.

Auge (oculus, oeil) ist das natürliche Werkzeug zum Sehen. Wenn man sich eine recht deutliche Vorstellung vom Sehen der sichtbaren Objekte machen will, so müssen die Gesetze der Brechung der Lichtstrahlen in den Glaslinsen als bekannt vorausgesetzet werden. (M. s. Brechung der Lichtstrahlen, Linsengläser). Dadurch läßt es sich alsdann auch leicht beurtheilen, welche Werkzeuge einem fehlerhaften Auge zum deutlichen Sehen dienlich sind. Was

M den

den Bau des menschlichen Auges selbst anbetrifft, so hat der
so genannte Augapfel (bulbus oculi) beynahe die Gestalt
einer Kugel, nur daß der durchsichtige Theil vorne etwas
hervorragend ist. Er liegt beynahe ganz in der kegelförmig
gebildeten Augenhöhlung (orbita), ist daselbst mit vielem Fett versehen, und durch sechs Augenmuskeln, wovon
vier gerade, die beiden andern schief wirken, nach allen Seiten beweglich. Uebrigens wird er theils vor zu starkem einfallenden Lichte, theils aber auch vor anderen Unreinigkeiten
durch die Augenlieder (palpebrae) und durch die Augen-
wimpern (cilia) geschützt. Der Durchmesser des Augapfels
beträgt bey einem erwachsenen Menschen etwa 11⅓ par. Linien.

Der Augapfel selbst besteht aus verschiedenen Häuten
(membranae). Die äußerste von diesen Häuten ist von
Farbe weiß, sehr fest und elastisch, dick und aus mehreren
Blättern bestehend, und umgibt den ganzen Augapfel. Sie
heißt daher auch die harte Haut (sclerotica). Gegen
den Vordertheil des Auges zu wird sie jedoch dünner und
biegsamer, und am vordern Theile ganz durchsichtig, und
eben dieser durchsichtige Theil der harten Haut heißt die Hornhaut (cornea transparens, tunica cornea). Diese
Hornhaut ist das Segment von einer Kugel, deren Halbmesser etwas kleiner ist, als der Halbmesser des übrigen zum
Augapfel gehörigen Theils; daher ist sie auch etwas mehr
erhaben, als es sonst seyn würde, wenn das Auge eine völlige
Kugel wäre. Jedoch haben beyde Kugelstücke eine gemeinschaftliche Are, welche zugleich die Are des ganzen Auges
ist. Die Hornhaut ist noch an der innern Fläche mit einer
andern Haut bekleidet, welche man die desmoursche Membran nennt, und welche sehr elastisch ist. In dem Hintertheile der harten Haut, etwas zur Seite nach der Nase zu,
gehet der Augennerve, Sehenerve (nervus opticus)
durch ein rundes Loch in den Augapfel, und es hängt hier die
dicke Zirnhaut (dura mater), welche dem Sehenerven zur
äußern Hülle dienet, mit der harten Haut zusammen. Die
harte Haut wird noch von einer Lamelle der dünnen Ader-

haut

Haut Gefäßhaut (pia mater) an der innern Seite bedeckt, welche aus der innern Hülle des Sehenerven entspringt,
und sich bis an die Hornhaut erstreckt. Der übrige innere
markige Theil des Sehenerven, welcher gleichsam als eine
fortgesetzte Substanz des Gehirns angesehen werden kann,
geht in eine weiße niedergedrückte konische Warze aus. Zur
Seite dieser Warze breitet sich die Substanz des Nerven zur
innersten Haut des Auges aus, welche nachher angeführet
werden soll. Den vordern Theil des Augapfels, so wie die
Hornhaut selbst, bedeckt noch von außen die **angewachsene
Haut** (tunica adnata ſ. coniunctiua), welche mit der
innern Haut der Augenlieder einerley ist. Verschiedene Ana-
tomen wollen noch unter dieser angewachsenen Haut eine
weiße Haut (albuginea) wahrgenommen haben, welche
als eine Verlängerung der Augenmuskeln, oder als eine Fortsetzung ihrer Membranen anzusehen ist, und die eigentliche
Ursache der Weiße seyn soll; allein **Zinn** [a] läugnet sie,
und behauptet, daß die weiße Farbe der harten Haut schon
eigen sey.

Gleich unmittelbar unter der harten Haut liegt eine zarte
Haut, die so genannte **braune Haut, Gefäßhaut, Aderhaut** (tunica choroidea). Sie nimmt ihren Anfang
vom Rande des Sehenerven, umschließt die kegelförmige
Warze, mit welcher sich die markige Substanz des Sehenerven endiget, und erstreckt sich bis an die Hornhaut, und
hängt daselbst mit der festen Haut in einem völligen Kreise
zusammen. Auswendig hat sie eine braune, inwendig aber
eine fast schwarze Farbe. Den Kreis, welchen sie mit der
festen Haut beym Ursprunge der Hornhaut durch vieles Zell-
gewebe macht, nennt man den **Ciliarkreis** (orbiculus ci-
liaris). In diesem Kreise ist eine Höhle, welche rund um
das Auge läuft, und daher einen Canal bildet, welcher nach
dem Erfinder desselben **Fontana's Canal** genennet wird.
An diesem Ciliarkreise ist eine ruhde, wie ein Ring gebildete,

Mem-

[a] Deſcriptio anatomica oculi humani. Goetting. 1755. 4.

Membran angebracht, welche in der Mitte mit einem Loche
verſehen iſt, und welche hinter der Hornhaut faſt in vertiko-
ler Richtung herab hängt; die vordere Fläche derſelben nennt
man die Regenbogenhaut (iris), die hintere Fläche aber,
welche mit einer dicken ſchwarzen Farbe verſehen iſt, die
Traubenhaut (vuea); dieſe Membran zuſammengenom-
men heißt gewöhnlich der Augenſtern. Ihr Nußen iſt,
wie bey den Fernröhren, daß die auffallenden Strahlen nahe
an der Augenare durch das Loch ins innere Auge gehen, und
die entferntern eben dadurch abgehalten werden, daher Herr
Sömmering ihr den ſehr paſſenden Nahmen Blendung
gegeben hat. Das Loch dieſer Membran, welches gegen die
Naſe zu näher liegt, und an der äußern Seite etwas größer
iſt, heißt die Oeffnung des Augenſternes, Pupille;
Sehe (pupilla). An den Flächen des Augenſternes nimmt
man Streifen gewahr, welche ſich von dem äußern Umfange
bis zu der Pupille erſtrecken; ſie beſtehen aus zarten Gefäßen
mit Untermiſchung feiner Nerven. Die Abwechſelung dieſer Gefäße und Nerven mit der dazwiſchen durchſchimmern
Augenſterne eine verſchiedene

das

ſ. A

daß

gen ſind der Meinung, da
Fibern bloß kleine Arterien
und Erweiterung der Pupille bloß von dem ſtärkern und ſchwächern Eindrange des Blutes in ſelbige herrühre; noch andere
endlich, wie Haller, ſuchen die Verengerung und Erweiterung
der

a) Treatiſe on the Brain, the Eye and the Ear. Edinburgh. 1797.

der Pupille bloß durch den stärkern und schwächern Zufluß der Säfte in die feinen Gefäße derselben. Von dem Ciliarkreise hinter der Traubenhaut, also vom vordern Ende der braunen Haut gehen viele streifige, für sich weiße Falten ab, welche sich wie Flocken endigen, und mit einer Menge von Gefäßen versehen sind, die an dem einen Ende parallel neben einander hinlaufen, am andern Ende aber sich schlängeln, und auf eine wunderbare Weise in einander flechten; man nennt sie die **Ciliarfortsätze** oder **Bänder** (processus ciliares s. ligamenta ciliaria). Sie bilden zusammengenommen einen Ring, welcher von einigen **Ciliarkörper** (corpus ciliare) genennet wird, und in dessen Oeffnung die Capsel der Crystalllinse zu liegen kommt.

An die Aderhaut schließt sich nun noch die dritte Haut unter dem Nahmen **Netzhaut** oder **Markhaut** (retina) an. Sie ist bloß eine Verbreitung des ins Auge getretenen Markes des Sehenerven, und ist bey ältern Personen ganz undurchsichtig, bey jüngern aber durchsichtig. Diese Haut verursachet eigentlich die Empfindung des Sehens, indem die im Auge gebrochenen Strahlen auf selbige fallen, und daselbst das Bild von dem äußern Gegenstande machen. Auf dieser Markhaut befindet sich, nach Sömmerings Entdeckung neben dem Sehenerven nach außen zu gerade in der Augenaxe, ein eyrunder gelblicher, in der Mitte stärker, nach dem Umfange zu schwächer, gefärbter Fleck, und die Netzhaut bildet hier eine geschlängelte Falte. An dieser Stelle ist die Markhaut viel dünner, markiger, wie die übrige Netzhaut, besonders nach ihrem Mittelpunkte zu, wo sich so gar ein kleines rundes Loch befindet, mit zwar sehr dünnen, oder rein abgeschnittenen Rändern, durch welches die braune Farbe der braunen Haut sichtbar ist *).

M 3   Inner-

---

*) Ueber einen gelben Fleck und ein Loch in der Nervenhaut des menschlichen Auges vom Herrn D. Michaelis: im Journal der Erfindungen, Theorien und Widersprüche in der Natur und Arzneywissenschaft. St. XV. S. 3 u. f.

Innerhalb der von allen diesen beschriebenen Häuten des Auges gebildeten Höhle befinden sich zur Brechung des Lichtes die so genannten Feuchtigkeiten des Auges, deren drey zu merken sind: 1) die gläserne Feuchtigkeit (humor vitreus), 2) die krystallene Feuchtigkeit (humor crystallinus) und 3) die wässerige Feuchtigkeit (humor aqueus).

Die gläserne Feuchtigkeit, welche man auch den **Glas-körper** (corpus vitreum) nennt, füllt die ganze Höhle der Netzhaut aus, und nimmt den größten Theil im Innern des Auges ein. Sie hat die Gestalt der Gallerte, ist aber sehr durchsichtig, und von einer seinen zelligen Struktur. Sie hat vorn eine von der Cryftalllinse herrührende Concavität, und ist mit einer äußerst durchsichtigen Haut, welche man die **Glashaut** (membrana hyaloidea) nennt, umgeben.

Die cryftallene Feuchtigkeit oder die **Cryftalllinse** (lens cryftallina) ist eigentlich nicht so wohl eine Feuchtigkeit, als vielmehr ein fester Körper. Er besteht eigentlich aus mehreren über einander liegenden, und aus zäher Gallerte bestehenden Blättern, welcher inwendig einen etwas festen Kern hat. Seine Figur ist linsenförmig, jedoch so, daß die äußere Seite nicht so sehr erhaben, wie die innere ist. Uebrigens hat er eine völlige Klarheit und Durchsichtigkeit; bey alten Personen fällt er etwas ins Gelbliche. Die Blätter sind durch sechs Scheidewände, von denen je drey vom Scheitel jeder Halbkugel der Linse gehen, getrennt, wie sich nach Herrn Reils *) Entdeckung am besten durch Macerirung der Linse in schwacher Salpeter- oder Schwefelsäure zeigen läßt. Die Linse selbst ist in einer sehr zarten durchsichtigen Kapsel eingeschlossen, welche man die **Kapsel der Cryftalllinse** (capsula lentis cryftallinae) nennt; jedoch berührt sie diese nicht unmittelbar, indem sie mit einem sehr klaren Wasser, welches die **morgagnische Feuchtigkeit** (liquor Morgagnii) genennet wird, umge-

*) Von der safrichten Struktur der Cryftalllinse in Grens Journ. der Phyf. B. VIII. S. 325 f.

umgeben ist. Die Kapsel hängt ziemlich fest an der Glashaut; am Umfange des Randes bleibt aber ein Raum übrig, welcher, wenn er aufgeblasen wird, einen Ring bildet, welcher durch einige sehr feine Bändchen hin und wieder getheilet ist, und daher so aussiehet, als ob er aus lauter Blasen und Perlen zusammengesetzet wäre; man nennt ihn den **petitschen Cirkel** (circulus Petiti).

Was endlich die wässerige Feuchtigkeit betrifft, so erfüllet diese den vordern Theil des Auges zwischen der Hornhaut und der Kapsel der Crystalllinse. Der ganze Raum

genkammer (camera oculi posterior) ist nämlich der Raum, welcher zwischen der Kapsel der Crystalllinse und der Traubenhaut übrig ist, die **vordere Augenkammer** (ca-

schen der Hornhaut und der Regenbogenhaut sich befindet. Die wässerige Feuchtigkeit füllt beyde Kammern aus, und treibt die Hornhaut in die Höhe. Die beyden Augenkammern sind an Größe ungleich, die vordere ist größer und stellt das Segment einer Kugel vor, die hintere hingegen ist kleiner, und bildet einen dreyeckigen krummlinigen Raum; beyde haben aber durch die Pupille eine Gemeinschaft. Diese wässerige Feuchtigkeit scheint von den Arterien der Ciliarfortsätze und des Augensterns abgesondert, und durch zarte einsaugende Gefäße wieder eingesogen zu werden, damit es sich nicht zu sehr anhäuffen möge. Sie wird leicht wieder ersetzet, wenn sie bey einer an der Hornhaut vorgenommenen Oeffnung ausgeflossen ist.

Petit *) hat von dem menschlichen Auge folgende Abmessungen mitgetheilet: die Hornhaut ist ein Kugelsegment, wovon der Durchmesser gewöhnlich $7\frac{1}{2}$ Linien, auch wohl nur 7 und bis 8 Linien beträgt, und der Durchmesser der Grundfläche dieses Kugelstücks, welcher zugleich den Durchmesser der Traubenhaut oder der Regenbogenhaut abgibt, ist $4\frac{2}{3}$, 5 bis

M 4 $5\frac{1}{2}$ Li-

*) Hiſtoire de l'Académie de Paris. an. 1725.

3½ Linien, und die Höhe dieses Segmentes ¼, 1 bis 1¼ Linien. Es ist folglich die Axe des Auges oder die Gesichtsaxe etwa um eine halbe Linie länger als der Durchmesser des Augapfels. Die Dicke der hintern Kammer vom Umfange des Sternes bis an die Linse fällt zwischen ⅙ und ½ Linie, und ist am gewöhnlichsten ¼ Linie; gegen den Umfang der Crystalllinse wird die Dicke dieser Kammer noch ein Mahl so groß, und insgemein beträgt der Abstand der Hornhaut von der Crystalllinse nicht über 1½ Linien. Der Augenstern hat eine veränderliche Oeffnung zwischen 1 und 3 Linien im Durchmesser. Der Durchmesser der Crystalllinse hat 3½ bis 4½ Linien, am gewöhnlichsten 4 Linien, die Dicke beträgt 1½ bis 2½ gewöhnlich 2 Linien. Der Durchmesser der Vorderfläche der Crystalllinse beträgt 1½ Zoll, also 12 bis 18 Linien, der der hintern Fläche aber 5, 5½ bis 6 Linien. Eben diese Angaben des Petit hat Jurin *) auf englisches Maß reduciret, und alle diese Abmessungen in englischen Decimallinien folgender Maßen angegeben:

Halbmesser der Krümmung der Hornhaut insgemein 3,3294
Halbmesser der vordern Krümmung des Krystalles,
    ein Mittel aus 26 Augen genommen   —   3,3081
Halbmesser der hintern, eben so gefunden   2,5056
Größte Dicke des Krystalls, aus eben den Augen 1,8525
Axe der Hornhaut und der wässerigen Feuchtigkeit
    zusammen, insgemein   —   —   1,0358.

Nach Rochon verhält sich die mittlere Brechbarkeit des Glaskörpers gegen die Luft wie 1,33 : 1, und der Linse nach Jurin 1,46 : 1.

Aus den von Petit angegebenen Abmessungen hat Klügel *) durch Rechnungen folgende Resultate gefunden:

Entfer-

*) Abhandlung vom deutlichen und undeutlichen Sehen im Auszuge in Smith's Lehrbegriff der Optik nach der Kästnerischen Uebersetz am Ende.

*) Priestley's Geschichte der Optik ins Deutsche übersetzt S. 566,

Entfernung des Objektes	unendlich	265 Linien	80 Linien
Vereinigungsweite vor. der Vorderfläche d. Hornhaut nach			
der ersten Brechung	13,316	13,837	15,215.
der zweyten Brechung	11,196	11,766	12,354.
der dritten Brechung	8,998	9,328	9,659

Die Vereinigungspunkte 9,328 Linien ist das arithmetische Mittel zwischen den Vereinigungsweiten, wenn die Entfernung des Objektes auf der Axe entweder unendlich oder 8 Zoll ist, und hieraus ist rückwärts die dazu gehörige Entfernung des Gegenstandes at $\frac{1}{2}$ Zoll gefunden. Wenn diese Vereinigungsweite 0,9328 londner Zoll auf pariser Maß gebracht wird, so erhält man 0,8754 parif. Zoll oder 10$\frac{1}{2}$ par. Duodecimallinie. Hiernach würde also das Bild des Gegenstandes auf die Markhaut fallen, weil nach Petit die Augenaxe eines erwachsenen Menschen zwischen 10 bis 12 Linien fällt. Wenn nämlich ein leuchtender Punkt (fig. 25.) a entweder in der Augenaxe, oder nahe dabey sich befindet, so werden alle diejenigen Lichtstrahlen, welche auf die Hornhaut fallen, in der wässerigen Feuchtigkeit so gebrochen, daß sie hinter der Hornhaut in einerley Vereinigungspunkt zusammenlaufen, und daselbst ein Bild davon verursachen würden; in dieser Lage fallen sie aber auf die Krystallinse, und werden durch eine doppelte Brechung in der vordern, und hintern Fläche derselben sich in einem Punkte vereinigen; welcher der Linse noch näher liegt. Gesetzt auch der Gegenstand wäre dem Auge so nahe, daß das Bild davon nach der Strahlenbrechung in der wässerigen Feuchtigkeit nur geometrisch wäre (s. Linsengläser), so würden demnach die vom Bilde herkommenden Strahlen in der Krystallinse so gebrochen werden, daß das Bild hinter dieselbe fallen, und ein physisches Bild zuwege bringen müßten. Hierbey käme es nun noch auf die Entfernung ae des Gegenstandes a von dem Auge an, damit der Abstand ef des Bildes f von der Krystalllinse gerade so groß wäre, als die Entfernung der Netzhaut von derselben. So bald nun das Bild eines

M 5   sichtba-

sichtbaren Gegenstandes in dem Auge auf die Netzhaut fälle, so bewirket selbiges die Empfindung des Sehens. Diese Empfindung wird nun deutlich seyn, wenn das Bild auf der Netzhaut deutlich ist, im Gegentheile aber undeutlich, wenn das Bild undeutlich ist. Was aber die Empfindung des Sehens mit unserm Urtheile über diese Empfindung für einen Zusammenhang habe, das soll unter dem Artickel Sehen berühret werden. Wenn also das Auge ein Objekt in einer gewissen Entfernung deutlich sehen kann, so müßte es dem Auge undeutlich werden, wenn es sich von demselben weiter entfernte. Allein die Erfahrung lehret, daß auch einerley Objekt in verschiedenen Entfernungen vom Auge noch immer deutlich gesehen werde. Dieß hat zu vermuthen Anlaß gegeben, daß sich das Auge so verändern könne, daß allemahl das Bild des Objektes auf die Netzhaut fallen müsse; und es läßt sich nach Herrn Roung [*) aus der faserigen Struktur der Krystalllinse allerdings schließen, daß unser Auge das Vermögen besitze, sich erhabener zu machen, oder aus der biconvexen Form mehr der Kugelgestalt zu nähern, so daß die Halbmesser ihrer Krümmungen kleiner werden, wodurch folglich auch die Entfernung des Bildes von der Krystalllinse kleiner wird. Mit dieser Veränderung läßt sich auch eine andere sehr wohl gedenken, woraus auch die Deutlichkeit des Sehens in verschiedenen Entfernungen erkläret werden kann, nämlich eine größere oder geringere Zusammendrückung der harten Haut durch die Augenmuskeln, wodurch zugleich die Hornhaut erhabener werden kann. Dessen ungeachtet werden aber diese Veränderungen ihre Grenzen haben, und es gibt daher auch allemahl einen gewissen Abstand des Gegenstandes vom Auge, bey welchem es selbigen am deutlichsten siehet, welcher aber immer undeutlicher wird, je weiter sich derselbe vom Auge entfernet, es mag übrigens der Gegenstand groß oder klein seyn. Das Bild des Gegenstandes, welches auf die Netz-

haut

*) Beobachtungen über das Sehen von Hrn. Thom. Roung in Grens Journal der Phyfik. B. VIII. S. 410. u. f.

Haut fällt, liegt verkehrt auf derselben, wie dieß durch die Erfahrung leicht bestätiget werden kann, wenn von einem Anatom die harte Haut am hintern Theile des Auges geschickt abgelöset wird, so daß man in das Auge sehen kann. Gewöhnlich setzt man die Weite, auf welche ein gesundes Auge kleine Gegenstände deutlich sehen kann, auf 12 bis 16 Zoll. Das Auge, welches dergleichen kleinere Gegenstände auf diese Weite nicht deutlich wahrnehmen kann, ist mehrentheils fehlerhaft. In einem solchen Falle fällt entweder das Bild nahe vor die Netzhaut, und die Strahlen fahren hinter derselben wieder auseinander, und verbreiten sich auf der Netzhaut in dem Kreise, oder es ist das Bild von der Krystalllinse weiter entfernet, als die Netzhaut, indem alsdann dieselbe von dem hinter der Linse zusammengehenden Strahlenkegel eher geschnitten wird, als sich die Strahlen in dem gehörigen Bilde vereiniget haben, und verbreiten sich daher auf der Netzhaut ebenfalls in einem Kreise. Im ersten Falle nennt man das Auge **kurzsichtig** (myops), im andern aber **weitsichtig** (presbyta). Gewöhnlich ist die Weite, bey der kurzsichtige Personen kleine Gegenstände noch deutlich erblicken können, 4 bis 6 Zoll, und die der weitsichtigen oft 2 bis 3 Fuß. Für eine kurzsichtige Person ist eine Hohllinse brauchbar, um ein entferntes Objekt deutlich zu sehen; für eine weitsichtige Person hingegen ist eine erhabene Glaslinse dienlich, um durch selbige nahe gelegene Sachen mit Deutlichkeit zu betrachten; nur kommt es bey beiden Gläsern darauf an, wie die Figur derselben seyn müsse, damit das Bild auf die Netzhaut falle. Weiß man nun die Entfernung, auf welche ein fehlerhaftes Auge kleine Sachen deutlich sehen kann, so läßt sich die Fokuslänge eines Glases durch eine leichte Rechnung finden, welches vor das Auge gehalten, die Sachen eben so deutlich darstellet, als bey einem gesunden Auge. Für eine weitsichtige Person findet man die Fokuslänge eines erhabenen Glases, wenn man die Entfernung, auf welche sie noch gut sehen kann, mit derjenigen Entfernung, welche ein gesundes Auge zum

deutli-

deutlichen Sehen braucht, multipliciret, und dieses Produkt durch die Differenz jener beiden Entfernungen dividiret, der Quotiente ist die gesuchte Brennweite. Für eine kurzsichtige Person ist die Brennweite eingebildet, indem die Linse ein Hohlglas seyn muß. M. s. Linsengläser.

Die angegebene richtige Erklärungsart über die Empfindung des Sehens war den Alten ganz verborgen. Sie glaubten, daß die Strahlen von dem Auge nach den betrachteten Gegenständen zu ausgingen, und von da wieder nach dem Auge zurückgeworfen würden und gleichsam das Bild des Gegenstandes mit sich brächten, wie Empedokles, Plato, Euklides und die Stoiker annahmen. Erst Porta *) entdeckte die Aehnlichkeit des Auges mit dem verfinsterten Zimmer; dadurch zeigte er zwar schon einen bessern Weg zur Erklärung des Sehens; allein er stellte sich die Sache selbst noch unrichtig vor, indem er die Krystalllinse für die Wand hielt, auf welcher sich das Bild des Gegenstandes abmahle, und glaubte, daß von jedem sichtbaren Punkte nur ein einziger Strahl ins Auge käme. Kepler ß) hingegen zeigte richtig die Art und Weise, wie es mit dem Sehen zugehe. Er lehrte nämlich, daß das Bild eines Gegenstandes auf die Netzhaut fallen müsse, wenn das Auge selbiges deutlich sehen solle, und zeigte, daß von einem jeden sichtbaren Punkte des Gegenstandes ein ganzer Strahlenkegel auf das Auge fiel, dessen Grundfläche die Hornhaut wäre, und daß man den Vereinigungspunkt der im Auge gebrochenen Strahlen bestimmen könne, welcher das Bild des strahlenden Punktes abgäbe. Christoph Scheiner γ) überzeugte sich von Keplers Erklärungsart durch unmittelbare Versuche, indem er an einem Ochsen- oder Schafauge die hintern Häute bis auf die Markhaut wegschnitt,

*) De refractione, optices parte libri IX. Neapol. 1583. 4.
ß) Paralipomena ad Vitellionem s. astronomiae pars optica. Francof. 1604. 4. cap. 5.
γ) Oculus, siue, fundamentum opticum, in quo radius visualis eruitur, sua visioni in oculo sedes decernitur, et anguli visorii ingenium reperitur. Lond. 1652. 4.

wegschnitt, und dadurch in das Auge sehen konnte; hier
erblickte er die Bilder derjenigen Gegenstände, welche dem
Auge in gehöriger Entfernung sich befanden, auf der Markhaut deutlich.

Auch die Fehler der Augen und die längst bekannten
Mittel durch den Gebrauch der Gläser hat zuerst Repler [*]
richtig erkläret. Er gibt nämlich für die unmittelbaren Ursachen der kurzsichtigen Personen eine zu erhabene oder zu
dichte Crystalllinse an, welche parallel auffallende Strahlen zu stark bricht, und sie noch vor der Netzhaut in
einerley Punkte wieder vereiniget; auch könne dieser Fehler von einem allzugroßen Abstande der Linse von der
Markhaut entstehen; die Ursachen der weitsichtigen Personen hingegen setzt er in eine zu flache Crystalllinse, und
in einen allzukurzen Abstand derselben von der Markhaut.
Als vorzügliche Folgen dieser Fehler gibt Adams [ß], in einer lesenswürdigen Schrift, besondere Lebensarten an. Solche
Personen, welche bey ihren Geschäften größtentheils im Freyen
sind, wie Landleute, Seeleute u. dergl. sind gewöhnlich weitsichtig, hingegen diejenigen Personen, welche sich mehr mit
nahen und kleinen Gegenständen beschäftigen, wie Künstler, Gelehrte und dergl. sind meistens kurzsichtig. Den
Grund hiervon setzt er darin: das Auge werde eben so gut,
wie andere Glieder des menschlichen Körpers, durch Uebung
gestärket, und durch oftmahlige und anhaltende Wiederhohlung, sehr weit entlegene oder nahe Gegenstände zu betrachten, erhielten die Augenmuskeln eine Fertigkeit und Stärke
bloß in solchen gewöhnten Entfernungen deutlich zu sehen.
Wenn man also das Auge in einem gesunden Zustande erhalten wolle, so müsse man abwechselnd nahe und entfernte
Gegenstände betrachten; wären aber die Augen einmahl fehlerhaft geworden, so solle man sich bey Zeiten schicklicher
Gläser

[*] Paralip. ad Vitell. p. 300.
[ß] An essay on vision etc. by Gr. Adams. Lond. 1789. 8. the 2d. edit.
1792. 8. Ge. Adam's Anweisung zur Erhaltung des Gesichtes
und zur Kenntniß der Natur des Sehens, aus dem Engl. von
Friedrich Kries. Gotha 1794. 8.

Gläser bedienen, um den Fehler nicht noch mehr zu vergrößern, wenn man das Undeutliche gar nicht betrachtete.
Aus ganz andern Gründen sucht John Stack ∗) die Fehler
des Auges zu erklären. Er fand nämlich, daß verschiedene
kurzsichtige Personen nahe Gegenstände durch ein kleines Loch
deutlich sahen, andere bey zusammengezogener Pupille auf
zwey Zoll weiter lesen konnten, als bey erweiterter Pupille,
und daß vielen auf beiden Seiten erhabene oder auf beiden Seiten hohle Linsengläser nichts halfen. Weil ihn nun
die gewöhnliche Theorie hier nicht befriedigen kann, so nimmt
er an, daß die Undeutlichkeit im Sehen bloß von der fehlerhaft vertheilten Dichtigkeit der Crystalllinse herrühre.
Diese Crystalllinse sey nämlich im gesunden Zustande des
Auges in der Mitte am dichtesten und nehme allmählig an
Dichtigkeit gegen den Rand zu ab, dadurch werde aber
verursachet, daß die auffallenden Strahlen gegen den Rand
der Crystalllinse zu weniger als gegen die Mitte derselben
gebrochen würden, und eben daher vereinigten sich die gebrochenen Strahlen in einerley Punkte, da sonst bey gleicher
Dichtigkeit der Crystalllinse diese Strahlen nicht in einerley
Punkte zusammen kämen, wodurch die Abweichung wegen
der Kugelgestalt wegfiele. Hätte nun die Crystalllinse in
einem Auge in der Mitte die gehörige Dichtigkeit, nehme
aber gegen den Rand zu nicht gehörig oder zu viel an Dichtigkeit ab, so würden die gebrochenen Strahlen nicht in einerley Punkte wieder vereiniget und es entstehe dadurch ein
undeutliches Bild, welches durch kein auf beiden Seiten erhabenes oder hohles Glas deutlich gemacht werden könne.
Die daher entstandene Abweichung wegen der Kugelgestalt
werde nun durch Verengerung der Pupille oder durch ein vor-
gehaltenes Loch in einer Karte vermindert, weil dadurch
diejenigen Strahlen, welche von der Mitte der Crystalllinse
entfernter auffielen, abgehalten, und nur die mittleren durch-
gelassen würden. Für solche Augen würden folglich concav-

convexe

∗) Transact. of the Royal Irish Academy To. II. Dublin 1788. 4.
übersetzt in Grens Journal der Physik; B. IV. S. 45 u. f.

convexe Gläser von gehöriger Einrichtung am besten seyn. Wenn jedoch das Sehen durch ein feines Loch in einer Karte nicht deutlicher würde, so entspringe der Fehler aus andern Ursachen, welche in fehlerhaften Feuchtigkeiten oder einer fehlerhaften Netzhaut ihren Grund hätten.

Die Herrn Adams, Lichtenberg *) und Büsch *) haben zur Erhaltung der Augen verschiedene gute Regeln gegeben γ), wovon die vornehmsten folgende sind:

1) Bey allen Arbeiten suche man ein mäßiges nicht zu starkes und nicht zu schwaches Licht zu erhalten; denn ein zu starkes Licht blendet die Augen und greift sie ungemein an; ein zu schwaches Licht aber erfordert eine zu starke Anstrengung. Manche haben dadurch ihr Gesicht verloren, daß sie zu häufig in die Sonne oder in das Feuer sahen, andere dadurch, daß sie aus einer großen Dunkelheit plötzlich ins helle Licht, oder aus dem hellen Lichte plötzlich in die Finsterniß kamen.

2) Man lasse das Auge nicht zu lange auf sehr glänzenden Gegenständen haften, am wenigsten des Morgens beym Erwachen. Es sind daher solche Schlafzimmer, in welche früh die Sonne scheinet, und Betten, worin die Augen nach dem freyen Lichte hingerichtet werden müssen, dem Augen schädlich.

3) Man lese nie zu kleine Schrift, auch nicht in der Dämmerung oder gar im Dunkeln beym Mondenschein, auch bey dem Lichte nicht, wofern die Augen schon fehlerhaft sind.

4) Wenn man sich im Dunkeln aufhalten muß, so nehme man keine Beschäftigungen vor, bey welchen man die Augen brauchen muß. Vorzüglich vermeide man aber

beym

---

*) Von einigen Pflichten gegen die Augen im götting. Taschenb. für 1791.

*) Im zweyten Bande seiner Erfahrungen. Hamburg 1791. 8.

γ) Adams, Büsch und Lichtenberg über einige wichtige Pflichten gegen die Augen, mit Anmerk. von S. Th. Sömmering. Frankf. am Mayn 1794. gr. 8.

beym hellen Tage künstlich gemachte Dunkelheit, wobey
das Licht durch Ritzen oder Löcher durchscheinet.

5) Wenn weitsichtige Personen sich eines erhabenen Glases bedienen wollen, so müssen sie die möglichst kleinste
Entfernung des Objektes vom Auge nehmen, in welcher sie dasselbe ohne Glas noch einiger Maßen deutlich sehen, damit sie nicht beym Gebrauch des Glases

Bey dem erstern ist
sichtig worden, und
sein Uebel kann
Heraushöhlung
Fälle tritt alsdann die wässerige Feuchtigkeit an die Stelle
der Linse, welche nun die S
Auges läßt, und, wofern es

Unempfindlichkeit des Sehenerven und der Netzhaut eingetreten, und daher unheilbar.

Zinn defcriptio anatomica oculi humani. Goett,
1755. 4. recud. curav. Henr. Aug. Wrisberg. ibid.
1780. 4. Alb. v. Hallers Grundriß der Phyfiologie aus
dem Latein: mit Anmerk. von Sömmering und Meckel.
Berlin 1788. 8. Kap. XV. An effay on vifion, briefly
explaining the fabric of the eye and the nature of vifion by George Adams. Lond. 1792. 8. G. Adams's Na-

tur des Sehens, aus d. Engl. von Fr. Kries. Gotha 1794. 8.

Auge, künstliches (oculus artificialis, oeil artificiel)
ist ein optisches Werkzeug, welches den Bau des natürlichen
Auges nachahmet, und die Wirkungen desselben versinnlichet.

verfertigen ließ, um hiermit durch Versuche zu zeigen, daß
die von einem Objekte ins Auge fallenden Strahlen ein Bild

kreisrunde Oeff-
nng, damit man

derte, daß kein Staub von außen ins Innere kommen konnte.
Inwendig war bey dem Loche b eine kleine Röhre e ange-

diese Röhre war ein bicon-
die Stelle der Cryftalllinfe

Netzhaut
gegen ein
gehöriger Stellung

Planglafe ab.

Das

a) Nützliche Versuche. Th. III. Halle 1747. 8. S. 481 f.

N

Das künstliche Auge, welches Adams beschrieben hat, besteht aus einer hölzernen Kapsel, die auf einem Fußgestelle sich befindet. An der vordern Seite der Kapsel ist ein Stück gemeines Glas befindlich, welches so gemahlt ist, daß es wie ein Auge aussiehet; in der Mitte aber bleibt ein kleiner Kreis, welcher die Pupille vorstellet, durchsichtig. Innerhalb der runden Kapsel befinden sich drey verschiedene Linsengläser von verschiedener Brennweite, wovon nach und nach ein jedes der Pupille gegen über gebracht werden kann. Das eine Linsenglas stellt die Crystalllinse im gesunden Zustande des Auges vor, das andere nicht so sehr erhabene zeigt den Fehler der Weitsichtigkeit, und das dritte noch mehr erhabene, als das erste, den Fehler der Kurzsichtigkeit. An dem hintern innern Theile der Kapsel befindet sich ein mattgeschliffenes Glas, welches die Stelle der Netzhaut vertritt. Außen vor dem Augensterne sind zwey Augengläser, ein auf beyden Seiten erhabenes und ein auf beyden Seiten hohles, wovon ein jedes willkürlich durch eine Vorrichtung vor den Augenstern gebracht werden kann. Läßt man nun in einer gehörigen Entfernung von einem Gegenstande Licht auf den Augenstern fallen, und rückt die erste Linse hinter den Stern, so erblickt man auf dem mattgeschliffenen Glase das Bild dieses Gegenstandes verkehrt, aber deutlich; bringt man aber bey einerley Oeffnung des Objektes die andere Linse vor den Stern, so erblickt man das Bild desselben sehr undeutlich, das jedoch deutlich wird, wenn man das erhabene Augenglas vor die Pupille rückt; bringt man endlich die dritte Linse hinter den Stern, so ist abermahls das Bild auf dem matt geschliffenen Glase sehr undeutlich, das aber wiederum durch Vorbringung des erhabenen Augenglases deutlich wird.

In der Uebersetzung von Adams's Schrift beschreibt Hr. Kries noch eine einfachere Art des Auges. Eine hohle Kugel (fig. 27.) a b k i stelle den Augapfel vor, an deren vordern Seite a b eine erhabene Glaslinse sich befindet, deren Brennpunkt gerade auf i k fällt, und welche die brechenden Feuchtigkeiten des Auges vorstellet. In der Mitte der Röhre

l m t d

In c d befindet sich ein matt geschliffenes Glas, welches statt der Netzhaut dienet. Ist die Stelle dieses matt geschliffenen Glases gerade in i k, so wird auf selbigem ein deutliches Bild abgemahlet, wenn vor der Linse a b ein Objekt sich befindet. Schiebt man aber die Röhre d c l m in die innere Höhlung der Kugel hinein, so daß das matt geschliffene Glas in c d kommt, so fällt nun das deutliche Bild hinter das Glas, und es wird daher auf c d undeutlich, wie dieß bey weitsichtigen Personen Statt findet; um es nun deutlich darzustellen, wird vor die Linse a b ein erhabenes Augenglas g vorgerückt. Zieht man erblich die Röhre d c m l weiter heraus, so daß das matt geschliffene Glas die Lage e f erhält, so liegt das deutliche Bild vor dem Glase, wie bey kurzsichtigen Personen, und die ausgebreiteten Strahlen des Bildes fallen auf das Glas e f und verursachen ein undeutliches Bild, welches durch die Vorrückung des Hohlglases h vor die Linse a b deutlich wird.

Ge. Adams's Anweisung zur Erhaltung des Gesichts, und zur Kenntniß der Natur des Sehens a. d. Engl. mit Zusätzen und Anm. von Fr. Kries. Gotha 1794. 8. S. 63–66.

Augenglas f. Fernrohr.

Augenmaß f. Entfernung, scheinbare.

Ausdehnbarkeit (dilatabilitas, dilatabilité) ist die Fähigkeit der Körper, sich in einen größern Raum ausdehnen zu lassen. Alle Körper, selbst die flüssigen nicht ausgenommen, sind ausdehnbar; jedoch ist aber diese Fähigkeit bey verschiedenen Körpern gar sehr verschieden. Die Ausdehnbarkeit muß von der Dehnbarkeit oder Streckbarkeit wohl unterschieden werden. Es findet keine Streckbarkeit der Körper Statt, wenn sie nicht ausdehnbar sind. Der Grund der Ausdehnbarkeit liegt bloß in der Elasticität, die Elasticität mag ursprünglich oder abgeleitet seyn. Denn sobald ein Körper die Fähigkeit besitzet, sich in einen engern Raum zusammenpressen zu lassen, so muß er auch die Fähigkeit haben, in einen größern Raum sich verbreiten zu lassen, und hiermit stimmt auch die Erfahrung vollkommen überein. So besitzt die Luft, das Wasser u. f. Ausdehnbarkeit.

Ausdehnung (extenſio, étendue des corps) iſt eine allgemeine weſentliche Eigenſchaft der Körper, vermöge welcher ſie in einem Raume enthalten ſind. Man muß alſo bey einem jeden Körper Länge, Breite und Höhe unterſcheiden können. Schon die ſinnliche Erfahrung lehret uns, daß ein jeder Körper aus neben einander geſtellten Theilen, die man ſich auch ſo klein als man nur will gedenken kann, zuſammengeſetzt ſey, und daß alle dieſe Theile nach allen nur möglichen Richtungen hingehen, d. h. daß der Körper ausgedehnet ſey.

Wenn man ſich die Materie des Körpers, welche in einem beſtimmten Raume enthalten iſt, wegdenkt, ſo kann man ſich doch immer noch den Raum allein vorſtellen, welchem man die Ausdehnung nicht abſprechen kann, und eben dieſer ausgedehnte Raum iſt das, was man eine geometriſche Ausdehnung nennt, deren Grenzen auf die Begriffe der Flächen, Linien und Punkte führen. Dieſer geometriſche Raum iſt eine ſtetige ausgedehnte Größe, d. h. eine ſolche, in welcher kein Theil gedacht werden kann, welcher nicht zu dieſer Größe gehörte. Daraus iſt es denn auch begreiflich, daß der geometriſche Raum bis ins Unendliche theilbar ſey, indem nichts da iſt, was der Theilbarkeit Grenzen ſetzte. Stellt man ſich hingegen dieſe geometriſche Ausdehnung wieder mit Materien erfüllt vor, ſo würde nun die Ausdehnung körperlich ſeyn, jedoch könnte aber noch keineswegs aus der unendlichen Theilbarkeit des Raumes auch ein Schluß auf die unendliche Theilbarkeit der im Raume enthaltenen Materie gemacht werden, wofern nicht vorher erſt erwieſen würde, daß in jedem Punkte des Raumes auch Materie anzutreffen ſey. Hierüber kann aber die Erfahrung nichts entſcheiden, ſondern die ganze Unterſuchung iſt metaphyſiſch, und hängt allein von dem Begriffe der Materie ab. Mehr hiervon unter dem Artikel **Theilbarkeit**.

Nach dem atomiſtiſchen Syſteme, welches die Materie als abſolut undurchdringlich annimmt, iſt man ſchlechterdings genöthiget, zwiſchen den Theilen der Materie leere Zwiſchen-

räume

räume anzunehmen; mithin würde schon von selbst klar seyn, daß nach dieser Lehre nicht in allen Punkten des Raumes Materie anzutreffen wäre, und daß folglich die Theilung der Materie ihre Grenzen hätte, d. h. daß sie nur bis zu den Atomen gehen könne, denen man doch auch wenigstens aus subjektiver Nothwendigkeit die Ausdehnung nicht absprechen könnte.

Nach dem dynamischen Systeme hingegen erfüllt die Materie ihren Raum durch eine besondere Kraft, weil sie einer jeden andern Materie, welche in dem Raume der erstern eindringen will, Widerstand leistet; es ist folglich diese Kraft Ursache, andere Materien von sich zu entfernen. Eine solche Kraft heißt nun eine Zurückstoßungskraft; demnach erfülle die Materie ihren Raum nur durch Zurückstoßungskraft aller ihrer Theile, weil sonst ein Theil ihres Raumes nicht erfüllet, sondern nur eingeschlossen seyn würde. Die Kraft eines Ausgedehnten, aber mittelst einer Zurückstoßung, ist eine Ausdehnungskraft; also erfüllt die Materie ihren Raum durch eine ihr eigene Ausdehnungskraft, welche ihren bestimmten Grad hat, über welchen kleinere und größere bis ins Unendliche gedacht werden können. Nach diesem Systeme muß man also die Ausdehnung der Materie als eine wesentliche Eigenschaft betrachten, denn sie ist eben die Wirkung der Ausdehnungskraft der Materie. Weil nun ferner nach diesem Systeme in allen Punkten des Raumes Materie anzutreffen ist, so folgte auch schon hieraus, daß die Materie so wie der Raum ins Unendliche theilbar sey. Weiter soll dieses unter dem Artikel **Theilbarkeit** ausgeführet werden.

Ausdehnung, Ausbreitung (dilatatio, expansio, dilatation, expansion) ist die Verbreitung in einen größern Raum, als sie vorher einnahm. Es ist diese bloß eine Folge entweder der einwirkenden Wärme oder der Elasticität. Das atomistische System nimmt an, daß die Wärmematerie in die Zwischenräume der Körper eindringe, und die Theile der Körper von einander treibe, wodurch die Entfernungen derselben, mithin das ganze Volumen des ganzen Körpers größer werden müsse. Bey solchen Körpern, welche

durch

durch eine äußere Kraft zusammengepreßt wären, wirke nach Nachlassung oder Verminderung der äußern Kraft die Elasticität auf die zusammengepreßten Theile, wodurch die Körper in einen größern Raum ausgedehnet würden. Bey alle dem ist man aber nicht im Stande, anzugeben, auf welche Weise die Wärmematerie eine solche Wirkung hervorbringen könne, und worin die Elasticität bestehe.

Nach dem dynamischen Systeme durchdringt die Wärmematerie die Materie der Körper, und vergrößert durch ihre Ausdehnungskraft die Ausdehnungskraft dieser Materie, wodurch diese sich natürlich in einen größern Raum ausdehnen muß. Weil nun die Ausdehnungskraft die Elasticität genannt wird, so sieht man auch den Grund ein, warum die von einer äußern Kraft zusammengepreßten Körper nach Nachlassung derselben, vermöge der ursprünglichen Elasticität in ein größeres Volumen ausgedehnet werden müssen. M. s. Elasticität.

Ausdehnungskraft s. Kraft, zurückstoßende.

Ausdünstung (exhalatio, euaporatio, evaporation). Hierunter versteht man eine Umwandlung der Materien durch die Einwirkung des Wärmestoffs in expansible oder elastische Flüssigkeiten, womit die Atmosphäre unserer Erde beständig angefüllt wird.

Es ist eine ausgemachte Thatsache, daß alle Körper auf unserer Erde, welche der freyen Luft ausgesetzet sind, vermöge des einwirkenden Wärmestoffs Theile verlieren, welche in der Atmosphäre oft zu einer beträchtlichen Höhe steigen, ohne daß sie dieselbe trüben oder undurchsichtig machen. Diese sehr feinen Theile, welche man nicht leicht wahrnehmen kann, vereinigen sich in der obern Region der Luft, bilden Wolken, Nebel u. dgl. und machen dadurch den Himmel trübe, und fallen zuletzt in Gestalt des Regens, Schnees, Hagels u. dergl. auf unsere Erde wieder herab. Die Erfahrung lehret jedoch, daß bey verschiedenen Materien auch verschiedene Wärmegrade erfordert werden, wenn Theile von ihnen durch die expansive Kraft der Wärmematerie

mit

mit fortgerissen und in die Luft aufgenommen werden sollen. Bey dem Wasser nimmt man diese Erscheinung vorzüglich in einem hohen Grade wahr, und es ist schon zu vermuthen, daß die durch den Wärmestoff in die Atmosphäre getriebenen Wassertheilchen die wichtigsten Veränderungen in der Luft bewirken, weil gerade das Wasser den beträchtlichsten Theil auf unserer Erde ausmacht. Aus dieser Ursache werden auch die folgenden Untersuchungen allein auf die Ausdünstung des Wassers eingeschränket werden.

Um die Größe der Ausdünstung des Wassers bestimmen zu können, hat man Werkzeuge angegeben, von welchen unter dem Artickel Atmometer ist gehandelt worden, welche aber nie nach den daselbst angegebenen Gründen ganz richtige Resultate geben können. Indessen bleiben die darüber angestellten Versuche immer sehr wichtig, um zu andern Betrachtungen eine ungefähre Vergleichung des ausgedünsteten Wassers mit der Menge des niedergefallenen Regenwassers zu machen. Nach Sedileau *), welcher dergleichen Versuche beynahe drey Jahre lang mit der größten Sorgfalt fortgesetzet hat, war die Ausdünstung in Paris

		Zoll.	Linien.			Zoll.	Linien.
1689.	Januar	0	8	1690.	Januar	0	8
	Februar	0	9		Februar	0	6¼
	März	1	10		März	1	6
	April	3	0		April	3	6½
	May	5	7½		May	4	8
	Jun.	4	8		Jun.	4	8¾
	Jul.	5	3½		Jul.	5	5¼
	August	4	11½		August	4	2½
	Septemb.	2	2½		Septemb.	2	6½
	Octob.	1	3¼		Octob.	1	10
	Novemb.	0	11¾		Novemb.	0	8¾
	Decemb.	0	8		Decemb.	0	6

Summa 32 Zoll. 10¾ Lin.   Summa 30 Zoll. 11 Lin.

N 4   Dieß

*) Mémoires de l'Académie des scienc. de Paris 1692. p. I u. f.

Dieß ist so zu verstehen: wenn in der Gegend bey Paris die Ausdünstung des Wassers auf eben die Oberfläche, von welcher es ausdünstete, wieder herabfiele, so würde die Höhe des Wassers jährlich etwa 30 bis 32 Zoll betragen. Nähme man überhaupt 30 Zoll jährlich als eine Mittelzahl an, und rechnete die Oberfläche aller Gewässer auf unserer Erde in einer runden Zahl auf 4000000 geograph. Quadratmeilen, welches aber gewiß zu wenig ist, so würde doch jährlich die Ausdünstung des Wassers an die 200 Cubikmeilen Wassers betragen. Rechnet man hierzu noch, was Thiere, Pflanzen und andere Körper, selbst die feuchte Erde ausdünsten, so läßt sich leicht begreifen, daß die Atmosphäre der Erde eine Menge von verschiedenen Bestandtheilen erhalte, welche in ihrer Verbindung durch eigene Naturoperationen neue Materien erzeugen, und vermöge ihrer eigenen Kräfte mannigfaltige Wirkungen hervorbringen können.

Was die Theorie der Ausdünstung anbetrifft, so theilen sich die Naturforscher hierbey in zwey verschiedene Classen. Zu der ersten Classe gehören diejenigen, welche die Ausdünstung für eine wahre Verdampfung des Wassers halten, welche von der starken Verdampfung nur dem Grade nach verschieden ist; zu der andern Classe gehören diejenigen, welche die Ausdünstung als eine wahre Auflösung des Wassers in der Luft betrachten. Diese letzte Theorie, welche auch das Auflösungssystem genennet wird, und welche lange Zeit als richtig ist anerkannt worden, hat erst de Lüc *) mit kräftigen Gründen bestritten.

De Lüc nimmt an, die Ausdünstung geschehe durch Verbindung der Wärmematerie mit dem Wasser und nicht durch Auflösung des Wassers in der Luft. Einer von den stärksten Gründen, welche unter dem Artikel Dämpfe angeführet werden, ist dieser, daß jede tropfbare Flüssigkeit, wenn sie verdunstet, Kälte erzeuget; denn hieraus ist klar,

daß

*) Idées sur la météorologie. T. I. II. à Lond. 1786. 8.; neue Ideen über die Meteorologie aus d. Französ. Th. I. II. Berl. u. Stett. 1787. 1788. gr. 8.

daß derjenige Theil von der Flüssigkeit, welcher eben in die Atmosphäre übergehet, von dem Wärmestoffe fortgeführet wird, und daß die Flüssigkeit diesen Wärmestoff hergebe. Die Luft trägt zur Ausdünstung gar nichts bey, sondern sie ist vielmehr durch ihren Druck derselben hinderlich. Ohne Druck der Atmosphäre ist weit weniger Wärmestoff nöthig, um ein und eben dieselbe Quantität vom Wasser dampfförmig zu machen, als bey ihrem Drucke. Dieserwegen dunstet das Wasser im luftleeren Raume stärker als an der Luft selbst. Ja es läßt sich kein Zweifel dagegen machen, daß die Ausdünstung im ganz leeren Raume am besten von Statten gehe, und daß der daher entstandene Dampf darin so lange erhalten werden könne, bis der Wärmestoff genöthiget ist, einen Theil zur Herstellung des Gleichgewichtes an die benachbarten kältern Körper herzugeben, und dadurch eine Quantität Wasser fahren zu lassen. Man hat daher die Luft zur Ausdünstung des Wassers gar nicht nöthig. Hierdurch würde aber auch schon von selbst der Unterschied zwischen wirklicher Verdampfung (euaporatio) und Ausdünstung (exhalatio) ganz wegfallen. Denn jede Ausdünstung ist eine wahre Verdampfung, welche bey einer niedrigern Temperatur nur deßwegen langsamer geschiehet, weil alsdann eine geringere Menge von Wärmestoff zugegen ist, welcher durch seine expansive Kraft die Theile des Wassers mit sich fortreißt. Monge und andere Anhänger des Auflösungssystems halten sich aus diesem Grunde zwischen der Verdampfung und der Ausdünstung einen Unterschied zu machen berechtiget, weil bey der Ausdünstung viel weniger Wärmestoff verschluckt würde, als bey der Verdampfung des Wassers, und es müsse daher nothwendig die Luft als ein Auflösungsmittel durch ihre Anziehungskraft die Wirkung des Wärmestoffs unterstützen. Allein folgende von Watt und de Lüc *) angestellte Versuche lehren das Gegentheil. Man fällte ein Gefäß von etwa 8 Zoll Durchmesser mit Wasser

N 5   von

*) Annales de Chimie. To. VIII. p. 73. Prüfung einer Abhandlung des Herrn Monge in Grens Journal der Physik. B. VI. S. 125 u. f.

von höherer Temperatur, als die der umgebenden Luft war,
an, welches folglich in selbiger ausdünsten mußte.   In dieses Wasser ward ein Thermometer gebracht, welches durch
gelindes Umrühren den Verlust der Wärme des Wassers
genau zeigte.   Das Gefäß mit dem Thermometer wurde an
eine genaue Wage gehängt, welche zugleich das Gewicht des
ausgedünsteten Wassers angab.   Ferner wurde ein anderes
Gefäß von eben der Abmessung mit gleicher Quantität Wassers von derselben Temperatur angefüllt, und in einer geringen Entfernung von dem vorigen aufgestellt, um aber die
Ausdünstung des Wassers zu verhindern mit Papier, das in
Oel getränkt war, bedeckt.   Man verglich nun den Verlust
der Wärme in beyden Gefäßen, und fand aus dem Ueber-
schusse des Verlustes in dem unbedeckten Gefäße mit dem
Verluste des Gewichtes zusammengehalten, daß die Verdunstung für sich allein dem Gefäße eine verhältnißmäßig größere
Quantität vom Wärmestoffe entzogen hatte, als die Dämpfe
des kochenden Wassers, bey gleichem Gewichte, enthalten.
Dieß gibt folglich einen offenbaren Beweis ab, daß das Wasser bey unmerklicher Ausdünstung verhältnißmäßig mehr
Wärmestoff verschlucke als beym Sieden.   Eben dieß zeigten noch andere Versuche des Herrn Watt, und kehreten
zugleich den Satz, daß die Dämpfe desto mehr Wärmestoff
enthalten, je dünner sie sind.   Noch weiter beweisen die Versuche der Herrn Lavoisier, de la Place und Watt [a],
daß die Verdunstung eines einzigen Wassertropfens in der
toricellischen Leere (s. Barometer) verursachte, daß das
Quecksilber gerade um $\frac{1}{4}$ Zoll herabsinkt, wenn die Wärme
ungefähr 57 Grad nach Fahrenheit ist.   Es hält folglich die
expansive Kraft des Dampfes mit dem Druck einer Quecksilbersäule von $\frac{1}{4}$ Zoll Höhe das Gleichgewicht.   Auch bey
einem Versuche, welchen Naine, bey einer unter der Glocke
auf $\frac{1}{1000}$ Mahl gebrachten Verdünnung der Luft, anstellte,
verursachte die Verdampfung des Wassers bey 54 Grad nach
Fahrenheit, daß die Säule einer gewöhnlichen Barometer-

. probe .

a) de Luc a. a. O. T. I. §. 19.

aber Gegenwart der Luft zu sehen,
dampfförmig wird, eine Menge Wärmestoff
Theile entziehet, welche desto größer wird, j
Mittel ist, worin der Dampf erzeuget wird.

ner

a) Essais sur l'hygrometrie, à Neuchatel 1783. 8. Versuch über die
Hygrometrie durch Horaz Bened de Sauſſüre; aus d. Franz.
von J. D. L. Leipz. 1784. 8. S. 191 u. f.

ner mit Dunst gesättigten Luft; 2) das Verschwinden der
Dünste durch die Wärme; 3) ihr plötzliches Erscheinen durch
die Kälte und 4) ihre innige Verbindung mit der Luft, ungeachtet
ihres Unterschiedes in der Dichtigkeit; dieß alles wären
sichere Anzeigen von einer innigen Vereinigung des Dunstes mit der Luft oder von einer wahren chemischen Auflösung.
Dagegen antwortet de Lüc auf folgende Art: Die Erfahrung
lehrete hinlänglich, daß die Dämpfe oder Dünste, selbst die,
welche sich im leeren Raume bildeten, beständig durchsichtig
blieben, so lange sie den Wärmegrad beybehielten, bey welchem sie erzeuget wären. Was das Verschwinden der Dünste
durch die Wärme beträfe, so müsse man, wie Saussüre selbst
gethan hätte, einen Unterschied unter bläschenförmigen und
elastischen Dünsten machen: die elastischen Dünste verschwän-
den nicht, indem sie nie sichtbar wären, sondern nur die
bläschenförmigen, welche aus sichtbaren unsichtbare würden,
wenn die Zunahme der Wärme sie in elastische verwandelte.
In Ansehung der Erscheinung des Dunstes durch Kälte wäre
diese eine natürliche Folge durch die Entziehung des Wärmestoffs. Es gäbe nämlich bey einer jeden Temperatur ein
Maximum der Verdampfung oder der Ausdünstung, d. h.
wenn in einem gewissen Raume, er sey mit Luft erfüllt, oder
luftleer, sich die elastischen Dämpfe erhalten sollen, so muß
auch dieser Raum die Temperatur des verdunsteten Wassers
selbst enthalten. So bald also diese Dämpfe in eine kältere
Luftschicht kämen, so würde ihnen ein Theil des Wärmestoffs
entzogen, wodurch natürlich ein Theil der feinen Wassertheilchen zersetzt, und dadurch dem Auge sichtbar werden müsse;
es sey folglich diese Erscheinung bloß die umgekehrte von der
zweyten. Es liege also in diesen dreyen Phänomenen nichts,
was auf die Idee von einer Auflösung der Dünste durch die
Luft leitete, weil sie ohne diese weit natürlicher erklärt werden könnten. Was endlich die letzte Erscheinung betrifft, so
wären die Dünste in jedem Zustande, selbst alsdann, wenn
sie ihr Maximum erreicht hätten, specifisch leichter als die Luft,
der sie beygemischt sind, wenigstens in der ganzen Höhe der

Atmosphäre,

Atmosphäre, wo ihre Phänomene könnten beobachtet werden.
Sie könnten dennoch, so bald sie sich in die Luft erhoben hätten, und so lange sie hier in einem unsichtbaren Zustande ver-
blieben, keine Art von Modifikation erleiden, ohne daß die
Luft, mit der sie vermischt sind, sie nicht erlitte und selbst
niederstiege: insbesondere wirkte die Verminderung der
Wärme in diesem Betrachte nur auf sie, wie auf die Luft,
und beyde Flüssigkeiten könnten in der Atmosphäre durch
ihre Verdichtung nicht herabsinken. Wenn die Wärme ab-
nähme, so senke sich eine Luftschicht, sie sey rein oder mit
Dünsten vermischt, nicht durch ihre eigene Verdichtung,
welche nur auf ihre Dichte wirke, sondern durch die Verdichtung der untern Schichten. Es könnten daher die elastischen
Dämpfe, wenn sie ein Mahl in die Atmosphäre durch ihre
ausdehnende Kraft und ihre specifische Leichtigkeit aufgestiegen
sind, niemahls wieder herabsinken, so lange sie diesen Zustand behielten.

Noch hat man gegen de Lüc eingewendet, daß die Luft
das Wasser fallen lasse, so bald sie in einen verdünnten Zustand käme, und hat sich dieserwegen auf die Erfahrung des
Abbé Nollet a) berufen, nach welcher sich ein Dampf unter der Glocke der Luftpumpe niederschlage, wenn der von
Luft verdünnte Raum über dem nassen Leder gemacht werde.
Allein dieser Einwurf ist schon durch de Saussüre hinlänglich widerleget worden; dieser hat nämlich gezeiget,
daß der Dampf aus dem feuchten Leder und aus dem übrigen
Körper der Luftpumpe entstehe, indem bey immer mehr verdünnter Luft, folglich bey vermindertem Druck derselben die Feuchtigkeit mehr verdampfe. Hieraus läßt sich vielmehr beweisen, daß die Verdünnung der Luft die Ausdünstung befördere, die dichtere hingegen derselben hinderlich sey, und so
wäre diese Erfahrung selbst dem Auflösungssystem entgegen.
Herr Wilke a), welcher verschiedene Versuche wegen der
Ausdünstung in der verdünnten Luft unter der Glocke einer
Luftpumpe

---

a) Leçons de physique experim. T. III. p. 364.
a) Schwedische Abhandlungen vom Jahre 1781.

Luftpumpe anstellte, bemerkte mit Verwunderung, daß die Verdünnung der Luft mehr Trockenheit als Feuchtigkeit bewirke, welches durch die Versuche des Herrn de Saussüre *) vollkommen bestätiget ist. Dieses Trocknen unter der verdünnten Luft läßt sich nach dem Auflösungssystem gar nicht erklären. Wäre nämlich das Wasser wirklich in Luft aufgelöset, so würde zwar durch Auspumpung der Luft unter der Glocke der damit verbundene Theil des Wassers weggeschaft, und dadurch die absolute Menge des Wassers unter selbiger vermindert; allein dieß könnte doch auf die im Raume befindliche Feuchtigkeit und auf den Stand des darin befindlichen Hygrometers gar keinen Einfluß haben, weil die übrige Luft unter der Glocke nebst der Substanz des Hygrometers immer noch den ihnen zugehörigen Theil Wasser unverändert behalten würde. Da dieß nun nicht der Fall ist, und hingegen die Feuchtigkeit, so wie man die Luft auspumpt, sich vermindert, so muß nothwendig die Ausdünstung von einer andern Ursache, als der Auflösung des Wassers oder der Dünste durch die Luft herrühren. Herr de Lüc zeiget, daß dieses Phänomen sehr leicht sich erklären lasse, wenn man den Dampf unter der Glocke bloß mit der Luft als vermischt betrachtet. Wenn man nämlich, sagt er, einen Theil der Dämpfe mit der Luft unter der Glocke der Luftpumpe durch das Auspumpen wegnimmt, so bliebe anfänglich die Feuchtigkeit auf demselben Grade; bald aber dringe aufs neue seines Wassers beraubtes Feuer in den Raum der Glocke durch die Wände, und da nach der Voraussetzung die Substanz des Hygrometers, und die in der Glocke gebliebenen Dünste hier die einzigen Quellen des Wassers sind, so raube ihnen dieß neue Feuer dasselbe, und die Feuchtigkeit nimmt ab.

Als einen vorzüglichen Beweisgrund, daß die Ausdünstung Wasser in Luft aufgelöset sey, führt man an: Das der freyen Luft ausgesetzte Wasser enthalte jederzeit eine beträchtliche Menge Luft, welche sich unter der Luftpumpe oder auch durchs Kochen heraustreiben lasse, und es sey daher das Wasser

*) a. a. O. S. 135 u. f.

ſer ein Auflöſungsmittel der Luft; da nun alle Auflöſungen
wechſelſeitig wären, ſo müſſe auch die Luft ein Auflöſungsmittel des Waſſers ſeyn. Allein es läßt ſich nicht wohl begreifen, wie aus der innigſten Vereinigung des Auflöſungsmittels mit der aufgelöſeten Subſtanz dieſe von jenem durch
eine bloße Verminderung des Drucks ſollte abgeſchieden werden können, vielmehr läßt ſich mit weit größerem Grunde
behaupten, daß die Luft mit dem Waſſer bloß zuſammenge-
hänget, und durch Verminderung des Drucks dieſe Cohäſionskraft durch ihre expanſive Kräfte überwunden habe.
Weil ferner durch die Hitze die Luft aus dem Waſſer getrieben wird; welche doch eigentlich jede Auflöſung noch mehr
begünſtiget, ſo erhellet auch hieraus bloß der Zuſammenhang der Waſſertheile mit der Luft. Dieſer Beweisgrund
iſt alſo eigentlich mehr gegen das Auflöſungsſyſtem.

Uebrigens iſt Herr de Lüc noch der Meinung, daß
ſich ſelbſt der Waſſerdunſt durch eine uns noch unbekannte
Naturoperation in der Atmoſphäre in Luft verwandele und
umgekehrt in der Luft wieder zerſetzet werden könne, und in
mannigfaltiger Geſtalt auf die Erde herabfalle.

Die vorzüglichen Vertheidiger des Auflöſungsſyſtem ſind
le Roi [a]), de Sauſſüre [b]) und Hube [c]).

Le Roi führet folgende Sätze auf:

1. Es wird das Waſſer wirklich in der Luft aufgelöſet.
An einem heitern Sommertage werfe man in ein recht
trockenes Glas ein Stück Eis, ſo wird hiervon das Glas
bald trübe werden, und an ſeinen äußern Wänden eine unzählbare Menge kleiner Waſſertröpfchen ſich zeigen. Hieraus
ſchließt er nun, daß dieſes Waſſer, welches ſich an die
äußern Wände des Glaſes angeleget hätte, müſſe vorher in
der

---

[a]) Mémoir. ſur l'élévation et la ſuſpenſion de l'eau dans l'air in den
  mémoir. de l'Académ. de Paris 1751. p. 481.
[b]) Eſſai ſur l'hygromerrie. à Neuſchatel 1783. 8. Eſſai III.
[c]) Ueber die Ausdünſtung und ihre Wirkungen in der Atmoſphäre in
  2 Büchern. Leipzig 1790. gr. 8. Vollſtändiger und faßlicher Unterricht in der Naturlehre in einer Reihe von Briefen. Band II.
  Leipzig 1793. gr. 8. 21 bis 26 Brief.

der Luft vollkommen aufgelöset gewesen seyn, indem es selbige auch nicht im mindesten getrübet oder undurchsichtig
gemacht hätte. Nach de Lüc's Theorie läßt sich dieses
weit einfacher erklären.

2. Diese Auflösung hat gleiche Eigenschaften mit der
Auflösung der Salze. Es löse sich immer mehr Wasser
durch die Luft auf, je wärmer sie wird, im Gegentheile
schlage sich auch ein Theil aufgelöseten Wassers nieder,
wenn sie kälter werde, und es könne überhaupt bey einem
gewissen Grade von Wärme nur eine gewisse bestimmte
Menge Wassers die Luft in sich aufgelöset enthalten, welchen
er den Grad der Sättigung der Luft nennt; so wie eine gewisse bestimmte Menge eines Salzes bey einem bestimmten
Wärmegrade bis zur Sättigung aufgelöset werden könne.

Herr de Sauffüre nimmt an, daß alle nur mögliche Körper vermittelst des Feuers in Dampfgestalt aufgelöset werden
können, und verstehet unter Dämpfen feine von den Körpern
losgerissene Theilchen, welche in der Luft so lange schwebend
erhalten werden, bis andere Ursachen sie in größere Theile
zusammenbringen; besonders werde das Wasser durchs Feuer
in elastischen Dampf verwandelt, mit dessen Erzeugung die
Luft weiter nichts zu thun habe, vielmehr sey sie der Dampf-
bildung durch ihren Druck hinderlich, und im luftleeren Raume
könne schon dergleichen Dampf durch die geringe Wärme der
Hand hervorgebracht werden. Jedoch löse auch die Luft den
Wasserdampf auf, wenn er nicht Kraft genug besäße, die
Luft aus der Stelle zu treiben. Nach ihm ist die Ausdünstung nichts weiter als eine wahre Verdampfung; jedoch
werde aber dieser Dampf nachher in der Luft aufgelöset. Er
hat also das Auflösungssystem nicht wesentlich verbessert.

Der größte und stärkste Vertheidiger des Auflösungssystems ist der Herr Direktor Hube in Warschau. Nach
ihm ist die unsichtbare oder unmerkliche Ausdünstung eine
wahre Auflösung des Wassers in Luft. Wenn nämlich in
einer Flasche feuchte atmosphärische Luft verschlossen werde,
so lasse diese kein Wasser auf den Boden fallen, wenn sie
noch

folgen müſſe, wenn
Waſſer mit der Luft bloß cohärire, da jenes auf 900
Mahl ſchwerer als dieſes
ciſiſch verſchiedene Materien von verſchiedenem ſpecifiſchen Ge-

anneh-
wären,
Luft in
Flaſche zeigten
dieſe verſchwin-
laſche erwärmt.

me der expanſi-
nderten und vermehrten Wärme, da in

tnlicher Beweis ſeyn, daß ſie eine wahre

ſich um deſto mehr verändere, je ſchneller
Hingegen werde eine unter einer ver-
befindliche und durch Laugenſalze ausge-

Thermometers hinlänglich
Abſonderung des Waſſers
gung, welche eine vorherge-
Allein auch dieß läßt ſich
ohne Auflöſung des Waſ-

erkraft bey einer
ſten Erſcheinun-
gen.

gen. Wenn ein Barometer und ein Thermometer unter eine
etwas große gläserne Glocke gebracht, und außerdem noch
ein feuchter Lappen hinzugethan wird, so wird man mehrentheils bemerken, daß das Thermometer fällt, und das Barometer steigt, indem der feuchte Lappen trocknet. Diese Wirkung soll unstreitig davon herrühren, daß die Luft durch eine
schnelle Auflösung ein viel besserer Leiter der Wärme, folglich auch kälter wird, und mithin jetzt bey einem gleichen Grad
Wärme mehrere Feuermaterie enthalten muß, als vorher.
Trocknete man hingegen eingeschlossene Luft durch Laugensalze,
so wird sie mehrentheils wärmer und weniger elastisch als
vorher. Hieraus könne man leicht einsehen, warum feuchte
Luft durch die Hitze sich gewöhnlich stärker ausdehne als trockene.
Brächte man nämlich in eine oben offene und unten mit
einer Kugel versehene Glasröhre bald trockene bald feuchte
Luft, und verschließe sie durch etwas oben hinzugelassenes
Quecksilber, erhitze hierauf die Kugel mit der Röhre bis auf
einen gewissen Grad, so setze die feuchte Luft allemahl etwas
von ihrer Feuchtigkeit an das Glas ab, welches sie berühret.
Wird sie nun nachher erhitzt, so löst sich diese Feuchtigkeit
schnell wieder auf, und ihre Federkraft nimmt also nicht bloß,
so wie die der trocknen Luft, durch die Wärme, sondern auch
durch die Auflösung zu.

Durch die Ausdünstung des Wassers werde die Luft nicht
trübe. Dieß soll ebenfalls ein Beweis seyn, daß eine wahre
Auflösung hierbey Statt finde. So sey in den heißen Ländern
die Ausdünstung außerordentlich stark, und dennoch bleibe
daselbst der Himmel viele Monathe nach einander ganz heiter,
welches offenbar eine Auflösung des Wassers in der Luft beweise. Jedoch aber verminderten die Dünste die Durchsichtigkeit der Luft in etwas. Auf hohen Bergen erblicke
man selbst beym heitersten Wetter die Sterne in viel größerer Menge und viel glänzender, als von unten; nur das
Licht der Sonne würde nahe am Horizonte ganz ungemein
geschwächt, weil die Luft vorzüglich unten mit sehr vielen
Dünsten beladen wäre. Sollte also die Ausdünstung keine
wahre

wahre Auflösung des Wassers in der Luft seyn, so müßten sich die Dünste in der obern Luft anhäufen, und den Himmel verdunkeln; auch würden sie die obere Luft zu allen Zeiten feuchter machen, als die untere, wogegen die Erfahrung stritte.

Von den Dünsten unterscheidet Herr Hube den Dampf, welcher durch das kochende Wasser erzeuget wird. Dieser Dampf rühre nicht von der Auflösung des Wassers in der Luft her; er sey nur etwas leichter als diese, und steige daher langsam in ihr auf. Aber in der Luft ließe er sich nicht auflösen, sondern verjage diese vielmehr aus Gefäßen, in welche er hinein fähret. Würde er aber erkaltet, so verwandelte er sich wieder in Wasser, und alsdann löse ihn die Luft auf.

Die Ausdünstung werde befördert durch eine größere Oberfläche des Wassers, weil es die Luft in desto mehreren Punkten berühre, durch eine vermehrte Wärme, durch den Wind und durchs Gefrieren des Wassers. Auch in einem verschlossenen Gefäße werde die Ausdünstung bey gleicher Wärme nach und nach immer schwächer. Dieses aber beweise, daß die Ziehkraft der Luft gegen das Wasser immer mehr abnehme, je mehr sich die Luft mit Dünsten anfülle, bis sie endlich gesättiget werde.

Ferner lehre die Erfahrung, daß die Ausdünstung unter der Glocke einer Luftpumpe immer mehr abnehme, je stärker man die Luft verdünne. Indessen dünste das Wasser auch in einem leeren Raume noch immer aus, wo die Luft so verdünnt ist, als sie mit den besten Werkzeugen nur immer verdünnt werden kann. (Unmöglich kann das erstere die Erfahrung lehren, indem sie gerade das Gegentheil zeiget, und das andere kann schlechterdings nicht nach dem Auflösungssystem, wie schon ist gezeiget worden, erkläret werden.)

Die Luft, welche uns umgebe, enthalte beständig eine Menge wässeriger Dünste, auch wenn sie ganz hell und durchsichtig ist. Diese machten ihre wahre Feuchtigkeit aus, welche um desto größer würde, je mehrere Dünste eine ge-

wisse

wiſſe Menge Luft enthielt, oder je kleiner die Luftmaſſe ſey, in der ſich eine gewiſſe Menge von Dünſten befinden. Die ſcheinbare Feuchtigkeit hingegen hänge von der Ziehkraft der Luft ab. Wir nennten die Luft feucht, wenn trockene Körper in der Luft feucht werden, und trocken, wenn feuchte Körper in ihr trocknen. Alle feſte Körper ziehen das Waſſer um deſto ſtärker an, je trockner ſie ſind. Erwärmte man aber die Luft um einen feuchten Körper, ſo würde er trockner, und man ſehe hieraus, daß die Ziehkraft der Körper gegen das Waſſer durch die Wärme entweder gar nicht, oder doch viel weniger als die Ziehkraft der Luft vermehret wird. Zwiſchen der Ausdünſtung des Waſſers und der Trocknung feuchter Körper ſey alſo auch unter andern dieſer wichtige Unterſchied, daß jene immer gleich ſtark bleibe, ſo lange die Ziehkraft der Luft ſich nicht ändere, da hingegen dieſe immer ſchwächer werde, weil der trocknende Körper das Waſſer immer ſtärker und ſtärker zurückhalte und er nur durch den Ueberſchuß der Ziehkraft der Luft über ſeine eigene getrocknet werde.

Die Ziehkraft der Luft werde vermindert durch die Vermehrung der wahren Feuchtigkeit durch die Kälte und andere Urſachen; die Ziehkraft derſelben werde aber durch die entgegengeſetzten Urſachen vermehret.

Wenn ein Hygrometer unter die Glocke einer Luftpumpe gebracht würde, ſo würde die Luft trockner, je mehr ſie verdünnet wird. Hieraus folge, daß die Ziehkraft der Luft durch die Verdünnung wachſe, und durch die Verdichtung abnehme. (Dieß ſtreitet mit der Behauptung, daß die Ausdünſtung unter der Glocke einer Luftpumpe immer mehr abnehme, je ſtärker die Luft verdünnet würde.) Weil in einer Luftpumpe gewöhnlich entweder unter der Glocke, oder in den Röhren Feuchtigkeit enthalten iſt, ſo ſetzt ſich eine ganz unmerkliche Näſſe inwendig an die Glocke, und dieſe Waſſerbläschen ſchwellen, ſo bald zu pumpen angefangen wird, auf, reiſſen ſich von der Glocke los, und erſcheinen als ein Nebel in der Glocke. Dieſer Nebel verſchwindet, wenn man zu pumpen fortfähret, erſcheinet aber aufs neue, wenn man mit dem

Pumpen

Pumpen etwas inne hält und nach einiger Zeit wieder zu pumpen anfängt. Reiniget man aber alle Theile der Pumpe, aufs sorgfältigste, und klebt nachher die Glocke mit Wachs an den Teller, so sieht man hernach bey dem Pumpen keinen Nebel, sondern die Luft unter der Glocke bleibt ganz rein.

Wenn die Luft unter der Glocke schnell ausgepumpt werde, so falle ein unter der Glocke befindliches Thermometer merklich. Es bleibe nämlich auch bey der besten gereinigten Pumpe noch immer einige Feuchtigkeit zurück, welche durch das schnelle Pumpen von der unter der Glocke befindlichen Luft schnell aufgelöset werde, und eine schnelle Auflösung sey allemahl mit merklicher Kälte verknüpfet. Höre man zu pumpen auf, so erhebe sich das Thermometer allmählig wieder auf seinen vorigen Stand. Lasse man hierauf die äußere Luft schnell unter die Glocke, so schlage sich das Wasser an der Glocke nieder, und in dem Augenblicke steige das Thermometer um einen oder zwey Grade, als so tief es vorher bey der Verdünnung der Luft gefallen war. Denn eine schnelle Niederschlagung des Wassers aus der Luft bringe allezeit Wärme hervor. Auch wenn nach verschlossenem Hahne der Pumpe die Luft unter der Glocke einige Tage nach einander durch Salze aufs äußerste getrocknet, nachher aber der Hahn geöffnet, und die Luft schnell verdünnt werde, falle das eingeschlossene Thermometer. Denn auch eine solche getrocknete Luft werde durch Verdünnung noch trockener, obgleich ein Haarhygrometer diese Veränderung nicht anzeigen könne, weil es in einer solchen Luft seine Beweglichkeit ganz verliere und überhaupt sein Haar bis aufs äußerste darin verkürzt werde.

Alle diese bisher erzählten Erscheinungen sollen Auflösung des Wassers in der Luft und umgekehrt Niederschlag desselben in ihr beweisen, weil jede Auflösung des Wassers in der Luft Kälte, und jeder Niederschlag aus derselben Wärme erzeuge.

Nach Herrn Hube gibt es aber zwey wesentlich verschiedene Arten der Auflösung des Wassers in der Luft. Bey der erſten Art der Ausdünſtung, oder wo ein feuchter Körper trocknet, wird die Luft, die keine Feuchtigkeit auflöſet, mehrentheils merklich elaſtiſcher. De Sauſſüre hat hierüber viele ſorgfältige Verſuche unter gläſernen Glocken angeſtellet, und gefunden, daß jeder Grän verdunſteter Feuchtigkeit die Federkraft der Luft ungefähr gleich ſtark vermehret, ihre wahre Feuchtigkeit mag größer oder kleiner ſeyn. Nach ſeinen Berechnungen wird die eingeſchloſſene Luft durch jeden Grän aufgelöſter Feuchtigkeit noch um etwas ſehr weniges elaſtiſcher, als wenn man ihr einen Grän reine Luft zugegeben und ſie dadurch verdichtet hätte, ſo daß dieſe Luft, wenn ſie ſich frey ausdehnen könnte, etwas eigenthümlich leichter ſeyn würde, als ſie vor der Auflöſung des Waſſers war. Es macht aber die Verminderung der eigenthümlichen Schwere der Luft ſelbſt bey der größten Menge von Dünſten, welche die Luft aufnehmen kann, nur gegen $\frac{1}{400}$ ihrer Schwere aus. Herr Hube ſchließt nun hieraus, daß jeder Grän Waſſer ſo auseinander getrieben würde, als ob er ſelbſt in einen Grän Luft, und alſo ungefähr in einen 900 Mahl größern Raum ausgedehnet würde. Die heftigen Bewegungen machen, daß beſtändig viele kleine noch unaufgelöſte Theilchen von der Luft mit fortgeriſſen und nach allen Seiten hin mit der größten Schnelligkeit zerſtreuet werden. Iſt der trocknende Körper warm und naß genug, ſo werden dieſe Waſſertheilchen oft ſo groß und ſo häufig, daß ſie die Luft trüben, und als ein Rauch erſcheinen. Ueberhaupt aber ſteigen ſie oft in der Atmoſphäre zu einer anſehnlichen Höhe auf, ehe ſie ſich völlig auflöſen.

Die Ausdünſtung der zweyten Art geht langſam von Statten, und die Luft wird hier durch die Auflöſung des Waſſers wenig oder gar nicht elaſtiſcher. Setzt man des Sommers bey heißem Wetter ein Gefäß mit Waſſer an einem ganz ruhigen verſchloſſenen Orte in die Sonne, ſo geht Anfangs die Ausdünſtung ſtark von Statten oder es dünſtet auf die erſte Art aus. Nach und nach aber häufen ſich, wegen der Ruhe der Luft, indem das Waſſer in der Sonne ſich immer mehr erhitzt, die Dünſte und Waſſertheilchen in der

nächsten Luft über dem Wasser so sehr an, daß diese ihre
Ziehkraft fast ganz verlieret, und daher nur sehr langsam
und auf die zweyte Art auflöset. Bisweilen bemerket man
auf der Oberfläche des Wassers ein halbdurchsichtiges Häutchen, und wenn man dieses wegbläset, so fängt gleich wieder
eine Ausdünstung von der ersten Art an. Wenn unter einer
Glocke ein Barometer und Thermometer aber zugleich, anstatt eines feuchten Lappens, ein Gefäß mit Wasser verschlossen wird, so fällt während der Ausdünstung das Thermometer nicht und das Barometer steiget nicht. Sogar
ein feuchter Lappen fängt in einer Glocke an auf die zweyte
Art zu trocknen, so bald ein darin befindliches Haarhygrometer auf den 90 Grad der Feuchtigkeit kommt. Alsdann
steigt nach Verhältniß das Barometer viel weniger, und
auch das Thermometer fällt viel weniger, als vorher, bis
endlich beide ganz unbeweglich bleiben, ungeachtet die eingeschlossene Luft noch immer viel feuchter wird. Diese Erfahrung beweiset ebenfalls sehr deutlich, daß die Ausdünstung
der ersten Art in die von der zweyten Art übergeht, so bald
die Ziehkraft der aufzulösenden Luft wegen der zu starken Anhäufung der Dünste, oder aus andern Ursachen zu sehr geschwächt wird.

Die Luft wird durch die Ausdünstung der zweyten Art
specifisch schwerer, weil dadurch die Elasticität derselben nicht
verstärket wird. Folglich muß das absolute Gewicht der Luft
um eben so viel größer werden, als das in ihr aufgelöste
Wasser beträgt. Bisweilen kann die Vermehrung dieses
specifischen Gewichtes sehr viel betragen, wie **Lambert**
durch Versuche dargethan hat, nach welchen 1 parif. Cubikfuß Luft ungefähr 342 parif. Grän Wasser aufnehmen könne,
welche aber von den Erfahrungen des Herrn de Sauffüre
weit abweichen. Denn nach diesen kann ein Cubikfuß nicht
mehr als 11 Grän Wasser aufnehmen. Jedoch glaubt Herr
Zube, daß die Luft, welche 12 bis 15 französ. Grad warm ist,
noch mehr Wasser, als der dritte Theil ihres Gewichtes beträgt,
aufgelöst in sich enthalten könne.

O. 4 Bey

Bey der erſten Art der Ausdünſtung werden die Waſſertheilchen, indem ſie ſich in der Luft völlig auflöſen, wie es
ſcheinet, auf eine beſondere Art mit ihrer Feuermaterie verbunden, und gleichſam luftförmig gemacht. In dieſer Geſtalt gehn ſie nachher auch beſtändig aus den feuchtern in
die trockenen Luftmaſſen über, bis ſie niedergeſchlagen werden. Bey der zweyten Art der Ausdünſtung hingegen vereinigen ſich die Waſſerdünſte mit der untern auflöſenden Luft,
ohne luftförmig zu werden. Sie können alſo auch die obere
Luft nicht ausdehnen, wenn ſie ſich erheben.

In einer ſehr verdünnten Luft iſt die Ausdünſtung des
Waſſers allezeit ſehr ſchnell, d. h. von der erſten Art, und
mit einer ungemein ſtarken Federkraft verſehen; unfehlbar,
weil die Waſſerdünſte ſich um deſto leichter und ſchneller
durch die Luft zerſtreuen, je dünner ſie iſt. Dieß beſtätigen
die Erſcheinungen des Waſſerhammers (ſ. Waſſerhammer)
und der franklinischen Röhre, oder einer dünnen gläſernen, an beiden Enden ſenkrecht umgebogenen Röhre, welche
ſich in zwey luftleere und halb mit Waſſer oder Weingeiſt
angefüllte Kugeln endiget. In dieſen beiden Werkzeugen
kocht das Waſſer ſchon bloß durch die Wärme der Hand.
Die ſehr verdünnte Luft, die ſich in den Kugeln dieſer Werkzeuge befindet, löſet nämlich mit Heftigkeit das Waſſer auf,
ſo bald ihre Ziehkraft durch die geringſte Wärme der Hand
verſtärket wird. Während der Auflöſung des Waſſers in der
Luft nimmt man in der Hand, welche die Kugel der Röhre
hält, beſtändig eine Erkältung wahr, welche eben von der
ſchnellen Auflöſung des Waſſers herrühret. Ueberhaupt wird
die Luft durch die Auflöſung des Waſſers um deſto elaſtiſcher, je dünner ſie iſt, weil ſie nach Verhältniß eine immer
größere Menge Waſſer auflöſen kann, ehe ſie geſättiget wird.
Wenn ein kleines Tröpfchen Waſſer auf irgend eine Art bis
an das untere Ende des längern oben verſchloſſenen Schenkels eines Barometers kommt, ſo läuft es, weil es eigenthümlich viel leichter iſt als das Queckſilber, in dieſem an der
Wand der Röhre bis nach oben; und wird ſelbſt gleich von

der

der höchst dünnen Luft, die über dem Queckfilber ift, aufgelöfet. Hierdurch nimmt aber, die Federkraft jener Luft fo fehr zu, daß das Barometer 10 bis 12, ja zuweilen an 18 parifer Linien (nach Lavoifier und be la Place ift das Maximum nur 6 Linien) niedriger fteht, als andere gute Barometer.

Im erften Anfange pflegt die Ausdünftung ganzer Waffermaffen die von der erften Art, in der Folge aber, wenn fich die an der Wafferfläche zunächft liegende Luftfchicht mit Feuchtigkeit angefüllt hat, die von der zweyten Art zu feyn. Bey der Ausdünftung der erften Art löfet eingeschlossene Luft bey mittlerer Temperatur etwa den 75ten Theil ihres Gewichtes an Waffer auf, und ihre Elafticität wird, wie nach den Verfuchen des de Sauffüre folget, dadurch um $\frac{3}{4}$ verftärket; hingegen kann alsdann die Ausdünftung nach der zweyten Art noch fehr lange Zeit fortdauern, und die eingeschloffene Luft, ohne ihre Elafticität zu vermehren, bis gegen ⅓ ihres Gewichtes an Waffer aufnehmen. So bald fich aber die Waffertheilchen mit der Luft verbunden haben, fo können fie nun auch keine Veränderung weiter erleiden, fie mögen in eine Luftfchicht übergehen, in welche fie wollen. Diejenigen Waffertheilchen alfo, welche fich nach der erften Art in der Luft aufgelöfet haben, vermehren auch die Elafticität der obern Luft; diejenigen hingegen, welche fich auf die andere Art auftöfen, können auch die obere Luft nicht ausdehnen. Diefen merklichen Unterfchied der Auflöfungen beider Arten gebrauchet Herr Hube zur Erklärung der Meteore.

So wie es nach Herr Hube eine doppelte Art von Auflöfung des Waffers in der Luft gibt, fo findet auch nach ihm eine doppelte Art von Niederfchlagung Statt. Die Niefchlagung von der erften Art hat nämlich alsdann Statt, wenn das Waffer auf die erfte Art, die Niederfchlagung von der andern Art aber, wenn das Waffer auf die zweyte Art aufgelöfet war. Bey der Niederfchlagung der erften Art verlieret die Luft gerade fo viel von ihrer Federkraft, als fie vorher durch die Auflöfung gewonnen hatte; bey der Nie-

derfchladerschlagung der zweyten Art aber behält sie ihre Federkraft, verlieret aber an ihrem eigenthümlichen Gewichte.   Beide Arten der Niederschlagungen kann man ferner in absolute und relative theilen.   Die erstern entstehen, wenn die Luft mit Wasser übersättiget ist.   Sie machen die Luft allemahl trübe.   Die letzteren finden Statt, wenn sich die Dünste, indem sie sich aus der Luft absondern, gleich an andere Körper hängen, weil sie von diesen stärker angezogen werden, als von der Luft.   Diese trüben die Luft nicht.   Durch die Kunst können wir nur relative nicht aber absolute Niederschlagungen des Wassers aus der Luft hervorbringen.

So weit die Theorie des Herrn Hube mit seinen eigenen Worten.   Ich setze hierzu nur noch einige Anmerkungen:

In beiden Theorien wird angenommen, daß sich das ausgedunstete Wasser chemisch auflöse; nur in Ansehung des Stoffs, womit sich das Wasser bey der wirklichen Ausdünstung verbindet, sind beide verschieden.   Nach de Lüc's Theorie ist dieser Stoff das Feuer oder die Wärmematerie; nach dem Auflösungssystem aber die Luft.   Es sind ganz ausgemachte Thatsachen, daß das Wasser in Verbindung mit dem Wärmestoffe in eine Dampfgestalt übergehe, und daß diese Verdampfung desto schneller erfolge, je geringer der Druck der Luft bey einerley Wärmegrad ist.   Gerade im luftleeren Raume verdunstet das Wasser am stärksten, und bey einerley Wärme im luftvollen Raume am schwächsten.   Aber eben eine solche schwache Verdampfung ist der Ausdunstung so sehr ähnlich, daß beide nicht verschiedener Ursachen bedürfen, um sie natürlich und gehörig zu erklären. Nach dem Auflösungssystem hingegen werden die beiden ähnlichen Erscheinungen, die Verdampfung und die Ausdünstung, aus der Wirkung zweyer verschiedener Ursachen hergeleitet.   Der Verdampfung soll nämlich der Druck der Luft hinderlich, der Verdünstung aber die Ziehkraft der Luft beförderlich seyn.   Ueberhaupt trifft man bey der Ausdunstung auf Phänomene, welche sich nach dem Auflösungssystem gar nicht erlären lassen. So erfolget die Ausdünstung im luftleeren

Raume

Raume am stärksten. Wie läßt es sich nach dem Auflösungssysteme begreifen, daß gerade da die Auflösung mit
der größten Heftigkeit und am schnellsten vor sich gehe, wo
das Auflösungsmittel (die Luft) entweder gänzlich fehlt, oder
doch wenigstens nur in einer ganz unbedeutenden Menge
da ist. Wie kann man ferner in einem solchen luftleeren
Raume die verstärkte Federkraft der Luft durch die in selbigem erfolgte Ausdünstung herleiten, da keine Luft da ist,
oder doch so wenig, daß es ganz unbegreiflich ist, wie diese
eine so ungeheure Federkraft erlangen kann? Ja die Erfahrung beweist, daß in dem Wasserhammer und in der
franklinischen Röhre die Ausdünstung desto schneller von Statten gehe, je reiner man die Luft weggebracht hat. Alles
dieß sind offenbare Thatsachen, daß die Ausdünstung des
Wassers nicht als eine Auflösung des Wassers in der Luft
zu betrachten, sondern daß sie vielmehr als eine Wirkung der
Wärme anzusehen sey. Die Erfahrung des Herrn **Hube**,
daß unter einer Glocke mit Luft das Barometer nicht
steiget, und das Thermometer nicht fällt, wenn Statt des
feuchten Lappens ein Gefäß mit Wasser in selbige gebracht
worden, ist ganz falsch, indem mir ein genauer Versuch gerade
das Gegentheil gezeiget hat. Die Theorie des Herrn de Lüc
hingegen kann von diesen Erscheinungen die befriedigendste
Rechenschaft geben, und zeiget zugleich, daß völlig getrocknete Luft, zu welcher Wasser gelassen worden, eben so aufs
Hygrometer wirkt, als wenn bey gleichem Wärmegrade ganz
allein der Wasserdampf, ohne Luft dabey nöthig zu haben,
gewirket hätte. Eben so beweiset sie auch, daß die vermehrte Trockenheit, welche das Hygrometer bey mehr verdünnter Luft zeiget, sich nach dem Auflösungssysteme gar
nicht erklären lasse. Ueberhaupt ist die Theorie des Herrn
de Lüc mit geprüften Erfahrungen so sehr unterstützt, daß
wohl schwerlich gegründete Einwendungen dagegen aufge-
bracht werden können. Zwar sucht Herr Hube das Auflösungssystem ebenfalls mit Erfahrungen zu unterstützen; allein
sie können doch nie so einfach und so analog erkläret werden,

als

als nach der Theorie des Herrn de Lüc. Wie viel Willkürliches liegt nicht in der Annahme von zweyerley Auflösungen
des Wassers in der Luft, und in der That wird es mir schwer,
den Unterschied dieser beiden Arten von Auflösungen in der
Natur jederzeit zu erkennen, so daß ich mir keine recht bestimmten Begriffe davon machen kann. Ueberhaupt ist es
aber nach Herrn **Lichtenbergs** Meinung noch gar nicht
erwiesen, ob es möglich sey, irgend einen Stoff in so genannte Luftarten aufzulösen, ohne gänzliche Veränderung
ihrer Natur, und ohne Uebergang in andere Luftarten.

Herr de Lüc beweist übrigens noch, daß das ausgedün-
stete Wasser in der oberen Luft durch irgend eine Naturoperation eine Veränderung erleiden müsse, weil man in der
Höhe bey sehr niedriger Temperatur alsdann die größte Trok-
kenheit durch das Hygrometer angezeigt finde, wenn nach
einer langen Zeit eine ungeheure Menge Wassers in den Luftkreis durch Ausdünstung aufgestiegen ist. Herr de Lüc
glaubt, daß hier der Wasserdampf, welcher auch bey der
niedrigsten Temperatur das Hygrometer nicht mehr afficire,
selbst ein Bestandtheil der Luft geworden sey. Er führet hierbey zugleich die Erfahrung an, daß sich der Wasserdampf

Durchgange durch ein glühendes Pfeifenrohr die Luftgestalt
annehme.

Auch die beyden angenommenen Arten von Niederschlagungen des Herrn Hube zeigen zu viel Willkürliches, und
man hat in der That gar keinen Grund zu glauben, daß das
Wasser, nach der ersten Art aufgelöset, durchgängig auf eine
ganz andere Art mit der Luft verbunden bleibe, und sich ganz
anders aus selbiger niederschlagen müsse, als das nach der
andern Art aufgelöste. Herr de Lüc erkläret den Niederschlag
weit einfacher und besser durch den Niederschlag des durch
Wärmestoff aufgelösten Wassers aus der Luft, worin diese
Auflösung sich befindet.

Zuletzt kann endlich noch die Frage aufgeworfen werden:
wenn die Ausdünstung wirklich eine Auflösung des Wassers
in

in der Luft ist, was für eine Form hat nun diese Auflösung
angenommen? Nach dem Begriffe der Auflösung müssen sie
offenbar an der Natur beyder Stoffe durch die Auflösung
Antheil genommen, und dadurch einen neuen Körper von
eigener Natur gebildet haben. Sollte denn nun wohl dieser
daher entstandene Körper von einer permanent elastischen, flüssigen Materie verschieden seyn? Wenigstens hat man Ursache, dieses nicht zu vermuthen, und so kämen ja zulezt diejenigen, welche dem Auflösungssystem zugethan wären,
mit dem Herrn de Lüc zusammen.

Es bleibt mir nun noch übrig, die vorzüglichsten Sätze
der Antiphlogistiker, in Ansehung der Ausdünstung mit beyzubringen. Ich entlehne sie insgesammt von Herrn Girtanner *). Er sagt: Festigkeit, Flüssigkeit und Elasticität
sind drey verschiedene Eigenschaften, welche nur verschiedene
Zustände eines und desselben Körpers bezeichnen, und welche
bloß von dem verschiedenen Grade der Temperatur, d. h. von
der größern oder geringern Menge von Wärmestoff in ihrer
Mischung abhängen. Es sind drey verschiedene Zustände,
durch welche alle Körper in der Natur successive gehen können.
Das Wasser z. B. ist bey einer Temperatur unter 0 Reaum.
ein fester Körper, Eis. Bey einer höhern Temperatur wird
das Anziehen seiner kleinsten Theile geringer, und es wird
flüssig. Bey einer noch höhern Temperatur von 80° Reaum.
wird die anziehende Kraft seiner kleinsten Theile noch geringer.
Diese folgen nunmehr der zurückstoßenden Kraft des Wärmestoffes, und das Wasser verwandelt sich in Dampf, in
Gas, in eine luftförmige, elastische Flüssigkeit. Ehe sich
aber ein Körper in eine luftförmige Flüssigkeit verwandeln
kann, muß derselbe sehr elastisch werden; er muß so viele
elastische Flüssigkeit, so viel Wärmestoff aufnehmen, daß
seine Elasticität größer wird als die Elasticität der Atmosphäre. Wird die Elasticität der Atmosphäre oder der so
genannte Druck derselben weggenommen, so verwandeln sich
viele Körper in Gas, welche sich außerdem nie würden in

Gas

*) Anfangsgründe der antiphlogistischen Chemie. Berlin 1795. gr. 8.

Gas verwandelt haben. So würden wir z. E. ohne Druck der Atmosphäre die Naphtha nicht anders kennen, als unter der Gestalt einer elastischen Flüssigkeit.

Die verschiedenen Arten von Gas benennt man am besten nach ihrer Grundlage, d. h. nach demjenigen Körper oder Stoffe, der, mit dem Wärmestoffe verbunden, jede besondere Art von Gas ausmacht. Der Wärmestoff ist allen gemein und wesentlich nothwendig. Diejenige elastische, luftförmige Flüssigkeit, welche aus dem Wasser entsteht, wenn dasselbe in einer Temperatur gehalten wird, welche größer ist, als der Siedpunkt, heißt dem zufolge Wassergas. Im gemeinen Leben nennt man dieses Gas Wasserdämpfe. Zwischen einem so genannten Dampfe und einem Gas findet gar kein wesentlicher Unterschied Statt.

Alle Arten von Gas, die wir kennen, lösen Wasser auf.

Ein Körper kann aus dem tropfbaren Zustande in den elastischen übergehen: 1) durch die Wirkung des Wärmestoffs. Dieser Uebergang wird Verdampfung genannt. 2) Durch eine hinlängliche Abnahme des äußern Drucks. Auch in diesem Falle wird eine beträchtliche Menge Wärmestoff eingesogen und gebunden. Dieser Wärmestoff wird den benachbarten Körpern entzogen, und diese werden daher während des Verdampfens der Flüssigkeit kälter. So verdampft z. E. das kalte Wasser unter der Glocke einer Luftpumpe, und verursachet Kälte. 3) Durch die Wirkung einer schon vorher vorhandenen elastischen Flüssigkeit. Auch in diesem Falle wird sehr viel Wärmestoff eingesogen und gebunden. Dieser Wärmestoff wird den benachbarten Körpern entzogen, welche daher erkalten. So löset sich z. B. das Wasser in der Atmosphäre auf, vermehret den Umfang derselben, und erkältet sie, im Verhältnisse mit der Menge und der Schnelligkeit jener besondern Art von Lösung, welche man Verrauchung (euaporatio) nennt.

Die der Verrauchung günstigen Umstände sind: 1) eine höhere Temperatur der aufzulösenden, tropfbaren Flüssigkeit; 2) eine größere Dichtigkeit des auflösenden, elastischen Flüssi-

gen:

gen: in benden Fällen sind benhde Körper dem Zustande näher, in den sie übergehen sollen.

Der Zustand eines elastischen Flüssigen ist der lezte Zustand, in welchen der Wärmestoff einen Körper verwandeln kann. Aber auch noch in diesem Zustande hört der Wärmestoff nicht auf, auf den Körper zu wirken, indem er denselben ausdehnet, oder seine Elasticität vermehret.

Der Wärmestoff wirkt auf die Körper, indem er dieselben ausdehnet, wenn der äußere Druck seiner Wirkung nachgeben kann. Daher unterscheidet man, entstehende Dämpfe und gehobene Dämpfe. Entstehende Dämpfe sind solche, welche gerade die nöthige Temperatur haben, um in dem Zustande eines elastischen Flüssigen zu seyn, und welche weder die geringste Erkältung, noch die geringste Zunahme des Drucks erleiden können, ohne daß sie sich wenigstens zum Theil wieder in eine tropsbare Flüssigkeit verwandeln. Gehobene Dämpfe sind solche, deren Temperatur höher ist, als die Temperatur der tropsbaren Flüssigkeiten, aus denen sie entstanden sind, im kochenden Zustande ist. Durch einen gewissen Grad von Druck kann man sie erkälten, ohne ihren Zustand zu verändern. Alle Arten von Gas sind weiter nichts als gehobene Dämpfe. Sie lassen sich wenigstens im mittleren Zustande, offenbar im Verhältnisse der drückenden Last, zusammendrücken.

Das Wasser löset sich in der Luft auf zweyerley Weise: vermöge des Feuers und ohne Feuer. Mit dem Feuer verbunden ist das Wasser in Gestalt gehobener Dämpfe oder in Gestalt von Wassergas mit der atmosphärischen Luft vermischt. Außerdem aber enthalten noch die verschiedenen Gasarten, aus denen die atmosphärische Luft besteht, Wasser in flüssiger Gestalt aufgelöst.

Das Hygrometer zeigt nur an, wie viel Wasser in flüssiger Gestalt in der atmosphärischen Luft enthalten ist: aber es zeigt nicht an, wie viel Wasser in Gestalt von Eis, oder in Gestalt von Gas, die Luft enthält. Eine Luft kann daher,

her, zufolge der Grade, welche das Hygrometer anzeiget, sehr trocken zu seyn scheinen, und dennoch sehr viel Wasser in Gasgestalt enthalten. Daher kommt es, daß eine sehr trockene Luft, bey starker Erkältung, auf ein Mahl feucht wird; und so entsteht oft, aus einer sehr trockenen Luft ein plötzlicher Regen von viel tausend Centnern Wasser.

Wenn man alle diese Sätze gehörig prüft, so wird man finden, daß sie sich nicht alle auf richtige Erfahrungen gründen. So ist der Erfahrung ganz entgegen, Wasserdämpfe mit dem Wassergas für einerley zu halten. Denn obgleich bey jeder Temperatur Wasserdampf bestehen kann, so wird er doch bey jeder Erkältung und bey jedem Drucke zersetzet, welches bey einem Gas nicht Statt findet. Der Satz, daß alle Arten von Gas Wasser auflösen, ist nicht bewiesen, sondern nur willkürlich angenommen. Nach den Beobachtungen des Herrn de Lüc ist es nicht alle Mahl wahr, daß eine sehr trockene Luft bey starker Erkältung auf ein Mahl feucht wird, vielmehr zeigte das Hygrometer vor plötzlichen Regengüssen in sehr kalter Luft Trockenheit; daher lassen sich diese Regen unmöglich aus einem Niederschlag durch Erkältung erklären. Herr Girtanner sucht sich dagegen zu vertheidigen. Weil dieses aber ein vorzüglicher Gegenstand ist, welcher den Regen betrifft, so soll es auch dem Artikel Regen vorbehalten seyn.

M. s. de Lüc zweyter Brief an de la Metherie über Wärme, Schmelzen und Verdünstung in Grens Journal der Physik B. II. S. 402 u. f. Dritter Brief über Dämpfe, luftförmige Flüssigkeit und atmosphärische Luft. Ebendas. B. III. S. 132 u. f. Ueber die Ausdünstung, von de Lüc, aus den Philosoph. Transact. von 1792. in Grens Journal b. Ph. übers. B. VIII. S. 141. W. A. E. Lampadius Kurze Darstellung der vorzüglichsten Theorien des Feuers. Götting. 1793. 8. S. 79–86. Erxlebens Anfangsgründe der Naturlehre, herausgeg. von Lichtenberg. VI. Aufl. Götting. 1794. Vorrede und Anmerk. zu S. 238 und S. 434.

Ausflüffe (effluvia, emanationes, exhalationes, Emanations, émissions, exhalaisons) find Verbreitungen der getrennten Theile eines Körpers in dem Mittel, worin er sich befindet, die getrennten Theile mögen flüssig, oder bey festen Körpern selbst sehr feine abgesonderte Theile seyn. Dergleichen Ausflüsse der Körper können auf mancherley Weise entstehen, durch eine innere Bewegung, wie z. B. bey der Gährung, Fäulniß, beym Kochen der Flüssigkeiten u. s. w. durch die Einwirkung der Wärme, durch Auflösungen u. d. g.

So erzeugen Ausflüsse die Transspiration der thierischen und vegetabilischen Körper, die Verdampfung und Verdunstung, die Entbindungen der Gasarten u. d. g. mehr. Daher hat auch das System, nach welchem das Licht als ein Ausfluß von feiner Lichtmaterie von dem leuchtenden Körper angenommen wird, den Nahmen des **Emiffions-** oder **Emanationssystems** erhalten.

Mehrentheils find die Ausflüsse von einer außerordentlichen Feinheit. Wenn z. B. eine Cubiklinie Lavendelöl zur Ausdünstung gebracht wird, so kann dadurch ein Zimmer von riechbaren Theilen erfüllet werden. Gesetzt, es wäre die Länge des Zimmers 18 Fuß und die Breite auch 18 Fuß, und die Höhe 10 Fuß, mithin der ganze körperliche Inhalt des Zimmers = 18. 18. 10 = 3240 Cubikfuß = 466560 Cubiklinien. Nimmt man nun in einer Cubiklinie nur 4 riechbare Theile an, so würde eine Cubiklinie in 1866240 riechbare Theile zerrissen. Wenn man ferner ein Stück Ambra vom Gewichte 100 Gran auf einer Wage, welche den kleinsten Theil eines Grans merklich beweget, eine Zeit lang liegen läßt, so wird ein Zimmer beständig von den riechenden Ausflüssen erfüllt seyn, wenn auch das Zimmer unaufhörlich mit frischer Luft in einem abwechselnden Zustande erhalten wird. Nach 3½ Tagen bemerkt man noch nicht ein Mahl den geringsten Verlust von dem Stück Ambra; wie fein müssen also nicht die Ausflüsse hiervon seyn. Dergleichen Beyspiele hat vorzüglich

P
lich

lich **Boyle** *) gesammelt. — Ohne Zweifel sind die Ausflüsse nichts weiter als Dampf, oder feine durch die expansive Kraft des Wärmestoffs mit fortgerissene Theilchen, die sich in dem umgebenden Mittel eben so wie die Ausdünstung des Wassers verhalten. Daher werden die Ausflüsse eben so wie der Wasserdampf durch Erkältung und durch Druck zersetzet, und durch das Hinzukommen von Wärmestoff wieder aufs Neue expansibel gemacht. Es ist bekannt genug, welche Unordnung die durch die Erkältung unterdrückte Transspiration im thierischen und vegetabilischen Körper verursachen kann, oft zieht sie denselben den Tod zu. Es ist schon hieraus einzusehen, daß die Ausflüsse der Körper ein vorzüglich wirksames Mittel sind, Veränderungen in der Natur von wichtigen Folgen hervor zu bringen. Auch hängt ja größtentheils von ihnen eine gesunde oder ungesunde Luft ab. Welche wohlriechende Düfte verbreiten nicht im Lenz die Blumen umher; wie schädlich sind aber auch nicht die Ausflüsse morastiger Gegenden? Kurz die Ausflüsse nähren, wenn ich mich so ausdrücken darf, die Atmosphäre unserer Erde, ohne welche wir unser Leben nicht fortsetzen könnten.

Herr **Prevost** *) hat eine eigene Abhandlung über die Ausflüsse riechender Dinge, und über die Mittel, sie dem Gesichte bemerkbar zu machen, abgefaßt. Die vorzüglichsten Resultate seiner Versuche sind folgende:

1. Bringt man riechende, entweder flüssige oder feste Substanzen, auf eine befeuchtete Platte oder auch in eine mit einer dünnen Wasserschicht überzogene breite Untertasse, so treiben sie diese auf der Stelle weg, und es bildet sich um sie herum ein Raum von etlichen Zollen.

2. Legt man ein Stückchen einer festen riechenden Substanz oder auch ein Stückchen mit einer riechenden Materie

*) Exerc. de mira subtilitate effluviorum in den opusc. Genevens. 1680. 4.

*) Annales de Chimie T. XXI. S. 259 u. f. in Grens neuem Journal der Physik. B. IV. S. 242.

terle getränktes oder bestrichenes Löschpapier oder
Kork aufs Wasser, so kommen diese sogleich in eine
drehende Bewegung mit großer Geschwindigkeit. Diese
Erfahrung hat schon **Romieu** mit Kampfer gemacht,
und sie fälschlich von der Elektricität abgeleitet. Selbst
an Kampferstückchen von 7 bis 8 Quentchen bemerkt
man Bewegung.

3. Wenn in diesem Falle eine riechende Flüssigkeit aufs
Wasser geschüttet wird, so wird die Bewegung dadurch
so lange gehemmt, bis jene verflüchtigt ist. Ein fettes Oel hemmt die Bewegung so lange, bis man das
dadurch auf dem Wasser gebildete Häutchen wieder weggenommen hat.

4. Wird das Wasser durch abwechselndes Eintauchen und
Herausziehen mit einem Blättchen Metall, Papier
oder Glas von dem erwähnten Häutchen befreyet, so
kommt die drehende Bewegung wieder. Es ist hinreichend, eine Stange Siegellack, ein Stück Wachs-
stock ins Wasser zu tauchen, und die an der Oberfläche derselben angehängten Tropfen auf das Wasser,
worauf sich die riechenden Substanzen bewegen, zu
werfen, um diese Bewegung zu hemmen. Metall
thut nicht dieselbige Wirkung, wie das Wachs.

5. Es bildet sich um die riechenden Substanzen eine Atmosphäre von Elastischflüssigen, von welcher die angezeigten Wirkungen abhängen.

6. Ein Stück Kampfer z. B., welches 3 bis 4 Linien ins
Wasser getaucht ist, ohne darin zu schwimmen, erregt
um sich herum eine zitternde Bewegung in dem Wasser, welche die kleinen benachbarten Körperchen abstößt,
und wieder zum Kampfer zurückbringt. Herr **Prevost** schließt hieraus, daß von der riechenden Substanz ein elastisches Fluidum, gleich dem Feuer einer
Rakete, oder beym Abbrennen eines Schießgewehrs,
entweiche.

7. Wenn zwiſchen der Höhe des
   chen Kampfer, welches man
   ein gewiſſes Verhältniß erreicht
   ſich das Waſſer plötzlich davo
   Kampfer zurück, entfernet ſich
   eine Exploſion, dere
   eine Umdrehung um ſich ſelb

8. Stückchen Kampfer von der
   andere riechende Subſtanzen
   den Metallblattes von 4 bis
   auf dem Waſſer ſchwimmt,
   terlage eine minder lebhafte
   iſt, welche der Kampfer
   man das Glas, worin man
   ganz mit Waſſer anfüllt,
   und ſo die Berührung der

9. Der Kamp
   er auf Met

10.   bis 40
    wenn er auf Waſſer liegt, als wenn
    ten von der Luft umgeben iſt.

11. Während der Kampfer ſich in die Luft zerſtreuet, be-
    hält er ſeine Form und ſeine mattweiße Farbe; auf dem
    Waſſer hingegen rundet
    tig, als wenn er eine
    Man könnte glauben, daß dieß von
    wegung herrühre, wodurch er mehr

    mit recht trockenem,
    Glocke, und 6 andere in
    me feucht erhaltenen Glocke aufgehängt waren, war
                                                      die

die Verflüchtigung durchaus gleich; und das Waſſer, das in dieſem Falle den Kampfer nicht berührte, ſchien dazu nichts beyzutragen.

13. Es iſt vielmehr dazu nöthig, daß das Waſſer ihn unmittelbar berühre; auch zerſtreuen ſich Kampferſtückchen, die auf beſtändig naß erhaltenem Löſchpapier liegen, eben ſo ſchnell, und werden eben ſo durchſichtig, als wenn man ſie auf Waſſer legt; ſie erhalten aber keine Bewegung.

14. Die gemeinſchaftliche Wirkung des Waſſers und der Luft begünſtiget alſo die Entwickelung des Fluidums, das der Grund der Bewegung und der gänzlichen Zerſtreuung der riechenden Körper iſt.

15. Die Bewegung der riechenden Subſtanzen auf dem Waſſer wird nach einiger Zeit von ſelbſt gehemmt und hört auf, weil das Waſſer alsdann einen ſtarken Geruch erlangt, und die Verflüchtigung nun in allen Punkten ſeiner Oberfläche gleich ſtark geſchiehet, folglich die kleine Maſſe ſich von der riechenden Flüſſigkeit ſelbſt umgeben befindet, welche nicht mehr bloß Luft iſt, und ſich darin, wie in gewöhnlichen Flüſſigkeiten auflöſet, ohne Bewegung zu erhalten.

Hierbey findet noch ein merkwürdiger Umſtand Statt. Berühret man nämlich mit einer in Oel getauchten Stecknadel die Oberfläche des Waſſers, worauf ſich die riechenden Theilchen bewegen, ſo hören in dem Augenblicke die Bewegungen auf; man ſieht auf dem Waſſer ein durchs Oel gebildetes Regenbogenhäutchen.

Durch dieſe Erfahrungen glaubt Herr Prevoſt ein Mittel erfunden zu haben, die riechenden Ausflüſſe vermittelſt des Waſſers fürs Geſicht und Gefühl bemerkbar zu machen. Vielleicht könnte nach ſeinem Ausdrucke dieſe Art von Odoroſkop bey größerer Vervollkommenung ein Odorimeter (Odmometer) werden.

Auslader (excitator electricus, excitateur, arcconducteur) ſind zum elektriſchen Apparate gehörige Werkzeuge,

mittelſt

mittelſt welcher die mit Elektricität geladenen Körper entladen werden.

Den Auslader, welcher zur Entladung elektriſcher Flaſchen und der Batterie gebrauchet wird, verfertiget man gewöhnlich aus einem ſtarken Meſſingdraht, welcher in Form
eines Kreisbogens gebogen, oder auch ſo zubereitet worden,
daß man ihn wie die Schenkel eines Zirkels öffnen und zuſam-
menlegen kann. Dieſer Drath (fig. 28) a b c hat in beyden Enden ein Paar metallene Kügelchen a und c, und einen
nichtleitenden Handgriff d, etwa von dürrem Holze oder von
Glaſe, der in der Mitte des Drahtes befeſtiget iſt. Will
man dieſes Inſtrument gebrauchen, ſo faßt man es mit der
Hand beym Handgriffe, berühret mit einem meſſingenen Kügelchen die eine Seite des geladenen elektriſchen Körpers; mit
dem andern Kügelchen aber die andere Seite dieſes elektriſchen Körpers oder die damit verbundene leitende Subſtanz a,
ſo wird dadurch die Verbindung der beyden Seiten des elektriſchen Körpers ergänzet, und derſelbe wird entladen, ohne
daß die Hand einen Schlag fühlt. Sollte der elektriſche
Körper nicht ſtark geladen ſeyn, ſo kann man auch ohne den
Handgriff d den meſſingenen Draht a b c in die Hand nehmen, und auf vorbeſchriebene Weiſe die Entladung vornehmen. Denn das Metall iſt ein beſſerer Leiter als die Hand,
und die Elektricität folgt daher den Weg durch das Metall,
ohne in die Hand zu wirken. Bey ſtärkerer Ladung hingegen, wie z. B. bey einer Batterie, würde man auf dieſe letztere
Art einer Lateralexploſion ausgeſetzt ſeyn. Es iſt vortheilhaft, die Einrichtung des Ausladers ſo zu machen, daß die
beyden meſſingenen Kügelchen an beyden Enden abgeſchrau-
bet und dagegen andere zum ſtillen Entladen angeſchraubet
werden können.

Wenn eine Batterie entladen werden ſoll, ſo hängt gemeiniglich der eine Arm des Ausladers mittelſt einer Kette
mit dem Haken, der mit der äußern Belegung der im Kaſten der Batterie befindlichen Flaſchen verbunden iſt, zuſammen; der andere Arm des Ausladers mit dem Kügelchen

wird

wird alsdann einem von den metallenen Stäben genähert, welche die innere Belegung der Flaschen mit einander verbinden. — Henly hat einen eigenen Auslader angegeben, welchen man den allgemeinen Auslader nennt, und welcher zu sehr vielen elektrischen Versuchen gebrauchet wird. Seine Theile sind folgende: (fig. 29) a b ist ein flaches Bret, 15 Zoll lang 14 Zoll breit und ungefähr 1 Zoll dick, welches den Fuß des Ausladers abgibt; c d und e f sind zwey Säulen von Glas, welche in das Bret a b eingekittet, und oben mit messingenen Stücken versehen werden, deren jedes ein doppeltes Charnier hat, und eine Röhre enthält, durch welche sich der Draht g h schieben läßt. Außer diesem Hin- und Herschieben des Drahtes muß er auch nach mittelst der Charniere horizontal und vertikal beweget werden können. Ein jeder Draht hat an dem einen Ende einen Ring g, und an dem andern Ende eine kleine messingene Kugel h, welche nach Gefallen auf die Spitze derselben gesteckt und wieder abgenommen werden kann. k ist eine starke hölzerne Scheibe 5 Zoll im Durchmesser, auf deren Oberfläche ein Stück Elfenbein eingeleget ist, und die einen starken cylindrischen Fuß hat. Dieser Fuß geht in einen andern hohlen Cylinder i, welcher in der Mitte des untern Bretes a b befestiget ist, und worin der Fuß der hölzernen Scheibe vermittelst einer Schraube auf jede erforderliche Höhe gestellet werden kann. m ist eine kleine zu diesem Instrumente gehörige Presse, welche aus zwey länglichen Bretern, die durch zwey Schrauben an einander gepresset werden können, besteht; das unterste Bret hat einen cylindrischen Fuß, der eben so groß ist, als der Fuß der Scheibe k. Wenn diese Presse gebraucht werden soll, so wird sie in den hohlen Cylinder i l gesteckt anstatt der Scheibe k, welche man in diesem Falle herausnehmen muß.

Dieser allgemeine Auslader wird gebrauchet, entweder über oder durch Körper elektrische Schläge aus geladenen Flaschen oder Batterien gehen zu lassen. Man befestige z. B. an jede Kugel h, oder auch nur an die Drähte, welche sonst die Kugeln tragen, anstatt derselben ein plattes und polirtes

lirtes Metall, so daß die Oberflächen von beyden einander
so nahe kommen, daß man die Batterie durch sie entladen
könne. Hierauf verbinde man den einen Draht g h mit der
äußern Seite der Batterie, den andern aber durch Hülfe des
gewöhnlichen Ausladers mit der innern Seite und lasse den
Schlag durchgehen. Dieser wird auf den Oberflächen der
beyden metallenen Stücke, die man auf den Auslader befestiget hat, einen sehr schönen Fleck verursachen, um welchen
sich versch
ein Spiel Charten hindurch schlagen, so stelle man dasselbe
aufrecht auf die Scheibe k so, daß es auf beyden Seiten die
Kugeln h berühre, und lasse wie vorhin den elektrischen Schlag
hindurch gehen. Man nehme ferner zwey Stückchen gemeines Glas, lege zwischen selbige ein Goldblättchen, so daß
es an beyden Seiten ein wenig herausgehet. Preßt man alsdann mittelst der Presse m die beyden Glasblättchen zusammen, und legt den herausgehenden Theil des Goldblättchens
an die beyden Enden der Drähte h an, und läßt nun den
Schlag hindurchgehen, so verbindet sich das Goldblättchen
mit dem Glase so innig, daß man es weder abschaben, noch
durch das gewöhnliche Auflösungsmittel wegbringen kann.

M. s. Cavallo, vollständige Abhandlung der Lehre von
der Elektricität aus d. Engl. 4. Auflage Leipzig 1797. Th. I.
S. 140. 160. 163.

Ausladeelektrometer s. Elektrometer.

Auslaufungskreise s. Schrankenkreise.

Ausschlagen der Kälte s. Thauwetter.

Auftralerde (terra australis, cambria). Ist eine
von den einfachen Erden, welche Herr Wedgwood *) in
einem sandähnlichen gemengten Fossil in Neu-Süd-Wales
entdecket hat. Sie kann weder im Wasser noch in der
Schwefel- und Salpetersäure aufgelöset werden, aber in
der concentrirten Salz-Säure durch Hülfe der Hitze, woraus sie durch bloßes Wasser wieder niedergeschlagen wird.

Im

*) philosop. transact. Vol. LXXX. 1790. S. 306. f übersetzt in Gren's
Journal der Phys. B. VI. S. 479. u. f.

Im ſtrengen Feuer iſt ſie für ſich ſchmelzbar. Sie hat keine Verwandſchaft gegen die Kohlenſäure, und iſt in Alkalien auf naſſem Wege unauflösbar.

M. ſ. Gren, ſyſtemat. Handbuch der geſammten Chemie I. Band Halle 1794. gr. 8. S. 272. Girtanner Anfangsgründe der antiphlog. Chemie. Berlin 1795. gr. 8. S. 259. Ueber die neue Grunderde im Auſtralſande von J. F. Blumenbach im gothaiſchen Magazin für das Neueſte aus d. Phyſ. u. Naturg. B. VII. St. 3. S. 56 u. ſ.

Auſtralien, Polyneſien. Hiermit benennt man die im großen Südmeere oder ſtillen Meere zwiſchen Aſien und Amerika gelegenen häufigen Inſeln, welche von einigen Geographen als der fünfte Welttheil betrachtet werden. Es gehören hierzu Neuholland, Neuguinea, das Land der Papus, Neubritannien, Neuirland, Neuſeeland und mehrere in den heißen und in den ſüdlichen gemäßigten Zonen gelegene Inſeln.

M. ſ. D. R. Forſters Bemerkungen über Gegenſtände der phyſiſchen Erdbeſchreibung ꝛc. auf ſeiner Reiſe um die Welt geſammelt, aus d. Engl. durch G. Forſter. Berlin 1783. 8.

Auſtralſchein ſ. Südliche.

Austritt (emerſio, emerſion) heißt in der Aſtronomie der Augenblick, worin bey Verfinſterungen ein Geſtirn aus dem Schatten des Himmelskörpers wieder hervorkommt. Bey totalen Verfinſterungen unterſcheidet man den Anfang des Austritts und den gänzlichen Austritt. Jener iſt der Augenblick, wo der verfinſterte Himmelskörper mit dem einen Rande die Seite des Schattenkegels berühret und wieder ſichtbar wird, dieſer aber der Augenblick, wo er mit dem entgegengeſetzten Rande des Himmelskörpers die Seite des Schattenkegels verläßt.

Ausweichung ſ. Elongation.

Automate (Automata, machinae quae ſua ſponte moueri videntur, automates) ſind mechaniſche Kunſtwerke, welche durch innere mechaniſche Anordnungen eigene

P 5. Bewe-

Bewegungen hervor zu bringen im Stande sind; ohne daß
von außen eine Kraft auf sie wirke. Dergleichen Automaten
sind z. B. die genugsam bekannten Taschenuhren, welche
durch zusammengefügte Räderwerke und Federn vielmahls
außer der gewöhnlichen Zeit noch die Tage im Monathe, den
Lauf des Mondes u. d. g. zeigen. Durch Hülfe der wenigen
so genannten einfachen Maschinen hat es der menschliche Geist
in der verschiedenen Zusammenfügung derselben, in Rücksicht
der Automate, zu einer bewundernswürdigen Höhe gebracht.
Vorzügliche Bewunderung verdienen diejenigen Automate,
welche unter der Gestalt eines Menschen mancherley freywillige Handlungen vorzunehmen scheinen. Man nennt diese
Androide.

Schon in den ältesten Zeiten ist der Gedanke rege gewesen, durch allerley mechanische Künsteleyen thierische Bewegungen in abgebildeten Thieren hervor zu bringen. So
erzählt Gellius *), Archytas von Tarent habe eine flie-
gende Taube von Holz verfertiget, welche durch mechanische
Kräfte und einen eingeschlossenen Hauch belebt worden sey.

Im Jahre 1738 verfertigte Vaucanson *) einen Flö-
tenspieler. Er war 5½ parif. Fuß hoch, sitzend, und mit
einem Piedestal versehen, worin die mechanische Anordnung
hauptsächlich verborgen war. Dieser blies auf der Querflöte
mit dem größten Ausdrucke und Befolgung des Taktes verschiedene musikalische Stücke, indem er in die Flöte nicht anders als jeder andere Mensch wirkte. Außerdem verfertigte
er noch einen Trommelschläger, welcher mit der einen Hand
das Flageolet spielte, und mit der andern das Stück auf der
Trommel mit einfachen, doppelten und Wirbelschlägen begleitete; auch eine Ente, welche die Körner mit dem Schnabel
aufnahm, kaute, verschluckte, und durch den natürlichen
Gang in einer verdauten Körnern ähnlichen Gestalt wieder
von sich gab. Diese Ente schlug mit den Flügeln, richtete
sich

---

*) Noctes atticae L. X. c. 12.

*) Le mécanisme du flûteur automate. Paris 1738. übers. im Hamb.
Magazin B. II. 4. Stück.

sich auf den Füßen in die Höhe, drehete den Hals u. s. w., und der Bau ihres Körpers war der Natur so viel möglich nachgeahmet.

Herr **Bernoulli**, in der Beschreibung des Fürstenthums Welsch-Neuenburg und Vallengin [α]), hat von den beyden **Jaques Droz**, in der Chaux de Fonds, Vater und Sohn, welche es in der Kunst, automatische Maschinen zu verfertigen, noch weiter als Vaucanson gebracht haben, eine kurze Anzeige gethan. Die merkwürdigsten dieser Automate sind die Figur eines zweyjährigen Kindes, welches sitzend an einem Pulte seine Feder eintauget, das Ueberflüssige wegschüttelt, und Alles, was man ihm in französischer Sprache vorsaget, nachschreibt; ein Mädchen, das den Flügel spielet u. d. g.

Der berühmte, in Preßburg verfertigte, Automate, der **Schachspieler** des Herrn **von Kempelen**, ist in den neuern Zeiten mit Bewunderung betrachtet worden. In Ansehung der äußeren Einrichtung dieser Maschine und ihres Spiels haben der Herr von **Windisch** [β]) und der Herr Prof. **Hindenburg** [γ]) Beschreibungen gegeben; die innere Einrichtung aber hält der Künstler geheim. Es ist sehr wahrscheinlich, daß dieser Automate von einem innern versteckten Menschen regieret worden sey. Der Freyherr von **Raknitz** [δ]) hat im kleinen eine Maschine angegeben, welche alles das leistet, was man an diesem Schachspieler bewundert hat.

M. s. **Gehlers** physikalisches Wörterbuch Th. I. S. 221 u. f. Th. V. S. 113.

Automatische Bewegungen (motus automatici, mouvemens automatiques) nennt man nach **Boerhaave** unwillkürliche Bewegungen verschiedener Theile im thierischen Körper,

α) Sammlung kurzer Reisebeschreib. erster überzähliger Band. Berlin 1783. S. 152 u. f.

β) Briefe über den Schachspieler des Herrn von Kempelen. Basel 1783. 8.

γ) Ueber den Schachspieler des H. v. Kempelen. Leipzig 1784. 8.

δ) Ueber den Schachspieler des H. v. Kempelen und dessen Nachbildung. Leipzig 1790. 8.

Körper, wie z. B. das Zusammenziehen und Erweitern der Pupille im Auge, die Absonderung der Säfte, die Transspiration, die wurmförmige Bewegung der Gedärme u. s. w.

Auzometer, Vergrößerungsmaß (auxométrum, auzométre), ein Instrument, womit die Vergrößerung bey den Fernröhren gemessen wird.

Vermöge der Theorie der Linsengläser findet man die Vergrößerungszahl eines Sternrohres, wenn man die Brennweite des Objectivs durch die Brennweite des Okulars dividiret (s. Fernrohr). Da man aber nicht alle Mahl die Brennweiten der Gläser in einem Fernrohre genau kennet, und überdem bey zusammengesetzten Fernröhren, bey welchen mehrere Augengläser angeordnet sind, verschiedene Rechnungen vorzunehmen hat; so ist man schon vor Alters auf den Gedanken gekommen, die Vergrößerung durch Versuche zu finden. Wolf *) schreibt hierzu folgende Regeln vor: man wende das Fernrohr gegen die Ziegeln eines Daches, und betrachte mit dem einen Auge eine Reihe durch das Fernrohr, und mit dem andern Auge ohne das Fernrohr eben dieselbe; man wende aber das Fernrohr so, daß der Anfang des Bildes durch selbiges gesehen mit dem Anfange des Bildes durch das bloße Auge gesehen zusammenfälle, hierauf zähle man, wie viele Ziegeln mit dem bloßen Auge beobachtet auf einen einzigen Ziegel durch das Fernrohr gesehen gehen; diese Anzahl wird die verlangte Vergrößerung seyn. Man sieht wohl, daß diese Methode die Vergrößerung zu finden, sehr unvollkommen sey.

Adams *) hat ein eigenes Instrument angegeben, um die Vergrößerung zu messen. Die Einrichtung desselben ist folgende: Man läßt sich drey kleine metallene Röhren verfertigen, welche in einander geschoben werden können, in welchem Zustande sie nicht länger als 1¼ Zoll sind, und im Durchmesser 11 Linien haben. Die erste Röhre (fig. 30) a b c d steckt in der andern, und besitzet in einer Entfernung

von

---

*) Elementa matheseos vniuersae. Tom. III. elem. dioptricae. §. 399.
β) In Rozier Journal de physique. Janr. 1789. p. 65.

von der Augenöffnung eine Glaslinſe e; die zweyte Röhre
f g h i, welche in der dritten ſteckt, hat am Ende eine durchſichtige Hornſcheibe, auf welcher Parallelſtriche in einer Entfernung von $\frac{1}{100}$ Zoll von einander gemacht worden; die
dritte Röhre endlich iſt auf beyden Seiten offen, und dienet
vorzüglich nur dazu, die durchſichtige Hornſcheibe g h ſo zu
ſtellen, daß ſie das Bild hinter dem Objektivglaſe im Fernrohre deutlich auffangen kann. Auch iſt auf dieſer Röhre ein
Zoll in Zehntheile und ein Zehntel in Hunderttheilchen getheilt. Dieſes Inſtrument gebrauchet man nun ſo: Man
richtet das Fernrohr nach einem Gegenſtande hin, welchen man
durch ſelbiges deutlich ſehen muß; hierauf zieht man die Röhre
a b c d ſo weit heraus, daß man durch die Linſe e die Parallelſtriche auf der Hornſcheibe g h gegen den Himmel gerichtet
deutlich wahrnehmen kann; nun bringt man das ganze Auzometer an die Okularröhre des Fernrohres, und ſchiebt die
Röhre k l m n ſo lange hin und her, bis man das Bild im
Fernrohre durch die Linſe e auf der Hornſcheibe g h deutlich
abgebildet erblicket; alsdann zählt man die Parallelſtriche,
welche der Durchmeſſer des Bildes einnimmt, miſſet mittelſt
eines Zirkels den Durchmeſſer der Oeffnung des Objektivglaſes in Hunderttheilchen des Zolles, und dividirt ſelbigen
durch die Anzahl von Hunderttheilchen, welche das Bild des
Objektes im Durchmeſſer auf der Hornſcheibe einnimmt, ſo
iſt der gefundene Quotiente die Vergrößerungszahl. Vermöge der Theorie verhält ſich nähmlich die Fokuslänge des
Objektivglaſes zur Fokuslänge des Okularglaſes, wie der
Oeffnungsdurchmeſſer des Objektivs zum Oeffnungsdurchmeſſer des Okulars. Da nun gerade dahin das Bild des Gegenſtandes fällt, wo das Okularglas iſt, ſo hat man auch:
die Fokuslänge des Objektivs zur Fokuslänge des Okulars,
wie der Oeffnungsdurchmeſſer des Objektivs zum Durchmeſſer
des Bildes.

Weil bey dem galileiſchen Fernrohre das Okularglas
kein phyſiſches Bild zuwege bringt, ſo kann auch bey dieſem
das Auzometer nicht gebrauchet werden.

Ar

Are (axis, axe) heißt überhaupt eine jede gerade Linie, um welche sich irgend eine Ebene oder auch ein Körper drehen kann.

In der Lehre von den Kugelschnitten wird derjenige Durchmesser der Kugel die Are genannt, welcher auf allen Ebenen der Kugelschnitte senkrecht steht, und folglich durch deren Mittelpunkt hindurch gehet. Diese Kugelschnitte müssen alsdann mit einander parallel seyn, und gegen die Endpunkte der Are zu immer kleiner werden, wovon bloß derjenige Kreis der größte ist, der durch der Kugel Mittelpunkt hindurch gehet. Stellt man sich vor, es sey irgend ein Durchmesser der Kugel unbeweglich, und es drehe sich die ganze Kugel um selbigen; so muß auch ein jeder Punkt auf der Oberfläche der Kugel einen Kreis beschreiben, wozu jener Durchmesser als Are gehöret. So scheint sich täglich der Himmel um eine unbewegliche Linie zu drehen, welche die Weltare heißt (s. **Weltare**); alle Firsterne beschreiben in diesem Falle unter sich Parallelkreise, welche Tagekreise genennet werden, und welche daher auch mit dem Aequator parallel sind. Diese tägliche Bewegung der Firsterne ist freylich nur scheinbar, indem sich eigentlich die Erdkugel um die Erdare binnen 24 Stunden herum drehet, und eben diese scheinbare Bewegung der Firsterne verursachet. Ueberhaupt kann man für einen jeden merkwürdigen Kreis an der Himmelskugel eine Are annehmen. So hat die Eklipik eine Are, so wie ebenfalls der Horizont, der Mittagskreis u. s. f. ihre eigene Are haben.

In der Geometrie heißt die Are einer Walze die gerade Linie, welche durch die Mittelpunkte der Grundfläche derselben gehet, und die Are eines Kegels die gerade Linie von der Spitze bis zum Mittelpunkte der Grundfläche gezogen. Die Benennung rührt eigentlich daher, weil eine Walze entsteht, wenn sich ein Rechteck um eine unbewegliche Seitenlinie, ein Kegel aber, wenn sich ein rechtwinkliges Dreyeck um einen unbeweglichen Cathetum drehet. Bey den Kegelschnitten in der höhern Geometrie heißen diejenigen geraden Linien, welche nicht allein die krummen Linien, sondern auch die von selbi-

gen

gen eingeschloſſenen Flächen in zwey ähnliche und gleiche Hälften theilen. Bey der Ellipſe und bey der Hyperbel insbeſondere finden zwey Axen Statt, nämlich die Hauptaxe und die kleine oder conjugirte Axe; die Parabel aber hat nur eine Axe. Nach Keplers Entdeckung ſind die Planetenbahnen lauter Ellipſen, und es iſt nun leicht zu begreifen, was man unter der großen Axe der Planetenbahn zu verſtehen habe. Die große Axe der Ellipſe geht nicht allein durch den Mittelpunkt derſelben, ſondern auch durch beyde Brennpunkte, die kleine hingegen geht ganz allein durch den Mittelpunkt, und ſchneidet die große Axe unter einem rechten Winkel. Drehen ſich alle dieſe Kegelſchnitte um ihre Axen, ſo werden dadurch Körper beſchrieben, welche von den Kegelſchnitten den Nahmen der Ellipſoide, Paraboloide, Hyperboloide erhalten.

In der Maſchinenlehre heißen alle diejenigen geraden Linien Axen, welche eine unveränderte Lage behalten, und um welche von wirklichen Körpern Kreiſe beſchrieben werden. So liegt die Axe einer Rolle in der Mitte des Polzens, die Axe eines Mühlrades in der Mitte der Welle, die Axe eines Uhrrades in der Mitte der Spindel, die Axen der Winden, Haſpeln, Kurbeln u. d. g. in der Mitte ihrer Wellen u. ſ. f. Ueberhaupt nennt man alle diejenigen Maſchinen, welche um eine unbewegliche gerade Linie Kreiſe beſchreiben, insgeſammt das Rad an der Axe.

In der Dioptrik und Katoptrik werden diejenigen geraden Linien, welche durch die Mittelpunkte der Krümmungen der Linsengläſer oder der erhabenen und hohlen Spiegel hindurch gehen, Axen genannt. Bey einem Fernrohre iſt diejenige gerade Linie die Axe deſſelben, welche durch die Mittelpunkte aller Gläſer in dem Fernrohre gehet. Endlich heißt die Geſichtsaxe diejenige gerade Linie, welche durch die Mitte der Pupille und durch die Mittelpunkte der Krümmungen der Hornhaut, der Cryſtalllinſe und der übrigen Feuchtigkeiten gehet.

Azimuth

Azimuth (azimuth). Hierunter verstehet man den Winkel (fig. 6.) i g h am Zenith des Gestirnes s, welchen der Scheitelkreis g s h des Sternes s mit dem Mittagskreise eines Ortes macht. Auch nennt man diesen Winkel den Azimuthalwinkel. Die gerade Linie h c, worin die Fläche des Vertikalkreises die Ebene des Horizontes schneidet, heißt die Azimuthallinie. Der Bogen i h des Horizontes ist alsdann das Maß des Azimuths a g h, und man versteht auch wohl diesen Bogen, wenn von dem Azimuthe die Rede ist. Das Azimuth ist entweder westlich oder östlich, nachdem die Grade desselben von dem Mittagskreise gegen Westen oder gegen Osten gezählet werden. Bey dem Durchgange des Sterns durch den Mittagskreis ist sein Azimuth $= 0$. Es ist folglich die Stelle eines Sterns völlig bestimmt, wenn die Höhe und das Azimuth desselben bekannt sind.

Bey den astronomischen Quadranten ist gewöhnlich ein in Grade eingetheilter Horizontal-Kreis, der Azimuthalkreis, befindlich. Hiermit wird also mittelst einer einzigen Beobachtung nicht allein des Sternes s Höhe, sondern auch sein Azimuth gefunden.

In dem sphärischen Dreyecke g s p ist g s die Ergänzung der Höhe des Sternes s, g p die Aequatorhöhe des Ortes, p s die Ergänzung der Abweichung, der Winkel s p g der Stundenwinkel, und der Winkel s g p der Nebenwinkel des Azimuths g h i. Wenn also von den fünf Stücken, Azimuth, Aequatorhöhe, Höhe, Abweichung und Stundenwinkel drey bekannt sind, so lassen sich allemahl aus dem sphärischen Dreyecke g s p die übrigen beiden Stücke finden.

M. s. Kästner astronom. Abhandlungen, erste Sammlung. Götting. 1772. 3te Abhandl. §. 1 u. s.

Azote s. Stickstoff.

Bäche

B.

Bäche (riuuli, ruiſſeaux) ſind die kleinen Gewäſſer auf unſerer Erde; welche ihren unmittelbaren Urſprung aus den Quellen nehmen, ſich nach und nach vereinigen, und die größten Gewäſſer, die Flüſſe und Ströme verurſachen. Sie machen ſich ihr eigenes Bette, wofern nicht ihr Waſſer zu verſchiedenen Abſichten an beſtimmte Oerter hingeleitet worden iſt. Denn wenn das Waſſer ſich ganz frey überlaſſen wird, ſo ſucht es, vermöge ſeiner Schwere, auf der Erdoberfläche allemahl die niedrigſten Stellen, dieſe mögen nun in einer geraden oder krummen Linie liegen. Daher wird man auch mehrentheils die Betten der Bäche geſchlängelt finden; jedoch kömmt es hierbey auf das Gefälle an, iſt dieſes groß, ſo wird auch das ſich frey überlaſſene Waſſer nach und nach eine größere Geſchwindigkeit erhalten, und manche im Wege liegende Hinderniſſe mit fortreißen, und mehr einen geraden als krummen Weg ſich bahnen. Daher kömmt es, daß größtentheils diejenigen Bäche, welche von ſteilen Anhöhen herabfließen, die geradeſten Aushöhlungen ſich gemacht haben, da hingegen diejenigen Bäche, welche in wenig abhängigen Ebenen hinfließen, oftmahls in außerordentlichen Krümmungen ſich hinſchlängeln.

Bäder, warme (thermae, aquae calidae, eaux thermales) heißen diejenigen Quellen, deren Waſſer viel wärmer, als die ſie umgebende Luft iſt. Sie haben den Nahmen, warme Bäder, bloß von ihrem mediciniſchen Gebrauche erhalten, indem ſie wegen ihrer mineraliſchen aufgelöſten Beſtandtheile theils zum Baden, theils aber auch zum Trinken gebrauchet werden. Bey den mehrſten warmen Bädern iſt die Wärme des Waſſers gleichförmig.

Die gewöhnlichſten Beſtandtheile der warmen Bäder ſind Mineralalkali, Glauberſalz, Kochſalz, Kalkerde, Selenit, zuweilen Eiſen. Es gibt auch einige, welche wie Schwefelleber riechen, das Silber ſchwarz machen, und ſchwefelhaltig zu ſeyn ſcheinen. Das Sonderbarſte bey den letztern iſt, daß ſie durch eine darauf entſtehende Haut wirklichen

llchen Schwefel abſetzen, man durch die Kunſt aber noch keinen
daraus hat erhalten können. Was die Entſtehung dieſer
warmen Bäder betrifft, ſo kann darüber nichts mit Gewißheit geſagt werden; alles kömmt bloß darauf an, die Steinarten und Mineralien, worüber das Waſſer wegrieſelt, in
den Gegenden zu wiſſen, wo dieſe Quellen zum Vorſchein
kommen, um nur ein wahrſcheinliches Urtheil darüber zu
fällen. Daß die Wärme dieſer Gewäſſer von einem un-
terirrdiſchen Feuer oder einem brennenden Berge herrühre,
wie die meiſten Naturforſcher glauben, iſt wohl nicht glaublich, vielmehr ſcheinet dieſe Wärme von der Verwitterung
der Kieſe und der Einwirkung anderer Mineralien herzurühren.

Anweiſungen die Bäder und überhaupt die mineraliſchen
Wäſſer chemiſch zu unterſuchen, findet man bey Bergmann *) und Macquer *).

Eine große Anzahl von warmen Bädern beſchreiben Wallerius 7), Cartheuſer 3), Zückert 4), Remler 5),
Zwierlein 6) und Hofmann 3). Die berühmteſten ſind
das ſo genannte Carlsbad und das aachner Bad. Das
it 1370 durch den Kaiſer Carl IV. be-
Die drey vorzüglichſten Quellen ſind
1) Brudel oder Sprudel, 2) der Neubrunnen
und

*) De analyſi aquarum in d. Samml. chemiſch. Schriften.
*) Chymiſches Wörterbuch. Artikel Waſſer, mineraliſche.
7) Hydrologia, eller Watturiket, indelt och belkrifwit. Stockh.
1748. 8. Hydrologie, überſetzt von Joh. Dan. Denſo. Berlin
1751. 8.
3) Rudimenta hydrologiae. Frkf. 1760. 8.
4) Beſchreibung aller Geſundbrunnen in Deutſchland. Königsberg
1777. gr. 8.
5) Tabellen über den Gehalt der in neuern Zeiten unterſuchten Mineralquellen nach Claſſen und Gattungen. Erfurth 1790. Querf.
Tabellariſche Ueberſicht, welche den Gehalt der Geſundtheile in
einem Pfunde oder 16 Unzen der Mineralwäſſer in alphabetiſcher
Ordnung anzeigt, beſonders für Aerzte und Brunnenliebhaber.
Leipzig 1792. Fol.
6) Allgemeine Brunnenſchrift für Brunnengäſte, nebſt kurzer Beſchreibung der berühmteſten Bäder und Geſundbrunnen Deutſch-
lands. Weißenf. u. Leipz. 1793. 8.
3) Taſchenbuch für Aerzte, Phyſiker und Brunnenfreunde. Weimar
1794. 8.

und 3) der **Schloßbrunnen.** Der Sprudel springt nicht weit vom Töpelflusse aus verschiedenen Oeffnungen völlig 6 Fuß über die Oberfläche der Erde hervor, und gibt stündlich an die 50 Centner Wasser. Wenn Sachen, Fleisch ausgenommen, hineingeleget werden, so werden sie mit einer braunen Steinrinde überzogen. Die Wärme dieses Wassers ist ungefähr nach Reaum. 59 Grade. Der Herr D. **Becher** a) hat in seinen neuesten Untersuchungen in 6 Pfund Sprudelwasser 20½ Grän Erde, welche er für Kalkerde hält, 53 Grän Mineralalkali, 26 Grän Kochsalz und 1 Quentchen 33 Grän trockenes nicht krystallisirtes Mittelsalz gefunden. Versuche haben ihn auch gelehret, daß der Sprudel Eisentheile enthalte. Der Neubrunnen riecht nach Schwefelleber und hat eine Wärme von ungefähr 48 Grad nach Reaum. Eine genaue Analyse dieser drey Quellen hat Herr Professor **Klaproth** b) angestellt. Nach diesem enthalten sie in 100 Cubikzollen Wasser folgende Bestandtheile:

	1.	2.	3.
trockenes luftsaures Mineralalkali	39 Grän	38½ Gr.	37½ Gr.
trockenes Glaubersalz —	70½ —	66¾ —	66½ —
Kochsalz — —	34⅝ —	32½ —	33 —
luftsaure Kalkerde —	12 —	12⅛ —	12¼ —
Kieselerde — —	2½ —	2¼ —	2⅛ —
Eisenerde, etwa — —	⅛ —	⅛ —	1/16 —
	158¾ Gr.	152¼ Gr.	151 5/16 Gr.
Luftsäure — —	32 Cubikz.	30 Cubikz.	53 Cubikz.

Herr Klaproth vermuthet, daß diese Quellen von den entzündeten Schwefelkiesen ihren Ursprung haben, weil man in der Nähe bey Altsattel ein großes Lager von Schwefelkies, und selbst denselben in den Gebirgsgesteinen an der Stelle eingesprengt findet. Zwar scheinen ihm die entzündeten Schwefelkiese wegen der unveränderten Dauer der Quellen in so vielen Jahrhunderten nicht hinreichend zu seyn, daher

a) Neue Abhandlungen über das Carlsbad. Leipz. 1789. gr. 8.
b) Chemische Untersuchungen der Mineralquellen zu Carlsbad. Berl. 1790. 8.

her ist er der Meinung, daß die erhitzende Kraft dieser Wäſſer vorzüglich von dem Brande eines Steinkohlenflözes herrühre, wovon man an den Erdſchlacken, Porcellanjaſpiſſen
und andern durchs Feuer veränderten Steinarten unwerf-
liche Beweiſe finde. Das Glaubersalz entſteht nach ihm
durch die Salzſoole, indem nämlich ein Theil derſelben durch
die Schwefelſäure der aufgelöſten Schwefelkieſe zerſetzet werde.
Kalkerde und Luftſäure entſtehn aus dem Kalkſteine. Nur
das freye Mineralalkali iſt ihm am ſchwerſten zu erklären.
Nach ſeiner Meinung könne die anhaltende Wirkung
der Wärme und der feuchten Dünſte einen Theil Säure aus
dem Kochſalze verflüchtigen, und den alkaliſchen Beſtandtheil zurückſtoßen.

In den Bädern zu Aachen iſt der Rückſtand verſchiedener zuſammengeleiteter Waſſer 20 — 24 Gran auf ein Pfund.
Dieſer Rückſtand iſt ein Alkali von beſonderer Art, welches in
der Hitze verfliegt und keinen Schwefel auflöſet, Kochſalz und
Kalkerde. Die Hitze der aachner Waſſer beträgt 32 bis 56 Grad
nach Reaum. Ihr Geruch und Geſchmack iſt der Schwefelleber ähnlich, jedoch hat man aber noch keinen Schwefel
aus ſelbigen ziehen können, auf dem Waſſer ſelbſt aber ſetzt
ſich Schwefel da ab, wo ſich eine Steinrinde angeleget hat.
— M. ſ. Torb. Bergmann phyſi. Beſchreibung der Erdkugel. 3 Abth. Kap. 1, von Quellen.

Bahn ſ. Weg.

Balliſtik (theoria balliſtica ſ. motus projectilium,
balliſtique). Die Theorie der Bahnen in die Luft gewor-
ſener Körper. Es iſt eine ſehr bekannte Wahrheit, daß die
meiſten Körper, die wir kennen, ſich gegen die Erde wieder
bewegen, wenn ſie in die Luft geworfen worden, es mag die
Richtung, in welcher ſie in die Höhe geworfen ſind, auf den
Horizont entweder ſenkrecht oder ſchief ſeyn; denn die Schwere wirket ſtetig und ununterbrochen auf den in die Höhe geworfenen Körper, und verurſachet, daß er nur auf eine gewiſſe Höhe ſteigen kann, von welcher er mit beſchleunigter
Bewegung wieder herabfällt. In dem Falle die Richtung
des

des Wurfs gegen den Horizont schief oder auch selbst mit dem Horizont parallel ist, beschreibt der Körper alle Mahl eine krumme Linie, welche in der höhern Geometrie eine **Parabel** genennet wird, (m. s. **Wurfbewegung**), und es ist daher die Ballistik als ein Theil der höhern Mechanik zu betrachten. **Galileus** [a] hat zuerst die Gesetze vorgetragen, woraus die parabolischen Bahnen schief oder horizontal geworfener Körper natürlich folgen müßten; jedoch ist hierbey wohl zu merken, daß weiter keine Rücksicht auf den Widerstand der Luft genommen worden. Sieht man aber auch hierauf, so werden die parabolischen Bahnen merklich abgeändert, und man nennt das Problem, welches diese Aenderung durch die Einwirkung der widerstehenden Luft zu finden lehret, das **ballistische Problem**. Durch diesen Widerstand wird natürlich die Geschwindigkeit in jedem Augenblicke vermindert. Bey kleinen und dabey sehr schweren Körpern, welche mit geringer Geschwindigkeit fortgehen, ist dieser Widerstand nur gering; bey schnellen Bewegungen hingegen und etwas großen Körpern ist er sehr beträchtlich, wie dieß der Fall beym Abfeuern des Geschützes ist.

Newton [b] stellte verschiedene Versuche über den Widerstand der Luft bey langsamen Bewegungen an, und suchte daraus zu beweisen, daß sich der Widerstand der Luft wie das Quadrat der Geschwindigkeit verhielt, und daß die Bahnen der abgeschossenen Kugeln mehr der Hyperbel ähnlich würden. Allein Herr **Robins** [g] setzte dieser Theorie große Schwierigkeiten entgegen. Aus den Versuchen, welche er mit Geschützkugeln anstellte, schien ihm zu folgen, daß Newtons Theorie bey langsamen Bewegungen mit der Erfahrung ziemlich zusammentreffe; aber desto mehr davon abweiche, je größer die Geschwindigkeiten der Bewegungen werden. Aus seinen Versuchen machte er vielmehr den Schluß, daß bey solchen schnellen Bewegungen, als durch die Gewalt des

Q 3

Schieß-

[a] In dialogis de motu.
[b] Principia philosoph. natur. mathematica L. II. propos. 4c.
[g] New principles of gunnery Lond. 1741. Neue Grundsätze der Artillerie a. d. Engl. von Leonh. Euler mit Erläuter. Berlin 1745. 8. Kap. II. 2. Satz. 3. Satz.

für die Anwendung in der Ausübung beyfüget. Noch anderen, Herrn Robins ähnlichen, Versuchen des Herrn d'Arcy [e]) scheint ebenfalls zu folgen, daß Newtons Theorie bey schnel-

ben Herrn **Lambert** [g]) neue Untersuchungen anzustellen, worin er mit Scharffsinn zeiget, daß beyde Newtons Theorie nicht so schlechterdings entgegen sind. Auch hat sich Herr **Lambert** [y]) besonders mit der Auflösung des ballistischen Problems beschäftiget. Die vollständigste Auflösung dieses Problems hat der Herr von **Tempelhof** [ε]) gegeben, wovon man einen Auszug in Abel Bürja [υ]) findet.

vif. Theil IV.

V. und XX.

Balsame,

e) Recherches sur la veritable courbe, que décrivent les corps jettés dans l'air, ou dans un autre fluide quelconque im IX Tome de l'histoire de l'Académie de Berlin S. 321.

f) Abhandlung von der Bahn der Geschützkugeln. Bözow. 1764. 4.

γ) Essai d'une theorie de l'artillerie: Versuch einer Theorie der Artillerie, übers. von Lambert. 1766. 8.

δ) Anmerkungen über die Gewalt des Schießpulvers, und den Widerstand der Luft; in vorig. llebers.

ε) Mémoire sur la resistence des fluides avec la solution du problème balistique. in der histoire de l'Acad. de Berlin pour l'an. 1765. To. XXI.

ζ) Le bombardier prussien, ou du mouvement des projectiles à Berlin 1781. 8.

ν) Grundlehren der mechanischen Wissenschaften. Th. IV. Hodrostatik. Berlin 1792. gr. 8. S. 235 u. f.

Balsame, natürliche (balsami naturales) sind die vom ätherischen Oele noch flüssigen Harze. Durch Verdampfung dieses Oels verwandeln sich diese Balsame in Harze; die aber doch noch immer von dem ätherischen Oele einen Geruch behalten. Exempel von natürlichen Balsamen geben der Terpentin, der Balsam von Mekka, der Balsam von Peru u. s. f. Nach dem antiphlogistischen Systeme sind die Bestandtheile Wasserstoff, Kohlenstoff und Sauerstoff.

Barometer (barometrum, baroscopium, baromètre). Ein Werkzeug, wodurch man den jedesmahligen Druck der Atmosphäre auf unserer Erdfläche bestimmen kann.

Es war den Alten längst bekannt, daß das Wasser in Saugpumpen bis auf eine gewisse Höhe gehoben, durch Heber geleitet, und in einem Gefäße, welches ganz verschlossen und nur eine einzige kleine Oeffnung hatte, von einem Orte zum andern, ohne daß etwas heraus liefe, getragen werden könnte. Von diesen und dergleichen ähnlichen Wirkungen konnten sie jedoch noch keine wahre Ursache angeben; sie sahen nämlich die Luft an, als ob sie keine Schwere hätte, und erklärten diese Erscheinungen bloß durch eine gewisse Abneigung der Natur gegen den leeren Raum. Erst im 17ten Jahrhunderte fieng man an, diese Erscheinungen einer genauern Untersuchung zu unterwerfen, und der erste von diesen, **Galileus**, fand aus verschiedenen Versuchen, daß alle Saugpumpen das Wasser bis auf eine gleiche Höhe erhoben. Ungeachtet er der Erfinder von den Gesetzen fallender Körper war, so verfehlte er doch, vielleicht des damahls herrschenden Vorurtheils wegen, die wahre Ursache von dieser Naturbegebenheit. Er war nämlich der Meinung, daß die Natur eine Abneigung gegen den leeren Raum nur bis auf eine gewisse Grenze hätte. Sein Schüler und Nachfolger im Lehramte zu Florenz, **Evangelista Torricelli**, kam auf den Gedanken, daß vielleicht eben die Ursache, welche das Wasser in einer Röhre auf die Höhe von 32 Fuß treibe, und auf selbiger erhalte, auch das Quecksilber, welches 14 Mahl specifisch schwerer als Wasser ist, auf die Höhe von $\frac{3\,2}{1\,4}$ Schuh

Q 4 $= 27\frac{1}{7}$

27 ½ Zoll treiben und darauf erhalten könne. Da diese seine Vermuthung mit der Erfahrung völlig zusammenstimmte, so unternahm er es auch, die Umstände dieser Versuche näher zu untersuchen, und er konnte aus diesen keine andere Ursache entwickeln, als den äußern Druck der Luft, welcher mit der Höhe des Wassers in den Saugpumpen so wohl als der Höhe des Quecksilbers in der gläsernen Röhre das Gleichgewichte halte. Dieser war also der Erfinder des so genannten Barometers. Nachdem nun Torricelli seine Versuche dem P. Mersenne gemeldet, und dieser dem Pascal weiter benachrichtiget hatte, so stellte letzterer weitere umständlichere Versuche an, welche ihn gar keinen Zweifel übrig ließen, daß der äußere Druck der Luft gegen die Fläche des Quecksilbers in der verschlossenen Röhre die wahre Ursache der Erhaltung der Quecksilbersäule sey.

Schon vor dem Galilei scheint Descartes *) sehr richtige Begriffe von der Ursache der Erscheinungen des Saugens gehabt zu haben. In einem Briefe an den P. Mersenne erkläret er die Erhebung des Wassers und das Hängenbleiben desselben im Stechheber aus dem Druck der Luft, so wie die Erhaltung des Quecksilbers in einer oben verschlossenen Röhre. Es sind zwar die Data dieser Briefe ungewiß; allein weil der erste Brief eine Critik der damahls noch unrichtigen Meinung des Galilei, die er in den dialogis vorträgt, enthält; so scheint doch schon Descartes mit Gewißheit vor Torricelli und Pascal ganz richtig über dieses Phänomen geurtheilet zu haben.

Da nun entscheidend dargethan war, daß der Druck der Luft die Erscheinungen des Saugens und der Erhaltung der Wasser- oder Quecksilbersäule erkläre, so gab die Erfindung des Barometers zuerst ein Mittel an die Hand, die Abneigung gegen den leeren Raum kräftig zu bestreiten. Allein Torricelli und Pascal bemerkten gar bald, daß die Höhe des Quecksilbers in der Barometerröhre nicht beständig einerley sey.

---

*) *Renati Descartes* epistolae 1682. Part. II. ep. 91. 94. 96. Part. III. epist. 101.

fey. Dieſes gab ihnen zu vermuthen Anlaß, daß dieſe veränderten Höhen des Barometers mit den Veränderungen der
Luftmaſſe in einer genauen Verbindung ſeyn könnten, und
daß vielleicht das Barometer ſelbſt geſchickt wäre, die ab-
wechſelnden Veränderungen in der Luft anzugeben. Torricelli
wurde jedoch von dieſer weitern Unterſuchung durch einen

ſchlug ihm vor, Verſuche
ſtellen. Dieſe führte auch Perrier im Jahre
Berge Pui-de-Dome aus. Mit Vergn

Queckſilberſäule ſey; denn bey dem Hinaufſteigen auf dem
Berge wurde die Höhe der Luftſäule immer mehr verkürzt,
folglich ihr Druck auch geringer, und daher mußte natürlich
das Queckſilber in der Röhre immer tiefer herabfallen. Hiermit wurde nun zugleich die alte Meinung, von der Abneigung
der Natur gegen den leeren Raum, gänzlich widerleget.

Von dieſer Zeit an wurde das Barometer allgemeiner bekannt, und man unterſuchte es mit größerer Aufmerkſamkeit.
Man fand gar bald, wie auch ſchon Torricelli und Pascal bemerket hatten, daß die Höhe des Barometers an ein und dem
nämlichen Orte Veränderungen ausgeſetzet ſey. Daraus ſchloß
man, daß ſelbſt in der Luft tägliche Veränderungen vorgehen müßten, und daß man dieſes Inſtrument zur Beſtimmung derſelben gebrauchen könne. Dieſerwegen erhielt es
auch den Nahmen eines **Barometers**, indem es den abſoluten Druck der Luft angäbe. Man bemerkte ferner, daß
bey der Zunahme der Federkraft der Luft das Barometer ſtieg,

Q 5 bey

a) Traité de l'équilibre des liqueurs et de la peſanteur de la maſſe de
l'air. Paris 1653. 11.

bey geringerer aber fiel. Dieses veranlaßte zu glauben, daß man mittelst des Barometers auf die Veränderung der Luft in Ansehung der Witterung schließen könne, und eben diese Muthmaßung verursachte, daß das Barometer so allgemein bekannt wurde, und eben daher hat es den Nahmen eines Wetterglases erhalten.

Die allererste Einrichtung, welche der Erfinder Torricelli dem Barometer gab, ward diese: die gläserne Röhre von ungefähr 3 Fuß Länge (fig. 31.) a b wurde an dem einen Ende a hermetisch sigilliret, und durch das andere offene Ende b mit Quecksilber gefüllt. Hierauf hielt man das offene Ende mit dem Finger zu, kehrte die Röhre um, und brachte die Oeffnung in ein mit Quecksilber angefülltes Gefäß d e g f, da sodann nach der Wegnahme des Fingers das Quecksilber in der Röhre etwas, etwa bis c, herabsank, und in diesem Punkte stehen blieb. Diese Einrichtung wird noch bis jetzt die torricellische Röhre, und der leere Raum c a über dem Quecksilber im Barometer die torricellische Leere genennet. Obgleich diese erste Gestalt des Barometers so wohl für sich als auch zum Fortbringen von einem Orte zum andern sehr unbequem war, und außerdem sehr viel Quecksilber erforderte, so bleibt sie doch an und für sich die einfachste und sicherste; und ist vorzüglich in den neuern Zeiten mit Abänderungen jener Unbequemlichkeiten allen andern vorgezogen worden. Weiter unten soll hiervon Nachricht gegeben werden. Der angegebenen vermeinten Beschwerlichkeiten wegen suchte man die erste Einrichtung des Barometers dahin abzuändern, daß man die Röhre am untern Theile krümmte, so daß sie die Form eines Hebers hatte (fig. 32.), und daher auch ein heberförmiges Barometer oder Heberbarometer genennet wird. Die Barometerhöhe wurde bey diesem Barometer von der horizontalen Oberfläche g h des Quecksilbers in dem kurzen Schenkel gerechnet. Wenn nun bey vermindertem Drucke der Atmosphäre das Quecksilber in dem längern Schenkel von d bis c fällt, so muß es in dem kürzern nun eben so hoch, wenn die Röhre gleich weit ist, von g bis f steigen.

steigen. Da aber die Schwere des in dem kürzern Schenkel
in die Höhe steigenden Quecksilbers entgegenwirket, so kan
natürlich das Quecksilber in dem längern Schenkel nicht so tief
herabsinken, als es vermöge des verminderten Drucks der Atmosphäre herabsinken müßte. Dieserwegen wurde diese Einrichtung des Barometers bald wieder verachtet.

Man kam auf die erste Einrichtung wieder zurück, und
kittete entweder an die torricellische Röhre das Gefäß mit
dem Quecksilber unmittelbar an, wie es die fig. 32. vorstellet, oder man krümmte die Röhre, und schmolz an selbiger
ein oben offenes gläsernes kugelförmiges Gefäß an, um das
bey vermindertem Druck der äußern Luft in der längern Röhre
herabfallende Quecksilber, wegen des Steigens in der kleinern
Röhre, nicht so sehr zurück zu halten, damit es sich in dem weitern Raume der Kugel ausbreiten, und dadurch die Höhe in
selbiger unmerklich vermehren könne. Hierdurch erhielt man
den Vortheil, das Barometer an ein Bret zu befestigen, und
mittelst einer an selbigem angebrachten Skale das Fallen und
Steigen des Quecksilbers zu beobachten. Diese Einrichtung
von Barometern ist auch noch heut zu Tage die gewöhnlichste,
und zu den Beobachtungen der täglichen Veränderungen hinreichend, zumahl da bey uns der Druck der Luft selten eine
Veränderung von 2 Zollen in der Barometerhöhe verursachet.
Man nennt dergleichen Barometer **Kapselbarometer**, **Ge-
fäßbarometer, Barometer mit Behältnissen.** Es ist
jedoch leicht einzusehen, daß beym Herabsinken des Quecksilbers in der langen Röhre dessen ungeachtet die Höhe in dem
kugelförmigen Gefäße vermehret werden müsse, so gering sie
auch an sich seyn mag, wenn nämlich der Durchmesser des
Querschnitts der engen Röhre im Verhältniß mit dem Durch-
schnitte des kugelförmigen Gefäßes gering ist. Es bleibet
folglich auch diese Einrichtung, zumahl bey solchen Fällen,
wo es auf genaue Versuche ankömmt, und ist, wo das Queck-silber in der langen Röhre um ein beträchtliches steigt und herabfällt, sehr mangelhaft und gar nicht zu gebrauchen.

Herr

Adhäfion des Queck-
her. Schon hatte

habe, welches

legene Luft ver-
uch in ge-

und

*) Recherches fur les modifications de l'atmofphäre. Genev. 1772.
4. To. II. Unterfuchungen über die Atmosphäte a. d. Fr. über-
fetzt. 2 Theile. Leipzig 1776. 8.

β) Mémoir. de l'Académ. roy. des fcienc. 1733.

war. φ Ward die Barometerröhre a b in das Queckſilber gehörig gebracht, und es fiel in ſelbiger bis zur Höhe c herab,
ſo trat ein Theil Queckſilber k, k auf dem Boden rund um die
Röhre herum; welcher aber den Boden nicht ganz anfüllte.
Sank auch das Queckſilber im Barometer noch ſo tief herab,

dem Boden rund um die Röhre befinden,
ausweichen sollte. Vorzüglich dieser Um-
weiter nicht in Gebrauch gekommen. Erst

Die torricellische Röhre wird am untern offenen Ende in eine
messingene Hülse b d, die eine Mutterschraube inwendig besitzet, eingekittet. In der Mitte eines viereckig prismatischen
Stückes Elfenbein f, das in die Höhlung des rechtwinkligen Prisma k i g h m n bis auf den Boden niedergedruckt
werden kann, ist eine kleine elfenbeinerne Schraubenspindel
f e senkrecht errichtet, durch welche die Oeffnung der torricellischen Röhre in der Mutterschraube der untern Hülse b d ganz
verschlossen werden kann. Bringt man nun die mit Quecksilber gefüllte und nach eben beschriebener Vorrichtung verschlossene Röhre in die Oeffnung des Prisma bis auf den
Boden desselben, gießt hierauf Quecksilber hinein, und schraubt
die Barometerröhre von der elfenbeinernen Schraubenspindel
ab, so wird das Quecksilber in der Röhre etwa bis c herabsinken.

a) Vollständige und auf Erfahrung gegründete Beschreibung von
    allen bisher bekannten und einigen neuen Barometern. Nürnb.
    und Leipz. 1784. gr. 8.

stalten. Alsdann wird die Barometerröhre an ein Bret, woran eine Skale sich befindet, befestiget. Um nun die Oberfläche des Quecksilbers in dem prismatischen Gefäße k i g h m n in gleicher Höhe vom Boden desselben zu erhalten, das Barometer mag nach Beschaffenheit der äußern Luft steigen oder fallen, so ist an der Seitenfläche des prismatischen Gefäßes, in einiger Höhe über dem Boden, eine kleine Ausguß-röhre q angebracht, welche mittelst eines Federventils o p von außen verschlossen werden kann; unter dieser wird ein leichtes Kästchen, entweder von Pappe oder Holz, durch ein Paar messingblechene Haken so angehängt, daß es leicht wieder abgenommen werden kann. In dieses Kästchen läuft das im prismatischen Gefäße überflüssige Quecksilber durch das geöffnete Ausgußröhrchen q, wodurch das Niveau berichtiget wird. Gesetzt nun, es fiele das Quecksilber in der Barometerröhre tiefer unter c, so würde es nun in dem prismatischen Gefäße über das Niveau steigen; durch Oeffnung des Röhrchens q, mittelst des Federventils, wird es aber auf das vorige Niveau wieder zurückgebracht; stieg hingegen das Barometer über c, so wird nun das Quecksilber im prismatischen Gefäße unter das Niveau sinken; alsdenn wird es wieder durchs Zugießen von Quecksilber und Oeffnen des Ausgußröhrchens q auf voriges Niveau gebracht. Endlich sind an den drey Spitzen des dreyeckigen Fußes drey Schrauben s angebracht; durch welche das Barometer mittelst eines am Brete, worauf die Skale sich befindet, herabhangenden Pendels völlig vertikal gestellet werden kann. Bey dieser Einrichtung hat man nun noch die Bequemlichkeit, daß man die Barometerröhre an die elfenbeinerne Spindel wieder anschrauben, aus dem Gefäße herausnehmen, und auf diese Weise ohne Schaden von einem Orte zum andern schaffen kann.

Was noch die Kapselbarometer betrifft, so hat Herr Changeux *) selbige noch mit einer kleinen Röhre (fig. 37) de versehen; welche von d gegen e hin etwa um eine Linie

*) Description de nouveaux baromètres & appendice. Journ. de phys. Mai 1785.

in die Höhe geht, und bey e aufwärts gebogen und offen ist. Auf diese Weise glaubt er, es werde das Queckſilber nie über d ſteigen, folglich die Horizontalfläche in dem Behältniſſe beym Steigen und Fallen des Queckſilbers in der Barometerröhre ein) und die nämliche bleiben. Allein weil die Röhre d e ſchief ſtehen muß, damit das hineingetretene Queckſilber wieder l herauslaufen könne, ſo wird in der That das Queckſilber in dem Behältniſſe nun eine Linie höher geſtiegen ſeyn, wenn die Röhre d e ganz voll iſt; folglich wird die Abſicht dadurch nicht erreicht.

Bald nach Erfindung des Barometers verfiel man auf den Gedanken, die Veränderungen des Steigens und Fallens bey einem jeden veränderten Druck der Luft ſo merklich als möglich zu machen. Daher ſind verſchiedene Abänderungen nach dieſer Zeit an dem Barometer gemacht worden, bey welchen man die vermeinten Vortheile zu erhalten gedachte. Allein der Erfolg hat erwieſen, daß das Reiben des Queckſilbers am Glaſe, der Einfluß der Wärme und Kälte, welcher nicht genau in Rechnung gebracht werden kann, und andere Umſtände mehr, alle dieſe ſcheinbaren Vortheile vernichten.

Carteſius war der erſte, welcher auf den Gedanken kam, beym Barometer außer dem Queckſilber nach Waſſer zu gebrauchen, um die Veränderungen des Steigens und Fallens zu vergrößern. Des Carteſius Vorſchlag findet man in einem Briefe von Chanut an Perrier, dem Schwager des Pascal, erwähnet *). Er räth nämlich an, man ſoll an einem gewöhnlichen Barometer oben ein cylindriſches gläſernes Gefäß (fig. 38) anſchmelzen, und darüber noch eine dünne gläſerne Röhre anſetzen, welche oben verſchloſſen iſt; das Barometer aber wie gewöhnlich bis a mit Queckſilber füllen, und darüber Waſſer bis d gießen. Wenn nun das Queckſilber in dem cylindriſchen Gefäße von a bis c ſteigt, ſo muß eben ſo viel Waſſer als der Raum a c Queckſilber faſſet, in der engen Röhre über

und folglich dieſes Steigen wegen der Enge der Röhre ſehr
                                                   bemerk-

*) Traité de l'équilibre etc. p. Pascal Paris 1663. 12. S. 207.

bemerkbar seyn. Man setze den Durchmesser des Querschnittes des cylindrischen, gläsernen Gefäßes = Δ, den Durchmesser des Querschnittes der obern dünnen Röhre = δ, und
das Verhältniß des specifischen Gewichtes des Quecksilbers
zum specifischen Gewichte des Wassers = μ : ν. Ferner steige
beym stärksten Druck der Atmosphäre das Quecksilber von a
bis c, das Wasser von d bis e, beym schwächsten Druck hingegen stehe das Quecksilber in a, und das Wasser in d. Man setze
ac = α, de = x, cd = β, und nehme den schwächsten
Druck der Atmosphäre mit dem Druck einer Quecksilbersäule
von p Zoll Höhe gleich. Diese Höhe werde bey dem stärksten
Druck der Atmosphäre um r größer. Man suche das Verhältniß x : r. Weil die Räume ac und de gleich groß sind, so
hat man nach geometrischen Gründen

$$\Delta^2 : \delta^2 = de : ac = x : \alpha, \text{ und } \alpha = \frac{x\delta^2}{\Delta^2}$$

Weil ferner flüssige Materien auf einerley Grundfläche, in
einem zusammengesetzten Verhältnisse ihrer Grundflächen und
Höhen drucken, so berechne man, was auf dieselbe beym
stärksten und auch beym schwächsten Druck der Atmosphäre
druckt. Man findet

1) Beym stärksten Drucke der Atmosphäre, da das Quecksilber in c stehet, über a

   a. eine Quecksilbersäule von der Höhe ac = α, deren
     Druck = μα

   b. eine Wassersäule von der Höhe ce = cd + de =
     β + x, deren Druck = νβ + νx

   c. den Druck der Atmosphäre, der mit einer Quecksilber-
     säule p Zoll das Gleichgewicht hält, = μp, folglich
       Summe von 1. = μα + νβ + νx + μp.

2) Beym schwächsten Drucke der Atmosphäre, wo das Quecksilber in α stehet, über a

   a. eine Wassersäule von der Höhe ad = ac + cd =
     α + β, deren Druck = να + νβ

b. Druck der Atmosphäre, welcher mit der Queckſilberſäule p Zoll das Gleichgewicht hält, $= \mu p$

Summe von 2. $= \nu \alpha + \nu \beta + \mu p$

Subtrahiret man nun 2. von 1, ſo erhält man den Unterſchied $(\mu - \nu) \alpha + \nu x$. Dieſer Unterſchied muß aber
nothwendig dem Produkte der Zunahme r in das ſpecifiſche
Gewicht des Queckſilber bey dem ſtärkſten Drucke der Atmoſphäre gleich ſeyn, weil eben dieſes Produkt den Unterſchied des ſtärkſten und geringſten Druckes der Atmoſphäre
angibt. Demnach hat man

$(\mu - \nu) \alpha + \nu x = \mu r$ oder

$(\mu - \nu) \dfrac{\delta^2}{\Delta^2} \cdot x + \nu x = \mu r$ und

$[(\mu - \nu) \delta^2 + \nu \Delta^2] x = \mu r \Delta^2$, und hieraus folgt

$x : r = \mu \Delta^2 : (\mu - \nu) \delta^2 + \nu \Delta^2$,|

folglich wird der Raum der Barometerveränderungen

$$\frac{\mu \Delta^2}{(\mu - \nu) \delta^2 + \nu \Delta^2}$$ Mahl vergrößert.

Setzt man $\mu : \nu = 14 : 1$, ſo ergibt ſich

$$\frac{\mu \Delta^2}{(\mu - \nu) \delta^2 + \nu \Delta^2} = \frac{14 \Delta^2}{13 \delta^2 + \Delta^2}.$$

Iſt δ im Verhältniſſe mit Δ ſehr klein, ſo kann dieß höchſtens eine 14fache Vergrößerung bewirken. Dieſer Vorſchlag
Carteſens war aber nicht wohl auszuführen, weil erſtlich
das Waſſer zum Theil mit dem Queckſilber unter einander
kömmt, und zweytens die aus dem Waſſer aufſteigende Luft
keinen luftleeren Raum über ſelbigen verſtattet.

Huygens a) hat daher ein anderes Barometer vorgeſchlagen, welches unter dem Namen eines Doppelbarome-
ters bekannt iſt. Bey dem verſchiedenen Drucke der Luft
fällt und ſteigt nämlich das Queckſilber in einem weiten Gefäße (fig. 39.) a b, welches mit einer unten gebogenen, engen
Röhre verbunden iſt, an deren Ende ein eben ſo großes und
weites

a) Journal des ſavans. 1672. p. 139. Muſſchenbroek introduct. ad
philoſ. natu. §. 2081.

weites Gefäß c d angeſchmolzen worden, worin folglich das Queckſilber eben ſo hoch ſteigt oder fällt, nachdem es in dem Gefäße a b fällt oder ſteigt. Ueber dem Gefäße c d befindet ſich nun noch eine enge, oben offene, Röhre. In dieſe ſoll man nach ſeiner Vorſchrift über das Queckſilber einen Liquor gießen, welcher nicht gefriere und das Queckſilber nicht auflöſe, z. E. Waſſer mit ⅛ Scheidewaſſer vermiſcht. Wenn nun das Queckſilber in b a fällt, ſo ſteigt es in c d eben ſo hoch, und treibt dadurch den Liquor über λ zu einer beträchtlichen Höhe. Man ſetze den Durchmeſſer des Querſchnittes beider welten Gefäße $= \Delta$, den Durchmeſſer des Querſchnittes der engen Röhre f d $= \delta$, und das Verhältniß des ſpecifiſchen Gewichtes des Queckſilbers zum ſpecifiſchen Gewichte des Liquors $= \mu : \nu$. Nimmt man nun an, daß bey dem ſchwächſten Drucke der Atmoſphäre das Queckſilber in a ſtehe, und dadurch der Liquor bis f hinaufgetrieben werde, bey dem ſtärkſten Drucke der Atmoſphäre hingegen ſtehe das Queckſilber in b und der Liquor in e. Man ſetze a b $= a =$ c d, d e $= \beta$, e f $= x$, und es ſey beym ſtärkſten Drucke der Atmoſphäre derſelbe dem Drucke einer Queckſilberſäule von p $+$ r Zoll, beym ſchwächſten aber dem Drucke einer Queckſilberſäule von p Zoll Höhe gleich. Man ſuche das Verhältniß x : r. Da nun der körperliche Raum e f dem körperlichen Raume c d oder a b gleich ſeyn muß, ſo hat man

$$\Delta^2 : \delta^2 = x : a \text{ und } a = \frac{x \delta^2}{\Delta^2}.$$

Ferner findet man das, was über c druckt

1) Beym ſtärkſten Drucke der Atmoſphäre
  a. eine Liquorſäule von der Höhe c e $=$ c d $+$ d e $=$ $a + \beta$, deren Druck $= \nu a + \nu \beta$.
  b. den Druck der Atmoſphäre, welcher mit dem Gewichte einer Queckſilberſäule von p $+$ r Zoll das Gleichgewicht hält, $= \mu$p $+ \mu$r.

2) Beym ſchwächſten Drucke der Atmoſphäre
  a. Queckſilber in der Höhe c d $= a$, deren Druck $= \mu a$

b.

b. eine Liquorſäule in der Höhe $df = de + ef = \beta + x$, deren Druck $= \nu\beta + \nu x$.

c. den Druck der Atmosphäre, welcher mit der Queck-ſilberſäule von p Zoll das Gleichgewicht hält, $= \mu p$.

Es iſt alſo die Summe von $1. = \nu a + \nu\beta + \mu p + \mu r$

$\underline{\hspace{3cm}\;\; 2. = \mu a + \nu\beta + \nu x + \mu p}$

$\text{Differenz} = \nu a - \mu a + \mu r - \nu x$

$= \mu r - (\mu - \nu) a - \nu x$

Dieſe Differenz muß nothwendig dem Drucke der Queckſilber-ſäule von der Höhe a b gleich ſeyn, weil eben dieſe den Un-terſchied zwiſchen dem ſtärkſten und ſchwächſten Druck der Atmoſphäre anzeiget. Folglich hat man

$\mu a = \mu r - (\mu - \nu) a - \nu x$ und

$(2\mu - \nu) a + \nu x = \mu r$ oder

$(2\mu - \nu)\dfrac{\delta^2}{\Delta^2} \cdot x + \nu x = \mu r$ und

$[(2\mu - \nu)\delta^2 + \nu\Delta^2] x = \mu r\Delta^2$; bleß gibt

$x : r = \mu\Delta^2 : (2\mu - \nu)\delta^2 + \nu\Delta^2$.

Demnach iſt die Vergrößerung des Steigens und Fallens bey dieſem Barometer

$$= \frac{\mu\Delta^2}{(2\mu - \nu)\delta^2 + \nu\Delta^2} = \frac{14\Delta^2}{27\delta^2 + \Delta^2}$$

wenn das Verhältniß $\mu : \nu = 14 : 1$ iſt. Iſt daher δ gegen Δ klein, ſo kann hier ebenfalls die Vergrößerung nicht über 14 Mahl ſteigen. Dieſes Barometer hat aber ſehr viele Fehler: 1) drückt die äußere Luft nicht unmittelbar auf das Queckſilber, ſondern erſt durch den Liquor; 2) dunſtet der Liquor in der Folge der Zeit aus, nimmt daher an Volumen ab, und kann nicht mehr die beſtimmten Grade zeigen. Wollte man dieſen Fehler durch einen auf den Liquor ge-goſſenen Tropfen Oel verbeſſern, ſo wird dadurch die Röhre beſchmutzt. 3) Hat auch die Wärme und Kälte einen zu großen Einfluß auf den Liquor; in der Wärme verlängert ſich die Liquorſäule, und in der Kälte verkürzt ſie ſich. 4) Verurſachet auch das Reiben des Liquors an der Röhre eine gewiſſe Unempfindlichkeit des Barometers.

Huygens

Huygens sagt, daß die Vergrößerung des Raumes bey diesem Barometer durch das Verhältniß $14\Delta^2 : 28\delta^2 + \Delta^2$ bestimmt werde, er gibt aber keinen Beweis hiervon. Desaguliers [a]) hat diesen Satz wie van Swinden [b]) bewiesen; auch de la Hire [g]) hat diesen Satz dargethan, jedoch durch diese Formel $14\Delta^2 : 27\delta^2 + \Delta^2$, welche auch nach oben gegebenem Beweise die richtige ist. Ohne Zweifel ist Desaguliers Beweis durch einen Rechnungs- oder Druckfehler verändert worden [d]).

D. Hook [e]) suchte das huygensche Doppelbarometer dadurch zu verbessern, daß er über den ersten Liquor noch einen zweyten in Ansehung der Farbe von dem erstern verschiedenen Liquor aufzugießen anrieth, und an das Ende der Röhre noch ein gläsernes Behältniß von eben der Größe und Weite, wie die beiden erstern sind, ansetzte; in welchem die Oberfläche des zweyten Liquors beym Steigen auf- und abstieg. Die Erfindung von diesem Barometer eigenen sich auch de la Hire [f]) und Amontons [g]) zu. Gesetzt es stehe bey dem schwächsten Drucke der Atmosphäre das Quecksilber in a (fig. 40.) und bey dem stärksten Drucke derselben in b, so wird im ersten Falle der erste Liquor von e bis f und der andere Liquor von f bis h in die Höhe getrieben, da hingegen im andern Falle, der erste Liquor bis e und der andere Liquor bis g gehet. Nimmt man nun hier die Buchstaben in eben der Bedeutung wie beym huygensschen Doppelbarometer, und setzt noch außerdem das specifische Gewichte des andern Liquors $= \varrho$ und die Höhe $fg = \gamma$; so findet man das, was über c drückt

R 3   **1)**

---

a) Course of experim. philosophy. Vol. II. lect. X. annot. p. 352 sq.
b) Positiones physicae Harderw. T. II. 1786. 1787. 8. Tom. II. §. 225. not. d.
g) Mémoir. de l'Académ. roy. des scienc. 1708. Amst. p. 204.
d) *Pfleiderer* thesium inaugur. pars mathematico-physica. thes. XXXVII.
e) Philosoph. transact. n. 185. Vol. XVI.
f) Mémoir. de l'Acad. des scienc. an. 1708. S. 157 ff.
g) Remarques et expériences physiques sur la construction d'une nouvelle clepsydre, sur les baromètres, thermomètres et hygromètres in 12. S. 145.

1) Bey dem stärksten Drucke der Atmosphäre

$$= \nu a + \nu \beta + \varrho x + \varrho \gamma + \mu p + \mu r$$

2) Bey dem schwächsten Drucke der Atmosphäre

$$= \mu a + \nu \beta + \nu x + \varrho \gamma + \varrho a + \mu p$$

Unterschied $= (\nu - \mu - \varrho) a + (\varrho - \nu) x + \mu r$

$$= \mu r - (\mu - \nu + \varrho) a - (\nu - \varrho) x$$

Dieser Unterschied ist $= \mu a$, folglich

$$\mu a = \mu r - (\mu - \nu + \varrho) a - (\nu - \varrho) x \text{ und}$$

$$[2\mu - (\nu - \varrho)] a + (\nu - \varrho) x = \mu r \text{ oder}$$

$$[2\mu - (\nu - \varrho)] \frac{\delta^2}{\Delta^2} \cdot x + (\nu - \varrho) x = \mu r \text{ und}$$

$$[(2\mu - (\nu - \varrho)) \delta^2 + (\nu - \varrho) \Delta^2] x = \mu r \Delta^2 ; \text{ dieß gibt}$$

$$x : r = \mu \Delta^2 : [2\mu - (\nu - \varrho)] \delta^2 + (\nu - \varrho) \Delta^2$$

mithin die Vergrößerung der Barometerveränderungen

$$= \frac{\mu \Delta^2}{[2\mu - (\nu - \varrho)] \delta^2 + (\nu - \varrho) \Delta^2}.$$

Wenn folglich δ in Vergleichung mit Δ sehr klein ist, so wird

die Vergrößerung $\frac{\mu}{\nu - \varrho}$ fach. Wären die specifischen Ge-

wichte der beyden Liquoren entweder einander gleich, oder

wenig von einander unterschieden, mithin $\nu = \varrho$, so würde nun

die Vergrößerung $\frac{\mu}{0} = \infty$, folglich unendlich. Obgleich

dieses Barometer vor dem huygensschen Vorzüge hat, so hat
es doch auch seine wichtigen Fehler, und ist folglich nicht mit
Vortheil zu gebrauchen.

D. Hook *) erfand auch schon im Jahre 1665 das so
genannte Radbarometer. Die Röhre wird unten gekrümmt, und auf der Quecksilberoberfläche (fig. 41.) c
schwimmt ein eisernes Gewichtchen, welches an einem über
die Rolle d geführten Faden von einem am andern Ende des
Fadens hangenden Gewichte e beynahe im Gleichgewichte erhalten wird. Wenn nun die Quecksilberoberfläche c steigt und
fällt,

---

*) Micrographia Lond. 1665. fol. *Musschenbroek* introduct. ad ph.
nat. §. 2089.

fällt., so muß auch das darauf schwimmende Gewicht steigen und fallen; dadurch wird aber die Rolle d gedrehet. An der Are der Rolle ist ein Zeiger befestiget, welcher mit der Rolle zugleich in Bewegung kömmt, und auf diese Weise das Steigen und Fallen des Quecksilbers auf einem in Grade getheilten Kreise anzeiget. Dieses Barometer ist vorzüglich wegen des Reibens an verschiedenen Stellen zu genauen Beobachtungen ganz untauglich.

: · Unter allen Barometern, welche bey Veränderungen des Drucks der Luft bemerklich große Grade zeigen, ist dasjenige, welches als eine Erfindung dem Ritter. **Samuel Morland** [a]) zugeschrieben wird, der meisten Achtung würdig. Man legt die Erfindung dieses Barometers auch dem **Ramazzini** [b]) bey. Es ist dieses Barometer (fig. 42.) unter einem schiefen Winkel bey e gebogen. Gesetzt also, das Quecksilber würde in der torricellischen Röhre beym höchsten Druck der Atmosphäre in c stehen, so wird es in der schiefliegenden Röhre e f bey g sich befinden; fällt das Quecksilber von c nach d, so muß es in der schiefen Röhre den beträchtlichen Raum g h herabfallen, und dadurch die Grade bemerklich groß angeben. Obgleich diese Erfindung sehr sinnreich ist, so verursachet doch der Druck des Quecksilbers auf der schiefen Fläche der Röhre ein zu starkes Reiben, und die Oberflächen des Quecksilbers bey g und h sind niemahls wagerecht, so daß dieses Barometer unmöglich die wahre Höhe des Barometers andeuten kann.

Im Jahre 1710 legte **Johann Bernoulli** [y]) ein Barometer der pariser Akademie vor, welches unter dem Nahmen des **rechtwinkligen Barometers** bekannt ist. Schon einige Jahre vorher hatte **Johann Dominikus Cassini** dieses Barometer ausgedacht, aber nicht ausgeführet. Es bestehet dieses aus zwey engen Röhren (fig. 43.), g d und d e, welche unter einem rechten Winkel an einander gefüget sind; an die eine Röhre oben bey g kömmt noch ein

R 4 cylindri-

a) *Muſſchenbroek* Introd. ad philoſ. natur. §. 2078.
b) *Leupold* theatrum aeroſtaticum Cap. III.
y) *Muſſchenbroek* introduct. ad philoſ. natur. §. 2083.

cylindriſches Gefäß von 2½ Zoll Höhe, in welchem das Queckſilber ſteigt und fällt. Weil die Röhre d e eng ſeyn muß,
indem ſonſt das Queckſilber in ſelbiger aus einander laufen
und gar keine Säule bilden würde, ſo ſieht man, daß beym
geringen Steigen und Fallen des Queckſilbers bey c das untere bey b einen beträchtlichen Raum in der engen Röhre d e
durchlaufen müſſe. Ein großer Fehler an dieſem Barometer iſt dieſer, daß beym Steigen des Queckſilbers in c das
Queckſilber in der engen Röhre d e nicht recht nachkommen
kann, weil es in der horizontalen Lage auf der inneren Wand
derb aufliegt, und folglich zu viel Friktion leidet. So kann
beym niedrigen Stande des gewöhnlichen Barometers das
Queckſilber auf völlige zwey Linien ſteigen, da es in dieſem
rechtwinkligen Barometer gar keine Bewegung zu erkennen gibt.

Auch Amontons *) war Erfinder eines Barometers,
welches größere Grade zeiget, als das gewöhnliche torricelliſche. Es beſtehet dieſes aus einer bloß coniſchen oder kegel-
förmigen Röhre (fig. 44.) a b, welche in der Spitze a zuge-
ſchmolzen, am andern weitern Ende aber offen iſt; es heißt
dieſerwegen auch das koniſche oder kegelförmige Barometer. Amontons hat es vorzüglich zum Gebrauch auf der
See vorgeſchlagen. Weil beym ſenkrechten Stande des Barometers das Queckſilber bloß von der Luft getragen wird, ſo
muß die Röhre ſo enge ſeyn, daß es aus der Röhre nicht auslaufen könne. Die eigentliche Länge der Röhre läßt ſich
nicht beſtimmen, weil es bloß darauf ankömmt, ob ſie mehr
oder weniger koniſch zuläuft. Man füllt in ſelbige etwa 29
Zoll hoch Queckſilber, und kehret ſie alsdann um. Geſetzt
nun; es erhalte der Druck der Luft in der torricelliſchen Röhre
eine Queckſilberſäule von der Höhe von 28 Zoll, ſo muß es in
dieſem koniſchen Barometer ſo tief herabfallen, bis ſie eine
Höhe erreicht, mit welcher ſie dem Drucke der Luft das Gleichgewicht halten kann. Würde der Druck der Luft noch geringer, ſo muß auch das Queckſilber in dieſem Barometer
noch

*) a. a. O.

noch weiter herabsinken, bis wiederum eine gewisse Höhe desselben mit dem Druck der Luft das Gleichgewicht halten kann.
Wenn im Gegentheil der Druck der Luft zunimmt, so treibt
sie auch bis zum Gleichgewichte das Quecksilber in die Höhe.
Dieses Barometer hat jedoch ebenfalls seine Fehler, so sinnreich auch die Erfindung selbst ist, indem es erstlich schwer
ist, eine so große Röhre völlig konisch zu erhalten, und, nach
den oben angegebenen Versuchen des Herrn de Lüc, das
Quecksilber in solchen Röhren, welche nach oben zu spitzig zulaufen, immer niedriger stehe, als in den torricellischen Barometern. Zuletzt läßt sich aber auch der Raum a c nicht
ganz luftleer machen.

Der Ritter Landriani hat nach dem Herrn v. Magellan ⁕) ein eigenes Barometer erfunden, das letzterer das
ftereometrische Barometer nennt, weil es aus der aus-
geflossenen Menge von Quecksilber anzeigen soll, um wie
viel das Barometer von einer bestimmten Höhe herab gefallen ist. Es ist dieses Barometer das Heberbarometer des
Herrn de Lüc, an dessen kurzen Schenkel eine elfenbeinerne
Büchse gekittet ist, aus welcher das Quecksilber mittelst eines,
wie bey einer Luftpumpe, doppelt durchbohrten Hahnes in
einem Trichter, woran eine engere durchaus gleich weite Röhre,
als die Barometerröhre selbst ist, gekittet worden, abgelassen werden kann. Da sich nun in der engern Röhre, an
welche der Trichter gekittet worden, das abgezapfte Quecksilber sich weiter als in der Barometerröhre selbst ausbreiten
kann, so erhält man dadurch ein Mittel, noch kleinere Theile,
als die Zolle des Barometers sind, zu bestimmen. Hierdurch läßt sich also finden, um wie viele Linien und um wie
viele Theile derselben das Barometer von seiner höchsten Höhe
herabgefallen ist. Allein da das abgezapfte Quecksilber allemahl wieder in die elfenbeinerne Büchse gegossen werden muß,
so macht dieses nicht allein Zeitverlust bey jeder Beobachtung,
sondern man ist auch der Gefahr ausgesetzt, beym Ablassen

R 5 und

⁕) Beschreibung neuer Barometer, nebst einer Anweisung zum Gebrauch derselben. Leipz. 1782. 8.

und beym Einlaffen Queckfilber zu verlieren, ober auch mit
Luft und Schmuß zu mifchen, und macht diefes Barometer
zum Gebrauche ganz untauglich.

Weil überhaupt auch bey den beften Barometern die Barometerhöhen bis auf eine Sechszehntel-Linie keine zuver-
läffige Richtigkeit verftatten, fo bleiben alle diefe bisher be-
fchriebenen, oftmahls gekünftelten, Verbefferungen der Barometer, um ihre Veränderungen durch größere Räume zu erkennen, höchft mangelhaft, weil hierdurch der unvermeidliche
Fehler noch mehr vergrößert wird.

Herr Amontons *) fuchte die Unbequemlichkeit der
Länge der gewöhnlichen Barometer, als welche doch immer
eine Höhe von etwa 2¼ Fuß befißen, dadurch abzuändern,
daß er ein fo genanntes abgekürztes Barometer erfand.
Es beftehet diefes Barometer aus verfchiedenen mit einander
zufammengefügten Röhren, welche wechfelsweife auf und nie-
dergebogen find. Die erfte Röhre (fig. 45) a b ift mit Queckfilber gefüllt, an diefer befindet fich die andere b c, in welcher entweder bloß Luft oder eine andere flüffige Materie enthalten ift; diefe ift wieder mit einer dritten Röhre c d verbunden, welche Queckfilber enthält u. f. f. Dadurch bringen
zwey Queckfilberfäulen und eine Luftfäule das Queckfilber auf
14 Zoll, vier Queckfilberfäulen und drey Luftfäulen bringen
es auf 7 Zoll Höhe u. f. f. Die Luftfäulen haben eigentlich
nur den Zweck, den von der erften Queckfilberfäule entftandenen Druck auf die andere und folgende fortzupflanzen; mithin druckt auf d die Summe aller Queckfilberfäulen von unten herauf. Die Barometerveränderungen bey einem folchen
verkürzten Barometer werden jedoch defto geringer, je größer
die Anzahl der Queckfilberfäulen ift. Um nun diefe Verrin-
gerung aufzuheben, gab Amontons diefem Barometer die
Natur eines doppelten Barometers, indem er einen Liquor
über die letzte Oberfläche d des Queckfilbers fetzte, welcher
in einer feinen Röhre e f aufftieg. An jeder obern Krümmung muß noch eine kleine Röhre g feyn, durch welche man

das

*) Ancienne hiftoire de l'Académ. des fcienc. T. II. p. 39.

das Quecksilber in die Röhre bringen kann, und welche nach dem Einfüllen wieder verschlossen wird. So sinnreich auch die Einrichtung des Herrn Amontons ist, selbst durch die Verbesserungen des Herrn **Passement** *), so ist es doch unmöglich, in der Ausübung diesem Werkzeuge den erforderlichen Grad der Regelmäßigkeit zu geben, weil vorzüglich das Reiben durch die verschiedenen Krümmungen sehr vermehret wird.

Noch gab Herr **Amontons** 6) ein **Meerbarometer** an, das schon von **Halley** 7) im Jahre 1700 als eine Erfindung das D. **Hook** beschrieben ist. Es ist dieses Barometer eigentlich Amontons Luftthermometer. M. s. **Thermometer.**

Der Herr von **Mairan** gab noch ein verkürztes Barometer an, welches bloß zum Gebrauch unter der Luftpumpe bestimmt ist. Herr dü **Fay** 8) hat hiervon eine Beschreibung gegeben. Es hat dieses Barometer die Gestalt eines gemeinen Barometers mit einem Behältnisse, nur daß es ungefähr 3 Zoll lang ist. Es wird dieses auf ein Fußgestelle befestiget, damit es beständig in einer vertikalen Stellung erhalten werde.

Wenn ein Barometer die möglichst größte Vollkommenheit besitzen soll, so müssen auf folgende Umstände Rücksicht genommen werden. Die Röhre, welche zur Verfertigung eines Barometers angewendet werden soll, muß allenthalben gleich weit und vollkommen glatt, nicht rauh, seyn; bey dem heberförmigen Barometer muß der kürzere Schenkel mit dem längern vollkommen parallel seyn; und eine gleiche Weite mit diesem besitzen; der Durchmesser des Querschnittes muß etwa 2 bis 3 Linien betragen; ferner muß das Quecksilber, welches zur Füllung der Röhre gebrauchet wird, im allerreinsten Zustande seyn, damit es in verschiedenen Barometern

tern

---

*) de Lüc Untersuchungen über die Atmosphäre. Leipz. 1776. Th. I. §. 53. S. 52. Anmerk. 2.

6) Mémoir. de l'Acad. des scienc. an. 1705.

7) Philosoph. Transact. n. 269.

8) Mémoir. de l'Académ. roy. des scienc. 1734. 12. p. 486.

tern einerley specifisches Gewicht habe. Die Unterſuchung
der gleichen Weiten der Röhren nennt man das **Calibriren.**
Herr de Lüc *) bedient ſich hierbey folgender Methode: er
nimmt ein Korkſtöpſelchen, von welchem die Röhre genau
und gedrängt ausgefüllt wird, ſticht ein Loch der Länge durch,
und zieht ſelbiges mittelſt eines Fadens oder Drahtes in die
Röhre; hierauf wird auf dieſen Kork etwas Queckſilber etwa
1¼ Zoll hoch gefüllt, und durch den Kork in der Röhre weiter in die Höhe getrieben. Findet man nun die Höhe bey
jeder veränderten Lage des Queckſilbers gleich groß, ſo hat
die Röhre gleiche Weite. Herr **Luz** *) bedient ſich folgender Methode, die Glasröhre zu calibriren: an dem einen
Ende verſtopft er ſie mit einem kleinen Korkſtöpſelchen, füllt
ein beſtimmtes Maß voll Queckſilber über ſelbiges, und mißt
die Höhe in der Röhre genau. Ueber dieſes Queckſilber füllt
er abermahls das beſtimmte Maß voll, mißt auch dieſe Höhe
in der Röhre. Findet er nun beyde Höhen gleich, ſo hat die
Röhre an dieſen Stellen gleiche Weite. Mit dieſem Verfahren fährt er fort, bis die Röhre ganz voll iſt.

In Anſehung der Reinigung des Queckſilbers empfiehlt
Luz 7) folgende von D. **Prieſtley** angegebene Methode.
Man füllt eine gläſerne mit einem eingeriebenen Stöpſel
verſehene gläſerne Flaſche mit Queckſilber ungefähr bis auf
ein Viertel an, alsbann verſtopft man ſie, und ſchüttelt ſie
ſehr heftig. Wenn dieß 20 bis 30 Mahl geſchehen, ſo
nimmt man den Stöpſel ab, und bläſet mit einem Blaſe-
balge in die Flaſche, um die Luft zu verändern. Iſt das
Queckſilber ſehr unrein, ſo wird die Oberfläche gar bald
ſchwarz werden, und ein Theil Queckſilber am obern Theile
zuſammentreten, welcher von den übrigen Queckſilber ſehr
leicht abgeſondert werden kann. In dieſem Falle filtriret man
das Queckſilber durch einen engen papiernen Trichter, in welchem

---

*) Unterſuchungen über die Atmosphäre Leipz. 1778. Th. II. §. 480.
   S. 25.
β) Vollſtändige Beſchreibung von allen bisher bekannten Barometern. Nürnb. und Leipz. 1784. 8. S. 130.
7) a. a. O. §. 96.

chem die Unreinigkeit hången bleibt. Das abfiltrirte Quecksilber bringt man abermahls in die gläserne Flasche, schüttelt
es wieder um wie vorher, und wiederhohlet überhaupt das
Verfahren so lange, bis sich keine schwarze Materie mehr
absondert. So bald dieß geschehen, so fångt das Queckſilber beym Schütteln zu rasseln an. Auch kann das unreine
Queckſilber durch vorsichtiges Destilliren rein abdestilliret
werden. Das gereinigte Queckſilber wird alsdann vermittelst
eines gläsernen oder papiernen Trichters in die Barometerröhre gefüllt. Bey gekrümmten Röhren füllt man in
den kürzern Schenkel so viel Queckſilber, bis die Krümmung zum Theil voll gefüllt iſt. Hierauf hält man den Finger auf die Oeffnung, kehrt die Röhre um, und bringt das
Queckſilber durch allmähliges Schütteln bis zum zugeschmolzenen Ende der Röhre. Ueberhaupt muß man bey Verfertigung des Barometers darauf sehen, daß die torricellische
Leere vollkommen rein erhalten werde: denn enthielte sie noch
Luft, so würde auch natürlich die Queckſilberſäule kürzer seyn,
als sie eigentlich seyn sollte, und die einwirkende Wärme
würde das Queckſilber noch mehr herabdrücken. Es iſt also
ein wesentliches Stück eines guten Barometers, daß die Erhitzung der torricellischen Leere das Queckſilber nicht herabsinken mache. Um nun diese Leere vollkommen rein zu erhalten, muß das Queckſilber in der Röhre bey Verfertigung
des Barometers ausgekocht werden. Zum Geschäfte des
Auskochens nimmt man eine Kohlpfanne etwa $4\frac{1}{2}$ Zoll
hoch und eben so breit, an welcher sich an der einen Seite
ein Einschnitt von $1\frac{1}{2}$ Zoll bis 2 Zoll Lánge, und gegen $\frac{1}{2}$ Zoll
Breite befindet, damit die Barometerröhre hineingeleget wer-
den kann. Den Anfang mit dem Auskochen macht man
nicht ganz beym zugeschmolzenen Ende der Röhre, sonden etwa
3 bis 4 Zoll davon, indem man ungefähr ein Stück von
6 Zoll Lánge nach und nach erwärmet. So bald die Röhre
einige Hitze empfunden hat, so entstehen an den Seitenwänden derselben eine große Menge Luftbläschen, und das Quecksilber erhält dadurch ein aschgraues Ansehen, kocht jedoch dabey

bey noch nicht. Bey zunehmender Hitze vereinigen sich diese kleinen Luftbläschen in eine große Luftblase, welche im Quecksilber hinaufläuft. Hat man nun auf diese Weise ein Stück von etwa 6 Zoll Länge größtentheils von Luft gereiniget, so muß man nun hinten die Röhre um ein beträchtliches höher halten als vorne, so daß etwa die Röhre mit dem Horizonte unter einem Winkel von 40 Graden geneigt ist. Wenn nun das Quecksilber wirklich kocht, so trennt sich das Quecksilber, und wenn diese Stelle, wo die Trennung geschehen ist, einige Augenblicke der starken Hitze ausgesetzet wird, so wird die Elasticität der Luft so groß, daß sie die ganze Quecksilbersäule von einigen 20 Zollen auf einige Zolle empor hebet, und alsdann beym Zurückfallen gemeiniglich die Röhre zersprengt. Wird man daher gewahr, daß die ganze Quecksilbersäule sich stark empor hebet, so muß man sie ja nicht von dem Kohlenfeuer wegnehmen, indem alsdann durch die Erkältung das Quecksilber so schnell herabfallen würde, daß es durch die Erschütterung die Glasröhre zersprengen würde, vielmehr muß man die Röhre fortrücken, damit eine andere Stelle derselben über das Kohlfeuer komme. Hat man nun ein Stück von etwa 6 Zollen Länge auf diese Weise ausgekocht, so fährt man nach eben beschriebenem Verfahren fort, die übrigen Stücke der Röhre ebenfalls auszukochen. Die besten Vortheile beym Auskochen des Quecksilbers erwirbt man sich durch eigene Handanlegung. Ist die ganze Quecksilbersäule ausgekochet worden, so befindet sich auf der obern Fläche des Quecksilbers ein bräunlicher Schaum, welcher mittelst eines kleinen Schwammes, welcher an einem Drahe befestiget ist, hinweggenommen wird.

Wenn das Auskochen des Quecksilbers in der Röhre recht gut von Statten gegangen ist, so bleibt es mehrentheils beym Umkehren der Röhre in der Spitze hängen, und sinkt erst nach einigem Schütteln bis zur gewöhnlichen Barometerhöhe herab. Dieses Anhängen des Quecksilbers in der Barometerröhre, welches auch oftmahls bey unausgekochten Barometern Statt findet, ist ein Phänomen, welches zu man

cherley

cherley Hypothesen Veranlossung gegeben hat. Nach dem
Zeugniß des Herrn von Wolf *) hat es Huygens zuerst
bemerket, indem er das Queckstlber in einer Glasröhre von
75 Rheinl. Zollen hängend fand. Brounker, Boyle und
Wallis haben Versuche wiederhohlet, und gefunden, daß
das Queckstlber etliche 40, 50 ja 70 englische Zolle etliche
Tage lang hängend geblieben, und erst nach einigem Schütteln auf die gewöhnliche Barometerhöhe herabgefallen ist.
Huygens erklärte dieses Phänomen durch den Druck des
Aethers, welcher durch das Glas in den obern leeren Raum
bringe, und die Queckstlbersäule in der Folge herabbrucke;
Brounker hingegen war der Meinung, daß sich nach und
nach aus dem Queckstlber eine Luft losmache, in den obern
leeren Raum trete, und das Queckstlber herabbrücke. Ohne
Zweifel verursachet die zurückstoßende Kraft der Wärme, daß
das Queckstlber mit dem Glase in eine größere Berührung
kömmt, welche durch Erkältung desselben vermindert wird,
wodurch nachher das Hängenbleiben nicht wieder hervorgebracht werden kann.

Der Nutzen des Auskochens der Barometerröhren war
Anfangs noch ganz unbekannt. Ein deutscher Glasarbeiter
machte das Auskochen dem dü Fay *) bekannt, und gab es
als ein Mittel an, das Barometer im Dunkeln leuchtend zu
machen. Cassini und le Monnier *) machten aber nachher die Entdeckung, daß diejenigen Barometer, welche ausgekocht waren, beständig einerley Höhe zeigten, da hingegen
diejenigen, bey welchen dieß nicht geschehen war, auf eine
veränderliche Höhe stiegen und fielen. Erst de Lüc betrachtete das Kochen des Queckstlbers als ein Mittel, die Luft
größtentheils aus dem Queckstlber zu bringen, und den übrigen zurückbleibenden Theil so gleichförmig darin zu vertheilen, daß keine Unregelmäßigkeit im Steigen und Fallen des
Queckstlbers bey verschiedenen Barometern Statt finden könne,
Wenn

---

*) Nützliche Versuche. Theil II. Halle 1747. 8. Cap. 3. §. 36.

ß) Mémoir. de l'Académ. roy. des scienc. 1723.

γ) Mémoir. de l'Acad. roy. des scienc. 1740.

Wenn auf vorbeschriebene Art die Barometerröhre mit ganz reinem Queckſilber angefüllt und mit aller Vorſichtigkeit ausgekochet worden, ſo wird es an ein Bret befeſtiget, worauf nach einem Fußmaße die Zolle und Linien unter dem Nahmen der Barometerſkale genau aufgetragen ſind. Die Barometerſkale kann verſchiedentlich eingerichtet werden. Bey den Gefäßbarometern kann auch eine eigene kleine Skale an der Seite des Gefäßes angebracht werden, um den veränderlichen Stand der Queckſilberfläche zu bemerken, und ihn gehörig mit in Rechnung bringen. Bey dem Heberbarometer iſt ſchon oben eine Einrichtung der Skale angegeben worden; nach de Lüc wird an jedem Schenkel eine eigene Skale angebracht, unten am längern Schenkel wird bey einer horizontalen Linie o geſetzet, und hiervon heraufwärts etwa 22 Zoll, an dem kürzern Schenkel aber von o an unterwärts etwa 7 Zoll gezählet. Die Zolle werden in Linien, und die Linien werden mit rothen Strichen in Viertel getheilet. Um dieſe doppelte Skale zu erſparen, welche jedesmahl zwey Beobachtungen, nämlich eine am längern, und die andere am kürzern erfordert, hat Herr Luz *) folgenden Vorſchlag gethan: man ſoll das Heberbarometer am Brete ſo anbringen, daß man es auf- und abſchieben könne; hierauf wird eine Horizontallinie gezogen, o dabey geſetzt, und über ſelbiger am längern Schenkel etwa 29 Zoll aufgetragen; die oberſten 3 bis 4 Zolle werden noch in Linien, und dieſe in Viertel eingetheilet. Bey jedesmahliger Beobachtung ſchiebt man das Barometer ſo, daß die Oberfläche des Queckſilbers genau mit der Horizontallinie, wo o ſteht, zuſammenfällt; da alsdann auf einer einzigen Skale die Barometerhöhe beobachtet werden kann.

Man hat auch vorgeſchlagen, um die Barometerhöhe genau zu erhalten, an der Skale des Barometers ein Vernier oder Nonius anzubringen.

Die Behältniſſe bey den Behältnißbarometern können eine mannigfaltige Einrichtung erhalten; alles kömmt hierbey

*) a. a. O. S. 113.

bey nur brauf an, daß beym Steigen und Fallen des Queckfilbers in der Barometerröhre das Fallen und Steigen im
Behältniffe nicht merklich und wo möglich gar nicht erfolge,
wie bey der prinzifchen und der beiden Mechaniker, Herrn
Voigt und Szeen, Vorrichtungen. Es müffen daher die
Behältniffe im Querfchnitte einen Durchmeffer befitzen, welcher wenigftens 10 bis 12 Mahl größer ift, als der Durchmeffer des Querfchnitts der Barometerröhre. Verfchiedene
Arten von Behältniffen findet man vorzüglich bey **Luz**,
auf welchen ich hier verweife.

Wenn man am Barometer richtige Beobachtungen an-
ftellen will, fo verfteht es fich fchon von felbft, daß das
Barometer ganz vertikal aufgehänget werden müffe, damit
die Oberfläche des Queckfilbers horizontal fey. Vor der
Beobachtung felbft muß einige Mahl an die Röhre gefchla-
gen werden, um durch ein gelindes Schütteln das etwa angehängte Queckfilber frey zu machen. Bey der Beobachtung felbft muß das Auge genau in der Horizontalfläche
des Barometers feine Lage haben. Zu dem Ende bemerkt
es das Bild der Skale, welches fich in der Barometerröhre
zeiget; unter allen Strichen des Bildes aber zeiget fich nur
ein einziger horizontal, und wenn diefer derjenige ift, welcher an der Oberfläche des Queckfilbers fteht, fo hat auch
das Auge die richtige Lage. Weil jedoch das Queckfilber
in der Röhre allemahl convex ftehet, fo muß die Barometerhöhe nicht am Rande, fondern in der Mitte des Queckfilbers beobachtet werden.

Man hat fogar für diejenigen, welche die Barometerhöhe mit eigenen Augen nicht beobachten wollen, Barometer erfunden, welche den Gang von felbft aufzeichnen. Man
nennt fie **Barometrographen**. Man findet dergleichen
befchrieben von **Luz** [a]) und von **Arthur Macquire** [b]).

Es

a) a. a. O. §. 210. 211.
b) Defcription of a felf regiftering barometer, read May 1791. in den
tranfact. of the Royal Irifh Academy Vol. IV. Dublin. 4. art. 8.

S

Es würde zu weitläufig seyn, dergleichen hier anzugeben, zumahl da dergleichen Einrichtungen immer unvollkommen bleiben.

Weit wichtiger ist der Einfluß der Wärme, welcher die Barometer zu allen Zeiten ausgesetzt sind. Es ist nämlich bekannt, daß die Wärme das Quecksilber ausdehnet, die Kälte aber zusammenziehet. Man sieht daher leicht ein, daß die Barometerhöhe bey größerer Wärme größer, bey geringerer Wärme aber kleiner seyn müsse, wenn auch der Druck der Luft einerley wäre. Sonst war man der Meinung, daß bey einfachen Barometern die Wärme gar nicht wirken könne, wenigstens bey den ausgekochten Barometern nicht. Allein Herr de Lüc *) hat durch viele und genaue Versuche gefunden, daß eine 27 Zoll lange Quecksilbersäule bey der Temperatur des thauenden Eises um 6 Linien länger werde, wenn sie bis zur Hitze des siedenden Wassers erwärmet wird. Eine Säule also, welche bey der Temperatur des thauenden Eises nur halb so lang, wäre, würde nur um 3 Linien länger, wenn sie bis zur Hitze des siedenden Wassers erwärmet würde. Ueberhaupt läßt sich ohne merklichen Fehler annehmen, daß das Verhältniß der veränderten Länge zweyer Quecksilbersäulen bey gleicher veränderter Wärme dem Verhältnisse ihrer Längen gleich sey. Gesetzt der Druck der Luft wäre so groß, daß das Barometer bey o Grad Wärme auf 27 Zoll stände, so würde bey eben dem Drucke der Luft und 12 Grad Wärme nach Reaumur die Barometerhöhe 27 Zoll $+ \frac{12}{80} \cdot 6$ Linien betragen, und überhaupt bey n Graden 27 Zoll $+ \frac{n}{80} \cdot 6$ Linien. Wäre nun die Barometerhöhe bey einer Wärme von 12 Graden über dem Gefrierpunkte 28 Zoll, so suche man zuerst, wie hoch es bey 12 Grad Wärme stehen müßte, wenn es bey o Grad Wärme auf 27 Zoll hoch stehet; diese Höhe wird $(27 + \frac{12}{80} \cdot \frac{1}{2})$ Zoll betragen, und man kann alsdann nach der Regel Detri ansetzen:

(27

---

*) Untersuchungen über die Atmosphäre s. 355 u. f.

$$(27 + \frac{12}{80} \cdot \tfrac{1}{2}) \text{ Zoll} : 28 \text{ Zoll} = \frac{12}{80} \cdot 6 \text{ Linien} : \text{ gesuchten Zahl}$$

welche von der Barometerhöhe 28 Zoll subtrahiret werden muß: diese Verminderung beträgt also

$$\frac{28}{(27 + \frac{12}{80} \cdot \tfrac{1}{2}) \text{ Zoll}} \cdot \frac{12}{80} \cdot 6 \text{ Linien}.$$

Es bedeute also überhaupt die Barometerhöhe $= a$, und die Zahl der Grade der Wärme nach Reaum. $= n$, so hat man für die gesuchte Größe den allgemeinen Ausdruck

$$\frac{a}{(27 + \frac{n}{80} \cdot \tfrac{1}{2}) \text{ Zoll}} \cdot \frac{n}{80} \cdot 6 \text{ Linien}.$$

Weil aber n nicht leicht mehr als 20 betragen wird, so ist dieser Ausdruck gewöhnlich beynahe

$$\frac{a}{27 \text{ Zoll}} \cdot \frac{n}{80} \cdot 6 \text{ Linien}.$$

Herr de Lüc theilet ohne sonderlichen Nutzen den Abstand des Sied = und Frostpunktes auf dem Thermometer in 96 Grade ein. Wenn man also jene Correktion nach de Lüc's Skale einrichten will, so muß alsdann die Zahl 96 statt 80, gesetzet werden, und es würde alsdann die Verbesserung seyn $=$

$$\frac{a}{27 \text{ Zoll}} \cdot \frac{n}{96} \cdot 6 \text{ Linien} = \frac{a}{27} \cdot n \cdot \frac{1}{16} \text{ Linien}$$

$$= \frac{na}{5184} \text{ Linien}.$$

Diese Correktion muß man von der Barometerhöhe subtrahiren, wenn dieses Thermometer n Grade über seinem o, (welches $+ 10°$ Reaum. correspondirt) im Gegentheil aber addiren, wenn es n Grade unter o zeigt. Man kann also überhaupt den verbesserten Barometerstand allgemein nach de Lüc ausdrucken durch

$$\left(a \mp \frac{na}{5184}\right) \text{Lin.} = a \left(1 \mp \frac{n}{5184}\right) \text{Linien}.$$

Nach **Shukburgh** [a] dehnt sich das Queckſilber von dem Froſtpunkte bis zum Siedpunkte auf 5,91 Linien aus, welche Angabe von der des de **Lüc** nicht viel abweicht. **Roy** [b] hat durch genaue Verſuche gefunden, daß eine 27 Zoll lange Queckſilberſäule von dem Froſtpunkte bis zum Siedpunkte um 0,5117 engliſche Zoll oder um 5,7617 Linien par. M. ausdehne. **Roſenthal** [c] gibt die Ausdehnung der Queckſilberſäule auf 5,56 und **Luz** [d] 5,64, und **Herbert** 5,08 par. Linien an.

Man nehme überhaupt an, die Barometerſäule, welche bey o Grad Wärme auf der Höhe a ſtehet, und dehne ſich bis zum Siedpunkte um die Höhe m aus. Das Thermometer, welches man zur Berichtigung der Barometerhöhe gebrauchet, beſitze zwiſchen dem Froſt- und Siedpunkte h Grade, und zeige bey der Beobachtung des Barometers g Grade über dem Gefrierpunkte; endlich ſey die Temperatur, auf welche man alle Barometerbeobachtungen reduciren will, $= n$ Grad über dem Froſtpunkte, und die beobachtete Barometerhöhe $= b$, ſo wird die Correktion nach dem vorhergehenden $=$

$$\frac{b}{a + \dfrac{g\,m}{h}} \cdot \frac{g\,m}{h} = \frac{b\,g\,m}{a\,h + g\,m} \text{ gefunden.}$$

Da aber alle Barometerbeobachtungen auf n Grade über dem Froſtpunkte reduciret werden ſollen, ſo muß man ſtatt g die Differenz $g - n$ ſetzen, und man hat die Correktion $=$

$$\frac{b\,m\,(g - n)}{a\,h + g\,m}.$$

Es

[a] Philoſoph. transact. Vol. LXVII. n. 29.

[b] Philoſoph. transact. Vol. LXVII. n. 34.

[c] Beyträge zur Verfertigung, Kenntniß und Gebrauch metrologiſcher Werkzeuge. Gotha 1782. B. 1. 1784. B. II. 8.

[d] Beſchreibung von Barometern. §. 77.

Es ist folglich die verbesserte Barometerhöhe =

$$b \frac{}{ah + gm}$$

$$= \frac{bah + bmn}{ah + gm} = \frac{ah + mn}{ah + gm} \cdot b$$

$$= b \left(1 + \frac{(n - g) m}{ah + gm} \right).$$

Weil g m gegen a h immer kleiner ist, so kann man ohne beträchtlichen Fehler in der Ausübung dafür setzen

$$b \left(1 + \frac{(n - g) m}{ah} \right).$$

Nimmt man mit de 'Lüc m = 6 Linien, a = 27 Zoll = 324 Linien, und nach seiner Thermometerskale h = 96, n = 12 und g = f + 12, so ergibt sich

$$b \left(1 - \frac{f \cdot 6}{324 \cdot 96} \right) = b \left(1 - \frac{f}{54 \cdot 96} \right)$$

wie angegeben ist.

Stellt man die Beobachtungen mit dem reaumürischen Thermometer an, so ist h = 80. Wäre nun n = 0, g = 8, so ist die berichtigte Barometerhöhe

$$= b \left(1 - \frac{8 \cdot 6}{324 \cdot 80} \right) = b \left(1 - \frac{1}{54 \cdot 10} \right)$$

$$= b \left(1 - \frac{1}{540} \right).$$

Ist also die beobachtete Barometerhöhe = 28 Grad, so wird die berichtigte

$$= 336 \left(1 - \frac{1}{540} \right) = \frac{336 \cdot 539}{540} = 335,38 \text{ Linien.}$$

Würde man aber die Beobachtungen mit dem fahrenheitischen Thermometer anstellen, so sey der Grad desselben bey der Beobachtung des Barometers = f, und der, worauf die Beobachtung reduciret werden soll, = k, so ist nun h = 180, g = f — 32 und n = k — 32, mithin die berichtigte Barometerhöhe =

$$b\left(1 + \frac{k-f}{9720}\right)$$

es wäre alſo hier die Correktion wegen der Wärme $\dfrac{k-f}{9720}$. b, welche zu der beobachteten Barometerhöhe addiret, wenn k — f poſitiv, im Gegentheil ſubtrahiret werden muß, wenn k — f negativ iſt.

Um dieſe Rechnung bey jedesmahliger Beobachtung zu erſparen, hat Hr. Schlögl [a]), Canonicus in München, eigene Reduktionstabellen berechnet, woraus man bey jedesmahliger Beobachtung am Barometer und Thermometer ſogleich die berichtigte Barometerhöhe nehmen kann. Bey dieſen Tafeln, welche eigentlich zum Gebrauch der meteorologiſchen Geſellſchaft zu Mannheim beſtimmt ſind, iſt das reaumüriſche Thermometer zum Grunde geleget worden.

Wenn man von den oben angegebenen Beſtimmungen, wie weit ſich nämlich das Queckſilber vom Eispunkte bis zum Siedpunkte ausdehnet, das arithmetiſche Mittel nimmt, ſo findet man die Zahl 5, $5 = 5\frac{1}{2}$ Linie. Auch dieſes nimmt Hr. Schlögl an, und hat hiernach die Berechnung ſeiner Tafeln ſo angeſtellt, daß er bey jeder Veränderung Wärme von 1 Grad zeigt, um wie viel ſich eine jede andere Queckſilberſäule von b Zoll Länge ausdehne. Nähme man den Geſrierpunkt zur Reduktionstemperatur an, ſo hat man in voriger angegebener Formel a = 27 Zoll = 324 Linien, h = 80,

m $= 5\frac{1}{2}$, n = 0, mithin $\dfrac{m}{a} = \dfrac{5.5}{324} = \dfrac{11}{648}$, und folglich die berichtigte Barometerhöhe

$$= b\left(1 - \frac{11 \cdot g}{648 \cdot 80}\right), \text{ wo der Bruch}$$

$\dfrac{11}{648 \cdot 80}$ ohne merklichen Fehler $= \dfrac{1}{4713}$ geſetzet werden kann.

Wenn

a) Tabulae pro reductione quorumuis ſtatuum barometri ad normalem quendam caloris gradum publico vſui datae à P. Guarino Schlögl. Monach. et Ingolſt. 1787. 4.

Wenn g einen Wärmegrad über dem Gefrierpunkte anzeigt, so muß die Correktion von der beobachteten Barometerhöhe abgezogen, im entgegen gesetzten Falle aber dazu addiret werden. Die schlögischen Tafeln geben die Correktion für jeden reaumürischen Grad und für jede Barometerhöhe von 20 bis 29 Zoll an.

Statt der etwas unbequemen Zahl 4713 im Nenner nimmt Herr Gerstner *) die Zahl 4800 an; mithin wäre alsdann

$$\frac{1}{4800} = \frac{1}{60 \cdot 80} = \frac{5,4}{324 \cdot 80},$$ d. h. er nimmt an, die Quecksilbersäule dehne sich vom Frostpunkte bis zum Siedpunkte um 5,4 Linien aus. Bey den gewöhnlichen Barometerhöhen macht dieß gar keinen beträchtlichen Fehler aus. Vermöge dieser Annahme hat man alsdann die berichtigte Barometerhöhe =

$$b \left(1 - \frac{g}{4800} \right)$$

und die Correktion $= \frac{gb}{4800} = \frac{1}{12} b \cdot \frac{g}{400}$. Da nun $\frac{1}{12} b$ nichts weiter ist, als die Barometerhöhe in Zollen ausgedrucket, so gibt dieß Folgende sehr leichte Regel:

Die Correktion der beobachteten Barometerhöhe findet man, wenn man die Barometerhöhe b in Zollen mit dem beobachteten Thermometergrade nach Reaumur multiplicirt, und dieses Produkt durch 400 dividiret.

Z. B. das Barometer zeige 28 Zoll, das Thermometer nach Reaumur 8, so ist die Correktion $\frac{28 \cdot 8}{400} = 0,51$, und der berichtigte Barometerstand $= 336 — 0,51 = 335,49$ Linien.

Wollte man auch eine andere Temperatur annehmen, auf welche die Beobachtungen reduciret werden sollten, z. B. auf

S 4

*) Beobachtungen über den Gebrauch des Barometers bey Höhenmessungen in den Beob. auf Reisen nach dem Riesengebirge, von Jirasek, Haenke, Gruber und Gerstner. Dresden 1791. 4. S. 279.

12 Grad nach Reaum., so hat man nur nöthig, die Zahl der Thermometergrade über oder unter 12 für g zu setzen. Im vorigen Beyspiele wäre die Anzahl der Grade unter

$$12 = 4,$$ und folglich die Correktion $$= \frac{28 \cdot 4}{400} = 0,28$$ Linien, welche nun zu 28 Zoll addiret werden müßte.

Ueberhaupt kann diese Regel bey allen übrigen Thermometerskalen angewendet werden. Bey dem fahrenheitischen Thermometer war die Correktion =

$$\frac{k - f}{54 \cdot h} \cdot b$$

welche sich nach Herrn Gerstner, bey seinem angenommenen Ausdehnungsverhältnisse, in

$$\frac{k - f}{60 \cdot h} \cdot b$$

und, wenn b in Zollen ausgedruckt wird, in

$$\frac{k - f}{5 \cdot h} \cdot b$$ verwandelt.

Nach Fahrenheits Thermometer hat man nun h = 180, mithin 5 h = 900; man braucht also hier nur statt 400 mit 900 zu dividiren, um die Correktion zu erhalten. So betragen z. B. 8 Grad nach Reaum. so viel als 18 Grad nach Fahrenheit; ist also k = 0, so ist die Correktion =

$$\frac{28 \cdot 18}{900} = 0,56$$ sehr wenig von dem vorigen verschieden.

Soll eine solche Berichtigung des Barometers wegen des Einflusses der Wärme so viel als möglich genau geschehen, so muß das Thermometer, welches zu den Beobachtungen gebrauchet werden soll, selbst an dem Brete des Barometers sich befinden, damit beyde unter völlig gleichen Umständen sind, und einerley Temperatur erhalten.

Die

Die Herren de la Grange *), Rosenthal ᵝ) und Lamanon ᵞ) haben jedoch auch Vorschläge gethan, die Berichtigung der beobachteten Barometerhöhe wegen des Einflusses der Wärme, auch ohne Thermometer zu machen; hierzu ist aber ein heberförmiges Barometer nöthig, dessen Schenkel genau gleich weit sind; auch wird zugleich erfordert, daß kein Quecksilber verloren gehe, welches aber in der Ausübung schwer zu erhalten möglich ist.

Nachdem die Erfindung der Barometer allgemein bekannt wurde, und viele von diesem wichtigen Werkzeuge schätzbaren Gebrauch machten, die mehrsten aber bloß aus Neugierde und zur Beobachtung der veränderlichen Witterung dasselbe sich anschafften; so konnte es nicht fehlen, daß man auf den Gedanken kam, mittelst dieses Instrumentes auch auf Reisen Beobachtungen anzustellen. Es entstanden daher so genannte Reisebarometer, wovon schon Leupold ᵟ) verschiedene Arten angegeben hat. Da man aber auch ferner darauf dachte, die Höhen der Oerter aus dem Barometerstande zu bestimmen, so mußte man nothwendig auf die Verbesserung der Reisebarometer, theils des bequemen Fortbringens wegen, theils aber auch so viel als möglich genaue Resultate daraus zu erhalten, sein vorzüglichstes Augenmerk richten. Der erste, welcher hierin auf einen gewissen Grad der Vollkommenheit gekommen ist, ist Herr de Lüc ε). Er erfand ein Reisebarometer, das er zwölf Jahre gebrauchet hat, ohne nur irgend einen Fehler daran zu bemerken. Es würde hier zu weitläufig seyn, dieses Reisebarometer vollständig zu beschreiben; es werden daher bloß die wesentlichen Theile desselben angegeben werden. Es ist dieses Barometer ein Heberbarometer, dessen kurzer Schenkel mit dem längern Schenkel durch einen Hahn verbunden

S 5 bunden

α) Miscellan. Taurinensia 1759. T. I. S. 15 u. f.
β) Anleitung das de Lüc'sche Barometer zu einem höhern Grade der Vollkommenheit zu bringen. Gotha 1779. 8.
γ) Journal de physique. Janv. 1782.
δ) Theatr. aëroftatic. Tab. IV. fig. 3. 4. 5. Tab. VIII. fig. 2.
ε) Untersuchungen über die Atmosphäre, Th. II. §. 463 u. f.

bunden iſt, welcher verſchloſſen und geöffnet werden kann.
Dieſer Hahn iſt von Elfenbein, oder nach Luz von Pockholz,
und der Schlüſſel derſelben von reinem guten Korkholze.
Die Mitte des Hahnes iſt würfelförmig, an beiden Enden
aber rund gedrehet. Der Länge nach wird durch ſelbigen
ein Loch gebohret, welches mit der Barometerröhre eine
gleiche Weite hat, aber auch der Quere durch die würfel-
förmige Mitte wird mittelſt eines Löffelbohrers ein Loch
durchgebohret, in welches eben der Schlüſſel von Kork kömmt.
Durch dieſen koniſchen Schlüſſel von Kork wird ebenfalls
ein Loch gebohret, damit die beiden Schenkel der Barometerröhre eine Gemeinſchaft haben können. In das Loch
dieſes Schlüſſels wird ein Federkiel ſo eingezwängt, daß es
ſich nicht verrucken kann. Uebrigens wird der Hahn zur
Hälfte in das Bret des Barometers eingelaſſen, durch vier
Schrauben daran befeſtiget, und bekömmt einen elfenbeinern
Handgriff. In dieſen Hahn wird nun der längere Schenkel der Barometerröhre unten eingeleimt und verkittet, der
kürzere Schenkel aber oben nur aufgeſtecket, damit man ihn
zu Zeiten herausnehmen und reinigen könne. Außerdem iſt
noch der längere Schenkel der Röhre an das Bret gehörig befeſtiget. Auch ſind die beiden Skalen nebſt einem Thermometer am Brete angebracht. Um nun dieß Barometer
mit ſich führen zu können, ſo neigt man es unter einem
Winkel von etliche 40 Graden, wodurch der längere Schenkel mit Queckſilber völlig angefüllet wird. Alsdann verſchließt man den Hahn durch den Schlüſſel von Kork, und
man kann ohne Gefahr das Barometer in eine Lage bringen in welche man will. Herr de Luc verſchließt es in ein
beſonders dazu eingerichtetes Käſtchen, deſſen hintere Wand
zugleich das Bret des Barometers iſt, worauf die Skalen
ſich befinden. Noch hängt an der Wand ein kleines ſchweres
Pendel herab, um das Barometer an einem jeden Orte
ſenkrecht zu ſtellen. Iſt man im Begriffe mit dieſem Barometer eine Beobachtung anzuſtellen; ſo öffnet man den
Hahn, damit das Queckſilber herabſinke, ſtellt es mittelſt

des

des Pendels vertikal, macht den kürzern Schenkel durch einen Wischer rein, und schüttet durch einen papiernen Trichter in selbigen noch etwas Quecksilber. Vorher wird jedoch
das Barometer an ein eigenes dazu eingerichtetes Stativ angeschraubet. Bey starkem Sonnenscheine wird es besonders noch durch einen Schirm geschützt, damit das Bret
nicht ungleich erwärmet werde. Ehe man die Beobachtung
selbst anstellet, muß das Bret die gehörige Temperatur
erhalten haben. Weil auf der Reise selbst die veränderte
Wärme auf das in der Röhre verschlossene Quecksilber wirket, indem es nämlich bey größerer Wärme ausgedehnet,
bey geringerer aber zusammengezogen wird, so muß man
von Zeit zu Zeit den Hahn ein klein wenig lüften, aber
sogleich wieder verschließen. Um die doppelte Skale nicht
nöthig zu haben, macht Luz die Einrichtung so, daß das
Bret doppelt ist, wovon der obere Theil die Form eines
Schiebers hat, worauf eine Horizontallinie verzeichnet ist,
welche bey jeder Beobachtung in die Oberfläche des Quecksilbers im kurzen Schenkel geschoben wird.

Nach de Lüc haben sich mehrere damit beschäftiget, verschiedene Einrichtungen von Reisebarometern anzugeben,
wovon aber die mehresten dem Gebrauche nicht entsprechen.
Dergleichen findet man beschrieben von **Magellan** *), **Ro-**
senthal *), **Changeur** ʸ), **Hutter** *) und eine Verbesserung des hutterschen von **Haas** *), und von **Gilbert Au-**
stin ᶻ). Es würde zu weitläuftig seyn, alle diese Reisebarometer hier zu beschreiben, zumahl da die Beschreibung
ohne Figuren ganz unverständlich seyn würde.

Auch

---

*) Beschreibung neuer Barometer u. s. f. Leipz. 1782. 8.

*) Beyträge zur Verfertig. meteorolog. Werkzeuge.

ʸ) Description de nouveaux baromètres à appendice Journ. de physique Mai 1783.

*) Journal de physique Nov. 1786. Lichtenbergs Magazin für das
Neueste aus der Phys. u. Naturg. B. V. St. 4. S. 84 u. f.

*) Grens Journal der Physik B. VII. S. 238. u. f.

ᶻ) Description of a portable barometer, read Dec. 4. 1790. in D.
transact. of the Royal Irish Academ. Vol. IV. Dublin. 4.

Auch hat Herr Lütz.*) ein Paar Kapſelbarometer beſchrieben, welche nach der etwas veränderten prinziſchen Angabe eingerichtet ſind, und als Reiſebarometer gebrauchet werden können.

Der Herr Mechanikus Voigt in Jena hat mir eine Einrichtung eines ſehr einfachen Reiſebarometers mitgetheilet, welches auf prinziſchen Gründen beruhet, wovon ich hier nur das Weſentlichſte mittheilen will: (fig. 46.) h i k l m n iſt das Barometergefäß von Eiſen, Stahl oder Elfenbein, und hat eine der Weite der Barometerröhre proportionirte Dicke; p m iſt der helle Raum, in welchen das Queckſilber tritt, und p q die prinziſche ebene Fläche, welche vollkommen plan gearbeitet iſt, und worauf ſich das Queckſilber e e ausbreitet. In dem Gefäße ſelbſt befindet ſich ein Canal b c d, welcher die Weite der Barometerröhre hat, und ſich in der prinziſchen ebenen Fläche endiget, wodurch eben das Queckſilber in den hellen Raum kommen kann. Die Barometerröhre a b wird in dieſes Gefäß eingekittet. Sollte nun in beträchtlichen Höhen das Barometer in der Röhre ſehr tief herabfallen, ſo daß es die prinziſche Ebene ganz bedecken würde, ſo iſt unweit der Wand m k, ein Loch f in der Schiefe f g eingebohret, um das übrige Queckſilber ablaſſen zu können. Wird dieſes Barometer gegen den Horizont geneigt, ſo füllt ſich die Barometerröhre ganz voll an, welche ſodann durch eine beſondere Vorrichtung bey d verſchloſſen wird. Uebrigens wird es wie gewöhnlich an ein Bret, woran die Skale, ein Thermometer und ein herabhängendes Pendel ſich befindet, befeſtiget. Die Vorzüge dieſes Barometers beſtehen darin:

1. Iſt es das einfachſte von denen, welche bis jetzt angegeben ſind, und eben daher das brauchbarſte und dauerhafteſte.

2. Iſt es, wenn es ein Mahl nach dem Heberbarometer berichtiget iſt, dieſem weit vorzuziehen, weil das Niveau allezeit richtig werden muß, wenn das Gefäß

vollge-

*) a. a. O. ſ. 131. ſ. 140.

vollgefüllt, und das Queckſilber wieder abgelaſſen wird:
Denn vorausgeſetzt, daß das Inſtrument vertikal und
feſt ſtehet, folgt, daß allezeit gleichviel Queckſilber
abläuft, und wenn auch durch einen Zufall mehr oder
weniger abfließen ſollte, ſo wird doch dadurch das Niveau nicht geändert und ungewiß.

Seit der erſten Erfindung der Barometer nahm man in
einigen derſelben ein gewiſſes Leuchten wahr, wenn das Queckſilber in ſelbigen beweget wurde. Picard *) beobachtete
dieſes Leuchten zuerſt; nachher haben es de la Hire, Caſſini, Johann Bernoulli, Homberg, von Mairan,
du Fay, Muſſchenbroek und andere ebenfalls bemerket.
Ueber dieſes Phänomen haben alle dieſe verſchiedene Meinungen gehabt. Du Fay beſonders glaubet, daß durch das
Kochen der Barometer dieſelben leuchtend gemacht würden,
indem dadurch die grobere Luft aus dem Queckſilber herausgehe, und die darin eingeſchloſſene feinere Materie eine freyere
Bewegung erhalte, welche bey der Bewegung des Queckſilbers mit Heftigkeit herausdringe und dadurch das Leuchten
verurſache. Hawksbee *) war der erſte, der dieſe Erſcheinung des Leuchtens als eine elektriſche Erſcheinung erklärte,
und jetzt zweifelt wohl niemand mehr daran, daß dieſes Phänomen elektriſchen Urſprungs ſey.

Barometerprobe ſ. Elaſticitätszeiger.

Barometerveränderungen, Steigen und Fallen
der Wettergläſer (variationes barometri, aſcenſus et
deſcenſus mercurii in tubo Torricelliano, variation du
baromètre). Hieruntur verſteht man das Steigen und
Fallen des Queckſilbers in dem Barometer an ein und demſelben Orte zu verſchiedenen Zeiten. An verſchiedenen Orten der Erde hat jedoch das Steigen und Fallen ſeine Grenzen, über oder unter welche es entweder gar nicht oder doch
wenigſtens nur in äußerſt ſeltenen Fällen kömmt, wo es alsdann aber ſchreckhafte Ereigniſſe ahnet, als große Sturm-
winde;

---

*) Mémoir. ancien. de l'Acad. roy. des ſcienc. T. II. S. 202.
β) Transact. philoſoph. 1708.

winde, Erbbeben u. d. g.　Unter der Linie und nahe dabey
sind die Barometerveränderungen am geringsten, indem sie
kaum über ¼ Linie betragen.　Das Barometer fängt daselbst
an etwa früh um 9 Uhr etwas zu fallen, steht gegen 3 Uhr
Nachmittags, da die größte Hitze ist, am tiefsten, und
steiget nachher den Abend und die Nacht über in einem fort,
um am folgenden Tage eben die Bewegungen wieder anzu-
fangen.　Ueberhaupt ist die Veränderung des Barometers
in dem ganzen heißen Erdstriche nie größer als etwa 2 pariser Linien.　Das Merkwürdigste dabey ist noch, daß die größten Wetterveränderungen und die stärksten Winde, als die
Tornados, daselbst gar keinen merklichen Einfluß auf das
Barometer haben.　Je weiter man sich aber von der Linie
zu beyden Seiten gegen die Pole zu entfernet, desto größer
werden die Barometerveränderungen.　So beträgt die Barometerveränderung in Frankreich an die 3 Zoll.

　　Mehrentheils erfolgt nach dem Fallen des Queckfilbers
trübe Witterung, oder auch Regen oder Wind; nach dem
Steigen hingegen stille und heitere Witterung.　Jedoch ist
dieß nicht allgemein wahr, indem oft nach dem Steigen
stürmische und nach dem Fallen heitere Witterung eingetreten ist.　Bey einem schnellen Fallen oder Steigen aber läßt
sich mit Gewißheit schließen, daß eine Witterungsveränderung
bevorstehe.

　　Weil der Druck der Luft die alleinige Ursache des Barometerstandes ist, so muß offenbar bey den Barometerveränderungen eine Veränderung in der atmosphärischen Luft vorgehen.　Wäre es daher möglich, diese Veränderungen anzugeben, so würden wir auch die Gründe der Barometerveränderungen angeben können.　Allein die Atmosphäre
scheint noch bis jetzt ein Raum zu seyn, in welchem die Natur ihre Operationen versteckt hat.　Daher ist man noch nicht
so glücklich gewesen, die wahren Gründe von dem veränderten Stande des Barometers zu entdecken.　Die verschiedenen Hypothesen, welche die Naturforscher seit der Erfindung
des Barometers zur Erklärung der Barometerveränderungen

　　　　　　　　　　　　.. aufgestellt

aufgestellt haben, hat Herr de Lüc *) angegeben und geprüft. Es erfordert die Absicht, sie in möglichster Kürze
hier anzuzeigen.

Einer von den ersten, welcher die Veränderung des
Queckſilbers wahrnahm, war Pascal. Er glaubet zwar,
daß die Barometerveränderungen von der Veränderung des
Drucks der Luft herrühren; allein er ſetzt folgende Regel als
gewiß feſt, welche gegen alle Erfahrung iſt, daß das Queckſilber allezeit ſteige, wenn das Wetter zugleich kalt und trüb
iſt, hingegen falle, wenn die Luft warm werde, und die
Dünſte durch Regen oder Schnee fallen laſſe *). Viele
von den Zeitgenoſſen des Herrn Pascal waren dieſer Meinung, jedoch mit einiger Einſchränkung. Beal, Wallis ɣ)
und Garcin ɜ) glauben noch, daß das Queckſilber nach dem
Regen tiefer herabfalle, als es vor demſelben geſtanden habe,
und beſonders meinet Garcin, daß es wirklich ſchon an
einem benachbarten Orte des Barometers regne, wenn das
Queckſilber im Barometer ſinkt. Es ſchreiben daher alle
dieſe den Grund der Barometerveränderungen dem vermehrten und verminderten Druck der Atmoſphäre durch das Aufſteigen und Niederfallen der Dünſte zu. Allein vergleichet
man die Menge der in einer gewiſſen Zeit an einem Orte
aufgeſtiegenen und niedergefallenen Dünſte mit der Veränderung im Steigen und Fallen des Queckſilbers, ſo wird
man ſie als Urſache der Barometerveränderungen ganz unzureichend finden. Denn weil das Queckſilber in einem Tage
oft 6 Linien herabfällt, ſo müßten, wenn ein Gleichgewicht
Statt finden ſoll, 6 $\times$ 14 Linien oder 7 Zoll Waſſer in einem
Tage niedergeſchlagen werden, welches aller Erfahrung entgegen iſt, nach welcher eine Menge von Regen höchſtens auf
1 Zoll ſteigen kann.

Dr.

*) Unterſuchungen über die Atmoſphäre. Th. I. §. 112. u. f.
β) Traité de l'equilibre des liqueurs etc. p. 153.
ɣ) Philoſophic. transact. n. 9. n. 10.
ɜ) Journal helvetique an. 1734 et 1735.

Dr. Garden *) nahm an, daß das Aufsteigen der Dünste mit dem Steigen des Barometers, und das Herabfallen der Dünste mit dem Fallen des Barometers von dem vermehrten und verminderten Drucke der Luft herrühre. Hr. de Lüc wendet aber dagegen ein, daß die Luft ihre Heiterkeit und Durchsichtigkeit verlieren müsse, wenn sich die schwere Luft mehr und mehr mit Dünsten anfüllte. Auch sey unerklärbar, wie nach seinen und des von de la Condamine ihm mitgetheilten Beobachtungen bey heiterer Luft das Quecksilber am höchsten stehe. Uebrigens bleibe immer noch die Frage übrig, was denn die eigentliche Ursache der Vermehrung und Verminderung der eigenthümlichen Schwere der Luft sey? Garden hatte zwar den Gedanken, daß sich in der Luft noch eine feinere und mehr elastische Materie nebst noch andern flüssigen Materien fände, welche durch mannigfaltige Verbindungen mit der Luft eine größere eigenthümliche Schwere, als die reine Luft bewirken könnten; jedoch stütze sich diese Voraussetzung auf gar keine Beweisgründe. Auch schreibt noch Garden der Wärme, als einer mitwirkenden Ursache, die Barometerveränderungen zu, indem er behauptet, daß die verschiedenen Grade derselben die Elasticität der Luft vermehre und vermindere, und daß die mehr elastische Luft weniger auf die Grundfläche drucke, weil sie eine geringere specifische Schwere habe. Herr de Lüc wendet dagegen ein, daß die Wärme wenigstens eben so stark auf die Dünste wirke, als auf die Luft, vermindere daher zugleich auch deren specifische Schwere, und könne folglich nichts zu ihrem Herabfallen beytragen. Außerdem sehe man oft das Quecksilber im Sommer hoch und im Winter niedrig stehen, welches hinlänglich beweise, daß die großen Veränderungen des Barometers dieser Ursache nicht könne zugeschrieben werden.

Wallis, welcher anfänglich behauptete, daß das Quecksilber steige, wenn die Luft mit Dünsten erfüllt sey, hingegen falle, wenn diese Dünste durch Regen herabfielen, mußte doch auch zugeben, daß das Quecksilber auch ohne vorhergegangenen Regen

en

---

a) Philosoph. transact. n. 171.

gen folle, und daß es oft bey heiterer Witterung am höch-
ften ftehe. Das erftere fuchte er aus der Wirkung eines
Windes, welcher den fenkrechten Druck der Luft vermindere,
zu erklären; bey der zwenten aber glaubte er, der Meinung des
Garden entgegen, daß die Wärme die Elaftici:ät der Luft
vermehre, und diefe dadurch ftärker auf die Fläche drucken
müffe, wodurch eben das Barometer fteige *). Jedoch
nahm er diefe feine Meinung in einer neuen Abhandlung *)
wieder zurück, behauptete aber doch noch, daß bey größerer
Wärme das Queckfilber im Barometer fteigen müffe, fchrieb
aber diefes Steigen der Ausdehnung der im Queckfilber enthaltenen Luft zu, welche die Queckfilberfäule verlängere. In
einer noch neuern Abhandlung nimmt er endlich gar an, daß
die Wärme gar keinen Einfluß auf den Druck der Luft habe,
weil die Luftfäulen immer einerley Menge von Materie enthielten, und jede elaftifcher gewordene Schichte bloß die in
ihr enthaltenen Dünfte leichter trage. Es ift leicht einzufehen,
daß die Hypothefen des Wallis wenig Beyfall finden konnten.

Lifter 7) glaubte, man müffe die Urfache der Barometerveränderungen im Queckfilber felbft fuchen. Es ziehe
fich nämlich das Queckfilber beym Fallen fehr ftark zufammen,
dadurch gehen aber mehrere Lufttheilchen aus dem Queckfilber
in den obern Theil der Röhre, welches die Menge der Luft,
mithin ihre Elaftizität vermehre. Dadurch würde nun das
Queckfilber, das fich felbft zufammenzieht, auch durch eine
äußere Kraft niedergedruckt. Wenn hingegen das Queckfilber fliege, welches fo wohl bey der Kälte als Wärme ge-
fchehen könne, fo käme es in feinen natürlichen Zuftand, und
wäre frey und ausgedehnt, wie es feyn folle. Allein diefe
Hypothefe widerlegt fich fchon von felbft, indem fie in keinem
Falle mit der Erfahruug übereinftimmet.

Halley

α) Philofoph. transact. n₂ 10.

β) Philofoph. transact. n. 55.

γ) Philofoph. transact. n. 165.

I

Halley *) suchte die Barometerveränderungen vorzüglich aus den Winden herzuleiten. Daß bey stillem und zum Regen geneigtem Wetter das Barometer gemeiniglich tiefer stehe, erkläret er aus der größeren Leichtigkeit der Luft, welche die Dünste nicht mehr halten könne. Diese Leichtigkeit der Luft entstehe aber von zwey entgegen gesetzten Winden an dem Orte der Beobachtung, wodurch die Luft verdünnet würde. Bey hellem und beständigem Wetter hingegen stehe gemeiniglich das Quecksilber deßwegen hoch; weil alsdann an dem Orte der Beobachtung zwey entgegen gesetzte Winde zusammenstoßen, welches die Stille verursache; aber dadurch werde auch die Luftsäule höher, und verdichte sich; sie müsse folglich auch die Dünste stärker halten, und das Quecksilber im Barometer höher treiben. Bey starken Winden stehe das Quecksilber aus dieser Ursache tiefer, weil die sehr stark fortströmende Luft durch die angrenzenden stillen Luftsäulen nicht sogleich wieder ersetzt werden könnten, wodurch sie verdünnt werde; außerdem komme auch noch durch die horizontale Bewegung des Windes eine Verminderung des senkrechten Drucks der Luft hinzu; auch könne es dabey nicht regnen, weil die Dünste zerstreuet würden. Das Quecksilber stehe in England beym Ost- und Nordostwinde am höchsten, weil in dem großen atlantischen Meere unter der nördlichen Breite ein West- oder Südwestwind fast beständig wehe, wodurch die Ost- und Nordostwinde aufgehalten würden, und eine Anhäufung der Luft verursachten. Bey stillem und kaltem Wetter stehe das Barometer gemeiniglich hoch; denn alsdann kämen die Winde gemeiniglich aus Nord oder Nordosten, und wenn es still wäre, so würden diese durch den Westwind im Weltmeere aufgehalten; überdieß würde die Atmosphäre durch die Kälte verdichtet. Nach einem starken Winde, wo das Quecksilber tief gestanden, steige es sehr schnell, weil die weggetriebene Luft wieder ersetzet werde. Gegen Norden seyen die Barometerveränderungen am stärksten, gegen Süden aber am schwächsten, weil im erstern Falle die Winde

heftiger

*) Philosoph. transact. n. 181.

heftiger und veränderlicher, als im zweyten wären. Hr. de Lüc macht gegen diese Erklärungsart verschiedene Erinnerungen; indem er meint, der Wind würde nicht allein die Luft, sondern selbst die Dünste mit fortführen, und das Zusammenstoßen der Winde dürfte wohl schwerlich eine Windstille zuwege bringen; überdem könne der Wind selbst an den Oertern, wo er wehe, die Luftmasse nicht vermindern, weil er eben wieder so viel Luft herbeyführe, als er mit sich fortnehme. Ueberhaupt glaubet er, der Wind sey zur Erklärung der Barometerveränderungen allein nicht zureichend.

Gersten a) nimmt ebenfalls die Winde als die Hauptursache der Barometerveränderungen an, seine Hypothese ist aber der hallenschen gerade entgegen gesetzet. Er glaubet, daß durch das Zusammenstoßen der Luft zitternde Schwingungen in den elastischen Theilen der Luft entstehen, wodurch die Atmosphäre ausgedehnet werde, und daher weniger auf die Oberfläche der Erde drucke, welches das Fallen des Barometers verursache. Dagegen wehe in unsern Gegenden mehrentheils ein beständiger Nordostwind, weil die Sonne eine Hauptbewegung von Osten gegen Süden bewirke: hierdurch übe die Luft auf die Erde den möglichst stärksten Druck aus; und halte daher das Barometer am höchsten.

De la Hire b) sucht die Barometerveränderungen aus dem Uebergange der Luft von den südlichen zu den nördlichen Gegenden herzuleiten. Er ist der Meinung, daß die Atmosphäre ein längliches Sphäroid sey, und daß sie daher unter den Polen weit höher stehe, als unter dem Aequator. Daher erhöhe sich die Atmosphäre bey uns, wenn der Nordwind wehe, im Gegentheile aber vermindere sie sich beym Südwinde. Weil aber die Mittagswinde auch Regen brächten, so folge, daß es regnen müsse, wenn die Luft leicht scheinet, das Gegentheil aber erfolge, wenn sie schwer sey. Herr de Lüc wendet dagegen ein, daß die Mittagswinde bey

T 2 uns

---

a) *Christ. Ludov. Gersten* tentamina systematis novi ad mutationes barometri ex natura elateris aerei demonstr. Francof. 1733. 8.

b) Mémoir. de Paris. 1705.

uns nur durchgingen, und mithin die Höhe der Atmosphäre nicht vermindern könnten. Es könne dadurch nur eine Verminderung der Höhe der Atmosphäre unter dem Aequator Statt haben; aber daher müßten auch daselbst größere Barometerveränderungen erfolgen, als bey uns, welches doch der Erfahrung entgegen wäre.

Mariotte a) erkläret die Barometerveränderungen aus der Neigung der Winde gegen die Erdfläche. Er behauptet, daß die Nordwinde von oben herab, die Mittagswinde nach der Richtung der Tangente der Erdfläche wehen. Jene verdichten daher die Luft an der Erdfläche, und verursachen das Steigen des Barometers; diese aber dehnen sich aus, und erheben die obere Luft, wodurch die untere Luft dünner wird, und bewirken das Fallen des Barometers.

Le Cat β) leitet ebenfalls die Barometerveränderungen von den Winden her. Er glaubt nämlich, daß die verschiedenen Winde, welche von den Weltgegenden nach dem Orte der Beobachtung wehen, der Atmosphäre auch verschiedene Temperaturen mittheilen, und folglich beständig eine gemischte Temperatur hervorbringen. Dadurch werde aber der ungleiche Stand des Quecksilbers verursachet. Nach dieser Hypothese müßte also das Quecksilber um desto mehr fallen, je wärmer die Luft werde; es müßte also im Winter beständig sehr hoch, und im Sommer sehr niedrig stehen, welches aber der Erfahrung ganz entgegen ist.

Woodward γ) nimmt die ganz ungegründete Hypothese an, daß die Erde eine hohle mit einer ungeheuren Menge von Wasser angefüllten Kugel sey. Aus diesem großen Wasserbehälter erhebe sich unter der Gestalt der Dünste Wasser in die Atmosphäre. Da nun diese Dünste nicht anders aufsteigen könnten, als daß sie durch einen Stoß die Luft aus der Stelle treiben müßten, wodurch der Druck der Luft vermindert würde, so folge, daß das Quecksilber im

Barome-

---

a) Discours de la nature de l'air. 1676.
β) Nouv. Magasin françois. Decemb. 1750.
γ) Histor. natur. telluris. Lond. 1695. 8.

Barometer falle. Wären aber ein Mahl die Dünfte in der
Luft aufgeftiegen, fo verurfachten nicht allein diefe Dünfte
durch ihre Schwere, fondern auch die nunmehr aufhörende
Wirkung des Waffers derfelben gegen die Lufttheile, daß die
Luft ftärker gegen die Erde drücke, und dadurch das Steigen
des Queckfilbers bewirke.

Leibnitz fucht aus dem von ihm durch Verfuche gefundenen Satze die Barometerveränderungen zu erklären. Es
wiege nämlich ein fremder Körper mit der flüffigen Materie,
in der er fich befindet, und mache einen Theil ihres Gewichtes aus, fo lange er von derfelben gehalten werde; gefchehe
aber dieß nicht mehr, und der Körper falle, fo mache fein
Gewicht nicht mehr einen Theil des Gewichtes der flüffigen
Materie aus, welche daher weniger wieget. Hieraus zieht
er nun die Folge, daß die in der Luft fchwebenden Waffertheilchen das Gewicht derfelben, fo lange fie von ihr getragen
werden, vermehren; diefe Vermehrung höre aber auf, fo
bald fie herabfallen. Daher entftehe im erften Falle das Steigen, und im andern das Fallen des Queckfilbers. Allein die
aufgeftiegenen Dünfte find viel zu gering, ein oftmahls fo
beträchtliches Steigen des Queckfilbers im Barometer zu
bewirken.

Mairan a) vertheidigte die Erklärung über die Barometerveränderungen des de la Hire, und feine Schrift erhielt wegen der Gründlichkeit von der Akademie zu Bourdeaux den Preis, welchen fie auf die Unterfuchung der Urfachen
der Barometerveränderungen gefetzet hatte.

Hamberger ß) nahm eine Hypothefe zur Erklärung der
Barometerveränderungen an, welche in der Hauptfache mit
der des Woodward übereinftimmet. Er nimmt nämlich an, daß die in die Atmofphäre durch Hülfe der Feuer-
theilchen aufgetriebenen Dünfte, welche ungleich fchwerer als
die Luft wären, die Lufttheile durch ihren Stoß im Drucke

T 3 gegen

a) Recueil des differtations, qui ont remporté le prix à l'Acad.
Roy. des belles lettres, fc. et arts de Bordeaux T. I.
ß) Elementa phyfices. edit. tertia. Ienae 1741. 8.

gegen die Erdfläche vermindere, und daher das Fallen des
Quecksilbers zuwege bringe.

Daniel Bernoulli *) nimmt an, daß sich in der Erde
sehr viele große Höhlen befinden, woraus bey zunehmender
Wärme Luft herausgehe, welche sich mit der äußeren verbinde, und daher ihren Druck auf das Barometer vermehre.
Das Fallen des Quecksilbers kömmt nach ihm von den entgegengesetzten Ursachen her.

Kratzenstein *) und Toaldo †) haben dem Monde,
außer anderen Wirkungen, auch einen Einfluß auf die Barometerveränderungen zugeschrieben. Vorzüglich hat Toaldo
durch verschiedene Beobachtungen gefunden, daß der Mond
in der Erdnähe das Barometer sinken gemacht habe. Es
ist nicht zu läugnen, daß der Mond allerdings durch die Attraktion eine mitwirkende Ursache auf die Veränderung des
Barometers sey, aber doch gewiß nicht die einzige, weil
sonst die Barometerveränderungen regelmäßiger erfolgen
müßten, als es wirklich geschiehet.

Saussüre ‡), welcher die Hypothesen aller seiner Vorgänger einer Prüfung unterworfen hat, wagt es nicht, eine
bestimmte Ursache über die Barometerveränderungen fest zu
setzen. Ihm scheinen Wärme und Winde die Hauptursachen
dieser Veränderungen zu seyn. Daß sie unter dem Aequator beynahe gänzlich wegfallen, habe ihren Grund bloß darin,
daß die Temperatur daselbst viel einförmiger, und die Winde
viel regelmäßiger seyen, als bey uns, daher finde keine so
große Verschiedenheit in der Abwechselung der Wärme und
Kälte der verschiedenen Luftschichten Statt. Die Wärme könne
überhaupt nur alsdann stark auf das Barometer wirken, wenn
sie bloß auf eine einzige Luftsäule aus Localursachen geleitet
werde,

*) Hydrodynam. Argentor. 1738. 4. sect. X. §. 20.
*) Abhandlung vom Einflusse des Mondes in die Witterung rc.
Halle 1771. 8.
†) Saggio meteorologico. Patova 1770. gr. 4. Nonae tabulae ba-
rometri aestusque maris. Patova. 1743. 4.
‡) Versuch über die Hygrometrie a. d. Französ. übers. Leipz. 1784. 8.

werde, außerdem aber verlängere die Wärme die Luftsäulen
nur, welche dabey gleich viel Masse behielten, u. s. w.

Kirwan ") hat mit Gründen gezeiget, daß alle bis-
herige Erklärungen über die Barometerveränderungen nicht
hinreichen. Nach ihm erfolgen die Barometerveränderungen
aus der ungleichen Ausbreitung der Luft in den höhern Regionen, besonders gegen die Pole hin. Er nimmt nämlich an, daß zwischen den Wendekreisen eine Menge brennbarer Luft beständig in die Höhe steige, welche sich gegen die
Pole hin bewege, und daselbst durch Verbrennung unter der
Gestalt der Nord- und Südlichter zersetzet werde. Diese
Verbrennung der brennbaren Luft sieht er als die Hauptursache an, Veränderungen in Ansehung des Gleichgewichtes
in der Atmosphäre hervor zu bringen. Nach dieser seiner
Hypothese erklärt er nun den Umstand, daß unter dem Aequator keine merklichen Barometerveränderungen Statt finden,
so: es fließe zwischen den Wendekreisen in den oberen Regionen der Luft eben so viele brennbare Luft ab, als in den
unteren Gegenden nördliche und südliche Luft durch die Pas-
satwinde zugeführet würde. Im Gegentheile wären außerhalb den Wendekreisen, wegen den so verschiedenen Graden
der Wärme und der Dichtigkeit der Luft, die oberen Luft-
ströme ungleich schneller, und es müßten häuffige Unterbre-
chungen Statt finden, wodurch das Gewicht der Atmosphäre
vermindert werde. Ferner werde bey uns im Sommer die
atmosphärische Luft durch die Sonnenwärme sehr ausgedehnet, und setze daher dem oberen Strome der brennbaren
Luft einen starken Widerstand entgegen, wodurch die brennbare Luft mehr gegen die südliche Halbkugel getrieben würde,
und eben daher rühre bey uns die geringere Barometerveränderung im Sommer. Dagegen sey im Winter der obere
Strom der brennbaren Luft bey uns weit stärker, und bewirke
daher, daß zu dieser Jahreszeit die größten Quecksilberhöhen
gefunden werden. Wenn die nördliche Luft im nördlichen

T 4 Europa

Europa in andere Gegenden hinströmet, und daselbst die Luftmasse dadurch oder auch durch häufige Nordlichter speci= fisch leichter würde, so fiel das Barometer, und da des Gleich= gewichtes wegen die Luft vom Mittage hin wehen müsse, so sähe man den Grund, warum beym Südwinde das Baro= meter falle. Im Gegentheil steige das Barometer beym Nord= und Ostwinde, weil alsdann die obere Luft in diesen Gegenden angehäuft würde. Fiele das Barometer vor einem Stürme, so rühre beydes, der Sturm und das Fallen, von einer größeren Verdünnung der Luft in derjenigen Gegend her, wohin der Wind wehet, und diese Verdünnung entstehe aus der Verminderung oder Zersetzung der oberen Luft. Zur Zeit des Frühlings fange bey uns die obere brennbare Luft gegen Süden zu strömen, im Herbst aber gegen Norden sich zu bewegen an; woraus die Stürme um die Zeit der Nacht= gleichen, und die häufigen Barometerveränderungen erfolg= ten. Weil nun aber der Zufluß der brennbaren Luft gegen die nördliche Halbkugel in allen Jahren nicht gleich sey, so folge daraus auch, daß die mittlere Barometerhöhe in ver= schiedenen Jahren auch verschieden gefunden werde. Obgleich diese Hypothese von den Barometerveränderungen hinläng= liche Rechenschaft gibt, so ist es doch sehr zweifelhaft, ob die heiße Zone eine so erstaunende Menge brennbarer Luft in die Atmosphäre senden könne, und ob die Nordlichter aus einer Verbrennung der brennbaren Luft bestehe. Zwar suchet Kir= wan die Entstehung der brennbaren Luft zwischen den Wende= kreisen dadurch begreiflich zu machen, daß daselbst durch Fäulniß thierischer und vegetabilischer Substanzen, durch Vulkane, und durch viele andere natürliche Operationen eine große Menge brennbarer Luft erzeuget werde, welche wegen ihrer Leichtigkeit in die oberste Region der Atmosphäre auf= steigen müsse.

De Lüc *) leitete vormahls die Veränderungen des Ba= rometers aus dem Satze her, daß die Dünste viel leichter

wären,

---

*) Untersuchungen über die Atmosphäre. Th. II. S. 665 u. f.

wären, als die gemeine Luft. Stiegen nämlich die Dünste
in die Atmosphäre, so verdrängten sie aus den Stellen, welche sie einnähmen, die weit schwerere Luft; folglich würden
die mit Dünsten beladenen Luftschichten allemahl leichter
als die reine Luft, und das Quecksilber müsse fallen. Fielen
aber die Dünste herab, so würde nun die schwerere Luft in
diese Stellen, wo die Dünste waren, wieder zurückkehren,
und das Barometer würde wieder steigen. Hieraus erkläret
sich das Fallen des Quecksilbers vor dem Regen, und das
Steigen desselben nach dem Regen oder bey der Rückkehr
guter Witterung. Allein nach dieser Hypothese ist es nicht
möglich zu erklären, warum die Barometerveränderungen
unter dem Aequator so unmerklich sind, da doch daselbst die
Dünste weit stärker als in anderen Gegenden der Erde aufsteigen, und die Witterung ebenfalls abwechselnd ist. Jedoch
wird diese seine angenommene Hypothese von ihm selbst dadurch widerleget, daß er sich eine ganz andere Idee von der
Entstehung der Dünste, und der Verwandlung derselben in
der Atmosphäre macht *). Er glaubet nämlich, daß die
aufgestiegenen Dünste in der Atmosphäre selbst durch einen
uns noch unbekannten Naturproceß in wirkliche Luft verwandelt würden, welche nachher wieder zersetzet, und in Wasser
umgeschaffen werde. Durch eine solche Vermehrung und
Verminderung der Luft würde nun natürlich der größere und
schwächere Druck der Luft auf die Erdfläche, und selbst das
Steigen und Fallen des Quecksilbers im Barometer zu erklären seyn. Hiernach hat **Lampadius** ♭) aus verschiedenen
bey den Barometerveränderungen vorkommenden Umständen
zu beweisen gesucht, daß die Zersetzung der Luft eine Hauptursache mit sey, den veränderten Druck der Atmosphäre zu
bewirken, und daß sie folglich zu den Barometerveränderungen mit beytrage. Allein auch hieraus erkläret es sich

T 5 noch-

---

*) Neue Ideen über die Meteorologie. Zwey Theile. Berlin und
Stett. 1787.
♭) Kurze Darstellung der vorzüglichsten Theorien des Feuers, dessen Wirkungen und verschiedenen Verbindungen. Göttingen
1793. 8. S. 103 u. f.

noch nicht, warum unter dem Aequator, wo doch die Ausdünstung außerordentlich stark ist, mithin die Vermehrung
der Luft sehr groß seyn würde, die Barometerveränderung so
sehr geringe ist.

Zu allen diesen Hypothesen hat Hube *) noch eine hinzu gethan, welche sich auf seine Ausdünstungs-Theorie gründet. Er nimmt an, daß durch die mitgetheilte Elektricität
die Luft, in welcher viele Wasserdünste der zweyten Art hängen,
sehr ausgedehnet werde. Diese Ursache wirke aber zwischen
den Wendekreisen gar nicht, weil die Luft daselbst gar keine oder
nur außerordentlich wenig Dünste der zweyten Art enthalte.
Im Gegentheil werde ihre Wirkung gegen die Pole zu nach und
nach immer größer, weil die Erdfläche wegen der Kälte immer
mehr auf die zweyte Art verdunstet, je weiter man sich von den
Wendekreisen entfernet. Ueber dem mittelländischen Meere
bleibe das Barometer dem Sommer über, nach dem Zeugnisse des Volney, ganz unveränderlich, im Winter aber verändere es seine Höhe öfters und beträchtlich. Dieses beweise,
daß das Mittelmeer im Sommer nur auf die erste, im Winter aber oft auf die zweyte Art verdunstet. Diese Ursache sey
zur Erklärung der Barometerveränderungen vollkommen hinreichend. Denn die Luft könne bey 12 Grad Wärme nach
Reaumür wahrscheinlich mehr als den dritten Theil ihres Gewichtes an Wasser auf die zweyte Art auflösen. Die Dünste
erstreckten sich aber in der Atmosphäre auf eine ansehnliche Höhe, wo die Luft sehr kalt, und auch trockener sey als
unsere zu seyn pfleget. Stelle man sich eine Luftschicht vor,
welche viel niedriger als der Montblanc ist, welche nur
eine Quecksilbersäule von 9 Zoll Höhe erhalten kann, und
man nähme an, daß alle in der Atmosphäre zerstreueten
Dünste bloß in dieser vereiniget seyn, so könne dieselbe gewiß zuweilen einen beträchtlichen Theil ihres Gewichtes an
                                                    Dünsten

*) Ueber die Ausdünstung und ihre Wirkungen in der Atmosphäre.
   Leipz. 1790. gr. 8. Kap. 69 u. 70. desselb. vollständiger und faßlicher Unterricht in der Naturlehre in Briefen. B. II. Leipz. 1793.
   gr. 8. 37ter Brief.

Dünsten der zweyten Art enthalten. Nähme man anstatt
des dritten Theils wegen Kälte der Luft nur den sechsten Theil
ihres Gewichtes an, so könne der mittlere Druck der Atmosphäre, welcher am Ufer des Meeres etwa 28 pariser Zoll
beträgt, durch die Dünste etwa um $\frac{1}{18}$ verändert werden.
Weil selbst ganz tief in Norden mitten im Sommer oft die
Hitze sehr ansehnlich sey, so gebe es auch daselbst Zeiten, wo
die Atmosphäre meistentheils nur mit Dünsten der ersten Art
angefüllt sey, besonders über dem festen Lande. Stehe folglich alsdann das Barometer auf seiner mittleren Höhe, so
könne es sich nach und nach etwa um $\frac{1}{18}$ darüber heben, wenn
entweder die Feuchtigkeit in der Folge beständig auf die zweyte
Art verdunste, oder wenn eine mit Dünsten der zweyten Art
sehr angefüllte Luft durch Winde herbey geführet werde. Setze
sich aber eine solche Luft, in welcher sehr viel Dünste der
zweyten Art sind, zuletzt mit der übrigen Atmosphäre der
Erde ins Gleichgewicht, so stehe das Barometer auf seiner
mittleren Höhe, so könne eine starke Elektrisirung der Luft
durch Mittheilung dasselbe um $\frac{1}{18}$ erniedrigen, weil sie die
Dünste der zweyten Art gleichsam in Dünste der ersten Art
verwandele, und also die Luft um $\frac{1}{18}$ leichter mache, ohne
die Höhe der Atmosphäre merklich zu vermehren, weil die
erhabene Luft gleichsam nach den Seiten abfließe. Also könne
die verschiedene Beschaffenheit der Dünste der zweyten Art,
nachdem die Luft durch Mittheilung elektrisirt sey oder nicht,
die Höhe des Barometers überhaupt um $\frac{1}{7}$ ändern. Größer
sey aber auch ihre Veränderung vermöge der Erfahrung, selbst
unter dem Polarkreise nicht, und diese rühre noch zum Theil
von den Veränderungen der Wärme her.

4. Da die Elektrisirung der Atmosphäre und die Vertheilung der Dünste auf eine ungleichförmige Art geschiehet, so
werden bald hier bald da Luftmassen plötzlich ausgedehnet, und
specifisch leichter. Diese erheben sich folglich, und es entstehen Winde oder Stürme auf eine ähnliche Art wie die durch
die Wärme. Diese Winde fiengen allezeit in der obern Luft
an, und das Barometer fange an zu fallen, so bald eine ansehnliche

sehnliche Menge Luft, welche vorher auf dasselbe drückte, von oben abgeflossen ist. Nach und nach dringe die elektrische Materie tiefer, das Barometer falle an dem Orte der Elektrisirung immer mehr und mehr, und der Sturm fange auch in der unteren Luft an. Zuweilen bleibe auch unten in einer Gegend die Luft fast ruhig, wenn sie von da nach zwey verschiedenen Richtungen abfließe. Ein solcher Sturm gehe immer weiter als die Elektrisirung; er stoße an der Seite die nicht elektrisirte Luft auf eine ansehnliche Weite mit großer Gewalt fort, und verdichte sie; daher erhebe sich hier das Barometer. Zwischen einem solchen Orte der Verdichtung, und dem der Elektrisirung, wo das Barometer falle, müsse es also einen Ort geben, wo das Barometer weder steige noch falle. Fließe nachher die verdichtete Luft wieder zurück, so müsse das Barometer da fallen, wo es vorher gestiegen wäre, und da steigen, wo es vorher gefallen wäre. Daher hebe sich bey uns oft, wenn die Luft über dem atlantischen Meere elektrisiret werde, das Barometer mit warmen Westwinden, und falle hernach mit kältern Ostwinden.

Ferner verliere die Luft die ihr mitgetheilte Elektricität so allmälig und unregelmäßig, als sie sie empfange. Einzelne Luftmassen ziehen sich alsdann bald hier bald da zusammen, weil die in ihnen noch vorhandenen Dünste der zweyten Art ihre vorige Gestalt wieder annehmen; diese Massen werden eigenthümlich schwerer, senken sich herab, und die Luft von der Seite trete an ihre Stelle. So entstehen wieder, besonders in der obern Atmosphäre, Winde, die nach den Orten hingerichtet sind, wo diese durch den Verlust der Elektricität bewirkte Verwandlung der Dünste am stärksten sey. An diesen Orten häufe sich also die Luft zusammen, und das Barometer steige.

Ein starker Fall des Barometers setze mehrentheils eine mitgetheilte Elektricität voraus, und diese habe gewöhnlich Winde und Niederschlagungen der Dünste, folglich Wolken, Regen und übles Wetter zur Folge. In diesem Falle gehe die Ausdehnung der Luft allemähl vor der Niederschlagung

der

 der Dünste vorher, und der Barometer falle deßhalb mehrentheils schon, ehe sich noch die geringste Veränderung der Witterung zeige. Wenn es hernach wieder steige, und das geschehe oft selbst während des Regens, so könne man vermuthen, daß die Luft ihre mitgetheilte Elektricität verliere, also eine größere Ziehkraft erhalte, und in Kurzen die Wolken auflöse, mit einem Worte, daß das Wetter gut werden werde.

Die Nord- und Nord-Westwinde heben das Barometer fast allezeit, weil sie uns eine über den kältesten Meeren mit vielen Dünsten der zweyten Art angefüllte schwere Luft zuführten. Oft erwärme sich diese Luft bey uns, und dann haben wir gewöhnlich gutes Wetter; oft aber sey sie sehr feucht, und erwärme sich bey uns so wenig, daß das Wetter schlecht werde.

Diese eigenen Worte des Herrn Hube sollen nun von den Barometerveränderungen hinlängliche Rechenschaft geben. Allein so sehr auch diese seine Hypothese mit der Erfahrung überein zu stimmen scheinet, so legt er doch erst Voraussetzungen hinein, aus welchen er die ganze Erklärung herleitet. Es käme demnach vorzüglich darauf an, ob auch diese Voraussetzungen in der Natur wirklich gegründet sind. Welche Gründe berechtigen aber Herrn Hube, Ausdünstungen von zweyerley Art anzunehmen, und warum soll nur die Ausdünstung von der zweyten Art, und nicht die von der ersten Art durch die Elektricität ausgedehnet werden können? Alles dieses sind nur willkürliche Sätze, welche aus keiner einzigen Erfahrung gefolgert werden können. Außerdem beruhet seine ganze Hypothese auf dem Auflösungssystem, welchem wichtige Zweifel entgegengesetzet werden können. M. s. **Ausdünstung.**

Bey allen den bisher angegebenen Bemühungen, die Barometerveränderungen auf eine genugthuende Weise zu erklären, sind also die Ursachen derselben bey weitem noch nicht entdecket,

entdecket, und gehörig in das Licht gesetzet worden. L. Cotte *) hat aus seinen 30jährigen meteorologischen Beobachtungen so wohl, als auch aus den Beobachtungen verschiedener Societäten in Europa verschiedene Resultate mitgetheilet, wovon unter andern folgende Sätze, welche auf die Veränderung des Barometers einen Bezug haben, zu bemerken sind:

1. Die großen Veränderungen des Barometers sind gewöhnlich bey hellem Wetter mit Nordwind, und die kleinen Erhebungen bey trübem, regenhaftem, oder windigem Wetter mit Südwind, oder einem angrenzenden begleitet.

2. Der Stand des Quecksilbers ändert sich mehr in den Wintermonathen, als in den Sommermonathen, so daß sein größtes Steigen und sein tiefstes Fallen im Winter Statt findet, aber sein mittleres Steigen ist größer im Sommer als im Winter.

3. Die Veränderung des Barometerstandes ist beynahe Null am Aequator, und wird um desto größer, je weiter man sich von da gegen die Pole hin entfernet.

4. Sie beträgt mehr in den Thälern als auf den Gebirgen.

5. Je mehr die Winde veränderlich sind, um desto mehr ist es auch der Stand des Quecksilbers.

6. Er ist niedriger um Mitternacht und Mittag, als zu andern Stunden des Tages; seine größte tägliche Höhe ist gegen Abend.

7. Zwischen 10 und 2 Uhr des Nachts und bey Tage ist das Steigen und Fallen des Quecksilbers geringer; das Gegentheil findet zwischen 6 und 10 Uhr des Morgens und Abends Statt.

8. Zwischen 2 und 6 Uhr des Morgens und Abends steigt es eben so oft, als es fällt, doch so, daß es öfter um diese Zeit in den Wintermonathen steiget, und öfter in den Sommermonathen fällt.

9.

---

*) Journal de physique T. I. an. 2. S. 231. u. f. in Grens neuem Journale der Physik. B. III. S. 415 — 417.

größer

13.

14.

15. Im Allgemeinen gibt die Vergleichung der Veränderständiges; die Resultate von 13 und 14 sind die beständigsten.

16. In unsern Gegenden bleibt das Barometer binnen 24 Stunden

17.

zu fallen)

begriffen ist, so fällt es; wenn es

en finden gewöhnlich von 11 Uhr des Morgens bis 1 Uhr des Nachmittags Statt; aber öfter Vormittags, als Nachmittags.

22.

7. 22. Vor den hohen Fluthen geht fast immer ein starkes Fallen des Queckſilbers vorher, es trifft häufiger im Vollmonde, als im Neumonde ein.

Aus dieſen Sätzen ſcheint zu folgen, daß man mit allem Rechte die Barometerveränderungen in regelmäßige oder tägliche, und in unregelmäßige eintheilen könne. Bey den regelmäßigen ſcheint der Stand der Sonne und des Mondes den größten Einfluß zu haben, indem ſich dieſe Veränderungen ſehr natürlich durch das Anziehen der Luft, wie bey der Ebbe und Fluth, erklären laſſen. Schon hatte Steiglehner a) bemerket, daß das ſtärkſte Fallen des Queckſilbers im Barometer an weſtlichen Orten früher, an öſtlichen ſpäter, eintrete, und daß der Unterſchied der Zeit dem Unterſchiede der Meridiane faſt proportional ſey. Auch Planer zu Erfurth fand aus genauen Beobachtungen, die er ein ganzes Jahr ununterbrochen fortgeſetzet hatte, daß gewöhnlich das Barometer zwiſchen 10 und 2 Uhr am Tage und eben ſo zwiſchen 10 und 2 Uhr des Nachts im Steigen geringer, im Fallen größer ſey, das Gegentheil aber zwiſchen 6 und 10 Uhr des Abends und Morgens Statt finde. Chiminello hat täglich das Barometer 22 Mahl beobachtet, und auch gefunden, daß es zu Mittage und Mitternacht im Fallen begriffen iſt. Auch Hemmer β) beobachtete zu Mittage und Mitternacht ein Fallen des Queckſilbers, oder doch wenigſtens eine Neigung dazu. Dieſer ſtellte vorzüglich mit allen im fünften Bande der mannheimer meteorologiſchen Beobachtungen eine Vergleichung an, und fand von 446 Durchgängen der Sonne durch den Meridian bey Tage oder Nacht, daß bey 439 Fällen dieſe Regel Statt fand, daß das Queckſilber gegen Mittag und gegen Mitternacht, welches im Fallen war, ſtärker fiel, das im Steigen begriffene langſamer ſtieg, und das im Stillſtand begriffene fiel. Er konnte die

Urſache

a) Atmosphaerae preſſio varia obſeruationibus baroſcopicis proprïis et alienis quaeſita. Ingolſtad. 1783. 4.

β) Hiſtor. et comment. acad. Theodoro Palatinae Vol. VI. phyſicum. Mannh. 1790. 4. p. 50 ſqq. überſ. in Grens Journal der Phyſik. B. II. S. 218. u. f.

Urſache dieſer Veränderungen in nichts weiter finden, als im Stande der Sonne.

Bey den unregelmäßigen Veränderungen ſcheinen alle Mahl lokale Umſtände im Spiele zu ſeyn, nämlich Abwechſelungen der Wärme und Kälte in verſchiedenen Luftſchichten, Abänderung der Elaſticität der Atmoſphäre, auch wohl Bildung der Luft aus Waſſerdünſten und ihre Zerſetzung durch unbekannte Proceſſe und die Winde.

Baſalt, ſ. vulkaniſche Produkte.

Baſis des Elektrophors, ſ. Elektrophor.

Batterie, elektriſche (ſuggeſtus, phialis Leidenſibus pluribus vna explodentibus, batterie électrique) iſt eine zum elektriſchen Apparat gehörige Verbindung verſchiedener leidner Flaſchen oder anderer belegter elektriſcher Körper, welche auf ein Mahl mit Elektricität geladen und zugleich entladen werden können, um dadurch eine ungemein verſtärkte Elektricität hervor zu bringen. Gemeiniglich läßt man ſich einen viereckigen Kaſten, entweder von Holz oder von Pappe, verfertigen, deſſen Boden mit Bley oder mit Stanniol überleget iſt. An zweyen gegen über ſtehenden Seitenwänden beſitzet er zwey Handhaben, um ihn bequem von einem Orte zum andern zu bringen. In der einen Seitenwand unten am Boden befindet ſich ein Loch, durch welches ein eiſerner Haken herausgehet, welcher mit der metalliſchen Belegung des Bodens in Verbindung iſt. An dieſen Haken wird ein Draht gehängt, welcher mit dem andern Ende an den Auslader befeſtiget wird. In dieſen Kaſten werden die leidner Flaſchen geſetzt. Zu großen Batterien muß man Flaſchen von ſtarkem und wohl abgekühltem Glaſe wählen; die beſten und bequemſten hierzu ſind die ſo genannten Zuckergläſer von 15 Zoll Höhe und 4 bis 5 Zoll im Durchmeſſer, obgleich zu kleinern Batterien auch ſchon die gewöhnlichen Arzneygläſer, die etwa ein oder $\frac{1}{2}$ Nöſel faſſen, ſchon hinreichend ſind. Dieſe Flaſchen werden in und auswendig mit Stanniol ſo beleget, daß bis zum Rande der Flaſchen 2 bis 3 Zoll unbelegt bleiben. Dieſe Flaſchen werden oben

U mit

mit einem überfirnißten Deckel von Holz oder Kork oder auch
Pappe verschlossen, durch deren Mitte ein Draht bis zum
Boden gehet. Dieser Draht wird oben umgebogen und
dadurch an einen andern Draht befestiget oder auch daran gelöthet, welcher letztere Draht die innere Belegung einer
Reihe von Flaschen mit einander verbindet, und zu beyden
Seiten in runde Knöpfchen ausläuft. Wenn auf diese Weise
mehrere Reihen hinter einander in den viereckigen hölzernen
oder päppenen Kasten gestellet sind, deren äußere Belegung
insgesammt mit dem Boden des Kastens, und jede für sich
durch einen Draht, welcher an beyden Enden Knöpfchen
besitzet, in Ansehung der innern Belegung, verbunden ist, so
kann man alsdann auf alle diese Drähte einen andern
queer über legen, wodurch die innere Belegung aller Flaschen nunmehr in Verbindung stehen. Brauchte man zu
seiner Absicht nicht alle Flaschen mit Elektricität zu laden, so
kann man durch einen solchen übergelegten Draht so viele Flaschen, als man will, in Verbindung bringen.

Die Stärke der Elektricität einer geladenen Batterie richtet sich, bey übrigens gleichen Umständen, nach der Größe der
belegten Glasfläche, und nach dieser wird auch die Größe der
Batterie selbst bestimmt. Gesetzt, es bestände eine Batterie
aus 24 Flaschen, wovon eine jede $\frac{3}{4}$ Quadratschuh Belegung
hätte, so würde diese Batterie eine von $\frac{3}{4}$. 24 = 18 Quadrat-
schuhen genannt. Wenn man zu seiner Absicht beym Ex-
perimentiren eine sehr verstärkte Elektricität nöthig hätte,
z. B. Draht damit zu schmelzen u. d. g., so ist es rathsam,
lieber mehrere Batterien durch einen Draht oder durch eine
Kette zu verbinden, als eine einzige sehr große zu verfertigen,
welche schwer und unbequem ist, indem diese verschiedenen
mit einander vereinigten Batterien alsdann eben so wirken,
als eine einzige große. Cavallo *) fordert zum Schmelzen eines Drahtes von $\frac{1}{30}$ Zoll Dicke eine Batterie von
wenigstens

---

*) Vollständige Abhandlung der Elektricität. 2 Bände Leipz. 1797.
Th. I. S. 263. u. f.

wenigstens 30 Quadratfußen. Eine der größten Batterien befand sich in dem teylerischen Museo zu Haarlem; sie war eine von 225 Quadratfußen in 15 Kästen vertheilet, wovon jeder 15 Flaschen enthielte. Sie ward durch 160 Umdrehungen der Elektrisirmaschine völlig geladen, und nach dem Herrn van Marum betrug ihre absolute Stärke auf 10040 Pfund. Drähte von $\frac{1}{32}$ Zoll im Durchmesser, schmolz sie von Bley und Zinn 120, von Eisen 5, von Gold $3\frac{1}{2}$, und von Silber, Kupfer und Messing keinen Vierthel Zoll lange.

Eine Batterie wird eben so, wie eine jede andere leidner Flasche geladen und entladen. Beym laden ist ein kleiner fester leiter besser als ein großer, weil er die Elektricität nicht so sehr in der luft zerstreuet. Bey der Entladung der Batterie muß man die äußerste Behutsamkeit anwenden, indem sie sonst üble Folgen nach sich ziehen könnte. Man gebraucht hierzu allemahl einen Auslader, und es ist hierzu vorzüglich der von Henly allgemein, unter dem Artikel Auslader beschriebene, zu gebrauchen, weil man mittelst desselben den elektrischen Schlag durch oder auch über jeden Körper ohne Gefahr gehen lassen kann. Selbst nach der Entladung der Batterie muß man sich hüten, wegen des Ueberrests der Elektricität, nicht sogleich die Drähte und die Theile desselben zu berühren.

Durch den Schlag, welcher allemahl mit einem sehr lauten Knalle begleitet ist, werden dünne Drähte geschmolzen, beträchtlich große Thiere getödtet, metallene Blättchen, welche an einem Glasstreifen befestiget sind, in diesen hinein getrieben, so daß man den Fleck davon nie wieder herausbringen kann, und dergleichen Wirkungen mehr.

Der erste, welcher sich gleich nach dem Versuche mit der leidner Flasche damit beschäftigte, den elektrischen Schlag durch Zusammenfügung mehrerer Flaschen ungleich mehr zu verstärken, war Gralath *) in Danzig. Er wählte zu den Flaschen Destillirkolben von dünnem Glase mit einem langen Halse von 4 bis 6 Zoll im Durchmesser, und den

U 2 Hals

*) Geschichte der Elektricität. S 442.

Hals 10 bis 15 Zoll lang. In diese goß er zu Winterszeit bis zur Hälfte warmes, im Sommer aber kaltes Wasser, und verband sie mittelst einiger Drähte unter einander. Nachher nahm Franklin [a]) eilf viereckige große Glasscheiben, welche an jeder Seite eingefaßt, und dergestalt mit einander verbunden waren, daß bey dem Laden der einen auch alle geladen wurden. Hierauf erfand er auch ein Mittel, alle diese mit einander verbundenen Glastafeln auf ein Mahl zu entladen. Diese seine Einrichtung nannte er eine elektrische Batterie, und von dieser Zeit an hat die Verbindung mehrerer leidner Flaschen diesen Nahmen behalten.

Baum, philosophischer, s. Dianenbaum.

Beatification (apotheosis electrica, béatification). Wenn ein Mensch auf einem isolirten Körper sich befindet, und ihm die Elektricität durch eine Elektrisirmaschine mitgetheilet wird, so wird sein Haupt, welches mit metallenen Spitzen umgeben ist, im Dunkeln durch das Ausströmen der Elektricität aus den metallenen Spitzen einen heiligen Schein oder eine so genannte Glorie bilden. Dieser elektrische Versuch wird von dem Erfinder die bosische Beatification oder Apotheose genannt. Da dieser elektrische Versuch bekannt wurde, so beschäftigten sich viele mit Nachahmung desselben; jedoch glaubte man aber, daß das Ausströmen der Elektricität eines elektrischen Menschen, ohne das Haupt desselben mit metallenen Spitzen zu umgeben, welchen Umstand Bose, in der Beschreibung seines Versuchs, verschwiegen hatte, erfolgen müsse. Vorzüglich gab sich hierin Herr Watson in England die größte Mühe. Allein so oft auch dieser Versuch selbst mit sehr verstärkter Elektricität unternommen wurde, so war er doch allemahl fruchtlos. Ueberdrüßig dieser vergeblichen Versuche, schrieb endlich Watson an Bose, damahligen Professor in Wittenberg, und erhielt zur Antwort, daß man das Haupt des Menschen

mit

[a]) New exp. and obs. on electricity in several lettres to Mr. Collinson Lond. 1751. 4. Benj. Franklins Briefe von der Elektricität übers. v. J. C. Wilke. Leipzig 1758. 8. S. 36.

mit einem metallenen Harnisch, an welchem verschiedene zugespitzte metallene Nadeln angebracht wären, umgeben müsse. Jedoch will der Abt Poncelet *) die Beatification an einem Menschen mit kurzen Haaren, welche sich bey dem Elektrischwerden in die Höhe richteten, und ein jedes davon einen Lichtstrom von sich gab, auch ohne metallene Spitzen bewirkt haben.

M. s. Joseph Priestley Geschichte und gegenwärtiger Zustand der Elektricität, a. b Engl. von D. Johann Georg Krünitz. Berlin u. Stralsund 1772. gr. 4. S. 101.

Bedeckungen der Gestirne (occultationes, occultations) sind in der Astronomie diejenigen Himmelsbegebenheiten, wobey ein Himmelskörper durch das Vorrücken eines andern, entweder ganz oder nur zum Theil, unsichtbar wird. So sind die Finsternisse der Himmelskörper Bedeckungen. Weil der Mond der Erde am nächsten steht, so kann er auch außer der Sonne alle Planeten und Firsterne, welche in seiner Bahn liegen, bedecken, oder sich zwischen dieselben und unsere Augen stellen. Jedoch sind wegen der Parallaxe des Mondes diese Bedeckungen nicht überall auf der Erdfläche unter gleichen Umständen wahrzunehmen. Bedeckungen der Planeten unter sich sind äußerst selten. Indessen führen schon ältere Nachrichten dergleichen Bedeckungen an; so soll im Jahre 1563 Jupiter den Saturn, im Jahre 1590 den 3ten Octob. Venus den Mars; im Jahre 1591 den 9ten Januar Mars den Jupiter; im Jahre 1599 den 8ten Jun. Venus den Merkur; im Jahre 1737 den 17ten May wiederum Venus den Merkur bedecket haben; jedoch sind die 4 ersten Beobachtungen noch vor Erfindung der Fernröhre gemacht worden, und sind vielleicht nichts weiter als bloße Zusammenkünfte gewesen.

Vorzüglich dienen die Bedeckungen der Planeten und der Firsterne vom Monde zur Erfindung und Berichtigung der geographischen Länge.

U 3 Be-

*) La nature dans la formation du Tonnere à Paris 1766. 8.

Bedeckungen der Gläser in optischen Werkzeugen, s. Blendungen.

Belegung, s. Flasche, geladene.

Benzoesäure (acidum benzoicum, benzoes, benzoinum, acide benzoïque) ist eine vegetabilische zusammengesetzte Säure, welche einen Bestandtheil des Benzoeharzes ausmacht. Man gewinnet diese Säure aus dem Benzoeharze entweder durch Sublimation, oder nach Scheele durch das Auskochen mit Kalkwasser, oder nach Göttling durch das Kochen in alkalischen Laugen oder in Salpetersäure. Sie erscheinet in fester Gestalt in weißen, glänzenden Nadeln, welche Benzoeblumen genennet werden. Diese Blumen haben zwar keinen hervorstechenden sauern Geschmack, sondern vielmehr einen süßlichen, welcher sehr reitzend ist, und im Schlunde ein Prickeln verursachet. Im kalten Wasser lösen sie sich schwer auf, leichter im siedenden. In der Luft sind die Crystallen dieser Säure beständig, ohne zu zerfließen, in mäßiger Hitze aber flüchtig, und lassen sich in verschlossenen Gefäßen sublimiren, an freyer Luft aber in einen weißen Rauch verwandeln, welcher für die Brust, Augen und Nase sehr empfindlich ist. Auf glühende Kohlen gebracht, brennen sie mit Flamme. Nach dem neuern Systeme ist diese Säure zusammengesetzet aus Wasserstoff, Kohlenstoff und etwas Sauerstoff. Daß diese Säure von den übrigen Pflanzensäuren verschieden ist, beweisen vorzüglich die Neutral- und Mittelsalze, welche sie in Verbindung mit Erden und Alkalien geben.

M s. Anmerkungen vom Benzoesalze, von **Carl Wilh. Scheele:** in den Abhandl. der schwed. Akademie der Wissensch. v. Jahr 1776. S. 128. übers. in Crells neuest. Entdeckung. Th. III. S. 98. **Göttling,** im Almanach für Scheidekünstler v. Jahr 1780. S. 69. v. Jahr 1782. S. 156.

Beobachtung (observatio, observation) ist eine Erfahrung, welche wir durch unsere Sinne an körperlichen Dingen anstellen, indem wir sie in dem Zustande lassen,

in

in welchem sie sich von selbst befinden. Wir geben nähmlich hierbey nur Acht, welche Veränderungen mit den körperlichen Dingen in ihrem Zustande vorgehen. So beobachten wir z. E. eine Sonnen - oder Mondfinsterniß u. d. g.
Stellen wir hingegen eine Erfahrung an körperlichen Dingen so an, daß wir selbige vorsetzlich unter gewisse Umstände bringen, in welche sie ohne uns nicht gekommen wären,
und bemerken nun, welche Veränderungen an selbigen erfolgen, so heißt diese Erfahrung ein Versuch. So macht
man z. E. Versuche mit Körpern in dem leeren Raume
der Luftpumpe.

Alle Erfahrungen, welche wir bey körperlichen Dingen machen, haben an und für sich einen geringen Werth,
wofern nicht aus selbigen richtige Schlüsse auf die Natur
derselben gemacht werden. Der Physiker muß folglich aus
den Erfahrungen, welche er über körperliche Gegenstände
angestellet hat, die Eigenschaften derselben durch wichtige
Folgerungen entwickeln. Denn alles, was wir von Körpern wissen, beruht ganz allein auf Erfahrungen, folglich
auf richtig angestellten Beobachtungen und Versuchen. Alle
Gesetze, nach welchen die Körper wirken, müssen aus den
Erfahrungen hergeleitet werden, und es muß schlechterdings
die Mathematik auf keine Voraussetzung angewendet werden, wenn sie sich nicht auf wirkliche Erfahrung gründet.
Bey alle dem ist es aber doch unläugbar, daß alle nur
mögliche Erfahrungen und selbst die daraus abgeleiteten
Gesetze, welche die Natur befolget, zuletzt auf gewisse
Gründe sich stützen müssen, welche ein völliger Gegenstand
der Metaphysik sind. So sehr sich auch der Physiker gegen die metaphysischen Untersuchungen waffnet, so hat er
sie doch höchst nöthig. Die ganze Natur ist in einer
steten Bewegung, und selbst das Gleichgewicht, welches verschiedene Körper gegen einander haben, setzt Bewegung voraus.
Es ist ja aber die ganze reine Bewegungslehre metaphysisch. Diese Lehre muß daher dem Physiker die Gründe

hergeben,

hergeben, worauf alle Erfahrungen, mithin Beobachtungen und Versuche, beruhen.

Es ist gewiß, daß die Versuche einen weit größern Bezirk umfassen als die Beobachtungen, dagegen haben aber auch diese vor jenen entscheidende Vorzüge. Durch Beobachtungen nimmt man die Wirkungen der Natur unmittelbar wahr; durch Versuche aber lernt man bloß Wirkungen kennen, welche die Körper unter diesen oder jenen besondern Umständen hervorbringen. Oft geben auch angestellte Versuche zu Hypothesen Veranlassung, die zuletzt aufs lächerliche hinauslaufen, da hingegen die Beobachtungen Wahrheiten entdecken, welche in der Natur unveränderlich sind. Auch darf man nicht allezeit aus den Wirkungen, welche man durch Versuche im Kleinen an den Körpern erkennet, auf die Wirkungen der Natur schließen; alles, was die Natur wirkt und thut, muß ganz allein durch Beobachtungen gefunden werden. Auch hat oft derjenige, welcher Versuche anstellet, gewisse Vorurtheile, nach welchen er alles abmißt, da er im Gegentheil bey den Beobachtungen nicht mehr sehen, nicht mehr wahrnehmen kann, als was ihn seine fünf Sinne lehren. Ja die Methode der Beobachtung ist viel einfacher und leichter, als die Versuche. Insbesondere können auch die Versuche zu fehlerhaften Schlüssen Anleitung geben, wenn sie nicht mit gehöriger Genauigkeit und Vorsicht und mit zweckmäßig eingerichteten Instrumenten sind angestellet worden. Jedoch kann man auch durch Hülfe ihrer Eigenschaften die Körper in ganz veränderten Umständen kennen lernen, und dadurch die Wirkungen weit genauer erforschen, als durch bloße Beobachtungen. Freylich müssen aber auch die Versuche auf Beobachtungen zurückführen, wenn sie unläugbare Sätze liefern sollen.

Die vorzüglichsten Eigenschaften eines guten Beobachters sind folgende: er muß die Wissenschaften völlig in seiner Gewalt haben, welche er bey Beobachtungen unumgänglich nöthig hat, damit er alles genau prüfen und

gehörig

gehörig mit einander vergleichen kann; vorzüglich muß er
ein guter Kenner der Mathematik seyn, weil er dadurch
gewohnt ist, alles mit einem scharfen Blicke zu übersehen;
jedoch muß er sich wohl hüten, nicht sogleich über Sätze,
welche er aus Beobachtungen gefolgert, aber noch nicht
einer genauen Untersuchung unterworfen hat, mathematische Berechnungen anzustellen, indem ihn diese durch den
Schein der Wahrheit in seinen Beobachtungen noch mehr
täuschen können. Nur alsdann ist die Mathematik erst
mit großem Nutzen zu gebrauchen, wenn sie auf genaue
Beobachtungen, und deren Folgen angewendet wird; und
wenn die daher entstandenen Resultate nicht nur nicht den
Beobachtungen widersprechen, sondern sie noch mehr unterstützen. Ferner muß er weder ein allzu großes Zutrauen
zu sich, noch auch ein allzu großes Mißtrauen gegen sich
haben, damit er nicht etwa die ihm gemachten Zweifel
ohne weitere Prüfung verächtlich betrachte, oder gar kein
Vertrauen auf seine Beobachtungen setze, wenn er sie auch
mit der größten Behutsamkeit angestellet hätte. Auch muß
er sich nicht durch das Ansehen irgend einer Person blen-
den lassen und überhaupt ganz unbefangen ohne irgend ein
Vorurtheil die Beobachtungen anstellen. Das Temperament des Beobachters muß weder allzu lebhaft, noch auch
zu schläfrig seyn. Denn im ersten Falle könnte die zu
große Lebhaftigkeit was hinzuthun, was entweder gar nicht
oder nur flüchtig ist beobachtet worden, und im zweyten
Falle könnte den Beobachter die Mühe verdrießen, die
Beobachtungen mit derjenigen Sorgfalt anzustellen, als erfordert würde. Ueberhaupt muß der Beobachter gewohnt
seyn, auf alle Umstände zu sehen, welche etwa eine veränderte Wirkung hervorzubringen im Stande wären. Ferner muß der Beobachter die Werkzeuge seiner Sinne genau kennen, z. B. ob er gut und wie weit er gut sehen
könne, ob er ein gutes Gefühl und Gehör habe u. d. g., denn
viele Wirkungen in der Natur haben nicht nur einen Einfluß auf das Gesicht, sondern auch auf andere sinnliche

Werk-

Werkzeuge, wie z. B. der Schall auf das Gehör, die Elektricität auf das Gesicht, Gehör, Geruch und Gefühl. Oft sind aber auch unsere Sinne so unvollkommen, daß wir ohne andere Mittel die Wirkungen der Körper nicht wahrnehmen können. Dieserwegen hat der Beobachter auch Instrumente nöthig. Diese müssen freylich dem Zwecke entsprechen, einfach und genau eingerichtet seyn. So dienen zur Verstärkung unsere Augen die Fernröhre und Teleskope, zur Abmessung der Entfernungen und der Zeit, wobey unsere bloße Sinnen ungemein trüglich wären, Winkelmesser, Quadranten, Sextanten, Barometer, Thermometer, Hygrometer, Pendeln, Uhren u. d. g. Von allen diesen Werkzeugen muß man eine genaue Kenntniß haben, und von ihrer mathematischen Richtigkeit versichert seyn. Denn schlechte Instrumente, welche man nicht gehörig geprüft hat, und auf welche man ein gewisses Zutrauen setzet, sind bey den Beobachtungen mehr schädlich als nützlich, weil sie zu sehr zu Irrthümern verleiten, zumahl da selbst mit den besten und genauesten Instrumenten keine völlige Schärfe in Bestimmung der Größen erhalten werden kann. Es muß also der Beobachter im Stande seyn zu beurtheilen, unter welchen Umständen er beym Gebrauch der Instrumente die möglichst kleinsten Fehler zu befürchten habe. Dadurch wird alsdann erst der Grad der Zuverlässigkeit einer Beobachtung bestimmt werden können. Ueber die Zuverlässigkeit der Beobachtungen und Versuche hat Lambert [*] eine lesenswürdige Theorie entworfen, und auf eine große Anzahl merkwürdiger Beyspiele angewendet. Sollen mit einerley Instrumenten an verschiedenen Orten ein und die nähmlichen Beobachtungen angestellet werden, so müssen auch diese so verfertiget seyn, daß man die Beobachtungen, welche an verschiedenen Orten sind angestellet worden, sicher mit einander vergleichen könne.

Sehr vortheilhaft wird es einem Beobachter seyn, wenn er sich noch vor der Beobachtung gleichsam einen Plan macht,

nach

---

[*] Beyträge zum Gebrauche der Mathematik Th. I. Berlin 1760.8.

nach welchem er selbige anstellen will. Er muß daher sich auf alle mögliche Fälle, welche sich ereignen können, gefaßt machen, um nichts zu übersehen, was etwa eine abgeänderte Wirkung hervorbringen könnte. Bey der Beobachtung selbst muß er nur die einfachsten Mittel und den besten Zeitpunkt auszuwählen wissen, um sie mit nur aller möglichen Genauigkeit anstellen zu können. Wären etwa die Gegenstände, an welchen er eine Beobachtung anstellen will, noch zu sehr zusammengesetzt, so muß er diese, wenn es in seiner Gewalt stehet, in Theile zertheilen, und vorzüglich darauf eine genaue Aufmerksamkeit richten, woran ihn zu wissen am mehrsten gelegen ist. Damit aber die Wahrheiten, welche ihm die Beobachtungen verschaffen, ganz untrüglich seyn mögen, so muß er bey einer Beobachtung nicht stehen bleiben, sondern dieselbe unter gleichen Umständen mehrmahls wiederhohlen, um zu sehen, ob die Resultate jedesmahl einerley ausfallen. Ist es ihm auch möglich, die Beobachtungen unter einem andern Gesichtspunkte zu machen, so muß er auch dieses nicht versäumen. Ueberhaupt muß er jeden Gegenstand von allen Seiten genau betrachten.

Hat er auf diese Weise eine Beobachtung gemacht, so wird er sie nun auch mit aller möglichen Gewissenhaftigkeit bekannt machen. Hierbey wird er zeigen, durch welche Mittel er zu dieser Beobachtung gelanget ist, welche Umstände dabey vorgefallen sind, durch welche er entweder leichter und zuversichtlicher die Beobachtung hat anstellen können, oder welche ihm bey der Wahrnehmung beschwerlich gewesen sind. Bey der Bekanntmachung der Beobachtungen selbst wird er sich auch im Vortrage einer Methode bedienen, nach welcher die eine ein Licht auf die andere wirft, damit man den Gang, welchen er bey den Beobachtungen genommen, besto besser und leichter übersehen könne.

M. s. *Geor. Erh. Hambergeri* elementa physices in praefat. ad edit. III. Ienae 1741. 8. de cautione in experientiis recte formandis et applicandis adhibenda. *J. Sennebier* l'art d'observer à Geneve 1775. T. I. II.

Die

Die Kunst zu beobachten, von J. Sennebier a. d. Fr. von Gmelin. Leipz. 1776. T. I. II. 8. Carrard art d'observer: à Amsterdam 1777. 8.

Bergbalsam s. Naphtha.

Berge (montes, montognes) sind die beträchtlich großen Erhöhungen auf der Oberfläche unserer Erde. Kleinere Erhöhungen nennt man Anhöhen oder Hügel. Selten wird man aber auf dem ebenen Lande einzelne Berge und eine beträchtliche Höhe finden, sondern es liegen mehrentheils mehrere Berge zusammen, welche Gebirge bilden. Laufen diese Gebirge in einer langen Reihe fort, so nennt man sie Bergrücken, Bergketten, zwischen welchen sich Vertiefungen von verschiedener Gestalt, welche Thäler oder Schluften heißen, befinden. Ueberhaupt ist die Oberfläche des festen Landes unserer Erde sehr ungleich; oft steigt selbige langsam und allmälig, oft sehr schnell in die Höhe, senkt sich alsdann wieder, und dehnt sich in Ebenen oder Plänen aus. Gewöhnlich sind die Seeküsten die niedrigsten Stellen des festen Landes. Von einem Stück festen Landes liegt meistentheils der mittlere Theil am höchsten. Die großen Bergketten scheinen über die ganze Oberfläche der Erde in einer ununterbrochenen Verbindung zu stehen; ja die Inseln, welche auf der Meeresfläche hervorragen, können als die Gipfel der unter dem Wasser liegenden Bergketten betrachtet werden. Die Hauptreihen der Berge laufen gemeiniglich seitwärts in kleinere Reihen von Gebirgen aus, welche sich wohl zuletzt in Ebenen verlieren. Der Lauf der Flüsse zeiget an, welche Stellen des festen Landes höher als andere liegen. Diejenigen Oerter auf der Erdoberfläche, welche Wasser nach vielen Seiten hinführen, nennt man Landhöhen, oder, wenn ihre Ausdehnung sich nach allen Seiten hin weit erstrecket, Plattformen, oder, wenn sie sich nach ein oder der andern Gegend hin weit ausdehnen, Bergrücken oder Landrücken. So liegt in Europa die Schweitz am höchsten, weil in der Gegend beym St. Gotthardt Gewässer entspringen, welche nach allen Seiten hin durch den Rhein in

die

die Nordsee, durch den Po und die Rhone in das mittelländische, und durch die Donau ins schwarze Meer laufen. Aber auch kleinere Gegenden auf der Erdfläche haben ihre Landhöhen.

Die vorzüglich merkwürdigen Bergreihen auf unserer Erde sind folgende:

1. Die von Pallas a) genannten uralischen Gebirge, von Torb. Bergmann b) aber unter dem Nahmen des Sewobergs-Rücken angegebenen Bergketten. Ein Theil von diesen macht gleichsam die Grenze von Europa und Asien aus, und ein davon ins Meer auslaufender Arm bestimmt Nova Semlja. Sie trennen Schweden von Norwegen und einem Theile von Rußland, erstrecken sich vom weißen Meere bis zur Mündung des Flusses Ob, auch läuft vermuthlich ein Theil gegen Süden bis zum Wolgastrom, und von da aus ostsüdostwärts zwischen Sibirien und der großen Tatarey. Endlich verwandeln sie sich nordwärts von Turkestan in zusammenhängende Hügel.

2. Nach Pallas erstrecket sich eine andere Bergkette von den Gegenden des nördlichen Indiens, Tibet und Caschemir, welche Reihe die höchste Plattform des mittäglichen Asiens ausmachet, aus abendwärts durch Persien gegen Mittag durch die beyden Halbinseln von Indien und gegen Morgen durch Sina.

3. Von der größten Landhöhe im nördlichen Asien bey dem Gebirge Boghdo geht eine Kette unter dem Nahmen Mussart nach Süden bis Tibet; eine andere unter dem Nahmen Alak läuft vorwärts zwischen die Wüsten der freyen Tatarey und die Bucharey hin, hängt mit dem Ende der uralischen Berge zusammen, und verliert sich gegen Persien; eine dritte Bergkette mit Nahmen Khanghai erstreckt sich ostwärts in die Mongolen, wendet sich um, und bildet Corea und die Klippen und Inseln gegen Japan; die vierte Bergkette macht

a) Observations sur la formation des montagnes. Petersb. 1777. 4.
b) Physikalische Beschreibung der Erdkugel B. I. Abth. 2. Cap. 4.

macht die altaischen Gebirge aus. Zwischen den
beyden letzten Bergketten liegt die sogenannte Wüste
Gobea oder Chamo nebst einem Theile der mongo-
lischen Plänen, und ist eine der höchsten Plattformen
auf der Erde. Beyde Ketten, welche dieses Plattform
umringen, laufen vereinigt fort bis in das Eismeer.
Die von diesen Bergketten auslaufenden Nebengebirge
sind unzählbar.

4. Eine der höchsten Bergspitzen in Asien ist der Cauca-
sus, welcher den Raum zwischen dem caspischen und
schwarzen Meere einnimmt. Von diesem laufen Sei-
tengebirge durch Kleinasien bis nach Arabien, und um
das schwarze und caspische Meer bis nach Europa, wo
sie sich von Macedonien aus unter verschiedenen Nahmen weiter erstrecken. Von dem schwarzen Meere geht
das carpatische Gebirge zwischen der Wallachey,
Moldau, Siebenbürgen, Schlesien und Polen fort.
Das sudetische Gebirge erstreckt sich durch Oesterreich
zwischen Böhmen und Schlesien, und sendet Nebengebirge nach Meißen und dem Voigtlande. Das
hercynische Gebirge geht in vielen Windungen mitten durch Deutschland. Die hohen Alpen sind die
Grenzen von Mayland und der Schweiz, und gehen in
dieser bis zum St. Gotthardt. Von hier bis zum
Bernhard heißen sie penninische, von hier bis an
den Mont-Cenis griechische, von da bis zum Monte-
viso cottische und endlich von hier bis Monaco Seealpen. Von diesen Seealpen geht das appenninische
Gebirge auf der genuesischen Küste durch ganz Italien
bis Reggio fort. Die rhätischen Alpen erstrecken
sich zwischen Mayland und Graubündnerland, die tri-
dentinischen zwischen Tyrol und dem venetianischen
Gebiete, die norischen zwischen diesen und Salzburg,
die kärnther zwischen Kärnthen, Krain, Friaul
und Istrien.

5. In Afrika erstreckt sich der Atlas von Osten nach Westen: der große Atlas geht durch Aegypten, und der kleinere von Tunis bis Gibraltar.

6. In Amerika, wo die höchsten Berge auf unserer Erde angetroffen werden, sind vorzüglich die Cordelieren berühmt, welche nach der Richtung der westlichen Küste von Chili und Peru hinlaufen. An dieser Küste trifft man zuerst eine acht Meilen breite Pläne an, hierauf folgen etwa doppelt so breit abwechselnde Hügel und Thäler, und endlich in eben der Breite die höchsten und steilsten Berge, welche sich gegen Osten ganz sanft in unermeßliche Ebenen, die von den größten Flüssen durchströmet werden, hinsenken. Von Cuenza bis Popaya ist die Bergkette doppelt, und bildet zwischen sich das 70 Meilen lange und 2 bis 3 Meilen breite Thal, worin Quito liegt, und welches das höchste Thal auf unserer Erde ist. Andere Bergrücken im südlichen Amerika stehen mit dieser Hauptkette in Verbindung, die durch die Landengen Panama beständig an der westlichen Küste von Nordamerika fortläuft.

Unter der Höhe eines Berges versteht man die vertikale Linie von der Spitze desselben bis zum wahren Horizont. Oftmahls begreift man auch wohl unter der Höhe eines Berges die vertikale Linie bis zur erweiterten Oberfläche des Weltmeers, und in diesem Verstande wird selbige hier genommen. Man bestimmt die Höhe entweder durch unmittelbare geometrische Ausmessungen, oder durch Nivelliren oder vermittelst des Barometers.

Von den bis jetzt bekannten Bergen sind die amerikanischen die höchsten, unter welchen der Chimboraço die größte Höhe hat. Jedoch soll nach Molina *) der Descabesado in Chili dem Chimboraço an Höhe nichts nachgeben; obgleich keine Messungen angegeben werden. Man findet eine Vergleichung der Höhen aller bisher gemessenen Berge

*) Versuch einer Naturgeschichte von Chili a. d. Italiän. Leipzig 1786. 8. S. 48.

Bergé in tableau comparatif des principaux montagnes par *Pasumot* etc. in *Rozier* journal de physique. Sept. 1783. und deutsch in Tralles physikalisch. Calender für 1786. Diese Höhen über der Meeresfläche in Toisen ausgedruckt sind folgende:

Amerikanische Gebirge.

Chimboraço	—	—	3220 nach Condamine [a]
Cayambe·orcou	—	—	3030 —
Antisana	—	—	3020 —
Coto·pari	—	—	2950 —
Coraçon	—	—	2470 —
Pitchincha	—	—	2430 —
	geomet. Meß.	2434	nach Bouguer [β]
	baromet. M.	2384	
die Stadt Quito	—	1462 nach Condamine	

Afrikanische Gebirge.

Pik von Teneriffa	bar. M. 2070	nach Bouguer
	geom. M. 2213	— P. Feuillee [γ]
	2405,6	— D. Heberden [δ]
	1931	— de Borda

Europäische Gebirge.

Montblanc	—	—	2426 nach de Saussüre [e]
			2391 — de Lüc [ζ]
			2424 — Shukburgh
Aiguille d'Argentiere	—	2094	— de Saussüre
Corne du midi	—	1945	— de Lüc
St. Gotthardt	—	1650	— Scheuchzer

Aetna

a) Mesure de trois premiers degrés du meridien dans l'hemisphère Paris 1751.
β) Figure de la terre. Paris 1749. 4.
γ) Mémoir. de l'Académ. des scienc. à Paris 1733. 12. S. 60.
δ) Philosoph. transact. Vol. XXVII. p. 356.
e) Voyages dans les Alpes T. I. à Neufchatel 1779. 4. maj. P. 495.
ζ) Untersuch. über die Atmosphäre. Th. II. S. 763.

Aetna — — —	1672	nach Needham
	1771	— Berechnungen aus Brydone's Beobachtungen *)
Gletscher-Buet —	1579	— de Saussüre
Canigou in Roussillon —	1453	— Cassini ᵝ)
Spitze beym Kloster auf dem St. Bernhardt —	1274	— de Saussüre
Das Kloster selbst —	1241	— Needham
Mont d'Or in Auvergne	1048	— Cassini
Furka — —	973	— Scheuchzer
Mole be Genf — —	940	— de Saussüre
Pùy de Dome in Auvergne	817	— Cassini
Brocken auf dem Harz —	546	— de Lüc
Thal Chamouny —	524	— de Saussüre
Gipfel des Mont-Cenis	432	— Needham
Genf —	188	— de Saussüre
Paris, Saal der Sternwarte	56	— Pasumot.

So groß auch die Höhen dieser Berge sind, so kommen sie doch in Vergleichung mit dem Halbmesser der Erde in keine große Betrachtung. Nimmt man nämlich die Größe des mittleren Halbmessers der Erde = 3271935 Toisen (s. Erde), so wird die Höhe des höchsten uns bekannten Berges von 3220 Toisen noch nicht ein Mahl 0,001 von diesem Halbmesser betragen. Daher kann auch der Erde durch diese Berge von ihrer Kugelgestalt nichts genommen werden. Dessen ungeachtet wird das Bleyloth durch die Anziehung der Berge von der vertikalen Richtung abgelenket.

In Ansehung der äußern Gestalt sind die Berge unter einander sehr verschieden. Mehrentheils steigen auch die größten und beträchtlichsten Berge allmählig an, und sind an dem weit ausgebreiteten Fuße und am Abhange mit Erde bedeckt, im Gipfel aber steigen steile Felsen und Klippen empor.

*) Sammlung zur Physik und Naturgeschichte. B. I. St. 2.
ᵝ) Mémoir. de l'Acad. des sc. à Paris 1718.

X

por. Sind diese Klippen schmal und fast wie Nadeln gebildet, so heißen solche Berge Nadelberge, Piken oder
Aiguillen. Solche steile Felsenwände bilden oft ungeheuere
Schlüften, durch welche auch oft Ströme oder Bergwasser
fließen, wodurch die Bergrücken quer durchschnitten werden.
Oft sind aber auch die Berge oben gerundet, oft besitzen sie
einen langen schmalen Rücken, oft dehnen sie sich in eine ebene Fläche aus. In den Thälern ist die Luft wärmer als in
den höhern Gegenden, theils wegen der größern Dichtigkeit, theils wegen der Reflexion der Sonnenstrahlen, theils
aber auch wegen der daselbst mehr angehäuften Wärmematerie. Daher kömmt es, daß die Gipfel der Berge selbst
in den heißesten Gegenden mit Eis und Schnee bedeckt sind.
Jedoch ist diese beständige Schneegrenze desto höher, je näher die Berge der warmen Zone liegen, wird aber desto niedriger, je mehr man sich den Polen nähert, woselbst sie bis zur
Meeresfläche herabgesunken ist. Gewöhnlich erstreckt sich
auch das Wachsthum der Pflanzen bis nahe an die Schneegrenze, sie werden aber immer unansehnlicher und kleiner,
je näher sie der Grenze kommen; in gewissen Höhen wachsen
nur noch Fichten, Tannen und harzige Holzarten, so wie
Pflanzen, welche man Alpengewächse nennt. Durch die
Cultur können jedoch auch sehr hohe Berge von Zeit zu Zeit
fruchtbarer gemacht werden.

Man ist gemeiniglich der Meinung, daß die Bergluft am
reinsten und heitersten sey, und dem menschlichen Körper so
zu sagen neues Leben einflöße. Allein diese Behauptung geht
nur bis zu einer gewissen Grenze, welche nicht bestimmt angegeben werden kann. So bald man über diese Grenze
kömmt, so wird das Athmen wegen der Dünne der Luft er-
staunend erschweret. Der Herr von Saussüre hat vorzüglich
dieses auf dem Montblanc, welchen er im Jahre 1786 im
August mit einigen Begleitern bestieg *), genugsam erfahren.

Schon

*) Relation d'un voyage à la cime du Mont-blanc en Aout 1787. p.
de Saussure.

Schon bey der Reise nach dem Buet *) theilet er von der
Bergluft eine umständliche Nachricht mit. Er sagt, so bald
man eine Höhe von 1300 bis 1400 Toisen erreichet habe, so
wirke schon die Dünne der Luft merklich auf den Körper,
indem sie die Kräfte schnell erschöpfe. Man sey nämlich so
sehr ermattet, daß man nicht einen Schritt weiter zu thun
vermögend wäre, ohne ein ungemein starkes Herzklopfen zu
bekommen, und in der Gefahr zu stehen in Ohnmacht zu
fallen. Jedoch stellen sich die Kräfte durch ein bloßes Still-
stehen binnen 2 bis 3 Minuten so wieder her, daß man glaube,
in einem Athem den Gipfel ersteigen zu können. So bald
man aber auf großen Höhen von neuem etwa 16 bis 18 Schritte
weiter gegangen sey, so stelle sich die Ermattung eben so wie
vorher ein, und die Rückkehr der Kräfte erfolge beym Still-
stehen eben so wie vorher u. s. f. Hieraus schließt der Herr
von Saussüre, daß diese Entkräftung unmöglich von einer
Ermüdung im Steigen herrühren könne, weil sich alsdann
die Kräfte in einer so kurzen Zeit nicht so vollkommen, wie
doch erfolge, wieder herstellen könnten. Eine fernere Wirkung der Dünne der Luft sey die Schläfrigkeit, womit alle
sogleich befallen würden, wenn sie in großen Höhen nur einige Augenblicke ruheten und sich nicht beschäftigten, obgleich
den Schlaf weder Wind, noch Kälte, noch Hitze begün-
stigten. In der Pläne hingegen schlafe man so schnell nicht
ein, besonders wenn die Kräfte schon so wie auf dem Berge
durch eine augenblickliche Ruhe wieder hergestellet sind. Es
gäbe auch Personen, welche von sehr starker Leibesconstitu-
tion wären, und von der dünnen Bergluft noch weit mehr leiden müßten. In gewissen Höhen überfiele sie ein Ekel,
Erbrechen, ja selbst Ohnmachten, nach welchen ein todtenähn-
licher Schlaf erfolge. Alle diese Wirkungen leitet der Herr
von Saussüre von dem veränderten Druck der Luft auf die
Gefäße, und von ihrer dadurch erschlafften Elasticität her.

Aus der äußern Gestalt der Gebirge kann man noch
nicht auf das Innere schließen. So weit es aus den berg-

X 2 männi-

*) Voyages dans les Alpes. To. I. §. 559.

männischen Erfahrungen, bekannt ist, so ist die innere Beschaffenheit der Berge gar sehr verschieden. In der neuern Zeit ist
man auf die in selbigen gefundenen Produkte aufmerksam geworden, indem sie unläugbare Beweise ihres Alters geben, und
dadurch veranlassen, die Meinungen der Naturforscher von
der Entstehung der Gebirge und von der Geschichte der Erde
zu unterstützen. Schätzbare Betrachtungen hierüber findet
man beym Herrn von Trebra *), Herrn Voigt ᵝ) und
Herrn Werner ᵞ).

Den neuern Beobachtungen gemäß lassen sich vorzüglich
vier Hauptklassen der Gebirgsarten festsetzen, deren Entstehung in verschiedene Zeiten fallen. Zu der ersten Classe
rechnet man die uranfänglichen Gebirgsarten, welche so zu
sagen den Kern der Gebirgsketten auf der Erdfläche ausmachen, die größten zusammenhängenden Berge bilden, sich
in das Innere der Erde erstrecken, und gleichsam um die
ganze Erde eine feste Kruste machen, worauf das Wasser
und die aus selbigen hervorragenden Inseln, so wie die mit
selbigen zusammenhängenden Gebirge des festen Landes, ruhen.
Mehrentheils bestehen diese Gebirgsarten durch und durch
aus einer gleichartigen Materie, nur selten wechseln andere
Gebirgsarten mit ihnen ab. Die Materie läßt sich größtentheils nach allen Richtungen spalten. Die vornehmste und
häufigste Gebirgsart dieser Classe ist der Granit, eine harte
Steinart, welche aus Feldspath, Glimmer und Quarz zusammengesetzt ist. Oft besteht aber auch diese erste Hauptart
der Gebirge aus Serpentinstein, Gneuß, Sienit,
Mandelstein, Trapp, Hornblendschiefer, Porphyr,
Porphyrschiefer u. d. g. Uebrigens finden sich in diesen
uranfänglichen Gebirgsarten weder Seeprodukte noch Versteinerungen. Ihre Entstehung scheint also noch vor dem
Daseyn

*) Erfahrungen vom Innern der Gebirge und Beobachtungen ge-
sammelt von Fried. Wilh. v. Trebra. Dessau u. Leipz. 1785. Fol.
ᵝ) Briefe über die Gebirgslehre von J. C. W. Voigt. Weimar
1786. 8.
ᵞ) Kurze Classification und Beschreibung der verschiedenen Gebirgsarten von A. G. Werner. Dresden 1767. 4.

Dafeyn der Seethiere vorher gegangen zu seyn. Alle diese Gesteinarten sind mehrentheils in Lager abgetheilet, welche sich zur Seite und in der Tiefe auf verschiedene Entfernungen erstrecken. Zwischen diesen Lagern befinden sich gewöhnliche Ritzen und Spalten, welche in der Lehre des Bergbaues Flözklüfte heißen. Außerdem aber gibt es noch andere Spalten und Ritzen, welche die Flözklüfte so wohl als auch die Lager selbst durchschneiden, und welche Gangklüfte heißen. Sind diese Gangklüfte mit andern Foßilien als die Lager sind, angefüllet, so werden sie besonders Gänge, und die Metalle, welche die Gänge ausfüllen, die Gangarten genannt. Diese Gänge können ferner fündige, erzführende, oder auch taube Gänge seyn. Jene enthalten alle Arten von Metall, besonders Gold, Silber, Kupfer, Bley und Zink; sind aber auch angefüllt mit folgenden Steinarten: Quarz, Jaspis, Glimmer, Hornblende, Flußspath, Feldspath, Schwerspath u. d. g. Die tauben Gänge enthalten mehrentheils auch diese Steinarten, theils einzelne, theils verschiedentlich unter einander vermengt. Gewöhnlich hat der Gang, wo er an den Berg grenzt, kenntliche und von der Gang- und Bergart zu unterscheidende Einfassungen, welche Saalbänder genannt werden. Den Abstand beyder Saalbänder von einander oder die Dicke des Ganges heißt man auch die Mächtigkeit. Die Gänge ein und des nämlichen ursprünglichen Gebirges begrenzen nicht alle Mahl parallele Ebenen; oft sind ihre Grenzen an einander gefügte Ebenen, oft gar krumme Flächen. Selbst die Hauptgänge eines und eben desselben Gebirges haben gewöhnlich an allen Stellen nicht einerley Streichen und Falten. In diesen Gebirgsarten findet man außer den Gängen auch noch erzführende Lagerstätte, welche gewöhnlich mit den Lagern der ursprünglichen Gebirgsarten parallel laufen, und mit allerley Erzarten angefüllt sind, und daher auch Erzlager genannt werden. Einige nennen sie auch Ganggebirge, selbst da, wo sie mit den Gängen durchschnitten sind. Oftmahls finden sich auch in einer Ge-

X 3   birgsart

birgsart zerstreuet unregelmäßige Klumpen, welche entweder wenig oder gar keine eble Metalle enthalten, und welche **Stockwerke** heißen. Vorzüglich trifft man diese im **Granit** an.

Zur zweyten Hauptklasse der Berge gehören diejenigen, welche unläugbare Spuren einer ältern Entstehung und vorzüglich einer unter dem Wasser geschehenen Bildung an sich tragen. Die Naturforscher nennen diese Berge **Berge von der zweyten Ordnung,** beym Bergbaue aber heißen sie **Flötzgebirge.** Diese bestehen auch aus verschiedenen Schichten und Lagern, welche einzeln betrachtet meistentheils aus einer gleichartigen Materie bestehen, unter einander aber aus Lagern von verschiedener Materie zusammengesetzet sind. Die Lager und Schichten, welche über einander liegen, laufen gewöhnlich mit einander parallel, und sehr selten ist ein Lager oder eine Schichte mit andern Fossilien vermengt. Eine jede solche Schicht heißt bey dem Bergbaue ein **Flötz.** Wenn die Flötzgebirge mit den uranfänglichen Gebirgsarten zusammentreffen, so findet man alle Mahl diese von jenen bedeckt, aber nie umgekehrt jene von diesen bedeckt; dieß ist also ein unwidersprechlicher Beweis, daß die Flötzgebirge nach den uranfänglichen Gebirgen ihren Ursprung erhalten haben. Die Flötze, welche in parallelen Lagen über einander liegen, sind keines Weges nach ihren specifischen Gewichten geordnet, sondern es liegt oftmahls ein specifisch schwereres Flötz über einem specifisch leichteren u. s. f. Ueberhaupt beweiset ihre ganze Bildung und die darin befindlichen versteinerten Seeprodukte, daß sie weiter nichts sind als Bodensätze des Wassers, welche vermuthlich in verschiedenen Perioden gebildet worden sind. Zwischen diesen beyden Hauptklassen von Gebirgsarten finden sich auch einige Berge, von welchen es an sich zweifelhaft ist, ob sie zu den uranfänglichen Gebirgsarten oder zu den Flötzgebirgen gehören. Dahin rechnet man die **Schiefergebirge,** welche oftmahls ohne alle Seeprodukte in verschiedenen Lagern bis zur höchsten Höhe sich erheben, oftmahls aber auch in horizontalen parallelen Schichten mit einer großen Menge

Eindrücke

Eindrücke von Muscheln, Fischen und Kräutern gefunden
werden. Die letztern Schiefergebirge sind offenbar unterm
Wasser gebildet: von den erstern aber läßt sich nichts Entscheidendes behaupten, sind jedoch der Hauptsitz der edlen Metalle. Am häufigsten bestehen die einzelnen Flöße der Flößgebirge aus Kalkstein, Thonschiefer, Steinkohlen, Kreide
mit unliegendem Feuerstein, Steinsalz, Gips, Eisenthon,
bituminösem Mergelschiefer, Mergel, Sandstein, Stink-
stein u. d. g. In den erzführenden Flößen finden sich
auch noch außerdem Bleyglanz, Erdkobalt, Uranium und
besonders Galmey. In Ansehung ihrer Mächtigkeit ist ein
großer und beträchtlicher Unterschied anzutreffen, und gemeiniglich ist eine Flößart als Hauptflöß zu betrachten. Die
Menge der Versteinerungen und der Abdrücke von Seeprodukten, welche sich in und zwischen den Flößen der Flößgebirge vorfinden, ist bis zum Erstaunen groß und mannigfaltig; selten aber enthalten sie, besonders die flachllegenden, Versteinerungen und Abdrücke von Landthieren und Pflanzen.
Es gibt ganze Flöße, welche als Hauptbestandtheil die
unzähligen versteinerten Seemuscheln ausmachen. Viele
Versteinerungen trifft man in selbigen an, deren Originale
man bis jetzt noch nicht hat finden können, wie z. E. die
Ammonshörner, welche versteinert in einer sehr großen Anzahl von der größten bis zur kleinsten Sorte gefunden werden, die Belemniten u. s. w. Manche Sorten, deren Originale sehr selten sind, trifft man als Versteinerungen in
einer außerordentlichen Anzahl an, wie z. E. die Terebra-
tuliten. Man findet von den Seeprodukten oft Versteinerungen in einer solchen bewundernswürdigen Größe, daß
man Originale davon in dieser Größe noch nicht hat entdek-
ken können; dahin gehören Nautiliten, Kammmuscheln,
Austern, Tuten, Schrauben u. d. g. Ueberhaupt machen
den größten Theil der in den Flößen der Flößgebirge gefundenen Versteinerungen die Schalen der Schalthiere aus.
Sehr merkwürdig ist es hierbey noch, daß in den Flößge-
birgen der nördlichen Länder Produkte der südlichen Länder

X 4   gefunden

gefunden werden, da man im Gegentheile in den Flötzgebirgen der südlichen Länder keine von solchen Produkten entdecket,
welche allein den nördlichen Ländern eigen sind. Uebrigens
finden sich die Conchillen ganz und zerbrochen, einzeln und
beysammen, groß und klein, oft in solchen Stellungen, welche
sie gern lebend annehmen, und in einer solchen Ordnung, wie
sie im Meere neben einander liegen: statt ihrer weichen
Theile aber befinden sich entweder ganz leere Räume oder es
sind diese mit Stein oder Crystallisation angefüllet. Dieß
sind aber doch gewiß unläugbare Beweise, daß die Flötze in
den Flötzgebirgen ganz als Bodensätze unter dem Wasser
zu betrachten sind, und daß die Oberfläche unserer Erde zu
verschiedenen Zeiten auch verschiedene Veränderungen müsse
erlitten haben. Alle diese erwähnten Umstände aber widerlegen schon die Hypothesen dererjenigen, welche glauben, daß
diese Conchylien durch Menschen an solche Oerter gebracht,
oder daß es bloße Naturspiele, oder daß sie die von der Erde
mit dem Wasser eingesogenen und in selbiger entwickelten
Keime der Seethiere wären u. d. g.

Zu der dritten Hauptklasse der Gebirgsarten gehören
diejenigen, welche noch neuer, als die von dem Meere gebildeten Flötzgebirge sind. Sie haben mit den Flötzgebirgen
das gemein, daß sie wie diese auf dem nassen Wege entstanden sind, wie ihre Lage und Construktion offenbar zeigen.
Sie bestehen ebenfalls, wie die Flötzgebirge, aus über einander
gelegten Schichten und Lagern, welche aus Theilen der uranfänglichen und der Flötzgebirge zusammengesetzt sind, welche
aber eine verschiedene Dicke besitzen. Man nennt diese Gebirge aufgeschwemmte Gebirge. Sie bestehen mehrentheils aus Sandstein und Mergelschichten, und enthalten
wenige oder gar keine Seeprodukte, dagegen eine große
Menge von versteintem Holze, Abdrücke von Pflanzen und
von den Knochen der Landthiere, ganze Baumstämme, welche
wie braune Kohle aussehen, und an welchen man oft noch
die Rinde und Fasern bemerken kann. Merkwürdig ist es
aber,

aber, daß in diesen aufgeschwemmten Gebirgen thierische Produkte gefunden werden, in welchen Gegenden die Thiere selbst vermöge ihrer bekannten Natur sich gar nicht aufhalten können; so hat man in den nördlichen Gegenden Thierprodukte von südlichen Landthieren angetroffen, wie die sehr große Menge von Elephanten-, Nashorn- und Büffelknochen an der Westseite der uralischen Gebirgskette und die Menge von ausgegrabenem Elfenbein, beweiset, welches in Sibirien und Nordamerika gefunden wird. Von diesen aufgeschwemmten Gebirgen unterscheidet man zwey Hauptgattungen, nämlich plattes Landgebirge und Seifengebirge. Die Oberfläche des erstern ist entweder völlig eben, oder es erhebet sich ganz unmerklich, und ist nur hier und da mit kleinen Hügeln besetzt. Die oberste Lage desselben bestehet gemeiniglich aus der so genannten Damm- oder Gartenerde oder vegetabilischen Erde. Diese Erde ist es, worin die Pflanzen und Bäume wachsen, und in welcher die Thiere und Pflanzen durch allmälige Fäulniß aufgelöset werden. Man findet aber auch dergleichen Dammerde in einer gewissen Tiefe der Erdoberfläche unter andern Schichten. Die Schichten selbst, die über einander liegen, sind ebenfalls nicht, wie bey den Flötzgebirgen nach ihren specifischen Schweren geordnet. Die Produkte, welche dergleichen Gebirge enthalten, sind vorzüglich der Torf, und die einzige noch bekannte Metallart, der Raseneisenstein. Was die Seifengebirge betrifft, so findet man diese vorzüglich in den Schlusten und weiten Thälern der hohen uranfänglichen Gebirge, und enthalten mehrentheils Geschiebe von Quarz, Granit, Glimmerschiefer u. d. g. Steinarten, welche oft in abgesonderten Lagen, oft aber auch mit Thon und Lehm verbunden angetroffen werden. In diesen Gebirgen findet man oft Edelsteine, Granitgeschiebe, Quarzgeschiebe mit eingemischtem Zinnstein, Eisensteingeschiebe und Goldsand.

Zu der vierten Hauptklasse der Gebirge gehören die Vulkane oder die feuerspeyenden Gebirge, wovon aber unter dem Artikel Vulkane weitläuftiger gehandelt werden soll.

X 5. Was

Was den Nutzen der Berge auf unserer Erdfläche be‐
trifft, so ist dieser gewiß von keiner Kleinigkeit. In einer
eigenen Schrift handelt hiervon Bertrand *). Es fällt in
die Augen, daß durch die Berge die Oberfläche der Erde ver‐
mehret werde, und daß sie uns mannigfaltige Produkte an
Gewächsen und Thieren geben, die ihnen ganz eigen sind.
Welches entzückende Vergnügen gewähren uns aber auch die
Berge nicht mit Abwechselung der Thäler, da uns das ein‐
förmige so gar bald verdießlich und zu wichtigen Geschäften
untauglich macht. Ferner schützen die Berge manche Gegen‐
den gegen schädliche Winde, geben aber auch den Winden
Gelegenheit, die schädlichen Dünste von denjenigen Oer‐
tern, welche in Thälern liegen, durch einen Luftzug mit fort‐
zunehmen, und die Luft beständig rein zu halten. Sie sind
aber auch ferner die Stätte der Metalle und anderer wichti‐
gen Mineralien. Endlich geben sie die großen Wasserbehäl‐
ter ab, aus welchen die nie versiegenden Quellen der Bäche
und Flüsse ihren Ursprung nehmen.

M. s. P. S. *Pallas* observations sur la formation
des montagnes à St Petersbourg 1777. 4. übersetzt in
den leipziger Sammlungen zur Physik und Naturgesch. B. I.
S. 131. Anmerk. darüber ebendas. B. II. S. 175. Torb.
Bergmann physikal. Beschreibung der Erdkugel a. d. Schwed.
von Röhl. Greifsw. 1780. 4. *I. A. de Luc* lettres physi‐
ques et morales sur l'histoire de la terre et de l'homme
à la Haye 1779. T. I - V gr. 8. abgekürzt übersetzt: J. A.
de Lúc physik. und moralische Briefe über die Geschichte
der Erde und des Menschen B. I. II. leipzig 1781. 8. L. Hai‐
dingers Entwurf einer systematischen Eintheilung der Ge‐
birgsarten, ein Versuch zur Beantwortung der von Russisch.
Kaiserl. Akadem. der Wissensch. für das Jahr 1785. ausge‐
gebenen Frage, welcher den Preis erhalten. Petersburg 1786. 4.
Auch in den physischen Arbeiten einträchtiger Freunde. ater
Jahrg. ates Quartal. Wien 1787. 4.

Berge

*) Essai sur les usages des montagnes. Zuric 1754. 8.

Berge, feuerſpeyende, ſ. Vulkane.

Bergketten, Bergreihen, Bergrücken, ſ. Berge.

Bergharz, Bergöl, Bergpech, Bergtheer, ſ. Erdharze.

Berlinerblauſäure, Blauſäure (acidum caerulei berolinenſis, acidum pruſſicum, acide pruſſique) iſt eine zuſammengeſetzte thieriſche Säure, welche ein Beſtandtheil des ſo genannten Berlinerblau ausmacht. Wenn nämlich die Kohle der thieriſchen Körper, z. E. des Blutes, der Knochen, der Muskelfaſern u. ſ. f. in verſchloſſenen Gefäßen mit feuerbeſtändigem Alkali geglühet, und hieraus eine Lauge mit Waſſer ausgezogen wird, ſo erhält dieſe wäſſerige Lauge die merkwürdige Eigenſchaft, in den ſauern Eiſenauflöſungen das Eiſen ſchön blau niederzuſchlagen. Dieſer Niederſchlag wird das Berlinerblau, oder nach dem neuern Syſteme, das preuſſiſche Blau genannt. Der Erfinder dieſes Berlinerblaues war ein Färber zu Berlin, Nahmens Diesbach, welcher durch einen Zufall dieſe Farbe entdeckte, indem er zur Fällung der abgekochten Cochenille mit Eiſenvitriol und Alaun von Dippeln Alkali erhielt, über welches dieſer ſein thieriſches Oel rektificiret hatte. Dippel machte das Verfahren ſelbſt einfacher. Hernach wurde dieſe blaue Farbe unter dem Nahmen des Berlinerblau durch die berliner Akademie im Jahre 1710, ohne ihre Bereitungsart anzugeben, bekannt [α]). Im Jahre 1724 aber eröffnete Woodward [β]) eine Verfahrungsart, welche man nachher leichter, wohlfeiler und beſſer einzurichten gelernet hat. Macquer [γ]) ſtellte verſchiedene Verſuche mit dem Berlinerblau an, und glaubt aus dieſen ſchließen zu können, daß das Berlinerblau ein mit Brennbaren überſättigtes Eiſen, und die Blutlauge, welche es niederſchlägt, nach der Hypotheſe dieſes Chemikers ein **phlogiſti-**

[α]) Noticia caerulei Berolinenſis nuper inventi in den Miſcell. beroll. neuf. T. I. S. 380.

[β]) Philoſoph. transact. num. 381. S. 15.

[γ]) Examen chymique du bleu de Pruſſe, a. d. mémoir. de l'Acad. roy. des ſc. 1752. S. 60. deſſelbes Chemiſch. Wörterbuch Th. I. S. 286. ff.

phlogiſtiſirtes Alkali (alcali phlogiſticatum) ſey. Allein dieſe macquerſche Theorie, welche anfänglich ſo vielen Beyfall fand, ward dadurch widerleget, daß nicht alle brennbare Körper die Alkalien zur Blutlauge machen. Im Jahre 1772 machte Sage *) eine Abhandlung über die Blutlauge bekannt, in welcher er behauptete, ſie ſey ein thieriſches Salz. Es werde nämlich das Alkali durch eine eigene thieriſche Säure, nämlich der Phosphorſäure des Blutes und dem Brennbaren, ein Neutralſalz. Selbſt Bergmann ß) ſtimmte dieſer Meinung bey, und hielt das färbende Weſen der Blutlauge für eine animaliſche Säure, welche vorher im Blute gegenwärtig geweſen, und an das Alkali übergegangen wäre. Endlich ſtellte Scheele γ) mit der Blutlauge und dem Berlinerblau genauere Verſuche an, und fand Mittel, das färbende Weſen beſonders darzuſtellen. Dieſes Weſen zeigt ſich weder als eine Säure, noch als Alkali gegen Reagentien. Es verwandelt weder die Lackmustinktur in roth, noch ſtellt es die blaue Farbe der gerötheten wieder her. Weil es aber die Auflöſung der Säuren und die Schwefelleber trübt, und auf Alkalien, Erden und metalliſche Halbſäuren wirkt, ſo hat er ihm doch den Nahmen der Berlinerblauſäure oder der färbenden Säure gegeben. Das neuere Syſtem hat ebenfalls dieſe Säuren unter dem Nahmen Blauſäure, preuſſiſche Säure unter den animaliſchen Säuren aufgeführet, und die Verbindungen, welche dieſe Säure mit Erden und Alkali und Metallen eingehet, Pruſſiates genannt. Aus verſchiedenen Verſuchen folgert Scheele, daß das färbende Weſen des Berlinerblaues zuſammengeſetzet ſey, aus Ammoniak und einer zarten kohlenartigen Materie, weil man die Blutlauge auch aus Pflanzenkohlen, Alkali und Salmiak
bereiten

α) Examen du ſel animal, connu ſous les noms d'alkali phlogiſtique, d'alkali ſavonneux de *Geoffroy* in d. act. acad. elect. Mogunt. J. 1776. S. 64. ff.

ß) In Scheffers chemiſchen Vorleſungen. S. 262 f.

γ) Verſuche über die färbende Materie im Berlinerblau in den ſchwediſchen Abhandl. v. J. 1782 1783. in d. memoir. de Chymie p. Mr. *Scheele.* P. II. S. 141. ff. 165. ff.

bereiten kann. Daß die Blausäure aus einer Mischung von Ammoniak und Kohle bestehe, wird durch die neueren Erfahrungen des Clouet [a]) bestätiget. Er trieb nämlich ätzendes Ammoniak durch ein mit fein gepulverter Pflanzenkohle angefülltes und glühend gemachtes porcellanenes Rohr, und erhielt Blausäure, welche mit freyem Ammoniak verbunden war. Nach Berthollet [ß]) Versuchen ist es nicht wahrscheinlich, daß das Ammoniak die Grundlage selbst der Blausäure ausmache, sondern daß nur seine Bestandtheile darin enthalten sind. Es wären demnach, nach dem neuern Systeme, die Bestandtheile der Blutsäure Wasserstoff, Stickstoff und Kohlenstoff. Zu diesen Bestandtheilen hat auch Herr Westrumb [γ]) einen neuen gefunden, nämlich die phosphorsaure Grundlage, welche schon Sage, aber unvollkommen, zeigte. Ob aber auch Sauerstoff in der Blausäure enthalten ist, kann noch nicht entschieden werden.

M. s. Gren systemat. Handbuch der gesamt. Chemie, B. II. Halle 1794. §. 1506 u. f. Girtanner Anfangsgründe der antiphlogistischen Chemie. Berlin 1795. S. 335.

Bernsteinsäure (acidum succini s. succinicum, acide succinique) ist eine eigene Säure, welche aus dem Bernstein erhalten wird. Destilliret man nämlich Bernstein aus einer Retorte bey gelindem Feuer, so sublimiret sich die Bernsteinsäure in fester Gestalt in dem Halse der Retorte. Man trocknet sie nach der Destillation auf löschpapier, und reiniget sie durch wiederhohlte Auflösung und Krystallisation von dem empyrevmatischen Oele. Im ganz reinen Zustande sieht sie völlig weiß aus, und ist von Geschmack sehr sauer. Im kalten Wasser und Alkohol löset sie sich schwer auf, leichter im warmen Wasser. Weil es noch unbekannt ist, zu welchem

---

..a) Mémoire sur la composition de la matière colorante du bleu de Prusse in den annales de chymie T. XI. S. 30. ff.
ß) Extrait d'un mémoire sur l'acide prussique in d. Annal. de chym. T. I. S. 30. ff. übers. in Crells chemisch. Annal. 1790. B. I. S. 166. ff.
γ) Einige Versuche über die Bestandtheile des Bluts und dessen Lauge in Crells neuest. Entdeck. Th. XII. S. 136 f.

chem Naturreiche der Bernſtein gehöret, ſo rechnen einige die
Bernſteinſäure zu den vegetabiliſchen, andere zu den thieriſchen
Säuren. Nach dem neueren Syſteme ſind ihre Grundlagen
Waſſerſtoff und Kohlenſtoff, und die Verbindungen dieſer
Säure mit den Alkalien und Erden erhalten den Nahmen
Succinates.

M. ſ. Gren ſyſtematiſches Handbuch der geſammten
Chemie B. III. Halle 1795. §. 2082 u. ſ. Girtannet Anfangsgründe der antiphlogiſt. Chemie. Berlin 1795 S. 334.

Beſchleunigende Kraft, ſ. **Kraft, beſchleunigende.**

Beſchleunigte Bewegung, ſ. **Bewegung, beſchleunigte.**

Beſchleunigung (acceleratio, accélération) iſt die
Zunahme der Geſchwindigkeit eines in Bewegung begriffenen Körpers. Da die Größe der Geſchwindigkeit ganz allein
von dem Wege abhängt, welchen ein Körper in einer als
Eins angenommenen Zeit durchläuft, ſo kann auch nur eine
Beſchleunigung alsbann Statt ſinden, wenn der Körper in
jedem folgenden dem vorhergehenden gleichen Zeittheile einen
größern Weg zurücke leget. Es läßt ſich hierbey folgender
Unterſchied gedenken: entweder iſt die Zunahme der Geſchwindigkeit in jedem folgenden gleichen Zeittheile gleich oder
ungleich groß; im erſtern Falle heißt die Beſchleunigung
gleichförmig (aequabilis, vniformis), im zweyten Falle
aber **ungleichförmig** (inaequabilis, difformis). Verzögerung der Geſchwindigkeit bewegter Körper kann als
eine negative Beſchleunigung betrachtet werden.

Ein jeder Körper, als Gegenſtand äußerer Sinne, kann
keine Veränderung im Raume erleiden, als durch Bewegung. Ohne zureichenden Grund kann aber ein Körper weder
aus der Ruhe in Bewegung, noch aus der Bewegung in
Ruhe geſetzet werden. Die Urſache läßt ſich jedoch unmöglich in dem Körper ſelbſt ſuchen, weil er ſchlechthin keine
innern Beſtimmungen zur Ruhe und Bewegung hat. Es
muß alſo alle Veränderung des Körpers, mithin auch die Be-
ſchleuni-

schleunigung, auf äußere einwirkende Kraft gegründet seyn.
Man muß folglich eine jede Bewegung, mithin auch die
Beschleunigung bewegter Körper als bloße Wirkung der von
äußern herrührenden Kräften betrachten. Wenn z. E. ein
sich ganz frey überlassener Körper von einer gewissen Höhe
gegen die Erde herabfällt, so muß auf selbigen eine äußere
Kraft wirken; da nun hier die Erfahrung lehret, daß hier
die Beschleunigung gleichförmig ist, so folgt auch, daß diese
Kraft stetig und ununterbrochen denselben afficire. Die Erfahrung, daß die Körper mit Beschleunigung von gewissen
Höhen auf die Erde herabfallen, ist ohne Zweifel schon in
den allerältesten Zeiten gemacht worden; allein die Gesetze
ihres Fallens waren ganz unbekannt. Es war dem Galilei
vorbehalten, diese wichtige Entdeckung zu machen. Diese
Gesetze wurden nachher erst durch einen Newton mit der
strengsten Schärfe erwiesen, und auf die erhabensten Naturerscheinungen angewendet. Es folgten aber auch hieraus
folgende überaus wichtige Sätze.

1. Ein jeder in Bewegung versetzte Körper muß in derselben
Richtung mit derselben Geschwindigkeit gleichförmig
beharren, ohne Beschleunigung, wenn ihn nicht eine
andere Ursache aus diesem Zustande bringt.

2. Wenn sich die Geschwindigkeit eines ein Mahl in Bewegung begriffenen Körpers oder auch derselben Richtung ändert, so muß auch eine äußere Kraft da seyn,
welche diese Veränderung bewirkt. Es kann daher die
Geschwindigkeit eines bewegten Körpers nicht anders
zunehmen, als wenn eine neue Wirkung der Kraft
hinzukömmt. Demnach setzt die Beschleunigung in
jedem Zeittheile eine neue Einwirkung der Kraft
voraus, und zwar nach der Richtung der Bewegung
selbst, denn im Gegentheile würde die Wirkung der
Kraft Verzögerung hervorbringen.

3. Wenn folglich ein Körper mit gleichförmiger Beschleunigung fortgehen soll, so muß auch in jedem Augenblicke eine mit der Beschleunigung im gleichen Grade
wachsende

wachsende Kraft unmittelbar auf ihn wirken. Ist aber die Beschleunigung ungleichförmig, so ist auch die in jedem Augenblicke einwirkende Kraft ungleich.

Mehreres hierher gehöriges wird unter den Artikeln **Bewegung, beschleunigte** und **Fall der Körper** vorkommen.

Bestandtheile (partes conſtitutiuae ſ. conſtituentes corporum, parties et principes des corps) ſind diejenigen Theile eines uns vorkommenden gleichartigen Körpers, aus welchen derſelbe zuſammengeſetzet iſt, und welche bloß durch chemiſche Scheidung darſtellbar gemacht werden können. Bey der Theilung eines Körpers unterſcheidet man die **phyſiſche** oder **mechaniſche** von der **chemiſchen**, welche letztere auch **Scheidung, Zerlegung** oder **Zerſetzung** genennet wird. Bey der mechaniſchen Theilung, welche bloß durch äußere Kräfte, als z.B. Stoßen, Reiben, Drucken u. ſ. f. bewirket wird, erhält man allemahl Theile, welche nicht nur unter ſich, ſondern auch dem Ganzen in ihrer Natur nach ähnlich, in Anſehung der Größe aber von einander verſchieden ſind. Die chemiſche Theilung hingegen gibt ſolche Theile, welche weder dem Ganzen nach unter ſich ſelbſt in ihrer Eigenſchaft und ihrer Natur ähnlich ſind, ſondern nur in ihrer Verbindung das Ganze ausmachen, und eben dieſe Theile heißen **Beſtandtheile**, aber auch **Grundſtoffe**. Mehrentheils ſind dieſe Beſtandtheile noch nicht ſo einfach, daß ſie aus weiter keinen ungleichartigen Stoffen beſtehen ſollten. Enthalten ſie wirklich noch ungleichartige Stoffe, ſo heißen ſie **nähere Beſtandtheile** (partes conſtitutiuae proximae), und ihre weiteren ungleichartigen Theile **entfernte Beſtandtheile** (partes conſtitutiuae remotae). Diejenigen Beſtandtheile, welche aus weiter keinen ungleichartigen Theilen zuſammen geſetzet ſind, nennt man **Elemente, Urſtoffe, Uranfänge** (principia prima, elementa). M. ſ. **Elemente.**

Beugung

Beugung des Lichtes (inflexio L. diffractio lucis, inflexion ou diffraction de la lumière) ist die Ablenkung der Lichtstrahlen von ihrem geraden Wege, wenn sie nahe am Rande eines Körpers vorbeygehen, indem sie entweder von demselben gleichsam angezogen oder davon abgestoßen werden. Diese Eigenschaft des Lichtes ward in der Mitte des siebenzehnten Jahrhunderts vom P. **Grimaldi** [a]) zuerst entdeckt. Er ließ in einem verfinsterten Zimmer durch ein kleines Loch Licht einfallen, welches einen Lichtkegel bildete; da er nun in selbigen entfernt vom Loche einen dunkeln Körper hielt, so bemerkte er den Schatten, welchen dieser Körper warf, breiter, als er nach der Berechnung hätte seyn sollen, wenn das Licht in gerader Linie sich fortgepflanzet hätte. Um den Schatten nahm er auch farbige Lichtstreifen wahr, welche er auch innerhalb desselben bemerkte. **Newton**, im dritten Buche seiner Optik, hat noch mehrere Versuche über die Beugung des Lichtes angestellt. Er brachte zwey scharfe Messerschneiden in einer Entfernung von etwa $\frac{1}{160}$ Zoll von einander, und ließ zwischen selbige einen Lichtstrahl hindurch, hier bemerkte er, daß sich der Strahl in zwey Theile theilte, und in der Mitte zwischen den beyden Messerschneiden einen dunkeln Schatten ließ, welcher desto breiter wurde, je näher er die Messerschneiden zusammenbrachte, bis zuletzt bey Berührung derselben alles Licht verschwand. Zugleich bemerkte er auf jeder Seite des Schattens farbige Lichtstreifen. Mit der Untersuchung der Beugung des Lichtes haben sich nachher noch verschiedene andere beschäftiget; aber noch keine Gesetze auffinden können, nach welchen sich die Beugung des Lichtes richtete. Vielleicht ist die Ursache dieses Phänomens noch darin zu suchen, daß die Lichtmaterie, welche an dem angehaltenen Körper vorbeystreichen soll, mehr als der etwas entferntere von demselben angezogen, in der Oberfläche des Körpers mehr gebrochen, und nachher in unser Auge reflectiret

[a]) Physico-mathesis de lumine, coloribus et iride, aliisque adnexis. Bonon. 1665. 4.

𝔜

siret werde, wodurch die Theilung des Lichtes in farbige
Strahlen verwandelt wird.

Bewegbarkeit, Beweglichkeit (mobilitas, mobilité)
ist die Fähigkeit der Körper, sich bewegen zu lassen. Die
Erfahrung lehret, daß es keinen Körper in der Welt giebt,
welcher nicht durch Einwirkung hinreichender Kräfte beweget werden könnte; daher betrachtet man auch die Beweglichkeit als eine allgemeine Eigenschaft der Körper. Bey der
Bewegung selbst aber muß man auf die Verbindung der
Theile eines Körpers sehen; denn es können nur einige Theile
eines Körpers beweglich seyn, ohne daß die ganze Masse in
Bewegung kömmt. So können z. B. bey flüssigen Körpern Theile derselben durch irgend eine Kraft in Bewegung
versetzet werden, ohne daß die ganzen flüssigen Körper beweget werden. Auch können durch gewisse mechanische Anordnungen Theile, welche gehörig zusammengeordnet sind, beweglich seyn, wenn gleich das Ganze nicht beweget wird. So
sind z. B. die Räder in einer Uhr beweglich, wenn es gleich
die ganze Uhr nicht ist. Allein hieraus folgt doch keinesweges, daß die unbewegten Theile gar keiner Beweglichkeit
fähig wären.

Bewegung (motus, mouvement). Hierunter versteht man gemeiniglich eine stete Veränderung des Ortes;
besser und bestimmter wird sie aber erkläret durch die Veränderung der äußern Verhältnisse im Raume. Denn es kann
sich ein Körper bewegen, ohne seinen Ort zu verändern. Der
Ort eines Körpers ist allemahl ein Punkt. Will man z. B.
die Entfernung der Erde von der Sonne wissen, so sucht man
nicht die gerade Linie irgend eines Punktes auf der Oberfläche, oder im Inwendigen der Erde, nach irgend einem
Punkte in der Sonne, sondern man mißt die gerade Linie
zwischen den Mittelpunkten beyder Körper, folglich ist von
jedem dieser Körper nur ein Punkt, welcher den Ort ausmacht. Drehet sich nun die Erde um ihre Are, so beweget
sie sich, und gleichwohl verändert sie ihren Ort nicht; aber
ihr Verhältniß zum äußern Raume verändert sich doch. Nur

von

von einem einzigen Punkte, welcher beweget wird, kann man sagen, daß Bewegung jederzeit Veränderung des Ortes sey. Würde also die Erde als bewegt angenommen, indem sie sich nämlich um die Sonne drehet, so würde auch nun die Erklärung der Bewegung als eine stete Veränderung des Ortes hinreichen. Wenn man über die Bewegung gründlich urtheilen will, so ist man schlechterdings genöthiget, metaphysische Untersuchungen zuerst anzustellen. Denn hierdurch sind wir erst im Stande, die Gesetze der Bewegung bis auf die aller einfachsten Fälle zu entwickeln. Wollen wir die Metaphysik ganz aus der Physik verbannen, wie die meisten Naturforscher zu thun sich bemühen, so sind wir nicht besser daran wie ein Blinder, welcher von einem Orte zum andern von irgend jemanden geführet wird; wenn er aber nur etwas Kopf hat, so wird er doch auch wissen wollen, wer ihn führet. — Von der Bewegung der Materie im Raume können wir nicht anders als durch Erfahrung überzeuget werden. Da nun aber in aller Erfahrung etwas empfunden werden muß, so folgt auch, daß selbst der Raum, in welchem über Bewegungen Erfahrungen angestellet werden sollen, empfunden werden müsse, und eben dieser Raum als empfindbares Objekt, heißt der materielle oder empirische Raum. Dieser Raum, als materiell, ist folglich selbst beweglich. Ein beweglicher Raum aber setzt einen andern materiellen Raum voraus, worin seine Bewegung wahrgenommen werden kann, dieser wieder einen andern u. s. f. bis ins Unendliche. Es folgt demnach hieraus, daß alle Bewegung, welche wir erfahren, bloß relativ ist. Ein absoluter Raum d. h. ein solcher, welcher nicht materiell ist, mithin auch kein Gegenstand der Erfahrung seyn kann, hat gar keine Realität, und ist folglich an sich nichts, sondern er bedeutet nur einen jeden andern relativen Raum, in welchem der gegebene als bewegt angenommen, und welcher, wenn es nöthig ist, unendlich weit hinausgerücket werden kann. Weil man nun von einem solchen Raume, welcher an und für sich materiell ist, in Gedanken von der Materie, die ihn bezeichnet, abstrahiret,

ret, und sich bloß alle Bewegung darin gedenkt, so stellt man sich ihn als einen absoluten oder reinen Raum nur vor, und nimmt ihn völlig als unbeweglich an.

Die Bewegung eines Körpers ist in Ansehung auf die Veränderung oder Lage anderer Körper entweder eine eigene (proprius) oder gemeinschaftliche Bewegung (communis). Bey jener verändert ein einziger Körper das Verhältniß im Raume gegen die übrigen, bey dieser aber bewegen sich alle Körper zugleich mit. Wenn demnach verschiedene Körper eine gemeinschaftliche Bewegung besitzen, welche alle einerley Lage gegen einander behalten, so können wir auch die Bewegung gar nicht wahrnehmen, es scheint uns, als wenn gar keine Bewegung Statt hätte. Nur diejenigen Körper scheinen sich zu bewegen, welche sich von andern Körpern, die scheinbarlich ruhen, entweder entfernen, oder sich denselben nähern. Diese Bewegung nennt man daher auch die scheinbare Bewegung. Ein jeder Körper aber, welcher in Bewegung ist, muß nothwendig einen andern Theil des Raumes, in welchem er sich beweget, annehmen, und eben die Länge dieses Raumes, welchen ein Körper durchläuft, nennt man seinen Weg. Wenn sich alle Theile eines Körpers auf einerley Art bewegen, so braucht man nur die Bewegung eines einzigen physischen Punktes zu betrachten, und man kann selbst den Körper als einen einzigen Punkt annehmen. Den Weg also, welchen ein Körper in dieser letzten Voraussetzung durchläuft, kann man als eine Linie gelten lassen, die so wohl gerade als krumm seyn kann. Ist der Weg eine gerade Linie, so heißt alsdann die Lage dieser geraden Linie die Richtung der Bewegung, ist aber der Weg eine krumme Linie, so ändert der Punkt seine Richtung beständig, und wenn er sich in dem Augenblicke in einem Punkte der krummen Linie befindet, so kömmt seine Richtung mit derjenigen geraden Linie überein, welche die krumme Linie in diesem Punkte berühret, und von nun an in dieser Linie sich fortbewegen würde, wenn sein Weg sich nicht von eben diesem Augenblicke an weiter krümmte. Bey jeder Bewegung

verfließet

verfließet eine Zeit, binnen welcher er aus der einen Stelle
in die andere übergehet. Man setze den ganzen Weg, welchen ein physischer Punkt durchläuft, = ſ und die Zeit, die
er dazu gebrauchet, = t, so erhellet, daß er in jedem Augenblicke bey der Bewegung eine Zeit erfordert, welche ein
Theilchen von t ist. Hat nun der Punkt den ganzen Weg
ſ zurückgeleget, so wird auch die Summe aller Zeittheilchen,
welche er dazu gebrauchet = t seyn müssen. Die Vergleichung des Raumes und der Zeit gibt den Begriff von der
Geschwindigkeit. Man versteht darunter den Weg, welchen der Punkt in einer als Eins angenommenen Zeit zurückleget.

Bewegungen überhaupt können entweder drehend, ohne
Veränderung des Ortes, oder fortschreitend, diese aber
entweder den Raum erweiternd, oder auf einem gegebenen Raum eingeschränkte Bewegungen seyn. Von der
erstern Art sind die geradlinichten oder auch krummlinichten in sich nicht zurückkehrenden Bewegungen; die
von der zweyten sind die in sich zurückkehrenden. Die letztern sind wiederum entweder circulirende oder oscillirende
d. i. Kreis- oder schwankende Bewegungen. Die erstern legen eben denselben Raum immer in derselben Richtung, die
zweyten immer wechselsweise in entgegengesetzter Richtung,
wie schwankende Pendeln, zurück. Zu beyden Bewegungen
gehöret noch die bebende (tremulus), welche keine fortschreitende Bewegung eines Körpers, jedoch aber eine reci-
procirende Bewegung einer Materie ist, welche dabey ihre
Stelle im Ganzen nicht verändert, wie die Bebungen einer
geschlagenen Glocke, oder die Zitterungen einer durch den
Schall in Bewegung gesetzten Luft. In Rücksicht der Geschwindigkeit sind die Bewegungen entweder gleichförmig,
oder ungleichförmig, veränderlich; bey der erstern sind
bey gleichen Zeittheilen auch die Geschwindigkeiten gleich
groß, bey der andern aber nicht. Bey der veränderten Bewegung kann in jedem folgenden gleichen Zeittheilchen die
Geschwindigkeit größer oder kleiner werden; da alsdann die

Bewegung eine beschleunigte oder verzögerte Bewegung genennet wird. Bey beyden endlich kann die Zu- und Abnahme der Geschwindigkeit gleich groß oder ungleich groß seyn, und die Bewegungen heißen sodann gleichförmig oder ungleichförmig beschleunigte, und gleichförmig oder ungleichförmig verzögerte.

Es ist nun vor allen Dingen nöthig, diejenigen Gesetze der Bewegung aufzusuchen, bey welchen dem Körper keine andere Eigenschaft als die Beweglichkeit beygeleget wird. In dieser Voraussetzung kann also ein jeder Körper als ein Punkt betrachtet werden, und man nimmt noch gar keine Rücksicht auf die Größe des Beweglichen d. i. auf die Menge der Materie, oder auf sonstige innere Beschaffenheit derselben, sondern man hat es ganz allein mit der Bewegung d. i. mit der Geschwindigkeit und Richtung zu thun. Die ersten Untersuchungen also, welche von nun an angestellet werden, gehören zur reinen Größenlehre der Bewegung.

Ruhe heißt Beharrlichkeit an demselben Orte, Beharrlichkeit aber ist der Zustand dessen, was eine Zeit hindurch dauert. Man nehme an, es bewege sich ein Körper mit gleichförmiger Geschwindigkeit in einer gegebenen Zeit (fig. 47.) von a bis b, so wird er in jedem Punkte dieser Linie einen Augenblick seyn. Unmöglich kann er aber in einem solchen Punkte als ruhig betrachtet werden, denn er ist nur in so fern daselbst gegenwärtig, als er sich bewegt. Man nehme ferner an, der Körper bewege sich mit gleichförmiger Geschwindigkeit zuerst von a nach b, und in gleicher Zeit von b nach a zurück, so daß auch nicht der kleinste Theil der Zeit auf die Gegenwart des Körpers in b verwendet wird, so läßt sich die Bewegung von b nach a ohne den geringsten Zuwachs der Bewegungen in die Bewegung nach der Richtung b c verwandeln, und es wird sodann der Körper nach dem Vorigen in b nicht als ruhig, sondern als bewegt angenommen werden müssen. Hieraus folgt also, daß er auch in der von b nach a zurückkehrenden Bewegung in b als bewegt angesehen werden muß, obgleich in dem Augenblicke

da

da beyde Bewegungen in b gemein sind, ein völliger Mangel der Bewegung gedacht werden muß. Wenn also Ruhe als Mangel der Bewegung erkläret würde, so würde in einem jeden Punkte, wie z. B. in b, der gleichförmigen Bewegung Ruhe Statt finden, weil nach der Voraussetzung auch nicht der kleinste Theil der Zeit, wie bey der fortschreitenden Bewegung, auf die Gegenwart des Körpers verwendet wird. Dagegen stelle man sich vor, der Körper bewege sich von a nach b mit gleichförmig verzögerter, und von b nach a zurück mit gleichförmig beschleunigter Bewegung, so wird er in dem Augenblicke, da er in b angelangt ist, seine ganze Geschwindigkeit verloren haben, und von eben diesem Augenblicke an eine der vorigen Bewegung entgegen gesetzte mit gleichförmig beschleunigter Geschwindigkeit erhalten. Ob nun gleich hier ebenfalls, wie bey der gleichförmigen Bewegung, in dem Punkte b beyde Bewegungen nur durch einen Augenblick getrennt werden, so muß man doch in b Ruhe annehmen. Der Grund hiervon liegt im Folgenden: man muß annehmen, daß der Körper in b seine Geschwindigkeit nicht gänzlich verloren hat, sondern nur bis zu einem Grade, der kleiner als jede noch so kleine gegebene Geschwindigkeit ist, mit welcher er immer noch fortschreitend einen Raum, welcher kleiner als jeder noch so kleine zu bestimmende Raum ist, gleichförmig bey noch so großer gegebenen Zeit durchlaufen, mithin nun seinen Ort verändern würde. Demnach wird er in eine Beharrlichkeit an diesem Orte d. i. in Ruhe versetzt, obgleich selbige durch veränderten Zustandes mit beschleunigter aufgehoben wird. Denn die Begriffe, in demselben Orte seyn und darin beharren, sind verschieden, und thun einander gar keinen Eintrag. Es muß daher Ruhe nicht als Mangel der Bewegung, sondern als Beharrlichkeit an demselben Orte definiret werden.

Wenn der Körper A, sich gleichförmig beweget, so setze man den Weg, welchen er in der Zeit t zurückleget, = s, und die dazu gehörige Geschwindigkeit = c, so hat man $s = ct$,

$s = ct$, d. h. der Weg ist so groß als das Produkt der Geschwindigkeit in die Zeit. Aus $s = ct$ ergibt sich noch

$$t = \frac{s}{c} \text{ und } c = \frac{s}{t}.$$

Ferner bewege sich ein anderer Körper B in der Zeit T durch den Raum S mit der gleichförmigen Geschwindigkeit C, so hat man auch $S = CT$ und $T = \frac{S}{C}$ und $C = \frac{S}{T}$.

Es läßt sich also schließen

$$s : S = ct : CT = \frac{c}{T} : \frac{C}{t} = \frac{t}{c} : \frac{T}{C}.$$

Wäre $c = C$ oder es wären die Geschwindigkeiten gleich groß, so hat man

$$s : S = t : T.$$

Wäre aber $s = S$ oder es wären die Wege gleich groß, so folgt $ct = CT$, mithin $c : C = T : t$.

Hieraus ergeben sich folgende Regeln:

1) Die Wege, welche zwei Körper mit verschiedenen Geschwindigkeiten und verschiedenen Zeiten gleichförmig durchlaufen, verhalten sich wie die Produkte aus den Zeiten in die Geschwindigkeiten, oder wie die Geschwindigkeiten durch die Zeiten verkehrt dividiret, oder wie die Zeiten durch die verkehrten Geschwindigkeiten dividiret.

2) Wenn die Geschwindigkeiten gleich sind, so verhalten sich die Wege wie die Zeiten.

3) Sind die Wege gleich, so verhalten sich die Geschwindigkeiten verkehrt wie die Zeiten.

Weil ferner $c = \frac{s}{t}$ und $C = \frac{S}{T}$, so folgt auch

$$c : C = \frac{s}{t} : \frac{S}{T} = sT : St = \frac{T}{S} : \frac{t}{s}.$$

Wäre $t = T$, d. h. wären die Zeiten gleich, so ist

$$c : C = s : S.$$

Dieß

Dieß gibt folgende Regeln:

1) Die Geschwindigkeiten, womit zwey Körper in verschiedenen Zeiten, verschiedene Wege gleichförmig zurücklegen, verhalten sich wie die Wege durch die Zeiten dividiret, oder wie die Produkte der Wege in die verkehrten Zeiten, oder wie die verkehrten Zeiten durch die verkehrten Wege dividiret.

2) Wenn die Zeiten gleich sind, so verhalten sich die Geschwindigkeiten wie die Wege.

Da endlich auch $t = \frac{s}{c}$ und $T = \frac{S}{C}$, so hat man auch

$$t : T = \frac{s}{c} : \frac{S}{C} = sC : Sc = \frac{C}{S} : \frac{c}{T}, \text{ d. h.}$$

die Zeiten, während welcher zwey verschiedene Körper mit verschiedenen Geschwindigkeiten ungleiche Räume durchlaufen, verhalten sich zu einander wie die Räume durch die Zeiten dividiret, oder wie die Produkte der Räume in die verkehrten Geschwindigkeiten, oder wie die verkehrten Geschwindigkeiten durch die verkehrten Wege dividiret.

Bey der gleichförmig beschleunigten Bewegung durchlaufe ein Körper binnen der Zeit t den Weg (fig. 48.) a b, in dem Augenblicke aber, da er in b ankömmt, bewege er sich nun mit der in b erhaltenen Geschwindigkeit gleichförmig in der geraden Linie b f fort; würde nun seine Bewegung noch eben so lange wie vorher dauren, oder seine Bewegung erforderte auch noch die Zeit t, so wird b f doppelt so groß als a b seyn. Setze man also die Geschwindigkeit, welche der Körper in b erlangt hat, $= c$; so wird $b e = \frac{1}{2} b f = \frac{1}{2} c$ seyn. Wenn der Körper gleich anfänglich in a die Geschwindigkeit $\frac{1}{2} c$ gehabt hätte, so würde es bloß darauf ankommen zu erweisen, daß der Körper mit der Geschwindigkeit $\frac{1}{2} c$ in eben der Zeit t den Weg a b $=$ b e gleichförmig durchlaufen haben würde, in welcher er selbigen mit gleichförmig beschleunigter Bewegung zurückgeleget hat. Es ist klar, daß der Körper in der ersten Hälfte der Zeit $\frac{1}{2} t$, mit gleichförmig beschleunigter Bewegung einen Weg zurück zurücklegt, welcher kleiner als ½ ab ist, weil seine Geschwindigkeit bis dahin kleiner als ½ c; es ist aber auch klar, daß er in der andern Zeithälfte einen Weg durchläuft, welcher größer als ½ ab ist, weil nun seine Geschwindigkeit größer als ½ c. Da aber die Geschwindigkeiten nach dem Gesetze der Stetigkeit wachsen, und ihre Differenzen auf beiden Seiten vom mittleren Zeitpunkte angerechnet in gleichen Entfernungen gleich seyn müssen, indem der Körper in der ersten Hälfte der Zeit um eben so viel weniger wie ½ ab, als er in der andern Hälfte der Zeit mehr durchlaufen muß, so folgt, daß auch die Differenzen der durchlaufenen Wege in beiden Zeitpunkten gleich seyn müssen. Daher wird der Körper mit gleichförmig beschleunigter Bewegung den Weg ab in der Zeit t zurücklegen, welchen er in eben der Zeit mit der Geschwindigkeit ½ c gleichförmig durchlaufen haben würde. Weil folglich ab = be, so ist auch ½ ab = ½ be = bf. Man setze überhaupt den Weg, welchen ein gleichförmig beschleunigter Körper in der Zeit t zurücklegt, = f und die nach dieser Zeit erhaltene Geschwindigkeit = c,

so ist 2 f = c t, folglich f = ½ c t, und $\frac{2f}{t}$ = c und $\frac{2f}{c}$ = t.

Wenn also von den drey Größen f, c, t zwey bekannt sind, so läßt sich die dritte allemahl sehr leicht finden. Bewegt sich nun ein Körper mit gleichförmig beschleunigter Geschwindigkeit in der ersten Zeitsekunde durch den Weg (fig. 49) a b, so wird seine, nach dieser Zeit erhaltene Geschwindigkeit = 2 a b seyn, mit welcher er nun den Weg b e = 2 a b in der andern Zeitsekunde gleichförmig durchlaufen könnte; wegen der Beschleunigung aber durchläuft er noch den Weg e f = a b; folglich wird der ganze in der andern Zeitsekunde zurückgelegte Weg = b f = 3 a b, und daher der in den beiden Sekunden zurückgelegte Weg = bf = 4 a b seyn. Eben so groß ist nun die nach der zweyten Sekunde erhaltene Geschwindigkeit; folglich wird er in der dritten Zeitsekunde den Weg f h = f g + g h = 4 a b + a b = 5 a b, und in allen dreyen Zeitsekunden den ganzen Weg a h = a g + g h = 9 a b zurücklegen.

legen. Es wird also der mit gleichförmig beschleunigter Bewegung zurückgelegte Weg des Körpers seyn,

nach 1 Sekunde $= ab$

— 2 — $= 3ab + ab = 4ab$

— 3 — $= 5ab + 3ab + ab = 9ab$

— 4 — $= 7ab + 5ab + 3ab + ab = 16ab$

u. s. f.

Hieraus ergibt sich nun das bey der gleichförmig beschleunigten Bewegung eines Körpers allgemeine Gesetz:

Die Wege, welche ein Körper mit gleichförmig beschleunigter Bewegung durchläuft, verhalten sich zu einander, wie die Quadratzahlen der verflossenen Zeiten.

Es sey also s der Weg, welchen ein gleichförmig beschleunigter Körper in der Zeit t, und S ein Weg, welchen ein anderer Körper in der Zeit T zurückgelegt hat, so ist

$$s : S = t^2 : T^2$$

Setzt man ferner die nach t Zeit erhaltene Geschwindigkeit $= c$, und die nach der Zeit T erlangte $= C$, so hat man

$$t : T = c : C, \text{ folglich auch}$$
$$t^2 : T^2 = c^2 : C^2, \text{ und daher}$$
$$s : S = c^2 : C^2$$

und hieraus folgt das andere allgemeine Gesetz der gleichförmig beschleunigten Bewegung:

Die Wege verhalten sich auch wie die Quadratzahlen der während der Bewegung erlangten Geschwindigkeiten.

Diese Gesetze sucht man auch durch Hülfe eines rechtwinkligen Dreyecks zu beweisen. Man stelle sich nämlich eine Zeit in eben so viel gleiche Theile getheilt vor, als die Linie (Fig. 50.) a c gleiche Theile wie, a d, d e, e f, f g u. f. enthält, so werden die Linien i k, h l, g m u. f. die Wege vorstellen, welche der gleichförmig beschleunigte Körper in dem ersten, zweyten, dritten u. f. Zeittheile durchläuft. Um also den ganzen Weg zu finden, welchen ein Körper nach einer gewissen gegebenen Zeit von solchen Zeittheilen zurückgelegt hat, muß man eine eben so große Zahl von Linien wie, i k, h l, g m u. f. als Zeittheile gegeben sind, zusammen addiren.

ren. Man nehme die Theile ci, ih u. f. folglich auch die gleichen Zeittheile als unendlich klein an; so wird der ganze Weg, welchen der Körper in der Zeit a f zurücklegt, gleich seyn, der Summe aller zwischen c und f n unendlich nahe an einander gezogenen geraden Linien, welche das ganze

beide Wege wie die Dreyecke c f n und c a b, diese ähnlichen Dreyecke sich wie die Quadrate der gleichnahmigen Seiten verhalten $= cf^2 : ca^2$, d. h. wie die Quadrate der Zeiten.

Es folget hieraus, daß die Wege, welche ein Körper mit gleichförmig beschleunigter Bewegung in gleichen Zeittheilen hinter einander zurücklegt, wie die ungeraden Zahlen 1, 3, 5, 7, 9, 11 u. f. zunehmen, oder er wird im zweiten Zeittheile einen dreymahl, im dritten einen fünfmahl, im vierten einen siebenmahl u. f. so großen Weg zurücklegen, als im ersten Zeittheile.

Hätte der Körper in der ersten Zeitsekunde den Weg $= g$ mit beschleunigter Bewegung zurückgelegt, so würde er nun, wenn die Beschleunigung auf ihn zu wirken aufhörte, in der andern Sekunde den Weg 2g mit gleichförmiger Bewegung durchlaufen, d. h. seine Geschwindigkeit würde 2g seyn. Wenn also g bekannt wäre, so ließe sich in der Gleichung $f = \frac{1}{2}ct$ die Geschwindigkeit c bestimmen, indem man ansetzen kann

$1 : t = 2g : c$, und daher $c = 2gt$.

Hieraus ergibt sich aber auch $f = gt^2$, und aus $c = 2gt$ findet man noch $t = \dfrac{c}{2g}$ und auch $f = \dfrac{c^2}{4g}$.

Aus den beiden Gleichungen $f = \frac{1}{2}ct$ und $c = 2gt$ mit den daraus hergeleiteten $f = gt^2$ und $f = \dfrac{c^2}{4g}$ läßt sich

eine

eine jede von den drey Größen f, c, t aus einer der beiden andern finden.

1) Iſt die Zeit gegeben, ſo findet man den Weg nach der Gleichung $f = g t^2$.

2) Iſt die Geſchwindigkeit gegeben, ſo findet man den Weg nach der Gleichung $f = \dfrac{c^2}{4g}$.

3) Iſt die Zeit gegeben, ſo findet man die Geſchwindigkeit nach der Gleichung $c = 2 g t$.

4) Iſt der Weg gegeben, ſo findet man die Geſchwindigkeit aus der Gleichung $f = \dfrac{c^2}{4g}$. Denn man erhält daraus $4 g f = c^2$ und $c = 2 \sqrt{g f}$.

5) Iſt der Weg gegeben, ſo findet man die Zeit nach der Gleichung $f = g t^2$. Denn dieſe Gleichung gibt $\dfrac{f}{g} = t^2$ und $t = \sqrt{\dfrac{f}{g}}$.

6) Iſt die Geſchwindigkeit gegeben, ſo findet man die Zeit nach der Gleichung $c = 2 g t$. Denn dieſe gibt $t = \dfrac{c}{2g}$.

Bey der gleichförmig verzögerten Bewegung eines Körpers ſey die anfängliche Geſchwindigkeit $= c$, mit welcher er den Raum f in der Zeit t zurücklegt, und nach Verlauf dieſer Zeit t beſitze er noch die Geſchwindigkeit v; ſo iſt klar, daß die Verzögerung dem bewegten Körper eben ſo viele Geſchwindigkeit entziehet, als die Beſchleunigung demſelben in eben ſo vieler Zeit zuſetzet. Demnach wird die Geſchwindigkeit c in der Zeit um den Theil $2 g t$ vermindert, und nach Verlauf der Zeit t hat der Körper noch die Geſchwindigkeit $v = c - 2 g t$. Wenn die Verzögerung der Bewegung nicht entgegen wirkte, ſo würde der Körper mit gleichförmiger Bewegung den Weg $c t$ zurückgelegt haben. In eben ſo vieler Zeit aber wird der Weg um $g t^2$ vermindert, alſo findet man den in der Zeit t zurückgelegten Weg

des

des gleichförmig verzögerten Körpers $f = ct - gt^2 = (c - gt) t$. Aus der Gleichung $v = c - 2gt$, findet man $c = 2gt + v$. Setzt man diesen Werth in die vorige Gleichung, so ergibt sich

$$f = (2gt + v - gt) t \text{ oder } f = (gt + v) t.$$

Eben diese Gleichung $v = c - 2gt$ gibt auch $gt = \frac{c-v}{2}$, und $t = \frac{c-v}{2g}$. Wenn auch dieser Werth in die Gleichung $f = (gt + v) t$ gesetzet wird, so erhält man

$$f = \left(\frac{c-v}{2} + v\right) \frac{c-v}{2g} \text{ oder}$$

$$f = \left(\frac{c+v}{2}\right) \frac{c-v}{2g} = \frac{c^2 - v^2}{4g}.$$

Aus diesen beiden Gleichungen $v = c - 2gt$ und $f = ct - gt^2$ mit den beiden daraus hergeleiteten $f = (gt + v) t$ und $f = \frac{c^2 - v^2}{4g}$ läßt sich von den vier Größen c, t, v, f eine jede aus zweyen der übrigen bestimmen.

1) Wenn die anfängliche Geschwindigkeit c nebst dem Wege f gegeben worden, so findet man

   a. die Zeit t nach der Gleichung $f = ct - gt^2$. Diese gibt nämlich

$$gt^2 - ct = -f, \text{ oder}$$

$$t^2 - \frac{c}{g} t = -\frac{f}{g} \text{ und}$$

$$t = \frac{+ c + \sqrt{(- 4fg + c^2)}}{2g};$$

   b. Die übriggebliebene Geschwindigkeit v nach der Gleichung $f = \frac{c^2 - v^2}{4g}$. Man erhält nämlich hieraus

$$4gf = c^2 - v^2 \text{ und}$$

$$c^2 - 4gf = v^2 \text{ und daher}$$

$$v = \sqrt{(c^2 - 4gf)}.$$

2) Wenn die anfängliche Geschwindigkeit c nebst der übriggebliebenen v gegeben ist, so findet man

a. den zurückgelegten Weg $\mathfrak{f}$ nach der Gleichung $\mathfrak{f} = \dfrac{c^2 - v^2}{4g}$.

b. Die Zeit t nach der Gleichung $v = c - 2gt$. Man hat nämlich hieraus $c - v = 2gt$ und $t = \dfrac{c-v}{2g}$,

3) Wenn die Zeit t nebst dem zurückgelegten Weg gegeben worden, so findet man

a. die anfängliche Geschwindigkeit c aus der Gleichung $\mathfrak{f} = t(c - gt)$. Diese gibt nämlich $\mathfrak{f} + gt^2 = ct$ und $\dfrac{\mathfrak{f} + gt^2}{t} = c$ oder $\dfrac{\mathfrak{f}}{t} + gt = c$.

b. Die übriggebliebene Geschwindigkeit v nach der Gleichung $\mathfrak{f} = (gt + v)t$. Hieraus erhält man nämlich $\mathfrak{f} - gt^2 = vt$, und $\dfrac{\mathfrak{f}}{t} - gt = v$.

4) Wenn die übriggebliebene Geschwindigkeit v nebst dem Wege $\mathfrak{f}$ gegeben worden, so findet man

a. die anfängliche Geschwindigkeit c nach der Gleichung $\mathfrak{f} = \dfrac{c^2 - v^2}{4g}$. Diese gibt nämlich $4g\mathfrak{f} = c^2 - v^2$ und $4g\mathfrak{f} + v^2 = c^2$ und $c = \sqrt{(4g\mathfrak{f} + v^2)}$.

b. Die Zeit t nach der Gleichung $\mathfrak{f} = gt^2 + vt$. Hieraus hat man nämlich $t^2 + \dfrac{v}{g}t = \dfrac{\mathfrak{f}}{g}$ und $t = \dfrac{-v \pm \sqrt{(4g\mathfrak{f} \pm v^2)}}{2g}$.

5) Wenn die Zeit t nebst der übriggebliebenen Geschwindigkeit v gegeben ist, so findet man

a. die anfängliche Geschwindigkeit c nach der Gleichung $v = c - 2gt$. Man hat nämlich hieraus $c = 2gt + v$.

b. Den Weg $\mathfrak{f}$ nach der Gleichung $\mathfrak{f} = (gt + v)t$.

Ist

Ist ein Körper mit einer gleichförmig verzögerten Bewegung eine Zeitlang fortgegangen, so muß die anfängliche Geschwindigkeit endlich ein Mahl durch die Verzögerung völlig aufhören, so daß v = o wird. Will man die Bewegung des Körpers bis dahin rechnen, so muß man in den vorigen Formeln o statt v setzen, und es wird ſ der ganze Weg seyn, welchen der Körper mit seiner anfänglich genommenen Richtung in der Zeit t durchläuft. Demnach verwandelt sich nun $v = c - 2gt$ in $o = c - 2gt$ und $c = 2gt$. Eben so wird $ſ = (gt + v)t = gt^2$ und $ſ = \frac{c^2 - v^2}{4g} = \frac{c^2}{4g}$. Hieraus ist es leicht zu begreifen, daß der Weg, welchen ein gleichförmig verzögerter Körper mit der Geschwindigkeit c durchzulaufen anfängt, gerade so groß als der Weg, welchen er mit gleichförmig beschleunigter Bewegung, und am Ende die nämliche Geschwindigkeit c erlanget hat.

Weil alle Bewegung als Gegenstand der Erfahrung relativ ist, so kann der Raum, in welchem die Bewegung geschiehet und folglich materiell seyn muß, entweder als ruhig oder als bewegt betrachtet werden. Das erstere geschiehet, wenn außer diesem Raume kein anderer ihn einschließender ist gegeben worden. Das andere aber, wenn außer diesem Raume noch ein anderer, in welchem er als beweglich gedacht wird, und welcher ihn einschließt, gegeben ist. Es ist aber schlechterdings unmöglich, von einem materiellen Raume zu unterscheiden, ob er in einem andern ihn einschließenden größeren Raume vielleicht beweglich sey oder nicht, daher ist es auch für alle Erfahrung und selbst für ihre Folge einerley, ob man einen Körper im Raume als bewegt, oder selbigen als ruhig, im Gegentheil aber den Raum in entgegengesetzter Richtung mit gleicher Geschwindigkeit als bewegt ansehen will; jedoch wird hier alle Bewegung geradlinig angenommen. Man kann daher auch bey der Bewegung eines Körpers in einem materiellen Raume einen Theil der gegebenen Geschwindigkeit dem Körper,

den

den andern Theil aber dem Raume in entgegengesetzter Richtung zuschreiben, und es werden diese zwey mit einander
verbundenen Bewegungen, in Ansehung der Erfahrung und
der daraus gemachten Folgen, mit derjenigen Bewegung einerley seyn, wo man dem Körper die ganze Geschwindigkeit
allein und dem Raume Ruhe, oder wenn man dem Körper Ruhe, und dem Raume die ganze Geschwindigkeit, aber
in entgegengesetzter Richtung, beyleget.

Zusammengesetzte Bewegung ist die Vorstellung
einer einzigen Bewegung eines Punktes als einer solchen,
welche zwey oder mehrere Bewegungen in sich begreift. Es
kann folglich keine Zusammensetzung der Bewegung anders
Statt finden, als daß zwey oder mehrere Bewegungen
eines und eben desselben Punktes zusammen eine einzige Bewegung ausmachen, aber nicht in so fern sie als Ursachen
diese Bewegung als Wirkung hervorbringen, welches äußere
Ursachen erfordert, von welchen hier noch abstrahiret wird.
Uebrigens ist es nur nöthig, diejenige Bewegung zu suchen,
welche aus zweyen Bewegungen zusammengesetzt ist, weil
sich alle Bewegungen in der Zusammensetzung auf zwey zurückführen lassen. Zwey Bewegungen eines einzigen Punktes
aber, welche an demselben zugleich angetroffen werden, so,
daß dadurch eine zusammengesetzte Bewegung entstehet, können auf eine doppelte Art geschehen: sie erfolgen nämlich entweder in ein und derselben geraden Linie, oder in verschiedenen Linien zugleich, welche einen Winkel einschließen; die
erstern sind wiederum in Ansehung ihrer Richtung entweder
einander entgegengesetzt, oder sie erfolgen in einerley Richtung. Daher gibt es überhaupt bey der Zusammensetzung
der Bewegung drey Fälle: 1) da zwey an einem Punkte verbundene Bewegungen in einerley Richtung eine daraus zusammengesetzte Bewegung ausmachen sollen; 2) da zwey an
einem Punkte verbundene Bewegungen in entgegengesetzter
Richtung eine zusammengesetzte Bewegung geben, und 3)
da zwey Bewegungen eines Punktes in verschiedenen Linien,
welche einen Winkel einschließen, eine zusammengesetzte Be-

Z   wegung

wegung ausmachen sollen. Es kann aber die Zusammensetzung zweyer Bewegungen eines und des nämlichen Punktes
nur dadurch gedacht werden, daß die eine Bewegung im
absoluten Raume, statt der andern oder eine Bewegung
des relativen Raumes mit gleicher Geschwindigkeit in entgegengesetzter Richtung vorgestellet wird. Um diesen Satz
gehörig zu beweisen, so wird es nöthig seyn, ihn bey allen
vorerwähnten Fällen darzuthun.

Erster Fall. Wenn zwey an ein und eben demselben
Punkte verbundene Bewegungen in einerley Richtung eine
zusammengesetzte Bewegung geben sollen. Man setze, es
seyn (fig. 51.) a b und e f zwey Geschwindigkeiten, welche in
einer einzigen Geschwindigkeit der Bewegung enthalten seyn
sollen. Hier ist es nun unmöglich, daß diese beyden Geschwindigkeiten in ein und eben demselben Raume, entweder dem absoluten oder relativen Raume, an demselben Punkte
zugleich vorgestellet werden können. Denn die Geschwindigkeit a b und e f sind nichts weiter als die Wege, welche die
Punkte in gleichen Zeiten durchlaufen. Wenn also beyde Geschwindigkeiten in ein und eben demselben Raume an einem
Punkte in einer einzigen Geschwindigkeit enthalten seyn sollten, so müßte die Zusammensetzung dieser Wege a b und e f
d. i. die Linie a d als die Summe beyder Wege beyde Geschwindigkeiten zusammen ausdrücken. Aber alsdann würde
keiner von diesen Theilen a b und b d die Geschwindigkeit e f
vorstellen, weil sie nicht in gleicher Zeit wie e f zurückgeleget
würden; folglich kann auch die ganze Linie a d, welche in eben
der Zeit zurückgeleget wird, wie die Linie e f, nicht beyde
Geschwindigkeiten a b und e f vorstellen, wie doch nach der
Voraussetzung erfordert würde. Demnach kann die Zusammensetzung zweyer Bewegungen in einerley Richtung in ein
und eben dem Raume nicht gedacht werden. Im Gegentheile stelle man sich vor, der Punkt bewege sich mit der Geschwindigkeit a b im absoluten Raume, und über dieß der
relative Raum mit der Geschwindigkeit e f = b d aber in
entgegengesetzter Richtung f e = d b, so ist dieß eben so viel,

als

als ob man dem Punkte diese Geschwindigkeit in der Richtung a b gegeben hätte. Aber nun bewegt sich auch der Punkt durch beyde Linien a b und e f = a d zusammengenommen in eben der Zeit, in welcher er die Linien e f allein würde durchlaufen haben, und doch ist seine Geschwindigkeit als die Summe beyder Geschwindigkeiten a b und e f dargestellet worden; welches eben verlangt wird.

Zweyter Fall. Wenn zwey an einem Punkte verbundene Bewegungen in einer entgegengesetzten Richtung eine zusammengesetzte Bewegung ausmachen sollen. Man setze (fig. 52.) a b sey die eine von den Bewegungen und a d die andere, welche jener gerade entgegengesetzt ist. Hier ist es schon für sich klar, daß zwey Bewegungen eines Punkts in ein und eben demselben Raume zugleich nicht gedacht werden können; folglich ist auch eine Zusammensetzung zweyer Bewegungen in diesem Falle unmöglich. Hingegen stelle man sich die Bewegung des Punktes nach der Richtung a b im absoluten Raume, und die Bewegung des relativen Raumes in entgegengesetzter Richtung d a mit der nämlichen Geschwindigkeit vor, welche mit der Bewegung des Punktes nach der Richtung a d als einerley betrachtet werden kann; so lassen sich zwey gerade entgegengesetzte Bewegungen ein und des nämlichen Punktes zu gleicher Zeit vorstellen, welches verlangt wird.

Dritter Fall. Wenn zwey Bewegungen eines Punktes in verschiedenen Linien, welche einen Winkel einschließen, eine zusammengesetzte Bewegung ausmachen sollen. Gesetzt es gehen die beyden Bewegungen nach den Richtungen (fig. 53.) a b und a d, welche den Winkel b a d einschließen. Sollten nun die beyden Bewegungen nach den Richtungen a b und a d in ein und dem nämlichen Raume geschehen, so würden sie doch nicht in beyden Linien und a d zugleich geschehen können, sondern in Linien, welche mit diesen parallel sind. Man müßte demnach annehmen, daß eine von diesen beyden Bewegungen die andere in ihrer Bahn verändere, wenn gleich die Richtungen von beyden die nämlichen blieben. Dieß ist

Z 2   aber

aber der Voraussetzung zuwider: denn es sollen die aus zweyen
mit einander zusammengesetzten Bewegungen mit einer dritten einerley seyn, sie sollen aber nicht eine dritte so hervorbringen, daß die eine erst die andere in ihrer Bahn verändere. Im Gegentheil stelle man sich vor, der Punkt a bewege sich nach der Richtung a d im absoluten Raume, statt
der Bewegung nach der Richtung a b aber der relative Raum
mit eben der Geschwindigkeit in der entgegengesetzten Richtung b a, so wird diese Bewegung mit der Bewegung des
Punktes nach der Richtung a b als völlig einerley gelten. Die
Linie a d sey in drey gleiche Theile a n, n o und o d getheil-
let. In der Zeit, da der Punkt den Weg a n zurückleget,
legt der relative Raum und mit ihm der Punkt den Weg
n k = k a zurück; in der Zeit, da der Punkt den Weg a o
zurücklegt, durchläuft der relative Raum und hiermit zugleich
der Punkt den Weg o l = h a; in der Zeit endlich, da der
Punkt den Weg a d durchläuft, legt der relative Raum den
Weg d m = a b zurück. Alles dieß ist aber eben so viel,
als wenn der Punkt in den drey Zeittheilen die Wege n g,
o i und d e und in der ganzen Zeit, da er den Weg a d durchläuft, den Weg d e = a b durchlaufen hätte. Hieraus folget, daß der Punkt im letzten Augenblicke der Zeit in dem
Punkte e sich befinde, und daß er während der ganzen Zeit
nach und nach in allen Punkten der Diagonallinie a e gewesen ist. Demnach druckt a e die zusammengesetzte Bewegung der beyden Bewegungen a b und a d aus.

Wenn zwey an einem Punkte verbundene Bewegungen
in einerley Richtungen eine zusammengesetzte Bewegung geben, so ist die Geschwindigkeit der zusammengesetzten Bewegung der Summe der Geschwindigkeiten der einfachen Bewegung gleich. Druckt nämlich die Linie (fig. 51.) a b die
eine und b d die andere Geschwindigkeit aus, so ist die daraus
zusammengesetzte Geschwindigkeit = a b + b d = a d; folglich wird auch die zusammengesetzte Bewegung in der Hälfte
der Zeit = ½ a d u. f. seyn. Es verhalten sich demnach bey
zusammengesetzten Bewegungen die Wege wie die Zeiten;

wenn

wenn die Bewegungen gleichförmig fortgehen. Wenn aber zwey an einem Punkte verbundene Bewegungen in einer gerade entgegengesetzten Richtung eine zusammengesetzte Bewegung ausmachen, so muß diese der Differenz beyder einfachen Bewegungen, folglich auch die Geschwindigkeit der zusammengesetzten Bewegung dem Unterschiede der Geschwindigkeiten beyder einfachen Bewegungen gleich seyn. Druckt (fig. 52.) nämlich die Linie a b die eine und a d die andere Geschwindigkeit aus; so ist die zusammengesetzte Geschwindigkeit $=$ a b $-$ a d. Wäre a b $=$ a d mithin a b $-$ a d $=$ o, so würde alsdann der Punkt in eine Beharrlichkeit an demselben Orte also in Ruhe kommen und sich gar nicht bewegen. Ist a b positiv, mithin a d negativ, und über dieß a b $>$ a d, so wird auch a b $-$ a d positiv und die zusammengesetzte Bewegung geht von der Rechten gegen die Linke; wäre endlich a b $<$ a d, so wird a b $-$ a d negativ, und die Bewegung erfolgt von der Linken gegen die Rechte. Wenn endlich zwey Bewegungen eines Punktes nach verschiedenen Richtungen, welche einen Winkel einschließen, eine zusammengesetzte Bewegung geben, so ist selbige alle Mahl kleiner als die Summe der beyden einfachen Bewegungen, mithin muß auch die Geschwindigkeit der zusammengesetzten Bewegung kleiner als die Summe der Geschwindigkeiten beyder einfachen Bewegungen seyn. Denn es ist die Diagonallinie a e (fig. 53.) allemahl kleiner als a d $+$ a b, nach Beweisen der Geometrie. Wenn die beyden Bewegungen nach den Richtungen a b und a d gleichförmig beschleuniget werden, so muß auch die daraus zusammengesetzte Bewegung o e eine gleichförmig beschleunigte Bewegung seyn. Legt nämlich der Punkt a nach der Richtung a b binnen einem Augenblicke den Weg f, in der Richtung a d aber den Weg r zurück, so wird er in dem andern gleichen Augenblicke nach der Richtung a b den Weg 3 f, und nach der Richtung a d den Weg 3 r; in dem dritten Augenblicke nach der Richtung a b den Weg 5 f, und nach der andern Richtung den Weg 5 r zurücklegen. Folglich verhalten sich die zurückgelegten

Wege

Wege wie 1 : r, und es sind alle gleichförmig beschleunigte
Bewegungen einander ähnlich. Weil nun a g : g n wie g i : n q
wie i e : o d, so verändert sich auch die zusammengesetzte Bewegung nach der Richtung a e wie die einfache Bewegung
nach der Richtung a d: folglich ist auch diese zusammengesetzte Bewegung eine gleichförmig beschleunigte Bewegung.

Bey den bisherigen Untersuchungen sind die Gesetze der
Bewegung ganz rein, folglich ohne ihnen beywohnende Kräfte
entwickelt worden. In dieser Rücksicht war man auch be-
fugt, einen jeden Körper als einen Punkt anzunehmen, und
man hatte es bloß mit der Bewegung, und was daraus folgt,
nämlich Geschwindigkeit und Richtung, zu thun. Es erfordert allerdings der wissenschaftliche Vortrag, wie **Kant** [a])
gezeiget hat, daß die Zusammensetzung der Bewegung, welche
von allen Schriftstellern bloß mechanisch durch äußere einwirkende Kräfte bewiesen worden, aus der reinen Größenlehre
der Bewegung dargethan werden müsse. Es lehret aber die
Erfahrung, daß kein einziger Körper sich von selbst beweget,
sondern beständig im Zustande der Ruhe verbleibet. Eine
jede Bewegung erfordert also eine Ursache, welche sie hervorbringt. Eine solche Ursache, welche Bewegung hervorbringt
oder hemmt, heißt überhaupt **Kraft**, und der Erfolg davon
die **Wirkung**. Wenn also ein durch irgend eine Kraft bewegter Körper sich nach irgend einer Richtung hinbeweget,
und er trifft in selbiger einen andern Körper, so bestrebet sich
jener offenbar, in den Raum, oder doch wenigstens in einen
Theil desselben, worin der andere Körper enthalten ist, einzudringen. Weil aber dieser Raum mit Materie angefüllt
ist, mithin dem Eindringen des Körpers widerstehet, so wird
die Bewegung des ersten Körpers eine Verminderung erleiden müssen. Eben dieser Erfolg wird sich zeigen, wenn auch
dieser Körper nur ein Bestreben hätte, in den Raum des andern Körpers einzudringen, folglich nur die Ausdehnung desselben verringern und die Materie noch nicht aus der Stelle
treiben

---

[a]) Metaphysische Anfangsgründe der Naturwissenschaft. Riga 1787.
gr. 8. S. 20 u. f.

treiben und selbst in Bewegung setzen wollte. Wenn man also gründlich über die Bewegung bewegter Materie urtheilen will, so muß eigentlich die Materie als ein Bewegliches in so fern betrachtet werden, als es einen Widerstand leistet, wenn ihre Ausdehnung durch das Eindringen eines andern Beweglichen vermindert werden soll. Dieses wird aber dem Artikel **Grundkräfte** vorbehalten.

Soll hingegen die Materie selbst aus ihrem Orte vertrieben werden, so muß auch eine äußere Kraft auf sie wirken; dadurch wird sie aber selbst bewegende Kraft erlangen, und vermöge dieser andern Materien, welche ihrer Bewegung in der geraden Linie vor ihr im Wege liegen, gleichmäßige Bewegung mittheilen. Es ist aber unmöglich, daß eine Materie, welche in Bewegung ist, bewegende Kraft besitzen könne, wenn nicht ursprüngliche Kräfte der Materie zukommen, welche also noch vor der Bewegung der bewegten Materie vorausgehen. Denn alsdann wird es erst begreiflich, wie eine bewegte Materie durch ihre bewegende Kraft einer andern ihre Bewegung mittheilen, und sie folglich selbst in Bewegung setzen könne. Wenn aber eine bewegte Materie einer andern Bewegung mittheilet, so geschiehet diese Mittheilung entweder so, daß jene Materie in diese nach der Mittheilung der Bewegung in ihrer bewegenden Kraft noch fortwirkt, oder nicht. Im ersteren Falle heißt sie ein **Druck** (pressio), im andern aber ein **Stoß** (percussio). M. s. **Mittheilung der Bewegung, Druck, Stoß.**

Die Größe der Bewegung bewegter Körper hängt von der bewegten Masse und Geschwindigkeit zugleich ab. Wenn sich nämlich zwey Körper von gleichviel bewegter Masse mit gleicher Geschwindigkeit bewegen, so sind offenbar beyde Bewegungen gleich groß. Beweget sich aber einer von diesen beyden Körpern, die gleichviel Materie haben, mit noch ein Mahl, drey Mahl u. s. so großer Geschwindigkeit, als der andere, so wird auch die Bewegung des erstern noch ein Mahl, drey Mahl u. s. so groß seyn, als die des andern. Hieraus folgen diese Gesetze:

1.

1. Die Größen der Bewegungen zweyer Körper von gleich vieler Materie verhalten sich wie ihre Geschwindigkeiten.

2. Die Größen der Bewegungen bey gleichen Geschwindigkeiten verhalten sich wie die Massen.

3. Bey ungleichen Massen verhalten sich die Größen der Bewegungen wie die Produkte aus der Quantität der Materien in die Geschwindigkeiten, und

4. die Größen zweyer Bewegungen müssen gleich groß seyn, wenn sich die bewegten Materien umgekehrt wie ihre Geschwindigkeiten verhalten.

Man setze die Größen der Bewegungen zweyer Körper P und p, ihre Geschwindigkeiten C und c, und ihre Massen M und m, so hat man

nach 1. $P : p = C : c$, wenn $M = m$

nach 2. $P : p = M : m$, wenn $C = c$

Nimmt man nun noch einen dritten Körper an, dessen Geschwindigkeit $= c$, die Masse M, und die Größe der Bewegung $= q$, so ist

für den ersten und dritten nach 1. $P : q = C : c$

für den zweyten und dritten nach 2. $q : p = M : m$

folglich für den ersten u. zweyten $P : p = \overline{CM : cm}$

Wäre endlich $P = p$, so muß auch $CM = cm$ seyn, und das gibt

$C : c = m : M.$

Das erste allgemeine Gesetz der Bewegung bewegter Materie ist:

Ein jeder Körper verbleibet immerfort in dem Zustande der Ruhe oder der Bewegung, in derselben Richtung mit derselben Geschwindigkeit, wenn ihn nicht eine äußere Ursache aus diesem bringt.

Das Gesetz wird auch das Gesetz der Trägheit (lex inertiae) genannt, und soll davon unter dem Artikel Trägheit weiter gehandelt werden.

Das zweyte allgemeine Gesetz ist:

Eine jede Veränderung in Ansehung der Geschwindigkeit oder der Richtung einer Bewegung ist der bewegenden Kraft proportional, und erfolgt allemahl nach der Richtung dieser Kraft. Denn es kann offenbar die Geschwindigkeit in der Bewegung nicht mehr zunehmen, als die bewegende Kraft mehr Geschwindigkeit hat, und die veränderte Richtung muß nach derjenigen Richtung geschehen, nach welcher die bewegende Kraft treibt, weil nach dieser hinzugehen ein zureichender Grund da ist. Soll also ein Körper mit gleichförmig beschleunigter Bewegung fortgehen, so muß auch in jedem Augenblicke eine mit Acceleration im gleichen Grade wachsende Kraft unmittelbar auf ihn wirken. M. f. Kraft, bewegende und beschleunigende.

Das dritte allgemeine Gesetz ist:

In aller Mittheilung der Bewegung sind Wirkung und Gegenwirkung beständig einander gleich. M. f. Mittheilung der Bewegung.

Das vierte Gesetz ist:

Zwey gleiche Kräfte, welche in einerley Zeit auf einen Körper nach gerade entgegen gesetzten Richtungen wirken, heben sich einander auf, und verursachen keine Bewegung.

Das fünfte Gesetz ist:

Zwey ungleiche Kräfte, welche in einerley Zeit auf einen Körper nach gerade entgegen gesetzter Richtung wirken, heben sich einander nicht auf, sondern es folgt eine Bewegung nach der Richtung der größern Kraft, und zwar mit der Differenz beyder Kräfte.

Das sechste Gesetz ist:

Wenn ein Körper von zwey Kräften zugleich nach der Lage der Seiten eines Parallelogramms angetrieben wird, so beweget er sich durch die Diagonallinie in eben der Zeit, worin er die Seiten durchlaufen hätte, welche die Richtungen der beyden Kräfte abgeben.

Z 5

Man

Man kann eine jede geradlinichte Bewegung so betrachten, als wenn sie von zwey Körpern bewirket wäre, deren
Richtungen einen Winkel einschließen, zwischen welchen also
jene geradlinichte Bewegung als Wirkung der beyden Sei-
tenkräfte anzusehen wäre, weil eine jede gerade Linie als die
Diagonallinie eines Parallellogramms betrachtet werden kann.
Daher läßt sich auch eine jede Kraft in zwey andere zerlegen,
welche zusammen eben die Wirkung, wie jene einzige hervorbringen.

Ein jeder bewegter Körper muß vermöge seiner Trägheit
in seiner Bewegung eine gerade Linie durchlaufen, und in
dieser geradlinichten Bewegung so lange verbleiben, bis eine
äußere Ursache auf ihn wirkt, und eine Veränderung in dieser
Bewegung hervorbringet. Wenn also ein Körper in einer
krummen Bahn sich beweget, so kann man allemahl mit Sicherheit schließen, daß eine äußere Kraft ununterbrochen auf
ihn wirken müsse, um selbigen in der krummen Bahn zu erhalten; denn außerdem würde er sich, so bald die Kraft auf
ihn zu wirken aufhörte, in einer geraden Linie fortbewegen,
welche als eine Tangente in dem Punkte der krummen Linie
zu betrachten ist, wo die Kraft unwirksam geworden. Es
sey nämlich (fig. 53.) a d ein Bogen, in welchem sich ein
Körper beweget, a b sey für den Punkt a die Tangente dieses
Bogens, a o senkrecht auf a b, und a e senkrecht auf c b, so
hat man nach geometrischen Beweisen b e : e a = e a : e c.
Ist nun der Bogen a d unendlich klein, in welchem der Körper in einem unendlich kleinen Augenblicke sich beweget, so
muß e a, mithin auch der Bogen a d in Vergleichung mit
c e, und b e in Vergleichung mit e a unendlich klein seyn.
Nun verhält sich a e : e b = sin. tot : tang. e a b, folglich ist
auch der Winkel e a b unendlich klein. Es ist demnach die
Tangente a b von den Bogen a d der Länge nach unendlich
wenig verschieden. Denn weil der Winkel e a b unendlich
klein ist, so ist e a mit a b parallel. Daraus folgt, daß
man den unendlich kleinen Bogen als gerade, und als den
Theil a b der Tangente betrachten kann. So bald demnach

der-

der bewegte Körper in a ist, so fängt er daselbst an, in der
geraden Linie ab fortzugehen, und er würde wirklich in dieser
Tangente sich fortbewegen, wenn von diesem Augenblicke an
die Kraft, welche ihn beständig seine Richtung zu verändern
nöthiget, auf ihn zu wirken aufhörte. Es kann die Richtung derjenigen Kraft, welche den bewegten Körper von der
gradlinichten Bahn ablenkt, und in einer krummen Linie sich
fortzubewegen nöthiget, nach einem unveränderlichen Punkte
gerichtet seyn. Weil nun die Richtungen beyder Kräfte,
nämlich der bewegenden Kraft des bewegten Körpers, und
derjenigen, welche diesen von dem geraden Wege ablenket,
einen Winkel einschließen, so kann man sich vorstellen, daß
die Bewegung des Körpers nach der Diagonallinie erfolge,
jedoch so, daß selbige unendlich klein sey, und daß er folglich in jedem Punkte seiner Bahn unendlich kleine Diagonal-
linien durchlaufen müsse, weil die eine Kraft, die ihn beständig nach einem Punkte treibet, stetig von der gradlinichten Bahn ablenket. Eine solche krummlinichte Bewegung
nennt man eine **Centralbewegung**, und die Kräfte **Centralkräfte**. M. s. die Artikel **Centralbewegung** und
Centralkräfte.

Alle Bewegung, sie mag gradlinicht oder krummlinicht
seyn, ist eigentlich nur in der Erscheinung gegeben, weil sie
bloß durch äußere Sinne erkannt wird. Damit nun das
Bewegliche im Raume als solches ein Gegenstand der Erfahrung werde, muß die Materie selbst in Ansehung der Bewegung, welche ihr als Prädikat zukommt, als bestimmt gedacht werden. Bey der Bewegung, als Veränderung der
äußern Verhältnisse im Raume, kann aber auf zweyerley Rücksicht genommen werden, wovon das eine eben so gut wie das
andere in Ansehung der Veränderung im Raume Statt finden kann, indem nämlich die Materie als bewegt, und der
Raum ruhig, oder der Raum als bewegt, und die Materie
als ruhig in der Erscheinung anzunehmen verstattet ist. In
Ansehung der Erfahrung kömmt es also darauf an, ob erstlich das eine oder das andere als gleichgültig, oder zweytens
das

das eine mit Ausschließung des andern, oder endlich drittens
beydes als bewegt vorgestellet werden müsse. Bey der geradlinichten Bewegung ist die Bewegung eines Körpers in
Ansehung eines relativen Raumes zum Unterschied der entgegengesetzten Bewegung des relativen Raumes, ein bloß
mögliches Prädikat. Eben dasselbe außer aller Beziehung
auf irgend eine Materie, d. h. als absolute Bewegung gedacht, ist unmöglich. Denn es ist in der Erscheinung gleichgeltend, ob die Materie ruhe, und der Raum mit gleicher
Geschwindigkeit aber in entgegengesetzter Richtung sich bewege, oder ob der relative Raum ruhe, und dagegen die Materie sich bewege. Hier käme es demnach nur darauf an, zu
beweisen, ob dieses auch dem Verhältnisse der Materie
zum Subjekte zukomme. Wenn sich der Zuschauer in demselben Raume als ruhig stellt, so heißt ihm der Körper bewegt, stellt er sich aber wenigstens in Gedanken in einen andern Raum, welcher den relativen einschließt, in Ansehung
dessen auch der Körper ruhig ist, so heißt jener relative Raum
bewegt. Demnach ist es auch in der Erfahrung einerley, ob
sich der Körper im relativen Raume bewege und der Raum
ruhe, oder ob sich der relative Raum bewege, und der Körper im absoluten Raume ruhe. Weil also dadurch unser Urtheil die freye Wahl erhält, eins von den zwey entgegengesetzten Prädikaten, welche nur in Ansehung des Subjektes und
seiner Vorstellungsart von einander unterschieden sind, als
gleichgeltend anzunehmen; so ist es auch durch den Begriff
der Bewegung an sich unbestimmt, mithin gleichgeltend, ob
der Körper im relativen Raume, oder dieser in Rücksicht
jenes als bewegt vorgestellet werde. Es ist aber das, was
in Rücksicht zwey einander entgegengesetzter Prädikate an
sich unbestimmt ist, nur möglich. Also ist auch die geradlinichte Bewegung eines Körpers im relativen Raume zum Unterschiede von der entgegengesetzten Bewegung des relativen
Raumes ein bloß mögliches Prädikat. Da ferner die Veränderung der äußern Verhältnisse zum Raume, d. i. Bewegung, nur in so fern ein Gegenstand der Erfahrung ist, als die

Bewegung

Bewegung der Materie im Raume, oder Bewegung des
Raumes und Ruhe der Materie ein Gegenstand der Erfahrung ist, der absolute Raum aber gar keine Realität hat, und
daher in der Erfahrung nichts ist: so ist die geradlinichte Bewegung ohne Beziehung auf einen relativen Raum, d. i. absolute Bewegung, unmöglich.   Hingegen ist die Kreisbewegung eines Körpers zum Unterschiede von der entgegesetzten
Bewegung des Raumes ein wirkliches Prädikat desselben,
und die entgegengesetzte Bewegung des Raumes statt der Bewegung des Körpers kein wirkliches Prädikat derselben, sondern nur Schein, wenn sie davor gehalten wird.   Denn man
kann eine jede krummlinichte Bewegung, mithin auch die Kreisbewegung, als eine in jedem Augenblicke veränderte geradlinichte Bewegung betrachten;   Weil nun selbst die geradlinichte Bewegung eine beständige Veränderung der äußern
Verhältnisse im Raume ist, so muß auch die Kreisbewegung
eine beständige Veränderung der Veränderung dieser äußern
Verhältnisse seyn.   Da aber eine jede veränderte Bewegung
eine äußere Ursache voraussetzet; jedoch aber der Körper in
einem jeden Punkte des Kreises nach der Richtung der Tangente zu entfliehen suchet, welche jener Ursache entgegen wirket,
so beweiset ein jeder Körper in der Kreisbewegung eine bewegende Kraft.   Da nun die Bewegung des Raumes zum Unterschiede der Bewegung des Körpers ohne alle bewegende
Kraft gedacht werden muß, so hat unser Urtheil hier keine
Wahl, daß eine von zweyen entgegengesetzten Prädikaten
als gleichgeltend anzunehmen: Wenn also die eine Bewegung des Körpers im Kreise als ein Prädikat gesetzet werden
muß, so muß offenbar die Bewegung des Raumes in entgegengesetzter Richtung ausgeschlossen seyn.   Mithin ist auch
die Kreisbewegung eines Körpers zum Unterschiede der entgegengesetzten Bewegung des relativen Raumes wirkliche Bewegung, und daher die Bewegung des relativen Raumes,
wenn sie in der Erscheinung als ein wirkliches Prädikat betrachtet werden sollte, nur Schein.

Von

. Von der schwankenden Bewegung und Wurfbewegung
wird unter den Artikeln Pendel und Wurfbewegung
gehandelt werden, so wie das Nöthige von der Geschichte der
Entdeckung der Bewegung unter dem Artikel Mechanik
beygebracht wird.

Bewegungspunkt s. Mittelpunkt der Bewegung.

Biegsamkeit (flexibilitas, flexibilité) ist die Fähigkeit solcher festen Körper, den auf ihre Theile wirkenden
äußern Kräften so nachzugeben, daß sie ohne zu zerreißen dadurch in einer veränderten Gestalt erscheinen. Wenn feste
Körper biegsam seyn sollen, so wird allemahl vorausgesetzet,
daß sich ihre Theile in einem gewissen Grade verschieben lassen können, ohne zu zerreißen. Es wird daher der Biegsamkeit die Sprödigkeit entgegengesetzet, welche als eine
Eigenschaft solcher starrer oder fester Körper zu betrachten
ist, nach welcher die Theile derselben, ohne sogleich zu zerreißen, an einander nicht verschoben werden können. Es sind
daher eigentlich nicht alle feste Körper biegsam. Daraus
folgt aber keines Weges, daß es auch in der Natur vollkommen harte Körper geben müsse.

. Durch die Beugung der festen Körper behalten sie nach
Nachlassung der auf sie wirkenden Kraft entweder ihre dadurch erlangte Gestalt, oder sie gehen in ihre vorige Gestalt
wieder zurück. Jene Körper nennt man alsdann weiche,
diese aber elastische Körper. Die Elasticität ist hier aber
nie eine ursprüngliche, sondern allemahl eine abgeleitete.

Wenn biegsame Körper auf einem Punkte ruhen, so erhalten sie die Natur eines physischen Hebels, und es muß daher die Gewalt, mit der sie sich biegen können, desto größer
seyn, je weiter sich die Theile des festen Körpers von dem
festen Punkte entfernen. So lehret z. B. die Erfahrung,
daß ein langer starker Balken, welcher an beyden Enden gehörig unterstützet ist, in der Folge der Zeit in der Mitte sich
bieget, und eine krumme Gestalt annimm. Ein Seil an
beyden Enden befestiget bieget sich in eine krumme Linie, die
man in der höhern Mechanik die Kettenlinie nennt, und
welche

welche so sehr zur Wölbung der Brückenbogen empfohlen
wird. Auch bieget sich ein Seil, um die Vertiefung der
Rollen, an welchen so beträchtliche Lasten mittelst einer geringen Kraft in die Höhe gezogen werden können. Die
Statik zeiget die Gründe, mit welcher Kraft an einem Fla-
schenzuge das daran befindliche Gewicht im Gleichgewicht erhalten werde, sie nimmt aber hierbey an, daß die Seile
vollkommen biegsam sind. Da aber diese Voraussetzung in
der Wirklichkeit nicht Statt findet, indem die Seile allemahl eine gewisse Unbiegsamkeit behalten, welche ein Hinderniß der Bewegung ist, so muß nothwendig in der Ausübung hierauf Rücksicht genommen werden, wenn man bey
jedem besondern Falle beurtheilen will, ob die Last wirklich
von der Kraft beweget werden könne. Amontons *) war
der erste, welcher durch Versuche alles dieß gehörig ins Licht
setzte, und welche auch Nollet ɪ) nebst seinen eigenen beschreibt. Nach diesen Versuchen lassen sich folgende Regeln
herleiten. Der von der Unbiegsamkeit der Seile abhängen-
der Widerstand nimmt zu

1. in dem Verhältnisse der Kräfte, welche die Seile
spannen,

2. in dem Verhältnisse der Dicke der Seile und

3. im umgekehrten Verhältnisse der Durchmesser der Rollen.

Von dem letzten Satze scheinen die Versuche von Nollet
etwas abzuweichen. Es bleibt aber doch gewiß, daß wegen
der Unbiegsamkeit der Seile größere Rollen den kleinen vorzuziehen sind, obgleich im erstern Falle die Friktion wieder
größer wird.

Bier (cereuisia, bierre) ist ein weinartiger Getrank,
welchen man aus den mehligen Samen der Getreidearten
bereitet. Am meisten bedient man sich hierzu der Gerste und
des Weizens, selten des Roggens und des Hafers.

Die mehlartigen Theile aller Getreidearten sind geschickt,
durch eine gehörige Vorbereitung mittelst des Wassers in eine

Gährung

---

*) Mémoir. de l'Académie de Paris. an. 1699.
ɪ) Leçons de physique. T. II. Sect. IX.

Gährung überzugehen. Man bringt nämlich die Samenkörner in den so genannten **Malzbottich**, und übergießt
selbige einige Zoll hoch mit Wasser; nach 24 Stunden läßt
man dieses ab und gießt wieder neues darauf, und verfährt
hiermit abwechselnd so lange, bis die Samenkörner sich ganz
weich anfühlen, hierauf bringt man diese in einen luftigen
Ort auf einen reinlichen Boden in Haufen, damit sie sich er-
hitzen. Hierdurch wird der Samen zum Keimen gebracht.
Sind die Keime ungefähr ⅔ bis ¾ so groß als die Länge des
Kornes geworden, so unterdrückt man das Keimen dadurch,
daß man die Körner entweder auf eine **Darre** oder auf luftige
Boden bringt, um sie daselbst auszutrocknen, und in **Darre-**
malz oder **Luftmalz** umändert. Durch dieses Malzen
verlieren die Körner ihre Klebrigkeit und Zähigkeit, und
nehmen dagegen einen zuckersüßen Geschmack an. Das so
zubereitete Malz wird geschroten, und mit heißem Wasser
übergossen, und dabey wohl und gleichförmig umgerührt.
Nach einiger Zeit wird diese Ausziehung abgelassen, und in
die Braupfanne gebracht, und alles darin klar gekocht. Die
klar abgelassene Abkochung, die **Würze**, welche sehr süß-
schmeckend ist, wird gewöhnlich noch, der bessern Verdauung
wegen, mit Hopfenextrakt versetzet, mit einem Gährungsmit-
tel versehen, und der Gährung überlassen.

Bierprobe, Bierwage s. **Aräometer.**

Bild (imago, image). Wenn das Auge eine solche
Lage hat, daß es die von irgend einem Objekte ausgehenden
Strahlen, entweder durch Brechung oder Zurückwerfung, auffangen kann, so hat es eine Empfindung, als ob es etwas
dem Objekte ähnliches sehe, welches eben das **Bild** des Gegenstandes genannt wird; die Stelle, wo das Auge das Bild
gewahr wird, heißt auch der **Ort des Bildes.** Die Catoptrik und Dioptrik lehren die Gesetze, nach welchen die
brechenden Flächen und die Reflexionsflächen Bilder von Gegenständen zu Wege bringen, und diese sollen unter den Artikeln: **Linsengläser, Fernröhre, Vergrößerungs-**
glas, Spiegel vollständig angeführet werden. Auch gibt
eine

eine geschickte Anordnung verschiedener ebener Spiegelflächen
eine Vervielfältigung der Bilder ein und des nämlichen Objektes, so wie man auch durch gewisse besonders dazu eingerichtete Gläser vielfache Bilder des betrachteten Gegenstandes
wahrnehmen kann; hiervon werden aber die Artikel Spiegel
und Polyeder handeln.

Wenn die gebrochenen Strahlen ein Bild zu Wege
bringen sollen, so müssen sie eine solche Brechung im brechenden Mittel erlitten haben, daß sie nicht verworren in unser
Auge kommen. Denn in diesem Falle würden wir kein Bild
von dem betrachteten Gegenstande wahrnehmen können, sondern nur eine Erleuchtung. So werden wir durch matt
geschliffene Glaslinsen, durch Eis, durch etwas dicken so genannten Katzenspath u. s. f. kein Bild eines Gegenstandes,
wohl aber Erleuchtung, erblicken, da im Gegentheil vollkommen glatt polirte und reine Linsengläser ein deutliches Bild
des betrachteten Gegenstandes darstellen.

Wenn bey der Zurückwerfung der Strahlen ein Bild eines
Gegenstandes von dem Auge des Zuschauers gesehen werden
soll, so muß von einerley Punkte des Gegenstandes das Licht
aus einem einzigen Punkte der Reflexionsebene in das Auge
zurück geworfen werden. Würde also von einerley Punkte
der Reflexionsebene Licht von vielen Punkten des Gegenstandes ins Auge reflektiret, so kann kein Bild desselben, sondern nur Erleuchtung wahrgenommen werden. Daher kömmt
es, daß in einem hellen Zimmer an der den äußern Gegenständen gegenüberstehenden Wand kein Bild von denselben,
sondern nur Erleuchtung bemerket wird. Es ist dieß auch
der Grund, wenn an dieser Wand ein Bild zu Stande gebracht werden soll, daß man das Zimmer verfinstern, und
das Licht von dem Gegenstande nur durch ein kleines Loch
durchgehen lassen muß. Denn in diesem Falle wird nur von
einem Punkte des gegenüberstehenden Objektes Licht an einem
Punkte der Wand ins Auge reflektiret. M. s. Zimmer,
verfinstertes. Ueberhaupt ist es unmöglich, daß eine rauhe
Reflexionsebene ein Bild zu Wege bringen kann, weil die

Aa   auf

auf selbiger befindlichen Erhabenheiten eine sehr große Menge
verschiedener Reflexionsebenen bilden, deren jede von unendlich vielen Punkten des Gegenstandes Licht ins Auge bringt.
Ist im Gegentheile die Reflexionsebene sehr glatt polirt, wie
bey Spiegelflächen, so wird auch nur aus jedem Punkte derselben Licht von einem einzigen Punkte des gegenüberstehenden Objektes ins Auge reflektiret, und es hat daher dasselbe
auch die Empfindung, als ob es das Objekt selbst betrachtete.

Was den Ort oder die Stelle des Bildes anlangt, so
hat man hierüber beständig verschiedene Meinungen gehabt.
Die ältern Optiker setzten fest, daß das Bild des Gegenstandes in dem Durchschnittspunkte des ins Auge kommenden
Strahles mit der aus dem Objekte auf die brechende oder
zurückwerfende Fläche senkrecht gezogenen Linie liege. Denn
vermöge der Erfahrung erscheine das Bild (fig. 54.) bf einer
auf dem Spiegel a b senkrechten Linie b c als eine Verlängerung derselben, das Auge möchte auch in Ansehung der Spiegelfläche eine Lage haben, welche man wolle. Bey den Planspiegeln ist diese Erfahrung ungezweifelt gewiß. Auch bey
den erhabenen und den Hohlspiegeln glaubte man eben dieses
zu erfahren. Wenn also ein Punkt c vor einer brechenden
oder zurückwerfenden Fläche a b sich befinde, und das Auge
o g gegen diese Fläche irgend eine Lage habe, so meinten
die Alten, daß das Bild f allemahl in der auf der brechen-
chenden oder zurückwerfenden Fläche senkrechten Linie c b f
von dem Auge o g wahrgenommen werde. Daß folglich die
Stelle dieses Bildes in dem Durchschnittpunkte der Gesichtslinie und der auf a b senkrecht stehenden Linie befindlich
seyn müsse.

Repler [a], welcher mit zuerst die Brechung und Zurückwerfung der Strahlen sorgfältiger betrachtete, fand diese allgemeine Regel der Alten bey den Planspiegeln, erhabenen
Spiegeln, und selbst in den mehresten Fällen bey den Hohlspiegeln bestätiget, nur bey einigen Fällen nahm er eine
Ausnahme wahr. Daher kam es, daß man noch lange Zeit
die

[a] Paralipomena ad Vitellionem prop. 18. p. 70.

die angenommene Regel beybehielt, und die wenigen Fälle
bloß als eine Ausnahme betrachtete.

Barrow ") wendete gegen diese allgemeine Regel der
Alten ein, daß die Erfahrung, worauf sie sich gründe, bey
den krummen Spiegeln ungewiß wäre, und daß die erwähnte
lothrechte Linie gar keine Wirkung verursachen könne, indem
sie eine bloß geometrische Idee sey. Er nimmt dagegen an,
daß die Stelle des Bildes in der Spitze f des auf den Augenstern o g auffallenden Strahlenkegels o f g liege, und behauptet, daß das Auge nach Beschaffenheit des Winkels
o f g sich erweitere und verkürze, wodurch die Seele von der
Entfernung f o urtheile. Hieraus bestimmt er, daß bey der
Brechung aus dem dichtern Mittel ins dünnere und bey den
erhabenen Spiegeln das Bild jederzeit vom Perpendikel gegen
das Auge zu rücke, beym Planspiegel aber in das Perpendikel selbst, und beym Hohlspiegel weiter vom Auge weg falle.
Gegen diesen seinen Satz macht er doch selbst den Einwurf,
daß doch Bilder von Gegenständen durch erhabene Spiegel
betrachtet gesehen werden, obgleich die Vereinigungspunkte
der Strahlen oder die Spitzen der Strahlenkegel nicht vor
dem Auge, sondern vielmehr erst hinter demselben liegen.
Diesen Einwurf suchte Berkley ʹ) zu beantworten, indem
er sagt, daß die Seele beständig von der Entfernung und
folglich von der Stelle des Bildes selbst nach dem Grade der
Deutlichkeit urtheile. Da das Bild eines Gegenstandes eben
so undeutlich ist, wenn die von einem Punkte ausgehenden
Strahlen vor der Netzhaut wieder zusammen kommen, als
wenn sie sich in eben der Entfernung hinter der Netzhaut vereinigten, so muß auch das Bild eines Objektes, dessen Strahlenkegel sich vor der Netzhaut in einem Punkte vereinige, eben
so undeutlich seyn, als wenn er sich eben so weit entfernet
hinter derselben in einem Punkte vereinigte. Gegen diese
Theorie wendet Smith ⁊) ein, daß man hieraus die

Aa 2   durch

α) Lectiones opticae. Lond. 1674. 4.
β) Essay towards a new theory of vision. Dublin 1709. 8.
⁊) Vollständig. Lehrbegriff der Optik, durch Kästner. S. 398. 401 u. f.

durch Gläser betrachteten Gegenstände beständig dem Auge
näher als 1 bis 2 Fuß zu liegen scheinen müßten, welches
doch der Erfahrung widerspräche. Smith ist daher der
Meinung, daß unser Urtheil die Stelle des Bildes bloß nach
der scheinbaren Entfernung abmesse. Er sagt nämlich, die
Seele setze das Bild des Gegenstandes dahin, wohin sie es
setzen würde, wenn das Auge den Gegenstand unter eben der
Größe ohne Glas betrachte. Allein auch dieß stimmt mit
der Erfahrung nicht überein, indem die Bilder in erhabenen
Spiegelflächen verkleinert und dem Auge näher zugleich, in
Hohlspiegeln hingegen vergrößert und entfernter zugleich
erscheinen.

Herr Kästner *) zeiget, daß es in krummen Spiegeln
eigentlich gar kein Bild gebe, weil man gar keinen Punkt
bestimmen könne, aus welchem die von einem Punkte des Objektes ins Auge fallenden Strahlen alle herkämen. Daher
sey es ganz vergeblich, die Stelle des Bildes in krummen
Spiegeln eben so, wie in Planspiegeln aufzusuchen.

M. f. Priestley Geschichte der Optik, a. d. Engl. von
Klügel, S. 491 u. f.

Bimstein f. Vulkanische Produkte.

Binoculum f. Fernrohr, doppeltes.

Birnprobe (index raritatis in vacuo Boyliano, index pyriformis), ist eine birnförmige gläserne Röhre, mittelst welcher die Verdünnung der unter der Glocke einer Luftpumpe ausgepumpten Luft gemessen wird. Nach Erfindung
der Luftpumpe gebrauchte man lange Zeit, den Grad der Verdünnung der Luft unter der Glocke zu bestimmen, ein kleines
Barometer, welches unter die Glocke gesetzet wurde, oder
auch ein heberförmiges, das man außerhalb der Glocke anzubringen pflegte. Allein Herr Lichtenberg *) hat gezeiget, daß diese keine Verdünnungsmesser, sondern nur Elasticitätszeiger seyn können. Ganz allein durch die Birnprobe,

deren

---

*) De objecti in speculo sphaerico visi magnitudine apparente, Com-
ment. nov. societ. Goetting. T. VIII. 1777.

*) Anfangsgründe der Naturlehre von Erxleben §. 220. Anmerk.

deren Erfinder **Smeaton** *) ist, läßt sich der Grad der
Verdünnung der Luft messen. Die Einrichtung derselben
ist folgende:

Ein hohles gläsernes Gefäß (Fig. 56.) d e, welches unten
bey e offen ist, hängt mit einer engen Röhre f g zusammen,
die oben bey g zugeschmölzen ist. Das Verhältniß vom Inhalte des ganzen Gefäßes zum Inhalte der Röhre f g muß
bekannt seyn; alsdann ist man aber auch im Stande, an f g
eine kleine Tafel zu befestigen, und Abtheilungen darauf zu
machen, welche bey g anfangen, und wovon eine jede ein Tau-
sendtheilchen vom Inhalte des ganzen Gefäßes anzeigt.
Diesen ganzen Apparat hängt man mittelst eines an der Tafel
bey c befindlichen Ringes an den Haken c eines Drahtes,
welcher durch den Kopf einer Glocke so gehet, daß man ihn
auf- und abwärts schieben kann, ohne doch Luft durchzulassen.
Unter die Oeffnung e der aufgehängten Bienprobe setzt man
ein Gefäß k l mit Quecksilber so, daß die Oeffnung e anfänglich das Quecksilber nicht erreiche. Hierauf läßt man nun
unter der Glocke mittelst der Luftpumpe die Luft auspumpen;
alsdann drückt man den Stift b c tiefer abwärts, damit sich
die Oeffnung e ins Quecksilber eintauche, läßt hierauf die
freye Luft wieder unter die Glocke, welche nun das Quecksilber
ins Gefäß hineintreiben, und vermittelst desselben die verdünnte Luft zusammenpressen wird, welche darin noch übrig
war, und mit der verdünnten Luft unter der Glocke einerley
Dichtigkeit hatte. Diese Luft wird sich nun in einen kleinen
Raum oben bey g begeben haben, und aus den auf der Tafel angebrachten Abtheilungen erkennt man das Verhältniß
dieses Raumes zum Inhalte des Gefäßes, folglich auch das
Verhältniß ihrer jetzigen Dichtigkeit zur vorigen, da sie durch
den Raum des ganzen Gefäßes ausgebreitet war. Weil die
Oeffnung e ziemlich weit ist, so kann man das Quecksilber
ausgießen, so daß der in f g hineingetretene Theil zurück bleibet.
Hält man alsdann die Röhre horizontal, so wird die bey g
befindliche Luft bloß von der Atmosphäre zusammengepreßt,

und

---

*) Philosoph. transact. Vol. XLVII. art. 69.

und ihre Dichtigkeit ist alsdann' der Dichtigkeit der 'äußern Luft gleich.' Die Tafel zeigt also nun, wie vielmahl sie vorher dünner gewesen sey, als die äußere Luft.

Herr Brook [a] hat über die Birnprobe und das Barometer verschiedene Versuche angestellt, und die Verdünnungen der Luft, welche die Birnprobe angab, sehr verschieden gefunden, nachdem die Gestalt des Werkzeuges verschieden, und das Quecksilber in demselben ausgekocht oder nicht ausgekocht war. Er zieht hieraus die Folge, daß die Birnprobe ganz trüglich, und daß eine gut ausgekochte Barometerprobe weit sicherer sey, die Verdünnung der Luft unter der Glocke der Luftpumpe zu bestimmen. Es war daher natürlich nothwendig, die Versuche des Herrn Brook's einer genauern Prüfung zu unterwerfen, um entweder Fehler, welche dabey vorgegangen seyn könnten, zu entdecken, oder die Folge der Trüglichkeit der Birnprobe als wahr anzunehmen. Der Herr Prof. Schmidt [b] in Gießen hat dieses Geschäfft auf sich genommen und gefunden, daß Herr Brook nicht jeder Zeit nach richtigen Grundsätzen verfahren habe. Dessen ungeachtet aber war es ihm doch äußerst wichtig, die Ursachen über die Verschiedenheit in den Angaben der Birnprobe und die Mittel, ihr zu begegnen, aufzufinden. Er stellte daher mehrere Versuche, mit Birnproben von verschiedenen Dimensionen an, welche theils ausgekocht, theils nicht ausgekocht waren. Bey den Versuchen mit unausgekochten Birnproben verfuhr er ganz nach der von Smeaton angegebenen Weise, welche zu Anfange ist angegeben worden. In den Versuchen mit den ausgekochten Birnproben verfuhr er ganz nach Herrn Brook so: er wog die mit Quecksilber gefüllte und ausgekochte Probe, und brachte sie umgekehrt in ein Gefäß mit Quecksilber unter die Glocke, und ließ, nachdem die Luft verdünnt und das Queck-

　　　　　　　　　　　　　　　　　　　　silber

---

[a] Vermischte Erfahrungen über die Elektricität, die Luftpumpe und das Barometer. Aus dem Engl. mit Zusätzen und Anmerk. von L. C. G. Kühn. Leipz. 1790. 8.

[b] Grens neues Journal der Physik. B. III. H. II. S. 150 u. f.

silber in der Probe herabgesunken war, verdünnte Luft in die Probe treten, drückte sie mit ihrer Oeffnung gleich wieder unter Quecksilber und öffnete der Atmosphäre den Zutritt unter die Glocke. Den Raum der zurückgebliebenen Luft bezeichnete er bey horizontaler Lage der Probe, wog ihn voll Quecksilber, und berechnete aus diesem Gewichte verglichen mit dem Gewichte des Quecksilbers in der ganzen Birnprobe. Die Resultate der mit sechs verschiedenen Birnproben angestellten Versuche stimmten darin überein, daß die mit Quecksilber gefüllten und ausgekochten Birnproben eine ungleich stärkere Verdünnung anzeigten, als nach der smeatonschen Weise mit unausgekochten Birnproben. Es folgt also aus diesen Versuchen, daß sich aus dem unausgekochten Quecksilber in dem Augenblicke, wo es durch den Druck der Atmosphäre in den leeren Raum der Birnprobe getrieben wird, Luft entbinde, und daß diese aus dem Quecksilber entbundene Luft den Raum der in der Birnprobe zurückgebliebenen verdünnten Luft vergrößere, wodurch die Angabe der Verdünnung nach der unausgekochten Birnprobe kleiner ausfallen muß. Da er nun nach diesen Versuchen fand, daß die Verdünnungen nach der Birnprobe mit den Verdünnungen nach dem Barometer nicht in einerley Verhältniß standen, so vermuthete er, daß vielleicht diese Disharmonie bey dem einen Versuche mehr einer größern Menge elastischer Dämpfe als der Birnprobe zuzuschreiben sey. Um also mit Gewißheit zu bestimmen, ob die Abweichungen der Angaben der ausgekochten Birnproben von einander, wie Herr Brook behauptet, von der Verschiedenheit in der Gestalt der Gefäße, oder von einer wirklich verschiedenen Menge von Dämpfen herrühre, brachte er zwey ausgekochte Birnproben von unterschiedenen Dimensionen zugleich unter den Recipienten der Luftpumpe, und stellte hiermit folgenden Versuch an: die kleine Birnprobe, deren Röhre 4 pariser Zoll lang und zwey Linien weit war, faßte $5\frac{7}{16}$ Loth $+$ 20 Richtpfennigstheile köllnischen Markgewichtes, die große Birnprobe, deren Röhre 6 pariser Zoll lang und 2 Linien weit war, faßte $7\frac{7}{8}$ Loth

+ 198 Richtpfennigstheile Quecksilber. Die Verdünnung war nach der kleinern Birnprobe 84fach, nach der größern 101fach, nach dem heberförmigen Barometer 67,4fach. Der Stand des Barometers bey diesem Versuche war 28 Zoll, 1 Linie, des Thermometers 13° nach Reaum. mit Quecksilber. Mit einer jeden dieser Birnproben stellte er nun auch den Versuch nach smeatonscher Weise an, und fand die Verdünnung nach der kleinern 70, nach der größern 84fach, nach dem heberförmigen Barometer wie vorher, 67fach. Diese beiden Versuche beweisen also ganz klar, daß die Größe und Gestalt der Gefäße, so wohl bey ausgekochten als unausgekochten Birnproben, allerdings einen Einfluß auf die Verdünnung haben. Die erste Ursache hiervon scheint nach Herrn Schmidt in der aus dem Quecksilber in die Birnprobe dringenden Luft zu liegen, deren Einfluß aber durch die Gestalt der Gefäße modificiret werde. Denn es befand sich auch bey den ausgekochten Birnproben in den Versuchen unausgekochtes Quecksilber in dem Gefäße, worin die Oeffnung der Birnprobe umgekehret war, und durch die Vermischung des aus der Probe tretenden ausgekochten Quecksilbers mit dem unausgekochten des Gefäßes tritt die ganze Quecksilbermasse mehr oder weniger in den luftvollen Zustand zurück, in welchen sie sich vor dem Auskochen befand. Der Einfluß der aus dem Quecksilber in die Birnprobe dringenden Luft, auf die Angabe der Birnprobe, muß in dem zusammengesetzten geraden Verhältnisse der Menge der eindringenden Luft und dem verkehrten der Größe der Skale der Birnprobe stehen. Die Menge der aus dem Quecksilber dringenden Luft wird bey gleichem Luftgehalt des Quecksilbers, in dem Verhältnisse der Menge des in die Probe tretenden Quecksilbers, und hauptsächlich im Verhältnisse der Größe des Querschnittes der Röhre und des Gefäßes der Birnprobe stehen. Denn es ist begreiflich, daß, je größer dieser Querschnitt ist, desto mehr Berührungspunkte zwischen der Oberfläche des eindringenden Quecksilbers und dem leeren Raume der Birnprobe Statt finden, und daß bey übrigens gleichen Umständen die aus dem

Queck-

Queckſilber in den leeren Raum der Birnprobe tretende Luft in dem Verhältniſſe dieſer Berührungspunkte ſtehen müſſe. Dieſe Schlüſſe wurden durch folgenden Verſuch gerechtfertiget: er brachte die große Birnprobe mit einer andern von gleicher Länge, deren Röhre aber nur eine halbe Linie weit war, und deren körperlicher Raum nur $2\frac{1}{2}$ Loth $+ 120$ Richtpfennigstheile Queckſilber faßte, zugleich unter die Glocke, und ſuchte die Verdünnung nach der ſmeatonſchen Art. Die enge Probe gab eine 143ſache Verdünnung an, in deſſen die weite Probe eine 87ſache, und das heberförmige Barometer eine 67ſache anzeigte.

Herr Schmidt gibt übrigens folgende Vorſchriften, um den Einfluß der aus dem Queckſilber dringenden Luft auf die Angabe der Birnprobe, wo nicht ganz aufzuheben, doch möglichſt zu vermindern, und gewiſſermaßen gleichförmig zu machen:

1. Man vergrößere die Skale der Birnprobe durch Verengerung der Röhre derſelben, ohne den Raum des birnförmigen Gefäßes zu erweitern. Eine halbe pariſer Linie im Durchmeſſer möchte eine der ſchicklichſten Weiten für die Röhre der Birnprobe ſeyn. Enger darf man ſie deßwegen nicht wohl machen, weil ſonſt die feine Haarröhre dem Eindringen des Queckſilbers hinderlich ſeyn könnte. Durch die angegebene Weite erhält man zugleich den Vortheil, daß die Grenze des Queckſilbers bey horizontaler Lage der Birnprobe ſcharf abgeſchnitten bleibt, und man den Raum der zurückgebliebenen Luft genau meſſen kann; da hingegen bey weiteren Röhren die Grenze des Queckſilbers bey der horizontalen Lage der Röhre eine krumme Fläche bildet, welche jenen Raum nicht ſo genau zu meſſen verſtattet. Ob es gleich ſchwer halten wird, in einer ſo engen Röhre das Queckſilber auszukochen, ſo hat man auch nicht nöthig, daſſelbe in der ganzen Birnprobe auszukochen, wenn es nur in dem birnförmigen Gefäße ausgekocht wird.

Aa 5

2.

2. Koche man das Queckfilber in dem Gefäße felbft aus, welches man bey Anftellung des Verfuches unter die Birnprobe bringt. Am beften fchickt fich hierzu eine kleine eiferne Büchfe, welche man während des Aus- kochens mit einem eifernen Deckel verfchließt, damit nicht zu viel Queckfilber verfliege. Hat das Kochen eine Viertelftunde gedauert, fo bringe man die Büchfe behutfam vom Feuer, und laffe fie zugedeckt erkalten. Ift das Queckfilber fo weit abgekühlet, daß keine Dämpfe mehr davon auffteigen, fo bringe man die Büchfe mit dem Queckfilber unter die Glocke, und die zuvor wohl getrocknete und erwärmte Birnprobe darüber.

3. Ift nun alles zur Temperatur der unter der Glocke eingefchloffenen Luft gekommen, fo laffe man die Pumpe arbeiten, und verfahre übrigens nach befchriebener be- kannter Weife. Noch ift zu bemerken, daß man das Queckfilber fo wohl, als auch die Birnprobe, fo rein wie möglich, zu dem Verfuche nehme, indem fonft der geringfte Schmuß Gelegenheit geben möchte, daß ein Luftbläschen in der innern Wand der Birnprobe hängen bliebe.

4. Da aber bey allen diefen Vorfichtigkeitsregeln doch nicht mit Gewißheit beftimmt werden kann, ob dadurch die Unbeftimmtheit in den Angaben der Birnprobe völlig aufgehoben werden könne, fo ift es rathfam, die Birn- probe fo viel als möglich nach einerley Dimenfion zu verfertigen. Bey der Weite der Röhre von $\frac{1}{2}$ par. linie wird die Länge derfelben etwa bis auf 6 Zoll hin- reichend feyn.

Mit einer genauen Befolgung diefer Vorfchriften ftellte Herr Schmidt noch ein Paar Verfuche mit zwey, in An- fehung der Dimenfionen von einander verfchiedenen, Birnpro- ben an, und fand, daß diefe nicht nur vollkommen unter fich harmonirten, fondern daß auch felbft die Verdünnungen nach der Birnprobe fich gegen einander fehr nahe verhielten, wie die Verdünnungen nach dem heberförmigen Barometer. Denn

nach

nach dem erſten Verſuche war die Verdünnung nach dem heberförmigen Barometer 33 fach, nach beyden Birnproben
42 fach; nach dem andern Verſuche aber war die Verdünnung nach dem heberförmigen Barometer 48 fach, nach beyden Birnproben 65 fach. Es iſt daher keinem Zweifel unterworfen, die Unbeſtimmtheit in der Angabe der Birnprobe
durch genaue Befolgung dieſer Vorſchriften zu vermeiden.
Es muß inzwiſchen allemahl ein merklicher Unterſchied zwiſchen der Anzeige des Barometers und der Birnprobe unter
übrigens gleichen Umſtänden bleiben.

Bitterſalzerde, Bittererde, Magneſie, auch
Talkerde (magneſia, terra muriatica, magneſie) iſt
eine eigene Erde, welche in der Natur nie ganz rein gefunden
wird. D. Black [e] hat dieſe Erde zuerſt entdeckt, und nebſt
Marggrafen [f] ihren Unterſchied von der Kalkerde und ihre
Eigenheit zuerſt bewieſen. Sie gibt in Verbindung mit
der Schwefelſäure das ſo genannte engliſche Bitterſalz. Sie
macht einen Beſtandtheil aus in dem Speckſtein, Nephrit,
Walkererde, Meerſchaum, Bol, Serpentin, Talk, As-
beſt, Kyanit, Strahlſtein und Tremolith. In ihrem reinen
Zuſtande iſt ſie weiß und ohne Geſchmack, ſchmelzt in dem
allerſtärkſten Feuer nicht, und iſt weder im kalten noch warmen Waſſer auflösbar. Ihre ſpecifiſche Schwere iſt = 2,33.
Mit der Alaun- und Kieſelerde ſchmelzt ſie im Feuer. Man
gewinnt ſie auf folgende Art aus dem Bitterſalze: Man löſe
eine Menge Bitterſalz durchs Kochen in vielem reinen Waſſer auf, durchſeihe dieſe Auflöſung, und gieße hierzu warme
gewöhnliche Lauge von gereinigter Potaſche ſo lange, bis
kein Niederſchlag mehr erfolget. Das ganze Gemenge
laſſe man hierauf noch eine Zeitlang kochen, und gieße es
durch einen linnenen Spitzbeutel. Die zurückbleibende Erde
wird

[e] Experiments upon Magneſia alba, and ſome other alcaline ſub-
ſtances, by *Joſ. Black* in d. eſſays and obſervat, read before a
ſociety in Edinb. Vol. II. S. 157. ff.

[f] A. S. Marggrafs chymiſche Verſuche mit der letztern incryſtal-
liſirbaren ſogenannten Mutterlauge des Kochſalzes in Abſicht auf
die darin enthaltene Erde. In den chymiſch. Schriften. B. II.
Seite 20.

wird von neuem in vielem reinen Waſſer gekocht, abermahls durchgeſeihet, und überhaupt hiermit ſo lange forgefahren, bis ſie keine Salztheile mehr hat; hierauf wird ſie getrocknet. Dieſe getrocknete Erde thut man in einen Schmelztiegel; be-deckt ihn gegen das Hineinfallen der Kohlen, und erhält ſie darin ſo lange im Glühen, bis ſie nicht mehr mit Säuern braufet. Die daher entſtandene Erde rennt man die ge-brannte Magneſie (magneſia vſta), und iſt die wahre Bittererde.

M. ſ. Gren ſyſtematiſches Handbuch der Chemie. Th. I. §. 368. u. ſ. Deſſen Grundriß der Chemie. Th. I. Halle 1796. 8. §. 321. u. ſ. Gittanner Anfangsgründe der anti-phlogiſtiſchen Chemie. Berlin 1795. 8. S. 257.

Blaſen, Luftblaſen (bullae aëreae, bulles d'air) heißen kleine kugelförmige Luftmaſſen, welche von einer dün-nen und zarten Hülle einer flüſſigen Materie umſchloſſen, oder auch ſonſt in irgend einer andern Materie eingeſchloſ-ſen ſind.

Wenn Luftblaſen entſtehen ſollen, ſo muß die Elaſticität der Luft ſtärker wirken, als die Kraft der Theile der flüſſigen Materie, mit welcher ſie zuſammenhängen. Daher kömmt es, daß gleichſam durchs Hineinblaſen in einen flüſſigen Tropfen derſelbe ſich kugelförmig ausdehnet, und zuſammen-hängend eine Hülle der Luftmaſſe abgibt. Da auch ferner durch einen erhöheten Grad der Temperatur die Elaſticität der Luft verſtärket wird; ſo können auch Luftblaſen durch die Einwirkung der Wärme entſtehen u. d. g. Jedoch hat die Ausdehnung der flüſſigen Materie ihre Grenze. Hat ſie dieſe erreichet, und die Expanſion der eingeſchloſſenen Luft dauert noch fort, ſo zerplatzt die Hülle, die eingeſchloſſene Luft ver-miſcht ſich mit der Atmoſphäre, und die flüſſige Hülle fällt in der Geſtalt eines oder mehrerer Tropfen herab. Sonſt kann aber auch die Luftblaſe zerſprengt werden durch Einwirkung äußerer Kräfte, als durch einen Stoß oder durch eine andere äußere Kraft. Man findet dieß alles in der Erfahrung beſtä-tiget an den ſo genannten Seiffenblaſen, welche ſonſt nur ein

Spiel

Spiel der Kinder sind. Auch alsdann bemerket man häufige
Luftblasen im reinen Wasser, wenn sich die in selbigem eingeschlossene Luft entwickelt, oder wenn es sonst mit der Luft
vermenget wird. So steigen z. B. beym Kochen des Wassers und anderer Flüssigkeiten Luftblasen auf, welche aber wegen der fortdauernden Expansion der eingeschlossenen Luft durch
die Hitze an der Oberfläche zerspringen; so ist der Schaum
eine Menge kleiner und größerer Luftblasen, der allenthalben entsteht, wo sich Flüssigkeiten mit der Luft vermischen, als z. B. bey dem Einschenken eines Bieres, bey
der Gährung, beym Aufbrausen, bey den Meereswellen,
bey andern sehr schnell fortfließenden und an Hindernisse
stoßenden Gewässern u. d. g.

Die Hülle von der flüssigen Materie, welche die Luftmasse umgibt, ist äußerst dünne. Man kann sie also ohne
merklichen Fehler als ein dünnes Prisma betrachten, dessen
Grundflächen der Oberfläche der Kugelgestalt, und dessen
Höhe der Dicke der Hülle gleich ist. Es ließe sich also die
Dicke dieser Hülle auf folgende Art finden. Wenn Seifenblasen mit brennbarer Luft gefüllet werden, so steigen sie in
der Atmosphäre in die Höhe. Gesetzt also, es sey der Durchmesser der Luftblase $= \delta$, die Dicke der Hülle $= x$, das
specifische Gewicht des Seifenwassers $= \mu$, das der atmosphärischen Luft $= \gamma$ und das der brennbaren Luft $= \nu$, so erhellet, daß das Gewicht der Hülle gleich sey

$$x \pi \delta^2 \mu, \text{ und}$$

daß der ganze kugelförmige Raum, welchen die Luftblase einnimmt, mit brennbarer Luft gefüllt, wiege $\frac{1}{6} \pi \delta^3 \nu$. Da
nun ferner das Gewicht der brennbaren Luft, welche den Raum,
der Kugelhülle einnähme, $= x \pi \delta^2 \nu$, seyn muß, so wird
überhaupt die ganze Luftblase mit brennbarer Luft gefüllt, die
Kugelhülle mit gerechnet, wiegen

$$x \pi \delta^2 \mu - x \pi \delta^2 \nu + \tfrac{1}{6} \pi \delta^3 \nu;$$

im Fall sie nun in der Atmosphäre schweben soll, wird erfordert, daß

$$x \pi \delta^2 \mu - x \pi \delta^2 \nu + \tfrac{1}{6} \pi \delta^3 \nu = \tfrac{1}{6} \pi \delta^3 \gamma \text{ sey.}$$

Hieraus

Hieraus erhält man nun

$$x(\mu - v) + \tfrac{1}{6}\delta v = \tfrac{1}{6}\delta\gamma \text{ ober}$$

$$x(\mu - v) = \tfrac{1}{6}(\gamma - v)\delta \text{ und}$$

$$x = \frac{(\gamma - v)}{6(\mu - v)}\delta.$$

Wäre z. B. $\mu = 800$, $\gamma = 1$ und $v = \tfrac{1}{3}$, so findet man

$$x = \frac{4}{20034}\delta \text{ ibeynahe} = \frac{1}{5008}\delta.$$

Sollen demnach Blasen von 2 parifer Zoll im Durchmeffer nicht nur in der Luft schweben, sondern selbst in selbiger in die Höhe steigen, so müßte die Dicke der Hülle der Luftblase viel weniger als $\frac{1}{2504}$ par. Zoll Dicke betragen. In der Natur findet diese Rechnung jedoch nicht so ganz vollkommen Statt, weil die Hülle an allen Stellen nicht gleich dick ist; anfänglich ist das Häutchen der Luftblase stärker, fängt aber bald an oben dünner zu werden, indem die flüffige Materie vermöge der Schwere auf der Kugelfläche abläuft, und sich unten oft in Gestalt eines hängenden Tropfens zeiget. Newton *) gebrauchte die Seisenblasen zu seinen Versuchen über die Farben dünner Scheibchen. So bald durchs Ablauffen des Waffers der obere Theil der Blase eine gewiffe Dünne erhalten hat, so zeigen sich daselbst zuerst Farben, die sich nachher um die ganze Kugelhülle verbreiten. Zuletzt entstehen oben schwarze Flecken, die sich weiter ausdehnen, da denn endlich die Blase zerplatzt.

Außerdem trifft man eine Menge Luftblasen in andern Materien eingeschloffen an, welche von keiner flüffigen Hülle umschloffen sind, wie z. B. im Glase, in den so genannten Glastropfen, im Eise u. d. g. mehr. Ja man gebraucht oft eine in einer gläsernen mit gefärbtem Liquor angefüllten Röhre eingeschloffene Luftblase mit großem Vortheile bey genauen und richtigen Meffungen. Dergleichen gläserne Röhren nennt man Libellen, auch Wafferwagen mit der Luftblase. Was erfordert werde, daß eine solche Libelle vollkommen sey,
　　　　　　　　　　　　　　　　kann

---

*) Optice Lib. II. P. I. obf. 17 fqq.

kann man finden in meinen Anfangsgründen der Feldmeß-
kunſt. Jena 1795. 8. §. 129 u. f.

Bläschen, Dunſtbläschen ſ. Dünſte.

Blendung, Bedeckungen der Gläſer (annulus
aperturam lentium definiens, anneau, qui couvre le
bord des verres dioptriques) iſt eine ringförmige Bedek-
kung der Gläſer in den optiſchen Werkzeugen, damit diejenigen Strahlen, welche von der Axe der Gläſer entfernet auf
ſelbige auffallen, abgehalten werden, um wegen der Abweichung der Kugelgeſtalt der Gläſer kein undeutliches Bild zu
verurſachen. (M. ſ. Abweichung, dioptriſche.) Gemeiniglich ſind die Blendungen Ringe von Pappe, Horn,
Holz, Blech u. d. g., die ſchwarz gefärbt ſind. Dadurch
wird nun verurſachet, daß die Strahlen allein, welche nahe
an der Axe auffallen, durch eine kreisrunde Oeffnung, welche
Apertur genannt wird (ſ. Apertur), fallen, und nach der
Brechung ein vollkommen deutliches Bild geben. Es iſt
ſchon oben unter dem Artikel Apertur weitläufig gehandelt
worden, wie groß die Oeffnung genommen werden müſſe,
damit ſo viel als möglich, weder der Deutlichkeit des Bildes, noch der Größe des Geſichtsfeldes und der Vergrößerungszahl geſchadet werde. Nach dieſer wird ſich alsdann
auch die Größe der Blendung richten müſſen.

Bley (plumbum, plomb) iſt ein unedles Metall von
einer bläulich weißen Farbe. Sein ſpecifiſches Gewicht in
Vergleichung mit dem des Waſſers iſt nach Wilke = 11,4561.
Es iſt ſehr dehnbar, weich, nicht zähe, und ſchmelzt im
Feuer noch vor der Glühehitze. Im Bruche hat es zwar
einen ſtarken Glanz, der ſich aber an der Luft bald verlieret.
Ueberhaupt ſäuert das Bley an der Luft, vorzüglich wenn ſie
feucht iſt, und verwandelt ſich in eine graue weißliche Bley-
halbſäure. Wenn es gerieben, gebogen oder erhitzt wird, ſo
hat es einen eigenen beſondern Geruch. In heftiger Hitze
verwandelt es ſich in weißen Dunſt, und wird zu einer ex-
panſibeln Flüſſigkeit. An der Luft geſchmolzen ſäuert es ſich
leicht zu einer grauen Halbſäure, welche Bleyaſche genannt
wird;

wird; diese Halbsäure nimmt in einer stärkern Hitze noch mehr Säure auf, und wird gelb, welches **Massikot** heißt, zuletzt endlich wird sie roth, und heißt **Mennig**. Wird diese rothe Bleyhalbsäure noch mehr dem Feuer ausgesetzet, so verwandelt sie sich zu einem Glase, welches **Bleyglas** heißt, und alle Tiegel durchbohrt. Mit Kieselerde geschmolzen wird dieses Glas gelb wie ein Topas. Durch Zusätze von etwas Brennbaren, als Kohle, lassen sich die Bleyhalbsäuern wieder herstellen. Das Bley löset sich in allen Säuern auf. In der concentrirten Schwefelsäure muß das klein gehackte Bley eine Zeit lang gekocht werden, wobey sich ein Gas entwickelt, und eine weiße Salzmasse niederschläget. Nach dem Abwaschen dieser Masse mit kaltem Wasser bleibt eine weißliche mit Schwefelsäure vereinigte kalkartige Masse übrig, welche **schwefelgesäuertes Bley** (plumbum sulphuricum, sulphas plumbi, sulfate de plomb) (sonst **Bleyvitriol** (vitriolum saturni)) genannt wird. Diese Bleyhalbsäure löset sich nur im kochenden Wasser und zwar in geringer Menge auf, und schießt nach dem Erkalten in nabelförmigen Crystallen an. Auch durchs Abdampfen der Auflösung des Bleyes in concentrirter kochender Schwefelsäure entstehen ähnliche Crystallen, welche aber wegen der anhängenden Säure ätzend sind, und sauer schmecken.

In der Salpetersäure löset sich das Bley sehr leicht auf; dabey entwickelt sich ein salpeterhalbsaures Gas, und es entstehet eine weiße Bleyhalbsäure. Diese Bleyhalbsäure löset sich in schwächerer Salpetersäure auf, und man erhält **salpetergesäuertes Bley** (plumbum nitricum, nitrum saturninum, plumbum nitratum, nitras plumbi, nitrate de plomb) (sonst **Bleysalpeter**). Es crystallisiret sich dieses in weiße Crystallen. Auf glühende Kohlen getragen verpufft es mit einem starken Prasseln, weßwegen es auch **Knallbley** (plumbum fulminans, saturnus flammans) genannt wird.

Die Kochsalzsäure hat wenig Wirkung auf das Bley. Gießt man aber diese auf eine Bleyauflösung in Salpetersäure,

ſaͤure, ſo entſteht ein weißer flockiger Niederſchlag, der aus Bleyhalbſaͤure und Salzſaͤure beſteht, welche kochſalzgeſaͤuertes Bley (plumbum muriaticum, murias plumbi, muriate de plomb) (ſonſt Hornbley (plumbum corneum)) genannt wird. Es loͤſet ſich dieſes Salz ſchwer im Waſſer auf, und erfordert davon, nach Wenzel, im Sieden 30 Theile. Durchs Abdampfen dieſer Aufloͤſung aber ſchießen kleine nadelfoͤrmige Cryſtallen an, welche einen ſuͤßlichen Geſchmack haben, und an der Luft beſtaͤndig ſind.

Auch die Pflanzenſaͤuren loͤſen das Bley leicht auf.

Die Daͤmpfe der Eſſigſaͤure zerfreſſen das Bley zu einer weißen Halbſaͤure, welche man Bleyweiß nennt (ceruſſa alba), welches ſo vielfaͤltig in der Oelmahlerey und in der Arzneykunſt, vorzuͤglich zu kuͤhlenden Umſchlaͤgen, aͤußerlich gebrauchet wird. Die Bleyhalbſaͤuren, als Mennige, Bleyweiß, loͤſen ſich im Eſſig voͤllig und ſehr leicht auf, und dieſe Aufloͤſung nennt man Bleyeſſig (acetum ſaturni, lythargyri). Hat man zu dieſer Aufloͤſung deſtillirten Eſſig gebraucht, ſo iſt ſie helle und farbenlos, ſchmeckt ſehr ſuͤße und herbe, und ſchießt nach dem Abdampfen zu glaͤnzenden weißen nadelfoͤrmigen Cryſtallen an, welche eſſiggeſaͤuertes Bley (plumbum aceticum, acetis plumbi, acetite de plomb), und wegen des ſuͤßen Geſchmacks auch Bleyzucker (ſaccharum ſaturni) genannt werden. Mit dieſem Salze pflegen oft die Weinhaͤndler die ſauern Weine ſuͤße zu machen, welche aber aͤußerſt ſchaͤdlich ſind.

Mit dem Schwefel verbindet ſich das Bley ſehr leicht, und das aus dieſer Verbindung entſtandene geſchwefelte Bley ſchmelzt ſchwerer als Bley. Mit vielen Metallen verbindet ſich das Bley nicht, am leichteſten aber mit dem Zinn.

Uebrigens iſt das Bley eines von den Metallen, welches zu menſchlichen Verrichtungen ſehr haͤufig gebrauchet wird.

M. ſ. Gren ſyſtematiſches Handbuch der geſammten Chemie. Th. III. Halle 1795. gr. 8. §. 2535 u. ſ. Girtanner Anfangsgruͤnde der antiphlogiſtiſchen Chemie. Berlin 1795. 8. S. 306 ſ.

Blitz,

Bliß, Wetterstrahl (fulmen, éclair, foudre) ist eine elektrische Lufterscheinung, welche wir gewöhnlich bey den Gewittern wahrnehmen, indem uns eine schnelle und gleich vorübergehende Erleuchtung davon überzeuget. Es ist bekannt genug, daß oft der Bliß Körper auf der Erde trifft, und dann heißt er eigentlich erst Wetterstrahl.

Von diesem so fürchterlichen als prachtvollen Phänomene der Natur hatten die Alten sehr abergläubige Meinungen; indem man glaubte, daß die Götter die Bliße selbst schmiedeten, und, wenn sie zornig wären, dieselben auf das menschliche Geschlecht herabschleuderten. Nach den abergläubigen Zeiten hielt man den Bliß für eine Entzündung in der Luft schwebender schwefeliger Dünste, welche durchs Reiben an einander die schnelle Erleuchtung verursachten. Selbst Musschenbroek a) scheint noch dieser Meinung ergeben zu seyn, indem er verschiedene Arten des Blißes unterscheidet. Einige ließ er aus der Erde hervorbrechen, welche aus einer unter der Erde entzündeten schwefeligen Masse entstehen sollten, andere aber ließ er vom Himmel herabkommen, welche aus brennbarem Stoff bestehen sollten. Da man in diesem 18ten Jahrhunderte sich mehr als sonst mit elektrischen Versuchen beschäftigte, so konnte es gar nicht fehlen, auf den Gedanken zu kommen, daß der Bliß vom elektrischen Funken nur in Ansehung der Stärke verschieden sey. Schon D. Wall β) sagt, das Licht und Knistern des geriebenen Bernsteins scheinet einiger Maßen Bliß und Donner vorzustellen. Der Abt Nollet γ) geht noch weiter und sagt: „sollte sich „jemand vornehmen, durch eine mit hinlänglichen Erschei„nungen versehene Vergleichung zu beweisen, daß der Donner „unter den Händen der Natur eben das sey, was die Elektri„cität unter den unsrigen ist, daß diese Wunder, damit wir „jetzt nach unserm eigenen Gutdünken schalten, kleine Nach„ahmungen von denjenigen starken Wirkungen sind, die „uns

a) Introductio ad Philosoph. natur. §. 2522 sqq.
β) Philosoph. transact. Vol. XXVI. for 1708. n. 314.
γ) Leçons de phys. Paris 1744. Vol. IV. S. 34. in der Uebersetzung Th. IV. Erf. 1751. 8. S. 730 u. f.

„uns so sehr erschrecken, und daß alles von einerley Mecha-
„nismus herrühret: sollte man ferner zeigen, daß eine durch
„die Wirksamkeit der Winde, durch die Hitze, die Vermi-
„schung der Dünste, u. s. w. zubereitete Wolke, wenn sie
„einem irdischen Objekte gerade entgegenstehet, eben das sey,
„was der elektrische Körper bey der Gegenwart und einer ge-
„wissen Annäherung desjenigen ist, den man noch nicht elektri-
„siret hat; so gestehe ich, daß mir diese Meinung, wenn sie
„mit guten Gründen sollte unterstützet seyn, ungemein wohl
„gefallen würde; und wie viele scheinbare Beweise stellen sich
„nicht einem Manne dar, der eine vollkommene Erfahrung
„in der Elektricität erlangt hat. Die allgemeine Gegenwart
„der elektrischen Materie, ihre schnelle Wirksamkeit, ihre
„Brennbarkeit, und ihre Kraft andere Materien zu entzün-
„den; die Eigenschaften, welche sie hat, die Körper äußer-
„lich und innerlich bis auf ihre kleinsten Theile zu erschüttern;
„das ganz sonderbare Beyspiel, welches wir von dieser Wir-
„kung an dem leydenschen Experimente haben; die Vorstel-
„lung, welche man sich billig davon machen kann, indem
„man dabey einen größern Grad der elektrischen Kraft voraus-
„setzet, und noch anderes mehr: alle diese Stücke der Aehn-
„lichkeit, die ich seit einiger Zeit in genauere Ueberlegung gezo-
„gen habe, bewogen mich, nach und nach zu glauben, daß man
„sich von dem Donner und Blitze, wenn die Elektricität zum
„Muster genommen wird, weit richtigere und wahrschein-
„lichere Vorstellungen machen könne, als von alle dem, was
„man sich bisher eingebildet hat, u. s. f.„ Diese Muthmaßung
über die Aehnlichkeit des Blitzes mit dem elektrischen Funken
ward im Jahre 1746 von Herrn Winkler in Leipzig zuerst
als eine unläugbare Wahrheit sehr überzeugend bewiesen, ob
man sonst wohl Franklin für den ersten angibt, welcher diese
Uebereinstimmung des Blitzes mit dem elektrischen Funken
entdecket habe. Allein eine Schrift *) worin sich ein eigenes
Kapitel findet: ob Schlag und Funken der verstärkten Elek-

B b 2   tricität

_____

*) Von der Stärke der elektrischen Kraft des Wassers in gläsernen
Gefäßen. Leipzig 1746. 8.

tricität für eine Art des Blitzes und Donners zu halten sind?
worin die Frage bejahet, und der einzige Unterschied in die
Stärke gesetzet wird, ist ein hinlänglicher Beweis, daß
Winkler der erste Urheber dieser Entdeckung sey. Er selbst
führt in einem Programm *) an, daß vor ihm noch keiner
behauptet habe, daß der Blitz und der elektrische Funken
völlig übereinstimme. Jedoch ist nicht zu läugnen, daß
Franklin in Philadelphia im Jahre 1747 noch überzeugender darthat, daß der Blitz bloß ein elektrischer Funke, und
die Gewittermaterie mit der elektrischen Materie völlig einerley sey. Nachdem er sich nämlich durch sehr viele Versuche
überzeuget hatte, daß spitzige Körper die Elektricität weit
mehr und in einer größern Entfernung gleichsam anzögen,
als abgestumpfte, so kam er auf den kühnen Gedanken, durch
metallene Spitzen den Blitz aus der Luft auf die Erde herab
zu leiten *). In seinen Briefen warnet er zuerst seine Leser,
sich nicht wegen des großen Unterschiedes der Wirkungen in
Ansehung des Blitzes und des elektrischen Funkens irre machen
zu lassen, nachher zeiget er die Aehnlichkeit des Blitzes mit
der Elektricität umständlich. Er bemerket nämlich, daß die
Blitze in der Luft wellenförmig laufen, welches auch bey dem
elektrischen Funken Statt finde, wenn er aus einem irregulären Körper in einiger Entfernung herausgelocket wird; Blitze
träfen die höchsten und spitzigsten Gegenstände auf ihrem
Wege weit eher, als andere, wie z. B. Thürme, Bäume,
Schiffsmaste u. d. g., aber auch das elektrische Fluidum werde
von spitzigen Leitern weit schneller aufgenommen, und ströme
auch aus selbigen weit eher, als von denjenigen, welche
sich in eine breite Oberfläche endigen; ferner ergreifen beyde
der Blitz und die Elektricität die besten Leiter, sengen und
brennen, schmelzen Metalle, durchlöchern feste Körper, tödten
Menschen und Thiere, machen sie blind, benehmen den Magneten ihre Kräfte, oder verändern ihre Pole. Um nun die
Gleichheit

---

*) De auertendi fulminis artificio. Lipf. 1753.

*) New experim. and obfervat. on electricity in feveral letters to Mr.
Collinfon, by Benj. Franklin. Lond. 1751. 4. Franklins Briefe
von der Elektricität, überf. von Wilke. Leipl. 1758. 8. S. 50 ff.

Gleichheit der elektrischen Materie mit der Materie des Blitzes aufs vollkommenste zu beweisen, erfand er ein Mittel, den Blitz aus der Luft auf die Erde zu locken. Im Jahre 1752, im Junius, bereitete er einen elektrischen Drachen (m. s. Drache, elektrischer) auf folgende Art zu: er nahm zwey Stäbe, die er kreuzweise mit einander verband, breitete darüber ein seidenes Schnupftuch aus, und versahe diesen Apparat mit einer eisernen Spitze und einer hanfenen Schnur nebst daran befestigtem Schlüssel; das Ende dieser Schnur war von Seide, um die elektrische Kraft an dem Schlüssel nicht weiter fortzuleiten. Diesen elektrischen Drachen ließ er zur Zeit eines Gewitters in die Luft steigen, und bemerkte erst nach langer Zeit an dem Schlüssel einen elektrischen Funken, welchen er immer häuffiger und stärker beobachtete, als die hanfene Schnur naß und folglich ein besserer Leiter wurde. Nach diesen so glücklich angestellten Erfahrungen richtete er eine eiserne isolirte Stange auf, um den Blitz in sein Haus herabzuleiten, um nach seiner Bequemlichkeit Versuche anstellen zu können. Damit er nun keine Gelegenheit verabsäumen möchte, so befestigte er an der Stange zwey Glöckchen, welche ihm durchs Geläute die Elektrisirung der Stange andeuteten. Da er nun durch diese Versuche von der Gleichheit der elektrischen Materie und der Materie des Blitzes überzeuget war, so war es ihm auch darum zu thun, zu wissen, ob die Gewitterwolken positiv oder negativ elektrisirt sind. Im Jahre 1753, am 12. April, fand er die Wolken negativ elektrisiret, in eben demselben Jahre beobachtete er auch Wolken, welche positiv elektrisiret waren. Ja er fand bisweilen, daß, bey einerley Gewitter, Wolken von positiver Elektricität in negative und umgekehrt übergingen. Endlich beobachtete er auch in der Luft Elektricität, ohne daß ein Donnerwetter zu spüren war.

Noch vor den Versuchen Franklins in Nordamerika, den Blitz aus der Luft auf die Erde herabzuleiten, wurden in dem Jahre 1752 in Frankreich dergleichen Versuche, ohne daß Franklin hiervon etwas wuste, mit dem erwünschten

Erfolge

Erfolge angeſtellt. **Daltbard** und **Delor**, welche der Meinung Franklins zugethan waren, richteten eiſerne Stangen auf, und zwar jener, zu **Marly-la-ville**, eine von 40 Fuß Höhe, deren Fuß vor dem Regen geſichert, und welche mit ſeidenen Schnüren an Pfählen, die nicht beregnet werden konnten, befeſtiget war. Am 10. May 1752, Nachmittags, war ein Tiſchlermeiſter, Nahmens **Coiffier**, ſo glücklich, elektriſche Funken aus der Stange, über welche eine Gewitterwolke wegzog, herauszuziehen, er rief hierauf den Pfarrer dieſes Orces, und noch andere Zeugen herbey, welche erkannten, daß dieſe Funken elektriſcher Natur waren. Die eiſerne Stange aber des **Delor**'s in Paris aber war 99 Fuß hoch; woran er 8 Tage nach jenem Verſuche ebenfalls elektriſche Funken beobachtete, obgleich nur eine einzige Wolke über ſelbige hinweg zog, und es dabey weder blitzte noch donnerte. Dieſe Verſuche wurden von Delor auf Verlangen des Königs wiederhohlt, welcher ſie mit dem größten Vergnügen anſah. Durch dieſen Beyfall des Königs wurden der Graf von **Büffon**, Ma-zeas und le **Monnier** aufgemuntert, dergleichen Verſuche noch viel weiter zu treiben; und le Monnier bemerkte ſchon, daß ein gemeines Sprachrohr, welches etwa 5 bis 6 Fuß vom Erdboden an Seide aufgehängt war, ſchon Zeichen der Elektricität äußerte. Auch fand le Monnier, daß eine Perſon, welche auf einem Harzkuchen ſtand, und eine ungefähr 18 Fuß lange hölzerne Stange, um welche Draht gewunden war, in der Hand hielt, beym Gewitter ſo vollkommen elektriſiret ward, daß man aus ihr ſehr lebhafte Funken ausziehen konnte.

In eben dem Jahre 1752 wurden in England von den Herrn **Canton**, **Wilſon** und **Bevis** dergleichen Verſuche mit ſehr gutem Erfolge angeſtellt. Herr **Canton** gebrauchte dabey die Vorſicht, an das untere Ende des ableitenden Drahtes einen zinnern Deckel zu befeſtigen, um von der Glasröhre, worin derſelbe ſteckte, den Regen abzuhalten. Auf dieſe Art erhielt er elektriſche Funken in einer Entfernung von einem halben Zolle. Auch wurde ſchon von ihm entdeckt,

daß

daß unter den Gewitterwolken einige positiv andere aber negativ elektrisiret sind.

Da diese Entdeckung über die Gleichheit der Materie des Blißes mit der elektrischen natürlich viel Aufsehen machte, so bemühete man sich, auch in andern Ländern Versuche mittelst elektrischer Drachen und isolirter Stangen anzustellen. Vorzüglich zeichnen sich die vielen und mancherley Versuche des Herrn Beccaria *) zu Turin, und die des de Romas zu Neroc aus. De Romas gebrauchte zu seinen Versuchen einen elektrischen Drachen von Papier, welcher 18 Quadratfuß Fläche hatte, und an einer hänsenen mit Draht durchwirkten Schnur befestiget war. Vermittelst dieses Drachens brachte er eine so starke Elektricität aus der Luft herab, daß er selbst in Lebensgefahr war. Endlich wurde selbst der Prof. Richmann in Petersburg am 6ten August 1753 ein Opfer eines solchen starken elektrischen Funkens. Am Dache seines Hauses hatte er eine eiserne Stange ausgesteckt, von welchem metallene Drähte ins Haus geleitet, und am Ende durch einen gläsernen Becher, der zum Theil mit Messingspähnen gefüllt war, isoliret waren, um die Elektricität daselbst anzuhäufen. An einem Drahte hatte er einen Faden aufgehangen, welcher bey Elektrisirung der eisernen Stange vor dem Drahte floß, und folglich mit diesem einen Winkel machte. Um diesen Winkel zu messen, hatte er einen Quadranten daselbst angebracht. Als er am gedachten Tage Mittage nach 12 Uhr an dem Elektricitätszeiger die Wirkung der Elektricität des an diesem Tage aufgestiegenen Gewitters Acht gab, und sich gegen denselben nach seiner Gewohnheit gebückt hatte, so daß er etwa einen Fuß von dem Ende des Metalls mit seinem Kopfe entfernet war, so fuhr ein Wetterstrahl in Gestalt eines weißlichblauen Feuerballs, etwa einer Faust groß, aus dem Drahte nach seinem Kopfe, und warf ihn, ohne daß er einen Laut von sich gegeben hätte, rückwärts todt zu Boden. Auch der akademische Kupferstecher, Sokolow, welchen Richmann gewöhnlich zu seinen elektrischen Versuchen mit

Bb 4 sich

*) Lettere dell' elettricismo. Bologna 1758. 4.

sich nahm, ward betäubt niedergestürzt. Der Wetterstrahl war mit einem heftigen Knall begleitet und ließ einen starken Dampf, welcher nach Schwefel roch, zurück. Bey der Besichtigung des Herrn Prof. Richmann's fand man am obern Theile der Stirn etwas gegen die linke Seite zu, einen länglich runden, mit Blut unterlaufenen Fleck, und am Leibe, vorzüglich auf der linken Seite, vom Halse an bis auf das Hüftbein, 8 theils größere theils kleinere rothe und blaue Flecke. Die übrigen kleinen Flecke sahen aus, als wenn sie von angezündetem Pulver entstanden wären. Am linken Fuße war der Schuh aufgerissen, ohne jedoch ein Merkmahl einer Versengung daselbst wahrzunehmen, nur an dem bloßen Fuße sahe man daselbst einen mit Blute unterlaufenen Fleck. Innerlich fand man in der Luftröhre und in der Lunge ausgetretenes Geblüte, so wie auch besonders die Gekrösdrüse gequetscht, und ihre Einfassung mit ausgetretenem Blute angefüllt war. Nach zweymahl 24 Stunden war der Körper in eine völlige Fäulniß übergegangen. Nachdem man den Gang besichtigte, wo dieser Zufall geschehen war, fand man, daß der Pfosten von der offen gestandenen Thüre des Einganges von oben herunter halb gespalten, und mit der Thür in den Gang geworfen war. Auch war der gläserne Becher und der Draht zerschmettert, und glühende Stücke des Drahtes hatten in das Kleid des Sokolow's Striemen eingesengt. Dieser traurige Vorfall bewies unläugbar die Identität der elektrischen Materie mit der Materie des Blitzes, und man hat auch seit dieser Zeit den Blitz ganz allgemein für ein elektrisches Phänomen anerkannt. Ueberhaupt lassen sich auch die Erscheinungen und Wirkungen des Blitzes, wenn man den Grad der Stärke ausnimmt, an einer Elektrisirmaschine im Kleinen zeigen. Als ein klassisches Werk vom Blitze ist vorzüglich das von Reimarus *) zu empfehlen.

Man

*) Vom Blitze. Hamburg 1778. 8. Desselb. neuere Bemerkungen vom Blitze. Hamburg 1794. gr. 8.

Man hat durch elektrische Drachen, durch den Condensator und durch den Elektricitätssammler (m. s. Drache, elektrischer, Condensator, Elektricitätssammler) hinlänglich und überzeugend dargethan, daß in der Atmosphäre die Elektricität vorzüglich stets wirksam sey. Die mehrsten und zuverlässigsten Beobachtungen hierüber hat der Herr de Saussüre *) angestellt. Er hat gefunden, daß die Elektricität der Atmosphäre in verschiedenen Höhen über der Erdfläche gar sehr verschieden, und selbst an ein und eben demselben Orte vielen Veränderungen unterworfen ist. Seine Beobachtungen haben ihn ferner gelehret, daß die Elektricität an den höchsten Orten am stärksten sich zeige, daß sie bey Nebeln vorzüglich anzutreffen sey, und immer mehr zunehme, wenn ihre Bläschen einander näher kommen. Man findet daher auch die stärkste Elektricität in dichten Nebeln und in dichten dunkeln Wolken, welche sie aber verlieren, wenn sie sich in Regen auflösen. Weiter überzeugten ihn seine Beobachtungen, daß die Elektricität in den hellsten und heitersten Tagen, sowohl im Sommer als Winter, am Tage und in der Nacht, an der Sonne und im Thaue positiv, aber einer merklichen Veränderung unterworfen sey, indem nämlich die Elektricität der heitern Luft im Winter von der Zeit an, da der Thau völlig niedergeschlagen ist, bis zum Sonnenaufgange am schwächsten ist, nachher aber zunimmt, und fast immer noch vor Mittage einen gewissen höchsten Grad erreicht, nachher aber wieder abzunehmen scheinet, bis sie bey dem Falle des Thaues oft am stärksten, und hierauf stuffenweise wieder schwächer wird.

Nach diesen Beobachtungen versuchte man nun eine Erklärung von dem Blitze zu geben, und glaubte die Ursachen desselben völlig gefunden zu haben. Es theile nämlich die elektrische Atmosphäre die Elektricität den Wolken mit, welche also als isolirte in der Luft schwebende Leiter betrachtet wurden, und dadurch häufe sich die elektrische Materie in

Bb 5   denselben

---

*) Voyages dans les Alpes p. Hor. Bened. de Saussüre T. II. à Geneve 1786. 4. Chap. 28.

denselben an. Käme alsdann eine unelektrisirte Wolke jener geladenen Wolke nahe, so würde sie dadurch entladen, und gebe den Blitz als elektrischen Funken. Auch durch Vertheilung könne in den über oder neben einander stehenden Wolken entgegengesetzte Elektricität erzeuget werden, und endlich durch Annäherung derselben ein desto stärkerer Blitz entstehen. Endlich könne selbst die Elektricität einer Wolke so stark angehäufet werden, daß ihre elektrische Atmosphäre sich bis zur Erdfläche erstrecke, welche die entgegengesetzte Elektricität der Wolke aufnehme, und bey größerer Annäherung der Wolke gegen die Erde einen Blitz auf selbige herabschleudern. Dieses Blitzen der Gewitterwolken dauere so lange, bis entweder das Gleichgewicht der Elektricität vorhanden sey, oder die Wolken sich völlig durch Regen entladen hätten.

Die Herrn Wilke [a]) und Aepinus haben im Kleinen einen Versuch angegeben, welcher eben das zeigen soll, was beym Gewitter im Großen geschiehet. Wenn man nämlich zwey glatte und runde Breter mit Zinnfolie belegt, das eine Bret auf einen Tisch oder Stuhl u. d. g. Unterlager in eine horizontale Lage bringe, auf der einen Seite des andern Bretes seidene Schnüre oder einen sonst nicht leitenden Handgriff anbringe, um es auf das erste Bret bringen und wieder wegnehmen zu können, so wird man dadurch folgenden Versuch anzustellen im Stande seyn. Verbindet man das Bret mit den seidenen Schnüren mit einer Elektrisirmaschine, nähert es alsdann dem auf dem Unterlager liegenden Brete, so wird dieses die entgegengesetzte Elektricität von jenem erhalten; und wenn man alsdann beyde Breter zugleich berühret, so wird man dadurch einen elektrischen Schlag empfinden. Wenn ferner beyde Breter in parallelen Lagen ungefähr einen halben Zoll weit von einander gestellet werden, und es wird das obere Bret mittelst einer Elektrisirmaschine sehr stark geladen, so geschiehet endlich die Entladung der erhaltenen Elektricitäten von selbst mit einem starken Knall und

[a]) Diff. de electricitatibus contrariis. Rostock. 1757. 4. cap. 58.

und einem durch die Luft brechenden Funken. Vor dem
Schlage ziehen sich die Breter stark an, während des Schlages
aber werden sie von einander geworfen. Befände sich in der
Mitte des einen Bretes ein kleiner hervorragender Körper, so
erfolget die Entladung durch diesen Körper: steht aber statt
dieses kleinen Körpers eine scharfe Spitze auf dem Brete, so
ist man nicht im Stande einen elektrischen Schlag hervorzubringen. Aus diesem Versuche schließt man nun, daß die
Gewitterwolken als elektrisirte Condensatoren zu betrachten
sind, welche bey ihrer Annäherung sich eben so wie die beyden Breter der Elektricität entladen, und daher den
Blitz zu Wege bringen. Wenn folglich über der Erdfläche
eine von der Luft elektrisirte Wolke schwebe, und derselben
nahe genug sey, so erfolge ebenfalls eine Entladung, welche
insgemein die erhabensten Gegenstände, als Thürme, Bergspitzen, Bäume u. d. g. am ersten treffe.

So wahrscheinlich aber auch die angeführten Gründe zur
Erzeugung des Blitzes seyn mögen, so sehr sind sie vom Hr.
de Lüc *) entkräftet worden. Er führet dagegen an:

1. Wenn sich Gewitterwolken in ein und der nämlichen
Luftschicht bilden, und alle zu gleicher Zeit entstehen,
so weiß man gar keine Ursache anzugeben, warum
einige eine so große Menge, andere aber einen Mangel an elektrischer Materie erhalten sollten. Es ist daher völlig unbegreiflich, daß bey Gewitterwolken, welche
eine völlige zusammenhangende Masse bilden, und den
Himmel als selbige überziehen, hier und da die Elektricität nur anhäufen sollte, da sie doch wegen der zusammenhängenden Wolken in der ganzen Masse sich
ausbreiten und ins Gleichgewicht setzen müßte.

2. Gesetzt aber auch, es fände bey der Bildung der Wolken ein solcher unbegreiflicher Unterschied des elektrischen
Zustandes zwischen ihnen Statt, so ist es doch unbegreiflich.

*) Siebenter Brief des Herrn de Lüc an Herrn de la Merberie
über die Schwierigkeiten in der Meteorologie u. s. aus dem
Journal de phys. Aôut 1790. übers. in Grens Journal der Phys.
B. IV. S. 234. u. f. §. 13. ff.

greiflich, wie dieſer Zuſtand fortdauren könne, wenn ſie
ſich vereinigen, da doch die Nebel, woraus ſie beſtehen, Leiter ſind.

3. Es läßt ſich nicht begreifen, daß das Gewitter beym
Regen noch fortdauern könne, indem die Gewitterwolken durch den herabfallenden Regen, welcher ſie mit
der Erde in leitende Verbindung bringt, ſogleich entladen werden müßten.　　Wollte man auch nicht annehmen, daß die Gewitterwolken durch den Regen in unmittelbare Verbindung kämen, ſo muß man doch ein-
geſtehen; daß ſie ſich ſelbſt unter einander ins Gleichgewicht ſetzen und dem Gewitter ein Ende machen
müßten; denn es würde der Ueberfluß der elektriſchen
Materie an der einen Seite durch den Regen an die
andere übergehen, und man würde von Tropfen zu
Tropfen ein Leuchten wahrnehmen.

4. Findet man in den hohen Thälern der Alpen Gewitter,
deren Wolken die Gipfel der Berge rund herum berühren, und folglich mit ſelbigen in einer leitenden
Verbindung ſind, und ſich doch nicht entladen, welches doch nothwendig geſchehen müßte.　　Es können
daher die Gewitterwolken keine elektriſirten Leiter ſeyn.

Dagegen iſt Herr de Lüc geneigt zu glauben, daß der
Blitz durch eine plötzliche Erzeugung einer ſehr großen Menge
von elektriſcher Materie entſtehe.　　Nach ihm iſt die elektriſche Materie als ſolche nicht eher vorhanden, als bis ſie ſich
durch Wirkungen zeige, eben ſo wie die Dünſte, welche die
Wolken bilden, als ſolche in der Luft erſt in dem Augenblicke
entſtänden, in welchem die Wolken erſcheinen: Es ſeyn
daher weder die elektriſche Materie noch die Dünſte, ſo lange
die Luft heiter und durchſichtig wäre, in ſelbiger anzutreffen,
ſondern allein die Beſtandtheile, welche zu deren Entſtehung
geſchickt wären.　　Aus dieſen würden durch eine uns noch unbekannte Urſache Wolken, ſo wie auch die elektriſche Materie plötzlich in einem großen Ueberfluſſe hervorgebracht, woher eben der Blitz entſtehe.　　Daß dieß den Geſetzen der Na-

tur

tur gemäß sey, beweiset er aus folgender Beobachtung: er
sahe auf dem Buet bey einer noch durchsichtigen und sehr
trocknen Luft Wolken sich bilden, welche sich nach und nach
vereinigten und verdichteten, die Spitze des Buets umzogen,
sich an den Montblanc und die benachbarten Berge lehnten,
und dieselben durch ein lang anhaltendes Gewitter mit einem
starken Wassergusse überströmten. Unmöglich konnten diese
Wolken eine elektrische Ladung haben, indem sie mit der Erde
durch die Berge in einer leitenden Verbindung waren, und
daher unfehlbar die ihnen zugeführte Elektricität ganz unbemerkbar ohne Schlag der Erde zugeführet haben würden.

Daß sich die elektrische Materie, nach der Meinung des
Herrn de Lüc, beym Ausbruche des Blitzes schnell durch uns
noch unbekannte Naturoperationen erzeuge; ist daher sehr
wahrscheinlich, weil es bey einem einzigen Gewitter eine so
große Menge von elektrischer Materie geben müßte, daß es
unbegreiflich wäre, wie die Atmosphäre eine solche Menge
enthalten könne. Man hat hiervon auffallende Beyspiele.
Im Jahre 1790 am 28 May sahe man in einer Zeit von einer
halben Stunde bey einem heftigen Gewitter in Erfurth ununterbrochen starke Blitze, und hörte über 80 Donnerschläge
bey dem heftigsten Platzregen *). Wo existirte vorher die
Menge von elektrischer Materie, welche sich aus den Gewitterwolken entwickelte? Was für einen Condensator kann man
sich gedenken, der eine so ungeheure Menge von elektrischer
Materie in einem Nebel zusammenpreßt, und welche so
gar noch durch einen Platzregen mit der Erde in einer leitenden Verbindung steht? Wodurch wird diese elektrische Materie bestimmt, sich nach und nach und nicht auf ein Mahl
zu entladen?

Herr de Lüc sagt, durch die Entdeckung der Gleichheit
der elektrischen Materie mit der Materie des Blitzes habe
man sich zu dem Irrthum verleiten lassen, daß die Elektrisirung der Wolken dem Elektrisiren bey unsern Versuchen ähnlich sey, ohne zu untersuchen, woher die Wolken so stark
positiv

---

*) Greno Journal der Physik. B. IV. S. 163. u. f.

positiv und negativ elektrisiret werden. Eine genauere Untersuchung der Umstände aber leite uns natürlich auf den Gedanken; daß vor dem entstandenen Bliß die Menge der elektrischen Materie, welche ihn bilde, weder in den Wolken
noch sonst wo hat seyn können.

Allein nun entsteht die Frage, woher die elektrische Materie des Gewitters entstehe? Herr de Lüc kann diese Frage
nicht anders, als so beantworten: es geschehen im Luftkreise
Zusammensetzungen und Zersetzungen, woraus elektrische Materie aus den schon vorher da gewesenen Bestandtheilen gebildet, oder auch in diese Bestandtheile wieder umgeändert
werde, so wie aus den aufgestiegenen Dünsten wahrscheinlich
Luft gebildet, und umgekehrt die Luft wieder in Dünste zersetzet würde. Wenn die Bildung der elektrischen Materie
langsam von Statten gehe, so entstehe Luftelektricität, erzeuge sich aber eine plötzliche und eine überausgroße Menge
elektrischer Materie, so entstehe ein Bliß. Woraus aber die
Bestandtheile bestehen, und durch welche Operation die Zusammensetzung erfolge, dieß sey uns noch unbekannt, indem
hierbey eine genauere Kenntniß über die Natur und Entstehung der elektrischen Materie vorausgesetzet werde, als wir
jetzt noch besäßen. Indessen ist er geneigt zu glauben, daß
das Licht bey Erzeugung der elektrischen Materie vorzüglich
im Spiele sey. Herr Gren *) ist jetzt so gar der Meinung,
daß die elektrische Materie nichts weiter als das Licht sey.
Das Licht besteht aber nach ihm aus einer eigenen Basis und
der Wärmematerie (M. s. Elektricität, Licht).

Nach dieser Theorie des Herrn de Lüc hat Herr Lampadius *) den Bliß mit dem papinianischen Digestor verglichen. Die in demselben entstandenen sehr heißen und elastischen Wasserdämpfe würden durch den Druck zusammengehalten; sie zersetzten sich aber, wenn sie den Druck über-
wänder,

---

*) Grundriß der Naturlehre. Halle 1797. ar. 8. §. 1414.
*) Versuche und Beobachtungen über die Elektricität und Wärme
der Atmosphäre angestellt im Jahre 1792. nebst der Theorie der
Luftelektricität nach den Grundsätzen des Hr. de Lüc. Berlin
1793. 8.

wånden, oder schnell in Freyheit gesetzet würden, indem sie
an der Decke einen Widerstand erlitten. Hingegen nach und
nach würde sich das freye Wasser mit neuem Wärmestoffe
wieder in Dampf verwandeln. Auf eben diese Weise werde
bey dem Gewitter eine große Menge elektrischer Materie erzeuget, welche an der Luft, als einem Nichtleiter, Widerstand
finde, und sich in einem Moment zersetze. In diesem Augenblicke aber nehme man einen Blitz wahr, oder das aus
der elektrischen Materie frey werdende Licht. Jedoch setze
sich die elektrische Materie weit schneller als die Wasserdämpfe
wieder zusammen. Auch vermuthet Herr Lampadius aus
dem Umstande, weil im Sommer die mehresten elektrischen
Erscheinungen und häufigsten Donnerwetter sich einfinden, daß
vorzüglich die Sonnenstrahlen zur Bildung der elektrischen
Materie beytragen. Es werde nämlich eine große Menge
von Licht zur Erzeugung der elektrischen Materie verwendet,
welche wir in der Atmosphäre beständig als positiv anträfen.
Eine andere Wirkung der Sonnenstrahlen auf das elektrische
Fluidum sey, daß das schon gebildete eine größere expansive
Kraft erhalte. Da aber nach dieser Theorie in den heißesten
Sommertagen die größte Menge vom elektrischen Fluidum
erzeuget werden müßte, und doch nach Herrn de Saussüre,
vermöge seiner Beobachtungen gerade an diesen Tagen bey
trockener Witterung die geringste Elektricität in der atmosphärischen Luft angetroffen wird, so ist es ihm wahrscheinlich,
daß die Elektricität auf Verwandlung der Dämpfe in Luft
verwendet werde.

Herr Lampadius weicht von der Theorie des Herrn
de Lüc nur im Folgenden ab: Herr de Lüc behauptet nämlich, daß die Wolken nie negative Elektricität hätten, und
wenn sie sich wirklich so zeige, so sey dieß bloße Täuschung,
indem dieß allein vom Einflusse der Wirkungskreise und von
der beym Blitze entstehenden Abwechselungen positiver und
negativer Luftschichten herrühre. Herr Lampadius hingegen
hat sehr oft auch ohne Blitz die Elektricität der Wolken an-

haltend negativ gefunden, und glaubt daher, daß es wirklich Wolken gebe, welche mit negativer Eletricität angefüllt sind.

Herr **Reimarus** hat in seinen neuern Bemerkungen vom Blitze die alte Theorie beybehalten, daß nämlich die Luftelektricität in den Gewitterwolken angehäuft sey, und der Blitz in einer Entladung derselben gegen andere Wolken oder gegen andere Objekte auf unserer Erde bestehe. Er ist folglich noch der Meinung, daß man die allgemeinen Eigenschaften und Wirkungen des Blitzes vermittelst elektrischer Versuche erläutern könne, nur den Grad der Stärke ausgenommen. Jedoch sucht er alles auf Beobachtungen wirklicher Wetterschläge zurückzuführen. Allein diese heben doch immer die Zweifel noch nicht, welche dagegen Statt finden, und welche eben angeführet worden sind.

Der Wetterstrahl fährt alle Mahl aus der Luft auf die irdischen Gegenstände, und es ist keinesweges glaublich, daß er aus der Erde aufsteige, wie Maffei *) und andere beobachtet haben wollen.

Der Blitz folgt übrigens alle Mahl den vollkommensten Leitern, und diese sind vorzüglich die Metalle und die Feuchtigkeit. Wenn die Leiter dicht und stark genug sind, so beschädiget sie der Blitz beym Durchgange so leicht nicht; wo sie aber mit schlechten Leitern, als Holz, Stein u. d. g. verbunden sind, da zündet er, oder durchbohrt und zerschmettert. Kleine dünne Stücke von Metall schmelzt er, oder vernichtet er ganz. So schmelzt er zuweilen die Degenklinge in der Scheide, Nadeln in einer Büchse, Schnallen in den Schuhen u. s. f. Weil die Luft ein unvollkommener Leiter ist, so geht der Blitz durch selbige nicht als ein Feuerklumpen, wie es wahrscheinlich seyn sollte, sondern in Gestalt eines geschlängelten Strahles. Vorzüglich trifft er, wie es auch natürlich ist, hervorragende Gegenstände auf der Erdoberfläche; zuletzt aber ist das Ziel derselben die feuchte Erde oder das Wasser, wo er seine völlige Kraft wegen der Leitung

---

*) Della formazione dei fulmini. Verona 1747. 4.

tung verlieret. Jedoch trifft der Blitz nicht allemahl die
Erde, sondern verliert sich sogleich in der Luft.

Selbst Menschen und Thiere trifft der Blitz vorzüglich
leicht, wenn sie im Freyen die einzigen hervorragenden Gegenstände, oder auch sonst der Bahn desselben im Wege sind.
So werden oft Menschen erschlagen unter den Bäumen, hinter einem Getreidehaufen, an der Wand eines Gebäudes u. d. g.
Sorgfältig angestellte Beobachtungen bey den vom Blitze getödteten Menschen scheinen diesen Satz zu bestätigen, daß der
Strahl bloß an der Oberfläche des thierischen Körpers herab-
fahre, und mehrentheils nur durch Erschütterung der Nerven
eine Betäubung oder den Tod verursache. Herr Reimarus
hat hierüber aus sorgfältig gesammelten Wahrnehmungen über
Wetterschläge auf Menschen Folgendes bestätiget gefunden:

1. Bey allen Erschlagenen hat man strichweise Versengungen an der Oberfläche der Haut, und der innern Seite
   der Bekleidung gefunden.

2. Die Bahn, wohin diese Versengungen zeigeten, war
   weder nach der Lage der Knochen noch der Adern und
   Nerven, sondern nach der Regel von der getroffenen
   Stelle entweder zur Erde oder zu einem Metalle hin
   gerichtet.

3. Außer den Stellen des Zusprungs und Absprungs waren
   daselbst die Verletzungen am stärksten, wo die freye
   Ausbreitung unter den Kleidungsstücken am meisten
   gehindert worden war. Was die Kleider selbst anbe-
   traf, so waren diese an den Stellen des Zu- und Ab-
   sprunges verletzet. Beym Zersprengen abwärts getrieben, und oftmahls ohne große Beschädigung derselben.

4. Beständig sind die äußern Theile des Leibes mehr als die innern beschädiget worden. Allemahl hat der Grad der Ver-
   letzung von außen nach innen abgenommen, aber nie umgekehrt. Ueberhaupt waren selten innere Theile versehret.

5. Wenn auch in einigen Fällen die unmittelbar unter der
   Haut liegenden Theile Verletzungen erlitten hatten, so
   blieben doch die innern zärtern unverletzt, welches hin-

Cc   länglich

länglich beweiset, daß diese Beschädigung nicht von dem
einwärts gehenden Blitze, sondern von einem äußern
Stoße hergerühret habe.

6. Auch ließe sich unmöglich die oftmahlige Wiederherstellung der vom Blitze getroffenen Menschen gedenken,
wenn er die innern Theile beschädiget hätte.

Die Knochen solcher vom Blitz getroffenen Personen
findet man nie durchbohrt oder zerschmettert, wie es beym
Holze geschieht; selbst die Adern hat man nie zerrissen oder
vom Blute leer gefunden. Aus den Versuchen, welche van
Marum *) mit der großen teylerischen Elektrisirmaschine
zu Haarlem angestellet hat, folgt, daß die Reitzbarket des
thierischen Körpers durch verstärkte Elektricität gestöret werde.
Es ist daher nicht zu bezweifeln, daß dieß ebenfalls bey den
vom Blitze getroffenen Personen ebenfalls erfolge, welche bey
starken Schlägen in dem Augenblicke in allen ihren Theilen
gleichsam erstarren, ohne daß irgend ein Hauptgefäß zerrissen würde.

Ob aber der Blitz durch die Nerven des thierischen Körpers gehe? ist eine Frage, welche verschiedene bejahen wegen
der Thatsachen, welche man in den neuern Zeiten über die
thierische Elektricität ausgemittelt hat, und es führt der Abt
Zeimmer *) einen Versuch an, nach welchem eine geladene
leidner Flasche durch den Nerven einer frisch zubereiteten Katze
eben so leicht als durch Metall entladen wurde. Allein aus
den Beobachtungen wirklicher Wetterschläge hat man kein
einziges Beyspiel gefunden, daß der Blitz vorzüglich durch
Nerven gehe. Wie wäre es aber auch möglich, daß die vom
Blitze getroffenen Personen so oft bey zweckmäßig angewendeten Mitteln wieder hergestellet werden könnten, wenn er
durch solche zarte Theile, wie Nerven sind, gefahren wäre?
Denn welche Zerstörungen müßte er nicht daselbst anrichten,

da

*) Schreiben an Herrn de la Metherie über die Wirkung der sehr
verstärkten Elektricität auf Thiere, aus d journ. de physique.
Janv. 179.. übers. in Grens Journal der Physik B. IV. S. 378 f.

§) Commentation. Academ. Theodo. Palatin. Vol. V. p. 156.

da er vermögend ist, den weit stärkern Metalldrahte zu schmelzen, oder so gar in Dampf zu verwandeln?

Da bey den vom Blitz getroffenen Personen die Reitzbarkeit zerstöret wird, so sind allerdings diejenigen Mittel am
zweckmäßigsten zur Wiederherstellung derselben zu gebrauchen, welche die gehemmte Lebenskraft durch einen Reitz wieder beleben. Dahin gehören vorzüglich kaltes Wasser, frische
Luft und die Elektricität als das stärkste Reitzungsmittel.
Die elektrische Erschütterung ist in der Gegend der Brust
anzubringen.

Wenn der Blitz auf schlecht leitende Körper stößt, so zerschmettert er selbige und springt auf besser leitende über. Wird
er bey seiner Leitung irgendwo unterbrochen, so verursachet
er eine Explosion, deren Stärke von dem Umfange des nicht
leitenden Körpers oder von der Stärke des Blitzes abhängt.
Bey diesen Explosionen entsteht eben das Entzünden der entzündlichen Körper. Die durch den Blitz erregte Flamme
ist mit dem gewöhnlichen Feuer einerley, und keineswegs
schwerer, wie man gemeiniglich glaubet, wie dieses zu löschen.

Das Läuten der Glocken und das Abfeuern des Geschützes
werden jetzt allgemein als fruchtlose Mittel gegen die Wirkung des Blitzes erkannt. Ja es ist vielmehr das Läuten den
Läutenden gefährlich, weil die Glocke und der hanfene Strick,
woran sie ziehen, eine gute Leitung abgibt*). Nach den
Erfahrungen des Herrn Volta*) sollen große auf Bergen
angezündete Feuer die besten Mittel seyn, den Blitz abzuhalten.

Die Größe der Gefahr bey nahen Donnerwettern soll sich
nach den Erfahrungen des Herrn Rosenthal*) vorzüglich
aus dem Steigen des Quecksilbers im Barometer beurtheilen
lassen. So bald sich nämlich ein Gewitter dem Orte nähere,

Cc 2   wo

---

*) C. G. von Zengen über das Läuten beym Gewitter, besonders
in Hinsicht der deßhalb zu treffenden Polizeyverfügungen. Gießen
179 . 8.
*) Meteorologische Briefe a. d. Ital. übers. Leipz. 1793. 8. 5ter Brief.
γ) Im gothaischen Magazin für das Neuste aus der Physik u. Naturg. B. IV. St. 1. S. 1 u. f.

wo ein Barometer sich befinde, so fange das Quecksilber zu
steigen an. Je näher das Gewitter dem Zenith des Beobachters komme, desto mehr werde auch das Quecksilber im
Barometer steigen; aber umgekehrt wieder fallen, wenn es
sich vom Zenithe des Beobachters entferne. Nach den Beobachtungen des Herrn Frenzel *) zu Grüllenburg bey Frey-
berg, welche er drey ganzer Jahre hindurch angestellet hat,
erfolget gerade das Gegentheil. Es fiel nämlich das Quecksilber allezeit bey herannahenden Gewittern, und zwar so regelmäßig, daß er die Ankunft desselben mehrere Stunden
vorher ansagen konnte. Während des Gewitters blieb es
auf seinem angenommenen Standpunkte, und nachher erst,
als das Gewitter sich entfernte, fieng das Quecksilber an zu
steigen. Bey einem heftigen Gewitter, welches gerade über
dem Orte der Beobachtung schwebte, bemerkte er, daß das
Barometer in einer beständigen Oscillation war In jedem
Monathe hat er den Gewitterstandspunkt am Barometer verschieden gefunden, im Junius und Julius stehe er am niedrigsten, im May und August höher.

Aus den Eigenschaften und Wirkungen der Elektricität
hat man sich bemühet, zur Sicherstellung der Gebäude und
der Menschen gegen den Blitz verschiedene Mittel angegeben,
wovon im folgenden Artikel gehandelt wird. Befindet man sich
aber in Gebäuden, welche mit dergleichen Mitteln nicht versehen sind, so muß man solche Stellen vermeiden, wo Metall mit andern Körpern verbunden ist. Vorzüglich entferne
man sich von den Wänden, Schornsteinen, Oefen, eisernen
Gittern u. d. g., und begebe sich in die Mitte geräumiger
Zimmer im untersten Stock, am besten auf Matrotzen ste-
hend, oder auf einem trockenen Stuhle sitzend. Die beste
Sicherheit würde man in einem Bette liegend haben, welches
in der Mitte des Zimmers an seidenen Schnüren aufgehängt
ist. In die Keller dringt der Blitz selten; allein der Aufent-
halt in selbigen ist verschiedener anderer Umstände wegen gefährlich. Größere Sicherheit hat man in der Mitte eines
Zimmers

*) Gren neues Journal der Phyfil. B. IV. H. II. Leipz. 1797. S. 250.

Zimmers mit einer Gypsdecke, weil der Blitz durch den Draht an den Wänden abgeleitet wird. Bey liegenden Personen ist vorzüglich der Kopf mehr geschützet; allein sie müssen nicht auf dem bloßen Fußboden liegen, weil es daselbst Stellen geben kann, welche den Blitz hinlocken.

Auf dem freyen Felde halte man sich daselbst nicht auf, wo keine höhern hervorragenden Gegenstände befindlich sind; trete aber auch nicht unter einen Baum oder hinter einen Heuhaufen, Getreidehaufen u. d. g.; am sichersten hält man sich etwa 15 bis 20 Schritte von einem Baume entfernet auf, oder wenn keiner vorhanden seyn sollte, legt man sich lieber auf die Erde, als zu sitzen oder zu stehen. Vorzüglich aber entferne man sich vom Wasser, wohin der Blitz einen Uebergang durch den menschlichen Körper suchen möchte. Ist man in offenen Wägen oder zu Pferde, so ist es sicherer von selbigen abzusteigen, und sich einige Schritte davon zu entfernen. Uebrigens ist es ein Vorurtheil, wenn man glaubt, daß die Zugluft den Blitz herbeylocke.

Noch mehrere mit diesem Artikel in Verbindung stehende Erscheinungen findet man unter den Artikeln Blitzableiter. Donner, Elektricität, Gewitter, Luftelektricität u. s. f. M. s. Priestley, Geschichte der Elektricität übers. aus d. Engl. von Krünitz Berlin und Stralsund 1774. gr. 4. S. 9. 110. 206 u. s. 228 f. 288 u. s. Neue Ideen über die Meteorologie von J. A. de Lüc, aus d. Franz. übers. Th. I. Berlin u. Stettin 1787. gr 8. S. 186 u. s. Th. II. S. 313 u. f. J. N. Tetens über die beste Sicherheit seiner Person bey einem Gewitter. Bützow und Wismar 1774. 8. Verhaltungsregeln bey nahen Donnerwettern nebst den Mitteln, sich gegen die schädlichen Wirkungen des Blitzes in Sicherheit zu setzen. Gotha 1778. gr. 8. Phil. Pet Guden von der Sicherheit wider die Donnerstrahlen. Götting. u. Gotha 1774. 8.

Blitzableiter, Wetterableiter (conductor fulminis, conducteur de la foudre) ist eine solche Vorrichtung an den Gebäuden, wodurch der sie etwa treffende Blitz ab-

Cc 3 geleitet,

geleitet, und folglich die verheerende Wirkung desselben von ihnen abgewendet wird.

Nachdem D. Franklin in Philadelphia die Identität der Materie des Blitzes mit der elektrischen Materie durch Versuche entscheidend dargethan hatte, so kam er auf den, für das Wohl der Menschheit abzweckenden, Gedanken, dem Blitz, welcher etwa die Gebäude treffen könnte, durch vollkommen gute Leiter einen Weg anzuweisen, durch den er ohne Schaden der Gebäude zur Erde oder ins Wasser geführet, und daselbst vertheilet würde. Zu dem Ende schlug er vor, auf die höchsten Theile der Gebäude aufrecht stehende eiserne Stangen zu befestigen, welche eine solche scharfe Spitze als die Nadeln besäßen und des Rostes wegen vergoldet werden müßten; vom untern Ende der eisernen Stange müsse alsdann von außen an dem Gebäude ein metallener Draht bis in die Erde herunter geführet werden. Ueberhaupt gründete er die Theorie der Blitzableiter auf den Satz, daß eine ununterbrochene metallische Leitung von genugsamer Stärke den Blitz oder die elektrische Materie ohne Beschädigung anderer Körper bis an ihr Ende herabführe. Die Richtigkeit dieser Behauptung hat sich durch unzählige Erfahrungen bestätiget, und ist schon längst vor Franklin beobachtet worden, wie **Reimarus** *) verschiedentlich anführet. Bey dem Herabfahren des Blitzes bleibt selbst das Metall, wenn es von hinlänglicher Stärke ist, unbeschädiget; nur alsdann verheeret und zerschmettert er, wenn er entweder in der Metallleitung einen allzudünnen Draht findet, welchen er gleich glühend macht und zersprenget, oder wenn er von dem einen Metalle zu dem andern durch Nichtleiter oder auch schlechte Leiter, als z. B. Stein, Holz u. s. f. übergehet, indem er in diesem Falle gewaltsam durchbrechen muß; dagegen wird er der metallischen Leitung allemahl folgen, wenn dieß auch durch Umwege geschehen sollte, wofern in diesem letztern Falle keine nähere vollkommene Leiter anzutreffen

---

*) Vom Blitze. Hamburg 1778. 8. Th. II. Von der beschützenden Leitung durch Metalle.

zutreffen sind, durch welchen er alsdann als den kürzesten
Weg gehen würde. Sein Ziel, das er zuletzt zu erreichen
sucht, ist allemahl die feuchte Erde, oder auch das Wasser,
wo er seine verheerende Kraft gänzlich verlieret, indem er
sich daselbst zertheilet. Es folget also hieraus, daß ein Gebäude vom Blitze unbeschädiget bleiben müsse, wenn er an
demselben vom ersten Anfall an bis zur feuchten Erde oder
noch besser bis zum fließenden Wasser eine Metalleitung
findet. Diesen Gesetzen gemäß wird es nun leicht zu beurtheilen seyn, wie man ein Gebäude durch einen Ableiter gegen
den Blitz schützen könne. Es muß nämlich 1) die Metallablei-
tung von dem Blitze zuerst getroffen, und 2) diese Leitung
ununterbrochen bis zur Erde oder noch besser ins fließende
Wasser fortgeführet werden. Zu dem Ende schlug Franklin
vor, eine Metallstange einige Fuß hoch über die höchste
Spitze des Gebäudes hinaus aufzurichten, und sie von außen
bis zur Erde oder zum Wasser herabzuführen. Dieser Vorschlag wurde von den Amerikanern bald ausgeführet, weil
in verschiedenen Gegenden von Nordamerika die Gewitter
weit fürchterlicher und gefährlicher als bey uns sind. In
Deutschland war Winkler*) der erste, welcher zur Ableitung des Blitzes von den Gebäuden Vorschläge that. Auf
sein Anrathen sollte man eine isolirte Stange auf dem Gipfel
des Gebäudes errichten, und mit dieser eine lange Kette oder
einen drey Linien dicken Draht verbinden, welcher in der
freyen Luft von dem Gebäude entfernet gezogen und an einem
Pfahl in der Erde befestiget würde. Der erste Blitzableiter, der in Deutschland angeleget worden, ist, so viel man
weiß, der in Mähren°) im Jahre 1754 errichtete. Gewisse Vorurtheile, als ob der Blitzableiter den Blitz herbeylocke, welche auch bis auf den heutigen Tag noch nicht ganz
besieget sind, haben die Ausführung der Blitzableiter in
Deutschland verzögert.

Cc 4.   Was

---

*) De avertendi fulminis artificio. Lipf. 1753. 4.

°) Musschenbroek introd. ad philos. natur. T. II. §. 3542.

Was die beste Einrichtung der Blitzableiter betrifft, so hat man sonst viel darüber gestritten. Einige Gelehrte haben behauptet, unter welche vorzüglich Wilson [a] gehört, daß diejenigen Ableiter die größten Vorzüge hätten, welche einen Knopf oder ein stumpfes Ende hätten. Wilson behauptet nämlich, daß die zugespitzten Ableiter den Blitz herbeylockten, eine solche verheerende Materie aber, woraus der Blitz bestehe, müsse man nicht herbeyziehen, sondern vielmehr durch geschickte Leiter abzuführen suchen. Dieser Streit wurde im Jahre 1777 noch lebhafter, indem am 15ten May dieses Jahres in das mit spitzigen Ableitern versehene Schiffsmagazin zu Purfleet, 46 Schuh weit von der Spitze eines Ableiters, der Blitz eingeschlagen hatte, ohne jedoch weitern Schaden zu thun. Dieser Vorfall veranlaßte, daß eine Menge von Versuchen dieserwegen angestellet wurden. Die Versuche des Wilson waren die kostbarsten und prächtigsten, die jemahls mit der Elektricität sind angestellet worden. Er hatte das ganze londonsche Pantheon gleichsam mit einem metallenen Donnerwetter angefüllt, welches in ein kleines Haus einschlagen mußte. War dieses Haus mit einem spitzigen Ableiter versehen, und dem geladenen Apparat plötzlich genähert, so bekam die Spitze in einer Entfernung von 5 Zoll einen Schlag, und der ganze Apparat ward dadurch entladen; wurde hingegen ein Knopf auf die Spitze gesetzet, so erhielt das Haus keinen Schlag. Aus diesen und noch einigen andern Versuchen schloß er, daß die spitzigen Ableiter in einer weit größern Entfernung vom Blitze getroffen werden, als die Kugeln. (Edw. Nairne [b]

Versuche mit der größten Genauigkeit und Vorsicht an, welche ganz zum Vortheile der zugespitzten Ableiter ausfielen. Franklin zog die spitzigen Ableiter den stumpfen vor,

[a] Philosoph. transact. Vol. LIV. p. 249 sq.

[b] Philosoph. transact. Vol. LXVII. p. 229 sqq. übers. in den Leipziger Samml. zur Phys. und Naturgeschichte, B. II. Stück 4. S. 458 u. f.

vor, und glaubte sogar, aus dem elektrischen Versuche mit
metallischen Spitzen, welche die Elektricität allmählig und
ohne Schlag ableiten, daß die spitzigen Ableiter die Elektricität
der Wolken entkräften und nach und nach ohne Schlag derselben
gänzlich berauben würden. Daher hat man auch sonst behauptet, und aus der Erfahrung zu erweisen gesucht, daß
diejenigen Gebäude, welche mit zugespitzten metallischen Ableitern versehen wären, selten oder gar nicht vom Wetter-
strahle getroffen würden.

Die neuern Erfahrungen von Wetterstrahlen haben gelehret, daß die sonst und auch noch jetzt zum Theil üblichen
Wetterstangen das Gebäude höchstens auf eine Weite von
40 bis 60 Fuß schützen. Beyspiele von Gebäuden, welche
der Ableiter nicht sicherte, sind die Kirche zu Genua *), das
Arbeitshaus zu Heckingham *), das mit acht Ableitern versehen war, und in Königshayn bey Görlitz schlug der Blitz
an demselben Tage, da der Ableiter war errichtet worden,
in eine 170 Fuß davon entfernte alte Linde *); auch traf
am 24. August 1783 am Schlosse zu Dresden der Blitz einen
von der Ableitungsstange 9+ Dresner Ellen weit abstehenden
Altan. Weil der Blitz vorzüglich die oben hervorragende
Theile und Ecken der Gebäude trifft, so muß von dem einen
Ende des Dachrückens bis zum andern über den ganzen Forst
weg, auch über die Schornsteine, Erker, hervorragenden
Altäne, und überhaupt über alle Hervorragungen, eine zusammenhängende Metallleitung geführet werden. Hierbey
ist es selbst unnöthig, eine eigene Auffangungsstange aufzurichten, weil aus den Erfahrungen der Wetterschläge der Blitz
jederzeit einer genugsam starken Metallleitung folget. Hierdurch wird auch selbst dem noch herrschenden Vorurtheile, daß
die Wetterstangen den Blitz anzögen, vorgebeuget, und es
kann keinen Eigenthümer verwehret werden, den Forst seines
Daches mit Metallstreifen zu belegen, ob man gleich in den

Cc 5

neuern

α) Leipz. Samml. zur Phys. u. Natur. B. II. S. 588.
β) Philosoph. transact. Vol. LXXII. P. 2.
γ) Leipz. Samml. zur Phys. u. Natur. B. III. S. 93.

neuern Zeiten, als ein rühmliches Beyspiel der
ten, von welchen die mehresten keinen Begriff
tur und Wirkung der Elektricität haben, angefangen hat, die
Anlegung der Blitzableiter nach den Rechten zu vertheidigen [a]). Da es überdem noch sehr zweifelhaft ist, ob die Gewitterwolken mit der elektrischen Materie gleichsam als geladene Conduktoren zu betrachten sind, sondern vielmehr mit
weit größerer Wahrscheinlichkeit die elektrische Materie beym
Blitze erst erzeuget werde, so ist es leicht zu begreifen, daß
dergleichen hervorragende zugespitzte Leiter in den mehresten
Fällen weiter keinen Nutzen haben. Gesetzt aber auch, man
könnte die Gewitterwolken als geladene Conduktoren betrachten, so würde doch eine solche kleine Spitze viel zu gering
seyn, eine solche in den Wolken angehäufte elektrische Materie, ohne daß ein Schlag erfolge, einzusaugen. Selbst
elektrische Versuche zeigen, daß bey starker Ladung und plötzlicher Annäherung der Schlag in Spitzen gehet und selbst in
größerer Entfernung als auf stumpfe Körper. Bey solchen
Dächern, welche mit feuerfangenden Materien überdeckt sind,
könnten allenfalls die Wetterstangen noch von einigen Nutzen
seyn; jedoch ist keinesweges nöthig, daß sie sich in eine
Spitze endigen. So viel man auch an den Auffangungs-
stangen gekünstelt hat [b]), so ist es doch ungezweifelt gewiß,
daß sie wenig Sicherheit gewähren; und es ist daher unnöthig, einen unnützen Kostenaufwand zu machen. Was die
fernere Ableitung des Blitzes gegen die Erde hin anlangt, so
sind die Metallstangen, welche man bisher gebraucht hat,
ebenfalls ganz unnöthig. Denn nach elektrischen Versuchen
leitet eine breitere Oberfläche der Metalle noch viel besser. Ei-

streifen, welche man bequem an die Forstziegel anfügen und
auf

[a]) *Christ. Frid. Reimkasten* diss. Inaug. de iure conductorum fulminis. Ienae 1797. 4.

[b]) *Mémoir.* sur les verges ou barres metalliques, destinées à garantir
les édifices des effets de la foudre in den mémoir. de l'Acad. des
sc. 1770. p. 63. und *Bertholon de St. Lazare* de l'électricité des
météores. T. I. p. 228 sqq.

auf dem Schornsteinrande annageln kann. Vielfältige Erfahrungen haben gelehret, daß sie den Blitz hinlänglich ableiten. Auch zur fernern Ableitung des Blitzes sind dergleichen Bley- oder auch Kupferstreifen sehr dienlich, indem sie sich mit ihren Rändern über einander auf Holz annageln lassen. Aus Versuchen hat man zwar gefunden, daß Kupfer ein besserer Leiter als das Bley ist; allein die Erfahrung hat auch bewiesen, daß Bleystreifen von 3 Zoll Breite auf Holz genagelt den Wetterschlag auch ohne alle Beschädigung der darunter liegenden Theile herabführen. Das sonst gewöhnliche Abhalten des Ableiters von dem Gebäude durch eiserne oder hölzerne Stützen und Krampen ist ebenfalls unnöthig, und gibt außerdem ein übles Ansehen. Denn wenn der Wetterstrahl in die Mauer eindringen wollte, so könnte er es auch durch dergleichen Stützen thun; die Erfahrung aber lehret, daß der Blitz dem Metalle allemahl folge, und es ist daher hinlänglich, wenn an den Wänden oder Pfosten ein Bleystreifen oder noch besser ein Kupferstreifen befestiget werde. Jedoch hat man sich hier allerdings zu hüten, dergleichen Ableiter in der Mauer oder auch in innere Theile des Gebäudes einzuschließen, sie müssen vielmehr von außen angeleget werden, indem aus der Erfahrung bey Wetterschlägen hinlänglich erhellet, daß sie daselbst die größte Verwüstung anrichten, wo ihre Seitenexplosionen angrenzende Körper treffen.

Auch ist es nöthig, alles Metall, welches sich außen am Gebäude befindet, mit dem Ableiter zu verbinden. Flach an der Mauer und vom Gipfel oder von der Ecke des Daches entfernt liegende Metallstücke werden vom Blitze unmittelbar nicht getroffen; ja wenn auch Metall nur einige wenige Fuße unter dem Gipfel des Daches liegt, so pflegt doch noch vor der Erreichung desselben vom Blitze der Dachrücken oder ein Schornstein beschädiget zu werden, um desto eher wird also der Blitz von dem Metalle, womit der Forst bedecket worden, ergriffen und darin fortgeführet werden. Es kommt bloß auf die hervorragenden Metalle an, welche entweder der

Blitz

Bliß unmittelbar treffen könnte, oder welche doch so liegen, daß der Wetterstrahl ohne großen Widerstand dieselben treffen, und durch sie eine Ableitung noch unten finden möchte. Dergleichen Metalle müssen, zumahl wenn sie sich noch eine ziemliche Strecke nach unten ausdehnen, mit einer eigenen Ableitung bis zur Erde versehen werden; denn es würde sehr gefährlich seyn, diese mit dem Ableiter nur oberhalb zu verbinden, weil der Bliß hineingehen, und unten einen gewaltsamen Durchbruch suchen würde. Es ist also schädlich, wie **Hemmer** *) angegeben hat, die Uhr an den Kirchthürmen und die Aren der Glocken und andere in selbigen anzutreffende Metalle mit dem Bließableiter oben zu verbinden. Sonst pflegt der Bliß keinen Nebenweg durch Metall zu nehmen, wenn die Ableitung völlig zusammenhängend ist, und das Metall sich nicht weit nach unten erstrecket. So lehret z. B. die Erfahrung, daß der Bliß in Thürmen lieber einen herabgehenden dünnen Draht verfolget, als auf das weit größere Metall der Glocken zu fahren. Indessen bleibt es aber doch ausgemacht, daß man in solchen Fällen besser thut, die Ableitung von außen so weit als möglich davon zu entfernen, und sie reichlich zu machen. Wäre es aber nicht möglich, eine solche Entfernung vorzunehmen, wie z. B. bey den Hängewerken, bey welchen das Eisen der Ableitung auf dem Forste sehr nahe lieget, so hat man kein ander Mittel, als der Ableitung einen desto größern Umfang zu geben.

Sonst glaubte man, daß man die Ableitung tief in die Erde führen müsse, wo sich der Bliß erst zertheilen könne. Allein die an Wetterschlägen selbst angestellten Erfahrungen beweisen, daß der Bliß, so bald die metallische Leitung aufhöret, sich an der Oberfläche der Erde endiget; und nicht ein Mahl in Keller und unterirdische Höhlen dringet, und selbst unter hundert Fällen die Erde kaum ein Mahl beschädiget. Herr **Reimarus** hat alle die Fälle, wo der Wetterstrahl tiefer eingedrungen ist, sorgfältig aufgesuchet; aber mehrentheils

*) Anleitung, Wetterableiter anzulegen. Offenbach am Mayn 1786. 8. §. 32.

theils gefunden; daß sie sich auf dem freyen Felde zugetragen
haben. Diese Löcher sind nie tief gewesen, und es ist zu vermuthen, daß sie mehr durch den Stoß der Luft verursachet
worden sind. Herr Reimarus hält es so gar für unnöthig, den
Ableiter bis zur feuchten Erde oder zum Wasser zu führen,
weil alsdann eine starke Explosion Statt finde, wenn der
Strahl aus dem Ende der Metallleitung in die feuchte Erde
übergehe.

Der beste Ort, wohin der Ableiter den Blitz abführet,
ist ein freyes Wasser, weil sich der Blitz daselbst am leichtesten vertheilet. In Ermangelung dessen dienet auch hierzu
hinlänglich die Oberfläche der Erde. Bedeckte Gruben oder
Canäle oder auch Abtritte, wie Bertholon de St. Lazare *)
vorschlägt, sind zur Endigung der Ableiter nicht tauglich,
weil der Blitz die daselbst befindliche brennbare Luft entzünden
kann. Am Ende des Ableiters müssen keine feuerfangenden
Dinge befindlich seyn; auch muß gegen das Ende hin die
metallische Bekleidung von der Wand des Gebäudes entfernet seyn, damit Luft und Blitz einen freyen Raum zur Ausbreitung behalten.

Nach diesen Sätzen ist die Anlegung eines Wetterablei-
ters sehr einfach. Will man eine Wetterstange anbringen,
welche jedoch in den meisten Fällen ganz unnöthig ist, so bediene man sich hierzu einer Metallstange von ½ Zoll Dicke
und lasse sie 3 bis 5 Fuß über den höchsten Ort des Gebäudes
hervorragen. Hierauf wird in einen Dachziegel ein Loch
gemacht, und dieselbe mit einer runden in der Mitte durchbohrten Zinnplatte beleget. Das Loch in der Zinnplatte wird
ausgetrieben, so daß ein Cylinder in der Mitte in die Höhe
stehet, um welchen ein eiserner Ring die in die Zinnplatte
gesteckte Metallstange antreibe. Auf dem Forste des Daches
wird ein 3 bis 6 Zoll breiter Zinnstreifen also befestiget,
daß er an den Forstziegeln angetrieben und mit kleinen Nägeln seitwärts in den Kalk der Fugen und an den Schornsteinen und Gibelpfosten mit großen Nägeln angenagelt wird.

Die

*) De l'électricité des météores. T. I. p. 261.

Die Enden der Stücke der Bleystreife werden durch einen Falz an einander gefüget. Dergleichen Bleystreifen werden auch über die Schornsteine gelegt, und an den Seiten mit dem Hauptstreifen verbunden. Was die fernere Ableitung gegen die Erde hin betrifft, so bedient man sich hierzu ebenfalls 3 bis 6 Zoll breiter Bleystreifen oder noch besser Kupferstreifen. Muß ein Theil hiervon über ein Dach gehen, und es wäre ein einfacher Bleystreifen zu schwach, so macht man den Streifen von doppelt gelegtem Kupferblech. Die Stücke der Streifen werden an ihren Enden beym Bley mit einem einfachen Falze zusammengetrieben. Beym Kupfer aber entweder durch einen einfachen Falz vernietet, oder mit einem doppelten Falz so mit einander verbunden, daß der Rand des obern Stücks einwärts, des untern auswärts geschlagen sey. Da wo diese Stücke zusammengefalzet sind, hakt man einen dünnen messingenen Draht ein, steckt ihn unter einen Dachziegel durch und wickelt ihn um einen Nagel in den Latten. Der Theil der Ableitung, welcher von außen an der Mauer herabgehet, wird, wann es möglich ist, noch da, wo die Stücke in einander gefalzet sind, mit Nägeln an der Wand angeschlagen. Zuletzt endiget sich die Ableitung entweder bis in offenes Wasser, oder auf der Oberfläche der Erde so, daß die Metalleitung die Erde berühret.

... M. s. Mémoires sur les conducteurs pour préserver les édifices dela foudre par *Toaldo* traduit de l'Italien avec des additions p. Msr. *Barbier de Tinan* à Strasb. 1779. 8. Die Kunst, Thürme und andere Gebäude vor den schädlichen Wirkungen des Blitzes durch Ableitungen zu bewahren von Johann Ignaz von Felbiger. Breslau 1774. 8. Joh. Alb. Heinr. Reimarus vom Blitze aus elektrischen Erfahrungen Hamburg 1778. 8. Desselben, Vorschriften zur Anlegung einer Blitzableitung von allerley Gebäuden Hamburg 1778. 8. Nachricht von den in Churpfalz angelegten Wetterleitern von Joh. Jak. Hemmer in der historia et comment. Acad. Theodoro-Palatinae. Vol. IV. Phys. p. 1-85. Landriani Abhandlung über den

Nutzen

Nutzen der Wetterableiter aus d. Italiän. mit Zusätz. u. Kupf. Wien 1785. gr. 8. Joh. Jak. Hemmer Anleitung Wetterleiter an allen Gattungen von Gebäuden auf die sicherste Art anzulegen. Offenbach am Mayn 1786. 8. de Lüc siebenter Brief an de la Metherie über die Schwierigkeit in der Meteorologie ꝛc. aus dem Journ: de physique Aoûr 1790. überf. in Grens Journal der Physik. B. IV. S. 285. f. Busse Beruhigung über die neuen Wetterleiter. Leipz. 1791. 8. Reimarus neuere Bemerkungen vom Blitze. Hamburg 1794. 8.

Blitzfänger f. Elektricitätszeiger.

Blut (sanguis, Sang) ist die bekannte rothe Flüssigkeit, welche bey den meisten Thieren angetroffen wird, und welche sich bey ihnen, so lange sie leben, in einem beständigen Umlaufe befindet. Diese beständige Bewegung des Blutes bey den lebendigen Thieren ist eine Wirkung der Kraft des Herzens und der Puls- oder Schlagadern. Das Herz ist vermittelst einer Scheidewand in zwey Abtheilungen oder Kammern (ventriculi) getheilet, welche man nach ihrer Lage, die rechte oder vordere, und die linke oder hintere nennt. Die erstere ist beträchtlich weiter und etwas kürzer, die andere beträchtlich enger und etwas länger. In beyden Kammern befinden sich eine große Menge von Muskeln, welche mit einem so hohen Grad von Reizbarkeit versehen sind, als fast kein anderer Theil des ganzen Körpers hat. Vermöge des Athemhohlens, als welches mit dem Kreislauf des Blutes beständig in einerley Verhältniß ist, wird vermuthlich durch die Verbindung des Sauerstoffes mit dem venösen Blute das Herz wegen der Muskelfasern gereizet, wodurch es eine wechselsweise zusammenziehende und ausdehnende Bewegung erhält, und dadurch das Blut austreibet, und wieder einnimmt. Es wird nämlich durch das Zusammenziehen der linken Herzkammer das Blut in die geöffnete Aorta getrieben: auf gleiche Weise erfolget ein Zusammenziehen der großen Pulsader, aus welcher das Blut in die Aeste und Zweige derselben getrieben wird; aus diesen verbreitet es sich alsdann

alsdann vermittelst der kleinsten Zweige in den ganzen Körper: hierauf sammelt es sich in den mit ihnen verbundenen
zarten Venenzweigen an, geht in größere Aeste und Stämme
der Venen über, und wird endlich durch die beyden Hohladern wieder in die rechte Herzkammer geführet. Diesen beständige Kreislauf des Blutes, den man auch den großen
nennt, hat Wilh. Harvey *), ein Engländer, zuerst entdeckt, und mit unläugbaren Gründen bewiesen. Eine weit-
läuftigere Erklärung des Umlaufes des Blutes nebst den
dazu gehörigen Gründen muß man vorzüglich in der Physiologie suchen.

Das frische Blut ist von Farbe roth, und hat einen
etwas salzigen widrigen Geschmack; jedoch ist diese Röthe
an verschiedenen Stellen auch verschieden; so ist das Blut
in den Venen schwarzroth, in den Arterien aber hellroth.
Auch ändert sich die Beschaffenheit des Blutes nach dem
Alter, und ist z. B. bey den Menschen verschieden nach dem
Geschlechte, Temperament und der Gesundheit. Läßt man
das Blut eines Säugthieres eine Zeitlang stehen, so gerinnt
es, und sieht als eine rothe Gallerte aus. Aus dieser schei-
det sich durch die Ruhe nach und nach eine mehr oder weniger häufige gelbliche Feuchtigkeit ab, welche das Blutwasser (serum sanguinis) genannt wird, worin der übrige
Körper der rothe Blutkuchen (placenta, cruor sanguinis) schwimmt. Das Blutwasser hat einen unangenehmen
und ganz schwach gesalzenen Geschmack. Es läßt sich durch
Umrühren mit kaltem Wasser verdünnen und darin auflösen.
Wird es aber über 148 Grad nach Fahrenh. erhitzt, so verlieret es seine Durchsichtigkeit, wird milchweiß, und gerinnt
zu einer festen Substanz, wie gekochtes Eyweiß, und löset
sich nicht weiter im Wasser auf. Man nennt diese feste
Substanz gerinnbare Lymphe (lympha coagulabilis),
auch Eyweißstoff (materia albuminosa) und kömmt
ganz mit dem Eyweiß oder dem frischen käsichten Theile
der Milch überein. Wird das Blutwasser einer Destillation
unterworfen,

*) De motu cordis et sanguinis. Frf. 1628. 4.

unterworfen, welche im Wasserbade geschiehet, so erhält man in der Vorlage ein Phlegma von einem widrigen Geruche und Geschmacke, welches eigentlich ein bloßes Wasser ist, welches einige Gallerte mit sich fortgerissen hat, und daher sehr leicht in Fäulniß übergehet. Es sind also die nähern Bestandtheile des Blutwassers 1) Wasser, welches den größten Antheil ausmacht, 2). Eyweißstoff, 3) etwas kohlengesäuertes Mineralalkali und 4) etwas Gallerte.

Was den Blutkuchen betrifft, so läßt sich dieser, noch ehe er in Fäulniß übergehet, mittelst des kalten Wassers in zwey nähere Bestandtheile zerlegen. Das kalte Wasser nimmt nämlich den rothfärbenden Theil des Blutes auf, und es bleibt dabey eine weiße zähe fadenartige Materie übrig, welche der fadenartige Theil (pars fibrosa *Ruyschii*) genannt wird. Bringt man das Wasser, welches den rothfärbenden Theil in sich enthält, zum Sieden, so scheiden sich blaßröthliche Flecken aus, welche man durchs Filtriren besonders gewinnen kann. Dieser geronnene Theil ist von dem Eyweißstoff des Blutwassers nicht verschieden, als nur darin, daß er beym Einäschern Eisentheile zurück läßt.

M. s. Gren, systematisches Handbuch der gesammten Chemie, Th. II. Halle 1794. §. 1655 u. f.

Blutadern, Venen (venae, veines) sind die cylindrischen Gefäße, durch deren Stämme das Blut aus dem ganzen Körper ins Herz zurückgeführet wird. Die Häute derselben sind viel dünner als die der Arterien oder Pulsadern, und lassen daher das Blut mehr oder weniger durchschimmern. Am meisten unterscheiden sich die Blutadern durch ihre Klappen (valuulae). Diese Klappen finden sich theils einfach, theils doppelt, theils dreyfach, seltener vier oder fünffach an solchen Blutadern vor, deren Durchmesser mehr als eine Linie beträgt; nur die Blutadern des Gehirns, des Herzens, der Lunge und der Eingeweide haben dergleichen nicht. Alle Blutadern des ganzen Körpers endigen sich in zwey Hauptstämme, nämlich in die beiden Hohladern; die

Dd   Blutadern

Blutadern der Lunge aber endigen sich in die vier großen
Lungenblutadern.

Blutwärme, menschliche s. Wärme, thierische.

Bologneser Flaschen, Springkolben (Phialae
bononienses, matras de Bologne) sind kleine, ziemlich
dicke gläserne Kolben, welche von außen einen beträchtlichen Schlag ohne zu zerspringen erleiden können, sogleich
aber in Stücke zerfallen, wenn sie inwendig im geringsten
geritzet werden. Sie werden eben so wie andere Gläser ge-
blasen, jedoch nicht im Kühlofen nach und nach, sondern an
der freyen Luft abgekühlet. Daburch erhalten ihre Theile
eine sehr starke Spannung. Durch Hineinwerfung eines
kleinen Feuersteines erhalten sie einen kleinen Riß, einen
Anfang zur Trennung, welche sich in einem Momente durch
alle Theile erstrecket. Wirft man aber einen runden, nicht
mit scharfen Ecken versehenen, Körper hinein, so zerspringen sie
nicht, weil daburch kein Anfang zur Trennung gemacht
wird. Von außen sind die Theile wegen der Wölbung
fester beysammen, und zerspringen daher nicht, wenn sie auch
geritzet werden, und einen starken Schlag bekommen. Wenn
sie auf glühende Kohlen geleget, und nach der Erhitzung
nach und nach erkaltet werden, so verlieren sie ihre Sprödigkeit, indem daburch die Spannung der Theile vermindert
wird, und zerspringen alsdann auch durch eine inwendige
Ritzung nicht. Sie sind zuerst in dem Institute zu Bologna
gebraucht worden *), und haben daher ihren Nahmen erhalten. Mit den so genannten Springgläsern oder Glastropfen (m. s. Glastropfen) haben sie einerley Eigenschaft.

M. s. Erxleben Anfangsgründe der Naturlehre §. 423.

Bologneserstein s. Phosphorus.

Bononischer Stein s. Phosphorus.

Boracit s. Elektricität.

Borax

*) De quibusdam vitrorum fracturis in den comment. instirut. bo-
nonienf. Tom. II. part. l. p. 321. experimenta varia in ampullis
bonon. facta. eb. p. 328.

Borax (borax) iſt ein Salz, welches wie ein Laugen-
ſalz den Veilchenſyrup nicht grün färbt, mit Säuren nicht
aufbrauſet, und einen bitterlich laugenhaften Geſchmack hat.
Nach Fourcroy löſet es ſich beym 50° nach Fahrenh. in
12 Theilen Waſſer auf, im heißen Waſſer aber in 6 Theilen,
und ſchießt in ſechsſeitigen Cryſtallen an. In einer mäßigen Hitze ſchmelzt der Borax und ſchwillt dabey anfänglich
ſehr auf, verlieret jedoch dieß nach und nach wieder und
wird zäher. Wenn er erkaltet iſt, ſo ſtellt er eine leichte,
lockere weiße Maſſe vor; welche wie der gebrannte Alaun
ausſieht, und wird gebrannter Borax (borax vſta, cal-
cinata) genannt. Dieſer gebrannte Borax ſchmelzt beym
Anfange des Glühens zu einer Art von durchſichtigem, ſehr
ſchmelzbarem Glaſe, welches mit der Zeit in der Luft mehl-
artig wird und zerfällt. Dieſes Glas läßt ſich wieder im
Waſſer auflöſen, und gibt nach dem Abrauchen und Abkühlen ordentliche Boraxcryſtalle.

Man erhält den Borax in reinen Cryſtallen (raffinirten,
gereinigten, venediſchen Borax) jetzt aus Holland, wo er
aus dem Tinkal geſchieden wird. Dieſer Tinkal (Tincar,
Borach, Pounxa), welcher auch roher Borax (borax
cruda, nativa) oder Chryſocolla genannt wird, iſt eine
ihrem Urſprunge nach nicht ganz bekannte Materie. Eine
Sorte kömmt aus Perſien in grünlichen, fettig anzufühlen-
den Stücken, oder in undurchſichtigen, grünlichgelben Cryſtallen in ſechsſeitigen zuſammengedruckten Prismen, irre-
gulairen Endſpitzen, mit allerley fremdartigen, ſchleimigen
und fettigen Theilen vermengt; eine andere Sorte kömmt
aus China in Klumpen von weißer oder weißgrauer Farbe,
welche weniger fett riechen und mit einem weißen erdigen
Staube vermengt ſind. Das Verfahren, aus dieſem Tinkal den Borax rein in Cryſtallen zu gewinnen, hält man in
Holland geheim.

Man glaubte ſonſt, daß der Borax im Tinkal eine durch
Kunſt erzeugte Subſtanz ſey. Nachdem aber Herr Grill

Dd 2   Abraham-

Abrahamſon ⁎) natürlichen Borax nach Europa geſandt
hat, welcher in Thibet aus der Erde gegraben und nach
Engſtröm ⁑) ein mit vielem Borax vermengter Mergel
war. Auch hat man an andern Orten die Beſtandtheile des
Boraxes natürlich angetroffen, und ſelbſt Reiſende haben
ſich an Ort und Stelle überzeuget, daß der Tinkal natürlich
in Indien gefunden wird ᷍). Daher iſt es nun wohl nicht
mehr zweifelhaft, daß aller Tinkal, welcher im Handel vorkömmt, ſeinem Urſprunge nach von der Natur erzeuget wird.
Ⅿ. ſ. Gren, ſyſtematiſches Handbuch der geſammten
Chemie, Th. Ⅰ. Halle 1794. 8. S. 541 u ſ.

Boraxſäure (acidum boracicum, boracis, boracinum;
Sedativſalz, ſal ſedatiuum Hombergii, acide boracique)
iſt ein eigenes ſaueres Salz, welches als ein Beſtandtheil des
Boraxes zu betrachten iſt, und daraus durch die ſtärkſten mineraliſchen Säuren geſchieden werden kann. Tröpfelt man
nämlich zu einer Auflöſung des Boraxes im heißen Waſſer
ſo viel Schwefelſäure hinzu, bis die Auflöſung einen ſauern
Geſchmack erhält, und läßt ſie nachher allmählig in einer
Glasſchale ſo lange ausdampfen, bis ſich glänzende Schuppen darin zeigen, und dann erkalten, ſo ſchließen weiße
glänzende Salzflocken darin an, welche man durch ein Fil-
trum von Löſchpapier von der übrigen Lauge abſondert, mit
kaltem Waſſer abſpühlet und zwiſchen Löſchpapier trocknet.
Eben dieſes Salz, welches kaum einen merklich ſauern Geſchmack hat, heißt die Boraxſäure.

Schon Becher ᷍) ſcheint dieſes Salz gekannt zu haben;
gewöhnlich wird aber die Entdeckung deſſelben Homber-

gen

⁎) Vom Pounxa oder natürlichen Borax, in den ſchwed. Abhandl.
  B XXXIV. S. 317.; überſetzt in Crells neueſten Entdeckungen
  Th. I. S. 84.

⁑) Verſuche mit der Pounxa oder natürlichem Borax, in den ſchwed.
  Abhandl. B. XXXIV. S 319; überſetzt in Crells neueſten Entdeckungen S. 85.

᷍) Rob. Saunders mineraliſche und botaniſche Reiſe nach Butan
  und Tibet: in dem Magazine neuer Reiſebeſchr. B. L. S. 341.

᷍) Phyſica ſubterranea S. 791.

gen [a]) zugeschrieben, welcher es durch die Sublimation
eines Gemisches von gebranntem Vitriol, Borax und Wasser
im Sandbade erhielt, und nannte es daher sal volatile
vitrioli narcoticum. Stahl [b]) wuste jedoch bereits, daß
es nicht von der Vitriolsäure herrühre, sondern daß es auch
mittelst der Salpeter- und Salzsäure durch die Sublimation gewonnen werden könne, welches aber Lemery [γ]) zuerst

daß man

das Cry-

daß das

Boraxes

ausmache. Noch weiter that Baron [δ]) dar, daß selbst
Pflanzensäuren zur Abscheidung dieses Salzes angewendet
werden könnten, und daß die angewendeten Säuren zur Entstehung desselben nichts beytrügen.

Dieses Salz erscheinet beständig in fester Gestalt als
ein weißes, glänzendes und schuppiges Salz; jedoch ist das
sublimirte lockerer, flockig und gestreift. Sein specifisches
Gewicht ist im Verhältnisse des specifischen Gewichtes des
Wassers = 1,480. Im kalten Wasser löset es sich etwas
schwer auf und erfordert beym 50° Fahrenh. 20 Theile, beym
Sieden aber nur 2,211 Theile, und läßt sich daher durchs
Abkühlen sehr leicht crystallisiren. In der Luft erleidet dieses
Salz keine Veränderung, und im Feuer ist es nicht flüchtig.
Wegen der großen Leichtigkeit aber wird es mit dem Was-
ser, womit es befeuchtet worden, in der Hitze fortgerissen,
und kann dadurch sublimiret werden. In einer gelinden

Dd 3

Hitze

---

[a]) Essais de chimie; in den Mém. de l'Académ. royal des scienc. de
Paris 1702. S. 33. übers. in Crells chem. Archiv B. II. S. 265.

[b]) Von den Salzen. Halle 1729. S. 23.

[γ]) Expériences et réflexions sur le borax, poem. mémoir. in den
mém. de l'Acad. de Paris 1728. S. 270. übers. in Crells neuem
chem. Archiv B. III. S. 124. Deß. sec. mémoir. ebend. 1729.
S. 282. übersetzt ebend. S. 167.

[δ]) Nouvelles expériences sur le borax, avec un moyen facile de
faire le sel sédatif; in den mémoir. de l'Acad. de Paris 1732.
S. 398; übers. in Crells neuem chem. Archiv B. III. S. 317.

[ε]) Expériences pour servir à l'analyse du borax; in den mém.
présent. T. I. S. 295. 447.

Hitze schmelzet es, blähet sich anfänglich etwas auf, fließet hernach beym Glühen zu einer durchsichtigen, glasähnlichen Masse, wenn es in einem silbernen Löffel geschmolzen wird; im Tiegel aber zu einer milchweißen Substanz. Hierdurch verliert es sein Crystallisationseis, welches beynahe die Hälfte des ganzen Gewichtes beträgt. In der Hitze hat dieses Salz eine stark auflösende Kraft der Erden und Steine, und gibt mit ihnen glasähnliche Massen.

Mit den Säuren leidet dieß Salz gar keine Veränderung; mit den milden Laugensalzen und Erden brauset die Auflösung desselben in der Hitze, und gibt eigne Neutral- und Mittelsalze. Der gewöhnliche Borax ist noch nicht mit Boraxsäure gesättiget, und ist folglich kein vollkommenes Neutralsalz. Daher rühren seine alkalischen Eigenschaften. Dieserwegen nimmt auch der Borax noch mehr Boraxsäure in sich, und wird endlich damit zu einem vollkommenen Neutralsalze.

Ueber die Natur und Mischung der Boraxsäure sind die Meinungen der Chemisten immer verschieden gewesen. Man hielt es sonst mit Homberg für ein Produkt aus der Vitriolsäure. Auch nachher hielt es Pott *) für ein aus phlogistischer Erde und Vitriolsäure zusammengesetztes Mittelsalz, und Model #) für ein eigenes Neutralsalz aus Vitriolsäure und einem eigenen unschmelzbaren Alkali. Melzer γ), Cartheuser δ), Bourdelin ε) und Cadet ζ) suchten Salzsäure darin, und letzterer nahm in demselben noch Kupfertheile

α) Observation. coll. II. S. 89.
β) Diff. de borac. §. 6 u. 18. und chym. Rebenst. S. 200 u. 319.
γ) Diff. de borace, Regiomont. 1728. 8.
δ) De acido salis sedativi boracis obseruatio; in den act. societ. haff. S. 57. übers. im neuen Hamburg. Magazin B. XI. S. 571.
ε) Mémoire sur le sel sédatif, in den Mémoir. de l'Académ. de Paris 1753. S. 201. second mémoir. ebend. 1755. S. 397.
ζ) Expériences sur le borax; in den mémoir. l'Acad. de Paris 1766. S. 365.; experimenta, quibus euincitur boraci inesse principium cupreum, arsenicale et terreum vitrescibile; in den nov. act. acad. nat. curiosi. Vol. III. S. 96. experimenta, quibus probabiliter euinci potest, in borace teneram adesse terram vitrescibilem ebend. S. 105.

theile und verglasbare Erde an. Baumé *) glaubte, aus
einem durch einander gekneteten Teige, aus Thon, Fett und
Waſſer nach 1½ Jahren vollkommene Boraxſäure ausgelauget
zu haben; allein dieſe vermeinten Erfahrungen ſind durch
die vielen Verſuche des Herrn Storr *) und Wiegleb *)
auf keine Weiſe beſtätiget worden. Die Herren Erſcha-
quet und Struve *) haben aus Verſuchen, die Boraxſäure
zu zerlegen, eine gewiſſe Aehnlichkeit deſſelben mit der Phosphorſäure beweiſen wollen. Allein Herr Höfer *) entdeckte in verſchiedenen Gegenden des Großherzogthums Toſcana, und beſonders in dem Waſſer des Lagone Cheroliajo
und Caſtel nuovo, ein wahres natürliches Sedativſalz.
Auch Maſcagni ſand Sedativſalz an den Ufern dieſer
Seen in trockener Geſtalt. Außerdem aber iſt es gewiß,
daß der rohe Borax kein durch die Kunſt erzeugtes Produkt iſt,
ſondern daß er natürlich gefunden wird. Daher iſt wohl
nicht zu zweifeln, daß die Boraxſäure eine eigene natürliche
Säure des Mineralreichs ausmache.

Bouſſole ſ. Compaß.

Boyliſche Leere ſ. Leere.

Brachyſtochroniſche Linie, Linie des kürzeſten
Falles (linea brachyſtochrona ſ. celerrimi deſcenſus,
ligne brachyſtochrone). Stellt man ſich vor, daß ein
durch irgend eine Kraft in Bewegung geſetzter Punkt durch
verſchiedene krumme Linien von einerley Länge gehen könne,
ſo heißt diejenige, welche er in der kürzeſten Zeit durchläuft,
die brachyſtochroniſche Linie. Die höhere Mechanik zeiget, daß dieſe Linie bey freyfallenden Körpern die Cykloide iſt.

Dd 4   M. ſ.

*) Erläut. Experimentalchemie, Th. II. S. 156 u. 175.
*) Reſp. Reuſs diſſ. de ſale ſedativo Hombergii. Tub. 1778. 4.
*) Unterſuchung der von Baumé beſchriebenen künſtlichen Verfer-
tigung des Boraxes und des Sedativſalzes: in Crells chem.
Journ. Th. IV. S. 44.
*) Ueber die Zerlegung des Sedativſalzes und über die Zuſammen-
ſetzung des Boraxes; in Crells Auswahl eigentl. Abhandlungen
B. IV. S. 155.
*) Memoria ſopra il ſale ſedativo naturale della Toſcana e de bo-
race, che con quello ſi compone in Firenza. 1778. 8.

M. f. *Euleri* Mechanica. To. H. cap. 1.

Braunsteinmetall, Magnesium (magnesium, manganése) ein eigenes Metall, von Farbe weiß, besitzet Sprödigkeit und Härte, und ist auf dem Bruche körnig. Sein specifisches Gewicht ist 6,85 bis 7. Man hat es bis jetzt noch nicht ganz frey vom Eisen darstellen können. An der freyen Luft im Feuer verwandelt es sich bald in eine Halbsäure, welche anfänglich weiß, nachher schwarz wird. Auch außer dem Feuer nimmt es schon an der freyen Luft den Sauerstoff schnell an, und verwandelt sich dadurch in eine Halbsäure. Eine solche natürliche Halbsäure des Braunsteinmetalls ist der gemeine Braunstein (magnesia, magnesia nigra), welcher schon längst bekannt ist, man war aber nicht einig, welche Stelle man ihm in den Mineralsystemen geben sollte. Die mehresten rechneten ihn zu den Eisenerzen; allein Pott *) und Kronstedt haben gezeige, daß das Eisen zufällig in ihm wäre. Sage hielt ihn für ein Gemisch von Kobalt und Zink durch Salzsäure vererzt. Bergmann und sein würdiger Schüler Gahn ') zeigten im Jahre 1774, daß er eine eigene metallische Materie seyn müsse.

Die Halbsäure vom Magnesium wieder herzustellen, hält wegen der großen Strengflüssigkeit seines Metalls schwer, und daher erhält man es gewöhnlich nur in abgesonderten Körnern von einer höckerigen unebenen Oberfläche. Im starken Feuer fließt die Halbsäure des Braunsteinmetalls für sich allein zu einem braunen Glase.

In der Glasmacherkunst wird der Braunstein vorzüglich als Zusatz, um dem grünen Glase die Farbe zu benehmen, gebrauchet, und beym Töpferzeuge bedient man sich desselben zur schwarzen und braunen Glasur.

M. f.

---

*) Examen chemicum magnesiae vitrariorum; in den miscell. Berolin. To. VI. 1740. S. 40. Joh Heinrich Pott chemische Untersuchung des Braunsteins oder der Magneste der Glasschmelzer, übers. in Crells neu. chem. Anh Th. III. S. 289.

') Nose Act, Vpsal. Vol. II. p. 246 sqq.

M. f. Geschichte des Braunsteins, seiner Verhältnisse gegen andere Körper und seiner Anwendung in Künsten, von D. G. F. Ch. Fuchs. Jena 1791. 8.

Brechbarkeit (refrangibilitas, refrangibilité) ist die Eigenschaft der Lichtstrahlen, beym Uebergange aus dem einen Mittel zu einem andern von verschiedener Dichtigkeit ihre vorige Richtung zu verändern; wie z. B. wenn die Lichtstrahlen aus der Luft ins Glas, oder aus der Luft in andere Flüssigkeiten übergehen.

Auf die Brechbarkeit des Lichtes in verschiedenen Materien von verschiedener Dichtigkeit beruhet vorzüglich die merkwürdige Eigenschaft, die Theilung des weißen Lichtes in verschiedentlich gefärbtes Licht. Newton *) entdeckte zuerst im Jahre 1666 die verschiedene Brechbarkeit des Lichtes von verschiedenen Farben, und leitete daraus seine Theorie von den Farben her. Die vornehmsten Versuche, welche er anstellte, sind folgende:

1. Er ließ durch ein kleines rundes Loch, ungefähr im Durchmesser ⅓ Zoll, in einem verfinsterten Zimmer die Sonnenstrahlen hindurch, und fieng selbige mit einem gläsernen dreyseitigen Prisma so auf, daß die Seitenlinien desselben mit den einfallenden Strahlen rechte Winkel machten. Auf einer hinter dem Prisma entgegengesetzten Wand nahm er nun einen erleuchteten Raum gewahr, welcher mehr in die Länge als Breite ausgedehnet, unten und oben aber von zwey Halbkreisen begrenzt war. Dieser Raum war gefärbt, und er unterschied leicht folgende Farben, welche von unten nach oben zu in dieser Ordnung lagen: roth, orange, hellgelb, grün, hellblau, indigoblau, violet. Die Länge (fig. 57.) des von den gebrochenen Strahlen herrührenden Farbenbildes, dessen Ausbreitung von c d nach e f schon Grimaldi ᵝ) vor Newton wahrgenommen hatte, fand Newton ungefähr fünf Mahl größer als seine Breite;

Dd 5

dieß

---

*) Opticæ f. de reflexionibus, refractionibus, inflexionibus et coloribus lucis. Libri III: lat. redd. Sam. Clarke. Lond. 1706. 4.

ᵝ) De lumine. Bononiæ 1665. 4. p. 272.

diese aber war eben so groß als der Durchmesser des weißen
Kreises, welchen die durch die runde Oeffnung auffallenden
und durchs dreyseitige Prisma nicht gehenden Strahlen in
eben der Entfernung würden gebildet haben.

2. Hinter das Prisma b d c stellte er ein Bret mit einem
kleinen Loche, um einen Theil des im Prisma gebrochenen
Lichtes besonders durchzulassen; diesen abgesonderten Theil
ließ er etwa 12 Fuß von dem Brete entfernet durch das Loch
eines zweyten Bretes auf ein anderes hinter dieses Bret ge-
stelltes Prisma fallen. Wenn bey dieser Vorrichtung nur
ein einziger gefärbter Strahl auf das zweyte Prisma fiel, so
fand er die Farbe nach der Brechung gar nicht geändert, und
das Licht brachte auf der Wand ein kreisförmiges Bild zu
Wege. Blieben überhaupt die beyden dreyseitigen Prismen
mit dem andern Brete an einerley Stelle unverändert, und
er drehete das erste Prisma nach und nach um seine Axe, so
fand er alle einfach gefärbte Strahlen hinter dem zweyten
Prisma auf der Wand kreisförmig abgemahlt; das rothe
Bild lag aber auf der Wand am niedrigsten, etwas höher das
orangegelbe, noch etwas höher das hellgelbe und so fort in
eben der Ordnung, als die Farben im Farbenbilde von unten
auf nach oben zu liegen. Hieraus folgerte er, daß das Sonnenlicht aus verschiedenen, in Rücksicht der Brechung ungleichartigen Strahlen bestehen müsse, und daß bey einerley Neigungswinkel der rothe Strahl weniger als der orangegelbe,
der orangegelbe weniger als der hellgelbe, der hellgelbe weniger als der grüne, und so nach der Ordnung fort, gebrochen
werde. Wenn also die brechende Materie einerley bliebe, so
hätten auch die verschiedenen Strahlen des siebenfachen farbigen Lichtes verschiedene Brechungsverhältnisse. (M. f. Brechungsverhältniß).

3. Wenn er die hinter dem horizontalliegenden Prisma
gebrochenen Strahlen von einem andern dreyseitigen Prisma,
welches vertikal aufgestellet war, von neuem brechen ließ, so
mahlte sich das Farbenbild an der Wand eben so wie vorher

mit

mit den nämlichen, in eben der Ordnung nach einander liegenden, Farben ab, nur hatte es die schiefe Lage (fig. 58.) e f.

4. Wenn er das im Prisma gebrochene Licht durch eine
auf beyden Seiten erhabene Linse auffieng, so sahe er im
Brennpunkte ein rundes weißes Sonnenbild, das sich auf
der Wand abmahlte. Da sich aber die Strahlen im Brennpunkte durchkreuzten, und nachher wieder aus einander fuhren, so konnte er auch selbige durch eine weiße ebene Fläche
auffangen, und er erblickte alsdann alle die Farben wieder,
nur in der verkehrten Ordnung.

5. Wenn er ein halb roth und halb blau gefärbtes Papier
durch ein gläsernes Prisma betrachtete, so erblickte er die blaue
Hälfte höher als die rothe, wenn die Schärfe des Prisma
aufwärts, niedriger aber, wenn die Schärfe unterwärts gekehret war. Hieraus folgte nun, daß das blaue Licht jederzeit stärker als das rothe gebrochen wurde.

6. Wenn auf die Seitenfläche (fig. 59.) c d eines rechtwinkligen dreyseitigen Prisma die Strahlen beynahe senkrecht
auffallen, so gehen sie durch diese Fläche ungebrochen durch,
werden aber beym Uebergange aus der Fläche c h in die Luft
nach e f hingebrochen, und verursachen daselbst das Farbenbild auf einer Ebene. Drehet man nun nach und nach das
rechtwinklige dreyseitige Prisma von c nach d zu um die Axe,
bis ungefähr die auf die Fläche c h einfallenden Strahlen
gegen selbige unter einem Winkel von 49 Graden sich zu nei-
gen anfangen, so wird nun ein Theil des Lichtes nicht mehr
in g gebrochen werden, sondern es wird gegen i hin zurück-
strahlen. Auf diese Weise wird alles auf c h auffallende Licht
nach und nach nach g i reflektiret, wenn das dreyseitige rechtwinklige Prisma um die Axe weiter gedrehet wird. Gesetzt, es
befände sich ein dreyseitiges Prisma i k da, wo die in g re-
flektirten Strahlen hinlaufen, und welche folglich in jenem gebrochen würden, so wird bey der allmäligen Umdrehung des
rechtwinkligen Prisma c d h der erste nach i hin reflektirte,
und durch das dreyseitige Prisma i k gebrochene, von einer
Ebene aber hinter diesem Prisma aufgefangene Theil des Lichtes

tes ein violettes Bild verurſachen, welches man in l gewahr
wird; bey fernerer Umdrehung des Prisma wird man nach l
ein dunkelblaues Bild, hernach ein hellblaues, darauf ein
grünes u. ſ. Bild ſehen, bis zuletzt auch in m das rothe darzu
kömmt. So bald man aber das violette Bild in l gewahr
wird, ſo iſt es in e verſchwunden, und dieſer Erfolg dauert
ſo lange, bis in e f nach und nach alles farbige Licht unſicht-
bar geworden, und in l'm übergegangen iſt. Hieraus folgt
nun unläugbar, daß die blaufarbigen Strahlen eher als die
grünen, dieſe eher als die gelben u. ſ. f. reflektiret werden; mit
einem Worte, daß diejenigen Strahlen zuerſt zurückſtrahlen,
welche am meiſten gebrochen werden.

Dieſe Verſuche zeigen deutlich, daß nicht allein das Sonnenlicht, ſondern auch das von verſchiedenen Körpern zurück-
ſtrahlende Licht nach Beſchaffenheit ſeiner Farbe eine verſchiedene Brechbarkeit beſitze. Newton theilte daher das
Licht in einfaches oder gleichartiges, homogenes, welches durch Bewegung in einem dreyſeitigen Prisma keine
veränderlichen Farben erhält, und zuſammengeſetztes oder
ungleichartiges, heterogenes, welches durch Brechung
verſchiedene farbige Lichtſtrahlen beſitzet. Es kann möglich
ſeyn, daß ungleichartiges Licht in Anſehung der Farbe dem
homogenen ähnlich iſt, man muß es aber noch nicht für
gleichartig halten; die Brechung deſſelben in einem dreyſeitigen Prisma wird die Zuſammenſetzung oder die Einfachheit
des Lichtes erſt zeigen müſſen.

Was für Einfluß die verſchiedene Brechbarkeit des Lichtes auf die gewöhnlichen Fernröhre hat, iſt unter dem Artikel Abweichung, dioptriſche gezeiget worden.

Noch mehr hierher gehöriges ſ. m. unter dem Artikel
Farben.

Brechung (refractio, refraction). Hierunter verſteht man überhaupt eine Ablenkung eines bewegten Körpers
von ſeiner Bahn, wenn er in einer ſchiefen Richtung aus
einem Mittel in ein anderes von verſchiedener Dichtigkeit
übergehet. Wenn nämlich ein feſter bewegter Körper aus
einem

einem dünnern Mittel in ein dichteres nach schiefer Richtung
übergehet, so ist es natürlich, daß er bey der Berührung
des dichtern Mittels einen größern Widerstand in seiner Bewegung findet, folglich muß er auch von seiner vorigen Richtung abgelenket werden, und in seiner Bewegung eine andere Richtung bekommen. Eben dieß wird auch erfolgen,
wenn er aus einem dichtern Mittel in ein dünneres übergehet. Wenn z. B. die feste Kugel (fig. 60.) in der Richtung a h aus der Luft bey b ins Wasser übergehen will, so
werden alle Theile der Fläche der Kugel, welche bey der Bewegung in der Luft derselben entgegengesetzet ist, gleichviel
Widerstand leiden; so bald aber die Kugel die Wasserfläche
in b berühret, so ist auch der Widerstand an dieser Stelle
größer, als der an der Stelle c, welche noch in der Luft sich
befindet; mithin muß sich auch die Kugel mit dem Unterschiede beyder Widerstände gegen c hinlenken; je weiter sich
nun die Kugel ins Wasser eintauchet, desto mehrere Punkte
werden mit dem Wasser in Berührung kommen, desto größer
wird alsdann auch der Widerstand daselbst seyn. Folglich
geschieht die Ablenkung der bewegten Kugel von ihrer Bahn
nicht auf ein Mahl, sondern nur nach und nach, und es muß
daher die Kugel eine Curve beschreiben, bis sie endlich ganz
unter Wasser getauchet ist; in diesem Falle wird sie alsdann
in der Richtung c i geradlinig fortgehen, weil nun die dem
Wasser entgegengesetzte Fläche in allen Punkten wie in der
Luft gleichen Widerstand leidet. Wenn umgekehrt die Kugel in der schiefen Richtung i c aus dem Wasser bey b in
die Luft übergehet, so werden ähnliche Betrachtungen zeigen,
daß sie anfänglich eine krumme Linie beschreiben und wenn
sie das Wasser völlig verlassen hat, in der geraden Linie c a
sich fortbewegen müsse. Es folgt demnach hieraus, daß
feste Körper, welche aus einem dünnern Mittel in ein dichteres übergehen, von dem Perpendikel d e ab, beym Uebergange aus einem dichtern in ein dünneres Mittel aber nach
dem Perpendikel d e zu gelenket werden, wie auch die Erfahrung hinlänglich beweiset. Hier wird jedoch vorausgesetzet,

daß

daß auf dem festen Körper keine andere Kraft als diejenige, welche ihn in Bewegung setzte, wirke. Die Größe dieser Ablenkung von der vorigen Richtung hängt übrigens von der Geschwindigkeit der Gestalt und Masse des festen Körpers ab.

Brechung der Lichtstrahlen, Strahlenbrechung (refractio radiorum lucis, refraction de la lumière) heißt die Aenderung der Lage eines Lichtstrahles, wenn er aus einer durchsichtigen Materie in eine andere von ungleicher Dichtigkeit übergehet. Diejenige Wissenschaft, welche die Gesetze derselben erkläret, heißt die Dioptrik, und macht einen besondern Theil der optischen Wissenschaften aus.

Die Fläche, womit zwey durchsichtige Materien von ungleicher Dichtigkeit an einander grenzen, heißt die brechende Fläche, und die gerade Linie, welche auf selbiger in dem Punkte, wo der Lichtstrahl auffällt, senkrecht ist, das Einfallsloth (cathetus incidentiae). Man nennt ferner den Winkel, welchen das Einfallsloth mit dem einfallenden Strahl macht, den Neigungswinkel (angulus incidentiae), den Winkel des gebrochenen Strahls aber mit dem Einfallsloth den gebrochenen Winkel (angulus refractus), und denjenigen, welchen der einfallende und gebrochene Strahl einschließen den Brechungswinkel (angulus refractionis).

Die Erfahrung lehret, daß bey der Brechung der Lichtstrahlen folgende Gesetze Statt finden.

1. Wenn ein Lichtstrahl aus einer weniger brechenden Materie in eine stärker brechende übergehet, so wird der gebrochene Winkel allemahl kleiner als der Neigungswinkel, und das Verhältniß des Sinus des Neigungswinkels zum Sinus des gebrochenen Winkels bleibt einerley, wenn die brechende Materie bleibt, der Neigungswinkel mag größer oder kleiner werden.

2. Wenn ein Lichtstrahl aus einer stärker brechenden Materie in eine weniger brechende übergehet, so wird der gebrochene Winkel allemahl größer

als

als der Neigungswinkel; und das Verhältniß des Sinus des Neigungswinkels zum Sinus des gebrochenen Winkels bleibt einerley, wenn die brechende Materie dieselbe bleibt, der Neigungswinkel mag groß oder klein seyn.

3. In beyden Fällen liegen der einfallende Strahl mit dem gebrochenen und dem Einfallsloth in einerley Ebene.

Das Verhältniß des Sinus des Einfallswinkels zum Sinus des gebrochenen Winkels nennt man auch das Brechungsverhältniß oder das Verhältniß der Refraktion.

Aus diesen Gesetzen der Brechung folgt unmittelbar, je kleiner der Neigungswinkel wird, desto kleiner muß auch der gebrochene Winkel werden; verschwindet also der Neigungswinkel, so verschwindet auch der gebrochene d. h. ein senkrecht auffallender Strahl geht ungebrochen durch.

Es sey (fig. 61.) k e die brechende Fläche, und der Lichtstrahl a b falle aus einer weniger brechenden Materie in eine stärker brechende, und das Brechungsverhältniß sey $\mu : \nu$, so wird man aus dem bekannten Neigungswinkel a b c den gebrochenen d b i finden können: denn man hat. sin.

$$\text{a b c} : \text{sin. d b i} = \mu : \nu, \text{ folglich sin. d b i} = \frac{\nu}{\mu}. \text{ sin.}$$

a b c, wodurch die Lage des gebrochenen Strahls b i bestimmt wird. Nähme man umgekehrt an, der auffallende Strahl i b gehe aus einem stärker brechenden Mittel in ein weniger brechendes über, und das Brechungsverhältniß sey $\nu : \mu$, so

hat man sin. d b i : sin. a b c $= \nu : \mu$, folglich sin. a b c $= \frac{\mu}{\nu}$.

sin. d b i; es ließe sich also auch hierdurch die Lage des gebrochenen Strahls finden. Weil beständig $\mu > \nu$ ist, so ist auch sin. d b i ein möglicher Sinus, welcher nie größer als

$\frac{\nu}{\mu}$ wird, wie groß auch a b c seyn mag. Geht aber der

Strahl

Strahl aus einer stärker brechenden Materie in eine weniger brechende über, so wird die Brechung unmöglich, wenn $\frac{\mu}{\nu}$. sin. d b i $>$ 1, mithin sin. d b i $> \frac{\nu}{\mu}$ ist. Fiel der Licht-strahl aus dem Glase in die Luft, so kann man das Bre-chungsverhältniß $\nu : \mu = 2 : 3$ annehmen; folglich ist $\frac{\nu}{\mu} = \frac{2}{3}$. Es kann also auch der Strahl aus dem Glase nur so lange in die Luft fallen, als sin. d b i nicht größer als $\frac{2}{3}$ oder nicht größer als 0,6666666 wird. Es muß demnach der Winkel des einfallenden Strahles mit dem Einfallsloth nicht über 41° 48ᛁ, und der Neigungswinkel desselben gegen die brechen-de Fläche nicht unter 47° 12ᛁ seyn. Auch lehret wirklich die Erfahrung, daß Strahlen, welche so schief auffallen, nicht in die Luft übergehen, sondern zurückgeworfen werden.

Die Strahlenbrechung war den Alten gar nicht unbe-kannt; allein ihre unbestimmten Begriffe vom Sehen und dem Lichte ließen ihnen auch diese Wirkung dunkel. Erst der Araber Alhazen im 11ten Jahrhunderte und Vitello (auch Vitellio) im 13ten Jahrhunderte *) bemühten sich, das Gesetz der Strahlenbrechung zu entdecken. Ihre Untersuchun-gen giengen aber ganz allein auf die Vergleichung der Win-kel und verfehlten daher die Wahrheit. Kepler *) unter-suchte die Strahlenbrechung schon etwas genauer, nähm je-doch hierbey die Kugelschnitte zu Hülfe, um die Größe der Brechungen zu bestimmen. Er sagt, die Brechungswinkel, worunter er die Winkel des einfallenden und gebrochenen Strahls verstehet, haben einen Proportionaltheil, welcher von dem Einfallswinkel abhängt, und einen ungleich wachsen-den Theil, der von der Sekante des Winkels abhängt, welche der gebrochene Strahl mit dem Einfallslothe macht. Er berechnete hierüber

---

*) Des Alhazen libri opticorum VII und des Vitello libri opticorum X sind von Friedrich Risner in thesauro optico zu Basel 1572. f. ediret worden.

*) Ad Vitellionem paralipomena etc. Franc. 1604. 4. cap. IV.

hierüber eine Tafel für die Brechung im Waſſer. In ſeiner Dioptrik *) gibt er folgendes Inſtrument an, die Größe
des gebrochenen Winkels bey jeder Lage des einfallenden
Strahls zu meſſen. Ein gläſerner Würfel (fig. 62.) a b c g e f
wird in den Winkel zwey unter einem rechten Winkel zu-
ſammengefügter Breter f g h und k i h geſetzet, wovon das
eine f g h und das Stück e d h g vor dem Würfel hervorgehet, mit dem Würfel aber einerley Höhe hat. Bringt man
nun den Würfel mit dem Brete horizontal gegen die Sonne
ſ, ſo wird der Schatten des Bretes f g h außer dem gläſernen Würfel bis o m, und innerhalb deſſelben nur bis n p
reichen. Alsdann laſſen ſich die Linien d m und d n meſſen,
und man kann aus der Höhe des Würfels e d die Winkel
m e d = l e ſ = dem Einfallswinkel und n e d = dem gebrochenen Winkel trigonometriſch berechnen. Durch dieſes
Werkzeug fand Kepler, daß bey der Brechung der Strahlen
aus Luft ins Glas der Einfallswinkel l e ſ, wenn er nicht
über 30° beträgt, zum gebrochenen Winkel n e d ſich verhalte
wie 3:2, welches Verhältniß von dem Geſetz der Brechung
ſehr wenig abweicht. Dieſes Verhältniß wandte er ſehr vortheilhaft auf die Gläſer in den Fernröhren an, deren Krümmung, vom Mittelpunkte bis an den Rand gerechnet, gewöhnlich nicht über 30° beträgt, und leitete daraus die Vereinigungsweite von denſelben ſehr richtig ab. Durch Verſuche
beſtimmte er auch ſchon, daß bey der Brechung des Lichtes
aus dem Glaſe in die Luft der Einfallswinkel nicht über 42°
ſeyn müſſe, wenn es ſich nicht aus der Brechung in eine
Zurückſtrahlung verwandeln ſoll. Scheiner und Kircher *)
ſtellten noch mehrere Verſuche über die Brechung der Lichtſtrahlen an. Scheiner maß das Verhältniß des Einfalls-
und Brechungswinkels aus Luft in Waſſer von Grad zu Grad
mit vieler Genauigkeit, und brachte alle Reſultate in eine
Tabelle.

a) Dioptrice, ſ. demonſtratio eorum, quae viſui et viſibilus, propter conſpicilla non ita pridem inuenta, accidunt etc. Auguſtae
Vindelic. 1611. 4. L. 1. c 3.

b) Ars magna lucis et umbrae. Romae 1646. fol.

Ee

Tabelle. Kircher gieng noch weiter, und stellte über die Brechung der Lichtstrahlen Versuche von Minute zu Minute an, und beobachtete auch die Brechungen im Weine, Oele und Glase. Kircher bediente sich zur Messung der Brechung folgendes Werkzeuges: ein in Form einer Halbkugel verfertigtes hohles Gefäß hatte auf dem Rande einen stehenden Quadranten, um dessen Mittelpunkt eine Regel beweglich war; dieses halbkugelförmige Gefäß füllte er mit der durchsichtigen flüssigen Materie an, neigete alsdann die Regel unter einen gewissen Neigungswinkel, und bemerkte den Ort, wo sie wegen der Brechung den untern Theil des Gefäßes zu berühren schien. Endlich wurde das Gesetz der Strahlenbrechung von **Willebrordus Snellius**, Professor der Mathematik zu Leiden, entdeckt. Seine Schrift, worin er dieses Gesetz beschrieben hat, ist zwar nie herausgekommen, allein Huygens[a] versichert, daß er dieses in seiner Handschrift gelesen habe. Priestley[β] führt auch noch an, daß Vossius in seiner Schrift de natura lucis, erzähle, daß der Professor Hortensius diese Entdeckung sowohl in seinen Lehrstunden als auch sonst vorgetragen hätte; allein der Herr Professor Scheibel[γ] behauptet, daß er dieses in dem Vossius nicht gefunden habe. Herr Pfleiderer[δ] hingegen fand diese Stelle in des *Is. Vossii* responso ad obiecta J. de Bruyn et Petri Petiti p. 32 sq. Herr Pfleiderer vermuthet, daß Snellius auf seine Erfindung durch eine Wiederhohlung von Keplers Untersuchungen gekommen sey. Nach Huygens bestand die Entdeckung des Snellius im Folgenden: es sey (fig. 63.) die Oberfläche einer stärker brechenden Materie, wie z. B. des Wassers, darin f ein sichtbarer Punkt ist, welcher einem Auge in h in der geraden Linie h e erscheinet. Nun nahm er

---

[a] Dioptrica p. 1.

[β] Geschichte der Optik; aus d. Engl. von Klügel, Th. I. Leipzig 1777. S. 87.

[γ] Einleitung in die mathematische Bücherkenntniß, Th. II. S. 326.

[δ] Thesium inaugural. part mathematico-physica 1791. defens. Tubing. 4. thes. XXVI.

er an, daß das Bild des Punktes f in e erschiene, und daß
die geraden Linien d f und d e ein unveränderliches Verhältniß zu einander hätten, nämlich im Wasser das von 4 zu 3.
In dem Dreyecke d e f hat man nun d f : d e = sin. d e f :
sin. e f d oder d f : d e = sin. a e d : sin. f d g oder d f : d e
= sin. c d h : sin. f d g. Huygens aber sagt, auf das
Verhältniß des Sinus hat Snellius nicht gedacht, und
glaubte, daß hier alles auf das scheinbare Bild der Sache
ankäme. Erst Descartes führt das wahre Gesetz der Strahlenbrechung in seiner im Jahre 1637 herausgekommenen Dioptrik so an, wie es bereits oben angeführet worden ist, erwähnet
aber keines Versuches, welchen er zur Entdeckung dieses Gesetzes gemacht hätte, sondern er leitet es als eine Folge aus
den Untersuchungen über die Brechung des Lichtes her, obgleich Huygens gewiß versichert, daß er die Handschrift des
Snellius in Händen gehabt habe. Descartes druckt das
Gesetz nur etwas anders aus, als Snellius. Es mag auch
seyn, daß Descartes dieß Gesetz aus der Handschrift des Snellius genommen hat, so gebühret ihm doch das Verdienst, es
zuerst bekannt gemacht zu haben, wodurch erst die Dioptrik
eine richtigere und auf Gründen gebauete Theorie erhielt.

Vor Descartes hatte man es noch nicht gewagt, eine
Erklärung über die Ursache der Brechung zu machen. Dieser
versuchte sie aus mechanischen Grundsätzen durch die Zerlegung der Kräfte zu geben. Er nahm an, daß das Licht die
stärker brechende Materie leichter als die weniger brechende
durchdringe. Es sey (fig. 64.) g c der einfallende Strahl,
dessen Bewegung nach den zwey Richtungen h c in der Oberfläche des Wassers und i c der senkrechten auf diese Oberfläche
zerfället werde. Mit i c und c h kann man das Parallelogramm i c h g und mit c g den Kreis g a f b beschreiben. Ist
nun die Geschwindigkeit in der stärker brechenden Materie
um ein Drittheil größer, als die in der geringer brechenden,
so beschreibet der Lichtstrahl in der ersten Materie eben denselben Weg in zwey Zeittheilen, welchen er in der andern Materie in drey Zeittheilen beschrieb, weil die Geschwindigkeiten

in

in gleichen Räumen umgekehrt wie die Zeiten sich verhalten.
Auf der verlängerten b c nehme man das Stück c d = ⅓ b c,
so muß nun der Strahl in zwey Zeittheilen so wohl den Halbmesser des Kreises beschreiben, als auch nach der Richtung
c ą um das Stück c d fortgegangen seyn, weil die Geschwindigkeit nach c e nicht verändert wird. Folglich kann der Lichtstrahl seinen Weg nicht in der geraden Linie g c e fortgesetzet
haben, sondern er muß den Kreis in f treffen, wo die aus d
auf a c senkrechte Linie den Kreis trifft. Auf diese Art wäre
also das Gesetz der Brechung völlig bewiesen. Man brauchte
daher nur für eine jede brechende Materie eine einzige Beobachtung anzustellen, um durch Rechnung für jeden Einfallswinkel den Brechungswinkel zu bestimmen. Allein dem Beweise dieses Gesetzes kann man zwey nicht ungegründete Zweifel entgegensetzen. Erstlich sieht man gar keinen Grund ein,
warum die veränderte Geschwindigkeit des bewegten Lichtstrahles allein durch c f sich erstrecken, und gar keinen Einfluß auf die mit c d parallele Bewegung f k haben soll, da
doch der Lichtstrahl in der stärker brechenden Materie wirklich
fortgehet, und folglich, wenn er dieselbe leichter durchdringt,
auch nach der Richtung c d oder k f leichter und geschwinder
fortgehen müßte. Zweytens ist ohne Beweis angenommen,
daß das Licht die stärker brechende Materie leichter und geschwinder durchdringe; die Erfahrung davon lehret aber gar
nichts Bestimmtes. Uebrigens stimmt auch die Behauptung
des Descartes, daß das Licht die stärker brechende Materie
schneller durchdringe, mit der Vorstellung, daß die Fortpflanzung des Lichts instantan sey, gar nicht überein.

Der erste, welcher die Wahrheit dieser Erklärung in
Zweifel zog, war der Parlamentsrath zu Toulouse Fermat,
welcher mit Descartes hierüber in Streitigkeit gerieth, die
Montucla *) umständlich erzählet. Er behauptete gegen
Descartes, daß das Licht im Wasser mehr Widerstand als in der
Luft antreffe, so wie im Glase mehr als im Wasser, und
die Größe des Widerstandes in verschiedenen brechenden Ma-
terien

*) Histoire des mathemat. T. II. p. 188.

terien verhalte sich in Absicht auf das Licht, wie ihre Dichtigkeiten. Er sucht die Ursache der Brechung aus dem Satze herzuleiten, daß die Natur ihre Entzwecke auf die kürzeste Art erreiche. Es verkürze sich nämlich der Weg c f des Lichtes in einer stärker brechenden Materie, so daß die Zeit, welche das Licht gebrauche, um von g nach f zu kommen, auf dem Wege g c f die kleinste sey. Hieraus bewies nun Fermat durch eine weitläuftige Rechnung, daß sich, um dieß Kleinste zu erhalten, die Sinus der Winkel g c i und f e k verhalten müßten umgekehrt wie die Widerstände beyder brechender Materien. Mit Hülfe der nachher erfundenen Differenzialrechnung ließe sich diese Rechnung kurz anstellen. Auf diese Weise kamen Descartes und Fermat in dem Schlusse mit einander überein, daß die Sinus des Einfalls- und des Brechungswinkels in einerley Verhältniß ständen; nur waren sie darin verschieden, daß der erstere glaubte, die Sinus der gedachten Winkel verhielten sich umgekehrt wie die Geschwindigkeiten in beyden brechenden Materien, der andere aber, sie verhielten sich umgekehrt wie die Widerstände der brechenden Materien. Gegen Fermats Schluß ist nur einzuwenden, daß aus Entzwecken der Natur nichts Physikalisches geschlossen werden kann.

Der Herr von Leibnitz *) suchte das Gesetz der Strahlenbrechung ebenfalls aus den Absichten der Natur, wie Fermat, zu beweisen. Er nimmt an, das Licht suche den leichtesten Weg; die Leichtigkeit aber hänge so wohl von der Länge des Weges als auch von dem Widerstande der durchdringenden brechenden Materien ab. Durch Hülfe der Differenzialrechnung findet er nun eben das Resultat, welches Fermat gefunden hat, daß sich nämlich die Sinus der Einfalls- und Brechungswinkel zu einander verhalten umgekehrt wie die Widerstände der brechenden Materien, oder gerade, wie die Leichtigkeiten, womit sich die brechenden Materien durchdringen ließen. Dem Lichtstrahle gibt er, wie Descartes, in

Ee 3
der

*) Vnicum opticae, catoptricae et dioptricae principium, Acta erud. Lipf. 1682. pag. 185-190.

der stärker brechenden Materie mehr Geschwindigkeit, ungeachtet er ihm daselbst mehr Geschwindigkeit antreffen läßt. Den
Begriff von der Leichtigkeit und Schwierigkeit hat er ganz
unbestimmt gelassen, und ihn ganz nach dem zu beweisenden
Satze eingerichtet. Wollte man ihn genau nehmen, so würde
viel Ungereimtes daraus folgen.

Eine von den ältesten mechanischen Erklärungen, über die
Brechung der Lichtstrahlen, welche **Barrow** [a]), **Dechales** [β]) und **Rizzetti** [γ]) angenommen haben, eignet **Montucla** dem **P. Maignan** [δ]) als Erfindung zu. Man behauptet nämlich, daß ein jeder Lichtstrahl aus einer Menge
an einander hängenden länglichen Lichttheilen bestehe, welche
sich immer parallel mit einander fortbewegen. Wenn nun
ein solcher Lichtstrahl schief gegen eine brechende Fläche stoße,
wo er größern Widerstand finde, so werde der Theil (fig.
65.) d eher als f anstoßen, und daher größern Widerstand
leiden. Hierdurch bewege sich aber d langsamer als f, weil
f die vorige Geschwindigkeit noch nicht verloren hat. Da
nun beyde Theile zusammenhängen, so müssen sie Bogen beschreiben, welche concentrisch sind, und deren Längen sich zu
einander verhalten wie die Geschwindigkeiten in beyden brechenden Materien, bis endlich f die brechende Fläche in g
erreicht, und mit d einerley Geschwindigkeit erhalten hat, in
welchem Falle sie wieder geradlinig und mit den übrigen
Theilen des Lichtes in dieser brechenden Materie parallel fortgehen. Hierdurch läßt es sich begreifen, daß der Lichtstrahl
bey d nach dem Perpendikel c e zu in der stärker brechenden
Materie gebrochen werde; auf eben diese Weise sieht man
leicht ein, daß diese Brechung in umgekehrter Ordnung vor
sich gehe, wenn der Lichtstrahl aus einer stärker brechenden
Materie in eine weniger brechende übergehe. Nach dieser
willkürlich angenommenen Hypothese würde folgen müssen,
daß die brechenden Materien von größerer Dichtigkeit dem
Durch-

[a]) Lectiones opticae. Lond. 1674. 4.
[β]) Mundus mathematicus. Lugd. 1690. fol.
[γ]) Catoptricae et dioptricae elementa. Venet. 1728. 8.
[δ]) Perspectiva horaria. Romae 1648. fol.

Durchgange des Lichtes mehr widerstehen, und folglich dasselbe mehr brechen würden, als die brechende Materie von geringerer Dichtigkeit; welches aber der Erfahrung ganz zuwider ist.

Johann Bernoulli *) suchte ebenfalls einen Beweis
der Brechung der Lichtstrahlen aus mechanischen Grundsätzen
zu geben. Wenn nämlich zwey ungleiche Kräfte den Punkt
(fig. 64.) c zur Bewegung nach den Richtungen c g und
c f so antreiben, daß er in der mittleren Richtung c k fortgehen müsse, so verhalten sich diese Kräfte, wie die Linien c e
und c f, d. h. wie die Sinus der Winkel f c k' und i c g. Die
Richtungen des einfallenden und des gebrochenen Strahls
kommen mit den Richtungen der Kräfte, und die Dichtigkeiten der brechenden Materien mit den Größen der Kräfte
überein. Allein dieses Gesetz gibt noch keine physikalische Erklärung ab.

Maupertuis *) sucht, wie Fermat und Leibniz,
den Grund der Brechung aus den Entzwecken der Natur herzuleiten. Er nimmt den Satz an, daß ein jeder Strahl bey
dem Uebergange aus der einen brechenden Materie in die andere denjenigen Weg wähle, wobey die Größe der Wirkung
ein Kleinstes ist. In Ansehung des Lichtes, bey welchem die
Materie nicht in Betrachtung gezogen werde, käme die Größe
der Wirkung auf die Geschwindigkeit des Lichtes und den von
ihm beschriebenen Weg an, und verhalte sich wie die Summe
der Produkte aus den Räumen in die dazu gehörigen Geschwindigkeiten. Hieraus leitet er das Brechungsgesetz her,
daß sich die Sinus des Einfalls- und Brechungswinkels umgekehret wie die Geschwindigkeiten des Lichtes in beyden brechenden Materien verhalten. Die Geschwindigkeit des Lichtes in der stärker brechenden Materie wird auch hier größer
angenommen. Allein es bleibt ebenfalls ausgemacht, daß
Erklärung aus Zwecken der Natur keine physische Erklärung ist.

Er 4 Aus

*) Acta erudit. Lips. mens. Ian. 1701.
*) Mémoire de l'Acad. de Paris. 1745. p. 575.

Aus der Hypothese, daß das Licht aus fortgepflanzten wellenförmigen Schwingungen oder Wirbeln einer feinen elastischen flüssigen Materie bestehe, gibt **Huygens** [a]) folgenden Beweis über die Brechung der Lichtstrahlen: man stelle sich den Fortgang des Lichtes durch eine gerade Linie (fig. 65.) l g, und eine Reihe neben einander liegender Schwingungen durch l m, i k, f d u. s. vor. Treffen nun eine solche Reihe neben einander liegender Schwingungen, welche das Licht verursachen, die brechende Fläche a b, so erhält der Lichtstrahl m d zuerst in d einen Widerstand, indem die anliegenden Strahlen wie l f ihre vorige Geschwindigkeit noch behalten. Es geht also der Strahl bey d in der stärker brechenden Materie nur um d h fort, indem der Strahl bey f um f g fortgehet, und es verhalten sich d h und f g wie die Geschwindigkeiten in den beyden brechenden Materien. Hierdurch wird aber nothwendig die Richtung der Lichtstrahlen, welche neben einander liegen, geändert. Wenn nun die zwischen l g und m d liegenden Lichtstrahlen in die stärker brechende Materie gekommen und eine gleiche Geschwindigkeit erlanget haben, so ist kein Grund vorhanden, warum sie sich nicht in gerader Linie fortbewegen sollten. Da sie nun aus dem Uebergange der einen brechenden Materie in die stärker brechende die Lage in der geraden Linie g p erhalten haben, so folgt, daß sich der Sinus des Winkels f d g zu dem Sinus des Winkels d g h verhalte wie f g zu d h, d. i. wie der Sinus des Einfallswinkels zu dem Sinus des Brechungswinkels zu den Geschwindigkeiten des Lichtes in den brechenden Materien. So richtig und schön dieser Beweis ist, so beruhet er doch auf einer Hypothese des Lichtes, welche wohl schwerlich jetzt noch einen Liebhaber finden wird. Auch müßte daraus folgen, daß die Lichtstrahlen in brechenden Materien von größern Dichtigkeiten stärker als in denen von geringern Dichtigkeiten brechen müßten, welches aber der Erfahrung ganz entgegen ist.

Euler

a) Traité de la lumière, à Leide 1690. 4. c. 3.

Euler *) führte ebenfalls den Beweis über die Brechung der Lichtstrahlen in verschiedenen brechenden Materien,
wie Huygens, und weicht nur von diesem in Ansehung der Hypothese des Lichtes darin ab, daß er nicht wie Huygens die
Schwingungen aus einzelnen neben einander liegenden Wirbeln zusammensetzet. Euler wußte durch eine fruchtbare Anwendung der Mathematik seiner Hypothese Eingang zu verschaffen; allein es bleibt hier immer noch eine Schwierigkeit
zurück, wie nach dieser Hypothese die Brechung des Lichtes
richtig erkläret werden könne.

Newton *) setzt den Grund der Brechung des Lichtes
in den durchsichtigen Köpern ganz allein in die Kraft der
Cohäsion der Materie der durchsichtigen Körper mit dem Lichte,
und diese seine Meinung ist auch wohl die befriedigendste unter allen. Nach seinen Grundsätzen beweiset er die Brechung
auf folgende Art: man nehme an, daß die verschiedenen
brechenden Materien, wodurch die Lichtstrahlen gehen, mittelst ebener Flächen von einander getrennt werden, welche unter sich parallel sind. Es sey nämlich zwischen den parallelen
ebenen Flächen (fig. 66.) a b und c d Wasser oder auch Glas
oder sonst eine durchsichtige Materie enthalten, und oben und
unten Luft. Hiermit ziehe man e f, f t, p x und g h
parallel, wovon e f und g h die Entfernung von dem Körper a c d b darstellet, bey welcher der Körper a c d e auf
das Licht zu wirken anfängt, f t und p x aber die Entfernung von den ebenen Flächen a b und c d, bey welcher die
äußere brechende Materie auf das Licht noch wirksam ist.
Beyde Entfernungen werden zwar klein seyn, der Deutlichkeit wegen aber sind sie hier etwas groß gezeichnet. Man
setze nun, es komme ein Lichttheilchen in der schiefen Richtung
m n gegen e f, so wird sich schon die Anziehung der Theilchen des Körpers a c d b auf dasselbe wirksam erweisen, und
es von seiner Richtung ablenken. Je weiter es sich aber in
der Sphäre dieser Wirksamkeit fortbeweget, desto größer

Ee 5   wird

*) Nova theoria lucis et colorum, in den opusculis varii argumenti.
Berol. 1746. 4. p. 169-244.
*) Princip. L. I. propos. 94-96.

wird die Anziehung der Theile des Körpers a c d b, und desto größer muß auch die Geschwindigkeit des Lichttheilchens werden. Es muß daher von n bis k eine krumme Linie beschreiben, welche gegen die ebene Fläche a b hohl ist. Selbst innerhalb der stärker brechenden Materie a c d b bleibt sein Weg k o noch so lange krummlinig, bis es in o anlangt, wo die brechende Materie von außen auf ihn zu wirken aufhöret, und folglich von allen Seiten gleich stark angezogen wird; alsdann geht es auch in der geraden Linie o p fort, welche als die Tangente der krummen Linie o k m zu betrachten ist. Kömmt es nun an die Stelle p, wo schon die Luft auf ihn zu wirken wieder anfängt, so wird es stärker nach der innern Seite als nach der äußern gezogen, und muß daher abermahls eine krumme Linie beschreiben, bis es außer dem Wirkungskreise in r anlangt, wo es nun in der Tangente dieser krummen Linie sich weiter fortbeweget. Wäre bey der Annäherung an die untere Fläche c d der Einfallswinkel y so groß, daß die krumme Linie mit der Fläche schon parallel wird, ehe das Lichttheilchen selbige erreicht, so wird es nun zurückgeworfen, und es verwandelt sich daher die Brechung in eine Zurückwerfung.

Hieraus ließe sich nun auch die Beständigkeit des Verhältnisses zwischen dem Sinus des Einfallswinkels und des gebrochenen Winkels herleiten. Es falle nämlich ein Lichtstrahl (fig. 67) e c aus der Luft ins Glas, so wird er in diesem nach dem Perpendikel d h zu gebrochen, und es mag der Winkel d c e = f c h seyn wie er will, so wird der Sinus dieses Einfallswinkels f h oder d e beständig in einerley Verhältnisse mit dem Sinus des Brechungswinkels i k seyn. Nach Newtons Grundsätzen soll nun der Lichtstrahl durch die Anziehung im Glase eine größere Geschwindigkeit erlangen als in der Luft, folglich muß sich auch die Geschwindigkeit des Lichtes in der Luft zur Geschwindigkeit im Glase umgekehrt wie der Sinus des Brechungswinkels zu dem Sinus des Einfallswinkels verhalten.

So

So schön und befriedigend auch die Erklärung Newtons über die Brechung der Lichtstrahlen ist, so scheint mir doch aus dem Satze, daß das Licht in einem dichtern Mittel eine größere Geschwindigkeit durchs Anziehen erhalte, als im dünnern, zu folgen, daß das Licht in einer brechenden Materie von größerer Dichtigkeit allemahl stärker, als in der von geringerer Dichtigkeit gebrochen werden müsse, weil sich nach seinen eigenen richtigen Sätzen die Anziehungen wie die Massen verhalten. Allein dieß ist der Erfahrung ganz zuwider, welche lehret, daß sich die Größe der Brechung nicht nach der Dichte der brechenden Materien richtet. Newton scheint hier die Anziehung in der Ferne mit der in der Berührung verwechselt zu haben, welche letztere ganz andern Gesetzen als jene folget. Schon nach der atomistischen Lehrart ist es mir schwer zu begreifen, daß ein Lichtstrahl, welcher doch nur durch die leeren Zwischenräume gehen kann, und folglich gewiß hier und da im Wege liegende Materie treffen muß, an welcher er hinwegstreichen und gleichsam geschlängelt durch die brechende Materie gehen muß, in dieser von größerer Dichtigkeit eine größere Geschwindigkeit, als in einer Materie von geringerer Dichte erhalte.

Nach der dynamischen Lehrart, nach welcher die Dichte aus dem Grade der Erfüllung eines Raumes von bestimmter Größe besteht, muß man schlechterdings annehmen, daß dem ankommenden Lichtstrahle in einem mit Materie erfüllten Raume durch die zurückstoßende Kraft derselben Widerstand geschehe. Der Einwurf, daß der Lichtstrahl in einem dichtern Mittel, von dem Perpendikel abgelenket werden müsse, wie bey der Brechung eines festen Körpers (s. Brechung), wenn es dem Lichtstrahle widerstehen solle, hat gar kein Gewicht. Denn bey der Brechung eines festen Körpers im dichten Mittel findet keine Cohäsionskraft, sondern allein Widerstand Statt, da im Gegentheil bey der Brechung eines Lichtstrahles, welcher die Materie durchdringet, vorzüglich Cohäsionskraft wirksam ist, und der Widerstand in einem unendlich geringen Grade sich zeigen muß. Da aber

aber die Materie als Materie keine Cohäsion wesentlich voraussetzet, mithin die Cohäsionskraft nicht als Grundkraft angenommen, und deren Wirkung ganz allein aus der Erfahrung erkannt werden kann, so läßt sich eigentlich von der Geschwindigkeit des Lichtes in den verschiedenen Mitteln nichts Bestimmtes festsetzen. Selbst die Erfahrung lehret uns hiervon nichts Entscheidendes wegen der unendlichen Geschwindigkeit des Lichtes. Hieraus folgt, daß das Gesetz der Strahlenbrechung ganz allein nach den Gesetzen der Cohäsionskräfte erwiesen werden muß. Weil aber die Gesetze der Cohäsionskräfte noch völlig unbekannt sind, so kann auch bis jetzt das Gesetz der Strahlenbrechung nicht bewiesen werden. Alle Beweise, welche bisher versuchet worden, sind keine wahren Beweise des Gesetzes der Strahlenbrechung. Man nahm nur Voraussetzungen als bewiesen an, die eigentlich erst bewiesen werden sollten, und daher erkläret es sich, daß aus so mancherley, zum Theil ganz entgegengesetzten, Gründen einerley Folge, nämlich das beständige Gesetz der Strahlenbrechung hat hergeleitet werden können.

Schon vor der Entdeckung des Gesetzes der Strahlenbrechung hat man durch Versuche gefunden, daß die Größe der Brechung sich nicht nach der Dichtigkeit des Mittels richte. Aus einer Tabelle, welche Harriot im Jahre 1606 Replern a) zusandte, und die Größe der Brechung von 13 verschiedenen Mitteln enthielt, ergab sich, daß die Oele weit stärker als die dichteren Salzauflösungen das Licht brechen. Auch Descartes β) führt in einem im Jahre 1623 an Mersenne erlassenen Briefe diesen Unterschied an. Nachher sind noch mehrere Versuche von D. Hook γ), de la Hire δ) Lowthorp und dem jüngern Cassini u. a. m. angestellet worden. Besonders untersuchte Hawksbee die Brechung verschiedener Materien vermittelst eines Prisma mit großer Sorgfalt, und

a) Epistolae keplerianae cum responsionibus, edit. *M. Gottl. Hanschii.* Lips. 17 8. fol. ep. CCXXIII. p. 376.

β) Epist. P. III. epist. XXXIII. p. 104.

γ) Experiments by *Derham* p. 501.

δ) Mémoir. de l'Acad. des sc. 1693. p. 25.

und brachte seine Resultate in eine Tabelle, welche Priestley *)
mit beygefüget hat. Er fand die Brechung im Wasser unter allen flüssigen Materien am geringsten; es war nämlich
das Brechungsverhältniß aus Luft ins Wasser = 100000:
74853. Bey diesen Versuchen gebrauchte man auch den
Nahmen brechende Kraft, womit man verschiedene Be-
deutungen verbunden hat. Durch einen im Jahre 1698 angestellten Versuch, da ein Lichtstrahl durch eine torricellische leere gelassen ward, fand Lowthorp, daß die brechende Kraft der Luft und des Glases sich wie 36 zu 3440
verhalte. Zugleich gibt er an, daß die brechenden Kräfte
des Glases und des Wassers sich wie 55 zu 34, folglich die
Quadrate der brechenden Kräfte sehr nahe wie die specifischen
Schweren dieser Materien verhalten. Es scheint hier das
Verhältniß der Kräfte für das Verhältniß der Winkel genommen zu seyn, welche der einfallende und gebrochene
Strahl bey dem Uebergange aus der brechenden Materie in
Luft oder in den leeren Raum mit einander machen. Andere nehmen das Verhältniß der brechenden Kräfte dem umgekehrten Verhältnisse der Sinus der Brechungswinkel gleich,
und andere nehmen es noch in anderer Bedeutung. Newton *) betrachtet die brechende Kraft als eine solche, welche
den Lichtstrahl in der brechenden Materie gegen das Einfalls-
loch zu anzieht, und denselben gleichförmig beschleuniget, so
wie ein Körper, welcher von einer gewissen Höhe frey herabfällt, oder von einer schiefen Ebene gleitet, durch die Schwere
gleichförmig beschleuniget wird. Hieraus leitet er nun aus
mechanischen Grundsätzen Folgendes her: Der auffallende
Strahl (fig. 64.) kc mache mit der brechenden Fläche a b
einen unendlich kleinen Winkel, so daß der Sinus des Einfallswinkels k c i = 1 sey. Durch die Brechung bekomme
er gegen die brechende Fläche eine gewisse Neigung, und es
sey der gebrochene Winkel = fck; wäre also das Brechungsverhältniß = m:n, so hätte man m:n = 1: sin. fck,

folglich

*) Geschichte der Optik b. Klügel S. 189.
*) Optice. L. II. P. 3. prop. 10. p. 230.

folglich sin. $fck = \frac{n}{m}$, und das Quadrat davon $= \frac{n^2}{m^2}$;
hieraus ergibt sich ferner cos. fck^2 oder sin. $fcd^2 =$
$1 - \frac{n^2}{m^2} = \frac{m^2 - n^2}{m^2}$, und daher das Quadrat der Tangente $= \frac{m^2 - n^2}{m^2} : \frac{n^2}{m^2} = \frac{m^2 - n^2}{n^2}$. Die Bewegung
des Strahls nach der Brechung zerfälle man in zwey, die eine
cd parallel mit der brechenden Ebene, die andere df senkrecht auf dieselbe; jene hatte den Strahl schon, ehe er auf-
fiel, die andere erhält er durch die brechende Kraft. Nun
verhalten sich gleichförmig beschleunigende Kräfte, wie die
Quadrate der Geschwindigkeiten, welche sie längs gleichen
Räumen erzeugen, folglich wird sich auch die brechende Kraft
wie das Quadrat der Tangente von dcf verhalten. Man
nahm z. B. das Brechungsverhältniß aus Luft in Glas =
3:2 und das aus Luft in Wasser = 4:3, so ergibt sich das
Verhältniß der brechenden Kräfte des Glases und Wassers =
$\frac{9 - 4}{4}$ zu $\frac{16 - 9}{9}$ oder wie $\frac{5}{4} : \frac{7}{9}$ = 45:28. Aus diesen
Sätzen scheint zu folgen, daß sich die brechenden Kräfte bey-
nahe wie die Dichtigkeiten der brechenden Materien verhalten. Dieses suchte er aus Versuchen an verschiedenen Körpern zu bestätigen, deren Resultate folgende von ihm aufge-
zeichnete Tabelle enthält:

Brechende Körper	Brechungsver-hältniß für gelbes Licht v	Brechende Kraft v	Dichtig-keit d	v / d
	23:14	1,699	4,27	0,3979
	3815:3850	0,00052	0,00125	0,4160
	17:9	2,568	5,28	0,4864
	61:41	1,213	2,252	0,5386
	31:20	1,4025	2,58	0,5436
	25:16	1,445	2,65	0,5450
	5:3	1,778	2,72	0,6536
	17:11	1,388	2,143	0,6477
	35:24	1,1267	1,714	0,6570
	22:15	1,1511	1,714	0,6716
	32:21	1,345	1,9	0,7079
Vitriol	303:200	1,295	1,715	0,7551
	10:7	1,041	1,7	0,6124
	529:396	0,7845	1	0,7845
	31:21	1,179	1,375	0,8574
Weingeist	100:73	0,8765	0,866	1,0121
	3:2	1,25	0,996	1,2551
	22:15	1,1511	0,913	1,2607
	40:27	1,1948	0,932	1,2819
	25:17	1,1626	0,874	1,3222
	14:9	1,42	1,04	1,3654
	100:41	4,949	3,4	1,4556

zu können, daß sich die br
tigkeiten der brechenden Materien verhalten. Allein man
sieht aus dieser Tabelle offenbar, daß dieß in den wenigsten
Fällen Statt findet, und in vielen beträchtliche Unterschiede
obwalten. Es scheint also keinesweges, wie ich kurz zuvor
Lichtstrahlen in
einer brechenden Ma   tigkeit mit beschleunigter Bewegung fortgehen, als welche Voraussetzung
bey der Berechnung angenommen ist. Vielmehr bin ich der
Meinung, daß man durch Anwendung der Mathematik hier
gar nichts Bestimmtes herausbringen könne, weil uns die
Gesetze der Cohäsionskraft ganz unbekannt sind, und die Erfahrung nichts Entscheidendes von der Geschwindigkeit des
Lichtes in den brechenden Materien lehret.   Newton

Newton erdachte verschiedene Methoden, die Brechungsverhältnisse bey verschiedenen, so wohl flüssigen als festen, brechenden Materien genauer zu messen. Seine erste Methode war diese: er befestigte ein enges tiefes Gefäß (fig. 68.) c d, worein die flüssige Materie zum Versuche gebracht wurde, an einem viereckigen ziemlich langen Stück Holze a b, dessen entgegengesetzte Seiten vollkommen eben und parallel waren. An der einen Seite setzte er zwey viereckige Breter bey d und e senkrecht auf. Das enge Gefäß hatte unten im Boden bey d nebst dem daselbst befindlichen Brete ein Loch, welches mit einem daran gekitteten Glase verschlossen war. Auf dem andern Brete bey b ist ein Zeichen in e, so daß der durch die Mitte des Glases bey d durchgehende und dieses Zeichen in e treffende Strahl mit der Seite des Stück Holzes a b parallel ist. Auf der andern Seite dieses viereckigen Stück Holzes ist ein Quadrant mit dem Pendel f g angebracht, um dadurch den Neigungswinkel des Strahles zu finden. Verglich er nun diesen Winkel mit der Höhe der Sonne, welche zu gleicher Zeit gemessen ward, so fand er daraus so wohl den Einfalls = als auch den Brechungswinkel. Die andere Methode, welche **Newton** angab, die Brechungsverhältnisse zu messen, war ein dreyseitiges Prisma. Wenn nämlich auf die Are des Prisma die Sonnenstrahlen senkrecht sind, und die Strahlen aufwärts gebrochen werden, so wird das gefärbte Sonnenbild bey langsamer Umdrehung des Prisma um seine Are erst sinken, und darauf steigen. Zwischen dem Steigen und Fallen, wenn das Bild wie unbeweglich ist, befestige man das Prisma in der Lage, die es hat, so werden die Brechungen des Strahls beym Eingange und Ausgange auf beyden Seiten des Prisma gleich seyn. In dieser Lage des Prisma ist der Brechungswinkel bey dem Eingange des Strahls gleich der halben Summe des Erniedrigungswinkels und des brechenden Winkels des Prisma, welchen letztern man messen kann, wenn man zwey Lineale kreuzweise über einander auf einen glatten Tisch leget, das Prisma mit dem brechenden Winkel zwischen ihre über den Tisch hervorragenden

vorragende Theile bringt, und auf dem Tische zwey Linien
an den Linealen hinziehet, deren Winkel dem brechenden Winkel des Prisma gleich ist *).

Euler *) bediente sich zweyer Glasmenisken, deren Zwischenraum er mit flüssigen Materien, als Wasser, Weingeist,
Oel u. d. g. ausfüllte, um mittelst selbiger die Brechungsverhältnisse dieser flüssigen Materien zu untersuchen. Aus
seinen Versuchen zog er eine Tabelle, woraus erhellet, daß
das destillirte oder Regenwasser das Licht am schwächsten,
das Terpentinöl dasselbe aber am stärksten bricht. Bey dem
erstern fand er das Brechungsverhältniß aus der Luft =
1,3358:1, und bey dem andern = 1,4822:1. Hierbey bemerket er noch, daß alle Arten von Salze in Wasser aufgelöset die Brechung vergrößern. Auch fand er, daß erhitztes
Glas stärker, als kaltes, im Gegentheil erhitztes Wasser
weniger als kaltes das Licht brach. Euler vermuthet daher,
daß die stärkere Brechung des Lichtes in einem erhitzten Glase
von einer Veränderung der Brechungskraft des Glases selbst
herrühre, und daß diese durch die Wärme vermehret und
durch die Kälte vermindert werde.

Der Düc de Chaulnes *), welcher mit den bisherigen Methoden, die Brechung des Lichtes im Glase zu bestimmen, nicht zufrieden war, erdachte eine andere Methode.
Er legte nämlich unter ebenen Glasplatten kleine Gegenstände, und bemerkte durch ein zusammengesetztes Mikroskop,
welches ein Mikrometer hatte, die verschiedenen Entfernungen, in welchen diese Gegenstände deutlich zu sehen waren,
und verglich sie mit der Dicke des Glases. Hiernach fand er
das Brechungsverhältniß für Kronglas 1 : 0,665 und für
Flintglas 1 : 0,628.

Aus dem allgemeinen Gesetze der Strahlenbrechung lassen sich nun alle diejenigen Sätze herleiten, welche bey der
Brechung

---

*) Priestley Geschichte der Optik v. Klügel. S. 241.
*) Mémoire de l'Acad. de Berlin. 1762. p. 302.
*) Mémoire de l'Académ. de Berlin 1767. p. 431.

Ff

Brechung der auf ebene und krumme brechende Flächen in verschiedenen Lagen auffallenden Strahlen Statt finden. Was die Brechung der Lichtstrahlen in ebenen Flächen betrifft, so sind folgende Sätze zu bemerken:

1. Wenn verschiedene Strahlen mit einander parallel auffallen, so sind auch die gebrochenen Strahlen unter sich parallel, sie mögen entweder aus einer weniger brechenden Materie in eine stärker brechende oder umgekehrt aus einer stärker brechenden in eine weniger brechende übergehen.

2. Wenn Strahlen aus einander fahrend oder divergirend auffallen, so nähern sie sich bey der Brechung mehr oder divergiren weniger, wenn sie in eine stärker brechende Materie übergehen; im Gegentheil fahren sie noch mehr aus einander oder divergiren stärker, wenn sie in eine weniger brechende Materie treten.

3. Wenn zusammenfahrende Strahlen in eine stärker brechende Materie übergehen, so entfernen sie sich mehr oder convergiren weniger; treten sie aber in eine weniger brechende Materie, so fahren sie noch mehr zusammen, oder convergiren stärker.

4. Wenn ein Lichtstrahl aus einer brechenden Materie in eine andere, welche von zweyen parallellen Ebenen begrenzt ist, tritt, und aus dieser wieder in die vorige übergeht, so wird alsdann die Richtung nach der Brechung mit der vor der Brechung parallel. Daher kömmt es, daß Gegenstände durch ebene Glasplatten betrachtet dem Auge in ihrer natürlichen Größe nur demselben etwas näher gerückt erscheinen.

5. Wenn ein Lichtstrahl durch eine brechende Materie gehet, welche von parallelen Ebenen nicht begrenzt wird, z. B. durch ein gläsernes Prisma, so wird er nach der Brechung keine Lage erhalten, welche mit der vor der Brechung parallel geht.

6. Wenn ein Lichtstrahl durch mehrere mit parallellen Ebenen einander berührende brechende Materien geht, so wird die Brechung derselben in der letztern so groß seyn, als

wenn

wenn er unmittelbar aus der erstern brechenden Materie in die letztere übergegangen wäre.

Es sey (fig. 69.) g h i k eine von zwey parallellen Ebenen begrenzte Materie, welche stärker als die sie umgebende Luft bricht, und es befinde sich in selbiger irgend ein Körper e, so wird der von ihm ausfahrende Lichtstrahl e b in der brechenden Ebene in die Lage b a gebrochen; ein Auge also, welches in a sich befindet, und diesen gebrochenen Strahl auffängt, wird den Körper e in der verlängerten Gesichtslinie a f in f sehen, folglich wird der Körper e dem Auge höher zu liegen scheinen, als er wirklich ist. Hieraus läßt es sich erklären, daß ein kleiner Körper, welcher bey einer gewissen Stellung des Auges in einen Gefäße nicht gesehen werden kann, alsdann sogleich sichtbar wird, wenn man Wasser in selbiges schüttet. Ueberhaupt lassen sich aus der Brechung des Lichtes beym Uebergange der einen Materie in eine andere verschiedene Phänomene erklären. Es ist hieraus der Grund herzuleiten, warum der Boden in einem Gefäße, worin Wasser sich befindet, höher zu liegen scheinet, als er in der Wirklichkeit ist; warum uns ein Stock, welcher schief ins Wasser getauchet wird, zerbrochen vorkömmt; warum die Fische näher an der Oberfläche des Wassers zu seyn scheinen, als sie wirklich sind u. d. g. m.

Von der Brechung der Lichtstrahlen in krummen Flächen wird vollständig unter dem Artikel Linsengläser gehandelt werden.

In Absicht der Brechung der Strahlen in der Erdatmosphäre ist hier nur zu bemerken, daß sie die Höhen aller Gestirne vergrößert. Daher muß von einer jeden beobachteten scheinbaren Höhe zuerst die ihr zugehörige Größe der Strahlenbrechung subtrahiret werden, um die wahre Höhe derselben zu finden. Mehr hiervon im Artikel Strahlenbrechung, astronomische.

M. s. Smiths Lehrbegriff der Optik durch Kästner. *Montucla* histoire des mathemat. T. II.

Brechungs-

Brechungsebene (planum refractionis, plan de refraction) ist diejenige ebene Fläche, in welcher der auf eine brechende Fläche einfallende Strahl, das Neigungsloth und der gebrochene Strahl liegt. M. s. Brechung der Lichtstrahlen.

Brechungssinus (sinus refractionis, sinus de refraction) ist der Sinus des gebrochenen Winkels in ein und der nämlichen brechenden Materie, welcher mit dem Sinus des Einfallswinkels in einem beständigen Verhältnisse steht.

Brechungsverhältniß (ratio refractionis) ist das Verhältniß des Sinus des Einfallswinkels zum Sinus des gebrochenen Winkels, welches in einerley brechenden Materie beständig ist. Bey dem siebenfach farbigen Lichte müssen die verschiedenen Lichtstrahlen, wenn die brechende Materie einerley bleibt, verschiedene Brechungsverhältnisse besitzen. Wird der Sinus des Einfallswinkels bey den verschieden gefärbten Strahlen = 1 gesetzet, so ist der Sinus des gebrochenen Winkels, wenn das Licht aus einerley Glase in die Luft übergehet; in dem farbigen Lichte

für die rothen Strahlen von der untersten Grenze bis zur Grenze des orangegelben = 1,54 bis 1,5425.

für die orangefarbenen Strahlen bis zur Grenze der hellgelben = 1,5425 bis 1,544.

für die hellgelben Strahlen bis zur Grenze der grünen = 1,544 bis 1,54667.

für die grünen Strahlen bis zur Grenze der hellblauen = 1,5466 bis 1,55.

für die hellblauen Strahlen bis zur Grenze der dunkelblauen = 1,55 bis 1,55333.

für die dunkelblauen Strahlen bis zur Grenze der violetten = 1,55333 bis 1,55555.

für die violetten Strahlen bis zur obersten Grenze derselben = 1,55555 bis 1,56.

Brechungswinkel (angulus refractionis, angle de refraction) ist der Winkel, welchen der gebrochene Strahl mit dem Einfallslothe macht.

Brech-

Brechweinstein s. Spießglas.

Breite, der Gestirne (latitudo astrorum, latitude des astres) ist ein Bogen eines größten Kreises durch die beyden Pole der Ekliptik, selbigen von dem Gestirne, durch welches der Kreis gehet, bis zur Ekliptik gerechnet. Stelle nämlich v a w (fig. 70.) die Ekliptik, r und t ihre Pole und r s a t ein größter Kreis durch diese beyden Pole vor, so heißt s a oder die Entfernung des Gestirnes s von der Ekliptik die Breite des Gestirnes. Diese Breite ist entweder nördlich oder südlich, nachdem das Gestirn seine Stelle in der Nord- oder Südseite der Ekliptik hat. Am bequemsten läßt sich die Breite der Gestirne durch die Abweichung und gerade Aufsteigung finden. In dem sphärischen Dreyecke s p r ist p r der Schiefe der Ekliptik gleich, p s das Complement von s b als der Abweichung des Sternes s zu 90 Graden, und der Winkel r p s = 180° — s p c, und der Winkel s p c ergänzt o b als die gerade Aufsteigung des Sternes s zu 90°; folglich sind in dem sphärischen Dreyecke p s r außer den beyden Seiten s p und p r auch der von diesen eingeschlossene Winkel gegeben, und daraus läßt sich die dritte Seite r s als das Complement der Breite s a des Sternes s zu 90 Graden finden.

Gestirne, welche in der Ekliptik sich befinden, haben gar keine Breite, wie die Sonne, deren Mittelpunkt stets in der Ekliptik liegt. Die Planetenbahnen schneiden die Ekliptik beständig unter einem obgleich kleinen Winkel, daher haben auch die Planeten nur eine geringe Breite, sie mögen entweder in der Nord- oder Südseite der Ekliptik sich befinden. Uebrigens kann die Breite der Gestirne nicht über 90° seyn.

Die Breiten und die Längen der Gestirne (s. Länge der Gestirne) bestimmen genau den Ort derselben am Himmel. Und da es in der Astronomie vorzüglich darauf ankömmt, den scheinbaren Ort der Planeten zu jeder Zeit zu wissen, so hat man es auch beständig für ein Hauptgeschäft gehalten, die Breiten und Längen derjenigen Gestirne, welchen die Planeten nahe kommen, und der Planeten selbst genau

zu bestimmen, und selbige in Verzeichnisse und Tabellen ein-
zutragen. Selbst bey den übrigen Sternen ist es dienlich,
die Breiten und Längen derselben zu wissen, und eben hieraus
sind Fixsternverzeichnisse entstanden, wovon der Artikel
Fixsternverzeichnisse mehreren Unterricht geben wird.

Auch sind bey den Planeten besonders die **heliocentri-**
schen und **geocentrischen** Breiten merkwürdig, wovon unter den Artikeln, heliocentrisch und geocentrisch.

Breite, geographische (latitudo geographica, latitude) ist ein Bogen von dem Mittagskreise eines Ortes
auf der Erdoberfläche, welcher zwischen diesem Orte und
dem Erdäquator liegt, folglich ist sie mit einem Worte die
Entfernung des Ortes von dem Erdäquator. Die Breite
ist entweder **nördlich** oder **südlich**, nachdem der Ort
auf der Erde nordwärts oder südwärts des Aequators liegt.
Es folgt hieraus, daß alle Oerter, welche in einerley Parallelkreise (m. f. **Parallelkreis**) auf der Erde liegen, einerley Breite und gleiche Tageslänge haben müssen. Wenn
nämlich (fig. 71.) in der Scheitellinie ig auf der Erde ein
Ort f liegt, und f h e ein mit dem Erdäquator m k n paral-
leller Kreis ist, so müssen alle Oerter in diesem Parallelkreise
f h e wie h einerley Breite mit f haben. Wenn in der erweiterten Ebene o x l oder in dem auf dem Orte f reducirten Horizonte ein Stern liegt, dessen Entfernung von dem
Mittelpunkte der Erde i so groß ist, daß er keine merkliche Horizontalparallaxe, viel weniger eine merkliche Höhen-
parallaxe hat, so wird derselbe, aus dem Orte f gesehen,
von dem Zenith g ebenfalls um 90 Grade entfernt zu seyn
scheinen. Es ist folglich für den Ort der Beobachtung einerley, ob man den Stern aus f oder aus dem Mittelpunkte der Erde betrachtet, mithin ist es auch in Rücksicht
des Sterns einerley, ob man sich den Horizont durch den
Ort f oder den auf f reducirten Horizont für den des Ortes f
vorstellet. Es mag also der Beobachter auf der Erde seinen Ort ändern wie er will, so werden dergleichen Sterne
immer einerley Lage gegen einander behalten. Nach der
Erfahrung

Erfahrung trifft dieses bey den Firsternen ein. Es ist folglich die Polhöhe r l eines Ortes. f auf der Erde mit dem
Bogen r l zwischen dem Erdpol und dem auf den Ort f reducirten Horizont für den Ort f einerley. Dieser Bogen ist
zugleich das Maß des Winkels f i l, unter welchem die Erdaxe gegen die Ebene o x t geneigt ist. Hieraus folgt ferner, daß die Polhöhe eines jeden Ortes auf der Erde jedesmahl mit seiner geographischen Breite gleich groß seyn müsse.
Denn es ist l r + r f = 90° und f r + f m = 90°, mithin l r + r f = f r + f m und l r = f m. Alle Oerter
folglich, welche in einerley Parallelkreise auf der Erde liegen,
haben nicht nur gleich große Breiten, sondern auch gleich
große Polhöhen. Je näher die Oerter dem Aequator liegen,
desto kleiner werden die Breiten, also auch die Polhöhen,
und diejenigen, welche im Aequator selbst liegen, haben
gar keine Breite, folglich auch keine Polhöhe, weil nun die
Pole des Aequators im Horizonte liegen. Im Gegentheile
je weiter sich die Oerter auf der Erde von dem Erdäquator
entfernen, desto größer werden die Breiten oder die Polhöhen; jedoch kann die geographische Breite nie über 90
Grade wachsen.

Die geographischen Breiten und Längen (s. **Länge,**
geographische) dienen, die Lage der Oerter gegen einander auf der Erde auf das genaueste zu bestimmen, und die
ganze mathematische Geographie und die richtige Verzeich-
nung der Landcharten gründen sich auf diese Bestimmungen.
Den Alten war von Osten nach Westen viel mehr von der
Erde bekannt, als von Mittag nach Mitternacht, und es
stellte der ihnen bekannte Theil der Erde eine Fläche vor,
deren Länge von Westen nach Osten, die Breite von Süden
nach Norden gienge; es bildete also dieser Theil gleichsam
ein Rechteck, und dem Vermuthen nach sind hiervon die
Nahmen der geographischen Breiten und Längen in der Geographie eingeführet worden, da bekannter Maßen in einem
Rechteck die längere Seite die Länge und die schmälere die
Breite genannt wird. Eine Abbildung der Erdfläche, so

Ff 4

weit

weit sie zu den Zeiten des Ptolomäus bekannt war, findet
man auf einer Landcharte des Mechanikus Agathodämon
in des Ptolemäus Geographie *). Die von den Alten
beobachteten Breiten waren noch äußerst mangelhaft; erst
in den neuern Zeiten, da man mehr Hülfsmittel kennen ge-
lernt hat, die Polhöhen mit größerer Zuverlässigkeit zu messen,
hat man auch die geographischen Breiten bestimmter gefunden, obgleich noch in den Angaben verschiedener Verzeichnisse der geographischen Breiten oft beträchtliche Unterschiede
wahrgenommen werden. Das vollständige Verzeichniß der
geographischen Längen und Breiten trifft man in den berliner Sammlungen astronomischer Tafeln *). Was die geographischen Längen betrifft, so herrscht dabey noch weit mehr
Ungewißheit, als bey den geographischen Breiten, und es
ist daher noch weit gefehlt, daß wir die wahren Stellen der
Oerter auf unserer Erde kenneten. In Ansehung der Bestimmung der Stellen ist man am gestirnten Himmel weit
glücklicher gewesen, als mit den Oertern auf unserer Erde,
weil man diese nicht, wie jene, aus einem Orte auf einmahl
übersehen kann.

Von den Mitteln, die geographische Breite oder die
Polhöhe irgend eines Ortes auf der Erdfläche zu finden, in
dem Artikel Polhöhe.

Breitenkreis (circulus latitudinis, cercle de latitude) ist ein größter Kreis durch die beiden Pole der Ekliptik,
welcher folglich auf der Ebene der Ekliptik senkrecht stehet.
Geht dieser Kreis durch einen Stern (fig. 70.) s, so ist alsdann sein Bogen sa zwischen dem Stern und der Ekliptik die
Breite des Sternes. M. s. Breite des Gestirnes.

Brennbarer Geist s. Weingeist.

Brennbare

*) γεωγραφικῆς ὑφηγήσεως s. geographicae enarrationis libri VII. graece
Basil. 1553. 4.; latine, interprete Bilibaldo Pirkheimero cum notis
Jo. Regiomontani, Argentor. 1525. fol. maj. graece et latine cum
notis, et tabulis geograph. opera Gerhardi Mercatoris et Petri
Montani Amstel. 1605 et 1618. fol. maj. lat. cum comment. L. A.
Magini et tab. geograph. Colon. 1597. 4.
*) Berlin 1776. 8. T. i. p. 43. ff.

Brennbare Materien, entzündliche, entzündbare Körper (corpora inflammabilia f. combustibilia; matières inflammables ou combustibles) sind überhaupt der Zündung und Verbrennung fähige Substanzen in den drey Naturreichen. Wenn die vegetabilischen und thierischen Körper nach und nach bey einer gelinden Hitze zuerst ausgetrocknet oder gedörrt, und alsdann einer Hitze, welche bis zum Glühen geht, ausgesetzet werden, so brechen sie an der freyen Luft in eine starke Flamme aus, und verbrennen mit vielem Ruß. Man ist im Stande, alle diejenigen Stoffe, welche die Flamme und den Ruß bilden helfen, durch eine trockene Destillation besonders zu gewinnen; und man findet als die einzigen brennbaren Materien dieser Körper die pyreumatischen Oele und Kohlen.

Diejenigen entzündlichen Körper, welche zu dem Mineralreiche gehören, sind vorzüglich die Erdharze, als Bergnaphtha, Bergtheer, Erdpech, Steinöl, Steinkohle u. f.; das Reißbley, die Kohlenblende und der Diamant oder Demant, von welchen die Artikel Erdharze, Reißbley, Kohlenblende und Diamant nachzusehen sind. Auch rechnet man hierher den Schwefel, obgleich dieser auch einen Bestandtheil der Thiere und Pflanzen ausmacht. (M. f. Schwefel.) Auch können selbst die Metalle zu den entzündbaren Körpern gerechnet werden.

Den Grund der Entzündung der brennbaren Materien suchen diejenigen, welche dem phlogistischen Systeme zugethan sind, in einem angenommenen hypothetischen Grundstoffe der entzündbaren Körper, nämlich in dem Phlogiston oder Brennstoff. Im Gegentheile suchen die Antiphlogistiker den Grund der Entzündbarkeit in der Fähigkeit, den Sauerstoff bey einem gewissen Grade der Temperatur anzuziehen, und dadurch das Sauerstofgas zu zersetzen. M. f. die Artikel Verbrennung, Brennstoff.

Brennbarer Stoff f. Brennstoff.

Brennbare Luft f. Gas, brennbares.

Ff 5 Brennglas

Brennglas (vitrum causticum s. vstorium, lens caustica, verre ardent) ist ein erhaben geschliffenes Linsenglas, in welchem die auffallenden Sonnenstrahlen so gebrochen werden, daß sie sich in einem sehr engen Raume hinter dem Glase vereinigen, und daselbst die heftigste Wirkung des Feuers auf die Körper ausüben. Wenn also ein Linsenglas als Brennglas dienen soll, so muß das Bild der Sonne physisch nicht aber geometrisch seyn. Daher können vermöge der Theorie keine andern Gläser zu Brenngläsern gebraucht werden, als diejenigen, welche auf beiden Seiten erhaben, oder auf der einen Seite erhaben und auf der andern platt sind, oder die Menisken, bey welchen letztern sowohl die erhabene als auch die hohle Seite gegen die Sonne gerichtet werden kann. M. s. Linsengläser.

Wenn die Brenngläser die größte Wirkung im Brennraume zu Wege bringen sollen, so müssen die Sonnenstrahlen auf selbige mit der Axe parallel auffallen. Man überzeugt sich hiervon am sichersten, wenn das Sonnenbild im Brennraume vollkommen kreisrund ist. Fängt man das durch ein Brennglas fallende Sonnenlicht mit einem andern Glase von kürzerer Brennweite so auf, daß die Axen beider Gläser in Eins fallen und die Entfernung beider Gläser kleiner ist, als die dem vordern Glase zugehörige Vereinigungsweite, so werden dadurch die Strahlen noch mehr convergirend und in einem viel engern Brennraume vereiniget. Man nennt alsdann das andere Glas ein Collectivglas. Dadurch wird auch die Wirkung des Feuers im Brennraume vergrößert.

Man war sonst der Meinung, daß die Alten von den Brenngläsern gar nichts gewußt hätten, ob ihnen gleich die Brennspiegel bekannt waren. Allein de la Hire *) hat aus einer Stelle des Aristophanes, im zweyten Aufzuge der Comödie, die Wolken genannt, im ersten Auftritte geschlossen, daß der Gebrauch der Brenngläser bereits den Atheniensern bekannt gewesen sey. Ein grober dummer Alter, Stepsiades,

*) Mémoire de l'Académ. de Paris 1708.

Stepsiades, sagt nämlich dem Sokrates, wie er eine schöne Erfindung gemacht habe, daß er seine Schulden nicht bezahlen dürfe. Er fragt nämlich den Sokrates, ob er nicht den schönen durchsichtigen Stein gesehen habe, mit dem man Feuer anzünden könne? Sokrates erwiedert, er meine vielmehr Glas, als Stein. Dieses Glas wolle Stepsiades nehmen, sich damit in die Sonne setzen, und die ganze Schrift der Rechnung, welche man ihm zur Bezahlung brächte, von weitem hiermit wegschmelzen. De la Hire sagt, man sehe wohl, daß von einer Schrift auf Wachstafeln die Rede sey; das Glas, welches Feuer mache, sey nicht hohl gewesen, indem es alsdann zum Gebrauch sehr unbequem gewesen wäre, da im Gegentheil mit einem erhabenen Glase die Absicht leichter zu erfüllen war. Der Scholiast des Aristophanes bemerket noch: es sey die Rede von einem runden, dicken Glase, daß besonders zu diesem Gebrauche gemacht wäre, welches man mit Oel riebe, heiß machte, daran man eine Lunte hielte, und solchergestalt Feuer anzündete. Auch Plinius *) redet von gläsernen und crystallenen Kugeln, welche gegen die Sonne gehalten, Kleider und das Fleisch brenneten, und Lactantius, in seinem Buche vom Zorne Gottes, erwähnet einer mit Wasser angefüllten gläsernen Kugel, welche an die Sonne gehalten, auch in der größten Kälte Feuer anzündete. Nachdem am Ende des dreyzehnten Jahrhunderts die Brillen erfunden wurden, sind auch die Brenngläser bekannter worden, indem die optischen Schriftsteller zu diesen Zeiten von ihnen redeten. Man hat sie aber bis in das vorige Jahrhundert zu großen Wirkungen nicht gebraucht, sondern sich lieber hierzu der Brennspiegel bedienet, vermuthlich, weil sich so große Stücken Glas mit ungemein vieler Mühe und Beschwerlichkeit zu Linsengläsern bearbeiten ließen. Erst beynahe zu Ende des siebenzehnten Jahrhunderts suchte der Herr von Tschirnhausen §) mit einem großen Kostenaufwande diese Beschwerlichkeiten aus dem Wege zu räumen,

*) Histor. naturalis L. XXXVI. 16. XXXVII. 2.

§) Acta erudit. Lips. 1691. p. 517.

räumen, und legte eine Glasschleifmühle, zu großen Brenngläsern in der Oberlausitz an. Er brachte auch wirklich verschiedene große Brenngläser zu Stande, welche noch bis jetzt
die größten sind, die von massivem Glase sind geschliffen worden. Die Wirkungen dieser Brenngläser hat er weitläuftig
beschrieben *). Das härteste Holz, auch wenn es mit Wasser angefeuchtet worden, ward in einem Augenblicke angezündet; Wasser in kleinen Gefäßen siedete sogleich; Metalle
schmelzten, welche ihre gehörige Dicke hatten, sobald sie
genugsam erhitzt worden; dünnes eisernes Blech ward bald
glühend und in kurzer Zeit durchlöchert; Ziegeln, Porzellan,
Schieferstein, Bimstein, selbst Asbest ward bald glühend, und
zuletzt gar in Glas verwandelt. Unter dem Wasser schmelzte
Schwefel und andergleichen Materien; Kiefern Holz wurde
unter dem Wasser zur Kohle gebrannt, welches man am deutlichsten gewahr wurde, wenn man das Holz zerschnitt. Alles
schmelzte viel geschwinder und verwandelte sich viel leichter
in Glas, wenn es in eine ausgehöhlte Kohle gelegt wurde;
gemeine Asche aus den Oefen oder auch die von Papier, Leinwand, Heu u. d. gl. schmelzte auf einer Kohle gleich zu
Glas; ward kaltes Glas in den Brennraum gebracht, so
zersprang es in Stücke; ward es aber erst noch und nach erwärmet, so schmelzte es im Brennraume; schwarze Körper
wurden in dem Sonnenfeuer weit eher verändert, als andere, am allerlängsten aber die weißen als z. B. die Kreide,
der Kalk u. s. s.; auf einer Porzellanen Platte verwandelten
sich alle Metalle in Glas, und das Gold bekam dabei eine
schöne Purpurfarbe; der Salpeter löste sich in Dämpfe auf.
Alle Körper, welche in den Brennraum gebracht werden,
verändern ihre Farbe, die Metalle ausgenommen. Einige
Körper, wenn sie in Fluß gekommen sind, werden durchsichtig und weiß; andere hingegen, welche im Flusse undurchsichtig waren, werden nach dem Erkalten durchsichtig. Uebrigens läßt sich eine beträchtliche Menge einer Materie z. B.
Gold, Silber u. s. s. in dem Brennpunkte schmelzen, wenn

anfänglich

---

*) Acta erudit. Lips. 1697. p. 414 sqq.

arfänglich wenig hineingebracht, nach und nach aber mehr
hinzugethan wird. Auch lassen sich die Lichtstrahlen des
Mondes durch diese Gläser concentriren; sie geben aber nur
Licht und keine Wärme.

Zu Anfange des 18ten Jahrhunderts ließ der Herzog
von Orleans ein Brennglas von 3 Fuß im Durchmesser von
dem Herrn von Tschirnhausen kommen, in der Absicht, daß
sein Leibart Homberg *) Versuche damit anstellen sollte.
Aus diesen Versuchen erhellet es, daß Gold und Silber in
dem Sonnenfeuer eben so gut in Dampf verwandelt wird,
wie andere Metalle in dem gewöhnlichen Kohlenfeuer. Das
Gold schmelzt im Brennraume gar bald, und verschwindet
mit der Zeit auf eine dreyfache Weise, nachdem die Grade
der Hitze von einander verschieden sind. Bringt man das
Gold gerade in den Brennpunkt, so fängt es in sehr kurzer Zeit
an in kleinen Körnchen, welche durchs Vergrößerungsglas
betrachtet als kleine runde Goldbläschen erscheinen, sechs,
sieben auch acht Zoll weit um sich her zu sprühen; dabey
wird die Fläche des Goldes sehr merklich stachelig, wie die
grüne Rinde einer Kastanie. Auf diese Weise verliert sich
alles Gold ohne einige Veränderung. Man kann diese kleinen
Goldkörnchen auf einem Papiere auffangen, und sie hernach
alle wieder in eine einzige Masse Gold zusammenschmelzen.
Wenn ferner das Gold ein wenig von dem Brennpunkte entfernt gebracht wird, so verwandelt es sich nun in ein leichtes, zerbrechliches und dunkel durchscheinendes Glas. Wird
endlich das Gold von dem wahren Brennpunkte noch weiter
entfernet, so geht es in Dampfgestalt über; jedoch mit langer Zeitdauer. Homberg ist der Meinung, daß die völl-
kommenen Metalle aus Mercurius, metallischem Schwefel
und einer irrdischen Materie zusammengesetzet wären, und
hält den Mercurius immer für flüchtig, die beiden andern
Stoffe aber für feuerbeständig; er scheint daher diesen Dampf
für den flüchtigen Mercurius gehalten zu haben; im Gegentheil

*) Mémoire de l'Académ. roy. des scienc. de Paris 1702.

theil glaubt **Macquer** *), es bestehe dieser Dampf aus sehr feinen Goldtheilchen, weil eine kalte Silberplatte, die ihn auffieng, durch nachherige Politur die schönste Vergoldung erhalten hatte. Alles dieß, was dem Golde in dem Brennraume begegnete, widerfuhr auch dem feinen Silber, nur mit dem Unterschiede, daß das Silber weit mehr als das Gold dampfte, und weit geschwinder in Rauch übergieng; außerdem sprühet es bey geringer Hitze um sich her und wird nicht auf eben diese Art zu Glas wie das Gold. Ist das Silber vermittelst des Bleyes geläutert worden, so raucht es sehr stark; die Fläche wird staubig wie beym Golde; allein der Staub schmelzt nicht in Glas, sondern ist weiß und leicht wie Mehl, und sammlet sich auf der Oberfläche des Silbers über eine halbe Linie dick, wobey 1 Quentchen Silber um 26 Grän leichter wird. Ist das Silber mit Spießglas geläutert worden, so ist der Rauch noch stärker, als bey jenem Silber, und der auf der Oberfläche gesammelte Staub, wird wie beym Golde Glas, breitet sich aber über der ganzen Fläche aus, da es sich beym Golde nur in einen Tropfen vereiniget, welcher auf der Mitte der Fläche des Goldes schwimmt. Dieß Glas des Silbers ist flüchtig und geht mit dem Silber in Rauch auf. Nach **Macquers** Versuchen schien das reine Silber den Wirkungen des Feuers im Brennpunkte beständig mehr zu widerstehen, als das Gold. Der Unterschied liegt vielleicht in der verschiedenen Reinigkeit des Silbers und in andern zufälligen Umständen, welche eine veränderte Wirkung hervorzubringen im Stande sind. Nachher sind auch dergleichen Versuche mit andern Metallen, als Eisen, Bley, Kupfer, Zinn, Quecksilber u. f. w. angestellet worden. Sie ergaben, daß alle theils in Dämpfe, in Kalk (Halbsäure) und theils in Glas verwandelt, auf Kohlen gelegt, aber im metallischen Zustande erhalten und die Metallkalke wieder hergestellet wurden.

Der

*) **Chymisches Wörterbuch** durch **Leonhardi**, Theil I. Artikel **Brennglas.**

Der erste, welcher es nach dem Hrn. von Tschirnhausen gewaget hat, große Brenngläser aus massivem Glase zu schleifen, ist Hartsoecker ⁎). Dieser führet an, daß er ein Brennglas zu Stande gebracht habe, welches 3 Schuh und 5 Zoll breit ist, und von beyden Seiten in einer kupfernen Schaale geschliffen worden, welche im Durchmesser 18 Fuß hat. Er habe das Glas auch in dieser Schaale mit Trippel wie andere Gläser poliret, und das schönste und reinste Glas dazu genommen. Das Collectivglas, das er damit verbunden, war ebenfalls auf beyden Seiten erhaben und in einer Schaale geschliffen und poliret, welche im Durchmesser 4 Fuß hatte.

Im Jahre 1772 stellten die Herren Brisson, Macquer, Cadet und Lavoisier mit den beyden in Paris befindlichen Brenngläsern von dem Hrn. von Tschirnhausen Versuche bis auf das Jahr 1774 an, ließen sich alsdann auf Unkosten des Stadtraths Trudaine ein neues Brennglas durch Herrn Bernieres verfertigen, welches aus zwey Hohlgläsern bestand, die an einander gesetzet einen linsenförmigen Raum leer ließen, welcher 4 Fuß im Durchmesser hatte, und in der Mitte 6 Zoll und 5 Linien dick war; außerdem waren die Gläser selbst noch 8 Linien dick, und so betrug die ganze Dicke durch die Mitte des leeren Raumes mit den beyden Hohlgläsern 7 Zoll und 9 Linien. Dieses Brennglas war auf einem Fußgestelle befestiget, wo es leicht nach einer jeden Richtung hingewendet werden konnte, um es stets gegen die Sonne zu bringen. Anfänglich ward der leere linsenförmige Raum, welcher 140 pariser Pinten hielt, mit Weingeist, nachher aber mit Terpentinöl angefüllt.

Wenn auf die ganze Fläche dieser Glaslinse die Sonnenstrahlen auffielen, so fand man, daß die Wirkung des concentrirten Sonnenfeuers in demjenigen Punkte des Brennraumes am größten war, welcher von dem Mittelpunkt der Linse 10 Fuß 10 Zoll und 1 Linie entfernet war. Bedeckte man hingegen den Rand dieser Linse mit Wachsleinwand, so

daß

⁎) Recueil de plusieurs pièces de physique p. 137.

daß die kreisrunde Oeffnung in der Mitte im Durchmeſſer
6 Zoll beſaß, ſo beobachtete man 10. Fuß 11 Zoll 5 Linien von
dem Mittelpunkte der Linſe entfernet, einen wohl begrenzten
Brennraum von 14¾ Linien Durchmeſſer. Wurde die Oeffnung vergrößert, ſo bemerkte man, daß der Brennraum der
Linſe näher gerückt, die Grenze deſſelben aber undeutlich war.
Ließ man aber den Rand unbedeckt, und bedeckte die kreisrunde Mitte mit Wachsleinwand, ſo rückte der Brennraum
deſto näher gegen die Linſe zu, je weniger von dem äußern
Rande offen gelaſſen wurde. Hatte der äußere offene Rand
eine Breite von 6 bis 7 Linien, ſo war die Entfernung des
Brennraumes von dem Mittelpunkte der Linie 10 Fuß 0 Zoll
6 Linien. Hieraus ergab ſich alſo, daß die nahe am Rande
der Linſe auffallenden Sonnenſtrahlen hinter derſelben gerade
um 10 Zoll 11 Linien früher zuſammen kamen, als diejenigen,
welche nahe an der Are auffielen. Auch zeigten die Verſuche, daß jene eine ſtärkere Hitze als dieſe verurſachten.

An dieſem Brennglaſe fand man die Wirkungen des concentrirten Sonnenlichtes im Brennraume weit heftiger als die
bey dem Tſchirnhauſiſchen, welches die Akademie der Wiſſenſchaften zu Paris beſaß. In einer halben Minute ſchmolz
man damit ohne Collectivglas kupferne Münzen, welche das
Tſchirnhauſiſche in drey Minuten noch nicht fließend gebracht
hatte. Verband man mit dieſem Brennglaſe ein Collectivglas von 8½ Zoll Durchmeſſer und 1 Fuß 10 Zoll 8 Linien
Brennweite, ſo erhielt man dadurch einen Brennraum von
8 Linien im Durchmeſſer, welcher die heftigſten Wirkungen
des Sonnenfeuers verurſachte. Brachte man Eiſen in dieſen
Brennraum, ſo ſchmolz es den Augenblick, gab einen brennenden Rauch von ſich, und verwandelte ſich zuletzt in eine
ſchwarze verglaſte Schlacke. Wenn man nach und nach
immer mehr Eiſen in den Brennraum brachte, ſo war man
vermögend, in wenigen Minuten eine ziemliche Quantität in
Fluß zu bringen. Abgänge von geſchmiedetem Eiſen auf
einer Kohle ſchwollen auf, und warfen Funken um ſich her; auch
ſchmolz rohes Platinum auf einer Kohle in eine Maſſe, ohne

jedoch

jedoch tropfbar flüßig zu werden; eben dieß widerfuhr auch
dem gereinigten Platinum, welches dabey heftig dampfte,
und am Umfange abnahm.

Die ganze Reihe von Versuchen, welche mit diesem
Brennglase sind angestellet worden, erzählen Brisson *) und
Macquer in seinem Wörterbuche unter den Artikeln, welche
die Substanzen betreffen, die dem Brennraume ausgesetzet
worden. Beyde machen die Bemerkung, daß der gute Erfolg von dergleichen Versuchen von verschiedenen Umständen
abhänge; vorzüglich komme es auf die Unterlagen, auf die
Reinigkeit und auf die Temperatur der Luft an. So wirke
z. B. die Sonne in der Kälte heftiger als in heißen Sommertagen. Bey diesen Versuchen glaubt Macquer Wirkungen
von dem Stoße des Lichtes wahrgenommen zu haben, indem
die in Fluß gekommenen Goldkügelchen in einer beständigen
Kreisbewegung waren, die fremdartigen Theilchen hingegen,
welche auf der Oberfläche derselben sich befanden, beständig
unbewegt blieben und nach unten hin getrieben wurden; auch
wenn Kohlengestübe oder anderes feines Pulver in den Brennraum gebracht wurde, so wurde es gleichsam wie von einem
Winde hinweg getrieben.

Brennpunkt (focus, foyer) ist eigentlich der Mittelpunkt des Sonnebildes, welches durch die auf die Brennspiegel oder Brenngläser auffallenden Strahlen der Sonne
verursachet wird. Das Sonnenbild heißt auch der Brennraum, und kann selbst für den Brennpunkt angenommen
werden, wenn man ihn wegen seiner geringen Größe als einen
Punkt betrachten kann. Würde aus dem Mittelpunkte der
Sonne allein Licht auf das Glas fallen, so würde selbiges
auch nur in einem einzigen Punkte als dem Brennpunkte sich
vereinigen, wenn keine Abweichung wegen der Kugelgestalt
Statt fände; da aber von allen Punkten der Sonne Licht auf
das Glas gesendet wird, so muß sich auch dieses nach der Brechung in den Brenngläsern oder nach der Zurückstrahlung in den
Brennspie-

*) Mémoire de l'Acad. roy. des scienc. de Paris 1774.

Gg

Brennspiegeln in eben so viele Punkte wieder vereinigen, und folglich ein Bild der Sonne oder den Brennraum zuwege bringen.

Es sey (fig. 72.) e g die Are des Brennglases a b, e der Mittelpunkt der Sonne, und e d der scheinbare Halbmesser desselben, so wird von dem Punkte d der Hauptstrahl d h durchs Brennglas ungebrochen durchgehen, und g h der Halbmesser des Brennraumes seyn. Nun hat man ec : ed =

$$c g : g k, \text{ mithin } g k = \frac{e d}{e c} \cdot g c; \text{ ferner ist } ec : ed = 1 : tang.$$

d c e oder zur Tangente des scheinbaren Halbmessers der

Sonne, und daher tang. $d e = \frac{e d}{e c}$; daraus ergibt sich

g k = tang. d e. g c = g h. tang. d e, wenn die halbe Dicke des Glases c h in Vergleichung mit der Brennweite h g als unendlich klein angenommen werden kann. Setzt man also den scheinbaren Halbmesser der Sonne d e = ρ, die Brennweite h g = f, und den Halbmesser des Brennraumes g k = x, so hat man x = f. tang. ρ, d. h. man findet den Halbmesser des Brennraumes, wenn man die Brennweite mit der Tangente des scheinbaren Halbmessers der Sonne multipliciret. Nimmt man den scheinbaren Halbmesser der Sonne ρ = 16 Minuten, folglich für den Halbmesser = 1 die Tangente von 16' = 0,0046542, so ist der Halbmesser des Brennraumes = 90046542. f. = $\frac{2}{3}$ f, d. h. die auffallenden Sonnenstrahlen vereinigen sich in einen kreisrunden Brennraum, dessen Durchmesser ungefähr dem 108ten Theil der Brennweite gleich ist. Wegen der Abweichung der Strahlen wegen der Kugelgestalt, die so wohl bey den Brenngläsern, als auch bey den Brennspiegeln Statt findet (m. f. Abweichung, dioptrische und katoptrische), wird dieser Brennraum noch weit mehr ausgedehnet, und zugleich verursachet, daß selbst diejenigen Strahlen, welche aus einerley Punkt der Sonne auf das Glas auffallen, sich nicht in einerley Punkt vereinigen können.

Aus

Aus den Gesetzen der Strahlenbrechung in linsenförmigen Gläsern und aus den der Reflexion der Strahlen in Spiegelflächen folgt, daß nur auf beyden Seiten erhabene, auf der einen Seite erhabene und auf der andern plane Linsengläser und Menisken und die Hohlspiegel einen wahren Brennpunkt (focus physicus) zu Wege bringen können; hingegen zerstreuen Hohlgläser und erhabene Spiegel die Sonnenstrahlen so, als ob sie aus einem Punkte vor der hohlen Glaslinse und hinter dem erhabenen Spiegel ausgingen. Diese geben also bloß ein geometrisches Bild der Sonne, oder einen eingebildeten Brennraum, und daher auch bloß einen geometrischen Brennpunkt (focus geometricus). Die auffallenden Strahlen der Sonne vereinigen sich nie in diesem Raume, sondern sie scheinen nur aus selbigem herzukommen, und nach dieser Richtung fortzugehen.

In der höhern Geometrie werden den Kegelschnitten, wegen der Wirkung der Lichtstrahlen, welche sich vermöge des Gesetzes der Reflexion genau in einem Punkte vereinigen, Brennpunkte beygeleget. Sie liegen in den Axen derselben, und haben, nach Beweisen der höhern Geometrie, die Eigenschaft, daß Lichtstrahlen aus dem einen Brennpunkte in den krummen Linien so reflektiret werden, daß sie nach der Reflexion nach dem andern Brennpunkte hingehen. In der Parabel liegt der andere Brennpunkt von dem erstern unendlich weit hinaus, d. h. die Lichtstrahlen, welche mit der Axe der Parabel parallel auffallen, werden durch die Reflexion in eine solche Lage gebracht, daß sie genau in einem Punkte sich vereinigen. In der Ellipse aber liegen die beyden Brennpunkte in der Hauptaxe, und diejenigen Strahlen, welche aus dem einen Brennpunkte in der Ellipse ausgehen, vereinigen sich genau in dem andern Brennpunkte *). Wenn daher Hohlspiegel die auf selbigen auffallenden Sonnenstrahlen durch die Reflexion in einerley Punkt bringen sollen, so müssen

Gg 2	sie

*) Meine Anfangsgründe der höhern Geometrie. Jena 1796. 8. Cap. 1. §. 6. u. f.

sie eine parabolische Krümmung besitzen. **M. s. Spiegel, parabolische.**

M. s. meine Anfangsgründe der optischen und astronomischen Wissenschaften. Jena 1794. 8. Dioptrik §. 26. 48. 49. 50 u. s.

Brennraum (focus, foyer) ist das kreisrunde Sonnenbild, welches durch die Brechung der Sonnenstrahlen im Brennglase oder durch die Reflexion derselben im Brennspiegel zu Stande gebracht wird. Dieser Raum ist ein wirklich körperlicher Raum, welcher mit der Sehne des Brennglases oder des Brennspiegels durchschnitten kreisförmige Ebenen gibt, die lauter Bilder der Sonne darstellen, und welchen **krumme Linien, Brennlinien (lineae causticae)** begrenzen. Es sind diese Brennlinien eigene krumme Linien, welche der Hr. von Tschirnhausen *) zuerst entdecket hat, und deren Untersuchung in die höhere Geometrie gehöret. Am meisten haben sich damit die beyden Gebrüder **Jakob** *) und **Johann Bernoulli** 7) beschäftiget. In dem Brennraume gibt es allemahl Stellen, wo die Hitze am stärksten ist, indem sich daselbst mehrere Lichtstrahlen als an andern Stellen durchkreuzen. Durch Erfahrung findet man diese bald.

Wenn vorausgesetzet werden kann, daß die Hitze im Brennraume der Dichte des Lichtes in demselben proportional ist, so kann man die Größe der Hitze im Brennraume finden. Nimmt man nämlich den Glanz der Sonne = 1, den scheinbaren Halbmesser derselben = ϱ, und den Glanz der leuchtenden Fläche = s, so ist die Erleuchtung der Fläche, womit das Sonnenlicht senkrecht aufgefangen wird, = s. sin. ϱ^2 (s. **Licht**). Wird nun der scheinbare Halbmesser ϱ = 16′ 7″ angenom-

---

*) Acta erudit. Lips. 1682. p. 364.

*) Die hierher gehörigen Aufsätze sind: lineae cycloidales, euolutae, ant-euolutae, causticae, anti causticae, peri causticae, earum vsus et simplex relatio ad se inuicem in b. oper. T. I. n. 49. p. 491. curuae dia-causticae, earum relatio ad euolutas in b. opp. T. I. n. 56. p. 549. und mit der Aufschrift, inuenire relationem inter euolutas et dia-causticas. opp. T. II. p. 1077.

7) Solutio curuae causticae, per vulgarem geometriam cartesianam in den opp. T. I. p. 52. durch Differenzialrechnung in den lection. hospitalinis. 1691. 1692. lect. 26-32 und lect. 56-59. opp. T. III

angenommen, so ist die senkrechte Erleuchtung der Sonne $=$ 0,000022. s. Wird ferner die halbe Breite des Brennglases oder des Brennspiegels $= a$ und der Brennpunkt $= f$ gesetzet, so ist die Erleuchtung des Brennraumes $= \dfrac{s.\, a^2}{f^2}$ (s. Lin-senglälser). Wäre z. B. $a = \tfrac{1}{2}$ Fuß, $f = 4$ Fuß, also $\dfrac{a}{f} = \tfrac{1}{8}$ und $\dfrac{a^2}{f^2} = \tfrac{1}{64}$, folglich die Erleuchtung des Brenn-

raumes $= \tfrac{1}{64}$ s. Demnach wäre sie $\dfrac{1000000}{64 \times 22} = \dfrac{15625}{22}$ oder 710 Mahl größer als die senkrechte Erleuchtung der Sonne. Wenn mit dem Brennglase ein Collektivglas verbunden ist, so setze man die Entfernung des Brennglases vom Collektiv-glase $= \beta$, und die Brennweite des Collektivglases $= \varphi$, so findet man die Erleuchtung des Brennraumes

$$= \dfrac{s\, (f - \beta + \varphi)^2 \, a^2}{\varphi^2 \, f^2} \quad \text{(s. Linsengläser).}$$

Soll diese Formel ihre richtige Anwendung finden, so muß sie so groß genommen werden, daß das Collektivglas alles Licht auffangen kann, welches durchs Brennglas selbst hin-durchgehet. Es sey die halbe Breite des Collektivglases $= \gamma$, und die Entfernung β gerade so groß, daß der Um-fang des Collektivglases die Grenze des Raumes berühret, welchen alle auf den Brennraum zugehende Lichtkegel einneh-men: so ist $f : a = f - \beta : \gamma$, folglich $f \gamma = a\, (f - \beta) =$ $a f - a \beta$ und $\beta = \dfrac{f\, (a - \gamma)}{a}$. Hieraus ergibt sich, daß

β zwischen den Grenzen f und $\dfrac{a - \gamma}{a}$. f enthalten seyn müsse.

Setzt man, wie oben, $f = 4$ Fuß, $a = \tfrac{1}{2}$ Fuß also $\dfrac{a}{f}$ $= \tfrac{1}{8}$; ferner $\varphi = \tfrac{1}{4}$ Fuß und $\gamma = \tfrac{1}{8}$ Fuß, so hat man $\dfrac{a - \gamma}{a}$ $= \tfrac{3}{8} : \tfrac{1}{2} = \tfrac{6}{8} = \tfrac{3}{4}$, folglich muß β nicht kleiner als $\tfrac{3}{4}$ $f =$

3 Fuß ſeyn. Nimmt man $\beta = 3$ Fuß, ſo iſt $f - \beta + \varphi =$
$1\frac{1}{4}$ Fuß, $\dfrac{f - \beta + \varphi}{\varphi \cdot f} = \frac{1}{4}$, und $\dfrac{(f - \beta + \varphi)^2}{\varphi^2 \cdot f^2} = \frac{25}{16}$, folglich die Erleuchtung des Brennraumes $= \frac{25}{16} \cdot \frac{1}{4} \cdot \int = \frac{25}{64} \cdot \int$.
Ohne Collektivglas war die Erleuchtung $\frac{1}{64} \cdot \int$, mithin iſt ſie
mit dem Collektivglaſe 25 Mahl größer.

M. ſ. **Smiths** Lehrbegriff der Optik durch **Käſtner**
S. 217 u. ſ. **Karſten** Anfangsgründe der mathematiſchen
Wiſſenſchaften Band III. Greifsw. 1780. 8. Photom. §. 140.

Brennſpiegel (ſpeculum cauſticum ſ. vſtorium, mi-
roire ardent) iſt ein Spiegel, welcher die auf ihn fallenden
Sonnenſtrahlen nach der Reflexion in einen engen Raum,
den Brennraum, zuſammenbringt, in welchem ſie auf Körper wie das heftigſte Feuer wirken. Nach dem Geſetze der
Reflexion der Lichtſtrahlen vereinigen ſich diejenigen Strahlen, welche aus einem leuchtenden Punkte auf einen Hohlſpiegel mit der Axe deſſelben parallel auffallen, genau wieder in einem Punkte, wenn die Abweichung der Lichtſtrahlen
wegen der Kugelgeſtalt bey Seite geſetzet wird. Weil aber
die Sonne eine merkliche ſcheinbare Größe hat, ſo müſſen
auch alle Punkte derſelben nach der Reflexion der von ihnen
ausfließenden und auf hohle Spiegelflächen fallenden Strahlen eigene Bilder zu Stande bringen, und dieſem nach kann
auch der enge Raum der in der hohlen Spiegelfläche refle-
ktirten Strahlen als ein Bild der Sonne kein Punkt ſeyn.
Paraboliſche Spiegel im Gegentheil vereinigen die mit der
Axe derſelben parallel auffallenden Sonnenſtrahlen genau in
dem Brennpunkte. Wenn der Brennſpiegel gehörig wirken
ſoll, ſo muß ſeine Axe genau auf dem Mittelpunkt der Sonnenſcheibe ſenkrecht ſeyn. Hiervon wird man leicht dadurch
überzeuget, wenn man das Bild der Sonne mit einer auf
der Axe des Spiegels ſenkrechten Ebene im Brennraume auffängt, und ſelbiges vollkommen kreisrund erſcheinet. In
dieſem Falle liegt der Brennraum zwiſchen dem Spiegel und
der Sonne in gerader Linie. Dieſe Lage des Brennraumes

iſt

ift etwas unbequem, mittelft der Brennſpiegel Verſuche anzuſtellen, und in dieſer Rückſicht ſind die Brenngläſer mit
mehr Bequemlichkeit hierzu zu gebrauchen, obgleich die
Brennſpiegel bey gleicher Krümmung und gleicher Fläche mit
den Brenngläſern mehr als dieſe leiſten.

Ohne Zweifel ſind die Wirkungen der hohlen Brennſpiegel den Alten bekannt geweſen, indem derſelben bey dem Euklides in der ihm zugeſchriebenen Katoptrik im 31. Satze
Erwähnung geſchiehet. Es iſt auch wahrſcheinlich, daß die
Römer ihr heiliges Feuer durch reflektirende Strahlen in
Hohlſpiegeln anzuzünden gewußt haben. Wenn man den
alten Schriftſtellern Glauben beymeſſen kann, ſo hat Archimedes einen ſehr ernſthaften Gebrauch von den Brennſpiegeln gemacht, indem er mit ſelbigen die Flotte des Marcellus bey der Belagerung von Syrakus in Brand geſteckt haben
ſoll. Bey denjenigen Schriftſtellern, als Polybius, Plutarch u. a. m., welche von dieſer Geſchichte und ſelbſt vieles
dem Archimedes Betreffendes umſtändlich erzählen, findet
man nicht, daß er den Römern die Schiffe mit Brennſpiegeln angezündet habe. Der einzige ältere Schriftſteller Ga-
lenus *) führt nur an, daß Archimedes die Schiffe der Römer durch Feuerkugeln oder dergleichen (διὰ τῶν πυρίων),
aber nicht durch Spiegel angezündet habe. Erſt zwey
Schriftſteller aus dem zweyten Jahrhunderte, Zonaras und
Tzetzes, deren letzterer ſich auf eine Menge älterer Schriftſteller, als den Dio, Diodorus, Hero u. ſ. berufet, erwähnen dieſer Anzündung mit Brennſpiegeln. Zum Unglück
aber iſt gerade das von Dio und Diodorus, worauf ſich berufen
wird, verloren gegangen, und in den übrigen Schriften findet
man nichts hiervon. Es iſt aber auch unmöglich, daß Archimed durch einen hohlen Brennſpiegel eine ſolche wichtige
Sache hat ausführen können, da die Brennweite desſelben
viel zu kurz, und es nicht wohl abzuſehen iſt, wie durch eine
gehörige Stellung dieſes Spiegels dieſe Unternehmung ins

Gg 4

Werk

*) De temperam. L. 3. c. 2.

Werk zu richten.   Indessen glaubet **Porta** α), daß sich
Archimedes zweyer parabolischer Brennspiegel dazu bedient
habe, um die Strahlen, welche sich in dem Brennpunkte
des einen vereiniget hätten, mit dem andern aufzufangen,
und sie parallel und verdichtet auf eine sehr große Entfernung
fortzusenden.   Allein **Dechales** β) zeiget, daß es ganz unmöglich sey, andere Strahlen unter einander parallel fortzuführen, als diejenigen, welche aus einem einzigen Punkte
der Sonne herkommen, und diese möchten wohl für eine
solche Wirkung viel zu schwach seyn.   Dessen ungeachtet hielten es **Kircher** γ) und sein Schüler **Schott** nicht unwerth,
diese Sache einer genauern Prüfung zu unterwerfen, besonders da **Zonaras** einer ähnlichen Geschichte vom Jahre 514
nach Chr. Ge. erwähnet, da die Flotte des **Vitalianus** vor
Constantinopel vom **Proklus** durch Brennspiegel angezündet
worden seyn soll.   **Kircher** stellte nämlich auf ein Gerüste
fünf ebene Spiegel von gleicher Größe in einer solchen Lage,
daß sie die Strahlen auf eine einzige Stelle warfen, welche
über 100 Fuß entfernet war, und er brachte durch diese wenigen Spiegel eine solche Hitze hervor, daß er gar nicht
zweifelte, mit mehreren solchen Planspiegeln brennbare Materien in einer noch größeren Entfernung anzünden zu können.
Nachdem er in Gesellschaft mit **Schott** eine Reise nach
Syrakus that, und den Ort der Begebenheit selbst in Augenschein nahm, so war er mit **Schott** der Meinung, daß die
Flotte des **Marcellus** nicht über 30 Schritte vom Archimedes
entfernet gewesen seyn könnte, und daß es daher gar wohl
möglich gewesen sey, sie durch Planspiegel anzuzünden.   In
der That scheint auch die Stelle des **Tzezes** anzuzeigen, daß
Archimedes mehrere kleinere viereckige Spiegel mit Charnieren
zu dieser Ausführung gebrauchet habe.   Auch bemerket schon
Vitellio δ), daß man mit 24 Planspiegeln zünden könne,
wie

α) Magia naturalis L. 17. c. 14. 15.

β) Curs. mathem. Vol. 3. p. 722. Lugd. 1699.

γ) Ars magna lucis et vmbrae.   Rom. 1646. f. p. 888. tab. XXXI.

δ) Optic. Lib. V. prop. 65.

wie Anthemius behaupte, deſſen Fragment Dupuy [a]) herausgegeben hat. In den neuern Zeiten kam auch der Graf de Büffon [b]), ohne von Kirchers Verſuchen was zu wiſſen, auf den Gedanken, mit Planſpielen in der Ferne zu zünden. Er verfertigte ſich im Jahre 1747 eine Maſchine, welche aus 168 ſolirten Planſpiegeln, 6 Zoll hoch und 8 Zoll breit, beſtand, deren jeder für ſich allein beweget werden konnte. Bey dem erſten Verſuche zündete er mit 40 ſolchen Spiegeln in einer Entfernung von 66 Fuß ein getheertes büchenes Bret an; bey einem andern ward ein getheertes tannenes Bret in einer Entfernung von 150 Fuß mittelſt 128 Spiegeln faſt augenblicklich entzündet. Mit 45 Spiegeln ward in einer Entfernung von 20 Fuß eine große zinnerne Flaſche, und mit 117 Spiegeln kleine Stücke Geld geſchmolzen und eine Platte Eiſenblech glühend gemacht. Nachher hat er mit dieſen Spiegeln Holz auf 200 Fuß angezündet, Zinn auf 150 Fuß, Bley auf 130 und Silber, auf 60 Fuß geſchmolzen, und zugleich die bequeme Einrichtung gemacht, daß mittelſt dieſer Spiegel auch von oben herab gezündet werden kann. Dieſe Verſuche beweiſen nun freylich hinlänglich, daß Archimedes mit ebenen Spiegeln das, was von ihm erzählet wird, hätte ausführen können; allein Hr. Käſtner [c]) wirft hierbey folgende Fragen auf: ob Archimed gegen den Feind ſolche Anſtalten werde gemacht haben, die eine Wolke vereiteln konnte? ob er einen ſo plötzlichen Brand habe erregen können? oder ob die Römer nicht ſo klug geweſen ſind, als es zu brennen anfieng, von der gefährlichen Stelle wegzufahren? Dieſe und noch andere Erinnerungen macht Herr Joly de Maizeroy [d]).

In dem 17ten Jahrhunderte hat man ſich vorzügliche Mühe gegeben, große ſphäriſche Brennſpiegel zu Stande zu bringen.

Gg 5

---

a) Fragment d'un ouvrage grec d'Anthemius, ſur les paradoxes de Mecanique etc. 1777. probl. II.
β) Mémoire de l'Acad. roy. des ſcienc. de Paris 1747. 1748.
γ) Anfangsgründe der angew. Mathematik. Catopt. §. 46.
δ) Traité ſur l'art des ſieges et les machines des anciens etc. Paris 1778.

bringen. Der größte, welcher vor der Mitte des 17ten Jahrhundertes verfertiget worden ist, wird der von dem Prof. der Mathem. zu Bologna, **Maginus** *), seyn, der 20 Zoll breit war. Hierauf bearbeitete **Septala**, Canonicus zu Mayland, einen Brennspiegel, welcher eine Breite von 3½ Fuß und eine Brennweite von 15 Schritten hatte *). Um eben diese Zeit gelang es auch einem Künstler zu Lyon, **Villette** γ), einen Brennspiegel von vorzüglicher Güte zu Stande zu bringen. Die Breite desselben betrug 30 Zoll, und die Brennweite 3 Fuß, so daß der Brennraum nicht größer, als ein damahliger halber Louisd'or war. Mit diesem Spiegel war er im Stande, in wenigen Minuten die strengflüssigsten Metalle zu schmelzen, und selbst Steine und Erden, welche sonst im gewöhnlichen Feuer keine Veränderung leiden, als Schmelztiegel, in eben so kurzer Zeit zu verglasen. Diesen Spiegel kaufte der König von Frankreich, Ludwig XIV. Einen andern von diesem Künstler verfertigten Brennspiegel, 44 Zoll im Durchmesser, erhielt der Landgraf von Hessen Cassel, und einen bekam der König von Persien durch Tavernier. Einen noch weit größern Brennspiegel als die villettischen, verfertigte der Herr von **Tschirnhausen** δ). Der Durchmesser desselben betrug 3 leipziger Ellen, und die Brennweite 2 Ellen. Er war aus einer kupfernen Platte geschlagen, welche nicht vielmehr als zwey Messerrücken dicke war, und daher leicht von einem Orte zum andern gebracht werden konnte. Außerdem war er ungemein gut polirt. Dieser Spiegel zündete in einem Augenblicke Holz mit einer so starken Flamme, daß selbige ein Sturmwind nicht wohl auslöschen konnte; er machte das Wasser in weniger Zeit in einem irdenen Gefäße siedend, und verdunstete es bald; drey Zoll dickes Zinn und Bley schmolz in dem Augenblicke und Eisenblech bekam in kurzer

Zeit

α) *Schott* magia naturalis p. 315.
β) *Kircher* ars magna lucis et vmbrae p. 883.
γ) *Liebknecht* disp. de speculis causticis aus dn *Hawel* opp. phil. Tom. II. l. 2. c. 11. Philosoph. transact. 1665. Journ. des savans 1666 Mart. 1679 Decemb.
δ) Acta eruditor. 1687. p. 52. 53.

Zeit ein Loch; ein sächsischer harter Thaler ist in 5 bis 6 Minuten durchlöchert worden; Steine, Ziegel und andere dergleichen Materien verglaseten in kurzer Zeit. Auch hat der Herr von Tschirnhausen mit seinem Spiegel das Licht des Mondes aufgefangen, dabey aber nicht gefunden, daß es einige Wärme zeige.

Man hat so gar versuchet, Brennspiegel aus andern Materien, als Metall und Glas, Holz, Stroh, Pappe u. s. f. zu verfertigen. So hat ein geschickter Künstler zu Dresden, Nahmens Gärtner, Brennspiegel aus Holz bearbeitet, welche den tschirnhausischen an Wirkung gleich gekommen seyn sollen *). Wie Gärtner diesen Spiegeln eine polirte Fläche gegeben habe, ist nicht bekannt. Sonst werden aber gewöhnlich hölzerne und pappene Spiegel mit einem Kreidengrunde überzogen und stark vergoldet, daß sie einen hellen Glanz bekommen. Auch hat ein gewisser Ingenieur, Nahmens Naumann, nach der Erzählung Zahns *), Brennspiegel von Pappe mit Stroh belegt, und Metalle damit geschmolzen. Der Graf de Büffon *) verfertigte aus kreisrund geschnittenen ebenen Spiegelgläsern hohle Brennspiegel, indem er nämlich jene an dem Rande befestigte, und vermittelst einer Schraube denselben in der Mitte einen starken Druck gab, wodurch er die nöthige Krümmung zu Wege brachte. Auch Herr D. Zeiher *) gab sich viel Mühe, wohlfeile Brennspiegel zu verfertigen; er setzte ein Instrument aus mehreren Hohlspiegeln zusammen, welche er aus ebenen Glasplatten bereitete, indem er sie auf hohle metallene Schüsseln legte, und sie so heiß machte, daß dieselben die Gestalt der Schüsseln annahmen.

Von Verfertigung der parabolischen Brennspiegel unter dem Artikel Spiegel, parabolische.

M.

*) Wolfs nützliche Versuche Th. II. Halle 1747. S. 408. Wolfii elementa matheseos vniuersae. Tom. III. Halae 1753. 4. elem. catoptr. §. 221.

β) Oculus artificialis, fundam. 3. syntag. 3. cap. 10.

γ) Mémoire de l'Acad. roy. des scienc. de Paris an. 1754.

δ) Nov. commentat. Petrop. Vol. VII. p. 237.

M. f. **Prieſtley** Geſchichte der Optik durch Klügel. S. g.
99. 171. 533. *Montucla* hiſt. des mathematiques. T. I.
p. 245 ſq. T. II. p. 610 ſq.

**Brennſtoff, Brennbares, brennbares Weſen,
brennbarer Stoff, Phlogiſton** (principium inflam-
mabile ſ. igneſcens, materia inflammabilis, phlogiſton;
Phlogiſtique) iſt ein von den Chemikern angenommener
Grundſtoff der verbrennlichen Körper. Es iſt eine genugſam
bekannte Erfahrung, daß ſehr viele Körper beym Zutritt der
Luft und bey einer gewiſſen Temperatur in eine Flamme aus-
brechen, und dieſelbe aus ſich ſelbſt ſo lange zu unterhalten
ſcheinen, bis ſie völlig zerſetzt ſind, und zuletzt ein verbrennlicher Theil nämlich, die ſogenannte Aſche, übrig bleibt. Im
Gegentheil gibt es aber auch Körper, denen man von außen
her einen ſolchen Grad von Hitze beybringen kann, daß ſie
glühend werden; allein ſtatt in eine Flamme auszubrechen,
und dieſelbe aus ſich ſelbſt zu unterhalten, hören ſie vielmehr
nach und nach auf zu glühen und verlieren die Wärme,
wenn ihnen die Wirkung des Feuers von außen entzogen
wird. Dieß hat die Veranlaſſung der Eintheilung der Körper in entzündliche, verbrennliche, und unentzünd-
liche, unverbrennliche gegeben. Man iſt daher beſtändig der Meinung geweſen, daß die verbrennlichen Körper
einen Beſtandtheil beſitzen müßten, welcher nicht allein zur
Entzündung, ſondern auch zur Unterhaltung der Flamme
entzündbarer Körper diene; dahingegen bey den unverbrenn-
lichen Körpern dieſer Beſtandtheil nicht anzutreffen wäre.
Woraus aber dieſer Beſtandtheil beſtehe, und was er eigentlich ſey, darüber hat man verſchiedene Meinungen gehabt.
Die älteſten Chemiker behaupteten nur, daß die Entzündbarkeit der Körper allein den in Körpern befindlichen Oelen
oder Schwefel oder Geiſtern zuzuſchreiben ſey. **Becher** *)
nahm zuerſt gegen das Ende des 17ten Jahrhundertes ein
gewiſſes eigenes Weſen an, welches die Urſache der Fähigkeit

---

*) Phyſica ſubterranea. Lipſ. 1703. 8. ſpecimen Becherianum, exh.
Geo. Ern. Stahl Lipſ. 1703. 8.

keit zum Brennen in den verbrennlichen Körpern wäre. Er
hielt es für elementarisch, und, wie alle seine Grundanfänge,
für eine fette Erde, welche er die entzündliche, fettige,
schweflige Erde (terra secunda, inflammabilis,
pinguis, sulphurea) nannte. Sein Commentator, Stahl *),
aber suchte den Begriff von Bechers Wesen näher zu bestimmen, und war so zu sagen der Schöpfer des Brennstoffs,
und nannte selbigen das erste, eigentliche, gründliche brenn-
liche Wesen. Er erklätet diesen Stoff mit folgenden Worten: "materiam et principium ignis, ego *phlogiston* ap-
„pellare coepi; nempe primum ignescibile, inflamma-
„bile, directe atque eminenter ad calorem suscipien-
„dum habile principium; nempe si in mixto aliquo
„cum aliis principiis concurrat." Er nahm demnach
einen in den verbrennlichen Körpern enthaltenen Grundstoff
an, welcher die Ursache des Feuers sey, und in dessen Entweichung das Verbrennen bestehe. Dieser Hauptbegriff liegt
bey allen Meinungen über diesen Stoff zum Grunde, und
ist nur in der Folge, wegen neu entdeckter Thatsachen, bey
dem Verbrennen der verbrennlichen Körper abgeändert
worden. Stahl dachte sich nach Bechers Grundsätzen den
Brennstoff in einer erdigen Form, und glaubte, daß es das
Elementarfeuer gebunden enthielte, welches bey dem Verbrennen daraus frey werde, und daß es eine Schwere besitze.

Verschiedene Chemiker haben den Begriff für nichts
weiter gehalten, als für das Feuer selbst, welches nur in den
verbrennlichen Körpern auf verschiedene Art gebunden sey,
bey der Verbrennung aber frey werde. Dahin gehören
Pott *), Baumé *), Weigel *), Wallerius *) und
andere.

---

*) Zufällige Gedanken und nützliche Bedenken über den Streit von
dem so genannten salphure. Halle 1714. experimenta, obseruatio-
nes CCC. numero, chimicae et physicae. Berol. 1721. 8.

*) Chymische Untersuchungen von der Lithogeognosie. Berlin 1757 4.
Th. 1. S. 66. 70

*) Erläuterte Experimentalchymie aus d. Franz. Th. I. Leipz. 1775.
S. 132 f.

*) Grundriß der reinen und angewandten Chemie. Greifsw. 1777. 8.

*) De materiali differentia luminis et ignis in disp. acad. fasc. I.
Holm. et Lips. 1780. 8. n. VIII.

andere. **Macquer** *) glaubt, der Brennstoff sey die Lichtmaterie selbst, welche in den verbrennlichen Körpern in gebundenem Zustande sich befinde und besitze keine Schwere.
Andere Chemiker hingegen unterscheiden ausdrücklich, den
Brennstoff von dem Feuer, wie **Boerhaave** ß), **Johann
Friedrich Meyer** γ) und andere, und letzterer behauptet
sogar, daß der Brennstoff zusammengesetzt sey aus Licht,
einer fetten Säure, Wasser und Erde. Nach den Entdek-
kungen der verschiedenen Luftarten (m. s. Gas) hat man
ganz andere Vorstellungen von dem Verbrennen und von
dem Brennstoff erhalten. Man fand als eine ausgemachte
Tharsache, daß beym Verbrennen der reine Theil der atmosphärischen Luft als Bedingung vorausgesetzet werden müsse.
Hierdurch sind wieder verschiedene Hypothesen entstanden,
nach welchen der Akt des Verbrennens angepaßt und erkläret worden; aber eben daher sind auch die Vorstellungen
über die Natur und Eigenschaften des Phlogistons verschie-
bentlich abgeändert worden. Alle diese verschiedenen und
mancherley Ideen über den Brennstoff werden desto anschau-
licher und einleuchtender dargestellt werden können, wenn
zuvor die vermeinten Wirkungen des Brennstoffs kürzlich
werden angeführt worden seyn.

Soll der Brennstoff einen wesentlichen Bestandtheil der
verbrennlichen Körper ausmachen, so müssen diese Körper
nothwendig eine Veränderung erleiden, wenn ihnen der
Brennstoff entzogen wird. Eben so werden sich auch Körper unter einer veränderten Gestalt zeigen müssen, wenn man
mit ihnen das Phlogiston verbindet. Nach den Behauptungen der Chemiker wird den Körpern der Brennstoff entzogen
durch das Verbrennen in atmosphärischer Luft und durch die
Einwirkung anderer Körper, welche mit dem Brennstoff
näher verwandt sind, wie z. B. bey Auflösungen der Metalle in Säuren, welche letztere den Metallen das Phlogiston

---

*) Chymisches Wörterbuch: Artikel Brennbares.
ß) Elementa chem. T. l. de igne.
γ) Chymische Versuche zur nähern Erkenntniß des ungelöschten
　　Kalkes. Hannov. u. Leipz. 1770. 8.

ston entziehen, und sie in Metallkalke verwandeln. Im Gegentheil wird der Brennstoff mit den Körpern verbunden, wenn sie mit andern, die viel Phlogiston besitzen, in Berührung kommen und mit dem Phlogiston eine nähere Verwandtschaft haben, wie z. B. bey der Reduktion der Metallkalke vermittelst eines Fettes oder des Kohlenstaubes u. d. gl. Durch die Verbindung der Körper mit dem Brennstoffe sollen sie weder warm noch leuchtend, noch flüssig werden, auch sollen sie mehr Geschmeidigkeit, eine größere Schmelzbarkeit, eine geringere Feuerbeständigkeit u. d. gl. erhalten.

Beym Verbrennen der Körper in atmosphärischer Luft wird der Umfang und das absolute Gewicht derselben desto geringer, je größer ihr reiner Antheil ist. Besonders merkwürdig dabey ist es, daß diejenigen Körper, welche durch das Feuer nicht in Dampf oder Dunst aufgelöset werden, nach der Zersetzung am Gewichte gerade so viel zugenommen haben, als die Luft abgenommen hat, wenn Sorge getragen worden ist, daß während des Verbrennens nichts hat entwischen können. Wenn z. B. das Verbrennen des Phosphors in einem verschlossenen Gefäße gehörig von Statten gegangen ist, so verzehret 1 Gran Phosphor 3 Cubikzolle atmosphärische Luft, und der Rückstand des Phosphors, nämlich die weißen Blumen, wiegen 1$\frac{1}{4}$ Gran, welche einen ganz säuern Geschmack haben. Wenn ferner 100 Pfund Bley nach und nach verkalkt werden, so beträgt das Gewicht des daraus erhaltenen Bleykalkes 110 Pfund. Ueberhaupt nehmen alle Metallkalke am Gewichte zu; durch die Reduktion derselben aber nehmen sie am Gewichte gerade wieder so viel ab. Wenn daher bey Verwandlung der Metalle in Metallkalke jenen der Brennstoff entzogen, bey der Reduktion aber derselbe mit ihnen wieder verbunden wird, so scheint es, als ob der Brennstoff ein solcher Stoff wäre, welcher das Gewicht durchs Entziehen vermehrte, durch die Verbindung aber verminderte. Hiervon mit mehreren unter dem Artikel Chemie.

Der

Der Brennstoff wird als ein Bestandtheil von verschiedenen Gasarten, der Säuren, der regulinischen Metalle, der thierischen und vegetabilischen Theile betrachtet; mit einem Worte, man nimmt ihn als einen Stoff an, der durch alle Reiche der Natur verbreitet ist. Fast alles, was in der Natur Merkwürdiges geschieht, hängt von dem Brennstoffe ab. Alle Naturprodukte, welche aus dem Schooße der Erde gegraben werden, als die Metalle, Edelsteine u. d. gl. haben ihre Eigenschaften; als Geschmeidigkeit, Dehnbarkeit, Glanz, Härte, Sprödigkeit, Farben u. s. f. dem Brennstoffe zu verdanken, und beweisen durch ihre Veränderungen im Feuer sein Daseyn. Auch ist die Wirkung dieses Stoffs auf die Pflanzen und deren Theile merkwürdig. Beym Glühen der Pflanzen in verschlossenen Gefäßen verbindet sich der Brennstoff ihrer Oele und Fettigkeiten mit den erdigen Theilen zu einer Kohle, welche beym Zutritt der atmosphärischen Luft die stärkste Hitze ohne Veränderung aushalten kann. Der angenehme und erquickende, so wie auch der unangenehme und widrige Geschmack so vieler Früchte, mit welchen die gütige Natur uns beschenkt, rührt von dem Phlogiston her. Die lieblichen und erfrischenden Gerüche und die verschiedenen Farben der Blumen haben ihren Ursprung diesem Stoffe zu verdanken. Auch ist der Brennstoff als ein Bestandtheil der Nahrungsmittel der Thiere zu betrachten. Er theilet dadurch dem thierischen Körper in den festen und flüssigen Theilen Wärme mit, und geht alsdann durch die Lunge, durch die Haut und durch andere natürliche Wege wieder weg, und vermischt sich mit der Luft.

Wegen der großen Elasticität, welche man dem Brennstoffe zuschreibet, dehnt er sich in unterirdischen Höhlen aus, und verursachet Erdbeben und speyende Feuerflammen der Berge.

Kurz, dieser Grundstoff soll bey den entzündlichen Körpern in ihrer Mischung enthalten seyn, und sein Daseyn gebe erst den Körpern die Eigenschaft, daß sie entzündet werden können.

könne. Wäre den Körpern der Brennstoff entzogen, so könnten sie, auch so lange nicht entzündet werden, bis sie diesen Grundstoff auf irgend eine Weise wieder erhalten hätten.

Da man diesen Grundstoff bloß hypothetisch angenommen und nie abgesondert für sich hat darstellen können, so kam **Lavoisier** *) auf den Gedanken, daß vielleicht alle die Erscheinungen, welche man bisher durch Wirkung des Brennstoffs erkläret hatte, auf eine andere der Natur mehr angemessene Art erkläret werden könnten, ohne hierzu einen Brennstoff nöthig zu haben. Seine vielfältig angestellten Versuche über die Gewichtszunahme der Metallkalke in dephlogistisirter Luft bestimmten ihn wirklich, das stahlische Phlogiston als ein Unding zu betrachten, und alle Erscheinungen allein aus der Zersetzung der dephlogistisirten Luft zu erklären. Hieraus ist das jetzt so berühmte und von den größten Chemikern in der Hauptsache angenommene **antiphlogistische System** entstanden, welches **Lavoisier** seit 1777 vorgetragen und vertheidiget hat. Nach diesem Systeme fällt der Brennstoff gänzlich weg und der Akt des Verbrennens der verbrennlichen Körper wird allein aus der Zersetzung der dephlogistisirten Luft in ihre beiden Bestandtheile, den **Wärmestoff** und den sauermachenden Stoff, **Sauerstoff** (principium oxygenium) hergeleitet. Beym Verbrennen der Körper verbindet sich hiernach der Sauerstoff mit diesem, und der Wärmestoff wird frey, daher Feuer, da hierbey nach stahlischen Begriffen Entweichung des Brennstoffs Statt findet. Alles Verbrennen besteht demnach nach diesem Systeme in einer Säuerung der verbrennlichen Körper, und es bildet daher der Sauerstoff mit dem Rückstande der zersetzten

*) Mémoire sur la combustion en général etc. in den mém. de l'Ac. roy. des scienc. de Paris an. 1777. p. 592.; deutsch in Crells neuest. Entdeckungen in der Chemie, Th. V. S. 188. traité élémentaire de chimie, présentée dans un ordre nouveau et d'après découvertes modernes à Paris 1789. II. Vol. 8. Des Herrn Lavoisier System der antiphlogistischen Chemie, aus d. Franz. von Dr. S. F. Hermbstädt. Berlin u. Stettin 1792. II Bände gr. 8.

ſetzten Körper ganz neue Zuſammenſetzungen, als z. B mit
den Metallen, metalliſche Kalke; mit dem Schwefel,
Schwefelſäure; mit dem Phosphor, Phosphorſäure u. ſ. f.
Die Reduktionen hingegen geſchehen durch die Befreyung
des Sauerſtoffs, da ſie nach ſtahliſchen Begriffen durch
Verbindung des Brennſtoffs erfolgen. Hieraus erkläret ſich
nun ſehr leicht und einfach die Gewichts-Zunahme der metalliſchen Kalke, der Phosphorſäure, Schwefelſäure u. ſ. f.
wegen des Hinzukommens des Sauerſtoffs. Dieſes antiphlogiſtiſche Syſtem fand in Frankreich, wo ſchon Büffon *)
das Phlogiſton als ein bloßes Weſen der Syſteme annahm,
ungemeinen Beyfall. Die Engländer ſetzten demſelben wichtige Zweifel entgegen, und nahmen das Phlogiſton in Schutz;
die Deutſchen betrachteten es anfänglich mit einer gewiſſen
Verachtung und Geringſchätzung, bis man doch nach und
nach auf einige Verſuche aufmerkſam wurde, welche ſich nach
dem antiphlogiſtiſchen Syſteme einfacher und beſſer erklären
ließen, als nach dem phlogiſtiſchen; bey alle dem aber ver-
theidigten doch die mehrſten das Phlogiſton mit erheblichen
Gründen. Jedoch verurſachte dieſes Syſtem, daß man ſich
ganz andere Vorſtellungen vom Brennſtoffe machte.

Scheele *), welcher genaue Verſuche über die dephlo-
giſtiſirte Luft angeſtellet hat, nahm den Brennſtoff für ein
ganz einfaches elementariſches Weſen an. Iſt dieſer Grundſtoff mit der dephlogiſtiſirten Luft verbunden, ſo entſteht nach
ihm eine umherſtrahlende Hitze. Er ſtützet dieſe ſeine
Behauptung auf Verſuche, die eigentlich nichts weiter zeigen,
als daß die Luft durch die Verbrennung deſto mehr vermindert werde, je mehr ſie reine Luft enthält.

Crawford γ) nimmt in ſeiner Theorie der Wärme und
des Feuers an, daß das Phlogiſton ein Stoff ſey, welcher
der

---

*) Supplem. de l'hiſtoire naturelle T. II. p. 61. edit. in 12mo.
β) Chemiſche Abhandlung von Luft und Feuer, 2te Ausgabe des
Job. Gottfr Leonhardi. Leipz. 1782. 8
γ) Experiments and obſervations on animal Heat and the inflam-
mation of combuſtible bodies. Lond. 1788 8. Adair Crawford's

der Wärmematerie entgegengesetzet ist. Durch die Gegenwart desselben in den Körpern werde die Fähigkeit derselben, Wärmestoff zu binden, vermindert, durchs Entziehen desselben aber diese Fähigkeit vermehret. Zugleich nimmt er in der dephlogistisirten Luft eine Menge gebundenen Wärmestoffs, und eine starke Anziehung gegen den Brennstoff an. Wenn nun der Brennstoff des verbrennlichen Körpers auf irgend eine Weise frey gemacht wird und mit der atmosphärischen Luft in Berührung kömmt, so zieht ihn der reinere Theil derselben an, und vereiniget sich damit zu einer Materie, von welcher sich oft ein beträchtlicher Theil mit dem Rückstande des verbrennlichen Körpers verbindet und die Gewichtszunahme desselben verursachet; dabey läßt die Luft eine beträchtliche Menge von gebundenem Wärmestoff fahren, welcher theils zur Unterhaltung der Hitze in den Körpern überströmet, theils aber auch zur Bildung der Flamme verwendet wird. Diese Theorie betrachtet also das Phlogiston als einen elementarischen Grundstoff, welcher zwar die Ursache des Feuers in sich selbst nicht hat, aber doch durch die Verbindung mit der Luft dasselbe daraus entbindet, und in dieser Rücksicht kann auch dieser Stoff als ein entzündbatmachendes Princip betrachtet werden. Die Einwendungen, welche man gegen die Theorie des Crawford's gemacht hat, findet man unter den Artikeln Feuer, Verbrennung und Wärme. Nach dieser Theorie läßt sich auch die Reduktion der Metallkalke erklären: es kann sich nämlich derjenige Theil, welcher in dem durchs Feuer zersetzten Körper die Gewichtszunahme verursachte, durch die Hitze wieder zersetzen, und das Phlogiston zur Reduktion verwendet werden.

Eine andere Vorstellung vom Phlogiston macht sich **Kirwan** *), welcher sonst der Theorie des Crawford's

Hh 2 in

ford's Versuche und Beobachtungen über die thierische Wärme und die Entzündung brennbarer Körper, mit W. Morgans Erinnerungen wider die Theorie des H. Cr. Leipz. 1785. 8.

*) Versuche und Beobachtungen über die Salze und die neuentdeckte Natur des Phlogistons, a. d. Engl. von Crell. Berlin und Stettin 1783. 8. 2tes Stück 1785. 8.

in allem folget: er nimmt an, das Phlogiston sey die reine
brennbare Luft selbst, und behauptet, es verbinde sich mit der
dephlogistisirten Luft zur Luftsäure. Allein das erstere, daß
das Phlogiston die brennbare Luft selbst sey, stimmt mit
Crawford's Theorie nicht überein; denn nach dieser soll die
Gegenwart des Phlogiston den Wärmestoff nicht binden,
sondern vielmehr vertreiben; demnach kann auch das Phlogiston in der Gestalt einer Luftart, als welche ja Wärmestoff
gebunden enthält, nicht erscheinen. Das andere, daß sich
das Phlogiston mit der dephlogistisirten Luft zur Luftsäure verbinde, ist nicht allgemein wahr, weil bey vielen Verbren-
nungen, wobey der Rückstand des zersetzen Körpers am Gewicht stark vermehret wird, gar keine Luftsäure erzeuget wird,
wie z. B. bey dem Phosphor.

Gren hat den Begriff vom Phlogiston verschiedentlich
abgeändert. Zuerst hielt er den Brennstoff für eine gebundene
Materie der Wärme und des Lichtes zugleich, oder für gebundenes Feuer, vorzüglich aus dem Grunde, weil man bey
jeder Verbrennung der verbrennlichen Körper Wärme fühle
und Licht sehe *). Wenn der Brennstoff durch Erhitzung oder
durch andere Mittel frey gemacht wird, so zeigt er sich alsdann mit Wärme und Licht, wird von der dephlogistisirten
Luft angezogen, und wieder als Phlogiston gebunden, wodurch die Luft selbst phlogistisiret wird. Ohne reine Luft findet gar keine Trennung des Brennstoffs Statt, weil kein
Auflösungsmittel für denselben vorhanden ist. Wenn in
einem Körper der Brennstoff so lose gebunden, daß keine äußere
Hitze nöthig ist, damit die reine Luft es frey mache, so geht
dasselbe unzersetzt, oder ohne Feuer zu bilden, an die Luft über,
oder phlogistisiret sie, wie z. B. das Rosten der Metalle an
der Luft. Um aber die Gewichtszunahme des Rückstandes
und die Verminderung des Gewichtes und des Umfanges der
dephlogistisirten Luft zu erklären, nahm er mit de Morveau,
Black und **Marggraf** das Phlogiston als eine Materie
an,

---

*) Systemat. Handbuch der gesammten Chemie 1. Th. Halle 1787.
st. 3. Grundriß der Naturlehre. Halle 1788. st. 4. §. 249 u. f.

an, welche eine negative Schwere besitze, d. h. welche
durchs Hinzukommen das Gewicht der Körper vermindert.
Herr Gren sagt, was es außer allem Zweifel setzt, daß der
Wärmestoff durch seine Verbindung mit dem schweren Stoffe
das Gewicht desselben vermindern kann, ist die Erfahrung,
daß bey gleichem Volumen und gleicher Temperatur des
Ganzen das Gewicht abnimmt, wenn freyer Wärmestoff latent wird, und zunimmt, wenn der latende Wärmestoff wieder geschieden wird. Dieß soll Fordyce *) beym Gefrieren
des Wassers in einem verschlossenen Gefäße, und beym Aufthauen desselben, und Eimbke **) bey dem Löschen des Kalkes in verschlossenen Gefäßen, beym Abwägen vor und nach
dem Löschen des Kalkes in einerley Temperatur gefunden haben. Allein dergleichen Abwägungen sind viel zu ungewiß,
um hieraus den Schluß zu ziehen, daß der Wärmestoff,
mithin auch das Phlogiston, negativ schwer wäre. Denn vermöge hydrostatischer Gesetze kann das kalte Gefäß deßwegen
mehr wiegen, weil es durch den von der Kälte bewirkten geringern Umfang weniger Luft aus der Stelle treibt, oder
auch deßwegen, weil sich von außen Feuchtigkeit angehängt
hat. Auch die Verminderung des Umfanges der Luft beym
Phlogistisiren wird aus der Verminderung ihres Gewichtes
allein nicht begreiflich. Denn bekannter Maßen verhalten
sich bey unveränderter Masse die Volumina der elastischen
Flüssigkeiten, wie die specifischen Elasticitäten. Es kann
also Verminderung des Volumens nur auf zweyerley Weise
erfolgen, nämlich entweder durch Verminderung der Masse
oder durch Verminderung der specifischen Elasticität. Allein
Herr Gren nimmt keine Verminderung der Luftmasse beym
Phlogistisiren an; es müßte also nach dieser seiner Theorie
das Phlogiston nicht allein die Eigenschaft besitzen, die Luftmasse leichter zu machen, sondern auch die Elasticität dersel-

Hh 3   ben

*) Ueber den Versuch des Gewichts, welchen die geschmolzenen oder
erhitzten Körper erleiden; in Lichtenb. Magazin für das Neu.
aus der Phys. u. Naturg. B. IV. St. 4. S. 49. ff.
**) Einige Versuche über den Wärmestoff in Grens Journal der
Physik B. VII. S. 31.

ben zu vermindern. Diese seine Meinung von der negativen
Schwere des Brennstoffs hat jedoch Hr. Gren schon in der
zweyten Ausgabe seines Grundrisses der Naturlehre aufgege-
ben, und den Lichtstoff und Wärmestoff, aus deren Zusammensetzung das Phlogiston bestehet, als inponderable elastische Flüssigkeiten betrachtet. Um nun aber die Gewichtszunahme der zersetzten Körper und die Gewichtsabnahme der Luft begreiflich zu machen, nimmt er an, daß beyde
Stoffe, der Licht- und Wärmestoff, ursprüngliche Expansivkraft
besitzen. So wie nun, sagt er, in einem ursprünglich expansiven Stoffe, wie Licht- und Wärmematerie sind, durch
die chemische Vereinigung desselben mit einem nicht expansiven, alle seine Expansivkraft gewisser Maßen ruhend und
unthätig gemacht, oder aufgehoben werden kann; eben so
kann auch hinwiederum in den schweren Bestandtheilen, mit
denen diese nicht schweren Flüssigkeiten in Zusammensetzung
treten, die Schwerkraft derselben ganz ruhend und gewisser
Maßen aufgehoben werden, so daß das aus beyden zusammengesetzte Produkt, außer der Cohäsionskraft, keiner andern Grundkraft folgt, und in so fern bloß als träge anzusehen ist. Da nun in denjenigen Theilen des verbrennlichen
Körpers, welche das Feuer gebünden enthielten, die Schwerkraft derselben aufgehoben war, so muß nach Abscheidung
des Brennstoffs der dephlogistisirte Rückstand mehr wiegen,
als er vor dem Verbrennen wog. Die Luft, welche mit
mehrerem Brennstoff beladen endlich zum Stickgas wird,
muß dadurch eben so in ihrem Gewichte vermindert werden,
als der dephlogistisirte Rückstand daran zugenommen hat.
Wird nun das Gewicht der eingeschlossenen Luft vermindert,
ohne daß ihre Elasticität vermehret wird, so ist es alsdann
eben so gut, als ob ein Theil der Luft weggenommen worden wäre, und der Druck der äußern Luft muß sie natürlich
in den kleinern Raum bringen. Allein auch diese Erklärung
ist nicht befriedigend. Wenn man auch zugeben muß, daß
Licht- und Wärmestoff ursprüngliche Expansivkraft besitzen,
so ist es doch nicht begreiflich, wie durch eine chemische Verbindung

dindung des Brennstoffes mit andern Körpern die Schwere dieser Körper durch die Expansivkraft des erstern ruhend gemacht oder aufgehoben werden könne, da keine einzige Erfahrung nur auf irgend eine Art dieses beweiset; denn die Erfahrungen des Herrn Fordyce und des Herrn Eimbke sind ganz unsicher. Auch hängt, wie bereits erinnert worden, die Verminderung des Umfanges der Luft keines Weges von der Gewichtsabnahme derselben ab.

Bey den heftigsten Streitigkeiten, welche die Phlogistiker mit den Antiphlogistikern hatten, wagten es doch die beyden Herrn, Girtanner und Hermbstädt, das antiphlogistische System auf deutschen Boden zu bringen. Herr Girtanner[a]) führt verschiedene Gründe an, womit die Existenz des Brennstoffs bestritten worden ist. Viele betreffen bloß Kirwans Behauptung, daß die brennbare Luft selbst das Phlogiston sey, einige aber die Gewichtszunahme der Metallkalke. Endlich sagt er, das Phlogiston sey ein hypothetischer Grundstoff, welchen die Chemiker noch nicht außer den Körpern hätten darstellen können; dagegen werde in Hr. Lavoisiers Theorie nichts Hypothetisches vorausgesetzt, sondern alle Sätze würden mit der Wage in der Hand bewiesen. Alles, was für und wider das Phlogiston gesagt werden kann, findet man kurz beysammen bey Hr. Scherer[β]) und in den Uebersetzungen von Kirwans Abhandlungen[γ]).

Alle Gründe, welche Herr Girtanner gegen die Existenz eines Phlogistons aufgeführt hat, sind mit vieler Gründlichkeit

lichkeit

---

[a]) Anfangsgründe der antiphlogistischen Chemie. Berlin 1795. 8. S. 463 u. f.

[β]) Scrutinium hypotheseos principii inflammabilis. in *Jacquin* collectan. Vol. IV. J. A. Scherer genaue Prüfung der Hypothese vom Brennstoff, a. d. lat. von Carl Bretfeld. Prag 1793. 8.

[γ]) Essai sur le phlogistique, traduit de l'anglois de *M. Kirwan* avec des notes de MM. *de Morveau, Lavoisier, de la Place* etc. à Paris 1788. 8. Antiphlogistische Anmerkungen des Herrn de Morveau, Lavoisier ic. nebst Kirwans Replik, und der Duplik der franz. Chemiker, aus dem Fr. u. Engl. von D. Fried. Wolff. Berlin 1791. 8.

lichkeit von Hr. D. Richter *) beantwortet worden. Er sucht zu beweisen, daß unter allen Erfahrungen, welche die Antiphlogistiker angeben, auch nicht eine einzige zu finden sey, welche schlechterdings nöthigte, die Existenz eines Brennstoffs zu verneinen, und daß selbst alles, was dem Phlogiston entgegengesetzet würde, nicht so wohl aus den Erfahrungen selbst, als vielmehr aus ihren Erklärungen abgeleitet werde. Hierbey nehme man ganz willkürlich an, daß alle Erscheinungen des Verbrennens durch eine einfache Verwandschaft erfolge, wobey nur drey Stoffe, nämlich der verbrennliche Körper, der Sauerstoff und Wärmestoff, wirksam wären. Außerdem hätten die Antiphlogistiker bey dem Akt des Verbrennens noch eine Erscheinung vergessen, nämlich das Licht, welches doch offenbar von der Wärme verschieden sey, und daher einen vierten Stoff zu erkennen gebe, so daß die Erscheinungen des Verbrennens durch eine doppelte Verwandschaft erkläret werden müssen. Und eben dieser vierte Stoff, welcher in dem verbrennlichen Körper liegen müsse, sey es vermuthlich, welcher in Verbindung mit dem Wärmestoffe das Licht bilde. Man müsse vor allen Dingen erst erweisen, daß der Wärmestoff mit dem Lichtstoffe einerley sey, so lange dieß aber noch nicht geschehen wäre, so sey man auch berechtiget, den vierten unbekannten Stoff, welcher wahrscheinlich mit dem Wärmestoffe das Licht verursache, Brennstoff oder Phlogiston zu nennen, so wie man berechtiget sey, den unbekannten Stoff, welcher die Empfindung der Wärme hervorbringe, mit dem Nahmen des Wärmestoffes zu belegen. Dem zu Folge nimmt Herr Richter an, daß der Brennstoff oder das Phlogiston dasjenige sey, was mit dem Wärmestoffe den Lichtstoff hervorbringt, und daß ein jeder verbrennliche Körper aus einem ihm eigenen Substrat und diesem Brennstoffe zusammengesetzet sey. Hierauf zeigt er ausführlich, daß sich alle Erscheinungen der

*) Ueber die neuern Gegenstände der Chemie. Drittes Stück, enthaltend den Versuch einer Critik des antiphlogistischen Systems. Breslau und Hirschberg. 1793. gr. 8.

der Verbrennung, der Verkalkung, der Gewichtszunahme,
der Salpetersäure, der Wassererzeugung, der Schwefelle-
berluft, des Ammoniaks u. s. w., welche die Antiphlogistiker ohne Annahme eines Brennstoffs zu erklären sich Mühe
gegeben hatten, durch Einführung des Phlogistons eben so befriedigend, und oft noch besser, durch eine doppelte Wahl-
verwandschaft, statt der willkürlich angenommenen einfachen, erklären lassen. Weil daher alle diese Erklärungen
mit den Erfahrungen eben so gut, als die antiphlogistischen,
übereinstimmend wären, so beweise dieß, daß die Existenz
eines Stoffs, welcher im verbrennlichen Körper sich befinde,
und den Grund des Verbrennens enthalte, weder der Ver-
nunft noch den Erfahrungen entgegen sey.

Herr Girtanner sucht in seiner neuen Ausgabe der antiphlogistischen Chemie den Einwürfen des Herrn Richters
zu begegnen. Er sagt, Herr Richter thue ihm sehr unrecht, wenn er spreche, daß er alle Erscheinungen des Verbrennens durch eine einfache Verwandtschaft erkläre; er erkläre sie alle durch eine doppelte Verwandtschaft. Es machen
nämlich die benachbarten Körper, mit denen sich der frey gewordene Wärmestoff verbinde, das vierte Glied in der Verbindung aus. Und was den Lichtstoff anbetreffe, so sey er
bloß ein hypothetisch angenommener Stoff, dessen Existenz
noch nicht bewiesen zu seyn scheine. Vielleicht sey das Licht
keine eigene Materie, sondern eine bloße Modifikation des
Wärmestoffs, durch welche derselbe fähig wird, auf die Organe unsers Gesichtes einen gewissen Eindruck zu machen.
Jedoch gesteht er ein, daß das Licht auf die Wirkung der
Körper Einfluß habe; nur sey es gänzlich unbekannt, von
welcher Art dieser Einfluß des Lichtes sey, und wie dasselbe
wirke. Allein ich sollte meinen, daß man mit eben so vielem
Rechte die Wärme als eine Modifikation des Lichtstoffes betrachten könne, und wenn alle Stoffe, welche die Antiphlogistiker angenommen haben, in Ansehung ihres Daseyns bewiesen werden sollten, wie viele würden darstellbar seyn?

Nachdem

Nachdem Herr **Gren** vorzüglich durch den Versuch des gänzlichen Verschwindens des Luftraumes beym Verbrennen des Phosphors in reiner Luft bewogen wurde, das bisher von ihm vertheidigte phlogistische System zu verlassen, und in den Hauptpunkten die Säße der Antiphlogistiker anzuerkennen, so änderte er den bisherigen Begriff des Brennstoffs dahin ab, daß er, wie die Herren **Leonhardi** [a]) und **Richter,** darunter die Basis des strahlenden Lichtes versteht [β]). Er behauptet nämlich, daß das strahlende Licht eine Zusammensetzung aus einer eigenen Basis und dem freyen Wärmestoff sey, welcher für diese Basis das fortleitende Fluidum wird. In Ansehung des Wärmestoffs aber behielt er noch die Meinung bey, daß er durch die Cohäsion mit den Körpern eine Abnahme des Gewichtes derselben, durch Ausstrahlung aber eine Zunahme des Gewichtes verursache. In seiner neuesten Ausgabe des Grundrisses der Naturlehre vom Jahre 1797 verläßt er aber auch diese Meinung, und behauptet, daß der Wärmestoff eine rein expansible Flüssigkeit ohne alle Schwere sey, und seine Vermehrung oder Verminderung in den Körpern könne, wie auch die Erfahrung lehrte, das Gewicht des Körpers weder vermehren noch vermindern. Es sey also der Wärmestoff als inponderable Substanz zu betrachten [γ]). Aus dem Saße, daß das Licht eine aus Brennstoff und Wärmestoff zusammengesetzte Flüssigkeit sey, sucht er eine Menge von Erscheinungen des Lichtes und des Feuers zu erklären, welche sonst ganz unerklärt bleiben müßten. Dieser Begriff vom Brennstoffe ist nun freylich ganz verschieden von dem stahlischen Phlogiston, dessen Wirkung alle nur mögliche Erscheinungen des Verbrennens umfaßte, und so genommen scheint er noch gar nicht von den Antiphlogistikern widerlegt zu seyn, vielmehr scheint er eine Lücke auszufüllen, welche das anti-phlogisti-

---

[a]) Zusäße zu **Macquers** chemisch. Wörterbuche B. I. S. 401 f. B. II. S. 556.

[β]) Systematisches Handbuch der gesammten Chemie Th. I. Halle 1794. §. 220. 229.

[γ]) Grundriß der Naturlehre, neu bearbeitet von **Gren.** Halle 1797. §. 512.

phlogistische System bisher gelassen hatte, indem es von den Erscheinungen des Lichtes noch gar keine befriedigende Erklärung hat geben können. Daher schlägt auch Herr Richter diesen neuen Begriff vom Brennstoff als ein gütliches Mittel vor, beyde Systeme mit einander zu vereinigen. Für die Existenz des Brennstoffs sind ebenfalls in einer kleinen Schrift des Herrn Joh. Bapt. Jak. Zauschner *) sehr wichtige Gründe angeführet worden. Ueberhaupt ist die Annahme des Brennstoffs von den Antiphlogistikern bey weitem noch nicht widerleget, und es ist gewöhnlich nur Leidenschaft, wenn sie das Phlogiston gerade weg läugnen.

Herr Hofrath Lichtenberg *), welcher gewiß dem antiphlogistischen Systeme an verschiedenen Stellen das gerechte Lob nicht versaget, gibt dem wahren philosophischen Naturforscher noch folgende Umstände zu überlegen, ehe er sein Urtheil über die Nonexistenz des Phlogistons fälle: 1) sey die Einfachheit der Metalle, des Schwefels, Phosphors u. s. f. im antiphlogistischen Systeme eben so hypothetisch, als ihre Zusammengesetztheit im alten Systeme; man müsse daher die Meinung, daß sie beym Verkalken oder Verbrennen etwas hergeben, nicht so geschwind verlassen, zumahl da einige Metalle in der Hitze einen eigenthümlichen Geruch von sich geben, und sich schon dadurch als zusammengesetzte Körper verrathen; 2) wisse man bloß mit apodiktischer Gewißheit, daß die Luft durch die Hitze im Freyen sehr ausgedehnt, und dadurch sehr flüchtig von dem heißen Körper aufwärts weggetrieben wird, und der kältern Platz machet; daß sie bey großer Erhitzung endlich von manchen heißen Körpern ohne weiteres Zwischenmittel angehalten werde, die sie kurz vorher noch so sehr schnell floß und immer schneller je heißer sie wurden, ist also eine bloße Hypothese, die kaum so annehmlich ist, als die, daß der verbrennende oder der sich verkalchende Körper endlich auch etwas hergebe und sich mit ihr verbinde, wodurch sie, ihres

Feuer-

---

a) Vindiciae phlogisti conscriptae a I. B. Iac. Zauschner. 1794. 8.
s) Anfangsgründe der Naturlehre von Polyc. Erxleben und Zus. von Lichtenberg. Götting. 1794. Anmerk. zu S. 438.

Feuerstoffs und ihrer Flüchtigkeit beraubt, ihren noch übrigen Theil an den heißen Körper absetze: 3) müsse man nicht fragen, was denn aus diesem Brennstoff werde, z. B. bey der Verbrennung des Phosphors in reiner Luft, wo nichts als Säure übrig bleibe, so lange man nicht weiß, was das Licht eigentlich ist. Wie sey es nur möglich über die Nonexistenz eines Brennstoffs so abzusprechen, so lange man die frappanteste Erscheinung beym Verbrennen, das Leuchten nicht erkläre, zumahl da man in durchsichtigen brennbaren Körpern, als im Demant und im Terpentinspiritus einen so merkwürdigen Zusammenhang zwischen Brennbarkeit und Brechung des Lichtes entdecket habe.

Der erheblichste und standhafteste Gegner der antiphlogistischen Chemie, Herr de Lüc*), hält das Phlogiston für eine besondere Substanz, welche einen Bestandtheil aller brennbaren Luftarten ausmache, eben so wenig, wie das Feuer, wägbar sey, und vermöge ihrer Eigenschaft, sich bey einem gewissen Wärmegrade mit einem eigenthümlichen Stoffe der reinen Luft zu vereinigen, die unmittelbare Ursache der Entzündung werde. Nach de Lüc unterscheidet dieses Phlogiston die leichte brennbare Luft vom Wasserdampfe; außerdem müsse es aber noch eine eigene Substanz geben, welche alle schwere brennbare Luftarten von der leichten unterscheide, und durch ihre Verbindung mit dem Phlogiston ein Hinderniß der letztern werde, die reine Luft zu zersetzen. Selbst diese Substanz verwandele die reine Luft in fixe.

Herr Prof. Voigt*), hier in Jena, ist zuerst durch die Analogie der Erklärungen, welche sich bey den elektrischen Versuchen durch die Annahme zweyer verschiedener elektrischen Materien geben lassen, auf den Versuch geleitet worden, auch für die beym Verbrennen vorkommenden Erscheinungen

---

*) Funfzehnter Brief an de la Metherie v. 11. April 1791. in Grens Journal der Physik Band VII. S. 120.

ß) Versuch einer neuen Theorie des Feuers, der Verbrennung, der künstlichen Luftarten, des Athmens, der Gährung, der Elektrizität, der Meteore, des Lichtes und des Magnetismus, aus Analogien hergeleitet. Jena 1793. 8.

nungen eben solche zwey Grundstoffe, die übrigens von den
elektrischen wesentlich verschieden sind, anzunehmen. Ein
jeder dieser beyden Stoffe ist nach ihm im höchsten Grade elastisch, und diese Elasticität kömmt von der wesentlichen Eigenschaft dieser beyden Stoffe her, nach welcher die Theile
eines jeden durch eine besondere Kraft einer in einer gewissen
Entfernung von einander gehalten werden, in welche sie sich
allemahl wieder begeben, wenn sie etwa durch einen äußern
Zwang näher an einander getrieben und hernach wieder von
demselben befreyet worden sind. So sehr aber die gleichartigen Theile auf diese Weise einander abstoßen, so stark ziehen sich dagegen die ungleichartigen, als welche theils zu dem
einen, theils zu dem andern Brennstoff gehören, einander
an. So bald also beyde frey werden und einander nahe genug kommen, so fahren die Theile des einen mit größter Heftigkeit gegen die des andern, stoßen sich durch ihre Elasticität wieder ab, ziehen sich wieder an, und so wechselsweise
fort, bis sie endlich zur Ruhe kommen und ein gebundenes
Paar ausmachen. In dem Zustande einer mäßigen Schütterung verursachen sie die Wirkung der Wärme, einer hefti-
gern Schütterung Hitze, und einer so heftigen, daß der Lichtstoff dadurch in Wirksamkeit gesetzet wird, Glut oder Feuer.
Den einen Brennstoff bezeichne ich mit + F und dieser ist der
männliche, den andern mit — F und das ist der weibliche, und den gegen einander schlagenden mit ⚏ F und das
ist der gepaarte, wo man bey dem letztern wieder den wirksam und ruhig gepaarten unterscheiden muß. Der männliche Brennstoff befindet sich in den verbrennlichen Körpern,
und macht in Verbindung des Wassers das männliche
Brenngas (entzündbare Luft) aus; der weibliche Brennstoff
hingegen macht in Verbindung mit dem Wasser das weibliche Brenngas (dephlogistisirte Luft). Diese beyden Stoffe
haben weder eine positive noch negative Schwere. So bald
der männliche Brennstoff von dem verbrennlichen Körper
weicht, so verbindet sich mit diesem ein wesentliches Wasser,
und vermehrt daher sein Gewicht, vereiniget er sich aber wieder

der mit dem Körper, so entweichet dieß Wasser, und sein Gewicht wird vermindert.

Außer diesen beyden Brennstoffen nimmt er noch folgende als einfache für sich bestehende Stoffe an, einen erdigen, einen wässerigen, einen luftigen, einen sauern, einen alkalinischen, einen für das Licht, zwey elektrische und zwey magnetische. Der luftige Grundstoff hat mit dem permanent dampfartigen Wasserstoff große Aehnlichkeit, und ist die Matrix, in welche die verschiedenen Gasarten eingehüllt sind, oder der Schauplatz, auf welchem sie ihre Rolle spielen. In seiner einfachen Gestalt hat er bloße Durchsichtigkeit, Elasticität und Flüssigkeit, sonst aber weder Geruch noch Geschmack, und ist das vornehmste Werkzeug zur Erzeugung und Fortpflanzung des Schalles. Der Lichtstoff hat nach der Vorstellung des Herrn Prof. Voigts eine geringe Dichtigkeit, und besteht aus einer Menge äußerst feiner Kügelchen, welche allenthalben in der Natur gleichförmig verbreitet sind. Dieser Stoff wird vornemlich durch das Gegeneinanderschlagen der beyden Brennstoffe oder der beyden elektrischen Stoffe und durch andere Ursachen in schwingende Bewegungen gesetzt.

Ein Paar Beyspiele mögen hinreichend seyn, um sich von der Theorie des Herrn Prof. Voigts einen Begriff zu machen. Wenn man mit Stahl und Stein Feuer schläget, so befindet sich der männliche Brennstoff im Stahl in der Eisenerde gebunden, und der Stein ist ein harter und scharfer Körper, welcher durch die Gewalt des Zusammenschlagens an einigen Stellen beyde Materien von einander sondert. So wie nun der männliche Brennstoff von der Eisenerde bis auf eine gewisse Entfernung getrennt ist, reißt sich auch der ihm zunächst liegende Theil des weiblichen Brennstoffs in der benachbarten Luft los, und schlägt so heftig gegen ihn, daß dadurch ein Funke und die Entzündung des Schwammes erfolget. Aus dem entzündeten Schwamm wird nun der männliche Brennstoff losgemacht, und es wird aus dem Antheil von dem weiblichen Brenngas in der benachbarten Luft so viel ausgelockt, daß die Glut so lange unterhalten werden kann,

als

als noch männlicher Brennstoff im Schwamm, und weiblicher im benachbarten Gas ist. Hierbey wird zugleich aller der Wasserstoff niedergeschlagen, der den weiblichen Brennstoff vorhin gebunden hielt. Dieses Wasser sammelt sich auf dem Feuerstein sehr häufig an, auf welchem der Schwamm liegt.

Wenn man Quecksilber in ein Gefäß thut, in welchem sich viel frische Luft befindet, und wo sie auch in der Folge einen leichten Zugang zu dessen Oberfläche hat, alsdann aber so viel Feuer darunter macht, daß das Quecksilber ohne zu verdampfen zum Sieden kommen kann, so wird der männliche Brennstoff, welcher an seiner Erde hängt, durch die Hitze beträchtlich aufgelockert, so daß sich einige Theile wirklich davon trennen. Diese entbinden alsdann aus eben dem weiblichen Brenngas, welches in der frischen Luft vorhanden ist, weiblichen Brennstoff, so daß gepaarter daraus entstehet, welcher als Wärme davon geht und die Erde zurückläßt; mit dieser Erde aber verbindet sich dagegen das niedergeschlagene Wasser, als ein Crystallisationswasser, und macht die rothe Erde des Quecksilbers beträchtlich schwerer, als sie vorhin war, da sie noch mit dem abgeschiedenen männlichen Brennstoff in Verbindung stand.

Wenn man Braunstein oder Salpeter glühet, so wird das Crystallisationswasser, welches diese Materien enthalten, so lose gemacht, daß sich aus dem gegebenen Brennstoff des eingedrungenen Glühefeuers der weibliche Theil mit diesem Wasser zum Brenngas verbindet, indem sich der männliche mit der Erde des Braunsteins oder dem Alkali und der Säure des Salpeters vereiniget.

Diese Theorie ist vorzüglich dieserwegen nicht Beyfalls würdig, weil sie zu viele willkürliche Erklärungen zuläßt, die sich oft selbst gegen einander aufheben; auch ist es ganz der Erklärungskunst entgegen, Stoffe aufzuführen, die man zur Erklärung der Erscheinungen des Feuers, des Verbrennens u. s. f. gar nicht nöthig hat, zumahl da weit leichtere und der Natur der Sache angemessenere Erklärungen aus allgemein bekann-

ten

ten Thatsachen von allen diesen Erscheinungen gegeben werden können.

M. s. Macquer chymisches Wörterbuch durch Leonhardi. Art. Brennbares. Gren systematisches Handbuch der gesammten Chemie 1te und 2te Ausgabe. Dessen
Grundriß der Naturlehre, 1te, 2te und 3te Ausgabe. Girtanner Anfangsgründe der antiphlogistischen Chemie. Berlin
1795. 8. an verschied. Stellen. De Lüc neue Ideen über
die Meteorologie a. d. Franz. Th. I. Berlin u. Stett. 1787.
§. 182. Desselben funfzehnter Brief an Herrn de la Metherie, aus dem journal de physique 1791. p. 378. übers.
in Grens Journal der Physik B. VII. S. 105 u. f. Lampadius kurze Darstellung der vorzüglichsten Theorien des
Feuers. Gotting. 1793. S. 142 u. s.

Brennweite (distantia foci s. focalis, distance du
foyer) ist die Entfernung des Brennpunktes von dem Mittelpunkte der Brenngläser oder Brennspiegel. Wenn die Halbmesser der Krümmungen der Brenngläser und der Brennspiegel bekannt sind, so kann man aus dem Gesetze der Strahlenbrechung und der Zurückwerfung den Brennpunkt theoretisch
finden, vorausgesetzet, daß weder die Abweichung der Gläser
und Spiegel wegen der Kugelgestalt, noch wegen der Farben
in Betrachtung gezogen werden. Denn alsdann ist der wahre
Brennpunkt der Mittelpunkt des Sonnenbildes, d. i. derjenige
Punkt, in welchem die aus dem Mittelpunkte der Sonne ausfließenden und mit der Are der Gläser oder Brennspiegel parallel auffallenden Strahlen nach der Brechung oder Zurückstrahlung zusammen kommen.

Für die auf beyden Seiten erhabenen Linsengläser sey der
Halbmesser der einen Fläche $= r$, der Halbmesser der andern
$= \varrho$, das Brechungsverhältniß für Luft und Glas $= \mu : \nu$
und die Brennweite $= f$, so hat man, wenn die Dicke der
Glaslinse in Vergleichung mit den beyden Halbmessern r und ϱ
sehr klein ist, die Brennweite $f = \dfrac{\nu \varrho r}{(\mu - \nu)(r + \varrho)}$ (m. s.
Linsengläser). Nach der Erfahrung kann man ohne merk-
lichen

schen Fehler das Brechungsverhältniß für Luft und Glas

$= \mu : \nu = 3 : 2$ setzen, folglich wird $f = \dfrac{2 r \varrho}{r + \varrho}$ d. h. man fin-

det für ein auf beyden Seiten erhabenes Brennglas die Brennweite, **wenn man das doppelte Produkt beyder
Halbmesser durch die Summe derselben dividiret.**
Wären die beyden Kugelsegmente der Linse gleich groß und
von gleichen Kugeln, so wird alsdann die Brennweite

$f = \dfrac{r r^2}{2 r (\mu - \nu)} = r$, wenn das Brechungsverhältniß $= 3 : 2$

gesetzet wird, d. h. die Brennweite ist dem Halbmesser
gleich. Ist die Linse eine Kugel, so kann die Dicke derselben nicht wie bey den gewöhnlichen Gläsern bey Seite gesetzet
werden; die Brennweite derselben findet man $f = \frac{1}{2} r$ d. h.
**die Brennweite einer Kugel ist der Hälfte des Halb-
messers gleich.** Wenn übrigens das Brennglas eine sehr
geringe Dicke besitzet, so bleibt die Brennweite einerley, man
mag eine Seite der Linse, welche man will, dem Objekte zu-
kehren, wären auch die Abschnitte, woraus die Linse zusammengesetzet ist, von ungleich großen Kugeln.

Für das planconvexe Glas ist der eine Halbmesser unend-

lich groß, folglich die Brennweite desselben $f = \dfrac{r r}{\mu - \nu} = 2 r$,

wenn $\mu : \nu = 3 : 2$ gesetzet wird, d. h. **die Brennweite ist
dem Durchmesser der krummen Fläche gleich.**
Für den Meniskus ist der eine Halbmesser der hohlen
Seite negativ und größer als der Halbmesser der erhabenen
Seite. Wäre also ϱ negativ, so würde die Brennweite

$f = \dfrac{- r r \varrho}{(\mu - \nu)(r - \varrho)} = \dfrac{r r \varrho}{(\mu - \nu)(\varrho - r)} = \dfrac{2 r \varrho}{\varrho - r}$, wenn

$\mu : \nu = 3 : 2$. d. h. **die Brennweite ist dem doppelten
Produkte beyder Halbmesser r und ϱ durch die Diffe-
renz derselben dividiret gleich.**
Durch Versuche kann man die Brennweite sphärischer
Gläser auf diese Art bestimmen, wenn man sucht, in welcher

Ji

Entfer-

Entfernung hinter dem Glase das deutliche Bild der Sonne sich zeiget. Es läßt sich nämlich dieses Bild durch eine auf der Axe des Glases senkrecht stehende Ebene auffangen, und alsdann die Entfernung desselben von dem Glase messen.

Kepler [a] war der erste, welcher zeigte, daß ein Plan-convexglas die mit der Axe parallelen Strahlen in der Entfernung des Durchmessers der erhabenen Seite hinter dem Glase vereinige, und daß für ein auf beyden Seiten gleich erhabenes Glas der Vereinigungspunkt paralleler Strahlen in den Mittelpunkt der Vorderfläche falle. Für solche Gläser, deren krumme Flächen ungleichen Halbmessern zugehören, hat er keine Regel, ihren Brennpunkt zu finden, angegeben, sondern er sagt nur, daß er dem Glase näher als drey Halbmesser der Vorderfläche und auch näher als zwey Halbmesser der Hinterfläche liege. Die Bestimmung dieses Punktes soll nach Montucla [b] der Jesuite Cavalleri zuerst gegeben haben; er setzte nämlich darüber folgende Regel: wie sich verhält die Summe der Durchmesser der beyden Flächen des Glases zu einem derselben, so verhält sich der andere zur Brennweite.

Weil alle die Gläser, das Convexconverglas, Planconverglas und der Meniskus Sammlungsgläser sind, und folglich ein physisches Bild zu Wege bringen können, das leuchtende Objekt, von welchem die Strahlen auf diese Gläser fallen, mag entweder die Sonne oder ein anderes nahe gelegenes Objekt seyn, so ist man auch im Stande, aus der gegebenen Entfernung des Bildes und der Entfernung des Objektes von der Linse die Brennweite zu finden. Man setze nämlich die Entfernung des Objektes von der Linse $= a$, die Entfernung des Bildes $= \delta$ und die Brennweite $= f$, so

hat man $a = \dfrac{\delta f}{\delta - f}$ (m. s. Linsengläser); hieraus ergibt sich $(\delta - f)\, a = \delta f = \delta a - f a$, folglich $(\delta + a)$
$$f = \delta a$$

a) Dioptrica, prop. 35. 39. 38.

b) Histoire des mathemat, Tom. II. pt 176.

$f = \delta a$ und $f = \dfrac{\delta a}{\delta + a}$ d. h. man multiplicire die Entfernung des Objektes mit der Entfernung des Bildes desselben, und dividire dieses Produkt durch die Summe beyder Entfernungen, so gibt der Quotient die Brennweite des Glases an. Es sey z. B. $a = 40$ Fuß $= 480$ Zoll und $\delta = 10$ Zoll, so hat man

$$f = \frac{4800}{490} = 9\frac{39}{49} \text{ Zoll.}$$

Was die Hohlgläser anbetrifft, so findet bey selbigen eigentlich kein Brennpunkt Statt, sondern die gebrochenen Sonnenstrahlen fahren von einander, und scheinen von einem Punkte herzukommen, welcher vor diesen Gläsern liegt, welcher demnach kein Sammlungspunkt, sondern ein Zerstreuungspunkt ist. Um aber jene Formeln auch bey den Hohlgläsern in Anwendung zu bringen, pflegt man denselben einen geometrischen oder eingebildeten Brennpunkt beyzulegen. Man sieht leicht ein, daß bey einem auf beyden Seiten hohlen Glase die beyden Halbmesser r und ϱ negativ genommen werden müssen, und man findet daher $f = \dfrac{r r \varrho}{(\mu - \nu)(-r - \varrho)}$

$$= -\frac{r r \varrho}{(\mu - \nu)(r + \varrho)} = -\frac{2 r \varrho}{r + \varrho}, \text{ wenn } \mu : \nu = 3 : 2.$$ Ueberhaupt finden hier alle oben angegebene Regeln für die geometrischen Brennweiten der Hohlgläser Statt.

Alle diese durch die Theorie gefundenen Regeln finden wegen der Abweichung der Kugelgestalt und der Farben in der Ausübung gewisse Einschränkungen. Nur die nahe bey der Are auffallenden Strahlen und selbst nur diejenigen Theile der Strahlen, deren Brechungsverhältniß für Luft und Glas $= 3 : 2$ ist, werden sich in dem Brennpunkte der berechneten Brennweite bereinigen. Diejenigen Strahlen, welche weiter von der Are gegen den Rand der Gläser zu auffallen, werden nach der Brechung in Punkten zusammenkommen, welche den Gläsern näher liegen. Weil sich nun die Brechung des rothen Lichtes dem Verhältnisse $3 : 2$ am meisten nähert (m. s.

Brechungs-

Brechungsverhältniß), so vereinigen sich eigentlich die um die Axe einfallenden Strahlen nach der Brechung schon vor dem berechneten Brennpunkte, und der Vereinigungspunkt des rothen Lichtes liegt demselben am nächsten. Wegen der Beschaffenheit der Luft und des Glases können jedoch einige Abänderungen dabey Statt finden.

Bey den Brennspiegeln beträgt die Brennweite die Hälfte des Halbmessers der Krümmung (m. s. **Hohlspiegel**), wenn man bloß diejenigen Strahlen, welche nahe bey der Axe auffallen, in Betrachtung zieht. Diejenigen Strahlen hingegen, welche von der Axe des Spiegels entfernter auf die Spiegelfläche fallen, vereinigen sich in Stellen, welche dem Spiegel näher liegen. Die neben einander liegenden Strahlen werden sich auch in Punkten schneiden, die nicht in der Axe des Spiegels liegen, und diese Reihe von Punkten werden eine krumme Linie, die **Brennlinie**, bilden, deren Scheitel der Brennpunkt ist. Wäre das Objekt, welches Strahlen auf den Hohlspiegel wirft, nicht die Sonne, sondern ein andres, das dem Spiegel weit näher liegt, so wird allemahl der Hohlspiegel ein deutliches Bild davon zu geben im Stande seyn. Wäre alsdann nicht allein die Entfernung des Objektes, sondern auch die des Bildes von dem Hohlspiegel bekannt, so würde man auch hieraus die Brennweite finden können. Es sey nämlich die Entfernung des Objektes von der Spiegelfläche $= a$, die Entfernung des Bildes von derselben $= \delta$, und die Brennweite $= f$, so hat man, wie bey Linsengläsern, $a = \dfrac{\delta f}{\delta - f}$ und daher $f = \dfrac{\delta a}{\delta + f}$. (M. s. **Hohlspiegel**). Für den erhabenen sphärischen Spiegel laufen alle mit der Axe parallel auffallende Strahlen nach der Reflexion hinter der Spiegelfläche zusammen; folglich hat auch ein erhabener sphärischer Spiegel keinen physischen, sondern nur einen geometrischen Brennpunkt.

Beym hohlen parabolischen Brennspiegel, setze man den Parameter $= p$, und die Brennweite $= f$, so ist nach B.

weisen der höhern Geometrie $4f = p$, folglich $f = \frac{1}{4}p$, d. h. Die Brennweite ist dem vierten Theile des Parameters gleich *). (M. s. Spiegel, parabolische).

Brillen (perspicilla, lunettes, besicles) sind erhabene Linsengläser, deren sich weitsichtige Personen bedienen, um nahe gelegene Objekte deutlich zu sehen.

Wenn das Auge ein in einer gewissen Entfernung betrachtetes Objekt deutlich sehen soll, so wird verlangt, daß dessen Bild gerade auf die Retina fällt. Es gibt daher auch allemahl einen gewissen Abstand des Gegenstandes vom Auge, bey welchem es selbigen am deutlichsten sieht, welcher aber immer undeutlicher wird, je weiter derselbe sich von dem Auge entfernet, der Gegenstand mag groß oder klein seyn. Kleine Objekte sieht ein gesundes Auge gewöhnlich am deutlichsten, wenn es etwa 8 Zoll von demselben entfernet ist. Es wird folglich das Auge schon weitsichtig seyn, wenn es dergleichen Gegenstände weiter als 8 Zoll von demselben deutlich siehet. In einem solchen Falle nämlich werden die Strahlen, welche von dem 8 Zoll weit vom Auge entlegenen Objekte ausfließen, nach der Brechung im Auge die Netzhaut eher schneiden, als sie sich im deutlichen Bilde vereiniget haben. Einem solchen Auge muß nothwendig ein erhabenes Glas gegeben werden, wenn es ein solches Objekt auf 8 Zoll Weite deutlich sehen soll. (M. s. Auge).

Gesetzt, eine weitsichtige Person kann ein Objekt auf eine gewisse Weite $= \delta$ nicht deutlich sehen, sondern auf eine andere Weite $= \alpha$, so kömmt es darauf an, die Brennweite eines Glases zu suchen, welches vors Auge gehalten das Objekt in der Entfernung δ eben so deutlich macht, als es das Auge in der Entfernung α sähe. Wenn die gesuchte Brennweite $= f$ gesetzet wird, so hat man $\alpha = \dfrac{\delta f}{\delta - f}$, (m. s. Linsengläser). Es muß hier aber α negativ genommen werden, weil Objekt und Bild an einer Seite des Glases

Jl 3   liegen

*) Kleine Anfangsgründe der höhern Geometrie. Jena 1796. 8. S. 8. 3te Aufl.

liegen m· : bemnach hat man $- a = \dfrac{\delta f}{\delta - f}$, und hieraus findet man $\delta f = af - a\delta$ und $(a - \delta)\, f = a\delta$,
folglich $f = \dfrac{a\delta}{a - \delta}$, d. h. die weitsichtige Person muß Brillengläser gebrauchen, deren Brennweite gefunden wird, wenn
man die Weite des deutlichen Sehens in die Weite
des Objektes vom Glase multipliciret, und dieses
Produkt durch die Differenz beyder Weiten dividiret.

Ist z. B. $a = 24$ Zoll $\delta = 9$ Zoll, so hat man die
Brennweite der Brillengläser $f = \dfrac{24 \cdot 9}{24 - 9} = 14\frac{2}{5}$ Zoll, d. h.
eine weitsichtige Person, welche ein Objekt auf 24 Zoll deut-
lich siehet, dieses Objekt aber auf 9 Zoll Weite deutlich zu
sehen wünschet, muß Brillengläser von $14\frac{2}{5}$ Zoll Brennweite
gebrauchen.

Die Erfindung der Brillen gehöret ohne Zweifel unter
die nützlichsten und wohlthätigsten Erfindungen, da sie dem
für sich beschwerlichen Alter so große Erleichterung verschaffen.
Nur hat man vorzüglich folgende Vorsichtigkeitsregel nicht
aus den Augen zu setzen, daß man sich zu gehöriger Zeit
einer Brille bedienet. Der nothwendige Gebrauch derselben
wird nach Adams *) durch diese Merkmahle erkennt:
1) wenn man kleine Objekte, um sie deutlich zu sehen, vom
Auge weit entfernt halten muß, 2) wenn man zu seinen gewöhnlichen Arbeiten mehr Licht als vorher nöthig hat, 3) wenn
nahe Gegenstände genau betrachtet undeutlich zu werden anfangen, und als ob gleichsam ein Nebel darüber gezogen wäre,
4) wenn beym Lesen oder Schreiben die Buchstaben in einander fließen und vielfach zu seyn scheinen, und 5) wenn die Augen
leicht müde werden, und von Zeit zu Zeit geschlossen oder
zur Erhohlung auf andere Gegenstände gerichtet werden
müssen.

*) Anweisung zur Erhaltung des Gesichts, a. d. Engl. übers. von
Aries. Gotha 1794. 8. S. 124 — 142.

müssen. So bald wie nur einige von diesen Umständen eintreten, so ist es Zeit, sich einer Brille zu bedienen, weil sonst durch längern Verzug die Augen immer schlechter werden.

Bey der Auswahl einer Brille muß man besonders darauf sehen, daß man eine solche nehme, durch welche das Auge in eben der Entfernung, als man vorher zu lesen und zu arbeiten gewohnt war, deutlich und ohne Anstrengung sehen könne. Wenn die Augen nach und nach flächer werden, so muß man nach und nach in eben dem Maße converere Brillen gebrauchen; am besten erkennt man dieß, wenn jedes Mahl eine andere zu wählende Brille dem Auge in eben der Entfernung, dasjenige deutlich zu sehen verstattet, was es sonst in dieser Entfernung deutlich erblickte. Nur muß man sich hüten, so schnell zu wechseln, und bald diese bald jene Brille zu gebrauchen, sondern man bediene sich stets seiner eigenen. Solche Personen, welche Abends zu ihren Arbeiten eine Brille gebrauchen müssen, die sie bey Tage entbehren können, werden wohlthun, daß sie bey der Abnahme ihrer Augen stets zwey Brillen zur Hand haben, nämlich eine bey Tage und die andere zur Nachtzeit, welche letztere etwas converer seyn muß, damit sie in beyden Fällen in einer gleichen Entfernung vom Auge durch die Brillen deutlich und ohne Anstrengung sehen können. Wer auf diese Weise mit den Brillen eine regelmäßige Stufenfolge beobachtet, der kann seine Augen bis zum höchsten Alter erhalten.

Solche Brillen, welche mit hörnernen Blendungen versehen sind oder einen breiten Rand haben, sind schädlich theils weil das Auge schon die gehörige Blendung hat, und theils auch, weil das Gesichtsfeld dadurch so sehr eingeschränkt wird, daß man eine stete Wendung mit dem Auge vornehmen muß.

Sonst gibt es auch so genannte Conservationsbrillen, welche eine sehr große Brennweite haben, und gemeiniglich von grünem Glase verfertiget werden. Sonst war man der Meinung, daß sie zur Erhaltung des Gesichtes wegen der grünen Farbe dienlich wären. Allein Adams spricht ihnen gänzlich alle Vorzüge ab, indem sie den Farben ein schmutzi-

ges Ansehen geben, und im Anfange verursachen, daß dem
Auge, wenn man sie ableget, weiße Dinge roth erscheinen.
Ein offenbarer Beweis, daß sie die Augen angreifen. Bedienet man sich derselben nicht immer, so ist die Verschiedenheit der Helligkeit, wenn man sie ableget, schädlich; gebrauchet man sie hingegen beständig, so muß man sie endlich so
conver haben, daß sie wegen der großen Dicke fast undurchsichtig sind.

Es gibt auch Personen, welche sich gewisser Lesegläser
bedienen, die sie mit der Hand in einer Entfernung vom
Auge halten. Allein diese sind dem Auge äußerst schädlich.
Denn es ist unmöglich, sie jederzeit in gleicher Entfernung
vom Auge zu halten, weil sich bald der Kopf, bald die Hand
beweget; bey einer jeden veränderten Entfernung aber muß
sich das Auge in eine andere Stellung begeben. Außerdem
ist auch der blendende Glanz, welchen sie von der Oberfläche
zurückwerfen, dem Auge schädlich. Diesen sind weit vorzuziehen diejenigen Lesegläser, welche doppelte Augengläser besitzen, und mittelst des Bügels fest an die Augen gehalten
werden können.

Die erste deutliche Nachricht von der Vergrößerung durch
Gläser findet man im 12ten Jahrhunderte bey dem Araber
Alhazen *). Denn er saget, eine Sache nahe an die Grundfläche des größern Abschnittes einer gläsernen Kugel gehalten erscheine vergrößert. Roger Bacon *), welcher am
Ende des 13ten Jahrhund. lebte, führet weitläuftig an, daß
kleinere Kugelstücke von Glas mit der flachen Seite auf eine
Schrift gelegt, die Buchstaben deutlicher mache und vergrößere; allein seine Erklärungen, welche er davon zu geben
sich bemühet, beruhen auf verworrenen Vorstellungen, so
wie sie überhaupt bey den ältesten optischen Schriftstellern
angetroffen werden. Smith in seiner Optik durch Kästner S. 379 sucht aus den Fehlschlüssen des Bacons wahrscheinlich

a) Libri opticorum VII. theor. 118.

*) Opus maius, ad Clementem IV. pontif. Rom. Ex Mf. codice
Dublinensi cum aliis quibusdam collato, nunc primum edidit S.
Jebb. M. D. Lond. 1733. fol.

scheinlich zu machen, daß er mit Abschnitten einer gläsernen Kugel keine Versuche angestellet habe. Durch diese Stellen des Alhazen und Bacon ist man vielleicht auf die Erfindung der Brillen geleitet worden. Denn das ist gewiß, daß mit dem Anfange des vierzehnten Jahrhundertes, oder nicht lange vorher, die Brillen bekannt geworden sind. Smith a. a. O. S. 377 führt historische Zeugnisse an, die es außer Zweifel setzen, daß die Erfindung der Brillen zwischen 1280 und 1311 fällt. Ein gewisser Mönch aus Pisa, welcher im Jahre 1313 gestorben ist, Nahmens Alexander de Spina, soll ein Paar Brillen bey jemanden gesehen haben, welcher ihm das Kunststück nicht habe erklären wollen, nachher aber sey er selbst auf diese Erfindung gekommen, und habe jedermann gern damit gedient. Auch war sonst in der Kirche, Maria maggiore, zu Florenz eine Grabschrift des Salvinus Armatus *), eines florentischen Edelmannes, zu lesen, welcher im Jahre 1317 gestorben ist, daß er die Brillen erfunden habe. Die Grabschrift hieß

Qui giace Salvino degli Armati,
Inventore degli Occhiali,
Dio gli perdoni li peccati.

Diese Zeugnisse, wovon Smith in seiner Optik noch mehrere angeführet hat, geben die größte Wahrscheinlichkeit, daß diese wichtige Erfindung zu Ende des dreyzehnten Jahrhunderts in Italien ist gemacht worden.

Brunnen (fontes, fontaines) sind Anhäufungen des Wassers in der Erde. Sie entstehen entweder von Natur, indem sich das in die Erde eingedrungene Wasser in gewissen Stellen der Erde, wo es etwa wegen daselbst befindlichen Thonschichten nicht weiter eindringen kann, sammelt, und auch oft seitwärts aus der Erde hervorquillt, woher die Quellen entstehen (m. s. Quellen); oder sie werden mit Fleiß gegraben, und heißen alsdann gegrabene Brunnen. Diese erhalten ihren Wasservorrath entweder von den nicht weit gelegenen Gebirgen, zwischen deren Schichten und Lager das Was-

Ji 5

ser nach den Brunnen zu hindringt, oder auf eine ähnliche
Art von den benachbarten Seen, Sümpfen und Flüssen, oder
auch, wie die meisten, von atmosphärischem Wasser, wel=
ches als Regen und Schneewasser in die Erde dringt, in ge=
wissen Schichten aufgehalten wird, und durch Klüfte und
andere Schichten nach den niedrigen Stellen sich senkt. Das
Brunnenwasser ist in Ansehung der Reinigkeit und des Ge=
haltes gar sehr verschieden. Diese Verschiedenheit rühret ohne
Zweifel von den mancherley Erdschichten her, durch welche es
dringt, und von welchen es Bestandtheile auflöset und mit
sich fortführet. Die reinsten Brunnenwasser sind gewöhnlich
die, welche in ansehnlichen Höhen anzutreffen sind, und welche
noch wenige Schichten der Erde durchdrungen haben. Das
gemeine Brunnwasser hat fast immer Gyps, rohe Kalkerde
und einige salzige Theile aufgelöset. Enthält es solche Stoffe,
die ihm einen merklichen Geschmack ertheilen, so heißen diese
Brunnwasser **mineralische Wasser**, und besonders Ge=
sundbrunnen, wenn ihr Wasser zum medicinischen Gebrauch
dienen kann. Dahin gehören die **Sauerbrunnen, Stahlbrunnen, Cementquellen, Bitterwasser, Schwe-
felwasser.** Die gegrabenen Brunnen können überall ange=
leget werden, nur verlangen sie in hohen und trockenen Ge=
genden eine ansehnliche Tiefe.

Von andern künstlichen Brunnen, als **Heronsbrunnen**
u. d. g. unter dem Artikel **Springbrunnen.**

C.

Calcination s. **Verkalkung.**
Calender s. **Kalender.**
Calorimeter s. **Wärmemesser.**
Calorique s. **Wärme.**
Camera clara, reinthalerische, *Camera lucida, Ca-
mera obscura* des Bapt. Porta s. **Zimmer**, verfinstertes.
Camphersäure s. **Kamphersäure.**

Capaci=

Capacität der Elektricität s. Condensator.
Capacität für die Wärme s. Wärme; specifische.
Carbone s. Kohlenstoff.

Cardinalpunkte, Hauptgegenden der Welt (puncta cardinalia, cardines puncti, points cardinaux) sind die vier Punkte im Horizonte, wovon zwei die Durchschnittepunkte des Mittagkreises mit dem Horizonte, und die andern beyden die Durchschnittspunkte des Aequators mit dem Horizonte sind. Die beyden erstern Punkte heißen Mittags- und Mitternachtspunkte, und die beyden andern Morgen- und Abendpunkte. Zur Zeit der Nachtgleichen geht die Sonne im Morgenpunkte auf, und im Abendpunkte unter. M. f. Weltgegenden.

Cartesianische Täucherlein oder Männchen, cartesianische Teufel (diaboli Cartesiani, diables Cartesiens ou plongeurs de Descartes) sind kleine gläserne Männchen, welche inwendig hohl, und mit einer feinen Oeffnung versehen sind. Die inwendige Hohlung muß so groß seyn, daß das Männchen etwas weniges leichter, als ein gleich großes Volumen Wassers ist, damit es auf dem Wasser schwimme. Mit diesem Männchen pflegt man physikalische Versuche anzustellen, welche beym ersten Anblick ein bloßes Spielwerk zu seyn scheinen, bey genauerer Erwägung aber allerdings von Erheblichkeit sind. Man nimmt ein langes aber nicht gar zu weites Glas (fig. 73.) a b a d, dessen Länge etwa einen Fuß und die Weite ungefähr 3 Zoll ist. Oben muß es eine enge Oeffnung mit einem kleinen Halse und einem etwas breiten Rande e haben. Dieses Glas wird mit Wasser angefüllt, und das Täucherlein hineingethan, nachher mit einer Blase dergestalt verbunden, daß keine Luft darunter bleibt. Wenn man nun ein wenig mit dem Finger auf die Blase druckt, so wird dieser Druck das Wasser, welches nicht weiter ausweichen kann, durch die enge Oeffnung des Täucherleins hineindringen, und die in selbigem befindliche Luft zusammendrucken. Folglich muß dadurch das Täucherlein schwerer als vorher werden, ohne jedoch seinen

nen Umfang zu vergrößern; d. h. es wird specifisch schwerer
als das Wasser, und muß daher im Wasser zu Boden sinken.
So bald man aber zu drucken aufhöret, so dehnet sich die zusammengepreßte Luft wieder aus, treibt das Wasser zum
Theil wieder heraus, wodurch das Täucherlein wieder leichter als vorher wird, und es steigt daher in die Höhe. Durch
abwechselndes Drucken und Nachlassen scheint es also, als
wenn dieß Täucherlein im Wasser tanze.

Bringt man ferner das Täucherlein in ein offenes mit
Wasser angefülltes Glas, und setzet dieß unter die Glocke
einer Luftpumpe, so dehnt sich, so bald die Luftpumpe
zu arbeiten anfängt, die in der Höhlung befindliche Luft aus,
und tritt zum Theil aus der engen Oeffnung heraus. Durch
wiederhohltes Exantliren wird endlich die im Täucherlein zu-
rückgebliebene Luft so dünne, daß man den innern Raum als
luftleer betrachten kann. In diesem Zustande wird das Täucherlein auf dem Wasser schwimmen. Läßt man nun unter
die Glocke äußere Luft wieder hinein, so wird der Druck
derselben auf das Wasser dasselbe in die enge Oeffnung des
Täucherleins hineintreiben, und den innern Raum damit an-
füllen, so daß es nun specifisch schwerer als das Wasser ist,
und es wird folglich sogleich zu Boden sinken.

Cartesianische Wirbel s. Wirbel.

Cassegrathisches Teleskop s. Spiegelteleskop.

Castor und Pollux s. Wetterliche.

Catakustik s. Katakustik.

Catadioptrische Werkzeuge s. Spiegelmikroskop,
Spiegelteleskop.

Cataphonik s. Kataphonik.

Cataracte s. Katarakte.

Causticität s. Kausticität.

Cementation (cementatio, cémentation) ist in der
Chemie überhaupt das Glühen der Körper in verschlossenen
Gefäßen, zwischen andern, die sie verändern sollen. Mehrentheils wird die Veränderung der Körper durch die von
der Hitze hervorgebrachten Dämpfe eines festen Körpers be-

wirket

wirket. Diejenige Substanz, welche in der Hitze die Dämpfe hergibt, heißt das Cementpulver (puluis cementarius). Mit diesem wird der zu verändernde Körper schichtweise in der so genannten Cementirbüchse in die Hitze gebracht. Diese Büchse ist von gutem feuerfesten Thone, nicht glasurt, und mit einem gut darauf paffenden Deckel versehen, welcher beym Gebrauche darauf gekittet wird.

Das Cementpulver ist nach Verschiedenheit der zu verändernden Körper auch verschieden. Die vorzüglichsten sind das Goldcementpulver, welches zur Scheidung des Silbers vom Golde gebrauchet wird; das Cementpulver zur Verwandlung des Eisens in Stahl und das Cementpulver zur Verwandlung des Kupfers in Messing.

Die Cementation hat allemahl entweder eine Scheidung oder eine Auflösung zur Absicht. Nach der atomistischen Lehrart müßten also die durch die Hitze entstandenen feinen Theile in die erweiterten Poren des zu verändernden Körpers sich begeben, und folglich nur eine Nebeneinanderstellung der kleinsten Theile des zu verändernden Körpers und der feinen aufgelöseten Theile des Cementirpulvers nicht aber eine Scheidung oder eine Auflösung zu Wege bringen. Nach der dynomischen Lehrart hingegen durchbringen die feinen Theile des Dampfes die Materie des zu verändernden Körpers und erzeugen eben dadurch einen Körper von eigener Natur und eigenen Eigenschaften.

Cementwasser (aquae cementoriae, eaux cémentatoires) sind kupferhaltige Wasser, welche sich gemeiniglich in Kupferbergwerken befinden. Es ist in diesen Wässern das Kupfer mittelst der Vitriolsäure aufgelöset. Man findet dergleichen Cementwasser in Ungern, Deutschland, Schweden, Norwegen, England, Irland u. a. andern Orten mehr.

Wenn ein Stück Eisen in die Cementwasser geleget wird, so löset die in selbigen enthaltene Vitriolsäure, wegen einer größeren Verwandtschaft, dasselbe auf, und es wird dadurch eben so viel Kupfer niedergeschlagen, welches Cementkupfer (cuprum praecipitatum) genannt wird. Im Großen gewinnt

winnt man daher auch dieses Kupfer auf folgende Art; man leitet die Cementwasser in Graben oder Canäle und wirft altes Eisen hinein. Auch schlägt sich das Cementkupfer oft auf Erde, Stein und Holz nieder, ja bisweilen erzeuget es sich ohne Unterlage, und ist alsdann zum Theil figurirt.

Centralbewegung (motus centralis, mouvement central). Wenn ein bewegter Körper während seiner Bewegung genöthiget ist, eine krumme Bahn zu durchlaufen, so muß unaufhörlich eine Kraft auf ihn wirken, welche ihn beständig von seinem geradlinichten Wege, den er vermöge seiner Trägheit durchlaufen würde, ablenkt. Es kann die Richtung dieser Kraft nach einem unveränderlichen Punkte erfolgen, und dann heißt die Kraft die Centripetalkraft (vis centripeta), weil der unveränderliche Punkt, wo man sich die Ursache gedenkt, welche den bewegten Körper anzieht, der Mittelpunkt der Kräfte genannt wird. Und eben eine solche Bewegung heißt Centralbewegung. Wenn z. B. ein Körper in einem Kreise herumgeschläudert wird, so erfolget diese seine kreisförmige Bahn deßwegen, weil ihn die Hand in allen Punkten seines Weges gegen den Mittelpunkt ziehet. So beschreibet auch der Mond seine krumme Bahn um die Erde, weil ihn die Erde in allen seinen Stellen nach dem Mittelpunkt anzieht. Würde in dem Augenblicke die anziehende Kraft der Erde gegen den Mond zu wirken aufhören, so würde nun der Mond von der Erde in einer Richtung entfliehen, welche in der Stelle seiner Bahn als eine Tangente derselben zu betrachten ist.

Es sey die Richtung der Bewegung des bewegten Körpers (fig. 73.) a nach der Tangente a b; eine Kraft aber, welche nach dem unveränderlichen Punkte c in der Richtung a c auf selbigen wirkt, lenke ihn beständig von dem geraden Wege ab, um die krumme Linie a e k zu durchlaufen. Man stelle sich anfänglich diese krumme Linie als ein Vieleck von unendlich vielen Seitenlinien vor, wo also die Punkte a, e, h u. s. unendlich nahe an einander liegen; alsdann muß man aber auch annehmen, daß die Kraft nach der Richtung a c

nicht

nicht ſtätig, ſondern nur ſtoßweiſe wirket, und dem bewegten
Körper die Bewegung, welche er in ihm nach und nach in
der unendlich kleinen Zeit, da er z. B. durch den Bogen a e
gehet, zu Wege bringt, in der Mitte dieſer unendlich kleinen
Zeit in m, wo er von ſeinem Wege am weiteſten ſich befindet, urplötzlich mittheilet.   Auf dieſe Weiſe wird die
ſo vorgeſtellte Bahn von der wahren, ſo wohl in der Richtung
als auch in der Geſchwindigkeit, unendlich wenig verſchieden
ſeyn.   Geſetzt nun, der Körper würde in dem erſten unendlich kleinen Zeittheile den Weg a b durchlaufen müſſen, in
m zöge ihn aber die Kraft nach m d, ſo wird er nun die
Diagonale m e des Parallelogramms m d e b durchlaufen.
Wenn nun jetzt die Wirkung der Kraft nach der Richtung e e
auf den Körper aufhörte, ſo würde er in dem folgenden unendlich kleinen Zeittheilchen nach der Richtung der Tangente e i
gleichförmig fortgehen; da ihn aber die Kraft in f nach der
Richtung f g ziehet, ſo muß er wiederum die Diagonale f h
des Parallelogramms f g h i durchlaufen.   Hieraus iſt nun
leicht zu begreifen, daß die Bahn des Körpers die krumme
Linie a e k vorſtellen müſſe, wenn die Kraft nach der Richtung a c ununterbrochen oder ſtätig auf ſelbigen wirkt.

　　Wenn der Körper in ſeiner krummlinichten Bahn in dem
erſten Zeittheilchen den Bogen a e, in dem andern dem erſten gleichen Zeittheilchen den Bogen e h u. ſ. f. durchläuft;
ſo muß das Dreyeck c m e = dem Dreyeck c m b ſeyn, denn
iſt b e mit m c parallel, und m c die gemeinſchaftliche Grundlinie beyder Dreyecke; ferner iſt a m = m b und a c die gemeinſchaftliche Höhe beyder Dreyecke a m c und c m b folglich auch das Dreyeck a m c = m c b = m c a. Eben ſo iſt
das Dreyeck c f h = dem Dreyeck f c i, weil i h parallel mit
e f und c f die gemeinſchaftliche Grundlinie iſt.   Weil aber
auch e f = f i und e c die gemeinſchaftliche Höhe beyder Dreyecke e c f und f c i, ſo iſt das Dreyeck f c i = e c f = c f h =
a m c u. ſ. f. Es läßt ſich alſo vom ganzen Ausſchnitte a c h
ſagen, daß er eben ſo viele unendlich kleine Ausſchnitte wie
a c e enthält, ſo viel die Zeit T, binnen welcher der Körper

den

den Bogen a h zurück geleget hat, gleiche Zeittheilchen in sich hält. Wenn nun hier, wie in der Geometrie, eine jede aus dem Punkte c auf irgend einen Punkt der krummen Linie gerade gezogene Linie wie c a, c e u. s. f. der **Radius Vektor** genannt wird, so folgt bey der Centralbewegung unläugbar, daß sich die Zeiten, in welchen verschiedene Bogen der krummen Linie von dem Körper durchlaufen werden, wie die Ausschnitte, welche der **Radius Vektor** beschreibt, verhalten. Dieß allgemeine Gesetz der Centralbewegungen hat **Kepler** *) aus Tychons astronomischen Beobachtungen gefunden, und gezeigt, daß die Planeten in ihrem Laufe um die Sonne dasselbe befolgen. **Newton** *) hat es bewiesen. Weil diese Bewegung gleichförmig ist, so verhalten sich auch die Geschwindigkeiten wie die Räume (m. s. **Bewegung**) a m, m e, e f, f h u. s. oder wie die Grundlinien der Dreyecke a c m, c m e, e e f. u. f. Weil nun alle diese Dreyecke gleichen Flächeninhalt haben, so verhalten sich die Grundlinien umgekehrt wie ihre Höhen, d. i. umgekehrt wie die aus dem Mittelpunkte der Kräfte c auf die Grundlinien senkrecht gezogenen Linien; also verhalten sich auch die Geschwindigkeiten so. Nimmt man nun an, daß die Centripetalkraft stetig wirket, so wird die Linie, in welcher sich der Körper beweget, eine krumme Linie. Sind die Zeittheilchen selbst unendlich klein, so können auch die Bogen a p, p e u. s. f. mit den Tangenten a m, m e u. s. für einerley gehalten werden. Daraus folgt, daß sich die Geschwindigkeiten in verschiedenen Punkten der krummen Linie verhalten umgekehrt wie die Linien, welche aus dem Mittelpunkte der Kräfte auf die Tangente der krummen Linie an diesen Punkten senkrecht gezogen sind. Es sey also (fig. 75.) die Geschwindigkeit des Körpers in $a = \gamma$, und die senkrechte Linie aus dem Mittelpunkte c der Kräfte auf die durch a gezogene Tangente der Krümmung $= \alpha$; ferner die Geschwindigkeit in $b = \varphi$, und die senkrechte Linie aus c auf die

---

*) Astronom. nou. Prag. 1609. fol.
*) Princip. Lib. I. propos. 1.

die Tangente durch $b = \beta$, so hat man $\gamma : \varphi = \beta : a$. Hieraus ergibt sich auch

$$\varphi = \frac{a \cdot \gamma}{\beta}, \text{ d. h.}$$

die Geschwindigkeit in b ist die vierte Proportionallinie zu ce, ca und der Geschwindigkeit in a, wo der Radius Vektor ca mit der Tangente durch a rechte Winkel macht.

Will man eine allgemeine Gleichung zur Bestimmung der krummen Bahnen, welche vermittelst der Centralbewegungen beschrieben werden, haben, so setze man die nach dem Mittelpunkte c der Kräfte gerichtete Centripetalkraft $= \lambda$, und nehme die Schwere der Körper auf unserer Erde, welche binnen 1 Sekunde durch den Raum $= g$ fallen, $= 1$ an; so wird die Centripetalkraft nach der unendlich kleinen Zeit $= dt$ die Geschwindigkeit $= 2 g \lambda dt$ hervorgebracht haben; folglich wird der Weg, durch welchen sie den Körper in der Zeit dt treibt, $= 2 g \lambda dt^2$, seyn. Hat im Gegentheil der Körper in seiner Bahn schon die Geschwindigkeit φ erhalten, so wird er nun mit dieser Geschwindigkeit in der unendlich kleinen Zeit dt den Weg $= \varphi dt$ zurücklegen. Hier kömmt es nun ganz darauf an, daß man die Krümmung der Bahn in irgend einer Stelle derselben finden könne. Es sey zu dem Ende bh eine Normallinie und in dieser ib ein willkürlich angenommener Halbmesser. Mit diesem beschreibe man den Kreisbogen bq, welcher zwischen der Tangente und dem Theile bg der krummen Linie fällt, so erhellet, daß dieser Kreisbogen an der Stelle b weniger Krümmung habe, als der Theil der krummen Linie. Je kleiner aber der Halbmesser des Kreises angenommen wird, desto mehr Krümmung bekömmt der Kreis selbst, folglich auch derjenige Theil, welcher zwischen der Tangente und dem Theile der krummen Linie liegt. Dadurch nähert sich also die Krümmung dieses Theils der Krümmung der krummen Linie, mithin liegt auch der Durchschnittspunkt des Kreises mit der krummen Linie dem Punkte b näher. Fällt der Durchschnittspunkt q des Kreises mit der krummen Linie dem Punkte b unendlich nahe, so hat alsdann an dieser Stelle b der Kreis mit der krummen Linie einerley Krümmung, und er heißt der Krümmungs- kreis, und sein Halbmesser der Krümmungshalbmesser. Es folgt daraus, daß in einer jeden andern Stelle der krummen Bahn der Krümmungshalbmesser ein anderer ist. Fiel der Krümmungshalbmesser mit dem Radius Vektor b c zusam- men, so würde nun die Tangente b f für das Element des Krümmungsbogens auf dem Radius Vektor b c senkrecht seyn, und selbst ohne merklichen Fehler als die Tangente für das Element b g der krummen Linie betrachtet werden können. Demnach stellt b f den Weg vor, um welchen der durch das Element b g fortgerückte Körper vom Radius Vektor in der Zeit d t seitwärts abgekommen ist. Weil nun das Element b g als eine Diagonale von einem unendlich kleinen Paralle- logramm (fig. 76.) b m g k, folglich b g = b k ist, so ist auch der Winkel k b g unendlich klein, und daher der Winkel f b k = f b g, und der Winkel g b m = k b m. In dem Dreyecke b m g hat man

$$bg : bm = \text{fin. } kbm : \text{fin. } kbg \text{ u. fin. } kbg = \frac{bm . \text{fin. } kbm}{bg},$$

mithin nach den angenommenen Voraussetzungen

$$\text{fin. } fbg = \frac{bm . \text{fin. } gbm}{bk}.$$

Ferner ist in dem rechtwinkligen Dreyecke g b n

$$gb : gn = 1 : \text{fin. } gbm \text{ und fin. } gbm = \frac{gn}{gb} = \frac{bf}{bk},$$

wenn der Winkel k g b unendlich klein ist; mithin wird

$$\text{fin. } fbg = \frac{bm . bf}{bk^2} = (\text{fig. } 75.) \frac{2 g \lambda dt^2}{\varphi^2 dt^2} . bf$$

$$= \frac{2 g \lambda}{\varphi^2} . bf.$$

Nun ist ferner vermöge der höhern Geometrie das Dreyeck b f g ähnlich dem Dreyecke b c e, also hat man

$$bc : ce$$

$$bc : ce = bg : bf \text{ und } bf = \frac{bg \cdot ce}{bc}.$$

Setzt man c b oder den Radius Vektor $= y$, $ce = \beta$, und das Element $bg = d\int$, folglich $bf = \frac{\beta \, d\int}{y}$, so wird sin. f b g oder, weil f b g unendlich klein ist, der Winkel f b g $= \frac{2 g \lambda}{\varphi^2} \cdot \frac{\beta \, d\int}{y}$, und eben dieser Ausdruck gibt die Krümmung der krummen Linie in der Stelle b an.

Es lehret ferner die höhere Geometrie, daß der Krümmungshalbmesser $= d\int : \frac{2 g \lambda}{\varphi^2} \cdot \frac{\beta \, d\int}{y} = \frac{\varphi^2 y}{2 g \lambda \beta}$, oder gleich sey dem Elemente der Bahn durch die Krümmung selbst dividiret; ferner daß eben dieser Krümmungshalbmesser $= \frac{y \, dy}{d\beta}$ sey, wenn die Ordinaten y aus einem Punkte wie hier c g gehen, und diese mit senkrechten Linien β aus dem Punkte c auf die Tangente wie hier ce verglichen werden. Daraus ergibt sich also der Krümmungshalbmesser bey b, oder

$$\frac{y \, dy}{d\beta} = \frac{\varphi^2 y}{2 g \lambda \beta}.$$

und in diese Gleichung statt φ den oben gefundenen Werth $\frac{a\gamma}{\beta}$ gesetzet

$$\frac{y \, dy}{d\beta} = \frac{a^2 \gamma^2 y}{2 g \lambda \beta^2} \text{ oder } \frac{dy}{d\beta} = \frac{a^2 \gamma^2}{2 g \lambda \beta^2}, \text{ und}$$

$$\lambda \, dy = \frac{a^2 g^2 \, d\beta^2}{2 g \beta^2} \quad (*).$$

Aus dieser Differenzialgleichung ist man im Stande, die Gleichung zwischen y und β zu finden, und die krumme Bahn zu bestimmen, wenn man den gehörigen Werth der Kraft λ, welche nach einem gegebenen Gesetze nach der Richtung bc wirkt, substituiret, und alsdann integriret.

Kk 2   Nimmt

Nimmt man an, daß sich die beschleunigende Kraft (λ) umgekehrt wie das Quadrat der Entfernung (y^2) verhalte, und daß der Raum, durch welchen sie den Körper in a in der ersten Sekunde treibt, $= \delta$ sey, so wird sie bey b so stark wirken, daß sie den Körper in der ersten Sekunde den Weg $= \dfrac{a^2 \delta}{y^2}$ zurück zu legen antreibt. Nun ist die anziehende Kraft, welche den Körper in der ersten Sekunde durch den Raum $= g$ treibt, oder die Schwere der Körper auf unserer Erde $= 1$, folglich ist diejenige, welche ihn durch den Raum $\dfrac{a^2 \delta}{y^2}$ treibt oder $\lambda = \dfrac{a^2 \delta}{g y^2}$. Setzt man diesen Werth von λ in die Gleichung (*), so ergibt sich

$$\frac{\delta \, \mathrm{d} y}{y^2} = \frac{\gamma^2 \, \mathrm{d}\beta^2}{2 \beta^3}, \text{ und das Integral hiervon}$$

$$\frac{\delta}{y} = \frac{\gamma^2}{4 \beta^2} + \text{Conft.}$$

Im Fall $y = a$ wird, so wird auch $\beta = a$, wie dieß bey a erfolget, wo $ça = a$, so wohl Radius Vektor, als auch senkrechte Linie auf die Tangente durch a ist; alsdann wird

$$\frac{\delta}{a} = \frac{\gamma^2}{4 a^2} + \text{Conft. und}$$

$$\text{Conft.} = \frac{\delta}{a} - \frac{\gamma^2}{4 a^2}, \text{ folglich das vollständige Integral}$$

$$\frac{\delta}{y} = \frac{\gamma^2}{4 \beta^2} + \frac{\delta}{a} - \frac{\gamma^2}{4 a^2}.$$

Hieraus findet man den Werth von

$$y = \frac{4 a^2 \delta \beta^2}{(4 a \delta - \gamma^2) \beta^2 + \gamma^2 a^2}, \text{ und ferner}$$

$$(4 a \delta - \gamma^2) \beta^2 y + \gamma^2 a^2 y = 4 a^2 \delta \beta^2 \text{ und}$$

$$(4 a \delta - \gamma^2) \beta^2 y + \gamma^2 a^2 y - 4 a^2 \delta \beta^2 = 0, \text{ und}$$

$$\beta^2 y - \frac{4 a^2 \delta}{4 a \delta - \gamma^2} \cdot \beta^2 + \frac{\gamma^2 a^2}{4 a \delta - \gamma^2} \cdot y = 0$$

Nach

Nach Principien der höhern Geometrie ist nun

$$\beta^2 y - a\beta^2 + \tfrac{1}{4} a p y = 0$$

eine allgemeine Gleichung der Kegelschnitte, deren Are = a, und deren Parameter = p ist, wenn die Ordinaten y aus dem Brennpunkte genommen werden, und die senkrechten Linien β aus dem Brennpunkte auf die Tangente bedeuten. Wenn sich folglich die beschleunigende Kraft nach c umgekehrt wie das Quadrat der Entfernung verhält, so erhellet hieraus, daß die Bahn, welche die Körper durchlaufen, allemahl ein Kegelschnitt seyn müsse, dessen Brennpunkt im Mittelpunkt der

Kräfte liegt, die große Are $= \dfrac{4 a^2 \delta}{4 a \delta - \gamma^2}$, und dessen Pa-

rameter $= \dfrac{\gamma^2 a^2}{4 a \delta - \gamma^2} : \tfrac{1}{4} a = \dfrac{\gamma^2}{\delta}$ ist. Es wird dieser

Kegelschnitt

eine Ellipse, wenn $4 a \delta > \gamma^2$ oder die Are positiv

eine Hyperbel, wenn $4 a \delta < \gamma^2$ oder die Are negativ

eine Parabel, wenn $4 a \delta = \gamma^2$ oder die Are unendlich groß

ein Kreis, wenn $2 a \delta = \gamma^2$ oder die Are dem Parameter gleich ist.

Wenn z. B. der Mond in der Erdferne a sich befindet, wo er ungefähr 63 Erdhalbmesser von der Erde entfernet ist, so wird man aus der Umlaufszeit des Mondes und der Größe des Erdhalbmessers nach der mittleren Geschwindigkeit finden können, daß er in einer Sekunde Zeit ungefähr 3140 parif. Fuß in seiner Bahn fortgehe. Es wird folglich die Erde den Mond mit einer Kraft von $\frac{1}{3780}$ anziehen, und ihn dahet in einer Sekunde $\frac{15}{3780} = \frac{1}{245}$ parif. Fuß gegen die Erde treiben. Nimmt man nun den Erdhalbmesser = 19631610 parif. Fuß an, so hat man

$$\left. \begin{array}{l} \alpha = 60.19631610 \\ \gamma = 3140 \\ \delta = \frac{1}{245} \end{array} \right\} \text{parif. Fuß}$$

folglich $4 a \delta = 252. \frac{1}{245}. 19631610$ ungefähr 19631610

$$\gamma^2 = 9859600$$

Da nun $4\alpha\delta > \gamma^2$, so ist die Mondsbahn eine Ellipse. Nun ist $2\alpha\delta = 9865805$, also sehr wenig von γ^2 verschieden, und es kann folglich die Mondsbahn nicht viel von einem Kreise abweichen. Wenn daher der Mond gegen die Erde im umgekehrten Verhältniß des Quadrats der Entfernung gravitiret, und in der Erdferne mit einer Geschwindigkeit von 3140 paris. Fuß in einer Sekunde in seiner Bahn fortgehet, so muß er sich in einer Ellipse, welche von einem Kreise sehr wenig abweicht, bewegen, in deren einem Brennpunkte die Erde liegt. Vermöge Replers Beobachtungen, welche sich nachher noch mehr bestätiget haben, beweget er sich wirklich um die Erde in einer solchen Ellipse, und überhaupt erfolget bey dem Monde alles, was bey dieser Rechnung vorausgesetzet ist, mithin ist auch die größte Wahrscheinlichkeit vorhanden, daß alle angenommene Voraussetzungen wirklich so sind.

Bey allen übrigen Planeten, welche sich um die Sonne bewegen, läßt sich auf eine ähnliche Art darthun, daß ihre Bahnen Ellipsen sind, in deren einem Brennpunkte die Sonne liegt, und wobey $2\alpha\delta$ um etwas weniges größer als γ^2 ist. Folglich sind alle diese Planetenbahnen Ellipsen, welche von Kreisen wenig abweichen.

Wäre die Gleichung für die Kegelschnitte gegeben, so läßt sich sehr leicht umgekehrt der Satz wieder finden, daß bey Centralbewegungen, wenn der Mittelpunkt der Kräfte mit dem Brennpunkte zusammenfällt, sich die Centripetalkraft umgekehrt wie das Quadrat der Entfernung verhalten müsse. Wenn daher die Planeten in elliptischen Bahnen um die Sonne, welche im Brennpunkte liegt, sich bewegen, so müssen sie auch alle gegen die Sonne gravitiren, und kein anderes Gesetz als eben das genannte befolgen. Weil bey einer jeden krummlinigen Bewegung eines Körpers nothwendig eine äußere Kraft unaufhörlich auf ihn wirken muß, so ist man auch schlechterdings genöthiget, in dem Körper, um welchen sich ein anderer central beweget, eine Kraft anzunehmen, welche ihn in seiner erhaltenen geradlinigen Bahn ablenket,

lenket, und diese muß folglich eine anziehende Kraft seyn, welche in die Ferne wirket. Wäre demnach die Bahn des um einen andern bewegten Körpers eine Ellipse, in deren Brennpunkte der andere Körper liegt, so muß nothwendig die Anziehung immer stärker werden, je näher der bewegte Körper dem Brennpunkt kömmt. Es scheinet also, daß endlich der bewegte Körper den Brennpunkt ein Mahl erreichen müsse. So wird sich nämlich (fig. 75.) der Körper in seiner krummlinigen Bahn desto mehr dem Brennpunkte c als dem Mittelpunkte der Kräfte nähern, je weniger er von l entfernet ist. In der Stelle l muß aber auch die Anziehung gegen c am stärksten seyn, weil alsdann der Körper in seiner Bahn von c die kleinste Entfernung hat. Von hier an scheint es nun unbegreiflich zu seyn, daß sich der bewegte Körper von dem Mittelpunkte der Kräfte wieder entfernen könne. Allein es läßt sich zeigen, daß die Kraft nach der Richtung l m oder die so genannte Schwungkraft die Centripetalkraft überwiege, und daß folglich der Körper in der Stelle l sich wieder von dem Mittelpunkte der Kräfte c entferne, mithin die vermeinte Unbegreiflichkeit nur scheinbar ist. Wenn man die beyden Stellen a und l, welche mit dem Mittelpunkte der Kräfte in gerader Linie liegen, betrachtet, so werden die Tangenten der krummen Bahn mit den Radii Vektoren rechte Winkel machen. Unter dem Artikel Centralkräfte wird nun erwiesen werden, daß die Schwungkraft in den Stellen a und l dem Quadrate der Geschwindigkeit durch das doppelte Produkt des Radius Vektor in g dividiret gleich sey. Folglich ist die Schwungkraft

$$\text{in a} = \frac{\gamma^2}{2\,a\,g} \quad \text{und}$$

$$\text{in l} = \left(\frac{\gamma \cdot ac}{cl}\right)^2 : 2\,cl.\,g = \frac{\gamma^2\,a^2}{2\,y^3\,g}.$$

Beyde verhalten sich zu einander wie $\frac{1}{a^3} : \frac{1}{y^3}$ oder umgekehrt wie die Würfel der Entfernungen. Aus der allge-

allgemeinen Gleichung für die Centralbewegungen erhellet: daß alsdann die Bahn ein Kreis seyn müßte, wenn $2\,a\,\delta = \gamma^2$. Dieß gibt $\dfrac{\gamma^2}{2\,a\,g} = \dfrac{\delta}{g} = \lambda$, und daraus ist klar, daß in jeder Stelle der kreisförmigen Bahn die Schwungkraft der Centripetalkraft gleich sey, und daß sich folglich der Körper weder dem Mittelpunkte der Schwere nähern noch sich von ihm entfernen könne. Soll sich demnach der Körper von a aus dem Mittelpunkte der Schwere nähern, so muß offenbar $\dfrac{\gamma^2}{2\,a\,g} > \dfrac{\delta}{g}$ oder $\dfrac{\gamma^2}{2\,a} > \delta$ seyn. Kömmt nun der Körper in seiner Bahn in die Stelle 1, so verwandelt sich

$$\frac{\gamma^2}{2\,a} \quad \text{in} \quad \frac{\gamma^2 a^2}{2\,y^2} \quad \text{und}$$

$$\delta \quad \text{in} \quad \frac{\delta a^2}{y^2}.$$

daß der erste Ausdruck größer wie der zweyte sey, findet man, wenn man statt y seinen Werth $= \dfrac{a\,\gamma^2}{4\,a\,\delta - \gamma^2}$ substituiret, und $\delta > \dfrac{\gamma^2}{2\,a}$ annimmt. Es ist also die Schwungkraft in 1 größer als die Centripetalkraft, und es muß sich folglich der Körper von c zu entfernen anfangen.

Es sey z. B. $ac = a = 150$, $\gamma = 2$, $\delta = \tfrac{1}{15}$, oder es werde ein Körper, welcher von dem Mittelpunkte der Kräfte um 150 Theile entfernet ist, gegen c so stark getrieben, daß er in der Zeit 1 für sich um $\tfrac{1}{15}$ Theil fortgehen würde; auch besitze er in a eine bewegende Kraft, in eben der Zeiteinheit in der auf a c senkrechten Richtung durch 2 Theile fort zu rucken; so ist $4\,a\,\delta = 4 . 150 . \tfrac{1}{15} = 40$; $\gamma^2 = 4$, und daher $4\,a\,\delta > \gamma^2$, und der Körper wird in einer elliptischen

ſchen Bahn ſich bewegen, wovon die Are $= \dfrac{4\,a^2\,\delta}{4\,a\,\delta - \gamma^2} =$

$\dfrac{4 \cdot 22500 \cdot \frac{1}{15}}{40 - 4} = 166\frac{2}{3}$, und der Parameter $= \dfrac{\gamma^2}{\delta} = 4 : \frac{1}{15} =$

60', und c·l $= 16\frac{2}{3}$ ſeyn wird. Ferner iſt die Schwungkraft

bey a $= \dfrac{\gamma^2}{2\,a\,g} = \dfrac{4}{300\,g} = \dfrac{1}{75 \cdot g}$, und daher kleiner als

$\dfrac{\delta}{g} = \dfrac{1}{15\,g}$; alſo wird ſich auch der Körper von a aus dem

Mittelpunkte der Kräfte c beſtändig nähern. Iſt er aber in 1 angekommen, ſo iſt nun ſein Abſtand von c oder c·l 9 Mahl kleiner als a c, und die Schwungkraft 1029 Mahl; die Centripetalkraft $5\frac{4}{5}$ Mahl ſtärker als bey a, alſo wird jene

$\dfrac{1629}{75 \cdot g}$ und dieſe $= \dfrac{9}{25 \cdot g}$ ſeyn. Es iſt folglich hier die

Schwungkraft viel ſtärker als die Centripetalkraft, und der Körper wird ſich wieder von c entfernen.

Hieraus ſieht man zugleich ein, daß der Brennpunkt c von a der entferntere, wenn $2\,a\,\delta > \gamma^2$, hingegen von a der nähere Brennpunkt der Ellipſe von $2\,a\,\delta < \gamma^2$, und c der Mittelpunkt eines Kreiſes ſey, wenn $2\,a\,\delta = \gamma^2$ iſt.

Will man die Umlaufszeit eines Körpers, welcher ſich central beweget, beſtimmen, ſo läßt ſich dieſe aus der eben angegebenen Differenzialgleichung $\varphi\,dt = d\int$ finden. Setzt

man nähmlich Statt φ den Werth $\dfrac{\alpha\,\gamma}{\beta}$, ſo verwandelt ſich

jene Gleichung in $d\int = \dfrac{\alpha\,\gamma}{\beta} \cdot dt$, und $dt = \dfrac{\beta\,d\int}{\alpha\,\gamma}$. Nun

iſt $\frac{1}{2}\,\beta\,d\int = \frac{1}{2}\,ce \cdot bg = $ dem Dreyecke c b g dem Elemente des Sektors a c b, mithin

$$\frac{1}{2}\,dt = \dfrac{d.acb}{\alpha\,\gamma}, \text{ und } dt = \dfrac{2\,d.abc}{\alpha\,\gamma}$$

und das Integral davon $= t = \dfrac{2\,abc}{\alpha\,\gamma} + $ Conſt.

Für.

Für $t = 0$, wird auch a b c $= 0$, mithin auch Conft. $= 0$, und daher das vollständige Integral $t = \dfrac{2 . a b c}{a \gamma}$, d. h. die Zeit t, binnen welcher der Körper den Bogen a b durchläuft, ist dem doppelten Sektor a b c durch $a \gamma$ dividiret gleich, oder die ganze Umlaufszeit ist der doppelten elliptischen Fläche durch $a \gamma$ dividiret gleich. Vermöge der Lehren der höhern Geometrie ist aber die Fläche einer Ellipse, deren Axe $= a$ und deren Parameter $= p$ ist,

$$= \tfrac{1}{4} \pi a \sqrt{a} \sqrt{p}, \text{ oder, weil } p = \frac{\gamma^2}{\delta}, = \frac{\tfrac{1}{4} \pi a . \gamma \sqrt{a}}{\sqrt{\delta}},$$

folglich die Umlaufszeit in der elliptischen Bahn

$$\frac{2 . \tfrac{1}{4} \pi a \gamma \sqrt{a}}{a \gamma \sqrt{\delta}} = \frac{\pi a \sqrt{a}}{2 a \sqrt{\delta}}$$

und zwar in solchen Zeittheilen, wovon der eine zur Bestimmung von δ zur Einheit angenommen ist.

Es sey z. B. wie vorhin $a = 150$, $\delta = \frac{1}{15}$ in 1 Sekunde und $a = 166\tfrac{2}{3}$, so ist die Umlaufszeit des Körpers in der elliptischen Bahn $= \dfrac{3,1416 . 166\tfrac{2}{3} \sqrt{166\tfrac{2}{3}}}{2 . 150 . \sqrt{\frac{1}{15}}} = 2$ Stunden, 20 Minuten, 4,3 Sekunden.

Nimmt man an, daß von einerley Mittelpunkte der Kräfte zwey verschiedene Körper in verschiedenen Abständen angezogen werden, so setze man den Abstand des erstern $= a$ und den des andern Körpers Δ; ferner bezeichne man die Wege, welche sie vermöge dieser Anziehung binnen einer gewissen bestimmten Zeit durchlaufen müßten, $= \delta$ und ϱ, so werden sich diese Wege nach der Voraussetzung umgekehrt wie die Quadrate der Entfernungen von dem Mittelpunkte der Kräfte verhalten, oder $\delta : \varrho = \Delta^2 : a^2$, oder $\sqrt{\delta} : \sqrt{\varrho} = \Delta : a$, mithin $a \sqrt{\delta} = \Delta \sqrt{\varrho}$. Bewegen sich nun diese Körper in Ellipsen, deren Axen a und s und deren Umlaufszeiten T und t bedeuten, so hat man

$$T = \frac{\pi a \sqrt{a}}{2 a \sqrt{\delta}} \text{ und } t = \frac{\pi s \sqrt{s}}{2 \Delta \sqrt{\varrho}} = \frac{\pi s \sqrt{s}}{2 a \sqrt{\delta}};$$

mit.

mithin $T : t = a \sqrt{a} : t \sqrt{t}$ oder $T^2 : t^2 = a^3 : t^3$, d. h. die Quadrate der Umlaufszeiten derjenigen Körper, welche bey ungleichen Entfernungen in elliptischen Bahnen um einerley Mittelpunkt der Kräfte sich bewegen, verhalten sich wie die Würfel der großen Axen ihrer Bahnen. Diesen wichtigen Satz hatte schon längst Kepler bey dem Umlaufe der Planeten um die Sonne aus verschiedenen Beobachtungen, welche vorzüglich Tycho de Brahe gemacht hatte, entdeckt, ehe noch der unsterbliche Newton die Gesetze der Centralbewegungen gefunden hatte.

Wenn man annimmt, daß der Körper, welcher in der Stelle b seiner Bahn von der Centripetalkraft $\lambda = \dfrac{a^2 \delta}{g\,y^2}$ nach dem Mittelpunkte der Kräfte c getrieben wird, in dem Augenblicke von einer gewissen Höhe $= h$ mit der unveränderten Kraft λ aus der Ruhe herabfällt, so wird er am Ende des Falles durch die Wirkung der unveränderten Kraft λ eine Geschwindigkeit bekommen haben, deren Quadrat $= 4 g \lambda h$ ist. Wenn diese Geschwindigkeit eben so groß seyn soll, als der Körper in der Centralbewegung an der Stelle b wirklich hat, oder $= \varphi$, so muß nach dieser Voraussetzung

$$\varphi^2 = 4 g \lambda h = \frac{4 a^2 \delta}{y^2} \cdot h = \frac{a^2 \gamma^2}{\beta^2} \text{ seyn; mithin}$$

$$h = \frac{\gamma^2 g^2}{4 \delta \beta^2}.$$

Weil nun der Parameter des Kegelschnittes $p = \dfrac{\gamma^2}{\delta}$ ist, so hat man

$$h = \frac{p\,y^2}{4 \beta^2}, \text{ welches gibt } h \cdot \beta^2 = \tfrac{1}{4} p \cdot y^2.$$

Hieraus erhält man folgende Proportion:
$$\beta^2 : y^2 = \tfrac{1}{4} p : h, \text{ d. h.}$$
diejenige Höhe, von welcher der Körper mit der in b erhaltenen Centripetalkraft mit gleichförmig beschleunigter Bewegung fallen müßte, um die Geschwindigkeit zu bekommen,

die

die er in h wirklich hat; ist die vierte Proportionalgröße zu
β^2, y^2 und dem vierten Theile des Parameters der Bahn.
Wenn $y = \beta$ d. i. im Scheitel des Kegelschnittes, so ist
$h = \frac{1}{4}p$, d. h. im Scheitel hat der Körper eine Geschwindigkeit, welche er durch den Fall des vierten Theils des Para-
meters erhalten würde. Wenn $y = \frac{1}{2}a$ folglich $\frac{1}{4}ap = \beta^2$,
so wird $h = \frac{1}{4}a$, d. h. an beyden Enden der conjugirten Axe
der Ellipse hat der Körper eine Geschwindigkeit, die er auch
erhalten würde, wenn er von einer Höhe, welche dem vierten
Theile der großen Axe gleich ist, herabfiele. Diesen Satz,
welcher in der Lehre von der Centralbewegung verschiedene
Anwendungen zuläßt, hat Zanotti erfunden, und in der
Schrift de viribus centralibus zuerst bekannt gemacht *).
Man findet ihn auch bey Frisi *) angeführet.

Wenn die krumme Linie, in welcher sich ein Körper
bewegt, ein Kreis und der Mittelpunkt der Kräfte der Mittelpunkt des Kreises ist, so muß auch seine Geschwindigkeit
in allen Punkten desselben gleich, folglich die Bewegung
gleichförmig seyn. Denn vermöge des allgemeinen Satzes
aller Centralbewegungen sind die von den Radiis Vektoribus
durchlaufenen Flächenräume gleich, wenn die Zeiten gleich
sind. Bey einem Kreise aber sind diese Flächenräume lauter Sektoren desselben, welchen bey gleichen Inhalten auch
gleich große Bogen zu gehören. Es werden folglich auch in
gleichen Zeiten gleich große Bogen beschrieben, welches eben
so viel ist als die Bewegung ist gleichförmig. Eben dieß
folget auch aus der oben gefundenen Gleichung $\varphi = \dfrac{a\gamma}{\beta}$,
indem bey einem Kreise die senkrechte Linie aus dem Mittel-
punkte der Kräfte auf die Tangente dem Halbmesser oder
dem Radius Vektor gleich ist; mithin $a = \beta = \gamma$ und daher $\varphi = \gamma$. Beym Kreise wird folglich der Halbmesser der
　　　　　　　　　　　　　　　　　　Krüm-

---

*) Commentarii de Bononiensi scientiarum et artium instituto
　　To. VII. 1791. 4.
*) de grauitate corporum vniuersali libri III. Mediol. 1768. 4. maj.
　　L. I. prop. XXXVII. corell. 4. p. 106.

Krümmung $= \dfrac{\gamma^2 a}{2 g \lambda a} = \dfrac{\gamma^2}{2 g \lambda}$; ferner ist nun dieser Krümmungshalbmesser dem Halbmesser des Kreises selbst gleich, folglich hat man

$$a = \frac{\gamma^2}{2 g \lambda} \text{ und } 2 g \lambda a = \gamma^2 \text{ und } \lambda = \frac{\gamma^2}{2 g a} = .$$

d. h. die Centripetalkraft eines Körpers in der Kreisbewegung ist gleich dem Quotienten aus dem Quadrate des in der Zeiteinheit durchlaufenen Bogens durch das Produkt der gedoppelten Entfernung des Körpers von dem Mittelpunkte der Kräfte in g dividiret; oder auch, sie ist dem Quotienten aus dem Quadrate der Geschwindigkeit durch das Produkt dieser Entfernung vom Mittelpunkte mit g dividiret gleich. Gerade so groß muß auch das Bestreben des Körpers seyn, sich vom Mittelpunkte der Kräfte zu entfernen, oder die Schwungkraft; denn beyde, die Centripetal- und die Schwungkraft, müssen einander das Gleichgewicht halten, weil sich der in der Kreisbewegung befindliche Körper dem Mittelpunkte der Kräfte weder nähert noch davon entfernet.

Weil bey der Kreisbewegung in gleichen Zeiten auch gleiche Bögen zurückgeleget werden, so läßt sich die Umlaufszeit derselben sehr leicht finden. Man hat nämlich nur nöthig, den ganzen zurückgelegten Weg durch die Geschwindigkeit zu dividiren, so wird der Quotiente die Umlaufszeit seyn. Weil also der Weg im Kreise $= 2 \pi a$, und die Geschwindigkeit γ ist, so hat man

$$\text{die Umlaufszeit} = \frac{2 \pi a}{\gamma}.$$

Wenn ein Körper mit unveränderter Kraft $= \lambda$ von einer gewissen Höhe $= h$ herabfallen soll, um die Geschwindigkeit des in der Kreisbewegung begriffenen Körpers $= \gamma$ zu erhalten, so muß $h = \dfrac{p \gamma^2}{4 \beta^2}$ seyn. Da aber beym

Kreise

Kreise p = 2a, β = y = a ist, so hat man h = ¼a, d.h.
die Höhe, von welcher der Körper mit beschleunigter Bewegung herabfallen muß, um die Geschwindigkeit, welche der
Körper in der Kreisbewegung hat, zu erhalten, ist der Hälfte
des Halbmessers des Kreises gleich. Ferner wird aber auch

$$h = \frac{\gamma^2}{4g}$$ seyn müssen, mithin $4gh = \gamma^2$, und daher

$$\lambda = \frac{4gh}{2ga} = \frac{2h}{a}$$ d.h.

die Schwungkraft ist gleich dem Quotienten, aus
der gedoppelten der Geschwindigkeit des Körpers
im Kreise zugehörigen Höhe durch den Halbmesser des Kreises dividiret.

Wenn ein bewegter Körper in der elliptischen Bahn begriffen ist, und man beschreibt um den Mittelpunkt der
Kräfte einen Kreis, dessen Halbmesser der halben großen
Are der Ellipse gleich ist, und alsdann angenommen wird,
daß der Körper in diesem Kreise mit derjenigen Geschwindigkeit beweget wird, welche er an beyden Enden der conjugirten Are in der elliptischen Bahn hatte, so wird er diesen Kreis in eben der Zeit durchlaufen, in welcher er die
elliptische Bahn zurückleget. Denn weil beyde Bahnen
um einerley Mittelpunkt der Kräfte gehen, so müssen sich
auch die Quadrate der Umlaufszeiten wie die Würfel der
großen Aren verhalten. Weil nun aber die große Are der
Ellipse dem Durchmesser des Kreises gleich ist, so müssen
auch ihre Würfel, mithin die Quadrate der Zeiten, und folglich die Zeiten selbst gleich groß seyn. Nun ist ferner die
Geschwindigkeit im Kreise so groß, als sie durch den freyen
Fall des Körpers durch die Hälfte des Durchmessers, d. i.
¼a = ¼a = dem vierten Theile der großen Are der Ellipse
entstehen würde; aber die Geschwindigkeit an den beyden Enden der conjugirten Are der Ellipse nicht eben so groß, als
sie der Fall durch ¼a erzeugen würde, folglich sind auch beyde
Geschwindigkeiten gleich groß.

Ich

Ich gestehe gern, daß die bisherigen mathematischen Berechnungen einem gegründeten Tadel wegen einer gewissen Unvollkommenheit unterworfen sind. Allein es würde eine ganz zweckwidrige Weitläuftigkeit gewesen seyn, alle diejenigen Kenntnisse der höhern Geometrie zuförderst zu entwickeln, welche bey der Theorie der Centralbewegungen unumgänglich nothwendig sind. Gleichwohl konnten die vorzüglichsten Gesetze der Centralbewegungen nicht übergangen werden, weil hierauf die Gesetze der Gravitation oder der Anziehung der Körper in der Ferne beruhen. Man hat also hier ein Beyspiel, daß der gründliche Physiker etwas mehr als Elementarkenntnisse in der Mathematik besitzen müsse, wenn er die schönste und erhabenste Anwendung derselben auf die bewundernswürdige Bewegung der Himmelskörper machen will. Eben hierdurch erwarb sich Newton einen Ruhm, welchen noch die entfernteste Nachwelt mit gebührendster Schuldigkeit erkennen wird. Die Sätze Newtons beruhen ganz auf diesem Satze: Die Planeten und Kometen laufen um die Sonne, und die Trabanten um die Hauptplaneten, nach den Gesetzen derjenigen Centralbewegung, wobey sich die Centripetalkraft umgekehrt wie das Quadrat der Entfernungen verhalten müsse. Die Bewegungen der Himmelskörper sind als wirkliche Centralbewegungen, und die beschleunigende Kraft verhält sich umgekehrt wie das Quadrat der Entfernungen vom Mittelpunkte. Daraus folgt, daß alle Planeten von der Sonne und alle Nebenplaneten von den Hauptplaneten angezogen werden, und zwar um desto stärker, je kleiner das Quadrat der Entfernung von der Sonne und von den andern Körpern ist. Newtons System, welches ganz auf richtigen Beobachtungen, und daraus gemachten unbezweifelten Rechnungen beruhet, wird ganz unerschütterlich bleiben, wenn sich auch gleich welche gefunden haben, von denen es von Zeit zu Zeit ist bestritten worden.

Daß die Centralbewegungen eine Wirkung der ursprünglich anziehenden Kräfte der Himmelskörper gegen einander ist, ist schon unter dem Artikel Attraktion gezeiget worden.

ben. Nach dem atomistischen System muß man freylich eine äußere Ursache suchen, welche die Körper gegen einander antreibet, und wovon unter dem Artikel **Grundkräfte** weiter gehandelt werden soll.

Centralfeuer (ignis centralis, feu central). Verschiedene Naturforscher verstehen darunter dasjenige Feuer, welches in dem Innern unserer Erde eingeschlossen ist, und den mittleren Raum derselben einnimmt.

Die ältern Physiker hatten die Meinung, daß ein immerwährendes Feuer in der Mitte der Erde brenne, und suchen hieraus verschiedene Phänomene herzuleiten, wenn es nämlich Gelegenheit fände, irgendwo hervorzubrechen. Allein es ist gegen diese Meinung schon längst der nicht ungegründete Einwurf gemacht, daß kein Feuer ohne Luft und Nahrung Statt finden könne. Vielmehr scheinen andere Gründe die Veranlassung zu geben, daß das Innere der Erde aus einer weit festern Masse, als die äußere Rinde derselben bestehe. Die Vulkane und die warmen Quellen, welche an verschiedenen Orten der Erde entspringen, geben gar keinen Beweis für das Daseyn des Centralfeuers ab. Sie zeigen bloß, daß in der Erdrinde durch den Zugang der Luft in unterirrdischen Höhlen Feuer und Wärme entstehen können, welches aber gewiß den Nahmen Centralfeuer nicht verdient. s. **Vulkane.**

Dieser Begriff vom Centralfeuer ist in der Folge der Zeit dahin abgeändert worden, daß man darunter eine der Erde eigene Wärme in dem Innern derselben verstand. In dieser eigenen Wärme der Erde suchte man vorzüglich einen Grund mit von dem Unterschiede der verschiedenen Klimaten und der Abwechselungen der Wärme und Kälte in den verschiedenen Jahreszeiten, weil die Sonne allein nicht vermögend sey, diesen Unterschied zu bewirken.

Der Herr von **Mairan** *) hat diesen Gegenstand weitläufig abgehandelt. Einen großen Theil der Wärme unserer

*) Mémoire sur la cause générale du froid en hiver et de la chaleur en eté in den mém. de l'Acad. roy. des sci. 1719. p. 124. nouvelles

serer Erde schreibt er einem unterirdischen Feuer oder Centralfeuer zu, und nennt denselben die **Grundwärme** (chaleur interne et permanente), weil allemahl höher liegende Gegenden ungleich kälter als tiefer liegende sind, und in einer gewissen mäßigen Tiefe unter der Oberfläche der Erde eine nicht unbeträchtliche Wärme anzutreffen ist, auch nie der Frost, selbst in den kältesten Wintern, tief in die Erde dringt, und das Meerwasser in der Tiefe nirgends gefrieret. Er berechnet sogar, daß diese Wärme in der Breite von Paris 393 Mahl größer, als diejenige Wärme ist, welche die Sonne allein am kürzesten Tage hervorbringt. Er glaubt die Erde sey anfänglich flüssig gewesen, und erst durch die Sonnenwärme auf der Oberfläche gehärtet worden. Weil nun die Sonnenwärme auf eine ungleiche Art gewirket habe, und durch die Verhärtung der Erdrinde gegen die Linie zu die eingeschlossene Wärme mehr zurückgehalten worden als gegen die Pole, so sey auch die Grundwärme unter dem Aequator am stärksten. Obgleich die Hypothese von der ungleichen Verhärtung der Erdrinde durch die Sonnenwärme unwahrscheinlich ist, so ist doch nicht zu läugnen, daß in einer gewissen Tiefe unter der Oberfläche der Erde gar keine Veränderungen der Wärme und Kälte Statt finden, wie z. B. in den tiefen Kellern der pariser Sternwarte, wo das reaumürische Thermometer unverändert auf 10 Grad über dem Gefrierpunkte stehet. Aus diesen Erfahrungen scheint also zu folgen, daß in der Tiefe der Erde eine gewisse bestimmte Wärme angetroffen werde, welche nicht, wie die äußere, abwechselnden Veränderungen unterworfen ist. Ob aber diese Wärme, nach der Meinung des Herrn **Mairan**, in größern Tiefen zunehme, folglich in dem Mittel der Erde eine sehr große Hitze Statt finde, wovon die Wärme der ganzen Erde herrühre, dieß ist nicht glaublich, oder muß wenigstens unentschieden

velles recherches sur la cause générale du chaud en été et du froid en hiver en tant qu'elle se lie à la chaleur interne et permanente de la terre. à Paris 1765. gr. 4.

schieden bleiben, weil wir nicht vermögen, so tief in die Erde
einzudringen, um mit Gewißheit entscheiden zu können. Ueberhaupt scheint es gar nicht möglich zu seyn, etwas Bestimmtes von der Wärme unserer Erde festzusetzen, da im
Innern derselben Revolutionen vorgehen können, welche eine
sehr starke Hitze erzeugen, die sich in der Erde weit verbreitet, und von derselben nicht so leicht wieder verloren gehet.
Es ist daher gar nicht unwahrscheinlich, daß dadurch nach
und nach die Wärme der Erde sich so gleichförmig vertheile,
daß sie in einer gewissen Tiefe einen beständigen Grad zeige,
ob sie gleich durch andere Nebenumstände vermindert und
noch mehr vergrößert werden kann. Auch die Sonnenwärme
muß einen großen Einfluß auf die Erde haben, und Aepinus *) gibt als wahrscheinlich an, daß das Innere unserer
Erde allein durch die Wärme der Sonnenstrahlen, welche
von der Schöpfung an beynahe die halbe Oberfläche derselben beständig beschienen habe, endlich wenigstens diejenige
Wärme habe bekommen müssen, welche sie nach einer so
langen Zeit anzunehmen fähig gewesen sey. Durch die von
der Sonne erwärmte Stellen werde die überall sich verbrei-
tende Wärme den innern Theilen der Erde eingetheilet, und
da diese die Wärme nicht so leicht fahren lasse als die äußere
Rinde, so könne auch nach und nach eine gleichförmige
Wärme entstehen, von welcher man zwar nicht wisse, was
sie für einen Grad erreichet habe, oder ob sie noch zunehme,
welche aber doch wegen ungleicher Verbreitung auf die Kli-
mate einen Einfluß habe.

Es hat noch verschiedene Naturforscher gegeben, welche
ein eigentliches Centralfeuer angenommen haben, wie z. B.
der Graf de Büffon, Anton Lazaro Moro, von
Justi u. a. welches durch seine Wirkung auf unterschiedene
Art unsere Erde gebildet habe. Es gründet sich dieß aber
vorzüglich auf Lieblingsideen von der Entstehung der Erde,
wovon mit mehreren unter dem Artikel Erdkugel.

M.

*) Cogitat. de distributione caloris per tellurem.

M. f. **Torb. Bergmann** physikalische Beschreibung der Erdkugel durch **Röhl** B. II. §. 141. 142. **Erxleben** Anfangsgründe der Naturlehre mit vielen Zusätzen von **Lichtenberg** §. 763.

Centralkräfte (vires centrales, forces centrales) nennt man diejenigen Kräfte, welche den bewegten Körper bey den Centralbewegungen in seiner Bahn erhalten.

Man nimmt gewöhnlich zwey Kräfte an, welche die Centralbewegungen bewirken, nämlich die **Centripetalkraft**, welche den Körper beständig nach einerley Punkt, den Mittelpunkt der Kräfte, hintreibt, und die **Centrifugalkraft, Fliehkraft, Schwungkraft** (vis centrifuga), welche ihn von dem Mittelpunkt der Kräfte beständig ablenkt.

Wenn ein Körper von irgend einer Kraft in Bewegung gesetzet wird, so verändert sich in jedem Augenblicke seiner geradlinigen Bahn sein äußeres Verhältniß gegen andere Objekte. Ist nämlich der geradlinige Weg des bewegten Körpers (fig. 77.) nach der Richtung der Tangente a b auf a c senkrecht, so wird die anfängliche Entfernung a c des Körpers a von dem Punkte c in die Entfernug c b verä dert, oder es wird a c = c g um g b vergrößert. Es läßt sich g b aus dem Abstande c a = a, der Geschwindigkeit = γ und der Zeit durch a b, welche hier als unendlich klein angenommen wird oder = d t finden. Weil a g ein sehr kleiner Bogen ist, so ziehe man g e mit a b und f g mit e a parallel, und es wird f g = e a sehr wenig von g b verschieden seyn, so daß man ohne merklichen Fehler g b = g f =: e a setzen kann, mithin kann auch a g als die Diagonale des Parallelogramms a e g f betrachtet werden, und überhaupt läßt sich a b = a g setzen. Nun hat man nach trigonometrischen Rechnungen c a . e a = 2 (sin. $\frac{1}{2}$ a g)^2 = 2 ($\frac{1}{2}$ a g)^2 = $\frac{1}{2}$ a g^2, weil a g sehr klein, mithin der Sinus von a g mit dem Bogen selbst beynahe gleich groß ist. Hieraus findet man

$$ea = gb = \frac{ag^2}{2 . ca} = \frac{\gamma^2 dt^2}{2a},$$ d. h. der Körper wird, wenn c a mit seiner Bahn rechte Winkel macht, durch die

Fort-

Fortſetzung ſeiner vorigen Bewegung in der unendlich kleinen Zeit d t von dem Punkte c um den Raum $\dfrac{\gamma^2 dt^2}{2a}$ entfernet. Nimmt man dieſe Entfernung als Wirkung einer Kraft an, ſo läßt ſich dieſe mit der Centripetalkraft oder der Kraft der Schwere = 1 vergleichen. Nimmt man nämlich ſtatt der unendlichen Zeit d t eine ſehr kleine endliche Zeit = t an, in welcher die Kraft der Schwere den Körper durch den Raum g t² treibt, ſo wird jene Kraft den Körper durch den Raum $\dfrac{\gamma^2 t^2}{2a}$ treiben, und man hat

$$g t^2 : \frac{\gamma^2 t^2}{2a} = 1 : \text{zu ſuchenden Kraft oder}$$

$$g : \frac{\gamma^2}{2a} = 1 : \frac{\gamma^2}{2ag}.$$

Eben dieſe Kraft, welche man als die Urſache der Entfernung des Körpers von c annimmt, wird die **Centrifugalkraft, Fliehkraft** oder **Schwungkraft** um c genannt. Die Größe dieſer Kraft hängt allemahl von der Geſchwindigkeit und von dem Abſtande des Punktes c ab. Es wird aber beſtändig vorausgeſetzet, daß der Punkt c, auf welchen ſich die Kraft beziehet, in einer auf der Bahn ſenkrechten Linie liege. Wäre alſo c der Mittelpunkt der Kräfte bey der Centralbewegung, folglich c a = a der Radius Vektor; ſo ergibt ſich daraus das Geſetz: **in den Stellen, wo der Radius Vektor mit der Bahn rechte Winkel machet, iſt die Fliehkraft um den Mittelpunkt der Kräfte gleich dem Quotienten aus dem Quadrate der Geſchwindigkeit durch das doppelte Produkt des Radius Vektor in g dividiret.** Wenn c ſelbſt der Mittelpunkt des Krümmungskreiſes iſt, mithin c a allemahl auf der Bahn des Körpers ſenkrecht, ſo iſt alsdann c a = a der Krümmungshalbmeſſer, und man erhält den allgemeinen Satz: **Die Schwungkraft um den Mittelpunkt des Krümmungskreiſes iſt gleich dem Quotienten aus dem**

dem Quadrate der Geschwindigkeit durch das gedoppelte Produkt des Krümmungshalbmessers in g dividiret. Ist die Bahn des Körpers selbst ein Kreis, dessen Mittelpunkt c, so ist die Fliehkraft um den Mittelpunkt in jeder Stelle $= \dfrac{\gamma^2}{2 a g}$.

Bey der Centralbewegung kann also der Körper bey gleicher Geschwindigkeit und an einerley Stelle der Bahn verschiedene Centrifugalkräfte besitzen, nachdem sein Schwung um verschiedene in der Normallinie liegende Punkte als Mittelpunkte der Kräfte betrachtet wird. So ist in der Stelle (fig. 75.) a die Schwungkraft des Körpers um c $= \dfrac{\gamma^2}{2 g \cdot a c}$, und in eben der Stelle a um den Punkt l $= \dfrac{\gamma^2}{2 g \cdot a l}$ u. s. f.

In solchen Fällen verhalten sich nun die Schwungkräfte zu einander umgekehrt wie die Entfernungen dieser Punkte von a, also hier, die Schwungkraft um c zu der um l wie a l : a c. Allein hieraus scheint mir doch nicht zu folgen, wie verschiedene Naturlehrer behaupten, daß die Schwungkraft mehr eine mathematische Idee, als etwas wirklich physisch Vorhandenes sey. Ich bin vielmehr der Meinung, daß die Schwungkraft eine wirkliche in der Natur existirende Kraft sey, welche eben so, wie die Centripetalkraft stetig in jedem Augenblicke der Bahn wirkt.

Bey der Centralbewegung, wo der bewegte Körper in allen Stellen seiner Bahn von dem Mittelpunkte der Kräfte ungleich weit entfernet ist, muß die Schwungkraft bald größer bald kleiner als die Centripetalkraft seyn, nachdem sich der Körper vom Mittelpunkte der Kräfte bald mehr bald weniger entfernet. Es läßt sich nämlich die Centripetalkraft (fig. 75.) nach der Richtung c f in zwey Kräfte zerlegen, deren eine nach der Richtung der Tangente g p, welche Tangentialkraft heißt, und die andere nach der Richtung f p auf die Bahn senkrecht wirken, welche die Normalkraft genannt

wird,

wird, und welche die Krümmung der Bahn bewirket. Diese
letztere ist der Centripetalkraft gerade entgegengesetzt. Die Tangentialkraft wirkt ganz allein auf die Geschwindigkeit des Körpers, derjenige Theil der Centripetalkraft aber, welcher auf der
Bahn senkrecht ist, oder die Normalkraft, wird von der
Schwungkraft aufgehoben. Es sey die Größe der Centripetalkraft durch fg, und die der Normalkraft durch fp ausgedruckt, so
verhält sich die Centripetalkraft nach der Richtung fc zur Normalkraft nach der Richtung fp = fg : fp = cb : ce = y : β, mithin ist, wenn die Centripetalkraft = λ gesetzet wird, die Größe
der Normalkraft = $\dfrac{\lambda \beta}{y}$. Nimmt man den Krümmungs-
halbmesser = $\dfrac{\varphi^2 y}{2 g \lambda \beta}$ = ϱ, so ist $\dfrac{\lambda \beta}{y}$ oder die Normalkraft = $\dfrac{\varphi^2}{2 g \varrho}$. Es war aber auch nach dem vorigen die
Schwungkraft nach dem Mittelpunkte des Krümmungskrei-
ses = $\dfrac{\varphi^2}{2 g \varrho}$. Daher hebt diese die Normalkraft gerade auf.
Es verhindert also die Normalkraft, daß sich der Körper
von dem Mittelpunkte des Krümmungskreises weiter entfernen oder den Krümmungskreis verlassen könne, vielmehr
krümmt sie an jeder Stelle die Bahn desselben, welche sonst
geradlinig nach der Tangente fortgienge.

Einige Naturforscher wollen nicht zugeben, daß die
Schwungkraft eine wirklich in der Natur existirende Kraft sey,
sondern sie nehmen sie als einen bloßen mathematischen Begriff an. Ein jeder ein Mahl in Bewegung gesetzte Körper
setze nämlich seine Bewegung schon vermöge der Trägheit,
ohne hierzu einer neuen Kraft nöthig zu haben, mit eben
der Richtung und Geschwindigkeit fort. Von derjenigen
Kraft aber, welche die Bewegung im ersten Anfange hervorgebracht habe, und dem Urheber allein zu zuschreiben sey,
könne die Rede jetzt nicht mehr seyn. So wie z. B. wenn
ein Körper in horizontaler oder auch schiefer Richtung fortgeworfen

geworfen wird, derselbe in seiner ein Mahl gehaltenen Bewegung fortgehe, ohne einer neuen Kraft zu bedürfen. Eben
dieß sey auch der Fall bey Himmelskörpern; diese wären anfänglich von einer unendlichen Kraft fortgestoßen oder geworfen, und müßten nun in alle Ewigkeit vermöge der Trägheit
die anfängliche Bewegung nach einerley Richtung und mit
gleicher Geschwindigkeit fortsetzen. Es verhalte sich also bey
der freyen Centralbewegung die Sache so: ein Theil der
Centripetalkraft werde auf Aenderung der Richtung, auf
Krümmung des Weges verwendet, und habe er diese Wirkung hervorgebracht, so wirke er nun weiter nichts; dabey
stelle man sich vor, eine entgegengesetzte Kraft habe ihn auf-
gezehret, und nenne diese Schwungkraft. Im Grunde sey
aber das, worauf er verwendet wurde, ein Theil der schon
vorhandenen Bewegung, und daher eine Folge der Trägheit
gewesen; und wenn man es Kraft nennen dürfe, so sey es
mit eben dem Rechte erlaubet, der Bewegung selbst eine
Kraft zu zuschreiben, da man doch alles, was sie bewirke,
aus der Geschwindigkeit erklären könne. Das Ungegründete im
Begriffe der Schwungkraft erhelle sehr leicht, wenn man folgende beyde Umstände genau in Erwägung ziehen wolle: 1.
soll sich diese Kraft allemahl nach der Normallinie oder
senkrecht auf die Richtung der Bahn erweisen; 2. falle ihre
Größe bald so bald anders aus, nachdem man sie auf diesen
oder jenen Punkt der Normallinie beziehe. Eine Kraft im
eigentlichsten Verstande würde nicht allemahl nach der Normallinie wirken, und müsse doch in jedem Falle ihre bestimmte Größe haben, in welcher die zufällige Beziehung
auf diesen oder jenen Punkt nichts ändern könnte.

Alle diese Gründe, däucht mir, sind nicht hinreichend,
die Schwungkraft als etwas Imaginaires zu betrachten.
Selbst nach der atomistischen Lehrart kann ich mich nicht von
dem Ungegründeten der Schwungkraft überzeugen. Es
wird zugegeben, daß beym ersten Anfange der Bewegung
der Körper durch eine Kraft fortgestoßen worden sey; diese Bewegung soll nun aber in alle Ewigkeit, vermöge der Trägheit,

Ll 4 fortge-

fortgeſetzet werden, die Centripetalkraft allein lenke den Körper in der Richtung ſeiner geradlinigen Bewegung in jedem Augenblicke oder ſtetig ab, und bewirke die krumme Bahn, und die Centripetalkraft ſey allein wahre Kraft zu nennen. Allein Trägheit kann nichts weiter bedeuten, als leblöſigkeit der Körper, oder welches einerley iſt, die Körper für ſich haben keine innere Beſtimmung, Veränderungen, d. i. Bewegung aus Ruhe oder Ruhe aus Bewegung hervorzubringen. Würde alſo ein Körper durch irgend eine Kraft in Bewegung geſetzet, ſo würde auch daraus folgen, daß er mit unveränderter Richtung und Geſchwindigkeit vermöge der Trägheit in ſeiner Bahn fortgehen müſſe. So bald aber eine andere Kraft auf den in Bewegung begriffenen Körper nach einer andern Richtung wirket, ſo wird er nicht allein von ſeiner geradlinigen Bahn abgelenket, ſondern er wird auch von ſeiner Geſchwindigkeit gerade ſo viel verlieren, als die Kraft nach einer der geradlinigen Bahn des Körpers gerade entgegengeſetzten Richtung zu wirken vermag. Iſt alſo die Wirkung der Kraft auf den in geradliniger Bewegung begriffenen Körper ſtetig, ſo muß auch die Verminderung der Bewegung des bewegten Körpers ſtetig ſeyn. Bey der freyen Centralbewegung wirkt aber wirklich die Centripetalkraft auf den durch den Wurf in Bewegung geſetzten Körper ſtetig, folglich muß auch dadurch der geworfene Körper in ſeiner Geſchwindigkeit alle Augenblicke eine Verminderung erleiden. Geſetzt alſo auch, der Urheber hätte den Körper durch eine unendliche Kraft den Körper fortgeſtoßen oder fortgeworfen, ſo würde daraus folgen, daß er ſich ohne Aufhören dem Mittelpunkte der Kräfte nähere, und folglich eine Schneckenlinie beſchreiben müſſe. Soll alſo der Körper beſtändig in einerley krummlinigen Bahn ſich fortbewegen, ſo muß nothwendig eine andere Kraft in entgegengeſetzter Richtung eben ſo ſtetig auf ihn wirken, als die Centripetalkraft es thut. Die Schwungkraft iſt folglich eine wirklich in der Natur exiſtirende Kraft. Außerdem findet auch das Geſetz der Trägheit, daß nämlich ein Körper mit unveränderter

derter

derter Richtung und Bewegung fortgehet, nur im leeren
Raume, nicht aber im widerstehenden Mittel Statt; in diesem muß endlich ein Mahl die Bewegung wegen des Widerstandes aufhören. Soll also die Bewegung im widerstehenden Mittel ununterbrochen mit einerley oder auch bald mit
einer geringern bald mit einer größern Geschwindigkeit erfolgen, so muß auch eine äußere Kraft auf den in Bewegung
gesezten Körper wirken. Noch erinnert Herr Kästner *),
daß wir gar nicht wissen, ob Bewegung aus Kraft, oder
Kraft aus Bewegung folge. Daß die Schwungkraft allemahl auf die Richtung der Bewegung nach der Normallinie
wirken soll, ist freylich mathematisch, indem ja, wie bekannt,
bey jeder Wirkung einer Kraft, sie mag in einer Richtung
in welcher man will wirken, nur derjenige Theil als wirksam
betrachtet wird, dessen Richtung auf der Fläche, mithin bey
centralen Bewegungen auf der Bahn senkrecht ist. Diese
mathematische Idee ist aber gar kein Grund, daß die
Schwungkraft imaginair sey. Man nimmt selbst nach der
atomistischen Lehre an, daß alle in der freyen Centralbewegung begriffene Körper unter einander Anziehung besitzen.
So wird z. B. unsere Erde von der Sonne aber auch vom
Monde angezogen. Es können also die Himmelskörper unter einander beständig eine solche Lage haben, daß die Anziehungen derselben nach verschiedenen Richtungen erfolgen, und
daß dadurch ein Körper von einem andern angezogen, von
andern aber abgezogen werde, so daß sie den Körper gleichsam nachschleppen, und dadurch eben die sogenannte Schwungkraft zu Wege bringen. Nach der dynamischen Lehrart ist
es schlechterdings nothwendig, daß ein bewegter Körper
Kraft besitze, indem es sonst unmöglich ist, daß irgend eine
Kraft auf die Bewegung eines Körpers wirken kann. Wegen der steten Einwirkung der Centripetalkraft auf den central bewegten Körper aber müßte endlich die Kraft, mithin
auch die Bewegung, des bewegten Körpers verschwinden,
und folglich der Körper selbst im Mittelpunkt der Kräfte

Ll 5   zusammen-

*) Höhere Mechanik. Abschn. 2. §. 4.

zusammentreffen, wenn nicht eine Kraft der Centripetalkraft
entgegenwirkte. Ueberdieß findet nach dieser Lehre auch das
Ungeräumte nicht Statt, daß der Schöpfer bey der anfänglichen Bewegung, allen den unzähligen Körpern einen Wurf
gegeben habe, und daß sie nach dieser geworfenen Richtung
bis in alle Ewigkeit fortgehen müßen. Schon die ursprünglich anziehenden Kräfte, welche sich nach den Massen richten,
und in die Entfernung unmittelbar wirken, sind hinreichend,
sich von der Centralbewegung der Himmelskörper eine richtige Idee zu machen.

Mit den Körpern auf unserer Erde läßt sich eigentlich
kein sinnliches Beyspiel geben, welches die freye Centralbewegung erläuterte, weil sie allein von der Erde angezogen
werden, und daher bey einer jeden Bewegung, welche von
der Richtung der anziehenden Kraft verschieden ist, dem Zuge
dieser Kraft wieder folgen müssen. So fällt eine geworfene
Bombe wieder auf die Erde nieder. Eine kleine glatte Kugel an das Ende eines zarten Fadens gebunden, und sie an
dem andern fest gemachten Ende des Fadens auf einem
glatten Tische in einem Kreise herumgeführet, hat ebenfalls
die Ursache einer freyen Centralbewegung nicht. Bey dieser
Kreisbewegung findet gar keine Centripetalkraft Statt, der
gespannte Faden verhindert nur, daß der Körper sich von
seiner kreisförmigen Bewegung entfernen kann. Es hat
diese Kugel nur in so fern Schwungbewegung, in wie
fern sie von einer äußern Kraft zur Bewegung angetrieben worden ist, und dadurch selbst Kraft erhalten hat.
Es wird daher auch diese Kugel, wenn die Bewegung im
Kreise aufgehöret hat, sich nicht nach dem Mittelpunkte hin
bewegen. Dieß ist aber keinesweges der Fall bey einer freyen
Centralbewegung, wo der bewegte Körper nach einem gewissen bestimmten Gesetz angezogen wird, und gewiß auch
diesem Zuge folgen würde, wenn jene Bewegung beständig
geringer würde.

Wenn sich die Centripetalkraft λ umgekehrt wie y^2 oder
wie das Quadrat der Entfernung vom Mittelpunkte der Kräfte
verhält,

verhält, so hat man $\lambda = \dfrac{a^2 \delta}{y^2}$, und die Bahn selbst ist ein Kegelschnitt (m. s. **Centralbewegung**), wo die Größe a die Entfernung vom Mittelpunkte der Kräfte oder den Radius Vektor an derjenigen Stelle der Bahn, wo er mit derselben rechte Winkel macht, und δ den Weg bedeutet, welchen der Körper an dieser Stelle der Bahn durch die Wirkung der Centripetalkraft in der ersten Sekunde zurücklegen würde. An eben dieser Stelle ist die Geschwindigkeit der Bewegung $= \gamma$, an einer andern hingegen $= \varphi$.

Was die Normalkraft betrifft, so ist diese, wie schon gezeiget worden, $= \dfrac{\varphi^2}{2 g \rho}$, wenn ρ den Halbmesser der Krümmung bezeichnet, und sie wirket ganz allein auf die veränderte Richtung der Bahn. Die Tangentialkraft nach der Richtung g p aber verhält sich zu $\lambda = gp : fg = fg : bg = dy : d\int$; folglich die Tangentialkraft $= \dfrac{\lambda \, dy}{d\int} = \dfrac{\lambda \, dy}{\varphi \, dt}$. Ihre Geschwindigkeit, die sie in der Zeit dt hervorbringt, ist $d\varphi = \dfrac{2 g \lambda \, dy}{\varphi}$. Noch ist zu bemerken, daß die Tangentialkraft der Bewegung des Körpers so wohl entgegen, als auch mit ihr nach einerley Richtung wirken kann, nachdem der Radius Vektor im Abnehmen oder Zunehmen ist.

Die Schwungkraft erfolget hier um Punkte, welche in der Normallinie liegen. Der vornehmste von diesen Punkten ist der Mittelpunkt des Krümmungskreises. Um diesen ist die Schwungkraft $= \dfrac{\varphi^2}{2 g \rho}$, mithin allenthalben der Normalkraft gleich. Man muß nämlich in jedem Elemente der Bahn die Bewegung des Körpers als eine Kreisbewegung betrachten, dessen Krümmungshalbmesser in jeder Stelle der Bahn ein anderer ist. In dem Punkte a und 1 der Bahn, wo der Krümmungshalbmesser in die Are des Kegelschnittes fälle, fällt, kann die Schwungkraft um mehrere Punkte der Axe betrachtet werden. Sie ist an der Stelle a um den Mittelpunkt der Kräfte $c = \dfrac{\gamma^2}{2\,g\,a}$, und kleiner als λ, also wird hier der Körper von der Centripetalkraft mehr nach dem Mittelpunkte der Kräfte hingezogen, und er muß sich demselben nähern. In 1 hingegen ist die Schwungkraft um c größer als die Centripetalkraft, und es muß sich daher der Körper wieder vom Mittelpunkte der Kräfte entfernen, und so die andere Hälfte der Ellipse durchlaufen.

Da nach den zuverlässigsten Beobachtungen die Gesetze der Centralbewegungen mit den Gesetzen des Laufs der Planeten völlig übereinstimmen, so ist es gar keinem Zweifel mehr unterworfen, daß der Mond gegen den Mittelpunkt der Erde, die Nebenplaneten gegen ihre Hauptplaneten, und diese gegen den Mittelpunkt der Sonne getrieben werden, deren Stärke sich umgekehrt wie das Quadrat der Entfernungen verhält. In dieser wechselseitigen Anziehung der Himmelskörper gegen einander liegt nun der Grund ihrer Bewegung, und man hat gar nicht nöthig anzunehmen, daß das vollkommenste Wesen diesen Körpern anfänglich starke und schwache Stöße gegeben habe, nachdem sie entweder eine Ellipse oder eine Hyperbel oder einen Kreis beschreiben sollten.

Wenn die Bewegung der Körper im Kreise geschiehet, so ist die Centripetalkraft $= \dfrac{\gamma^2}{2\,g\,a}$, wo γ die Geschwindigkeit und a den Halbmesser des Kreises bedeutet (m. f. Centralbewegung). Eben so groß ist aber auch die Schwungkraft, und daher ist die Kreisbewegung gleichförmig, oder es werden in gleichen Zeiten gleiche Bogen von dem Körper zurückgeleget.

Bey der Kreisbewegung finden, außer den im Artikel Centralbewegung bewiesenen Gesetzen, noch folgende Statt:

1. Wenn zwey Körper zu ihren verschiedenen Kreisumläufen gleiche Umlaufszeit gebrauchen, so verhalten sich die

Centri-

Centripetalkräfte wie die Halbmesser. Man hat nämlich (fig. 77.) $ag : hl = ac : hc$. Auch ist $ae : hk = \dfrac{ag^2}{2.ac} : \dfrac{hl^2}{2.hc}$. Nimmt man den Halbmesser $ac = \alpha$, und den $hc = A$, so ist auch $ag : hl = \alpha : A$, und es wird $ae : hk = \dfrac{\alpha^2}{2\alpha} : \dfrac{A^2}{2A} = \frac{1}{2} \alpha : \frac{1}{2} A = \alpha : A$.

2. Wenn zwey Körper mit verschiedenen Geschwindigkeiten einen Kreis durchlaufen, so verhalten sich die Centripetalkräfte wie die Quadrate der Geschwindigkeiten. Durchläuft nämlich der Körper in einer als Eins angenommenen Zeit den Kreisbogen ag, und der andere den Bogen am, so verhalten sich die Centripetalkräfte wie $\dfrac{ag^2}{2.ac} : \dfrac{am^2}{2.ac} = ag^2 : am^2$. Sind nun $ag : am = A : \alpha$, so ist auch $ag^2 : am^2 = A^2 : \alpha^2$. Da sich ferner bey gleichen Zeiten die Wege wie die Geschwindigkeiten verhalten, so werden sich auch die Centripetalkräfte wie die Quadrate der Geschwindigkeiten verhalten.

3. Wenn zwey Körper in verschiedenen Kreisen mit gleichen Geschwindigkeiten, folglich ungleichen Umlaufszeiten sich bewegen, so verhalten sich die Centripetalkräfte umgekehrt wie die Halbmesser. Durchläuft nämlich der eine Körper in der Zeit t den Bogen ag und der andere in eben der Zeit den Bogen $hn = ag$, so verhalten sich die Centripetalkräfte $= \dfrac{ag^2}{2ac} : \dfrac{hm^2}{2.hc} = \dfrac{1}{2\alpha} : \dfrac{1}{2A} = \dfrac{1}{\alpha} : \dfrac{1}{A} = A : \alpha$.

4. Wenn zwey Körper in verschiedenen Kreisen mit ungleichen Geschwindigkeiten und ungleichen Umlaufszeiten sich bewegen, so verhalten sich die Centripetalkräfte wie die Quotienten der Halbmesser durch die Quadrate der Zeiten dividiret. Setzt man nämlich beyder Geschwindigkeiten $= \gamma$ und G, und die Umlaufszeiten t und T, und die Kreisbogen Π und π,

so verhalten sich die Centripetalkräfte $= \dfrac{\gamma^2}{2 . ac} : \dfrac{G^2}{2 . ch} =$

$\dfrac{\gamma^2}{ac} : \dfrac{G^2}{ch}$; nun ist $\gamma = \dfrac{\Pi}{t}$ und $G = \dfrac{\pi}{T}$ folglich, $\gamma^2 = \dfrac{\Pi^2}{t^2}$

und $G^2 = \dfrac{\pi^2}{T^2}$; mithin verhalten sich die Centripetal-

kräfte $= \dfrac{\Pi^2}{t^2 . ac} : \dfrac{\pi^2}{T^2 . ch}$; ferner ist $\Pi^2 : \pi^2 = ac^2 : ch^2$, also

auch die Centripetalkräfte $= \dfrac{ac^2}{t^2 . ac} : \dfrac{ch^2}{T^2 . ch} = \dfrac{ac}{t^2} : \dfrac{ch}{T^2}$.

Aus der Anwendung dieser Gesetze auf wirkliche Körper lassen sich folgende Sätze herleiten:

1. Die Massen zwey ungleich schwerer Körper verhalten sich zu einander wie die Schwungkräfte, wenn die Geschwindigkeiten derselben und ihre Entfernungen vom Mittelpunkte der Kräfte gleich groß sind. Denn hätte der eine Körper doppelt so viele Masse als der andere, so muß auch bey gleicher Entfernung vom Mittelpunkte die Centripetalkraft des erstern doppelt so groß als die des andern Körpers seyn, folglich wird auch die Schwungkraft des erstern doppelt so groß als die des andern seyn müssen. Setzt man also die Massen M und m, und die Geschwindigkeit $= \gamma$, so verhalten sich

die Schwungkräfte $= \dfrac{M \gamma^2}{a} : \dfrac{m \gamma^2}{a} = M : m$.

2. Wenn die Massen und Umlaufszeiten zweyer Körper gleich groß sind, so verhalten sich die Schwungkräfte wie die

Halbmesser. Weil nämlich die Umlaufszeit $t = \dfrac{2 \pi a}{\gamma}$ sich

wie $\dfrac{a}{\gamma}$ verhält, so verhält sich auch $\dfrac{M \gamma^2}{a}$ wie $\dfrac{M \gamma}{t}$ oder

wie $\dfrac{M a}{t^2}$, d. h. die Schwungkräfte verhalten sich wie die Halbmesser.

3. Wenn die Umlaufezeiten gleich sind, so verhalten sich die Schwungkräfte wie die Produkte aus den Massen in die Halbmesser. Man hat nämlich das Verhältniß der Schwung-kräfte $= \dfrac{M a}{t^2} : \dfrac{m A}{t^2} = M a : m A$. Sollten hier die Schwungkräfte gleich seyn, so müßte auch $M a = m A$, mithin $M : m = A : a$ seyn, d. h. in diesem Falle müßten sich die Massen umgekehrt wie die Halbmesser verhalten.

4. Sind die Massen und Halbmesser einander gleich, so verhalten sich die Schwungkräfte wie die Quadrate der Ge-schwindigkeiten. Es ist nämlich das Verhältniß der Schwung-kräfte $= \dfrac{M \gamma^2}{a} : \dfrac{M G^2}{a} = \gamma^2 : G^2$.

5. Wenn die Halbmesser gleich groß, die Massen aber ungleich groß sind, so verhalten sich die Schwungkräfte wie die Produkte der Massen in die Quadrate der Geschwin-digkeiten.

6. Wenn die Massen und Geschwindigkeiten ungleich groß sind, so verhalten sich die Schwungkräfte umgekehrt wie die Halbmesser.

7. Wenn die Geschwindigkeiten gleich groß sind, so ver-halten sich die Schwungkräfte wie die Produkte der Massen mit den verkehrten Halbmessern multipliciret. Es ist näm-lich das Verhältniß $= \dfrac{M \gamma^2}{a} : \dfrac{m \gamma^2}{A} = \dfrac{M}{a} : \dfrac{m}{A} = M A : m a$.

8. Wenn sich die Quadrate der Umlaufszeiten, wie die Würfel der Entfernungen vom Mittelpunkte der Kräfte ver-halten, und die Massen gleich sind, so verhalten sich die Schwungkräfte umgekehrt wie die Quadrate der Halb-messer. Es ist nämlich das Verhältniß der Schwungkräfte $= \dfrac{a}{t^2} : \dfrac{A}{T^2}$; weil nun $t^2 : T^2 = a^3 : A^3$, so ist auch das Verhältniß der genannten Kräfte $= \dfrac{a}{a^3} : \dfrac{A}{A^3} = \dfrac{1}{a^2} : \dfrac{1}{A^2} = A^2 : a^2$.

9.

9. Findet die Voraussetzung des vorigen Falles Statt, jedoch mit ungleich großen Massen, so verhalten sich die Schwungkräfte wie die Produkte aus den Massen in die Quadrate der verkehrten Halbmesser. Denn es ist das Verhältniß dieser Kräfte

$$\frac{M\alpha}{t^2} : \frac{mA}{T^2} = \frac{M\alpha}{a^3} : \frac{mA}{A^3} = \frac{M}{a^2} : \frac{m}{A^2}$$
$$= MA^2 : ma^2.$$

10. Ueberhaupt ist das Verhältniß der Schwungkräfte in einem zusammengesetzten Verhältnisse der Massen, der Halbmesser und dem verkehrten Verhältnisse der Umlaufszeiten.

Weil nämlich die Umlaufszeiten $t = \dfrac{2\pi\alpha}{\gamma}$ und $T = \dfrac{2\pi A}{G}$

sich verhalten wie $\dfrac{\alpha}{\gamma} : \dfrac{A}{G}$, so verhalten sich auch die Schwung-

kräfte $\dfrac{M\gamma^2}{\alpha} : \dfrac{mG^2}{A} = \dfrac{M\gamma}{t} : \dfrac{mG}{T} = M\gamma T : mGt.$ Ferner verhalten sich $\gamma : G = \alpha : A$, mithin die gedachten Kräfte $= M\alpha T : mAt.$

11. Wenn die Massen und Schwungkräfte gleich groß sind, so verhalten sich die Quadrate der Umlaufszeiten wie die Halbmesser. Weil nämlich $\dfrac{M\alpha}{t^2} = \dfrac{MA}{T^2}$, so hat man

$$M\alpha : MA = t^2 : T^2 = a : A.$$

12. Wenn sich die Geschwindigkeiten umgekehrt wie die Halbmesser verhalten, so verhalten sich die Schwungkräfte umgekehrt, wie die Würfel der Halbmesser.

Schon die alten Weltweisen hatten, wie **Plutarch** [a] bezeuget, den Gedanken, daß die Bewegung in krummen Linien zwey Kräfte erfordern, deren eine nach einem beständigen Punkte hingerichtet sey, die andere aber die Umdrehung oder den Schwung bewirken. Allein ihre Begriffe hiervon waren noch sehr dunkel und verworren. Erst **Galilei** [b] suchte

[a] Placita philosophorum.

[b] Dialog. de motu locali. Lugd. Bat. 1699. 4. IV. thef. I.

suchte die Bewegung der Körper in krummen Bahnen auf richtigere Begriffe zurück zu bringen; seine Untersuchungen betrafen aber bloß die krummen Linien, durch welche die geworfenen Körper auf unserer Erde sich bewegten. Er fand, daß diese Linien parabolisch sind, und allein durch die Schwere der Körper gegen die Erde und die durch den Wurf entstandene Bewegung bewirket würden. Huygens *) erweiterte diese Erfindung, und machte Gesetze von der Schwungkraft in einem Kreise anfänglich ohne Beweis bekannt; nach seinem Tode aber wurden sie mit den dazu gehörigen Beweisen in einer besondern Abhandlung unter dem Titel: de vi centrifuga, in seinen nachgelassenen Schriften abgedruckt. Hierbey befinden sich besonders noch verschiedene Anwendungen eigener Arten von Schwungbewegungen, so wie auch die Berechnung der Schwungkraft unserer Erde bey Umdrehung um ihre Axe, und die daraus entstehende Verminderung der Schwere. Zugleich vermuthete er hieraus eine Abplattung unserer Erde. Weit allgemeiner und dem Zwecke entsprechender ging Newton bey der Bestimmung der krummlinigen Bewegungen zu Werke, als alle seine Vorgänger. Die vorzüglichste Veranlassung hierzu gaben ihm die merkwürdigen Entdeckungen des Planetenlaufs, welche Kepler mit dem größten Fleiße und unglaublicher Mühe beobachtet hatte. Newton fand mit Hülfe der höhern Geometrie die Gesetze, nach welchen krummlinige Bewegungen erfolgen, wodurch er seinen Nahmen unsterblich gemacht hat *). Zuerst entdeckte er, daß bey allen Centralbewegungen der Radius Vektor in gleichen Zeiten auch gleiche Sektoren durchlaufen müsse, und schloß daher ganz natürlich, daß derjenige Körper, welcher in gleichen Zeiten gleiche Sektoren beschreibe, sich allemahl central bewegen müsse. Hierauf untersuchte er weiter, welches Gesetz der Centripetalkraft bey einer gegebenen

benen

*) Theoremata de vi centrifuga im horologio oscillatorio. Par. 1673. fol. P. V. Eiusd. opera posthuma. Lugd. Bat. 1703. 4. p. 118.
*) Principia philosophiae naturalis mathematica. Lond. 1687. 4.

benen krummlinigen Bahn eines Körpers Statt finden müsse, und wie es sich ändere, wenn die Entfernungen der Körper von dem Mittelpunkte der Kräfte immer größer und größer oder kleiner und kleiner werden. Die Aufgabe, aus der bestimmten krummen Linie das Gesetz, nach welchem die Centripetalkraft wirkt, zu finden, nennt man die **Aufgabe der Centralkräfte.** Er fand, daß, wenn die krumme Linie eine Ellipse ist, und der Mittelpunkt der Kräfte im Brennpunkte liegt, sich die Centripetalkraft allemahl verhalten müsse umgekehrt wie die Quadrate der Entfernungen vom Mittelpunkte der Kräfte. Da nun **Kepler** dieses Gesetz bey den Planeten beobachtet hatte, so wurde dadurch die Richtigkeit dieses keplerischen Gesetzes, und der Schlüsse, welche daraus in Ansehung der Centripetalkräfte der Planeten folgen, ganz außer allem Zweifel gesetzet.

Was die verkehrte **Aufgabe der Centralkräfte** betrifft, nämlich aus dem Gesetze der Centripetalkraft und aus der Geschwindigkeit des Wurfs eines Körpers die Natur der krummen Linie zu finden, so konnte **Newton** diese nicht allgemein auflösen, weil die Kunstgriffe der Integralrechnung, welche er selbst erfunden hatte, noch nicht so weit entwickelt waren, daß er dieses wichtige Problem in seiner völligen Allgemeinheit darstellen konnte. Er suchte daher bloß das Problem für einige besondere Fälle aufzulösen, und zu zeigen, daß, wenn die Centripetalkraft sich verkehrt wie das Quadrat der Entfernung verhielte, allemahl ein Kegelschnitt beschrieben werden müsse, welcher von der Geschwindigkeit der Wurfbewegung abhange. Erst **Johann Bernoulli***) lösete diese Aufgabe zuerst allgemein auf, und bewies dadurch, daß ein geworfener Körper, der von einem Mittelpunkte der Kräfte in dem verkehrten Verhältnisse der Quadrate der Entfernungen von diesem Punkte angezogen wird, nothwendig einen Kegelschnitt beschreiben müsse, und daß der Mittelpunkt der Kräfte allemahl in den Brennpunkt dieser krummen Linie falle. Nachher haben sich mehrere Lehrer der Mechanik mit

der

*) Mémoir. de Paris 1710. und in den operibus T. I. p. 469.

der Auflösung dieses Problems beschäftiget, und vorzüglich **Leonhard Euler** a) und **Räßner** ß) durch Hülfe der erfundenen Kunstgriffe der Integralrechnung selbiges mit der größten mathematischen Schärfe und Leichtigkeit aufgelöset. Ich habe gesuchet, unter dem Artikel **Centralbewegung** hiervon so viel beyzubringen, als es ohne die größte Weitläuftigkeit nur immer möglich war, woraus zugleich erhellen kann, wie wichtig es einem gründlichen Physiker ist, in der höhern Mathematik eine gewisse Fertigkeit sich verschafft zu haben, um die erhabensten Gesetze in der Natur streng zu erweisen und mit einem Blicke zu übersehen.

M. s. *de la Lande* astronomie.

Centralmaschine (machina experimentis de motu centráli capiendis inseruiens, Machine pour les expériences du mouvement central). Eine zum physischen Apparat gehörige Maschine, wodurch eine horizontale Scheibe um ihren Mittelpunkt schnell oder langsam gedrehet werden kann. Aus den ersten Gründen der Statik ist es schon bekannt, durch welche Mittel horizontale Umdrehungen erhalten werden können. Die gewöhnlichste Vorrichtung, dieses zu bewirken, besteht aus einem Rad mit daran angebrachter Kurbel, welches am äußern Umfange einen Einschnitt besitzet, um eine Schnur ohne Ende darüber zu legen, mittelst welcher die horizontale Scheibe durch einen an der vertikalen Axe, worauf die Scheibe gesteckt ist, fest gemachten Wirtel in Umlauf gebracht wird. Das Rad mit der Kurbel kann entweder, wie bey den gewöhnlichen Glasschleiffmaschinen horizontal liegen, oder auch vertikal stehen. Eine von der letztern Art findet man bey **Nollet** γ) beschrieben und abgebildet. Es würde theils zu weitläuftig, theils aber auch unnöthig seyn, die Beschreibung von einer solchen Maschine hier zu geben, indem es nur ein geringes Nachdenken erfordert, sich eine Maschine dieser Art selbst zu erfinden.

Mm 2 Um

a) Mechanica Tom. I. lib. V. prop. 80. pag.
ß) Höhere Mechanik. §. 202-240.
γ) Leçons de physique experimentale. T. II. leg. 5. sect. 2. exper. I.

Um eine solche Maschine zur Absicht bald schneller, bald
langsamer in Umlauf zu bringen, dienen vorzüglich Wertel
von verschiedener Größe, welche an die vertikale Are, an der
die Scheibe gesteckt worden, befestiget werden. Sonst läßt
sich aber auch ein schnelleres oder langsameres Umdrehen
durch ein schnelles oder langsames Drehen am Rade zu
Wege bringen.

Eine solche Centralmaschine soll dazu dienen, die
Schwungkräfte der in einem Kreise herumgetriebenen Körper
durch Versuche begreiflich zu machen. Zu diesem Ende hat
man einen so genannten Träger nöthig, welcher bey diesen
Versuchen gebraucht wird. Es wird dieser Träger aus einem
Brete gemacht, welches 7 bis 8 Linien dick, 32 Zoll lang ist.
Die Länge wird in der Mitte in zwey gleiche Theile getheilet,
und ein jeder von diesen Theilen erhält wieder gleiche, jedoch
willkürliche Theile. An beyden Enden (fig. 78.) werden zwey
kleine Säulen a h und d c von drey Zoll Höhe aufgerichtet,
durch welche ein glatter dünner Draht straff angeschraubet
werden kann. An diesen Draht lassen sich kleine in der Mitte
durchbohrte Kugeln f und g stecken, welche auf dem Drahte
ohne Reibung hingleiten. Beyde Kugeln werden durch einen
zarten Faden mit einander verbunden. Dieser Träger läßt
sich nun auf der Scheibe der Centralmaschine befestigen.
Bringt man die beyden Kugeln f und g, wenn sie gleich groß
sind, am Drahte so, daß die eine im Mittelpunkte c sich befindet, und die andere um die Länge des Fadens davon entfernet ist, so wird bey Umdrehung der Scheibe mit dem Träger zugleich die entferntere Kugel gegen das eine Ende des
Trägers getrieben, und reißt die Kugel in der Mitte mit sich
fort. Wird aber der Faden zerschnitten, so geht zwar erstere
Kugel gegen das Ende des Trägers hin, allein die andere
Kugel bleibt zurück. Werden beyde gleich große Kugeln so
gestellet, daß sie auf beyden Seiten vom Mittelpunkte q
gleich weit abstehen, so bewegen sich diese Kugeln bey Umdrehung der Scheibe mit dem Träger weder auf die eine noch
auf die andere Seite; wird der Faden zerschnitten, so wird f

nach

nach h und g nach i getrieben. Wenn die beyden Kugeln ungleich groß sind, und sich etwa wie 1:3 verhalten, so wird man folgende Versuche damit anstellen können: bringt man sie in gleiche Entfernungen von dem Mittelpunkte c, so geht bey Umdrehung die schwerere Kugel gegen das nächste Ende des Trägers, und nimmt die kleinere mit sich fort; stellt man aber beyde Kugeln so, daß die leichtere Kugel vom Mittelpunkte c drey Mahl weiter entfernet ist, als die schwerere; so bleiben sie bey noch so schneller Umdrehung der Scheibe unverändert auf ihren Stellen stehen.

Wenn man ferner eine gläserne Röhre mit verschiedenen flüssigen Materien von verschiedenem specifischen Gewichte anfüllt, z. B. mit Wasser und Quecksilber, sie alsdann verschließt, und so auf den Träger in die schiefe Lage i k bringt, so wird bey einer schnellen Umdrehung der Scheibe das Quecksilber am höchsten und das Wasser am niedrigsten stehen.

Mehrere Versuche und noch andere Einrichtungen der Träger hierzu, findet man bey Nollet am angeführten Orte.

Vergleicht man diese Versuche mit den Sätzen der Schwungkraft im Kreise in dem Artikel Centralkräfte, so wird man sie vollkommen damit übereinstimmend finden. Es war nämlich die Größe der Schwungkraft als bewegende Kraft betrachtet $= \dfrac{M \gamma^2}{2 g a}$; folglich verhält sie sich beständig $=$ $\dfrac{M \gamma^2}{a}$, oder wie $\dfrac{M a}{t^2}$, wenn t die Umlaufszeit bedeutet.

Weil aber der Träger mit den auf selbigem befindlichen Körpern in gleicher Zeit umläuft, so ist auch die Umlaufszeit t für den Träger eben so groß, wie die für die darauf befindlichen Körper; mithin verhält sich die Schwungkraft wie M a, d. h. wie das Produkt aus der Masse in die Entfernung derselben von dem Mittelpunkte. So bald wie dieses Produkt bey den angeführten Versuchen auf der einen oder andern Seite des Mittelpunktes größer ist, so wird auch der Körper nach dieser Seite hin getrieben; wenn aber auf bey-

den

den Seiten diese gedachten Produkte gleich groß sind, oder welches einerley ist, wenn sich die Massen umgekehrt wie die Entfernungen vom Mittelpunkte verhalten, so bleiben beyder Körper unverändert an ihren Stellen. In Ansehung des Versuchs mit den in der gläsernen Röhre eingeschlossenen Flüssigkeiten von verschiedenem specifischen Gewichte, muß sich zwar das Wasser wegen der größern Leichtigkeit geschwinder, als das Quecksilber bewegen; allein wegen der schweren Masse des Quecksilbers wird auch die Schwungkraft desselben weit mehr verstärkt. Es muß demnach das Quecksilber durch das Wasser an die äußersten Theile des Umkreises hervordringen. Wären mehrere flüssige Materien von verschiedenem specifischen Gewichte in der Glasröhre eingeschlossen, so wird allemahl bey der Umdrehung die schwerste bis an die äußersten Enden des Umkreises hervordringen, hierauf die weniger schwere u. s. f. folgen, bis diejenige, welche die geringste specifische Schwere hat, von dem äußersten Umfange am weitesten entfernet ist, und folglich dem Mittelpunkte am nächsten lieget.

Der Abt Nollet führet an, daß er auf der Centralmaschine Versuche mit Körpern angestellet habe, welche eine Schneckenlinie und eine Ellipse beschrieben haben. Allein, er gestehet auch ein, daß sie mit Schwierigkeiten verbunden sind, und den Nutzen keinesweges gewähren, den man von einer solchen Ausführung zu gewarten hat.

Soll ich kurz meine Meinung von allen diesen Versuchen sagen, so erläutern sie die Frage von der Centralbewegung wenig, indem sich die Körper auf unserer Erde nicht in den Umständen wie die in der freyen Centralbewegung befinden. Die Schwungkraft allein erhält einige kleine Erläuterung, wenn man von der Kraft, durch welche die Körper mittelst der Maschine in Umlauf gebracht werden, abstrahiret, und sie als anziehende Kraft eines andern Körpers, welcher die in Bewegung gesetzten Körper gleichsam dadurch fortschleppt, betrachtet.

Centri-

Centrifugalkraft (vis centrifuga, force centri-
fuge), Fliehkraft, Schwungkraft, nennt man diejenige Kraft, welche den Körper bey Centralbewegungen von
dem Mittelpunkte des Krümmungskreises zu entfernen strebet. Diese Kraft ist wirklich eine in der Natur existirende
Kraft, welche den Körper von dem Mittelpunkte der Kräfte
eben so stetig ablenkt, als die Centripetalkraft. Denn nach
richtigen Principien kann eine Kraft keine Bewegung in der
Geschwindigkeit vermindern oder vergrößern, wenn man
nicht der bewegten Materie Kraft beyleget, weil nur gleichartige Dinge einander vermindern und vergrößern können.
Es kann demnach diese Kraft nicht als ein Theil der Bewegung betrachtet werden, welche der Körper im vorhergehenden Zeittheile hatte, und im folgenden seiner Trägheit wegen
fortsetzet. M. s. den Artikel Centralkräfte.

Centripetalkraft (vis centripeta, force centripete)
ist diejenige Kraft, welche einen Körper bey der Centralbewegung mit Stetigkeit nach einem gewissen Punkte, welcher
der Mittelpunkt der Kräfte genannt wird, antreibt. M. s.
Centralkräfte. Diese Kraft läßt sich, wie jede einzelne
Kraft, in zwey Kräfte zerlegen, wovon die eine, die Tangentialkraft, entweder mit der Richtung der Bahn zusammenfällt oder derselben entgegenwirkt, die andere aber, die
Normalkraft, auf der Richtung der Bahn senkrecht ist.
Die Tangentialkraft vergrößert also oder vermindert die Geschwindigkeit des bewegten Körpers, die Normalkraft aber
wirkt auf die Krümmung der Bahn. Diese Centripetalkraft ist eine der Materie wesentlich inhärirende Kraft, und
daher als Grundkraft zu betrachten (m. s. Grundkräfte),
und wird bey den Körpern auf unserer Erde durch das Wort
Schwere ausgedrückt. Das Gesetz, nach welchem die
Centripetalkraft in der Entfernung auch durch den leeren
Raum wirke, bestimmt die krumme Linie, durch welche sich
der Körper beweget. Bey der Kreisbewegung ist die Centripetalkraft in allen Stellen gleich, ist zugleich ganz Normalkraft und wirkt ganz allein auf Krümmung der Bahn.

Bey

Bey der Bewegung der Himmelskörper in elliptischen Bahnen aber ist die Centripetalkraft nicht an allen Stellen gleich, sondern sie verhält sich umgekehrt wie das Quadrat der Entfernung vom Mittelpunkte der Kräfte.

Centrobarysch (centrobarycum, centrobaryque) nennt man überhaupt dasjenige, was einen Bezug auf den Schwerpunkt der Körper hat, oder auch als Folge aus demselben hergeleitet wird. Noch ehe die Integralrechnung erfunden war, hatte man in der Mathematik eine Methode, den Inhalt der Flächen und Körper dadurch zu finden, daß man die Linien und Flächen, durch deren Bewegung sie entstehen, in den Weg multiplicirte, welcher von dem Schwerpunkte derselben bey Entstehung der Flächen und Körper genommen wird. Diese Methode wurde daher die **centrobarysche Methode** genannt. Diese Regel führet schon **Pappus** [a]) an, der Jesuit **Guldin** [b]) aber hat sie weiter erörtert. Nachdem aber die Kunstgriffe der Integralrechnung bekannt wurden, so ist diese Methode ganz aus der Mode gekommen.

Centrum s. **Mittelpunkt.**

Centrum gravitatis s. **Schwerpunkt.**

Chrystallen s. **Krystallen.**

Chrystallisation s. **Krystallisation.**

Chymie, Chemie (chymia, chemia, chymie) ist eine wissenschaftliche Kunst, welche die wechselseitigen Wirkungen der einfachen Stoffe in der Natur, die Zusammensetzungen aus ihnen und nach ihren verschiedenen Verhältnissen, und die Art und Weise kennen lehret, sie von einander abzusondern, und wieder zu neuen Körperarten mit einander zu verbinden. Die Chymie hat allein die Körper unserer Sinnenwelt zu ihrem Gegenstande, und alles, was in ihr vorgetragen wird, muß sich auf Erfahrungen, sowohl Beobach-

a) Praefat. ad libr. VII. collection. mathem. quas edid. cum commentario *Feder. Commandinus*. Pisauri 1601 fol. recus. Bononiae 1660. fol.

b) De centro gravitatis. Vindebon. 1635. fol.

Beobachtungen, als auch Versuche und deren daraus gemachte Folgen gründen. Sie ist folglich auch als ein Theil
der Physik zu betrachten. Jedoch hat sie es nicht allein mit
spekulativen Untersuchungen zu thun, die auf Erfahrungen
und den daraus gemachten Folgen beruhen, sondern sie muß
auch vorzüglich die Mittel zeigen, wie durch wirkliche Ausübung die einfachern Stoffe, woraus die Körper unserer
Sinnenwelt zusammengesetzet sind, abgesondert darzustellen
sind, und in welchen Verhältnissen sie mit einander verbunden andere Körperarten liefern. In diesem letzten Umstande
scheint mir vorzüglich die Chymie von der eigentlichen Physik
verschieden zu seyn. Denn, wie bekannt, hat die Physik zum
Zweck die Erscheinungen oder Phänomene der Körper unserer
Sinnenwelt aus Gründen, welche freylich auf Erfahrungen
beruhen, herzuleiten, und so ist auch dem Physiker die Chymie in ihrem ganzen Umfange unentbehrlich, weil er eben
daraus die meisten Erscheinungen der sinnlichen Körper richtig
zu beurtheilen vermag. Man theilet daher eigentlich mit
Unrecht die Chymie in theoretische und praktische
oder angewandte ab. Denn es gibt im Grunde nur
Eine Chymie, ob man gleich ihre Sätze auf vielerley Wissenschaften, Gewerbe und Künste anwenden kann; und daher
sind mit Recht die Eintheilungen der Chymie in metallur-
gische, pharmacevtische, ökonomische u. s. f. zu
tadeln.

Aus dem eben angeführten Gesichtspunkte sieht man
wohl ein, daß die ältern Physiker einen großen Fehler be-
gangen, daß sie so wenige chemische Sätze in ihre Physik
aufnahmen, und eben dadurch verursachten, daß eine so
lange Zeit manche Stoffe als einfach betrachtet wurden,
welche nachher, als man die Chymie zweckmäßiger mit der
Physik zu verbinden anfieng, aus andern Stoffen zusammengesetzt, entdecket wurden, und wodurch die Physik sehr
große Erweiterungen erhalten hat. Diesen Mängeln, welche man noch bey den ältern Lehrbüchern antrifft, wurde

M 5 vorzüg-

vorzüglich von Herr **Karsten** *) abgeholfen, welcher wohl einsahe, daß es zur genauern Kenntniß der Natur unumgänglich nothwendig wäre, mehrere chymische Kenntnisse mit dem Vortrage der Physik zu verbinden. Auch Herr **Lichtenberg** fügte nachher den erlebenschen Anfangsgründen der Naturlehre die unentbehrlichsten Kenntnisse der Chymie bey.

Die Theilung der Körper in ihre Bestandtheile durch die Chemie muß von der physischen oder mechanischen Theilung wohl unterschieden werden; diese liefert nur Theile, welche sowohl unter sich, als dem Ganzen ihrer Natur nach ähnlich, in Ansehung der Größe aber von einander verschieden sind; da man im Gegentheil durch die Chymie solche Theile erhält, welche weder dem Ganzen noch unter sich selbst in ihren Eigenschaften und in ihrer Natur ähnlich sind, sondern nur in ihrer innigsten Verbindung das Ganze geben.

Was die Alchymie betrifft, so hat diese mit der Chemie nur den Nahmen gemein, und ist bereits davon schon unter einem eigenen Artikel gehandelt worden.

Die Meinungen über die Herleitung des Wortes **Chymie** oder **Chemie** sind sehr getheilt. Einige leiten es aus dem Griechischen χύμος, χέω, χῆμα, andere aber aus dem Arabischen her. Diejenigen, welche den Ursprung der Chemie in Egypten suchten, gründeten sich darauf, weil in den ältesten Zeiten ein Theil von Egypten Chemia geheißen hat. Dieser Nahme kömmt zum ersten Mahle beym **Zosimus** ª) vor.

Die Geschichte der Chemie in den ältesten Zeiten ist dunkler und ungewisser, als die Geschichte irgend einer andern Wissenschaft. Weil die Chymie allein auf Erfahrungen beruhet, so war es natürlich, daß diese zuerst angestellt werden mußten, ehe man noch auf eine wissenschaftliche Zusammensetzung derselben denken konnte. Es ist daher ganz der

Sache

*) Anleitung zur gemeinnützigen Kenntniß der Natur, besonders für angehende Aerzte, Cameralisten und Oekonomen. Halle 1783. 8.

ª) *Walleri* chemia physica. Holm. 1760. 8. P. I. cap. 2. § 2.

Sache zuwider, die Chymie als Wissenschaft in dem entferntesten Alterthum zu suchen. Schon den ersten Bewohnern unserer Erde mußte es Bedürfniß seyn, chemische Operationen in mancherley Hinsichten zu unternehmen. Allein dieß waren gewiß nur einzelne Versuche und empirische Ausübungen. Die Nothwendigkeit und wohl selbst oftmahls der Zufall gab vermuthlich in der Folge der Zeit noch mehr Veranlassung chemische Operationen vorzunehmen, und man darf sich gar nicht verwundern, daß auf diese Weise wohl Jahrhunderte verstrichen sind, ehe man alle diese Thatsachen zusammen sammelte, und sie in eine wissenschaftliche Form brachte. Von den Völkern des höhern Alterthums werden vorzüglich in der Geschichte der Chymie die Egypter erwähnet, und es läßt sich auch aus den hinterlassenen Datis schließen, daß die egyptischen Priester im Besitze chemischer Kenntnisse waren. Allein es ist sehr wahrscheinlich, daß diese Kenntnisse nur Bruchstücke waren, und nichts weniger als den Nahmen einer Wissenschaft verdienen. So sehr auch die Alchymisten im mittleren Zeitalter die verborgene Kunst der Egypter rühmten, so ist es doch auch gewiß, daß sie sich dadurch bey den Leuten vorzüglichen Eingang zu verschaffen suchten. Sie ließen es nicht unbemerkt, daß Moses, welcher in der Weisheit der Egypter unterrichtet war, chemische Kenntnisse habe besitzen müssen, um das goldene Kalb zu zerstören und trinkbar zu machen, und daß Demokrit, welchem die Alten so viele geheime und wundervolle Wissenschaften zuschrieben, ein Schüler der egyptischen Priester gewesen sey.

Nachdem das Gold der allgemeine Preis von allen Gütern wurde, so fanden sich einige Personen, welche sich einfallen ließen, vielleicht das Gold durch Kunst hervorzubringen, und es war dieser Gedanke gleichsam der Mittelpunkt, um welchen sich diejenigen, welche von dem eiteln Wahne der Verwandlung unedler Metalle in edle eingenommen waren, dreheten. Die Alchymie nahm ihren Ursprung unter den Neuplatonikern, und es kommt ihr Nahme und das

Problem

Problem erst im vierten Jahrhunderte nach Christi Geburt erwähnet vor. Alle diejenigen, welche diese thörichte Verwandlung suchten, bedienten sich in ihren Schriften dunkler und geheimnißvoller Ausdrücke, theils um sich ein größeres Ansehen zu geben, theils aber auch ihre Unwissenheit dadurch zu verbergen. Es ist zwar nicht zu läugnen, daß durch dieses Bestreben manche gute Entdeckung gemacht wurde, allein es wurde auch dadurch dem Fortgänge der echten Wissenschaften ein großes Hinderniß in Weg gelegt. Die Schriften die hierher gehören, sind vorzüglich diejenigen, welche dem Hermes untergeschoben worden, und die von Synesius, Zosimus u. f. Dieses thörichte Bestreben der Verwandlung der Metalle dauerte ungefähr bis ins achte Jahrhundert, wo die Barbarey auch den alchymistischen Schriften auf eine gewisse Zeit unter den Christen ein Ende machte. Von hier an giengen die Künste und Wissenschaften zu den Arabern über; aber auch diese beschäftigten sich nur mit der Alchymie. Sie kleideten ebenfalls ihre Schriften in dunkele und geheimnißvolle Ausdrücke ein. Olaus Borrichius, ein bekannter Vertheidiger der Alchymie, hat ein Verzeichniß von solchen Schriften gegeben ✱). Langlet du Fresnoy ✱) erzählet die Geschichte des dunkeln Zeitalters ausführlich.

Im dreyzehnten Jahrhunderte fieng man in Europa wieder an, die Wissenschaften zu treiben, und auch mehr Aufmerksamkeit auf die Chemie zu wenden; es blieb aber die Alchymie der einzige Zweck, wovon die Schriften des Roger Baco, Raimund Lullius und Arnold von Villanova Nachrichten ertheilen. Im funfzehnten Jahrhunderte wendete man die Chymie vorzüglich auf die Arznenkunde an, und der berüchtigte Theophrastus Paracelsus, und Johann Baptist van Helmont, waren eifrigst bemühet, eine Universalmedicin zu Stande zu bringen. Dieß gab nun vorzüglich Veranlassung, daß die

Aerzte

---

*) Conspectus scriptorum chemicorum. Hafn. 1697. 4.

*) Histoire de la philosophie hermetique. Paris 1741. Tom. III. 12.

Aerzte den Nutzen der Chymie erkannten, und verschiedene
Heilmittel daraus entlehnten.

Nachdem der Geschmack an Wissenschaften durch das
Studium der altgriechischen Gelehrsamkeit sich weiter verbreitete, und viele einzelne chemische Künste, als z. B. der
Metallurgie, des Bergbaues, der Glasmacherkunst u. s. f.
bis zu einer merkwürdigen Stufe der Vollkommenheit ge-
diehen waren, so gaben sich verschiedene einsichtsvolle Gelehrte die Mühe, solche nützliche Kenntnisse der Nachwelt
schriftlich zu überliefern. Daher entstanden die Werke des
Georg Agrikola *), Lazar. Erker *) und Anton
Neri ⁷). Dessen ungeachtet beschäftigte die sogenannten
Chymisten noch immer das Problem der Verwandlung der
Metalle, zugleich fiengen sie aber auch an, mehrere wichtige
Entdeckungen und Erfahrungen zu machen. Selbst in den
übrigen physikalischen Wissenschaften kam man auf Erfindungen, welche den beträchtlichsten Einfluß auf die Chymie
hatten. Ueberhaupt wurden im sechszehnten bis zum Ende
des siebenzehnten Jahrhunderts Materialien zu einem Gebäude gesammelt, das in den neuern Zeiten errichtet wurde.

Nach der Mitte des siebenzehnten Jahrhundertes wurde
endlich das Gebäude der Chymie vorzüglich in Deutschland
aufgeführet. Die ersten Plane hierzu entwarfen Beguin *),
Zachar. Brendel *), Rolfink *) und andere. Vorzüglich verdient um diese Wissenschaft machte sich Joh. Joach.
Becher *). Noch weit mehr aber wurde die Chemie erweitert durch Bechers verdienstvollen Commentator, Georg
Ernst

a) De re metallica, Basil. 1546. fol.

ß) Aula subterranea oder Beschreibung der Sachen, so in der Tiefe
der Erde wachsen. Prag, 1574. fol.

7) De arte vitrearia Lib. VII. Amst. 1686. 12.

ð) Les élémens de chymie à Paris 1608. 12. à Lyon 1665. 8.

e) Chymia in artis formam redacta. Jen. 1630. Amstel. 1672. 12.

ζ) Chymia in artis formam redacta. Jen. 1641. 8. Lips. 1686. 4.

η) Oedipus chimicus Franc. 1664. 12. 1720. 8. physica subterranea.
Franc. 1669. 4. 1738. 4.

Ernst Stahl *) ... Er nahm bey den verbrennlichen Körpern einen eigenen Stoff an, den er Phlogiston, brennbares Wesen, Brennstoff nannte; und wovon sein System, welches alle nachfolgende Chemiker einstimmig angenommen haben, den Nahmen phlogistisches System erhielt. (M. s. Brennstoff), und welches noch heut zu Tage mit einigen Abänderungen berühmt ist. Der berühmte Boerhaave *) fügte endlich dieser Wissenschaft seine schätzbaren Untersuchungen des Pflanzenreichs, der Luft, des Wassers und des Feuers bey.

Nach dieser Zeit haben sich eine sehr große Anzahl Chemiker bemühet, durch neue Erfindungen das einmahl aufgeführte Gebäude immer mehr zu erweitern, und man war ganz der Meinung, daß es nunmehr fest und unerschütterlich da stehe, bis endlich im Jahre 1789. Herr Lavoisier, ein Franzose, ein ganz neues Lehrgebäude der Chemie aufstellte. Er läugnete das in der Chemie eingeführte Phlogiston gerade weg ab, führete ganz andere Begriffe und Vorstellungsarten und eine darauf gebauete neue Sprache dieser Wissenschaft ein. Dieses neue System erhielt den Nahmen antiphlogistisches System, vorzüglich dieserwegen, weil die Läugnung des Phlogistons einen seiner Hauptcharaktere ausmacht. Herr Lichtenberg schlägt lieber den Nahmen neue oder französische Chymie vor, indem man ein Gegner dieses Systems seyn könne, ohne deßwegen gerade ein Phlogiston anzunehmen. Dieses neue System erregte unter den deutschen Gelehrten viel Aufsehen, und wurde allenthalben mit Zweifel, Widerspruch und mit Aeußerungen des Unwillens bestritten.

Dieses neue System geht von den Wirkungen des Wärmestoffs (calorique) aus, welcher durch seine expansive Kraft die kleinsten Theile (molécules) der Körper von einander

anber

---

a) Chymia rationalis et experimentalis oder gründliche Einleitung zur Chemie Leipz. 1720. 8. fundamenta chimiae dogmaticae et experiment. Nor. 1723. 4. 1746. 4. T. I. II. III.

g) Institutiones et experimenta chimiae. T. I. II. à Paris 1724. 8. elementa chimiae. Lips. 1732. 8.

ander trennt. In diesem Zustande wird nun der Körper entweder flüssig, oder er verwandelt sich in eine elastische, luftartige Flüssigkeit, nachdem nämlich der Druck der Atmosphäre entweder stärker oder nicht so stark ist, als die zurückstoßende Kraft des Wärmestoffs. Die luftförmige Flüssigkeit heißt insbesondere Gas. In einem jeden Gas muß unterschieden werden der Wärmestoff, und die Grundlage (base) des Gas, welche durch den Wärmestoff verflüchtiget, und, in einen luftförmigen Körper verwandelt worden ist. Die atmosphärische Luft besteht aus zwey Arten von Gas; aus Sauerstoffgas oder Lebensluft (gaz oxygène), und aus Salpeterstoffgas oder Stickgas (gaz azote); ihr Verhältniß ist wie 27:73. Die Grundlage des erstern erhält den Nahmen Sauerstoff (oxygène), und die Grundlage des andern Stickgas, Salpeterstoff (azote). Bey einem hohen Grade der Temperatur trennen Phosphor, Schwefel und Kohle den Sauerstoff vom Wärmestoffe des Sauerstoffgas, dadurch wird der Wärmestoff frey, und zeigt sich durch Hitze und Licht. Der Sauerstoff verbindet sich mit diesen Körpern zu Säuren, und es entstehen daher Phosphorsäure, Schwefelsäure, und mit der Kohle eine eigne, welche bey dem gewöhnlichen Drucke der Luft und Temperatur derselben nur in luftförmiger Gestalt erscheinet, mit Wasser aber zur Kohlensäure wird. Diese letzte Säure hat zur Grundlage den Grundstoff der Kohle, Kohlenstoff (carbone). Alles dieses wird mit Versuchen bestätiget, welche mit einer genauen Berechnung über die Gewichte dieser Zusammensetzungen begleitet sind.

Ueberhaupt ist eine der vorzüglichsten Eigenschaften der Grundlage des Sauerstoffgas, daß sie mit andern Körpern verbunden denselben einen säuerlichen Geschmack mittheilet. Es entsteht allemahl eine Säure, so oft sich der Sauerstoff mit einer dazu fähigen Basis (base acidifiable) verbindet. Die Verbindung kann nun so erfolgen, daß der Grad der Sättigung mit dem Sauerstoff noch nicht erreicht ist, oder die Sättigung ist wirklich geschehen, oder es findet eine Ueberberfättigung Statt. Den erften Fall brucft die neue Nomenclatur durch die Endung in eux, z. B. acide fulfureux (Schwefelfaures), den andern Fall durch die Endung in ique, z. B. acide fulfurique (Schwefelfäure), und den dritten Fall durch den Zufaß oxygéné aus. Alle diefe Verbindungen heißen überhaupt Säurungen (oxygenations), und das Verbrennen felbft ift eine Säurung.

Die Verbindung des Sauerftoffs mit den Metallen ift jederzeit eine unvollkommene Säurung (oxydation), und die daher entftandenen Subftanzen werden Halbfäuren (oxides) genannt. Der fich mit den Metallen verbundene Sauerftoff vermehrt das Gewicht derfelben, und daher find die metallifchen Halbfäuren zufammengefeßet aus den Metallen und dem Sauerftoff.

Auch ift nach diefem Syftem das Waffer zufammengefeßet aus Wafferftoff und Sauerftoff (hydrogène et oxygène). Der Wafferftoff ift in der Natur fehr allgemein verbreitet, und hat eine fehr große Verwandfchaft zum Sauerftoffe. Wegen der großen Verwandfchaft des Wärmeftoffs mit dem Wafferftoffe kennen wir diefen bloß in Gasgeftalt, im Wafferftoffgas (gaz hydrogène). Wenn das Wafferftoffgas mit dem Sauerftoffe oder mit dem Sauerftoffgas bey einer höhern Temperatur in Berührung gebracht wird, fo verbindet fich der Wafferftoff mit dem Sauerftoffe, und es entfteht Waffer. Wenn man Waffer durch eine glühende mit fpiralförmigen Eifen angefüllte Röhre gehen läßt, fo erhält man Wafferftoffgas, und der Sauerftoff verbindet fich mit dem Eifen, und verwandelt es in Halbfäure. Zugleich zeigt diefer Verfuch, daß 100 Theile Waffer aus 85 Theilen Sauerftoff und aus 15 Theilen Wafferftoff beftehen.

Eine jede Säure befteht aus zwey Beftandtheilen; aus dem gefäuerten Körper oder der Grundlage der Säure, und aus dem fäuernden Körper oder dem Sauerftoffe.

Man fieht hieraus wohl ein, daß in dem neuern Syfteme Subftanzen als einfach betrachtet werden, die im alten Syftem als zufammengefeßt, und hinwiederum Subftanzen als
zufammen-

zusammengesetzt, welche sonst als einfach betrachtet wurden. Ueberhaupt theilt diese neuere Chymie die Substanzen ein in einfache, unzerlegte und zusammengesetzte. Die einfachen sind ganz unzerlegbar, die unzerlegten aber lassen sich durch bekannte Mittel nicht zerlegen, und zusammengesetzte Körper entstehen durch Zusammensetzung der einfachen und unzerlegten Körper.

Zu den einfachen Stoffen gehören **Lichtstoff, Wärmestoff, Sauerstoff, Stickstoff, Kohlenstoff Wasserstoff, Phosphor, Schwefel,** der **Diamant, Grundlage der Kochsalzsäure** radical muriatique), **Grundlage der Flußspathsäure** (radical fluorique) und die **Grundlage der Boraxsäure** (radical boracique).

Zu den unzerlegten Körpern werden gerechnet die beyden feuerbeständigen Laugensalze, **Pottasche** und **Soda** (pottasse et soude); das flüchtige Laugensalz, **Ammoniak** (ammoniac) ist zusammengesetzt aus Wasserstoff und Stickstoff; außerdem zählet man zu den unzerlegten Körpern die Erden und Metalle. Unter den Metallen gibt es einige, die sich mit dem Sauerstoffe bis zum Grade der Sättigung verbinden, und daher als eigene Säuren aufgeführet werden (metaux oxygénés), wie z. B. die Arseniksäure, Wolframsäure, Molybdänsäure u. f.

Zu den zusammengesetzten Körpern gehören alle Säuren mit zusammengesetzten Grundlagen und die Halbsäuren, so wie die Säuren des thierischen und vegetabilischen Reichs. Die thierischen und vegetabilischen Theile enthalten diese drey allgemeinen Bestandtheile im abgesonderten Zustande, Wasserstoff, Kohlenstoff und Sauerstoff. Sie sind bey der gewöhnlichen Temperatur unserer Atmosphäre im Gleichgewichte. Unter gewissen Umständen wird das Gleichgewicht dieser Bestandtheile unter einander aufgehoben, und es entstehen daher verschiedene Stuffen der Gährung, nämlich Weingährung, Essiggährung und Fäulniß. Wenn man aber diese thierischen und vegetabilischen Theile in verschlossenen Gefäßen

N n durchs

durchs Feuer zerleget, so erhält man Waſſer, Oel, Waſ-
ſerſtoffgas, kohlengeſäuertes Gas u. ſ. f.

Die Mittelſalze entſtehen aus den Verbindungen der
Säuren und Halbſäuren mit den Laugenſalzen, Erden und
Metallen. Man kann alſo die Säuren als die wahren ſalz-
machenden Subſtanzen, und die Körper, mit denen ſie ſich
verbinden, als die Grundlage der Mittelſalze anſehen. Da
wir nun 48 Säuren und 27 Körper kennen, welche mit den
Säuren verbunden Mittelſalze geben; ſo iſt die Zahl der bis
jetzt bekannten Mittelſalze = 1296. Bey dieſer großen Anzahl von Mittelſalzen iſt es unumgänglich nothwendig, eine
richtige Terminologie einzuführen. Denn wollte man, wie
die alten Chemiſten thaten, jedem Mittelſatze einen eigenen
Nahmen geben, ſo würde daraus die größte Verwirrung
entſtehen. Daraus erhellet die Nothwendigkeit einer auf
richtigen Grundſätzen gebaueten Nomenklatur.

Wenn die Säuren mit dem Sauerſtoffe geſättiget ſind,
ſo unterſcheidet man die Verbindungen dieſer Säuren in ique
durch die Endung in ate, und fügt den Nahmen der Grundlage bey wie z. B. ſulfate de potaſſe, ſulfate ammonia-
cal, ſulfate de mercure, phoſphate d'alumine u. ſ.;
ſind die Säuren mit dem Sauerſtoffe nicht geſättiger, ſo
werden die Verbindungen dieſer Säuren in eux durch die
Endung in ite unterſchieden, und der Nahme der Grundlage
beygefüget, wie z. B. phoſphite de chaux, tartrite de
bismuth u. ſ. Die Verbindungen einfacher nicht geſäuerter
Stoffe, als z. B. des Schwefels, des Phosphors, der
Kohle u. ſ. mit andern Grundlagen, werden durch die Endung in ure unterſchieden, wie z. B. ſulfure de chaux,
carbure de fer u. ſ. f.

Die Nomenclaturen findet man in folgenden Schriften:
Methode de nomenclature chimique propoſée par M.
M de *Morveau*, *Lavoiſier*, *Berthollet* et de *Fourcroy*
à Paris 1787. Methode der chemiſchen Nomenclatur für
das antiphlogiſtiſche Syſtem, von Herrn de *Morveau*, Lavoiſier, Berthollet und de Fourcroy. Aus dem Franz.

von

von Carl Freyherr von Meidinger. Wien 1793. 8. Neue
chemische Nomenclatur für die deutsche Sprache, von Chr.
Girtanner. Berl. 1791. 8. Versuch einer neuen Nomenclatur für deutsche Chemisten, von Joh. Andr. Scherer.
Wien 1792. 8. Versuch einer französisch-lateinisch-italiänisch-deutschen Nomenklatur der neuern Chemie. Leipz. 1793.
gr. Fol. Neues chemisches Wörterbuch, oder Handlexikon
und allgemeine Uebersicht der in neuern Zeiten entworfenen
französisch-lateinisch-italiänisch-deutschen chemischen Nomenclatur, von Joh. Chr. Remmler. Erfurt 1793. 8.
Versuch einer systematischen Nomenclatur für die phlogistische und antiphlogistische Chemie, von Geo. Eimbke. Halle
1793. 8. Versuch eines Beytrags zu den Sprachberichti-
gungen für die deutsche Chemie, von Joh. Fr. Westrumb.
Hannover 1793. 8. Systematisches Handbuch der gesammten Chemie, von Fried. Albr. Carl Gren. Th. IV,
Halle 1796. 8.

Aus dieser kurzen Darstellung sieht man deutlich ein,
in welchen Stücken sich das neuere System von dem ältern
unterscheidet. Der Unterschied beyder Systeme beruhet nämlich keinesweges auf die Läugnung des Brennstoffs, sondern
vorzüglich auf die Behauptung der einfachen und zusammengesetzten Stoffe. So werden im neuern Systeme Stoffe
als einfach angenommen, welche im ältern als zusammengesetzt gedacht wurden, und hinwiederum im neuern System
Stoffe als zusammengesetzt, die im ältern System als einfach angesehen wurden; so erhalten nach dem neuern System
Körper durchs Hinzukommen eines Stoffs eine Gewichtszunahme, da nach dem ältern System die Entweichung eines
Stoffs dieses bewirkte. Diese veränderten Vorstellungsarten sind aber keines Weges in dem neuern System ganz willkürlich angenommen, sondern sie stützen sich auf wahre
Thatsachen und sind mit der genauesten Rechnung begleitet.
Bey dem Verbrennen der verbrennlichen Körper und der
Verkalkung der Metalle nahm man nach dem ältern System
an, daß von diesen Körpern Brennstoff entweiche, und dessen

N n 2   ungeachtet

ungeachtet nahm man bey diesem Verluste wahr, daß der Rückstand am Gewichte zunahm. Man ersann daher Hypothesen, um dieß zu erklären, welche sich aber auf gar keine Thatsache gründeten, und sehr geringe Wahrscheinlichkeit gewährten. Nach dem neuern System hingegen nimmt man an, daß beym Verbrennen der Körper sich ein Stoff, der Sauerstoff, mit ihnen verbinde, welcher die Zunahme des Gewichtes am Rückstande des verbrennlichen Körper verursache. Dieses wird aber nicht allein behauptet, sondern durch eine genaue Berechnung bewiesen, daß die Gewichtszunahme gerade so groß ist, als der Sauerstoff selbst wog; ja was noch mehr ist, der Rückstand selbst ist sauer worden. (M. s. Brennstoff). Ferner behauptete man nach dem ältern Systeme, daß bey Phlogistisirung der Luft Phlogiston sich mit selbiger verbände, und gleichwohl fand man die Luft am Gewichte sowohl als am Umfange abnehmen. Weit natürlicher wird dieses Phänomen durch die Zersetzung des Sauerstoffgas und das Zurückbleiben des Stickgas erkläret, wo der Sauerstoff sich mit dem Körper verbindet, und das Stickgas nicht erst neu erzeuget wird, sondern nur unzersetzt zurückbleibt. Eben dieß findet auch bey andern Erklärungen Statt.

Einer der vorzüglichsten Stoffe, welcher in dem neuern Systeme eine große Rolle spielet, ist der Sauerstoff. Man hat ihn aber noch nie abgesondert darstellen können, sondern man nimmt ihn bloß hypothetisch an, daß er in der atmosphärischen Luft verbreitet sey. Es bleibt daher immer noch die Frage übrig, ob bey allen den leichten Erklärungen der Erscheinungen nach dem neuern Systeme die Sache sich wirklich so in der Natur verhalte? Diese Frage hat große Streitigkeiten verursachet, welche ich nachher in möglichster Kürze angeben werde.

Schon im Jahre 1674 hat ein englischer Arzt, D. Mayow *), Ideen in seinen Schriften verbreitet, welche den anti-

*) J. A. Scherer Beweis, daß Joh. Mayow vor hundert Jahren den Grund zur antiphlogistischen Chemie und Physiologie gelegt hat. Wien 1793. 8.

antiphlogistischen sehr ähnlich sind, welche aber dazumahl, da
die Chemie erst in eine wissenschaftliche Form gebracht wurde,
kein Aufsehen weiter erregten, und erst nach einem Jahrhunderte von dem Stifter des antiphlogistischen Systems,
Lavoisier, Beyfall erhielten. Dieser überlieferte seine
Gedanken der gelehrten Welt seit dem Jahre 1777. in einzelnen Abhandlungen, welche unter den Schriften der Akademie der Wissenschaften zu Paris sich befinden, und wovon
besonders eine über die Verbrennung sich auszeichnet *).
Nachdem nun die von Herrn Cavendish und Watt *)
angestellten Versuche, daß eine Mischung von brennbarer
und dephlogistisirter Luft im gehörigen Verhältnisse durch
den elektrischen Funken angezündet, sich gänzlich in Wasser
verwandele, im Jahre 1783. durch D. Blagden nach Paris überbracht wurden; so wurde dadurch Herr Lavoisier
veranlasset, in Gegenwart der Herrn de la Place, Meusnier
und Monge merkwürdige Versuche, welche unter dem Artikel Wasser angeführet werden, anzustellen. Diese Versuche bestimmten ihn, einen Wasserstoff anzunehmen, und
stimmten mit seinen Ideen so sehr überein, daß er den Mängeln, welche seinem Systeme hier und da noch anhiengen,
überall abhelfen konnte. Im Jahre 1789 war er alsdann
im Stande, sein neues System den Gelehrten vorzulegen,
welches nachher von Hr. Hermbstädt in die deutsche Sprache
übersetzet wurde ?). Einen Auszug hiervon mit eigenen Beur-
theilungen ist vom Herrn Prof. Link ?) veranstaltet wor-

Nn 3 den.

*) Mémoir. sur la combustion en général etc. in den Mém. de Pa-
ris 1777. p. 592. übers. in Crells neuest. Entdeck. in der Chemie.
Th. V. S. 188.

*) Neue Ideen über die Meteorologie von J. A. de Lüc aus dem
Franz. Th. II. Berlin u. St. 1787. Kap. 4. Ab. 1.

?) Traité élémentaire de chimie, presentée dans un ordre nouveau
et d'après les découvertes modernes P. M. Lavoisier à Paris 1789.
Vol. II. 8. des Herrn Lavoisier System der antiphlogistischen
Chemie a. d. Franz. von D. S. F. Hermbstädt. Berlin u. Stett.
1792. II Bände. gr. 8.

?) Lavoisiers phys. chemische Schriften 3ter Band. Greifswalde
1794. 8. S. 154 — 198.

den. Noch' weit ausführlicher wurde dieses neue System vom Hrn. Fourcroy in der Ausgabe von 1791 aufgeführet *).

Unter den Deutschen war Herr **Schürer** *) der erste, welcher dieses neue System in einer Differtation bekannt machte. Nachher unternahm es auch Herr **Girtanner** *), selbiges in möglichster Kürze zu entwerfen.

Dieses neue System wurde von den deutschen Chemikern mit einer gewissen Geringschätzung und Kälte betrachtet. Hieran hatte, wie Herr **Lichtenberg** *) vermuthet, der Charakter der Nation, wovon es herkam, einige Schuld. Es sey nämlich Frankreich nicht das Land, aus welchem der Deutsche gewohnt sey, bleibende Grundsätze für Wissenschaften zu erwarten. In dieser Vermuthung sey der Deutsche nicht wenig durch den kindischen Triumph bestärkt worden, welchen man in Paris über das Phlogiston feyerte, indem Madame **Lavoisier** als Priesterinn gekleidet das Phlogiston in einer Versammlung verbrannte.

Verschiedene deutsche Chemiker vom ersten Range läugneten einige der vorzüglichsten Thatsachen, auf welche sich das neue System stützte. Man stellte denselben manche Versuche entgegen, welche ganz andere Resultate zu geben schienen. Vorzüglich stellte Herr **Gren** eine Menge von Zweifeln und Gegengründen nicht allein in seinem Handbuche der Chemie, sondern auch in einer besondern Abhandlung über die Theorien vom Feuer, Wärme, Brennstoff und Luft auf, und fügte zugleich einen kurzen Abriß von diesem neuen Systeme bey *). Eben dieß thaten auch andere Chemiker, und die Physiker, welche von der Chemie nicht Profession machen, stimmten

*) Elémens de l'histoire naturelle et de chimie, par M. *Fourcroy.* à Paris 1791. Vol. I — V. 8.

β) Synthesis oxygenii experimentis confirmata. edit. *Fr. Lud. Schürer.* Argent. 1789. 4.

γ) Anfangsgründe der antiphlogistischen Chemie, von *Christ. Girtanner.* Berlin 1792. 8. 1795. 8.

δ) Anfangsgründe der Naturlehre, von *Polyc. Erxleben.* Sechste Aufl. in der Vorrede.

ε) Gren Journal der Physik. B. II. S. 295 u. f.

ſtimmten dieſen bey, indem ſie ihre Behauptungen eben ſo
gut, wie die Antiphlogiſtiker, auf Erfahrungen baueten.

Das Zunehmen des Gewichtes der verbrannten und ver-
kalkten Körper, welches die Antiphlogiſtiker durchs Hinzukommen eines neuen wägbaren Stoffs, des Sauerſtoffs, erklärten, war den Phyſikern ein vorzüglicher Stein des An-
ſtoßes; man erſann verſchiedene Hypotheſen, um dieß zu erklären, welche aber gar nicht für haltbar erfunden wurden.
Herr Gren beſonders ſuchte dieſe Erſcheinungen durch die
Annahme zu erklären, daß das Phlogiſton eine negative
Schwere beſitze. Wie wenig aber dieſe Vertheidigung haltbar ſey, kann man unter dem Artikel Brennſtoff mit mehreren ſehen.

Die vorzüglichſten Fakta aber, auf welche die Antiphlogiſtiker ihre Theorie ſtützten, und welche die Phlogiſtiker ab-
läugneten, waren: 1. daß der für ſich bereitete Queckſilberkalk, wenn er von der aus der Luft angezogenen Feuchtigkeit
vorher durchs Feuer befreyet ſey, bey ſeiner Reduktion Lebensluft gebe, und 2. daß bey der Verbrennung einer hinlänglichen Menge von Phosphor die Lebensluft gänzlich ver-
ſchwinde. Prieſtley, Scheele und Lavoiſier behaupteten, daß ſie aus dem Queckſilberkalk Lebensluft erhalten hätten, und Lavoiſier betrachtete dieß als eine vorzügliche
Stütze ſeines Syſtems, und als einen Hauptgrund gegen den
Brennſtoff. Denn weil dieſe Reduktion ohne Zuſatz von
verbrennlichen Dingen erfolget, ſo hat es einen hohen Grad
von Wahrſcheinlichkeit, wenn ſich hierbey Lebensluft entwik-
kelt, daß überhaupt bey jeder Reduktion ſich kein Phlogiſton
mit dem reducirten Körper verbinde, ſondern vielmehr ein
Stoff, den die Antiphlogiſtiker Sauerſtoff nennen, ſich davon abſondere. Dagegen verſicherten die Herren Gren,
Weſtrumb und Tromsdorf, daß der im Feuer in offenen Gefäßen erſt bis zum Glühen erhitzte Queckſilberkalk nie
Lebensluft gebe, und erſterer habe nur aus dem auf naſſem
Wege mit Salpeterſäure bereiteten rothen Queckſilberkalk,
oder an der Luft feucht gewordenen, Lebensluft erhal-

ten

ten*). Allein in Berlin am 16ten September 1792 wurden vom Herrn Peschier aus Genf in Gegenwart der Herren Hermbstädt, Karsten und Klaproth Versuche mit theils von London erhaltenem, theils selbst zubereitetem Queckfilber-kalk gemacht, wobey man aus einer halben Unze 44 Cubik-zoll sehr reines Sauerstoffgas erhielt*). Nachdem wurden mehrere Versuche von den Herrn Gren, Westrumb und Tromsdorf angestellt, die aber alle den Erfolg hatten, daß sie keine Lebensluft erhielten. Im Jahre 1793 wurde endlich dieser sehr lebhafte Streit entschieden; es wurden nämlich unter der Veranstaltung des Herrn Hermbstädts mit dem von Herrn Westrumb überschickten Queckfilberkalke in Ge-genwart von dreyzehn Personen Versuche angestellt, welche es außer allem Zweifel setzten, daß auch die Reduktion des für sich bereiteten Queckfilberkalkes wirklich Lebensluft erhal-ten werde.

Was das andere Faktum betrifft, worauf die Theorie des neuern Systems gegründet ist, daß nämlich beym Ver-brennen des Phosphors alle Lebensluft verschwinde, so kann dieses mit den Grundsätzen des ältern Systems gar nicht be-stehen. Denn nach diesem muß sich das aus dem angezün-deten Phosphor abgeschiedene Phlogiston mit einem Theile der Luft verbinden, damit phlogistisirte Luft bilden) und in dieser Gestalt unter der gesperrten Glocke zurückbleiben. Die Antiphlogistiker behaupten es aber als Thatsache, daß bey einer gehörigen Menge von Phosphor die Lebensluft ganz verschwinde, und daß, wenn Stickluft zurückbleibe, diese schon vorher mit der reinen Luft vermischt gewesen sey, und nicht erst durch das Phlogiston könne gebildet worden seyn. Dieses Faktum wurde lange geläugnet, bis es endlich dem Herrn Göttling allhier gelang, diesen wichtigen Versuch auszuführen, und dadurch unwidersprechlich zu beweisen, daß die Behauptung der Dephlogistisirung der Luft durchs Ver-

brennen

*) Journal der Physik B. I. S. 480. B. V. S. 46. B. VI. S. 34, 212, 214.
*) Gren Journal der Physik B. VI. S. 420.

brennen völlig grundlos sey. Nachdem auch Herr Gren und andere diesen Versuch zuletzt zu Stande brachten, so bekannte er, daß er von der Wahrheit mehrerer Sätze des neuern Systems auf das evidenteste überzeuget sey, und das bisher von ihm vertheidigte System verlasse. Jedoch nimmt er aber immer noch den so genannten Brennstoff an, um die Lücken, welche dem antiphlogistischen Systeme noch offen sind, mittelst selbigen noch auszufüllen *).

Es ist nun noch die Frage zurück, ob bey allen den leichten Erklärungen der Erscheinungen nach dem neuern Systeme die Sache sich wirklich so in der Natur verhalte? Diese Frage entscheidend zu beantworten ist unmöglich, weil wir den Hauptweg, nämlich den der Natur nach nicht in unserer Gewalt haben. Das ganze Gebäude der neuen Chemie ist und bleibt hypothetisch, und man hat sich daher um desto mehr zu hüten, sich etwa täuschen zu lassen, je größer die scheinbare Deutlichkeit der Lehrsätze, das stete Hinweisen auf angeblich wahre Thatsachen mit der genauesten Berechnung, und die bewundernswürdige Leichtigkeit der Erklärungen ist. Man muß allerdings alles genau prüfen, und die lehrreichen Zweifel und Bemerkungen der Gegner des antiphlogistischen Systems nicht aus den Augen lassen. Einer der wichtigsten Gegner dieses Systems ist Herr de Lüc. Ein Brief von ihm an de la Metherie *) und ein anderer an Fourcroy über die moderne Chemie γ) enthalten bittere Kritiken über die Logik der Antiphlogistiker, oder wie sie de Lüc nennt, Neologen. Nach ihm ist der Fehler des Systems, daß es bloße Gesetze als physische Ursachen vortrage; als Thatsachen würden folgende vier Sätze angegeben: 1) die Grundlage der reinen Luft sey das Princip aller Säuren. Dieß sey aber nur aus Analogie bey Verbrennung des Schwefels und Phosphors geschlossen, 2) das

Nn 5　　　Wasser

---

*) Journal der Phys. B. VIII. S. 14.
*) Rozier journal de phys. 1791. T. XXXVIII. p. 378. in Grens Journal der Phys. B. VII. S. 103.
γ) Ebendas. S. 400, und bey Gren, ebendas. S. 134.

Waſſer ſey aus ben Grundlagen der Lebensluft und der brennbaren Luft zuſammengeſetzet; es ſey aber bloße Thatſache,
daß durch der Verbrennung beyder Luftarten Waſſer erhalten
werde; 3) die Grundlage der brennbaren Luft ſey ein Beſtandtheil des Waſſers; welches doch nur eine Folge aus dem
vorigen Satze ſey; 4) die reine Kohle ſey einfach und eine
ſäurefähige Grundlage; dieß ſey aber daher gefolgert, daß
durchs Verbrennen der Kohle in reiner Luft ein Gas erzeuget
werde, welches man hier gaz acide carbonique nenne. Es
ſey alſo das, worauf ſich die ganze Theorie ſtütze, gar nicht
auf Thatſachen ſelbſt gegründet, ſondern bloß auf Sätze,
welche man aus ihnen herzuleiten glaube. Man wolle aus
der Zuſammenſetzung des Waſſers die Meteorologie erklären,
ohne die obern Luftſchichten genau zu kennen. Man nehme
in den obern Gegenden der Atmoſphäre brennbare Luft an,
ohne ſich darum zu bekümmern, was ſie vor Folgen haben
könne — ein bloßes Feuer auf einem hohen Berge müſſe
die Atmoſphäre anzünden. — Man ſolle nur erſt die Meteorologie beſſer ſtudiren, ſo werde man gewiß auch die Hypotheſe von der Zerſetzung und Zuſammenſetzung des Waſſers, und hiermit zugleich die vom Sauerſtoff und Waſſerſtoff verlaſſen. Uebrigens ſey es ganz unmöglich, den Regen
aus der Feuchtigkeit der Luft zu erklären, man müſſe vielmehr annehmen, daß das Waſſer von einer Zerſetzung der
atmoſphäriſchen Luft herrühre, und mithin eine Grundlage
derſelben ausmache.

Auch hält der Herr Hofr. Lichtenberg in der leſens-
werthen Vorrede der ſechſten Ausgabe der erxlebenſchen Anfangsgründe der Naturlehre die Vorſtellungen des Herrn de
Lüc bey den Naturbegebenheiten im Großen weit angemeſſener, als die Erklärungen der Antiphlogiſtiker. Einige
allgemeine Bemerkungen dieſes ſcharfſinnigen Naturforſchers
kann ich nicht unberührt laſſen. Er ſagt, die franzöſiſche
Chymie ſey ein Meiſterſtück als iſolirte Sammlung von
Kenntniſſen oder, wenn man will, von iſolirter Wiſſenſchaft,
nicht aber in ſo fern ſie ein Theil der Naturlehre im allge-
meinſten

meinsten Verstande ist. Das eigentliche Geschäfte eines allgemeinen Naturforschers sey; die isolirten Beschäftigungen einzelner Classen zu vergleichen und zusammenzunehmen; er müsse nicht, nach Bacons Ausdrucke, Erklärungen in minoribus mundis sondern in maiori siue communi suchen. Denn bey Zusammenhaltung des neuern Systems mit den Erfahrungen, welche schon über verschiedene Gegenstände gemacht wären, würden noch manche Zweifel Statt finden. Hierbey schränkt er sich nun auf zwey Hauptpunkte ein, auf die elektrische Materie und die so genannte Zersetzung des Wassers. Er sagt, wir finden elektrische Materie überall, zumahl in der Atmosphäre, bald stark, bald schwach, so wie die Feuchtigkeit, die eine so große Rolle darin spiele. Wir kennten freylich die elektrische Materie noch nicht, da wir bloß beym Reiben stehen bleiben müßten; was würden wir aber von der Natur des Feuers wissen, wenn wir es bloß aus der Wärme zweyer an einander geriebener fester Körper kennten? Alle Elektricität, die die Natur hervorbringe, so wie alles Feuer, das sie ohne unser Zuthun bewirke, bewirke sie durch chemische Verbindung und Trennung. Man habe zwar gesagt; es sey noch nicht erwiesen, daß die elektrische Materie chemische Verbindungen eingehe. Allein ein Mahl sey es doch von einer Materie, die sich allen Sinnen offenbare, gewiß höchst wahrscheinlich, und dann könne man antworten: ist uns vermuthlich manches bey der Wirkung des Feuers noch so dunkel, eben weil wir nicht wüßten was dieses fünfte Element dabey thue. Man schriebe vielleicht oft manches dem Feuer oder dem Phlogiston zu, was eigentlich der Elektricität gehöret, und dann habe man diese chemische Verbindung noch nicht gesehen, weil — man sie nicht sehen wolle. Man zersetze durch sie das Wasser, die alkalinische Luft, die Salpeterluft, die schweren inflammabeln Luftarten, man vermindere damit die atmosphärische, und erhalte durch sie Salpetersäure aus Stickluft und dephlogistisirter. Was thue die Elektricität dabey? erschüttere sie bloß, oder wursele sie bloß, oder erhitze sie bloß,

oder

oder verbinde sie sich, ganz oder selbst zersetzt, mit jenen
Körpern und bringe diese Veränderungen hervor? Das letztere wollen die Antiphlogistiker nicht zugeben, sondern den
elektrischen Funken bloß mechanisch wirken lassen, weil man
die elektrische Materie nicht anders kenne. Man habe den
berühmten und in der That höchst merkwürdigen Amster-
dammer Versuch von der Zersetzung des Wassers durch
Elektricität als völlig entscheidend für die neuere Chymie angesehen. Hiergegen lasse sich sehr vieles einwenden, ja es
könnte leicht kommen, daß es gar ihr gefährlichster Feind
würde. Denn 1) hätte jenes erzeugte elastische Fluidum
nothwendig herausgenommen und eudiometrisch geprüft werden müssen, um zu sehen ob es auch wirklich die gehörige
Mischung von gaz oxygène und hydrogène gewesen sey.
Wäre es aber auch wirklich jene Mischung gewesen, so sey
ja die große Frage; hat sich die elektrische Materie etwa
nicht zersetzt, und hat nicht ein Theil von ihr mit dem Wasserdampfe inflammable, und der andere mit demselben dephlogistisirte Luft gemacht? Daß sich rückwärts bey dem Verbrennen der inflammabeln mit der dephlogistisirten Luft keine
Spur von Elektricität zeige, beweise nichts, so lange man
nicht wisse, ob nicht die erzeugte combinirte Elektricität gerade diejenige sey, welche die Capacität des entstandenen
Wassers erfordere. Auch könne es für unsere Instrumente
zu wenig seyn, und möchte sich nur bey Versuchen im Großen,
so wie sie die Natur anstelle, bemerken lassen. So könne
der Blitz gar wohl bloß die Folge einer plötzlichen Verwandlung einiger Luftarten in Wasserdunst in der Atmosphäre
seyn. Es sey dieß freylich nur Hypothese; allein was sey dann
von Seiten der neueren Chemie dieß Faktum, daß die
Elektricität, als solche, nichts bey dem Processe thue? Man
werde aber sagen, man habe ja das Wasser auch auf eine
andere Weise zersetzet, und die alkalinische Luft in ihre Bestandtheile zerleget, ohne alle Elektricität. Allein wo Kohlen und Gefäße sind und wo Luft ist, da sey auch elektrische
Materie in Menge. Es sollten also vor allen Dingen die

Verhält-

Verhältnisse dieser Materie auf andere Körper erst näher untersuchet werden, ehe man so gerade weg aburtheilte.

Wenn aber die Antiphlogistiker gegen De Lüc's Theorie
des Regens und der Verwandlung des Wassers in Luft einwenden, daß die Luft sehr viel Wasser aufgelöset enthalten
könne, welches das Hygrometer nicht anzeige, so ist dieses
mit nichts erwiesen, und dann auch ein bloßer Wortstreit.
Es wird ja von de Lüc gar nicht geläugnet, daß das Wasser
noch da sey, er soll nur ausgemacht werden, wie? vaporisi-
ret oder aërisiret; als Luft zum permanentelastischen Fluido
gebunden, oder als bloßer Dampf, von dem sich, so wie
die Temperatur sinkt, immer die Gegenwart verräth. Eine
Auflösung bleibt es ja immer, nur bleibt die Frage, ob es
in Luft oder zu Luft aufgelöset sey. Es soll ja ausgemacht
werden, was Luft sey, dieses ist ja der Hauptpunkt. Die
Gegner des Herrn de Lüc sagen, die Luft kann noch Wasser enthalten, selbst wenn bey niedrigen Temperaturen das
Hygrometer auf Trockenheit weiset; Herr de Lüc sagt:
Wasser in elastischer luftförmiger Gestalt, das bey keiner
Temperatur mehr auf das Hygrometer wirkt, und nicht
mehr naß macht, nenne ich Luft. Womit hat man es bewiesen, daß das Wasser die Form der atmosphärischen Luft
nicht annehmen könne? Warum wird denn Wasserdampf
durch ein glühendes irdenes Rohr gelassen größtentheils
Stickluft? Und, wenn diese Stickluft luftförmiges Wasser
ist, wie einige behaupten, was wird aus der Basis der
Salpetersäure? Kann das Wasser ein Bestandtheil der
brennbaren und der dephlogistisirten Luft werden, so kann
auch das, was bey dem Verbrennen dieser Luftarten erhalten
wird, wenn sie gleich noch so trocken sind, eben so wohl für
ausgeschiedenes als auch für erzeugtes Wasser gehalten werden. Was müßte man nicht für eine ungeheure Menge
brennbarer Luft in der Atmosphäre annehmen und mit reiner
Luft abbrennen lassen, um die Quantität des Regens zu
erklären? Man hat noch gegen de Lüc eingewendet, die
Meteorologie sey eine noch viel zu wenig gegründete Wissenschaft,

schaft, um daraus Schlüsse gegen die Chymie und zumahl gegen die neue zu ziehen. Aber soll man die Beobachtungen der Meteorologen verschweigen, weil sie der Antiphlogistiker zu erklären nicht im Stande ist? lieber gestehe man offenherzig: unsere Naturlehre bestehe nur aus Bruchstücken, welche der menschliche Verstand noch nicht zu einem einförmigen Ganzen zu vereinigen wisse.

In Ansehung der Nomenclatur findet Herr **Lichtenberg** manches sehr durchdachte, das Nachahmung verdient, zumahl da, wo durch bloße Veränderung der Endsylben und gleichsam eine Art von Declination gewisse Relationen ausgedruckt werden wie sulfate, sulfite, sulfure. Es wäre zu wünschen, daß diese Methode häufiger wäre beobachtet worden. Wäre es nicht vielleicht besser gewesen, statt des hypothetischen oxide de plomb, de mercure lieber plombide, mercuride zu sagen. Die Wörter aber sollen bloß Zeichen für den Begriff nicht Definitionen seyn. Die letztern ändern sich mit den Meinungen, und alsdann verlieren solche definirende Nahmen ihre erklärende Kraft sehr bald. Man ist daher mit Abschaffung von sehr gangbaren Worten, welche den Gegenstand, den sie bezeichnen, unrichtig erklärten, viel zu ängstlich gewesen. So hätte das Wort Metallkalk, als allgemein bekannt, gar wohl auch beybehalten werden können, da niemand dabey mehr an Kalkerde dachte. Dieß ist aber gewiß tadelnswürdig, daß man wieder neue Hypothesen in diese Sprache gemischt hat, wie oxygène. Im Vortrage hätte die Hypothese immer Statt finden können. Hypothesen zu machen und sie als eine Stimme der Welt vorzulegen, darf niemand gewehret seyn, sie gehören dem Verfasser, aber die Sprache gehöret der Nation. Wer Hypothesen schafft gibt bloß sein unmaßgebliches Gutachten, und das ist niemanden verwehrt, wer sie der Sprache aufzwingt, publicirt Mandate, und da gehöret schon was dazu, sie durchzusetzen. Indessen haben es die Franzosen durchgesetzet; und da ist es schade, daß man diesen Zeitpunkt nicht genutzt hat, die neue Nomenclatur nach einer erst festgesetzten durchaus

philoso-

philosophischen Theorie der Nomenclaturen überhaupt zu bestimmen.

Indessen bleibt es doch ausgemacht, daß das antiphlogistische System bey allen den Lücken, die es noch offen läßt, und bey allen Fehlern der Nomenclatur, immer eine der vorzüglichsten Stelle unter den Vorstellungsarten behauptet, und in dieser Rücksicht empfiehlt es sich allerdings mehr als das ältere System.

Von den sehr vielen chemischen Schriften setze ich nur einige hierher: Dictionnaire de Chymie, contenant la theorie et la pratique de cette Science — par M. *Macquer* à Paris 1766. Vol. I. II. II. 12. Allgemeine Begriffe der Chemie nach alphabetischer Ordnung a. d. Franz. übers. und mit Anmerk. vermehrt, von K. Wilh. Pörner. Leipz. 1767. Th. I. II. 1769. Th. III. 8. Dictionnaire de Chymie — par M. *Macquer* sec. edit. à Paris 1778. T. I-IV. 8 u. 4. Herrn Pet. Jos. Macquer chymisches Wörterbuch, oder allgemeine Begriffe der Chemie nach alphabetischer Ordnung. Aus dem Franz. mit Anmerk. und Zusätz., von Joh. Gottfr. Leonhardi. Leipz. Th. I-III. 1781. Th. IV-V. 1782. Th. VI. 1783. 8. Neue vermehrte Ausgabe Leipz. 1788 — 1791. Th. I-VII. 8. Neue Zusätze und Anmerkungen zu Macquers chymischem Wörterbuche erstere Ausgabe, von Joh. Gottfr. Leonhardi. Leipz. B. I. 1792. B. II. 1793. 8. *Elémens* de chymie par M. Chaptal à Montpell. Vol. I-III. 1790. 8. J. A. Chaptals Anfangsgründe der Chemie a. d. Franz. mit Anmerk. von Fr. Wolf. Königsb. Th. I. 1791. Th. II-III. 1792. 8. Systematischer Grundriß der allgemeinen Experimentalchemie, von Sig. Fr. Hermbstädt. Berlin 1791. Th. I-III. 8. Fr. Ad. Richters Lehrbuch der Chemie. Halle 1791. 8. J. F. A. Göttlings Versuch einer physischen Chemie. Jena 1792. 8. Jos. Franz Edlen von Jacquin Lehrbuch der allgemeinen und medizinischen Chymie. Th. I. II. Wien 1793. 8. Anfangsgründe der Chemie, zum Grundriß academischer Vorles. nach dem neuen System abgefaßt, von

Hilde-

Hildebrand. Erlangen 1794. S. I-III. 8. Systematisches Handbuch der gesammten Chemie, von Gren. Th. I. u. II. 1794. 8. Th. III. 1795. Th. IV. 1796. Grundriß der Chemie nach den neuesten Entdeckungen entworfen u. zum Gebrauch akadem. Vorles. eingerichtet, von Gren. Th. I. Halle 1796. 8. Th. II. 1797. 8. Lorenz Crell chemische Annalen vom Jahre 1786 wird jährlich in 2 Bänden fortgesetzt. Annales de chimie, ou recueil de mémoires concernant la chimie et les arts, par Mrs. de *Morveau* (*Guyton*), *Lavoisier*, *Monge*, *Berthollet, de Fourcroy* etc. à Paris T. I-XV. 1789-1792.

Chemische Harmonika (harmonica chemica). Man entwickele aus Kochsalzsäure und Zink Wasserstoffgas in einem Gefäße, das weder zu klein noch zu niedrig ist, damit nicht während des Aufwallens etwas zu hoch heraufgetrieben werde und die Flamme verlösche. Das Gefäß, in welchem das Wasserstoffgas entwickelt wird, wird mit einem genau passenden Kork verstopfet, durch welchen man eine 4 bis 6 Zoll lange an beyden Enden offene Barometerröhre gesteckt hat. Die Barometerröhre darf durch den Kork nicht weit in das Gefäß reichen, damit die Flüssigkeit sie nicht während des Aufwallens berühre. An dem offenen Ende der Röhre wird alsdann das Gas angebrennt, doch muß dieses Anbrennen nicht zu früh geschehen; ja nicht eher, als bis keine atmosphärische Luft mehr mit dem Gas vermischt herauskömmt, sonst wird der Korkstöpsel nebst der Röhre mit einem Knalle bis an die Decke des Zimmers geworfen. Wenn nun das Gas ruhig brennt, so hält man über die Flamme einen Glascylinder. Bald wird sich ein Laut hören lassen, welcher oft so hell und durchdringend ist, daß er fast betäubt. Mit einem Cylinder von zwey Zollen im Durchmesser, 12 bis 14 Zolle lang und an dem einen Ende verschlossen, gelingt der Versuch gut. Nachdem der Cylinder höher oder niedriger gehalten wird, ist auch der Ton verschieden. Man kann den Ton modificiren, wenn man zwey oder drey Fingerspitzen in die Oeffnung hält. Uebrigens muß der Cylinder inwendig

dig

big trocken seyn, sonst entsteht kein Ton. Diese beschriebene Vorrichtung nennt man die chemische Harmonika.

Dieses Phänomen wird vom Herrn Hermbstädt aus dem bey der Verbrennung entstehenden luftleeren Raume und dem Zutritte der äußern kältern Luft erkläret.

M. s. Girtanner Anfangsgründe der antiphlogistischen Chemie. Berlin 1795. S. 73.

Citronensäure (acidum citri s. citricum, acide citrique) ist eine eigene mit Essigsäure und vielen gallertartigen Theilen verbundene Säure im Citronensafte. Scheele[a]) hat zuerst ein Mittel gezeiget, die eigentliche Citronensäure zu scheiden. Man sättiget nämlich erhitzten Citronensaft mit gepulverter Kreide, dabey entsteht ein Aufbrausen, und die Citronensäure verbindet sich mit der Kreide zu einem schwer auflöslichen Salze, das sich niederschläget. Diesen Niederschlag süßt man mit destillirtem Wasser ab. Hierauf gießt man so viel stark verdünnte Schwefelsäure in einen gläsernen Kolben, daß die Kreide damit völlig gesättiget werde, rühret alles wohl um, und läßt es einige Minuten lang sieden. Nach dem Erkalten wird alles durchgeseihet, da dann die durchseihete Flüssigkeit die reine Citronensäure ist, welche durchs Abdampfen in Crystallen anschießt. Eine andere Methode, die Citronensäure rein abzuscheiden, hat Herr Richter[b]) bekannt gemacht. Man sättiget den Citronensaft mit Laugensalz, seihet diese Lauge durch, und tröpfelt so lange von einer Auflösung des essigsauren Bleyes dazu, bis kein weißer Niederschlag mehr entsteht. Die Citronensäure verbindet sich hier mit dem Bleykalke, und die Essigsäure mit dem Laugensalze. Das citronensaure Bley wird nun mit einer hinlänglichen Menge verdünnter Schwefelsäure digeriret, und öfters umgerühret, wo die darüber stehende klare Flüssigkeit

---

a) Ueber die Crystallisirung der Citronensäure in Crells chem. Annalen J 1784. B. II. S. 3. ff.

b) Abhandlung über die neuern Gegenstände der Chemie. St. I. S. 59. ff.

Flüssigkeit die reine Citronenſäure enthält, welche man ab-
ſeihet, bis zur Saftdicke abdampft, mit einigen Tropfen verdünnter Salperſäure verſetzt, und in gelinder Wärme zu
Cryſtallen anſchließen läßt.

Die Citronenſäure iſt im Feuer verbrennlich und zerſtör-
bar, und läßt ſich nach **Weſtrumb** *) und **Hermbſtädt** *)
durch Salperſäure in Sauerkleeſäure verwandeln, wiewohl
dieſes nach **Scheele** und **Richter** nicht angehet. Mit Alkalien und Erden bildet ſie eigene Neutral- und Mittelſalze.

Nach dem neuern Syſteme iſt ſie zuſammengeſetzt aus
Kohlenſtoff und Waſſerſtoff, welche durch den Sauerſtoff
eine Säure geworden ſind. Nach dem ältern Syſteme aber,
aus Brennſtoff, Waſſerſtoff, kohlenſaurer Grundlage und
Baſis der Lebensluft; oder aus Brennſtoff, Waſſer und
kohlenſaurer Grundlage. Das Verhältniß dieſer Beſtandtheile gegen einander iſt aber ganz anders, als in der Wein-
ſteinſäure und Sauerkleeſäure.

Clavier, elektriſches (Clavecin électrique) iſt eine
elektriſche Vorrichtung, durch eine gewöhnliche Claviatur
mittelſt der Elektricität ſilberne oder metallene Glocken zum
Tönen zu bringen. Es iſt dieſes elektriſche ſo genannte Spielwerk vom P. **Laborde** *) angegeben worden. Es hängen
an einem durch ſeidene Schnüren iſolirten eiſernen Stabe metallene Glocken von verſchiedenen Tönen. Für einen jeden
Ton müſſen zwey gleichtönende Glocken vorhanden ſeyn, deren eine an einem Metalldrahte, die andere aber an einer
ſeidenen Schnur von dem eiſernen Stabe herabhängt. Zwiſchen
beyden Glocken hängt ein kleiner Knöppel, ebenfalls an einer
ſeidenen Schnur, wie bey dem gewöhnlichen elektriſchen Glok-
kenſpiele, herab. An der letzten Glocke, welche vom eiſernen
Stabe an einer ſeidenen Schnur herabhängt, iſt ein Draht
befeſtiget, welcher ſich unten in einen Ring endiget. In
dieſen Ring greift ein kleiner auf einem eiſernen iſolirten
Stabe

*) Kleine phyſ. chem. Abhandl G. II.) H. L. S. 152. ff.
ß) Phyſ. chem. Verſuche und Beobachtungen. B. L. S. 207.
γ) Clavecin électrique à Paris 1761. 8.

Stabe befestigter Hebel ein. Wenn nun mittelst einer
Elektrisirmaschine beyde eiserne Stäbe elektrisiret werden, so
wird dadurch allen Glocken die Elektricität mitgetheilet, und
der Knöppel bleibt ruhig. So bald aber auf der Claviatur
eine Taste niedergedruckt wird, so klemmt sich der damit verbundene Hebel an einen eisernen nicht isolirten Stab an,
und es wird folglich die Elektricität der einen Glocke in dem
Moment abgeleitet. Es muß also der Knöppel, welcher nun
zwischen einer isolirten und nicht isolirten Glocke hängt, in
eben dem Moment zu spielen anfangen, und einen gleichtönenden Ton geben. So lange die Taste niedergedruckt wird,
so lange wird auch das Läuten des Knöppels anhalten. So
bald aber die Taste verlassen wird, so fällt auch der Hebel
auf den elektrisirten und isolirten eisernen Stab zurück, und
das Anschlagen hört sogleich auf. Hieraus sieht man, daß
ein solches Instrument eben so wie ein gewöhnliches Clavier
gespielt werden könne.

Clima s. Klima.

Coaguliren s. Gerinnung.

Cohärenz s. Cohäsion.

Cohäsion, Zusammenhang (cohaesio s. cohaerentia corporum, cohésion ou cohérence des corps).
Hierunter versteht man das allgemeine Phänomen der Körper, deren Theile so mit einander verbunden sind, daß eine
gewisse Kraft dazu erfordert wird, sie von einander zu trennen. Dieses Phänomen zeigt sich aber allererst bey der unmittelbaren Berührung der materiellen Theile. Die Kraft,
mit welcher die sich berührenden materiellen Theile der
Trennung derselben wiederstehen, nennt man Cohärenz,
auch Cohäsionskraft. Man nennt sie auch wohl anziehende Kraft, Kraft der Attraction, weil die Materien
in ihrer Berührung wechselseitig sich gleichsam anzuziehen
scheinen. Da sie aber leicht mit der Anziehung, welche auch
in die Ferne wirket, verwechselt werden, und zu irrigen
Folgen leiten könnte, so wird es allemahl sicherer seyn, sich lieber des Ausdrucks Cohärenz oder Cohäsionskraft zu bedienen.

Die

Die Cohäsionskraft wirket bey verschiedenen Materien auch sehr verschieden. Man hat aber noch kein einziges allgemeines Gesetz ausfindig machen können, nach welchem sich die Größe dieser Kraft richtete. Sie läßt sich ganz allein aus dem Widerstande ermessen, welchen die zusammenhängenden Theile derjenigen Kraft entgegensetzen, die sie von einander trennen will. Auf die Verschiedenheit der Kraft, womit die Theile der Körper unter sich zusammenhängen, wird in allen Lehrbüchern der Naturlehre die Eintheilung der Körper in feste und flüssige gegründet. Man versteht nämlich unter flüssigen Körpern diejenigen, deren Theile den geringsten Zusammenhang unter sich haben, unter festen aber, deren Theile derjenigen Kraft, welche sie zu trennen strebet, mächtig widerstehen. Diese Begriffe sind aber offenbar falsch, denn der Hauptcharakter einer Flüssigkeit ist nicht der äußerst geringe Zusammenhang der Theile, sondern vielmehr, daß ihre Theile unter einander der vollkommensten Berührung fähig sind. Dieß beweiset offenbar ihr eigenes Bestreben, diejenige Gestalt anzunehmen, wodurch sie in das vollkommenste Gleichgewicht, und damit in die größt mögliche Berührung unter sich selbst kommen, nämlich die Kugelgestalt, wovon die festen Körper gar nichts zeigen. Es ist nicht zu läugnen, daß der Zusammenhang der Theilchen einer flüssigen Materie leicht aufgehoben werden kann; allein dieß ist gerade ein Beweis, wie sehr sie unter einander zusammenhängen, und vielleicht stärker als man gemeiniglich glaubt. Denn weil jedes flüssige Theilchen von allen Seiten gleich stark angezogen wird, so heben sich alle die Wirkungen wechselseitig gegen einander auf, und das Theilchen ist eben so beweglich wie im leeren Raume, oder es kann von der geringsten Kraft verschoben, nie aber aus der Berührung gebracht werden. Solche Körper, deren Theile vermittelst einer jeden Kraft nicht sogleich verschoben werden können, welche folglich mit einem gewissen Grade der Kraft dem Verschieben der Theile widerstehen, heißen eigentlich feste, besser starre Körper (corpora rigida). Das

Hinder-

Hinderniß des Verschiebens der materialen Theile an einander, heißt die **Reibung**. Es erleidet also die flüssige Materie in ihrer Theilung keine Reibung. Denn in Ansehung einer flüssigen Materie kömmt es gar nicht auf den Grad des Widerstandes an, welchen sie dem Zerreißen der Theile, sondern ganz allein der Verschiebbarkeit derselben entgegensetzet. Jener Grad kann so groß als man will seyn, so ist doch dieser in einer flüssigen Materie jederzeit $= 0$. Mehr hiervon f. m. unter dem Artikel **Körper, feste, flüssige**.

Die Stärke des Zusammenhanges der Theile fester Körper ist nicht immer im Verhältnisse mit den Dichtigkeiten der Materie, indem oftmahls die dichtesten Körper keinen so großen Zusammenhang ihrer Theile als wenig dichtere Körper haben. So ist z. B. Gold weit dichter als Eisen, und gleichwohl ist der Zusammenhang im Golde weit schwächer als im Eisen. Um die Stärke des Zusammenhanges fester Körper gehörig zu bestimmen, hat man Gewichte gebrauchet, welche zum Zerreißen derselben bey gegebener Dicke und Länge nöthig waren. Vorzüglich hat hierüber Musschenbroek *) sehr zahlreiche Versuche mit verschiedenen Körpern angestellet, dabey aber keine Rücksicht auf ihre Längen genommen hat. Es wird zwar niemand zweifeln, daß diese Versuche fürs gemeine Leben ungemein nützlich sind; jedoch läßt sich aber daraus keinesweges auf die wahre Größe der Wirkung der Cohäsionskraft ein Schluß machen, weil sich die Theile, ehe sie zerreißen, erst merklich verschieben, und folglich in einer weit kleinern Fläche zerreißen, als angenommen wird. Musschenbroek ließ sich verschiedene Parallelepipeda aus reinem Metall gießen, wovon jede Seite 0,17 rheinl. Zoll hatte, diese hängte er an der einen Grundfläche auf, an der andern aber brachte er eine Wage mit hinlänglich starken Ketten an, und legte in selbige nach und nach so viele Gewichte, bis die Parallelepipeda zerrissen; die Resultate davon waren:

Deutsches

*) Introductio ad philosophiam naturalem T. I. S. 390. st.

Deutsches Eisen zerriß von 1930 Pfund
fein Silber — — 1156 —
schwedisches Kupfer — — 1054 —
feines Gold — — 578 —
englisches Zinn — — 150 —
Bancazinn — — 104 —
Malaccazinn — 91 —
goslarisch. Zink — — 76·83 —
Spiesglaskönig — — 30 —
englisch Bley — — 25 —

Es verhielten sich also hier die Festigkeiten der verschiedenen Metalle, wie die zum Zerreissen angewandten Gewichte.

So wäre z. B. Eisen $\frac{1930}{104} = 18\frac{58}{104}$ Mahl fester als Banca-zinn, und schwedisches Kupfer, $\frac{1054}{25} = 42\frac{4}{25}$ Mahl fester als englisch Bley u. s. f. Uebrigens erhielten die gegossenen Metalle durch das Schlagen eine größere Stärke, durch zu vieles Schlagen aber auch wieder eine geringere. Aehnliche Versuche stellte er mit viereckigen, 0,27 rheinl. Zoll ins Gevierte haltenden, Parallelepipedis von verschiedenen Holzarten an.

Eschenholz zerriß von 1250 Pfund
Buchenholz — — 1250 —
Eichenholz — — 1150 —
Erlenholz — — 1000 —
Lindenholz — — 1000 —
Ulmenholz — 950 —
Tannenholz — — 600 —
Fichtenholz — — 550 —

mithin verhielt sich die Festigkeit des Eichenholzes zu der des Tannenholzes wie 1150:600 = 115:60 = 23:12 u. f. Größere Versuche mit Holzarten stellte der Graf de Büffon *) an. Von den musschenbroekschen Versuchen weichen diejenigen ab, welche

*) Expériences sur la force des bois, in den Mém. de l'Acad. roy. des sc. 1740. S. 150.

welche der Graf von **Sickingen** *) mit Metallen angestellet hat; dieser aber nahm nicht allein auf die Dicke, sondern auch auf die Länge, Rücksicht.   Er ließ von einigen
Metallen Drahte verfertigen von 0,3 parifer Linien im Durchmesser und 2 Fuß Länge, und seine Resultate waren:

Gold zerriß von 16 Pfund 6 Unz. — 43¾ Grän franz. M.G.

Silber	—	20	—	11	—	1 Q. 43⅞	—	
Platina	—	28	—	7	—	3	—	
Kupfer	—	33	—	7	—	. 64	—	
Eisen	—	60	—	12	—	8	—	

Ueber die Stärke von metallischen Gemischen hat Herr
Achard ⁀) sehr zahlreiche Versuche angestellet.

Diese angegebenen Versuche über den Zusammenhang
der Theile fester Körper betreffen allein die **absolute Cohä-
fion**, bey welcher angenommen wird, daß sie dem Gewicht
gleich sey, welche selbige gerade zu überwinden vermögend ist.
Man unterscheidet von dieser die **respektive Cohäsion**,
worunter man diejenige verstehet, womit der Zusammenhang
der Theile eines festen Körpers einem Gewichte widerstehet,
das mit einem bestimmten Moment den Körper zu zerbrechen strebet.

Es sey (fig. 79) a b ein horizontalliegender Balken, welcher bey a noch unterstützet ist, jedoch so, daß das hervorragende Stück a b weiter nicht gehalten wird.   In b hänge
ein Gewicht p, so wird dieß den Balken in der Gegend bey
a zu zerbrechen streben, und auch wirklich zerbrechen, wenn
der Zusammenhang bey a nicht stark genug ist.   Die Ebene
des Bruchs sey d a c, so muß es in selbiger einen Punkt f
geben, welcher die Eigenschaft besitzet, daß wenn an demselben die absolute Cohäsionskraft angebracht würde, ihr Moment gegen a c eben so groß wäre, als die Summe der einzelnen Momente aller Cohäsionskräfte, die jeden Punkt der
Ebene d a c halten.   Dieser Punkt wird der **Mittelpunkt
der Cohäsion** genannt.   Ist nun e f sein Abstand von a c,

Do 4   und

---

*) Versuche über die Platina. Mannheim 1782. 8.
⁀) Traité sur les propriétés des alliages metalliques. à Berlin 1788. 4.

und man ſetzt die abſolute Cohäſionskraft $= v$, ſo muß im Falle des Gleichgewichtes die reſpektive Cohäſion $p = \dfrac{v.\,ef}{ab}$ $= \dfrac{\frac{1}{2}ad.\,v}{ab}$ ſeyn. Man ſetze die Dicke des Balkens $ad = \alpha$ die Breite $ac = \beta$, und die Länge $ab = \gamma$, folglich $p = \dfrac{\frac{1}{2}\alpha.\,v}{\gamma}$. Die abſolute Cohäſion iſt aber der Fläche dac proportional, folglich kann man für v auch $\alpha\,\beta$ ſchreiben, und dieß gibt $p = \dfrac{\alpha\,\beta\,\frac{1}{2}\alpha}{\gamma}$. Es iſt dieß die Regel des Galilei a). Man nehme an, es wären (fig. 79. 80.) ab und gh zwey ungleich lange Parallelepipeda von gleicher Maſſe und Feſtigkeit und gleicher Grundfläche, und es ſey $gh = \lambda$, ſo hat man $q = \dfrac{\frac{1}{2}\alpha.\,v}{\lambda}$, folglich $p : q = \dfrac{1}{\gamma} : \dfrac{1}{\lambda}$ $= \lambda : \gamma$, d. h. die reſpektiven Cohäſionen zweyer ungleich langer Parallelelipeden verhalten ſich umgekehrt wie ihre Längen. Wäre ein Parallellepipedum noch ein Mahl ſo breit als ab (fig. 79.) bey eben der Länge und Dicke, ſo muß auch die reſpektive Cohäſion noch ein Mahl ſo groß ſeyn, weil v noch ein Mahl ſo groß iſt. Und überhaupt muß die reſpektive Cohäſion μ Mahl größer ſeyn, wenn der Körper bey eben der Dicke und Länge μ Mahl breiter iſt; mithin folgt daraus folgender Satz: die reſpektive Cohäſion zweyer gleichartigen und für ſich gleich feſten Parallellepipeden von gleicher Länge und Dicke verhält ſich wie die Breite dieſer Körper. Wäre ferner ein Parallellepipedum noch ein Mahl ſo dick als ab (fig. 79.) bey einerley Länge und Breite, ſo muß nicht allein die reſpektive Cohäſion, ſondern auch der Abſtand des Mittelpunktes der Cohäſion von der Grundlinie noch ein Mahl ſo groß als v und ef ſeyn, und überhaupt müſſen die reſpektive Cohäſion und jener Abſtand vom Mittelpunkte der Cohäſion μ Mahl

a) In mechan. dial. II. p. 103.

μ Mahl größer als v und e f seyn. Daraus folgt dieser Satz: die respektive Cohäsion zweyer gleichartigen, und für sich gleich festen Parallellepipeden von gleicher Länge und Breite, verhält sich wie das Quadrat ihrer Dicke. Aus der Verbindung jener drey Sätze folgt überhaupt, daß das Verhältniß der respektiven Cohäsion zweyer gleichartigen Körper von einerley Festigkeit aus den Verhältnissen der Breiten, des Quadrats, der Dicke und dem umgekehrten Verhältniß der Längen zusammengesetzet sey. Diese Regeln gründen sich auf die Voraussetzung, daß alle Fasern des Körpers in der Ebene des Bruchs gleich stark widerstehen, und zugleich zerbrechen, welches aber in der Natur nie völlig Statt hat. Bey den Holzarten vorzüglich werden sich die Theile biegen, ehe sie noch zerbrechen, und schon dadurch eine merkliche Abweichung von den Regeln geben. Bey alle dem bleibt es aber doch ausgemacht, daß diese Regeln in der Ausübung von Nutzen sind, indem man dadurch wenigstens einiger Maßen die Stärke der festen Körper berechnen kann, wenn nur von jeder Art der festen Körper ein einziger Versuch so angestellet worden. Musschenbroek hat auch hier einige Versuche erzählet. Ein Parallellepipedum, dessen Durchschnitt ein Quadrat war, wovon jede Seite 0,27 rheinl. Zoll hatte,

aus Büchenholz, ward zerbrochen von 56¼ Unzen
— Eichenholz — — — 48 —
— Erlenholz — — — 48 —
— Ulmenholz — — — 44 —
— Fichtenholz — — — 40 —
— Tannenholz — — — 36½ —

Der Abstand des Gewichtes von der Ebene des Bruchs war 10 Zoll.

Mariotte a) und der Herr von Leibnitz b) haben den Umstand von der Biegsamkeit der Körper und der Ausdehnung

Do 5 . dehnung

a) Traité du mouvement des eaux. Part. V. discour. II.
b) Acta eruditor. Lipf. 1684. p. 385.

dehnung ihrer Fasern mit in Betrachtung gezogen, und dadurch die Theorie demjenigen, was die Versuche lehren, wirklich näher gebracht. Es sey nämlich (fig. 81.) a b c d eine
Ebene durch den Schwerpunkt des Balkens, welchen die
Kraft p bey a zerbricht. Diese Ebene sey vertikal und auf
der Ebene des Bruchs senkrecht. Ehe der Bruch bey a erfolget, müssen sich die Fasern bey e, f, h nach d, i, l ausdehnen. In diesem Zustande werden sie desto stärker gedehnt
seyn, je größer ihr Abstand von a ist, so daß z. B. e d stärker als f i, f i stärker als h l u. s. f. gedehnet ist. Weil nun
diese Fasern nach der Voraussetzung die parallele Lage erhalten, so hat man a h : a f : a e $=$ h l : f i : e d u. s. f. Einerley
Faser wird nun desto stärker gedehnt, je größer die Kraft ist,
welche sie zieht. Mariotte und Leibnitz nehmen an, die
Größe dieser Ausdehnung der Faser sey der Stärke der Kraft
proportional, welche die Faser dehnt. Alles, was mit den
Fasern in dieser Ebene a b c d vorgeht, eben das widerfähret
den Fasern in den Ebenen, welche damit parallel sind. Der
Mittelpunkt der Cohäsion bleibt noch in der geraden Linie a e,
aber er liegt nun nicht mehr in der Mitte derselben, weil auf
der geraden Linie a e nicht mehr gleiche Kräfte drucken. Ein
Jeder Theil dieser Linie, wie a h, wird von einem Theile der
ganzen Kraft gedruckt, welcher sich zur ganzen Kraft verhält
wie das Dreyeck a h l zum ganzen Dreyecke a e d. Es sind
aber die Richtungen der einzelnen gedehnten Fasern einander
parallel, es muß also die mittlere Richtung durch den Punkt
g gehen, wenn man a g $= \frac{2}{3}$ a e nimmt.

Würde eine Kraft den Körper nach der Länge a b ziehen,
so werden alle Fasern e d, f i, h l u. s. f. gleich stark gedehnt.
Wenn nun alle diese Fasern nicht eher reissen, bis sie alle
zur Länge e d ausgedehnt sind, so wird die absolute Kraft,
welche den Körper nach seiner Länge zerreissen soll, doppelt
so groß seyn müssen, als die Summe aller Kräfte, welche
nöthig sind, um die Fasern e d, f i, h l u. s. f. so zu dehnen,
wie es die Figur vorstellet. Setzt man nun die absolute Cohäsion $=$ v, so ist beym horizontalen Bruch des Körpers,

so

so wie ihn die Figur vorstellet, $a g . \frac{1}{2} v = a b . p .$ Es war aber $a g = \frac{2}{3} a b$ oder $a g = \frac{1}{3} a d$, folglich erhält man $\frac{1}{3} a d . v = a b . p$ und $p = \frac{\frac{1}{3} a d . v}{a b}$. Diese Regel kömmt mit den Versuchen viel näher überein, als die oben gegebene galileische; allein man kann doch noch nicht alles, worauf sie sich gründet, als wahr annehmen. Varignon [a]) hat schon gegen den Satz, daß die Ausdehnung der Fasern der dehnenden Kraft proportional sey, verschiedene Erinnerungen gemacht, und Jakob Bernoulli [ß]) zeigt, es sey bey gedehnten Fasern das Verhältniß der größern Dehnung zur kleinern allemahl kleiner als das Verhältniß der größern dehnenden Kraft zur kleinern. Hierbey erinnert er zugleich, daß nicht nur die obersten Fasern wie e d ausgedehnt, sondern auch einige der untern bey a zusammengedrückt werden. Bernoulli schließt nun, daß eine Faser, welche von einem gewissen Gewichte um die Hälfte ihrer Länge zusammengedrückt ist, von einem doppelt so großen Gewichte nicht doppelt so viel zusammengedrückt werden könne, weil sonst die Länge der Faser dadurch $= o$ würde, welches der Natur der Körper zuwider ist. Daß dieß auch für dehnende Kräfte gelte, sey daraus klar, weil dehnende und drückende Kräfte nur in Ansehung ihrer Richtung verschieden wären. Hierauf gründet nun Bernoulli [γ]) seine Untersuchung über die Vergleichung der respektiven Cohäsion eines Körpers mit seiner absoluten Cohäsion. Er bringt aus seinen Schlüssen die Folge heraus, daß $p < \frac{\frac{1}{3} a d . v}{a b}$ sey. Die allgemeinsten Untersuchungen über die Vergleichungen der respektiven und absoluten Cohäsion hat Varignon angestellet. Die Regel, welche Varignon herausgebracht hat, wird von Bilfinger

a) Mémoires de l'Acad. de Paris. An. 1702.

ß) Mémoir. de l'Acad. de Paris. An. 1705.

γ) Veritable hypothese de la resistence des solides in b. oper. T. II. N. CII. p. 276.

finger *) auf einem kürzern Wege gefunden. Auch hat
Kraft ª) allgemeine Untersuchungen darüber angestellt.

Herr Prof. Schmidt ᵞ) in Gießen hat auch die Gesetze der respektiven Cohäsion hohler fester Körper zu entwickeln
gesucht, und gefunden, daß die Stärke eines hohlen Parallellepipedi so berechnet werden muß, als wenn die Theile,
woraus es zusammengesetzet ist, einzeln gebrochen werden
sollten. Stellt nämlich (fig. 82.) a b c d den Querschnitt
eines Parallellepipedi oder hier die Ebene des Bruchs vor,
so wird der Hebelarm der Cohäsion für die beyden hohlen
Stücke ad und bc die Linie i k, und der Hebelarm für die
beyden andern Seitenstücke die Hälfte von f m. Hiernach
stellte er verschiedene Versuche an, und fand sie mit der Berechnung ziemlich übereinstimmend. Nach dem ersten Versuche, bey welchen er ein hohles und massives Parallellepipedum von eichenem Holze, dessen specifisches Gewicht in
Vergleichung mit dem specifischen Gewichte des Wassers
= 0,739 war, gebrauchte, hatte der Querschnitt des massiven
6 Linien in der Breite und Höhe, am Querschnitte des hohlen aber betrug die Breite d c = 6, die Höhe b c = 10 Linien, die Holzstärke der beyden Querstücke war 2 Linien und
die der beyden hohen Seitenstücke = 1 Linie. Beyde Körper wurden an ihren Enden in horizontaler Lage einen Zoll
lang unterstützt, und in ihrer Mitte nach und nach durch
angehängte Gewichte so lange beschweret, bis sie brachen.
Das massive Parallellepipedum zerbrach von 65,5 angehängten Pfunden nach cöllnischem Gewichte, dabey war die Biegung 2,30 Zoll, das hohle aber von 85 Pfund, wobey die
Biegung 1,40 Zoll betrug. Hiernach war die Stärke des
massiven = 6. 6. 3 = 108, die Stärke der einzelnen Theile
des hohlen Parallellepipedi

2. 1. 10. 5 + 2. 4. 2. 1 = 116

und diese Zahl um ⅒ vermehret, weil der Querschnitt um ⅒
stärker

α) Commentat. Petropol. T. IV. p. 164 u. f.
β) Differt. de corporum naturalium cohaerentia. Tubing. 1752.
γ) Abhandl. über den relativen Zusammenhang hohler fester Körper,
in Grens neu. Journ. der Physik. B. IV. S. 184 u. f.

ſtärker war, als des maſſiven, gibt 116. $+ \frac{156}{8} =$ 135,5; folglich

108 : 135,5 = 65,5 : 82 Pfund

als die Stärke des hohlen Parallellepipedi mit dem Verſuche ſehr nahe übereinſtimmend.

Nach dem zweyten Verſuche wählte er ein hohles und maſſives Parallelepipedum von Pappelnholz, deſſen ſpecifiſches Gewicht in Vergleichung mit dem des Waſſers = 0,375 war. Beyde hatten 2 Fuß 2 Zoll Länge, das maſſive 8 Linien Breite und Höhe, das hohle 8 Linien Breite, 12 Linien Höhe, und ſeine Holzſtärke durchaus 2 Linien, ſo daß der Querſchnitt beyder gleichen Inhalt hatte. Beyde Parallellepipeda wurden in horizontaler Lage ſo unterſtützt, daß die Unterſtützungen 8 Zoll von einander entfernet waren. Die Gewichte wurden in der Mitte angehängt, und er fand, daß das hohle Parallelepipedum von 99,88 cöllniſchen Pfund zerbrach; die Biegung war 5 Linien; das maſſive zerbrach von 87,88 Pfund und die Biegung betrug 10 Linien. Nach den Abmeſſungen war die Stärke der einzelnen Theile des hohlen Parallellepipedi.

2. 2. 12. 6 $+$ 2. 4. 2. 1 = 304

die Stärke des maſſiven = 8. 8. 4. = 256; alſo

256 : 304 = 88 : 103 Pfund.

Von dieſem Gewichte $\frac{4}{8}$ abgezogen, um welches der Querſchnitt des hohlen Parallellepipedi dem Gewichte nach ſchwächer als der Querſchnitt des maſſiven war, gibt für die Stärke des hohlen Parallellepipedi 101 Pfund nahe mit dem Verſuche übereinſtimmend.

Um die Stärke der hohlen cylindriſchen Röhren zu beſtimmen, verglich er zuvor die Stärke maſſiver Cylinder mit Parallellipepeden von gleichem Querſchnitt und gleicher Länge, und fand für den reſpektiven Zuſammenhang maſſiver Cylinder folgendes Geſetz: Die relative Cohäſion eines Cylinders iſt zwey Drittheil von der reſpektiven Cohäſion eines Parallellepipedi, welches mit ihm gleiche Länge und den Durchmeſſer des Cylinders zur Breite und Höhe hat. Es ſtelle

nämlich

nämlich die fig. 83. den Querschnitt eines Cylinders vor, dessen Halbmesser $ac = \rho$, die Abscisse $ab = x$ und die dazu gehörige Ordinate $bc = y$ heiße. Nun ist das Flächenelement des Querschnittes nach lothrechter Richtung $= 2 y \, dx$ [a]), der Hebelarm der Cohäsion $= y$, mithin die relative Stärke des Elementes $= 2 y^2 \, dx$. Ferner ist $y^2 = \rho^2 - x^2$, und daher $2 y^2 \, dx = 2 \rho^2 \, dx - 2 x^2 \, dx$, und dieses Differenzial so integriret, daß das Integral für $x = 0$ verschwindet, gibt $S. 2 y^2 \, dx = 2 \rho^2 x - \tfrac{2}{3} x^3$; setzt man $\rho = x$, so findet man die relative Stärke des halben Querschnittes $= 2 \rho^3 - \tfrac{2}{3} \rho^3 = \tfrac{4}{3} \rho^3$, also des ganzen Querschnittes relative Stärke $= \tfrac{8}{3} \rho^3$. Der Querschnitt eines Parallellepipedi, dessen Breite und Höhe dem Durchmesser des Querschnittes des Cylinders gleich ist, ist $= 4 \rho^2$, der Hebelarm seiner Cohäsion $= \rho$, folglich seine relative Cohäsion $= 4 \rho^3$. Es ist aber $4 \rho^3 : \tfrac{8}{3} \rho^3 = 3 : 2$, woraus das obige Gesetz erhellet.

Hieraus läßt sich die respektive Festigkeit hohler Cylinder theoretisch also herleiten: es stelle die fig. 84. ten Querschnitt eines hohlen Cylinders vor, welcher um die Unterstützung d gebrochen werde. Wenn die einzelnen Elemente, indem sie brechen, sich um die Punkte $d f h$ drehen, so sind die Hebelarme der einzelnen Elemente des hohlen Cylinders eben dieselben, als wenn der Cylinder massiv wäre, und es ist leicht zu begreifen, daß unter dieser Voraussetzung sich die relative Festigkeit des hohlen Cylinders zur relativen Festigkeit des massiven Cylinders von gleichem Halbmesser, wie der Querschnitt des hohlen zum Querschnitt des massiven Cylinders verhalten müsse. Es sey der Halbmesser beyder Cylinder $= r$, und der Halbmesser der Höhlung $= \rho$, so ist der Querschnitt des massiven zum Querschnitt des hohlen $= r^2 : r^2 - \rho^2$, und die relative Stärke des hohlen Cylinders $= \tfrac{8}{3} r^2 (r^2 - \rho^2)$ (A). Nimmt man hingegen, nach dem Gesetz der Stärke der hohlen Parallellepipeden zu urtheilen,

an/

---

a) Meine Anfangsgründe der höhern Geometrie. Jena, 1796. I. §. 217.

an, der Hebelarm der Cohäsion der Elemente b k sey nicht
die Linie be, sondern = ½ b k, so hat man für die respektive
Stärke dieser Elemente ₌ b k. ½ b k d x = b k² d x. Entwickelt man gehörig dieses Differenzial, und nimmt das Integral davon, so findet man die respektive Stärke des halben
hohlen Cylinders = ⅔ (r² — ϱ²) (r — ⅔ ϱ) (B). Beyde
Formeln unterscheiden sich bloß durch die Faktoren r und
r — ⅔ ϱ. Herr Schmidt hat hier noch verschiedene Versuche mit hohlen Cylindern angestellet, wovon einige mit der
erstern, andere aber mit der andern Formel mehr übereinstimmen.

Alle Körper von einerley Art hängen unter einander zusammen, wenn sie sich genau genug berühren, und zwar
ist der Zusammenhang desto größer, in je mehreren Punkten
die Berührung geschiehet. So fließen Wassertropfen,
Quecksilbertropfen, Oeltropfen u. s. zusammen. Auch hängen zwey Metallplatten, Glasplatten zusammen, und zwar
desto stärker, je glätter sie poliret und geschliffen sind. Noch
stärker wird der Zusammenhang derselben, wenn zwischen
sie eine flüssige Materie gebracht wird, die an diesen Platten zerfließet. In diesem letztern Falle ist man gemeiniglich
der Meinung, daß die Vertiefungen der Platten durch die
Flüssigkeit ausgefüllet, und dadurch die Berührungspunkte
beyder Platten gegen einander vermehret würden. Allein es
kann diese Meinung mit der atomistischen Lehrart gar nicht
bestehen; denn erstlich ist das specifische Gewicht der Flüssigkeit geringer als das specifische Gewicht der Materie, woraus
die Metallplatten verfertiget sind, mithin würde die Flüssigkeit, auf der Fläche der Platte verbreitet, weit mehr Zwischenräume und folglich auch weit mehr Erhöhungen und
Vertiefungen besitzen als die Metallplatte selbst, und es
müßte daher der Zusammenhang beyder Platten durch die
dazwischen gebrachte Flüssigkeit vielmehr vermindert werden;
außerdem aber zweytens findet alsdann, wenn eine Flüssigkeit zwischen den beyden Platten gebracht ist, gar keine Berührung der Platten mehr Statt, sondern sie hängen bloß

an

an den beyden Flächen eines sehr dünnen flüssigen Körpers. Daraus erhellet aber auch zugleich, wie stark die Theile der flüssigen Materie unter einander zusammenhängen.

Da der Zusammenhang der Theile der Körper ein so sehr auffallendes allgemeines Phänomen ist, so hat es gar nicht fehlen können, daß man verschiedene Hypothesen über die Ursache desselben aufgestellt hat. Die Peripatetiker betrachteten die Härte und den Zusammenhang als eine Qualität der zweyten Ordnung, die, als eine Wirkung, von der Trockenheit, als Qualität der ersten Ordnung, herrühre. Man hat auch sogar angenommen, daß ein gewisser Leim zwischen den Theilchen der Körper, oder auch Häkchen, welche in einander greifen, dieselben zusammenhalte. Allein hier bleibt immer noch die wichtige Frage unbeantwortet, woher der Leim und die Häkchen ihren Zusammenhang erhalten haben. Galilei sucht den Zusammenhang der Theile der Körper durch die Kraft der Leere zu erklären. Alle diese Hypothesen tragen aber auch nicht den geringsten Schein von Wahrscheinlichkeit an sich. Descartes *) behauptet, die Härte und der Zusammenhang der Theile der Körper rühre bloß von der Ruhe der Theile her, die Theile der flüssigen Körper aber wären in einer beständigen Bewegung. Allein auch diese Hypothese hat keine Wahrscheinlichkeit, weil es erstlich nicht bewiesen ist, daß die Theile einer flüssigen Materie in einer beständigen Bewegung sind, und auch selbst harte oder feste Körper in einer beständigen Bewegung seyn können, ohne daß ihre Theile getrennt sind.

Jakob Bernoulli *) nimmt an, der Zusammenhang der Theile eines Körpers würde durch den bloßen Druck einer äußern auf sie wirkenden flüssigen Materie bewirket. Zuerst nahm er die Luft für diese Materie an. Da er aber bald einsahe, daß diese den Zusammenhang auf keine Weise durch ihren Druck erklären konnte, weil die Cohäsion der

Kör-

*) Princip. philosoph. P. II. §. 35.
*) De grauitate aetheris Amsterd. 1683. 8. und in seinen oper. T. I. p. 45.

Körpertheile im leeren Raume unter der Glocke einer Luftpumpe nicht im geringsten geändert, so setze er den Aether,
eine äußerst feine, flüssige und elastische Materie an dessen
Stelle. Wenn ein Körper viel Zwischenräume besitze, mithin der Aether in die innern Theile dringen und mittelst eines
Gegendrucks von innen heraus entgegen wirken könne, so
sey der Zusammenhang schwächer; werde der innere Gegendruck des Aethers eben so stark, als der äußere Druck, so sey
der Körper flüssig. Hieraus berechnet Winkler *), daß
die Elasticität des Aethers 1912 Mahl stärker als die Elasticität der Luft seyn müsse, um einem kupfernen Drahte einen
Zusammenhang zu geben, welcher zum Zerreissen ein Gewicht von 299 Pfund erfordere. Dieser Hypothese scheint
selbst Newton und Kant *) nicht abgeneigt zu seyn. Allein
diese Erklärung ist vielen Schwierigkeiten unterworfen, und
scheint sich mit der Natur der Körper gar nicht zu vereinigen.
Denn betrachtete man wirklich den Zusammenhang nur als
scheinbar, indem er durch den Druck oder Stoß irgend einer
feinen flüssigen Materie bewirket würde, so müßte man alle
Materie zuletzt aus Körperchen bestehen lassen, für deren
Zusammenhang man gar keinen Grund anführen könnte.
Auch steht der Grad des Zusammenhanges mit den Flächen
der Körper in gar keinem Verhältnisse, welches doch nach
dieser Voraussetzung seyn müßte; man müßte denn zu einer
neuen Fiktion seine Zuflucht nehmen, nämlich zu einer ursprünglichen, unveränderlichen Verschiedenheit der Figur der
ersten Körperchen, wodurch eine verschiedene der Oberfläche
der Körper nicht proportionirte Wirkung des Druckes oder
Stoßes begreiflich würde. Alsdann müßte man sich aber
eine ganz eigene besondere Materie denken, welche nach Hrn.
Kästners Ausdrucke, durch alle Körper durchgienge und
zugleich überall anstoße. Herr Hube γ) nimmt als die
Grund-

---

*) Anfangsgründe der Physik §. 642 u. f.
β) Metaphysische Anfangsgründe der Naturwissenschaft. S. 156.
γ) Vollständiger und faßlicher Unterricht in der Naturlehre. Leipzig
1793. Band II. 13. Brief. S. 99.

Grundursache der Cohäsion das elektrische Anziehen an; er sagt nämlich, es scheint das elektrische Anziehen das allgemeine Anziehen zwischen den Theilchen aller Körper zu seyn, weil es sich weder nach der Masse der Körper, noch nach der Dichte der Theilchen richte. Nach den Versuchen des Herrn Cavallo sollen alle Körper, obgleich nur unmerklich, beständig elektrisch seyn, und es wäre beynahe unglaublich, wie sehr langsam eine sehr schwache Elektricität sich noch mehr verringere, wenn gleich der Körper, der sie hat, nicht isolirt, sondern allenthalben mit Leitern umgeben wäre. Zwar stießen sich die positiven und negativen elektrischen Materien beyder zurück; allein das Zurückstoßen sey allemahl schwächer als das Anziehen, und so würden auch die Theilchen der Körper bald schwächer bald stärker gegen einander angezogen, nach Beschaffenheit der Vermischung beyder elektrischen Materien in den Körpern. Allein es bleibt auch hier noch immer unerklärbar, welche Ursache den Zusammenhang der ersten Grundkörperchen bewirke; und da wir überdem von der Ursache der Elektricität noch gar nichts wissen, so ist auch diese Erklärung außer aller Wahrscheinlichkeit.

Ueberhaupt vermag es die atomistische Lehrart gar nicht, nur irgend einen Grund über den Zusammenhang der Theile eines Körpers unter sich anzugeben. Gesetzt auch, sie betrachtete denselben als Schein, und nähme an, daß er durch den Druck oder Stoß einer andern seinen flüssigen Materie erfolge, so steht dieser Erklärung außer den eben angeführten Zweifeln noch die Frage entgegen; durch welche Kraft wird denn der Stoß oder Druck der angenommenen flüssigen Materie bewirket? Eine ursprüngliche Kraft in derselben anzunehmen, ist dieser Lehre ganz entgegen. Daher rathen auch diejenigen, welche der atomistischen Lehre zugethan sind, es lieber gerade heraus zu sagen, daß wir von der Ursache der Cohäsion gar nichts wissen. Es ist aber doch gewiß äußerst merkwürdig, daß man von diesem allgemeinen Phänomen, welches täglich vor unsern Augen erfolget, noch kein einziges allgemeines Gesetz hat finden können. Da Newton schon
länger

länger als ein Jahrhundert die allgemeinen Gesetze der Anziehung der Körper in der Ferne so unumstößlich gewiß entdecket hat. Weil nun vermöge der Erfahrung die Anziehung der Körper in der Ferne ganz andern Gesetzen folget,
als die Cohäsion, so ist man berechtiget, die Attraktion in
der Ferne von der Attraktion in der Berührung oder von
der Cohäsion wohl zu unterscheiden. Dieß erkannte auch
schon Newton, und suchte darzuthun, daß die Anziehung
bey der Berührung im umgekehrten Verhältnisse einer höhern
Potenz als des Quadrats der Entfernung abnehmen müsse.
Allein Herr Murhard *) hat auf einige Umstände bey der
Vergleichung der Attraktion in der Ferne mit der Cohäsion
aufmerksam gemacht, und daraus zu beweisen gesucht, daß
natürlich die Cohäsion andern Gesetzen als die Attraktion in
der Ferne unterworfen zu seyn scheine, obgleich auch das Gesetz der Attraktion bey der Cohäsion Statt finden könne. Er
gründet sich vorzüglich auf Analogie, indem es sehr natürlich
sey, wenn man die Attraktion als eine Haupteigenschaft der
Materie ansieht, daß ihr auch alle analoge Wirkungen zu
zuschreiben wären, wohin aber gewiß die Cohäsion gehörte.
Er führet folgende Umstände an, nach welchen die Attraktion nach dem umgekehrten Verhältnisse des Quadrats bey
dem Phänomen der Cohäsion ein größeres Verhältniß, als
bey den Planeten, hervorbringe: der erste Umstand sey die
außerordentliche Kleinheit der Theilchen, zwischen welchen
die Attraktion bey den Cohäsionen wirkt. Es sey nämlich
(fig. 85.) c eine hohle Kugel von der möglich kleinsten Dicke,
und a ein in einiger Entfernung auf die Verlängerung des
Diameters ca gesetztes Körperchen. Nimmt man nun an,
jedes unendlich kleine Theilchen der Kugel b, d u. s. f. übe auf
das Körperchen a eine Attraktion aus, welche im umgekehrten Verhältniß des Quadrats der Entfernung vom Körper-

chen

*) Betrachtungen über eine Schwierigkeit, die bey der Art Statt
findet, wie die Newtonianer die Cohäsion der Körper und die andern dahin gehörigen Phänomene erklären, von Fried. Wilh. Aug.
Murhard, in Grens neuem Journ. der Physik. B. IV. S. 83 f.

chen iſt; ſo folgt, daß dieſes Körperchen nach dem Mittelpunkte der Kugel mit einer Kraft getrieben werden wird, welche
dem Quadrate der Entfernung von dieſem Mittelpunkte umgekehrt proportional iſt. Nun nehme man auf beyden Seiten des Diameters h k in gleichen Entfernungen zwey gleiche
Theilchen b und d an, und ſetze die Wirkung der Anziehungskraft des Theilchens b = der kleinen Linie a f, und die
des Theilchens d = der kleinen Linie a e = a f. Die Kraft,
womit das Körperchen a gegen das Centrum c vermöge dieſer
beyden Wirkungen getrieben wird, iſt alsdann = der Diagonale a g, und dieſe Kraft iſt derjenigen proportional, womit er gegen daſſelbe Centrum vermöge der Anziehungskraft
der ganzen Kugel getrieben wird. Wenn ſich nun das Theilchen b mit dem Theilchen d vereinigen will, ſo verſchwindet
der Winkel b a d gänzlich, die Kräfte a f und a e hören auf
ſchief auf einander zu wirken, und die Kraft, womit das
Körperchen getrieben wird, wird nicht mehr a g, ſondern
a f + a e, oder 2 a f > a g ſeyn. Hieraus ſoll nun allgemein folgen, ein Theilchen, welches ein anderes anziehet nach
einem gewiſſen Geſetze, muß in demſelben eine verhältnißmäßig größere Kraft hervorbringen, als ein Körper von
einem beträchtlichen Volumen hervorbringen würde, der es
nach demſelben Geſetze anzöge. Wegen der außerordentlichen
Kleinheit der Theilchen, zwiſchen denen die Attraktion bey
den Cohäſionen wirkt, kann alſo die Kraft, die man dabey
wahrnimmt, weit größer verhältnißmäßig ſeyn, als die,
welche man bey den großen Planetenkörpern betrachtet, ungeachtet die Attraktion in beyden Fällen demſelben Geſetze des
Quadrats der Entfernung folgt.

Der andere Umſtand ſey die gegenſeitige Wirkung der
Anziehung, welche beynahe bey den Planeten = o iſt, und
dieſe müſſe ſehr beträchtlich und ſehr merklich bey den Cohäſionen ſeyn. Denn ein jeder Körper, welcher einen andern
anziehe, werde auch zugleich von dieſem angezogen, und
dieß bringe nothwendig zwiſchen den beyden Körpern eine Vermehrung der Kraft hervor, ſich einander zu nähern, oder

sich mit einander zu vereinigen. Je weiter aber diese Körper von einander entfernet wären, desto geringer würde die Vermehrung der Kraft, sich einander zu nähern. Bey sehr großen Entfernungen müsse also die Kraft unmerklich und fast Null werden, welches bey den Planeten Statt finde. Es müßten also bey den Cohäsionen gerade entgegengesetzte Ursachen eine sehr beträchtliche und besonders sehr merkliche Vermehrung der Kraft hervorbringen, weil bey sehr geringen Entfernungen die wechselseitige Anziehung der Körpertheilchen die Kraft merklich vergrößere.

Der dritte Umstand, welcher sich hauptsächlich auf die Dauer der Phänomene beziehe, sey der, daß anstatt, daß die Planeten nur nach dem Centrum hingetrieben werden, die Theilchen eines und desselben Körpers so wohl durch eine ähnliche Attraktion als durch den Druck der andern Theilchen gegen den Mittelpunkt getrieben werden.

Wollte man auch auf alle diese Umstände Rücksicht nehmen, so würde doch offenbar daraus folgen müssen, daß sich die Cohäsionen wie die Dichtigkeiten der Körper verhielten, welches aber der Erfahrung ganz entgegen ist. Denn, wie bekannt, verhalten sich bey gleichen Entfernungen die Anziehungen der Körper in der Ferne wie die Massen; je dichter aber der Körper ist, desto mehr Masse besitzet er, folglich muß auch die Anziehung desto größer seyn. Wäre also eben das Gesetz bey den Cohäsionen der Theile anwendbar, so müßten auch die Theile eines dichtern Körpers stärker als die Theile eines weniger dichten zusammenhängen, welches aber aller Erfahrung zuwider ist. Außerdem ist aber auch noch dieser Umstand merkwürdig, daß bey den meisten Cohäsionen zwey verschiedener Körper die Materien derselben chemisch in einander wirken, wie z. B. bey den Theilen des Glases, welches durch eine verhältnißmäßige Menge Pottasche und Kieselerde durchs Feuer zusammengeschmolzen ist, mithin hier nicht so wohl die Quantität der Materie, als vielmehr die Qualität in Betrachtung gezogen werden muß. Bey der Anziehung der Körper in der Entfernung aber findet

ganz allein ein quantitatives Verhältniß der Maſſen ſeyn.
Hieraus folgt alſo unläugbar, daß man bey den Cohäſionen,
oder, wie ſie genannt werden, Anziehungen in den Berührungen keinesweges allein auf das quantitative Verhältniß
der Materien ſehen könne.

Mit einem Worte, es bleibt ausgemacht, die atomiſtiſche Lehrart wird nie einen Grund von der Cohäſion der
Theile der Körper zu entwickeln fähig ſeyn.

Es bleibt mir nun noch übrig zu zeigen, was die dynamiſche Lehrart bey dieſem wichtigen Phänomene zu leiſten vermag. Es wird hier als bewieſen vorausgeſetzet, daß Zurück-
ſtoßungs- und Anziehungskraft als Bedingungen der Materie
betrachtet werden, welche alſo vor aller wirklichen Materie
vorausgehen, und mit dem Begriff der Materie nothwendig
verbunden ſeyn müſſen. Es folgt hieraus, daß ihnen in Rückſicht unſerer Erkenntniß abſolute Nothwendigkeit zukömmt.
Es iſt klar, daß Zurückſtoßungs- und Anziehungskräfte überhaupt nur eine begrenzte Sphäre geben. In der Wirklichkeit aber iſt dieſe Grenze beſtimmt, und daß ſie ſo und auf
keine andere Art beſtimmt iſt, beruhet nicht auf Nothwendigkeit, ſondern iſt ganz zufällig, weil dieſe beſtimmte Grenze
gar nicht mehr zu den Bedingungen der Materie überhaupt
gehöret. Gleichwohl iſt aber dieſe Beſtimmung des Objektes
und das Objekt ſelbſt mit dem Begriff der Materie unzertrennlich verbunden. Damit alſo unſer Geiſt das Nothwendige von dem Zufälligen unterſcheiden könne, ſo iſt klar, daß
das Nothwendige und Zufällige innigſt mit einander verbunden ſeyn müſſen. Hieraus folgt unläugbar, daß die beſtimmte
Grenze, die Größe des Objektes nur aus der Erfahrung erkannt werden kann. Es muß aber nothwendig eine Urſache
da ſeyn, welche die Materie auf eine gewiſſe beſtimmte Grenze
beſchränkt, und dieſe nennt man eben die Cohäſionskraft, und
die Wirkung derſelben oder das allgemein anerkannte Phänomen, die Cohäſion oder den Zuſammenhang. Weil aber
die Cohäſionskraft verſchiedene Grade haben kann, ſo entſteht daraus eine ſpecifiſche Verſchiedenheit der Materie. Da
alſo

von einander unterscheiden. Was die ursprüngliche Cohäsion betrifft, so läßt es sich auf keine Weise beantworten, wie eine solche möglich, so lange man die Materie als etwas ganz Unabhängiges von unsern Vorstellungen betrachtet. Eine Materie kann nicht anders als nur innerhalb bestimmter Grenzen und von einem bestimmten Grade des Zusammenhanges der Theile gedacht werden. Diese Bestimmungen aber sind für uns nur zufällig, und folglich nur aus der Erfahrung erkennbar. Folglich muß die ursprüngliche Cohäsion allein aus physischen Gründen erkläret werden. Allein es ist nach dem obigen unmöglich, eine physische Erklärung zu geben, indem sie eine jede physische Erklärung schon voraussetzet. Es scheint daher, als ob wir in Ansehung der ursprünglichen Cohäsion genöthiget wären, in der Physik bey dem Ausdrucke als Phänomen betrachtet stehen zu bleiben.

Die abgeleitete Cohäsion heißt diejenige, welche nicht zur Möglichkeit der Materie überhaupt gehöret. Man kann diese wieder eintheilen in mechanische, chemische und organische Cohäsion. Die mechanische ist eigentlich die so genannte Adhäsion. Denn bey dieser ist der Zusammenhang eine bloße Folge der Figur der Körpertheilchen, und beruht ganz allein auf der wechselseitigen Reibung. Es gibt aber wohl wenige mechanische Cohäsionen; gewöhnlich wirkt noch zum Theil chemische Cohäsion mit. Chemisch wird hier aber

verwandelt. Die chemische Cohäsion findet allenthalben Statt, wo aus zwey verschiedenen Materien eine dritte, als ein gemeinschaftliches Produkt entsteht. Diese Cohäsion unterscheidet sich von der mechanischen vorzüglich dadurch, daß bey einem vollkommenen chemischen Prozeß eine wechselseitige Durchdringung vorgeht. Organische Cohäsion findet bey den Theilen organischer Körper Statt, und gründet sich auf die Form dieser Körper.

Weil auf den verschiedenen Graden der Kraft des Zusammenhangs der Theile der Materie die specifische Verschiedenheit der Materie beruhet, so kömmt es hier nur darauf an, wie diese Verschiedenheit nach der dynamischen Lehrart bewirket werde. Das dynamische System zeigt aber nichts weiter, als den allgemeinen Begriff von einem Verhältnisse der Grundkräfte überhaupt, und dieser allgemeine Begriff ist das Nothwendige, was bey allen Vorstellungen der äußern Objekte zum Grunde geleget werden muß. Da aber bey jeder Vorstellung der äußern Objekte das Nothwendige mit dem Zufälligen aufs innigste verbunden seyn muß, so muß auch nothwendig jenes Verhältniß der Grundkräfte, um es als das Nothwendige vorstellen zu können, in anderer Rücksicht als zufällig vorgestellet werden; um es aber als zufällig vorstellen zu können, muß man ein freyes Spiel der Grundkräfte als möglich voraussetzen. Es muß aber auch dieses Spiel nach Gesetzen erfolgen, weil es ein Spiel in der Natur ist, und da die Materie träg ist, d. h. keine innern Bestimmungsgründe besitzet, aus Ruhe Bewegung und umgekehrt aus Bewegung Ruhe hervorzubringen, so muß dieses Spiel von äußern Ursachen bewirket werden. Dieß freye Spiel kann nun nicht anders erfolgen, als wenn die anziehende und zurückstoßende Kraft wechselseitig ein Uebergewicht erhält. Es müssen demnach Ursachen vorausgesetzet werden, welche diesen Wechsel nach gewissen Gesetzen bewirken. Diese Ursachen können aber nicht bloße Begriffe seyn, wie etwa die zurückstoßende und anziehende Kraft, mithin können sie auch nicht a priori erkannt werden, sondern sie sind selbst in Rücksicht

sicht der Grundkräfte zufällig, d. h. sie gehören nicht zu den
nothwendigen Bedingungen der Möglichkeit der Materie, indem Materie auch ohne sie wirklich seyn könnte; sie sind folglich schlechterdings nur aus der Erfahrung erkennbar. Sie
können daher objektiv für sich betrachtet ganz etwas anderes
seyn, als subjektiv betrachtet. Ihrer Natur nach sind sie
qualitativ, und müssen sich auf zurückstoßende und anziehende
Kraft beziehen, weil sie einen freyen Wechsel dieser Kräfte
bewirken sollen. Weil aber anziehende und zurückstoßende
Kraft zur Möglichkeit der Materie überhaupt gehören; so
müssen auch jene Ursachen als in einer engern Sphäre wirksam betrachtet werden. Sie sind also als Ursachen partieller
Zurückstoßungen und Anziehungen zu betrachten. In dieser
Rücksicht müssen ihre Wirkungen als Ausnahmen von den
Gesetzen der allgemeinen Zurückstoßung und Anziehung angesehen werden, und in so fern sind sie ganz unabhängig von
den Gesetzen der Schwere. Jene Ursachen sind uns bloß
durch ihre Qualitäten vorstellbar, und müssen daher als Ursachen qualitativer Zurückstoßungen und Anziehungen gedacht
werden. Ueberhaupt findet über sie keine andere als physikalische Untersuchung Statt.

Es setze also die chemische Cohäsion voraus, erstens ein
Princip der qualitativen Anziehung. Dieses Princip muß
folglich das gemeinschaftliche seyn, wodurch Grundstoff mit
Grundstoff zusammenhängt, oder das Mittelglied welches die
so genannten Verwandschaften der Grundstoffe unter einander
verbindet. Was aber dieses Mittelglied sey, kann nur durch
Erfahrungen ausgemacht werden. Nach den Untersuchungen der neuern Chemie ist es der Sauerstoff. Einer jeden neuen Verbindung aber, welche durch chemische Mittel
bewirkt wird, muß eine chemische Trennung vorangehen,
oder es müssen die Theilchen des chemisch-behandelnden Körpers sich unter einander abstoßen, um mit andern Grundstoffen eine andere Verbindung einzugehen. Um also jene Trennung mittelbar oder unmittelbar zu bewirken, muß es zweytens ein Princip geben, welches durch seine qualitativen Ei-

gen-

genschaften Grundstoffe, welche sich wechselseitig anziehen, aus dem Gleichgewichte bringen, und dadurch neue Verbindungen möglich machen kann. Aber auch dieses Princip kann nur aus der Erfahrung erkannt werden. Diese beweiset, daß es das Feuer sey. Sauerstoff und Feuer sind also die beyden erfahrungsmäßigen Grundstoffe, die bey jeder chemischen Cohäsion als Ursachen qualitativer Zurückstoßungen und Anziehungen gedacht werden müssen, und welche das freye Spiel der Grundkräfte bewirken. Mehr hiervon s. m. unter dem Artikel Proceß, chemischer.

Jetzt läßt sich nun auch die unter dem Artikel Auflösung aufgeworfene Frage beantworten, unter welchem Gesichtspunkte können die Cohäsionskräfte eine oftmahls so heftige Wirkung der Auflösungen zu Wege bringen? — Es muß nämlich das freye Spiel der Grundkräfte eine desto größere Wirkung hervorbringen, je größer die Ursachen der qualitativen Zurückstoßungen und Anziehungen sind. Je größer also die Verwandschaft des aufzulösenden Körpers mit dem Sauerstoffe und mit dem Feuer ist, desto heftiger muß die Auflösung geschehen, und umgekehrt.

Collectivglas s. Brennglas.

Collektor der Elektricität s. Elektricitätssammler.

Coluren s. Koluren.

Cometen s. Kometen.

Compakt (compactum, compacte) nennt man dasjenige, was in einen engen Raum zusammengedrängt ist. So kann ein Körper schon von Natur compakt seyn, er kann aber auch durch einen äußern auf ihn wirkenden Druck oder durch eine Pressung in einen engen Raum zusammengepreßt werden. Im letztern Falle ist es aber natürlich, daß die Materie, woraus der Körper besteht, entweder die Eigenschaft besitzen müsse, sich in einen engern Raum bringen zu lassen, oder man muß, wie die Atomistiker sich vorstellen, leere Zwischenräume zwischen den Theilen der Materie annehmen. Uebrigens kann man aber nicht bestimmen, wie stark ein Körper an sich compakt ist, sondern man kann nur sagen, es

sey

sey mehr oder weniger compakt als andere Körper. Daher ist der Begriff von Compakt nur ein relativer Begriff. Compakt bedeutet übrigens eben so viel als sehr dicht.

Compaß, Boussole, Magnetkästchen (pyxis magnetica, versorium, boussole, compas de route). Eine Vorrichtung, durch Hülfe der Magnetnadel die Gegenden der Welt zu bestimmen. Die Boussole kann eine verschiedene Einrichtung erhalten, nachdem man sie zu einem gewissen Zweck bestimmt. Ist sie zur Beobachtung der Abweichung der Magnetnadel bestimmt, so nennt man sie ein **Declinatorium**; s. Abweichung der Magnetnadel. Ist sie zum Gebrauche der Seefahrer eingerichtet, so heißt sie ein **Seecompaß**. Insbesondere wird dieser Nahme den Magnetgehäusen, welche mit Dioptern versehen, und zum Gebrauch der praktischen Geometrie eingerichtet sind, beygeleget. Selbst bey andern zum Gebrauch der Feldmeßkunst eingerichteten Instrumenten pflegt man kleine Boussolen anzubringen, um die Gegenden, nach welchen sich die Hauptlinien richten, bestimmen zu können, als z. B. bey Astrolabien, Meßtischen, Scheiben u. s. f. Der Nahme Boussole rührt von dem Gehäuse oder Büchschen her, womit die Nadel umschlossen wird, welches die Holländer Boxal nennen.

Die Einrichtung der gewöhnlichen Compasse oder Boussolen ist diese: auf dem Boden einer runden Büchse wird in die Mitte ein spitziger Stift senkrecht aufgesetzt, auf welchem eine Magnetnadel frey spielet; zugleich ist in der Büchse ein nach den Weltgegenden abgetheilter Kreis befindlich. Hingegen beym Seecompaß wird die Einrichtung so gemacht: die Magnetnadel hat die einfache Gestalt eines platten Rechteckes, welches etwa $\frac{1}{16}$ Zoll breit und $\frac{1}{14}$ Zoll dick ist; die beyden Ecken werden so abgestumpft, daß ihre Enden in einen stumpfen Winkel zulaufen; in der Mitte dieser Nadel wird ein Loch durchbohrt, an deren Umfang ein hohler Cylinder gelöthet ist, welcher über die Fläche der Magnetnadel hervorraget, und mit einem ausgehöhlten wohlpolirten

Achat

Achat geschlossen ist. Diese Nadel wird gemeiniglich unter
einer dünnen runden Scheibe von Pappe oder Kartenpapier
befestiget. Diese runde Scheibe macht bey den Seefahrern
die so genannte Schiffsrose oder Windrose aus, worauf
ein Stern gezeichnet wird, dessen 32 Spitzen die verschiedenen Weltgegenden andeuten, so daß der Nordpol der Magnetnadel mit dem Punkte Norden übereinstimmet. Uebrigens wird der Rand der Rose, wie bey den gewöhnlichen
Kreisen, in 360 Grade eingetheilet. Wird nun die Magnetnadel auf ihren Stift gestellt, so dreht sich mit derselben
zugleich die pappene Scheibe herum, und der Compaß zeige,
wenn er in Ruhe ist, alle Gegenden der Welt auf ein Mahl
an. Da nun die Schiffsrose 32 Abtheilungen hat, so ste-
hen diese um $\frac{360}{32} = 11\frac{1}{4}$ Grade von einander ab, und die
Winkel, welche sie durch Linien unter sich am Mittelpunkte
machen, heißen bey den Schiffern Rhömbi oder Rumbi,
Windwinkel, Compaßstriche. Der Schiffscompaß
wird in einer runden mit Glas überlegten Büchse eingeschlossen, und diese von außen an zwey kupfernen Stiften (fig.
86.) e und f innerhalb einer größern kupfernen Büchse im
Gleichgewicht aufgehängt. Diese letztere wird wieder vermittelst zweyer Stifte g und h an der inwendigen Seite eines viereckigen Kastens a b c d eingehängt. Dadurch erhält man, daß die Magnetnadel bey allen Schwankungen
des Schiffes ihre horizontale Lage behält.

Um es sich zu erklären, wie vermittelst des Compasses
der Lauf des Schiffes in Ansehung seiner Richtung erkannt
und gelenkt werden könne, so sey (fig. 87.) b das Vordertheil, de das Hintertheil und ab der Kiel des Schiffes.
Der viereckige Kasten, in welchem der Seecompaß hängt,
wird in einem besondern gegen das Hintertheil des Schiffs
befindlichen Behältnisse, die Steuermannshütte genannt,
so gesetzt, daß der Mittelpunkt c senkrecht über dem Kiel ab,
und die Seite des Kastens gh mit ab unter einem rechten
Winkel zu stehen komme. An der innern Fläche des Ge-
häuses

häuses befinden sich ein Paar gerade gegen über stehende
Punkte oder Striche, welche auch genau über dem Kiel a b
liegen müssen. Gewöhnlich wird der Compaß in dieser Lage
befestiget, und heißt sodann der **Streich = oder Route=
Compaß** (Compas de route). Gesetzt, es wäre die Rich=
tung des magnetischen Meridians ck, so zeigt alsdann der
Winkel k c b an, unter welchem die Richtung des Kiels a b
von jenem Meridian abweicht, und unter welchem das Schiff
mit dem Meridian fortseegelt. Wäre dieß nun gerade die
Gegend, nach welcher der Wind hinbläset, und nach wel=
cher man hinseegeln will, so werden die Segel l m senkrecht
gegen den Kiel gerichtet, damit das Schiff bloß durch Hülse
des Windes nach der Richtung a b fortgeführet wird. Al=
lein selten ist der Wind so günstig, sondern er bläset vielmehr
oft von der Seite. In diesem Falle werden die Segel
gegen die Richtung des Schiffes schief gestellt, und es wird
alsdann das Schiff von der Richtung, nach welches der
Steuermann das Vordertheil desselben unter dem Winkel
des Strichcompasses hinlenket, seitwärts getrieben. Diese Ab=
weichung des Schiffes von seinem geraden Laufe wird durch
den so genannten **Variations = Compaß** bestimmt. Die=
ser Compaß dienet auch zugleich zur Beobachtung der Mor=
gen = und Abendweite, des Azimuths der Sonne und der
Sterne, und zur Bestimmung der Winkel, welche entlegene
Gegenstände zur See als Berge, hohe Küsten, Klippen u.
d. g. mit dem magnetischen Meridian oder einem gewissen
Rumb machen. Zu dieser Absicht hat er folgende Einrich=
tung: an zwey entgegengesetzten Stellen des obern Randes
der Büchse werden Dioptern angebracht, von deren Mitte
an der innern Fläche der Büchse senkrechte Linien herabge=
lassen sind. Wenn man das Azimuth der Sonne damit bloß
im Horizonte beobachten wollte, so würde es hinreichend seyn,
die Dioptern gleich hoch zu machen. Weil es aber vorzüg=
lich wegen der Ausdünstungen zur See selten möglich ist, ge=
naue Beobachtungen im Horizonte anzustellen, und folglich
das Azimuth der Sonne in einer gewissen Höhe über dem

Horizont

Horizont genommen werden muß, so wird die eine Diopter viel höher als die andere verfertiget. Alsdann wird von der hohen Diopter bis zur niedrigen ein Faden gespannt, welcher die Hypothenuse eines durch den Mittelpunkt der Windrose gehenden und auf der Fläche der Rose vertikal stehenden rechtwinkligen Dreyecks bildet. Bey der Beobachtung des Azimuths wird nun der Compaß so lange gedrehet, bis der Schatten des Fadens in die Mitte der hohen Diopter fällt; alsdann zeigt der Grad der Windrose, auf welchen die von der Mitte der Diopter herabgehende senkrechte Linie fällt, an, um welchen Winkel der Vertikalkreis der Sonne von dem magnetischen Mittagskreise abweicht, und dieser ist das magnetische Azimuth. Wenn der Glanz der Sonne nicht so groß wäre, daß der Faden einen vollkommen begrenzten Schatten geben kann, oder wenn man das Azimuth eines Sternes beobachten will, so muß man bloß durch die Dioptern visiren, um dadurch das Azimuth zu finden. Wegen dieses Gebrauches des Variationscompasses wird er auch Azimuthalcompaß genannt. Es sey nun (fig. 88.) b das Vordertheil und a das Hintertheil des Schiffes, und das Segel l m stehe gegen den Kiel a b schief, so daß der von der Seite w blasende Wind nach der Richtung w c auf dasselbe stößt; so wird das Schiff vom Winde nicht allein seiner Länge nach von b gegen p, wohin es der Steuermann lenkt, sondern auch zugleich etwas nach der andern Seite o hingetrieben, und es nimmt daher seinen Weg etwa nach der Richtung n o, welche mit der Richtung des Windes den Winkel o c w und mit dem Kiel den Winkel o c b macht. Dieser letzte Abweichungswinkel läßt sich mit dem Variations-compaß aus c finden, da das Schiff durch seine schnelle Bewegung hinter sich nach der Richtung c n in der See eine Art von Bahn zurückläßt, deren Winkel a c n mit dem Kiel a b sich alsdann ausmessen läßt. So zeigt also der Strichcompaß beständig die Richtung des Kiels und der Variationscompaß den wirklichen Lauf des Schiffes an.

Well

Weil aber die Compasse nur die Abweichungen von dem magnetischen Meridiane angeben und folglich die wahre Gegend, nach welcher hingesegelt werden soll, nicht bestimmen, so sieht man wohl, daß es höchst nothwendig ist, an jedem Orte auf der See die Abweichung der Magnetnadel zu wissen. Unter dem Artikel **Abweichung der Magnetnadel**, ist schon gezeiget worden, wie auf der See an einem Orte die Abweichung gefunden werden könne. Hierzu dienet nun vorzüglich der beschriebene Variations - oder Azimuthalcompaß.

Die Eigenschaft des Magnets, und der damit bestrichenen Nadeln, sich mit der einen Seite nach Norden und mit der andern nach Süden, jedoch mit einiger Abweichung von der wahren Mittagslinie, zu richten, hatten die Alten auf keine Weise erkannt, ob sie gleich des Magnets und seiner wunderbaren Eigenschaft, das Eisen anzuziehen, und demselben selbst die magnetische Kraft mitzutheilen, Erwähnung thun. Es wird zwar von **Albert Grot** [a]) und **Vincent von Beauvais** [b]) eine Stelle angeführet, welche dem Aristoteles zugeschrieben wird, in welcher der Richtung des Magnets und der Magnetnadeln Erwähnung geschiehet; allein es ist ohne Zweifel diese Schrift, welche die Stelle enthält, untergeschoben, indem sie erst seit dem 13ten Jahrhund. bekannt geworden ist. Es ist sehr wahrscheinlich, daß die Entdeckung der Richtung des Magnets und der Magnetnadeln schon eine Zeitlang ist gemacht worden, ehe noch diese wichtige Eigenschaft bekannt wurde. Ihre Erfindung fällt wohl in die Mitte der größten Barbarey. Die mehresten führen den **Flavio Gioja**, einen Neapolitaner, als den ersten an, welcher im 13ten Jahrhunderte den Seecompaß zu seinen Reisen auf der See gebrauchet hat.

Die Einrichtungen der verschiedenen Compasse zu besondern Absichten findet man in folgenden Schriften: meine Anfangsgründe der Feldmeßkunst. Jena 1795. 8. §. 93. ff. Anfangs-

---

a) Albertus Magnus libr. de mineralibus.
b) Specul. histor. Tom. II. Lib. 8. cap. 19.

fangsgründe der Feldmeßkunst, von **Meinert**. Halle 1794.
gr. 8. §. 51. 52. *Muſſchenbroek* introd. ad phil. natur.
T. I. §. 967. **Bode** kurzgefaßte Erläuterung der Sternkunde Th. II. §. 641 — 643. Gründliche Anleitung zur Mark-
ſcheidekunſt, von **Lempe**. Leipz. 1782. gr. 8. §. 177 — 193.

- **Compreſſibilität** (compreſſibilitas, compreſſionis
capacitas, compreſſibilité) heißt die Fähigkeit der Körper,
von einer äußern auf ſie wirkenden Kraft in einen engern
Raum zuſammengepreßt zu werden. Wenn die Körper von
einer äußern Kraft in einen engern Raum zuſammengedruckt
werden ſollen, ſo muß man nach der atomiſtiſchen Lehrart
annehmen, daß die Körpertheilchen zwiſchen ſich Zwiſchenräume laſſen, welche theils mit Materie von andrer Beſchaf-
ſenheit angefüllt ſeyn können, theils aber auch leer ſind. Nach
der dynamiſchen Lehrart hingegen können die Zwiſchenräume,
die man bey verſchiedenen Körpern wahrnimmt, ganz mit
Materie angefüllt ſeyn, und mit der Materie ſelbſt, woraus
die Körper beſtehen, durch eine äußere Kraft in einen engern
Raum gebracht werden. Denn nach dieſem Syſtem iſt alle
Materie urſprünglich elaſtiſch, und kann daher bis auf einen
gewiſſen Grad zuſammengedruckt werden.

Nach der atomiſtiſchen Lehre iſt die Materie als Materie
nicht elaſtiſch. Wenn folglich die Materie keine Zwiſchenräume beſäße, ſo würde auch ſogar keine unendliche Kraft
vermögend ſeyn, ſie in einen engern Raum zu bringen.
Allein man hat noch durch keinen einzigen entſcheidenden
Verſuch darthun können, daß die Materie leere Zwiſchenräume haben müſſe, und ſie ſo anzunehmen, iſt Hypotheſe,
welche erſt erwieſen werden müßte, zumahl da Materie ſelbſt
ein Phänomen iſt, und michin Gründe von der Möglichkeit
der Materie vorausſetzet. Dieſe Gründe gehören freylich in
das Gebiet der Metaphyſik, man ſieht aber daraus, daß
die eigentliche Phyſik den metaphyſiſchen Theil der Naturwiſſenſchaft nothwendig vorausſetzen muß. Da dieſer Theil
von den Phyſikern ſonſt ſo ſehr vernachläſſiget wurde, ſo iſt
es leicht zu begreifen, warum man ſonſt den tropfbar flüſſigen

gen Materien alle Compreſſibilität abſprach, da ſie doch vielmehr von einer äußern Kraft hätten zuſammengedruckt werden müſſen, indem ſie unendlich mehr leere Zwiſchenräume,
als andere Materien, beſitzen müßten. Wollte man jedoch
behaupten, daß die Compreſſibilität der flüſſigen Materien
wegen der Geſtalt der erſten Grundkörperchen nicht Statt
finden könne, ſo iſt dieß eine Behauptung ohne Grund; die
ſphäriſche Geſtalt derſelben beweiſet vielmehr das Gegentheil
und gibt ſelbſt einen Grund von der Continuität der flüſſigen
Materien ab, wie unter dem Artikel, Körper, flüſſige
mit mehreren bewieſen werden ſoll. Vorzüglich gaben die
Verſuche der Akademie del Cimento in Florenz *) und
Muſſchenbroeks *) Veranlaſſung, daraus die Folge zu ziehen, daß die flüſſigen Materien nicht compreſſibel wären.
Nach neuern Verſuchen aber, beſonders mit Waſſer, iſt es
außer allem Zweifel geſetzet, daß die flüſſigen Materien
ebenfalls einer Zuſammendrückung fähig ſind. Hiervon ſ.
m. den Artikel Waſſer.

Nach dem dynamiſchen Syſtem muß man die Compreſſibilität der Körper als eine allgemeine weſentliche Eigenſchaft
derſelben betrachten.

Compreſſion ſ. Zuſammendrückung.

Compreſſionsmaſchine (machina comprimens ſ.
condenſatoria, machine de compreſſion ou de condenſation) iſt eine Maſchine, welche zur Verdichtung oder Zu-
ſammenpreſſung der ſo genannten flüſſigen, elaſtiſchen Materien dienet. Gewöhnlich können hierzu die Luftpumpen mit
Hähnen gebrauchet werden, als welche nicht allein zur Verdünnung der Luft unter der Glocke, ſondern auch zur Verdichtung derſelben unter dieſer, oder auch in einem beſonders
dazu eingerichteten Gefäße, dienen. Selbſt Luftpumpen mit
Ventilen

---

*) Saggi di naturali eſperimenti, fatte nell' Acad. del Cimento, in
Firenze 1661. Fol.

*) Tentamina experim. natur. captorum in Acad. del Cimento.
Lugd. Batav. 1731. 4.

Q q

Veatilen kann die Einrichtung gegeben werden, daß sie so wohl zur Verdünnung als auch zur Verdichtung der Luft geschickt sind. In Ermangelung einer solchen Luftpumpe hat man aber auch eigene Compressionsmaschinen erfunden. Schon Galilei *) bediente sich hierzu einer Spritze, welche an das Gefäß an = und abgeschraubet werden konnte. Weil aber das beständige Ab = und Anschrauben ungemein mühsam war, so hat man bald auf andere Einrichtungen gedacht. Hawksbee war der erste, der eine Compressionsmaschine angegeben hat, bey welcher der Kolben an einer gezahnten Stange mittelst eines Stirnrades auf und niedergezogen wird. Diese Maschine hat Wolf *) umständlich beschrieben. Nollet 7) nahm ein kupfernes Rohr (fig. 89.) a b c, welches an beyden Enden aufwärts gebogen ist. An dem einen Ende of befindet sich eine hohle 7 bis 8 Zoll lange Schraube, um ein Gefäß mit einem Hahne, worin die Luft verdichtet werden soll, anschrauben zu können. Ein Hahn bey d ist doppelt durchbohrt, theils um eine Gemeinschaft mit den beyden Enden der Röhre zu haben, theils aber auch bey e mit der äußern Luft. An dem andern Ende a b der Röhre wird eine Pumpenstange mit dem daran befindlichen Kolben auf und nieder gezogen. Wenn nun der Hahn bey d so gedrehet wird, daß der Theil a b der Röhre eine Gemeinschaft mit der äußern Luft hat, so füllt sich dieser Theil hiermit an, wenn der Kolben mittelst der Zugstange in die Höhe gezogen wird; drehet man alsdann den Hahn bey d so, daß er nun eine Gemeinschaft mit beyden Enden der Röhre hat, so kann man durch Niederdrückung des Kolbens die Luft in das bey f aufgeschraubte Gefäß hineintreiben. Durch dieses wiederhohlte Verfahren kann die Luft in dem angeschraubten Gefäße so viel als man will, verdichtet werden. Wenn der Hahn d unmittelbar an b ansteht, und der innere körperliche Raum des Gefäßes nebst der Röhre c e = v, und der Raum

der

*) Dialog. I. de motu p. 71.
*) Nützliche Versuche. Th. III. Halle, 1747. 8. Cap. I.
7) Art des expériences. T. III. p. 10.

der Röhre a b $= V$ gesetzet wird, so läßt es sich berechnen, wie vielmahl die Luft nach μ Zügen ist verdichtet worden. Es kömmt nämlich

nach der 1ten Einpressung die Menge Luft in das Gefäß $= \beta + \alpha$

_____ 2ten _____ $= \beta + 2\alpha$

_____ 3ten _____ $= \beta + 3\alpha$

_____ μten _____ $= \beta + \mu\alpha$

Wenn β die Menge atmosphärischer Luft bedeutet, welche sich vor dem ersten Zuge in dem Raum v, und α diejenige Menge bedeutet, die beym jedesmahligen Ausziehen des Kolbens in den Raum V tritt. Man setze die Menge der nach der μten Einpressung der Luft in den Raum $v = x$, so hat man $x = \beta + \mu\alpha$. Es ist aber leicht zu begreifen, daß diese Menge von Luft den Raum $v + \mu V$ ausfüllen müßte, wenn sie mit der uns umgebenden Luft einerley Dichtigkeit erhalten würde; demnach kann man schließen $x : \beta = v + \mu V : v$. Weil sich nun bey gleichen geometrischen Größen die Massen zu einander wie ihre Dichtigkeiten verhalten, so verhält sich auch die Dichtigkeit der im Raume v eingepreßten Luft zur Dichtigkeit der freyen $= v + \mu V : v$. Aus der Proportion $x : \beta = v + \mu V : v$ findet man nun $\frac{x}{\beta} = \frac{v + \mu V}{v}$. Es wird also in dem Raume v die Luft nach μ Einpressungen $\frac{v + \mu V}{v}$ Mahl verdichtet. Aus $\frac{x}{\beta} = \frac{v + \mu V}{v}$ ergibt sich $\frac{x v}{\beta} = v + \mu V$, und $\left(\frac{x}{\beta} - 1\right) v = \mu V$, und $\mu = \left(\frac{x}{\beta} - 1\right) \frac{v}{V}$. Man kann also auch finden, wie vielmahl die Einpressung der Luft geschehen müsse, wenn die körperlichen Räume v und V bekannt sind, um die Luft in einem gegebenen Verhältnisse gegen die im natürlichen Zustande befindliche Luft zu verdichten. Soll z. B. die Luft in dem Raume $v = 3$ Cubikfuß 10 Mahl dichter werden als die

natür-

natürliche, so ist, wenn $V = 1$, $\frac{x}{\beta} = 10$, mithin $\mu =$ $(10 - 1) 3 = 27$.

Bey allen dergleichen Versuchen hat man Vorsicht nöthig, damit die Gefäße durch die vermehrte Elasticität der in selbigen eingepreßten Luft nicht zerspringen. Vorzüglich dienen hierzu am besten kupferne Gefäße, welche einen starken Widerstand aushalten können. Da man aber bey verschiedenen Versuchen nöthig hat, in den verdichteten Raum zu sehen, und daher gläserne Gefäße wählen muß, so sieht man wohl, daß die Verdichtung der Luft in selbigen eine gewisse Grenze nicht überschreiten könne. Man findet verschiedene Untersuchungen über den Druck der Luft auf die Gefäße und der nöthigen Festigkeit derselben bey Herrn Karsten *).

Eine noch bequemere Compressionsmaschine, als die nolletsche hat Herr Winkler *) angegeben. Sie ist eigentlich die erste, welche Hawksbee angab, mit einigen kleinen Veränderungen. In der messingenen Röhre a b (fig. 90.) kann ein Kolben mittelst einer Zugstange auf und niedergezogen werden. Das Rohr hat oben ein kleines Loch c, durch welches die äußere Luft in den innern Raum bringt, wenn der Kolben über selbiges ist aufgezogen worden. Bey b ist ein Blasenventil angebracht, welches zwar die Luft aus a b in b d e läßt, aber aus b d e nicht wieder zurück in b a kommen kann. An das Rohr a b wird bey b die horizontalliegende und am Ende in die Höhe gebogene Röhre angeschraubet, an deren Ende f das Gefäß zur Verdichtung der innern Luft durch eine Schraube befestiget werden kann. Wenn man diese beschriebene Vorrichtung an ein hölzernes Gestelle hinlänglich befestiget, auf welches man mit einem Fuße treten kann, so läßt sich der Kolben sehr gut auf und niederziehen.

Concavgläser s. Linsengläser.

Con-

---

*) Lehrbegriff der gesammten Mathematik. Th. VI. Greifsw. 1771.
8. Pneumat. Abschn. VII.

*) Anfangsgründe der Physik. Leipzig, 1754. 8. S. 130.

Concavſpiegel ſ. Hohlſpiegel.

Concretion (concretio, concrétion). Man verſte-
het hierunter gemeiniglich den Uebergang der Flüſſigkeit in
den Zuſtand der Feſtigkeit und Härte der Körper, wie z. B.
bey dem Gefrieren der Flüſſigkeiten, Gerinnungen u. ſ. ſ.
Auch verſteht man unter dem Worte Concretion eine Verbindung verſchiedener kleiner Theile zu einer feſten Maſſe. Oef-
ters nennt man auch ſelbſt gewiſſe Körper Concretionen,
nämlich diejenigen, welche vorher in kleinere Theile getrennt
waren, und nunmehr durch ein Bindungsmittel zu einem
einzigen Ganzen verbunden ſind.

Condenſation ſ. Verdichtung.

Condenſator der Elektricität, Mikroelektrometer, Mikroelektroſkop (condenſator electricitatis,
condenſateur de l'électricité) iſt ein von Herrn Volta *)
angegebenes merkwürdiges Werkzeug, wodurch auch die aller-
ſchwächſten Grade der künſtlichen und natürlichen Elektricität
merklich gemacht werden können. Dieſer Condenſator iſt
zuſammengeſetzt aus zwey Theilen,

1. aus einer Platte von einer ſchlechtleitenden oder halbleitenden Materie;

2. aus einem Deckel, welcher wie der Deckel des Elektrophors mittelſt ſeidener Schnüren oder eines gläſernen Hand-
griffes aufgehoben und niedergelaſſen werden kann.

Die Platte des Condenſators wird aus trockenem und reinem Marmor - oder Alabaſterplatten, Achat, Chalcedon,
Elfenbein, mit Leinöl getränktem trockenem Holze, oder dergleichen mit dünnem Firniß oder Siegellack überzogenen u. ſ. ſ.
halbleitenden Materien verfertiget. Dieſe Platte muß nicht
iſoliret werden, ſondern mit dem Fußboden in einer leitenden
Verbindung ſtehen. Man kann ſogar hierzu vollkommen
elektriſche Körper gebrauchen, wenn ſie nur mit dem Fußboden in einer Verbindung ſtehen und dünn ſind. Es kann
alſo dazu eine dünne Luftſchicht oder eine kleine Entfernung

Qq 3 des

*) Philoſoph. transact. Vol. LXXII. P. I. ferner in Roſier journal de
phyſique, May, Juillet, Aout 1783.

des ifolirten Deckels von einer leitenden ebenen Fläche, oder
felbſt der Harzkuchen eines nicht zu ſtarken Elektrophors,
oder auch ein mit Siegellack dünn überzogenes Bley dienen.
Bey einer feuchten Witterung müſſen jedoch die mehreſten
Körper erwärmet werden.

Der Deckel iſt von Metall und dem Deckel des Elektrophors vollkommen gleich: Er muß eben, auch ohne Ecken
und Schärfen ſeyn, aber vollkommen genau an die Platte
des Condenſators anſchließen. Man kann ſich auch bloß einer
Metallplatte bedienen, welche an der untern Seite mit Toffet
glatt überzogen iſt, und an der andern Seite ſeidene Schnüre hat. Dieſe gebraucht man alsdann, ohne eine untere
Platte nöthig zu haben, wenn man ſelbige auf einen Tiſch,
Stuhl, Buch u. ſ. f. legt.

Gegen dieſe Einrichtung des Condenſators zur Unterſuchung und Vergleichung ſehr ſchwacher Elektricitäten hat Cavallo *) den ſehr gegründeten Einwurf gemacht, daß die
dem Deckel zugeführte Elektricität in der Baſis urſprüngliche
Elektricität erwecke, wodurch die Baſis elektrophoriſch, und
die ganze Vorrichtung dadurch ſo lange unbrauchbar werde,
bis man der Baſis ihre Elektricität völlig beraubet habe,
welches aber keine ſo leichte Sache ſey. Nach dem Vor-
ſchläge des Herrn Hofr. Lichtenberg *) wird aber dieſes
durch folgende Einrichtung gänzlich vermieden: man lege auf
eine Metallplatte, wozu die äußere Seite eines jeden flachen
zinnernen Tellers gebrauchet werden kann, drey Stückchen
dünnes Fenſterglas in ein beynahe gleichſeitiges Dreyeck. Je
kleiner die Stückchen Glas ſind, deſto beſſer ſind ſie. Herr
Lichtenberg nahm ſie in der Größe des Buchſtabens o.
Auf dieſe Unterlage wird nun der Deckel des Condenſators
geſetzt, welcher ſonſt die metallene Platte nicht weiter berühren muß.

Die Wirkung des Condenſators iſt dieſe, daß der Deckel,
welcher auf der nicht iſolirten Baſis ſtehet, alle ihm vorher

mit-

*) Philoſoph. transact. Vol. LXXVIII. P. I. p. 1.
*) Erxleben Anfangsgründe der Naturlehre.

mitgetheilte Elektricität nicht nur weit fester an sich hält, sondern auch weit mehr neue Elektricität anzunehmen fähig ist,
als wenn er völlig isolirt wäre, oder nach Volta's Ausdrük-
ken, daß so wohl seine Tenacität als Capacität verstärkt
gefunden wird. Diese Wirkung beruht ganz allein auf der
Lehre der elektrischen Wirkungskreise. Wird nämlich ein
elektrisirter Körper in den Wirkungskreis eines andern mit
seiner natürlichen Elektricität versehenen Körpers gebracht, so
wird ein Theil des $\mp$ E im elektrisirten Körper durch das
$\mp$ E des andern gebunden, und erlangt dadurch die Fähigkeit noch mehr $\mp$ E von andern Körpern anzunehmen. Diese
Fähigkeit, mehr Elektricität aufzunehmen, wird freilich bey
der Berührung am größten seyn, nur muß alsdann kein Uebergang der Elektricität durch Mittheilung Statt finden. Um
dieses nun zu verhüten, dienen eben die vom Herrn Lichtenberg angegebenen drey Stückchen Glas zwischen der Basis
und dem Deckel. Gesetzt also, es würde dem Deckel des
Condensators Elektricität zugeführet, z. B. + E, so wird
nun vermöge des Gesetzes der elektrischen Atmosphäre das
natürliche — E der Basis jenes + E binden, dadurch nimmt
aber die Fähigkeit des Deckels zu, noch mehr + E aufzunehmen, wenn demselben dergleichen zugeführet wird. Dieß
+ E wird aber so lange, als der Deckel auf der Basis ruhet,
unbemerkbar bleiben, und dann erst sich frey zeigen, wenn
der Deckel von der Basis weggenommen wird.

Durch dieses Instrument hat man bereits verschiedene
wichtige Entdeckungen gemacht: Herr Volta führet in Rücksicht der Tenacität an, daß die Elektricität des Deckels,
welche in der Luft in einer Zeit von wenigen Minuten ganz
verschwunden seyn würde, auf der Basis viele Stunden lang
anhalte, und selbst durch Berührung mit Leitern nicht entzogen werde. Er war vermögend, einen Finger oder ein
Metallstäbchen 30 Sekunden hindurch an den Deckel zu halten, ohne demselben der Elektricität völlig zu berauben, indem der Deckel von der Basis abgenommen noch einen beträchtlichen Funken gab. Da gewöhnlich die Isolirung als

Qq 4 das

das einzige Mittel angegeben wird, die dem Körper mitgetheilte Elektricität eine Zeit lang zu behalten, so scheint es
hier sehr auffallend, daß so gar die Beybehaltung der Elektricität des Deckels desto größer sey, je unvollkommener das
Isoliren der Basis ist. Allein aus der vorigen Erklärung
erhellet es ungemein leicht, daß es ganz darauf ankomme,
Mittheilung und Uebergang der Elektricität von der Vertheilung derselben durch die Wirkung der Atmosphäre zu
unterscheiden.

In Ansehung der Capacität kann der auf die Basis gesetzte Deckel durch den Conduktor einer Elektrisirmaschine, oder
durch den geladenen Deckel eines Elektrophors, oder durch eine
geladene leidner Flasche u. s. f. noch mehr Elektricität als sonst
aufnehmen. So lange er auf der Basis liegt, zeigt er zwar
keine oder wenigstens sehr geringe Elektricität, so bald er aber
davon weggenommen wird, so zeiget sie sich beträchtlich stark.
Weil also der Deckel durch sehr schwache Elektricität sehr stark
durch Zuführung elektrisiret werden kann, so lassen sich auch
sehr geringe Grade der Elektricität dadurch merklich machen.
Bey starken Graden von Elektricität werden die Wirkungen
des Condensators nicht verhältnißmäßig vergrößert. So bald
die dem Deckel zugeführte Elektricität so stark wird, daß die
untere Platte derselben nicht mehr zu widerstehen vermag, so
wird sie dem untern Deckel mitgetheilet, und geht in den
Fußboden über.

Außerdem sind vermittelst des Condensators noch folgende
Entdeckungen gemacht worden. Wenn man mit dem Knopf
der entladenen leidner Flasche den Deckel des Condensators
berühret, so zeigen sich noch Spuren von Elektricität, welche
die Flasche gar nicht mehr zeigte. Ferner hat man bey den
Zerstörungen und Entstehungen neuer Körperarten, wobey
Wärmematerie entwickelt wird, vermittelst des Condensators
Elektricität wahrgenommen, wie z. B. bey verschiedenen
Auflösungen, beym Verbrennen der Kohlen, besonders wenn
Wasser auf selbige gespritzet wird, bey der Ausdünstung des
Wassers, bey der starken Bewegung des menschlichen Kör-
pers

pers u. d. g. mehr. Zuweilen geschiehet es, daß bey der Berührung des Knopfs der entladenen leidner Flasche der Deckel keine Spur einer Elektricität zeigt. In diesem Falle kann man mit der Kante dieses Deckels einen andern Deckel eines zweyten Condensators berühren. Auf diese Weise wird die zerstreuete Elektricität noch mehr condensiret und bemerklich gemacht, wenn der Deckel von der Basis weggenommen wird. Dieser doppelte Condensator ist eine Erfindung von **Cavallo.** Er gebraucht zum zweyten Condensator eine Metallplatte von der Größe eines Schillings.

Man kann also mittelst des Condensators die allergeringsten Grade der natürlichen Elektricität so wohl als auch der künstlichen bemerkbar machen, daher es auch den Nahmen **Mikroelektrometer** oder **Mikroelektroskop** erhalten hat. Vorzüglich dienet er zur Beobachtung der atmosphärischen Elektricität, wenn man mit dem auf die untere Platte aufgesetzten Deckel einen Draht verbindet, und so einige Minuten in der freyen Luft stehen läßt. Auf diese Weise hat **Volta** fast täglich, ja stündlich, in der Atmosphäre Elektricität angetroffen, wenn sie gleich so schwach war, daß man sie ohne den Gebrauch des Condensators gar nicht wahrgenommen hätte.

Volta trägt unter dem Nahmen **elektrischer Paradoxen** folgende Aufgaben vor, welche sich durch den Condensator auflösen lassen, ob sie gleich den sonst bekannten Gesetzen der Elektricität, d. i. denjenigen, welche bloß die Mittheilung betreffen, ganz zu widersprechen scheinen.

1. Zu machen, daß ein schlecht isolirter Leiter die mitgetheilte Elektricität länger behalte als ein vollkommen isolirter.

2. In einem schlecht isolirten Leiter mehr Elektricität anzuhäufen, als er im Zustande der vollkommenen Isolirung anzunehmen fähig ist.

3. Zu machen, daß ein elektrisirter Leiter seine Elektricität nicht ganz verliere, wenn man ihn gleich zu wiederholten Mahlen mit dem Finger oder mit einem Metalle berühret.

Qq 5   4.

4. Zu machen, daß sich die Elektricität eines Leiters nicht ganz zerstreut, wenn man gleich den Finger 30 Sekunden lang daran läßt.

5. Bey einer Elektrisirmaschine, deren Conduktor schlecht isolirt ist, die Elektricität in einem zweyten schlecht isolirten Leiter anzuhäufen.

6. Eben dieß zu bewirken, wenn die Schwäche der Elektricität von der schlechten Beschaffenheit der Maschine herrühret.

7. Aus einer bereits entladenen Flasche in einen schlecht isolirten Conduktor so viele Elektricität zu bringen, daß er hundert und mehr starke Funken gebe.

8. Durch Reiben der Metälle an Leitern Elektricität zu erregen.

Zuletzt glaubt Herr Volta noch, daß hieraus deutlich erhelle, daß die Elektricität eine Wirkung in die Ferne ausübe, weil sie von dem elektrisirten Körper aus auf einen andern unelektrisirten auf eine ziemlich große Entfernung wirke, ohne daß von jenem Körper in diesen etwas reelles übergehe, indem in jenem die Elektricität unvermindert und ganz in ihm zurückbleibe, und nur ihre Spannung oder Intensität ändere.

Weil der Deckel des Condensators, so lange er auf der halbleitenden Platte stehet, nicht allein in Ansehung seiner Capacität, sondern auch der Tenacität, beträchtlich zunimmt, so heißt auch der Condensator in dieser Rücksicht Conservator der Elektricität.

Herr Bennet *) beschreibt eine vortheilhafte Einrichtung, sein ohnedieß sehr empfindliches Elektrometer noch mit einem Condensator zu verbinden, um hiermit die aller schwächsten Grade der Elektricität bemerklich zu machen. Es wird nämlich der Deckel des Elektrometers eben abgeschliffen, um ein kleines ebenfalls abgeschliffenes und überfirnißtes Marmorplättchen darauf zu legen, damit es allenthalben anschließe. Dieses Marmorplättchen hat an der Seite einen gläsernen

Hand-

*) Philosoph. transact. 1787. Vol. LXXVII. P. I. p. 52. Deutsch. Zusatz zu der Beschreibung eines neuen Elektrometers, von A. Bennet, in der Leipz. Samml. zur Phys. und Naturg. B. IV. S. 427.

Handgriff, und auf diesem liegt ein kleines Metallplättchen, welches ebenfalls einen isolirten Handgriff hat. Wenn nun dem metallenen Deckel des Elektrometers ein geringer Grad von Elektricität zugeführet wird, indem man das Marmorplättchen mit dem Finger berühret, so ist der einfache Condensator geladen, und es wird die Elektricität, wenn sie stark genug ist, an den Goldstreifen bemerkbar werden, so bald man das Marmorplättchen an dem isolirten Handgriffe in die Höhe hebt. Wäre sie aber noch nicht sichtbar, so darf man nur das Metallplättchen, indem man das Marmorplättchen in die Höhe hält, mit dem Finger berühren, das Metallplättchen alsdann mittelst des isolirten Handgriffs abnehmen, und das Marmorplättchen auf den metallenen Deckel des Elektrometers halten, so werden die Goldstreiffen, wenn nicht etwa die Elektricität noch zu schwach wäre, aus einander fahren, und so eben dieselbe Elektricität, welche dem Deckel mitgetheilet worden, anzeigen. Durch diese Vorrichtung hat also Herr Bennet den größern und kleinern Condensator zugleich mit seinem Elektrometer verbunden.

Mittelst dergleichen Verbindungen hat man vorzüglich die Elektricität bey der Verdampfung untersuchet. Wenn man nämlich ein Kohlenfeuer isoliret, und die metallene Platte, worauf es steht, mit dem Deckel des Elektrometers, auf welchen sich der Condensator befindet, verbindet, so zeigen die Goldstreiffen Elektricität, zumahl wenn man auf die Kohlen Wasser sprengt, und izwar negativ. Gebrauchet man statt des Kohlenfeuers sehr erhitztes Metall, so findet eben dieß Statt, nur ist dieß besonders merkwürdig, daß Eisen und Kupfer positive, hingegen alle übrige Metalle negative Elektricität geben. Bennet stellt diese Versuche mit einer thönernen Tabackspfeife an, indem er nämlich die Spitze derselben erhitzt, in den Kopf Wasser schüttet, und dieses durch den erhitzten Theil laufen läßt, wo es sogleich in Dampf aufgelöset wird. Steht nun der Deckel des Elektrometers nahe dabey, so zeigen die Goldstreiffen die Elektricität an.

M. s.

M. f. An essay on electricity; in which the theory and practice of that useful science are illustrated by a variety of experiments, by *Geo. Adams.* Lond. 1784. 8. p. 181. Ge. Adams Versuch über die Elektricität, Leipz. 1785. 8. Ueber des Volta Condensator der Elektrickät, in den Leipz. Sammlung. der Physik und Naturg. B. III. St. 2. Vollständige Abhandlung der Elektricität, von *Tiberius Cavallo,* a. d. Engl. B I. Leipz. 1797. S. 373 u. f. B. II. S. 149 u. f. Erxleben Anfangsgr. der Naturlehre durch Lichtenberg.

Condensator der Wärme f. Wärmesammler.

Conduktor der Elektrisirmaschine, erster Leiter f. Elektrisirmaschine.

Conische Spiegel f. Spiegel.

Conjunktion f. Aspekten.

Conservationsbrillen f. Brillen.

Conservator der Elektricität f. Condensator.

Consistenz (consistentia, consistence) ist der Zustand eines Körpers, worin seine Theile mit einer beträchtlichen Kraft zusammenhängen, so daß der Trennung der Theile ein starker Widerstand entgegengesetzet zu seyn scheinet. Der Begriff selbst ist ein relativer Begriff, indem man nur sagen kann, daß ein Körper mehr oder weniger Consistenz als ein anderer besitze. Man kann so wohl von flüssigen als festen Körpern sagen, daß sie Consistenz haben, und wenn sie zäher oder härter werden, daß sie mehr Consistenz erhalten. Eben diese Ausdrücke gebrauchet man auch bey Pulvern und Sandgemengen, wenn sich ihre Theile durch Zuschüttung von etwas Flüssigen zu einem Ganzen vereinigen, oder eine einzige Masse bilden.

Consonanzen, Accorde, consonirende Töne (toni consonantes f. consoni, interualla tonorum consona, accords, consonances) sind die Verbindungen von zwey oder mehreren zugleich klingenden Tönen, welche dem Ohr eine angenehme Empfindung zu Wege bringen.

Unsere

Unsere Seele empfindet vermöge des Gehörorgans gar bald, ob das Verhältniß der Töne leicht zu erkennen ist, und daher Wohlklang zu Wege bringen, oder ob es nicht so leicht zu erkennen ist, daher Mißklang. Wie aber die Seele die Eindrücke von dem Wohlklang oder Mißklang der Töne erhalte, das gehöret nicht in die Physik, sondern in die Seelenlehre.

Wenn von ein Paar Saiten von gleicher Dicke und gleicher Spannung die eine nur halb so lang als die andere ist, mithin auch noch ein Mahl so viele Schwingungen als die andere macht, so ist ihr Ton die Oberoktave von dem Grundtone, welchen die andere Saite angibt, wie die Erfahrung lehret. Wäre ferner die kürzere $\frac{2}{3}$ von der längern Saite, oder die kürzere machte in eben der Zeit drey Schwingungen, da die längere zwey Schwingungen macht, so gibt die kürzere einen Ton an, welcher die Quinte des Tons der längern ist; wenn noch weiter die kürzere $\frac{3}{4}$ von der längern Saite, oder die kürzere gibt vier Schwingungen in eben der Zeit, da die längere drey gibt, so ist der Ton der kürzern die Quarte des Grundtons der längern; wenn die kürzere $\frac{4}{5}$ der längern ist, so ist der Ton der kürzern die große Terze des Grundtons der längern, ist aber die kürzere $\frac{5}{6}$ der längern, so gibt die kürzere die kleine Terze des Grundtons der längern an; wenn die kürzere $\frac{3}{5}$ der längern, so ist der Ton der kürzern die große Sexte des Grundtons der längern; ist aber die kürzere $\frac{5}{8}$ der längern, so ist der Ton der kürzern die kleine Sexte des Grundtons der längern; wenn die kürzere $\frac{1}{3}$ der längern ist, so ist der Ton der kürzern die Oberduodecime des Grundtons der längern oder auch die Oberoktave der Quinte; ist aber die kürzere $\frac{1}{5}$ der längern, so ist der Ton der kürzern die Oberduodecime-Septime oder die doppelte Oktave der großen Terze des Grundtons der längern Saite. Alles dieß druckt man kürzer so aus: die Oktave, die Quinte, die Quarte, die große Terze, die kleine Terze, die große Sexte, die kleine Sexte, die Oberduodecime, die Oberduodecime-Septime stehen zum Grundtone in in den Verhältnissen 2:1; 3:2; 4:3; 5:4; 6:5; 5:3; 8:5; 3:1; 5:1; mithin sind nach dem obigen angenommenen Grundsaße die Oktave, die Quinte, die große Terze dem Ohre sehr angenehm, und machen daher auch, wie bekannt, den vollkommensten vierstimmigen Accord. Einen weniger vollkommenen Accord machen der Grundton und die Terze und bey harten Tönen die große Terze und Quinte aus; noch weniger vollkommene Accorde sind die zweystimmigen, nämlich Grundton und Oktave, Grundton und Quinte, Grundton und große Terze, Grundton und kleine Terze, Grundton und Quarte, Grundton und Serte. Dissonirende zweystimmige Accorde sind der Grundton und die Septime, der Grundton und die Sekunde.

Die Kunst eines Tonseßers beruht vorzüglich darauf, die Dissonanzen mit den Consonanzen auf eine geschickte Weise zu verbinden, damit das Ohr durch gesezte Dissonanzen gleichsam vorbereitet werde, die Consonanzen desto lebhafter zu empfinden, womit Melodie und Harmonie verbunden seyn müssen.

Die Tonkünstler nehmen zwischen dem Grundton und ihrer Oktave 7 Haupttöne und 5 dazwischen liegende Töne an. Es sind aber die Intervallen dieser Töne nicht allerwärts gleich, d. h. die zwölf Töne, welche zwischen eine Oktave fallen, sind nicht zwölf gleiche Töne: wegen des Wohlklanges darf dieß auch nicht seyn, indem es sonst keine vollkommenen Consonanzen gäbe. Das Verhältniß dieser Töne ist von verschiedenen Theoretikern auch verschiederrlich angegeben worden. Nach der Temperatur des Herrn Eulers ist das Verhältniß bloß aus den Zahlen 2, 3, 5 zusammengesezt; da im Gegentheil andere Temperaturen, als z. B. die nach Kirnberger ein weit zusammengeseß'eres Verhältniß dieser Töne sezten. So ist z. B. dieß Verhältniß der großen Serte nach Eulern = 5:3, nach Kirnbergern aber 270:161. Allein man findet hierbey Schwierigkeiten, welche unter dem Artikel Ton erwähnet werden sollen.

K. s.

M. f. Leonh. Eulers Briefe über verschiedene Gegenstände der Naturlehre nach der Ausgabe des Herrn Condorcet und Croix aufs neue übersetzt, und mit Anmerk: und Zusätz. und neuen Briefen vermehret von Fried. Kries. B. I. Brief 5 — 7. Kirnberger Kunst des reinen Satzes in der Musik. Berlin 1771. 4.

Constellationen f. Sternbilder.

Concavgläfer f. Linsengläfer.

Convexspiegel f. Spiegel.

Copernikanisches System f. Weltsystem.

Crater f. Vulkane.

Crownglas ist eine Art von Glas, welche man in England gewöhnlich zu Fensterscheiben gebraucht. Dieses Glas ist vorzüglich dadurch bekannt worden, weil der englische Künstler, der ältere Dollond, durch Verbindung dieses Glases mit dem Flintglase die Entdeckung machte, daß dadurch die Abweichung der Gläfer wegen der Farben gänzlich vermieden werden konnte.

Nach Versuchen, welche Dollond über diese beyden Glasarten angestellet hatte, gibt er das Brechungsverhältniß des Crownglases wie 1,53:1 an, welches man in einem Briefe an Klingenstierna, den Clairaut *) anführet, findet. Nach den Versuchen des Duc de Chaulnes *) ist dieß Verhältniß 1: 0,665. Das Crownglas zerstreuet die Strahlen weniger als das Flintglas, und es ist das Farbenbild des Crownglases um $\frac{1}{3}$ kürzer, als das Farbenbild des Flintglases unter übrigens gleichen Umständen. Bey den achromatischen Fernröhren wird daher dieses Glas zu den Objektivgläfern gebraucht, weil es bey einer stärkern Brechung eine geringere Farbenzerstreuung verursachen soll. Das Meiste kömmt aber doch auf das Flintglas an, und es haben die Künstler außer England sich ihrer einheimischen Glasarten eben so gut statt des Crownglases bedienet.

Crystalllinse f. Auge.

Culmi-

*) Mémoires de l'Acad. roy. des scienc. à Paris 1757.
*) Mémoir. de l'Acad. de Berlin 1767.

Culmination, Durchgang durch den Mittags-kreis (Culminatio, mediatio, transitus per meridianum, paſſage par le meridien). Wenn die Geſtirne bey ihrer täglichen Bewegung eben durch den Mittagskreis gehen, ſo ſagt man alsdann, daß ſie culminiren. Es gibt Geſtirne, welche in ihrem täglichen Umlaufe zwey Mahl in den Mittagskreis kommen; alsdann erreichen ſie das eine Mahl die größte, und das andere Mahl die kleinſte Höhe; und eben daher iſt der Ausdruck Culmination entſtanden, weil zu dieſer Zeit die Geſtirne gerade die größte Höhe erreichet haben. Der Tagbogen durchſchneidet den Mittagskreis allemahl in dieſem höchſten Punkte.

Was die Zeit der Culmination betrifft, ſo läßt ſich dieſe ſo wohl durch Beobachtung als auch durch Rechnung finden. Wenn man die Zeit der Culmination durch Beobachtung finden will, ſo kann man ſich hierzu verſchiedener Werkzeuge bedienen. Man hat beſonders dazu eingerichtete Fernröhre, deren Axen ſich nur in der Mittagsfläche auf und nieder bewegen, ſonſt aber keine Seitenbewegung zu laſſen. Man nennt dergleichen Fernröhre **Durchgangsfernröhre, Mittagsfernröhre, Paſſageinſtrumente** (inſtrumenta culminatoria). Wenn durch ein ſolches Fernrohr das Geſtirn in der verlängerten Axe geſehen wird, ſo iſt gerade die Culmination des Geſtirnes da; der Augenblick, da dieß geſchiehet, an einer genauen Uhr beobachtet, gibt die Zeit der Culmination an. Die allereinfachſte Methode, die Zeit der Culmination der Geſtirne zu finden, wird durch das ſo genannte **Fadendreyeck** (triangulum filare) verrichtet [a]). Man ſpannt nämlich über die Mittagslinie (fig. 91.) a b einen Faden c d ſenkrecht auf a b und einen andern d e gegen die Mittagslinie a b unter einem beliebigen Winkel e. Dieſe beyden Fäden c d und d e mit dem Theile c e der Mittagslinie bilden alſo ein rechtwinkliges Dreyeck, deſſen Fläche in der Fläche des Mittagskreiſes lieget. Hat nun das Auge

in

a) *Wolfii* elementa matheſeos univerſae Tom. III. element. aſtron. §. 134.

in dem Mittagskreise die Lage, daß demselben der Faden d e
von dem Faden d c gedeckt erscheine, so wird das Gestirn in
dem Mittagskreise sich befinden, folglich culminiren, wenn
es von dem Auge durch den Faden d c in zwey Theile getheilet betrachtet wird.   Die Zeit nach einer genauen Uhr
gibt die Zeit der Culmination.   Auch kann man hierzu den
Mauerquadranten mit vielem Vortheile gebrauchen, welcher
zugleich die Höhe des Gestirnes im Augenblicke der Culmination, d. h. die Mittagshöhe, bestimmt.   Ferner läßt sich
die Zeit der Culmination mittelst beweglicher Quadranten
finden, indem man eine gleiche Höhe des Gestirnes auf der
Morgen- und Abendseite beobachtet, die Zeitpunkte, da dieß
geschieht, nach einer genauen Uhr bemerket, und die Hälfte
der Zwischenzeit zu der Zeit der Beobachtung auf der Morgenseite hinzugesetzet.   Die Zeit des culminirenden Mittelpunktes der Sonne gibt zugleich die Zeit des Mittags an.
Da nun die Sonne nicht als ein Punkt, sondern als eine
beträchtliche Scheibe erscheinet, deren Mittelpunkt durch
nichts bezeichnet ist; so müssen die Zeiten für beyde Sonnen-
ränder, indem der eine in den Mittagskreis tritt, und der
andere denselben verläßt, besonders beobachtet werden.   Zu
der ersten Zeit setzt man alsdann noch die halbe Zwischenzeit
dazu, um die wahre Zeit der Culmination des Mittelpunktes
der Sonne, mithin den wahren Mittag zu erhalten.   Wenn
eine Mittagslinie genau ist gezogen worden, und es steht
auf derselben in der Mittagsfläche ein Stift entweder senkrecht oder auch schief, so wird zur Zeit der Culmination der
Sonne der Schatten von diesem Stifte genau in der Mittagslinie liegen, und daher den wahren Mittag bestimmen.
Eine richtig gestellte Sonnenuhr wird demnach den wahren
Mittag angeben, wenn der Schatten des Gnomons die
zwölfte Stundenlinie bedeckt.

Wenn man die Zeit der Culmination durch Rechnung
bestimmen will, so muß man den Abstand der Frühlingsnachtgleiche von der Sonne, und die gerade Aufsteigung des
Sternes, dessen Zeit der Culmination gesucht wird, zusam-

Rr   men

men abdiren, und diese Summe in Zeit verwandeln. Stelle
nämlich die 92. fig. den Aequator vor, ♈ den Frühlingspunkt, ♈ n ſ die: gerade Auffſteigung der Sonne und ♈ n
die des Sternes n, ſo ſieht man leicht ein, daß der Stern
h um ſo viel ſpäter in den Mittagskreis kommen müſſe, als
die Sonne ſ, ſo viel der Bogen ſ n Zeit gebrauchet, damit
er durch den Mittagskreis durchgehe. Es iſt aber dieſer
Bogen = ♈ ſ + ſ n gleich der Summe des Abſtandes der
Frühlingsnachtgleiche von der Sonne und der geraden Auf-
ſteigung des Sternes. Wird nun die Zeit der Culmination
des Sternes bloß in Sternzeit verlangt, ſo braucht man
nur den Abſtand der Nachtgleiche für den verlangten Mittag
zu nehmen. Will man aber die Zeit der Culmination in
wahrer Sonnenzeit, ſo muß der Abſtand der Nachtgleiche
von der Sonne für den Augenblick der Culmination geſucht
werden. Alsdann läßt ſich durch eine leichte Regel Detri
berechnen, wie viel von der gefundenen Zeit, wenn die Zeit
der Culmination bloß in Sternzeit verlangt wird, ſubtrahiret werden müſſe. Man findet den Abſtand der Frühlings-
nachtgleichen von der Sonne, und die gerade Auffſteigung
der vornehmſten Geſtirne in Sternzeit verwandelt in den
Ephemeriden.

M. ſ. **Käſtner** aſtronomiſche Abhandlungen. Götting.
1772. Abh. III. §. 77. u. ſ.

Culminirender Punkt ſ. Magnet.

Cyanometer ſ. Kyanometer.

Cykel (cyclus, cycle) iſt eine Reihe von Jahren,
welche man immer wieder von vorne zu zählen anfängt.
Von den älteſten Zeiten an ſind die Cykel bey der Zeitrechnung
gebrauchet worden. Bey unſerer jetzigen Zeitrechnung ſind
nur noch drey Cykel gewöhnlich, nämlich der **Sonnencykel,
Mondcykel und Indictionscykel.**

Der Sonnencykel (cyclus ſolis, cycle ſolaire) iſt
eine Zeitperiode von 28 Jahren, nach welcher vermöge der
Einrichtung des julianiſchen Kalenders die Sonntage, mithin
auch die Wochentage, auf die nämlichen Monathstage fallen.

Eigent-

Eigentlich heißt der Sonnencykel richtiger der Sonnen-
buchstabencykel, weil man die 7 Wochentage in der Zeitrechnung durch die ersten Buchstaben des Alphabets aus-
druckt, und ein Buchstabe das ganze Jahr hindurch auf den
Sonntag fallen muß, wenn der erste Tag im Jahre mit
dem Buchstaben A angehet, welcher eben der Sonntags-
buchstabe genannt wird. Weil nun ein gemeines juliani-
sches Jahr 52 Wochen und 1 Tag, ein Schaltjahr aber 52
Wochen und 2 Tage enthält, so endiget sich das gemeine
Jahr mit eben dem Tage, womit es anfing, das Schaltjahr
aber mit dem nächstfolgenden. Das folgende Jahr nach
einem verflossenen gemeinen Jahre fängt also mit demjenigen
Wochentage an, welcher unmittelbar auf den folget, mit
welchem das nächste Jahr vorher anfieng; hätte man demnach gar kein Schaltjahr, so würde nach einem Cykel von
7 Jahren das Jahr mit eben dem Wochentage anfangen.
Allein weil das Schaltjahr mit dem zweyten nach demjenigen
Wochentage anfängt, mit welchem das Schaltjahr anfieng,
so kann erst nach 7 Schaltjahren mithin nach einem Cykel
von 28 Jahren die nämliche Ordnung der Wochentage für
den Anfang des Jahres eintreten. Weil also nach dieser
verflossenen Zeit der nämliche Buchstabe wieder auf den
Sonntag fällt, so erhellet hieraus der Nahme Sonnenbuch-
stabencykel. Dionysius Exiguus *), welcher zu Anfange
des 6ten Jahrhunderts lebte, und vorzüglich die Vorschriften
zu der jetzigen Jahrrechnung von Christi Geburt angegeben
hat, setzt den Anfang des Sonnencykels 9 Jahre vor Christi
Geburt so, daß das erste Jahr der christlichen Zeitrechnung
das 10te ist, welches den Buchstaben B zum Sonntagsbuch-
staben hat. Wenn man also wissen will, wie viele Sonnencykel seit Christi Geburt verflossen sind, so muß man zu der
laufenden Jahrzahl die Zahl 9 addiren, und diese Summe
durch 28 dividiren, der Quotiente gibt die verlangte Zahl
an. Z. B. 1798 $+ 9 = 1807$ durch 28 dividiret gibt den
Quotienten 64 und 15 bleibt zum Reste. Dieser Rest 15

Rr 2 zeigt,

*) Jo. G. Jani historia cycli Dionysiani. Viteb. 1718.

zeigt, daß das Jahr 1798 das 15te des gegenwärtigen Sonnencykels sey, der Quotiente 64 aber zeigt an, daß seit Christi Geburt 64 solche Cykel verflossen sind.

Der **Mondcykel** (cyclus lunæ, cycle lunaire) ist ein Zeitraum von 19 julianischen Sonnenjahren, nach deren Verlauf alle Neu- und Vollmonde an gleichen Tagen des Jahres wieder eintreten. Er wurde 430 Jahre vor Christi Geburt von dem griechischen Weisen **Meton** gefunden, und man hielt diese Entdeckung für so wichtig, daß die Rechnung desselben mit goldenen Buchstaben eingegraben wurde. Aus diesem Grunde heißt auch noch die Zahl, welche angibt, wie viele Jahre des laufenden Mondcykels bis aufs gegenwärtige verflossen sind, die **güldene Zahl**. Wenn man von der Länge des julianischen Jahres 365 Tage 5 St. 59 M. 60 Sek. das Mondenjahr 354 T. 8 St. 48 Min. 36 Sek. subtrahirt, so ist die Differenz 10 — 21 — 11 — 24 — Wäre diese Differenz gerade 11 Tage, so würden alle Neu- und Vollmonde in jedem folgenden Jahre 11 Tage früher eintreten. Weil man im gemeinen bürgerlichen Leben die Stunden und Minuten nicht mit zählet, so rechnet man auf einen bürgerlichen Mondenmonath wechselsweise 29 und 30 Tage, mithin beträgt ein ganzes bürgerliches Mondenjahr 180 + 174 = 354 Tage, da alsdann das gemeine julianische Jahr von 365 Tagen gerade um 11 Tage größer als das bürgerliche Mondenjahr ist. Multipliciret man die Zahl 11 mit der Zahl 19, so erhält man zum Produkte 209. Demnach sind 19 Mondenjahre um 209 Tage größer, als eben so viele gemeine julianische Jahre. Setzt man einen bürgerlichen Mondenmonath 29½ Tag, so betragen 209 Tage 7 Mondenmonathe und 2½ Tag. Weil aber der Ueberschuß des julianischen Jahres über das wahre Mondjahr beynahe 3 Stunden kürzer als 11 Tage ist, und 3 Mahl 19 = 57 Stunden = 2 Tage 9 Stunden beynahe 2½ Tag ausmachen, so ist eigentlich der Unterschied zwischen 19 julianischen und eben so viel Mondenjahren nur 7 Mondenmonathe bis auf eine Kleinigkeit, die nach genauern Rechnungen noch nicht völlig

1½ Stunde

2¼ Stunde ausmacht. Es erfolgen also nach Verlauf von 19 Jahren die Neu- und Vollmonde in eben der Ordnung wieder. Nach Dionysius Exiguus Rechnung fängt der Mondcykel 1 Jahr vor Christi Geburt an; um also die güldene Zahl zu finden, muß man zu der laufenden Jahrzahl 1 addiren, und diese Summe durch 19 dividiren, der Quotient gibt an, wie viele Mondcykel verflossen sind, und der Rest zeigt die güldene Zahl. Z. B. 1798 + 1 = 1799 durch 19 dividiret gibt 94, und es bleibt zum Reste 13, welches letztere die güldene Zahl ist.

Der Indiktionscykel (cyclus indictionum s. indictionis Romanae, cycle de l'indiction Romaine) ist ein Zeitraum von 15 Jahren, ohne daß man den eigentlichen Grund davon anzugeben weiß. Unter Constantins des Großen und der folgenden Kaiser Regierung, waren bey den Römern die Indiktionen gerichtliche Vorladungen zur Abtragung gewisser Steuern, und diese haben eben diesen Cykel veranlasset. Seit dem Jahre 313 hat sich dieser Cykel angefangen, und wenn selbiger zurückgeführet wird, so findet es sich, daß einer davon drey Jahre vor Christi Geburt würde vorgefallen seyn, und dieß ist der Grund, warum gewöhnlich der Anfang dieses Cykels 3 Jahre vor der christlichen Zeitrechnung gesetzet wird. Die Zahl, welche zeigt, wie viele Jahre in dem laufenden Cykel bis aufs gegenwärtige verflossen sind, nennt man der Römer Zinszahl. Um diese also zu finden, muß man zur laufenden Jahrzahl die Zahl 3 addiren, und diese Summe durch 15 dividiren, der Rest gibt der Römer Zinszahl. Z. B. 1798 + 3 = 1801 durch 15 dividiret gibt zum Quotienten 120, und zum Reste oder der Römer Zinszahl 1.

Cylindrische Spiegel s. Spiegel.

D.

Dacht ſ. Flamme.

Dämmerung (crepuſculum, crépuſcule) bedeutet das Licht, welches man ſchon einige Zeit vor Sonnenaufgang, und einige Zeit nach Sonnenuntergang im Luftkreiſe wahrnimmt. Dasjenige Licht, welches noch vor Sonnenaufgang erſcheinet, heißt **Morgendämmerung** (crepuſculum matutinum, crépuſcule du matin), und der erſte Anfang derſelben der **Tagesanbruch**; dasjenige Licht aber, welches noch einige Zeit nach Sonnenuntergang dauert, heißt die **Abenddämmerung** (crepuſculum veſpertinum, crépuſcule du ſoir).

Wenn unſere Erde gar keine Atmoſphäre hätte, ſo würde das Licht beym Auf- und Untergange der Sonne mit der Finſterniß urplötzlich abwechſeln. Weil aber Luft unſere Erde umgibt, ſo werden auch diejenigen Sonnenſtrahlen, welche ſonſt an der Erdfläche vorbeygehen würden, von derſelben gebrochen, und auf Theile der Erdfläche zurückgeworfen, welche ſonſt ganz dunkel geblieben wären. Daraus erhellet es, daß wir noch vor Aufgang der Sonne und nach Untergang derſelben durch die Brechung der Lichtſtrahlen in der Atmoſphäre einiges Licht erhalten. Wenn man die Grenze der Dämmerung genau beſtimmen wollte, d. h., wie tief die Sonne beym Anfange der Morgendämmerung und beym Ende der Abenddämmerung unter dem Horizonte ſeyn müßte, ſo ſieht man ſogleich, daß dieß mit großen Schwierigkeiten verbunden ſeyn würde, indem dabey zufällige Umſtände, als die Dichte, Reinigkeit, Wärme der Luft, Menge und Beſchaffenheit der Dünſte, ſelbſt Güte der Augen und dergl. große Abänderungen bewirken. Gemeiniglich nimmt man für die Grenze der Dämmerung den Sehungsbogen an, d. h., die Tiefe der Sonne unter dem Horizonte, bey welcher die kleinſten Sterne ſichtbar werden, oder wenn es völlig dunkel wird. Da nun dieſer Sehungsbogen wegen der eben angegebenen zufälligen Umſtände nicht ganz genau beſtimmet werden kann, ſo iſt es kein Wunder, daß er von allen nicht

gleich

gleich groß angegeben wird. So setzt ihn nach **Riccioli** *)
Alhazen und **Vitellio** 19°, **Nonius** 16°, **Tycho de
Brahe** 17°, **Longomontan** 20°, **Riccioli** selbst 16 bis
21 1/2°. Die meisten Astronomen nehmen von diesen verschiedenen Angaben als ein Mittel 18° an. Wenn man daher in der Tiefe von 18° unter dem Horizont einen Kreis mit
dem Horizonte parallel beschreibet, so pflegt man diesen auch
den **Dämmerungskreis** oder die **Grenze der Dämmerung** (circulus s. terminus crepusculorum) zu nennen.
    Alhazen suchte hieraus schon die Höhe der Atmosphäre
zu bestimmen, er nahm aber dabey bloß auf die Zurückwerfung des Sonnenlichtes Rücksicht. Dagegen erinnert **Kepler** *), daß man auch auf die Brechung der Lichtstrahlen
sehen müsse; daraus sucht **Halley** γ) diese Bestimmung zu
verbessern (m. s. **Luftkreis**).
    Es sey (fig. 93.) a b der Horizont und c d der Dämmerungskreis. Wenn nun die Sonne s, deren Tagekreis g h
mit dem Aequator e f parallel laufend vorstellet, den Dämmerungskreis bey s erreicht, so hebt sich die Morgendämmerung an, indem der Punkt e des Aequators in dem Mittagskreise a p b f c sich befindet. Ist p s i der Abweichungskreis der Sonne, folglich s i ihre Abweichung, so wird nun
der Punkt i des Aequators mit der Sonne s zugleich in den
Mittagskreis kommen. Demnach wird vom Anfange der
Morgendämmerung an bis zum Mittage gerade so viel Zeit
verfließen, als der Bogen e i des Aequators nöthig hat,
durch den Mittagskreis hindurch zu gehen. Subtrahiret
man also von dieser Zeit die halbe Tageslänge, so wird die
Differenz die Dauer der Morgendämmerung angeben. Es
ist folglich diese Zeitdauer nichts anders, als der Unterschied
der von dem Tagesanbruche an gerechnete halbe Tag, und
der vom wirklichen Sonnenaufgange an gerechnete halbe Tag.
Um folglich die Zeitdauer der Morgendämmerung zu bestim-

Nr 4   men;

α) Almagest. novum. Tom. I. pag. 39.
β) Epit. astron. Copernic. p. 73.
γ) Philos. transact. nro. 181.

men, hat man nur nöthig den Bogen i o zu berechnen, welcher das Maß von dem Winkel e p i ist. Dieser Winkel
wird, durch die Auflösung des sphärischen Dreyecks z s p gefunden, in welchem alle drey Seiten bekannt sind, wenn die
Abweichung der Sonne bekannt ist. Denn man hat p s = 90°
— Abweichung der Sonne, p z = der Aequatorhöhe des
Ortes, und z s = 90° + 18° = 108°. Daraus ergibt sich
nun der Winkel e p i, dessen Anzahl von Graden den Bogen
i e bestimmen. Verwandelt man also diesen Bogen des Aequators in Zeit, und subtrahiret davon die halbe Tageslänge,
so erhält man die Zeitdauer der Morgendämmerung. Wenn
die Abweichung der Sonne südlich ist, so bleibt die Rechnung wie vorher, nur wird alsdann statt 90° — Abweichung
der Sonne 90° + Abweichung der Sonne gesetzet. Die
Zeit, auf welche die Rechnung gerichtet ist, muß Sternzeit
seyn, die gefundene Zeitdauer aber ist aus eben den Gründen, welche bey der Berechnung der Tageslängen Statt finden, als wahre Sonnenzeit zu betrachten.

Was die Abenddämmerung betrifft, so wird diese auf ähnliche Art wie die Morgendämmerung berechnet; man wird
aber auch sehr wenig irren, wenn man diese für einen jeden
Tag von eben der Dauer annimmt als die Morgendämmerung.

Uebrigens ist die Zeitdauer der Dämmerungen an verschiedenen Oertern der Erde und in verschiedenen Jahreszeiten
verschieden. Unter dem Aequator ist sie am kleinsten, und
wird immer größer, je näher die Oerter den Polen zu liegen.
An denjenigen Oertern der Erde, welche eine halbjährliche
Nacht haben, dauert die Abenddämmerung nach dem Verschwinden der Sonne gegen zwey Monathe, und die Morgendämmerung fängt gegen zwey Monathe vor der Wieder-
erscheinung an.

Aus der fig. 93. ist es klar, daß die Abenddämmerung
die ganze Nacht hindurch dauern müsse, wenn f h > f d;
denn in diesem Falle erreicht die Sonne in ihrer täglichen
Bewegung auch bey der größten Tiefe derselben unter dem

Hori-

Horizonte noch nicht den Dämmerungskreis. Sobald aber
f h < f d, so wird die Abenddämmerung von der Morgendämmerung getrennt. Ist endlich f h = f d, so folgt der
Abenddämmerung unmittelbar die Morgendämmerung. Es
ist aber f h = i f = der Abweichung der Sonne, und f d =
f b — b d = der Aequatorhöhe des Ortes — 18°.

Wenn die Sonne bey einer gegebenen Polhöhe die Tiefe
von 18° am geschwindesten erreicht, so ist die Dämmerung
am kürzesten. Die Aufgabe, die Tage der kürzesten
Dämmerung zu finden, durch Hülfe der Differenzialrechnung aufzulösen, hatte die beyden Gebrüder Bernoulli [a])
5 Jahre lang beschäftiget, obgleich schon Nunnez oder
Nonius [β]) selbige durch Hülfe der Geometrie der Alten
aufgelöset hatte. Erst L'Hopital [γ]) machte die vollständige Auflösung dieser Aufgabe mittelst der Differenzialrechnung bekannt; Herr Hofrath Kästner [δ]) suchte sie theils
aus den gegebenen Formeln des Maupertuis theils nach
Eulers Art durch bequemere Bezeichnungen der trigonometrischen Linien herzuleiten. Für den Tag der kürzesten Dämmerung muß seyn

Sin. Abweich. der Sonne = Sin. Polhöhe X tang. 9°
Z. B. für die Polhöhe = 51° 2' ist.

l. Sin. Polhöhe = 9,8907071
l. tang. 9°   = 9,1997125

l. Sin. Abw. Son. = 9,0904196
gehört zu 7° 5'

und weil die tang. — 9° verneint ist, so ist diese Abweichung
der Sonne südlich.

Die kürzeste Dämmerung ist überhaupt desto kleiner, je
kleiner die Polhöhe ist, folglich am kürzesten unter dem Aequator, wo sie sich in den Nachtgleichen ereignet; ihre Zeit-

Rr 5   dauer

a) Opera. T. I. p. 64. ingl. Act. erudit. 1692. p. 446.
β) De crepusculis; liber. 1541. P. II. propos. 17.
γ) Analyse des infinemens petits, à Paris 1696. p. 52.
δ) Kulofe Einleitung zur Kenntniß der Erdkugel durch Kästner.
Gött. u. Leipz. 1755. St. 4. S. 84 f.

dauer gehöret einem Bogen des Aequators von 18 Graden zu, und beträgt folglich etwa 1 Stunde 10 Minuten mittlerer Zeit.

Beträgt die Polhöhe des Ortes 81°, so ereignet sich die kürzeste Dämmerung daselbst, wenn die Sonne 9° südliche Abweichung hat. Ihre Dauer gehöret einem Bogen des Aequators von 180° und beträgt folglich 12 Stunden. Bey dieser Abweichung der Sonne ist die Mittagshöhe derselben = 0, d. h. sie wird in dem Tagekreise so herumgeführet, daß sie den Horizont sogleich berühret, wenn sie dem Scheitel am nächsten steht. Von dieser Berührung bis an den Augenblick, da sie 9° unter dem Horizonte ist, dauert die kürzeste Abenddämmerung. Bey dieser Abweichung aber ist sie 9° unter selbigem Horizonte um Mitternacht, folglich dauert diesem Orte die kürzeste Dämmerung von demjenigen seiner Mittage, in welchem Aufgang und Untergang beysammen waren, bis zu seiner Mitternacht folglich 12 Stunden.

Die bisher betrachtete Dämmerung heißt die astronomische. Von dieser unterscheidet man die bürgerliche oder gemeine Dämmerung, worunter man diejenige versteht, da man in den Wohnungen, die eben nicht gerade gegen den Ort des Aufganges oder Unterganges der Sonne zugekehret sind, am Morgen Licht zu brennen aufhören kann, und am Abend Licht anzünden muß. Durch verschiedene Beobachtungen hat Herr Lambert in seiner Photometrie gezeiget, daß die Grenzen des noch erleuchteten Kreises am Himmel gerade durch den Scheitelpunkt des Ortes gehen, wenn die Sonne eine Tiefe von 6° 23½′ unter dem Horizonte hat. In diesem Falle erblickt man alsdann an der der Sonne entgegengesetzten Seite des Himmels die größten Sterne, wenn dieß durch die Dämmerung auf der andern Seite des Himmels verhindert wird. Man muß also den Dämmerungskreis für diese Dämmerung 6° 23½′ tief unter dem Horizonte mit demselben parallel ziehen. Um die Zeitdauer dieser Dämmerung zu berechnen, hat man eben so wie bey der astronomischen zu verfahren.

Man

Man beobachtet auch an dem Orte, welcher der Dämmerung entgegengesetzet ist, eine Erscheinung als ein dunkles bläuliches Segment, welches oben mit einem röthlichen Bogen begrenzt ist, von welcher besonders **Mairan** [a], und **Junk** [b] handeln. Ersterer nennt sie die **Gegendämmerung.**

M. s. **Torb. Bergmann** Geschichte der Wissenschaften von der Dämmerung in den schwedischen Abhandlungen für das Jahr 1760. **Kästner** astronomische Abhandlungen. Gött. 1777. 8. Abhandl. 3. §. 805 u. f. S. 441 u. f.

Dämmerungskreis, Grenze der Dämmerung s. **Dämmerung.**

Dämpfe, Dünste (vapores, vapeurs) sind Verwandlungen der Körper, besonders der flüssigen Körper durch die Wirkung des Feuers oder des Wärmestoffs in elastische oder erpansible Flüssigkeiten, welche jedoch ihre Erpansibilität durch die bloße Wirkung der Kälte und des Drucks wieder verlieren. Von diesen Flüssigkeiten sind die permanent-elastischen oder luftförmigen Flüssigkeiten, welche auch Luftarten, Gasarten heißen, verschieden; denn diese behalten auch bey einer jeden Temperatur ihre elastische Form. Mit Unrecht gehen die Antiphlogistiker von diesen Begriffen ab, indem sie unter den Gasarten allein gehobene Dämpfe verstehen. Die Erfahrung lehret aber offenbar, daß bey den Gasarten außer dem Wärmestoffe noch ein anderes Bindungsmittel erfordert wird, um ihnen eine permanent-elastische Gestalt zu geben.

Wenn man Wasser in einem gläsernen Gefäße der Hitze aussetzet, und seine Temperatur einen gewissen Grad erreichet hat, so bemerket man, daß eine Menge von Bläschen sich allenthalben an der Wand des Gefäßes ansetzet, welche sich nach und nach ablösen, in die Höhe steigen, und auf der Oberfläche des Wassers zerplatzen. Wenn die Hitze noch größer wird, so nimmt auch die Menge und Größe der
· Bläschen

---

[a] Traité de l'aurore boreale. edit. 2. p. 79.
[b] De coloribus coeli. Ulm. 1716. p. 144.

Bläschen zu, so daß sie bey ihrem Emporsteigen das Wasser wie trübe machen. Zuletzt kömmt die ganze Wassermasse in Bewegung, wegen der Größe und Menge der Bläschen, und das Wasser kocht. Diese Blasen, welche im kochenden Wasser aufsteigen, sind der **Wasserdampf.** Er ist vollkommen durchsichtig wie die Luft, und bleibt auch beym Entweichen aus dem Wasser unsichtbar und elastisch, so lange er die dazu nöthige Wärme hat, oder nicht durch Druck zernichtet wird. Auf diese Weise verwandelt sich bey fortdauernder Hitze das Wasser nach und nach in Dampf, und wird als solcher fortgeführet. Bey Berührung kälterer Körper aber, oder durch Abkühlung in der Atmosphäre, oder auch durch Zusammendrückung, verwandelt sich dieser Dampf als expansibele Flüssigkeit wieder in tropfbare Flüssigkeit oder in Wasser. So können auch andere Flüssigkeiten und feste Körper durch einen angemessenen Grad von Hitze in elastische Flüssigkeiten oder in Dämpfe verwandelt, und durch Abkühlung daraus als flüssige oder feste Körper wieder niedergeschlagen werden. Der dazu nöthige Grad von Hitze ist bey verschiedenen Körpern gar sehr verschieden. Dabey lehret auch die Erfahrung, daß der Druck der Atmosphäre, welche über der Fläche der kochenden Flüssigkeit sich befindet, den Grad der Hitze, bey welchem ein und die nämliche Flüssigkeit siedet, sehr abändert; daß die Hitze desto größer seyn müsse, je größer der Druck der Atmosphäre ist, desto geringer aber, je geringer der Druck der Luft darauf ist. Es muß aber auch offenbar der größere oder geringere Druck der Atmosphäre einen größern oder geringern Widerstand der Bildung des elastisch-flüssigen Dampfes entgegensetzen. Das deutlichste Beyspiel von der Elasticität der Dämpfe und ihren Wirkungen gibt die **Dampfkugel** (m. s. **Windkugel**); so bald nämlich das Wasser in selbiger kocht, so strömt der Dampf aus der Oeffnung der Röhre wie ein heftiger Wind hervor; wird dieser Dampf in ein ander Gefäß von gleicher oder noch größerer Temperatur gelassen, so behält er die angeführten Eigenschaften, indem er vollkommen durchsichtig

und

und elastisch wie die Luft bleibt. Wenn aber der ausströmende Dampf in die kältere Luft der Atmosphäre übergehet,
so erscheint er in derselben als eine Art von Dunst oder Nebel, verschwindet endlich nach und nach, oder vermischt sich
mit der Luft als aufgelöster Dampf, wenn er mit der Luft
einerley Temperatur erhalten hat; sonst legt er sich aber, so
bald er an kalte Körper stößt, in Form der Tropfen an, und
wird wieder zu Wasser, wie man dieß in einem verschlossenen Zimmer an den Scheiben der Fenster deutlich wahrnimmt. Werden die Dämpfe in verschlossenen Gefäßen erzeuget, so daß sie nicht entweichen können, mithin auf die
Flüssigkeit selbst zurückwirken müssen, so ist auch eine weit
größere Hitze nöthig, um die flüssigen Materien zum Sieden
zu bringen; ja sie nehmen auch in diesen Gefäßen einen sehr
hohen Grad von Elasticität an.

Bey den Dämpfen muß man die Basis oder den Stoff
unterscheiden, welcher an sich nicht expansibel ist, wie beym
Wasserdampfe das Wasser, und den ursprünglich expansiven
Stoff oder die Wärmematerie, wodurch jene Basis zur expansibeln Flüssigkeit wird. Die expansive Kraft des Wärmestoffs reißt nur die Theilchen der Basis mechanisch mit
fort, und es kann daher der Dampf seine Elasticität nur so
lange behalten, als die expansive Kraft des Wärmestoffs
auf die Theilchen der Basis wirkt. Daraus erkläret sich zugleich der Verlust der wärmeerzeugenden Kraft und der
Strahlung der Wärmematerie, weil ihre Kraft bloß auf
Verwandlung des Dampfes verwendet wird. Auch erkläret
sich daher die Fixität des Siedpunktes beym bleibenden Drucke
der Atmosphäre, und warum bey verschiedenen Materien
auch verschiedene Grade von Hitze erfordert werden, um sie
in dampfförmige Flüssigkeiten zu verwandeln.

Die Luft trägt eigentlich zur Erzeugung des Dampfes
gar nichts bey; vielmehr ist sie durch ihren Druck derselben
einiger Maßen hinderlich. Der Druck der Atmosphäre
macht, daß bey der Entstehung des Dampfes eine größere
Menge von Wärmematerie nöthig ist, um eine gleiche Elasti-

citát

citát mit der Luft zu erhalten. Ist der Druck der Atmosphäre geringer, so bedarf es auch einer geringern Menge von Wärmematerie, um eben die Quantität von Dampf hervorzubringen. Würde gar kein Druck der Luft Statt finden, so würde auch bey einem geringen Grad von Wärme die Verwandlung der Körper in dampfförmige Gestalt geschehen können; daher verdampft Wasser im luftleeren Raume schnell, so wie selbst das Quecksilber in der torricellischen Leere bey mäßiger Wärme. Wenn den Dämpfen durch eine niedrige Temperatur der umgebenden Mittel ein Theil Wärme entzogen wird, so kann auch dieselbe Menge der Basis bey einerley Druck der Atmosphäre nicht mehr elastisch bleiben, und es wird sich ein Theil derselben niederschlagen. Es kann folglich der Wasserdampf bey allen möglichen Temperaturen der Luft als expansible und völlig unsichtbare Flüssigkeit bestehen, nur daß eine desto geringere Menge der Basis bey gleicher Quantität von Wärmestoff zur expansibeln Flüssigkeit wird, je größer der Druck der Atmosphäre bey gleicher Temperatur ist; und daß eine desto geringere Menge von Dampf bestehen kann, je niedriger die Temperatur bey gleichem Drucke der Atmosphäre ist. Bey der mittleren Temperatur würden wir ohne Druck der Atmosphäre gar kein tropfbar flüssiges Wasser kennen, sondern es würde alles zur expansibeln Flüssigkeit oder zu Dampf werden.

Sonst unterschied man Dämpfe und Dünste sorgfältig von einander, und verstand unter diesen die durch Ausdünstung der Körper in die Höhe gestiegenen und durch die Luft aufgelösten Wassertheile, und begründete hierauf zugleich einen Unterschied von der wirklichen Verdampfung und Ausdünstung. Einen vorzüglichen Vertheidiger erhielt die Theorie der Ausdünstung, als einer Auflösung des Wassers in Luft, an le Roi, der sie weitläufig abfaßte, und zuletzt noch an einem scharfsinnigen Naturforscher, Hube. Allein schon de Saussüre suchte aus seinen Erfahrungen eine andere Theorie herzuleiten, und nannte Dämpfe oder Dünste Ausflüsse, welche sich aus den Körpern durch die Wirkung

des

des Feuers in die Luft erheben, und in derselben so lange schwebend bleiben, bis sie durch andere Ursachen wieder von ihr getrennt, und in gröberer Form wieder vereiniget werden. Nach ihm gibt es gar keine Ausdünstung ohne Verdampfung, oder die Luft löse das Wasser nicht unmittelbar auf, sondern erst vermittelst des Feuers, die Luft nehme bloß den durchs Feuer erzeugten Dampf auf, und halte ihn aufgelöst in sich. Er sucht dieses aus einem Versuche mit dem Manometer zu erweisen, welcher mit Wasser, und Luft in einer Glaskugel eingeschlossen war. Denn dieser zeigete ihm, daß die Ausdünstung das Volumen der Luft durch eine erzeugte elastische Materie vermehre, welche dünner als die Luft, und bloß das in Dämpfe verwandelte Wasser sey. Hieraus folgt also, daß der Wasserdampf mit der gewöhnlichen Ausdünstung völlig einerley ist, nur daß der Wasserdampf reiner und dünner, und das Wasser bey der Ausdünstung dichter und mehr mit der Luft verbunden. Erst dieser in die Höhe gestiegene elastische Dampf soll nachher von der Luft aufgelöset werden, und dadurch eine Mischung bilden, welche von ihm elastischer aufgelöseter Dampf genannt wird, und welche nichts anders sey, als eine Gattung dessen, was sonst unsichtbare Dünste oder feuchte Luft genannt wird. Daß die Ausdünstung eine wahre chemische Auflösung der Dämpfe in der Luft sey, sucht de Saussüre aus folgenden Gründen zu erweisen: 1. weil die mit Dünsten gesättigte Luft vollkommen durchsichtig sey, 2. weil bey zunehmender Wärme die Dünste verschwinden, 3. weil sie bey der Kälte plötzlich wieder erscheinen, und 4. weil sie bey einem so verschiedenen Grade der Dichtigkeit der Luft mit derselben aufs innigste verbunden sind. Zugleich ist er der Meinung, daß die Auflösung nicht vollkommen erfolge, wenn ihr nicht eine Bewegung der Luft zustatten käme. Aus dieser Theorie leitet de Saussüre verschiedene Erscheinungen in der Luft her. Wenn eine Luftmasse, welche mit Dünsten ist gesättiget worden, eine kältere Oberfläche irgend eines Körpers berühret, so schlägt sich ein Theil von diesen Dünsten an dieser Ober-

Oberfläche nieder, oder nehmen, wenn die Temperatur noch über dem Eispunkte ist, die Gestalt der Tropfen oder des Thaues an, oder verwandeln sich bey größerer Kälte in nadelförmiges Eis oder in Schuppen von regelmäßiger Gestalt, wie z. B. beym Ausschlagen der Wände beym einfallenden Thauwetter, beym Reif, beym Gefrieren der Fensterscheiben u. d. g. Besindet sich aber in einer solchen Luftmasse keine kältere Oberfläche, so werden sich diejenigen Dünste, welche in eine kältere Luftschicht kommen, entweder zu kleinen Tropfen oder zu kleinen gefrornen Nadeln, oder endlich zu hohlen Bläschen, welche in der Luft schwimmen, und den Himmel trüben. Diese kleinen Tröpfchen und Nadeln, welche die erste Veranlassung zum Regen und Schnee sind, sind eigentlich keine Dünste mehr, sondern wahrer Niederschlag in Gestalt des Wassers, weil sie aber jedoch in der Luft wegen ihrer Feinheit schwebend erhalten werden, so benennet sie de Saussüre mit dem Nahmen concreter Dünste. Sie sind vorzüglich die Ursache der so genannten Höhe, und anderer Lufterscheinungen, welche Regen ankündigen.

Auch hat der Herr de Saussüre durch zahlreiche Versuche gefunden, daß die feuchte Luft etwas leichter, als die heitere und trockene sey. Er fand, daß die Elasticität der in einer Kugel eingeschlossenen Luft vom höchsten Grade der Feuchtigkeit bis zum höchsten Grade der Trockenheit um $\frac{1}{54}$ abnehme. Wenn nämlich die Temperatur nach reaum. auf 10 Grad bey einer Barometerhöhe von 27 Zoll war, so änderte sich der Stand des Manometers um 6 Linien, welche den 54ten Theil von 27 Zoll betragen. Weil nun bey der angeführten Temperatur ein Cubikfuß Luft 751 Grän wieget, und etwa bis zur Sättigung 10 Grän Wasser auflösen kann, so wird er nach erfolgter Sättigung 761 Grän wiegen, und sich in einen Raum von $\frac{55}{54}$ Cubikschuh ausdehnen. Daraus erhellet, daß $\frac{1}{54}$ Cubikfuß Raum mit Luft angefüllt $\frac{751}{54} = 14$ Grän, mit Dünsten aber 10 Grän wiege; mithin verhalten sich die specifischen Gewichte der reinen und der

der mit Dünsten angefüllten Luft wie 751 + 14:751 + 10 =
765:761; dagegen die Gewichte der Dünste und der Luft
selbst wie 10 : 14 sind.

Was die Gestalt der Bläschen der in der Luft schwebenden Dünste anlangt, so wurden sonst diese zur Erklärung des
Aufsteigens der Dünste in der Luft bloß angenommen, ohne
nur irgend eine Erfahrung in Ansehung ihres Daseyns angeben zu können. Einige glaubten, daß sie mit erwärmter
ausgedehnter Luft, andere, daß sie mit Wärmematerie selbst,
und noch andere, daß sie mit elektrischer Materie angefüllt
wären. Desaguliers *) läugnet die Gestalt der Bläschen
ganz, weil man keine Erfahrungen darüber angeben könne.
Allein der Herr de Saussüre gibt folgende Versuche an,
um sie mit Zuverläßigkeit zu beobachten: Man stelle heißen
Caffee oder heißes mit Dinte vermischtes Wasser an einen hellen oder von der Sonne beschienenen ruhigen Ort, so wird
man von diesem Flüßigen Dämpfe in die Höhe steigen sehen.
Durch ein Vergrößerungsglas von etwa 1 bis 1½ Zoll Brennweite unterscheidet man sehr leicht in diesen Dämpfen kleine
runde Kügelchen von verschiedener Größe, wovon die kleinsten
schnell in der Luft zu einer gewissen Höhe steigen, und dann
unserm Gesichte zu verschwinden scheinen, die größern aber
auf die Flüßigkeiten wieder zurückfallen, und auf selbigen
schwimmen, so daß man sie durch einen Hauch hin und her
treiben kann. Oft zerplatzen sie auch auf der Oberfläche,
und vermischen sich wieder mit den Flüßigkeiten. Der Herr
de Saussüre gebrauchte zu genauerer Beobachtung der
Dunstbläschen eine Art von Dampfkugel mit zwey Kugeln.
Er verschoß eine Glasröhre (fig. 94.), welche unten bey b zugeschmolzen, bey a aber offen war, mit zwey Kugeln d und c.
In die Kugel c brachte er einige Tropfen Wasser, und erhitzte dieselbe über einer Weingeistlampe. So lange nun die
Kugel d noch kalt blieb, so lange verdichteten sich die aus
der Kugel c in die Kugel d übergegangenen Dämpfe, und
zeigten

---

*) Course of experiment. philosoph. Tom. II. lect. 10.

zeigten beym Uebergange eine Wolke von lauter Bläschen. Wurde aber auch die Kugel d erhitzt, so verschwanden die Dämpfe, die Kugel d war vollkommen durchsichtig, und die Dämpfe giengen durch a wie bey einer Dampfkugel. Wurde die Röhre wieder vom Feuer hinweggenommen, und die Kugel d mit frischem Wasser erkaltet, so bemerkte man den blasenförmigen Dampf in der Kugel d wieder; durch Hülfe eines Vergrößerungsglases konnte man die schnelle Bewegung der Bläschen leicht beobachten. Uebrigens setzt er den Durchmesser der kleinsten Bläschen auf $\frac{1}{4500}$, und den der größten auf $\frac{1}{2700}$ von einem pariser Zolle.

Herr Kratzenstein *), welcher bey allen Arten von Dünsten Bläschen annimmt, verglich den Durchmesser derselben mit der Dicke eines Haares, und setzte den Durchmesser derselben auf $\frac{1}{3000}$ eines Zolles, welches von der Angabe des de Saussüre nicht viel abweicht. In Ansehung der Dicke des Wasserhäutchens, welches die Dunstbläschen umgibt, nimmt er an, daß die Bläschen im verfinsterten Zimmer durch die Sonne erleuchtet so lange einerley Farbe zeigten, als das Wasserhäutchen eine gleiche Dicke hatte; sie änderten aber ihre Farbe, so bald entweder die Luft oder das in ihnen eingeschlossene elastische Fluidum die Dicke des Häutchens änderte. Aus den Versuchen Newton's mit Seifenblasen, die Dicke des Wasserhäutchens zu bestimmen, welche zur Hervorbringung einer Reihe von Farben nöthig ist, sucht Kratzenstein durch eine Anwendung auf die Farben der Dunstbläschen die Dicke derselben zu bestimmen. Er schließt daraus, daß diese Dicke im natürlichen Zustande der Luft $\frac{1}{30000}$ eines englischen Zolles betrage. Nähme man nun die specifische Schwere der in Dunstbläschen eingeschlossenen Materie $= 0$ an, so ließe sich nach der im Artikel Blasen angegebenen Formel finden, daß der Durchmesser des Bläschens, das gerade in der Luft schweben sollte, wenigstens $\frac{1}{10}$ Zoll betragen müsse. Hätte es also einen kleinern Durchmesser, so würde es specifisch schwerer als die Luft

*) Abhandlung vom Aufsteigen der Dünste und Dämpfe. Halle 1744. 8.

luft seyn, und folglich in selbiger niederſinken. Da nun
Kragenſtein den Durchmeſſer der Dunſtbläschen ¹⁄₃₆₀₀
pariſ. Zoll gefunden hat, und mithin weit kleiner als ¹⁄₁₀ engl.
Zoll; ſo ſchließt er daraus, daß die Dunſtbläschen viel
ſchwerer als Luft wären, und daß die Urſache ihres Aufſteigens keines Weges in ihrer Leichtigkeit zu ſuchen ſey. Er
ſucht daher den Grund ihres Aufſteigens in der Luft theils in
der Zähigkeit, theils in der Luft ſelbſt, theils aber auch in
einer gewiſſen Art von Auflöſung, welche nicht chemiſch iſt.
Allein der Herr de Sauſſüre hat alle dieſe Schlüſſe durch
einen Verſuch widerleget, und gezeiget, daß man aus den
Farben der Dunſtbläschen gar nicht auf ihre Dicke ſchließen
könne.

Ueber die Urſache der Entſtehung und Bildung dieſer
Bläschen läßt ſich eigentlich nichts Beſtimmtes ſagen. Jedoch beweiſen ſie, daß die Theile der flüſſigen Materie ungemein ſtark zuſammenhängen, um ihnen eine ſolche Kugelgeſtalt zu geben, und daß die flüſſigen Materien ein Continuum ausmachen. Denn im entgegengeſetzten Falle ließe
es ſich auf keine Weiſe gedenken, wie eine ſolche kugelförmige Geſtalt erfolgen könne.

Die Erfahrung lehret, daß die Zerſetzung der Luft nicht
allemahl in blaſenförmige Dünſte übergehe, ſondern daß ſogleich Tropfen niedergeſchlagen werden. Im erſtern Falle
entſtehen bloße Nebel, welche den Himmel trüben, im andern aber Thau, Regen u. d. g. Die Nebel verſchwinden
oftmahls wieder, wenn die Luft eine höhere Temperatur erhält. Es muß folglich eine Urſache da ſeyn, welche den
Niederſchlag in der Luft bald in concreter Form bald in Dunſtbläschen bewirket. Die neueſten Entdeckungen beweiſen, daß
die vorzüglichſte mitwirkende Urſache bey der Entſtehung der
Bläschen die elektriſche Kraft ſey, indem nach den Beobachtungen des Herrn de Sauſſüre bey den Nebeln vorzüglich Elektricität anzutreffen iſt.

Die Gründe für die Auflöſung des Waſſers in der Luft,
und die darauf bewirkte Ausdünſtung hat de Lüc umſtänd-

lich

lich und gründlich widerleget. Er hat aus seinen Erfahrungen hinlänglich bewiesen, daß eine jede Ausdünstung eine
wahre Verdampfung sey, welche bey einer niedrigen Temperatur der Luft nur deßwegen langsamer und in geringerer
Menge Statt findet, weil alsdann eine geringere Menge von
Wärmestoff vorhanden ist. Schon in seinen Untersuchungen
über die Atmosphäre im II. Bande §. 675. u. f. bestreitet er die
Gründe des Auflösungssystems, und behauptet, daß Dämpfe
und Dünste nichts weiter als Verbindungen des Wassers
mit dem Feuer sind, welche allein wegen ihrer specifischen
Leichtigkeit in die Luft aufsteigen. Er sagt, die Wärme mag
sich mit dem Wasser verbinden, auf welche Art man will, es
mag die Theile des Wassers entweder in Bläschen verwandeln, oder mit ihnen cohäriren, oder sie trennen, oder auch
die Elasticität des Wassers vermehren, so wird aus allen
diesen begreiflich, wie Wasser mit Wärmestoff vermischt leichter als Luft seyn könne. Seine in dieser Schrift enthaltene
Theorie gründet sich auf folgende vier Sätze.

1. Das Feuer hat mit dem Wasser eine größere Verwandschaft als mit der Luft. Dieß beweisen viele Phänomene. Die Luft vermehret die Wirkung des Feuers auf entzündbare Materien deßwegen, weil es sich mit der Luft nicht
so leicht verbindet, und daher von dieser gleichsam zusammengehalten, und auf die brennbaren Materien hingetrieben wird.
Das Wasser hingegen wird die Flamme darum verlöschen,
weil es mit dieser eine große Verwandschaft hat, und damit
in Dampf aufgelöset wird. Im luftleeren Raume zerstreuet
sich daher das Feuer sehr bald, weil es nunmehr von der Luft
nicht mehr zurückgehalten wird. Aus diesem Grunde wird
auch die Wärme desto geringer, je höher man in die Atmosphäre kömmt. Die untere dichtere Luft hält das Feuer weit
mehr zusammen, als die obere, daher behalten auch die Dünste
die Wärme, welche sie erzeuget hat, eine längere Zeit in
dieser Luft. Hieraus hat man selbst Grund zu vermuthen,
daß der Südwind wärmer als der Nordwind seyn müsse, weil
der Südwind mehr Dünste mit sich bringt, und daher stärker
erwärmt,

erwärmt, und daher ist es auch begreiflich, daß die Elektricität, welche dem Feuer so ähnlich ist, sich so leicht mit dem Wasser verbindet, da sie im Gegentheil mit der Luft keine so große Verwandtschaft hat, und daher durch die Luft von der Zerstreuung zurückgehalten wird. Daraus folgt also, daß die in der Luft schwebenden Dünste ihre Wärme eine Zeit lang behalten müssen, ob sie gleich endlich selbige verlieren und daher erkalten.

2. In den Körpern ist allezeit, und selbst in den strengsten Wintern, Feuer genug vorhanden, um Ausdünstungen zu bewirken. Schon der geringste Grad von Wärme ist vermögend, Wassertheilchen loszureissen und mit sich fortzuführen. Da wir nun die absoluten Größen der Wärme gar nicht kennen, so ist vielleicht der Unterschied der Temperatur des Sommers in Vergleichung mit dem Abstande der Temperatur der absoluten Kälte oder des gänzlichen Mangels der Wärme sehr geringe, ob wir gleich den Unterschied der Temperaturen im Sommer und Winter durch unsere Sinne wahrnehmen. Daraus läßt sich erklären, warum der Unterschied der Ausdünstung im Sommer und Winter sehr gering ist, wenn gleich die Ausdünstung von der Wärme herrühret. Ja es können im Winter Ausdünstungen stärker als im Sommer seyn, bey solchen Wassern, welche die äußere Temperatur der Luft nicht annehmen, und daher im Winter warm bleiben. Aus diesen steigen die Dünste in kalter und schwererer Luft leichter als in den wärmern und leichtern.

3. Die Dünste selbst zeigen, daß das Feuer ihr Vehiculum sey. Denn so bald die Dünste Oberflächen kalter Körper berühren, so schlagen sie sich nieder, oder werden wieder zu Wasser, wenn ihnen von den kalten Körpern Wärme genug entzogen wird. Im Jahre 1756 bemerkte Herr de Lüc auf dem Saleve bey Genf eine aus der Tiefe aufsteigende Wolke, und fand, daß das Thermometer stieg, da ihn die Wolke umringte, ob ihn gleich dadurch die Sonne entzogen wurde. Da die Wolke vorüber war, und die Sonne ihn wieder beschien, fiel das Thermometer wieder. Ueberhaupt

wärmen

wärmen die Nebel bey kalter Luft, woraus offenbar folget, daß die aufsteigenden Dünste mehr Wärme besitzen als die sie umgebende Luft.

4. Die Erfahrung lehret, daß die Dünste leichter als die Luft sind. Früh gegen Sonnenaufgang sieht man auf einem Berge aus den Flüssen, Sümpfen und Seen häufig Dünste aufsteigen, wodurch ihre specifische Leichtigkeit erhellet. So bald aber die Luft sehr warm wird, so sieht man sehr selten Dünste aufsteigen, obgleich alsdann desto häufiger Dünste in die Luft übergehen; daher theilet Herr de Lüc die Dünste ein in sichtbare und unsichtbare. Den Unterschied zwischen sichtbaren und unsichtbaren Dünsten sucht er bloß darin, daß jene aus gröbern, diese aber aus feinern Wassertheilchen bestehen. Er sagt, wenn die Wärme der ausdünstenden flüssigen Materie weit größer ist als die Wärme der Luft, so werden sichtbare Dünste entstehen, weil das mit mehr Heftigkeit durchströmende Feuer gröbere Theilchen mit sich nimmt; die Größe dieser Theilchen und das Feuer, wovon sie durchdrungen sind, werden ihr Aufsteigen befördern, sie werden also schnell in die Luft steigen, ohne sich mit ihr zu vermischen. Aber wenn der Unterschied der Wärme zwischen Luft und Wasser geringer ist, oder gar das Wasser kälter als die Luft wird, so wirkt das Feuer bloß durch sanfte Bewegung, und strömt nicht mehr wie sonst aus; alsdann löset es nur kleine Theilchen von dem Wasser ab, die sich inniger mit der Luft vermischen, und ihre Durchsichtigkeit nicht mehr verhindern.

Aus allen diesen leitet nun de Lüc den Satz her, daß die sichtbaren so wohl als auch die unsichtbaren Dünste specifisch leichter als reine Luft sind, und diese durch die Vermischung specifisch leichter mache.

Dieses System über die Dünste und Dämpfe hat Herr de Lüc in einer andern Schrift *) noch weiter ausgeführet, und mit den größten und wichtigsten Gründen unterstützt. Es erfordert die Absicht, hiervon einen kurzen Abriß zu geben.

Nach

*) Neue Ideen über die Meteorologie von J. A. de Lüc, aus dem Franz. Th. I. Stettin u. Berlin 1787.

Nach ihm ist **Wasſerdampf, Wasſerdunſt** das unmittelbare Produkt der Ausdünſtung, nämlich ein durchſichtiges ausdehnbares Fluidum. Das, was er in dem vorigen Werke ſichtbare Dämpfe nannte, heißt er hier **Nebel**, welche keine ausdehnbare Flüſſigkeit, ſondern nur eine Art von Zerſetzung der Waſſerdünſte ſind. Dieſer Waſſerdampf iſt, wie alle ausdehnbare Flüſſigkeiten, zuſammengeſetzt aus einer ſchweren **Subſtanz (Baſis)**, und einem fortleitenden **Fluidum** (fluidum deferens), von welchem es ſeine elaſtiſche Form hat. Alle übrige tropfbare Flüſſigkeiten, welche verdampfen oder verdunſten, geben ähnliche zuſammengeſetzte elaſtiſche Flüſſigkeiten, die überhaupt **Dämpfe** oder **Dünſte** genannt werden. Die ſpecifiſche Schwere dieſer Dünſte iſt um die Hälfte geringer, als die der gemeinen Luft, d. h. wenn ſie, allein oder mit der Luft vermiſcht, eine gewiſſe ausdehnende Kraft äußern, ſo iſt ihre Maſſe um die Hälfte geringer als die eines gleichen Volumens der Luft, welche unter denſelben Umſtänden dieſelbe ausdehnende Kraft zeigen würde. Sie können zuſammengedruckt, und dadurch dichter werden, ohne ihre Dampfgeſtalt zu verliern; jedoch geht dieſe Dichtigkeit bis zu einer gewiſſen Grenze, wo ſie ihr Größtes erreicht, welches aber bey verſchiedenen Temperaturen auch verſchieden iſt. Wenn der Druck dieſe Grenzen überſteiget, ſo zerſetzen ſich die Dämpfe zum Theil, bis ſie in dieſe Grenzen wieder zurück gegangen ſind. Hierbey entlaſſen ſie nun etwas von ihrem fortleitenden Fluidum, das ſich als freye Wärme zeigt, und der Theil der Baſis, welcher ſich zerſetzt, bekömmt ſeine tropfbare Geſtalt wieder, und zeigt ſich als Wäſſer. Die Urſache dieſer beſondern Zerſetzung der Waſſerdünſte leitet de Luc aus einer Neigung der Waſſertheilchen, ſich mit einander zu verbinden, wenn ſie ſich auf eine gewiſſe Entfernung genähert haben, her. Dieſe wechſelſeitige Neigung der Theilchen iſt allen Flüſſigkeiten eigen, und ſie macht nebſt einigem Zuſammenhang der Theilchen in der Berührung das Flüſſigſeyn aus. Durch dieſe Annäherung der Theilchen wird das Feuer zwiſchen ihnen ausgetrieben, und vereinigen ſich

durch

durch ihre Anziehung zu tropfbarem Waſſer. So bald ein
Theil vom Dampfe zerſetzet wird, ſo breitet ſich der übrige
Dampf durch den ganzen vorigen Raum aus, dadurch erhalten die Waſſertheilchen wieder eine Entfernung von einander, bis die Neigung der Waſſertheilchen, ſich mit einander
zu verbinden, aufhöret, und die Zerſetzung wegfällt. Dieſe
wechſelſeitige Neigung der Anziehung der Waſſertheilchen
zeigt ſich auf eine merkwürdige Weiſe durch das Waſſerther-
mometer. Man ſieht dabey, daß das Feuer große Mühe
habe, deſſen Theilchen von einander zu entfernen, wenn es im
Begriff iſt zu geſrieren, d. h. wenn die Theilchen ſehr nahe
ſind; wenn es ſich aber ſchon von einer größern Menge getrennt hat, daß es weit weniger Widerſtand finde, ſie noch
mehr zu zerſtreuen; dieſes iſt ein entſcheidendes Merkmahl
des Beſtrebens nach Entfernung, welche das Feuer bewirkt.
Wenn Waſſertheilchen durch Verwandtſchaft anderer mit
ihnen verbundener Subſtanzen, wie z. B. Waſſer, in welchem etwas Salz aufgelöſet iſt, weiter aus einander gehalten
werden, ſo wird das Gefrieren durch die größere Entfernung
der Theilchen verzögert; es findet aber endlich Statt, wenn
ſie durch die Erkältung einander ſo nahe gekommen ſind, daß
ihre wechſelſeitige Neigung, ſich mit einander zu verbinden,
ihre Verwandtſchaft mit den Subſtanzen übertrifft.

Eben ſo zerſetzen ſich die Waſſerdünſte, wenn ihre Theilchen in einen ſolchen Abſtand von einander kommen, daß die
Theilchen des Waſſers mehr Neigung haben, ſich zu vereinigen, als mit den Feuertheilen verbunden zu bleiben; und
daraus entſteht ein deutlich feſtgeſetztes Größtes in Anſehung
der Dichtigkeit dieſer Dünſte bey derſelben Temperatur.
Bey veränderter Temperatur aber ändert ſich dieſes Größte;
z. B. bey einer größern Hitze müſſen die Dünſte in ihrer
Dichtigkeit weit größer ſeyn, ehe ſie ſich zu zerſetzen anfangen, weil alsdann die Wirkung des Feuers größer iſt; mithin muß die Neigung der Waſſertheilchen, ſich zu vereinigen, durch einen geringern Abſtand verſtärkt werden, wenn
ſie die Wirkung des Feuers vernichten ſoll.

Die

Die Wasserdünste sind nur in Ansehung ihres Ganzen, keinesweges aber in Betracht ihrer Theilchen in einem beständigen Zustande: denn diese verändern sich immer. Diejenigen Wassertheilchen, welche sich so nahe kommen, daß sie sich verbinden können, zersetzen sich, und das Wasser wird auf einen Augenblick frey; kömmt aber bey dieser Zersetzung wieder neues Feuer hinzu, so verwandeln sie sich wieder in Dampf. Ein beständiger Zustand der Wasserdünste ist also nur der, wo die Zersetzungen und Wiedervereinigungen einander merklich in derselben Masse aufheben, mithin in den Theilen das Gleichgewicht halten; bey einer gegebenen Temperatur ist der Grad der Dichtigkeit oder die mittlere Entfernung der Theilchen, wobey dieß Aufheben Statt findet, bestimmt. Da aber diese neuen Zusammensetzungen durch Hinzukommen von mehrerem Feuer in dem Raume begünstiget werden, so wird alsdann dieser mittlere Abstand kleiner, oder das Größte in der Dichtigkeit größer; dieses Größte bey den Wasserdünsten ist vermöge der Erfahrung eben dasselbe sowohl im luftleeren als im luftvollen Raume. Hieraus erhellet, daß die dazu erforderliche kleinste Entfernung der Wassertheilchen, welche das Größte ihrer Dichtigkeit bestimmt, von den luftförmigen Flüssigkeiten, womit sie verbunden sind, ganz unabhängig sey. Dieß Größte nebst seinen Veränderungen bey veränderter Temperatur läßt sich schwerlich genau bestimmen, weil in verschlossenen Gefäßen, worin man die Versuche unmittelbar anstellen kann, eine Menge bekannter und unbekannter Ursachen die Resultate abändern können. Eine ungefähre Idee kann man sich davon wenigstens auf folgende Art machen: bey einer mittleren Wärme und 28 Zoll Barometerhöhe machen die wässerigen Dünste bey ihrem Größten zwischen $\frac{1}{70}$ und $\frac{1}{68}$ der ausdehnenden Kraft eines gewissen Volumens der Luft aus, und weniger als $\frac{1}{120}$ ihrer Masse. Bilden sich die Dünste in einem luftleeren Raume, so äußern sie denselben Druck auf das Manometer. Daraus folgt, daß sie keinen beständigen aliquoten Theil der Luft ausmachen, weil dieser Theil in ver-

dünnter

dünner Luft zunimmt, wobey die Luft sich vermindert, die Quantität der Dünste aber dieselbe bleibt.

Die wässerigen Dünste können in einem Raume nicht bestehen, so bald sie darin einen anhaltenden Druck auszustehen haben, welcher den Grad der ausdehnenden Kraft in Ansehung des Größten ihrer Dichtigkeit übertrifft; denn so wenig auch ein solcher Druck diesen Grad übersteigt, so bringt er doch die Dunsttheilchen über ihre kleinste Entfernung zusammen. Es zersetzt sich also eine gewisse Menge; und wenn die Wärme und der Druck im gleichen Grade fortdauern, so erneuert sich dieselbe Ursache der Zersetzung, und es erfolget hieraus eine gänzliche Zersetzung der Dünste. Wenn man aber mit ihnen eine gewisse Menge Luft vermischt, welche das Uebermaß des Drucks auszuhalten vermag, so mag dieser noch so groß seyn, so werden die Dünste nicht zerstört, weil alsdann ihre Theilchen nicht über die Grenze der kleinsten Entfernung einander nahe gebracht werden können. Auf diese Art erhalten sich die wässerigen Dünste in der atmosphärischen Luft unter dem Druck des Luftkreises; denn da die Luft, womit sie vermischt sind, den größern Theil dieses Drucks aushält, so werden ihre Theilchen, welche sich in der kleinsten nach der Temperatur sich richtenden Entfernung befinden, diese zu überschreiten nicht gezwungen.

In eben dem Verhältnisse, als die Wärme zunimmt, wird auch die kleinste mittlere Entfernung der Theilchen der Wasserdünste kleiner; sie können eine größere Dichtigkeit erhalten, und erfordern alsdann nicht mehr eine so große Beymischung von Luft, um den Druck der Atmosphäre auszuhalten; so daß endlich, wenn die Hitze bis zur Temperatur des siedenden Wassers an dem Orte gekommen ist, die Dünste den Druck der Atmosphäre, wie er auch wirklich beschaffen seyn mag, ohne Vermischung mit der Luft aushalten.

Es können also die Dämpfe des siedenden Wassers jeden Druck ertragen, welches von der Natur des Siedens selbst herrühret. Eine jede Flüssigkeit kocht unter jedem Druck nur alsdann erst, wenn die in dem Gefäße mittelst des

Feuers

Feuers hervorgebrachten Dämpfe einen solchen Grad der Dichtigkeit erlangen, daß sie die Flüssigkeit selbst nebst dem Drucke, der sie beschwert, in die Höhe heben können, und wenn die Flüssigkeit zugleich einen solchen Grad von Wärme hat, daß diese Dämpfe, ohne zerstört zu werden, durch sie gehen können. So lange also die Dämpfe den Grad der Wärme behalten, bey welchem sie sich ungeachtet des Drucks der Atmosphäre bilden konnten, so lange sind sie auch im Stande ihn zu ertragen. So bald sie aber in einen kältern Raum kommen, so zersetzen sie sich zum Theil, und es erhält sich nur so viel, als bey dem Größten in dieser neuen Temperatur geschehen kann. Diese Zersetzung bildet den über dem in freyer Luft kochenden Wasser schwimmenden Nebel. Dieser verbindet sich hernach mit freyem Feuer, und bildet neuen Dunst, welcher sich in die benachbarte Gegend zerstreuet.

Obgleich das Wasser beständig einerley Grad von Hitze hat, wenn es unter ein und demselben Druck der Atmosphäre siedet, so kann es dennoch dabey unter gewissen Umständen mehr Hitze annehmen, ehe es ins Kochen kömmt. Wenn von Luft gereinigtes Wasser in einem Gefäße mit einer engen Oeffnung dem Feuer ausgesetzt wird, so hat zwar die Fläche des Wassers keinen andern Druck, als den der Atmosphäre auszuhalten; allein seine Theile äußern wegen der Einschließung durch die Wände bey der Trennung mehr Widerstand, und die Dämpfe müssen mehr Stärke erhalten, um die erste Trennung zu bewirken.

Die Beständigkeit der Hitze des kochenden Wassers ist also eine unmittelbare Folge des nach der Temperatur bestimmten Größten in der Dichtigkeit der Dämpfe. Es können sich in dem Innern des Wassers keine Dämpfe bilden, außer wenn sie genug ausdehnende Kraft besitzen, um sich hier auszubreiten; sie erlangen aber diese Kraft nur alsdann, wenn die Hitze des Wassers zu einem gewissen Grade gekommen ist; so bald sie dieselbe erreicht haben, breiten sie sich aus, und entweichen. Alsdann kocht das Wasser, d. h. es wird von den Dämpfen, welche sich in ihm bilden, ausgegehoben und beweget; und ein stärkeres angebrachtes Feuer hat weiter keine Wirkung, als die Ausdünstung noch heftiger zu machen.

Es kann auch das Wasser ohne zu kochen, bloß durch seine Oberfläche Dämpfe hervor bringen, welche eben so dicht sind, als beym kochenden Wasser unter demselben Druck; es müssen aber alsdann die entwickelten Dämpfe sich in einem verschlossenen Raume ausdehnen, welcher mit ihnen immer einerley Temperatur hat. Wenn alsdann die Hitze zunimmt, so werden die von der Oberfläche abgerissenen Dämpfe immer eine dieser Zunahme gemäße Dichtigkeit annehmen, und allein jedem Druck widerstehen können. Z. B. wenn man Wasser oben auf ein Barometer thut, so werden die in der Temperatur der Luft erzeugten Dämpfe das Quecksilber um eine gewisse Höhe herabdrucken.

Die Dünste unterscheiden sich von den luftförmigen Flüssigkeiten durch folgende drey auszeichnende Charaktere:

1. Die luftförmigen Flüssigkeiten können jeden bekannten Grad des Drucks, ohne sich zu zersetzen, aushalten; da die Dünste sich zersetzen, wenn sie einen zu großen Druck leiden, indem bei ihnen die Theilchen der bloß schweren Substanz so nahe gebracht werden, daß sie sich vereinigen können, wobey sie ihr fortleitendes Fluidum verlassen, welches seine eigene Wirkung hervorbringt. Bey der Zersetzung der Wasserdämpfe zeigt sich z. B. Wasser, und das frey gewordene Feuer wirkt als freye Wärme.

2. Weil die luftförmigen Flüssigkeiten eben so gut Mischungen wie die Dünste sind, so sind sie auch wie diese den Zersetzungen unterworfen, sie erleiden sie aber nur alsdann, wenn zwischen ihrer bloß schweren, und einer andern Substanz sich eine Verwandtschaft äußert, welche die Verwandtschaft der erstern gegen ihr fortleitendes Fluidum übersteigt. Es kann folglich ein luftförmiges Fluidum nicht zersetzt werden, wenn es in einem hermetisch versiegelten Gefäße eingeschlossen ist. Die Dünste aber können sich in einem solchen Gefäße zersetzen, weil ihre fortleitende Flüssigkeiten eine Neigung haben zu entweichen,

weichen, um ein gewisses Gleichgewicht, welches den verschiedenen Gattungen eigen ist, wieder herzustellen. Daher zersetzen sich die wässerigen Dünste in einem solchen Gefäße, wenn die Wärme von außen geringer wird, um das Gleichgewicht der Temperatur wieder herzustellen.

3. Wenn die luftförmigen Flüssigkeiten ein Mahl gebildet sind, so ist ihre Zusammensetzung bestimmt, sie können zwar einen ihrer Bestandtheile verlieren und neue erhalten, und dadurch ihre Natur ändern; allein dieß geschieht nur durch Dazwischenkunft einer andern Substanz, und nicht aus einem größern oder geringern Uebermaße aus denselben Bestandtheilen, woraus sie gebildet sind. Bey den Dünsten hingegen ist das Verhältniß der respektiven Mengen derselben Bestandtheile sehr abwechselnd, es hänge nämlich von ihrem comparativen Ueberfluß ab. Und weil ihre ausdehnende Kraft von ihrem fortleitenden Fluidum herrühret, so wird sie bey übrigens gleichen Umständen größer, wenn dieß Fluidum verhältnißmäßig in größerer Menge zugegen ist.

Diese drey Kennzeichen der Dünste in Vergleichung mit den luftförmigen Flüssigkeiten, rühren von einerley Ursache her, nämlich von der schwachen Verbindung der bloß schweren Substanz mit ihrem fortleitenden Fluidum. Daher kömmt es, daß diese schwere Substanz die andere verlassen kann, bloß durch den Hang, welchen ihre Theilchen zu einander haben, wenn sie auf eine gewisse Nähe kommen. Aus eben der Ursache rührt es auch her, daß das fortleitende Fluidum die bloß schwere Substanz verlassen kann, um gewisse es betreffende Gleichgewichte herzustellen. Aus eben der Ursache kömmt es endlich auch, daß ein größeres Uebermaß des fortleitenden Fluidum, derselben Menge von der bloß schweren Substanz mehr ausdehnende Kraft gibt: entweder, weil dadurch eine geringere verhältnißmäßige Menge derselben in jedem Theilchen des Dunstes bewirket wird, oder weil mehr fortleitendes Fluidum frey ist, und sich mit den Theilchen der bloß schweren Substanz verbinden kann, welche sich in jedem Augenblicke bey hinlänglicher Nähe vereiniget hätten.

megraben angeftellt,
theilt. Herr Gren.

Wärme-

a) Specimen phyfico-chemicum de Digeſtore Papini, qius ſtruktur,
effectu et vſu, primitias experimentorum nouorum circa fluidorum a calore refractionem et vaporum elaſticitatem exhibens. Duf.
1769. 4.

β) Mémoire fur la force expanfive de la vapeur de l'eau. à Paris
1792. 4.

Wärmegrade nach Reaum.	Elasticit. in par. Zoll	Wärmegrad nach Reaum.	Elasticität in Zollen
10°	0,15	70°	16,90
20	0,65	80	28,00
30	1,52	90	46,40
40	2,92	95	57,80
50	5,35	100	71,80
60	9,95	104	84,00
67	14,50	110	98,00

Nimmt man an, daß das Gewicht eines Cubikfußes Quecksilber 950 Pfund beträgt, so wird auf einen jeden Quadratfuß
Fläche, auf welche Dämpfe von der Temperatur 80 Grad
nach Reaum. wirken, der Druck bem Gewichte 79½ $\times$ 28
$=$ 2216½ Pfund gleich seyn. Würde das Wasser in einem
eingeschloffenen Raume bis auf 100 Grad nach Reaum. erhitzt, so würde der Druck auf jeden Quadratfuß schon auf
79½ $\times$ 71,80 $=$ 5620,96 Pfund steigen, mithin weit über
die Hälfte wachsen, da doch nur die Hitze über den Siede-
punkt 20 Grad höher stiege.

Aus den Erfahrungen des Herrn von Betancourt
hat Herr Prony *) eine Formel berechnet, durch deren Hülfe
man aus der gegebenen Temperatur der Wasserdämpfe ihre
absolute Elasticität finden kann. Diese angegebene Formel
ist aber nur, wie Herr Gren bemerket, für die Grenzen anwendbar, worin die Beobachtungen fallen, und würde, wenn
man sie bey Temperaturen über 115 Grad nach Reaumür gebrauchen wollte, das aller Erfahrung widersprechende Resultat geben, daß bey noch mehr zunehmender Hitze die absolute
Elasticität geringer würde. In dem zweyten Theile aber
gibt Herr Prony eine viel einfachere und verbesserte Formel
an. Sie ist nämlich $z = \mu, \varrho, + \mu,, \varrho,, + \mu,,, \varrho,,,$ wobey

*) Nouvelle architecture hydraulique, contenant l'art d'élever l'eau
au moyen de différentes machines, de construire dans ce fluide,
& le diriger, et généralement de l'appliquer, de diverses maniè-
res. Première partie. à Paris 1790. 4. seconde partie contenant la
description detaillée des machines à feu. à Paris 1796. gr. 4.

bey f die Grade des reaum. Thermometers, z die Kraft der Dämpfe nach der Höhe einer in Zollen angegebenen Queck-silbersäule, $\mu_{,} = -0,00000072460107$ und $1. \mu_{,} = 0,8601007-7$, $\mu_{,,} = +0,8648188303$, $1. \mu_{,,} = 0,9369271-1$, $\mu_{,,,} = -0,8648181057$, $1. \mu_{,,,} = 0,9369248-1$, $1. \varrho_{,} = 0,0692259$, $1. \varrho_{,,} = 0,0292661$, $1. \varrho_{,,} = 0,0120736$ ist. Von 0° bis zu 80°. kann wegen der äußerst geringen Größe des Coefficienten μ, das erste Glied ganz weggelassen werden, mit-hin erhält man die sehr einfache Formel $z = \mu_{,,} \varrho_{,} + \mu_{,,,} \varrho_{,,,}$ Für den Dampf des Alkohols gibt Herr **Prony** folgende For-mel an: $z = \mu_{,} \varrho_{,} + \mu_{,,} \varrho_{,,} + \mu_{,,} \varrho_{,,,} + \mu_{IV}$, wobey $\mu_{,} = -0,0021293$, $1. \mu_{,} = 0,3230330-3$, $\mu_{,,} = +0,9116186$, $1. \mu_{,,} = 0,9593132-1$, $\mu_{,,,} = +0,2097778$, $1. \mu_{,,,} = 0,3217595-1$, $\mu_{IV} = -1,1192671$, $1. \varrho_{,} = 0,04697771$, $1. \varrho_{,,} = 0,02418079$, $1. \varrho_{,,,} = 0,9027776-1$ ist. Hierbey ist zu bemerken, daß schon bey dem ersten Grade der Werth von $\mu_{,,,} \varrho_{,,,}$ nur 0,18 wird, mithin, da er in der Folge immer kleiner wird, für alle positive f weggelassen werden kann. So erhält man die noch einfachere Formel $z = \mu_{,} \varrho_{,} + \mu_{,,} \varrho_{,} + \mu_{IV}$.

Die Erfahrungen des Herrn **von Betancourt** mit den de lüc'schen hat Herr **Gren** [*]) mit seinen eigenen Versuchen über den Grad der Siedhitze bey verschiedenen Barometer-höhen verglichen (m. f. den Artikel Sieden), und gefunden, daß die Dämpfe des siedenden Wassers bey der Temperatur des Wassers bey jedem Grade der Siedhitze des Wassers eine eben so große absolute Elasticität besitzen, als die Luft hat, welche zur Zeit des Siedens auf die Flüssigkeit drückt. Es läßt sich folglich auch aus der angegebenen Tabelle bey be-stimmter Barometerhöhe der Grad der Siedhitze des Wassers,

und

---

[*]) Beschreibung der neuern Dampf- oder Feuermaschinen, von F. A. C. Gren, in d. neu. Journ. der Phys. B. 1. S. 170.

und umgekehrt aus dem Siedegrade des Waffers die Barometerhöhe finden.

.. M. f. *de Sauffure* effais fur l'hygromètre. eff. III.
ch. 1. des vapeurs élaftiques. De Lüc Unterfuchungen
über die Atmofphäre. B. II. §. 675 u. f.

Dammerde, vegetabilifche Erde, Gartenerde
(humus, terra vegetabilis, terre végétale), ift die von
der völligen Verwefung thierifcher und vegetabilifcher Körper
übrig bleibende Erde, in welcher die Pflanzen wachfen. Diefe
Dammerde findet man überall auf der Oberfläche des platten
Landes, der Hügel, der Abhänge und Füße der Berge bis
auf eine gewiffe Höhe.

Es ift jedermann bekannt, daß die Dammerde der eigentlich fruchtbarmachende Theil des zur Vegetation dienenden
Bodens fey. Der Boden verlieret durch den oftmahligen
Anbau feine nährende Kraft für die Pflanzen, wenn er nicht
von Zeit zu Zeit durch Dünger und Verwefung organifcher
Subftanzen mit befruchtender Dammerde gefchwängert
wird. Sie enthält die erdigen Theile der organifchen Körper,
welche vor ihrer Verwefung in felbigen enthalten waren. Ob
fie aber noch das Gewächslaugenfalz der Pflanzen und die
Phosphorfäure der thierifchen Körper in fich faffe, ift nicht
hinlänglich unterfuchet. Sie ift keine reine Erde oder kein
Gemenge aus unorganifchen Erden. In der reinen Dammerde, welche bloß aus der Verwefung organifcher Körper ent-
ftanden ift, macht die eigentliche unorganifche Erde, welche
nach der Zergliederung übrig bleibt, einen fehr geringen Theil
aus. Die trockene Deftillation diefer Erde liefert immer mehr
oder weniger brennbares oder kohlenfaures Gas mit empy-
reumatifchem Geifte und Oel, nachdem die Verwefung der
organifchen Theile weniger oder mehr vollendet war, und hinterläßt beftändig eine Art von kohlenartigem Rückftand, woraus
nach fortgefetztem Glühen und Einäfchern nur ein geringer
Theil Erde gefchieden werden kann, welche nach der Natur
der organifchen Subftanz, von welcher die Dammerde herrühret, felbft verfchieden ift.

Tt   Es

Es ist aus Thatsachen klar, daß die Dammerde allein zur Nahrung der Pflanzen nicht hinreichend sey, sie hat aber unstreitig den ersten und vorzüglichsten Antheil an der Ernährung der Gewächse. Nach Herrn Haffenfratz ist sie es wohl hauptsächlich, von welcher der Kohlenstoff der Pflanzen und ihrer Theile herrühret, und darin bey weitem den größten ponderabeln Antheil ausmacht, welcher schwerlich von der Zersetzung der von den Gewächsen eingesogenen Kohlensäure der Atmosphäre ganz allein herrühret, da diese in zu geringer Menge zugegen ist. Außerdem enthält auch die Dammerde oder der in Verwesung begriffene Dünger, noch die übrigen zur Ernährung der Pflanzen erforderlichen Grundstoffe, wie Wasserstoff und Stickstoff.

Herr de Lüc hat an solchen Orten, wo die Dammerde durch die Cultur oder durch zusammenlaufendes Wasser nicht ist vermehret worden, die Schicht derselben, die das feste Land bedecket, überall gleich hoch, nicht über einen pariser Fuß, gefunden. So fand er es auf den Schweizer Bergen, und in der lüneburgischen Heide. Daraus schließet er, daß unser festes Land noch nicht so lange Zeit auf das Trockene gekommen seyn könne.

M. s. Gren systematisches Handbuch der gesammten Chemie B. II. 1794. S. 255 u. f. De Lüc Briefe über die Geschichte der Erde und des Menschen, a. d. Franz. Leipz. 1781. gr. 8. LV. Brief und andern Orten.

Dampfkugel s. **Windkugel.**

Dampfmaschine, Feuermaschine (machina ope ignis s. vaporum mota, pompe à feu) ist eine Maschine, welche vermittelst der Dämpfe des siedenden Wassers in Bewegung gesetzet wird. Es ist schon aus dem Artikel Dämpfe hinlänglich bekannt, welche Wirkungen die Elasticität des eingeschlossenen Wasserdampfes hervorzubringen im Stande ist. Nachdem man anfieng, den Bergbau mit größerem Fleiße zu betreiben, wobey, wie bekannt, Maschinen zu Erhebung großer Mengen von Wasser höchst nöthig sind, so verfiel man bald auf den Gedanken, durch die Elasticität

des

des Wasserdampfes dergleichen hydraulische Maschinen, zumahl an denjenigen Orten, wo die dazu nöthige Feuerung
leicht und wohlfeil zu haben ist, in gehörige Bewegung
zu bringen.

Was die Geschichte dieser Maschinen anlangt, so hat sie
Herr Gren *) ausführlich erzählet. Ein Prediger, Nahmens Matthesius *), führt einen guten Mann an, welcher
jetzt Berg und Wasser mit dem Wind auf der Platten an-
richte zu heben, wie man jetzt auch, doch am Tage, Wasser
mit Feuer heben solle. Die erste Dampfmaschine findet man
in einer kleinen Schrift des Marquis von Worcester *)
beschrieben. Sie ist in der Liste die 68. Aus dieser Schrift
soll Savery, nach Desauliers *), den Gedanken ent-
lehnet, und alle Exemplare, deren er habhaft werden konnte,
aufgekauft, und verbrannt haben. Savery machte diese
Erfindung der königl. Gesellschaft zu London im Jahre 1699
bekannt *), und beschrieb sie außerdem vollständiger in einer
eigenen Schrift *). Nach seiner Erzählung ist er auf diese
Erfindung zufälliger Weise gekommen, indem er nämlich in
einer leeren Weinflasche, worin noch ein wenig Wein durch
das Feuer in Dampf übergegangen war, das kalte Wasser
durch die Oeffnung in die Höhe steigen sah. Seine Einrichtung
besteht aus einem Saug- und Druckwerke zugleich, worin
vermittelst Oeffnung und Schließung der Hähne der Dampf
in Gefäße gelassen wird, welche durch Ventile mit dem Druck-
und Saugwerke verbunden sind. Der Dampf treibt das
Wasser unmittelbar in die Höhe, und wird durch die Berührung mit dem Wasser verdichtet, worauf der Druck der At-

Tt 2   mosphäre

*) Neues Journal der Physik. B. I. S. 63 u. f.
*) Sarepta oder Bergpostille. Nürnberg 1562. Fol. Zwölfte Pred.
    Freyb. Ausg. 1679. 4. S. 574.
*) A century of the names and scantlings of such inventions as at
    present I can call to mind cet. Glasgow 1655. Ein Nachdruck
    davon im Jahre 1767.
*) Course of experimental philosophy. T. II. S. 465.
*) An engine for raising water by the help of fire. Philos. transact.
    n. 252. p. 228.
*) The miners friend. 1699.

mosphäre von neuem Wasser aus der Tiefe in die Saug-
röhre treibt. Man findet von dieser Maschine auch eine
Beschreibung bey Leupold α) und noch deutlicher bey
Weidler β). Papin in Marburg hat sich auf Befehl des
Landgrafen Carl schon seit dem Jahre 1698 mit dergleichen
Versuchen und Entwürfen beschäftiget γ).

Eine andere von der savery schen Einrichtung ganz verschiedene Dampfmaschine, welche den Nahmen einer ganz
neuen Erfindung verdienet, wird von Desaguliers dem Newo-
comen, einem Eisenhändler, und John Cawley, einem
Glaser aus Dartmouth, beyde Wiedertäufer, als Erfindern,
zugeschrieben. Die erste brachten sie im Jahre 1711 zu Stande,
eine andere baueten sie zu Wolvershampton durch Unterstützung eines Herrn Potter, wobey sie der Zufall auf
manche Verbesserungen führete. Eine große Maschine dieser Art wurde im Jahre 1719 zu London in York Buildings
am Ufer der Themse errichtet, welche Weidler beschrieben
hat. In Deutschland ließ der Landgraf zu Cassel die erste
Maschine dieser Art durch den kaiserlichen Baumeister, Joseph
Emanuel Fischer, Baron von Erlachen im Jahre
1722 erbauen. Und im Jahre 1723 wurde eine solche Maschine von Potter zu Königsberg in Ungarn angelegt, um
die Wasser aus den Gruben zu fördern; sie ist von Leupold δ) beschrieben worden. Um eben diese Zeit wurde eine
zu London für die Stadt Toledo in Spanien verfertiget, auch
1726 noch eine zweyte neben der ersten in London erbauet.

In Frankreich hatte zwar Amontons ε) Vorschläge
dieser Art gethan; allein die ersten erbaueten Maschinen sind
von den Engländern angegeben worden. Belidor ζ) hat
diejenige Dampfmaschine, welche zu Fresnes, einem nahe bey

Condé

α) Theatrum machinar. generale Tab. LII.
β) Tractatus de machinis hydraulicis terrarum orbe maximis, Mar-
    liensi et Londinensi. Viteberg. 1728. 4.
γ) Ars noua ad aquam ignis adminiculo efficacissime eleuandam.
    Cassel 1707. 4.
δ) Theatr. machinar. hydraul. T. II. §. 202. Tab. XLIV.
ε) Mémoir. de l'Acad. roy. des scienc. de Paris 1699.
ζ) Architecture hydraulique To. II. p. 308. f.

Condé liegenden Dorfe, errichtet war, sehr umständlich beschrieben. Auch findet man die Beschreibung dieser Maschine
mit späterhin erfolgten Verbesserungen beym Bossüt *), woher sie auch Herr Langsdorf *) aufgenommen hat. Ueberhaupt handeln von den Dampfmaschinen dieser Art
Poda *), Delius *), Blackey *) und Cancrinus *).

Die Einrichtung der Dampfmaschinen dieser Art beruhet
in den wesentlichsten Stücken auf folgendem Mechanismus:
In einem eingeschlossenen Kessel wird das in selbigem befindliche Wasser in Dampf verwandelt, welcher in einem damit verbundenen Cylinder in die Höhe steiget. In diesem
Cylinder beweget sich ein Kolben auf und nieder, an welchem
eine Kette, die an das eine Ende eines starken Hebelbaums
befestiget ist, sich befindet. Am andern Ende des Hebelbaums sind andere Ketten angebracht, an welchen Kolben-
stangen mittelst der daran befindlichen Kolben in Saugpumpen auf und nieder spielen, um das Wasser aus der Tiefe
heraufzubringen. Um aber den Kolben in den Cylinder,
worein der Wasserdampf treten soll, auf eine gewisse Höhe
zu bringen, so wird der Arm des Hebelbaums, an welchem
die Pumpenstangen hängen, stärker belastet, wodurch auf
dieser Seite ein Uebergewicht entstehet, und folglich der andere Hebelarm mit dem daran befestigten Kolben in dem
Cylinder gehoben wird. Sobald der Kolben auf diese Art
seine höchste Stelle erreichet hat, so schiebt eine eigene besondere mechanische Vorrichtung einen Deckel oder Schieber,
den sogenannten Regulator, vor die untere Oeffnung der
Röhre, welche den Cylinder mit dem Kessel verbindet, so
daß keine heißen Dämpfe weiter aus dem Kessel aufsteigen

Tt 3 kön-

7 *) Traité élémentaire d'hydrodynmique à Paris. II Vol. 1791. 8.
*) Lehrbuch der Hydraulik mit beständiger Rücksicht auf die Erfah-
rung. Altenburg 1794. 4.
*) Beschreibung der bey dem Bergbau zu Schemnitz errichteten
Maschinen. Prag 1771. 8.
*) Beschreibung der Feuermaschine. 4.
*) Observations sur les pompes à feu à Amsterd. 1774. 4.
*) Erste Gründe der Berg- und Salzwerkskunde. Th. VII. Berg-
maschinenkunst Frankf. 1777. gr. 8.

können. Eben diese mechanische Vorrichtung öffnet zugleich
einen Hahn, durch welchen kaltes Wasser in den Cylinder
gespritzet wird, welches gegen die untere Fläche des Kolbens
stößt, in Gestalt des Regens zurückfällt, und den Wasserdampf verdichtet. Hierdurch entsteht nun ein leerer Raum
in dem Cylinder, und der aufgezogene Kolben wird durch
den Druck der äußern Atmosphäre niedergetrieben. Hierbey wird zugleich der Regulator geöffnet, und der Hahn,
wodurch das Wasser in den Cylinder gespritzet wurde, verschlossen. Nun geht das Spiel wieder von vorne an, indem
der Wasserdampf wieder in den Cylinder hinauftreten kann,
nachdem der Kolben durchs Uebergewicht des einen Hebelarmes in die Höhe gehoben worden.

Diese Einrichtung von Dampfmaschinen hat außer der
kostspieligen Feuerung noch wesentliche Fehler. Der erste ist,
daß das eingespritzte Wasser durch die starke Hitze des Cylinders selbst erwärmt, und zum Theil in Dampf verwandelt wird, welcher dem Drucke der Atmosphäre widerstehet,
und die Bewegung des Kolbens ungemein verzögert; der
zweyte Fehler ist, daß eben dieses eingespritzte Wasser, nachdem es auf den Boden des Cylinders zurückgefallen ist, bey
Wiedereröffnung des Regulators den aufsteigenden neuen
Dampf zum Theil zersetzt, bis durch Hülfe des Feuers dieses
zersetzte Wasser wieder in Dampf verwandelt wird, wodurch
ebenfalls die Bewegung der Maschine verzögert wird.

Diese Fehler hat James Watt zu Glasgow in Schottland schon im Jahre 1764 durch seine angebrachten Verbesserungen vermieden. Und seit dieser Zeit hat er immer mehr
Verbesserungen anzubringen gesuchet. Die von ihm seit 1770
gegen alle vorhin übliche schon viel verbesserte Einrichtung der
Dampfmaschinen, wie sie auch bisher in Deutschland eingerichtet waren, bestand kurz im Folgenden: der Cylinder
wurde noch mit einem andern Behältnisse umgeben, welches
beständig mit heißem Dampfe angefüllt war, um den Cylinder in einer stets gleichförmigen Hitze zu erhalten. Auch
wurde der Kolben in den Cylinder nicht durch den Druck der
atmo-

atmosphärischen Luft, sondern durch die Elasticität des Dampfes in dem Behältnisse hinabgetrieben, wenn unter demselben der leere Raum bewerkstelliget war. War nun der Kolben auf den Boden des Cylinders gekommen, so wurde der Zufluß der Dämpfe oberhalb des Kolbens durch Verschließung eines Ventils gehemmt, und dagegen durch Oeffnung eines andern Ventils den oberhalb des Kolbens befindlichen Dämpfen num auch Eingang in den Cylinder unterhalb des Kolbens verschaffet. Damit hatten die Dämpfe oberhalb und unterhalb des Kolbens ein völliges Gleichgewicht, und es hätte der Kolben ruhig bleiben müssen, wenn nicht der eine Hebelarm ein Uebergewicht gehabt, und den Kolben des Cylinders weiter hinauf gezogen hätte. Nun öffnete sich ein drittes Ventil, wodurch der unterhalb des Kolbens im Cylinder befindliche Dampf in eine besondere vorhin leere Röhre, den Condensator, geleitet wurde. Hier begegnete dem Dampf ein Strahl kalten Wassers, welcher ihn sogleich zu Wassertropfen verdichtete; dadurch entstand unterhalb des Kolbens ein leerer Raum, und da sich zugleich das erste Ventil wieder öffnete, und die Verbindung mit dem Kessel und dem Theile des Cylinders oberhalb des Kolbens wieder herstellte; so sank der Kolben im Cylinder abermahls hinab, und das Spiel der Maschine fieng von neuem an. Nachher hatten Watt und Boulton die Verbesserung der Dampfmaschine noch viel weiter getrieben. Sie hatten auch wirklich nach dieser neuen Einrichtung eine große Maschine erbauet, hielten aber diese Einrichtung verschwiegen. Als der Herr von Betancourt vom spanischen Hofe den Auftrag erhalten hatte, eine Sammlung von hydraulischen Untersuchungen und Modellen zu veranstalten, so reisete er im Jahre 1788 nach England, um diese neue Dampfmaschine selbst in Augenschein zu nehmen. Allein er konnte von dem innern verbesserten Mechanismus nichts Bestimmteres erfahren; er bemerkte bloß, daß der Kolben des Cylinders an dem Hebelbaume nicht, wie gewöhnlich, vermittelst einer Kette, sondern durch eine unbiegsame Verbindung von Stangen befesti-

get ſey. Dieſer Umſtand gab dem Herrn **von Betancourt**
Anlaß, auf den innern verbeſſerten Mechanismus zu ſchließen.
Es war ihm nämlich natürlich, daß der Kolben im Cylinder
nicht allein, wie bey den bisherigen Maſchinen, beſtimmt ſeyn
müßte, während des Hernledergehens das eine Ende des He-
belbaumes mit ſich herab zu ziehen, ſondern auch während
ſeines Hinaufgehens den Hebelarm hinauf zu drucken, und
folglich in dieſem letzten Falle nicht, wie bisher, das Uebergewicht des andern Hebelarmes, ſondern auch der unterhalb
des Kolbens in den Cylinder geleitete Waſſerdampf den Kolben, und mit ihm das eine Ende des Hebelarmes heben
müſſe. Daher haben dergleichen verbeſſerte Maſchinen den
Nahmen, Maſchinen mit doppelter Wirkung, erhalten. Nach
dieſen Grundſätzen ließ der Herr **von Betancourt** ein Modell im Kleinen verfertigen, welches von den Gebrüdern Perrier in Paris völligen Beyfall erhielt. Dieſe entſchloſſen
ſich daher, nach dieſem Modell eine Maſchine im Großen zu
bauen, welche auch vollkommen nach Wunſch ausgefallen iſt,
und welche von **Prony** *) weitläufig iſt beſchrieben worden.

Nach dieſer neuen Einrichtung ſtrömt alſo wie vorher der
Dampf aus dem Keſſel in den Cylinder oberhalb des Kolbens, und druckt dieſen hinab. So bald dieſer auf den Boden des Cylinders gekommen iſt, ſo tritt nun dieſer Dampf
nicht unterhalb des Kolbens in den Cylinder, ſondern geht
unmittelbar in den Condenſátor; dabey ſtrömt aber jetzt, welches bey der vorigen Einrichtung nicht geſchah, unmittelbar
aus dem Keſſel Dampf in den Cylinder unterhalb des Kolbens, und druckt ihn wieder hinauf, wird dann ſogleich auch
wieder verdichtet, und ſo geht das Kolbenſpiel ununterbrochen fort.

Die Vortheile dieſer verbeſſerten Einrichtung ſind nicht
geringe. Sie ſind folgende:

1. Die Größe und Stärke des Keſſels kann viel geringer
als ſonſt ſeyn. Bey der alten Einrichtung, wo während des
Steigens

---

*) Nouvelle architecture hydraulique etc. seconde Partie. à Paris
1796. gr. 4.

Steigens des Kolbens im Cylinder kein Dampf aus dem
Keſſel ausſtrömen durfte, mußte nothwendig der Keſſel groß
und ſtark genug ſeyn, um den während dieſer Zeit erzeugten
Dampf, nebſt dem ſchon vorräthigen zu faſſen, und den
Druck deſſelben auszuhalten, welcher um ſo ſtärker ſeyn mußte;
weil der Dampf nur die Hälfte der Zeit, da die Maſchine
im Gange war, wirkte, und in dieſer halben Zeit die Wirkung hervorbringen mußte, zu welcher er nach der neuen Einrichtung die ganze Zeit über beytragen kann. Daher drang
auch bey den vormahligen Dampfmaſchinen während des Aufſteigens des Kolbens in dem Cylinder der Dampf durch die
Fugen des Keſſels, welches jetzt nicht mehr geſchiehet.

2. Die Unkoſten der Feuerung werden dadurch vermindert. Denn weil der Druck des Dampfes nach der neuen
Einrichtung nicht mehr ſo ſtark als vorher ſeyn darf, ſo braucht
man auch weniger Feuerung, um das Waſſer in Dampf zu
verwandeln.

3. Können die Größen des Cylinders und der damit zu-
ſammengehörigen Stücke weit geringer als vorher ſeyn. Denn
da der Waſſerdampf in den neuen Maſchinen während der
ganzen Zeit des Ganges wirkſam iſt, da es vorher nur die
halbe Zeit war, ſo kann er auch, wenn er nur auf eine halb ſo
große Oberfläche bey dem Kolben wirkt, doch eben ſo viel aus-
richten, als wenn er auf eine doppelt größere Oberfläche wirkt.

4. Können bey der Einrichtung der neuern Maſchinen die
ſonſt erforderlichen beträchtlichen Gegengewichte an dem einen
Hebelarm erſparet werden, welches nicht allein den Preis,
ſondern vorzüglich die in Bewegung zu ſetzende Maſſe
vermindert.

5. Wird endlich auch eine gleichförmige Bewegung erhalten, welche vorher wegen des ſtarken Gegengewichtes nicht
wohl erlanget werden konnte.

Von noch neuern Einrichtungen der Dampfmaſchinen des
Herrn Watt's hat Herr Mundt *) einige Nachrichten
Tt 5 gegeben,

*) Nachricht von Watts neueſten Verbeſſerungen ſeiner Dampfma-
ſchinen, in Grens neu. Journ. der Phyſ. B. IV. S. 143 f.

gegeben, und zugleich einen kleinen Versuch zu einer allgemeinen Theorie dieser Wirkung gemacht, wobey er das bekannte mariottische Gesetz, vom Druck der zusammengepreßten Luft bey der Wirkung der elastischen Wasserdämpfe, zum Grunde leget.

Nach diesen neuesten Einrichtungen kommen die Wasserdämpfe aus dem Keßel (fig. 95.) a a durch das Rohr b e und durch die Oeffnung des Ventils d in den großen Cylinder e; der Kolben f will aber sinken. Bey der gewöhnlichen Einrichtung drucken ihn die Dämpfe aus dem Keßel bis auf den Boden, und alsdann erst, wenn er diesen erreicht hat, schließt sich das Ventil d zu. Bey der neuern Einrichtung aber bleibt e nur so lange offen, bis der Kolben um ¼ seines Spielraums hinabgesunken ist; alsdann fällt das Ventil e zu. Allein die vom Keßel abgeschnittenen Dämpfe fahren deßen ungeachtet fort, vermöge ihrer großen Expansivkraft sich auszudehnen, und den Kolben nieder zu drucken, wiewohl mit abnehmender Kraft. Man hat also nur den vierten Theil von Dämpfen nöthig, welche man sonst anwendete, und folglich einen weit kleinern Keßel, und auch etwa nur den vierten Theil der gewöhnlichen Feuerung; und doch wirkt dieser Theil von Dämpfen weit mehr, als den vierten Theil der gewöhnlichen Einrichtung. Damit aber der Gang der Maschine so viel als möglich gleichförmig bleibe, so muß sich das Moment der Last in demselben Grade vermindern, wie sich das Moment der Kraft des Kolbens vermindert. Dieß hat Watt durch Anbringung zweyer Räder, statt des Balanziers, zu erreichen gesucht. Der Kolben treibt unmittelbar das Rad n. 1., und dieses treibt vermittelst der Stange g h das Rad n. 2. und das daran befindliche Gestänge. Im Anfange des Sinkens des Kolbens f bleibt das Ende g von der Axe des Rades ziemlich gleich weit entfernet; aber beym fortgesetzten Sinken des Kolbens kömmt das Ende g der Axe von n. 1. näher, und das Ende h entfernet sich von der Axe des Rades n. 2., doch so, daß die Ketten k, k auf der Peripherie

ripherie der Räder bleiben. Dadurch nimmt nach bekannten Grundsätzen der Mechanik das Moment der Last ab.

Watt gibt an, daß, wenn der große Cylinder 8 Fuß hoch ist, und der Kolben nur e Fuß tief, durch volle Dämpfe getrieben wird, die Maschine doch 0,57 wirkt, wenn sie nach alter Art getrieben 1,00 wirken würde, oder daß sich die Wirkung der neuern Einrichtung zur Wirkung der alten, bey übrigens gleichen Maschinen, verhält wie 57:100. Folglich bringt man mit ¼ Dämpfen und also auch mit ¼ der alten Feuerung mehr als die Hälfte der Wirkung hervor. Man kann also über die Hälfte der Feuerung ersparen.

Nachrichten von dem Ertrage und Aufwande der Dampfmaschinen beym Grubenbau in Cornwallis gibt Herr Hawkins *), und führt zugleich eine ganz neue Einrichtung derselben durch einen Herrn Hornblower an, wobey der Dampf, welcher bey den wattischen Maschinen, nachdem er seine Wirkung gethan hat, in Wasser verwandelt wird, in einen andern Cylinder übergehet, und hier eine zweyte Wirkung auf eben das Ende des Balanziers thut. Hiernach ist eine Maschine auf der Kupfergrube Tin Croft in Cornwallis erbauet worden, deren Wirkung sich gegen die der wattischen, nach Versuchen vom 4. April 1792, wie 16½ zu 10 verhält.

Dampfmesser bey Dampfmaschinen s. Elasticitätsmesser.

Dasymeter s. Manometer.

Deckel des Elektrophors s. Elektrophor.

Declination s. Abweichung.

Declinationskreis s. Abweichungskreis.

Declinatorium s. Abweichung der Magnetnadel, Compaß.

Decomposition s. Zersetzung.

Deflexion des Lichtes s. Beugung des Lichtes.

Dehnbarkeit, Streckbarkeit, auch **Zähigkeit, Geschmeidigkeit** (ductilitas, ductilité) heißt die Eigenschaft der Körper, da deren Theile sich durch eine äußere bewegende Kraft

*) Bergmännisches Journal 1793. St. VI. S. 459. u. f.

Kraft merklich verschieben laſſen, ohne ihren Zuſammenhang zu verlieren. In einem gewiſſen Sinne kann man den feſten Körpern ſo wohl als auch den flüſſigen Dehnbarkeit beylegen, weil ſich auch die flüſſigen Körper durch eine äußere bewegende Kräfte ausdehnen laſſen, ohne daß der Zuſammenhang der Theile aufgehoben wird. Nach dem gemeinen Sprachgebrauch aber bedienet man ſich des Ausdrucks Dehnbarkeit, Streckbarkeit bey den feſten Körpern, Zähigkeit aber bey ſolchen Körpern, welche ſchon mehr den Flüſſigkeiten ſich nähern. Der Grund der Dehnbarkeit und der Zähigkeit der Körper liegt bloß in der qualitativen Beſchaffenheit der Theile, welche durch chemiſche Cohäſion bewirket iſt, oder auch bloß in der Reibung der Theile.

Die vorzüglichſten Metalle beſitzen einen ſehr merklichen Grad der Dehnbarkeit, und unter denſelben das Gold den ſtärkſten. Nach Reaumür*) läßt ſich das Gold durch geſchickte Goldſchläger in Blättchen ſtrecken, die noch nicht ſo dicke ſind, als $\frac{1}{30000}$ einer Linie. Allein dieſe Dehnbarkeit des Goldes iſt noch ſehr geringe, gegen die Dehnbarkeit deſſelben bey der Verfertigung der Goldtreſſen, welche, wie bekannt, nur aus einem übergoldeten Silberfaden beſtehen. Man nimmt gemeiniglich hierzu eine Silberſtange im Durchmeſſer 15 Linien, in Anſehung der Länge etwa 22 Zoll, und in Anſehung des Gewichts 45 Mark, welche mit einer einzigen Unze Gold überzogen oder vergoldet wird. Dieſe Silberſtange wird nach und nach durch engere Löcher mit Gewalt hindurchgezogen, und dadurch immer feiner und länger; dabey bleibet aber die Vergoldung jederzeit an allen Stellen ſichtbar. Herr Reaumür zeigt durch Rechnung, daß dieſe Silberſtange bis auf eine Länge von 1163520 Fuß ausgedehnet, und folglich 634692 Mahl länger werden könne, als ſie war, und daß dieſe Länge, wenn man 2000 Toiſen auf eine franzöſiſche Meile rechnet, 97 Meilen betrage. Ehe nun noch dieſer Silberfaden über die Seide geſponnen wird, machet man ihn aus einem cylindriſchen platt, wodurch er
gemel-

*) Mémoires de l'acad. roy. des ſcienc. de Paris. an. 1713.

gemeiniglich wenigstens ⅓ länger wird; also verwandelt sich
die Länge wenigstens in 111 Meilen; ja, sie kann bis auf 120
Meilen verlängert werden. Die Vergoldung dieses Silber-
drahtes ist allenthalben sichtbar, woraus zu ersehen ist, daß
die Ausdehnbarkeit des Goldes außerordentlich groß seyn
müsse. Herr Reaumür setzt noch hinzu, man sehe
gar eigentlich, daß das Silber an einigen Orten noch ein
Mahl so stark vergoldet sey, als an andern. Durch Rechnung findet er, da an den Stellen, wo die Vergoldung am
schwächsten ist, die Dicke des Goldes doch nur $\frac{1}{1050000}$ einer
pariser Linie sey. Diese sehr große Ausdehnung des Goldes
ist jedoch bey weitem noch nicht die Grenze. Man kann gar
nicht daran zweifeln, daß die Länge des Fadens noch über
die Hälfte derselben ausgedehnet werden könne.

Unter den weichen und flüssigen ziehbaren Körpern, welche
zu einem beträchtlichen Grade ausgedehnet werden können, gehören vorzüglich das geschmolzene Glas, die Gummi und
Harze, und die zähen Materien, woraus die Seidenwürmer
und Spinnen ihre Faden ziehen.

Wenn das Glas durchs Feuer geschmolzen worden ist, so
kann es in sehr feine Faden gezogen werden, welche nach dem
Erkalten keinesweges mehr die Sprödigkeit und Unbiegsamkeit des in großen Massen zusammen geschmolzenen Glases
haben, sondern sich eben so wie zarte Federn krümmen; wie
denn die Glasbüsche, welche für das andere Geschlecht eine
Kopfzierde seyn sollen, genugsam bekannt sind. Die Arbeit,
aus dem Glase diese feinen Faden zu erhalten, ist sehr einfach.
Eine Person hält nämlich ein Ende von einem Stücke Glas
an die Flamme einer Lampe; wenn dieses von der Hitze weich
geworden ist, so setzet eine andere Person in das schmel-
zende Glas das Ende eines gläsernen Hakens. Diesen zieht
er augenblicklich an sich, und nimmt dadurch einen Glasfaden
mit fort, welcher an den Umfang eines Spinnrades befestiget
werden kann. Der zweyte Arbeiter thut nun nichts weiter,
als daß er das Rad herumdrehet. So wie dieß geschiehet,
so ziehet das Rad die Theile des geschmolzenen Glases an
sich,

sich, welche durch das Umdrehen des Rades um den Umfang desselben gewickelt werden. Uebrigens kann der Arbeiter das Rad so geschwind herum drehen, als er nur kann, ohne daß er besorgt seyn dürfe, daß der Faden zerreiße. Diese Faden sind nicht durchaus gleich dicke. Sie sind ein sehr plattes Oval, und wenigstens zwey bis drey Mahl breiter, als sie dicke sind. Es gibt sehr feine Faden, welche, nach dem bloßen Augenmaße zu urtheilen, nicht stärker als ein Faden sind, welchen die Seidenwürmer spinnen; aber eben diese Faden sind auch ungemein biegsam. Herr Reaumur ist sogar der Meinung, daß man die Glasfaden eben so würde weben können, wie die Seidenwürmerfaden, wenn wir nur die Kunst wüßten, die Glasfaden zu diesem Zwecke fein genug zu ziehen.

Eben so sind auch die Faden der Seidenwürmer nichts weiter, als eine von ihnen gehende zähe Materie, welche, nachdem sie von ihnen gegangen ist, fest wird. Auch das Gewebe der Spinnen bestehet aus einer zähen Feuchtigkeit. Es hat nämlich die Spinne nahe am Hintertheile sechs Warzen, deren jede eine unzählbare Menge von Löcherchen besitzet, aus welchen die allerfeinsten Faden kommen. Wenn man nur ein wenig überleget, daß die jungen Spinnen, die kaum ihr Ey verlassen haben, schon zu weben anfangen, bey welchen man die Warzen mit bloßen Augen nicht wahrnehmen kann, wie klein müssen nun wohl die Fadenziehlöcher seyn? So weit reicht in der That unsere Einbildungskraft nicht, und es steigt in uns gewiß kein geringer Gedanke auf, wie weise auch der Allwissende für eines von den uns verhaßten Thieren gesorget hat, um nicht nur ihre Wohnung zu verfertigen, sondern auch gleichsam ein Netz dadurch auszustellen, um kleine Insekten zu ihrer Nahrung damit zu fahen.

Delislisches Thermometer s. Thermometer.

Demant s. Diamant.

Demantspatherde s. Diamantspatherde.

Dephlogistisirte Luft s. Gas, reines.

Descension s. Absteigung.

Destil.

Deſtillation, Deſtilliren (deſtillatio, deſtillation) iſt eine chymiſche Arbeit, bey welcher die flüchtigen Theile von den weniger flüchtigen eines zuſammengeſetzten Körpers, welche beym Abdampfen ſich in die Luft zerſtreuen würden, in beſondern kühlen Gefäßen in flüſſiger Geſtalt gewonnen werden. Von der Deſtillation unterſcheidet man die **Subliniation**, bey welcher ebenfalls die flüchtigern Theile von den weniger flüchtigen abgeſondert, nicht aber in flüſſiger, ſondern in feſter Geſtalt erhalten werden ſollen. Oft will man auch durch eine Deſtillation eine genaue Verbindung mehrerer flüchtigen Subſtanzen, welche jetzt durch eine Dampf- auflöſung ſtärker und inniger ſich mit einander verbinden, be- wirken, wie z. B. beym ſpiritus anodynus Hofmanni. Sonſt theilet man auch die Deſtillation ein in naſſe und trockene. Jene geſchiehet bey ſolchen Körpern, die an und für ſich im flüſſigen Zuſtande ſich befinden; dieſe aber bey ſolchen, die zwar ſonſt trocken ſcheinen, allein durch einen gewiſſen Grad des Feuers ſolche Dämpfe von ſich geben, welche nachher beym Abkühlen zu einer tropfbaren Flüſſigkeit zuſammentreten. Die naſſe Deſtillation erhält noch zu der Abſicht, wozu ſie geſchiehet, eigene Benennungen. **Ab- ziehen** heißt, eine Flüſſigkeit von einem andern gemiſchten Körper abdeſtilliren; **cohobiren**, die Flüſſigkeit wieder- höhlt auf einen Körper gießen, und davon abziehen; **recti- ficiren**, die Flüſſigkeit bey gewiſſen Graden des Feuers von fremdartigen Theilen, welche bey den erſten Deſtillationen mit übergiengen, zu befreyen.

Zum Deſtilliren hat man wegen der verſchiedenen Natur, und den verſchiedenen Eigenſchaften und der Menge der zu- zudeſtillirenden Materie mancherley Gefäße nöthig, welche man **Brennzeuge** oder **Deſtillirgeräthſchaft** (vaſa de- ſtillatoria, apparátus deſtillatorius) nennt. Solche Flüſſigkeiten, welche durch eine Hitze in Dämpfe aufgelöſet werden können, die den Grad des ſiedenden Waſſers wenig oder gar nicht überſteiget, und welche die Metalle nicht an- greifen, werden im Großen aus einer **Blaſe** (veſica) deſtil- liret.

liret. Die Blase ist ein kupfernes inwendig verzinntes oder auch nicht verzinntes Gefäß, welches oben nicht eine zu geringe Oeffnung mit einem gerade stehenden Rande hat, um darein den Hut oder Helm genau einsetzen zu können. Der Helm (alembicus, capitulum) hat die Gestalt eines hohlen Kegels. Die in der Blase aufsteigenden Dämpfe werden durch eine Röhre, Schnabel genannt, die an einer Seite des Helms oder auch an zwey Seiten heraustritt, und nicht zu enge seyn muß, abgeleitet. Der Helm ist entweder von reinem Zinne, oder doch wenigstens von gut überzinntem Kupfer, in manchen Fällen noch besser von Steinzeuge. Einen Vorzug vor den gewöhnlichen Helmen haben die mit der Tropfrinne. Auch die Vergrößerung der Blasenöffnung und der Oberfläche des Helmes befördert ungemein die Destillation. Diese Blase stehet entweder in einem runden Ofen, oder zu manchen Absichten noch besser in einem Wasserbade. Nach der ludolfischen Einrichtung ist durch den Helm eine Stange mit einer Kurbel angebracht, die sich unten in einen Fächer endiget, und durch jene in Bewegung gesetzt werden kann, um die Dinge auf dem Boden der Blase umzurühren. Damit nun die Dämpfe, welche in der Blase in die Höhe steigen, und in den Schnabel des Helmes sich begeben, abgekühlt und in tropfbare Flüssigkeiten verwandelt werden, bringe man Kühlanstalten (refrigeratoria) an. Es ist nämlich oben auf dem Helme oder noch besser rund um ihn herum ein Gefäß angebracht, welches mit kaltem Wasser angefüllt ist, und welches man, wenn es heiß geworden, durch einen Hahn wieder kann ablaufen lassen. Diese Einrichtung nennt man einen Mohrenkopf (caput Aethiopis). Sie ist im Großen nicht so bequem, als wenn der Schnabel des Helms in eine andre zinnerne oder blecherne Röhre gehet, welche durch das Kühlfaß entweder in gerader oder in gewundener spiralförmiger Richtung geleitet ist. Das Kühlfaß selbst wird voll kaltes Wassers geschüttet, und, wenn es warm geworden, mit anderem kaltem Wasser versehen, nachdem das warme durch einen unten angebrach-

gebrach-

gebrachten Hahn ist abgelassen worden. Die Vorlage zur
Aufnahme der überdestillirten Flüssigkeit wird alsdann an der
Mündung der Röhre angebracht. Bey leicht aufsteigenden
Flüssigkeiten gebrauchet man zur Destillation auch einen **Kolben,** auf welchen ein gläserner Helm gesetzet wird. Diese Helme
haben allezeit eine Tropfrinne, welche sich in den Schnabel
endiget, an welchen die Vorlage angeleget wird. Hier hat
man gewöhnlich keine Kühlanstalt nöthig, weil die Verdichtung der Dämpfe durch die Abkühlung des Helms an der
Luft bewirket wird. Dabey gebraucht man auch gewöhlich
nur eine gelinde Wärme des Sand- oder Wasserbades,
worein der Kolben gestellet wird. Bequem sind **tubulirte**
Helme, welche in der Mitte ihrer Wölbungen ein Loch mit
einem eingeriebenen Gasstöpsel haben, um dadurch in den
Kolben nachgießen zu können, ohne den Helm abzunehmen.
Man nennt die Destillationen durch die Blase oder Kolben
gerade Destillationen (destillationes rectae, per ascen-
sum). Diesen sind die **schrägen** oder **schiefen** (destillationes obliquae, per latus, per inclinationem) und die
unterwärts gehenden Destillationen (destillationes
per descensum) entgegengesetzt. Der erstern bedienet man
sich bey Flüssigkeiten, welche leicht und bey gelindem Feuer
aufsteigen, der zweyten bey solchen Körpern, welche schwerer
in die Höhe steigen, und eine größere Hitze, als die des siedenden Wassers, verlangen; die dritte ist ganz entbehrlich und
nur in wenigen Fällen noch gebräuchlich. Die schrägen Destillationen geschehen in **Retorten.** Dieß sind Gefäße in
Gestalt der Flaschen mit einem gekrümmten Halse, welcher
aus dem obern Theile des Bauches heraustritt. Der Bauch
ist entweder kugelförmig oder länglichrund. Sie werden
bereitet aus Glas, Thon, Steinzeug, Eisen und Bley, nach Beschaffenheit der zu destillirenden Materien und der Stärke
des Feuers. **Tubulirte** oder **Tubulatretorten** haben in
ihrem Gewölbe eine Oeffnung mit einem eingeriebenen Glas-
stöpsel, welche in manchen Fällen von großem Nutzen sind,
nur dürfen sie nicht in zu große Hitze gebracht werden, weil
Uu sie

sie an der Oeffnung leicht Risse bekommen. Bey den Destillationen aus den Retorten dienen zur Vorlage die Kolben,
in welchen sich die übergehenden Dämpfe verdichten und
sammeln. Die gläsernen Retorten werden in das Sandbad
eingelegt. Ist ein stärkeres Feuer nöthig, so gebrauchet
man die eisernen oder irdenen Retorten, die man ins offene
Feuer des Reverberierofens stellet. Oftmahls thut man auch
dieß mit den gläsernen Retorten. Alsdann werden sie, so
wie auch sonst die irdenen, mit einer Masse überzogen, um
sie gegen die unmittelbare Wirkung des Feuers zu schützen,
d. h. man beschlägt sie. Eine solche beschlagene Retorte
darf nie eher ins Feuer gebracht werden, bis der Beschlag
völlig trocken geworden ist.

Um bey der Destillation aus Retorten im Reverberier-
feuer die Vorlage mehr abgekühlt zu erhalten, und von dem
heißen Ofen zu entfernen, dient der **Vorstoß** (tubus in-
termedius), eine gläserne oder irdene Röhre, welche in der
Mitte einen kugelförmigen Bauch hat, an dem einen Ende
kugelförmig zuläuft, und an dem andern weiter ist. Jenes
steckt in der Vorlage, und dieses in dem Halse der Retorte.

Die zwischen den Fugen der Destillirgefäße übrig bleibenden Oeffnungen werden noch mit **Kitten** oder dem **Kle-
bewerk** verschloßen, damit die Dämpfe dadurch nicht entweichen können. Nach Verschiedenheit der abzudestillren-
den Materien dienen hierzu entweder Leinwandstreifen mit
einem Kleister überstrichen, oder auch naßgemachte Kälber-
oder Schweinsblase, oder aus einem eigentlichen Kitt, aus
ungelöschtem in der Luft zerfallenen Kalk und Eyweiß.

Wegen der erstaunenden Wirkung der elastischen Dämpfe, und noch mehr wegen der Entwickelung mancher luftförmigen Stoffe in der Hitze, darf man nicht immer die Destillirgefäße ganz genau verschließen. Daher ist es rathsam,
in die Vorlage oder in den Vorstoß zur Seite ein kleines
Loch zu graben, welches zu Anfange der Destillation offen
bleibt, und alsdann erst verschloßen wird, wenn die meisten
elastischen Dämpfe vorüber sind. Hierzu dienet auch der

woul-

Woulfische Destillirapparat *), da aus der ersten Vorlage
eine gekrümmte gläserne Röhre in eine zweyte Vorlage, aus
dieser wieder eine andere in eine dritte u. s. w. und zuletzt in
die freye Luft geht. Um hierbey zugleich die sich entwickelten Gasarten mit auffangen zu können, hat **Lavoisier** *)
einen eigenen sinnreichen, wiewohl etwas zusammengesetzten,
Destillirapparat angegeben. M. s. **Pneymatisch-chemi-
scher Apparat.**

M. s. **Gren** systematisches Handbuch der gesammten
Chymie Th. I. Halle 1794. gr. 8. S. 142 ff.

Diabetes des Heron s. **Heber.**

Diagonalmaschine, eberhardische, ist eine von
Eberhardt *) angegebene Maschine, um dadurch zu zeigen, daß bey einer zusammengesetzten Bewegung der Körper allemahl die Diagonale eines Parallellogramms durchlaufen müsse. Es haben auch andere, als 'sGravesand,
Nöller u. s. dergleichen Maschinen angegeben, welche aber
alle nicht so einfach als die von **Eberhardt** sind. Sie bestehet aus einem viereckigen Bret, auf dessen oberer Kante die
Walze c (fig. 96.) fortgerollt wird, um welche ein Faden
gewickelt ist, der die Kugel p trägt. Auf dieses Bret wird
das Parallellogramm a p d e gezeichnet. Durchs Fortrollen
der Walze wird das Gewicht p nach der Richtung a e, und
durch seine Schwere nach der Richtung a p getrieben, mithin wird es durch die Diagonale p e gehen.

Diamant, Demant (Adamas, Diamant) ist der
dichteste, härteste, schönste und durchsichtigste unter den so
genannten Edelsteinen, welchen auch die härteste Feile nicht
angreift. Die schönsten Diamanten sind ohne Flecke und
einfarbig und gleichen dem reinsten Crystall. Die am meisten geschätzten kommen aus Ostindien, aus Visapour, De-
can und Golconda; die meisten aber kommen aus Brasilien,

Uu 2   welche

---

*) Philos. transact. Vol. LVII. N. 50. S. 517 ff.
*) Traité élément. de chymie T. II. S. 451 ff. Pl. IV. fig. 1. System
der antiphlogist. Chymie, a. d. Franz. durch Hermbstädt S. 101.
Taf. I. fig. 1.
*) Erste Gründe der Naturlehre. Halle 1767. 8. S. 64.

welche jedoch für so schön nicht gehalten werden: Die gewöhnlichste Gestalt der natürlichen Diamanten ist in runden und stumpfeckigen Körnern, seltner in doppelt vierseitigen Pyramiden, in flachen doppelt dreyseitigen Pyramiden, oder in rundlichen zwölfseitigen Crystallen, welche niedrige sechsseitige Säulen, die an den Enden mit dreyen Flächen zugespitzt sind, zu seyn scheinen. Die rohen Diamanten sind im natürlichen Zustande nicht mit dem Glanze und der Politur versehen, welche ihrer Oberfläche durchs Schleifen gegeben wird, sondern sie ist gewöhnlich mit einer erdigen Rinde überzogen, nur die aus den Flüssen ausgenommen, wo diese Rinde abgerieben ist. Im Bruche ist der Diamant blätterich, und der innere Glanz sehr stark schimmernd. Nach dem Schleifen sind die reinsten Diamanten vollkommen durchsichtig. Die gewöhnliche Farbe der rohen Diamanten ist blaßgrau, welche sich oft ins Gelbe zieht, zuweilen citronengelb, selten rosenroth, und noch seltener grün oder blau, häufiger blaßbraun. Das specifische Gewicht des Diamanten verhält sich zum specifischen Gewichte des Wassers, wie 3,500 bis 3,521 zu 1. Wegen dieser Dichtigkeit bricht der Diamant die Lichtstrahlen sehr stark, und wirft daher einen starken vielfarbigen Glanz von sich, besonders wenn er mit vielen Flächen geschliffen ist, welches ihm, auch nebst seiner Seltenheit einen sehr großen Werth gibt. Uebrigens sind die Diamanten elektrische Körper, und ziehen, wenn sie gerieben werden, leichte Körper an; auch leuchten sie im Dunkeln, wenn sie eine Zeitlang am Tageslichte oder in dem Sonnenlichte gelegen haben. Jedoch sind diese Eigenschaften auch einer sehr großen Menge anderer crystallischer durchsichtiger Körper gemein.

Wegen der äußern Eigenschaften des Diamanten, welche er mit den harten durchsichtigen Steinen von der Art des Bergcrystalls gemein hat, rechneten ihn die Naturforscher zu den Steinarten, und hielten ihn für den reinsten unter den Kieselarten. Der Großherzog von Toscana, Cosmus III. hat zwar schon in den Jahren 1694 und 1695 durch

Averani

Averani und Targioni zu Florenz Versuche mit dem Diamant durch die Hitze großer Brennspiegel anstellen lassen *); wobey die Zerstörbarkeit des Diamanten beobachtet wurde, welche eine geraume Zeit darnach durch die Versuche, welche auf Befehl des Kaisers Franz I. zu Wien angestellet wurden, Bestätigung erhielten, obgleich dabey nur bloßes Ofenfeuer angewendet wurde. Allein alle diese Versuche achteten die Naturforscher nicht so, wie sie es verdient hätten, und es behielt immer noch der Diamant seinen Platz unter den Kieselarten, welche doch jene Veränderung im Feuer nicht erleiden. Erst nach den Versuchen des Herrn D'Arcet *), die er im Jahre 1768 bekannt machte, wurde die Aufmerksamkeit auf den Diamant mehr rege gemacht. Dieser setzte nämlich die Diamanten in verschlossenen Gefäßen einer anhaltenden Hitze des Porcellanofens aus. Von zwey Diamanten wurde jeder abgesondert in einen porcellanen Tiegel gebracht, wovon der eine vollkommen geschlossen war, der andere aber in seinem Deckel einige kleine Löcher hatte; alle beyde verschwanden in der Hitze wie reine Wassertropfen. Diese Versuche wiederhohlte er auf Verlangen der pariser Akademie im Jahre 1770. Nachher bemerkte er nebst Herrn Roux, daß man nicht ein Mahl zur Zerstörung des Diamanten ein so heftiges Feuer nöthig habe. Im Jahre 1771 nahm Herr Marquer eine neue Erscheinung an dem Diamanten wahr, daß nämlich selbiger beym Glühen unter der Muffel mit einer leichten phosphorischen Flamme umgeben war, und dabey nach und nach gänzlich verflog, und muthmaßte daher, daß die Verflüchtigung des Diamanten in einem wirklichen Verbrennen bestände. Diese Thatsachen wurden nachher durch andere Versuche noch mehr bestätiget. Herr Maillard behauptete dagegen die Feuerbeständigkeit der Diamanten, und machte seine Versuche

Uu 3　　in

---

*) Versuche, welche mit einigen Edelgesteinen so wohl im Feuer als auch vermittelst eines tschirnhausischen Brennspiegels angestellet worden; im hamburg. Magazin. B XVIII. S. 164. ff.

*) Mémoire sur le Diamant et quelques autres piérres precieuses, traitées à feu p. Msr D'Arcet à Paris 1771. 8.

in Gegenwart der Herrn **Macquer**, **Lavoisier** und **Cadet**. Er füllte einen Tobackspfeifenkopf mit Kohlenstaub, legte drey Diamanten hinein, drückte alles dicht zusammen, verschloß ihn mit Eisenblech und Formsand; stellte alles in einen Tiegel mit Kreide, welchen er mit Formsand und Salzwasser bekleidet einem zweystündigen Feuer im macquerschen Ofen aussetze, bis der Tiegel weich zu werden und zu schmelzen anfieng. Nach dem Erkalten und Zerschlagen fand man den Pfeiffenkopf ganz, den Kohlenstaub noch schwarz und die Diamante unversehrt und im Gewichte nicht vermindert. Die Herrn **Macquer**, **Lavoisier** und **Cadet** wiederhohlten diese Versuche mit verschiedenen Diamanten, indem sie diese in irdene Retorten, mit genau verkitteten Vorlagen brachten. Nach einem stark anhaltenden Feuer fanden sie, daß sich in den Gefäßen weder ein Sublimat noch ein anderes verflüchtigtes Produkt angesetzet, und die Diamanten einen bloß überaus kleinen Abgang am Gewichte erlitten hatten. Aus allen diesen Versuchen hielt man sich nun zu schließen berechtiget, daß die Zerstörung der Diamanten dem Verbrennen der Kohlen ähnlich wäre, und bloß durch Einwirkung der respirabeln Luft Statt finden könne. Allein die vielen und mit aller gehörigen Sorgfalt angestellten Versuche der Herrn d'Arcet und Rouelle scheinen diese Meinung nicht ganz zu bestätigen, weil sie die Zerstörung der Diamanten auch in genau verschlossenen Gefäßen wahrgenommen hatten. Es scheint also viel mehr daraus zu folgen, daß die Diamanten nicht allein unter den angegebenen Umständen verbrennen, sondern auch ohne die Bedingung des Verbrennens wirklich verfliegen. Auch bestätigen diese Muthmaßung die Versuche des Herrn **Lavoisier**, die er in Gesellschaft der Herrn **Macquer**, **Cadet** und **Brisson** in dieser Absicht anstellte. Er brachte Diamanten unter einer mit Lebensluft gefüllten, und durch Wasser oder Quecksilber gesperrten Glasglocke auf Unterlagen von unverglasetem harten Porcellan, und setzte sie der Hitze des Brennpunktes des großen trudainischen Brennglases aus. Bey einer sehr schnellen Erhitzung

.... zersplitzerfplitterten die Diamanten; nicht aber bey einer langsamen und stufenweis erhöheten. Ob sich gleich hier keine Anzeige von einer Schmelzbarkeit fand, so bemerkte man doch deutlich ein kleines Aufwallen auf der Oberfläche; das Merkwürdigste aber war, daß die Luft unter der Glocke, wie beym Verbrennen anderer verbrennlichen Körper vermindert, und ihrer Lebensluft beraubet wurde, und so fand man auch, daß sie das Kalkwasser trübte. Nachher beobachtete auch **Lavoisier**, daß die Diamanten unter einer mit kohlensaurem Gas angefüllten Glocke, worin' sonst kein Verbrennen von Statten gehet, in der Hitze des Brennpunktes des erwähnten Brennglases ebenfalls, obgleich langsam, zerstöret wurden, und folglich hier eine bloße Verflüchtigung ohne Verbrennen Statt finde. Im Jahre 1791 wurde endlich die Entzündlichkeit des Diamanten aus dem Verbrennen desselben in Lebensluft durch den Herrn Grafen **von Sternberg** *) ganz unläugbar bewiesen. Von der Art, diesen Versuch anzustellen, schreibt der Chevalier **Landriani** an Madame **Lavoisier** *) also: „man verbrennt den Diamant „ganz so, wie einen Messingdraht, indem man an seine Spitze „ein kleines Ende eines Eisendrahts befestiget, das man roth„glühend macht, und in eine mit dephlogistisirter Luft ge„füllte Flasche taucht. Das Verbrennen des Eisens theile „sich dem Diamant mit, der in dieser Luft mit dem größten „Glanze verbrennt. Es gibt Diamanten, die man durch „dieses Mittel nicht zum Brennen bringen kann; die brasi„lianischen sind von dieser Art. Man hat diese Versuche noch „nicht so weit getrieben, als sie es verdienen. Der theure „Preis der Substanzen ist daran Schuld. Insbesondere „wäre, die Quantität und Qualität der Rückstände, die Ver„änderung, welche die Luft dabey erleidet, und die Ursache „des großen Unterschiedes der Diamanten zu bestimmen.„

Uu 4

Weil

*) Grens Journal der Physik. B. IV. S. 410.

*) Annales de chymie T. XI. 1791. Grens Journal der Physik. B. VII. S. 428.

Weil der Diamant das Licht drey Mahl so stark bricht, als er vermöge seiner Dichtigkeit thun sollte, welche Eigenschaft bloß den durchsichtigen verbrennlichen Körpern zukömmt; so vermuthete auch schon Newton [a] a priori, daß der Diamant ein verbrennlicher Körper sey, und diese Vermuthung ist durch diese Versuche zu einer unwiderleglichen Wahrheit gekommen.

Es ist also der Diamant eine von den übrigen Stein- und Erdarten ganz verschiedene Substanz, wenn auch gleich seine Zusammensetzung noch ganz unbekannt ist. Er ist ein flüchtiger und zugleich verbrennlicher Körper. Der Diamant wird weder vom Wasser, noch vom Weingeiste, noch von öligen Flüssigkeiten, noch von ätzenden Alkalien, noch von den stärksten Säuren angegriffen. Auch schmelzen die feuerbeständigen Alkalien mit dem Diamantpulver nicht zu Glas, und sie lösen es nicht auf.

Auch der Herr Graf von Bubna [g] hat über das Verbrennen des Diamanten Versuche angestellet; er konnte aber dabey keine Flamme bemerken, mit welcher er nach Macquer u. a. verbrennen soll; er sahe bloß den gewöhnlichen weißblaulichen phosphorischen Schein. Die Diamanten hatten aber an Gewicht und Durchsichtigkeit verloren. Auch fand er einen Unterschied der brasilianischen und ostindischen Diamanten. Bey dem Zerstören der letztern, unter einer mit Kalkwasser gesperrten Glasglocke vermittelst eines Brennglases, fand er, daß das Kalkwasser getrübet wurde, und schließt aus diesen Versuchen, daß der Diamant aus Kieselerde und Flußspathsäure zusammengesetzet sey. Allein diese Versuche scheinen noch nicht hinreichend zu seyn, dieses zu erweisen; denn es kann das Trüberwerden des Wassers eben so wohl als ein Zeichen des kohlensauern Gas angesehen werden, welches durch die Verbrennung entstanden war.

Das

---

[a] Optice, libri tres autore If. Newtoni latine redd. Sam. Clarke. Lond. 1706. 4. p. 232-234.

[g] Abhandlung einer Privatgesellschaft in Böhmen. B. VI.

Das antiphlogistische System rechnet den Diamant unter die einfachen Körper, und Herr Gittanner sagt, in allen bisher angestellten Versuchen zeige er die größte Aehnlichkeit mit dem Kohlenstoffe, vielleicht sey er ganz reiner Kohlenstoff; denn wenn man ihn in verschlossenen und mit Sauerstoffgas angefüllten Gefäßen verbrenne, so werde er ganz in kohlengesäuertes Gas verwandelt. Allein wenn diese Vermuthung Grund hätte, so sollte bey den Versuchen über die Zerlegung der Luftsäure, statt des schwarzen Kohlenpulvers, ein Diamant zum Vorschein kommen.

M. s. Gren systematisches Handbuch der gesammten Chymie Theil 3 Halle 1795. gr. 8. § 2129 u. f. Gittanner Anfangsgründe der antiphlogistischen Chemie Kap. 22.

Diamantspatherde, Harterde, Corundererde (terra adamantina, corunda) ist eine vom Herrn Klaproth *) im Diamantspathe oder Corundum entdeckte Erde, welche man so lange für eigenthümliche Erde halten muß, bis sie weiter geprüfet und untersuchet worden ist. Sie löset sich weder in Säuren auf nassem Wege, noch in feuerbeständigen Alkalien auf trockenem Wege auf. Durch ersteres Zeichen unterscheidet sie sich von allen übrigen einfachen Erden, durch letzteres aber von der Kieselerde. Der Diamantspath selbst besteht aus 0,33 Corundererde und 0,66 Thonerde.

Dianenbaum, Silberbaum (arbor Dianae, arbre de Diane). Wenn zu einer Auflösung des Silbers in Salpetersäure mehr Quecksilber geschüttet wird, als zum Niederschlagen des Silbers nöthig ist, so amalgamiret sich das letztere mit dem übrigen Quecksilber, und bildet damit beym Ruhigstehen crystallinische leicht zerbrechliche Anschüsse, welche den Vegetationen sehr ähnlich sehen, und eben dieserwegen Dianenbäume, Silberbäume, philosophische Bäume genannt werden.

Die Chymiker geben verschiedene Vorschriften, den Dianenbaum zu verfertigen. Man vermische einen Theil Silber

Uu 5 ber

*) Kleine mineralogische Beyträge in Crells chemisch. Annalen 1789. B. I. S. 5 ff.

ber in einer gesättigten Auflösung mit 20 Theilen Wasser,
alsdann schütte man in einem cylindrischen Gefäße zwey Theile
Quecksilber dazu, und lasse alles ganz ruhig stehen; oder
man vermische drey Theile gesättigte Silberauflösung, zwey
Theile gesättigte Quecksilberauflösung und zwanzig Theile
Wasser mit einander, und gieße dieß auf drey Theile von
einem Amalgama, welches aus einem Theile Silber und sieben Theilen Quecksilber gemacht ist. Wenn der Silberbaum
gut gerathen soll, so ist durchaus nöthig, daß alle Ingre-
dienzien den gehörigen Grad der Reinigkeit haben, daß die
Silberauflösung gesättiget, und mit ganz reinem Wasser gehörig verdünnt sey, und endlich alles ganz ruhig stehe.

Der Grund dieser Erscheinung liegt bloß in den verschiedenen Verwandtschaften, welche die Metalle mit den Säuren haben. So hat das Quecksilber mit der Salpetersäure
eine stärkere Verwandtschaft als mit dem Silber, und es
muß daher in eine Silberauflösung geschüttet das Silber niederschlagen. Würde nun die Säure selbst noch sehr stark
seyn, so würde sie alsdann nach dem dynamischen Systeme
(denn nach dem atomistischen System weiß man gar keinen
Grund der Verwandtschaften anzugeben) durch ihre anziehende Kraft auf das Quecksilber mit Sollicitation wirken,
und das Silber in einen unförmlichen Klumpen fahren lassen,
daher ist es nothwendig, daß die Säure verdünnt werde,
damit ihre zusammenziehende Kraft nur langsam ihre Wirkung auf das Quecksilber ausübe, damit das freye Spiel der
Grundkräfte allgemach von Statten gehe, und dadurch Queck-
silbertheile mit Silbertheilen sich gehörig verbinden können.

Diaphanometer (diaphanometrum, diaphano-
mètre) ist eine von Saussüre angegebene Vorrichtung, die
Größe der Ausdünstungen, welche sich in einem begrenzten
Theile der uns umgebenden Luft befinden, dadurch anzuzeigen.
Es hat daher dieses Diaphanometer mit dem Kyanometer
des Herrn de Saussüre sehr große Aehnlichkeit, nur findet
dabey der Hauptunterschied Statt, daß durch den Kyanometer die ganze Wirkung der Dünste und der in der Atmosphäre

vom

vom Auge des Beobachters bis zu den letzten Grenzen seines
Gesichtes vertheilten Ausdünstungen bestimmt wird.

Herr de Saussüre gründet das Maß der Durchsichtigkeit auf die Verhältnisse der Entfernungen, auf welche bestimmte Objekte sichtbar zu seyn aufhören, und es kam bloß
darauf an, Objekte zu finden, bey welchen man mit der größten Genauigkeit bestimmen konnte, wie weit sie beym Verschwinden von dem Auge entfernet seyn müßten. Er fand,
daß der Augenblick der Verschwindung der Objekte weit genauer bemerkbar war, wenn ein schwarzes Objekt auf einen
weißen Grund, als wenn ein weißes Objekt auf einen schwarzen
Grund gesetzet wurde; daß man diese Beobachtung in der
Sonne weit bestimmter als im Schatten anstellen, und daß
der Grad der Genauigkeit noch größer werden könne, wenn
der weiße Kreis, welcher den schwarzen umgibt, selbst durch
einen Kreis von einer dunkeln Farbe umgeben sey.

Wenn man nämlich in der Mitte eines großen Blattes
weißen Papiers oder Pappe einen ganz schwarz gefärbten Kreis
im Diameter ungefähr 2 Linien befestiget, und selbiges der
Sonne oder wenigstens dem Tageslichte aussetzet, sich alsdann hiervon nach und nach entfernet, indem man stets die
Augen fest auf den schwarzen Kreis heftet; so wird dieser
Kreis an Größe immer kleiner werden, und in einer Entfernung von 33 bis 34 Fuß wird er als ein Punkt erscheinen.
Fährt man noch weiter fort, sich davon zu entfernen, so wird man
ihn von neuem sich erweitern sehen, und er wird eine Art
von Wolke zu bilden scheinen, dessen Nüance nach der Cir-
cumferenz zu immer mehr und mehr abnimmt. Bey noch
größerer Entfernung wird zwar diese Wolke immer noch größer
werden, zuletzt aber ganz verschwinden. Den Augenblick
dieses Verschwindens aber kann man gar nicht genau bestimmen. So viele Versuche man auch darüber anstellte, so sehr
verschieden fielen ihre Resultate aus. Um nun diese Ungleichheiten so viel als möglich zu verbessern, kam er auf den Gedanken, daß die Wolke nicht mehr oder wenigstens beynahe
nicht mehr sichtbar seyn würde, wenn er nahe an diesem Kreise

den

hen Grund weiß ließ, und mit einer dunkeln Farbe die Theile
der Pappe, welche davon entfernt waren, bedeckte. Es ließ
daher der Herr de Saussüre nur einen Raum um den
schwarzen Kreis weiß, welcher dessen Diameter gleich war,
und setzte einen Kreis von schwarzem Papier in die Mitte
eines weißen Kreises von 3 Linien im Durchmesser, so daß
der schwarze Kreis nur von einem weißen Kranze umgeben war,
welcher überall 1 Linie Breite hatte. Alles ward auf einen
grünen Grund geleimet, weil diese Farbe dunkel genug ist,
die Wolke verschwinden zu machen. Die Erfahrung ent-
sprach vollkommen diesen Gedanken.

Hiernach schnitt der Herr de Saussüre eine Menge
schwarzer Kreise aus, deren Durchmesser in einer geometrischen Progression zunahmen, deren Exponent $= \frac{3}{2}$. Sein
kleinster Kreis hätte 0,2 einer Linie, der zweyte 0,3, der dritte
0,45 u. s. f. bis zum sechszehnten, der 87,527 Linien zum
Durchmesser hatte. Ein jeder von diesen Kreisen ist mit
einem weißen Kranze umgeben, dessen Breite dem Durchmesser des Kreises gleich ist, und alle sind auf grüne Gründe geleimt. Nun wählte er einen Weg in einer geraden
Linie oder eine Ebene von 1200 oder 1500 Fuß im Umfange,
welche gegen Norden durch Bäume oder eine herabgehende
Wiese begrenzt war, zur Anstellung seiner Versuche.

Hat man einen solchen Kreis gehörig in dem Boden befestiget, so sieht man beym Zurückgehen beständig auf selbigen. Dadurch wird das Auge bald ermüdet, und er verschwindet demselben. So bald man dieses gewahr wird, so
läßt man es, ohne es zu verschließen, ausruhen, indem man
es nach den weniger erleuchteten Gegenständen am Horizonte
hinwendet. Nach Verlauf etwa einer halben Minute richtet
man das Auge wiederum nach dem Kreise, den das Auge
von neuem sehen wird; alsdann entfernet man sich von demselben abermahls noch weiter mit stetem Hinsehen nach selbigem, bis er wieder verschwindet. Man läßt das Auge alsdann
wie vorher ausruhen, siehet wiederum nach dem Kreise u. s. f.,
bis er zuletzt ganz dem Gesichte entzogen wird.

Will

Will man nun den Mangel der Durchsichtigkeit genau ausdrucken, so muß man sich einer Menge Kreise bedienen, deren Durchmesser nach einer gewissen Progression wachsen; die Vergleichung der Entfernungen, wobey sie verschwinden, wird das Gesetz angeben, wornach die Durchsichtigkeit der Luft in verschiedenen Entfernungen abnimmt. Will man aber nur die Durchsichtigkeit der Luft in zwey Tagen oder an zwey verschiedenen Orten mit einander vergleichen, so hat man auch zur Beobachtung an zwey Kreisen genug.

Nach diesen Grundsätzen ließ der Herr de Saussüre ein Quadrat von weißem leinen Tuch machen, dessen Seitenlinie 8 Fuß war; in der Mitte dieses Quadrats ließ er einen vollkommenen Kreis von 2 Fuß im Durchmesser von schönen mattschwarzer Wolle aufnähen; um diesen Kreis ließ er eine weiße Zone von 2 Fuß in der Breite gehen, und das übrige des Quadrats mit einem matten Grün bedecken. Auf gleiche Art und aus gleichen Stoffen verfertigte er ein anderes Quadrat, dessen Seitenlinie aber nur $\frac{1}{12}$ der Seitenlinie des vorhergehenden Quadrats betrug, so daß die Seitenlinie dieses Quadrats = 8 Zoll ist, der schwarze Kreis, so die Mitte desselben einnimmt, 2 Zoll im Durchmesser hat, und der weiße Raum um den Kreis = 2 Zoll Breite.

Werden diese beyden Quadrate vertikal und einander parallel aufgehängt, so daß beyde gleich stark von der Sonne beschienen werden, so müßte, wenn in dem Augenblicke, da man den Versuch anstellt, die Luft völlig durchsichtig wäre, der Kreis des großen Quadrats in einer zwölf Mahl größern Entfernung sichtbar seyn. Bey Herrn de Saussüre verschwand der kleinere Kreis in einer Entfernung von 314 Fuß und der große in einer Entfernung von 3588 Fuß, anstatt daß er in einer Entfernung von 3768 Fuß hätte verschwinden müssen. Es war also die Luft nicht vollkommen durchsichtig. Dieß kam von Dünsten her, die in der Luft damahls schwebten.

M. s. Mémoires de l'Academie royale des sciences à Turin Tom. IV. Ueber des Herrn de Saussüre Diapha-

Diaphanometer von D. Fr. Wilh. Aug. Murhard in Grens neuem Journale der Physik. B. IV. S. 101. u. f.

Dicht (densum, dense). Dieses Wort druckt bloß einen relativen Begriff aus. Nach dem atomistischen Systeme, da die Materie absolut undurchdringlich ist, wird der Ausdruck dicht auch absolut gebraucht für das, was nicht hohl oder bläserig oder löcherig ist. In dieser Bedeutung gibt es eine absolute Dichtigkeit, wenn nämlich eine Materie gar keine leeren Zwischenräume enthält. Hiernach stellt man Vergleichungen an, und nennt einen Körper dichter als einen andern, der weniger leeres in sich enthält, bis endlich der, in welchem kein Theil des Raumes leer ist, vollkommen dicht heißt. Es kömmt hierbey also bloß auf die Menge der Materie an, welche in einem gleichen Raume enthalten ist. So würde z. B. ein Cubikfuß Quecksilber dichter als ein Cubikfuß Wasser seyn. Ein Körper, welcher in einerley Räume doppelt so viel, drey Mahl so viel u. f. Materie enthält, muß auch nach diesem System doppelt so dicht, drey Mahl so dicht u. f. f. seyn.

Was aber das dynamische System betrifft, nach welchem die Materie eine bloß relative Undurchdringlichkeit besitzet, so verstehet man unter dem Ausdrucke dicht den Grad der Erfüllung eines Raumes von bestimmtem Inhalte. Hiernach gibt es kein Maximum oder Minimum der Dichtigkeit, und doch kann eine jede noch so dünne Materie doch völlig dicht heißen, wenn sie ihren Raum ganz erfüllt, ohne leere Zwischenräume zu enthalten, mithin ein Continuum, nicht ein Interruptum ist; allein sie ist doch in Vergleichung mit einer andern weniger dicht, in dynamischer Bedeutung, wenn sie ihren Raum zwar ganz, aber nicht in gleichem Grade erfüllt.

Sonst pflegt man auch im gemeinen Leben manche Körper dichte Körper zu nennen, und nimmt das Wort dicht in eben dem Sinne als compakt, oder auch, wenn viele Materie in einen kleinen Raum zusammengepreßt ist.

Dichte, Dichtigkeit (densitas, densité). In dem Systeme der absoluten Undurchdringlichkeit der Materie versteht

steht

steht man unter Dichtigkeit die Vertheilung der Materie eines Körper durch den Raum, den er einzunehmen scheinet, so daß ein Körper eine größere Dichtigkeit besitzet, wenn er unter gleichem Volumen mehr Materie, eine geringere aber, wenn er in eben dem Raume weniger Materie enthält. Hiernach sagt man, daß die Dichtigkeit eines Körpers zwey Mahl, drey Mahl u. s. so groß, als die Dichtigkeit eines andern, wenn er unter gleichem Volumen zwey Mahl, drey Mahl u. s. so viele Materie enthält, als der andere. Es ist daher der Begriff der Dichtigkeit eigentlich ein relativer Begriff, indem man nicht bestimmen kann, wie groß die Dichtigkeit eines Körpers an und für sich sey, sondern man kann nur angeben, wie viel Mahl die Dichtigkeit größer oder geringer, als die Dichtigkeit eines andern Körpers sey. Man kann also nur die Verhältnisse der Dichtigkeiten angeben. Zu dem Ende müßte man die Dichtigkeit des einen Körpers zur Einheit annehmen, und dann untersuchen, wie viel Mahl die Dichtigkeiten der andern Körper größer oder kleiner wären. Gemeiniglich vergleiche man die Dichtigkeiten aller Körper mit der Dichtigkeit des reinen Wassers, und setzt diese = r. Nach dieser Voraussetzung kann alsdann die Dichtigkeit eines jeden Körpers durch eine Zahl ausgedruckt werden. So verhält sich z. B. die Dichtigkeit des Quecksilbers zur Dichtigkeit des Wassers = 14 : 1, und man kann die Dichtigkeit des Quecksilbers = 14 setzen.

Man unterscheidet auch Körper von gleichförmiger Dichtigkeit von Körpern von ungleichförmiger Dichtigkeit. Unter jenen versteht man diejenigen Körper, bey welchen gleich große Theile gleich viele Materie mithin auch gleich viele Zwischenräume haben; unter diesen aber diejenigen, wo bey gleichen Theilen nicht gleich viel Materie anzutreffen ist. Z. B. bey einer Masse Wasser, bey einem Klumpen Bley, Quecksilber u. d. g. wenn sie durchaus eine gleiche Temperatur für sich haben, wird in einem Cubikzolle des Raums eben so viele Materie als im andern enthalten, und daher ein Körper von gleichförmiger Dichtigkeit seyn.

Wenn

Wenn hingegen ein Körper aus andern specifisch verschiedenen Materien zusammengeseßet ist, so werden alsdann gleich große Theile nicht gleich viele Materie enthalten, und der Körper ist ein Körper von ungleichförmiger Dichtigkeit. Bey den Körpern dieser leßtern Art muß man eigentlich die Dichtigkeit eines jeden Theiles bestimmen; sieht man aber den Körper so an, als ob alle zu ihm gehörige Materie durch seinen Raum gleichförmig vertheilet wäre, so findet man alsdann seine mittlere Dichtigkeit. Gewöhnlich werden zur Bestimmung der Dichtigkeiten folgende Regeln fortgeseßet:

1. Solche Körper, welche gleiche Räume haben, verhalten sich in ihren Dichtigkeiten wie ihre Massen.

2. Solche Körper, welche gleiche Massen haben, verhalten sich in ihren Dichtigkeiten umgekehrt wie ihre Räume.

3. Solche Körper, welche ungleiche Masse und ungleiche Räume haben, verhalten sich in ihren Dichtigkeiten wie die Produkte aus den Massen in die verkehrten Räume.

Es seyn die Massen zweyer Körper M, m, die Räume V, v und die Dichtigkeiten D, d, so hat man

nach 1, wenn $V = v$; $D : d = M : m$

nach 2, wenn $M = m$, $D : d = v : V$,

Nimmt man nun noch einen dritten Körper an, dessen Masse $= M$, Raum v und Dichtigkeit δ, so ergibt sich nach den eben angeführten Verhältnissen

$$\delta : d = M : m$$

$$D : \delta = v : V \} \text{ folglich}$$

$$D : d = vM : Vm$$

Da wir nun nicht im Stande sind, die Quantität der Materie, die in einem bestimmten Raume enthalten ist, zu bestimmen, so hat man seine Zuflucht zu den Gewichten der Körper genommen, als welche mit den Massen in gleichem Verhältnisse seyn sollen. Daher erhält man alsdann den Saß: die Dichtigkeiten der Körper verhalten sich zu einander wie die Produkte der Gewichte und der verkehrten Räume. Weil aber auch ferner die specifischen Schweren

sich

sich wie die Produkte aus den Gewichten in die verkehrten Räume verhalten, so werden auch specifische Schweren und Dichtigkeiten der Körper als völlig einerley betrachtet. M. s. **Schwere,** specifische.

Alle diese Regeln gründen sich auf die Voraussetzung, daß die primitive Materie eine absolute Gleichartigkeit besitze, und daß kein anderer Unterschied derselben Statt finde, als wenn die Grundkörperchen verschiedene Gestalten besitzen, woraus die mancherley specifisch verschiedenen Materien entstanden sind. Wenn man aber nach dem Satze des zureichenden Grundes aus der Verschiedenheit der Wirkungen der specifisch verschiedenen Materien unter allen Umständen auch einen Schluß auf die wesentliche Verschiedenheit von Ursachen zu machen berechtiget ist, so kann man auch in dieser Rücksicht auf eine wesentliche Ungleichartigkeit der Materien schließen. Da also die erste Behauptung als Hypothese durch keine einzige Erfahrung bestätiget werden kann, so lassen sich eigentlich nach dem System der absoluten Undurchdringlichkeit der Materien keine Verhältnisse der Dichtigkeiten der verschiedenen Körper angeben, ob es gleich im Gebrauche ist. Denn es müssen die Dichtigkeiten der Körper im Verhältnisse gleichartiger Massen seyn nach Principien der Mathematik.

Nach dem System der relativen Undurchdringlichkeit der Materien versteht man unter **Dichtigkeit** den Grad der Erfüllung des Raumes von bestimmtem Inhalte. Aber auch in diesem Systeme ist es unschicklich, sich ein Verhältniß der Materien ihrer Dichtigkeit nach zu denken, wenn man sie sich nicht unter einander als specifisch gleichartig vorstellet, so daß eine aus der andern durch bloße Zusammendrückung erzeuget werden kann. Da nun aber das letztere zur Natur aller Materie an sich nicht eben erforderlich zu seyn scheinet, so kann zwischen ungleichartigen Materien keine Vergleichung in Ansehung ihrer Dichtigkeit füglich Statt finden.

Diffraktion s. Beugung des **Lichtes.**
Digestivsalz s. **Salzsäure.**

Xx   **Dioptrik**

Dioptrik (dioptrica s. dioptrice, dioptrique) iſt diejenige Wiſſenſchaft, welche die Geſeße der gebrochenen Lichtſtrahlen erkläret. Man nennt dieſe Wiſſenſchaft auch Anaklaſtik, und wird als ein beſonderer Theil der optiſchen
Wiſſenſchaften betrachtet. Es iſt aus dem Artikel, Brechung der Lichtſtrahlen, bereits ſchon bekannt, daß die
Lichtſtrahlen, wenn ſie aus einer Materie in eine andere von
jener ſpecifiſch verſchiedenen Materie übergehen, in eine andere Lage gebrochen werden. Das Geſeß der Strahlenbrechung, welches daſelbſt ebenfalls angegeben iſt, wird bey
den Unterſuchungen, welche in der Dioptrik Statt finden, zum
Grunde geleget, und aus dieſen laſſen ſich alsdann leicht die
Wege finden, welche die gebrochenen Strahlen nehmen, wenn
ſie in ebenen oder krummen Flächen gebrochen werden. Hieraus ſucht man ſodann die Geſeße der Brechung des Lichtes
in linſenförmigen Gläſern, die Beſchaffenheit der Brechung
des Lichtes im Auge, und die Geſeße der Brechung der Lichtſtrahlen in zuſammengeſetzten Gläſern, nämlich in den Fernröhren oder Teleskopen und in den Mikroskopen herleiten.
Ob nun gleich die Dioptrik von der Brechung der Lichtſtrahlen in allen brechenden Materien Unterricht ertheilen ſoll, ſo
ſchränkt ſie ſich doch hauptſächlich auf die Brechung der Lichtſtrahlen im Glaſe und in der Luft ein, und lehret die Glaslinſen mit einander ſo zu verbinden, daß das menſchliche Auge
dadurch Hülfsmittel bekomme, die ſichtbaren Gegenſtände
theils deutlicher, theils aber auch vergrößert zu betrachten.

Es iſt ſchon bekannt genug, welche Erweiterungen die
Naturlehre durch die Dioptrik erlanget hat. Sie iſt jedoch
erſt eine Erfindung der Neuern. Denn den Alten war die
Brechung des Lichtes außer wenigen hierher gehörigen Erſcheinungen völlig unbekannt. Die Araber fiengen vorzüglich zuerſt an, die optiſchen Wiſſenſchaften auszubilden. Der
erſte optiſche Schriftſteller dieſer Nation, welcher aus der
Geſchichte bekannt iſt, war Al Farabi etwa um das Jahr
900 nach Chriſti Geburt. Weitläuftiger über die Optik
ſchrieb nachher um das Jahr 1000 Ebn Haithem, und
handelte

handelte in besondern Abtheilungen von dem gerade fortgepflanzten, dem zurückgeworfenen, und dem gebrochenen
Lichte. Allein beyder Werke sind verloren gegangen. Im
12ten und 13ten Jahrhunderte erschienen nun die Werke des
Alhazen und des Vitellio, welche zusammen Friedrich
Risner a) mit einem Commentar über den Alhazen herausgegeben hat. Alhazen sucht in seinem Werke das Auge zu
beschreiben, handelt weitläufig von der Beschaffenheit des
Sehens, und behauptet schon, daß die crystallene Feuchtigkeit ein Hauptwerkzeug zum Sehen sey. Insbesondere bekümmerte er sich mehr um die Strahlenbrechung als die Alten. So unvollkommen aber auch diese Schriften waren,
so blieben sie doch bis auf Keplers Zeiten in großem Ansehen. Noch ehe die theoretischen Gründe der Dioptrik entwickelt waren, wurden zu Ende des 13ten Jahrhunderts, vielleicht durch Zufall oder durch Sätze des Alhazen, verbunden mit
Bacons Bemerkungen und Erfahrungen, die Brillen erfunden. Nach dieser Erfindung ist eine lange Periode verstrichen, ehe man noch eine befriedigende Erklärung von der
Natur und Wirkung der Brillen geben konnte. Einer der
ersten, welcher nach der Wiederherstellung der Wissenschaften in Europa in den optischen Wissenschaften wichtige Verbesserungen machte, war der Lehrer der Mathematik zu Mes-
sina, Maurolycus b). Dieser zeigte, daß die krystallene
Feuchtigkeit im Auge ein Linsenglas sey, welches die Strahlen von den äußern Gegenständen auf der Netzhaut zusam-
menbrächte, so daß jeder Strahlenkegel darauf seinen Vereinigungspunkt habe. Zu gleicher Zeit mit Maurolycus
machte Johann Baptista Porta g) aus Neapel eine merkwürdige Entdeckung, welche die Natur des Sehens gar sehr erläuterte. Es war nämlich diese die Erfindung des verfinsterten Zimmers. Bald nachher im Jahre 1609 wurden auch
die

Xr 2

a) Opticae thesaurus. Basil. 1572. fol.
b) Photismi de lumine et umbra, ad perspect. radiorum et inci-
dentiam facientes Venet. 1575. 4.
g) Magiae naturalis libri IV. Neapol. 1558. fol.

die Fernröhre in Holland entdeckt, obgleich noch gar kein fester Grund zu den theoretischen Untersuchungen der Dioptrik geleget war. Man kann also mit allem Rechte behaupten, daß die wichtigsten praktischen Entdeckungen in der Dioptrik noch vor der Theorie derselben vorhergegangen sind. Erst Kepler legte die wahren Gründe der Theorie der Dioptrik. Es ist ausgemacht, daß Kepler noch vor Erfindung der Fernröhre mit Verbesserung der optischen Wissenschaften beschäftiget war, wie seine im Jahre 1604 herausgekommene Schrift *) beweiset; allein es ist auch gewiß, daß seine wichtigsten Entdeckungen in den optischen Wissenschaften durch die Erfindung der Fernröhre sind veranlasset worden. In seiner Dioptrik β) hat er gezeigt, wie es mit dem Sehen zugehe, und zugleich Methoden angegeben, die Größe der Brechung zu untersuchen. Daraus hat er zugleich ein Gesetz hergeleitet, welches zwar nicht das wahre Gesetz der Brechung, jedoch für die Folgerungen, die er daraus ziehet, hinreichend ist. Eben daher erkläret er sehr richtig die Wirkung der Teleskope u. d. g. Seit dieser Zeit hat auch die Dioptrik, welcher Kepler diesen Nahmen gab, denselben beybehalten.

Um diese Zeit oder kurz nachher ward endlich die Hauptentdeckung in der Dioptrik, nämlich das wahre Gesetz der Strahlenbrechung, von dem Professor der Mathematik zu Leiden, Willebrordus Snellius, gemacht, welches Cartesius γ) in seiner Dioptrik zuerst öffentlich bekannt gemacht hat. M. s. Brechung der Lichtstrahlen. Aus diesem Gesetze ließen sich alsdann durch Hülfe der Geometrie und der Analysis alle Untersuchungen, die bey der Brechung Statt finden, herleiten. Dahin gehören die Schriften des

　　　　　　　　　　　　　　　　　　David

---

*) Ad Vitellionem paralipomena, quibus astronomiae pars optica traditur etc. Francof. 1604. 4.

β) Dioptrice, s. demonstratio eorum, quae visui et visibilibus, propter conspicilla non ita pridem inventa, accidunt etc. August. Vindelic. 1611. 4.

γ) Discours de la methode etc. plus la dioptrique, les météores et la geometrie, qui sont des essais de cette methode à Paris. 1637. 4.

David Gregory a), des Isaak Barrow β) und vorzüglich des Huygens γ). Besonders beschäftigten sich die Optiker in dem 17ten Jahrhunderte mit Verbesserungen und
Erfindungen der optischen Werkzeuge, dergleichen gesammelt
haben Schott δ), Kircher ε), Zahn ζ), Traber η) und
andre mehr.

Nachdem sich Newton im Jahre 1666 mit Schleifung
optischer Gläser beschäftigte, und viele Versuche mit dem
gläsernen dreyseitigen Prisma anstellte, wodurch er die wichtige Entdeckung über die Zerstreuung des Lichtes in Farben,
welche bey jeder Brechung Statt findet, machte, so gelang
es ihm dadurch, die Abweichungen der Gläser wegen der
Farben, und eine Menge anderer, theils unbekannter theils
aber auch unerklärbarer, Phänomene richtig zu erklären. Alle
diese wichtigen Entdeckungen machte er zuerst in den philosophischen Transactionen und nachher in seiner Optik ϑ) bekannt.
Auch suchte er die optischen Werkzeuge zu verbessern. Weil
er aber in der Meinung stand, daß die Abweichung der Gläser wegen der Farben bey den gewöhnlichen Fernröhren mit
Gläsern auf keine Weise aufgehoben werden könne, so beschäftigte er sich vorzüglich mit Verfertigung der Spiegelteleskope.

Unter die wichtigsten Entdeckungen, welche in dem 18ten
Jahrhunderte gemacht worden sind, gehören die von dem englischen Künstler, Dollond, erfundenen achromatischen Fernröhre (m. s. Fernröhre, achromatische). Nachdem auch
in diesem Jahrhunderte die Kunstgriffe der mathematischen

Yy 3   Erfin-

a) Elementa dioptricae et catoptricae sphaericae. Oxon. 1695. 8.
β) Lectiones opticae Lond. 1674. 4.
γ) Opuscula posthuma Lugd. Bat. 1703. 4.
δ) Magia vniuersalis Pars I. Optica. Frft. 1657. 4.
ε) Ars magna lucis et vmbrae Romae 1646. fol.
ζ) Oculus artificialis. Herbip. 1685. fol.
η) Neruus opticus. Vien. 1675. fol.
ϑ) Optiks, or Treatise of the reflexions, refractions, inflexions and
colours of light, Lond. 1704. 4. 2te Ausg. 1718. 8. Optice,
autore Is. Newtono, latine reddidit Sam. Clarke. Lond. 1706. gr. 4.
2te Ausg. Lauf. et Genev. 1740. gr. 4. traité d'optique, par le
Cheval. Newton trad. par Coste Amsterd. 1720. Tom. II. gr. 12.

Erfindungskunst erweitert wurden, so haben sich verschiedene
damit beschäftiget, diese besonders auf die Dioptrik mit dem
erwünschten Erfolge anzuwenden. Schon Halley machte
hierzu durch seine in den philosophischen Transactionen bekannt
gemachten Formeln zur Anwendung der Erfindung der Brennweiten der Linsengläser den Anfang. Die erste vollständige
Anwendung der allgemeinen Rechenkunst auf die Optik hat
der Herr Hofrath Kästner in seiner Ausgabe des smithschen Lehrbegriffs der Optik. Altenb. 1755. 4. geliefert. Nachher sind besonders vom Herrn Euler *) die Kunstgriffe der
höhern Rechenkunst auf alles, was nur zur Vollkommenheit der Fernröhre etwas beyträget, angewendet worden.
Aus diesem Werke des Herrn Eulers hat Herr Klügel ⁶)
einen vollständigen Auszug mit Verkürzung der euler-schen
Rechnungen und mit vielen Erweiterungen und Zusätzen mitgetheilet. Auch Herr Karsten ⁷) hat durch die Anwendung
der allgemeinen Rechenkunst die optischen Wissenschaften sehr
bereichert. Durch die Arbeiten dieser verdienstvollen Männer hat wirklich die Dioptrik einen gewissen Grad der Vollkommenheit erhalten. Was aber die Ausübung dieser Sätze
anbetrifft, so finden sie doch gewisser Maßen noch einige Ein-
schränkung, indem es die dazu gebrauchten Materialien nicht
verstatten, dieselben in aller Strenge auszuüben. Indessen
ist man doch durch die Bemühungen eines Herschels auch hierin
zu einer gewissen Stufe der Vollkommenheit gelanget.

Eine vorzüglich lehrreiche Geschichte, und besonders des
physikalischen Theils der gesammten optischen Wissenschaften,
mithin auch der Dioptrik, haben wir den Herrn Priestley
und Klügel ⁸) zu verdanken. Anzeige dioptrischer Schriften mit kurzen kritischen Urtheilen hat Wolf ⁹) geliefert.

(Rott

---

a) Dioptrica, an&. Leonh. Euleri. Petropol. Tom. I-III. 1769-
1771. 4. med
ϐ) Analytische Dioptrik in zwen Theilen. Leipzig, 1778. med. 4.
γ) Lehrbegriff der gesammten Mathematik. Theil VIII. Anfangsgründe der mathematischen Wissenschaften. Band III.
δ) Geschichte der Optik durch Klügel. Zwen Theile. Leipz. 1775. 4.
ε) Kurzer Unterricht von den vornehmsten mathematischen Schriften
im 4ten Theile der Anfangsgr. der mathem. Wissensch. Cap. 10.

Noch vollständiger aber findet man sie von Herrn Scheibel *) a gegeben.

Discrete Flüssigkeiten s. expansible Flüssigkeiten.

Dissonanzen, dissonirende Töne (toni dissonantes s. dissoni, intervalla tonorum dissona, dissonancen) sind Verbindungen von zwey oder mehreren zugleich gehörten Tönen, welche dem Ohr unangenehm klingen. Einen mißfälligen Ton geben der Grundton, die Terze und bey harten Tönen die große Terze, und Quinte; noch mißfälliger aber sind die zweystimmigen, nämlich, Grundton und die Septime, Grundton und die Sekunde. Ueberhaupt gibt es eine unzählige Menge dissonirender Töne, unter denen vorzüglich diejenigen am unangenehmsten sind, deren Schwingungszahlen nur etwas weniges von einander verschieden sind, wie z. B. der halbe Ton und die Diesis, deren Verhältnisse 25 : 24 und 128 : 125 sind.

Wenn man die Ursache des Wohlklanges bloß darin suchen darf, daß die Verhältnisse der Töne leicht zu erkennen sind, so muß man auch den Grund des Mißklanges in den schwerer zu erkennenden und mehr zusammengesetzten Verhältnissen suchen.

Dollondische Fernröhre s. Fernröhre, achromatische.

Donner, Donnerknall (tonitru, tonnerre) ist der Knall, welcher sogleich nach dem entstandenen Blitze erfolget. Es ist eine ausgemachte Wahrheit, daß die Materie, welche den Blitz verursachet, eine wahre elektrische Materie ist; ob sie aber in den Gewitterwolken, wie vormahls die Meinung war, wirklich vorhanden gewesen, oder ob sie erst in dem Moment des entstehenden Blitzes erzeuget sey, das ist bereits unter dem Artikel Blitz hinlänglich untersuchet worden. Aus den Gründen, welche Herr de Lüc angegeben hat, ist es sehr wahrscheinlich, daß bey der Entstehung des Blitzes auch die elektrische Materie zugleich mit entstehe, obgleich ihre

Xr 4 Grund-

*) Einleitung zur mathematischen Bücherkenntniß. 9tes St. Breslau 1777. 8.

Grundstoffe in der Natur wirklich anzutreffen waren. Mit diesem Entstehen des Blitzes muß nun zugleich der Donnerknall verbunden seyn. Denn er ist als ein elektrischer Knall, so wie bey jeder verstärkten Elektricität wahrgenommen wird, zu betrachten, und rühret von Erschütterung der Luft her, welche als ein schlechtleitender Körper eine Explosion des Blitzes veranlasset.

Daß der Donner durch die Erschütterung der Luft entstehe, hatten schon die Alten richtig eingesehen; allein darüber waren ihre Meinungen getheilt, auf welche Art die Erschütterung der Luft veranlasset werde. Seneka dachte sich die Gewitterwolken als große Blasen voll Luft, welche sich zuweilen öffnen und die Luft herauslassen. Cartes nahm an, daß die Gewitterwolken aus bloßen Schneetheilchen beständen. Da es ihm nun bekannt war, daß die großen Schneeballe auf den Alpen in der Schweiz, Lavinen genannt, durch Herabrollen von den Bergen in die Thäler ein dem Donner ähnliches Krachen verursachen; so war er der Meinung, daß der Donner durch den Fall oder das Herabstürzen einer Wolke auf die andere entstehe. Der Blitz hingegen sey die Entzündung der entzündbaren Theilchen, welche in der Luft zwischen den fallenden Wolken schwebten, und daß dieselben, das durch Zusammenpressung bewirket würde, in Entzündung gerathen. Noch andere Meinungen über den Blitz und Donner hat Schott *) erzählet. Nachdem aber Franklin hinlänglich gezeiget hatte, daß der Blitz ein wahres elektrisches Phänomen sey, so konnte man auch den Donner für weiter nichts, wie für einen elektrischen Schlag halten, welcher von der Erschütterung der Luft herrühre. Was aber das Rollen des Donners dabey betrifft, welches oftmahls anfänglich schwach, hernach wieder stärker und so abwechselnd eine Zeit lang anhält, so ist dieß eigentlich ein Phänomen, welches bis jetzt noch nicht mit völliger Gewißheit hat erkläret werden können. Vormahls war man der Meinung, daß die erste

Ursache

---

*) Physica curiosa. Herbip. 1667. 4. Lib. XI. c. 21.

Ursache dieser Erscheinung der **Widerhall** sey; denn der erste Knall, welcher mit dem Blitze zugleich verbunden sey, komme auf verschiedene Flächen der Wolken und der Gegenstände auf unserer Erde, und werde dadurch auf so mannigfaltige Art und aus so verschiedenen Entfernungen zurückgeworfen, so daß nothwendig eine merkliche Zeit verfließen müsse, ehe die ganze Wirkung des Donners beendiget sey. Daher sey auch das Krachen des Donners in gebirgigen Gegenden weit heftiger und anhaltender, als auf dem platten Lande. Eine andere Ursache sey diese; daß sich die Stellen, durch welche der Blitz gehet, und in welchen er Explosionen erregt, in verschiedenen Entfernungen von demjenigen befänden, welche den Donner höret. Allein Herr Busse *) erinnert, man müsse sich unter dem Blitze eine erstaunende Feuermasse vorzustellen wissen, wenn man die bloße Zertheilung der Luft zureichend hielte, einen so volltönenden Donner hervor zu bringen. Die neuern Einsichten berechtigten uns vielmehr anzunehmen, daß eine gewisse Donnerluft dafür entwickelt werde; selbst die ältern Physiker hätten uns ausdrücklich erinnert, daß der Donner nicht durch bloße Erschütterung der Luft ohne Hülfe einer knallenden Materie zu erklären sey. Auch der Herr Hofrath Lichtenberg *) sagt, es herrsche hierbey noch sehr viel Ungewißheit, und es scheine fast, als ob man, um die Natur des Donners ganz zu erklären, außer dem Knall welcher den elektrischen Funken begleitet, und den Folgen des Echo's noch andere Gründe zu Hülfe nehmen müsse, die noch nicht ganz zur Deutlichkeit gebracht sind.

Herr de Lüc hat besonders gegen die gewöhnlichen Erklärungen wichtige Gegengründe aufgestellt γ). Er sieht die Ursachen, welche man gemeiniglich zur Erklärung des Rollens des Donners anführet, als ein Beyspiel an, wie sehr

Ff 5 man

α) Beruhigung über die neuen Wetterleiter. Leipz. 1791. 8. S. 95.

β) Erxleben Anfangsgründe der Naturgeschichte, neueste Edit. §. 752.

γ) Siebenter Brief an Hrn. de la Metherie über die Schwierigkeit in der Meteorologie, in Grens Journ. der Phys. B. IV. S. 287. §. 23.

man in Irrthum gerathen könne, wenn man beym Donner
alles aus der Aehnlichkeit der elektrischen Versuche erklären
wolle. Aus der Hypothese, daß die Wolken gleichsam geladene Conduktoren wären, glaubte man den Donner durch
eine Entladung derselben zu erklären; daß aber der Schall anhaltend sey; suche man dadurch begreiflich zu machen, daß
der Blitz in Vergleichung der Zeit, welche der Schall gebrauche, um eben diese Räume zu durchlaufen, unendlich
geschwind sey. Daher müßte von den verschiedenen Stellen
der entladenen Wolke der Schall nach und nach zum Ohre gelangen, ob wir gleich den Blitz zu gleicher Zeit wahrnähmen.
Herr de Lüc sagt, diese Erklärung würde allerdings des
Beyfalls würdig seyn, wenn das Rollen des Donners immer
schwächer und schwächer würde; allein da es bald schwächere,
bald stärkere Stöße verursache, so werde dadurch jene Hypothese sehr unwahrscheinlich. Außerdem habe man nicht ein
Mahl daran gedacht, daß diese besondere Hypothese die allgemeine ganz zernichte. Denn, wenn sich die elektrische Materie von Wolke zu Wolke ins Gleichgewicht setzen könnte, so
lasse sich unmöglich einsehen, wie Wolken positive und negative Elektricität besitzen können, und doch eine zusammenhängende Masse von Gewitter ausmachen sollten. Die Hypothese, daß das vielfache Echo der Wolken den rollenden
Donner zu Wege bringe, stimme mit der wirklichen Folge,
die man beym Geräusch des Donners beobachte, gar nicht
überein, und habe besonders noch das Auffallende, daß man
bloßen Nebeln, welche die Wolken sind, eine Fähigkeit bey-
lege, den Schall zu reflektiren.

Herr de Lüc vermuthet vielmehr, daß das Rollen des
Donners von eben der Ursache herrühre, aus welcher sich in
den Wolken die elektrische Materie erzeuge; jedoch werde es
von dieser Materie selbst nicht hervorgebracht. Es bilde sich
vielleicht in dem Augenblicke, da die elektrische Materie aus
den in der Wolke enthaltenen Bestandtheilen zusammengesetzet
werde, ein eben so großer Ueberfluß von heißem Wasserdunste,
welcher in verschiedene Massen getheilet sey, und anfänglich
weit

weit mehr Raum einnehme, als die Luft, woraus er entstanden. Diese Maſſen werden vielleicht nachher, wenn ſie bey ihrer Abkühlung unter dem Grad der Hitze des Siedepunktes in dieſe Höhe kommen, durch den Druck der Luft plötzlich zerſetzt, welche das Waſſer davon unter der Geſtalt des Nebels zerſtreue. Dieſe Erklärung gründe ſich auf die Verwandlung der dephlogiſtiſirten und brennbaren Luft in Waſſer, wo ebenfalls erſt Ausdehnung, und alsdann Zerſtörung aller Ausdehnbarkeit Statt finde, und dann auf mehrere andere Phänomene des Waſſerdampfs. Dadurch würde ſich zugleich die Verdickung der Wolken und die darauf folgende Entſtehung des Regens erklären, welcher gewöhnlich nach ſtarken Donnerſchlägen entſtehet.

Nach dieſer Erklärung entſteht alſo der Knall des Donners durch eine Exploſion der Luft, indem ſich die elektriſche Materie, welche plötzlich in großem Ueberfluſſe erzeuget worden, durch den Druck zerſetzt, ihr Licht fahren läßt, und dadurch den Blitz hervorbringt; das Rollen des Donners aber beſteht in einer Succeſſion der Zerſetzung verſchiedener einzelner Maſſen vom Waſſerdampf, der aus der Luft erzeuget iſt. Durch dieſe plötzliche Zerſetzung des Waſſerdampfs entſtehen leere Räume, in welche die Luft mit Gewalt eindringt, und dadurch einen Schall bewirket. Nachdem nun die zerſtreuten Dunſtmaſſen entweder gleichförmig auf eine weite Strecke fortgehen, oder größere oder kleinere Haufen bilden, ſo iſt mit dem Schall ein anhaltendes Rollen mit ſtärkern und ſchwächern Schlägen verbunden. Das durch die Zerſetzung entſtandene Waſſer fällt alsdann als Regen herab.

Nach dem antiphlogiſtiſchen Syſteme wird der Donner aus der Entſtehung einer großen Wolke erkläret. Hr. Girtanner *) ſagt, das Geräuſch des Donners iſt nicht der Lärm einer elektriſchen Exploſion, und das Rollen des Donners iſt nicht das Echo dieſer Exploſion. Die Wolken ſind nicht im Stande, Widerſtand zu thun, und den Schall zurück zu werfen,

*) Anfangsgründe der antiphlogiſtiſchen Chemie. Berlin 1795. 8. S. 346 f.

sen, wie feste Körper zu thun pflegen. Ein Kanonenschuß
auf dem Meere, weit vom Ufer, wird nur ein Mahl und
ohne Rollen gehöret; hingegen rollt der Donner auf dem
Meere wie auf dem Lande. Könnten die Wolken den Schall
zurückwerfen und ein Echo verursachen; so müßte auch auf
dem Meere ein Kanonenschuß zurückgeworfen werden. So
oft plötzlich eine große Wolke entsteht; so oft entsteht auch
Blitz und Donner. Wenn im Sommer bey trocknem und
warmen Wetter der Wind nach Südwest sich drehet, so hört
man einen Donnerschlag, und sogleich ist der reine und heitere Himmel mit Wolken bedeckt. So wie sich das Gewitter
nähert, und die Donnerschläge auf einander folgen, entstehen
mehr und mehr neue Wolken, welche vorher nicht da waren,
und welche von dem Winde nicht hergebracht sind. Bald
wird die Luft um den ganzen Horizont undurchsichtig; es entsteht ein Regen, welcher mit der Anzahl und der Stärke der
Donnerschläge im Verhältnisse steht; und die Entstehung der
Wolken so wohl als der Regen hört nicht eher auf, als bis
der Donner aufgehöret hat.

Man hat viele Beobachtungen vom Donner bey ganz
heiterem und unumwölktem Himmel. Der Donner ist demnach
nicht eine Folge des Blitzes; er ist die Folge einer Entstehung einer großen Wolke. Indem sich das Wassergas in
der Atmosphäre durch plötzliche Erkältung in Wasser verwandelt, nimmt es einen 900 Mahl kleinern Raum ein als vorher; es entsteht ein Vacuum; die obern Schichten und die
Nebenschichten drängen sich zu und füllen den leeren Raum
an; und indem sie auf einander fallen, entsteht das Geräusch.
Eben dieß geschieht täglich im Kleinen, wenn man schnell ein
Etui aufmacht, dessen Deckel gut paßt. Indem sich der
Deckel über den Vorstoß hinbeweget, wird die innere Luft
ausgedehnet, und so bald das Etui geöffnet ist, dringt die
äußere Luft schnell hinein, um den leeren Raum auszufüllen;
und so entsteht das Geräusch, welches man hört. So knallt
auch eine Peitsche; denn der Zwick der Peitsche, welcher platt
und löffelförmig ist, wird schnell zurück gezogen; er reißt
eine

eine kleine Menge Luft mit sich; es entsteht ein Vacuum; aus der umgebenden Luft schlägt sich etwas Wasser nieder; es entsteht eine kleine Wolke, welche man sieht, wenn der Hintergrund dunkel ist; die umgebende Luft drängt sich zu, um den leeren Raum auszufüllen: daher das Klatschen. Mit einem ähnlichen Geräusche zerplatzt die Blase auf der Glocke der Luftpumpe.

Diese Erklärungen über das Entstehen des Donners und des Rollens desselben zeigen hinlänglich, daß wir noch nicht mit aller Gewißheit die wahren Gründe gefunden haben; offenbar beweisen sie aber auch, daß die ehemahlige Erklärung völlig unzureichend sey. Meiner Meinung nach befriediget mich die Erklärung des Herrn de Lüc mehr, als die nach dem antiphlogistischen Systeme. Denn die Aehnlichkeit des Blitzes mit dem elektrischen Funken ist unwidersprechlich bewiesen; und da die Luft ein nicht leitender Körper ist, so muß bey der Entstehung des Blitzes auch ein Knall erfolgen. Daß man beym heitern Himmel Donner gehöret habe, kann durch starke Windstöße in den obern Regionen verursachet seyn, obgleich in den untern Regionen Windstille war. Mit diesen starken Winden konnte aber auch zugleich eine Zersetzung der Luft verbunden seyn; woher die Wolken. Nur bleibt mir noch immer unerklärbar, daß es bey Gewittern, die, so zu sagen, im Zenith entstanden sind, und ganze halbe Stunden lang Blitz auf Blitz und Schlag auf Schlag herabgesendet haben, auch keinen einzigen Tropfen geregnet habe; man müßte denn annehmen, daß bey jedesmahliger Zersetzung der Wasserdämpfe das Wasser in Luftschichten gekommen wäre, welche es wegen der höhern Temperatur wieder in Dampf verwandelt hätten.

Donnerhaus ist ein kleines zum elektrischen Apparat gehöriges Modell eines Hauses, wodurch das Einschlagen des Blitzes gezeiget, und der Nutzen der Blitzableiter bewiesen wird.

Nach

Nach Herrn **Cavallo** *) hat dieses Haus folgende Einrichtung: (fig. 97.) a ist ein Bret, welches etwa ¾ Zoll dick ist, und in Gestalt der Gibelseite eines Hauses ausgeschnitten. Dieses Bret steht senkrecht auf dem Fußbrete b, worauf auch die senkrechtstehende Glassäule cd ungefähr 8 Zoll weit von der Grundfläche des Bretes a befestiget ist. In dem Brete a befindet sich ein viereckiger Einschnitt i l m k, welcher etwa ¼ Zoll tief, und beynahe 1 Zoll breit ist, in welchem ein viereckiges Holz liegt, welches beynahe eben die Größe hat, damit es bey dem geringsten Schütteln herausfalle. An dieses viereckige Holz ist nach der Diagonallinie der Draht lk befestiget. An dem Brete a befindet sich noch ein anderer Draht ih, von einerley Stärke mit dem vorigen, an dessen zugespitztes Ende die messingene Kugel h angeschraubet wird, so auch der Draht m n, welcher bey o in einen Haken ausläuft. Aus dem obern Ende der Glassäule cd geht ein gebogener Draht mit einer Hülse f, in welcher sich ein Draht mit Knöpfen an beyden Enden senkrecht verschieben läßt, dessen unterer Knopf g gerade über die Kugel h trifft. Die Glassäule cd muß in dem Fußbrete nicht ganz fest stehen, sondern sich ganz leicht um ihre Are drehen lassen; wodurch man denn die messingene Kugel g der Kugel h näher bringen, oder von ihr entfernen kann, ohne den Theil e f g zu berühren. Wenn nun das viereckige Holz lmik in dem Einschnitte so geleget ist, daß der Draht lk in der Linie im stehet, so ist von h bis o eine vollständige metallische Verbindung gemacht, und das Instrument stellt nun ein Haus vor, das auf die gehörige Art mit einem metallenen Ableiter versehen ist. Wird aber das Holz lmik so eingelegt, daß der Draht lk nach der Richtung lk stehet, so ist der metallische Leiter ho, welcher von der Spitze des Hauses bis an den Fußboden gehen sollte, bey im unterbrochen, und das Instrument stellt in diesem Falle ein nicht gehörig beschütztes Gebäude vor.

Man

---

*) Vollständige Abhandlung der Elektricität B. I. Leipzig 1797. 8. S. 252 u. f.

Man lege nun das Holz lmik so ein, daß der Draht die in der Figur vorgestellte Lage hat, wobey der metallische Leiter h o unterbrochen ist. Man stelle die Kugel g etwa einen halben Zoll hoch senkrecht über die Kugel h, drehe alsdann die Glassäule d c, und entferne dadurch die erstere Kugel von der letztern; verbinde den Draht e f durch eine Kette oder einen andern Draht mit dem Drahte einer leidner Flasche, und führe noch einen andern Draht oder eine Kette von dem Haken o bis an die äußere Belegung der Flasche; alsdann lade man die Flasche; drehe wiederum die Glassäule d c, und bringe die Kugel g nach und nach der Kugel h näher. Wenn nun beyde einander nahe genug kommen, so wird sich die Flasche entladen; und das Stück Holz lmik wird aus dem Einschnitte heraus und auf eine beträchtliche Weite vom Donnerhause hinweggeworfen werden. Nun stellt die Kugel g bey diesem Versuche eine elektrische Wolke vor, aus welcher, wenn sie der Spitze des Gebäudes a nahe genug kömmt, die Elektricität in das Gebäude schlägt, und da es nicht gehörig durch Ableiter beschützt ist, durch diesen Schlag einen Theil davon zerbricht, d. h. das Holz lm abschlägt.

Man wiederhohle diesen Versuch mit der einzigen Veränderung, daß man dem Holze lm die andere Lage gebe, in welcher der Draht lk in der Richtung im kömmt, wobey der Leiter h o nicht unterbrochen wird, so wird der Schlag nicht die geringste Wirkung auf das Holz lm thun, sondern es wird dasselbe in dem Einschnitte unbewegt bleiben.

Endlich schraube man von dem Drahte hi die messingene Kugel h ab, so daß die Spitze des Drahts bloß bleibe, und wiederhohle nach dieser Veränderung beyde erst angeführte Versuche; so wird das Holz lm beyde Mahl unbewegt bleiben; auch wird man gar keinen Schlag hören, woraus man sieht, wie sehr zugespitzte Leiter den stumpf geendeten vorzuziehen sind.

Man sieht übrigens leicht ein, daß man die Einrichtung eines solchen Donnerhauses verschiedentlich abändern könne,

um dadurch die Wirkungen des Wetterstrahles einiger Maßen
zu zeigen.

Doppelbarometer s. **Barometer.**

Doppelstein s. **Krystall,** isländischer.

Doppelstrich beym Magnetisiren, s. **Magnet.**

Drache, fliegender s. **Feuerkugel.**

Drache, elektrischer (draco volans papyraceus
obseruationibus electricis inseruiens, Cerf volant électrique). Die bekannten papiernen Drachen, welche die
Kinder als Spielwerk sich verfertigen, um selbige durch den
Wind in die Höhe führen zu lassen, haben zuerst Franklin
und nachher mehrere Naturforscher als Mittel gebrauchet,
einen leichten die Elektricität leitenden Körper hoch in die
atmosphärische Luft zu erheben, um die Elektricität derselben
dadurch herabzubringen. In dieser Absicht haben sie den
Nahmen elektrischer Drachen erhalten.

Es sey an den Stab (fig. 98.) a b der schlaffe Faden
d c angebunden, und an irgend einem Punkte c dieses Fadens eine andere Schnur e k befestiget, welche bey k mit
der Hand gehalten werden kann; man nehme ferner an, die
Fläche des Drachen mache mit der horizontalen Richtung f g
des Windes den Winkel h g f, so kann man den horizontalen Stoß des Windes gegen den Schwerpunkt g des Drachen in die beyden Richtungen g h und h f zerlegen, wovon
die Richtung h f mit der Fläche des Drachen parallel, und
folglich nicht auf seine Bewegung wirkt. Daher wird der
Drache nach der Richtung g h vom Winde fortgetrieben.
Die Stärke des Windes gegen die Fläche des Drachen wird
noch dadurch vergrößert, wenn die Richtung des Windstoßes
auf der Fläche des Drachen nicht senkrecht, sondern wie bey
den Windflügeln, unter einem gewissen Winkel geneigt ist,
wobey der Effekt am größten ausfallen würde, wenn dieser
Winkel 54° 44^{1} beträgt. Anfänglich wird die Schnur, die
man in der Hand hält, stark angezogen; so bald wie der
Drache steigt, läßt man die Schnur immer etwas nach und
läuft zugleich dem Winde entgegen. Daburch kann er bey

einer

einer langen Schnur auf eine beträchtliche Höhe durch den Wind getrieben werden.

Daniel Schwenter [*]) hat das Spielwerk der fliegenden Drachen beschrieben, und Musschenbroek [*]) erkläret, wie sie durch den Wind gehoben werden. Diese fliegenden Drachen zu dem wirklich ernsthaften Gebrauche, die Elektricität aus der atmosphärischen Luft herabzubringen, anzuwenden, hatte Franklin in Philadelphia zuerst im Jahre 1752 den Gedanken gehabt. Er wollte nämlich dadurch direkt beweisen, daß die Gewittermaterie mit der elektrischen Materie einerley wäre, und glaubte daher kein besseres Mittel haben, zu den Gegenden der Gewitterwolken zu kommen, als durch den fliegenden Drachen. Denn er wußte dazumahl noch nicht, daß hierzu zugespitzte Stangen von mäßiger Größe hinreichend sind. Er nahm also ein großes seidenes Tuch, breitete selbiges über zwey kreuzweis gelegte Stäbchen aus, und ließ selbiges bey dem ersten Gewitter an einer hänfenen Schnur in die Höhe steigen, an deren unterstes Ende er einen Schlüssel gebunden hatte. Es verstrich eine geraume Zeit, nachdem er den Drachen hatte fliegen lassen, ehe er noch die mindeste Spur von Elektricität wahrnahm. Selbst eine sehr viel versprechende Gewitterwolke war ohne die mindeste Wirkung vorübergestrichen; und da er endlich an seiner Erfindung selbst zweifeln wollte, so bemerkte er, daß einige lose Faden an der hänfenen Schnur gerade in die Höhe standen, und vor einander flohen. Nun brachte er das Gelenke seines Fingers an den Schlüssel, und erhielt einen deutlichen elektrischen Funken. Hierauf erfolgten noch mehrere, und als der Regen die Schnur naß gemacht hatte, sammelte sich die Elektricität in dem Schlüssel sehr häufig, dieser im Brachmonath 1752 angestellte Versuch war der erste, welcher die

Vermu-

---

[*]) Mathematische Erquickungsstunden. Nürnberg 1651. 4 Th. 1. S. 471.

[*]) Introductio ad philosoph. natural. §. 573.

Vermuthung Franklins, daß die Gewittermaterie der elektrischen gleich sey, bestätigte.

Nachher haben noch mehrere dergleichen Versuche mit elektrischen Drachen angestellt, welche alle den erwarteten Erfolgen entsprachen. Beccaria zu Turin bediente sich der papiernen Drachen, und nahm bey einigen Stricke, welche inwendig einen Draht hatten. Um diese Drachen beständig freyschwebend und zugleich mehr oder weniger stramm zu erhalten, hatte er die Stricke auf einen Haspel gewunden, der auf gläsernen Pfeilern ruhete; und sein Leiter hatte eine Communikation mit der Are des Haspels. Der Herr de Romas, Beysitzer bey dem Landgerichte zu Nerac, kam im Jahre 1753, ohne von den Versuchen Franklins Nachricht erhalten zu haben, selbst auch auf den Gedanken, mittelst fliegender Drachen, die Elektricität aus der Atmosphäre herabzuleiten. Dieser war der erste, welcher sich einer mit eisernem Drahte durchwirkten hänfenen Schnur an einem elektrischen papiernen Drachen bediente, welchen er 1½ Fuß breit machte, so daß derselbe 18 Quadratfuß Fläche hatte. Diese Schnur leitete die Elektricität aus der Höhe viel stärker ab, als eine hänfene Schnur, auch sogar, wenn sie naß war. An dieser Schnur ward unten eine trockene seidene Schnur befestiget, welche ein Wetterdach vor dem Regen schützte, und an ein mit einem Stein beschwertes Pendel gebunden war. An das Ende der hänfenen Schnur hieng er endlich eine blecherne Röhre, aus welcher er wie aus einem Conduktor Funken ausziehen konnte. Vermittelst dieses fliegenden Drachen, als derselbe 550 Fuß hoch gestiegen war, an einer 780 Fuß langen Schnur, welche einen Winkel von beynahe 45 Graden mit dem Horizonte machte, brachte er am 7. Jun. 1753 um 1 Uhr Nachmittags, aus seinem Ableiter, welcher 3 Zoll lang und ¼ Zoll dick war, Funken heraus, deren Knistern man ungefähr 200 Schritt weit hören konnte. Während dessen, daß die Funken heraus giengen, fühlte er in seinem Gesichte als ob Spinneweben darüber gezogen würden, ob er gleich über drey Fuß weit von der Schnur

des

des Drachen stand. Er hielt es auch nicht für rathsam, so
nahe dabey zu bleiben, und warnte die ganze Gesellschaft,
daß sie ungefähr einen Schritt weiter zurücktreten sollte.
Nachdem er sich nun sicher genug glaubte, so gab er acht,
was zwischen den Wolken, welche unmittelbar über den Drachen schwebten, vorgieng; allein er konnte weder Blitz noch
Donner wahrnehmen; auch regnete es nicht. Als er seine
Augen gegen den Conduktor richtete, der ungefähr 3 Fuß
von dem Erdboden entfernet war, so bemerkte er drey Strohhalme, welche aufrecht standen, und wie Puppen unter dem
Conduktor im Kreise herumtanzten, ohne einander zu berühren. Dieses kleine Schauspiel dauerte ungefähr ¼ Stunde.
Hierauf fieng es ein wenig an zu regnen, wobey er wiederum
die Empfindung von Spinneweben in seinem Gesichte hatte,
und ein beständiges Prasseln hörete. Da dieß eine Anzeige
der verstärkten Elektricität war, so warnte er abermahls die
Gesellschaft, noch weiter zurückzugehen. Endlich ward der
längste Strohhalm von dem Conduktor angezogen, und es
erfolgten hierauf drey Explosionen, deren Laut einem Don-
nerknalle glichen. Einige von der Gesellschaft verglichen
denselben mit dem Platzen der Racketen, andere mit einem
gewaltsamen Zerschlagen irdener Krüge gegen einen mit
Stein belegten Boden. Man hörte so gar diesen Laut
mitten in der Stadt. Der Feuerstrahl, welcher im Augenblick der Explosion wahrgenommen wurde, hatte eine Länge
von 8 Zoll und eine Breite von 5 Linien. Einige von der
Gesellschaft hatten bemerkt, daß der Strohhalm auf 45 bis
50 Toisen weit von der Schnur abwechselnd angezogen und
wieder zurückgestoßen ward mit diesem merkwürdigen Umstande, daß allemahl, so oft derselbe angezogen wurde, ein
Feuerstrahl zum Vorschein kam, und ein Knall gehöret ward,
wiewohl nicht so laut als bey der vorigen Explosion. Man
empfand dabey einen Phosphorgeruch, und rings um die
Schnur zeigte sich ein heller Lichtcylinder von 3 bis 4 Zoll im
Diameter, ob es gleich Tag war. Zuletzt, da die Versuche
angestellt waren, entdeckte man in der Erde, gerade unter

dem Conduktor ein Loch, welches einen halben Zoll weit und einen Zoll tief war, und wahrscheinlich durch die Explosion verursachet worden. Endlich fiel ein starker Hagel mit untermischtem Regen, wodurch der elektrische Drache herabfiel. Beym Niederfallen verwickelte sich die Schnur an einem Dache, und als eine Person selbige losmachen wollte, bekam sie einen so heftigen Schlag und eine Erschütterung durch den ganzen Körper, daß sie selbige fahren lassen mußte. Und als die Schnur an die Füße einiger anderer Personen fiel, so erhielten auch diese wiewohl einen nicht so heftigen erschütternden Schlag. Diese großen Wirkungen gaben dem Herrn de Romas Veranlassung zu mehrerer Sicherheit bey ähnlichen Versuchen diesen Auslader zu erfinden: an dem einen Ende einer gläsernen etliche Schuh langen Röhre befindet sich eine blecherne Röhre, von welcher eine messingene Kette bis auf die Erde herabhängt. Hält man alsdann die gläserne Röhre mit der Hand, und nähert sich mit der blechernen Röhre dem durch die Gewitterwolke geladenen Conduktor, so entsteht ein Funke, welcher aber sogleich durch die Kette zur Erde übergehet. Nach de Romas soll die Glasröhre wenigstens ½ Zoll im Durchmesser haben, und vollkommen trocken, die Kette aber 10 bis 12 Fuß lang seyn *).

Als de Romas mit diesem elektrischen Drachen am 26. August 1756 einen andern Versuch anstellte, so bemerkte man die aus demselben herausfahrenden Feuerstrahlen auf 10 Fuß lang und 1 Zoll dick. Dieser Feuerstrahl ward durch die Schnur des fliegenden Drachen durch einen nahe dabey gestellten unelektrischen Körper ohne Schaden abgeleitet, und der Knall glich einem Pistolenschusse. Und in einem Briefe an Mollet erzählet de Romas *), daß er etwa während einer Stunde auf 30 Feuerstrahlen von eben dieser Größe erhalten habe, die übrigen geringern nicht gerechnet, welche alle in den dabey stehenden unelektrischen Körper übergingen.

Nachher

---

*) Mémoires présentées à l'Academ. des scienc. T. II. p. 393.
*) Mémoires présent. T. IV. p. 514.

Nachher hat de Romas noch einen elektrischen Wagen
angegeben, welchen man von einem Orte zum andern bringen,
und die Schnur des Drachen sicher darauf aufwinden und
nachlassen kann, ohne sie zu berühren. Allein diese Maschine
ist viel zu sehr zusammengesetzet, um sich selbiger bey dergleichen elektrischen Versuchen zu bedienen. Sie ist von Brisson *) umständlich beschrieben worden.

In den neuern Zeiten hat man auch die elektrischen Drachen zur Untersuchung der täglichen Luftelektricität angewendet.
Nach sehr vielen Versuchen, welche Herr Cavallo *) zu
dieser Absicht angestellt hat, fand er folgende Einrichtung der
Drachen am bequemsten und besten:

Es wird ein Drache von Papier in eben der Größe,
wie ihn die Kinder zum Spielwerk gebrauchen, verfertiget,
und alsdann mit Firniß überzogen oder mit gesottenem Lein-
öle getränket, damit er vor dem Regen geschützet ist. Die
Größe ist nämlich etwa 4 Schuh lang und wenig über 2 Schuh
breit. Was die seidenen und leinenen Drachen anlangt, so
erfordern diese starken Wind, wenn sie steigen sollen, und
dann sind sie nicht so wohlfeil, auch nicht so leicht zu verfertigen, als die von Papier. Und da die Schnur doch bisweilen reißet, und die Drachen verloren gehen oder zerrissen werden, so muß man sie so einfach und wohlfeil als möglich
einrichten.

Die Schnur ist vorzüglich der wesentlichste Theil der ganzen Zubereitung. Nach verschiedenen mißlungenen Versuchen fand Cavallo, daß man die beste Schnur erhält, wenn
man einen unechten Goldfaden mit zwey sehr dünnen Bindfaden zusammendrehet. Silber- oder Goldfaden würden,
wenn man sie mit den Bindfaden zusammenflechten wollte, noch
bessere Dienste thun; sie sind weit dünner als die Kupferfaden,
und würden also eine weit leichtere Schnur geben; allein
wegen der etwas großen Länge der Schnur würden sie zu kost-

Dy 3 bar

---

*) Dictionnaire raisonné de physique art. Chariot électrique.
*) Vollständige Abhandlung der Elektricität. Leipzig 1797. B. I.
S. 320 u. f.

bar seyn. Cavallo versuchte auch, den Bindfaden mit einem
guten Leiter der Elektricität zu machen, und ihn daher mit
leitenden Materien, z. B. mit Lampenruß, Kohlenstaub, sehr
feinem Schmergel u. d. g., die er mit dünnem Gummiwasser
einmachte, zu überziehen; allein alles das verbesserte die
Schnur nur auf eine kurze Zeit, indem sich die leitenden Materien von dem Bindfaden gar bald abrieben. Nach Mair-
ne's Vorschlag weichte Cavallo die Schnur in gesättigtes
Salzwasser ein, welches zwar gute Dienste that, aber die
Hände beym Gebrauche salzig machte, und daher unbequem
war. Was die isolirten Knäuel, und andere ähnliche Vorrichtungen anbetrifft, um sich beym Steigen des Drachens
vor der Gefahr des Schlags zu schützen, so sind sie alle Zeit
sehr beschwerlich zu behandeln, und können wegbleiben, indem derjenige, welcher dergleichen Versuche anstellet, eben
nicht in Gefahr ist, einen Schlag zu bekommen. Hierbey
ist aber der Fall ausgenommen, wenn der Drache bey einem
Gewitter steigen soll; denn zu dieser Zeit ist die Gefahr, auch
beym Gebrauch der möglichsten Vorsicht, nicht geringe. Man
kann alsdann, ohne den Drachen steigen zu lassen, die Elektricität der Wolken mit einem Elektrometer von Korkkügelchen,
welches man unter dem freyen Himmel in der Hand hält,
oder, wenn es regnet, mit einem Regenelektrometer beobachten. Sollte jedoch der elektrische Drache bey einer sehr
stark elektrisirten Luft in die Höhe gestiegen seyn, so räth Cavallo an, an die Schnur den Haken einer Kette zu hängen,
deren Ende auf den Boden herabfällt. Zur Vorsicht tritt
alsdann auch der Beobachter auf einen isolirten Stuhl.

Wenn nun der Drache gestiegen ist, so zieht man die
Schnur durch ein Fenster in ein Zimmer, und bindet eine
starke seidene Schnur daran, die man an einen starken Stuhl
oder an einen festen Tisch befestiget. Auf diesen Tisch wird
ein isolirter erster Leiter gestellt, den man durch einen dünnen
Draht mit der Schnur an dem Drachen verbindet. An diesen
Leiter wird ein Quadrantenelektrometer auf einem gläsernen
mit Siegellack überzogenen Stative gestellt, statt daß man
denselben

denselben sonst auf dem Leiter befestigte, weil die Schnur bisweilen durch ihr Schwanken und Ziehen den ersten Leiter um-
wirft, und das Quadrantenelektrometer zerbrechen könnte.
Dieses Elektrometer zeigt die Stärke der in der Luft befindlichen Elektricität an. Um die Beschaffenheit der Elektricität zu untersuchen, kann eine ungefähr 18 Zoll lange Glasröhre dienen, an, deren einem Ende ein Draht mit einem
Knopfe eingekittet ist. Man faßt nämlich die Glasröhre an
dem andern Ende an, und berühret die Schnur an dem Drachen mit dem Knopfe des Drahts. Dieser nimmt, weil der
Draht isolirt ist, ein wenig Elektricität von der Schnur an,
welche schon hinreicht, die Beschaffenheit dieser Elektricität
zu bestimmen, wenn man den Knopf des Drahts an ein elektrisirtes Elektrometer bringt. Wäre die Elektricität nicht stark,
so kann man auch selbst an der Schnur durch Annäherung
eines elektrisirten Elektrometers die Beschaffenheit der Elektricität untersuchen. Wenn ja kein Elektrometer vorhanden
wäre, so kann man auch durch die Schnur eine Flasche laden,
die ihre Ladung einige Stunden lang behält, und alsdann
gelegentlich an einem Elektrometer die Beschaffenheit der
Elektricität untersuchen. Cavallo hat hierzu besonders eine
Flasche angegeben, die man geladen bey sich tragen kann.
M. s. Leidner Flasche.

Wenn die Elektricität des Drachen sehr stark ist, so befestiget man etwa 6 Zoll weit von der Schnur eine Kette,
welche mit dem Boden in Verbindung stehet, die seine Elektricität ableiten kann.

Die Versuche, welche Cavallo mit dem elektrischen
Drachen angestellt hat, können bey ihm selbst nachgelesen
werden, wovon einiges unter dem Artikel Luftelektricität
vorkommen wird.

Cuthbertson *) beschreibt eine eigene Vorrichtung, den
Drachen mit Bequemlichkeit und Sicherheit in die Höhe steigen zu lassen.

Yy 4 M. s.

*) Abhandlung von der Elektricität S. 28.

M. f. **Prieſtley** Geſchichte der Elektricität, aus d. Engl. durch **Krüniz**. Berlin u. Stralſ. 1772. 4. S. 116 u. f. 228 u. f.

Drebbeliſches Thermometer ſ. **Thermometer**.

Droſometer, **Thaumeſſer** (droſometrum, droſo-mètre) iſt ein Inſtrument, womit die Menge des gefalle-nen Thaues zu meſſen iſt. Es beſteht dieſes Inſtrument aus einer Wage, wovon das eine Ende eine Platte trägt, welche den Thau vorzüglich gut annimmt, das andere Ende aber ein Gegengewicht hat, das nicht ſo leicht bethauet wird. Man muß hierbey das Atmometer zu Hülfe nehmen, weil das Waſſer während des Thaues in Dampf aufgelö'et wird, und daher das Droſometer bloß den Unterſchied zwiſchen den Wirkungen des Thaues und der Verdampfung angibt. Um-ſtändlich iſt das Droſometer in einer Diſſertation zu Witten-berg beſchrieben worden *).

M. f. **Lichtenberg** göttingiſches Taſchenbuch fürs Jahr 1792. S. 154.

Druck (preſſio, preſſion) iſt die Mittheilung der Be-wegung eines Körpers einem andern Körper, in ſo fern jener Körper mit ſeiner bewegenden Kraft auf dieſen beſtändig noch fortwirkt. Wenn man z. B. einen Körper von mäßiger Größe in die Hand nimmt, ſo beſtrebet er ſich vermöge ſeiner bewegenden Kraft gegen die Erde zu bewegen; da aber die Hand vermöge einer gewiſſen Kraft entgegenwirket, und ihn dadurch hält, ſo wird er auch nicht ſinken können; deſſen un-geachtet aber wirkt die bewegende Kraft des Körpers auf die Hand beſtändig fort, und theilet dieſer dadurch eine gewiſſe Bewegung mit; daher ſagt man auch im gemeinen Leben, der Körper drücke die Hand. Er folgt auch wirklich der Hand, wenn man ſie ſinken läßt, und fällt völlig gegen die Erde herab, wenn man die Hand wegzieht. Es wird folglich ein Körper eben ſo einen Tiſch oder ſonſt etwas, das ihn unter-ſtützet, drücken, und es erfolget auch wirklich eine Bewegung

gegen

---

*) *Dan. Perlicii* et *Io. Gottl. Weidleri* differt. meteor. exhibens no-vum droſometriae curioſae ſpecimen. Viteb. 1727. 4.

gegen die Erde herab, wenn die Unterstützung weggenommen wird.

Der Deutlichkeit wegen halte ich es für nöthig, die Erscheinungen des Drucks zuerst nach dem atomistischen, und nachher nach dem dynamischen System zu betrachten.

Nach dem atomistischen Systeme ist die Materie an und für sich todt, und erhält erst Bewegung, wenn eine äußere Kraft auf sie wirkt. Wie es aber zugehe, daß todte Materie durch eine Kraft Bewegung erhalte, das kann nach diesem System gar nicht eingesehen werden. So bald nun die Materie des Körpers in Bewegung ist oder doch wenigstens durch eine Kraft zur Bewegung angetrieben worden, so theilet er nun seine Bewegung oder wenigstens einen Theil davon einem andern im Wege liegenden Körper mit, und sucht daher diesen Körper ebenfalls in Bewegung zu setzen. Wenn alsdann die Bewegung der Materie des ersten Körpers in einem fort auf die Materie des andern Körpers wirkt, es mag dadurch der andere Körper wirklich in Bewegung kommen oder nicht, so sagt man alsdann der erste Körper drucke den andern. In dieser Rücksicht kann man also den Druck eines Körpers gegen einen andern als eine Wirkung desselben in einen andern, der ihm entgegen stehet, betrachten, indem er nämlich den andern wirklich in Bewegung bringt, oder ihn doch wenigstens zu bewegen strebet, und dadurch ist eben Mittheilung der Bewegung vorhanden (m. s. Mittheilung der Bewegung). Da nun der andere Körper der Bewegung des erstern widerstehet, so heißt auch der andere Körper der widerstehende Körper, oder das Hinderniß. Weil aber Widerstand selbst eine Kraft ist, so folgt daraus, daß im widerstehenden Körper eine Kraft seyn müsse, welche die Wirkung, oder die Bewegung des druckenden Körpers hindert. Diese Kraft ist die des Zusammenhanges der undurchdringlichen Theile des widerstehenden Körpers unter einander selbst, und mit andern unbeweglichen Körpern. Wenn dieser Zusammenhang des widerstehenden Körpers zu schwach ist, um dem druckenden Körper gehörig zu widerste-

hen;

hen; so zerreißt jener Körper, oder wird von den andern unbeweglichen Körpern getrennt. Daher kömmt es, daß bey flüssigen Körpern die Theile durch einen sehr geringen Druck ausweichen oder von einander getrennt werden, weil man gewöhnlich unter flüssigen Materien diejenigen verstehr, deren Theile mit einer sehr geringen Kraft zusammenhängen. Nach der atomistischen Lehre bestehen alle Körper aus Anhäufungen der ersten Körperchen oder der Atome. Da nun alle in die Sinne fallende Theile flüssiger Körper als Tropfen d. i. kugelförmig erscheinen, so glaubt man auch Grund zu haben, den Atomen derselben die Kugelgestalt nicht abzusprechen. Alsdann müssen aber auch diese ersten Theile als feste oder harte Körperchen gedacht werden, weil bey selbigen der Begriff von Flüssigkeit, welcher eine fernere Theilbarkeit voraussetzet, nicht mehr Statt finden kann. Zu dem Ende nehme man an, es drucke die Kugel (fig. 99.) a auf die Kugel b nach der Richtung c d, welche durch beyder Mittelpunkte geht, so wird auch die Kugel b durch den Druck von a ein Bestreben erhalten, nach dieser Richtung sich hin zu bewegen. Gesetzt aber, es drucke (fig. 100.) die Kugel a auf eine oder mehrere andere Kugeln nach der Richtung d e, welche nicht mehr durch die Mittelpunkte geht, so ist nun die Richtung des Drucks an den Berührungspunkten der Kugeln nicht mehr senkrecht auf der Fläche der gedruckten Kugeln; daher muß die Richtung des Drucks in Theile zerleget werden, von denen nur diejenigen auf die Kugeln c und b wirken, welche an den Berührungspunkten auf den Kugelflächen senkrecht stehen, d. h. welche durch den Mittelpunkt der Kugeln gehen. Daraus erhellet also, daß die Kugeln b und c nach den schiefen Richtungen d f und d g gedruckt werden. Man stelle sich nun vor, es sey ein hohles Gefäß mit dergleichen harten Kügelchen angefüllet worden, und es drucke ein Gewicht, welches auf einer festen Platte liegt, auf dieselben. Könnte man alsdann annehmen, daß alle diese harte Kügelchen in vertikaler Richtung über einander lägen, so würde sich auch der Druck des Gewichtes allein nach vertikaler Richtung bis auf

den

den Boden fortpflanzen. Liegen hingegen diese harten Kügelchen in einer ganz andern Ordnung, so daß sie sich unter
einander in verschiedenen Punkten berühren, und die durch
ihre Berührungspunkte und Mittelpunkte gezogenen geraden
Linien verschiedene Lagen haben, so wird sich auch der vom
Gewichte herrührende Druck nach verschiedenen Richtungen
fortpflanzen müssen. Hätte bey dieser Lage der Kügelchen die
Seitenwand des Gefäßes irgendwo eine Oeffnung, so ist es
natürlich, daß nun die an dieser Oeffnung liegenden Kügelchen durch den vom Gewichte erhaltenen Druck seitwärts ausweichen können, und folglich durch die Oeffnung herauslaufen.
Wenn die feste Platte, auf welchem das Gewicht liegt, die
Oeffnung des Gefäßes nicht genau verschließt, folglich an
der Seite noch offener Raum anzutreffen ist, so werden nun
die daselbst liegenden Kügelchen von den darunter befindlichen
vermöge des durchs Gewicht erhaltenen Drucks in die Höhe
getrieben; dadurch wird dem Gewichte Platz gemacht, und
sinkt daher zu Boden. Verschließt endlich der Deckel genau
das Gefäß, so wird man aus der bisherigen Betrachtung
einsehen, daß der Druck, welchen die kleinen Kügelchen durch
das Gewicht erhalten, nach allen Seiten fortgepflanzet wird;
sie werden also nicht allein gegen den Boden, sondern auch
gegen die Seitenwände und gegen den Deckel drucken. Da
man nun auf keine Weise annehmen kann, daß die Theilchen
einer flüssigen Materie in vertikalen Reihen über einander liegen; denn die geringste Bewegung würde diese Ordnung,
wenn sie auch ja ein Mahl Statt finden könnte, im Augenblicke aufheben; so sieht man auch ohne alle Umschweife, daß
eine jede flüssige Materie, welche in einem eingeschlossenen
Gefäße sich befindet, nach allen möglichen Richtungen drücket;
so wohl nach unten, zur Seite, als auch nach oben. Um aber
die Anzahl dieser Druckungen, so wie die Stärke und Richtung eines jeden Theils zu bestimmen, müßte man die Anzahl der kleinsten Theilchen nebst ihrer Größe und Lage gegen
einander genau angeben können. Da aber dieß praktisch unmöglich ist, so kann nun auch weiter nichts ausgemacht werden.

Bey

Bey dieser ganzen Untersuchung liegt die Voraussetzung zum Grunde, daß die Theile der flüssigen Materie unter sich mit einer äußerst geringen Kraft zusammenhängen. Allein es ist schon unter dem Artikel Cohäsion gezeiget worden, daß die Natur der Flüssigkeit keinesweges in einem sehr schwachen Zusammenhange ihrer Theilchen bestehe, vielmehr beweiset die Bildung der Kugelgestalt gerade das Gegentheil. Es kann daher unmöglich die Kraft des Widerstandes die Kraft des Zusammenhanges der Theile unter sich seyn, wenn ein solcher Körper von einem andern einen Druck leidet. Vielmehr hat man Grund anzunehmen, daß die flüssige Materie keine Anhäufung von kleinen harten Kügelchen ist, sondern daß ihr eigentlicher Charakter darin bestehe, daß sie, wenn sie vollkommen flüssig ist, ihren Raum mit Continuität ausfüllt, indem auch ihre kleinsten Theilchen einer vollkommenen Berührung fähig sind. Daraus folgt denn zugleich, daß die flüssigen Materien in ihren Theilen auch nicht die mindeste Reibung erleiden. Daher sind die Theile derselben eben so beweglich wie im leeren Raume. Da aber nach der atomistischen Lehrart kein Körper seinen Raum mit Continuität ausfüllen kann, so ist man schlechterdings genöthiget, seine Zuflucht hierbey zu der dynamischen Lehre zu nehmen.

Nach dieser Lehre muß die Materie, welche von einer äußern Kraft zur Bewegung angetrieben worden, bewegende Kraft erhalten, um einer andern Materie, welche ihrer Bewegung in der geraden Linie vor ihr im Wege lieget, gleichmäßige Bewegung mitzutheilen. Es kann aber eine Materie, welche in Bewegung ist, keine bewegende Kraft besitzen, als bloß vermöge ihrer Zurückstoßung oder Anziehung, auf welche und mit welchen sie in ihrer Bewegung unmittelbar wirkt, und dadurch ihre eigene Bewegung einer andern mittheilet, folglich letztere entweder vor sich hertreibet oder sie nachschleppt. So wird z. B. ein Körper auf unserer Erde von der Masse der Erde angezogen, und erlangt dadurch bewegende Kraft, auf andere Körper einen Druck auszuüben, oder, wenn sie nicht hinlänglich widerstehen können, ihnen

selbst

selbst Bewegung mitzutheilen. Man sieht also nach der dynamischen Lehre wohl ein, wie es zugehe, daß die Materie durch eine Kraft Bewegung erhalte.

Was den widerstehenden Körper betrifft, so kann die Kraft des Widerstandes, welche der druckenden Kraft entgegengesetzet ist, keinesweges die Kraft der Cohäsion seyn. Die Möglichkeit der Materie erfordert nothwendig zurückstoßende und anziehende Kraft; wenn also eine Materie in den Raum, welcher mit anderer Materie angefüllt ist, einzudringen sich bestrebet, so widerstehet ihm bloß die zurückstoßende Kraft des mit Materie angefüllten Raumes, und es ist daher ganz allein die zurückstoßende Kraft das Hinderniß, welches sich der druckenden Kraft einer andern Materie entgegenstellet. Daß die Theile einer flüssigen Materie durch eine noch so geringe druckende Kraft aus der Stelle beweget worden, das liegt nicht in dem geringen Zusammenhange ihrer Theile, sondern in der Verschiebbarkeit derselben. Wie mächtig widerstehet aber nicht eine in einem cylindrischen Raume eingeschlossene flüssige Materie dem auf sie druckenden Stämpel? In Ansehung der festen oder starren Körper liegt der Grund ihres Widerstandes der auf sie druckenden Kraft vorzüglich in der Reibung ihrer Theile, und gar nicht in ihrer Cohäsionskraft.

Die bekanntesten Kräfte, welche einen Druck hervorbringen können, sind

1. Die thierischen Kräfte, welche vermöge der verschiedenen Theile der Körper nach verschiedenen Richtungen auf andere Körper drucken, und sie aus ihren Stellen verdrängen können.

2. Die Schwere oder das Gewicht der Körper, welche nach einer bestimmten Richtung auf ihre Unterstützungen einen Druck ausüben.

3. Die zurückstoßende Kraft oder die Elasticität der Körper, die Elasticität mag ursprünglich oder abgeleitet seyn. Wenn z. B. eine Masse Luft in einen Raum zusammengepreßt worden, so drückt sie nach allen Seiten gegen die

Wände

Wände des Gefäßes. Auch eine gespannte Feder druckt gegen andre Körper, indem sie sich in ihre vorige Figur wieder zu versetzen strebet.

Man pflegt den bestimmten Druck eines Körpers gegen das, was ihn unterstützet, das Gewicht des Körpers zu nennen, und betrachtet dieß folglich als eine Wirkung der druckenden Kraft. In dieser Rücksicht kann also der Druck, als die Wirkung einer bewegenden Kraft, dem Gewichte gleich gesetzet werden. Es ist daher im gemeinen Leben auch nicht ungewöhnlich zu sagen, der Druck einer Masse gegen die Fläche, welche demselben ausgesetzet ist, betrage so und so viel Pfunde. So beträgt z. B. der Druck der Luft auf einen rheinl. Quadratfußfläche 2156 Pfund u. s. f.

Weil die Theile der festen Körper wegen ihrer Reibung nicht so leicht seitwärts ausweichen können, wenn auch die auf sie druckende Kraft beträchtlich groß ist, so nimmt man auch gemeiniglich an, daß sich der Druck, welcher gegen die festen Körper Statt findet, in eben der Richtung fortgepflanzet, nach welcher der Druck geschiehet. Wenn z. B. auf einem festen Würfel eine Säule lothrecht stehet, so pflanzt sich der Druck durch den Würfel, welchen er von dem Gewichte der Säule leidet, senkrecht gegen den Boden fort. Wenn auch die Seitenwände des Würfels mit andern Körpern umschlossen würden, so werden doch diese fast gar keinen merklichen Druck von dem Gewichte der Säule erleiden.

Bey flüssigen Materien hingegen findet gar keine Reibung in ihren Theilen Statt, und sie sind daher unter sich eben so beweglich wie im leeren Raume. Wenn folglich ein Theil oder etliche Theile durch eine bewegende Kraft einen Druck erleiden, so werden auch diese Theile von der ganzen Masse getrennt und fortbeweget werden. Es folgt daher weiter, daß ein jeder Theil einer flüssigen Materie von dem darüber und darunter liegenden Theile eben so stark gedruckt wird, als er selbst die darüber und darunter stehenden Theile druckt, wenn die ganze flüssige Masse in Ruhe ist. Denn wären die Druckungen auf irgend einen Theil in der Masse

nach

nach den entgegengeſetzten Richtungen nicht gleich groß, ſo
würde ſich auch der Theil nach der Richtung des ſtärkern
Drucks hinbewegen, mithin die flüſſige Maſſe nicht in Ruhe
ſeyn. Hieraus fließt alſo ohne Zweifel der Satz: Ein jedes
in einer flüſſigen Materie befindliches Theilchen, wenn die
ganze flüſſige Maſſe in Ruhe iſt, wird nach allen möglichen
Richtungen, jedoch nach jeden zwey gerade entgegengeſetzten
Richtungen gleich ſtark gedruckt.

Man ſtelle ſich vor, daß ein gewiſſer Theil des in Ruhe
befindlichen Waſſers in Grenzen h c i k (fig. 101.) auf der
einen und b l m auf der andern Seite eingeſchloſſen ſey. Das
kleine Stück a der eingebildeten Grenze, welche das eingeſchloſſene Waſſer von dem äußern abſondert, wird verſchiedentlich von dem innern und äußern Waſſern gedruckt werden;
nichts wird aber a aus ſeiner Stelle treiben können, weil die
ganze flüſſige Materie in Ruhe iſt. Man kann alſo annehmen, daß der Druck des eingeſchloſſenen Waſſers gegen a,
alſo auch der Gegendruck des äußern Waſſers gegen a ſenkrecht, und jener dieſem gleich ſey. Wäre a ein feſtes Elementartheilchen, ſo würde ſelbiges ebenfalls auf beyden Seiten den Druck des Waſſers aushalten, und a würde wie zuvor unverändert an ſeinem Orte verbleiben. Es muß daher
auch die Wirkung der Theile der flüſſigen Materie gegen
einander eben ſo wie vorher ſeyn. Wenn auf dieſe Weiſe die
ganze vorgeſtellte Grenze h c i k aus lauter feſten Elementartheilchen beſtände, welche unter einander nicht verbunden ſind,
ſo würde auch dieſes in Anſehung des Drucks der flüſſigen
Materie gegen einander gar keine Aenderung machen, folglich
würde auch die Geſtalt der Grenze auf keine Weiſe geändert.
Wären ſelbſt die feſten Elementartheilchen unter einander verbunden, ſo würden auch hier die Theile des Waſſers auf die
nämliche Art gegen einander wirken. Demnach könnte man
den Druck des äußern Waſſers wegnehmen, und es würde
im innern eingeſchloſſenen Waſſer gar keine Veränderung vorgehen, wenn nur die Grenze feſt genug iſt, ſelbiges zu erhalten. Weil ſich nun alles dieſes auch auf l b m anwenden
läßt,

läßt, so sieht man leicht, daß in dem innern Wasser gar nichts geändert wird, wenn h a i k m b l eine feste Röhre ist. Die Wände der festen Röhre thun nämlich eben das, was der Druck des äußern Wassers thut, nur mit dem Unterschiede, daß jene nicht wie dieses gegen das in der Röhre befindliche Wasser drucken, sondern nur verursachen, daß das innere Wasser gar keiner Veränderung unterworfen ist, ob es gleich selbige noch eben so genau druckt, als es gegen das äußere Wasser druckte. Hieraus folgt nun der allgemeine Satz; in einem jeden irregulären auf beyden Seiten aufwärts gebogenen Gefäße, von welcher Gestalt es auch sey, kann einerley flüssige Materie nur alsdann in Ruhe kommen, wenn die Oberfläche in beyden Schenkeln in einerley wagrechten Ebene sich befindet. M. s. Röhren, communicirende.

Wenn ein gerades cylindrisches oder prismatisches Gefäß voll Wasser geschüttet wird, so leidet der Boden desselben einen Druck, welcher dem ganzen Gewichte des im Gefäße befindlichen Wassers gleich ist. Man findet also sehr leicht das Gewicht eines solchen Wasserkörpers, wenn man die Grundfläche desselben mit der Höhe multipliciret, und dieses Produkt noch mit dem Gewichte eines Cubikfußes Wasser oder Cubikzolles des Wassers multipliciret, nachdem der körperliche Inhalt des Wasserkörpers in Cubikfüßen oder Cubikzollen gefunden ist. Ein rheinländischer Cubikfuß Wasser wiegt im cöllnischen Gewichte 66 Pfund, und ein Duodecimalcubikzoll 266 Grän, ein Decimalcubikzoll aber 506 Grän. Hätte also die Grundfläche eines prismatischen Gefäßes 6 rheinl. Quadratfuß, und die Höhe = 4′, so würde der Druck des in selbigem befindlichen Wassers gegen den Boden des Gefäßes = 6. 4. 66 = 1584 Pfund seyn.

Wenn mit dem Boden des cylindrischen Gefäßes (fig. 102.) f b c d die Röhre c b a d verbunden, und mit Wasser so weit vollgefüllt ist, daß die Oberfläche desselben a d in der erweiterten horizontalen Ebene e f befindlich ist; so druckt auch dieses den Boden b c eben so stark, als die Wassersäule

f b c d

f b c d denselben druckt. Verbindet man mit dem Boden
b c noch eine andere Röhre c b f g, in welche ebenfalls Wasser bis zur horizontalen Oberfläche e g geschüttet worden, so
druckt auch dieses gegen b c eben so stark, als es die Wassersäule e c b f thut. Wenn also ein Gefäß, von welcher Gestalt es auch sey, einen horizontalen ebenen Boden hat, so
daß der Druck des Wassers, welchen dieser Boden leidet,
alle Mahl so groß, als das Gewicht einer Wassersäule, deren Grundfläche dem Boden des Gefäßes, und deren Höhe
der lothrechten Höhe des Wassers bis zum Wasserspiegel im
Gefäße gleich ist: so kann man mit wenig Wasser einen sehr
starken Druck zu Wege bringen. Denn es sey (fig.
103.) e d c eine enge senkrechte Röhre, welche mit einer kurzen, aber sehr weiten a b c f verbunden ist, so daß aus der einen in die andre frey Wasser treten kann. Wird nun die
Röhre a b c f voll Wasser geschüttet, so wird es auch, wenn
alles ruhig ist, in der engen Röhre eben so hoch stehen. Verschließe man nun die weite Röhre mit dem Deckel a f, und
schüttet die enge Röhre bis zur Höhe e oder noch höher mit
Wasser voll, so wird der Deckel einem Drucke ausgesetzet
seyn, welcher dem Gewicht einer Wassersäule gleich ist, deren Grundfläche a f, und deren Höhe $= i e = a g$ ist. Auf
diesen Gründen beruht die Einrichtung des anatomischen Hebers (m. s. Heber, anatomischen).

Auch gründet sich hierauf eine Einrichtung, welche
's Gravesand ⁎) unter dem Nahmen follis hydrostaticus
angegeben hat. Es sind nämlich die Seitenwände (fig. 104.)
d c und a b des Gefäßes a b c d von Leder, damit der feste
Deckel da gehoben werden könne, ohne daß das Wasser
ausläuft. Auf d e und e a kann man nun Gewichte stellen.
Weniges Wasser in die Oeffnung f über e hinaus geschüttet, kann alsdann den Deckel mit den schweren Gewichten heben.

Wenn

⁎) Physices elementa mathematica §. 729. Krafft praelect. physic.
T. II. §. 99.

Wenn in irgend einem Gefäße Wasser sich befindet, so leidet ein jedes Element der Seitenwand desselben einen Druck, welcher so groß ist, als das Gewicht einer Wassersäule, deren Grundfläche dem gedruckten Elemente gleich, und deren Höhe so groß als die Entfernung des Elements von der Oberfläche des Wassers ist. Es sey a c h b (fig. 105.) ein Gefäß von willkürlicher Gestalt, welches bis a b voll Wasser gefüllt ist, so kann man sich vorstellen, daß von außen eine Röhre, deren Weite dem Elemente an der Seitenwand des Gefäßes gleich ist, auf die Wand des Gefäßes senkrecht gesetzet worden, welche sich bis an die Oberfläche des Wassers im Gefäße erstreckt. Eine solche Röhre kann nun vorzüglich drey Lagen haben, sie kann nämlich erstlich über dem Horizonte, zweytens mit dem Horizonte parallel und drittens unter dem Horizonte liegen. In Ansehung des ersten Falles sey c d senkrecht auf die äußere Fläche des Gefäßes gesetzt, so kann das Wasser in der Röhre nicht in Ruhe kommen, als bis es zur erweiterten Horizontalfläche des Wassers a b gestiegen ist; alsdann leidet aber das Element c einen Druck, welcher dem Gewichte einer Wassersäule gleich ist, deren Grundfläche so groß als das Element, und deren Höhe der Höhe des Elements von der Oberfläche des Wassers gleich ist; aber eben so groß ist auch der Gegendruck des Wassers im Gefäße; folglich muß auch das Element c einen so großen Druck ausstehen. In Ansehung des zweyten Falles sey e f mit dem Horizonte parallel, und auf der Seite des Gefäßes senkrecht, diese Röhre sey noch mit der senkrechten f g verbunden; so daß die ganze Röhre e f g die Weite des Elementes e besitzet. Wenn nun das Wasser aus dem Gefäße in diese Röhre treten kann, so wird das Wasser alsdann in Ruhe seyn, wenn es in der Röhre in der horizontalen Ebene g b sich befindet. Man stelle sich die horizontale Grundfläche bey f vor, so leidet f einen Druck, welcher dem Gewicht der Wassersäule f g gleich ist. Soll nun f nicht weichen, so muß es einen eben so großen Gegendruck ausstehen, als es unterwärts druckt; das Wasser in der horizontalen

Röhre

Röhre e f ist für sich nicht vermögend einen so starken Gegendruck auszuüben, aber wohl einen leidenden Druck fortzupflanzen. Nun ist kein solcher Druck zu gedenken, außer demjenigen, welchen es bey e von dem innern Wasser leidet; dieser Druck muß also durch die horizontale Röhre e f fortgeführet werden, und gegen f eben so stark entgegendrucken; als das Wasser über f unterwärts druckt. In Ansehung des dritten Falles sey die Röhre k m i auf der Wand des Gefäßes senkrecht, und mit der senkrechten Röhre i k verbunden. Wenn nun i mit dem Elemente h in einerley horizontalen Ebene liegt, so leidet i einen Druck, welcher dem Gewicht des Wassers über i bis zur horizontalen Ebene a k gleich ist. Soll nun i nicht weichen, so muß es auch einen eben so großen Gegendruck nach unten ausstehen. Dieser Gegendruck wird eben so wie im zweyten Falle von dem Drucke des im Gefäße befindlichen Wassers gegen das Element h durch die Röhre h m i fortgepflanzet.

Wenn der Boden eines Gefäßes wagerecht ist, so leidet derselbe einen von dem in selbigem befindlichen Wasser gleichförmig darüber vertheilten Druck. Man gedenke sich nämlich den Boden in seine Elemente getheilet vor, so stehet ein jedes Element wie f (fig. 106.) einen Druck aus, welcher dem Gewichte einer Wassersäule gleich ist, deren Grundfläche so groß als das Element, und deren Höhe der Höhe des Elementes bis zur Oberfläche des Wassers gleich ist. Es sey die ganze Wassermasse a b c d mittelst der wagerechen Ebenen k l, m n, o p u. s. in mehrere Schichten von urendlich kleinen Höhen eingetheilet, so leidet jeder Schnitt, wie i, h, g u. s. von den in der Röhre e f darüber stehenden Wassertheilchen für sich einen Druck, welcher von ihren Gewichten herrühret. Ein jeder solcher Druck aber pflanzt sich gegen den nächstfolgenden Querschnitt nach dem Gesetz der Stetigkeit fort, und vermehret den Druck, welchen h für sich schon hatte wegen des Gewichts der darüber liegenden Wassertheilchen. Es leidet nämlich h nun einen Druck, welcher dem Gewichte einer Wassersäule gleich ist, deren Grundfläche dem Ele-

mente h⋅gleich ist, und deren Höhe $= hi + ie$. Es muß
folglich der Druck des Wassers gegen ein Theilchen der innern Wand des Gefäßes desto größer werden, je tiefer es unter der Oberfläche des Wassers liegt:

Es sey a f p q (fig. 107.) ein Gefäß von willkürlicher
Gestalt, welches bis zur Höhe aq voll Wasser geschüttet
worden. Man nehme ein sehr kleines Stück df an der innern Wand des Gefäßes an, welches also, wenn es sehr
schmal ist, als eine gerade Linie betrachtet werden kann.
Dieses Element df leidet von dem innern Wasser einen
senkrechten Druck nach der Richtung dg, und wenn dg $=$
dn $=$ der senkrechten Höhe des Elementes df von dem
obern Wasserspiegel, so ist dieser Druck so groß als das
Gewicht einer Wassersäule, deren körperlicher Inhalt $=$ df.
dg ist. Es ist ferner di lothrecht und dh wagerecht, auch
außerdem hg mit di und ig mit hd parallel, und es zerlegt sich der senkrechte Druck nach der Richtung gd in die
beyden Seitendrücke nach den Richtungen di und dh, und
es verhält sich der senkrechte Druck nach der Richtung gd
zum vertikalen Druck nach der Richtung di $=$ gd : di.
Durch d ziehe man nun noch de auf fe senkrecht, so ist das
Dreyeck gdi ähnlich dem Dreyecke dfe, folglich verhält sich
dg : di $=$ df : de, und daher der senkrechte Druck nach
gd zu dem vertikalen nach di wie df : de. Weil nun der
auf ef senkrechte Druck $=$ df. dg, so hat man auch df :
de $=$ df. dg : zum senkrechten Druck nach der Richtung
di, also ist dieser Druck $=$ de. dg $=$ de. dn, weil dg $=$
dn. Zieht man ferner auf das Element bc die senkrechte
Linie bk $=$ bn, und verzeichnet das Parallellogramm klbm,
so ist der Druck gegen bc so groß als das Gewicht einer
Wassersäule, deren körperlicher Inhalt $=$ bo. bk ist.
Daraus entstehet nun gegen die innere Wand des Gefäßes
ein lothrecht auswärts gerichteter Druck, welcher dem Gewichte einer Wassersäule gleich ist, deren körperlicher Inhalt $=$ bo. bk. Dieser Druck vermindert also den vorhin
gefundenen lothrechten Druck nach der Richtung di, und man

findet

findet daher den gesammten Druck, womit d f vertikal gepreßt wird, dem Gewichte einer Wassersäule gleich, deren
körperlicher Inhalt = de . dg — bo . bk = de . db,
und dieß ist der Inhalt der Säule b o e d. Weil aber d f
und b c so klein hier angenommen werden können, daß die
Säule b o d e von der Säule c b d f in nichts verschieden ist,
so sieht man ein, daß der lothrechte Druck, welchen das
Element d f von dem innern Wasser ausstehen muß, dem
Gewicht der Säule d b c f gleich ist. Weil nun die ganze
Wassermasse im Gefäße in dergleichen Wassersäulen eingetheilet werden kann, so ist klar, daß der gesammte Druck,
welchen die Wand des Gefäßes nach vertikaler Richtung leidet, dem ganzen Gewichte der in selbigem befindlichen Wassermasse gleich ist. Würde man also das Gefäß mit dem
darin befindlichen Wasser an den Arm eines Wagebalkens
aufhängen, so brauchte das Gegengewicht nicht größer zu
seyn, als das Gewicht des Gefäßes und des Wassers zusammengenommen. Man muß daher den Druck, welchen die
innere Wand des Gefäßes leidet, sehr wohl von dem Gewichte des Wassers selbst unterscheiden; denn jener kann
mehr als dieser betragen.

Wenn in einem Gefäße a b c d (fig. 108.) Wasser sich
befindet, und völlig in Ruhe ist, so wird solches vermöge
der Schwere, so bald ein Loch in den Boden des Gefäßes
gemacht worden, ausfließen, und zwar mit einer Geschwindigkeit, welche ein schwerer Körper erlangen würde, wenn
er von einer Höhe herabfiele, welche der Wasserhöhe im Gefäße gleich ist Es sey nämlich f ein Wassertheilchen in der
Oeffnung am Boden des Gefäßes, so leidet dieß einen Druck,
welcher so groß ist, als das Gewicht einer Wassersäule, deren
Grundfläche dem Querschnitte der Sphäre des Wassertheil-
chens, und deren Höhe der Höhe des Wassers im Gefäße
gleich ist. Dieser Druck aber entsteht von der Schwere der
Wassertheilchen, welche über f in der vertikalen Höhe f e
bis zur Oberfläche des Wassers liegen. Das oberste Wassertheilchen e druckt das unmittelbar darunter liegende, und

Zz 3　　　　- theilet

theilet daher außer ihrer eigenen Schwere eine neue. Kraft mit, welche der unmittelbare Druck verursachet; folglich will es nun mit doppelter Kraft sinken; das nächstfolgende Theilchen aber verhindert dieses Sinken, und empfängt wiederum außer der Schwere desselben eine neue Kraft, welche doppelt so groß ist, als die, welche das zweyte Theilchen von dem Druck der Schwere erhielt, demnach bestrebet sich dieses dritte Theilchen mit einer dreyfach so großen Kraft angetrieben, sich senkrecht herabzubewegen, welche nämlich von der Summe der Drücke der darüber liegenden Wassertheilchen herrühret. Es muß demnach die Summe der Drücke aller Wassertheilchen dem unmittelbar darunter liegenden eine Geschwindigkeit mittheilen, welche es erhalten würde, wenn es von eben der Höhe frey herabgefallen wäre. Folglich wird auch das Theilchen f in der Oeffnung eine Geschwindigkeit erhalten haben, die eben so groß ist, als wenn es von e bis f frey herabgefallen wäre. Weil nun das von allen Wassertheilchen gilt, welche in der untern Oeffnung sich befinden, so muß das Wasser durch selbige mit der benannten Geschwindigkeit abfließen.

Alles dieß gilt nicht allein von solchen Gefäßen, bey welchen die Oeffnung im Boden sich befindet, welcher wagerecht liegt, sondern auch, wenn sie seitwärts, wo man will, angebracht ist. In diesen Fällen wird das Wasser mit einer desto größern Geschwindigkeit hervorspringen, je näher die Oeffnung dem Boden des Gefäßes ist. Denn die Ursache der Bewegung des Wassers aus den Oeffnungen des Gefäßes rührt von dem Druck des Wassers her, und dieser muß bloß nach der Wasserhöhe beurtheilet werden. Der Wasserstrahl, welcher aus der Seitenöffnung eines Gefäßes herausspringt, wird einen krummlinigen Weg bilden, welchen man in der höhern Geometrie eine Parabel nennt.

Auf den Druck des Wassers gegen den Boden und gegen die Seitenwände des Gefäßes gründen sich noch verschiedene andere Phänomene:

1. eine leere, verstopfte dünne gläserne Bouteille, deren Seitenflächen eben sind, zerbricht durch den Seitendruck des Wassers, wenn sie in selbiges tief genug eingetaucht wird.

2. Wenn eine mit Wasser gefüllte Blase an dem Ende einer langen Glasröhre so gebunden wird, daß das Wasser aus selbiger in die Glasröhre treten kann, wenn sie gedruckt wird, so wird das Wasser in der Blase desto höher in die gläserne Röhre aufsteigen, je tiefer selbige ins Wasser eingetauchet wird.

3. Auch gründet sich hierauf die Einrichtung einer von Segner erfundenen hydraulischen Maschine, welche durch den Seitendruck des Wassers in Bewegung gesetzet wird. M. s. Segners hydraulische Maschine.

Aus allen diesen bisherigen Sätzen erhellet zur Genüge, daß die flüssigen Materien nach allen nur möglichen Richtungen einen Druck ausüben; nach unten, nach der Seite und nach oben.

Versuche, welche den Druck flüssiger Materien erläutern, und dazu gehörige Maschinen findet man beschrieben von Wolf *).

M. s. Karsten Lehrbegriff der gesammten Mathematik Th. III. Hydrostatik. Abschn. II.

Druckwerk, Druckpumpe, Appressionspumpe (Antlia elevatoria vel compressoria, pompe foulante) ist eine Pumpe, worin ein Stämpel vermittelst einer Zugstange auf und nieder beweget werden kann, um das Wasser entweder selbst in der Pumpenröhre oder in einer andern damit verbundenen Röhre in die Höhe zu treiben.

Es sey (fig. 109.) a b c d eine Pumpenröhre, welche senkrecht im Wasser steht, und unten in der Oeffnung k des Bodens mit einer Klappe oder Ventil versehen, so bringt durch diese das Wasser von selbst, wenn der Stämpel f g hinaufgezogen wird, in die Pumpenröhre, bis es in selbiger eben so hoch stehet, als es außerhalb der Röhre stehet. Mit einem ähnlichen Ventile ist auch der durchbohrte Stämpel oder Kolben

ben

*) Nützliche Versuche Th. I. Cap. 3.

ben verfehen. Die Pumpenröhre, in welchem der **Kolben**
auf- und niederſpielet, wird auch der **Stiefel** genannt.
Wenn dieſer Stiefel unter dem Waſſer ſo tief ſtehet, daß auch
der Kolben noch in ſeinem niedrigſten Stande unter der Oberfläche des Waſſers ſich befindet, ſo iſt alsdann eine ſolche
Pumpe eine gemeine Waſſerpumpe. So bald nun der Stämpel in die Höhe gezogen wird, ſo eröffnet ſich die Klappe e;
und es dringt Waſſer in den Stiefel; druckt man ihn aber
zurück, ſo verſchließt ſich das Ventil e, und das Waſſer
muß die Klappe am durchbohrten Kolben öffnen, und in dem
Stiefel in die Höhe ſteigen. Geſchiehet ein neuer Kolbenzug,
ſo ſucht das über fg hinaufgetretene Waſſer vermöge ſeiner
Schwere zurück zu fallen; weil ſich aber alsdann die Klappe
an dem Kolben verſchließt, ſo kann es nicht wieder zurück,
und es wird von neuem durch das Ventil e in den Stiefel
Waſſer treten. Spielt auf dieſe Weiſe der Kolben eine Zeit
lang ununterbrochen auf und nieder, ſo ſiehet man leicht, daß
hierdurch Waſſer in die Höhe gehoben wird, und durch eine
in dem Stiefel angebrachte Ausgußröhre abfließen muß. Es
iſt aber eben nicht nothwendig, daß der Kolben in ſeinem
niedrigſten Stande unter der Oberfläche des Waſſers ſich befinde, vielmehr kann er eine anſehnliche Strecke über ſelbiger ſeyn. In dieſem Falle treibt nun der Druck der Atmoſphäre auf die Oberfläche des Waſſers ſelbiges in die Röhre,
wenn der Kolben höher gehoben, und hierdurch die unter dem
Kolben befindliche Luft verdünnt worden. Iſt alsdann über
dem Kolben noch eine beträchtliche Höhe, ehe das darüber
aufgetriebene Waſſer durch die Ausgußröhre ausläuft, ſo
nennt man alsdann dieſe Einrichtung ein vereinbartes **Saug-**
und **Druckwerk.**

Wenn das Waſſer, welches in den Stiefel getreten iſt,
vermittelſt des Kolbens in eine andere mit dem Stiefel verbundene Röhre in die Höhe gepreßt wird, ſo heißt eigentlich
eine ſolche Pumpe ein **Druckwerk.** Dem in die Höhe gezogenen Kolben f (fig. 110.) folgt das Waſſer, wie bey den
gewöhnlichen Pumpen, und tritt in den Stiefel; beym Rück-

ßaß des Stämpels aber verschließt sich die Klappe o, und
das Waſſer kann nicht anders ausweichen, als durch die ſo
genannte Knieröhre g h i, welche ebenfalls bey g mit einem
Ventil verſehen iſt, wo es ſobann durch den Druck des Kolbens in die Höhe getrieben wird. Will man mittelſt eines
Druckwerkes einen freyſpringenden Waſſerſtrahl zu Stande
bringen, ſo würde alsbann die Höhe, welche er erreichen
könnte, wenn außer der Schwere ihn nichts verzögerte, ſo
groß ſeyn, als die Höhe einer Waſſerſäule über der Grundfläche des Kolbens, deren Gewicht der Kraft gleich iſt, welche
den Stämpel gegen die Waſſerfläche preßt. Denn wenn eine
Kraft den Kolben gegen die Waſſerfläche f preßt, ſo muß
die Wirkung eben ſo ſeyn, als wenn der Stiefel höher wäre,
und das Waſſer in ſelbigem ſo hoch ſtände, daß es vermöge
ſeines Gewichtes gegen f einen Druck ausübet, welcher dem
Druck jener Kraft gleich iſt. Wäre der Stiefel ſo hoch, daß
das Waſſer bis m k treten könnte, ſo würde die Fläche f
einen Druck von der darüber ſtehenden Wäſſerſäule leiden;
dieſer Druck würde nun verurſachen, daß der ſpringende Waſſerſtrahl die Höhe i l erreichte, wenn ſelbigen außer der
Schwere nichts verzögerte. Daraus folgt, daß der Druck
des Stämpels, welcher von der Kraft herrühret, und ſo groß
iſt, als der Druck der Waſſerſäule, den Waſſerſtrahl eben
ſo hoch treiben würde. Wenn es daher beſtimmt iſt, wie
hoch der Strahl in der freyen Luft vermittelſt eines Druckwerkes getrieben werden ſoll, ſo läßt ſich auch die Kraft finden, welche den Kolben gegen das Waſſer preſſen muß. Wäre
nämlich die Höhe, welche der ſpringende Waſſerſtrahl erreichen ſoll, $= b$, und die Höhe, welche der Geſchwindigkeit
des aus der Oeffnung ausſpringenden Waſſerſtrahls zugehöret,
$= a$, ſo wird aus den vielfältigen Verſuchen des Mariotte [*)]

erfordert, daß $a = b + \dfrac{b^2}{300}$ ſey. Hat man nun dieſe Höhe

Z 3 5 gefunden,

*) Traité du mouvement des eaux in den Oeuv. de Mariotte T. II.
P. IV. diſc. I. überſ. Grundlehren der Hydroſtatik und Hydraulik,
von D. Meinig. Leipz. 1723. 8.

gefunden, so sucht man das Gewicht eines Wasserprisma, dessen Grundfläche der Grundfläche des Kolbens, und dessen Höhe der Höhe a gleich ist; eben so groß wird die gesuchte Kraft seyn müssen.

Z. B. es sey der Durchmesser des Stiefels $= 8$ Zoll $= \frac{2}{3}$ Fuß, so ist der Flächeninhalt des Querschnittes des Stiefels oder der Grundfläche des Kolbens $= 0,349$ Quadratfuß. Soll nun der Wasserstrahl 50 Fuß hoch steigen, so wird

$$ a = 50 + \frac{2500}{300} = 58 \text{ Fuß.} $$

Multipliciret man also diese Höhe mit $0,349$, so findet man $20,42$ Cubikfuß als den kubischen Inhalt einer Wassersäule, deren Gewicht der gegen den Kolben druckenden Kraft gleich ist. Multipliciret man nun diese mit 66, so ergibt sich 1336 Pfund für die gesuchte Kraft.

Will man nur vermittelst eines Drucks das Wasser nöthigen, daß es in der Steigröhre in die Höhe getrieben, und alsdann oben zum anderweitigen Gebrauch abfließen soll, so wird eine Kraft, welche gegen den Kolben druckt, mit dem in der Steigröhre befindlichen Wasser im Gleichgewichte seyn, wenn sie dem Gewichte einer Wassersäule gleich ist, deren Grundfläche so groß als die Grundfläche des Kolbens, und deren Höhe mit der Höhe der Ausgußöffnung von der Grundfläche des Kolbens einerley ist. Wenn aber das Wasser wirklich in Bewegung kommen soll, so wird eine größere Kraft erfordert. Um wie viel aber diese Kraft größer seyn müsse, das hängt von der Geschwindigkeit des Kolbens, von der Länge der Steigröhre und von dem Verhältnisse der Querschnitte des Stiefels und der Steigröhre ab. Geht die Bewegung des Stämpels langsam von Statten, und ist die Steigröhre nicht zu eng, so beträgt der Ueberschuß der Kraft über die, welche zum Gleichgewichte erfordert wird, etwas Weniges. Aus diesem Grunde pflegt man alles so anzuordnen, daß der Durchmesser des Querschnittes der Steigröhre ungefähr $\frac{2}{3}$ bis $\frac{3}{4}$ von dem Durchmesser des Querschnittes des Kolbens betrage.

Bey

Bey dieser Einrichtung der Druckwerke preßt der Kolben nur beym Herniedergehen Wasser in die Steigröhre, im Herauffsteigen aber findet ein Stillstand Statt. Um nun beym Auf- und Niederspielen des Kolbens Wasser in die Steigröhre zu treiben, so pflegt man zwey Druckwerke so mit einander zu verbinden, daß der eine Kolben in die Höhe steigt, wenn der andere Kolben niedergehet. Beyde Stiefel können alsdann mit ein und der nämlichen Steigröhre verbunden seyn, wobey nur ein jeder seine eigene Knieröhre und Ventil haben muß. Eine solche Einrichtung nennt man ein **gedoppeltes Druckwerk.** Sie war schon den Alten bekannt, und **Vitruv** *) gibt den **Ctesibius** als Erfinder derselben an, welcher etwa 150 Jahr vor Christi Geburt zu Alexandrien lebte, woher sie auch machina Ctesibiana genannt wird.

Vollständige Beschreibungen und Abbildungen von verschiedenen Druckwerken findet man bey **Leupold** ß); und **Belidor** γ), und ausführliche Berechnungen bey **Karsten** δ).

Eine der größten Maschinen, welche je aus Druckwerken zusammengesetzt ist, ist die zu **Marly**, welche **Leupold, Belidor** und **Weidler** ε) beschrieben haben. Der König **Ludwig XIV.** ließ sie erbauen, um die Gärten zu Versailles, Marly und Trianon mit Wasser aus der Seine zu versehen. Sie soll mehr als 8 Millionen Livres gekostet haben, bey deren Erbauung 1800 Menschen 7 Jahre lang gearbeitet haben, welche an Materialien 1700000 Pfund Kupfer, eben so viel Bley, 20 Mahl so viel Eisen, und 100 Mahl so viel Holz erfordert hat, die übrigen zu den steinernen Pfeilern und Schwibbögen der damit verbundenen Wasserleitung gebrauchten Materialien ungerechnet. Diese Maschine wird durch 14 unterschlächtige Wasserräder getrieben, welche in einem

Arm

---

*) De architectura. X. 12.

ß) Theatrum machinar. hydraulic. Th. I. Cap. 12. S. 108 f. Th. II. Cap. 10. S. 110 f.

γ) Architect. hydraul. Buch III. Cap. 3. §. 870 f.

δ) Lehrbegriff der gesammten Mathematik. Theil V. Hydraulik. Abschn. 24 bis 32.

ε) Tract. de machinis hydraulicis toto terrarum orbe maximis, Marliensi et Londinensi. Viteb. 1733. 4.

Arm der Seine hängen; diese dienen, im Ganzen genommen, dazu, um das Wasser aus dem Flusse auf den Boden eines Thurmes hinauf zu treiben, von welchem es nachher in einer von Steinen aufgeführten Wasserleitung in die genannten Gärten gebracht wird. Der Behälter auf dem Boden des Thurmes liegt 502 Fuß höher, als der Fluß, und ist von ihm 614 Toisen, also 3684 Fuß weit entfernet. Der Baumeister, Nahmens Rannequin, aus dem Lüttichischen, welcher dem Minister Colbert durch einen Lütticher von Adel, Nahmens de Ville, empfohlen war, sahe ein, daß es unmöglich seyn würde, das Wasser in ununterbrochenen Leitröhren auf diese Höhe zu bringen. Daher theilte er die ganze Strecke längs der Anhöhe, welche das Wasser hinansteigen sollte, in drey Absätze. In einer Höhe von 150 Fuß über dem Flusse wurden zwey Schöpfbehälter neben einander angeleget, welche von den Wasserrädern 100 Toisen weit entfernet sind. In einer Höhe von 175 Fuß über den beyden ersten Schöpfbehältern wurden zwey andere angeleget, welche 224 Toisen weit von den ersten Schöpfbehältern, also 324 Toisen weit vom Flusse entfernet sind. Die von Mauerwerk aufgeführte Wasserleitung ist 330 Ruthen lang, und hat 36 Schwibbögen. Mit den 14 Wasserrädern sind nun erstlich unmittelbar über dem Flusse 64 Druckwerke mit zugehörigen Saugröhren verbunden, welche das Wasser aus dem Flusse schöpfen und durch Leitröhren in die ersten 150 Fuß hoch erhabenen Schöpfbehälter hinaufdrucken. Aus diesen Behältern wird das Wasser in die folgenden Schöpfbehälter durch Druckpumpen, welche von einem Feldgestänge in Bewegung gesetzet werden, hinaufgedruckt u. s. f. Hieraus wird man sich nur einen geringen Begriff von der Größe und Weitläuftigkeit dieser Druckwerke machen können, welche übrigens nach den Berechnungen des Herrn Karsten bey weitem nicht die vollkommenste Einrichtung gehabt haben, und wovon auch nur ein sehr geringer Theil noch gangbar ist.

Die Einrichtung der Druckwerke, mittelst selbiger einen frey springenden Strahl zu Wege zu bringen, wird mit vielem

sem Vortheile bey den genugsam bekannten Feuerspritzen gebraucht. Bey diesen ist das Ausgußrohr beweglich, so daß
man nach allen möglichen Richtungen Wasser hinbringen
kann. Wenn ein einfaches Druckwerk so eingerichtet ist,
daß eine einzige Person selbiges regieren kann, so nennt man
es eine Handspritze. Bey großen Feuerspritzen sind gewöhnlich doppelte Druckwerke angebracht, deren Knieröhren
sich in einem einzigen Ausgußrohre vereinigen. Dadurch
wird zwar zu Wege gebracht, daß bey Niederdrückung des
einen Kolbens der andere gehoben, und daher beständig aus
der Gußröhre Wasser in die freye Luft getrieben wird; allein
beym Anfange des Wechsels der Kolben wird doch das Ausgießen des Wassers auf einen Augenblick unterbrochen. Um
nun dieses gänzlich zu vermeiden, versieht man die Feuer-
spritze noch mit einem Windkessel, einem kupfernen luft-
dichten Gefäße, worin die Knieröhren beyder Stiefeln gehen,
und mit dessen unterm Theile das Gußrohr verbunden ist.
Das in diesem Kessel getriebene Wasser druckt die Luft in
dem obern Theile desselben zusammen, und diese preßt alsdann, vermöge ihrer Elasticität das Wasser zur Gußröhre
hinaus. Ist das Gußrohr ganz von Metall, so nennt man
die Maschine eine Gibelspritze; besteht es aber aus einem
ledernen oder leinenen Schlauche, welcher nur am Ende ein
kleines metallenes Gußrohr besitzet; so heißt die Maschine
eine Schlauch- oder Schlangenspritze.

Von den Feuerspritzen handeln insbesondere Karsten [a]),
Klügel [β]) und Hesse [γ]).

Dünn, locker (rarum, rare) ist ein Ausdruck, welcher einen bloßen relativen Begriff ausdrückt, indem man
nicht sagen kann, ein Körper sey für sich dünn oder locker,
sondern nur, er sey dünner oder lockerer als ein anderer.

Nach

---

[a]) Ueber die vortheilhaftesten Anordnungen der Feuerspritzen. Greifswald, 1773. 8.

[β]) Von der besten Anordnung der Feuerspritzen zum Gebrauch des
platten Landes. Berlin, 1774. 8.

[γ]) Praktische Abhandlung zur Verbesserung der Feuerspritzen. Gotha,
1778. 8.

Nach dem atomistischen System heißt derjenige Körper dünner oder lockerer, als der andere, wenn er bey einerley Raume weniger Materie also mehrere Zwischenräume, als der andere enthält. Auf diese Art sagt man, Wasser sey dünner als Quecksilber, weil ein Cubikfuß Wasser weniger wiegt als ein Cubikfuß Quecksilber, mithin jenes weniger Materie als dieses besitzt. Das Wort locker wird eigentlich nur bey festen Körpern gebraucht, dünn aber bey flüssigen.

Nach dem dynamischen Systeme aber, bey welchen es bloß auf den bestimmten Grad der Erfüllung des Raumes ankömmt, kann ein Körper dünn genannt werden, und doch seinen Raum ganz ausfüllen, und gleichwohl im Verhältnisse mit einem andern Körper nicht so dicht, folglich dünner als der andere seyn. So füllt z. B. Wasser den Raum mit Stetigkeit aus, und gleich wohl ist es im Verhältnisse mit dem Golde dünner als dieses zu nennen, wenn auch dieses den Raum nicht mit Stetigkeit ausfüllte.

In einer andern Bedeutung wird auch das Wort dünn als ein Beywort eines Körpers genommen, indem man bloß darunter die geringe Dicke des Körpers verstehe, wie z. B. dünnes Blech, dünnes Papier.

Dünste f. Dampf.

Dunkele Körper (corpora obscura, non lucentia, opaca, corps opaques) sind diejenigen Körper, welche an und für sich kein Licht in unser Auge senden können, sondern von den leuchtenden Körpern erst Licht empfangen, oder davon erleuchtet werden. So sind z. B. unsere Erde der Mond u. f. dunkle Körper, welche erst von der Sonne erleuchtet werden, und alsdann erst Licht in unser Auge senden. Es können auch die erleuchteten Körper andere dunkele Körper wieder erleuchten, indem sie das von leuchtenden Körpern empfangene Licht auf andere dunkele Körper zurückwerfen. So wird z. B. von dem Mondenlichte unsere Erde erleuchtet, indem der Mond das von der Sonne empfangene Licht auf unsere Erde zurückwirft.

Dunst.

Dunstbläschen s. Dampf.

Dunstkreis, Dunstkugel s. Luftkreis.

Duplikator der Elektricität s. Elektricitätsverdoppler.

Durchgangsfernrohr s. Culmination.

Durchdringlichkeit (permeabilitas, perméabilité) ist die Eigenschaft der Materie, andere Materie durch selbige durchzulassen. Nach dem atomistischen Systeme, nach welchem Materie an und für sich absolut undurchdringlich ist, kann keine Materie andere Materie durchbringen, als nur in wie fern diese Materie leere Zwischenräume hat, durch welche Materie hindurch gehet. Allein es bleibt hier bey vielen Körpern ganz unerklärbar, auf welche Weise Materie durch selbige gehen könne. So ist es z. B. gar nicht einzusehen, wie das Licht durch durchsichtige Körper durchbringen könne, da selbst die durchsichtigen Körper oftmahls die härtesten sind, und den Raum, den sie einnehmen, vollkommen auszufüllen scheinen, und auch wirklich vollkommen ausfüllen, wie z. B. vollkommen flüssiges reines Wasser.

Nach dem dynamischen Systeme, nach welchem die Materie nicht absolut undurchdringlich ist, muß man folgenden Unterschied machen: Es soll die Materie des einen Körpers durch die Kraft einer andern bewegten Materie in einen engen Raum zusammengepreßt werden, mithin beyde Materien nur außerhalb auf einander wirken, oder es sollen beyde Materien durch ihre Kräfte in einander wirksam seyn. Im ersten Falle kann nur die Materie durch die Kraft einer andern bewegten Materie nur bis auf einen gewissen Grad zusammengepreßt und von dieser nicht durchdrungen werden, weil sonst die Ausdehnung der zusammengepreßten Materie gänzlich überwältiget, folglich ihre Ausdehnung auf nichts gebracht werden könne, welches aber unmöglich ist. Im andern Falle aber bleibt die Ausdehnung, und hier ist es allerdings möglich, daß eine Materie von der andern durchdrungen werden

den könne, wenn gleich bepde Materien gar feine Zwischenräume hätten, sondern ihren Raum mit Stetigkeit ausfüllten. Auf diese Weise durchdringt die Wärme = und Lichtmaterie andere Körper, und bey allen chemischen Prozessen findet eine Durchdringung bepder Materien Statt, welche bey einem vollkommenen Prozeß auch vollkommen erfolget. Den Raum, welchen alsdann bepde Materien zusammen einnehmen, richtet sich nach der Summe ihrer Dichtigkeit.

Durchgang durch den Mittagskreis f. Culmination.

Durchgänge durch die Sonnenscheibe (transitus per discum solis, passages sur le disque du soleil) sind

diejenigen Himmelsbegebenheiten, da die Planeten, Venus und Merkur, bey ihrem Umlaufe um die Sonne in solche Lagen kommen, daß sie in ihrer Bahn zwischen der Sonne und dem Beobachter auf unserer Erde sich befinden, und sich daher als dunkele, jetzt auf der andern Seite erleuchtete Kugeln wie runde schwarze Flecken durch die Sonnenscheibe zu bewegen scheinen.

Weil die Bahnen der Venus und des Merkurs kleiner als die Erdbahn, und folglich der Sonne näher als die Erde sind, so werden sie auch von Zeit zu Zeit in ihrem Umlaufe um die Sonne zwischen die Sonne und die Erde kommen, und dieß muß bey einem jeden Umlaufe derselben erfolgen. Diese Stellung nennt man ihre untere Zusammenkunft (Conjunktion) mit der Sonne. Mehrentheils haben sie bey dieser Zusammenkunft eine Breite, welche größer als der Halbmesser der Sonne ist, und sind daher von dem in der Ekliptik liegenden Mittelpunkte der Sonne zu weit entfernt, als daß sie innerhalb der Sonnenscheibe erscheinen könnten.

Vor Erfindung der Fernröhre hat man dergleichen Durchgänge durch die Sonne nicht beobachtet. Zwar ist Averrhoes der Meinung, den Merkur in der Sonne gesehen zu haben;

haben; allein es ist dieser Planet viel zu klein, um ihn ohne bewaffnete Augen vor der Sonnenscheibe zu beobachten, und es ist daher wahrscheinlich, daß Averrhoes einen Sonnenflecken für den Merkur gehalten hat. Ich werde das hierher gehörige aus einer kleinen, 1 Bogen starken ganz unbekannten Schrift entlehnen, welche vorzüglich dieserwegen bekannt gemacht zu werden verdienet, da sie von keinem eigentlichen Gelehrten herrühret, und welcher gewiß nicht geringe astronomische Kenntnisse besaß *). Er schreibt also: „im künftigen Jahre wird die gelehrte curiose Welt in großer Bewegung seyn: denn es wird sich den 3. und 4. Juni styli „noui, styli veteris aber den 23. und 24. May eine solche „Begebenheit an der Sonne ereignen, die erst zwey Mahl „ist observiret worden, seit die Welt stehet, und dieß ist das „dritte Mahl, hernach sehen solches unsere Kindeskinder kaum „wieder, weil es in jedem saeculo aufs höchste nur zwey „Mahl (nie drey Mahl), ja im ganzen 20ten saeculo, „nämlich so lang man 1900 schreibt, nie vorfällt. Whi„ston hat zwar das Jahr 1996 den 10. Jun. (den 28. May) „Nachmittag um 3 Uhr, nach der Zeit zu Leipzig aus seinen „Tafeln bestimmt, da die Venus 13 Scr. 36 Sec. vom „centro der Sonne vorbeygehen würde; allein Whistons „latitudo Veneris hat 1761 den 6. Jun. 6 Scrup. gefehlet, „er gab sie nur 4 Scr. an, und es waren 10; die Zeit aber „hat er nur eine halbe Stunde zu spät angegeben. Es ist „nicht möglich, daß die Venus Anno 1996 in die Sonne tritt, „sondern sie geht den 10. Junius st. n. den 28. May st. v. „Nachmittags um 5 Uhr 15 Scr. vom Sonnenrande südlich „vorbey. Und obgleich die Venus alle 8 Jahre weniger 2

„Tage,

*) Friedrich Wohlgemuths Schreiben an den Verfasser der Fibibus, den Durchgang der Venus durch die Sonne betreffend, herausgegeben von dem letztern (Schuhmacher seiner Profession nach auch ein Schuhmacher in Rothenburg an der Tauber, der nachher eine Zeitlang hier in Jena sich aufgehalten und auch noch eine Familie hinterlassen hat) Leipzig ohne Jahrzahl. Am Ende des Vorberichts steht Donnerstags den 21. April 1768.

„Tage, 9 Stunden 23 Minuten 5 Mahl unter der Sonne
„Conjunktion hält, so geschieht es doch gar sehr selten, daß
„sie vor die Sonne tritt, weil sie einen gar breiten Thierkreis
„nämlich von 18 Graden macht. Es geschiehet also nur,
„wenn sie zu Anfange Jun. und Decemb. nach dem neuen
„stylo, nach dem alten aber ewig zu Ende May und No-
„vemb. untere Conjunktion hält.

„Anno 1639 wurde sie das erste Mahl in England von
„*Horoccio* und *Crabtrio* am 24. Nov. sty. v., st. n.
„aber am 4. Dec. Nachmittags vor Untergang der Sonne
„gesehen, da sie im südlichen Theil der Sonne stand; das
„Wetter war nicht recht günstig, doch wurde sie blickweise
„gesehen *).„

„Anno 1631 lauerte *Repler* *) und *Gaſſendus* auch
„auf am 27. Nov. oder 7. Dec. frühe, allein die Coniunctio
„war schon vor der Sonnenaufgang um 6 Uhr, und die lati-
„tudo Veneris war 14 Scr. nördlich, nach *Whiſtons*
„Berechnung über 16 Scr.; hat also in Deutschland und
„Frankreich nicht können gesehen werden, weil die Sonne
„erst um 8 Uhr aufgieng, und die Venus wegen großer
„Breite sich nicht lang in der Sonne verweilen konnte, so
„war es nicht möglich, die Venus in der Sonne zu sehen.„

„Anno 1761 am 6. Jun. st. n. den 26. May st. v.
„sahen es viele 1000 Gelehrte und Ungelehrte. Morgens da
„die Sonne aufgieng, war die Venus schon ein gut Stück
„eingetreten, um 6 Uhr war die nächste coniunctio, da die
„Venus bey 10 Scr. südlich abstund, und der Austritt war
„um halb 10 Uhr Vormittags. Unter allen Observationen,
„die in Deutschland gehalten worden sind, ist des Mathe-
„matici in Kloster Bergen, Herrn *Silberschlags* seine,
„die accurateſte gewesen, wie solches zu beweisen ist.„

„Anno 1769 tritt sie schon wieder hinein, geht aber jetzo
„durch den nördlichen Theil der Sonne. Es geschieht zwar
„in

---

*) *Jer: Horoccii* Venus in sole viſa. in Heuellii selenographia. Ge-
dan. 1647. fol.

*) Admonitio ad aſtronomos de miris rariſque anni 1631 phaeno-
menis. Lipſ. 1629. 4.

„in Europa der Durchgang und die coniunctio in der Nacht
„den 3. Jun. st. n. oder 23. May st. v. zu Leipzig Abends
„um 11 Uhr, da die Venus 10 Scr. nördlich vom centro
„der Sonne weggehet; es wird aber der Eintritt noch vor
„der Sonnenuntergang bald nach halb 8 Uhr geschehen, die
„Minuten kann noch niemand gewiß setzen.   Da nun der
„Sonne oberster Rand erst um 8 Uhr 12 Minuten zu Leipzig
„untergehet, so muß sie beym Untergange ganz eingetreten
„seyn, und oben in der Sonne frey stehen; gute Augen wer-
„den sie ohne Tubo sehen können.   Der Austritt geschiehet
„den 4. Jun. st. n. oder st. v. den 24. May früh um halb
„3 Uhr, ist also in Deutschland unsichtbar, weil die Sonne
„erst gegen 4 Uhr aufgehet.   In den nördlichen und westli-
„chen Ländern von Deutschland kann sie länger beobachtet
„werden, weil die Sonne dort später untergehet, und der
„Eintritt in den westlichen auch früher geschiehet.„

„Nun geschieht wohl alle 8 Jahre eine untere Coniun-
„ctio fast in den Tagen, allein Anno 1777 geht die Venus
„den 1. Juni oder 21. May Nachm. um 5 Uhr vom cen-
„tro solis schon 28 Scr. nördlich vorbey; da nun der halbe
„Sonnendurchmesser nur 16 Scr. ausmacht; so geht sie 12
„Scr. vom nördlichen Sonnenrande vorbey; Anno 1785 noch
„weiter, bis sie zu Anfange des neuen Sept. und Ende des
„alten Aug. coniunction hält, da geht sie fast 9 Grad
„nördlich und südlich vor der Sonne vorbey.„

„Anno 1874 den 9. Dec. st. n. 27. Nov. st. v. wird sie
„also erst wieder vor die Sonne treten.   Man wird aber in
„Deutschland kaum den Austritt bey der Sonne Aufgang
„sehen können.„

„Anno 1882 den 6. Dec. st. n. 24. Nov. st. v. mag
„man bey Untergang der Sonne sehen, ob sie schon eintritt:
„denn sie gehet durch den südlichen Theil beynahe den Weg
„wie 1761.   Nach Halleji Zahlen tritt sie um halb 4 Uhr
„ein, nach Cassini aber erst um 6 Uhr unter dem Hori-
„zonte.„

„Der

„Der Durchgang wird sichtbar seyn in Amerike, doch
„mehr im nördlichen als südlichen, weil es in dem nördlichen
„Sommer ist, und die Tage länger sind als im südlichen;
„hernach geschiehet solches in den östlichen Ländern Asiä.
„Nämlich zu Kamschatka den 4. Jun. st. n. 24. May.
„st. v. Früh vor 6 Uhr wird sie oben linker Hand per tu-
„bum terrestrem in die Sonne treten, um 9 Uhr wird die
„nächste coniunctio seyn, und bald nach 12 Uhr wird sie rech-
„ter Hand oben wieder eintreten. „

„Zu Japan wird auch der Eintritt können gesehen wer-
„den bey Sonnenaufgang vor 5 Uhr, die nächste coniunctio
„ist um 8 Uhr und der Austritt nach 11 Uhr. „

„Ferner ist der ganze Durchgang zu sehen in den nörd-
„lichsten Ländern, wo die Sonne im Juni gar nicht unter-
„gehet: als in Noua Zembla Morgens und Vorm.; in
„Lappland von Petersburg 100 deutsche Meilen oder 700
„Werste nach Norden, eben zu der Zeit wie in St. Peters-
„burg; ferner in schwedisch und dänisch Lappland, da der
„Eintritt den 3. Juni (23. May) Abends zwischen 8 und 9
„Uhr geschiehet, und der Austritt früh um 3 Uhr. Ferner
„auf dem nördlichen Theil von Ißland, da der Eintritt
„Nachmitt. um 5 Uhr geschiehet, und der Austritt vor 12
„Uhr; ferner in Grönland auch Nachmittags. „

„In Archangel, Petersburg, Liefland, Schweden kann
„man den Eintritt und Austritt sehen, aber doch den Durch-
„gang und das Mittel nicht; denn die Sonne geht allda bald
„nach dem Eintritt unter; weil aber die Sonne nicht so lange
„unter dem Horizonte bleibet, als der Durchgang währet,
„so sieht man die Venus noch oben in der aufgehenden
„Sonne. Zu Archangel ist der Eintritt um halb 10, die
„Sonne geht unter 1 Viertel auf 10 und wieder auf vor 2
„und der Austritt geschieht 1 Viertel nach 4 Uhr. „

„Zu St. Petersburg tritt sie 1 Viertel vor 9 den 23. May
„st. v. Die Sonne geht unter 1 Viertel nach 9. Vor 3
„Uhr den 24. May früh geht die Sonne wieder auf, und 1
„Viertel vor 4 tritt sie wieder aus. „

„Zu

„Zu Tornea in schwedisch Lappland ist der Eintritt Abends
„um halb 9 Uhr, die Sonne geht unter nach 11 Uhr, geht
„wieder auf nach halb 3 Uhr, und der Austritt geschiehet um
„halb 4 Uhr.„

„Zu Upsal und Stockholm geschieht der Eintritt um 8
„Uhr, die Sonne geht unter um 9 Uhr, geht wieder auf
„um 3 Uhr, da sie eben austritt.„

„Zu Reval tritt sie ein 1 Viertel nach 8 Uhr, die Son-
„ne geht unter um 9 Uhr, sie geht wieder auf um 3 Uhr,
„und 1 Viertel nach 3 Uhr tritt sie aus.„

„Die Oerter, wo nur der Eintritt geschiehet, sind fol-
„gende: Preußen, Dännemark, Deütschland, Norwegen,
„England, Frankreich. Spanien und auf den Inseln nach
„Amerika, in Pensylvanien in Süd-Amerika. In groß
„Pohlen, zwischen Preußen und Schlesien wird man auch den
„Eintritt sehen können. Weil es nicht zugleich aller Orten
„Mittag ist, so geschiehet solches zu verschiedenen Stunden.
„Nämlich der Eintritt ist den 3. Jun. St. n. 23. May St. v.
„Nachmittags zu Philadelphia um 2, zu Suriname um 3,
„zu Lissabon, Feß, Marokko, Island um 6, zu Madrit
„um halb 7, zu London, Schottland vor 7, zu Paris und,
„in Holland um 7, in Deutschland, Dännemark, Norwe-
„gen um halb 8, zu Upsal, Stockholm, groß Pohlen um
„8, in Preußen 1 Viertel nach 8 Uhr. Von der Anrüh-
„rung bis zum völligen Eintritt verfließen 23 oder 21 Mi-
„nuten an der Zeit, also auch beym Austritt.„

„Die Oerter, wo nur der Austritt zu sehen ist den 4. Jun.
„(24. May), sind diese: zu Kiow kaum bey Sonnenaufgang
„vor 4, zu Moskau nach 4, zu Astrakan um 5, zu Kasan
„und Ispahan nach 5, zu Tobolskoy nach 6, zu Surate
„um halb 7, zu Trankebar, Pondichery um 7, zu Jeni-
„seskoy, Siam und Malakka um halb 9, zu Irrkutschkoy,
„Selenginsk und Batavia um 9, zu Peking und Nanking
„um halb 10, zu Jakutschkoy, Kiring und Kingitao nach
„10 Uhr.„

Aaa 3 „Nun

„Nun ist noch etwas anzumerken. Nämlich 5 Stun-
„den nach dem Austritt der Venus den 4. Jun. (24. May)
„tritt der Mond an derselben Seite in die Sonne, und ver-
„ursachet eine Sonnenfinsterniß in Leipzig von 5 Zollen un-
„ten. In Ostindien wird die Sonne in einem Strich total
„verfinstert werden.„

In Ansehung des Merkurs wurde der von Kepler im
Jahre 1627 vorhergesagte Durchgang desselben durch die Son-
ne von Gassendi *) am 7. Nov. 1631 wirklich beobachtet.
Nachher sind noch verschiedene Durchgänge des Merkurs durch
die Sonne erfolget, der letzte den 5. Nov. 1789, und den 7.
May 1799 steht noch einer zu erwarten.

Diese Himmelsbegebenheiten sind sehr merkwürdig, weil
sie die besten Mittel an die Hand geben, die Theorie der
Laufbahnen dieser beyden untern Planeten zu berichtigen.
Vorzüglich aber dienen die Durchgänge der Venus durch
die Sonnenscheibe, die Sonnenparallaxe auf das genaueste
zu bestimmen, um dadurch die Entfernungen und Größen
aller Planeten unserer Sonnenwelt richtig zu berechnen.
Diese Durchgänge der Venus sind wegen besonderer dabey
eintretender Umstände die richtigsten und besten Mittel zur
Bestimmung der Parallaxe, indem sich dabey die Berührung der Ränder der Venus und der Sonne mit aller nur
möglichen Genauigkeit angeben läßt. Halley *) machte
auf die dabey zu erlangenden Vortheile zuerst aufmerksam.
Alle diese Vortheile sind auch wirklich besonders bey dem
Durchgange der Venus im Jahre 1769 im Ganzen der Er-
wartung gemäß ausgefallen. Man weiß nun aus diesen
Beobachtungen und Berechnungen so viel, daß die Grenzen
der horizontalen Sonnenparallaxe zwischen 8,5 und 8,6 Sekunden liegen. M. s. Parallaxe.

- M. s.

*) Epist. ad Schickardum de Mercurio in sole visa et Venere in-
visa, in Gassendi opp. T. IV. p. 499.

*) Philosoph. transact. 1677.

M. f. **Bode** kurzgefaßte Erläuterung der Sternkunde. Th. I. §. 469 u. f. Th. II. §. 580 u. f. **de la Lande** astronomisches Handbuch. Leipzig 1775. gr. 8. §. 730 u. f.

Durchsichtig (pellucidum, diaphanum, transparent). Man nennt einen Körper durchsichtig, wenn er das Licht durchscheinen läßt, oder wenn man durch ihn andere Gegenstände sehen kann. So sind z. B. Glas, reines Wasser, Crystall u. f. f. durchsichtig.

Würde ein Körper alles mögliche Licht, daß auf ihn fiele, durchlassen, so würde er alsdann ein vollkommen durchsichtiger Körper seyn. Einen solchen Körper würde man gar nicht sehen können. Allein einen solchen Körper hat man in der Natur noch nicht gefunden. Jedoch gibt es verschiedene Grade der Durchsichtigkeit der Körper. Den allerdurchsichtigsten Körper, den wir kennen, ist die Luft, wenn nicht etwa der Aether noch durchsichtiger ist, und vielleicht auch dieserwegen als ein hypothetisch angenommener Stoff betrachtet werden muß. Es wird daher das Licht durch die Luft in der Ferne geschwächt, und die Luft selbst dadurch in großen Massen einiger Maßen sichtbar. Andere Körper, welche weniger durchsichtig sind, lassen auch weniger Licht durch, bis endlich diejenigen, welche nur einen kleinen Theil Licht durchschimmern lassen, **halbdurchsichtige Körper** genannt werden.

Durchsichtigkeit (pelluciditas, transparence) ist die Eigenschaft der Körper, das Licht durch sie hindurch gehen zu lassen.

Es ist gewiß die Durchsichtigkeit verschiedener Körper eine äußerst merkwürdige Erscheinung, da sie oft bey den härtesten Körpern, wie z. B. beym Diamant und Crystall bey andern lockerern Körpern, als Holz, Schwamm und andern gar nicht Statt finden. Oft besitzen auch Körper für sich diese Eigenschaft, da sie mit einander vermischt selbige verlieren, und umgekehrt, Körper für sich sind undurchsichtig, mit einander vermischt aber werden sie durchsichtig. So sind z. B. Wasser und Oel für sich durchsichtig; hingegen

Salzwasser und Oel unter einander geschüttelt gibt eine milch-
weiße Masse, die undurchsichtig ist; Papier für sich ist undurchsichtig, mit Oel oder Wasser getränkt aber wird es
durchsichtig; Schaum ist undurchsichtig, ob es gleich eine
Mischung von Wasser und Luft ist, die beyde für sich durchsichtig sind u. s. f.

Wenn man sich um die Ursache der Durchsichtigkeit der
Körper bekümmert, so trifft man nach dem System der
absoluten Undurchbringlichkeit der Materie auf Schwierigkeiten, die es ganz unmöglich machen, nur irgend einen
Grund davon anzugeben.

Cartesius *) suchte die Ursache der Durchsichtigkeit in
der geradlinigen Anordnung und Lage der mit der Lichtmaterie
angefüllten Zwischenräume der Körper. Allein welche große
Schwierigkeiten setzen sich nicht dieser Behauptung entgegen.
Die Erfahrung lehret, daß z. B. ein Würfel von Krystall
das Licht nach allen nur möglichen Richtungen in geraden
Linien durchläßt. Sollte also nach Cartes Meinung die Lichtmaterie die in gerader Linie liegenden Zwischenräume der Körper ausfüllen, so läßt sich auf keine Weise einsehen, wie nach
seinen Vorstellungen die gröbere Materie zusammenhängen
könne, um den bestimmten festen oder harten Körper zu formiren. Gesetzt aber auch, es ließe sich eine solche geradlinige Anordnung der Zwischenräume der Materie gedenken,
so müßte sie doch vorzüglich bey flüssigen Materien, wie z. B.
bey der Luft, Wasser, Oel u. d. g. durch die geringste Bewegung gestöret, und der Körper selbst dadurch undurchsichtig werden, da doch die Erfahrung lehret, daß auch beym
stärksten Winde die Luft und das Wasser u. s. f. durchsichtig bleiben.

Newton sahe wohl ein, daß der Grund der Durchsichtigkeit keinesweges in der großen Menge der leeren Zwischenräume zu suchen sey, weil dichtere Körper, welche also weniger Zwischenräume haben, oft durchsichtiger sind, als weniger
dichte. Er sucht daher vielmehr die Ursache der Durchsichtigkeit

*) Dioptr. C. I. §. 7.

tigkeit der Körper in der gleichförmigen Dichtigkeit ihrer Theile mit der Größe ihrer Zwischenräume, und der Dichtigkeit der Materie, welche in selbigen eingeschlossen ist. Nach seiner Theorie in der Optik *) leitet er die Undurchsichtigkeit der Körper aus der unterschiedlichen und unzählbaren Brechung und Zurückwerfung der Lichtstrahlen, welche beym Durchgange durch die innern Theile derselben erfolgen, her. Er zeiget zuerst, daß diejenigen Flächen, welche das Licht am stärksten brechen, d. h. welche zwischen Mitteln von sehr verschiedener Dichtigkeit liegen, dasselbe auch am stärksten zurückwerfen, und daß an den Grenzen derjenigen Mittel, wo gar keine Brechung Statt findet, auch keine Zurückwerfung angetroffen werde. Wenn zwey Objektivgläser langer Fernröhre gelinde an einander gedruckt werden, so bemerket man da, wo sie sich berühren, einen runden schwarzen Fleck. Durch diesen sieht man Gegenstände vermittelst schief durchgehender Strahlen, welche man durch andere Stellen, wo das Licht zwischen dem übrigen Raume der beyden Gläser durchgehen muß, nicht wahrnehmen kann. Dieß läßt sich auch von einer Fläche behaupten, womit man sich eine Glasmasse oder auch eine Wassermasse durchschnitten denken kann. Daher gibt es in Körpern von durchaus gleicher Dichtigkeit, wie Glas, Krystall, Wasser, Oel u. f. keine merkliche Zurückwerfung, als bloß an ihren äußern Flächen, wo sie an andere Mittel von verschiedener Dichte grenzen. Nachher zeiget er, daß die kleinsten Theile fast aller natürlichen Körper gewissermaßen durchsichtig sind. So lassen im verfinsterten Zimmer dünne Goldblättchen Licht hindurch. Daß aber diese Theile in ihrer Verbindung, da sie einen Körper formiren, undurchsichtig werden, das rühret von den unzählbaren Reflexionen des Lichts in den innern Theilen des Körpers her. Ferner sucht er zu beweisen, daß zwischen den Theilen der undurchsichtigen Körper entweder viele Räumchen ganz leer, oder mit Materie von ganz anderer Dichtigkeit angefüllt sind. So trifft man z. B. zwischen den Wasserbläschen, aus wel-

chen

*) Optice L. II. P. 3. prop. 1 u. f.

chen die Nebel und Wolken bestehen, Luft an; zwischen den
färbenden Theilen einer gefärbten flüssigen Materie Wassertheile, zwischen den Theilen, woraus das Papier bestehet,
Luft u. s. f. Daß aber diese Unterbrechung der Theile der
Körper durch Theile anderer Materie von verschiedener Dichtigkeit die vorzüglichste Ursache der Durchsichtigkeit der Körper sey, scheint daraus klar zu seyn, daß man den Körper
Durchsichtigkeit geben kann, wenn man die Räumchen mit
Materie anfüllt, welche eine gleiche Dichtigkeit mit den Theilen des daraus zusammengesetzen Körpers hat, wie z. B. wenn
Papier mit Wasser oder Oel getränket wird u. d. g. Im
Gegentheil werden daher auch durchsichtige Körper dadurch
undurchsichtig, wenn man ihre Theile so unterbricht, daß zwischen ihnen Materie von ganz anderer Dichtigkeit gebracht
wird, wie z. B. wenn das Wasser in Schaum verwandelt
wird, wenn man nasses Papier trocknet u. s. f. Weiter sucht
er darzuthun, daß bey undurchsichtigen Körpern ihre Theile
und Zwischenräume nicht unter einer gewissen Größe seyn
müssen. Selbst die undurchsichtigsten Körper werden in sehr
kleine Theilchen getheilt, selbst durchsichtig, wie z. B. die
Metallauflösungen in Säuren.

Es sind daher, nach Newtons Meinung, Wasser, Glas,
Krystall, Diamant u. s. f. nur deßwegen durchsichtig, weil
ihre Materie durchaus von gleichförmiger Dichtigkeit ist, ihre
Theile aber so wohl als auch die zwischen ihnen befindlichen
Räumchen viel zu klein sind, als daß sie merkliche Zurück-
werfung des Lichtes zu Wege bringen könnten.

Allein so richtig es auch ist, daß die Undurchsichtigkeit
durch die verschiedentliche Brechung und Zurückwerfung des
Lichtes in den innern Theilen der Körper herrühre, so erkläret dieß doch eigentlich die Sache nicht, wie es nämlich zugehe, daß die Lichtmaterie, welche Newton als materiell
annimmt, in gerader Linie durch alle mögliche Richtungen
des durchsichtigen Körpers hindurchgehe. Weil nach der atomistischen Lehrart die Materie absolut undurchdringlich ist, so
scheint es mir wenigstens unbegreiflich, wie gerade bey den-

jenigen

jenigen Körpern, deren Theile sich mehr einem Continuum nähern, und die folglich ihren Raum mit Stetigkeit ausfüllen, keine Brechung und Zurückwerfung der Lichtstrahlen Statt finden könne, da diese vielmehr das Licht als Materie betrachtet gar nicht durchlaffen follten. Es vermag daher die atomistische Lehre nicht, nur irgend einen Grund von dem Phänomen der Durchsichtigkeit der Körper anzugeben.

Nach dem dynamischen Systeme hingegen liegt die Urfache der Durchsichtigkeit der Körper am Tage; denn hiernach bringt die Lichtmaterie durch die Materie des durchsichtigen Körpers. Weil nun die Lichtmaterie in geraden Linien fortstrahlet, die Strahlung derselben mag nun eigenthümlich seyn, oder von der Wärme herrühren, so durchdringt auch die Materie vermöge ihrer außerordentlichen großen expansiven Kraft die durchsichtigen Körper in geraden Linien.

Beym Durchgange des Lichtes durch die durchsichtigen Körper leidet dasselbe eine beträchtliche Schwächung, indem wir keinen Körper kennen, welcher vollkommen durchsichtig wäre. Daher müssen die Theile dieser Körper einen Theil des einfallenden Lichts theils zurückhalten, theils aber auch zurücksenden. Ueber die Schwächung des Lichtes in durchsichtigen Körpern haben die beyden Erfinder Bouguer *) und Lambert *) fehr viele Versuche angestellet. Bouguer bediente sich folgender Methode, den Verlust des Lichtes in durchsichtigen Körpern zu messen: (fig. 111.) b ist der durchsichtige Körper, auf welchem ein Licht steht, welches die beyden Täfelchen c und d fast senkrecht erleuchtet. Das erste Täfelchen c wird durch den durchsichtigen Körper b gesehen, das andere aber zu eben der Zeit mit bloßem Auge bey a. Um nun beyde Erleuchtungen dem Auge gleich stark darzustellen, wird das Täfelchen d weiter fortgerückt. Die Quadrate der Entfernungen der Täfelchen von dem Lichte gaben das Verhältniß der Verminderung des Lichtes an. Auf diese

Art

---

a) Traité d'optique fur la gradation de la lumière. à Paris 1760. gr. 4. p. 225.

s) Photometria. Aug. Vindel. 1760. 8.

Art ließ er das Licht durch 16 Stück gemeines Fensterglas fallen, welche zusammen 9½ Linie dick waren, und fand, daß es 247 Mahl geschwächet ward. Auch nahm er 6 Stück Spiegelglas, zusammen 11½ Linie dick, und fand, daß das Licht im Verhältnisse von 100 zu 27 vermindert ward. Ein einziges Stück 3 Zoll dick aber verminderte das Licht kaum auf die Hälfte. Aus andern Versuchen mit Seewasser, glaubt er schließen zu können, daß das Licht in einer Länge von 10 Fuß durch Seewasser nur in dem Verhältnisse von 5 zu 3, oder auch nur von 5 zu 3½ geschwächt werde. Stellte Bouguer 76 — 80 Stück Glas in einer Röhre hinter einander, so ward alles Sonnenlicht von denselben aufgefangen und verschluckt. Daraus berechnet er, daß das Seewasser bey einer Dicke von 679 Fuß alle seine Durchsichtigkeit verlieren, und die Luft, wenn sie sich mit eben der Dichtigkeit, welche sie bey uns hat, auf 51838⅚ Klafter in die Höhe erstreckte, so undurchsichtig werden würde, daß wir in einer beständigen Nacht begraben wären.

Ueber die Kraft verschiedener gefärbter Mittel, das Licht zu verschlucken, hat schon Musschenbroek *) verschiedene Versuche angestellt. Er nahm Stücke Glas, von jeder der sieben Farben, welche zusammen noch nicht einen halben Zoll dick waren, und doch konnte er die Sonne dadurch nicht erkennen. Aus mehrern damit angestellten Versuchen folgerte er, daß die rothen Strahlen des Sonnenlichtes durch rothe, orangefarbene und gelbe Gläser leicht durchgehen, aber in geringerer Menge durch grüne Gläser. Durch fünf blaue Gläser schien die Sonne weiß, durch sechs nahm sie eine Purpurfarbe an, welche mit jeder neuen Glasscheibe dunkler ward, bis daß er durch 15 blaue Scheiben, welche zusammen einen Zoll ausmachten, nichts mehr von der Sonne erkennen konnte.

Lambert hat über die Schwächung des Lichtes durch durchsichtige Körper in dem ganzen zweyten Theile seiner Photometrie sehr scharfsinnige Untersuchungen angestellt. Er

verband

*) Introductio in philosoph. naturalem. T. II. §. 1971.

verband Theorie mit angestellten Versuchen, und fand dadurch, wie sich bey Glastafeln, welche gar kein Licht zerstreueten oder verschluckten, die Menge des an der Vorder- und Hinterfläche zurück geworfenen Lichtes zu der Menge des durchgehenden verhalten müsse. Dieß Verhältniß wendet er alsdann mittelst anderer Versuche auf Bestimmung des Verlustes an, welchen senkrecht auffallendes Licht beym Durchgange durch Glastafeln erleidet. Seine darüber gefundene Resultate sind folgende:

Gläser	Zurückgeworfenes	Gebrochenes	Verlornes
1	0,0516	0,8111	0,1373
2	0,0856	0,6596	0,2548
3	0,1081	0,5368	0,3551
4	0,1228	0,4377	0,4495
8	0,1467	0,1945	0,6588
16	0,1524	0,0387	0,8089
32	0,1526	0,0016	0,8458

Von den ebenen Flächen geht er zu den krummen, und untersuchet die Stärke des durch ein oder mehrere Linsengläser gebrochenen Lichtes.

In dem fünften Theile handelt er von der Zerstreuung des Lichtes, insbesondere bey dem Durchgange durch die Atmosphäre. Hierbey weicht Lambert von Bouguer sehr ab. Letzterer findet, daß die Dichte des senkrecht auf die Atmosphäre fallenden Lichtes, wenn es die Erdfläche erreichet, 0,8123 ist, die Dichte des auffallenden Lichtes außerhalb der Atmosphäre = 1 genommen. Lambert hingegen hat zu Chur im Graubündner Lande bey einer Barometerhöhe von 26 pariser Zollen die Verminderung des Lichtes weit stärker gefunden. Nach diesem ist die Dichte des senkrecht auffallenden Lichtes, wenn es die Erdfläche erreichet, 0,5889. Je weiter die Sonne vom Scheitel entfernet, und je näher sie dem Horizont ist, desto größer ist der Weg, welchen das Sonnenlicht in der ungleichförmig dichten Luft zurücklegen muß, also durch das Verhältniß der Schwächung des Lichtes desto größer. Nach Lamberts darüber angestell-

ten

ten Unterſuchungen wächſt der Logarithme des Verhältniſſes, worin das Sonnenlicht in der Atmoſphäre geſchwächt wird, beynahe im Verhältniſſe des Abſtandes der Sonne vom Scheitel, wenigſtens ſo lange ſie dem Horizonte nicht ſehr nahe kömmt. Uebrigens ſcheinen **Bouguer** und **Lambert** darüber übereinzuſtimmen, daß das Licht der im Horizonte ſtehenden Sonne in der Atmoſphäre 2000 Mahl ſchwächer werde, bevor es zu der Erdfläche gelangt.

Was die Urſache der Schwächung des Lichtes in durchſichtigen Maſſen betrifft, ſo glaubte **Newton**, die Lichtſtrahlen, welche verloren gehen, werden durch den Anſtoß gegen die materiellen dichten Theile der Körper entkräftet. Allein **Bouguer** zeigte, daß beſonders beym Uebergange des Lichtes aus Waſſer in Luft bey kleinen Neigungswinkeln dieſer Verluſt ſehr ſtark ſey, bey größern geringer werde, und bey ſenkrecht auffallendem Lichte faſt gänzlich wegfalle. Daher könne die Urſache der Schwächung des Lichtes unmöglich in dem Anſtoße an die dichten Theile liegen, da bey einem ſchiefen Durchgange durch das Waſſer das Licht mehrere ſolche dichte Theile als bey einem ſenkrechten antreffen würde; er glaubt vielmehr, der Grund liege bloß in einer an der brechenden Oberfläche befindlichen Kraft. Daher ſchwäche auch vermöge der Verſuche die Dicke eines durchſichtigen Körpers nicht ſo ſehr, als die Menge der brechenden Oberflächen. Jedoch hat **Prieſtley** gefunden, daß der Phoſphor ſtärker leuchte, wenn das Licht eines elektriſchen Funkens durch ſieben dünne Gläſer, als wenn es durch ein einziges ¼ Zoll dickes Glas gegangen war. Es ſcheint alſo, als wenn man die wahre Urſache über die Schwächung des Lichtes in den durchſichtigen Körpern noch nicht mit Gewißheit angeben könne. Vielleicht liegt der Grund in der qualitativen Verbindung der Theile des Körpers mit der Lichtmaterie.

M. ſ. **Prieſtley** Geſchichte der Optik, a. d. E. durch **Klügel**. Th. II. Leipz. 1776. 4. S. 304 u. ſ.

Dyna-

Dynamik (Dynamica, Dynamique) ist die Wissenschaft von den Gesetzen der Kräfte der festen Körper, wenn sie in wirklicher Bewegung begriffen sind. Sie ist folglich als ein Theil der höhern Mechanik zu betrachten, in welcher nicht allein die Lehren von den Bewegungen der festen Körper überhaupt, in wie fern sie außer der Sphäre der Elementarmathematik liegen, untersuchet, sondern auch die Kräfte der bewegten Körper in Betrachtung gezogen werden. In der höhern Mechanik kann man die Untersuchungen von den Bewegungen der Körper allein, ohne auf die Kräfte, durch welche sie beweget werden, zu sehen, zur Phoronomie, diejenigen aber, bey welchen die Kräfte der Körper zugleich mit betrachtet werden, zur Dynamik rechnen. Und in diesem Verstande ist auch eigentlich die Dynamik zu nehmen; obgleich verschiedene Mathematiker die ganze höhere Mechanik darunter begreifen.

So wie in der Dynamik Anwendungen der höhern Mathematik auf die Kräfte der Bewegungen bewegter fester Körper gemacht werden, so macht man auch ähnliche Anwendungen auf die Kräfte der Bewegungen bewegter flüssiger Materien, und nennt diese Wissenschaft die Hydrodynamik.

Die hierher gehörigen vorzüglichsten Schriften nebst der kurzen Geschichte sehe man unter dem Worte Mechanik.

Dynamisches System heißt diejenige Lehre, nach welcher Untersuchungen über die Qualität der Materie unter dem Nahmen einer bewegenden Kraft angestellet werden.

Schon die ältesten altgriechischen Philosophen nahmen an, daß in den materiellen Theilen, woraus die Sinnenwelt bestehe, lebendige und seelenartige Kräfte wohnten, und nannten die Kräfte, die sie den Theilen der Materie zuschrieben, ποιότητὰς, welches Wort von Cicero *) durch qualitates ist übersetzet worden. Allein ihre Begriffe von Materie überhaupt waren doch noch sehr dunkel und verworren. Leucipp und besonders Demokrit suchten aus der Physik die

ποιότη-

---

*) Quaestion. Academ. I. 7. und de natura Deor. II. 37.

πιότητας zu vertreiben, und führten ſtatt dieſer die Atomen (m. ſ. Atomen) in ſelbiger ein, woher das atomiſtiſche Syſtem entſtanden, welches nachher und bis auf unſere
Zeiten ſo vielen Beyfall erhalten hat. Nachher hat man
ſich noch von der Materie überhaupt verſchiedene Vorſtellungen gemacht, welche aber alle einen gewiſſen Bezug auf
Atome hatten, nur ſuchte man dabey dieſen Zweck zu erreichen, die Materie mehr mit dem Geiſte zu vereinigen, woher der Dualismus, Idealismus und Materialismus entſtanden ſind. Alle dieſe Meinungen aber wiederlegte Leibnitz
durch die Einführung ſeiner Monaden. (Hiervon mehr unter dem Artikel Materie). P. Bascovich *) nahm an,
daß die Materie aus phyſikaliſchen Punkten beſtehe, welche
mit anziehenden und zurückſtoßenden Kräften in beſtimmten
Wirkungskreiſen verſehen ſind; die phyſikaliſchen Punkte
aber ſollen ſich nicht durchdringen können. So viele Gründe
auch Bascovich für dieſes ſein Syſtem aufgeführet hat, ſo
können doch die Wirkungskreiſe der phyſikaliſchen Punkte
mit ſich nicht beſtehen. Erſt Kant hat das dynamiſche
Syſtem mit einer ihm eigenen Gründlichkeit in ſeinen metaphyſiſchen Anfangsgründen ſeiner Naturwiſſenſchaft ausgeführet, und bewieſen, daß es dem Begriff der Materie weit
angemeſſener, als das atomiſtiſche Syſtem iſt. Nach dieſem Syſtem beſteht das Weſen der Materie in zurückſtoßenden und anziehenden Kräften, die Materie als Materie beſitzet keine leere Zwiſchenräume, die Materie iſt ins Unendliche theilbar, auch gibt es keine diskrete Flüſſigkeiten. M.
ſ. die Artikel Grundkräfte, expanſible Flüſſigkeiten,
Theilbarkeit.

E.

Ebbe und Fluth (aeſtus maris, acceſſus et receſ-
ſus, fluxus et refluxus, les marées, flux et reflux
de la mèr) nennt man die regelmäßige Bewegung des Meeres,

*) Theoria philoſophiae naturalis. Venet. 1763. 8.

res, da das Wasser desselben täglich zwey Mahl am höchsten und zwey Mahl am niedrigsten steht.

Das Wasser des großen Weltmeeres erhebt sich nämlich
einige Stunden lang immer mehr und mehr, so daß es seine Küsten oft auf eine sehr beträchtliche Weite überschwem-
met, nachher steht es gleichsam wohl auf eine Viertelstunde
lang still; hierauf fällt es wieder einige Stunden immer
mehr und mehr und zieht sich von den Küsten zurück. Die
Erhebung des Wassers heißt **Fluth**, sein Fallen **Ebbe**, und
beyde wechseln ohne Unterlaß beständig ab, so daß man an
einem jeden Orte binnen einer Zeit von etwa 24¼ Stunden
zwey Mahl Ebbe und Fluth hat. Der höchste Stand, welchen das Wasser bey der Fluth erreicht, nennt man die **hohe
Fluth**, die **hohe** oder **volle See**, welche hiernächst binnen 6 Stunden wieder abläuft, und dadurch die **Ebbe** macht.
Der niedrigste Stand, welchen das Wasser bey der Ebbe
macht, heißt die **tiefe See**, auf welche sodann die Fluth
wieder erfolget. Die hohe Fluth, welche an ein und eben
demselben Orte an einem gewissen Tage zu einer gewissen
Stunde Statt fand, kömmt den folgenden Tag etwa um ¾
Stunden später, und so fällt hohe Fluth und tiefe See nach
und nach immer auf andere Stunden, bis etwa nach 30
Tagen dieselbe wieder um eben diese Zeit eintritt.

Während der Fluth tritt das Wasser des Meeres in die
Mündungen der Flüsse, die sich ins Meer ergießen, zurück;
während der Ebbe aber bekommen diese Flüsse ihren völligen
freyen Ablauf wieder.

Die Erfahrung lehret überhaupt, daß bey der Ebbe und
Fluth an denjenigen Oertern, wo die Bewegung des Wassers nicht durch Meerengen, Inseln, Vorgebirge und andere Hindernisse abgehalten wird, drey sehr merkwürdige
und regelmäßige Perioden eintreten, nämlich eine **tägliche**,
eine **monathliche** und eine **jährliche**.

Die tägliche ist die eben angeführte zweymahlige Abwechselung der Ebbe und Fluth, die binnen 24¼ Stunden
erfolget. Die Dauer derselben stimmt vollkommen mit dem

Zeiträume zwischen zwey auf einander folgenden Durchgängen des Mondes durch den Mittagskreis überein. Nach
dem Durchgänge des Mondes durch den Mittagskreis eines
Ortes erfolget nämlich allemahl Fluth, und wegen der täglichen Fortrückung des Mondes von Westen nach Osten kömmt
es eben, daß an ein und eben demselben Orte die höchste
Fluth etwa ¾ Stunden später eintritt.

Bey der monathlichen Periode ist die Bewegung des
Wassers des Oceans in jedem Monathe zwey Mahl am
stärksten und zwey Mahl am schwächsten. Die stärksten
Fluthen erfolgen etwa um den Neumond oder Vollmond,
richtiger nach 1½ Tag des Neu- und Vollmondes; die
schwächsten aber zur Zeit des ersten und letzten Viertels oder
richtiger 1½ Tag nach dem ersten und letzten Viertel. Befindet sich zur Zeit des Neu- und Vollmondes der Mond in
der Erdnähe, so wird die Verstärkung der Fluth sehr beträchtlich.

Was die jährliche Periode betrifft, so lehret die Erfahrung, daß die Fluthen um die Zeit der Nachtgleichen in dem
Neu- und Vollmonde viel stärker, in den Quadratscheinen
aber viel schwächer als sonst werden: im Gegentheil sind
sie um die Zeit der Sonnenwenden im Neu- und Vollmonde
schwächer und in den Quadratscheinen stärker als sonst.

Ferner lehret noch die Erfahrung, daß in Rücksicht der
täglichen Periode die hohe Fluth an den östlichen Küsten sich
eher ereignet, als an den westlichen; daß sie zwischen den
Wendekreisen für Oerter, welche in einerley Mittagskreise
liegen, zu gleicher Zeit, in den gemäßigten Zonen in größerer Breite später eintrifft, als in geringerer Breite, und
über 65 Grade Breite hinaus beynahe gar nicht mehr merklich ist.

In Ansehung der monathlichen Perioden bemerkt man,
daß die Fluthen in den Quadratscheinen bis zu den Neu- und
Vollmonden wachsen, alsdann aber bis zu den Quadratscheinen wieder abnehmen; daß die hohe Fluth in den Neu- und
Vollmonden so wie in den Quadratscheinen selbst drey Stunden nach der Culmination des Mondes, zwischen den Voll-

mond

mond und Neumond und den Quadratscheinen aber früher,
und zwischen den Quadratscheinen und Neu- und Vollmond
später, als drey Stunden nach der Culmination des Mondes eintritt.

Was endlich die jährliche Periode betrifft, so lehret die
Erfahrung, daß die Fluthen bey der Wintersonnenwende
stärker als bey der im Sommer sind; daß sie desto stärker
werden, je näher der Mond der Erde und je geringer die
Breite des Mondes ist; daß sie am stärksten sind, wenn die
Nachtgleiche mit dem Neu- und Vollmonde und mit der
Erdnähe des Mondes zusammerfä... ; und daß sie in den
Ländern gegen Norden, wenn der Neu- und Vollmond ein-
getreten ist, im Sommer des Abends stärker als des
Morgens, im Winter aber des Morgens stärker als des
Abends sind.

Alle diese erwähnten Umstände der Ebbe und Fluth,
welche zu verschiedenen Zeiten bald stärker bald schwächer ist,
lassen die gegründetste Vermuthung zurück, daß vorzüglich
die anziehenden Kräfte des Mondes und der Sonne gegen
die Erde die so bewundernswürdige Wirkung verursache.
Schon einige von den Alten haben dieß eingesehen, ob ihnen
gleich die regelmäßige Bewegung der Ebbe und Fluth bey
weitem noch nicht so bekannt war, als sie durch die unzählbaren Beobachtungen der Seefahrer und der Bewohner der
Seeküsten bekannt geworden ist. Die Römer und Griechen
hatten ihre einzigen Beschäftigungen vorzüglich auf dem mittelländischen Meere, in welchen die Wirkungen der Ebbe
und Fluth eben nicht so sehr merklich sind. Indessen führt
hoch schon Homer *) an, daß sich der Strudel Charybdis
täglich drey Mahl erhebe und drey Mahl wieder niederstürke.
Diese Stelle Homers erklärt Strabo in seinem ersten
Buche, und gläubt, der Dichter habe sein τρις als einen
poetischen Ausdruck gebraucht, welcher eigentlich nichts mehr
sagen wolle, als mehrere Mahl oder zwey Mahl.

Bbb 2   Plu-

*) Odyssea XII. 105.

Plutarch führet an, daß Pytheas von Massilien die
Ebbe und Fluth vom Monde hergeleitet habe, ob er gleich
glaubt, daß sie nur alle Monathe erfolge. Aristoteles
gedenkt der Ebbe und Fluth nur an wenigen Stellen; in einer
aber sagt er ausdrücklich *), daß die Erhebungen des Meeres sich nach dem Laufe des Mondes richteten. Es ist von
ihm die Sage entstanden, daß er sich in den Euripus gestürzt
habe, weil er die Ebbe und Fluth nicht habe ergründen können. Diese Sage rührt bloß von einigen übel verstandenen
Stellen der Kirchenväter her; denn Justinus Martyr *)
führt nur an, er sey aus Gram gestorben, weil er die Natur
des Euripus nicht habe ergründen können, ohne ein Wort
von der Ebbe und Fluth anzuführen. Überhaupt scheinen
die Griechen mit diesen regelmäßigen Bewegungen des Meeres nur wenig bekannt gewesen zu seyn.

Mehrere Kenntnisse von der Ebbe und Fluth verschafften
sich die Römer, nachdem sie ihre Eroberungen bis ans atlan-
tische Meer fortgesetzet hatten. Cäsar führt im vierten Buche
seiner Commentarien vom gallischen Kriege die Ebbe und
Fluth an, und Strabo erzählt die Erscheinungen derselben
nach allen dreyen Perioden, und erkläret sie nach dem Possi-
donius dadurch, daß das Meer die himmlischen Bewegungen nachahme, in welchen sich drey ähnliche Perioden befänden. Plinius 7) gibt außer den Erscheinungen der Ebbe
und Fluth auch die Ursache derselben an.

Nachher fieng man an, Hypothesen zur Erklärung der
Ebbe und Fluth auszufinnen. Galilei *) nahm an, daß
die Erde eine doppelte Bewegung besitze, und sucht diesen
Satz selbst aus den Erscheinungen der Ebbe und Fluth zu
beweisen. Cartesius *) erklärte die Erscheinungen der Ebbe
und Fluth aus seinen Wirbeln. Er nahm nämlich an, der
Wirbel des Mondes werde beym Durchgange durch den Mittagskreis

α) De mundo, cap. 4. sub fine.
β) Cohortat. ad Grac.
γ) Historia naturi. L. II. c. 97.
δ) Dialog. de systemate cosmico. dial. 4.
ε) Principia philosophiae P. IV. propos. 49. sqq.

tagskreis dem Wirbel unserer Erde begegnen, dadurch sollten aber beyde Wirbel, weil der Raum zwischen beyden Körpern kleiner würde, in eine schnellere Bewegung kommen, und durch den daher entstandenen Druck auf die Meeresfläche das Wasser nöthigen, gegen die Küsten sich zu erheben. Allein vermöge der Erfahrung auf der offenen See ist es hinlänglich erwiesen, daß das Wasser nach dem Durchgange des Mondes durch den Mittagskreis sich erhebt, und auf keine Weise niedergedruckt werde. Außerdem aber kann auch aus der Hypothese der Wirbel die zweyte Fluth nicht erkläret werden, welche erfolget, wenn der Mond durch den Mittagskreis unter dem Horizonte durchgeht. Auch die Erklärung des Wallis [a]) von den Erscheinungen der Ebbe und Fluth aus der Bewegung des gemeinschaftlichen Schwerpunktes der Erde und des Mondes verdient keinen Beyfall.

Aus vielen sehr mühsam angestellten Versuchen kam Kepler auf den Gedanken, daß zwischen allen Weltkörpern eine allgemeine gegenseitige Anziehung Statt finde. Er sagt mit ausdrücklichen Worten [b]), daß sich die Erde und der Mond einander nähern, und endlich in ihrem gemeinschaftlichen Schwerpunkte zusammen kommen würden, wenn sie keine Bewegung hätten. Die Ebbe und Fluth sey eine bloße Wirkung des Mondes, und es würde der Mond das ganze Wasser des Weltmeeres an sich ziehen, wenn es nicht durchs Anziehen der Erde gehalten würde. Diese Vermuthung über die Ursache der Phänomene der Ebbe und Fluth hat er jedoch keiner weitern Untersuchung unterworfen, sondern vielmehr an andern Stellen von der Ebbe und Fluth nach seiner Gewohnheit mit dichterischen Ausdrücken gesprochen.

Nachdem endlich Newton die allgemeinen Gesetze der anziehenden Kräfte der Weltkörper unter einander fand, so war man erst vermögend durch Hülfe derselben die Erscheinungen der Ebbe und Fluth befriedigend zu erklären. New-

Bbb 3

ton

---

[a]) De æstu maris, opp. Tom. II. p. 737. sqq.
[b]) Astron. nova tradita Commentat. de motu stellæ Martis Prag. 1609. præf.

ton hat jedoch die dahin gehörigen Rechnungen bis auf alle Phänomene der Ebbe und Fluth nicht vollständig geliefert •). Nachdem aber die Akademie der Wissenschaften zu Paris im Jahre 1740 die Erklärung der Ebbe und Fluth zur Preisfrage gemacht hatte, und die größten Mathematiker, die Herrn Euler, Daniel, Bernoulli, Maclaurin und Cavalleri dadurch veranlaßt waren, diesen Gegenstand recht vollständig zu untersuchen; so wurde auch fast alles, was sich über die Ursachen der Ebbe und Fluth sagen läßt, beynahe erschöpft ª). Eben diese Preisschriften, nur die von Cavalleri ausgenommen, sind im 3ten Theile der von den Herrn le Seur und Jacquier veranstalteten Ausgabe den newtonischen principiorum philof. naturalis mathematicorum p. 133 sqq. mit abgedruckt. Endlich hat auch de la Lande γ) diese Materie sehr vollständig und schön vorgetragen.

Vermöge der anziehenden Kräfte des Mondes und der Erde gegen einander haben sie ein Bestreben, sich wechselseitig zu nähern, und dieses Bestreben muß sich nicht allein gegen das feste Land, sondern auch gegen das Waffer äußern; je schiefer aber die Richtung der anziehenden Kraft ist, desto weniger wird sie bewirken können, und umgekehrt, je weniger schief die Richtung derselben ist, desto stärker wird ihre Wirkung seyn müssen. In diesem letztern Falle wird offenbar die Wirkung noch größer seyn, wenn die Oerter auf der Erdoberfläche dem Monde näher als sonst liegen, welches bey der Erdnähe Statt findet. Es sey (fig. 112.) die Erde ſ mit Waffer umgeben, so müßte selbiges ohne den Mond und ohne Umdrehung der Erde um ihre Axe vermöge der Schwere des Waffers gegen den Mittelpunkt eine vollkommene Kugelfläche auf der Erde bilden. Läuft aber der Mond t in seiner Bahn um die Erde, so wird selbigem allemahl die eine Halbkugel der Erde zugekehret. Beyde haben nun gegen einander anziehende

α) Principia phil. nat. mathem. L. III. propof. 24. 36. 37.
ß) Piéces, qui ont remportées le prix de l'Academie Royale de ſcienc. en 1740 sur le flux et reflux de la mer. im Recueil des piéces de prix Tom. IV.
γ) Aſtronomie liv. XXII.

ziehende Kräft, und daher kann die Oberfläche der Erde,
welche mit Wasser bedeckt ist, keine vollkommene Kugelfläche
mehr behalten. Ist nämlich die Wasserstelle der Erdfläche
dem Monde t am nächsten, so daß also diese Stelle in der
geraden Linie ec auf der Erdoberfläche, und der Mond im
Zenith derselben sich befindet, so wird auch die Anziehung des
Mondes auf diese Stelle wirken, und die Schwere derselben
gegen den Mittelpunkt der Erde vermindern. Weil aber
das Wasser gegen den Mittelpunkt der Erde eine ungleich
größere Anziehung hat als der Mond gegen das Wasser, so
kann das Wasser von der Erde nicht entfliehen; allein sein
Druck nach dem Mittelpunkte der Erde wird doch dadurch
vermindert. Was nun die andere Halbkugel bad der Erde
betrifft, so ist diese von dem Monde weiter entfernet, und
derjenige Punkt a am weitesten, welcher in der verlängerten
geraden Linie eo zwischen dem Mittelpunkte der Erde und
des Mondes auf der Oberfläche der vom Monde abwärts ge-
wendeten Halbkugel liegt. Das Wasser an dieser Stelle
wird wegen seiner größern Entfernung vom Monde nicht so
stark angezogen, als der Mittelpunkt der Erde; dadurch
wird aber auch offenbar der Druck des Wassers an dieser
Stelle gegen den Mittelpunkt der Erde ebenfalls vermindert.
Wenn demnach das Wasser an beyden entgegengesetzten Stellen auf der Erdoberfläche keine so große Schwere gegen den
Mittelpunkt der Erde hat, als das davon um 90 Grade entfernte in b und d, so kann auch das Gleichgewicht des Wassers unter sich nicht bleiben, sondern es muß an jenen beyden
Stellen sich erheben und an diesen beyden Stellen in b und d
sinken, und zwar so lange, bis ein vollkommener Gleichgewicht unter ihnen hergestellet ist. Geschieht nun das Erheben
des Wassers mitten auf dem Weltmeere, so muß nothwendig
das Wasser an den Ufern abfließen, und es entsteht daselbst
Ebbe. Sobald aber der Mond in seiner Bahn weiter fortrückt, und die Stelle des Meeres ihn nicht mehr über sich
hat, so muß auch das aufgeschwollene Wasser mitten im
Weltmeere sich wieder senken, und folglich nach sechs Stun-

den

ben an den Ufern wieder in die Höhe steigen, und Fluth verursachen. Hierdus erkläret es sich nun, daß das Wasser
sich nicht allein an der Seite, wo der Mond stehet, erhebet,
sondern auch an der gerade entgegengesetzten Seite. Die
Erfahrung lehret aber auch, daß die Fluth an einem Orte
eintritt nicht nur nach der Culmination des Mondes, sondern
auch 12 Stunden darnach, nach dem Durchgange des Mondes
durch die untere Hälfte des Mittagskreises. Wenn der
Mond in seiner Bewegung über die Stelle b kömmt, so
muß aus den angegebenen Gründen in b Fluth und anden
vorigen Stellen Ebbe erfolgen.

Newton *) zeigt durch Rechnung, daß die Schwere
der Seewasser nach der Sonne sich zu ihrer Schwere nach der
Erde wie 1 zu 12868200 verhalte, und zieht hieraus durch
Vergleichung mit den Wirkungen der Schwungkraft
die Folge, daß das Wasser an den Stellen, welche unter
der Sonne und der Sonne entgegengesetzt sind, um 23½ Zoll
höher seyn müsse, als an den Stellen, welche 90° von der
Sonne entfernet sind. Maclaurin findet nach einer genauern Berechnung die Zahl 22,8654 pariser Zolle. Die
Schwere gegen den Mond gibt Newton etwa 4⅖ Mahl so
groß an, daß also beyde Kräfte zusammen das Wasser auf
10½ Fuß, und, wenn der Mond in der Erdnähe ist, auf
12½ Fuß erheben können. De la Lande setzt die Schwere
gegen den Mond nur etwa dreymahl so groß, als die gegen
die Sonne. Jube gibt die Schwere gegen den Mond nur
2⅘ Mahl so groß an. Diese kleinen Verschiedenheiten kommen hier aber weiter nicht in Betrachtung, indem es überhaupt zu wissen genug ist, daß die anziehenden Kräfte des
Mondes und der Sonne diese regelmäßigen Bewegungen des
Wassers auf der See bewirken, und daß die Anziehung des
Mondes wegen seiner Nähe stärker als die der Sonne ist.

Gerade in den Neu- und Vollmonden verbinden sich die
Wirkungen des Mondes und der Sonne zu gleicher Zeit,
und müssen daher stärkere Fluthen als sonst zu Wege bringen.

Jn

---

*) Principia philos. nat. mathem. lib. III. prop. 36.

In den Quadratscheinen hingegen wirken die anziehenden
Kräfte beyder einander entgegen, und es müssen zu dieser
Zeit die Fluthen schwächer seyn. Je näher nun der Mond
der Erde kömmt, desto stärker müssen sich also auch die Fluthen ereignen. Befindet sich also der Mond in der Erdnähe,
so müssen nothwendig zur Zeit des Neu- oder Vollmondes
die stärksten Fluthen sich ereignen. Alles dieß stimmt auch
vollkommen mit der Erfahrung überein.

Wenn unsere Erde sich nicht um die Are drehete, so müßte
auch das Wasser mit dem Augenblicke der Culmination des
Mondes seinen höchsten Stand erreichen. Da sich aber die
Erde wirklich um ihre Are drehet, so wird auch das gegen
den Mond sich aufgethürmte Wasser wegen der Geschwindigkeit der Umdrehung nicht so schnell wieder sinken können, als
es durch den Umschwung gegen Morgen zu fortgeführet wird.
Hieraus folgt also, daß das durch die Umdrehung der Erde
fortgeschleuderte Wasser gegen die Ostseite des Mondes höher
stehen müsse, als es ohne diese Umdrehung stehen würde;
folglich kann auch die hohe Fluth nicht gleich unmittelbar mit
der Culmination des Mondes erfolgen, sondern sie wird erst
einige Zeit darnach eintreten können. Diese Zeit, in welcher die hohe Fluth später erfolget, als der Durchgang des
Mondes durch den Meridian, hängt von der Lage der Küsten
und der Gestalt der Meerbusen ab. De la Caille fand,
daß am Cap de bonne espérance die hohe Fluth ungefähr
2¼ Stunde nach dem Durchgange des Mondes durch den
Mittagskreis eintrat, und Maskelyne *) setzt diese Zeit
für die Insel St. Helena auf 2¼ Stunde. Und in Rücksicht
der Küsten, welche weiter abliegen, erfolgt die Fluth noch
später. Wenn man die Phänomene der Ebbe und Fluth
durch Rechnung bestimmen will, so nimmt man dieserwegen
statt des Mondes und der Sonne diejenigen Punkte des Himmels an, welche etwa 35° weiter gegen Morgen stehen, als
diese Himmelskörper.

Bbb 5 Eb

*) Philosoph. transact, 1762.

Es folget auch noch hieraus, daß beym höchsten und niedrigsten Stande das Waffer eine kleine Zeit stille stehet.

Wenn der Mond beständig im Aequator wäre, so würden die täglichen Fluthen gleich groß seyn, und gegen die Pole hin könnte gar keine Ebbe und Fluth Statt finden; es würde folglich auch an den dem Pole nahe liegenden Küsten diese Bewegung nur schwach und unmerklich seyn, besonders da wegen des Eises und der Stellung der Küsten der Ebbe und Fluth eigene Hindernisse entgegenstehen. Da sich aber der Mond doch nie vom Aequator über 28 Grade entfernet, so sieht man hieraus ein, warum in der Nähe der Pole und 65 Grade nördlicher und südlicher Breite hinaus die Ebbe und Fluth nicht mehr merklich ist.

Weil der Mond täglich einen Tagekreis beschreibt, welcher mit dem Aequator parallel ist, so werden auch die Gewässer unter den Polen den ganzen Tag über gleich hoch stehen, weil der Mond in allen Punkten des Tagekreises gleich weit von den Polen absteht. Am folgenden Tage hingegen, an welchem der Mond einen höhern oder niedrigern Tagekreis beschreibet, werden auch die Gewässer etwas höher oder niedriger stehen, als am vorigen Tage.

Im Sommer geschieht der obere Durchgang des Mondes durch den Mittagskreis in den Neu- und Vollmonden, wenn er nördliche Breite hat, sonst aber der untere, wenn er südliche Breite hat. In beyden Fällen muß also die Fluth zu Mittage stärker als die des Morgens seyn. Daraus wird es begreiflich, daß die oben angeführten Erscheinungen so erfolgen müssen, daß nämlich die Abendfluthen im Sommer beym Neu- und Vollmonde stärker als die Morgenfluthen sind. Das Gegentheil ereignet sich im Winter.

Wenn man näher gegen die Pole zu kömmt, so trifft man Oerter, an welchen der Mond beym untern Durchgange um 90° vom Zenith entfernet ist, wo folglich keine Erhebung der Gewässer, sondern vielmehr eine Erniedrigung derselben Statt findet. An solchen Oertern erfolget also binnen 24 Stunden nur ein Mahl Ebbe und Fluth.

Da

Da in einem Monathe die anziehenden Kräfte des Mondes und der Sonne nur zwey Mahl auf die Gewässer zusammen vereint wirken, nämlich im Neu- und Vollmonde, so hänge außer diesen Zeitpunkten der Augenblick der hohen Fluth weder vom Monde allein, noch auch von der Sonne allein ab, sondern vielmehr von einem zwischen beyden Himmelskörpern inne liegenden Punkte. Beweget sich nun der Neumond oder der Vollmond nach den Quadratscheinen hin, so fällt dieser Punkt mehr abendwärts als der Mond, geht mithin früher durch den Mittagskreis, und die Fluth ereignet sich etwas früher; beweget sich hingegen der Mond von einem Quadratscheine zu dem Voll- oder Neumonde, so fällt der angeführte Punkt vom Monde morgenwärts, geht später durch den Mittagskreis, und die Fluth ereignet sich später.

Weil die Sonne im Winter der Erde etwas näher, als im Sommer steht, so folgt auch daraus, daß unter sonst gleichen Umständen die Fluthen um die Wintersonnenwenden etwas stärker, als die im Sommer, seyn müssen.

Alle diese Sätze, welche nur im Allgemeinen angegeben werden konnten, lassen sich durch Hülfe der Rechnung noch überzeugender und bestimmter darthun. Diese Rechnungen können hier jedoch nicht weiter erörtert werden; man findet sie vollständig in den oben angeführten Schriften. Auch sind daraus noch folgende Resultate entwickelt worden:

1. In den Neu- und Vollmonden ist die Zeitdauer zwischen den hohen Fluthen am ersten und zweyten Tage 24 Stunden 35 Minuten, mithin geht die Fluth dem täglichen Umlaufe des Mondes, welcher 24 Stunden 50 Minuten beträgt, um 15 Minuten voran.

2. In den Quadratscheinen hingegen ist diese Zeitdauer 25 Stunden 15 bis 40 Minuten, und es bleibt daher die Fluth gegen den täglichen Umlauf des Mondes um 25 bis 50 Minuten zurück, nach dem der Mond in der Erdferne oder Erdnähe sich befindet.

3. Der Tag, an welchem diese Zeitdauer das Mittel zwischen seinen   den Quadratschei-

4. Die veränderten Höhen der Fluthen sind um die Neu-
und Vollmonde und Quadratscheine am geringsten, so wie
Wachsthum und Abnahme jeder Größe da am geringsten ist,
wo sie ein Größtes oder Kleinstes wird.

5. Die größten veränderten Höhen liegen den Quadratscheinen am nächsten.

6. Die Höhe der Fluth über das niedrigste Wasser, an
jedem Orte, ist der größten Höhe des Wassers gleich multipliciret durch das Quadrat des Sinus der Höhe oder Tiefe

angeführte zwischen der Sonne und dem Monde liegende
Punkt zu nehmen ist.

Hieraus folgt zur Berechnung der Höhe der Fluth an
jedem Orte folgende Regel: man suchet die Stelle des Mondes und der Sonne und ihre Entfernungen von der Erde, und
berechnet hieraus ihre Abweichungen und ihre Höhen für den
bestimmten Ort, nimmt jedoch hierbey den Stundenwinkel
um so viel größer, so viel später an den Tagen der Neu- und
Vollmonde die hohe Fluth nach der Culmination des Mondes erfolget. Das Quadrat des Sinus dieser gefundenen
Höhe in die größte Wirkung des Mondes für die gefundene
Entfernung multipliciret, gibt die Höhe des Wassers über den
niedrigsten Stand für die Wirkung des Mondes. Eine ähnliche Rechnung für die Sonne gibt eben diese Höhe für ihre
Wirkung. Beyde Höhen zusammen genommen, bestimmen
die verlangte Höhe.

Die größten Wirkungen der Sonne und des Mondes,
welche in diesen Rechnungen vorkommen, findet man aus
ihren Entfernungen von der Erde durch den Satz, daß sich
die Wirkungen verkehrt wie die Würfel der Entfernungen
verhalten, und bey den mittlern Abständen für die Sonne
2 par. Fuß, für den Mond 2½ Mahl so viel, also 5 Fuß
betragen.

Bey

Bey alle dem machen aber doch die verschiedenen Lagen
der Oerter, die Richtungen der Meerengen und die Gestalt
der Küsten verschiedene Abänderungen in Ansehung der Zeit
des Erfolgs, der Dauer und der Stärke der Fluth. Selbst
die Winde und Meeresströme können in der Stärke der Fluth
eine große Aenderung zu Wege bringen. Uebrigens ist in
kleinen Meeren, wie z. B. im mittelländischen, kaspischen
Meere, in der Ostsee u. s. f. kaum eine Wirkung der Ebbe und
Fluth zu verspüren, weil alle Stellen solcher Meere beynahe
gleich stark vom Monde angezogen werden.

Ob es gleich gar keinem Zweifel unterworfen ist, daß die
Phänomene der Ebbe und Fluth durch die anziehenden Kräfte
des Mondes und der Sonne bewirket werden, weil die Erfahrung damit aufs vollkommenste übereinstimmet, so hat
doch einer der scharfsinnigsten Naturforscher, Herr Hube *)
in Warschau, die bisherigen Erklärungen für ganz unzureichend gehalten. Er beschuldiget Newton und alle seine
Nachfolger, Leonh. Euler, Daniel Bernoulli, Maclaurin u. a., daß sie bey Erklärung der Erscheinungen der
Ebbe und Fluth den wahren Gesichtspunkt verfehlet hätten,
indem hier nicht so wohl die Frage sey, woher es komme,
daß das Meer an einem Orte höher, an dem andern niedriger stehe, als vielmehr, welche Ursache so gewaltsame und
so sonderbare Bewegungen in dem Meere hervorbringe. Nach
Newton soll durch die vereinigte Wirkung der Sonne und
des Mondes das Meer um 10 zuweilen höchstens um 12 Fuß
höher stehen, als an den Oertern, welche 90° davon abstehen. Würde eine so geringe Ungleichheit des Drucks in einer
so ungeheuern Weite wohl merklich seyn, oder eine merkliche
Bewegung im Meere hervorbringen können? Ueberdieß könne
die Erhebung, welche sich Newton gedenke, nie zu Stande
kommen, und die durch den verschiedenen Druck des Wassers
gebildete Afterkugel sey ein bloßes Werk der Einbildung.
Wenn die Erde sich nicht drehete, so gebe er zu, daß das
Meer

*) Vollständiger und faßlicher Unterricht in der Naturlehre. Bd IL.
Leipzig 1794. 30. bis 32. Brief.

Meer die Gestalt einer solchen Kugel annehmen würde; allein
es würde gewiß sehr viele Zeit gebrauchen, ehe es sich in diese
Gestalt setzen könnte, da aus dem höchst geringen Unterschiede
des Druckes nur eine höchst schwache Bewegung im Meere
entstehen könnte. Und dennoch muß das Wasser von unten
an beyden Seiten durch 1356 Meilen fortfließen. um die gehörige Erhöhung unter der Sonne oder dem Monde zu bilden. Wie sey es aber möglich, daß diese Erhöhung jetzt zu
Stande kommen könnte, da die Erde sich in 24 Stunden um
ihre Are drehe, da dasselbe Wasser, welches jetzt schwerer
ist, wieder leichter wird, fast ehe es noch anfängt fortzu-
fließen; da also jede anfangende Bewegung des Meeres, ehe
sie noch hat merklich werden können, wieder vernichtet werde?
Mit einem Worte, das Meer habe wegen der Umdrehung
der Erde um ihre Are gar nicht Zeit, sich um die Erdkugel
herum ins Gleichgewicht zu setzen. Es könne also auch unmöglich eine Gestalt annehmen, die nur bey einem vollkommenen Gleichgewichte aller seiner Theile Statt finden würde.

Wenn man die Ursachen der Ebbe und Fluth gehörig erklären wolle, so müsse man nicht so wohl, wie Newton
gethan hat, auf die Größe der Kräfte, mit welchen Sonne
und Mond auf die Erde wirken, als vielmehr auf ihre Richtung sehen. Durch die Wirkung des Mondes und der Sonne
entstehen nämlich auf der Erdoberfläche Tangentialkräfte, und
diese sehen es eigentlich, durch welche die Ebbe und Fluth erzeuget werde. Wenn (fig. 112.) s die Erde, c ihr Mittelpunkt und in t die Sonne oder der Mond ist, so wird jeder
Punkt der Oberfläche der Erde durch die Sonne oder den
Mond, indem er von b nach e, oder von d nach a geht, beschleunigt, zwischen e aber und d, und zwischen a und b verzögert. Diese Tangentialkraft aber, mit welcher die Sonne
oder der Mond jeden Punkt des Umfanges der Erde gegen
e oder a gehet, ist in e, d, a, b, $= 0$ und mitten zwischen
diesen Punkten allezeit am größten.

Diese Kraft ist allenthalben auf die Richtung der Schwere
senkrecht. Sie durchdringt die ganze Masse der Meere, und
ist

ist an jedem Orte der Erde, so wie die Schwere, bis auf den Grund des Meeres sich selbst fast vollkommen gleich. Sie ist also eine der Schwere ähnliche Kraft, und ändert die Richtung derselben. Denn gesetzt (fig. 113.) a d zeige die Richtung und Größe der Schwere an irgend einem Orte der Erde und a b die Tangentialkraft der Sonne und des Mondes an; so wird nunmehr an demselben Orte die Richtung der Schwere nicht mehr nach a d, sondern nach der Diagonale a c des Parallelogramms a b c d gehen, so lange sich daselbst die Kraft a b nicht ändert. Ist nun die in e verlängerte Linie a b die Horizontallinie desselben Ortes und a f auf a e senkrecht, so werden die Winkel f a e und d a c einander gleich; und a f verhält sich zu f e = a d zu a b, wenn e f auf a f senkrecht ist. a f ist die eigentliche Horizontallinie der neuen Schwere a c, und das Meer kann nicht in Ruhe seyn, als bis sich seine Oberfläche in dieser Linie befindet. Die alte Horizontallinie a e ist nunmehr eine geneigte Ebene, an welcher das Wasser durch seine eigene Schwere herabgetrieben wird.

Freylich ist diese Veränderung in der Richtung der Schwere so sehr klein, daß sie sich an keinem Bleylothe auf irgend eine Art bemerken läßt. Sie kann auch auf dem festen Lande keine einiger Maßen merkliche Folgen haben; allein dennoch ist sie unstreitig im Stande, Meere, die tief und groß genug sind, zum Flusse zu bringen. Denn sollte auch die Oberfläche des Meeres nur den 15 oder 16 Theil von der Neigung des Amazonenflusses betragen, so würde auch schon eine merkliche Strömung entstehen müssen. Da nun der Fall des Amazonenflusses nach de la Condamine nur einen Zoll auf 27000 Fuß beträgt; so verhält sich auch der sechzehnte Theil von

$$\frac{1}{27}\text{ Zoll} = \frac{1}{5184}\text{ Fuß zu 1000 wie } 1 : 5184000,$$ und ungefähr in einem solchen Verhältnisse ist auch die Tangentialkraft des Mondes zur Schwere, welche mehrentheils noch durch die Kraft der Sonne verstärkt wird. Also verhält sich auch f e : a f eben so, und die Neigung der Linie a e unter a f ist

folglich

folglich oft mehr als der 15te Theil der Neigung des Amazonenstroms.

Die Oberfläche der Gewässer auf der ganzen Erde erhält also durch die von der Sonne und Monde bewirkte Veränderung in der Richtung der Schwere eine Neigung, von der einen Seite gegen e (fig. 112.) von der andern gegen a zu fließen, und diese ist hinreichend, große und tiefe Meere in eine merkliche Bewegung zu setzen. Wenn nämlich die Erde sich von b durch e nach d drehet, so entsteht in den Wassertheilen bey b eine eigene und besondere Bewegung, die auch gegen e gerichtet ist, also von Westen nach Osten gehet. Diese wird 6 Stunden lang und am stärksten mitten zwischen b und e beschleunigt. In e hört alle Beschleunigung auf, aber dennoch dauert die Bewegung noch nach derselben Richtung fort. Sie wird über e hinaus immer mehr verzögert, würde aber dennoch bis in d fortdauern, wenn sie nicht von b an durch allerley unvermeidliche Hindernisse beständig geschwächt werden möchte; sie hört also schon in einem Punkte f auf, welcher von e vermöge der Erfahrung mehrentheils an 30° entfernet ist. Hier ist das Meer am höchsten über die Horizontallinien e f erhoben, und es ist daselbst Fluth. Nun fängt das Wasser, indem es aus f weiter gegen d geht, an abzufließen und rückwärts gegen e, also von Osten nach Westen zu strömen. Diese Bewegung wird nach und nach immer mehr beschleuniget, bis endlich in d alle Beschleunigung aufhöret. Aber dennoch dauert der Rückfluß eben so, wie vorher der Zufluß, noch durch etwa 30 Grade bis in g fort. Hier hört er auf, es ist daselbst Ebbe und das Wasser am niedrigsten unter d g. Von g an fängt das Wasser an gegen a zu fließen, es bildet hinter a eine zweyte Fluth in h, und da es von hier an wieder rückwärts fließt, so entsteht unter b eine zweyte Ebbe in k.

Bliebe der Mond während der Umdrehung der Erde um ihre Axe beständig an einer Stelle, so würde zwischen jeder Fluth und der nächsten Ebbe 6 Stunden verfließen, weil die Erde bey ihrer Umdrehung an 6 Stunden Zeit gebrauchet,

um

um durch e d, d a u. f. zu gehn. Aber da der Mond indeſſen auch von Weſten nach Oſten und zwar ins Mittel um 13 Grad 10 Min. 35. Sek. weiter fortrückt, ſo braucht der Punkt e an 24 Stunden 50 Minuten Zeit, um nach einer Umwälzung der Erde wieder in die Linie l c zu kommen, welche die Mittelpunkte des Mondes und der Erde vereiniget. Da nun der Mond zu der Bewegung des Meeres bey weitem das meiſte beyträgt, ſo müſſen zwiſchen der Fluth des einen und der des folgenden Tages an jedem Orte im Mittel 24 Stunden 50 Minuten verfließen, und dieß ſtimmt auch mit der Erfahrung völlig überein.

Deſſen ungeachtet aber wird die Ebbe und Fluth durch die Wirkung der Sonne, nach Beſchaffenheit ihrer Lage gegen den Mond, bald merklich verſtärkt, bald merklich vermindert. Wenn der Mond in den Syzygien iſt, wenn alſo Sonne und Mond in eben derſelben geraden Linie l e liegen, ſo wirken beyde Himmelskörper am meiſten übereinſtimmend auf die Erde. Die Wirkung des Mondes wird alſo durch die Sonne am meiſten verſtärkt, und Ebbe und Fluth ſind alsdann am größten. Wenn aber der Mond in ſeinen Vierteln iſt, und ſich alſo irgendwo in der Linie b d, die Sonne aber in l befindet, ſo geſchieht die Wirkung bloß mit dem Unterſchiede ihrer Kräfte, und iſt überhaupt am kleinſten. Denn indem der Mond z. B. das Waſſer von e nach d treibt, zieht die Sonne es zugleich von d nach e. Alſo iſt Ebbe und Fluth in den Mondvierteln am kleinſten, und rührt alsdann bloß vom Unterſchiede derſelben Kräfte her, die in den Syzygien vereint ſind.

Das in der Gegend der Fluth angehäufte Waſſer würde immer fortfahren zurück zu fließen, wenn auch Sonne und Mond auf das Meer zu wirken ganz aufhörten. Es würde durch ſein eigenes Gewicht ſich hin und her bewegen, und noch einige Fluthen und Ebben machen, deren aber immer eine viel ſchwächer ſeyn würde als die andere, ehe es ganz in Ruhe käme. Hieraus iſt leicht zu begreifen, daß die Höhe einer Fluth nicht bloß von der Größe der Kraft abhänge,

durch

durch welche sie erzeuget wird, sondern daß auch die nächstvorhergehenden Fluthen um desto mehr dazu beytragen, je
größer sie sind. Vor dem Volllichte z. B. sind die Fluthen
mittelmäßig, und am Tage des Volllichtes groß. Nun
nimmt zwar hierauf die Kraft, mit welcher das Meer beweget
wird, ab, aber Anfangs doch nur sehr wenig. Also
werden die zwey gleich aufs Volllicht folgenden Fluthen gewöhnlich größer als die eigentliche Fluth des Volllich'es.
Denn die Kraft bleibt bey allen diesen Fluthen fast gleich groß,
und jede folgende folgt auf eine größere Fluth, als jede vorhergehende. So bald aber die Kraft merklich abgenommen
hat, werden auch die Fluthen kleiner. Auf eine ähnliche
Art nehmen auch nach den Vierteln die Fluthen noch etwa
durch anderthalb Tage immer ab, da jede der folgenden eine
kleinere Fluth vor sich hat, als jede der vorhergehenden, und
die Kraft in dieser Zeit fast gar nicht merklich zunimmt.

Die Springfluthen sind am größten, wenn der Mond in
der Erdnähe, und am kleinsten, wenn er in der Erdferne ist.
Denn der Mond wirkt überhaupt um desto stärker auf die
Erde, je näher er ihr kömmt.

Wenn der Mond zwischen den Snzyglen und den Vierteln ist, wenn er sich in der Linie (fig. 114.) cl oder cm befindet, die Sonne aber in f, und der Winkel lcf oder mcf
von 45 Grad ist, so kömmt die Fluth von der einen Seite
um mehr als eine Stunde später, und von der andern um
mehr als eine Stunde eher an, als sie nach der mittleren Zeit
ankommen sollte. Denn ist der Mond in l, so fängt er zwar
schon das Wasser in n an zu verzögern; allein die Verzögerung ist nahe bey n nur sehr geringe. Hingegen wird dasselbe Wasser durch die Sonne noch immerfort beschleuniget,
und zwar am stärksten in n mitten zwischen d und a. Da
also um n herum die Kraft der Sonne größer ist als die des
Mondes, so dauert auch die Bewegung des Wassers gegen
a zu wirklich länger als gewöhnlich, und die hohe Fluth, die
sonst in f gewesen seyn würde, erfolgt erstlich in g; dagegen

ist

ist von der andern Seite die Fluth schon in i, die ohne die
Wirkung der Sonne erst in h gewesen seyn würde.

Ueberhaupt wird die Zwischenzeit der Fluthen von a bis
e, und zwischen b und d durch die Wirkung der Sonne ver-
-kürzt, zwischen e aber und b wie auch durch d a verlängert.
Nahe an a und b pflegen die verkürzten Zwischenzeiten von
24 Stunden 35 Minuten, und nahe an d und e die verlängerten von 25 Stunden 25 Minuten zu seyn, an statt daß im
Mittel jede Zwischenzeit 24 Stunden 25 Minuten halten sollte.
Indessen sind die Verkürzungen und Verlängerungen am stärksten in n und o wie auch mitten zwischen e und b und zwischen b und d.

Die Zeit der Fluthen hängt unstreitig auch zum Theil von
der Beschaffenheit der Meere ab. In dem Ocean des heißen
Erdstrichs erfolgt mehrentheils die Springfluth 2¼ Stunden
nach dem Durchgange des Mondes durch den Meridian, und
sie ist mitten im Meere nicht über 2 bis 3 Fuß hoch. Gibt
es nun Striche, wo die Meere wenig tief sind, und wo häufige Klippen und Ungleichheiten des Bodens die Bewegung
des Wassers sehr schwächen, so müssen daselbst die Fluthen
nur geringe seyn, und zeitiger ankommen, als anderwärts,
weil das Wasser seine Bewegung eher verliert. Unfehlbar
findet dieser Fall auf dem stillen Meere bey Taiti Statt, wo
die Springfluthen nur einen Fuß hoch sind, und ½ Stunde
eher ankommen, als der Mond durch den Meridian gehet.

Wenn auch gleich bey dieser Erklärung der Fluthen mitten im großen Meere unter dem Aequator ist angenommen
worden, daß die Sonne oder der Mond in der Ebene dieses
Kreises sich befinde; so ändert doch dieß in der Hauptsache
nichts, weil sich beyde von dieser Ebene nicht weit dabey
entfernen.

Nach Newton und der gemeinen Theorie sollten die
Fluthen um den Aequator viel größer seyn, als irgend an-
derswo. Allein die Erfahrung widerspricht diesem Satze so
laut, daß Herr Hube diesen Widerspruch für die bündigste
Widerlegung jener Theorie hält. Es gibt zwar in dem heißen

Erdſtriche Küſten, wo die Fluth auf 6 bis 8 Fuß und wohl höher ſteigt; allein dieſe außerordentliche Höhe hat unfehlbar bloß in der beſondern Lage der Küſten ihren Grund. Sonſt ſind mitten in den Meeren dieſes Erdſtrichs, nach dem einhelligen Zeugniſſe der glaubwürdigſten Reiſenden, ſelbſt die größten Fluthen nie höher als einen oder 2 bis 3 Fuß. Hierüber haben wir Beobachtungen von der Inſel St. Helena, von den philippiniſchen und moluckiſchen Inſeln, von Martinike, von Taiti, von Guinea unter dem 4 Grad nördlicher Breite und von vielen andern Gegenden. Herr le Gentil, Herr Adanſon, Herr Deverdün und viele andere Seefahrer bekräftigen dieſe Wahrheit, und ſelbſt am Vorgebirge der guten Hoffnung ſteigt die Fluth nur höchſtens auf 3 Fuß.

Kömmt man aber nach Norden zu in den gemäßigten Erdſtrich, ſo findet man die Höhe der Fluthen vermehrt. Bey den kanariſchen Inſeln, etwa unter dem 30 Grad Breite, ſteigen die Springfluthen auf 7 bis 8 Fuß; an den Küſten von Marocko und denen von Spanien vor der Meerenge von Gibraltar bis ans Vorgebirge St. Vincent, alſo etwa bis auf 37 Grad Breite, auf 10 Fuß; an den Küſten von Portugall und Spanien bis auf etwa 43 Grad Breite auf 12 Fuß; vom Vorgebirge Finiſterrä bis zum Ausfluſſe der Garonne, alſo bis etwa an 46 Grad Breite, auf 15 Fuß; bey der Inſel Rée und bis zum 48 Grad der Breite auf 18 Fuß; in der Bay, worin St. Malo liegt, alſo unter 48 bis 49 Grad Breite, auf 20 bis 45 Fuß und höher. Nun fangen die Fluthen an der Küſte der Normandie wieder allmälig an abzunehmen, und werden bis gegen den Pol zu immer kleiner, ſind aber ſelbſt in der Hudsonsbay, in der Baſſinsbay und in der Höhe von Spitzbergen noch immer ſehr merklich und oft viel größer, als ſelbſt unter dem Aequator.

Die ſehr große Höhe der Fluthen in dem Eingange des Kanals, an den Küſten der großen Bucht von St. Malo kann zum Theil von der Lage dieſer Küſten herrühren; allein dennoch kann ihre ganz regelmäßige Zunahme vom Aequator an keinen zufälligen Umſtänden zugeſchrieben werden.

Es

Es scheint vielmehr ausgemacht zu seyn, daß die Fluth im atlantischen Ocean zwischen den 40 und 50 Grad der Breite überhaupt am größten ist, und von da gegen den Pol von einer, und gegen den Aequator von der andern Seite immer mehr abnimmt. Selbst an den schottischen und irischen Küsten steigt sie fast überall auf 18 Fuß. In der südlichen Hälfte der Erdkugel scheint eben dieß Gesetz Statt zu finden; wenigstens erhebt sich nahe an der magellanischen Meerenge die Fluth bis auf 20 oder 25 Fuß.

Nach der gemeinen Theorie der Ebbe und Fluth läße sich diese Erscheinung gar nicht erklären, sie kann aber nach eben angeführten Gründen also eingesehen werden: man stelle sich (fig. 115.) den Mond l in der Ebene des Aequators e, und in irgend einem Parallelkreise d einen Punkt a vor. c sey der Mittelpunkt, n f die Axe der Erde, und a b auf der Ebene des Aequators senkrecht, so sieht man leicht, daß die nach a l gerichtete Kraft, womit der Mond den Punkt a anzieht, in zwey andere Kräfte, die eine nach a b, die andere nach b l oder a m, aufgelöst werden kann. Mit der letztern, deren Richtung allezeit mit b l parallel ist, zieht der Mond den Kreis d völlig eben so, als wenn er in m, in der Ebene des Kreises d läge, nur daß seine Ziehkraft um desto schwächer wird, je größer a b ist. Also werden die Meere im Parallelkreise d völlig eben so, wie im Aequator, nur mit schwächern Kräften, von Westen nach Osten, oder von Osten nach Westen getrieben. Die Kraft aber nach a b muß in eine nach c gerichtete a f, und in eine Tangentialkraft a g zerleget werden. Die erstere vermehret die Schwere in a, durch das zweyte aber wird das Wasser aus a gegen den Aequator getrieben. Diese letzte ist unter einer Breite von 45 Grad am größten. Die im Parallelkreise d strömenden Wässer werden also beständig gegen den Aequator zu getrieben, und zwar am stärksten unter einer Breite von 45 Grad. Wenn daher etwa 30 Grad vom Monde die strömenden Wasser von einem Pole n bis zum andern f auf dem Meridiane n a f einen Wasserberg bilden, so ist dieser unter einer Breite

Ccc 3   von

von 45 Graden am größten. Jedoch gilt dieses nur in dem
Falle, da Sonne und Mond sich im Aequator befinden. Wegen der Abweichung aber, die beyde Gestirne mehrentheils
haben, lassen sich die Punkte der stärksten Fluthen so genau
nicht bestimmen. Indessen kann man doch sagen, daß sie
zwischen den 40ten und 50ten Grad der Breite fallen müssen.

Es gibt noch einen anderen Umstand, wodurch sich die Fluthen außer dem Aequator von denen unter ihm unterscheiden.
Wenn nämlich der Mond eine gewisse Abweichung hat, so
fallen die Punkte h und i, die eben so weit vom Monde entfernet sind, und also auch eben so stark angezogen werden,
als der Mittelpunkt der Erde c, nie in einen Durchmesser
ihres Parallelkreises, sondern bey den Bogen h d i und h o i
ist immer einer kleiner oder größer als der andere. Dieser
Unterschied nimmt gegen die Pole immer mehr zu, und er
verursachet, daß die zwey nächsten Fluthen, die sich in beyden Bogen bilden, einander allezeit ungleich sind. Ihre Ungleichheit kann so weit gehen, daß die eine Fluth bey einer
hohen Breite von etwa 60 Grad und drüber oft ganz unmerklich wird, und daß also das Meer in 24 Stunden nur ein
Mahl fluthet. Schon an den französischen Küsten sind aus
dieser Ursache die Springfluthen im Sommer bey Tage
merklich höher und im Winter merklich niedriger, als bey
der Nacht. Dasjenige, was der einen Fluth abgeht, wächst
gleichsam der andern zu, und die Tagefluthen würden nahe
an den Polen im Sommer lange so groß nicht seyn, als sie
wirklich sind, wenn die Nachtfluthen nicht sehr klein oder
gar unmerklich wären.

Wenn die Fluthen großer und tiefer Meere, indem sie
sich den Küsten nähern, genöthiget sind, sich in engen Durchgängen zusammen zu drängen, so wird ihre Bewegung oft
sehr stark beschleuniget, so wie auch Ströme schneller fortfließen, wenn ihr Bett sich verengt. Stoßen sie nun zuletzt
mit einer so vermehrten Geschwindigkeit an die Küsten, ohne
daß sie an ihnen zur Seite abfließen und sich ausbreiten können, so erheben sie sich so lange, bis sie ihre ganze Bewegung
verlieren,

verlieren, und fließen hierauf wieder denselben Weg zurück, welchen sie gekommen sind. Sie erheben sich alsdann um desto höher, je größer die Geschwindigkeit war, mit welcher sie an die Küsten anstießen, und steigen deßhalb oft auf eine ungemeine Höhe. Dieser Fall scheint unter andern bey St. Malo Statt zu finden, wo die Fluth zuweilen bis auf 80 Fuß und höher steigt. Ueberhaupt werden die Fluthen des atlantischen Meeres, indem sie sich in dem Kanale zusammendrängen, beschleunigt, und da sie von Nordwesten herkommen, so stoßen sie vorzüglich auf die französischen Küsten, und erheben sich daher an diesen auch höher, als an den englischen.

In den kleinern Meeren kann, wenn sie entweder von Osten nach Westen wenig ausgedehnt, oder auch wenn sie seicht sind, keine merkliche Ebbe und Fluth entstehen, obgleich der Mond und die Sonne in ihnen oft Bewegungen hervorbringen, die aber zu schwach sind, um mitten auf den Meeren merkliche Erhebungen zu verursachen. Bloß hier und da in einigen Buchten an den Küsten, wo das bewegte Wasser stark zusammengedrängt wird, bemerkt man ein geringes Fallen und Steigen desselben. So verhält sich die Sache mit dem mittländischen, dem schwarzen, dem baltischen Meere u.s.w. Haben dergleichen Meere mit großen und tiefen Meeren Gemeinschaft, welche fluthen, so kömmt alles auf die Weite und Beschaffenheit der Meerengen an, welche zwischen ihnen sind. Das mittelländische Meer z. B. ist sehr breit, und hat bey Gibraltar eine schmale Meerenge. Das fluthende Wasser des atlantischen Meeres wird in dieser zwar beschleunigt, da es aber gleich darauf sich nach allen Seiten verbreiten kann, so verliert es in kurzer Zeit fast seine ganze Bewegung, und kann sich daher an den Küsten nicht merklich erheben. Eine ähnliche Bewandniß hat es mit der Ostsee. Das rothe Meer hingegen hat bey Babelmandel eine an 10 deutsche Meilen breite Meerenge, ist also sehr offen und dabey schmal. Daher behalten die eintretenden Fluthen ihre Höhen und Geschwindigkeiten bey, indem sie durch dieses Meer heraufsteigen.

Wenn Flüsse sich in Meere ergießen, welche fluthen, so steigt die Fluth zwar langsam, aber dennoch oft bis auf eine große Weite in ihnen herauf, weil das fluthende Meer ihre Oeffnung gleichsam verstopft, und dadurch das Wasser aufstauet. So müssen oft auch große Seen, wenn sie gleich auch weit sind, einer merklichen Ebbe und Fluth unterworfen seyn, wenn sie durch Straßen oder Meerengen einen starken Abfluß in große und fluthende Meere haben. Dieser Fall scheint unter andern bey der Hudsonsbay und Baffinsbay in Amerika Statt zu finden. Indessen läßt sich von den besondern Erscheinungen der Ebbe und Fluth in gewissen Gegenden der Erde wenig Zuverläßiges sagen, weil uns sichere Nachrichten der Umstände fehlen, aus denen sie erkläret werden müssen.

So werden die Totalkräfte, mit welchen Sonne und Mond die Meere bewegen, ungemein ansehnlich, ungeachtet ihre Elementarkräfte so außerordentlich klein und unbeträchtlich sind, bloß weil die Dichte und Masse der bewegten Meere so groß ist. Die Geschwindigkeit der fluthenden Gewässer ist nach dem Zeugnisse aller Reisenden mitten auf dem Ocean wenig merklich, und vielleicht im Mittel kaum 2 bis 3 Fuß in einer Sekunde. Denn wenn in kleinen Meere die Fluthen, welche daselbst nicht entstehen, sondern nur aus dem Ocean herbeygetrieben werden, viel geschwinder fortgehen, so kömmt dieses bloß daher, daß eine ungeheure Wassermasse einer viel kleinern ihre Bewegung mittheilet, und daß diese jener nicht anders ausweichen kann, als indem sie sehr schnell fortgeht. Wenn also auch der Mond und die Sonne der Atmosphäre der Erde mit denselben Elementarkräften eine gleiche Geschwindigkeit von 2 bis 3 Fuß beybrächte, so würde dennoch diese unstreitig ganz unmerklich seyn. Allein selbst jene geringe Geschwindigkeit erzeugt sich nur sehr langsam und nach und nach in dem ruhigen Meere, und kann also in der Atmosphäre, wo beständig Winde herrschen,

gar

gar nicht ein Mahl zu Stande kommen. Ueberdieß ist die Luft dem Waffer sehr unähnlich. Dieses wird im Großen nur durch seine Schwere bewegt; in der Luft aber ist die Federkraft eine unendlich wirksamere Ursache der heftigsten Bewegungen als die Schwere. Die Atmosphäre ist mit einer Waffersäule von etwa 30 Fuß Höhe im Gleichgewichte. Nimmt man an, daß der Ocean im Mittel 6000 Fuß tief ist, und diese Tiefe ist vielleicht noch zu klein, so sieht man leicht, daß die Totalkraft, womit Mond und Sonne die Atmosphäre bewegen, kaum $\frac{1}{200}$ von der auf die Meere verwendeten Totalkraft ist. Daher kann auch die mit dieser Kraft bewirkte Veränderung in der Luft unmöglich merklich seyn. Und was vollends die Abnahme der Schwere der Atmosphäre betrifft, wie wäre es möglich sie zu bemerken, da sie kaum ein Fünfmilliontheilchen der ganzen Schwere ausmacht? Alles also, was einige von den großen Einwirkungen des Mondes auf unsere Atmosphäre und von der darin erregten Ebbe und Fluth sagen, beruht auf Vorurtheilen.

So weit die eigenen Worte des Herrn Hube. Herr Hube scheint Newton und die großen Männer, Euler, Bernoulli, Maclaurin u. f. zu beschuldigen, daß sie bey ihren oft weitläuftigen Rechnungen über die Ebbe und Fluth keinesweges auf die Umdrehung der Erde um ihre Axe gesehen, sondern sie ganz allein für die stillstehende Erde, für den Stand des Meeres gegen den Mond, nicht aber für seine Bewegung gemacht, und daher oft so glückliche Erklärungen gegeben hätten, welches doch keinesweges der Fall war. Herr Fulda *) sagt in seinen Bemerkungen über Hube's Erklärung der Ebbe und Fluth: stellt man sich, da die Kraft des Mondes nur auf die Verschiebbarkeit der Waffertheilchen an einander zu wirken vermag, um diese Erscheinungen im Ganzen hinreichend erklären zu können, die Erde als eine mit Waffer umgebene Kugel, und den Mond in der Ebene ihres Aequators vor, wie auch Herr Hube gethan, so werden, da die Distanz des Mondes von dem Mittel-

Ccc 5   punkt

*) Grens neues Journ. der Phys. B. IV. S. 28 u. f.

punkt der Erbe ungefähr 60 Erdhalbmeſſer beträgt, diejenigen Punkte des Aequators, welche nur 59 Erdhalbmeſſer von dem Mond entfernet ſind, ihn alſo ungefähr in ihrem Zenith haben, am ſtärkſten, diejenigen Punkte des Aequators hingegen, welche 61 Erdhalbmeſſer von dem Mond entfernet ſind, denen er alſo ungefähr im Nadir ſtehet, am ſchwächſten angezogen; daher wird das Waſſer in den erſtern ſich erheben, in den letztern aber gegen die erſtern zurückebleiben, folglich ſowohl in dieſen als jenen eine Fluth, in denen zu beyden Seiten 90° von ihnen entfernten Punkten, welchen durch dieſe Erhebung das Waſſer entzogen wird, eine Ebbe entſtehen.

Hierbey iſt nun bloß auf die Verminderung und Vermehrung der Schwere der Waſſertheilchen gegen den Mittelpunkt der Erde durch den Mond Rückſicht genommen, und nur die Frage beantwortet, warum das Meer unter dem Aequator an einem Orte höher, an dem andern niedriger ſtehe. Es iſt aber auch dieſes nichts mehr, als die einfachſte Vorſtellung, welche man ſich von dieſer Sache machen kann, und welche man gewöhnlich gibt, um zu zeigen, wie man ſich in der Kürze von dem Erfolg dieſer Erſcheinung aus der Wirkung des Mondes auf die Erde überzeugen könne. Es iſt aber keinesweges die Beſchuldigung des Herrn Hube gegründet, daß Newton und noch vielmehr die eben genannten Männer bey dieſer Vorſtellung allein geblieben wären, und keine andere Kräfte, welche bey Umdrehung der Erde um ihre Axe dieſer Bewegung des Meeres hinderlich oder beförderlich ſind, in Betrachtung gezogen hätten. Herr Fulda ſucht die gemeine Meinung mit der des Herrn Hube auf folgende Art zu vereinigen:

1. Es ſey (fig. 116.) a d b e der Aequator der Erde, l der Mond in deſſen Ebene. Die Erde drehe ſich um ihre Axe nach der Richtung e a d b, und m ſey irgend ein Punkt oder ein Waſſertheilchen unter dem Aequator, welches nach den Geſetzen der Schwere von l nach der Richtung l m, und von o nach der Richtung m o im umgekehrten Verhältniſſe der

der Quadrate der Entfernungen angezogen wird. Diese
Kraft nach m l löse man in zwey andere m p, m g, die
Kraft nach der Richtung m c aber in m p, m f auf; so wird
von den beyden letztern m g, m f, die eine durch die andere
vermindert, daraus folgt eine geschwächte Kraft m h. Die
beyden erstern m p aber wirken zugleich nach einerley Richtung, und geben eine verstärkte m n. Die mittlere m t dieser Kräfte m h, m n, ist nun eigentlich diejenige, die das
Gleichgewicht, in welchem der Punkt m gegen die übrigen
steht, aufhebt; und diese gibt eine Tangentialkraft m q, und
eine Veränderung in der Schwere m r, auf welche beyde unser
Augenmerk allein gerichtet seyn muß.

2. Diese Zerlegungsart der auf den Punkt m wirkenden
Kräfte bediente sich Euler, und es ist leicht zu erachten,
daß diese als Schwerkräfte auf ihn wirken müssen, er mag
in Ruhe oder durch eine andere Kraft bereits in Bewegung
geset̜et seyn. Euler findet die Tangentialkraft, welche V
heiße, wenn die Distanz des Mondes von dem Mittelpunkte
der Erde p l = a, die anziehende Kraft des Mondes gegen
die Erde = f, und c p = x und p m = y ist,

$$V = \frac{3\,f\,x\,y}{a^3\,V\,(x^2 + y^2)}$$

die Veränderung der Schwere m r, welche W heiße:

$$W = \frac{f\,(y^2 - 2x^2)}{a^3\,V\,(x^2 + y^2)}.$$

3. Wenn man den Winkel m c a = α, und den Halbmesser der Erde m c = r setzt, so erhält man x = r. sin. α,
y = r. cos. α, mithin

$$V = \frac{3\,r\,f}{2\,a^3}.\ \sin. 2\,α$$

$$W = \frac{r\,f}{a^3}\ (3\cos. α^2 - 2)$$

4. Diese erstere, oder die Tangentialkraft V ist es nun,
welche die Schwungkraft stört, welche der Punkt m bey
seiner Umdrehung um den Mittelpunkt c hat, und welche derjenigen,

jenigen, die die Variation des Mondes bewirket, vollkommen ähnlich ist, wie leicht erhellet, wenn man sich in c die Erde, in l die Sonne, in m aber den Mond in seiner Bewegung um die Erde vorstellet; und diese Kraft ist es, welcher Herr Zube allein das Vermögen zuschreibet, das Meerwasser in Bewegung zu setzen, also Ebbe und Fluth hervor zu bringen, da hingegen Euler auf die Verbindung beyder Kräfte Rücksicht nahm, und daraus die Höhe, zu welcher das Wasser erhoben wird, berechnet. Betrachtet man nun aber, da Herr Zube nur einer dieser Kräfte gedenket, jede für sich allein, so entsteht die Frage, welche das meiste zu einer regelmäßigen Bewegung im Meere beytrage?

5. Diese beyden Kräfte ändern sich, indem der Punkt m nach der Richtung e a d b um c läuft, und der Winkel m c e oder der Bogen e m $= \alpha$ sich ändert, und zwar ist

1) die Tangentialkraft V $= 0$, wenn

$\alpha = 0$
$\alpha = 90°$
$\alpha = 180°$ $\Big\}$ oder wenn m in e, a, d und b ist;
$\alpha = 270°$

hingegen ist V in der Mitte zwischen diesen Punkten allezeit am größten; V $= \dfrac{3\,r\,f}{2\,a^2}$. Zwischen e und a, und d und b ist V positiv, dagegen wird daselbst die eigenthümliche Schwungkraft vermehrt. Zwischen a und d, und d und b aber ist V negativ, daher wird daselbst die Schwungkraft vermindert.

2) Die Schwerkraft W, die der Mond bewirkt, ist W $= 0$, wenn

3 cos. $\alpha^2 = 2$, also

cos. $\alpha = \sqrt{\tfrac{2}{3}} = 0{,}81649$ .... oder wenn

$\alpha = 35° \quad 16^{I}$
$\alpha = 144° \quad 44^{I}$ $\Big\}$ ist
$\alpha = 215° \quad 15^{I}$
$\alpha = 324° \quad 44^{I}$

An

An diesen Stellen wird also die eigenthümliche Schwere der Wassertheilchen gar nicht gestört. Diese Schwere ist aber auch negativ am größten;

$$W = - \frac{2\,r\int}{a^3}, \text{ wenn cos. } \alpha = 0, \text{ also } \begin{bmatrix} \alpha = 90° \\ \alpha = 270° \end{bmatrix}$$

ist, oder in a und b, wo daher die Schwere der Wassertheilchen gegen den Mittelpunkt c vermindert wird. Und diese Schwere ist endlich positiv am

größten, $W = \frac{r\int}{a^3}$, wenn cos. $\alpha = 1$; also

$\begin{bmatrix} \alpha = 0 \\ \alpha = 180° \end{bmatrix}$ ist, oder in e und d, wo daher die Schwere der Wassertheilchen gegen den Mittelpunkt c vermehret wird.

6. Setzt man die eigenthümliche Schwere unter dem Aequator $= 1$; so ist die Schwere

in e und d $= 1 + \dfrac{r\int}{a^3}$

in a und b $= 1 - \dfrac{2\,r\int}{a^3}$

ihr Unterschied $= \dfrac{3\,r\int}{a^3}$, oder dafür $r = 1$,

$a = 60$ ist, beträgt dieser $\frac{1}{72000}$ der anziehenden Kraft des Mondes gegen die Erde, welches freylich nur geringe, doch aber als eine stufenfolgende Wirkung von e bis a, und d bis b immer Einiges zur Bewegung des Wassers beytragen mag. Daß aber Euler die Schwäche dieser Kraft sehr wohl gefühlet, beweiset dieß, daß er bey der Bestimmung der durch diese Kräfte gebildeten Gestalt der Erde diese ganz aus der Acht ließ, und nur die eigenthümliche Schwere mit der geänderten Schwungkraft verglich.

7. Leitet man die Fluthen allein aus der ersten Kraft her, so ist die größte Kraft, die sie bewirkt, $V = \frac{3\,r\int}{2a^3}$.

Werden

Werden aber die Fluthen allein aus der zweyten Kraft hergeleitet, so ist die größte Kraft: $W = -\dfrac{2r\int}{a^3}$, nur in so fern negativ, als sie der Schwere gegen c entgegenwirkt.

Es verhalten sich demnach diese beyden größten Kräfte = 3:4. Daher ist die letztere um ⅓ stärker als die erstere; da aber die Schwungkraft selbst nur $\frac{1}{288}$ der Schwere ist, so wird eine obgleich geringere Veränderung in ihr weit auffallender als eine Veränderung in der Schwere seyn, und dieß gibt unstreitig der Meinung des Herrn Hube ein Hauptgewicht.

8. Bisher wurden bloß die Größen dieser Kräfte, mit welchen der Mond auf die Wassertheilchen wirkt, und ihre Richtungen unter einander verglichen. Nimmt man nun auch auf die Zeit Rücksicht, in welcher diese Kräfte ihre größten Wirkungen äußern, so sieht man leicht, daß, wenn man die Ebbe und Fluth bloß aus der ersten Kraft, wie Herr Hube herleitet, die größte Fluth in der Mitte zwischen e und a, und zwischen d und b, wo die Beschleunigung am größten, also da m zu seinem Umlauf 24 Stunden gebrauchet, drey Stunden eher erfolgen müßte, als der Mond durch den Mittagskreis geht. Leitet man hingegen diese Erscheinung allein aus der zweyten Kraft her, so muß die größte Fluth in demselben Zeitpunkt erfolgen, in dem der Mond durch den Mittagskreis gehet. Eben diese Bewandniß hat es mit der Ebbe in d und e. Nun ist es eine allgemein bekannte Beobachtung, deren Herr Hube selbst erwähnt, daß diese größten Fluthen in dem Ocean des heißen Erdstrichs erst 2¼ Stunde nach der Culmination des Mondes erfolgen, und diese Erscheinung wird sehr natürlich einer Verspätung der Wassertheilchen, einem Aufwand zugeschrieben, den die Kraft des Mondes auf Ueberwindung der Trägheit wenden muß. Sollte diese Trägheit eine Verspätung von 5¼ Stunden verursachen, und nicht nur einer geringern Wirkung fähig seyn, da nur geringe Kraft zur Verschiebung der Wassertheilchen an einander erfordert wird, und sollte nicht dieses

beweisen,

beweisen, daß man des wahren Gesichtspunktes nicht gänzlich verfehlet, wenn man mit der Schwungkraft auf die Schwere zugleich Rücksicht nimmt, indem die zunehmende Verminderung der Schwere zu Beschleunigung der Schwungbewegung von e bis a beyträgt?

9. Da Herr Hube sagt, das Meerwasser müßte, wenn man nämlich die Ebbe und Fluth nach der alten Meinung erklärte, von unten an beyden Seiten durch 1350 geograph. Meilen fortfließen, um die gehörige Erhöhung unter dem Monde zu bilden, und wie es möglich sey, daß diese Erhöhung jetzt zu Stande kommen könnte, da sich die Erde in 24 Stunden um die Axe drehete? So könnte mancher hieraus schließen, die ältern Naturforscher hätten sich vorgestellt, das Meerwasser schieße täglich in Zeit von 6 Stunden von e und d bis a durch 1350 geographische Meilen vor, bloß aus der Anziehungskraft des Mondes getrieben, und bilde alsdann durch seinen Zusammenfluß in a diese Erhöhung von 10 bis 12 Fuß unter dem Monde. Dieses könnte ganz irrige Begriffe von der newtonischen Erklärung der Ebbe und Fluth verschaffen. Daß aber diese mit jenem Gedanken gar nicht zusammenhängt, beweisen obige von Eulern gefundene Formeln sehr deutlich, deren erstere, die Herr Hube allein gebrauchte, die Richtung der Schwere wirklich ändert, die zweyte aber diese in ihrer Richtung geänderte Schwere eines Punktes m, indem er von e bis a in seiner Bewegung um c gehet, nach und nach immer mehr vermindert, daher auch seine eigenthümliche Schwungkraft von e bis a nach und nach vermehrt, bis sie in a am größten wird, woraus nothwendig in a sich das Wasser allmälig erheben, und wenn m gegen d über a hinausgehet, diese Erhöhung sich nach und nach nicht nur verlieren, sondern indem die Schwere gegen d hin vermehrt, die Schwungkraft vermindert wird, das Wasser so gar in seiner Bewegung zurückgeholten werden muß.

10. Auf diese Art tragen beyde Kräfte zu dieser merkwürdigen Erscheinung bey, und es ist daher ganz ungerecht, wenn Herr Hube den Herrn Euler, Bernoulli u. a. einer

Verseh-

Verfehlung des wahren Gesichtspunktes beschuldiget. Die durch diese Kräfte gebildete Afterkugel unserer Erde, welche Herr Hube für ein bloßes Werk der Einbildung hält, ist freylich auch nichts anders, und der Weg sie zu bestimmen eine bloß speculative Untersuchung, welche, wenn sie wenigstens auf diesem Wege angestellt wurden, welchen **Euler** und **Maclaurin** befolgten, noch immer ihren sehr großen Nutzen stifteten. Daß es sich damit wirklich nicht so verhält, scheint gar keiner Widerlegung zu bedürfen, genug, daß es sich damit so verhielte, wenn die Erde auch bey Umdrehung um ihrer Axe eine vollkommene und ganz mit Wasser umflossene Kugel wäre, ob sich gleich hier wiederum die eigene Beschaffenheit dieser flüßigen Materie mit hinein mischte. Die Afterkugel muß immer die Basis bey dieser Betrachtung bleiben, so wie die Ellipse selbst bey so leichten Körpern, als die Kometen sind, immer die Basis bleibt, ob es gleich nicht bloß wahrscheinlich, sondern wohl gewiß ist, daß wegen der Menge von Störungen kein einziger in einer Ellipse gehet.

11. Daß auch **Maclaurin** eben den Gedanken von dem Einflusse des Mondes auf die Schwungkraft der Wassertheilchen hatte, beweiset folgende Stelle in sect. IV. seiner Preisschrift: ob motum terrae diuersa est ratio aestus maris. Hinc enim aqua nunquam fit in aequilibrio, sed perpetuis motibus agitur. Dum aquae moles reuoluitur motu diurno, augentur vires, quibus ascensus eius promouetur in transitu aquae a locis d et e ad a et b, et in his locis euadunt maximae; ascensus tamen aquae prorogari videtur, postquam hae vires minui coeperunt vsque vere ad loca, vbi hae vires equipollent viribus quibus deprimitur infra altitudinem, quam naturaliter obtineret, si nulla vi extranea motus aquae perturbaretur; adeo vt motus aquae considerari posset tanquam libratorius, et tantundem fere ascendat viribus, quibus eleuatur, decrescentibus, quam iisdem crescentibus — —. Es hat also auch dieser Mann des wahren Gesichtspunktes nicht verfehlet, ob er gleich zuvor
die

die Möglichkeit der Bildung der stillstehenden mit Waſſer umgebenen Erde in eine Afterkugel auf eine ſehr ſcharfſinnige Art erwieſen hat.

12. Selbst **Newton** verglich die Bewegung des Meeres mit der des Mondes in einem Coroll. der allgemeinen Auflöſung der Aufgabe von drey Körpern, auf welches er ſich in der Folge unter der Aufſchrift: fluxum et refluxum maris ab actionibus ſolis et lunae oriri debere, unbedingt beruft, mit dieſen Worten: fingas iam globum corporis c ex materia non fluida conſtantem ampliari et extendi vsque ad hunc annulum (a d b e), et alueo per circuitum excauato continere aquam, motuque eodem periodico circa axem ſuum vniformiter reuolui. Hic liquor per vices acceleratus et retardatus in Syzygiis velocior erit, in quadraturis tardior quam ſuperficies globi, et ſic fluet, in alueo refluetque ad motum Maris etc. Er betrachtete alſo jedes Waſſertheilchen als einen Trabanten der Erde, der in ſeiner Bewegung um ihren Mittelpunkt eben denſelben Anomalien unterworfen iſt, welche ſich bey dem Monde zeigen.

13. Was die Erſcheinung der Ebbe und Fluth unter dem Parallelkreiſe, und die Beobachtung anbetrifft, nach welcher die Fluthen in beyden Hälften der Erdkugel zwiſchen dem 40ten und 50ten Grad der Breite am allergrößten ſind, ſo war dieſe **Eulern** eben ſo wenig, als wohl überhaupt einem ältern Naturforſcher bekannt, da er ſagt: in regionibus autem ab aequatore remotis inuenimus magnitudinem aeſtus tenere rationem duplicatam coſinuum eleuationis poli, vnde ſub eleuatione poli 45° magnitudo aeſtus circiter duplo erit minor quam ſub ipſo aequatore, cuius veritas in locis a littoribus aliquot milliaria remotis per experientiam eximie comprobatur. Sie wäre auch nach der gemeinen Theorie eben ſo wenig als unter dem Aequator zu begreifen. Da aber die gemeine Meinung mit der des Herrn **Hube** ſehr wohl übereinſtimmet, ſo wird jeder, dem die Erſcheinung aus dieſer begreiflich wird,

sie eben so gut aus jener herleiten. Uebrigens scheint es auch
die Theorie des Herrn Hube nicht zu bestätigen, wenigstens
viele Umstände sich einzumischen, wenn die Fluth am Vorgebirge der guten Hoffnung nur höchstens auf drey Fuß, und
schon an der magellanischen Meerenge auf 20 — 25 Fuß steigen soll, da doch die Lage dieser beyden Orte kaum 20 Grad
südlicher Breite verschieden ist, und noch mehr das Vorgebirge der guten Hoffnung eben so nahe jenseit, als die ma-
gellanische Meerenge dießseit des 45ten Grades der Breite liegt,
also die Fluth an beyden Orten ungefähr gleich seyn sollte.

M. s. de la Lande astronomisches Handbuch. Leipzig
1775. 8. §. 1074 u. s.

Ebene, horizontale s. Horizontal.

Ebene, schiefe, geneigte s. Schiefe Ebene.

Eccentricität (eccentricitas, eccentricité) heißt der
Abstand des Mittelpunktes einer elliptischen Bahn von dem
Brennpunkte derselben, oder (fig. 117.) g s, wo g der Mit-
telpunkt der Ellipse a c b d und s der Brennpunkt derselben ist.

Die alten Astronomen behaupteten, daß sich die Erde in
der Mitte der Himmelskörper befinde, um welche sich die
Planeten in Kreisen herum bewegten, deren Mittelpunkt jedoch nicht die Stelle der Erde sey; also war ihnen die Eccentricität der Abstand der Erde von dem Mittelpunkte der Bahn.
Copernicus hingegen nahm an, daß die Planeten um die
Sonne sich bewegten, glaubte aber noch, daß ihre Bahnen
eccentrische Kreise wären, und verstand daher unter der Eccentricität die Entfernung der Sonne von dem Mittelpunkte
der kreisförmigen Bahn. Erst durch viele Beobachtungen
entdeckte Kepler die elliptische Bahn der Planeten, und fand,
daß die Sonne in dem einen Brennpunkte der elliptischen
Bahnen sich befinde. Und von dieser Zeit an versteht man
unter der Eccentricität die Entfernung der Sonne s von dem
Mittelpunkte g oder sg der elliptischen Bahnen.

Vermöge der Eigenschaft der Ellipse ist $sf + ft = ta$
$+ sa = sb + tb = tf + 2af = tf + 2tb$, folglich
$af = tb$, und daher auch $fs = gt$, d. h. in der Ellipse sind
die

die Brennpunkte von dem Mittelpunkte derselben gleich weit
entfernet. Mithin ist auch die Entfernung beyder Brennpunkte von einander $= 2\,g\,\int$, oder der doppelten Eccentricität
gleich. Ferner ist aber auch $\int t = a\,t - a\,\int = a\,t - t\,b =$
dem Unterschiede zwischen der Sonnenferne und der Sonnen-
nähe, also weiter $2\,\int g = a\,t - a\,\int = a\,t - t\,b$ und $\int g = \frac{1}{2}$
$(a\,\int - t\,b)$, d. h. die Eccentricität ist dem halben Unterschiede der Sonnenferne und der Sonnennähe gleich. Endlich
hat man $a\,t + t\,b = a\,b$ und $\frac{1}{2}(a\,t + t\,b) = \frac{1}{2}\,a\,b = a\,g$,
oder die halbe Summe der Sonnenferne und Sonnennähe ist
der halben großen Axe oder dem mittleren Abstande des Planeten von der Sonne aus gleich.

Man findet die Eccentricität der Bahn der Erde um die
Sonne aus dem Verhältnisse der Sonnenferne zur Sonnennähe oder aus $a\,t : t\,b$, oder des größten scheinbaren Durchmessers der Sonne zum kleinsten. Für dieß Verhältniß
$a\,t : t\,b$ hat man nun $\int$in. $32'\ 38{,}6'' : \int$in. $31'\ 33{,}8'' = 32'$
$386'' : 31'\ 33{,}8'' = 1958{,}6 : 1892{,}8$, weil die Sinus von solchen Winkeln, welche einige Minuten fassen, mit den Winkeln der für den Halbmesser $= 1$ beschriebenen Kreisbogen beynahe einerley Verhältniß haben; demnach hat man $a\,b : t\,a$
$= 3852{,}4 : 1958{,}6$. Man nehme nun $a\,g = 1$, folglich $a\,b$
$= 2$, so ergibt sich nach der Regel Detri $a\,t = \dfrac{2.1958{,}6}{3852{,}4} =$
$1{,}01682$, folglich die Eccentricität $g\int = g\,t = a\,t - a\,g =$
$0{,}01682$.

Wenn bey den übrigen Planeten von Zeit zu Zeit genug-
same Beobachtungen angestellet und bey jeder Beobachtung
die Länge der Planeten in ihren Bahnen mit der Entfernung
derselben von der Sonne berechnet werden, so kann man
alsdann auch die Planetenbahnen zeichnen. Daraus lassen
sich aber alsdann auch die Eccentricitäten der Planetenbahnen
finden, indem man sie entweder mit dem mittleren Abstande
der Erde von der Sonne, oder auch mit der Entfernung eines
jeden Planeten, welchem die Eccentricität zugehöret, von
der Sonne vergleichet. Wenn der mittlere Abstand der Erde

von der Sonne $= 1$ gesetzet wird, so beträgt die Eccentricität des Saturns nach de la Lande $= 0{,}53210$; hingegen beträgt sie $= 0{,}55779$, wenn man die mittlere Entfernung des Saturns von der Sonne $= 1$ setzet. M. s. hiervon mit mehreren den Artikel **Weltsystem**.

Die Ellipse wird überhaupt desto eccentrischer, je größer die Eccentricität in Vergleichung mit der halben großen Axe der Ellipse ist. Im Gegentheil nähert sie sich desto mehr dem Kreise, je geringer die Eccentricität der Ellipse in Vergleichung mit der Hälfte der großen Axe ist. Unter den Planetenbahnen ist die des Merkurs am meisten, die der Venus aber am wenigsten eccentrisch.

Echo, Wiederhall (Echo). Wenn ein Schall gegen die Oberfläche eines harten Körpers anstößt, so wird er von demselben nach eben den Gesetzen zurückgeworfen, wie andere elastische Körper; daher entsteht dadurch ein zurückgeworfener Schall, welcher eben das **Echo** genannt wird. Fällt z. B. der Schall an einem Felsen senkrecht auf, so wird er nun mit seiner ganzen Stärke darauf wirken, und in eben der Richtung mit eben der Geschwindigkeit wieder zurückgeworfen, und kömmt auf diese Weise zum zweyten Mahle in das Ohr. Ist nun die Entfernung groß genug, so daß der Urschall schon ganz vorüber ist, wenn der Wiederschall das Ohr zum zweyten Mahle rühret, so muß es die nämliche Empfindung haben, als es bey dem Urschalle hatte, oder es wird diese wiederhohlte Empfindung das Echo zu Wege bringen. Wenn mehrere reflektirende Flächen in gewissen Entfernungen von einander liegen, so daß der Schall von der einen zur andern kommen, und von jeder nach dem Urschall zurück reflektiret werden kann, so wird dadurch eine einzige Sylbe mehrere Mahl wiederschallen, weil der Schall von entfernteren reflektirenden Flächen später zurückgeworfen wird. Ein solches Echo wird ein **vielfaches Echo** genannt. Wäre die reflektirende Fläche nicht senkrecht gegen die Richtung des Schalles gekehret, so wird dieser nach einem dritten Ort reflektiret,

flektiret, an welchem zuerst der Urschall und sodann das Echo gehöret wird.

Soll aber das Ohr das Echo wirklich empfinden, so muß eine gewisse Zeit verfließen, damit der reflektirte Schall abgesondert von dem Urschalle in das Ohr gelange. Ueber die Geschwindigkeit des fortgepflanzten Schalles hat man vorzüglich bey der Nachtzeit durch das Losbrennen des Geschützes Versuche angestellet, weil vermöge der Erfahrung die Geschwindigkeit des Lichtes auf unserer Erde so groß ist, daß diejenige Zeit, welche es brauchet, um einen gewissen Weg zu durchlaufen, für nichts zu achten ist. M. s. Schall. Die von Cassini, Maraldi und de la Caille angestellten sehr genauen Versuche in Frankreich beweisen, daß der Schall in einer Sekunde einen Weg von 173 Toisen oder 1038 pariser Fuß durchlaufe. Wenn daher eine Person, welche einen Schall von sich gibt, von der reflektirenden Fläche 519 Fuß entfernet wäre, so würde sie denselben eine Sekunde später, als sie den Schall von sich gab, wiederschallen hören. Ein solches Echo könnte also so viele Worte oder Sylben wiederschallen, als in der Zeit von einer Sekunde wahrgenommen werden können. Ein solches Echo heißt daher auch ein vielsylbiges Echo (Echo polysyllabum). Die Erfahrung lehret nun, daß auch das geübteste Ohr in einer Sekunde nicht mehr als neun auf einander folgende Töne oder Laute deutlich unterscheiden könne. Soll also das Echo eines Schalles vernehmlich seyn, so muß die Weite des Urschalles von der reflektirenden Ebene so groß seyn, daß $\frac{1}{9}$ von einer Sekunde verfließet, ehe er wieder zurück kömmt. Es wird also wenigstens eine Entfernung des Urschalls von der reflektirenden Fläche erfordert, welche

$$= \frac{1038}{18} = 57\frac{2}{3} \text{ pariser Fuß ist, um den Wiederschall deutlich}$$

zu vernehmen. Weil nun in einer solchen Entfernung nur ein einziger Schall deutlich wiederschallen kann, so heißt auch ein solches Echo ein einsylbiges (Echo monosyllabum).

Hieraus ist es nun leicht zu begreifen, warum gewölbte Gebäude, als Säle, Gänge u. s. f. so stark wiederschallen,

ohne

ohne ein vernehmliches Echo zu bewirken. Denn die Mauern sind theils zu nahe, theils sind sie als eine Reihe unterbrochener und verschiedentlich entfernter Flächen zu betrachten, so daß das Ohr weder den Urschall vom ersten Echo, noch die vielen in einander fließenden Wiederschalle von einander selbst unterscheiden kann. Stehen im Gegentheil verschiedene einzelne reflektirende Flächen in gewissen Entfernungen von einander, so kann auch eine jede ein eigenes Echo bewirken. Daraus kann also ein vielsylbiges Echo entstehen, wobey aber gewöhnlich die ersten Wiederschalle stärker als die letztern sind, indem der Schall in größern Entfernungen durch die Luft mehr geschwächt wird. Indessen können auch bey den folgenden Wiederhohlungen einige entstehen, die stärker als die vorhergehenden sind, nachdem die reflektirenden Flächen mehrere Schalllinien auffangen, und beym Zurückwerfen gleichsam mehr concentriren.

Weil der Schall beym Zurückwerfen eben die Gesetze, wie elastische flüssige Materien, befolget, wohin besonders das Licht gehöret, dessen Gesetze der Zurückwerfung die **Katoptrik** betrachtet, so hat man auch die Lehre vom Echo die **Katoptrik des Schalles** genannt; richtiger würde man sie **Kataphonik** oder **Katakustik** heißen. Den Ort des schallenden Körpers nennt man den **phonischen**, und den zurückwerfenden Ort oder Gegenstand den **phonokamptischen Mittelpunkt**.

Hieraus kann auch leicht gefolgert werden, daß alle feste Körper von beträchtlichen Oberflächen, wie z. B. Gebäude, Festungswerke, Felsen, Berge, hohe Ufer, hohe Mauern u. d. g. ein Echo zu Wege bringen können. Auch in unterirdischen Höhlen kann ein Echo Statt finden. Jedoch lehret aber auch die Erfahrung, daß an manchen Orten, wo man ein Echo erwarten könnte, selbiges nicht erfolget, im Gegentheil daselbst, wo man es nicht vermeinte, wirklich Statt findet. Es müssen daher bey solchen Fällen gewisse andere Umstände noch eintreten, die wir noch nicht zu erklären vermögen. Ueberhaupt ist auch die Lehre von der Zurück-

rückwerfung des Schalles bey weitem noch nicht so glücklich
untersuchet worden, als die der Zurückwerfung des Lichtes.
Es ist bekannt genug, daß die Spiegelfläche, wenn sie durch
Zurückwerfung der Strahlen ein Bild zu Wege bringen soll,
recht glatt poliret seyn muß; allein das ist noch nicht genug
bekannt, wie in allen Fällen die reflektirende Fläche beschaffen seyn muß, wenn sie durch den Schall ein Echo geben soll.
Denn man entdecket oft in den rauhesten und wildesten Gegenden das schönste Echo, wo gar keine glatten Flächen Statt
finden. Dessen ungeachtet aber bleibt es eine ausgemachte
Wahrheit im Allgemeinen, daß die Schallwellen oder Schallstrahlen, wenn sie ein Echo hervorbringen sollen, von einer
Fläche zurückgeworfen werden müssen, um so wieder ins Ohr
zurückzukehren; allein so ausgemacht, wie beym Lichte, lassen
sich doch diese Schallstrahlen nicht auf völlig gerade Linien
bringen.

Unter dem Worte Echo wird auch oftmahls der Ort selbst
verstanden, wo eine Wiederhohlung des Schalles oder Lautes
Statt findet, und dergleichen gibt es auf der Erde in Menge.
Die besonders merkwürdigsten sind diese:

Caspar Barth in den Noten zu der Thebaide des Sta-
tius a) führt ein Echo bey Coblenz am Ufer des Rheins an,
welches ein Wort siebenzehn Mahl wiederhohle, und sonst eine
große Aehnlichkeit mit dem Echo bey der St. Georgen Abtey,
zu Rouen, hat, welches der Abt Gallois auszugsweise aus
einer Schrift von Dom Franc. Quesnet *) beschrieben
hat. Bey diesem Echo ist das Sonderbare dieß, daß derjenige, welcher singet, nicht die Wiederhohlung des Echo,
sondern nur seine Stimme, hingegen der Zuhörer nur die
Wiederhohlung des Echo aber mit erstaunlicher Veränderung
höret. Denn bald scheinet das Echo nahe, bald fern zu seyn;
bald höret man die Stimme sehr deutlich, bald fast gar nicht.
Einer höret nur eine Stimme; ein anderer viele; einer das
Echo zur Rechten, ein anderer zur Linken. Endlich hören

Ddd 4   die

a) Lib. XI. v. 30.
ß) Mémoire de l'Académie roy. des scienc. en 1692.

die Zuhörer und der Sänger, an so verschiedenen Orten sie
stehen, auf so verschiedene Art das Echo. Dom Franc.
Quesnet hat die wahre Ursache von diesem Echo ziemlich
glücklich aus der halbkugelförmigen Gestalt des Vorhofes vor
dem Lusthause le Genetay, und aus der Bewegung des Sän-
gers, welcher im Singen gegen den Eingang des Hofes fortgehen muß, erkläret. Kircher und Schott erzählen von
dem Schloße Simonetta, daß es von hohen parallelen Mauern
umgeben sey, die ein vielfaches Echo verursachen, welches
ein einsylbiges Wort aus einem gewissen Fenster gerufen 40
Mahl wiederhohle. Bey Verdün wird auch ein Echo von
zweyen hohen Thürmen, die 26 Toisen von einander abstehen,
und durch ein Hauptgebäude getrennt sind, verursachet. In
dem einen ist ein gewölbtes Gemach, in dem andern aber
ein gewölbter Vorhof. Diese beyden Wölbungen bewirken
in Ansehung des Schalls etwas Aehnliches, wie zwey Spiegel
in Ansehung des Lichtes. Es werden nämlich die Schallstrahlen von dem einen Gewölbe zu dem andern gesendet und
zwar zu wiederhohlten Mahlen. Spricht man nun auf der geraden Linie zwischen beyden hohen Thürmen, ein lautes Wort,
so wird dieses 12 bis 13 Mahl wiederhohlet, jedoch aber
immer schwächer. Wenn man von der geraden Linie sich
entfernet, so findet keine Wiederhohlung Statt; befindet man
sich zwischen dem einen Thurm und dem Hauptgebäude, so
hört man nur eine einzige Wiederhohlung.

Ein tonisches Echo heißt dasjenige, welches von einem
gewissen musikalischen Tone wiederschallt, und dieß ist eine
Wirkung der Resonanz. s. Resonanz.

Edelgesteine (gemmae, pierres précieuses) sind
sehr glänzende, durchsichtige und sehr harte Steine, welche
mit dem Stahl Feuer schlagen, und verschiedene specifische
Farben besitzen. Sie sind ihrer Seltenheit, Härte und des
schönen Glanzes wegen in einem gewissen zum Theil hohen
Werthe. Man findet sie mehrentheils in einer regelmäßigen
Gestalt; jedoch haben sie bisweilen andere Körperarten in
sich geschlossen, und daher leitet man ihre Entstehung von
Krystal-

Krystallisation her. Ihre Gestalt ist gemeiniglich eine prismatisch-sechseckige, an den Enden zugespitzt. Gewöhnlich werden sie unter die glasartigen Steine gerechnet. Durchs Reiben werden sie beynahe alle elektrisch, und ziehen daher leichte Sachen an.

Die Nahmen der Edelgesteine sind diese: der **Diamant**, der **Topas**, der **Chrysolith**, der **Hyacinth**, der **Spinell**, der **Balas**, der **Rubin**, der **Granat**, der **Amethyst**, der **Saphir**, der **Opal**, der **Beryll** und der **Smaragd**. Von den Diamanten ist bereits schon in einem eigenen Artikel gehandelt worden.

Der **Topas** (topazius, topase), welcher sonst von den Alten **Chrysolith** (chrysolithus veterum) genannt wurde, ist von Farbe gelb oder bräunlich; mehrentheils sechseckig; die hellgelben sächsischen Topase aber sind prismatisch, von vier ungleichen Seiten mit abgestumpften Ecken. Die specifische Schwere des orientalischen Topases ist 4,0106 Mahl größer als die des Wassers.

Der **Chrysolith** (chrysolithus, chrysolithe), **Topas** der Alten (topazius veterum) hat eine grüngelbe Farbe und hat unter allen die geringste Härte. In mäßigem Feuer verliert er seine Farbe. Seine specifische Schwere ist 2,782 gegen die specifische Schwere des Wassers = 1.

Der **Hyacinth** (hyacinthus, hyacinthe) **Lyncurer** der Alten (lyncurius veterum) ist von Farbe rothgelb, zuweilen auch citronengelb oder braungelb, und nicht völlig durchsichtig, daher auch im Werthe gering. Die specifische Schwere beträgt 3,6873.

Der **Spinell** (spinellus, spinell) **Spinell-Rubin** (Rubi-spinellus) ist von Farbe dunkelröthlich.

Der **Balas** (balassus, balais) blasser **Rubin** (Rubi-balassus) von Farbe rosenfarbig.

Der **Rubin** (rubinus, rubis) von Farbe hochroth und sehr hart. Man findet ihn achteckig auch in abgerundeten Stücken. Sein Werth wird dem des Diamanten gleich geachtet. Die specifische Schwere der besten orientalischen ist 4,2833.

Ddd 5 Der

Der **Granat** (granatus, grenat, Amethystus veterum) ist von Farbe dunkelroth, blutroth und sehr eisen-
haltig. Man findet ihn in eckigen Gestalten von 4 bis 24
Seiten. Die specifische Schwere beträgt 4,1888.

Der **Amethyst** (amethystus, amethyste) **Hyacinth
der Alten** (hyacinthus veterum) ist von Farbe röthlich-
blau, violet, und findet sich oft in großen Stücken von ver-
mischten Farben. Seine specifische Schwere ist 2,6535.

Der **Saphir** (saphirus, saphir) ist von Farbe him-
melblau und sehr hart, verliert aber im Feuer seine Farbe.
Die specifische Schwere der blauen orientalischen ist 3,994.

Der **Opal** (opalus, opal) **Wehse** (paederas) ist von
Farbe milchbläulich, in welchem sich alle Farben zeigen.

Der **Beryll** (beryllus, aiguemarin), **Aquamarin**
(aquamarinus) von Farbe grünblau oder meergrün, verliert
sie aber im Feuer. Seine specifische Schwere ist 2,7329.

Der **Smaragd** (smaragdus, emeraude) **Prasem**
(prasius) von Farbe grün und hart, und wird in eckigen,
oft auch in runden und platten Gestalten gefunden. Seine
Schwere ist 2,7755.

Der orientalische Rubin verändert seine Gestalt im Feuer
nicht, er behält darin seinen Glanz, Farbe und Gewicht. Auch der Topas, der Chrysolith, und der Smaragd schmelzen im Feuer nicht, aber der Chrysolith und der
Saphir verlieren in demselben leicht die Farbe. Die übrigen Edelgesteine schmelzen im Feuer, und verlieren dadurch
ihre Farben, bis auf den Granat, dessen Farbe noch dunkler
wird. Alle Edelgesteine endlich werden in dem concentrirten
Sonnenfeuer zerstöret.

Eigenschaften, verborgene s. Qualitäten.

Eigenthümliche Schwere, eigene Schwere s.
Schwere, specifische.

Einfallender Strahl (radius incidens, rayon in-
cident) heißt bey der Lehre der Brechung und Zurückwerfung
des Lichtes derjenige Strahl, welcher auf eine brechende oder
zurückwerfende Fläche fällt.

Einfalls-

Einfallsloth, Neigungsloth (cathetus incidentiae, axe d'incidence) ist eine auf die brechende oder reflektirende Fläche senkrecht stehende gerade Linie, welche durch
den Einfallspunkt eines einfallenden Strahls gehet. Ist die
brechende oder reflektirende Fläche sphärisch, so geht das Einfallsloth gehörig verlängert allemahl durch den Mittelpunkt
der Kugel, weil alle geraden Linien, welche auf den Berüh-
rungsflächen durch die Berührungspunkte senkrecht stehen, den
Mittelpunkt der Kugel treffen.

Einfallspunkt (punctum incidentiae, point d'incidence) ist derjenige Punkt der brechenden oder zurückwerfenden Fläche, durch welchen der einfallende Strahl gehet.

Einfallssinus (sinus anguli incidentiae, sinus de
l'angle d'incidence) heißt der Kürze wegen der Sinus des
Einfallswinkels, welcher bey der Brechung der Lichtstrahlen
durch einerley brechende Materie mit dem Sinus des brechenden Winkels in einem beständigen Verhältnisse sich befindet. M. s. **Brechung der Lichtstrahlen.**

Einfallswinkel (angulus incidentiae, angle d'incidence) ist der Winkel (fig. 63.) c d h, welchen der einfallende Strahl h d mit dem Neigungslothe d d macht. Manche optische Schriftsteller nennen auch diesen Winkel den Neigungswinkel; den Einfallswinkel aber das Complement des
Winkels c d h, oder den Winkel h d b, welche der einfallende
Strahl h d mit der brechenden oder zurückwerfenden Fläche
macht.

Einklang (vnisonus, toni vnisoni, unisson) ist
das Zusammenklingen zwey gleicher Töne, welche in gleichen Zeiten gleiche Schwingungen verursachen; oder wovon
der eine keinen höhern oder tiefern Ton als der andere hat.
Wenn also ein Einklang entstehen soll, so müssen zwey klin-
gende Körper zu gleicher Zeit einerley Ton geben. Da es
bey Bestimmung der Tonhöhen auf diese drey Stücke ankömmt, 1. auf die Länge, 2. auf die Stärke und Spannung und 3. auf die Dicke der Saiten, so sieht man leicht
ein, daß zwey lange, gleich dicke und gleich gespannte Saiten

ten in einerley Zeit gleich viele Schwingungen, folglich einen
Einklang geben. Es können aber auch Saiten von ungleicher Länge und ungleicher Dicke einen Einklang verursachen,
wenn sie gleich gestimmt sind. In diesem Falle sind alsdann die Saiten verschiedentlich gespannt.

Wenn auch gleich beym Einklang die Anzahl der Schwingungen der Saiten übereintrifft, so unterscheidet doch das
Ohr noch gewisse andere Eigenschaften der Töne z. B. die
Stärke und Schwäche, die Härte und Weiche derselben.
Wenn z. B. eine tönende Glocke mit der gespannten Saite
eines Clavieres einerley Ton hätte, so würde doch das Gehör beyde Töne sehr wohl unterscheiden können.

Wenn von zwey gleich gestimmten Körpern der eine
einen hinlänglich starken Ton angibt, so schallt der andere
auch mit. So wird der gestrichene Ton einer Violine den
gleichtönenden Ton einer gespannten Saite auf dem Claviere
zu Stande bringen. M. s. Resonanz.

Einschattige (heteroscii, heterosciens) heißen diejenigen Bewohner der gemäßigten Zonen auf der Erdfläche,
welche ihre mittäglichen Schatten das ganze Jahr hindurch
nur auf eine Seite werfen. In der nördlichen Halbkugel
ist dieß die Nordseite, in der südlichen Halbkugel aber die
Südseite. Das Wort heteroscii kömmt von dem griechischen
Worte ἕτερος (einer von zweyen) und σχία (der Schatten) her.
Weil nämlich die Sonne in ihrer scheinbaren Bahn beständ-
dig zwischen den beyden Auslaufungskreisen eingeschränkt ist,
so muß es auch in den gemäßigten Zonen der beyden Halbkugeln Derter geben, welche den mittäglichen Schatten das
ganze Jahr hindurch nur auf eine Seite werfen.

Eintritt (immersio, immersion) heißt in der Astronomie der Augenblick, da ein Gestirn bey Verfinsterungen
oder Bedeckungen den Schatten oder den Rand des dunkeln
bedeckenden Körpers erreicht. Bey totalen Verfinsterungen,
da das Gestirn ganz in den Schatten des dunkeln Körpers
fällt und unsern Augen auf einige Zeit unsichtbar wird, heißt
der gänzliche Eintritt (immersio totalis) der Augenblick,

in

in welchem der noch sichtbare Theil des Gestirns ganz in Schatten tritt, und folglich unsern Augen ganz verschwindet.

Bey den Durchgängen der Venus und des Merkurs durch die Sonnenscheibe heißt der Anfang des Eintritts der Augenblick, in welchem der vorangehende Rand eines von diesen Planeten den Sonnenrand von außen berühret; das Ende des Eintritts oder gänzlicher Eintritt aber derjenige Augenblick, in welchem der nachfolgende Rand des Planeten den Sonnenrand von innen berühret, und sich nun der Planet als ein dunkler Fleck vor der Sonnenscheibe zeiget. M. f. Bedeckungen, Durchgänge, Finsternisse.

Eis (glacies, glace) heißt der feste Körper, in welchen sich das Wasser bey einem gewissen bestimmten Wärmegrad, welcher Gefrierpunkt oder Frostpunkt genannt wird, verwandelt. Ueberhaupt werden alle tropfbar flüssige Materien bey einem bestimmten Grade der Temperatur in feste Körper verwandelt, die man im Allgemeinen Eis nennen könnte; vorzüglich aber versteht man doch unter dem Worte Eis gewöhnlich gefrornes Wasser.

So bald der Grad der Temperatur größer wird, als er bey der Verwandlung des Wassers in Eis war, so fängt es auch wieder zu schmelzen an, und wird wieder zu Wasser. Diese jedermann bekannte Erfahrung leitet auf die Folge, daß im gewöhnlichen tropfbaren Zustande des Wassers die Wärmematerie mit dem Wasser verbunden sey, und eben die Flüssigkeit desselben bewirken müsse. Ob aber der Zustand der Flüssigkeit eine bloße Folge des Einflusses der Wärmematerie und Festigkeit der ursprüngliche Zustand aller Körper sey, das ist, wenigstens metaphysisch betrachtet, unwahr. Denn die Möglichkeit der Materie erfordert bloß zurückstoßende und anziehende Kräfte, die ihren bestimmten Grad haben, über welchen und unter welchen noch andere Grade gedacht werden können. Aber auch physisch betrachtet ist es nicht wahrscheinlich, daß der ursprüngliche Zustand der Körper Festigkeit sey, weil der Zusammenhang der Theile der festen Körper nicht so wohl auf den bestimmten Grad der anziehenden und zu-

rückstoßen-

rückstoßenden Kraft der Materie, sondern vielmehr auf die
Reibung der Theile an einander gegründet ist.　Wenn daher
auch gleich bey einem gewissen Grade der Temperatur das
Wasser in einen festen Körper verwandelt wird, so ist doch
der Schluß daraus falsch, daß das Wasser eine Zusammen-
häufung kleiner harter Körperchen sey.　Es kömmt vielmehr
hier auf die qualitative Beschaffenheit der Wärmematerie mit
der des Wassers an.　So kann eine ursprünglich flüssige Materie bey einem bestimmten Grade der Wärme in den Zustand der Festigkeit, und eine ursprünglich feste Materie bey
einem andern Grad der Wärme in den Zustand der Flüssigkeit übergehen.　M. s. den Artikel Gefrieren.

Die Erscheinungen bey dem Entstehen und Zerschmelzen
des Eises nebst den Eigenschaften desselben sind mit einer
vorzüglichen Aufmerksamkeit vom Herrn von Mairan -)
betrachtet und beschrieben worden.　Um die Entstehung des
Eises genau zu beobachten, muß man Wasser in großen Gefäßen von dünnem Glase einer Temperatur aussetzen, welche
das Wasser in Eis verwandelt.　Jedoch muß diese Kälte
nicht zu heftig seyn, damit das Wasser nicht plötzlich gefriere, und man die Phänomene des Gefrierens desto besser beobachten könne.　In einem solchen dem Froste ausgesetzten
Gefäße bemerket man anfänglich auf der Oberfläche des Wassers, welche die Luft berühret, ein dünnes Eisblättchen;
hierauf entstehen Strahlen von Eis, welche aus den Wänden des Gefäßes hervorzugehen scheinen, und gegen dieselben
unter verschiedenen, selten unter einem rechten Winkel geneigt sind.　An diese Eisstrahlen hängen sich hierauf wieder
andere, sodann abermahls neue u. s. f. unter eben so verschiedenen Winkeln an.　Hierdurch werden nun die Eisstrahlen
in Menge erzeuget, und bilden Eisblätter, welche an der
Anzahl immer mehr zunehmen, stärker werden und zuletzt
durch ihren gegenseitigen Zusammenhang eine vollkommene
Eismasse

_____

-) Dissertat. sur la glace à Paris 1735. 8. Stark vermehrt 1749. 8.
　Des H. v. Mairan Abhandlung von dem Eise a. d. Franz. Leip-
　zig 1752. 8.

Eismaſſe verurſachen. Dieſe Erſcheinungen entſtehen deſto
ſchneller und plötzlicher, je größer die Kälte iſt.

Während des Entſtehens des Eiſes entwickeln ſich im
Waſſer kleine Luftblaſen, und ſteigen in ſelbigem zur Oberfläche des Waſſers empor, wie ungefähr, wenn das Waſſer
über dem Feuer zu ſieden anfangen will. Die kleinen Luftblaſen ſind deſto zahlreicher und kleiner je langſamer das Gefrieren von Statten gehet; ſie ſammeln ſich nach der Seite
zu, wo das Gefrieren langſamer erfolget, und wo ſie zugleich
oftmahls große Bloſen bilden, die bisweilen 2 bis 3 Linien
im Durchmeſſer beſitzen. Gewöhnlich ſind dieſe Blaſen in
der Mitte und an der Axe des Gefäßes viel größer, als an
den Seitenwänden des Gefäßes und an der Oberfläche des
Waſſers. Wenn das Gefrieren des Waſſers langſam erfolget, ſo werden eine Menge von dieſen Luftblaſen Zeit genug
haben, aus dem Waſſer hervorzugehen; wenn aber das Gefrieren plötzlich Statt hat, ſo können ſie nun nicht mehr entweichen, und ſie bleiben daher im Eiſe zurück. Geht das
Gefrieren des Waſſers nicht ſo ſchnell vor ſich, ſo entſtehen
alsdann immer mehrere Luftblaſen, je mehr das Gefrieren
zunimmt; iſt die obere Eisrinde ſchon gebildet, ſo ſammeln
ſie ſich bisweilen und verurſachen durch ihre Ausdehnung,
daß das obere Eis zerſprenget, und dadurch Riſſe nach ver-
ſchiednen Richtungen bekömmt; oft aber treiben ſie, wenn
die Eisrinde ſchon zu dick iſt, die Mitte derſelben in die Höhe,
und machen, daß die Oberfläche des Eiſes gewöhnlich in
der Mitte erhabener als am Rande iſt.

Wenn das Gefrieren des Waſſers plötzlich vor ſich gehet,
mithin die entſtandenen Luftblaſen nicht entweichen können,
und in dem Eiſe eingeſchloſſen bleiben, ſo wird dadurch die
Eismaſſe viel von ihrer Durchſichtigkeit verlieren; da im
Gegentheil langſam entſtandenes Eis an der Oberfläche bis
auf einige Linien Tiefe faſt beſtändig durchſichtig iſt, und erſt
alsdann undurchſichtig wird, wenn ſich dieſe Luftblaſen in zahlreicher Menge geſammelt haben. Man nimmt mehrentheils
an, daß das Eis gleichförmiger und durchſichtiger werde,

wenn

wenn man das Wasser vor dem Gefrieren von der Luft reiniget, die darin enthalten ist. Dieses kann man entweder
durchs Kochen des Wassers oder durchs Auspumpen unter
der Glocke einer Luftpumpe erhalten. Allein der Herr Hofr.
Lichtenberg *) führt einen Versuch an, welchen er am
30ten Dec. 1783 bey einer großen Kälte anstellte: er ließ
Wasser, welches er sowohl durch Kochen als Auspumpen
von Luft so weit gereiniget hatte, als es ihm mit einem sehr
guten Instrumente nur immer möglich war, im Vacuo gefrieren. Der Erfolg war sehr frappant, das Glas, worin
das Wasser sich befand, war, wie sonst gewöhnlich ist, zerbrochen, allein das Eis, anstatt durchsichtiger als anderes
zu seyn, stellte fast einen bloßen Schaum vor, ja die ganze
Masse war in der Mitte durch eine große Blase, die sich von
einer Seite des Gefäßes nach der andern erstreckte, getheilt.

So bald das Wasser dem Gefrieren nahe kömmt, und
noch weit mehr im Augenblicke des Gefrierens, so wie auch
selbst eine Zeitlang nach demselben, nimmt der Umfang des
Wassers beträchtlich zu. Bringt man Wasser in eine lange
Röhre, setzt dieß dem Froste aus, indem man die Stelle
bemerkt hat, wie weit die Oberfläche des Wassers in der
Röhre sich erstreckt, so nimmt man gar deutlich wahr, daß
das Wasser, noch ehe es gefrieret, anfänglich durch die
Kälte zusammengezogen, kurz vor dem Gefrieren aber eine
kleine Zeit gleichsam stille stehet, und im Augenblicke des Gefrierens sich sehr schnell und stark ausdehnet. Von dieser
starken Ausdehnung des Eises kömmt es her, daß die Gefäße
so leicht zerspringen, wenn in ihnen Wasser schnell gefrieret,
besonders wenn sie eine enge Oeffnung haben, und nicht stark
genug sind der Gewalt der Ausdehnung zu widerstehen. Aus
eben dieser Ursache werden vom Froste Bäume und Felsen
von einander gerissen, das Pflaster auf den Straßen gehoben u. d. g. mehr. Ueberhaupt ist die Gewalt, womit das entstehende Eis die Gefäße, worin es eingeschlossen ist, zersprengt, bewundernswürdig groß. Huygens stellte hierüber

*) Erxleben Anfangsgründe der Naturlehre §. 426. Anmerk.

der folgenden Verſuch an: er nahm ein eiſernes Rohr einen Zoll dick, füllte ſelbiges mit Waſſer an, und verſtopfte es alsdann ſorgfältig an den beyden Enden. Nachdem er nun dieſes einem ſtarken Froſte zwölf Stunden ausgeſetzet hatte, ſo fand er ſelbiges an zwey Orten zerſprungen. Noch mehrere Verſuche dieſer Art wurden von der Akademie del Cimento zu Florenz *) angeſtellt. Es wurden ſehr viele Gefäße von Glas und verſchiedenen Metallen, welche meiſtentheils die Geſtalt einer Kugel oder eines Sphäroids hatten und ſehr dick waren, mit Waſſer angefüllt, und einer ſtarken Kälte ausgeſetzt. Der Erfolg war, daß ſie alle zerſprangen. Bey einem Gefäße, welches von Kupfer war, berechnete Muſſchenbroek die Kraft, welche es zu ſeiner Zerſprengung nöthig hatte, auf 27720 Pfund. Noch neuere Verſuche über die Gewalt des Eiſes bey Zerſprengung der Gefäße ſind von Williams ε) in den Jahren 1784, und 1785 angeſtellt worden. Eine Bombe von 12¾ Zoll im Durchmeſſer und 1⅜ bis zwey Zoll dick ward zerſprengt, und eine Eisplatte durch den Riß ringsum hervorgetrieben. Von einer andern Bombe ward ein eingetriebener Stöpſel, 39¾ Unzen ſchwer, bey — 6 Grad Temperatur 61 Fuß weit fortgetrieben, und ein Eiscylinder von 4 Zoll lang war herausgetreten. Bey noch einer andern Bombe, welche eine Elevation von 45° hatte, flog ein Stöpſel bey — 19° Temperatur 41⅞ Unzen ſchwer 415 Fuß weit. Ueberhaupt macht Williams aus ſeinen Verſuchen den Schluß, daß die Ausdehnung des gefrierenden Waſſers jeden Widerſtand überwältige; und ſey das Behältniß zu ſtark, um zerſprengt zu werden, ſo behalte das Waſſer ſeine Flüſſigkeit, ſo ſtark auch die Kälte ſeyn möge.

Von der Ausdehnung des Waſſers beym Gefrieren gibt Mairan folgende drey Urſachen an. Die erſte ſey die

Menge

---

*) Tentamina experimentorum natur. captorum in Acad. del Cim. ed. Petr. v. Muſſchenbroek Lugd. Batav. 1731. 4.
ε) Transact. of the Royal ſociety of Edinburgh. Vol. II. 1790. Gothaiſches Magazin. B. VIII. S. 176.

Menge der im Wasser entstehenden sichtbaren Luftblasen.
Nach seiner Meinung ist die Luft im Wasser in sehr viele
feinere Theile getheilet, welche sich abgesondert in den Zwischenräumen des Wassers aufhalten könnten, und in diesem
Zustand größtentheils keine Elasticität mehr besäßen; beym
Gefrieren aber verbinden sie sich nach ihm in größere Blasen,
welche nicht nur aus den Zwischenräumen des Wassers heraus-
treten, und dadurch mehr Raum leer lassen, sondern auch
wegen ihrer Elasticität die ganze Masse mehr von einander
treiben. Dabey führt er einen von ihm wiederhohlten Versuch des Huygens's [a] und Boyle's [b] an, daß das Wasser
durchs Auspumpen von Luft befreyet seine specifische Schwere
nicht ändere, daher auch die große Menge von der darin eingeschlossenen Luft seinen Umfang nicht merklich vergrößern
könne. Dem Herrn Hofrath Lichtenberg scheint es unwidersprechlich, daß die in dem Wasser eingeschlossene Luft
einigen Antheil an dieser Ausdehnung habe; allein, daß dieser Luft alles dabey zu zuschreiben sey, ist ihm aus den oben
angeführten Versuche sehr zweifelhaft. Hiernach fraget er,
welches ist das wahrscheinlichste: 1. ist das Wasser noch
nicht ganz rein von Luft gewesen, und daher der Schaum
nur deßwegen entstanden, weil die noch in dem Wasser befindliche Luft nunmehr im Vacuo entwickelt, wenig Widerstand fand, und also in große Blasen übergieng? 2. wird
bey dem Proceß des Gefrierens Luft erzeuget? 3. oder tritt
endlich der Umstand ein, daß das Wasser, indem es in Eis
übergehet, eine große Menge specifische Wärme abzusetzen
genöthiget ist, die nämlich, die es als flüssiger Körper mehr
haben muß, welche im Stande ist im luftleeren Raume ein
augenblickliches Sieden hervorzubringen? Das zweyte und
dritte ist wohl nicht allein wahrscheinlich, sondern wohl gewiß. Das erstere hingegen scheint mir nicht wahrscheinlich
zu seyn. Ueberhaupt bin ich der Meinung, daß das Wasser
im natürlichen Zustande nicht ein Mahl Luft eingeschlossen in

sich

a) Journal des sav. 25 Juill et 1672.
ß) Philosoph. transact. n. 62.

sich enthalte. Der Versuch mit der Luftpumpe, daß sich beym Evacuiren aus dem Wasser Luft entwickele, beweiset meiner Meinung nach dieß nicht. Unter dem Artikel Dampf ist schon gezeiget worden, daß bey gleicher Temperatur desto mehr Dampf bestehen könne, je geringer der Druck der Atmosphäre ist. So bald also die Evacuation vor sich gehet, so wird der Druck der Luft auf die Oberfläche des unter der Glocke befindlichen Wassers geringer, folglich muß der nunmehr in größerer Menge mit dem Wasser verbundene Wärmestoff, um das Gleichgewicht mit dem äußern Druck zu halten, Theilchen des Wassers mit fortreißen, und daher Dampf bilden, dadurch entstehet eben ein wahres Sieden in dem Wasser. Hiervon wird man noch mehr überzeuget, wenn man beym ersten oder zweyten Mahle Auspumpen die äußere atmosphärische Luft hinzuläßt, da sich alsdann durch den Druck der entstandene Dampf zersetzt, und als kleine Wassertropfen an die gläserne Glocke anleget. Man kann nun hieraus sehr leicht die Anwendung auf das Gefrieren des Wassers machen. Nach dem dynamischen System erfüllt das vollkommen flüssige Wasser seinen Raum mit Continuität, und hat folglich keine leere Zwischenräume, in welchen die Luft sich befinden könnte. So bald nun die äußere Temperatur geringer wird, so wird auch das Gleichgewicht der Atmosphäre mit der zurückstoßenden Kraft des Wärmestoffs des Wassers unterbrochen, und es muß daher ein Theil des Wassers als Dampf fortgeführet werden, welcher beym schnellen Gefrieren des Wassers aber nicht Zeit genug hat zu entweichen, und daher die Blasen in dem Eise verursachet.

Die zweyte Ursache der Ausdehnung des frierenden Wassers setzt Mairan in die veränderte Lage der Bestandtheile des Körpers gegen einander durch das Herausgehen der Luft. Er stellt sich nämlich die Theile des Wassers als Sphäroiden, die Theile der Luft aber als Stahlfedern vor, welche sich im Zustande der Flüssigkeit um die Sphäroiden winden, beym Gefrieren aber lostrennen, und die Wassertheilchen von einander entfernet halten. Allein diese angenommene Gestalten

der

der Wassertheile und Lufttheile sind ganz willkürlich angenommen, und durch keine einzige Erfahrung bewiesen, daher diese Ursache wohl schwerlich bey irgend jemand Eingang finden wird.

Die dritte Ursache setzt er in das Bestreben der Wassertheile, welches sie so deutlich zeigen, sich als Strahlen unter Nebenwinkeln von 60 und 120° an einander zu legen. Man kann dieses Bestreben als eine wahre Krystallisation betrachten, und diese mag auch wohl vorzüglich die vornehmste Ursache der Ausdehnung des Eises seyn. Dieß Phänomen der Eisstrahlen, sich unter diesen Winkeln mit einander zu verbinden, kann man vorzüglich an den gefrornen Fensterscheiben, und allenthalben, wo Eis in dünnen Blättern entstehet, gewahr werden. Auch in Gefäßen machen die Eisnadeln, welche im Wasser entstehen, mit den Seitenwänden eben diesen Winkel. Aus diesem Bestreben folgt nun eine Ausdehnung oder eine Ausbreitung des gefrierenden Wassers dieserwegen, weil länglichte Theile oder kleine Nadeln, welche sich unter irgend einem Winkel mit einander verbinden, nothwendig Ausdehnung nach der Richtung, nach welcher ein Schenkel des Winkels von dem andern abweicht, verursachen müssen. Diese Ursache hält auch **Mairan** für die stärkste, und fügt noch bey, daß sie in großen Wassermassen durch die Nähe der Wassertheilchen an einander sehr eingeschränkt würde; im Schnee hingegen wirke sie ganz frey, und sey daher auch der Grund der großen Lockerheit des Schnees, welcher oft einen Raum einnimmt, der 12 Mahl größer ist, als das Wasser, in das er zerfließt.

Vor alten Zeiten hatte man auch noch die Meinung, daß abgekochtes Wasser eher als ungekochtes gefriere; allein nach den Versuchen **Mairans** und anderer hat sich diese Meinung keinesweges bestätiget; man hat gefunden, daß hierin gar kein Unterschied zwischen gekochtem und ungekochtem Wasser sey.

Man hat auch sonst noch das Vorurtheil gehabt, und hat es zum Theil jetzt noch, daß das Eis in den Flüssen auf dem Grunde entstehe, und solches erst nachher unter dem

Nahmen

Nahmen des **Grundeises** in sehr großen Schollen in die Höhe komme. Weil die Luft die Wärme eher als das Wasser verlieret, so muß auch natürlich das Eis zuerst auf der Oberfläche des Wassers entstehen, wo die kältere Luft selbiges berühret, und ihm folglich daselbst die Wärme zuerst entziehen. Die Erde und der Sand, welche man an den Eisschollen oftmahls bemerket, sind nicht Zeichen, des Eises vom Grunde, sondern vielmehr vom Rande der Flüsse. **Nollet** *) hat sich besonders die Mühe genommen, dieses sehr genau zu untersuchen.

Die Erfahrung beweiset auch, daß stillstehende Gewässer eher, als die fließenden gefrieren; auch an den Ufern der Gewässer gefrieret es eher als in der Mitte, wo der Strom am schnellsten ist.

Merkwürdig ist es aber, daß das Wasser eine etwas stärkere Kälte ertragen kann, ohne zu gefrieren, wenn es in zugestopften Gefäßen der Kälte ausgesetzet wird, und im vollkommen ruhigen Zustande sich befindet, als beym Zugange der freyen Luft. Eine starke Erschütterung aber bringt dieses Wasser augenblicklich zum Gefrieren, und gewöhnlich zu einer schaumigen mit sehr vielen Luftblasen angefüllten Masse. **Fahrenheit** *) bemerkte dieß zuerst. Er nahm eine luftleere Kugel, welche bis zur Hälfte mit Wasser angefüllt war, setzte diese am 2ten März 1721 der Kälte aus, die nach seinem Thermometer 15 Grade (oder nach Reaumur 7 Grad unter dem Frostpunkte) betrug, und fand das Wasser am Morgen des andern Tages noch flüssig, obgleich die Kälte auf einerley Grad geblieben war. Nun brach er die Spitze an der Glaskugel ab, die beym Zerschmelzen geblieben war, und bemerkte, daß das Wasser in dem Augenblicke mit kleinen Eisspitzen vermischt wurde. Er schloß daraus, daß der Mangel der Luft das Gefrieren des Wassers gehindert habe. Nach wiederhohlten Versuchen bemerkte er aber durch einen Zufall, daß nicht so wohl der Mangel der Luft, sondern vielmehr eine voll-

kommene

*) Histoir. de l'Academ. roy. des scienc. 1743.
*) Philosoph. transact. 1724. n. 382.

kommene Ruhe des Wassers das Gefrieren desselben hindere, und daß nur eine kleine Bewegung hinreichend sey, das Wasser sogleich gefrieren zu machen. Als er nämlich eine solche Kugel in der Hand trug, und ungefähr mit dem Fuß an etwas anstieß, so vermischte sich sogleich das Wasser mit Eisnadeln. Er sagt, hoc casu fortuito edocebar, glaciem in aqua satis frigida agitatione produci posse, simulque iudicii errorem agnoscebam, quod nempe absentiae aëris fluiditatem aquae attribuissem. Er bemerkt dabey, daß die Eisnadeln mit dem Wasser eine Zeitlang vermischt geblieben wären, und die ganze Masse wie ein Anschießen von Salzen ausgesehen hätte; auch habe sein Thermometer, das er in das Gemisch von Eis und Wasser gebracht, beständig 32 Grad, oder den wahren Frostpunkt, gezeigt, obgleich das Wasser vorher kälter gewesen sey. Auch **Martin Triewald**, Maschinendirektor in Schweden, hat dieß in einem Briefe an **Sloane** *) bestätiget. Am 15ten Dec. 1729 nahm er nämlich eine lange mit Wasser angefüllte Flasche, worin cartesianische Teufelchen sich befanden, von dem Gestelle herab, und fand selbiges, ungeachtet es eine große Kälte war, noch flüssig; da er aber mit der Hand auf die Blase druckte, so verwandelte es sich in Zeit von einer Sekunde in Eis. Die Versuche mit Wasser in genau verstopften Flaschen hat **Müsschenbroek** wiederhohlet. Nachdem er das Wasser in selbigen eine Nacht hindurch einer starken Kälte ausgesetzt, ohne zu gefrieren, so wurde es binnen einer Minute mit Eisspitzen angefüllt, als er die Stöpsel abgezogen, und die Luft dazu gelassen hatte. Sehr viele Versuche dieser Art führt besonders **Mairan** an, und beweiset auch dadurch, daß das Wasser, wenn die Oberfläche desselben mit Oel bedecket ist, eine stärkere Kälte, ohne zu gefrieren, ertragen könne, als das Wasser, welches der freyen Luft ausgesetzet ist; er fand nämlich, daß das Wasser, über welches Baumöl gegossen war, bey einer Kälte von 5 Grad unter dem Gefrierpunkte sich nicht in Eis verwandelte, bis er mit einem Schlüssel an

das

*) Philosoph. transact. n. 418.

das Gefäß klopfte, da alsdann nach 12 bis 15 Schlägen, das ganze Waffer mit Eisblättern vermengt war, und nach weggenommenem Baumöl, sich gänzlich in Eis verwandelte. Herr **Brugmans** in Gröningen hat auch gefunden, daß das Waffer, ohne zu gefrieren, zuweilen eine Kälte von — 11,7 Reaum. (+ 5,7 Fahrenh.) aushielt ").

Herr **de Lüc** *) brachte eine kleine Menge Waffers, das er von Luft gereiniget hatte, in einen Kolben, worein ein Thermometer geftellet war, und fand, daß diefes Waffer weit unter dem gewöhnlichen Eispunkte, ohne zu gefrieren, erkalten könne. In diefem Zuftande hat er Waffer einer natürlichen Temperatur der Luft, welche mehrere Tage etwa — 8° nach feiner Skale oder 14 Grad Fahrenh. hatte, ausgefetzt, und es blieb flüffig. Sobald er aber das Waffer mit einem kleinen Stückchen Eis berührte, fo wurde ein Theil von dem erkalteten Waffer fogleich in Eis verwandelt; die daraus frey gewordene Wärme brachte das übrige Waffer fogleich auf den Froftpunkt, und auf diefem Punkte blieb die Maffe fo lange, bis fie ganz in Eis verwandelt war; nachher richtete fie fich nach der äußern Temperatur. Hieraus erkläret de Lüc zugleich ⁷), wie im Luftkreife Bläschen fich bilden und exiftiren können, wenn gleich die Temperatur beym Gefrieren ift, weil außer dem Erkalten noch irgend ein beftimmender Umftand nöthig ift, damit fich das Eis bilde.

Vorzüglich hat **Blagden** ³) Verfuche angeftellt, das Waffer unter verfchiedenen Umftänden unter den Froftpunkt herabzubringen, ohne daß es gefriere. Deftillirtes Waffer ließ fich bis 24, und 23, und wenn es eine Zeitlang gekocht hatte, bis 21 Grad nach Fahrenh. erkälten; hartes Brunnenwaffer nur bis 25 und 24; trübes Waffer vom New River

Eee 4 · gar

α) van *Swinden* obfervat. fur le froid rigoureux de 1776 Amfterd. 1778. gr. 8.

β) Neue Ideen über die Meteorologie. Th. I. Berlin und Stettin, 1787. 8. §. 207.

γ) a. a. O. Th. II. §. 610.

δ) Philofoph. transact. Vol. LXXVIII. P. I. p. 125 fqq. p. 277 fqq. überf. in Grens Journal der Phofik. B. I. S. 87 u. f. S. 393 u. f.

gar nicht unter den Gefrierpunkt. Ueberhaupt schien der
Mangel an Durchsichtigkeit das Wasser unfähig zu machen,
daß es sich weit unter dem Gefrierpunkte erkälte; hingegen
Säuern und Auflösungen von Salzen machten es fähig, daß
das Wasser noch tiefer unter dem Gefrierpunkte erkältet werden konnte, ohne zu gefrieren. Obgleich die Ruhe des Wassers dieser Erkältung günstig ist, so bringt doch nicht eine jede
Bewegung ein plötzliches Gefrieren hervor, wie bereits schon
Wilke *) erinnert hat. Wasser, das bis 21 Grad erkältet
war, konnte im Becher gerüttelt, mit einem Federkiel umgerühret und die Oberfläche angeblasen werden, ohne zu
gefrieren. Eine schütternde Bewegung, z. B. Aufstoßen des
Bechers mit dem Boden, Reiben mit dem Federkiel oder mit
Wachs an der Seitenwand des Bechers unter dem Wasser
u. s. f. machen das Wasser am ersten gefrieren. Das Wasser
am ersten und besten augenblicklich zum Stehen zu bringen
ist die Berührung desselben mit einem Stückchen Eis, so
klein dieses auch seyn mag; von diesen berührten Stellen
schließen durch die ganze Masse die schönsten Eiskrystallen an,
und das Thermometer steigt schnell durch 10 bis 11 Grade, bis
auf 32 in die Höhe. Daraus schreibt Blagden den Wassertheilchen eine Polarität zu, vermöge welcher sich nur besondere Stellen derselben anziehen; und welche durch eigene
Arten der Bewegung, so wie durch Berührung mit Eis, befördert werde.

Die Ursache, daß das Wasser in verschlossenen Gefäßen
eine stärkere Kälte ertragen kann, als das Wasser, welches
der freyen Luft ausgesetzt ist, liegt vielleicht darin, daß die
Wärme in dem Wasser in eingeschlossenen Gefäßen länger zurückgehalten werde, als bey der Berührung der freyen Luft.

Wegen der Ausdehnung des Wassers beym Gefrieren wird
das Eis specifisch leichter als das Wasser selbst, und daher
kömmt es, daß losgerissene Eisschollen auf dem Wasser
schwimmen. Das specifische Gewicht des Wassers zu dem
des Eises wird gemeiniglich in dem Verhältnisse 1000 : 916

oder

*) Schwedische Abhandlungen. B. XXX.

oder 9 : 8 ausgedruckt; nach **Irving** ist dieß Verhältniß
15 : 14 und nach **Williams** 18 : 17. Ueberhaupt läßt sich
dieß Verhältniß nicht ganz bestimmt angeben, weil nach
Beschaffenheit der Umstände in der einen Eißmasse mehr
oder weniger Luftblasen eingeschlossen seyn können als in der
andern, woher eine Verschiedenheit dieses Verhältnisses entstehen muß. Auch haben **Mairan** und nach ihm verschiedene andere gefunden, daß das Volumen des Eises selbst nach
seiner Entstehung noch zunehme, und daher sein specifisches
Gewicht vermindert werde. **Mairan** sucht den Grund dieser zunehmenden Ausdehnung in der Vereinigung mehrerer
kleiner Luftbläschen, wodurch ihre Elasticität vergrößert
wird. Aus seinen Beobachtungen nahm ein Bläschen von
einer Linie im Durchmesser in einigen Tagen mehr als $\frac{1}{4}$ Zoll
im Durchmesser zu. Aus dieser zunehmenden Ausdehnung
leitet er auch das Krachen her, welches man zuweilen auf
großen zugefrornen Flüssen, Seen und Teichen höret, wodurch zugleich das Eis aufspringt, oder Risse bekömmt, welche
sich oftmahls auf eine ansehnliche Weite erstrecken. Im
Jahre 1740 ließ er ein Stück Eis, dessen specifisches Gewicht
$\frac{8}{9}$ von dem des Wassers betrug, acht Tage lang im Wasser
stehen, und fand nachher das specifische Gewicht $\frac{8}{9}$ von dem
des Wassers, daß sich also der Umfang dieses Stück Eises
während den acht Tagen noch um $\frac{1}{7}$ vergrößert hatte.

Nachdem verschiedene Gewässer auch verschiedene fremd-
artige Bestandtheile in sich enthalten, nachdem erfordern sie
auch einen größern oder geringern Grad der Kälte, wenn sie
frieren sollen. So verlangt das Meerwasser, und überhaupt
gesalzenes Wasser, einen merklich größern Grad von Kälte
als süßes, wenn es frieren soll. Wenn das Meerwasser in
einem offenen Gefäße der freyen Luft ausgesetzet wird, so wird
es anfänglich beym Gefrieren blätterlicht, schwammig, brüchig,
etwas gesalzen und undurchsichtig; nachher aber wird es,
wenn nur die Kälte anhaltend und stark genug ist, so hart,
und so durchsichtig und süß, wie das Eis, welches im süßen
Wasser entsteht, wenn es ruhig, und seine Oberfläche der

Eee 5 kalten

kalten Luft ausgesetzet ist. Es fängt nämlich das Salz gleich beym Gefrieren des Salzwassers an, sich vom Eise abzusondern, und diese Absonderung erfolget desto mehr, je stärker das Salzwasser gefrieret. An dieser Absonderung des Salzes von dem Eise zweifelte man sonst, allein es hat sich dieses aus den Nachrichten der Geschichtschreiber genugsam bestätiget *). Um beyde Pole unserer Erde gibt es ungeheure harte Eismassen, welche sich am Feuer in süßes trinkbares Wasser auflösen, und welches man auch zum trinkbaren Wasser auf den Schiffen gebrauchet. Die Größe und die Menge der ungeheuern Eisklumpen, welche auf den kalten Meeren um die Pole schwimmen, übertreffen alle Vorstellung. Allenthalben erblickt man Eisfelder, welche oft viele Meilen lang und breit, und mit Eisfelsen, die über 100 Fuß über das Wasser hervorragen, besetzt sind. Diese hohe Massen von Eis entstehen unstreitig aus Eisfeldern, welche sich auf der Oberfläche des Meeres erzeugen, und oft wohl an 100 Meilen lang sind. Diese zerbricht der Sturm, ihre Eisschollen werden über einander geworfen und frieren zusammen, so daß man nachher ihre verschiedene Schichten noch deutlich wahrnehmen kann.

Was die Festigkeit des Eises betrifft, so ist diese desto größer, je weniger Luft es besitzet, folglich je dichter es ist. Das Eis der Nordländer ist beständig weit fester und härter, als das Eis in unsern Gegenden, und läßt sich kaum mit dem Hammer zerschlagen. Die Festigkeit des Eises wird dadurch noch größer, daß es vom Wasser getragen wird. Die Erfahrung beweiset es, daß eine Eisrinde von mäßiger Dicke, wenn sie ununterbrochen sich auf eine beträchtliche Weite erstreckt, ansehnliche Lasten tragen kann. Im Jahre 1683 ließ die königliche Societät zu London die Dicke des Eises in der Themse messen, und man fand diese 11 Zoll, obgleich belastete Wagen darüber fuhren. So bald aber das Eis Risse oder Spalten erhalten hat, und folglich hier und da in der

Verbin-

---

*) R. Forster Bemerkungen ꝛc. auf seiner Reise um die Welt, aus dem Engl. übersetzt von Ge. Forster. Leipzig 1783. 8. S. 59 u. f.

Verbindung seiner Theile unterbrochen ist, so wird es auch
bey ziemlich starker Dicke wenige Lasten zu tragen vermögen.
Auf einer ununterbrochenen Eisfläche, welche ungefähr 1 Fuß
dick ist, kann eine ganze Armee sicher stehen; hingegen auf
einer eben so dicken Eisscholle von 70 Quadrattoisen können
nicht 100 Mann sich aufhalten, ohne unterzusinken. Rechnet
man nämlich auf jeden Mann 160 Pfund Gewicht, so beträgt die ganze Last 16000 Pfund; nun übertrifft aber das
Gewicht des von der Eisscholle verdrängten Wassers das Gewicht der Eisscholle selbst (wenn man die specifischen Gewichte
des Wassers und Eises wie 12:11 setzt, und den Cubikfuß
72 Pfund schwer nimmt) nur um 15120 Pfund.

Wenn in der freyen Luft Wasser zu gefrieren anfängt,
so hat es allemahl einen gewissen bestimmten Grad der Temperatur, so daß so gar das Wasser, welches etwas kälter als
dieser bestimmte Grad ist, in dem Augenblicke des Gefrierens
etwas von seiner Kälte verlieren muß. Diese Temperatur
ist mit der Temperatur des thauenden Eises völlig einerley,
und heißt der **Aufthauungs-** oder **Eispunkt**, **Gefrierpunkt**. Er ist folglich als ein fester und unveränderlicher
Punkt zu betrachten, und wird daher auch bey der Eintheilung der Thermometergrade als ein Fundamentalpunkt angesehen. M. s. **Thermometer**. So bald aber ein Mahl das
Wasser eine Eisrinde erhalten hat, so nimmt es nun auch
in kälterer Luft, oder überhaupt durch Berührung kälterer
Körper sehr leicht größere Grade der Kälte an. Jedoch findet
hierbey ein großer Unterschied Statt, indem sich die Temperaturen des Eises und der Atmosphäre nicht allemahl übereinstimmend ändern.

Die Durchsichtigkeit des Eises ist gewöhnlich nicht so
groß, als die des Wassers. Ohne Zweifel rührt dieß von
der Menge der Bläschen und kleinen Risse und Spalten her,
welche im Eise zerstreuet sind, und die man mit dem Ver-
größerungsglase sehr deutlich wahrnehmen kann; dadurch
werden aber die Lichtstrahlen auf mannigfaltige Art gebrochen
und zurückgeworfen, und verursachen daher einen nicht so
freyen

freyen Durchgang des Lichtes, als wenn das Gegentheil
Statt hätte. Mehrentheils ist die äußere Rinde des Eises
undurchsichtiger als das inwendige der Eismasse, vielleicht
weil sich beym Anfange des Gefrierens wegen der größern
Menge von Wärmematerie mehr Dampf entwickeln und beym
plötzlichen Zufrieren nicht entweichen kann; daher man auch
in der Eisrinde beständig eine größere Menge von Bläschen
und kleinen Rissen wahrnimmt, als in dem Innern der
Eismasse.

Das Licht wird in dem Eise etwas geringer als im Wasser
gebrochen. Wenn man Wasser in linsenförmigen Gefäßen
zu einem reinen dichten Eise hat gefrieren lassen, und diese
linsenförmigen Eismassen mit etwas lauligem Wasser poliret,
so verstatten sie dem Sonnenlicht einen hinlänglichen Durchgang, um eben so wie ein Brennglas zu wirken.

Auch das Eis dunstet wie das Wasser aus, und zwar noch
weit stärker als dieses. Man kann sich davon überzeugen,
wenn man einige spitzige oder scharfe Stücken Eis an die Luft
stellet. Ihre Spitzen und scharfen Ecken wird man gar bald
abgestumpft, und ihr Gewicht vermindert finden, wenn auch
die Kälte noch so groß ist. Mairan fand im Jahre 1716,
daß ein Stück Eis, welches dem Nordwinde ausgesetzet war,
während einer Zeit von 24 Stunden den fünften Theil des
Gewichtes verloren hatte. Gauteron setzte am 12ten
December 1708 eine Unze gemeines Wasser Abends um 6 Uhr
in einem Becher von Porcellan dem Froste aus, welches
durchaus gefror. Am andern Morgen wog er das Eis, und
fand es 24 Gran leichter, als es gewesen war. (War aber
nicht vielleicht bey der Entstehung des Eises diese beträchtliche Menge Wasser als Dampf fortgegangen; diese Erfahrung scheint meine obige Behauptung noch mehr zu bestätigen). Als dieß Eis geschmolzen war, hatte es noch einen
Verlust von 12 Gran erlitten. Ein anderes Mahl setzte er
Wasser, Branntwein, Olivenöl, Nußöl, Terpentinöl und
Quecksilber, von jedem eine Unze, einer großen Kälte aus,

Das

Das Wasser fror bald, und ward in einer Stunde 6 Gran leichter, das Nußöl 8 Gran, Branntwein und Terpentinöl 12 Gran. Am andern Morgen war das gefrorne Wasser 36 Gran, das Nußöl, welches nicht fror, 40, Branntwein und Terpentinöl, die auch nicht froren, jedes 52 Gran leichter geworden. Das Quecksilber und Olivenöl blieben fast in einerley Zustande. Dabey merkt er überhaupt an, daß die Ausdünstung bey großem Froste und Winde größer, als bey stillem Wetter und geringerer Kälte gewesen sey. Der Wind befördert die Dünste alle Mahl; In Ansehung der Kälte aber ist Wallerius der Meinung, daß nur in dem Augenblicke der Entstehung des Eises die Ausdünstung desto stärker sey, je größer die Kälte ist.

Mairan leitet die starke Ausdünstung aus der Struktur des Eises her, vermöge welcher es der Luft eine weit rauhere Oberfläche und daher mehrere Berührungspunkte darbiete.

Beym Aufthauen des Eises wird eine weit größere Zeit als beym Gefrieren erfordert, obgleich die Temperatur nur etwas weniges über den Gefrierpunkt steigen kann. Das Eis zerschmelze aber desto geschwinder, je dichter der wärmere Körper ist, der es berühret. So schmelzt das Eis eher im Wasser als an der Luft, eher auf einem zinnernen Teller, als auf der Hand u. s. f. Die Luft schmelze daher große Eismassen nur sehr langsam. Hierauf beruhet auch die Erklärung des beständigen Eises auf den hohen Bergen und in den Polarländern, und auch zum Theil die Einrichtung der Eisgruben.

Beym Zerschmelzen des Eises bemerkt man anfänglich ein gewisses Schmitzen auf der Oberfläche desselben, dadurch es trüber und undurchsichtiger wird. Es sind dieß eigentlich sehr kleine Wassertröpschen, welche das Licht verschieden lich brechen und zurückwerfen. Durch die Vereinigung dieser kleinen Wassertröpschen bilden sich auf der Fläche des Eises kleine Adern oder Vertiefungen, welche sie als kleine Canäle gleichsam in das Eis eingraben. Fällt die Kälte schnell ab, so bekömmt die Oberfläche des Eises eine sehr schöne Politur,

indem

indem das ablaufende Wasser alle Unebenheiten mit wegnimmt. Die Eisnadeln, womit das Gefrieren den Anfang
macht, halten sich gemeiniglich am längsten, wie man dieß
besonders an dünnen aufthauenden Eisscheiben wahrnehmen
kann. Weil nun solcher Gestalt ein Theil des Eises immer
eher aufthauet als das andere, so wird die ganze Eismasse,
wenn sie von allen Seiten der Luft ausgesetzt ist, zuerst ein
lockerer durchlöcherter Körper, welcher sich mit leichter Mühe
zusammendrucken läßt.

Wenn im Wasser Salz ist aufgelöset worden, so wird
dieses Wasser eine weit größere Kälte verlangen, um zu gefrieren, obgleich das Wasser durch das aufgelösete Salz an
und für sich schon kälter als vorher geworden ist. Auch
schmelzen die Salze das Eis, und machen es zugleich kälter,
man kann daher auch durch selbige ein Wasser hervorbringen,
welches viel kälter, als der Gefrierpunkt, und doch flüssig
ist. Fast alle Salze dienen dazu, besonders aber der Salmiak, der Salpeter und das Kochsalz. Man kann so gar
durch diese Salze im Sommer über dem Feuer eine Kälte zu
Wege bringen, bey welcher Wasser gefrieret. So kann man
ein künstliches Eis erhalten, wenn man ein Glas Wasser in
eine Mischung von Kochsalz und Schnee stellet. Auch durch
Hülfe der Ausdünstungen lassen sich Grade der Kälte erlangen,
welche den Grad zum Gefrieren des Wassers weit übertreffen.
Von allen diesen mit mehrerem unter dem Artikel Kälte,
künstliche.

Auch ist das Eis der Salzauflösungen bey weitem nicht
so compakt, als das Eis der süßen Gewässer, vielmehr ist
es voller Luftblasen und schaumig. Bey sehr großer Kälte
sondert sich jedoch zuletzt das Salz vom süßen Wasser ab,
und dieses wird dann eben so compakt, wie das gewöhnliche
Eis. Wird aber die Kälte noch stärker, so daß auch das
noch übrige Salzwasser zum Gefrieren gebracht werden kann,
so legt sich dieses an dem compakten Eise als eine schaumige
Masse an, wie man dieß am besten bey dem gefrornen Meerwasser wahrnehmen kann.

Von

Von den Meinungen der Naturforscher über die Ursachen der Entstehung des Eises, oder über die Verwandlung der flüssigen Körper in feste überhaupt mit Mehreren unter dem Artikel Gefrieren.

Eisapparat des Lavoisier und des de la Place s. Wärmemesser.

Eisen (ferrum, fer) ist ein Metall von weißgrauer Farbe, im Bruche scharf, fasericht, lichtgrau und glänzend, besitzt aber wenig Elasticität, daher es auch keinen sonderlichen Klang hat. Es ist dehnbar, etwa so fest wie Kupfer, und nach dem Golde das zäheste Metall. Es läßt sich in der Hitze und kalt schmieden. Die Dichtigkeit dieses reinen, weichen oder geschmeidigen Eisens ist nach den Versuchen Rinmanns *) in einer Mittelzahl gegen das Wasser 7,700. Ein Beyspiel von der Geschmeidigkeit des reinen guten Eisens gibt das feinste Eisendraht, von welchem nach Rinmann eine schwedische Elle nur 10 4/5 As wiegt. In einer geringen Hitze säuert es sich schon beym Zutritt der äußern Luft, und eben daher läßt sich das Eisen durchs Hämmern nicht so, wie Gold und Silber u. s. zu dünnen Blättchen schlagen. In Ansehung der absoluten Festigkeit und Zähigkeit aber übertrifft das Eisen alle andere Metalle. Noch Musschenbroek trug ein Eisendraht von 1/10 Zoll Dicke 450 Pfund, ohne zu zerreißen; nach dem Graf von Sickingen zerriß ein eiserner Draht von 1/10 Linien Dicke und 2 Fuß Länge, bey sehr sprödem Eisen, erst von 60 Pfund 12 Unzen und 8 Grän. Das Eisen läuft im Feuer, noch ehe es glühet, mit bunten Farben des Regenbogens an. Wird alsdann das Feuer stuffenweise immer mehr und mehr verstärkt, so fängt es im Finstern zu leuchten an, und zwar erst mit brauner, dann mit rother und zuletzt mit weißer Farbe. Dabey

---

*) Swen. Rinmann anledningar till Kanskap om den gröfre Järn och Stahl forädlinger. Stoch. 1772. 8. desselb. Försök till Järnets historia med Tillampning för Slögder och Handwerk. Stochh. 1782. 2 B. 4. Hr. Rinmann Versuch einer Geschichte des Eisens mit Anwendung für Gewerbe und Handwerker. a. d. Schw. v. Joh. Gott. Georgi. B. I. II. Berl. 1785. 8.

bey wird es mit einer schuppichten spröben Haut bedeckt,
welche man Hammerschlag oder Glühespan, Schmie-
desinter nennt; in noch stärkerer Hitze kömmt es endlich
zum Fluß in glasichter schwarzbrauner Gestalt. Man nennt
diesen Fluß nach dem Erkalten die Eisenschlacke, Ham-
merschmiedeschlacke. Der Hammerschlag ist nichts weiter als eine Halbsäure (unvollkommener Eisenkalk)
(oxidum ferri nigrum, calx ferri nigra, oxide de fer
noir), schwarz von Farbe und wird noch vom Magnet angezogen. An der Luft rostet das Eisen, und dieser Rost ist
ebenfalls nichts weiter als eine Eisenhalbsäure. Bringt man
etwas Eisenfeile auf einer Schale über das Feuer, rührt sie
beständig um, so verwandelt sich selbige nach einigen Stunden in eine schwarze Eisenhalbsäure. Setzt man sie dem
Feuer noch weiter aus, so nimmt diese Eisenhalbsäure noch
mehr Säure an, und die schwarze Farbe geht in eine braune
und zuletzt in eine gelbe Eisenhalbsäure über. Diese Eisenhalbsäure wird vom Magnet nicht mehr angezogen, da sonst
das Eisen denselben sehr stark anzieht, und außerdem noch
diese merkwürdige Eigenschaft besitzt, selbst magnetisch zu
werden, und daher anderes Eisen an sich zu ziehen. Die
gelbe Eisenhalbsäure ist jederzeit mit etwas Kohlensäure verbunden. Um diese zu trennen, bringt man die Halbsäure
in verschlossene Gefäße, und setzt sie einer heftigen Gluth aus;
dadurch entwickelt sich Sauerstoffgas und die gelbe Eisenhalbsäure verwandelt sich in eine schwarze Halbsäure. Im
Wasser säuert das Eisen ebenfalls, wobey sich Wasserstoff
entwickelt; das Eisen aber gehet in eine schwarze Eisenhalbsäure über. Wird die Eisenhalbsäure mit Kohlenstaub in
gehöriger Menge versetzt, in bedeckten Gefäßen einer hinlänglich starken Weißglühehitze ausgesetzt, so fließt er wirklich zum Regulus zusammen, welcher aber nicht mehr die
Geschmeidigkeit des Stabeisens hat. Von dem reinen oder
geschmeidigen Eisen ist das Roheisen oder das Gußeisen
zu unterscheiden, welches durch das erste Ausschmelzen der
Eisenerze erhalten wird. Dieses ist nicht streckbar wie jenes,

läßt

läßt sich also weder kalt noch warm schmieden. Dieses Eisen läßt sich im offenen Feuer aber bey der heftigsten Hitze,
die man auf 1600° Fahrenh. schätzt, ohne Zusatz schmelzen,
und sich in jede beliebige Gestalt gießen, welches das Stabeisen nicht thut. Auf dem Bruche ist es nicht faserig, sondern mehr oder weniger körnicht. Die Sprödigkeit und Härte
desselben ist sehr groß; es ist elastischer als das geschmeidige
Eisen, und gibt daher auch einen bessern Klang; rostet nicht
so leicht in der Luft, und verwandelt sich auch nicht so leicht
in Hammerschlag. In der Hitze läuft es sonst mit eben den
Farben an, wie das geschmeidige Eisen, nur muß alsdann
die Hitze größer seyn. Sein specifisches Gewicht ist geringer,
als das vom Stabeisen, und in einer Mittelzahl nach den
Versuchen Rinmanns gegen das Wasser wie 7,251. Das
Roheisen ist theils nach Beschaffenheit der Erze, woraus es
geschmolzen wird, theils auch nach dem Verfahren bey der
Schmelzbarkeit selbst sehr verschieden. Jedoch lassen sich vorzüglich zwey Hauptarten desselben unterscheiden, das weiße
und das graue Roheisen; jenes ist spröder und schmelzba-
rer als dieses; jenes schickt sich besser zum geschmeidigen Eisen, dieses besser zum Stahl. Vom letztern gibt es mehrere
Abarten bis zum schwarzen Roheisen. Oftmahls ist es
auch gemischt, und enthält schwärzliche Flecke auf einem licht-
grauen Grunde. Wenn graues Roheisen nochmahls geschmolzen wird, so sondert sich beym Erkalten und Gestehen Reißbley ab (m. s. Reißbley). Durch öfteres Glühen zwischen Kohlen und Schmieden wird gutes Roheisen in geschmeidiges Stangeneisen verwandelt.

Aus dem Eisen wird der so genannte genugsam bekannte
Stahl verfertiget, wovon mit mehrerem unter dem Artikel Stahl.

Es ist wohl kein anderes Metall einer so mannigfaltigen
Verschiedenheit und Abwechselung seiner Eigenschaften unterworfen, als das Eisen, z. B. der Schmelzbarkeit, Härte,
Geschmeidigkeit, Zähigkeit, des Bruchs, Glanzes u. s. w.;
aber es ist auch keines aus dieser Ursache für die Chemisten

Fff in.

in Ansehung seiner Mischung, problematischer, als eben das
Eisen gewesen.　Man hat jetzt die Ursachen des Unterschieds
zwischen Roheisen, geschmeidigem Eisen und Stahl
ziemlich entdeckt.　Nachdem Reaumür *) verschiedene Versuche über den Stahl angestellet hatte, so nahmen die Chemiker einstimmig die Meinung desselben an, daß in dem
Gußeisen außer der unmetallischen, schlackigen und den
noch nicht reducirten Eisenkalktheilchen, noch eine beträchtliche
Menge Schwefeltheile enthalten wären, welche es in eine Art
von erzartiger, rohsteinartiger Beschaffenheit versetzen, und
seine leichte Schmelzbarkeit, so wie seine Sprödigkeit und
Härte hervorbrächten; daß bey der Verwandlung desselben in
geschmeidiges Eisen die Schwefeltheile mehr ausgeschie-
ben, die unmetallischen erdigen durch Kneten unter dem Hammer nach der Oberfläche zu mehr ausgetrieben und abgesondert würden; daß dagegen durch den Verlust jener Schwefeltheile die Schmelzbarkeit des geschmeidigen Eisens abnehme, seine Zähigkeit und Geschmeidigkeit aber zunehme.
Das Stangeneisen aber enthalte doch noch eine Menge Eisen-
kalktheile, sey also noch nicht durch und durch regulinisch.
Neuere und genauere Untersuchungen aber haben diese Meinung ganz unzureichend befunden und gezeigt, daß sie auf
keine Weise alle dabey vorkommende Umstände hinlänglich
erklären.　Im guten und reinen Roheisen sind nämlich weder
Schwefel, noch schwefelige Säure anzutreffen, und das geschmeidige Eisen kann vielmehr durch Umschmelzen zwischen
Kohlen (ohne den mindesten Zusatz von Schwefel) zum Roheisen gebracht werden; und die bey der Verwandlung des
Roheisens in geschmeidiges Eisen unter dem Hammer abgeschiedenen Theile sind nicht unmetallische Erde, sondern Glühespan, und können durch Reduktion wieder zu gutem Eisen,
und so wieder zum geschmeidigen Eisen, ja zum Stahle gebracht werden.

Aus

---

*) L'art d'adoucir le fer fondu p. Mr. Reaumür. à Paris 1762. fol.

Aus einer Reihe mannigfaltiger Versuche, welche Torb. Bergmann [a]) angestellet hatte, ergab sich, daß in gutem und reinem Eisen Arsenik und schwefelige Säuren nicht zugegen sind, und daß ohne diese der Unterschied zwischen Roheisen und geschmeidigem Eisen gar wohl Statt finden kann; hingegen fand er Reißbley mit Braunstein immer, jedoch im Gußeisen in andern Verhältnissen, als im geschmeidigen Eisen. Den Unterschied dieser Eisenarten setzt er außerdem noch in die verschiedene Menge des Phlogistons, welche mit dem Eisenkalke verbunden sey. Im Gußeisen nämlich sey die geringste Menge Brennbares zugegen; im geschmeidigen Eisen das mehreste; dieses enthalte ferner wenig oder nichts von Reißbley, und weniger specifischen Wärmestoff; das Roheisen aber sey in Ansehung seines Gehaltes an Reißbley am reichsten. Die Gründe, auf welche Bergmann seine Behauptung von der verschiedenen Menge des Brennstoffs bauet, beruhen auf der ungleichen Menge des brennbaren Gas, welche Gußeisen und geschmeidiges Eisen mit Schwefelsäure und Salzsäure geben, und auf der ungleichen Quantität, welche von diesen Eisensorten angewendet werden muß, um gleiche Quantitäten Silber aus Säuren regulinisch zu fällen. Es kömmt also nach Bergmanns Meinung auf Folgendes an: Roheisen in geschmeidiges Eisen umzuwandeln, muß man das Reißbley darin zersetzen oder es austreiben, und mehr Phlogiston mit den Eisentheilchen vereinigen; dieß geschehe in den Hammerschmiedsherden durch starkes Feuer und heftiges Gebläse, oder durchs Schmelzen und Umrühren an der Luft, wodurch das Reißbley theils zersetzt, theils ausgetrieben würde, und wobey das Phlogiston desselben so wie das Phlogiston der Kohlen mehr Brennstoff an das Eisen brächten. Die größere Menge Reißbley gebe dem Roheisen die Fähigkeit leichter zu schmelzen, und die Abwesenheit desselben vermindere diese im geschmeidigen Eisen.

Durch

---

a) Torb. Bergmann resp. Iob. Gadolin diff. de analysi ferri. Vpf. 1781. 4. und in seinen opusc. phyf. chem. Vol. III. p. 1. Analyse du fer p. Mr. Torb. Bergmann trad. en françois avec des notes — par Mr. Grignon, à Paris 1783. 8.

Durch die Versuche der Herren **Vandermonde, Berthollet** und **Monge** [a]) bekam **Bergmanns** Theorie noch
mehr Aufschluß, woben zugleich eine Aufklärung über die Entstehung des Reißbleyes verschafft wurde. Dieß Reißbley,
welches beym Eisenschmelzen im hohen Ofen sich bildet, wird
von dem Eisen im Flusse in größerer oder geringerer Menge
aufgelöset, nach Beschaffenheit des Ganges der Schmelzung,
der zugesetzten Kohlenmenge und der Richtung der Förm.
Reines geschmeidiges Eisen ist nach dieser Theorie solches,
welches nicht nur keinen Kohlenstoff enthält, sondern auch ganz
reducirt ist, oder keinen Sauerstoff bey sich führet. Dergleichen trifft man aber nicht an, sondern es enthält immer etwas
Kohlenstoff, ist aber um desto zäher und weicher, je weniger es
besitzt. Roheisen unterscheidet sich vom geschmeidigen Eisen
nicht nur durch die größere Menge des Kohlenstoffs, sondern
auch dadurch, daß es noch nicht ganz und durchaus reducirt
ist, sondern noch Sauerstoff enthält. Nach der größern oder
geringern Quantität des damit vereinigten Kohlenstoffs, und
der geringern oder größern Quantität des Sauerstoffs ist das
Roheisen schwarz, grau oder weiß von Farbe. Das letztere
enthält den wenigsten Kohlenstoff, und eine größere Menge
Sauerstoff. Durch die Glühehitze verwandelt sich eben der
Sauerstoff und Kohlenstoff in kohlengesäuertes Gas, und
macht daher das Gußeisen zum geschmeidigen Eisen. Daher
läßt sich auch erklären, warum das Roheisen nicht so stark,
als das geschmeidige Eisen an der Luft rostet. Ueberhaupt
lassen sich nach dieser Theorie alle Erscheinungen bey der Verwandlung des Roheisens in geschmeidiges Eisen ungezwungen
und leicht erklären.

Außer den mannigfaltigen Abänderungen des reinen Eisens vom Roheisen bis zum geschmeidigen, gibt es noch zwey
wesentliche Verschiedenheiten, nämlich **rothbrüchiges** (ferrum calidum fragile) und **kaltbrüchiges Eisen** (ferrum
frigidum

a) Ueber das Eisen in seinem verschiedenen metallischen Zustande, aus
den memoire de l'Acad. roy. des sc. 1786. S. 20; f. übers. in
Crells chem. Annalen. 1794. B. I. S. 393 f. S. 460 f. S. 509 f.

frigidum fragile). · Jenes hat das Eigenthümliche, daß es zwar beym Weißglühen und in der Kälte geschmiedet und gestreckt werden kann, beym Rothglühen aber spröde ist; sonst ist seine Farbe blaugrau, und im Bruche zeigt es Strenge und lichte Farbe. Es rostet leicht an der Luft, auch als Gußeisen, wirft in starker Wellhitze rothe grobe Funken, und nimmt die magnetische Kraft am geschwindesten an. Das kaltbrüchige Eisen unterscheidet sich dadurch leicht, daß es. kalt weder Schläge noch Biegen verträgt, immer gerade und winkelrecht bricht; aber in allen Graden von Hitze von weißwarm bis braunroth wie weiches Eisen Geschmeidigkeit zeigt. Sonst ist es auf den frischgefeilten Stellen silberweiß von Farbe; sein Bruch ist weiß mit glimmernden viereckigen Körnern, die desto größer sind, je kal brüchiger es ist. Es hat ein etwas größeres specifisches Gewicht, als weiches Eisen; wird an der Luft nicht so leicht rostig, und nimmt die magnetische Kraft etwas später und in etwas geringerem Grade an, als zähes Eisen. Im offenen Feuer oder im Kohlengestiebe schmelzt es eher und leichter, als alles Eisen. Bergmann *) und Meyer *) fanden zu gleicher Zeit durchs Auflösen des kaltbrüchigen Eisens mit gleich viel starkem Vitriolöle, durchs nachherige Auslaugen mit vielem Wasser und Durchseihung dieser Auflösung in selbiger einen abgesonderten Niederschlag, welcher von Farbe weiß war, und eben dieser weiße Niederschlag ist, welcher das Eisen kaltbrüchig macht, indem man das geschmeidigste Eisen durchs Zusammenschmelzen damit kaltbrüchig machen kann. Herr Meyer und Herr Bergmann hielten diese im kaltbrüchigen Eisen vorgefundene Substanz erst für ein besonderes Halbmetall; ersterer gab ihr den Nahmen Wassereisen (hydrosiderum), und dieser führte es unter der Benennung siderum auf. Allein Herr Meyer

Fff 3 und

---

a) De causa fragilitatis ferri frigidi in sein. opusc. phyf. chem. Vol. III. S. 109. u. de analyfi ferri, ebendaf. S. 98 f.

*) In den Nachrichten der berlin. Gesellschaft naturforsch. Freunde. B. II. S. 334. B. IV. S. 380.

und mit ihm zu gleicher Zeit Herr **Klaproth** *) entdeckte
nachher, daß diese Substanz kein eigenes Halbmetall, sondern **phosphorsaures Eisen** wäre. Es enthält also das
kaltbrüchige Eisen phosphorhaltiges Eisen.

Das regulinische Eisen ist in allen Säuren auflösbar.
Verdünnte Schwefelsäure löset das Eisen mit Heftigkeit auf,
unter einem starken Aufbrausen und Erzeugung von Wärme.
Bey dieser Auflösung entwickelt sich sehr viel **brennbares
Gas** (m. s. **Gas, brennbares**). Die völlig gesättigte
frische, durchgeseihete klare Auflösung hat eine grünliche Farbe,
und schießt nach dem Abrauchen und Abkühlen zu einem
durchsichtigen schön grünem Salze in rhomboidolischen Krystallen an, welches der gemeine grüne Vitriol, der **Eisenvitriol** (vitriolum viride, martis) oder **schwefelgesäuertes Eisen** (ferrum sulphuricum, sulphas ferri,
sulfate de fer) ist. Es hat dieser Eisenvitriol einen säuer-
lich zusammenziehenden Geschmack, und wird vorzüglich zur
schwarzen Dinte und zum Schwarzfärben gebrauchet. Uebrigens sind die Krystalle des Eisenvitriols an der Luft nicht beständig, sondern zerfallen, besonders in der Wärme, zu einem
weißen Pulver, welches in stärkerer Wärme nach und nach
gelblich wird.

Die concentrirte Salpetersäure löset das Eisen mit großer
Gewalt auf, und zwar mit starkem Aufwallen und vieler Erhitzung, wobey eine sehr große Menge **Salpetergas** erzeuget wird. Noch stärker wird das Eisen von einer mäßig
starken Salpetersäure angegriffen; anfänglich ist dabey die
Auflösung grünlich, wird aber bald braun, und läßt vollkommenen Eisenkalk (Eisenhalbsäure) fallen. Das frisch zu-
gesetzte löset sie immer wieder auf, und läßt das vorher aufgelöste als vollkommenen Kalk fallen, bis endlich der größte
Antheil der Säure zersetzt ist, wobey endlich alles zu einem
Breye wird. Der Grund davon rührt von der sehr großen
Verwandtschaft der Salpetersäure mit dem Eisen her. Die

Auflö-

---

*) Von dem Wassereisen, als einem mit Phosphorsäure verbunde-
nen Eisenkalke, in Crells Chem. Annal. 1784. B. 1. S. 390.

Auflösung des Eisens in Salpetersäure läßt sich nicht krystallisiren, sondern setzt beym Abrauchen immer mehr Eisenkalk ab.

Auch die Salzsäure löset das Eisen leicht und mit Erhitzung auf, jedoch mit weniger Aufbrausen, als bey den vorhergehenden Säuren. Dabey entbindet sich sehr viel brennbares Gas. Die Auflösung selbst ist von Farbe gelb oder
bräunlich, und läßt in verschlossenen Gefäßen nichts fallen,
wenn sie vorher klar war. An der Luft aber setzt sich etwas
Eisenocher daraus ab. Diese Auflösung läßt sich nicht auf
die gewöhnliche Art krystallisiren, sondern gibt nach dem Abrauchen bis zur Syrupsdicke und dem Erkalten eine Art von
Magma, worin einige nadelförmige Krystallen angetroffen
werden. Dieses salzgesäuerte Eisen (ferrum muriaticum,
murias ferri, muriate de fer) löset der Weingeist auf.

Auch die vegetabilischen Säuren haben auf das Eisen eine
auflösende Wirkung. Daher sind folgende Benennungen entstanden: **weinsteingesäuertes Eisen** (ferrum tartaro-
sum, tartris ferri, tártrite de fer), der **auflösliche
Eisenweinstein, Stahlweinstein** (tartarus chalybea-
tus), **Ludovicus Eisentinktur** (tinctura martis-Lu-
douici), die **tartarisirte Eisentinktur** (tinctura martis tartarisata), **sauerkleegesäuertes Eisen** (ferrum
oxalicum, oxalas ferri, oxalate de fer), **essiggesäuer-
tes Eisen** (ferrum aceticum, acetis ferri, acetide de
fer) u. s. f.

Die trockene Kohlensäure greift in ihrem elastischen Zustande das Eisen nicht an, hingegen kohlensaures Wasser
löset das regulinische Eisen völlig auf. Man erhält diese
Auflösung wenn man polirten Stahl oder Eisenfeile in
eine mit kohlensaurem Wasser gefüllte und wohl verwahrte
Flasche hängt. Die Auflösung ist völlig klar und farbenlos,
und hat einen zusammenziehenden Geschmack. Das mit
Kohlensäure gesättigte Wasser kann nach Bergmann ungefähr $\frac{1}{10500}$ seines Gewichtes vom Eisen auflösen. Diese
Auflösung ist alsdann den natürlichen kohlensauern
Stahlwassern oder Stahlbrunnen ähnlich.

Unter

Unter allen Metallen hat das Eisen die größte Verwandtschaft mit dem Schwefel; daher läßt sich das Eisen zur Scheidung des Schwefels von andern Metallen sehr gut gebrauchen. Selbst wird die Schmelzbarkeit des Eisens durch den Schwefel vermehrt. Wenn nämlich ein Stab Eisen bis zum Weißglühen erhißt wird, und man bringt eine Stange Schwefel an sein Ende, so fließt es sogleich in brennende Tropfen. Werden diese Tropfen im Wasser aufgefangen, so bemerkt man, daß sie theils aus reinem Schwefel, theils aus Eisen mit Schwefel vermischt d. i. aus einem künstlichen Schwefelkiese bestehen. Sogar auf dem nassen Wege wird das Eisen vom Schwefel aufgelöset. Wenn man einen Teig aus Eisenfeile und gleich viel Schwefel mit Wasser zusammenknetet, so schwillt dieser noch einiger Zeit auf, bekommt Risse, erhißt sich, dampft und geräth zuletzt in eine Flamme. Es ereignet sich hierbey eben das, was bey dem Verwittern und der Entzündung der Schwefelkiese erfolget, und woraus die Entstehung der unterirdischen Feuer sich so leicht erklären lassen.

Das Eisen verbindet sich mit allen Metallen, außer mit dem Quecksilber und Bley, mit welchen sich es schwer vereinigen läßt.

Das Eisen wird selten gediegen gefunden. Doch haben verschiedene gediegenes Eisen in nicht geringer Masse entdeckt, welche besonderer Umstände wegen angeführet zu werden verdienen. So fand Pallas *) in Sibirien zwischen Krasnojarsk und Abakansk. im hohen Schiefergebirge ganz oben auf dem Rücken am Tage eine Eisenmasse, welche an die 1600 Pfund wog. Sie hatte die etwas eingedrückte Gestalt eines rauhen unregelmäßigen Pflastersteines, war äußerlich mit einer eisensteinartigen Rinde umgeben, und bestand im Innern aus einem geschmeidigen rothbrüchigen, wie ein grober Seeschwamm löcherigen Eisen, dessen Zwischenräume mit einem spröden, harten bernsteingelben Glas ausgefüllt waren.

Textur

*) Reise durch verschiedene Provinzen des russischen Reichs. Th. III. d. J. 1772 u. 1773. Petersburg 1776. 4. S. 411.

Textur und Glas zeigten sich durch die ganze Masse einför-
mig, ohne Schlacken und künstliches Feuer wahrzunehmen.

Don Rubin de Celis [a]) entdeckte im südlichen Amerika in der Provinz Chaco bey Otumpa in einer Gegend, wo
100 Meilen umher weder Eisenbrüche noch Berge und Steine
anzutreffen sind, eine aus dem kreideartigen Boden hervorragende Masse vom reinsten Eisen, das ungefähr 300 Centner schwer war. Die äußere Oberfläche hatte eine große
Dichtigkeit, und besaß oben viele Eindrücke, das Innere
war voll von Höhlungen, und unterwärts bemerkte man eine
4 bis 6 Zoll dicke Rinde von Eisenocher.

Auch ließ der sächsische Leibmedikus Löber [b]) zu Alen
im Magdeburgischen unter dem Stadtpflaster eine Eisenmasse
von 15 bis 17000 Pfund ausgraben, wovon einige abgeschla-
gene Stücke geschmiedet sich wie der beste englische Stahl härten und poliren ließen. Sie war mit einer ¼ bis 1 Zoll
dicken Rinde umgeben.

Auch hat der Herr Faktor Mauwerk [c]) in Frankreich
und Deutschland an verschiedenen Orten, besonders auf einzelnen Bergen, geschmolzene Eisenstücke mit verschiedenen Steinarten und Schlacken gefunden.

Herr Chladni [d]) hat einen Versuch gemacht, zu zeigen,
1. daß diese Eisenmassen auf keinem nassen Wege entstanden
seyn, weil sich aus ihrer äußern Gestalt schließen lasse, daß
sie vielmehr ein Produkt der Wirkung des Feuers verriethen,
einen Theil verglasete Materie in den Zwischenräumen enthielten, und der Lage nach ohne Verbindung mit dem Saal-
bande eines Flöß- oder Ganggesteins vorkämen; 2. daß sie
nicht durch Kunst geschmolzen worden, welche bey der sibirischen Masse aus Localumständen und aus der Durchsichtigkeit

Fff 5 der

a) Philosoph. transact. Vol. LXXVIII. P. I. p. 57. im Gothaischen Magazin für das Neueste a. d. Phys. und Naturg. B. VI. S. 60 u. f.
Grens Journ. der Phys. B. I. S. 68.
β) Wittenberg. Wochenblatt von 1773. 36stes Stück.
γ) Crells Beyträge zu den chemischen Annalen B. I. St. 2. S. 86.
δ) Ueber den Ursprung der von Pallas gefundenen und anderer ihr
ähnlichen Eisenmassen ꝛc. Leipzig 1794. gr. 4.

der beygemischten Schlacke, bey allen aber überhaupt aus
ihrer Strengflüssigkeit und Geschmeidigkeit erhelle, welche
auf eine Schmelzung zeige, welche durch stärkeres Feuer,
vielleicht durch Elektricität, von der Natur selbst bewirket
werde; 3. daß sie nicht durch den Brand eines Waldes oder
Steinkohlenflötzes geschmolzen worden, welches außer den
eben angeführten Gründen auch durch die Concentrirung der
Massen in einen so kleinen Raum und in ein einziges Stück
widerleget werde; 4. daß sie nicht vulkanischen Ursprungs
seyn, wogegen die Durchsichtigkeit der vergläseten Materie,
der Mangel der Vulkane und der vulkanischen Produkte an
diesen Stellen, der Mangel ähnlicher vulkanischen Produkte
u. s. f. angeführet wird; 5. daß sie nicht durch einen Blitz
geschmolzen worden, denn ob man gleich deutlich sehe, daß
es durch kein gewöhnliches Feuer sondern höchst wahrscheinlich durch Beyhülfe der Elektricität geschehen seyn müsse, so
wäre ein Blitz doch nicht im Stande, solche große Massen
in Fluß zu bringen, sondern schmelze die Metalle höchstens
nur an den Kanten.

Nach Herrn Chladni sind alle diese große Eisenmassen
aus dem Weltraume herabgefallen, und als Feuerkugeln auf
die Erde gekommen. Er sucht dieser Meinung durch die
darüber vorhandenen Nachrichten und durch die Localumstän-
de, unter welchen die beschriebenen sind gefunden worden,
Eingang zu verschaffen. Man finde nämlich am Eisen alle
die Dichtigkeit, Zähigkeit und Schwere, welche die Materie
der Feuerkugeln besitzen müsse, die Eigenschaft mit einem
solchen Lichte, Flamme, Rauch und ausgeworfenenen Funken zu brennen; die schwammige Textur zeuge von der Ausdehnung durch elastische Flüssigkeiten, und die kugelförmigen
Eindrücke der äußern Rinde von Blasen, welche beym Erkalten eingesunken seyn. Auch die Beymischung von Schwefel komme mit den Erscheinungen der Feuerkugeln überein;
auch gebe die Beschaffenheit der Massen eine Schmelzung
durch stärkeres Feuer als das gewöhnliche zu erkennen, wobey die Mitwirkung einer sehr starken Elektricität unverkenn-

bar

bar sey; da aber dieß durch den Blitz unmöglich habe geschehen können, so bleibe keine andere Erklärung übrig, als die Entstehung durch Feuerkugeln. Die glaubwürdigen Nachrichten, welche man von den herniedergekommenen Massen habe, kämen so wohl unter sich, als auch mit der Erklärung durch Feuerkugeln, nicht aber mit den Erscheinungen des Blitzes überein. Endlich habe man die Massen an Orten und zwar nicht ein Mahl in der Tiefe gefunden, wo sonst kein Eisen anzutreffen wäre.

Alle diese Gründe aber, welche Herr **Chladni** über die Entstehung der vorgefundenen Eisenmassen aufgeführet hat, dünkt mir, sind bey weitem nicht hinreichend, diese so auffallende Erscheinung nur wahrscheinlich zu machen. Denn wenn nach der Idee des Herrn **Chladni** die in der Luft fliegenden Feuerkugeln eine mit dem Laufe der Erde gleiche Geschwindigkeit besäßen, und mit dieser gegen den Erdboden stießen, wie ungeheuer groß müßte nicht das Moment der bewegenden Kraft einer von 300 Centn. schweren Masse seyn? Offenbar müßte eine solche Masse Wirkungen auf der Erde hervorbringen, die nicht geringe wären. Sie würde vermögend seyn, nicht allein in die härtesten Felsen tief einzudringen, sondern auch Zertrümmerungen anrichten, welche unverkennbare Spuren solcher wichtigen Begebenheiten zurücklassen würden. Da nach den angegebenen Nachrichten des Herrn **Chladni** ein in der agramer Gespannschaft herabgefallenes Stück von 71 Pfunden 3 Klafter tief mit ellenbreiter Spaltung in den Fußboden gedrungen seyn soll, wie ist es möglich sich zu gedenken, daß eine Eisenmasse von 300 Centn. in kreideartigem Boden so sanft auf die Oberfläche sich habe legen können? So etwas zu behaupten, ist ganz den Gründen der Mechanik entgegen.

Häufig findet man das Eisen verkalkt und vererzt. Verkalkt findet man es häufig im **Eisenglanz, Brauneisenstein, Rotheisenstein, thonartigen Eisenstein, magnetischen Eisenstein**; vererzt aber im **Schwefelkies, magnetischen Kies, Leberkies, Raseneisenstein, Blau**,

Blaueisenerde, Grüneisenerde, Eisenvitriol, Atramentstein.

M. s. Gren systematisches Handbuch der gesammten Chemie. Th. III. Halle 1795. 8. § 29. 28 u. s. Girtanner Anfangsgründe der antiphlogistischen Chemie. Berlin 1795. 8. S. 294 u. s.

Eispunkt, Frostpunkt, Gefrierpunkt (punctum s. terminus congelationis, terme de la congélation de l'eau) ist derjenige beständige Punkt, welcher auf der Thermometerskale die Temperatur des gefrierenden Wassers oder des thauenden Eises angibt. M. s. Thermometer.

Eispunkt, künstlicher (punctum s. terminus congelationis artificialis, terme de la congélation artificielle) ist derjenige Punkt-der fahrenheitschen Thermometerskale, welcher mit Null bezeichnet ist, und der die Temperatur der Mischung mit Schnee und Salmiak anzeigt.

Eklipsen s. Finsternisse.

Ekliptik, Sonnenbahn (ecliptica, orbita solis annua, circulus signifer, écliptique) ist ein größter Kreis auf der Himmelskugel, in welchem der Mittelpunkt der Sonne in einem Jahre von Abend gegen Morgen sich zu bewegen scheinet. Dieser Kreis hat seinen Nahmen von eclipsis (Finsterniß) erhalten, weil die Sonnen- und Mondfinsternisse nur in seiner Nachbarschaft sich ereignen. In der fig. 118. stelle fi die Ekliptik vor, und a b sey der Aequator, r der Nordpol, s der Südpol, r s die Weltaxe und d e der Horizont.

Wenn irgend ein Beobachter auf einer Stelle der Erde eine Zeitlang Beobachtungen am gestirnten Himmel anstellet, so werden ihn selbige gar bald lehren, daß alle Gestirne, selbst die Sonne und der Mond nicht ausgenommen, sich von Morgen gegen Abend täglich hinzubewegen scheinen; und daß alle die Bahnen, welche sie durchzulaufen scheinen, Kreise sind, die unter sich parallel sind, und wovon der größte Kreis der Aequator ist. Bey den meisten Gestirnen bleibt die Lage derselben gegen einander beständig einerley, und sie durchlau-

sen

fen folglich ein und den nämlichen Kreis, der auch **Tageskreis** genannt wird. Weil nun alle diese Gestirne an der einen Seite des Horizontes, an der Morgenseite, aufzusteigen, und an der andern entgegengesetzten Seite, der Abendseite, unter dem Horizonte zu verschwinden scheinen, so müssen sie nothwendig in ihren Bahnen zwischen der Morgen- und Abendseite eine Stelle erreichet haben, wo sie am höchsten über dem Horizonte sich befinden, oder wo sie die größte Höhe haben. Eben dieß wird man auch an der Sonne wahrnehmen, nur mit dem Unterschiede, daß ihre größte Höhe über dem Horizonte nicht, wie bey den Firsternen, zu allen Zeiten gleich ist. Man wird vielmehr finden, daß ungefähr am 20. März die Sonne im Aequator sich befindet, und folglich ihre größte Höhe der Aequatorhöhe gleich ist; nachher wächst diese Höhe, welche auch die Mittagshöhe genannt wird, beständig fort, bis etwa zum 21. Juni; nimmt hierauf vom 21. Juni bis zum 22. September um eben so viel wieder ab, wo also ihre Mittagshöhe wieder der Aequatorhöhe gleich ist. Nach dem 22. September wird ihre Mittagshöhe noch kleiner als die Aequatorhöhe, und nimmt bis zum 21. December noch weiter ab; hiernächst wächst sie wieder um eben so viel bis zum 20. März. Beobachtet man zugleich etliche Monathe lang die Firsterne, so bemerket man in den folgenden Abenden, daß diejenigen Firsterne, welche einige Abende vorher an der Westseite glänzten, zu eben der Zeit weiter hinunter sich zeigen, und endlich nach Verlauf einiger Zeit ganz unsichtbar werden. Dagegen bemerkt man an der Ostseite um eben diese Zeit neue Firsterne, welche vorher unsichtbar waren. Nach Verlauf von einem Monathe werden die nämlichen Firsterne etwa um 2 Stunden früher an eben der Stelle des Himmels erscheinen. Endlich werden nach einem Jahre eben dieselben Firsterne mit der Sonne untergehen, und auf der Ostseite die nämlichen Firsterne aufgehen. Demnach scheinet es, daß sich die Sonne binnen Jahresfrist von Westen gegen Osten durch die Firsterne hindurch um den ganzen Himmel bewege, und eben diese scheinbare Bahn der Sonne, welche

sie

sie außer der allen Sternen gemeinschaftlichen täglichen Bewegung von Morgen gegen Abend durchläuft, heißt eben die Ekliptik.

Weil alle größte Kreise auf der Himmelskugel Pole besitzen, so muß dergleichen auch die Ekliptik haben, und diese beschreiben, bey dem scheinbaren täglichen Umlauf der Himmelskugel, Kreise, welche Polarkreise genannt werden.

Wenn durch die Axe rſ des Aequators und durch die Axe p q der Ekliptik eine Ebene geleget wird, so gibt diese auf der Himmelskugel einen größten Kreis, welcher nicht nur auf dem Aequator sondern auch auf der Ekliptik senkrecht ist. In diesem Kreise befindet sich die Sonne in ihrer scheinbaren Bahn am längsten und kürzesten Tage, dieserwegen er auch den Nahmen Colur der Sonnenstände erhalten hat. Die Ebene dieses Colurs ist zugleich die Neigungsebene der Ekliptik gegen den Aequator. Der Bogen ſa ſes Colurs zwischen der Ekliptik und dem Aequator ist das Maß des Neigungswinkels, unter welchem die Ekliptik den Aequator schneidet; man nennt ihn auch die Schiefe der Ekliptik. M. ſ. Schiefe der Ekliptik.

Wenn die Axe der Ekliptik in der Ebene des Meridians liegt, so fällt der Colur der Sonnenstände mit dem Mittagskreise zusammen, und die Durchschnittspunkte der Ekliptik mit dem Aequator liegen in dem Horizonte. Die beyden Punkte ſ und i der Ekliptik, als die Durchschnittspunkte derselben, mit dem Colur der Sonnenstände heißen die Solstitialpunkte oder Sonnenstandspunkte. Diese beyden Punkte beschreiben Tagekreise, welche Wendekreise genannt werden, weil von diesen Punkten an die Sonne am längsten und kürzesten Tage sich gleichsam wieder zurückwendet, und in ihrer Bahn sich dem Aequator wieder zu nähern anfängt. Hingegen heißen die beyden Durchschnittspunkte des Aequators mit der Ekliptik die Equinoktial- oder Nachtgleichungspunkte, weil zu diesen Zeiten Tag und Nacht gleich ist. Von diesen letztern Punkten wird einer der Frühlingspunkt, und der andere der Herbstpunkt genannt; Früh-

lings-

lingspunkt deßwegen, weil die Sonne aus der südlichen Halb-kugel durch selbigen in die nördliche hinaufsteiget, und Herbst-punkt deßwegen, weil die Sonne aus der nördlichen Halbku-gel in die südliche übergehet. Die Solstitialpunkte sind von dem Aequinoktialpunkte um einen Quadranten entfernet. Theilt man nun einen jeden solchen Quadranten in drey gleiche Bogen, folglich den ganzen Kreis der Ekliptik in 12 solche Bogen, deren jeder 30 Grade hält, so nennt man diese die Zeichen der Ekliptik, welche vom Frühlingspunkte an gerechnet, und gegen Morgen fortgezählet werden. Da der Mond und die übrigen Planeten sich beständig an die Ekliptik halten; und sich nie weit davon entfernen, so hat man schon in dem Alterthume den Streifen der Himmelskugelfläche, welcher in die Nähe der Ekliptik fällt, als die merkwürdigste Gegend des Himmels betrachtet, (M. s. Thierkreis) und ihn wie die Ekliptik von dem Frühlingspunkte an morgen-wärts in 12 Theile getheilet, welche himmlische Zeichen genannt werden. Es sind diese Zeichen gewisse Sternbilder, welche ungefähr 30 Grade von einander abstehen, und durch welche die Ekliptik hindurch gehet. In diesen Zeichen halten sich nun auch der Mond und die Planeten auf. Ihre Nah-men und Bezeichnungen sind folgende:

♈ Widder, 20. März	♎ Waage, 23. Sept.
♉ Stier, 20. April	♏ Scorpion, 23. Oct.
♊ Zwilling, 21. May	♐ Schütz, 22. Nov.
♋ Krebs, 21. Juni	♑ Steinbock, 21. Dec.
♌ Löwe, 22. Juli	♒ Wassermann, 19. Jan.
♍ Jungfrau, 23. August	♓ Fische, 18. Februar.

Die beygefügte Zeit zeigt, in welchem Monathstage die Sonne in ihrer scheinbaren Bahn in den Anfang eines jeden Zei-chens tritt.

Ueberhaupt werden die Grade, Minuten u. s. welche auf der Ekliptik gerechnet werden, alle Mahl vom Anfangs-punkte des Widders d. i. vom Frühlingspunkte an gerechnet, und morgenwärts fortgezählet. Ein Bogen z. B. der Ekliptik vom Frühlingspunkte an, von 36° 14′ 12″ Länge, heißt

heißt 1ˢ (d. i. ein Zeichen) 6° 14′ 12″, oder sein Ende
fällt in 6° 14′ 12″ des Stiers. Auf diese Weise werden
die Längen der Gestirne angegeben; m. s. **Länge der
Gestirne.**

Wenn aus dem Pole der Ekliptik auf selbige ein Bogen
eines größten Kreises herabgelassen wird, folglich einem Quadranten gleich ist und auf der Ekliptik senkrecht steht, so
wird durch selbigen die Breite eines Gestirnes bestimmt,
wenn er nämlich durch das Gestirn hindurch gehet. M. s.
Breite der Gestirne.

Alle Planetenbahnen durchschneiden die Ekliptik in zweyen
entgegengesetzten Punkten, welche die Knoten heißen (m.
s. Knoten), in welchen folglich die Planeten keine Breite
haben.

Wenn sich die Himmelskugel um die Weltaxe drehet,
so schneidet die Ekliptik den Horizont beständig in andern
Punkten, auch ändert sich der Winkel, unter welchem die
Ekliptik den Horizont schneidet. Liegt nämlich der Durchschnittspunkt o der Ekliptik mit dem Horizonte im wahren
Ost; so haben beyde Solstitialpunkte f und i ihre Stellen im
Meridian. So bald sich nun die Himmelskugel um die
Weltaxe drehet, so rückt der Punkt o gegen g zu, und fällt
wirklich in g, wenn der Solstitialpunkt i den Horizont schneidet, hiernächst rückt er wieder gegen o, und fällt in o, wenn
der halbe Umlauf der Himmelskugel zu Ende ist. Darauf
geht der Durchschnittspunkt der Ekliptik mit dem Horizonte
nach v, und kommt in v, wenn der Solstitialpunkt f daselbst
anlangt, geht alsdann aufs neue nach o zurück.

In der theorischen Astronomie wird erwiesen, daß die
Bewegung der Sonne nur scheinbar ist, und daß die Ekliptik
eigentlich die wahre Erdbahn sey, welche als eine Ellipse betrachtet werden muß, in deren einen Brennpunkt die Sonne
liegt. Indessen kann man sich doch immer vorstellen, als
wenn die Erde ruhet, und die Sonne ihre Bewegung in der
Ekliptik fortsetzet, und so um die Erde ihren Umlauf macht,

weil

weil vollkommen eben das erfolgen muß, was wirklich erfolget, wenn sich die Erde um die Sonne beweget.

Elasticität, Springkraft, Federkraft (elasticitas, elater, contentio, palintonia, élasticité, ressort) ist diejenige Eigenschaft der Körper, vermöge welcher sie ihre durch eine andere bewegende Kraft veränderte Größe oder Gestalt bey Nachlassung derselben wieder annehmen. Wenn z. B. in einer Blase eine Masse Luft eingesperrt ist, und es wird selbige zusammengedruckt, so wird sich die Luft nach nachgelassener druckender Kraft wieder in den vorigen Raum begeben, und die Blase eben so wie vor dem Drucke ausfüllen. Die Elasticität ist entweder attraktive oder expansive Elasticität; jene, um nach der Ausdehnung ihrer Theile den vorigen kleinern, diese aber, um nach der Zusammendrückung den vorigen größern Umfang wieder einzunehmen.

Wenn die Theile eines elastischen Körpers ausgedehnet sind, so werden sie sich nach Nachlassung der auf sie wirkenden Kraft vermöge ihres Zusammenhanges bestreben, ihr voriges kleinere Volumen wieder einzunehmen, und es findet hier eine attraktive Elasticität Statt. In dieser Bedeutung kann auch selbst eine flüssige Materie attraktive Elasticität besitzen. Wenn hingegen in einem auf der einen Seite verschlossenen Cylinder Luft sich befindet, und es wird selbige an der andern Seite des Cylinders durch einen genau darein passenden Stämpel zusammengedruckt, so wird man einen Gegendruck fühlen, welcher immer stärker wird, je mehr die Luft zusammengedruckt wird. So bald aber die äußere druckende Kraft nachläßt, so dehnt sich auch die innere Luft wieder aus, und nimmt ihr voriges Volumen wieder ein, wenn die äußere Kraft ganz auf sie zu wirken aufgehöret hat. Man sieht also daraus gar wohl ein, daß man beyde Arten von Elasticitäten genau von einander unterscheiden muß, weil sie in Ansehung ihrer Wirkung verschieden sind, indem die eine der andern gerade entgegengesetzet ist. Verschiedene Wirkungen erfordern aber verschiedene Kräfte, und daher selbst verschiedene Gesetze; es müssen also attraktive und expansive Elasticitäten ganz ver-

Ggg schiede-

schiedenen Gesetzen folgen, und ganz verschiedene Kräfte seyn.
Ich werde mich nachher bemühen, die Ursachen von beyden
Arten der Elasticitäten so wohl nach dem atomistischen als
auch dynamischen Systeme anzugeben, wenn ich vorher noch
einige Erscheinungen werde vorausgeschickt haben.

Mit ganz völligem Unrechte halten einige dafür, daß attraktive Elasticität allein bey festen, expansive hingegen nur
bey flüssigen Körpern Statt finde. Denn es kann die Elasticität einer flüssigen Materie ebenfalls attraktiv seyn. Wenn
z. B. ein stählerner Degen gebogen wird, so ziehen sich die
Theile auf der convexen Seite aus einander, und bestreben
sich nach äußerer nachlassender Kraft vermöge ihres Zusammenhanges die vorige Nähheit wieder anzunehmen; folglich
ist hier attraktive Elasticität. Eben so findet eine attraktive
Elasticität bey flüssigen Materien Statt, innere Theile eilen,
ihr voriges kleineres Volumen wieder einzunehmen, wenn ihnen der Grad der Wärme, welche ihre Theile ausgedehnet
hatte, benommen wird. Man wende hierbey gar nicht ein,
daß keine äußere Kraft die flüssigen Theile ausdehne, und sie
gleichsam von einander ziehe, indem ja hier die Wärme eben
so gut wie eine äußere Kraft wirkt. Ueberhaupt ist jederzeit
in allen den Fällen, wo sich die gespannten Theile in die
vorige Figur wieder versetzen, die Elasticität attraktiv, ob
sie gleich mannigmahl expansiv zu seyn scheinet. Wenn z. B.
eine elfenbeinerne Kugel an eine mit Fett bestrichene polirte
Steinplatte fallen gelassen wird, so schnellt sie sich zurück,
druckt aber auf dem Fette einen sichtbaren Fleck ein, und
beweiset dadurch eine wahre Zusammendrückung. Es scheinet also, als wenn die an dieser Stelle eingedruckten Theile
der Kugel vermöge der expansiven Elasticität wieder in ihre
vorige Gestalt zurückgebracht würden. Allein offenbar müssen die eingedruckten Theile am Rande gespannt werden, welche
sich, da der Druck nachließ, wieder in ihr voriges kleineres
Volumen zusammenziehen und dadurch die eingedruckten Theile
erheben; folglich ist hier wirklich die Elasticität attraktiv.
Bey der attraktiven Elasticität ist es aus der Art und Weise,

wie

wie sie sich zeiget, offenbar, daß die Theile der Materien in
einem gewissen Grade dehnbar seyn müssen, weil sonst ihr
Zusammenhang ganz aufgehoben werden müße. Es ist
daher unläugbar, daß auch flüssige Materien einer gewissen
Ausdehnung fähig sind. Feste elastische Körper werden oft
auch federhart genannt, welcher Ausdruck bey flüssigen nie
gebrauchet wird. Daher will Herr Gren *) überhaupt das
Wort Federkraft oder Springkraft, noch besser Contrakti-
licität, ganz allein bey den festen Körpern, hingegen Elasticität bloß bey den flüssigen Materien gelten lassen. Allein aus
dem eben Angeführten erhellet, daß auch bey flüssigen Materien attraktive Elasticität, mithin Contraktilität, Statt findet;
ja es kann auch feste Materie expansive Elasticität besitzen.
Es würde daher nur die wissenschaftlichen Untersuchungen ohne
Nothwendigkeit einschränken, wenn man das Wort Federkraft allein bey festen, und Elasticität allein bey flüssigen Materien gebrauchen wollte.

Man theilet auch wohl die Körper ein in vollkommen
elastische und in unvollkommen elastische Körper.
Jene würden diejenigen heißen, welche ihre vorige Räume
nach Nachlassung der auf sie wirkenden Kräfte vollkommen
genau wieder einnähmen, diese aber, welche sich nicht in den
vorigen ganzen Raum wieder ausbreiten. Allein die folgende
Untersuchung wird ergeben, daß es gar keinen vollkommen
elastischen Körper geben könne. Indessen ist es doch mit
allem Rechte erlaubet, die Gesetze für vollkommen elastische
Körper aufzusuchen, und diese selbst auf solche Körper anzuwenden, welche in einem hohen Grade Elasticität besitzen,
um desto besser ihre geringen Abweichungen dadurch zu erkennen. Aus eben dem Grunde ist man auch berechtiget,
von unelastischen Körpern zu reden, ob sie gleich Elasticität
aber einen sehr geringen Grad derselben besitzen.

Eigentlich ist alle Materie elastisch; eine jede Materie
hat ihren eigenen bestimmten Grad von Elasticität, welcher
aber verschieden ist von dem Grade der Elasticität einer anderen

*) Grundriß der Naturlehre. Dritte Aufl. Halle, 1797. §. §. 126.

von jener specifisch verschiedenen Materie. Und wenn man einen Unterschied unter unelastischen und elastischen flüssigen Materien, wie z. B. Wasser und Luft, macht, so muß dieß nur so verstanden werden, daß die letztern einen ohne alle Vergleichung höhern Grad der Elasticität besitzen.

Weil bey festen Körpern die Theile sich an einander reiben, so sieht man hieraus ein, daß es bey selbigen keine vollkommen attraktive Elasticität geben könne; denn so bald die Theile dieser Körper sich wieder in ihren vorigen Raum herzustellen streben, so wird nothwendig ein Theil der wiederherstellenden Kraft auf das Reiben der festen Theile an einander verwendet werden müssen, welcher ganz verloren gehet. Dieß ist auch wohl die Ursache, warum gespannte Saiten ihre erhaltene Schwingungen nur auf eine gewisse Zeit fortsetzen, und sodann wieder in Ruhe kommen. Der Widerstand der Luft kann die alleinige Ursache nicht seyn, weil auch im luftleren Raume diese Schwingungen nur eine Zeitlang dauern. Mersenne *) spannte eine von 12 Darmhäutchen verfertigte Saite mit 8 Pfund Gewicht, und eine Metallsaite von ¼ Linie Dicke mit 64 Pfund, und fand, daß beyde Einen Einklang gaben, die Darmsaite aber 40 Sekunden und die Metallsaite 64 Sekunden lang zitterte. Daraus schließt er, daß sich die Theile des Metalls bey Veränderung der Gestalt weniger an einander reiben, als die Theile der Darmhäutchen. Es ist hieraus auch begreiflich, daß die attraktive Elasticität bey lange erhaltender Dehnung der Theile schwächer wird.

Auch lehret die Erfahrung Mittel, die attraktive Elasticität zu verstärken. So werden z. B. durch Zusammenschmelzungen verschiedener Metalle Mischungen erhalten, welche oftmahls einen sehr hohen Grad der attraktiven Elasticität besitzen. Auch durchs Hämmern der Metalle wird die attraktive Elasticität verstärkt, und die merkwürdigste Verstärkung derselben geschiehet durchs Härten des Stahls. Durchs schnelle Abkühlen des Glases erhalten auch die so genannten

*) Harmon. Lib. III. propos. 13.

nannten Glastropfen und bolognefer Flaschen eine größere Elasticität.

Ueber die Ursache der Elasticität hat man verschiedene Meinungen gehabt, dabey aber nie die beyden Arten der Elasticität, nämlich attraktive und expansive, gehörig von einander unterschieden. Man glaubte vielmehr, daß es nur eine Elasticität gäbe, und daß sie folglich auch nur aus einer einzigen Ursache hergeleitet werden könne. In den neuern Zeiten aber hat man aus sorgfältiger Betrachtung der Phänomene, die man bey elastischen Körpern wahrnehmen kann, gefunden, daß die attraktive und expansive Elasticität wesentlich von einander verschieden sind, indem sie in Ansehung ihrer Wirkung einander gerade entgegengesetzet sind. Der Grund der Elasticität nach der atomistischen Lehre wird beständig ein unerforschliches Geheimniß bleiben. Nach dieser Lehre hat man folgende Hypothesen über die Ursache der Elasticität aufgestellet.

Anfänglich hielt man dafür, daß die Luft sich in die Zwischenräume der Körper begebe, und die materiellen Theile der Körper in einer gewissen Entfernung von einander halte; der äußere Druck der Luft aber auf die Körper sey mit dem innern Gegendruck im Gleichgewichte. Wenn nun der feste Körper ausgedehnet würde, so würde dadurch das Gleichgewicht aufgehoben; nach Nachlassung der äußern ausdehnenden Kraft hingegen suchte sich alles wieder in Gleichgewichtszustand zu versetzen, und der stärkere äußere Druck brächte dadurch die ausgedehnten Theile wieder in ihr voriges Volumen zurück. Allein nachdem die Luftpumpen erfunden waren, so wurde diese Meinung sogleich wiederleget, indem die Elasticität im luftleeren Raume noch eben so gut wie in freyer Luft Statt findet.

Cartesius *) braucht zwar das Wort Elasticität nicht, führt aber doch an verschiedenen Stellen die Federkraft der festen Körper und der Luft an, und leitet beyde aus verschiedenen Gründen her. Bey den elastischen festen Körpern,

Gg g 3   von

*) Princip. philosoph. P. IV. propos. 47. 132.

von welchen er bey Gelegenheit des Glases handelt, erkläret er die Elasticität aus der Bewegung der feinen Materie durch ihre Zwischenräume. Nach ihm sind nämlich diese Zwischenräume durch diese feine Materie gebildet, welche den Körpern eine Gestalt gegeben haben, die ihr den Durchgang verstatten; durch das Beugen der festen Körper wird aber die Gestalt verändert, und daher stößt die feine Materie gegen die Seitenwände der Gänge, und bestrebt sich, die vorige Gestalt wieder herzustellen. Blieben nun die Theile der Körper eine Zeit lang gespannt, so würden die Theilchen der feinen Materie die Gänge so ausschleifen, daß sie ungehindert durchgehen könnte, und nicht mehr an die Seitenwände anstieße, woher die Elasticität aufhörte. Bey der Luft hingegen sucht er das Vermögen derselben, sich auszubreiten, von der innern Bewegung der Theile, welche nach ihm überhaupt bey allen flüssigen Materien Statt findet, herzuleiten. Wenn nämlich die Luft zusammengedruckt wäre, so behält ein jedes Lufttheilchen den kleinen sphärischen Raum, in welchem es sich beweget, nicht frey, sondern werde von den angrenzenden Lufttheilchen gestoßen und aus seiner Stelle getrieben; diese Stöße der Lufttheilchen an einander suchten also die ganze Luftmasse wieder auszudehnen, um jedem Lufttheilchen seine eigene freye Bewegung wieder zu geben.

Noch andere Physiker nahmen mit Cartes an, daß die Elasticität durch eine die Körper durchströmende feine flüssige Materie bewirket würde, nur waren sie in Ansehung dieser flüssigen Materie nicht einerley Meinung. Einige hielten sie für den Aether, andere für das Elementarfeuer u. f., welchen sie nach ihren Gefallen Eigenschaften und Bewegungen zuschrieben, von welchen sie keine Erfahrung hatten, sondern aus der Erklärung verschiedener Phänomene annahmen.

Musschenbroek *) setzt allen Erklärungen der Elasticität durchs Durchströmen einer flüssigen Materie entgegen, daß eine solche Materie doch nur nach einerley Richtung durchströmen werde. Würde nun ein Körper so gebogen, daß die

r.   Z i   die

*) Introductio ad philosophi. natural. T. I. §. 767.

die Durchgänge da enger werden, wo die feine flüssige Materie durchgehen soll, so ließe sich gedenken, daß sie gegen die Seitenwände der Gänge drucke, und dadurch dem Körper Elasticität gebe. Allein würde er nun nach der andern Seite gebogen, so würden da die Gänge weiter, wo die feine Materie ausgeht, und es ließe sich da nicht begreifen, wie sie inen Druck gegen die Seitenwände der Gänge ausüben und dadurch eine Elasticität bewirken könne. Eine elastische Stange aber zeigt Elasticität, man mag sie nach allen möglichen Richtungen beugen; eine Bewegung einer flüssigen Materie nach allen möglichen Richtungen zugleich aber sey unmöglich.

Andere Physiker nehmen zwischen den Theilen der Körper zurückstoßende Kraft an. Denn so bald ein Körper zusammengedruckt würde, so müßten die Zwischenräume derselben enger zusammengehen, so daß eines in den Wirkungskreis der Zurückstoßung des andern trete; es müsse aber die Zurückstoßung desto größer werden, je näher die Theilchen an einander kämen. Nach Nachlassung der äußern Kraft würden nun diese genäherten Theilchen durch diese Zurückstoßungen wieder in ihre vorige Entfernung zurückgebracht, und daher den Körper in seine vorige Gestalt versetzen. Allein es lassen sich zurückstoßende Kräfte der Körper mit dem atomistischen Systeme nicht vereinbaren, indem es nicht einzusehen ist, wie nach dieser Lehre Wirkungskreise von Zurückstoßungen zwischen den Theilen der Körper nur auf irgend eine Art möglich wären.

Erxleben *) vermuthet, die Ursache der Elasticität der Körper liege vielleicht nur darin, daß bey den Theilchen der elastischen Körper jene Kraft, wodurch sie unter einander zusammenhängen, in gewissen Lagen der genauern Berührung gegen stärker ist, als in andern Lagen, da bey den nicht elastischen Körpern die Theilchen sich in anderen Lagen vielleicht auf einerley Weise berühren.

Ggg 4   Was

*) Anfangsgründe der Naturwissenschaft §. 33.

Was die Elasticität der flüssigen Körper betrifft, so haben sehr viele Physiker selbige aus der Bewegung ihrer Theilchen, wie Cartes, herleiten wollen, nur in Ansehung der Bewegung verselben weichen sie von einander ab; einige lassen ein jedes Theilchen sich um seine Are drehen, andere aber viele Theilchen im Wirbel um einen gemeinschaftlichen Mittelpunkt drehen u. s. w.

Daniel Bernoulli [a] suchte die Meinung des Cartes, daß die Elasticität der flüssigen Materie in einer Bewegung aller ihrer Theile nach allen Richtungen bestehe, zur Erklärung der Phänomene anzuwenden. Gedenket man sich nämlich eine Menge solcher Theile in einem hohen Cylinder unter einem beweglichen Deckel mit Gewichten beschweret vor, so wird der Deckel im Cylinder durch die beständigen Stöße der bewegten Theile des im Cylinder eingeschlossenen Flüssigen bis auf eine gewisse Höhe erhalten. Die flüssigen Theilchen werden den Deckel noch höher bringen, wenn man die Gewichte, die selbigen beschweren, vermindert; im Gegentheil wird der Deckel noch tiefer einsinken, wenn die Gewichte auf selbigem durch andere zugelegte vermehret werden. Dabey wird sich die Elasticität aus einer doppelten Ursache vermehren; erstlich, weil die Anzahl der Theilchen in Absicht des nunmehr verminderten Raumes größer wird, und zweytens, weil nun ein jedes Theilchen durch die innere Bewegung desto öfter an den Deckel stößt. Aus diesen Voraussetzungen sucht er nun durch Rechnungen darzuthun, daß sich die Räume, die eine elastische flüssige Materie, welche sich ohne Ende zusammendrucken läßt, annimmt, umgekehrt wie die zusammendruckenden Kräfte verhalten. Außerdem nimmt er an, daß die Wärme die Bewegung der Theilchen in Ansehung ihrer Geschwindigkeit vermehre, und berechnet, daß sich die Elasticität wie das Quadrat der Geschwindigkeit verhalten müsse, weil bey vermehrter Geschwindigkeit die Anzahl der Stöße und die Stärke derselben in eben dem Verhältnisse wie die Geschwin-

—————————
[a] Hydrodynamica sect. X. de affectionibus atque motibus fluidorum elasticorum.

Geſchwindigkeit wachſen müſſe. Wenn in einerley Raume mehrere Luſttheilchen anzutreffen ſind, ſo muß auch die Summe der Geſchwindigkeit deſto größer ſeyn, folglich muß das Wachsthum der Elaſticität der Luft bey gleichen Vermehrungen der Wärme in einerley Verhältniſſe mit den Dichtigkeiten der Luft ſeyn.

Johann Bernoulli *) ſtellt ſich vor, daß die Elaſticität der Körper durch die Bewegung einer ſehr zarten flüſſigen Materie, welche in den Zwiſchenräumen der Körper eingeſchloſſen iſt, bewirkt werde. Iſt dieſe Bewegung kreisförmig, ſo entſteht daher ein Schwung. Euler *) gedenket ſich daher, daß die Luft aus einer unzählbaren Menge von Kügelchen beſtehe, worin dieſe feine flüſſige Materie eingeſchloſſen ſey. Je ſchneller nun dieſe Materie in einem ſolchen Kügelchen an deſſen Oberfläche im Wirbel umläuft, deſto ſtärker beſtrebet es ſich auszubreiten. Um den Mittelpunkt eines jeden Kügelchens nimmt er einen leeren Raum an, welcher deſto kleiner wird, je mehr das Kügelchen durch eine äußere Kraft zuſammengedruckt wird; wenn dieſer Raum zu nichts wird, ſo beſitzet alsdann die Luft den höchſten Grad der Elaſticität, und es läßt ſich nun die Zuſammendrückung nicht weiter mehr treiben. Auf dieſe Hypotheſen bauet er Rechnungen, aus welchen er eine Gleichung zwiſchen der Elaſticität und der Dichtigkeit der Luft herleitet, welche mit der Erfahrung, ſo weit man mit der Luft in Anſehung der Elaſticität hat Verſuche anſtellen können, völlig übereinſtimmet. Allein es iſt ganz leicht einzuſehen, daß dergleichen Reſultate, welche die Rechnungen aus ſolchen Hypotheſen geben, ganz richtig ausfallen müſſen, wenn Vorausſetzungen zum Grunde geleget werden, wie ſie die Erfahrungen verlangen. Deſto leichter täuſchen aber auch dergleichen Hypotheſen. Als Erklärungen phyſikaliſcher Un-

terſu-

---

*) Addition au diſcours ſur les loix de la communication du mouvement. In opp. T. III. p. 81.

*) Tentamen explicationis phaenomenorum aëris In comment. Petropol. T. II. p. 347 ſqq.

terfuchungen können sie aber keinesweges befriedigen, weil die innern Bewegungen solcher seinen flüssigen Materien auf keinen Erfahrungen beruhen, sondern ganz willkürlich angenommen sind.

Newton •) nimmt an, daß die Theile einer elastischen flüssigen Materie durch zurückstoßende-Kräfte von einander zurückgetrieben werden, und sucht daraus zu beweisen, daß sich bey diesen Theilchen in einer flüssigen Materie, deren Dichtigkeit sich wie die zusammendruckende Kraft verhält, die zurückstoßenden Kräfte im umgekehrten Verhältniß der Entfernung von den Mittelpunkten der Theilchen befinden müssen. Ueberhaupt zeiget er, daß sich die zusammendrückende Kraft wie die $\frac{n+2}{3}$te Potenz der Dichtigkeit verhalte, wenn sich die zurückstoßende Kraft umgekehrt wie nte Potenz der Entfernung der Mittelpunkte verhalte. Ueber diese Zurückstoßenden Kräfte erkläret sich Newton ganz deutlich in seiner Optik, und sage, man könne sich bey Erzeugung der Luft und der Dämpfe eine so große Ausdehnung, welche zuweilen 10,100,1000 Mahl größer als vorher wäre, da sie noch die Form eines dichten Körpers hatten, gar nicht vorstellen, wenn nicht die Lufttheilchen zurückstoßende Kraft besäßen, mit welcher sie einander fliehen. Da man aber nach der atomistischen Lehre keine wesentliche zurückstoßende Kraft der Theilchen annehmen kann, so bleibt auch die zurückstoßende Kraft bloß eine Vorstellung, nicht aber eine Erklärung.

Herr Kant hat zuerst die attraktive und expansive Elasticität gehörig von einander unterschieden, nachher hat auch Herr Gren diesen Unterschied in seiner Physik angegeben. Letzterer nimmt an, daß der Grund der attraktiven Elasticität nach dem System der relativen Undurchdringlichkeit der Materie die Kraft des Zusammenhanges der Theile oder die anziehende Kraft, wie er sie nennt, sey, hingegen der der expansiven Elasticität die zurückstoßende Kraft der Theile der Materie. Herr Gren behauptet jedoch, daß die Kraft des
Zusam-

•) Princip. L. II. propof. 23.

Zusammenhanges der Theile der festen Körper eine wesentliche oder Grundkraft sey; dieß ist aber irrig (m. s. **Attraktion und Cohäsion, Grundkräfte**)? nach diesem System wird bloß bewiesen, daß Materie nicht anders möglich sey, als durch anziehende und zurückstoßende Kräfte, das beweiset sie aber nicht, daß diese oder jene Materie die bestimmte Grenze haben müsse, die sie hat, daß sie folglich einen gewissen begrenzten physischen Körper bestimme; der Grad des Zusammenhanges eines solchen Körpers ist bloß physisch nicht metaphysisch, also kann auch der Grund der attraktiven Elasticität keine Grundkraft seyn. Nach meiner Einsicht liegt die Ursache der attraktiven Elasticität in der Kraft der Cohäsion. Da nun die Cohäsion ganz allein von der qualitativen Eigenschaft der Materien, die sich mit einander verbinden, abhänget, wodurch denselben ein freyes Spiel der Grundkräfte in einer engern Sphäre zugeschrieben wird, so sieht man, daß die attraktive Elasticität allein von den mancherley Verbindungen der Theile der festen Körper, welche durch das freye Spiel der Grundkräfte bewirket werden, herrühre, und daß sie vom Reiben der Theile an einander vorzüglich verursachet werde. Was hingegen die expansive Elasticität betrifft, so ist diese die zurückstoßende Kraft, welche aller Materie wesentlich zukömmt, und es ist daher diese als Grundkraft zu betrachten. Wenn z. B. eine Menge Luft in einem hohlen Cylinder durch einen Stämpel zusammengepreßt wird, so wird diese vermittelst ihrer zurückstoßenden Kraft oder Elasticität der druckenden Kraft entgegen wirken, und sich wieder in den vorigen Raum ausdehnen, nachdem die äußere auf sie druckende Kraft nachgelassen hat. Indessen ist doch keinesweges zu behaupten, daß die expansive Elasticität, welche man gewahr wird, alle Mahl ursprünglich sey, in dem auch selbst die expansive Elasticität abgeleitet seyn kann, wie z. B. durch Einwirkung der Wärmematerie, und es ist überhaupt schwer zu unterscheiden, ob in jedem vorkommenden Falle die expansive Elasticität allein ursprünglich oder zugleich abgeleitet ist.

Was

Was die Gesetze der Elasticität fester Körper betrifft, so hat sich mit Untersuchung derselben vorzüglich 's Grave-sand *) beschäftiget. Dabey stellt er sich die festen Körper aus dünnen Fibern oder Fäden zusammengesetzt vor, und untersucht vor allen Dingen die Elasticität der Metallsaiten, welche dergleichen elastische Faden vorstellen.

Vermöge der Erfahrung wird die Federkraft eines elastischen festen Körpers desto größer, je mehr seine Theile gedehnet werden. Wenn die Theile eines solchen Körpers so weit gedehnet sind, bis die Federkraft ihrer Theile der spannenden Kraft gleich ist, so befindet sich der elastische Körper mit der dehnenden Kraft im Gleichgewichte. Würde ein solcher Körper noch weiter gedehnet, so würde nun derselbe entweder zerreißen, oder seine Federkraft würde ganz wegfallen, wie man dieß sehr leicht an einer durch Gewichte gespannten Saite erfahren kann. Es ist daher die Spannung, welche die Fibern elastisch macht, in gewisse Grenzen eingeschlossen.

Es ist überaus leicht zu begreifen, daß gleiche Fibern bey gleichen durch gleiche dehnende Gewichte erfolgte Spannungen auch gleich lang gedehnet werden; und daß sich die Gewichte, welche gleiche Fibern unter verschiedenen Spannungen gleich lang dehnen, wie die Spannungen verhalten müssen. Wenn nämlich drey gleiche Saiten in den Verhältnissen 1, 2, 3 gleich lang gespannt werden sollen, so müssen sich auch die dazu erforderlichen dehnenden Gewichte wie 1, 2, 3 verhalten.

Wenn gleichartige Saiten, von gleicher Dicke gleich stark gespannt sind, so verhalten sich bey gleichen Zusätzen von Gewichten die Verlängerungen derselben wie die Längen der Saiten. Eben so verhalten sich auch ihre Beugungen. Wenn eine gespannte Saite in die Lage (fig. 119.) a e b gebogen ist, so wird sie vermöge ihrer Federkraft nach Nachlassung der beugenden Kraft in die Lage a c b sich zu versetzen streben. Da man aber die Elasticität als eine absolute Kraft betrachten kann, so wird das Zurückgehen mit Beschleunigung erfolgen,

*) Physices elementa mathem. Lugd. Batav. T. I. L. L. c. 39.

erfolgen, und folglich die Geschwindigkeit am größten seyn,
wenn sie in die gerade Lage a c b gekommen ist. — Wegen dieser erlangten Geschwindigkeit wird sie nun in dieser Lage nicht
ruhen können, sondern vielmehr von nun an mit Verzögerung
in die Lage a d b sich beugen, bis die Geschwindigkeit in
d = o geworden ist.   Hier stellt sich die Saite vermöge der
Federkraft wieder in die gerade Lage a c b mit Beschleunigung
her, und die dadurch erlangte Geschwindigkeit treibt sie abermahls in die Lage a e b.   Hieraus entstehen also schwingende
Bewegungen von a c b nach a e c, von da zurück nach a c b,
und von hier nach a d b u. s. f. eben so wie bey der abwechselnden schwingenden Bewegung eines Pendels; s. Pendel.
Diese Schwingungen sind der Zeit nach gleich lang, ob sie
gleich in Ansehung des Raumes e d schwächer und stärker
sind, wie beym Pendel, das in der Radlinie schwingt.   Im
Gegentheil werden die Schwingungen bey ungleich gespannten, bey übrigens gleich langen und gleich dicken Saiten,
nicht gleich lang seyn, sondern es werden sich die Quadratwurzeln der Zeiten, während welchen die Schwingungen erfolgen, umgekehrt wie die spannenden Kräfte verhalten.

Bey gleich dicken und gleich stark gespannten aber ungleich
langen Saiten verhalten sich die Schwingungszeiten wie die
Längen.   Bey gleich langen und ungleich dicken und gleich
stark gespannten Saiten aber verhalten sich die Schwingungszeiten wie die Dicken.

Setzt man also bey zwey gleichartigen Saiten die Längen
derselben L, l, die Dicken D, d, die spannenden Kräfte P,
p, und die Schwingungszeiten T, t, so ergibt sich aus vorhergehenden folgende Gleichung

$$\frac{L^2 D^2}{T^2 P} = \frac{l^2 d^2}{t^2 p},$$

wegen der cylindrischen Gestalt der Saiten aber verhalten sich
die körperlichen Räume, folglich auch ihre Gewichte wie
LD² : ld²; setzt man also diese Gewichte Q, q, so folgt

$$\frac{Q L}{T^2 P} = \frac{q l}{t^2 p},$$ und daher

$$T^2 :$$

$T^2 : t^2 l = \dfrac{Qd}{P} : \dfrac{ql}{P}$ d. h. die Quadrate der Schwingungszeiten verhalten sich wie die Quotienten der Produkte der Län-
gen mit den Gewichten der Saiten durch die spannenden Kräfte
dividirt.

Diese Gesetze elastischer Saiten lassen sich auch bey elastischen Blechen, wie z. B. den spannenden Uhrfedern u. d. g.
anwenden, indem man diese als eine Menge an einander ge-
legter und mit einander verbundener elastischen Saiten betrachten kann.

Alle diese Sätze, welche 's Gravesand mit Versuchen
bestätiget, wendet er auch auf elastische Kugeln an, und beweiset, daß sich die Abplattungen, die sie beym Stoß an feste
Körper erleiden, wie die Geschwindigkeiten des Anstoßens
verhalten müssen.

Von den Gesetzen des Stoßes elastischer Körper siehe
unter dem Artikel Stoß.

Was die Gesetze der Elasticität flüßiger Materien anlangt, so werden diese vorzüglich in der Aërometrie vorgetragen, in welcher zugleich unter dem Worte Luft eine jede
elastische flüßige Materie verstanden wird. Die vorzüglichsten Gesetze derselben sind folgende.

Wenn in einem prismatischen oder cylindrischen Gefäße
eine flüßige elastische Materie sich befindet, so leidet der Boden desselben einen Druck, welcher dem Gewichte einer geraden Säule gleich ist, deren Grundfläche dem ebenen Boden,
und deren Höhe der Höhe der im Gefäß eingeschlossenen elastischen flüßigen Materie gleich ist. Theilet man nun die
Höhe einer solchen Säule einer elastischen flüßigen Materie
in Schichten von ungleichen Höhen ein, aber so daß jede Schicht
gleich viel elastische flüßige Materie besitzet, so erhellet, daß
jede folgende unter der obersten befindliche Schicht mehr
Dichtigkeit haben müsse, als die zunächst über ihr liegende.
Es wird sich folglich die Dichtigkeit der obersten Schicht
zur Dichtigkeit der untersten, wie die Höhe der untersten zur
Höhe der obersten verhalten.

Die

Die elastische flüssige Materie drückt vermöge ihrer Elasticität nach allen Seiten und strebt sich auszubreiten. Folglich drückt sie eben so wie Wasser seitwärts gegen die innere Wand eines Gefäßes (fig. 107.) ob und r f senkrecht; und zwar mit einer Gewalt, welche der Elasticität der Schichte ob f r, folglich dem auf sie druckenden Gewichte gleich ist. Hieraus folgt, daß der Druck auf c b nach der senkrechten Richtung so groß seyn müsse, als das Gewicht einer Säule dieser flüssigen Materie, deren Grundfläche dem Theile c b, und deren Höhe der Tiefe dieses Theiles von der höchsten Oberfläche der flüssigen Materie gleich ist. Dieser senkrechte Druck nach der Richtung b k zerlegt sich nun in zwey andere nach den Richtungen b l und b m; dieser letzte ist aber so groß, als das Gewicht einer Säule, welche zur Grundfläche c b und zur Höhe b n hat. Ist also b d f c eine senkrechte Säule, so ist der Druck auf d f so groß, als das Gewicht einer Säule, deren Grundfläche = d f, und deren Höhe = d n ist; folglich ist der Druck, womit diese Säule das Gefäß unterwärts preßt, so groß als das Gewicht dieser Säule. Hieraus ist begreiflich, daß der gesammte Druck einer elastischen flüssigen schweren Materie, wie beym Wasser, dem Gewichte der im Gefäße befindlichen flüssigen Materie gleich sey. Daniel Bernoulli *) hat die Gesetze des Drucks und auch der Bewegung elastischer flüssiger Materien aus dem Grundsatze der lebendigen Kräfte entwickelt, und daraus eine kurze Theorie der Zusammendrückung der Luft, ihrer Bewegung in Gefäßen mit Oeffnungen und der Gewalt des Schießpulvers hergeleitet. Diese Gesetze sucht d'Alembert *) aus einem andern Grundsatze durch die Lehre von der Zerlegung der Bewegungen herzuleiten, und gibt seinen Rechnungen darüber eine große Allgemeinheit, da Bernoulli sich bloß mit der elastischen flüssigen Materie von unveränderlicher Wärme, und mit dem Satze, daß die Elasticität der Dichtigkeit proportional sey, beschäftiget hatte.

Weil

*) Hydrodynamica. Argent. 1738 4.
*) Traité de l'équilibre et de mouvement de fluides, Paris 1744. 4.

Weil vermöge der Erfahrung unsere Erde mit einer elastischen flüssigen Materie, die wir Luft nennen, umgeben ist,
so folgt, wenn alles in diesem Luftkreise bey einerley Wärme
im Gleichgewichte ist, daß die Dichtigkeit und Elasticität
der Luft an der Erdfläche am größten ist, bey weitern Entfernungen von derselben aber abnehmen müsse, bis endlich
an der äußersten Grenze des Luftkreises die Elasticität der
Luft unmerklich wird. Denn theilet man den Luftkreis in
Schichten von sehr kleinen Höhen ab, so wird eine jede
Schichte einen Druck leiden, womit eine Höhe zusammenge-
höret, welche größer ist, als die Höhe des Drucks gegen
die nächst vorhergehende Schichte. Weil aber in jeder Schichte
die Elasticität der Luft mit diesem Drucke das Gleichgewicht
hält, so muß auch die Elasticität und Dichtigkeit der Luft
in solchen Schichten desto größer seyn, je näher sie der Erdfläche sind; an der Erdfläche muß also die Elasticität und
Dichtigkeit der Luft am größten seyn. Man kann daher mit
allem Rechte sagen, daß die Ursache der Erhebung und Erhaltung des Quecksilbers im Barometer von der Elasticität
der Luft herrühre, denn es ist allemahl die Elasticität der untern Luftschicht, mit dem Druck der über ihr liegenden Luftschichten bis zur äußersten Grenze des Luftkreises im Gleichgewichte, wenn alles in dem Luftkreise im Gleichgewichte ist.

Aus den Versuchen des Mariotte [b] und Bouguer [f]
folgt das Gesetz, daß sich bey einerley Wärme die Federkraft
der Luft wie ihre Dichtigkeit verhalten müsse. Weil nun
im Zustande des Gleichgewichtes die Elasticität der zusammendruckenden Kraft gleich seyn muß, so verhält sich auch
die Dichtigkeit der Luft wie die Kraft, womit sie zusammengedruckt wird. Dieses Gesetz findet freylich nur bey der absoluten Elasticität Statt. Man mache nämlich einen
Unterschied unter der absoluten und specifischen Ela-
sticí

---

b) Discours de la nature de l'air 1676. u. im traité de mouvemens
des eaux II. part. II. disc. Paris 1686.
f) Figure de la terre, Paris 1749 8. introd. mit der Aufschrift relation abregée du voyage au Peru.

sticität. Unter jener versteht man die Stärke, womit sie
der zusammendruckenden Kraft widerstehet, an sich, ohne
auf andere Umstände, als Wärme, Dichtigkeit u. s. f. Rück,
sicht zu nehmen. Diese Elasticität muß jederzeit der druckenden Kraft gleich seyn. Weil aber einerley Materie bey ungleicher Wärme und ungleicher Dichtigkeit so wie verschiedene Materien von ungleicher Dichtigkeit dennoch gleich stark
drucken können, so heißt diejenige Materie specifisch elastischer, als die andere, welche bey geringerer Dichtigkeit
gleich stark druckt, bey eben derselben Dichtigkeit aber auch
einen größern Druck ausübet.

Es ist die specifische Elasticität doppelt so groß, wenn
die Materie bey einerley Dichtigkeit doppelt so viel Elastici,
tät hat u. s. f. Bey einerley Dichtigkeit verhalten sich folglich die absoluten Elasticitäten wie die specifischen. Hingegen bey einerley specifischer Elasticität verhalten sich nach dem
oben angeführten Gesetze die Dichtigkeiten, wie die absoluten Elasticitäten. Es folgt demnach hieraus, daß sich überhaupt die absoluten Elasticitäten wie die Produkte aus den
specifischen Elasticitäten in die Dichtigkeiten, und die specifischen wie die Quotienten der absoluten Elasticitäten durch die
Dichtigkeiten dividiret verhalten.

Alle elastische Flüssigkeiten werden in Ansehung ihrer specifischen Elasticitäten durch die Wärme vermehret. Wenn
daher einerley Menge Luft in einerley Raum eingeschlossen
ist, so wird sie erwärmt mehr Elasticität besitzen müssen,
wird folglich absolut elastischer, und drückt gegen die Seiten,
wände des Gefäßes, welches sie einschließt, auch stärker.
Wäre sie aber nicht eingeschlossen, so breitet sie sich nun nach
allen Seiten so lange aus, bis ihre Dichtigkeit in eben dem
Verhältnisse geringer wird, in welchem ihre specifische Elasticität größer geworden ist. Es wird folglich durch die
Wärme die Luft verdünnet.

Wenn in einem Gefäße die Luft verdichtet wird, so wird
auch ihre Elasticität in eben dem Verhältnisse größer, also
verhält sich auch der Druck der äußern Luft zum Druck der

im

Im Gefäße eingeschlossenen Luft wie die Dichtigkeit der erstern zur Dichtigkeit der andern. Würde also die in einem Gefäße zusammengepreßte Luft auf eine Materie wirken, auf welche der Druck der äußern Luft nicht so groß ist, so muß sie auch, wenn sie ausweichen kann, in Bewegung gesetzet werden. Darauf gründet sich die Wirkung des Heronsballes, Heronsbrunnen u. s. f. m. s. **Springbrunnen.**

Auf die Eigenschaft der Luft, durch Erwärmung elastischer zu werden, folglich sich in einen größern Raum auszudehnen, beruht auch das Verfahren, Gefäße mit sehr engen Oeffnungen mit tropfbaren Flüssigkeiten sehr leicht anzufüllen. Denn wenn das Gefäß erwärmet wird, so dehnt sich die Luft darin aus, und entweicht daher zum Theil durch die enge Oeffnung; bringt man nun diese Oeffnung des Gefäßes unter die tropfbar flüssige Materie, so druckt die äußere Luft selbige in das Gefäß hinein, so bald sich die im Gefäße befindliche Luft bey der Erkältung zusammenziehet. Hierdurch läßt sich zugleich bestimmen, wie stark ein gegebener Grad von Wärme die Luft ausdehne, wenn man den ganzen innern Raum des Gefäßes mit dem nach der Erkältung übrig gebliebenen vergleicht.

Die brennbare Luft ist specifisch elastischer, als die gemeine atmosphärische. Wenn man also die brennbare Luft in eine für sie undurchdringliche, aber biegsame Hülle einschließt, so wird sie auch diese so lange ausdehnen, bis sie mit der von außen her entgegenwirkenden atmosphärischen Luft einerley absolute Elasticität hat. Alsdann aber ist ihre Dichtigkeit oder ihr specifisches Gewichte in eben dem Verhältnisse geringer, in welchem ihre specifische Elasticität größer ist, dadurch erhält man ein Mittel, einen Körper beugsam zu machen, welcher leichter als ein eben so großer Luftraum ist, ohne jedoch von der äußern Luft zusammengedruckt zu werden. Hieraus ist es also zu begreifen, wie eine aërostatische Hülle durch brennbare Luft aufgespannt, und selbst in der atmosphärischen Luft in die Höhe getrieben werden könne. Da auf eben diese Weise die gemeine

meine atmosphärische Luft durch die Wärme verdünnt wird, so dienet sie ebenfalls zur Füllung der aëroſtatiſchen Maſchinen.

Die Theorie des Drucks und der Bewegung der elaſtiſchen flüſſigen Materien iſt vorzüglich von Herrn **Karſten** *) ziemlich vollſtändig entworfen worden. Auch hat ſchon **Euler** *) gezeiget, wie ſich die Grundſätze der allgemeinen Mechanik auf die Sätze der elaſtiſchen flüſſigen Materien anwenden laſſen.

Elaſticität, abſolute (elaſticitas abſoluta, élaſticité abſolue) heißt die Stärke des Drucks, womit eine elaſtiſche flüſſige Materie der auf ſie druckenden Kraft widerſtehet. Wenn alles in Ruhe iſt, ſo widerſteht dieſe Elaſticität gerade ſo viel, nicht mehr als die äußere Kraft, die ſie zuſammenpreſſen will.

Es folgt alſo hieraus, daß die Elaſticität der Luft der druckenden Kraft proportional iſt. Weil nun die untere Luftſchicht an der Erdfläche der Atmoſphäre von der bis zur äußerſten Grenze über ihr liegenden gedruckt wird, mithin die Elaſticität derſelben am größten iſt, ſo folgt auch, daß die Elaſticität der unterſten Luftſchicht eben dieſe Wirkung hervorbringe, als der geſammte Druck der über ihr befindlichen Luft bis zur Grenze der Atmoſphäre. Würde alſo ein Theil Luft von der unterſten Luftſchicht in ein Gefäß eingeſchloſſen, ſo muß auch dieſer vermöge der Elaſticität noch eben die Wirkung hervorbringen als der Druck der über dieſem Theile liegenden Luft. Hieraus folgt alſo unläugbar, daß die Wirkung, welche ein auch noch ſo kleiner Theil der eingeſchloſſenen Luft vermöge ihrer Elaſticität verurſachet, eben ſo groß iſt, als der Druck einer Luftſäule, welche jener eingeſchloſſene Theil tragen müſſe. Würde alſo die torricelliſche Röhre in ein Gefäß eingeſchloſſen, ſo muß auch die in ſelbigem befindliche Luft vermöge ihrer Elaſticität das Queck-

Hhh 2 ſilber

---

*) Lehrbegriff der geſammten Mathematik. Th. III. Aerometrie. Theil VI. Pneumatik.

*) Principes généraux du mouvement des fluides in d. hiſtoir. de l'Acad. de Berlin. année 1755. p. 274 ſqq.

ſilber in eben der Höhe erhalten, als es ſonſt von dem Druck der Luft im Freyen erhalten wird.

Elaſticität, ſpecifiſche (elaſticitas ſpecifica, élaſticité ſpecifique) iſt der Druck einer elaſtiſchen flüſſigen Materie in Rückſicht ihrer abſoluten Elaſticität und ihrer Dichtigkeit, ſo daß dieſer Materie eine größere ſpecifiſche Elaſticität zugeſchrieben wird, wenn ſie bey einerley Dichtigkeit der auf ſie druckenden Kraft ſtärker, eine geringere aber, wenn ſie der druckenden Kraft weniger widerſteht. In dieſem Sinne ſagt man, eine flüſſige Materie habe zwey Mahl, drey Mahl u. ſ. mehr ſpecifiſche Elaſticität, wenn ſie bey einerley Dichtigkeit zwey Mahl, drey Mahl u. ſ. ſtärker druckt, als eine andere Materie.

Der Ausdruck, ſpecifiſche Elaſticität, iſt folglich nur ein relativer Begriff, indem man nicht angeben kann, wie ſtark die ſpecifiſche Elaſticität eines Körpers an ſich iſt, ſondern bloß, ob er bey gleicher Dichtigkeit größere oder geringere Elaſticität beſitze als ein anderer. Vergleichet man nun die Elaſticität des einen Körpers mit der Elaſticität des andern, ſo wird man die Elaſticität des einen Körpers zur Einheit annehmen, und alsdann auch durch eine Zahl beſtimmen können, wie vielmahl die Elaſticität des andern Körpers größer als die zur Einheit angenommene iſt. Auch kann man eine Materie **gleichförmig elaſtiſch** nennen, nämlich diejenige, welche allenthalben eine der Dichtigkeit proportionale abſolute Elaſticität hat; alsdann würde eine Materie **ungleichförmig elaſtiſch** heißen, wenn ſie in allen ihren Theilen keine gleich große abſolute Elaſticität beſitzet, welcher man auch, wenn dieſe Ungleichheiten als gleichförmig vertheilt betrachtet werden, eine **mittlere Elaſticität** zuſchreiben kann.

Es iſt ſchon aus dem Artikel **Elaſticität** bekannt, daß ſich die ſpecifiſchen Elaſticitäten wie die Quotienten der abſoluten Elaſticitäten durch die Dichten der Materien dividiret verhalten. Setzt man alſo die ſpecifiſchen Elaſticitäten $= E, e$, die abſoluten A, a und die Dichtigkeiten der Materien D, d, ſo hat man

$$E : e$$

$$E : e = \frac{A}{D} : \frac{a}{d}$$

Setzt man ferner die Massen M, m und die Räume V, v, so weiß man, daß

$$D : d = \frac{M}{V} : \frac{m}{v}, \text{ also ist auch}$$

$$E : e = \frac{AV}{M} : \frac{av}{m} \text{ oder } EM : em = AV : av, d. h.$$

die Produkte der Massen oder Gewichte in die specifischen Elasticitäten verhalten sich zu einander wie die Produkte der Räume in die absoluten.

Zunehmende Wärme wird auch allemahl die specifische Elasticität E vergrößern. Ist aber die flüssige Materie eingeschlossen, so daß weder M noch V wachsen kann, so wird dadurch die absolute Elasticität größer. Wenn aber die Masse sich ausbreiten kann, mithin V größer wird, so wird die Dichtigkeit D in eben dem Verhältnisse kleiner als V größer wird, die absolute Elasticität bleibt ungeändert.

Elasticitätsmesser, Elaterometer, Dampfmesser (elaterometrum, elateromètre) ist eine eigene bey den Dampfmaschinen angebrachte Einrichtung, die absolute Elasticität des Dampfes dadurch zu erkennen, oder doch wenigstens die Größe derselben dadurch zu beurtheilen.

Um die absolute Elasticität des Dampfes bey den Dampfmaschinen zu finden, dienet schon ein empfindliches Thermometer, welches in dem Innern des Dampfbehälters an der Maschine so angebracht werden müßte, daß die Kugel desselben allenthalben mit Dampf umgeben wäre, die Röhre aber aus demselben aber dampfdicht hervorrage. Alsdann müßte aber auch eine Tabelle für die absolute Elasticität durch die Wärmegrade nach Art des Herrn von Betancourt (s. Dämpfe) berechnet worden seyn, um daraus bey Beobachtung des Grades der Temperatur an dem im Behälter eingeschlossenen Thermometer die absolute Elasticität des Dampfes finden zu können.

Außer-

Außerdem kann aber auch eine eigene Vorrichtung als Dampfmesser an der Feuermaschine angebracht werden, wie dieß bey der Dampfmaschine auf dem hurgörner Revier in der Grafschaft Mannsfeld geschehen ist. Allein dieser Dampfmesser zeiget nur an, ob der Dampf die gehörige expansive Kraft erreicht oder überstiegen habe, um die Maschine in Gang zu bringen, sie zeigt aber nicht die absolute Elasticität desselben im Dampfbehälter an. Zur Verbesserung dieses Dampfmessers gibt daher Hr. Green [a] folgenden Vorschlag an. Es sey nämlich (fig. 120.) a der eine Dampfbehälter der Maschine im lothrechten Durchschnitt. An der einen Seitenwand wird ein Behältniß von Eisenblech angebracht, dessen Wand b b etwa einen Zoll weit von der Wand des Behälters entfernet ist; übrigens kann die Länge 6 Zoll und die Höhe 8 Zoll betragen. Unten am Boden des Behälters wird eine eiserne Röhre f von ⅓ Zoll im Durchmesser angebracht, welche rechtwinklig in die Höhe gebogen ist, und in einem kurzen Schenkel sich endiget. In der Oeffnung dieses Schenkels wird eine gläserne oben offene etwa 30 Zoll lange Röhre, die im Durchmesser etwa ¼ Linien beträgt, eingekittet, und an selbiger eine Skale befestiget. Das Behältniß b c b wird mit Quecksilber ungefähr 6 Zoll hoch angefüllt, welches folglich in die gläserne Röhre eben so hoch als im Behälter treten wird, wenn nämlich die Elasticität der im Dampfbehälter eingeschlossenen Luft gleich mit der Elasticität der äußern ist. Von diesem Punkte c an werden alsdann auf die Skale oberhalb und unterhalb Zölle und Linien gezeichnet. Außerdem wird in der Nähe ein gutes Barometer aufgehängt. Gesetzt nun, das Quecksilber steige in der gläsernen Röhre bis d um 8 Zoll hinauf, indem das Barometer 27 Zoll 8 Linien zeiget, so wird die absolute Elasticität des Dampfs im Behälter durch die Summe von beyden, oder durch eine Quecksilbersäule von 35 Zoll 8 Linien ausgedruckt werden. Fiele hingegen das Quecksilber in der gläsernen Röhre unter c, so muß man alsbann den Abstand

von

a) Neues Journal der Physik B. I. S. 188.

von c in Zollen und Linien von der beobachteten Barometerhöhe subtrahiren, um die absolute Elasticität des Dampfes
im Behälter der Maschine zu erhalten. Uebrigens kann man
das Niveau im Behälter und in der Röhre wegen des geringen Verhältnisses des Querschnittes der Röhre zum Querschnitte des Behälters als unveränderlich betrachten; denn
das Quecksilber müßte in der Röhre über c auf 80 Zolle in
die Höhe steigen, wenn es etwa ⅛ Linie im Behälter fiele.

Elasticitätszeiger, Mercurialzeiger, Barometerprobe (index elasticitatis in vacuo Boyliano, index mercurialis, baromètre d'épreuve). Hierunter versteht man ein an der Luftpumpe angebrachtes Barometer, welches zeigen soll, wie groß die absolute Elasticität der nach
dem Evakuiren unter der Glocke noch befindlichen Materie sey.

Eine solche Vorrichtung hat Hawksbee *) bey seiner
Luftpumpe zuerst angebracht. Hr. Hofrath Karsten *) hat
sie also beschrieben: Es sey (fig. 121.) ab der Teller der
Luftpumpe, und c o l eine hindurchgehende bey c offene Röhre;
in diese sey bey d eine gläserne über 28 Zoll lange Röhre d g
gesteckt, und bey d alles gegen das Eindringen der äußern
Luft verwahret. Das unten bey g offene Ende der gläsernen
Röhre stehe in einem Gefäß h i mit Quecksilber, und e f sey
die Verbindungsröhre zwischem dem Teller und der Pumpe.
So lange nun über dem Teller die Luft sich im natürlichen
Zustande befindet, so lange steht das Quecksilber im Gefäße
h i und in der Röhre gleich hoch. Wenn aber die Glocke
über dem Teller steht, und unter derselben durch Bearbeitung
der Pumpe die Luft verdünnet wird, so steigt das Quecksilber
in der Röhre hinauf, und zwar desto höher, je weiter die
Verdünnung getrieben wird. Könnte man alle Luft unter
der Glocke wegschaffen, so würde das Quecksilber, nachdem
solches bewerkstelliget wäre, in der Röhre so hoch stehen, als

Hhh 4 es

*) Physico-mechanical experiments on various subjects. London
1709. 4.
*) Lehrbegriff der gesammten Mathematik Theil VI. Pneumatic.
Abschn. V. §. 90. S. 453 u. f.

es zu der Zeit in jedem an eben dem Orte befindlichen Barometer steht. Und wenn die Luftpumpe vollkommen luftdicht
ist, und man läßt alles in dem erwähnten Zustande einige
Tage nach einander verharren, ohne mit Fleiß Luft unter die
Glocke zu laffen, so muß das Queckfilber während diefer Zeit
eben so wie in andern Barometern steigen und fallen. Da
es aber unmöglich ist, die Luft unter der Glocke bis zur völligen Ausleerung zu bringen, so sieht man, daß das Queckfilber in der Röhre nicht völlig die wahre Barometerhöhe erreichen könne, und da der Unterschied der Höhe von der zugleich beobachteten Höhe eines gewöhnlichen Barometers zeigen werde, wie viel die Elasticität der unter der Glocke noch
zurück gebliebenen Materie betrage. Hat man nun an der
Röhre eine gehörig eingetheilte Tafel angebracht, so wird
man aus der Höhe, auf welche das Queckfilber durch Bearbeitung der Pumpe gebracht werden kann, beurtheilen können,
wie stark die Elasticität der unter der Glocke noch befindlichen
Materie fey. Stände z. B. das Queckfilber in der Röhre in
k auf 26 Zoll, wenn das gewöhnliche Barometer 27 Zoll
8 Linien zeiget, so würde die Elasticität der unter der Glocke
noch befindlichen Materie 1 Zoll und 8 Linien Queckfilberhöhe
gleich seyn, oder auf eine jede Fläche so stark drucken, als
ob 1 Zoll 8 Linien hoch Queckfilber darüber stände. Es be-
trägt also diese Elasticität $\frac{1}{3}\frac{1}{1}\frac{2}{2} = \frac{7}{8}\frac{1}{3}$ der Elasticität der
äußern Luft. Bey Leupolds doppelter Luftpumpe und bey
beyden 'sgravefandischen ist dieser Zeiger ebenfalls angebracht.

Andere bedienten sich zum Elasticitätszeiger eines gewöhnlichen Barometers; und stellten es unter die Glocke, die es
faffen konnte. So bald die Luft evakuiret wurde, so fiel das
Queckfilber herab, und zwar um desto mehr, je mehr die
Evakuation bewirket wurde. Durch diese verschiedenen Höhen
des Queckfilbers ward also angezeiget, wie stark die Elasticität der unter der Glocke noch befindlichen Materie einer Kraft
widerstehen konnte. Da aber dergleichen hohe Glocken, um ein
solches Barometer zu faffen, wegen ihrer Höhe sehr unbequem
waren, so gebrauchte der Herr von Mairan zu diefer Abficht

das

das so genannte abgekürzte Barometer, welches du Fay.h.
beschrieben hat. Es hat dieses Barometer die äußere Form
eines gewöhnlichen Gefäßbarometers, außer, daß es nur
etwa über dem Niveau 3 Zoll Höhe besitzet. Man füllt dieses Barometer wie gewöhnlich mit Quecksilber an, und befestiget es an eine Skale, auf welcher die drey Zoll seiner Höhe
in Linien gezeichnet sind. Man stellt dieses Barometer beym
Gebrauche unter der Glocke senkrecht auf. Bey den ersten
Auszügen wird man an diesem Barometer gar keine Wirkung
verspüren; so bald aber die Luft unter der Glocke so sehr verdünnt worden, daß ein gewöhnliches Barometer bis etwa
auf 24 Zoll herabfallen würde, so wird sich das Quecksilber
in dem verkürzten Barometer bey drey Zoll zu regen anfangen.
Wenn nun durch fortgesetztes Evakuiren das Quecksilber bis
auf zwey Zoll herabfällt, so läßt sich schließen, daß die Elasticität der in der Glocke zurückgebliebenen Materie einer Quecksilbersäule von 2 Zoll Höhe das Gleichgewicht halten kann.
Dadurch ließe sich also sehr leicht bestimmen, was für einen
Theil der Elasticität der äußern atmosphärischen Luft die Elasticität der in der Glocke zurückgebliebenen Materie ausmache.

Smeaton *) hat einen andern Elasticitätszeiger angegeben, welcher auch dazu dienet, die Elasticität der verdichteten Luft unter der Glocke unmittelbar anzuzeigen und zu
messen. Eine unten (fig. 122.) bey f umgebogene Röhre,
woran beyde Schenkel vertikal sind, ist am kürzern Schenkel
bey c zugeschmolzen. Der längere Schenkel hängt oben bey
g mit dem Teller der Luftpumpe zusammen. In diese Röhre
bringt man Quecksilber hinein, und zwar so, daß ein Theil
des Schenkels cf mit Luft angefüllt bleibt. Wenn dieß so
eingerichtet ist, daß das Quecksilber in beyden Schenkeln
gleich hoch bis an die Horizontalfläche ab steht; wenn die
Oeffnung g mit der äußern Luft Gemeinschaft hat; so ist die

Elasti-

*) Mémoire de l'Académ. des scienc. de Paris 1794.

&) Philosophic. transact. Vol. XLVII. art. 69.

Elasticität der in b c eingeschlossenen Luft mit der Elasticität der äußern einerley. Fängt man nun an, die Luft unter der Glocke auszupumpen, so tritt das Quecksilber aus dem kürzern Schenkel in den längern hinein, und steigt in dem längern desto höher, je weiter das Auspumpen getrieben wird. Wenn nun nach etlichen Auspumpungen das Quecksilber aus b f a in den Raum d e getreten ist, und man setzt die Länge des Theils b f a der Röhre, so weit sie anfänglich mit Quecksilber gefüllt war, $= l$, so ist auch $d e = l$; und wenn die Höhen, welche der Elasticität der Luft in den Raum c f d und unter der Glocke zugehören, mit p und q bezeichnet werden, so hat man $q + l = p$ oder $q = p - l$. Die Elasticität der in c f d eingeschlossenen Luft, oder die ihr zugehörige Höhe p findet man aus dem Verhältniß der Räume c b und c b f d. Man setze die Barometerhöhe $= h$, die Länge $c b = a$, und $a e = x$, so ist $c b f d = a + l + x - l = a + x$, und es wird $p = \dfrac{ah}{a + x}$, also $q = \dfrac{ah}{a + x} - l$. Demnach erkennet man die Elasticität unter der Glocke aus der Höhe, um welche sich das Quecksilber über die Horizontallinie a b erhebet. Wenn man den Raum unter der Glocke ganz ausleeren könnte, so wäre alsdann $q = o$, also $(a + x) l = ah$ und $x = \dfrac{a (h - l)}{l}$. So lang muß demnach wenigstens das Stück a g der Röhre seyn, damit man versichert sey, daß das Quecksilber nicht aus der obern Oeffnung g der Röhre austreten, und die Pumpe beschädigen könne. Auf einer gehörig befestigten Tafel h i kann man nun Abtheilungen anbringen, um die Größe h e sogleich zu erkennen; und wenn man es noch bequemer haben wollte, so könnte man sie so einrichten, daß sie gleich das Verhältniß der Elasticität der unter der Glocke befindlichen Materie zur Elasticität der äußern Luft unmittelbar anzeigten. Setzt man nämlich $\dfrac{q}{h} = Z$ und $\dfrac{l}{h} = n$; so ist $Z = \dfrac{a}{a + x} - n$,

also

also $(a + x)(Z + n) = a$, woraus $x = \dfrac{a(1-(Z+n))}{Z+n}$

$= a\left(\dfrac{1}{Z+n} - 1\right)$ gefunden wird. Nimmt man nun
die Brüche $\frac{1}{10}, \frac{1}{100}, \frac{2}{100}$ u. s. für Z an, berechnet die
dazu gehörigen Werthe von x, und nimmt die Höhen a e
dieser Rechnung gemäß an; so kann man bey den so gefundenen Punkten e dieselben Brüche nach der Ordnung hinsetzen,
da dann der Merkurialzeiger die Elasticität unter der Glocke
unmittelbar angeben wird.

Beyspiel. Es sey cb $= a = 3$ Zoll, die Barometerhöhe h $= 27$ Zoll; das Quecksilber sey von a bis e um 4 Zoll
gestiegen, und stehe über der untern Quecksilberfläche 6 Zoll

hoch; so ist q oder die Elasticität unter der Glocke $= \dfrac{3 \cdot 27}{3+4}$

$- 6 = 5\frac{4}{7}$ Zoll Quecksilberhöhe.

In der lichtenbergischen Ausgabe der erxlebischen Anfangsgründe der Naturlehre bey der vorgesetzten Beschreibung
der smeatonschen Luftpumpe nach Mairan's und Blunts
Verbesserungen ist diese beschriebene Einrichtung wegen der
dabey zu verrichtenden beschwerlichen Rechnung wieder abgeändert, und mit einem gewöhnlichen hawksbeeschen Merkurialzeiger zum Maße der verminderten Elasticitäten ver-
tauscht werden. Der einzige Unterschied, welcher hierbey
Statt findet, ist dieser, daß die Barometerröhre nicht, wie
bey der hawksbeeschen Einrichtung, unmittelbar in die Röhre,
welche mit dem Teller verbunden, eingelassen ist, sondern erst
in eine messingene Büchse geht. In dem Deckel dieser Büchse
ist dann erst eine krumme Röhre befestiget, welche mit dem
zur Glocke führenden Canale Gemeinschaft hat. Die Absicht dieser ganzen Einrichtung ist, zu verhindern, daß
das Quecksilber nicht in die Maschine spritzen könne, wenn
etwa ja durch irgend ein Versehen ein Mahl zu der Zeit, da
eben Quecksilber in der torricellischen Röhre ist, die äußere
Luft von unten zudränge, sondern daß es sich vielmehr auf
diese

diese Weise in der deßhalb mit einem Kitt überzogenen Büchse sammele, und aus selbiger wieder in das Gefäß herablaufe. Um den Grad der Verdichtung zu messen, ist eine kleine gläserne horizontale Röhre angebracht, welche an dem einen Ende zugeschmolzen, mit dem andern offenen aber in Verbindung mit dem Canale ist, durch welchen die Luft unter die Glocke geht. In diesem Canale ist die Luft eben so verdichtet, wie unter der Glocke selbst. Um den Grad der Verdichtung zu messen, läßt man einen Tropfen Quecksilber in dieses Röhrchen, aber nicht allzunahe an das zugeschmolzene Ende laufen. Hat man nun die Entfernung des Tropfens vom zugeschmolzenen Ende im natürlichen Zustande der Luft gemessen, so kann man aus der Abnahme dieser Distanz beym Verdichten den Grad der Verdichtung nach dem mariottischen Gesetze finden. Diese Messungen ohne alle Umstände anzustellen, liegt das Röhrchen auf einer elfenbeinernen Skale.

Alle diese angegebene Vorrichtungen zeigen nur die absolute Elasticität der unter der Glocke befindlichen Materie an. Sie würden auch dienen, die Dichtigkeit zu bestimmen, wenn man nur davon überzeuget seyn könnte, daß bey der ganzen Arbeit der Luftpumpe die specifische Elasticität der unter der Glocke befindlichen Materie ein und die nämliche bliebe. Dieß ließe sich etwa noch bey der Verdichtung der Luft unter der Glocke annehmen; allein bey der Verdünnung derselben findet es in keinem Fall Statt. Denn beym Evakuiren entstehen aus dem Körper der Luftpumpe elastische Dämpfe, welche die Stelle der Luft vertreten, und auf die Elasticitätszeiger mitwirken. Aus diesem Grunde hat selbst Smeaton ein Instrument unter dem Nahmen Birnprobe angegeben, um hiermit den Grad der Verdünnung und der Verdichtung der Luft zu messen. M. s. Birnprobe.

Vormahls war man der Meinung, daß die Elasticitätszeiger zugleich die Verdünnung der Luft unter der Glocke angäben. Allein Herr Hofrath Lichtenberg bemerkte zuerst, daß diese keine Dichtigkeitszeiger seyn könnten, wegen der sich erzeugenden Dämpfe, die auf das Barometer wirkten. Und
eben

eben daher entstehet der oft sehr große Unterschied zwischen der Verdünnung, die man aus dem Barometer, und der, die man aus der Birnprobe geschlossen hat. Herr **Lichtenberg** bemerkt aber dabey noch ganz richtig, daß vielleicht der Unterschied der Rechnungen hier zum Theil entweder daher rühren könne, daß das mariottische Gesetz auf große Verdichtungen der Luft nicht mehr anwendbar sey, oder daß die Birnprobe selbst, so richtig auch das Principium seyn mag, worauf sich ihr Gebrauch gründet, nach ihrer gegenwärtigen Einrichtung noch Mängeln unterworfen sey, die sich nicht so leicht schätzen lassen. Diese Mängel hat auch wirklich **Brook** entdecket; der Herr Prof. **Schmidt** in Gießen aber auch Mittel angegeben, diese so viel als möglich zu vermeiden. M. f. **Birnprobe.**

Elastisch (elasticum, élastique) nennt man einen Körper, welcher durch eine äußere auf ihn wirkende Kraft in eine andere Gestalt gebracht werden kann, nach Nachlassung dieser Kraft aber sich von selbst wieder in seine vorige Gestalt versetzt, so daß er also nach vorheriger Ausdehnung wieder in den vorigen engen, oder nach Zusammendruckung in den weitern Raum zurückgehet.

Eigentlich sind alle Körper elastisch, die Elasticität mag attraktiv oder expansiv seyn. Gewöhnlich pflegt man aber doch vorzüglich diejenigen Körper elastisch zu nennen, welche einen sehr merklichen Grad von Elasticität zeigen. Unter den festen Körpern rechnet man dahin Elfenbein, Glas, Schwämme, frische Zweige von Holz und Pflanzen, Haare, Baumwolle, Federn, das elastische Harz, Leder und Häute, Metallsaiten, u. d. g. Unter den flüssigen Körpern die Luftarten und die Dämpfe.

Elektricität (electricitas, électricité) heißt derjenige Zustand eines Körpers, worin er leichte Körper anfänglich anzieht, nachher wieder zurückstößt, wenn sie ihm hinlänglich genähert werden, mit einigen ihm nahe gebrachten Körpern, z. B. mit dem Knöchel oder der Spitze des Fingers einen stechenden und knisternden Funken gibt, einen gewissen

süßlichen

süßlichen Geruch, der nach Urinphosphor riecht, um sich her
verbreitet, gewissen andern Körpern ebenfalls die Eigenschaft
mittheilet, eben diese Wirkungen hervorzubringen und dergleichen bald anzuführende Erscheinungen mehr. Oftmahls
versteht man auch unter dem Worte Elektricität nicht allein
diesen beschriebenen Zustand des Körpers, sondern die Ursache selbst, welche diese Wirkung hervorbringt. In dieser
Bedeutung soll aber hier die Elektricität nicht genommen werden. Da wir noch bis jetzt von der Ursache der Elektricität
wenig oder nichts wissen, so wird es vor allen Dingen nothwendig seyn, zuerst die Erscheinungen der Elektricität anzuführen, um daraus vielleicht Muthmaßungen auf die Ursache
derselben aufzufinden.

Wenn eine ganz trockene Glasröhre mit einem wollenen
Lappen oder mit der trockenen Hand gerieben wird, und man
nähert sich alsdann mit selbiger zarten Körpern, als Säge-
spänen, Schnupftaback, Bärlappsamen, kleinen Stückchen
Papier, Goldblättchen, Eisenfeil u. d. g. so werden diese von
der Glasröhre angezogen, nachher aber wieder zurückgestoßen.
Eben diese Erfolge zeigen sich noch bey verschiedenen andern
auf diese Art geriebenen Körpern, als z. B. bey einer Stange
Siegellack, bey einer Stange Schwefel, beym Bernstein,
beym Pech u. s. w. Ist die Glasröhre hinlänglich groß, und
genugsam gerieben worden, so gibt sie nahe am Gesicht langsam bewegt demselben eine Empfindung, als wenn es mit
Spinnweben überzogen würde, und dabey steigen die Haare
empor, und werden von der Röhre angezogen, und sodann
wieder abgestoßen. Alle diese Erscheinungen werden noch
viel auffallender, wenn eine Glasscheibe oder auch ein Glascylinder vermittelst einer mechanischen Anordnung in einen
schnellen Umlauf gebracht, und an einem trockenen welchen
Körper als Flanell, Goldpapier, Taffet, Leder u. d. g. gerieben werden kann. Man empfindet alsdann einen Geruch,
der dem Urinphosphor ähnlich ist, und wenn die Spitze des
Fingers oder ein Knöchel nahe genug an die Glasscheibe oder
dem Glascylinder gebracht wird, so bricht im Finger ein
stechen-

stechender und knisternder Funke hervor. Diejenigen Körper, welche in einen solchen Zustand sind versetzet worden,
daß sie alle diese Erscheinungen geben, nennt man elektrisiret, und die erzählten Erscheinungen selbst elektrische
Phänomene.

Wenn ein hinlänglich starker metallener Draht, welcher
an dem Ende nicht zu spiß, sondern gehörig abgerundet ist,
und auf einem gläsernen Fußgestelle sich befindet, oder auch
an seidenen Fäden aufgehängt ist, an eine genugsam elektrisirte Glasscheibe oder an einen Glascylinder nahe genug gebracht wird, so entstehet ebenfalls wie bey dem Finger ein
knisternder Funke, und der Draht zeigt alle elektrische Erscheinungen oder ist elektrisiret. Seßt man aber an die Stelle
eines Drahtes eine seidene Schnur, oder einen andern Glascylinder, oder eine Stange Siegellack, oder eine Stange
Schwefel u. d. g., so wird sich keine Spur von Elektricität
zeigen, wenn gleich die Scheibe oder der Glascylinder elektrisiret ist.

Wenn noch vor dem Reiben einer Glasscheibe oder eines
Glascylinders ein metallener Draht unmittelbar in die Nähe
gebracht, oder auch damit verbunden, und der Draht entweder mit dem Boden unmittelbar, oder vermittelst anderer
Körper z. B. Personen, die ihn in der Hand halten, mit demselben
in Berührung ist, so wird der Draht gar keine elektrische Erscheinungen mehr geben, wenn die Glasscheibe oder der Glascylinder durchs Reiben elektrisiret wird. Auch wenn eine metallene Röhre eben so wie eine gläserne mit Flanell oder mit
der trockenen Hand gerieben wird, so zeiget diese keine elektrische Eigenschaften wie die gläserne Röhre.

Diesen Erfahrungen gemäß gibt es also Körper, welche
die Elektricität von elektrisirten Körpern, die in ihrer Nähe
sind oder sie berühren, annehmen, und durch die Mittheilung
elektrisiret werden. Es muß aber diese mitgetheilte Elektricität

cität von der ursprünglichen, welche durch das Reiben oder auf andere Art unmittelbar entstehet, unterschieden werden. Ferner gibt es aber auch Körper, welche in der Nähe oder bey der Berührung elektrisirter Körper nicht merklich elektrisiret werden, wie z. B. eine seidene Schnur, Siegellack, Pech u. s. f. die ersten Körper, welche die Elektricität eines elektrisirten Körpers in der Nähe oder bey der Berührung leicht und durch ihr Ganzes aufnehmen, heißen Leiter der Elektricität; die andern Körper aber, welche die Elektricität nicht merklich aufnehmen, Nichtleiter der Elektricität. Weil solcher Gestalt diejenigen Körper, welche durch die Mittheilung elektrisirter Körper elektrisiret werden, und auf diese Art selbige fortpflanzen, nach der gewöhnlichen Art durchs Reiben aber keine merkliche Elektricität zeigen, so hat man sie unelektrische Körper genannt, da man im Gegentheil diejenigen, welche durch Reiben elektrisiret werden, elektrische Körper nennet.

Diese Eintheilung der Körper in elektrische und unelektrische ist eigentlich an und für sich nicht richtig; denn es gibt Mittel, diejenigen Körper, welche man sonst unelektrische nennt, durchs Reiben zu elektrisiren, wenn ihnen nur die dadurch entstandene Elektricität durch angrenzende Körper nicht entzogen werden kann. Auch hat man jetzt Elektrisirmaschinen von Metall. M. s. Elektrisirmaschinen. Ueberhaupt lehret die Erfahrung, daß es weder einen ganz vollkommen elektrischen noch einen ganz vollkommen unelektrischen Körper gibt, sondern alle vielmehr etwas von der Eigenschaft besitzen, mehr oder weniger elektrisiret zu werden. Es gibt auch Körper, welche sich bald als Leiter, bald als Nichtleiter verhalten, ohne daß in ihnen eine Veränderung vorgienge; dergleichen Körper nennt Herr Volta Halbleiter, wie z. B. trockenes Holz, trockener Marmor u. dgl. Auch kann ein Körper, welcher unter gewissen Umständen ein Leiter ist, unter andern Umständen ein Nichtleiter werden. So sind z. B. kochendes Pech, siedende Oele, glühendes Glas u. s. Leiter, welche bey der gewöhnlichen

Tempera-

Temperatur unserer Atmosphäre sonst Nichtleiter sind. Eben
so wird die Luft, welche sonst bey der gewöhnlichen Dichtigkeit des Dunstkreises im trockenen Zustande ein Nichtleiter ist,
bey abnehmender Dichtigkeit und auch im feuchten Zustande
mehr leitend. Indessen hat es doch seine Richtigkeit, daß
verschiedene Körper durchs Reiben weit geschwinder, leichter
und merklicher eine Elektricität zeigen, welche sie nicht so
leicht fortleiten, und selbst an den Stellen, welche nicht gerieben werden, nicht so geschwind verbreiten, als in verschiedenen andern Körpern; und in dieser Rücksicht kann man
auch jene Körper als Nichtleiter, und diese als Leiter
betrachten, um sie gehörig von einander zu unterscheiden.
M. s. elektrische Körper, Leiter.

Alle flüssige Körper, Oel und Luft ausgenommen, sind
gute Leiter. Daher verwandeln sich alle Nichtleiter in Leiter,
wenn sie naß werden. Daraus erkläret es sich, daß die
elektrischen Versuche in einem feuchten Zimmer schlecht oder
gar nicht von Statten gehen, weil ein jeder elektrisirter Körper seine Elektricität bald an die feuchte Luft, welche ihn umgibt, absetzt. Die feuchte Erde ist ein sehr guter Leiter, und
man ist daher vermögend, durch eine leitende Verbindung
mit derselben, oder mit einem fließenden Wasser, das mit
der ganzen Wassermasse der Erdkugel in Verbindung stehet,
die allerstärksten Elektricitäten abzuleiten.

Von einem Körper, welcher allenthalben mit lauter Nichtleitern umgeben ist, sagt man, daß er isoliret sey. Weil
die trockene Luft unter die Nichtleiter gehöret, so ist ein Körper, welcher auf einem gläsernen Fußgestelle steht, an einer
seidenen Schnur hängt, auf trockenem Holze ruhet, auf Pech,
Schwefel, Siegellack u. s. gestellet wird, isoliret. Ein solcher Körper kann nun seine Elektricität andern Körpern,
wenn sie genugsam davon entfernet sind, nicht mittheilen,
weil er alsdann mit lauter Nichtleitern umgeben ist, die sie
nicht abführen können.

Die elektrischen Körper, in welchen die Elektricität vermittelst des Reibens entwickelt wird, vertheilen dieselbe nicht

Jll sogleich

sogleich in der ganzen Masse, wie Leiter, und heißen daher auch ursprünglich elektrische Körper, idioelektrische Körper (corpora idioelectrica). So bald ein solcher elektrischer Körper elektrisiret worden, so verliert er seine Elektricität nur durch eine wiederhohlte Berührung mit einem Leiter, und die Stelle der Berührung allein ist dem Verlust der Elektricität ausgesetzt. Wird ein elektrisirter isolirter Leiter einem Nichtleiter nahe oder mit ihm in Berührung gebracht, so entzieht dieser dem isolirten Leiter wenig oder gar keine Elektricität; soll jedoch die Elektricität des elektrisirten isolirten Leiters dem Nichtleiter mitgetheilet werden, so muß dieser mit jenem an mehreren Stellen in Berührung kommen, und deßen ungeachtet wird keine starke Elektricität an selbigen bemerkt. Wenn im Gegentheil ein isolirter Leiter in die Nähe eines ursprünglich elektrisirten Nichtleiters oder mit selbigem in Berührung gebracht wird, so nimmt der isolirte Leiter die Elektricität auf, und vertheilet sie in einem Augenblicke in der ganzen Oberfläche desselben, und wird dadurch ebenfalls elektrisiret. Es theilet also der ursprünglich elektrische Körper dem isolirten Leiter die elektrische Kraft mit, und heißt daher auch sympelelektrischer Körper (corpus symperielectricum).

Entgegengesetzte Elektricitäten.

Wenn diejenige Person, welche die Glasröhre reibet, isoliret ist, oder wenn sie auf einem Pechkuchen, einem Stuhle mit gläsernen Füßen, oder einem andern guten elektrischen Körper steht, so daß die Verbindung zwischen ihrem Körper und der Erde durch diesen elektrischen Körper abgeschnitten ist; so wird sie eben so wohl als die Glasröhre elektrisiret werden, und zeigt daher alle elektrische Phänomene, wie die Glasröhre selbst. Nur findet zwischen den Elektricitäten der Glasröhre und der Person, welche sie reibet, der merkwürdige Unterschied Statt, daß dasjenige, was die Röhre anzieht, in eben dem Zustande vom Reibzeuge zurückgestoßen wird.

Wenn

Wenn ein ifolirter leichter Körper, z.B. ein kleines Stück Kork, welches an einem feidenen Faden hängt, von der Röhre angezogen und wieder zurückgeftoßen worden ift, fo wird diefer Körper, wofern ihn beym Zurückftoßen keine leitende Subftanz berühret, nicht wieder von der Röhre angezogen. Nähert man aber den Körper in diefem Zuftande dem Reibzeuge, fo wird er von diefem fehr ftark angezogen. Bald darauf wird er aber von diefem wieder zurückgeftoßen, und in diefem Zuftande wieder von der Glasröhre angezogen, und fo wird er wechfelsweife vom Reibzeuge und dem Glascylinder angezogen und abgeftoßen. Wenn ferner zwey oder mehrere leichte ifolirte Körper, als z.B. mehrere Stückchen Kork an feidene Faden aufgehängt find, und von der elektrifirten Glasröhre angezogen und wieder abgeftoßen werden, fo ftoßen fie fich alsdann felbft unter einander zurück. Auch wenn diefe Stückchen Kork vom Reibzeuge angezogen und dann wieder zurückgeftoßen worden, fo ftoßen fie fich felbft unter einander zurück. Dieß Merkmahl der Elektricität behalten beyde, wenn fie gut ifoliret find, eine ziemliche Zeit lang. Werden hingegen ein oder mehrere Stückchen Kork, welche die Glasröhre zurückgeftoßen hat, gegen ein oder mehrere Stückchen, welche das Reibzeug berühret hat, gebracht, fo ziehen fie fich einander an, und verlieren ihre Elektricität auch bis auf das geringfte Merkmahl. Es hat alfo ganz das Anfehen, als ob es zwey elektrifche Materien gäbe, welche einander entgegengefetzet find, fo daß die Kraft der einen die Kraft der andern vermindere und umgekehrt, fo wie von zwey entgegengefetzten Größen eine die andere vermindert. Aus diefen Erfcheinungen erhält man alfo den Satz: gleichartige Elektricitäten ftoßen einander ab, entgegengefetzte aber ziehen einander an. Bezeichnet man nun die eine Elektricität mit + E und die ihr entgegengefetzte durch — E, fo laffen fich diefe Erfcheinungen fehr bequem, ohne viel Worte zu machen, ausdrucken. Es ziehe nämlich die Glasröhre das Stückchen Kork an, theile ihm das + E mit, und ftößt es darauf zurück,

weil beyde nun $+$ E haben. Das Reibzeug zieht das andere Stückchen Kork an, theilt ihm $-$ E mit, und stößt es
darauf zurück, weil beyde $-$ E haben. Eben so stoßen sich
mehrere Stückchen Kork, welche $+$ E erhalten haben, gegen einander ab, so wie auch diejenigen, welche $-$ E erhalten haben. Ein Stückchen Kork mit $+$ E und eins mit $-$
E ziehen sich an, und verlieren in dem Augenblicke alle
beyde ihre Elektricität, weil $+$ E $-$ E $=$ o. ist. Die Ursache von diesen entgegengesetzten Arten der Elektricität mag
nun liegen, worin sie will, so sind wir doch aus diesen Versuchen bis auf weitere Prüfung berechtiget, zweyerley Arten
von elektrischen Materien anzunehmen, und vor allen Dingen die daraus entstehenden Wirkungen zu betrachten.

Wenn man statt der Glasröhre eine Stange Siegellack
oder einen Harzkuchen mit der Hand, oder noch besser mit
Katzen- oder Hasenfell reibt, und selbige dadurch elektrisiret,
so erhält das Siegellack, Harz u. s. $-$ E, und das Reibzeug, wenn es isoliret ist, $+$ E. Denn wird einem Korkkügelchen die Elektricität des Siegellacks gegeben, und nachher einer geriebenen Glasröhre, welche dadurch $+$ E erhalten hat, genähert, so zieht diese jenes schnell an; wird im
Gegentheil dem Korkkügelchen die Elektricität des isolirten
Reibzeuges der Siegellackstange gegeben, so stößt die elektrisirte Glasröhre selbiges sogleich ab. Schon du Fay [a] hat
diese beyden verschiedenen Arten der Elektricität bemerket, und
gab der des Glases den Nahmen Glaselektricität, der des
Siegellacks oder eines jeden andern Harzes den Nahmen
Harzelektricität. Franklin glaubte, es gäbe nur eine
elektrische Materie, und setzte den Unterschied der elektrischen
Erscheinungen in die Plus- und Minuselektricität oder
in die positive und negative, wofür Herr Lichtenberg [b]
die bequemen Bezeichnungen $+$ E und $-$ E gesetzet hat.

Weil

---

[a] Mémoire de l'Acad. de scienc. de Paris, 1733.

[b] Commentat. super nova methodo etc. in commentat. societat.
Goetting. Class. mathem. T. I.

Weil die Erfahrung lehret, daß unter gewissen Umständen, welche oft zufällig sind, ein elektrischer Körper bald mehr bald weniger, ein isolirter Leiter bald mehr bald weniger elektrisiret werden kann, ja selbst ein elektrischer Körper in einen Leiter und ein Leiter in einen elektrischen Körper sich umwandelt, so hat es gewisser Maßen seine Schwierigkeit, im voraus zu bestimmen, was für eine Elektricität erfolgen werde, wenn ein Körper mit einem andern gerieben wird. Vermöge verschiedentlich angestellter Versuche scheint sich diese Regel zu bestätigen, daß die am meisten elektrische Materie durch das Aneinanderreiben zweyer Materien + E, die mehr leitende aber — E erhält. Sind alle beyde Materien, welche sich an einander reiben, gleich elektrisch, so erhält gemeiniglich diejenige + E, welche am mehresten gerieben, die andere aber, welche am wenigsten gerieben wird — E Vorzüglich leidet diese Regel Ausnahmen, wenn die Oberflächen der Körper mehr rauh oder mehr glatt, mehr trocken oder mehr feucht sind. Allezeit aber zeigt das Reibzeug, wenn es isoliret ist, die entgegengesetzte Elektricität von derjenigen, welche der geriebene elektrische Körper erhalten hat. Verschiedene angestellte Versuche haben gelehret, daß glattes Glas + E erhält, wenn es mit nicht isolirten, und mit isolirten Leitern gerieben wird; im Gegentheil — E, wenn es mit Katzenfell gerieben wird. Rauhes Glas oder auch matt geschliffenes Glas erhält durch Reibung mit Wachstaffet, Metallen, Schwefel und Seide + E; durch Reibung mit Papier, mit der Hand, mit Siegellack, mit wollenen Tüchern und mit polirtem Glase aber — E. Alle Harze bekommen + E, wenn sie mit Metallblättchen, Schwefel und mattgeschliffenem Glase gerieben werden; aber — E, wenn sie mit polirtem Glase, Papier, weichen Fellen und wollenen Tüchern gerieben werden. Hasenfell erhält mit der Hand, mit Papier, mit Tuch, mit Seide, mit Metallblättchen gerieben + E. Weiße Seide an Tuch, Metall gerieben, bekömmt + E; schwarze Seide an der Hand, Papier und weichen Fellen gerieben — E; Schwefel erhält + E,

Jii 3　　　　wenn

wenn er an Metall gerieben wird; hingegen — E, wenn er mit Holz, mit mattgeschliffenem Glase, mit Siegellack, mit Papier und mit der Hand gerieben wird. Metalle an Harzen gerieben bekommen + E; am polirten Glase hingegen gerieben — E. Weil also das Glas und die Harze unter verschiedenen Umständen bald + E bald — E erhalten können, so kann auch die Eintheilung der Glas - und Harzelektricität des du Fay nicht wohl verstattet werden. Mit dergleichen Versuchen haben sich vorzüglich Symmer [*]), Cigna [β]), Beccaria [γ], Wilson [δ]), Wilke [ε]), Bergmann [ζ]), Aepinus [η]) beschäftiget.

Ueber die durchs Reiben erregte Elektricität seidener Bänder und Strümpfe haben Symmer und Cigna sehr merkwürdige Versuche angestellt. Alle seidene wohl ausgetrocknete und erwärmte Bänder, welche man in der Luft zwischen zwey Leitern reibt, erhalten — E. Auch bekommen sie wiewohl in einem geringern Grade — E, wenn sie von jemand gehalten, von jemand anderem aber nur auf der einen Seite gerieben werden. Seidene Bänder auf Eisen gelegt, und mit Eisen gerieben, bekommen — E. Ein weißes seidenes Band in der Luft mit Goldpapier gerieben erhält + E. Seidene Bänder zwischen zwey elektrischen Körpern, welche durch Reiben negativ elektrisiret werden, erhalten + E. Weiße Bänder zwischen Glas und einem Leiter ganz schwach gerieben bekommen + E, stark gerieben aber — E. Zwey weiße seidene Bänder auf glattem Holze oder Siegellack mit Elfenbein, Glas oder Messing gerieben, werden, wenn man sie aufhebt, das obere — E und das untere + E erhalten haben. Auf Glas oder Messing gelegt, und mit Siegellack gerieben, wird das obere + E, das untere — E. Auf Glas gelegt,

---

*) Philosoph. transact. Vol. LI. P. I. n. 36.
β) Miscellan. societat. Taurinens. an. 1765. p. 31 u. f.
γ) Dell' Elettricismo artificiale. 1753. 4.
δ) Philosoph. Transact. 1750. Vol. LI.
ε) De electricitatibus contrariis. Rost. 1757.
ζ) Schwedische Abhandlungen. Band XXV. S. 344.
η) Tentamen theoret. electricitatis. Petropoli. 1750. 4.

gelegt, und mit Elfenbein, Eisen oder Metall gerieben, erhalten beyde — E. Auf Siegellack oder Schwefel gelegt, und mit Siegellack, Schwefel oder einem schwarzen seidenen Strumpf gerieben, erhalten beyde + E. Hierbey scheint jedes Band die entgegengesetzte Elektricität von der Fläche, die es berühret hat, zu erhalten. Ein schwarzes seidenes Band und ein weißes zwischen den Fingern gerieben, bekömmt jenes — E und dieses + E. Es scheint hier nicht so wohl auf die Farbe, sondern mehr auf die färbende Materie anzukommen. Denn weiße Bänder in Gallapseltinktur gekocht und wieder getrocknet und gewärmet verhalten sich hierbey völlig wie schwarze.

Besonders unterhaltend sind die Versuche, welche Symmer mit schwarzen und weißen seidenen Strümpfen angestellt hat. Wenn man nämlich bey trockenem kalten Wetter einen weißen und einen schwarzen seidenen Strumpf übereinander anzieht, und einige Stunden lang trägt, und man zieht nun beyde Strümpfe zusammen aus, faßt den äußern beym untern, und den innern beym obern Ende an, und zieht sie so aus einander, so erhält der weiße + E, der schwarze — E. Hält man beyde Strümpfe in einiger Entfernung von einander, so blasen sie sich dergestalt auf, daß sie die ganze Gestalt des Fußes zeigen. Zwey weiße geriebene Strümpfe stoßen einander ab, auch zwey schwarze. Ein weißer und schwarzer aber ziehen sich an. Wenn man beyde Strümpfe näher an einander bringt, so fahren sie mit Gewalt an einander. Während ihrer Annäherung verschwindet das Aufblasen, und wenn sie zusammen kommen, liegen sie platt und dicht an einander.

Bey alle dem ist es bey diesen kurzen angegebenen Regeln wegen oftmahliger zufälliger Umstände gewiß nicht leicht, anzugeben, was für eine Art von Elektricität erfolgen werde, wenn zwey bestimmte Körper an einander gerieben werden. Selbst der Satz, daß das Reibzeug die entgegengesetzte Elektricität von der durchs Reiben entstehenden Elektricität des elektrischen Körpers erhalte, scheint Ausnahmen zu leiden.

Jii. 4. Wenn

Wenn Feberkiele an einander gerieben werden, so erhalten sie oft beyde + E. Auch soll, wenn eine Siegellackstange zerbrochen wird, das eine der gebrochenen Enden + E, das andere — E erhalten. Allein Herr Lichtenberg hat immer gefunden, daß das eine stark — E, das andere schwach — E, oder fast keine Elektricität zeigte, welches wohl daher rühren mag, daß die Stange durch das Auswickeln aus dem Papier und Anfassen mit der Hand — E hatte, welches durchs Zerbrechen nicht ganz zerstöret werden konnte.

Aus allen diesen verschiedenen Versuchen hat man Tabellen verfertiget, woraus sich leicht erkennen läßt, was für eine Art von Elektricität gegebene Körper liefern, wenn sie an andern bestimmten Körpern sind gerieben worden. Solche Tafeln haben Cavallo *), Lichtenberg ⁵) und Donndorf ⁷) mitgetheilet.

Diese beyden Arten von Elektricitäten lassen sich übrigens durch Hülfe der Elektrometer sehr leicht erkennen. M. s. Elektrometer.

Vorzüglich unterscheiden sich beyde Arten von Elektricitäten sehr deutlich durch die Erscheinungen ihres Lichtes. Wenn ein zugespitzter Leiter einem + E elektrisirten Körper mit der Spitze genähert wird, so hört man ein Geräusch, und nimmt im Dunkeln an der Spitze ein leuchtendes kugelförmiges Sternchen wahr; nähert man aber die Spitze einem — E elektrisirten Körper, so entstehet ebenfalls ein Geräusch, und im Dunkeln zeigt sich ein Feuerpinsel, dessen Strahlen an der Spitze aus einander fahren. Wenn man ferner einem nicht elektrisirten Leiter einen andern + E elektrisirten leitenden Körper mit seiner Spitze nähert, so entstehet ebenfalls ein Geräusch, und man sieht im Dunkeln einen Feuerpinsel. Hat im Gegentheil der zugespitzte leitende Körper — E, und wird mit der Spitze einem nicht elektrisirten leitenden Körper genähert,

*) Vollständige Abhandlung der theoret. und prakt. Lehre von der Elektricität. B. I. Leipz. 1797. S. 21.
⁵) Erxleben Anfangsgründe der Naturlehre §. 514. Anmerk.
⁷) Lehre von der Elektricität. Erfurth, 1784. 8.

genähert, so hört man auch ein Geräusch, im Dunkeln sieht
man aber an der Spitze einen lebhaften glänzenden Punkt
oder Stern. Uebrigens ist die Richtung der aus den elektrisirten Spitzen der leitenden Körper ausströmenden Elektricität
abwärts, die Elektricität mag $+$ E oder $-$ E seyn.

Auch haben verschiedene bey einigen Versuchen einen Unterschied zwischen $+$ E und $-$ E darin finden wollen, daß
sich bey denjenigen elektrisirten Körpern, welche $+$ E haben, ein Ausströmen einer Materie, hingegen bey denjenigen, welche $-$ E besitzen, ein Eindringen dieser Materie
zeige, so daß es gleichsam das Ansehen habe, als ob das $+$ E
bloß in einem Ueberflusse, und das $-$ E in einem Mangel
dieser Materie bestände. In der Folge werde ich hierauf
wieder zurückkommen, wenn ich die verschiedenen Hypothesen
über die Ursache der Elektricität anführen werde.

Wenn man elektrischen Scheiben, als Harzscheiben, durch
darauf gesetzte metallische oder andere elektrisirte leitende Körper Elektricität mittheilet, und sodann die nicht leitende
elektrisirte Oberfläche der elektrischen Scheiben mit Harzstaube,
z. B. mit Colophonium, oder auch mit Bärlappsamen bestreuet, so bildet dieser auf selbiger gewisse Figuren, welche
bey aller ihrer Unordnung dennoch eine regelmäßige Gestalt
haben, und theils wie Sterne, theils wie Ringe ohne Strahlen aussehen, nachdem die mitgetheilte Elektricität entweder
$+$ E oder $-$ E ist. Herr Hofrath Lichtenberg hat diese
Figuren zuerst entdeckt. Mit mehreren hiervon unter dem
Artikel Elektrophor.

Mittel, die ursprüngliche Elektricität zu erregen.

Die Mittel, in allen elektrischen Körpern die ursprüngliche
Elektricität zu erregen, sind vorzüglich das Reiben, bey verschiedenen Körpern das Schmelzen und Erkalten, Auflösungen,
welche mit Aufbrausen geschehen, Ausdünstungen und das
Erwärmen und Abkühlen einiger Körper.

Das Reiben ist das allgemeinste Mittel die Elektricität
in den elektrischen Körpern zu erregen. Diese Körper mögen

mit

mit andern, von jenen verschiedenen, elektrischen Körpern oder mit Leitern gerieben werden, so geben sie allezeit Merkmahle der Elektricität, nur findet hierbey in Ansehung der Stärke der Elektricität ein Unterschied Statt; elektrische Körper nämlich mit Leitern gerieben, geben allezeit eine stärkere Elektricität, als elektrische Körper mit elektrischen gerieben. Das Reiben der elektrischen Körper geschiehet entweder durch die Hand, oder mittelst einer mechanischen Anordnung, von welcher letztern der Artikel Elektrisirmaschinen ausführliche Nachricht geben wird. Wenn das Reibzeug isoliret ist, so wird die erregte Elektricität sehr schwach; die stärksten Grade der Elektricität wird man erhalten können, wenn das Reibzeug in einer Verbindung mit der feuchten Erde stehet. Dieß ist auch der Grund, warum man beym etwanigen isolirten Reibzeuge einer Elektrisirmaschine dasselbe mittelst einer metallenen Kette mit dem Boden in Verbindung bringt.

Durchs Schmelzen wird beym Schwefel, Siegellack, Chokolade, Wachs u. f. Elektricität erreget. Wenn Schwefel geschmolzen in ein Gefäß von gedörrtem Holze gegossen wird, so bekömmt er — E, und das Holz + E; wird er aber auf Schwefel oder auf matt geschliffenes Glas gegossen, so erhält er keine merkliche Elektricität. Geschmolzener Schwefel, welchen man in eine metallene Schale gießt, und darin abkühlen läßt, zeigt keine Elektricität, so lange er in der Schale ist; nimmt man ihn aber heraus, so werden beyde elektrisch. Der Schwefel erhält + E und die Schale — E. Setzt man den Schwefel von neuem in die Schale, so verschwinden alle Merkmahle der Elektricität. Geschmolzenes Wachs in Glas oder Holz gegossen erhält — E, das Glas oder Holz aber + E; aber Siegellack auf Schwefel gegossen erhält + E, und läßt dem Schwefel — E. Chokolade geschmolzen und in zinnernen Pfannen abgekühlet wird stark elektrisch; nimmt man sie von den Pfannen ab, so behält sie diese Eigenschaft eine Zeitlang, verliert sie aber bald, wenn sie oft durch die Hände gehet. Schmelze man sie alsdann wieder, und gießt sie, wie vorher, in zinnerne Pfannen, und

läßt

läßt sie darin erkalten, so erhält sie von neuem die Elektricität. Verliert sie endlich nach einigen Wiederhohlungen diese Eigenschaften, so kann man ihr selbige durch Zusatz von wenigem Baumöl wieder geben. Daß die durchs Schmelzen entstandene Elektricität eine Folge des Reibens ist, haben die Herrn von Marum und Paets van Troostwyck [a] durch Versuche gefunden. Denn so lange die geschmolzenen Massen in den Gefäßen ruhig stehen, so zeigen sie nicht die mindeste Spur von Elektricität, und isolirte Metallplatten, welche man in diesem Zustande auf sie hält, werden gar nicht elektrisiret. Erst das Ausgießen des Geschmolzenen bringt die Elektricität hervor, wobey also unläugbar ein Reiben des Geschmolzenen an den Wänden der Gefäße Statt findet.

Die Erregung der Elektricität durch Erwärmung und Abkühlung hat man zuerst an dem halbdurchsichtigen Fößile, dem Turmalin, wahrgenommen, s. Turmalin. Nachher ist auch diese Eigenschaft, durch bloße Erwärmung elektrisiret zu werden, an dem brasilischen und sibirischen hochgelben Topas, am krystallisirten Galmey und am Boracit wahrgenommen worden. Die Elektricität des Boracits ist von Herrn Haüy [b] entdecket worden. Dieser stellte seine Versuche mit Würfeln an, wovon 4 Ecken so abgestumpft waren, daß jede davon herrührende Fläche der nicht abgestumpften Ecke gerade gegen über stand, und wovon auch die 12 Kanten des Würfels abgestumpft waren. In diesen Krystallen des Boracits kann man vier verschiedene Achsen wahrnehmen, welche eine ähnliche Lage haben, und wovon jede durch eine nicht abgestumpfte Ecke des Würfels und durch die Mitte der entgegengesetzten Abstumpfungsfläche geht. Die Elektricität äußert sich in den Richtungen dieser vier Achsen so, daß diejenige von den beyden einerley Axe zugehörigen Ecken, welche abge-

[a] Expériences sur la cause de l'électricité des substances fondues et refroidies im Journal de physique. Octob. 1788. p. 148.

[b] Ueber die Elektricität des Boracits oder Borarspathes aus dem Journal de phys. 1791. p. 323. Uebersetzt in Grens Journal der Phys. B. VII. S. 87.

abgeſtumpft iſt, + E hat, während die gegenüberſtehende nicht abgeſtumpfte Ecke — E zeigt.

In Anſehung der Ausdünſtung, aufbrauſenden Auflöſung u. ſ. f. fand vorzüglich Herr **Volta**, daß die Dämpfe des Waſſers und anderer Flüſſigkeiten, auch das Aufbrauſen mehrerer Körper, Elektricität hervorbrächten. Aus ſeinen Verſuchen ergeben ſich folgende allgemeine Regeln: Flüſſigkeiten, oder überhaupt Körper, werden, wenn man ſie in Dunſt verwandelt, + E erhalten, und laſſen die Körper, mit denen ſie zuvor in Berührung waren, in dem Zuſtande vor — E; verdichtet man hingegen Dämpfe, und bringt ſie wieder in ihre vorige flüſſige Geſtalt, dann bekommen ſie — E, und laſſen diejenigen Körper, mit welchen ſie zuletzt in Berührung waren, in dem Zuſtande von + E.

Mittheilung der Elektricität.

Wenn die Elektricität auf irgend eine Art einem Körper iſt mitgetheilet worden, ſo kann ſie nur durch elektriſche Körper in demſelben erhalten werden, und bleibt in ihm eine längere oder kürzere Zeit, nachdem die elektriſchen Körper die ihn umgeben, mehr oder weniger vollkommen ſind. Eine geriebene Glasröhre z. B. erhält die elektriſche Kraft eine längere oder kürzere Zeit, nachdem ſie allenthalben mit Luft, als einem elektriſchen Körper umgeben iſt, die eine geringere oder größere Feuchtigkeit beſitzet. So kann eine geriebene Glasröhre, die man an eine trockene oder vielmehr warme Stelle z. B. nahe bey Feuer gebracht hat, über 20 Stunden elektriſch bleiben. Weil aber die Luft nie ein vollkommen elektriſcher Körper iſt, ſo kann auch die Röhre die in ihr erregte Elektricität nie beſtändig behalten, ſondern ſie theilet ihr unaufhörlich einige Elektricität mit, bis ſie zuletzt die elektriſche Kraft gänzlich verlieret. Bringt man an einen elektriſirten elektriſchen Körper einen Leiter, ſo entſteht ein Funke, und dadurch wird dem elektriſchen Körper ein Theil von ſeiner Elektricität entzogen. Die ganze Elektricität kann er deßwegen nicht verlieren, weil der elektriſche Körper als

ein

ein Nichtleiter die Elektricität nicht ganz auf diejenige Stelle seiner Oberfläche leiten kann, an welche der Leiter gebracht wird. Wenn daher dem elektrischen Körper seine ganze Elektricität entzogen werden soll, so muß selbiger von einem Leiter mehrere Mahl und zwar an verschiedenen Stellen berühret werden.

Wie groß der Theil sey, welchen der leitende Körper dem elektrisirten von der Elektricität bey der Berührung entzieht, das kömmt allein auf die Größe der Fläche der leitenden Substanz an. Steht diese selbst mit der feuchten Erde in einer leitenden Verbindung, so daß diese mit dem Leiter gleichsam als Eins zu rechnen ist, so entzieht der Leiter dem elektrisirten Körper so viel Elektricität, als er nur kann, und erschöpft daher die stärksten Grade der Elektricität. Wäre hingegen der Körper, welcher einem andern elektrisirten Körper die Elektricität durch Berührung entziehen will, ein Nichtleiter, so wird dieser dem elektrisirten fast gar keine oder doch wenige Elektricität und zwar nur an der berührenden Stelle benehmen. Will man also einem elektrischen Körper einige Elektricität mittheilen, so muß er verschiedene Mahl und an verschiedenen Stellen mit dem elektrisirten Körper berühret werden.

Wenn der Leiter, welcher die Elektricität einem einzigen Körper durch die Berührung zu entziehen sucht, isoliret ist, so wird er die ihm dadurch mitgetheilte Elektricität in seiner ganzen Oberfläche vertheilen, und nun eben so, wie der elektrische Körper selbst wirken, nur mit dem Unterschiede, daß, wenn man dem isolirten Leiter einem andern mit der Erde verbundenen Leiter nähert, er diesem alle seine Elektricität auf ein Mahl mittheilet. Denn die Elektricität des isolirten Leiters wird durch seine eigene Materie auf ein Mahl an diejenige Stelle geleitet, welche von dem andern Leiter berühret wird. Hieraus erhellet also, daß überhaupt die von einem elektrisirten Leiter ausgeladene Elektricität weit stärker und heftiger seyn müsse, als diejenige, welche ein elektrischer Körper ausladet.

Wenn

Wenn aber ein isolirter Leiter einen andern elektrisirten Leiter berühret, so wird dieser jenem nur einen Theil von seiner Elektricität mittheilen, und den andern behalten. Allein die Elektricität wird sich in diesem Falle nicht allezeit unter beyde Leiter gleichförmig, noch auch in dem Verhältnisse ihrer Massen vertheilen, sondern sich vielmehr nach folgenden Gesetzen richten. Berühren zwey isolirte Leiter einander, deren Oberflächen gleich und ähnlich sind, und welche entweder beyde oder nur einer elektrisiret worden, so vertheilet sich die Elektricität unter beyde gleichförmig; sind ihre Oberflächen gleich, aber unähnlich, wie z. B. ein Quadratfuß Stanniol in regulärer Gestalt, und ein Quadratfuß davon in Form eines langen Streifs geschnitten, so wird derjenige, dessen Oberfläche am längsten ausgedehnet ist, mehr Elektricität als der andere erhalten. So äußert nach Herrn **Cuthberson** *), ein dünner Kupferdraht, 800 Fuß lang, geladen, beynahe die nämliche Wirkung, als eine geladene Flasche von einem Quadratfuß belegter Fläche; wenn endlich ihre Oberflächen ungleich und unähnlich sind, so sieht man durch die Versuche, daß sich die Elektricitäten, welche ein jeder erhält, im zusammengesetzten Verhältnisse der Größe ihrer Oberflächen und ihrer Ausdehnungen in die Länge befinden.

Aus alle diesem erhellet zur Genüge, daß ein Leiter, welchem durch Berührung mit einem elektrisirten Körper Elektricität ist mitgetheilet worden, dieselbe auf keine andere Weise eine Zeitlang erhalten kann, als wenn er isolirt, oder allenthalben mit guten Nichtleitern umgeben ist. Weil nun die trockene Luft ein sehr guter Nichtleiter ist, so wird auch ein Körper schon isolirt seyn, wenn er in selbiger auf Pech, Glas, Siegellack u. s. steht, oder wenn er an seidenen Schnüren aufgehangen ist. Wäre die Luft ein Leiter, so würden wir von den elektrischen Phänomenen wenig oder nichts wissen, indem alsdann bey jeder Erregung der Elektricität dieselbe augenblicklich von der Luft aufgenommen würde. Indessen ist die Luft doch kein vollkommener Nichtleiter; mithin wird auch

*) Abhandlung von der Elektricität ꝛc. Leipzig 1786. 8. S. 203.

auch ein jeder elektrifirter Körper, wenn er auch ifoliret ift, nach und nach feine Elektricität der Luft mittheilen, und zuletzt diefelbe gänzlich verlieren.

Die Mittheilung der Elektricität kann auch außer der Berührung fchon in einer gewiffen Entfernung erfolgen. Bringet man nämlich einem elektrifirten Körper einen andern nicht elektrifirten, und vorzüglich einen Leiter, nahe genug, fo wird man anfänglich zwifchen beyden eine gewiffe Anziehung wahrnehmen, die nach und nach immer ftärker wird, je näher man den Leiter dem elektrifirten Körper bringt. Zuletzt wird, wenn der Leiter dem elektrifirten Körper bis auf eine gewiffe beftimmte Entfernung genähert ift, und er felbft an diefer Stelle abgerundet ift, wie etwa der Knöchel eines Fingers bey einem Menfchen, ein Funke entftehen, welcher nach der verfchiedenen Stärke der Elektricität mit einem größern oder geringern Knalle oder Kniftern fichtbar hervorbricht. Die Entfernung, in welcher diefer elektrifche Knall aus dem elektrifirten Körper von einem Leiter gleichfam herausgelockt wird, nennt man die **Schlagweite,** und fie hängt natürlich von der größern oder geringern Elektricität in dem elektrifchen Körper ab. Nach diefen findet man die Elektricität unter beyde Körper eben fo vertheilet, als ob fie fich berühret hätten. Ift nun der Körper, welcher den Funken von dem elektrifirten Körper herauszog, ein ifolirter Leiter, fo vertheilet fich die Elektricität fogleich in der ganzen Oberfläche, und er behält die empfangene Elektricität eine Zeitlang; ift er aber ein nicht ifolirter Leiter, welcher mit der Erde in Verbindung fteht, fo wird dadurch die ganze Elektricität zur Erde übergeführet, und weder er noch der elektrifirt gewefene Leiter zeigt nachher nun irgend eine Spur von Elektricität. Ift der elektrifirte Körper ein Nichtleiter, fo ift der Funke nur fchwach; denn er theilet dem ihn nahe genug kommenden Körper nur die Elektricität an derjenigen Stelle mit, welcher diefer am nächften kömmt. Will man alfo einen gewiffen ftarken Grad der Elektricität zu Wege bringen, fo fieht man hieraus die Nothwendigkeit ein, in ifolirten Leitern Elektricität anzuhäufen, aus welchen

welchen sie durch nahe genug gebrachte Leiter sogleich entladen wird.

Wäre der Leiter mit einer Spitze versehen, welche dem
elektrisirten isolirten Leiter nahe gebracht wird, so geschieht
kein Schlag und kein Funke, sondern man bemerkt im Dunkeln einen elektrischen überströmenden Büschel, welcher mit
einem Geräusche verbunden ist, wenn die Elektricität nicht
zu schwach ist. Hierbey ist zugleich die Entfernung des Ueber-
ganges der Elektricität in dem zugespitzten Leiter größer, als
in dem abgerundeten, bey welchem allemahl ein Funke und
Schlag Statt hat; ja es kann diese Entfernung bey einer
beträchtlich starken Elektricität ziemlich groß werden. Nähert
man sich mit der ebenen Fläche eines leitenden ebenen Körpers dem elektrisirten Körper, so muß man jene demselben
schon sehr nahe bringen, wenn eine Mittheilung der Elektricität Statt finden soll, und sie geschiehet alsdann doch nur an
den Erhabenheiten der ebenen Flächen. So wie die Gestalt
der Leiter auf die leichte Mittheilung der Elektricität und der
Entfernung von dem elektrisirten Körper einen sehr großen
Einfluß hat, so hat ihn auch die Gestalt elektrisirter Körper
auf das Ausströmen der Elektricität. Wenn die elektrisirten
Körper mit Spitzen versehen sind, so strömt die Elektricität
aus selbigen weit schneller und leichter, als wenn sie allenthalben völlig zugerundet sind. Es kann daher ein mit Spitzen
versehener isolirter Körper nur so stark elektrisiret werden, als
derjenige, welcher an seiner Oberfläche keine solche Erhöhungen hat, indem der mit Spitzen versehene Körper seine
empfangene Elektricität sehr leicht einem andern Körper mittheilet. Wird ein zugespitzter isolirter Leiter elektrisiret, so
nimmt man das Ausströmen der Elektricität aus selbigem
selbst durchs Gefühl wahr, indem ein Blasen bemerket wird,
welches von der Spitze herkömmt.

Sollen Nichtleiter durch Mittheilung der Elektricität
elektrisiret werden, so müssen diese verschiedentlich und an verschiedenen Stellen Elektricität von den elektrisirten Körpern
erhalten, weil sie sich nicht auf der ganzen Oberfläche der
Nichtlei-

Nichtleiter sogleich vertheilet. Um die Mittheilung der Elektri=
cität der Nichtleiter stärker zu machen, und über die ganze
Oberfläche zu verbreiten, werden die Flächen der Nichtleiter
mit einem leitenden Körper, z. B. mit Goldblättchen, Stan=
niol, Zinnfolie u. d. g. überzogen.

Wenn unter der Glocke einer Luftpumpe die Luft so viel
als möglich evakuiret worden, und man läßt einen Feuer=
büschel hineinströmen, so leitet nun die verdünnte Luft sehr
stark, und gibt darin ein sehr ausgebreitetes Licht, welches
im Dunkeln einen hellen Glanz hat. Nimmt man eine Glas=
kugel, pumpt die Luft aus selbiger, und gebraucht sie nun als
elektrischen Körper, so wird sie im Dunkeln überall mit hel=
lem Lichte erfüllt erscheinen. Daher zeigt auch eine gläserne
luftleere Röhre gerieben ein Licht, welches dem Wetterleuch=
ten ähnlich ist. Hawksbee hat daher auch das Leuchten der
Barometer sehr richtig als eine elektrische Erscheinung erklä=
ret. Wenn nämlich das Quecksilber im Barometer geschüt=
telt wird, so reibt es sich an den Wänden desselben, erregt
dadurch Elektricität, und weil der Raum luftleer ist, so ent=
steht ein starkes Licht. Es gibt luftleere Glasröhren, welche
ein wenig Quecksilber fassen; schüttelt man selbiges hin und
her, so entstehet ein elektrisches Licht, das man im Dunkeln
leuchten sieht. Hawksbee und Johann Bernoulli *)
nennen bloß den Quecksilberphosphor. Indessen lehren
doch Versuche, daß im ganz luftleeren Raume kein elektri=
sches Licht Statt finde, wie schon Musschenbroek °) be=
merket hat. Wenn nämlich ein sehr gutes Barometer nicht
leuchtet, und es wird nur eine Luftblase in dem torricellischen
Raume gelassen, so fängt es zu leuchten an. So bald wie das
Barometer durchs Auskochen des Quecksilbers ganz luftleer
gemacht worden ist, so hört auch das Leuchten in der torri=
cellischen Leere ganz auf. Unter der Glocke einer Luftpumpe
ist es aber unmöglich, alle Luft auszuziehen, und dieserwegen

*) De mercurio lucente in vacuo. Opp. T. II. n. 112.
°) Essai de physique. Leid. 1751. 4. p. 640.

ift das elektrische Licht unter selbiger auch sehr lebhaft. Herr
Morgan [a]) hat folgenden Versuch angestellt, um dadurch
zu beweisen, daß das elektrische Licht im völlig luftleeren Raume
nicht Statt finde: er nahm eine Röhre von 15 Zoll Höhe und
ungefähr ¼ Zoll in der Dicke; diese füllte er mit der Vor-
ficht mit Queckfilber an, daß die Röhre sehr warm und inwendig sehr gerieben war, um alle Feuchtigkeit und Luft, die
sich noch darin befinden könnte, auszutreiben, und daß das
Queckfilber ganz kochend hinein geschüttet, und die Röhre
dadurch völlig gefüllet würde, damit nicht das geringste Luftbläschen darin bliebe. Hierauf schloß er die Oeffnung mit
dem Daumen, kehrte die Röhre um, und setzte sie in ein,
ebenfalls mit Queckfilber angefülltes Gefäß. Hierauf brachte
er die Röhre unter die Glocke einer Luftpumpe, und ließ diese
zu arbeiten anfangen. Da nun vermöge des verminderten
Drucks der Luft auf die Fläche des, im Gefäße befindlichen
Queckfilbers das Queckfilber in der Röhre herabfiel, und so
die wahre torricellische Leere hervorbrachte, so verband er dem
Scheitel der mit einer Metallplatte bedeckten Röhre mit der
elektrischen Kette, und fand nicht das geringste Licht in

Herr Candi [β]) hingegen bestreitet überhaupt alle die
Versuche, welche beweisen sollen, daß das elektrische Licht im
völlig luftleeren Raume nicht Statt haben könne. In Ansehung des Versuchs des Herrn Morgan bemerket er zuerst, daß, wenn man auch wirklich inwendig in der Röhre
kein elektrisches Licht wahrnimmt, man daraus doch nicht auf
eine vollkommene Unzulänglichkeit des leeren Raums in Ansehung der Elektricität schließen kann; alles, was man daraus abnehmen könnte, wäre, daß die Bewegung des Fluidums so schnell ist, daß sie dem Auge unbemerkbar bleibe.
Aus eben der Ursache sieht man bisweilen in einer gewissen
En   der Kette befestigten Stange
                            lektrische Feuer beweget sich
                                                    da

α) Philosoph. transact. 1785. p. 272.
β) Mémoir. de l'acad. roy. des scienc. à Turin. T. V. Ueber die Elektricität im leeren Raume in Grens Journ. d. Phyfik. B. IV. S. 93 u.f.

da von dem Punkte mit einer solchen Geschwindigkeit, daß
es unsicher bleibt, bis es sich durch den Widerstand der umgebenden Luft in viele leuchtende Theilchen theilt, die sich insgesammt wieder in einem einzigen Punkte vereinigen. Aus
wiederhohlten Versuchen des Herrn **Morgan** sahe er das
elektrische Feuer im Innern der Röhre leuchten. Hierzu
wird zwar eine große Dunkelheit und ein gutes Auge erfordert, sonst ist das Fluidum so subtil und fein, daß auch der
geschickteste Beobachter sich dabey betriegen kann; aber vermittelst dieser beyden Bedingungen wird man, wenn man eine
Metallstange am Scheitel der Röhre angeleimt hat, und den
Versuch auf die vorbeschriebene Art anstellt, die Bewegung
des elektrischen Lichtes längs der Röhre wahrnehmen, und wenn
man die Hand nähert, sieht man leuchtende Streifen, die
Blitzen sehr ähnlich sind. Wäre also der leere Raum für das
elektrische Licht unzugänglich, wie könnte es sich in der Röhre
ausbreiten? Müßte es sich nicht vielmehr anhäufen, wie es
immer der Fall zu seyn pfleget, wenn es in seinem Wege auf
einen ihm widerstehenden Körper trifft? Außer andern Versuchen führt er zum Beweise der Statthaftigkeit des elektrischen Feuers im leeren Raume folgenden an: wenn man aus
einer großen Bouteille von Krystall die Luft herauszieht, sie
an eine elektrische Kette bringt, und die Kette ganz darum
führet, so sähe man das elektrische Feuer entstehen, hin und
wieder in der Bouteille schweben, und das Bild der sonder-
barsten und hellsten Nordscheine darstellen. Außerdem erwähnt de la **Metherie**, ein Funke, welcher durch einen
leeren Raum von ungefähr zwey Linien von Quecksilber durch
einen in weißes Papier eingewickelten Goldfaden gegangen
sey, habe einige Theile in Dünste aufgelöset, indem er auf
dem Papiere einen purpurfarbigen Streifen angetroffen habe.
Dieß letztere Phänomen scheine er der wenigen Luft zuzuschreiben, die bekanntlich in der Glocke der Luftpumpe zurückbleibt;
aber in diesem Falle würden die elektrischen Erscheinungen
dieser übrig gebliebenen Menge Luft proportional seyn, und
folglich würden die Wirkungen in einem leeren Raume von

einer

einer Linie ungefähr 775 Mahl geringer seyn, welches doch
der Erfahrung widerspreche.

Bey sehr vielen Körpern, vorzüglich bey solchen, welche
leicht entzündet werden können, hat der elektrische Funke die
Kraft des Feuers. So wird z. B. Weingeist, besonders der
Aether, brennbare Luft, Schießpulver u. d. g. von einem
elektrischen Funken sehr leicht entzündet. Ja die Elektricität
schmelzt Metalle, und verwandelt sie in Metallkalke (Halbsäuren). Ja man will sogar nach den neuesten Versuchen
gefunden haben, daß die Metalle im luftleeren Raume und
in brennbarer Luft durch die Elektricität verkalkt würden.
Sollten sich diese Versuche, die aber in allen Umständen
eine äußerste Genauigkeit erfordern, sich bestätigen, so würden dadurch sehr viele von den Antiphlogistikern behauptete
Sätze ungemein zweifelhaft gemacht.

Sonst war man der Meinung, daß die Elektricität auf
die Vegetation der Pflanzen einen sehr großen Einfluß habe,
und daß durch ihre Wirkung das Keimen des Samens und
das Wachsthum der Pflanzen ungemein befördert würden,
worüber vorzüglich Nollet *) verschiedene Versuche angestellet hatte. Auch erzählet Bertholon de St. Lazare
einige Versuche, welche le Dru zu Paris im Jahre 1776
mit der Mimosa (Mimosa sensitiua Lin.) angestellet hatte.
Es sollen nämlich die Blätter dieser Pflanze, welche sonst
bey jeder Berührung sich schließen, nicht zusammengezogen
werden, wenn diese Berührung mit glatten Stäbchen von
Glas, Bernstein, Siegellack oder auch andern nicht leitenden
Materien geschiehet. Allein alle diese Versuche sind von
verschiedenen Naturforschern, und besonders vom Herrn Dr.
Ingenhouß *) ungegründet befunden worden. Die vor-
mahlige Behauptung der vorzüglich einwirkenden Kräfte
der Elektricität auf das Gedeihen der Pflanzen sey eine bloße
　　　　　　　　　　　　　　　　　　　　　　　Täuschung

---

a) Recherches sur les causes des phénomènes électr. Paris 1749. 4.
　　S. 356.

*) Versuche mit Pflanzen. 3ter Band. Wien, 1790. 8. 7ter und
　　3ter Abschnitt. S. 65. 83.

Täuschung gewesen, indem das Licht einen nachtheiligen Einfluß auf das Wachsthum der jungen Pflanzen habe. Bey den Versuchen habe man nämlich die Samenkörner auf den Boden elektrisirter Gefäße geleget, welche bey den Elektrisirmaschinen im Dunkeln waren; da nun diese eher keimten, als diejenigen, welche beständig dem Tageslichte oder der Sonne ausgesetzet waren, so schrieb man dieß bessere Fortkommen der Wirkung der Elektricität zu. Allein die Versuche, welche der Herr Dr. Ingenhouß mit aller Genauigkeit angestellet hat, beweisen, daß zwischen dem Fortkommen der elektrisirten und der unelektrisirten Pflanzen gar nicht der geringste Unterschied Statt finde, wenn beyde Pflanzen in Ansehung des Tageslichtes und der Sonne unter gleichen Umständen sich befinden. Auch die Versuche von der Mimosa sind falsch befunden worden. Die Erfahrung lehrte Herrn Dr. Ingenhouß, daß Stäbchen von glattem polirtem Metall eben das thun, was die Stäbchen von nicht leitenden Materien thaten, und daß es bloß darauf ankomme, ob die Berührung mit einer Erschütterung geschehe, oder ob sie ganz sanft vorüber gehend ist. Wurden die Blätter dieser Pflanze an einen isolirten Leiter gebracht, so falteten sie sich eben so, als wenn man darauf blies, und wenn die Pflanze mit gefalteten Blättern auf einem isolirten Gestelle elektrisiret wurde, so entfaltete sie sich nicht schneller, als wenn sie unelektrisiret blieb.

Man hat auch selbst gefunden, daß die Wirkungen der Elektricität dem Hedysarum gyrans mehr nachtheilig als nützlich sind. Wenn man mit den Blättern dieser Pflanze, welche eine gewisse eigene Bewegung besitzen, elektrisirte Leiter verbindet, oder sie damit berühret, so nimmt man an selbigen gar keine Wirkung der Elektricität wahr, außer daß sie wie alle andere leichte Körper angezogen und abgestoßen werden. Wurde aber ein Blatt mit einer Siegellackstange berühret, so sank es allgemach nieder, und erhohlte sich erst nach einigen Stunden wieder. Wenn einem Blatte verschiedene fortgesetzte elektrische Funken mitgetheilet wurden, so sank es noch weit schneller nieder, und erhohlte sich den ganzen Tag über nicht. Wiederhohlte man das Ausziehen der Funken einige Tage hinter einander, so verlor das ganze Blatt seine Beweglichkeit, und blieb nun zusammengefaltet an dem Stiele hängen. Gegen 14 Tage behielt es zwar in diesem Zustande immer noch ein frisches Ansehen; alsdann aber wurde es gelb, welkte und fiel ab. Bemerkenswürdig ist es auch noch, daß alle andere Blätter an dieser Seite hängend wurden, und sich nun nicht mehr so lebhaft wie zuvor bewegten. Auf die kleinen Seitenblättchen dieser Pflanze, welche eine eigene fast willkürlich scheinende Bewegung zeigen, hatten weder Funken, noch Erschütterungen noch auch Berührung mit elektrisirten Körpern einige Wirkung. Im Gegentheil wirkte auf selbige ein elektrisirter Leiter; welcher mit der ganzen Pflanze in Verbindung war, und auf die großen Blätter gar keine Wirkung zeigte, desto stärker durch ein sehr lebhaftes Balanciren, welches nach dem Elektrisiren noch eine geraume Zeit fortdauerte *):

Ferner behauptete man sonst auch, daß, wenn thierischen Körpern ein hoher Grad der Elektricität mitgetheilet würde, der Puls weit schneller schlage, und ihre Ausdünstung befördert werde. Allein auch diese Behauptung wird jetzt sehr bezweifelt. Die mehrmahls hierüber angestellten Versuche mit der größten Elektrisirmaschine in dem teylerischen Museum haben in dem Pulse der Beobachter keine Veränderung bewirket ²). Jene Veränderung, die man an mehreren Personen bemerket hat, dürfte man daher wohl eher der Furcht oder andern körperlichen Dispositionen, als der Elektricität zuschreiben.

Es haben ferner Versuche gelehret, daß Wasser, welches aus isolirten Gefäßen durch eine enge Oeffnung herausläuft, durch Mittheilung der Elektricität schneller auszulaufen scheinet. Ist die   aus welcher das Wasser im natürlichen Zustande

---

*) Gothaisches Magazin für das Neueste ꝛc. B. V. St. 3. S. 13.
²) Beschryving eener ongemeen groote Electrizeermachine etc. door Mart. van Marum. Haarl. 1785. 4. Deutsch. Leipz. 1786. 4.

Stande nur tröpfelt, ein Haarröhrchen, so bewirkt die Mittheilung der Elektricität ein ununterbrochenes Auslaufen aus
dieser Röhre, welches sich noch in viele andere Strahlen zertheilet. Nach den mit dergleichen Haarröhren angestellten
Versuchen des Herrn Dr. Catmoy *) scheint zu folgen, daß
ungeachtet des durch Elektrisiren des Wassers bewirkten Stro-
mes in einer bestimmten Zeit eher weniger Wasser aus dem
Gefäß herauslaufe, als es sonst im natürlichen Zustande aus-
tröpfelte. Unter übrigens gleichen Umständen fand Catmoy
in einer Zeit von 75 Stunden 10 Minuten

ohne Elektricität 2 Pfund 12 Unzen 2 Drachmen 65 Gran
mit Elektricität 2 ——— 11 ——— 5 ——— 36$\frac{1}{2}$ ———

Nahm er Röhrchen von ungleicher Länge, so fielen zwar die
Resultate ganz anders aus, und wenn gleich mannigmahl
etwas mehr Wasser beym Elektrisiren abgeflossen war, so
schien dieß doch mehr in zufälligen Beschaffenheiten der Gefäße zu liegen. In den meisten Fällen war doch immer die
Menge des im natürlichen Zustande ausgetröpfelten Wassers
größer, als die mit Elektricität ausgelaufene Wassermenge.
Es scheint daher die sonst vorgebliche durch Elektrisiren bewirkte Beschleunigung der Bewegung des Wassers nicht gegründet zu seyn.

Auch hat Cavendish die gewiß sehr wichtige Entdeckung
gemacht, daß der elektrische Funke beym Durchgange durch
ein Gemisch von phlogistischer und dephlogistischer Luft Salpetersäure hervorbringe. Man schrieb zwar die Erzeugung
dieser Säure allein der Zersetzung der Luftarten zu; allein es
läßt sich die Sache nicht wohl erklären, ohne der Elektricität
einen wesentlichen Antheil daran nehmen zu lassen.

Herr van Marum *) hat durch mehrere Luftarten
elektrische Schläge durchgehen lassen, die Wirkungen derselben sorgfältig untersuchet, und seine Entdeckungen der Be-

Kkk 4   schrei-

*) Journal de physique, Nov. 1788. Gothaisches Magazin für das
Neueste. B. VII. St. 1. S. 63 u. f.
*) Beschryving etc. Haarlem 1785. Eerste Vervolg der Proefneemin-
gen, gedaan met Teylers Electrizeer-machine. Haarlem 1787.
gr. 4. Deutsch, Leipz. 1786 u. 1788. 4.

schreibung der großen Scheibenmaschine zu Haarlem beygefügt. Die vorzüglichsten derselben sind die Zersetzung der Salpeterluft, welche durch wiederhohlte Schläge in einer Viertelstunde über die Hälfte vermindert ward, nachher aber bey ihrer Vermischung mit dephlogistisirter Luft weiter keine Verminderung zeigte; ferner die Zersetzung der dephlogistisirten Luft aus rothem Präcipitat in einer Röhre über Quecksilber, wodurch letzteres auf der Oberfläche verkalkt ward; und die Zersetzung des flüchtig-alkalinischen Gas in Stickluft und inflammable Luft. Alle diese Entdeckungen scheinen deutlich auf eine chemische Verbindung der elektrischen Materie hinzuweisen.

Elektrische Atmosphäre und Vertheilung der Elektricität.

Es wurden sonst oft sonderbare elektrische Erscheinungen wahrgenommen, welche den bisher gegebenen Gesetzen und Wirkungen der Mittheilung der Elektricität zu widersprechen schienen, und von welchen man lange Zeit nicht wußte, was man damit machen sollte. Nachdem man aber aus den Erfahrungen, daß leichte Körper in merklichen Entfernungen von den elektrisirten Körpern angezogen wurden, welche für die Mittheilung der Elektricität viel zu groß waren, auf den Gedanken geleitet wurde, daß sich die Wirkung der elektrischen Materie auf den elektrisirten Körper bis auf eine gewisse Distanz erstrecke, welche bey Annäherung eines unelektrisirten Körpers in selbigem gewisse Veränderungen hervorbringen müsse, so wurde dadurch ein größeres Licht über die Elektricität verbreitet. Der Raum, durch welchen sich die elektrische Materie in Ansehung ihrer Wirkung auf andere Körper erstrecket, wird die elektrische Atmosphäre oder auch der elektrische Wirkungskreis genannt, von deren Gesetzen die größten Geheimnisse dieser Lehre abhangen. Das Hauptgesetz hierbey ist dieses:

Ein jeder elektrisirter Körper sucht in denjenigen Körpern, welche in seinen Wirkungskreis kommen,

men, eine der seinigen entgegengesetzte Elektricität zu erwecken.

Dieses Gesetz ist ganz verschieden von dem Gesetze der Mittheilung der Elektricität, wie folgende Erfahrungen aufs kräftigste bestätigen. Man bringe einen nicht isolirten leitenden Körper in den Wirkungskreis des elektrisirten Reibers, so bekommt jener auf der dem Reiber zugekehrten Seite die entgegengesetzte Elektricität des Reibers, mithin + E, wenn dieser — E und — E, wenn dieser + E hat; wird endlich der nicht isolirte Leiter dem Reiber bis zur Schlagweite genähert, so erhält der Leiter einen Funken, und die Elektricität hört ganz auf. Ist aber der leitende Körper isolirt, und man bringt das eine Ende desselben in den Wirkungskreis eines elektrisirten Körpers, so erhält das von diesem elektrisirten Körper abgewendete Ende des Leiters die mit den elektrisirten Körper gleichnahmige Elektricität, das dem elektrisirten Körper zugekehrte Ende aber die entgegengesetzte des elektrisirten Körpers. Nähert sich der isolirte Leiter dem elektrisirten Körper bis zur Schlagweite, so erhält er einen Funken, und es wird nun seine Elektricität gleichnahmig mit der Elektricität des elektrisirten Körpers. Nähme man hingegen den isolirten Leiter, noch ehe er einen Funken erhält, von dem elektrisirten Körper weg, so wird auch die Elektricität desselben, die sich an beyden Enden als entgegengesetzt zeigte, ganz wegfallen, und der Leiter wird in seinem vorigen Zustande, mithin unelektrisiret seyn. Wenn aber das eine Ende des isolirten Leiters, welches dem elektrisirten Körper entgegengesetzt ist, zu der Zeit, da er im Wirkungskreise des elektrisirten Körpers sich befindet, mit dem Finger oder mit einem andern leitenden Körper berühret wird, so entstehet ein Funke, und die Elektricität höret auf. Nimmt man nun den isolirten Leiter von dem elektrisirten Körper weg, so hat nun der isolirte Leiter die entgegengesetzte Elektricität des elektrisirten Körpers.

Man nehme eine metallene Röhre von etwa 2 Fuß länge, isolire selbige und hänge an das Ende über selbige einen

Kkk 5   Zwirn-

Zwirnsfaden mit zwey Korkkügelchen; hierauf bringe man
an das andere Ende, etwa 3 Zoll weit davon, eine geriebene
Glasröhre, so werden sogleich die beyden Korkkügelchen von
einander fahren, folglich + E erhalten. Nähert man die
geriebene Glasröhre dem Cylinder bis zur Schlagweite, so
erhält er einen Schlag, und die Elektricität ist nun in der
ganzen Röhre + E. Nimmt man aber die Glasröhre noch
vor dem Schlage weg, so fallen die Korkkügelchen zusammen, und man bemerkt gar keine Elektricität in der Röhre
mehr. Wird aber der Versuch so abgeändert, daß man an
dem Ende der Röhre, wo die Kügelchen + E haben, einen
Finger oder einen andern leitenden Körper bringt, so fallen
nun die Kügelchen zusammen, indem die ganze Elektricität
+ E in den leitenden Körper übergegangen ist. Nimmt
man nun auch die geriebene Glasröhre von dem andern Ende
weg, so gehen nun die beyden Kügelchen sogleich mit — E
aus einander, und die ganze metallene Röhre ist negativ
elektrisiret.

Wenn derjenige Körper, welcher in den Wirkungskreis
eines elektrisirten Körpers gebracht wird, ein Nichtleiter ist,
so wird zwar ebenfalls das Ende, welches dem elektrisirten
Körper zugekehret ist, die entgegengesetzte Elektricität annehmen, aber sie wird sich wegen der nicht fortleitenden Kraft
des Nichtleiters nicht weit erstrecken, und nicht sehr stark seyn.
In diesem Nichtleiter werden von dem Ende, welches gegen
den elektrisirten Körper gerichtet ist, nach dem andern Ende
hin abwechselnd Zonen von + E und — E zu finden seyn,
welche immer nach und nach schwächer werden, und sich zuletzt ganz verlieren. Diese abwechselnden Zonen entstehen
ohne Zweifel von den Wirkungskreisen der vorhergehenden,
weil wegen der schwach leitenden Kraft des Nichtleiters Elektricität sich in selbigem nicht weit verbreiten kann.

Diese Erfahrungen beweisen hinlänglich, daß ein Körper elektrisch werden könne, ohne daß dem elektrisirten Körper seine Elektricität genommen wird. Es gibt also außer
dem Reiben und der Mittheilung noch eine dritte Art, Ele-

ktricität

tricität in einem Körper hervorzubringen. Es gründet sich diese Art auf den allgemein angeführten Satz, und wird die **Vertheilung der Elektricität** genannt.

2. Wenn man in den Wirkungskreis eines elektrisirten Körpers einen andern schon elektrisirten Körper bringt, so werden sich ebenfalls Erscheinungen zeigen, die dem allgemeinen Gesetze völlig gemäß sind. Wäre der eine Körper mit der Erde in Verbindung, so wird er auch seinen elektrischen Zustand nach diesem Gesetze ändern; wäre er isolirt, so wird diese Veränderung nach den Umständen, worin er sich befindet, erfolgen, und übrigens vermögend werden, seinen Zustand noch mehr zu ändern. Bringe man z. B. in den Wirkungskreis eines — E ein + E, so wird das + E, wenn es mit der Erde in Verbindung steht, noch mehr + E erhalten; ist es isolirt, so wird es wenigstens fähiger, noch mehr + E anzunehmen, und unfähiger, + E zu verlieren oder mitzutheilen, oder mit andern Worten, es wird mehr **Capacität** aber weniger **Intensität** seines + E erhalten.

Gesetze der Elektricität.

Es wird vor allen Dingen nöthig seyn, aus den Wirkungen, welche man an den beyden verschiedenen Arten von Elektricität gewahr wird, die Gesetze aufzufinden, welche sie befolgen, ehe man noch im Stande ist, über die Ursachen der Elektricität Untersuchungen anzustellen. Weil es nun vermöge der Erfahrung zweyerley Arten von Elektricität gibt, wovon eine jede für sich einerley elektrische Wirkungen zeiget, nur mit dem Unterschiede, daß sie wie entgegengesetzte Größen einander entgegengesetzt sind, folglich eine die andere aufhebet, so wird man auch berechtiget seyn, einen jeden Körper, welcher im natürlichen Zustande sich befindet, eben so viel + E als — E beyzulegen, weil sich diese beyden gegen einander aufheben, und daher o E machen. Wenn demnach ein elektrischer Körper elektrische Erscheinungen liefern soll, so muß er entweder mehr oder weniger + E als — E haben; denn hätte er eben so viel + E als — E, so heben sich beyde

Arten

Arten auf, und sind gleichsam mit einander im Gleichgewichte.

Das erste Gesetz der Elektricität ist:

**Gleichartige Elektricitäten stoßen einander
zurück.**

Ein Körper, welcher + E hat, stößt einen andern leichten Körper, welcher ebenfalls + E hat, zurück. Eben so
stößt ein Körper, welcher — E besitzet, einen andern leichten, welcher ebenfalls — E hat, zurück. Wenn beyde Körper nun entweder gleich + E oder gleich — E haben, so
geben sie einander genähert auch keine Funken, sondern sie
behalten ihre Elektricität. Dieses Gesetz beweisen offenbar
folgende Versuche:

1. Wenn verschiedene kleine Korkkügelchen an seidenen
Faden aufgehängt sind, und an einen elektrisirten Leiter oder
auch an das isolirte Reibzeug gebracht werden, so werden sie
von selbigen anfänglich angezogen, nachher abgestoßen und
dann nicht wieder angezogen; auch stoßen sie sich selbst unter einander zurück.

2. Wenn sehr leichte Körper, als Goldblättchen, Schnupftaback, Bärlappsaamen u. d. g. auf einen elektrisirten isolirten Leiter, oder auch auf das isolirte Reibzeug gebracht
werden, so werden sie von selbigen sehr weit weggestoßen.

3. Wenn zwey Personen auf isolirten Sesseln entweder
gleich + E oder gleich — E erhalten, und alsdann einander berühren, so kann keine aus der andern einen Funken
ausziehen.

Herr Coulomb *) hat durch oft wiederhohlte mit der
größten Sorgfalt angestellte Versuche gefunden, daß die
Theilchen des elektrischen Fluidums beym gegenseitigen Abstoßen das newtonische Gesetz der Schwere, nämlich das
umgekehrte Verhältniß des Quadrats der Entfernungen
befolgen.

Das

---

*) Abhandlung über die Elektricität, in Grens neu. Journal der
Phys. B. III. S. 51 ff.

Das zweyte Gesetz ist:

Entgegengesetzte Elektricitäten ziehen sich an.
Wenn ein Körper $+$ E hat, so zieht er einen leicht beweglichen, welcher $-$ E hat, an, und auch umgekehrt. Hat nun der eine Körper eben so viel $+$ E als der andere $-$ E, so entziehen sich beyde in dem Augenblicke, da sie zusammenstoßen, ihre Elektricität, und zeigen nachher keine Spur der Elektricität mehr. Dieß Gesetz bestätigen folgende Versuche:

1. Wenn ein an einem Faden hängendes Korkkügelchen $+$ E erhalten hat, und wird dem isolirten elektrischen Reibezeuge nahe gebracht, so wird es von demselben angezogen und umgekehrt.

2. Wenn das eine Korkkügelchen $+$ E und das andere gleich viel $-$ E hat, und beyde nähern sich einander, so werden sie angezogen, und verlieren in dem Augenblicke ihre Elektricität.

3. Wenn eine auf einem isolirten Stuhle sitzende Person $+$ E hat, eine andere aber auf einem isolirten Stuhle eben so viel $-$ E, so werden beyde Personen in der Berührung die Elektricität ganz verlieren.

4. Wenn eine Person auf einem isolirten Sessel eine Glasröhre mit der Hand reibt, und eine Korkkugel, welche $+$ E hat, wird der Person genähert, so zieht sie selbige an; wird sie aber der Glasröhre genähert, so stößt sie selbige ab.

Aus diesen angeführten Gesetzen läßt sich nun das Anziehen und Zurückstoßen leichter Körper erklären. Nähert man nämlich einer geriebenen Glasröhre $+$ E leichte Körper, z. B. Sägespäne u. d. g., so erhalten diese in dem Wirkungskreise der elektrisirten Glasröhre $-$ E, und es ziehen nun beyde einander an. Berühren die leichten Körper die Glasröhren, so erlangen sie durch die Mittheilung $+$ E, und die Glasröhre stößt sie zurück. So lange nun diese leichten Körper $+$ E besitzen, so werden sie auch von der Glasröhre nicht weiter angezogen, wird ihnen aber dieß $+$ E durch Leiter entzogen, und sind noch im Wirkungskreise der elektrisirten Glasröhre, so bekommen sie aufs neue — E, werden wieder angezogen, und nach mit getheiltem + E wieder zurück gestoßen. u. s. w. Hierauf gründen sich die Versuche mit tanzenden Puppen zwischen einer elektrisirten und einer mit der Erde verbundenen Metallplatte; mit einer Pflaumfeder, welche zwischen einer geriebenen Glasröhre und Siegellackstange wie ein Feberball hin und her fliegt, mit einigen Korkkügelchen, welche auf dem Tische unter einem elektrisirten Trinkglase tanzen, mit dem elektrischen Glockenspiele und mit andern elektrischen Spielwerken mehr. Ueberhaupt läßt sich ein jeder Körper im natürlichen Zustande so betrachten, als wenn er beyde Elektricitäten + E und — E in gleichem Maße besäße, welche folglich einander aufheben, und den Körper. o E geben. Wird aber dieß Gewicht durch irgend eine Art, z. B. durch Reiben des Körpers, aufgehoben, so muß sich nun der Ueberschuß der einen von den entgegengesetzten Elektricitäten im freyen Zustande befinden, und elektrische Erscheinungen hervorbringen. Wenn z. B. ein Glascylinder gerieben wird, so nimmt dieser aus dem Reibzeuge mehr + E an; nun kann aber das in der Glasröhre befindliche — E das + E nicht ganz mehr binden, folglich entsteht ein Ueberschuß von + E, und wirkt nun im freyen Zustande.

Hieraus läßt es sich nun auch erklären, wie es mit dem Elektrisiren selbst zugehe. Wird nämlich die Glasröhre an dem Reibzeuge gerieben, so wird das + E des Reibzeuges frey, theilt selbiges dem Glase mit, welches nun auch die Elektricität + E zeiget, weil es wegen seiner nicht leitenden Kraft dieß + E nicht sogleich in der Oberfläche vertheilet. Nun wird das — E des Reibzeuges nicht mehr gebunden seyn, weil das + E in das Glas übergegangen ist; könnte also das verloren gegangene + E nicht wieder ersetzet werden, oder wäre das Reibzeug isolirt, so muß auch dieses — E zeigen; wäre aber das Reibzeug durch leitende Körper mit der Erde verbunden, so erhält das — E so viel + E aus der Erde, daß sein — E völlig gebunden wird, mithin wird auch in diesem Falle das Reibzeug gar keine Elektricität zeigen.

Um also stark zu elektrisiren, muß das Reibzeug nothwendig mit der Erde verbunden werden, denn dadurch eröffnet sich ein Zufluß von so vielem $+$ E, als man nur haben will; ist aber das Reibzeug isoliret, so kann es nur so viel $+$ E hergeben, als es hat, mithin in alle Fälle weniger, als wenn es nicht isolivet ist.

Wenn ein Glascylinder durchs Reiben $+$ E erhalten hat, und man bringt in den Wirkungskreis desselben einen isolirten Leiter, so zieht nun das $+$ E des Glascylinders das $-$ E des isolirten Leiters an, und stößt das $+$ E des Leiters zurück, und hierdurch entsteht folglich Elektricität durch Vertheilung. Wird der isolirte Leiter aus dem Wirkungskreise des Glascylinders gebracht, so wird nun seine positive und negative Elektricität, welche nur durch die Wirkung der elektrischen Atmosphäre in ihm verschiedentlich vertheilet war, wieder gebunden, und die Elektricität verschwindet in ihm ganz. Wenn hingegen an dem Ende des isolirten Leiters, an welchem das $+$ E frey ist, indem der Leiter sich in dem Wirkungskreise des Glascylinders befindet, ein Finger oder ein anderer Leiter nahe gebracht wird, so zieht der isolirte Leiter an dieser Stelle das $-$ E des leitenden Fingers an, sättiget sich damit, und es entsteht ein Funke. Wird nun der Finger entfernet, und der isolirte Leiter zugleich aus dem Wirkungskreise des Glascylinders gebracht, so verbinden sich nun die Elektricitäten beyder Enden des isolirten Leiters mit einander, und er hat $-$ E $+$ E $-$ E, und ist daher negativ elektrisiret. Gerade verhält es sich umgekehrt, wenn nämlich der elektrisirte Körper $-$ E besitzet, und es wird in dessen Wirkungskreis ein isolirter leitender Körper gebracht, so zieht das $-$ E des elektrisirten Körpers das $+$ E des leitenden an, und stößt das $-$ E zurück; wird alsdann das $-$ E von einem andern leitenden Körper z. B. von dem Finger durch sein $+$ E gesättiget, so entstehet ein Funke, und der isolirte leitende Körper besitzet nun nach der Entfernung desselben von dem elektrisirten Körper $+$ E $-$ E $+$ E, folglich ist er positiv elektrisiret.

Wenn

Wenn in einem elektrisirten Körper das freye $+$ E das $\mp$ E eines in den Wirkungskreis desselben gebrachten Körpers anziehet, so ist es für sich begreiflich, daß selbst das $+$ E des elektrisirten Körpers zum Theil gebunden wird, und daher weniger freyes $\pm$ E besitzen muß als vorher. In diesem Zustande wird er nun auch natürlicher Weise eine gleichnamige Elektricität weniger abstoßen, dadurch wird er aber auch vermögend, gleichartige Elektricität leichter anzunehmen. Wenn also gleich ein elektrisirter Glascylinder durch einen genäherten isolirten Leiter schwächer an $+$ E wird, so nimmt er nun auch sehr leicht $+$ E von dem Reibzeuge wieder an, zumahl wenn das Reibzeug nicht isoliret ist, oder in Fall es isoliret wäre, selbiges durch eine leitende Substanz mit der Erde in Verbindung stehet; denn eben dadurch erhält der isolirte Leiter die stärkste Elektricität. Eben so verhält es sich auch mit dem Reibzeuge; es bekömmt nämlich dieses am stärksten — E, wenn der isolirte Leiter, welcher in dem Wirkungskreise eines Glascylinders sich befindet, durch eine leitende Substanz mit der Erde in Verbindung stehet. Je mehr endlich der leitende Körper dem elektrisirten genähert wird, desto mehr zieht das $\pm$ E des elektrisirten Körpers das $\mp$ E des leitenden an, kommen sodann zur Schlagweite, und es entsteht ein Funke, wobey nun zugleich eine Mittheilung der Elektricität erfolget, wenn der leitende Körper isoliret war, außerdem zeigen beyde Körper keine Spur der Elektricität mehr. Wird z. B. einem Körper, welcher freyes $+$ E hat, ein leitender Körper genähert, so enthält das nächste Ende dieses Leiters — E, und beyde E ziehen sich zurück, je näher sie kommen. Bey größerer Annäherung wird endlich die Anziehung so stark, daß eine Mittheilung der Elektricität entweder durch ein allmähliges Uebergehen oder durch einen Funken erfolget.

Besitzt der leitende Körper, welcher in den Wirkungskreis eines elektrisirten Körpers gebracht wird, eine Spitze, so wirkt die Atmosphäre schon in einer weit größern Entfernung als bey den Leitern, deren Enden stumpf oder abgerunder sind. Es geschiehet daher auch die Mittheilung der Elektricität bey spitzigen Körpern in einer weit größern Entfernung als bey abgestumpften Körpern, und zwar geschiehet der Uebergang der Elektricität bey spitzigen durch ein Geräusch, bey den runden und stumpfen aber durch einen Schlag. Wahrscheinlich liegt der Grund darin, daß bey spitzigen Körpern die ganze Anziehung auf einen einzigen Punkt gerichtet ist, und der freye Ausgang des $\pm$ E durch kein Zurückstoßen der gleichnahmigen Elektricität nebenliegender Punkte gehindert wird. Werden glatte, ebne, am Rande abgerundete isolirte Leiter dem elektrisirten Körper nahe gebracht, so spürt man keine elektrischen Veränderungen in selbigen, ja es erfolget oft nicht ein Mahl bey der Berührung ein Uebergang der Elektricität durch Mittheilung. Hatte der elektrisirte Körper und die glatte Oberfläche, welche mit jenem in Berührung kömmt, gleichviel entgegengesetzte Elektricitäten, so binden sich nun beyde; und man spürt an beyden keine Elektricität mehr; nach der Entfernung beyder aber hat jeder die vorige Elektricität wieder. Beccaria war der Meinung, beyde Flächen legten ihre Elektricitäten in einander ab, und bey der Trennung nehme eine jede die ihrige wieder. Er nannte dieses Gesetz die sich selbst wieder herstellende Elektricität (electricitas vindex, quasi quae sibi vindicat locum suum). Allein es ist keinesweges nöthig, dieserwegen ein neues Gesetz anzunehmen. Denn es ist dieß Verschwinden der Elektricitäten kein Verlust, und kein Wiedernehmen derselben, sondern vielmehr das gewöhnliche Binden entgegengesetzter Elektricitäten, wenn die eine in der andern Wirkungskreis kömmt. Bey der Berührung wird dieses so stark, daß alles E gebunden, und gar keins mehr frey ist. Nach der Trennung aber wird alles wieder frey, weil kein Uebergang erfolget ist.

Durch dünne Nichtleiter werden die Wirkungen der elektrischen Anziehung oder die Wirkungskreise auf keine Weise aufgehalten, wohl aber die Wirkungen der Mittheilung. Wenn demnach eine Glastafel auf beyden Seiten mit Metall belegt,

belegt, die eine Belegung mit der Erde verbunden, und der andern + E gegeben wird, so nimmt jene eben so viel — E aus der Erde an.

Geschichte der Elektricität.

Die älteste Nachricht, welche nur einige Spur von Elektricität gibt, ist die Bemerkung, daß der Bernstein (ηλέκτρον, electrum, succinum), wenn er gerieben werde, die Kraft besitze, leichte Körper anzuziehen. Der Stifter der jonischen Schule, **Thales Milesius**, soll, wie Aristoteles nach dem Zeugnisse des **Diogenes Laërtius** [a] versichert, über diese Eigenschaft des Bernsteins in Verwunderung gesetzet worden seyn, daß er sogar demselben Kräfte der Seele zuschrieb. Der erste, welcher der wunderbaren Anziehung des Bernsteins mit ein Paar Worten Erwähnung thut, war **Plato** [β]; und **Theophrastus Eresius** [γ] führet ebenfalls diese Eigenschaft des Bernsteins an, und erwähnet außerdem nach des Lynkurers, welcher nicht nur Strohhalme, sondern auch Holzspänchen und dünne Metallblättchen an sich reiße. Von dem Lynkurer des Theophrast sucht Dr. Watson darzuthun, daß dieser mit dem Turmalin einerley sey. M. s. **Turmalin.** Auch gedenken der anziehenden Kraft des Brenrsteins **Plinius** [δ], **Plutarch** [ε] und andere mehr. Von dem griechischen Nahmen ηλέκτρον sind die Nahmen elektrisch und **Elektricität** hergenommen.

William Gilbert [ζ] war der erste, welcher die anziehende Kraft nicht allein am Bernstein, sondern auch an andern dergleichen harzigen Körpern, als Gummi-Lack, Mastix, gekochtem Terpentin, und an den meisten Edelgesteinen bemerkte. Vorzüglich nahm er auch diese Eigenschaft an dem Siegellack, Schwefel und Glas wahr, und führte das Reiben

a) In vita Thaletis. p. 16. lib. 1. segm. 24.
β) In Timaeo. p. 547.
γ) Περὶ λίθων c. 53.
δ) Histor. natural. l. 37. c. 3.
ε) In quaestion. Platonic. Tom. 2. p. 1005.
ζ) De magnete. London 1600. fol.

Reiben als Mittel an, die Elektricität in diesen Substanzen
zu erregen.

Otto von Guericke *) verfertigte sich aus Schwefel,
welchen er geschmolzen in eine Phiale goß, und nachher erkaltet dieselbe zerschlug, eine Schwefelkugel, die er durch
eine mechanische Anordnung in schnellen Umlauf brachte. Er
bemerkte, daß, wenn er die Hand beym Umlauf der Kugel
an selbige druckte, leichte Substanzen, als Spreu, Stückchen Papier u. d. gl. von der Kugel angezogen, nachher abgestoßen und gleichsam wie im Wirbel um die Kugel herum
geführet wurden. Dabey bemerkte er ferner, daß eine solche
von der Kugel zurückgestoßene leichte Substanz nicht eher
von der Kugel wieder angezogen würde, als bis sie sich einem
leinenen Faden, oder einer Lichtflamme genähert hatte; daß
Faden, welche in der Nähe der Kugel aufgehangen waren,
von seinem nahe daran gehaltenen Finger zurückgestoßen würden, und daß eine Pflaumenfeder, welche die Kugel zurückgestoßen hatte, derselben beständig einerley Seite zukehrte.
Auch bemerkte er das Knistern und Geräusch der bewegten
Kugel und im Dunkeln das elektrische Licht.

Um das Jahr 1670 wurde das Verzeichniß der elektrischen
Körper von Boyle mit einigen neuen vermehret. Besonders
stellte er viele Versuche mit dem Diamant an, und bemerkte,
daß er gerieben im Finstern leuchte. Zugleich führet er an,
daß die elektrische Kraft durch Trockenheit und Erwärmen
sehr befördert werde, daß Elektricität im luftleeren Raume
Statt finde, daß leichte elektrische Körper angezogen würden,
daß das Anziehen wechselseitig sey u. f. f.

Obgleich Newton sich mit der Elektricität nicht so
sehr beschäfftigte, so stellte er doch einige elektrische Beobachtungen an. Als er auf den Tisch eine runde Glasscheibe, die
ungefähr zwey Zoll breit war, in einem messingenen Ringe,
gelegt hatte, so daß das Glas etwa ⅓ Zoll vom Tische abstand, und er das Glas schnell rieb, so fienge kleine Stück-

Lll 2　　　　　　chen

*) Experimenta Magdeburgica de vacuo spatio. Amsterd. 1671, fol.
l. IV. c. 15.

chen Papier an, welche auf dem Tische unter dem Glase lagen, angezogen zu werden und hin und wieder tanzend sich zu bewegen. Er machte dabey zugleich die Erfahrung, daß verschiedenes Reibzeug diese Erscheinungen verschiedentlich abänderte. Unter den erwähnten Umständen rieb er ein Mahl ein Glas, das 4 Zoll breit und ½ Zoll dick war, mit einer Serviette, und bemerkte, daß sich nichts bewegen wollte, da im Gegentheil die Bewegung sogleich anfieng, als er selbiges mit seinem Rocke rieb. Zugleich thut er auch in zwey Fragen, welche seiner Optik angehängt sind, der Elektricität Erwähnung.

D. Wall [a]) beobachtete zuerst elektrische Funken. Als er Versuche mit dem durch die Kunst bereiteten Phosphor anstellte, den er für ein durch eine mineralische Säure coagulirtes animalisches Oel hielt, ward er auf die Vermuthung geleitet, daß Bernstein vielleicht ein natürlicher Phosphor seyn dürfte. Er rieb daher ein wohl geglättetes Stück Bernstein mit der Hand im Finstern, und bemerkte dabey ein Licht. Nachdem er diesen Versuch durch Reibung mit wollenen Lappen wiederhohlte, so ward er ein starkes Licht und zugleich ein Knistern gewahr. Hielt jemand seinen Finger in einer kleinen Entfernung von dem Bernstein, so entstand ein starkes Knistern, mit einer darauf erfolgenden großen Lichtflamme. Merkwürdig ist es, daß er dieses Licht und Knistern mit dem Blitz und Donner vergleicht. Auch fand er hernach, daß ebenfalls elektrisches Licht zum Vorschein kam, wenn man schwarzen Agat, rothes Siegellack und den Diamant reibet. Hieraus macht er überhaupt den Schluß, daß alle Körper, welche Elektricität besitzen, Licht von sich geben.

Im Jahre 1709 machte Hawksbee [β]) seine Versuche und Entdeckungen in der Elektricität bekannt. Er bemerkte am ersten die starke elektrische Kraft des Glases, das aus demselben hervorkommende Licht, und den dadurch verursachten Laut, nebst einer Menge von verschiedenen Erscheinungen, welche

---

a) Philosoph. transact. 1708. Vol. XXVI. n. 314.
β) Physico-mechanical experiments. Lond. 4.

welche das elektrische Anziehen und Zurückstoßen betreffen.
Er brachte zuerst eine beträchtliche Menge Licht hervor, indem er Quecksilber in einem gläsernen Gefäße, aus welchem
die Luft ausgepumpet war, schüttelte. Dieses Licht nannte
er den mercurialischen Phosphor. Er war auch der
erste, welcher sich zur Untersuchung der Elektricität eine Maschine verfertigen ließ, auf welcher er eine gläserne Kugel
herumdrehete. Da er aus dieser Kugel die Luft herausgebracht hatte, so bemerkte er beym Herumdrehen, als er seine
Hand daran legte, inwendig ein starkes Licht. Ueberhaupt
beobachtete er die elektrischen Erscheinungen im luftleeren
Raume genau. Außer der gläsernen Kugel gebrauchte er
auch zu seinen elektrischen Versuchen Kugeln von Siegellack,
Schwefel, Harz mit darunter gemischten fein gestoßenen Zie-
gelsteinen. Er nahm ferner wahr, daß eine durch Reiben
elektrisch gemachte Glasröhre verschiedene Körper anzog, Licht
auf dieselben warf, und bey hinlänglicher Nähe ein Schlag
entstand. Noch weiter bemerkte er, daß die geriebene Glasröhre, wenn sie nahe vor dem Gesichte vorbey geführet wurde,
demselben eine Empfindung gab, als wenn Spinnweben darüber gezogen wären.

Ungeachtet Hawksbee in der Elektricität bereits so wichtige Entdeckungen gemacht hatte, so blieben doch nachher
beynahe an die 20 Jahre alle weitere elektrische Untersuchungen
liegen, indem man alle Aufmerksamkeit auf die von Newton
gemachten Entdeckungen richtete. Erst vom Jahre 1728 an
bis 1735 wurde die Lehre von der Elektricität durch Stephan
Gray aufs neue bereichert. Die Versuche, die er in Ansehung der Elektricität machte, hat er größtentheils mit seinem Gehülfen, Herrn Wheeler, angestellt. Er entdeckte zuerst durch verschiedene Versuche die Mittheilung der Elektricität durch hänfene Schnüre, welche durch seidene Schnüre
nicht erfolgte. Er war auch der erste, welcher Thiere und
Menschen und andere Körper durch Mittheilung elektrisirte.
Er hieng einstmahls einen Knaben an härenen Schnüren in
horizontaler Lage auf; als er darauf die durch Reiben elek-

trisch

trisch gemachte Röhre an dessen Fuß hielt, nahm er wahr,
daß die Metallblättchen mit vieler Lebhaftigkeit von dessen
Haupte angezogen wurden, so daß sie 8 bisweilen 10 Zoll
hoch in die Höhe giengen. Auch bemerkte er hierbey, daß
durch angehaltenes Metall ziemlich starke Funken entstanden.
Dadurch kam er auf den Gedanken, metallene Cylinder in
seidenen Schnüren aufzuhängen, und elektrische Funken von
Personen herausziehen zu lassen, welches der erste Ursprung
der Hauptleiter oder der ersten Leiter bey den Elektrisirmaschinen gewesen ist. Auch stellte er verschiedene Versuche an,
das Wasser durch Mittheilung der Elektricität zu elektrisiren,
und lockte aus selbigem elektrische Funken. Ferner entdeckte
er das freywillige Ausströmen der Feuerbüschel aus leitenden
Spitzen, wenn ihnen die flache Hand genähert ward.

Diese Versuche des Herrn Gray wurden in Frankreich
von du Fay *) aufs sorgfältigste wiederhöhlet und mit neuen
vermehret. Die Mittheilung der Elektricität suchte du Fay
noch weit genauer zu bestimmen und weiter zu treiben als
Gray. Vorzüglich aber entdeckte er durch verschiedene Versuche, daß das elektrische Anziehen und Abstoßen nicht immer
einerley Gesetzen folgte. Er bemerkte mit Verwunderung,
daß die mit einer elektrisirten Glasröhre schwebend fortgetrie-
benen leichten Körper sich an dem ebenfalls elektrisirten Bernstein oder Siegellack u. s. f. anhiengen, und im Gegentheil
diejenigen leichten Körperchen, welche vom Bernstein, Siegellack u. s. f. abgestoßen wurden, sich an die elektrisirte Glasröhre anhiengen. Dieß besondere und von ihm zuerst entdeckte Phänomen gab ihm Veranlassung, daß er die elektrischen Körper in zwey Classen eintheilte, nämlich in die Harz-
und Glaselektricität.

D. Desaguliers *) führte zuerst die Nahmen, an sich
elektrische Körper und Leiter, ein, und brachte alle vorher angestellte elektrische Versuche auf allgemeine Gesetze. Er
sagt nämlich, ein für sich elektrischer Körper nimmt die Elektricität

---

*) Mémoire de l'acad. roy. des scienc. 1733–1737.
*) Philosoph. transact. 1739–1742.

tricität von einem andern durchs Reiben elektrisch gemachten
Körper nicht so an, daß derselbe seiner ganzen Länge nach
fortfliese, sondern er nimmt sie nur eine kurze Strecke an, indem er gleichsam damit gesättiget wird; auch verlieret ein für
sich elektrischer Körper alle seine Elektricität nicht auf ein
Mahl und zu gleicher Zeit, sondern nur in den Theilen, woran
unelektrische Körper gebracht worden sind. Ein unelektri-
scher Körper hingegen, welcher die Elektricität erhalten hat,
verlieret sie auf ein Mahl bey Annäherung eines andern
unelektrischen. Im Jahre 1742 erhielt seine differtat. sur
l'électricité des corps von der königlichen Akademie der Wissenschaften zu Bourdeaux den ausgesetzten Preis.

Um diese Zeit fieng man auch in Deutschland an, sich
um die Erweiterung der elektrischen Untersuchungen verdient
zu machen. Der erste, welcher damit den Anfang machte,
war der verdiente Professor der Mathematik zu Leipzig, Hausen. Statt der bisher gewöhnlichen Glasröhren führte er
den Gebrauch der hawksbee'schen Kugel zur Mittheilung der
Elektricität ein. Durch dieses rühmliche Beyspiel aufgemuntert, bemühete sich der Professor zu Wittenberg, Boße,
die elektrischen Versuche nachzumachen, und verbesserte zugleich die von Hausen eingeführte Glaskugelmaschine, indem
er einen ersten Leiter hinzufügte, welcher in einer eisernen
oder blechernen Röhre bestand, welche anfänglich von einer
auf einem Pechkasten stehenden Person gehalten, nachher
aber auf seidene Schnüre horizontal vor der Kugel geleget
ward. Winkler in Leipzig gebrauchte bey seiner Maschine
statt der sonst gewöhnlichen Hand zum Reibzeuge, ein aus-
gestopftes ledernes Küssen, und P. Gordon in Erfurt,
wählte zuerst zu seinen elektrischen Versuchen eine Maschine
mit einem Cylinder. Durch diese Mittel erhielt man sehr
verstärkte Grade der Elektricität. Endlich gelang es auch
dem königl. Feldarzt, Ludolph, in Berlin, mittelst eines
elektrischen Funken den sogenannten spiritus Frobenii anzuzünden. Im Jahre darauf bewerkstelligte Winkler diese
Entzündung mit erwärmtem Branntwein durch den Funken

eines

eines Fingers, und **Gralath** zu Danzig zündete ein eben
verloschenes Licht wieder an, indem er einen elektrischen
Funken durch den Dampf gehen ließ, auch **Bose** setzte dadurch das Schießpulver, welches er in einem Löffel hatte
schmelzen lassen, durch den aufsteigenden Dampf in Brand.
Um diese Zeit bewies auch **Ludolph** der jüngere zu Berlin,
daß das leuchtende Barometer durch die Bewegung des Quecksilbers elektrisch werde. **Hamberger** *) in Jena erfand
das so genannte anziehende Barometer, da er vermittelst einer
Sprize das Queckſilber in der Röhre geschwind steigen und
fallen machte, wodurch ein Reiben an den Seiten der gläsernen Röhre entstand, daß von außen die an einem Faden
aufgehangenen leichten Sachen, wenn man sie in einer Entfernung von etwa einer Linie nähert, merklich angezogen und
zurückgestoßen wurde. **Grummert**, aus Biala in Polen,
bemerkte in einer ziemlichen Entfernung das Leuchten luftleerer
Glasröhren, **Krüger** die Veränderung der Farbe der Körper durch das elektrische Ausströmen, und **Waitz** *) machte
in seiner Preisschrift einen Versuch, die elektrischen Erscheinungen gehörig zu ordnen, und sie auf allgemeine Gesetze
zu bringen. **Miles** in England setzte im Jahre 1745 den Phosphor
durch die unmittelbar daran gehaltene Glasröhre in Brand,
und bemerkte zugleich aus selbiger einen Strahlenpinsel frey-
willig aus der Röhre herausfahren. D. **Watson**, welcher
von den Fortschritten der Deutschen in der Elektricität Nachricht erhalten hatte, wiederhohlte dieselben Versuche, und
zündete verschiedene brennbare Geister, wenn sie von einer
elektriſirten Person in einem Löffel gehalten und von einer andern nicht elektriſirten Person durch einen Finger berühret wurden. Auch fand **Watson**, daß die Flamme und der Rauch
Leiter der Elektricität sind. Um eben diese Zeit entdeckte auch
Herr **dü Tour**, daß die Flamme die Elektricität zerstöre.

Da

---

*) Elementa physices. cap. 10. §. 576. schol.

*) Abhandlung von der Elektricität und deren Ursachen. Berlin.
1745. 4.

Da auf diese neuen so wichtigen Entdeckungen in der Elektricität eine allgemeine Aufmerksamkeit rege gemacht wurde, so ward am Ende des Jahres 1745 eine der wichtigsten Erfindungen gemacht, ich meine den kleistischen Versuch oder die leidner Flasche, deren heftige und erschütternde Wirkungen jedermann in Erstaunen setzte. M. s. hiervon Flasche, geladene.

Seit dieser Zeit wurde die Liebe zum Studium der Elektricität allgemein, und die Zahl der Liebhaber derselben wurde von Tag zu Tage größer. Dadurch vermehrten sich die Versuche und Beobachtungen der Elektricität immer mehr, und die Lehre der Elektricität erhielt dadurch ungemein viele Entdeckungen.

D. Watson nahm bald darauf wahr, daß das Isoliren des Reibzeuges nur schwache Elektricität bewirke, und schloß daher, daß das Reiben nicht Elektricität erzeuge, sondern nur überführe. Der Abe Nollet suchte auch durch verschiedene Versuche zu erweisen, daß die Elektricität den Umlauf des Blutes in thierischen Körpern beschleunige, die Ausdünstungen und das Keimen der Samenkörner und das Wachsthum der Pflanzen befördere, welches aber nach neuern Versuchen ungegründet ist befunden worden.

Auch wollten Pivati zu Venedig, Vevati zu Bologna und Winkler zu Leipzig die Entdeckungen gemacht haben, daß, wenn stark riechende Substanzen in gläserne Gefäße eingeschlossen, und diese durch Reiben elektrisch gemacht würden, der Geruch und andere medicinische Kräfte durch das Glas hindurch düfteten, die Atmosphäre des Leiters damit anfülleten, und die Kraft allen Personen, welche denselben berührten, mittheilete. Allein diese Behauptungen sind durch Nollets, Watsons und Bianchini's Versuche gänzlich widerleget worden.

Unter allen damahls lebenden Naturforschern hat aber wohl keiner mit solchem Scharfsinne und philosophischem Geiste die elektrischen Erscheinungen entwickelt, als D. Franklin in Philadelphia. Aus seinen mannigfaltigen Versuchen,

suchen, die er über die Elektricität so wohl im Kleinen als Großen angestellt hatte, leitete er eine Theorie ab, nach welcher alle ihm bekannte elektrische Erscheinungen sehr leicht erkläret werden könnten. Selbst der Versuch der leidner Flasche, welcher bisher ganz unerklärbar war, erklärte sich aus seiner Theorie sehr leicht. Sie wurde daher auch mit dem allgemeinsten Beyfall aufgenommen, und meiner Meinung nach scheint sie auch bis jetzt noch nicht widerlegt zu seyn, obgleich nachher Entdeckungen in der Elektricität sind gemacht worden, welche diese Theorie nicht zu erklären schien. Diese Theorie wird in der Folge unter den Meinungen der Ursachen über die Elektricität vollständig angeführet werden. Aus diesen seinen Erfahrungen gelang es ihm, die Aehnlichkeit der Elektricität mit dem Blitze mit völliger Gewißheit darzuthun, woraus er die fürs menschliche Geschlecht so wohlthätige Erfindung der Blitzableiter zog, die ihn gewiß unsterblich machen wird. M. f. **Blitz, Blitzableiter, Drache, elektrischer, Luftelektricität.**

Franklin entdeckte auch die beyden Arten der Elektricitäten, und nannte sie positive und negative; behauptete aber, daß es nur Eine elektrische Materie gäbe, indem er nämlich unter der positiven einen Ueberfluß und unter der negativen einen Mangel dieser Materie verstand. Sein Freund Kinnersley zu Boston in Neu-England fand, daß die beyden einander entgegengesetzten Elektricitäten des Glases und Schwefels gerade die positive und negative Elektricität Franklins war, und welche du Fay mit dem Nahmen Glas- und Harzelektricität beleget hatte. Auch behauptete Franklin, daß die von ihm angenommene elektrische Materie für das Glas undurchdringlich sey *).

Um eben diese Zeit entdeckten Canton in England und Beccaria in Italien zugleich, daß die Luft die Fähigkeit besitze, die Elektricität durch Mittheilung anzunehmen. Ersterer

---

*) *Franklin's* new experim. and observat. on electricity in several letters to Mr. Collinson, Lond. 1751. 4. Benj. Franklins Briefe von der Elektricität übers. von J. H. Wilke Leipz. 1758. 8.

ſiret, gebrauchte hierzu ein Paar Kügelchen von Hollunder-
mark, die wohl ausgetrocknet waren, und welche in einem
Käſtchen an einem Nagel frey herabhiengen. Vermittelſt
dieſer Vorrichtung beobachtete er, daß die Luft eines Zimmers nahe an dem elektriſchen Apparate elektriſiret wurde.
Letzterer hieng bloß einen Faden über eine elektriſirte Kette,
und bemerkte, daß beyde Enden, nachdem er zu elektriſiren
anfieng aus einander fuhren. Auch fand Beccaria, daß
eine geringe Quantität Waſſers dem Durchgange des elektriſchen Fluidum einen ſehr großen Widerſtand leiſte. Beſonders merkwürdig war es ihm aber, daß ſich ein elektriſcher
Funke unter dem Waſſer zeigte. Aus dieſen Verſuchen erhellet, daß es weder vollkommen elektriſche Körper noch
vollkommene Leiter gebe. Im Jahre 1753 zeigte auch Canton, daß es bloß auf die Glätte der Oberfläche und auf das
Reibzeug ankomme, das Glas und andere elektriſche Körper entweder poſitiv oder negativ zu elektriſiren. Dergleichen
Verſuche ſind nachher von Beccaria, Wilſon, Bergmann, Wilke und Aepinus viel weiter getrieben worden.
Zu eben dieſer Zeit wurde auch die wichtige Entdeckung
von den elektriſchen Wirkungskreiſen gemacht. Canton
war der erſte, welcher ſeine Verſuche hierüber der königl. Societät den 6. Dec. 1753 bekannt machte. D. Franklin ſetzte
die Verſuche des Herrn Canton fort, oder veränderte vielmehr dieſelben auf verſchiedene Art, behielt aber noch die
gemeine Meinung bey, daß die elektriſchen Atmosphären aus
elektriſcher Materie beſtänden, und gleichnähmige Elektricität
mittheilten. Die Abhandlung, welche Nachricht von
dieſen Verſuchen des Herrn D. Franklin gibt, ward den
18. Dec. 1755 bey der königl. Societät verleſen. Erſt die
Herrn Wilke und Aepinus gaben richtiger an, was man
eigentlich unter dem Nahmen, elektriſche Atmosphäre, verſtehen
müſſe. Wilke beweiſet zuerſt das allgemeine Geſetz derſelben,
und Aepinus beſtätigte es durch neue Verſuche. Letzterer
fand, daß elektriſche Glasröhren und Siegellackſtangen ab-
wechſelnde Zonen von poſitiver und negativer Elektricität zeigen.

gen. Wilke und Aepinus hielten sich damahls zu Berlin auf, sezten daselbst ihre Versuche gemeinschaftlich fort, bis sie dadurch auf die Entdeckung kamen, eine Luftschicht auf eben die Art, wie bisher gemeiniglich mit Glastafeln geschehen war, zu laden, und über die Theorie des berühmten leidner Versuchs noch mehr Licht zu verbreiten. Ueberhaupt wurden von diesen beyden Männern die Gründe zu den neuern wichtigen Erweiterungen der Elektricität geleget, welche besonders die Vertheilung derselben betreffen.

Im Jahre 1759 machte Robert Symmer sehr merkwürdige Versuche über die Elektricitäten geriebener seidener Strümpfe und Bänder, welche von Franz Cigna zu Turin unter veränderten Umständen wiederhohlt und viel weiter fortgesetzet wurden. Durch diese Versuche wurde Robert Symmer auf die Vermuthung zweyer elektrischen Materien geleitet, welche seit dieser Zeit von den mehresten Naturforschern den größten Beyfall erlangte, und wovon bey den Meinungen über die Ursache der Elektricität weiter gehandelt werden soll.

Von dieser Zeit an erhielt die Elektricität ungemeine Erweiterungen in Ansehung neuer Erfindungen und Anwendungen in dieser Lehre, welche hier weiter anzuführen dem Zwecke nicht entsprechen würde, weil sie bey den besondern Artikeln, wohin diese Erfindungen gehören, zum Theil schon sind angeführet worden, und zum Theil noch werden angeführet werden.

Bey den neuesten Untersuchungen der Elektricität hat man vorzüglich die Wichtigkeit der Lehre von den Wirkungskreisen eingesehen. Im Jahre 1775 kam Volta auf die Erfindung des Elektrophors (m. s. Elektrophor), im Jahre 1780 erfand Fürstenberger die elektrische Lampe (m. s. Lampe, elektrische) und im Jahre 1783 Volta den Condensator. Der Condensator hat uns insbesondere ein Mittel verschafft, die geringsten Grade der Elektricität bemerkbar zu machen, und man hat auch mit diesem Instrumente wichtige Entdeckungen gemacht. M. s. Condensator

der

der Elektricität. Im Jahre 1787 kam Bennet auf die Erfindung des Elektricitätverdopplers, gegen welchen Cavallo verschiedene Zweifel erhob, und statt dessen im Jahre 1788 ein anderes Instrument unter dem Nahmen Elektricitätssammler beschrieb. M. s. Elektricitätsverdoppler, Elektricitätssammler. Endlich wurde im Jahre 1791 durch einen Zufall eine der wichtigsten Entdeckungen der Elektricität in Absicht auf die Bewegung der Muskeln in den thierischen Körpern gemacht. M. s. Elektricität, thierische.

Obgleich die Hauptgesetze der Elektricität in so weit bekannt genug sind, um alle elektrische Erscheinungen darnach richtig beurtheilen zu können, und schon im voraus zu bestimmen, was unter diesen oder jenen Umständen geschehen müsse; so ist es doch noch weit gefehlet, den Stoff selbst, welcher alle diese Erscheinungen bewirket, genau zu kennen. In der Folge werde ich die Meinungen verschiedener Naturforscher anführen, welche über die Natur dieser Materie gemuthmaßet haben.

Die vorzüglichsten Schriften über die Lehre der Elektricität sind folgende: Essai sur l'électricité des corps p. M. l'Abbé *Nollet*. Dan. Nollets Versuch einer Abhandlung über die Elektricität der Körper. Erfurth 1749. 8. A compleat treatise on electricity in theory and praxis, by *Cavallo*. Lond. 1778. 1784. 8. Vollständige Abhandlung der theoretischen und praktischen Lehre von der Elektricität. 4te Auflage. Leipzig 1797. 8. Die Lehre von der Elektricität theoretisch und praktisch auseinander gesetzet von Joh. Aug. Donndorf. 1. und 2. Band. Erfurth 1784. 8. Essay on electricity by *Adams*. Lond. 1784. 8. Adam's Versuch über die Elektricität. Leipzig 1785. 8. Eine lehrreiche Geschichte der Elektricität von Priestley, the history and present state of electricity, with original experiments by *Joseph Priestley*. Lond. 1769. 4. Joseph Priestley's Geschichte und gegenwärtiger Zustand der Elektricität, nebst eigenthümlichen Versuchen, übers. von Joh. Georg Krünig.

Krünitz. Berlin und Stralſ. 1772. 4. Beyträge zur theoretiſchen und praktiſchen Elektricitätslehre, von Bohnenberger. ztes Stück. Stuttgard 1794. 8. welche Berichtigungen und Zuſätze zu der prieſtleriſchen Geſchichte der Elektricität enthält. Eine elektriſche Bibliographie, die fortgeſetzet zu werden verdiente, hat Herr Krünitz — Verzeichniß der vornehmſten Schriften von der Elektricität. Leipzig 1769. 8. — geliefert.

Hypotheſen über die Urſache der Elektricität.

Nach der Meinung der erſten Elektriſirer, welchen noch keine andern Erſcheinungen als das Anziehen bekannt war, geſchah das elektriſche Anziehen vermittelſt fettiger Ausflüſſe, welche aus dem durch Reiben elektriſch gemachten Körper hervorkamen, und in dieſelben wieder zurückgiengen. Man nahm an, daß dieſe Ausflüſſe ſich an alle Körper, welche ihnen im Weg kamen, anſetzten, und alle diejenigen, welche nicht zu ſchwer waren, mit ſich zurückführten. Dieſe Meinung hatte Gilbert, Boyle und andere. Ohne Zweifel haben dieſe Ausflüſſe, die ſich nach der Einbildung der Alten rund um den Körper bis zu einer gewiſſen Entfernung von demſelben aufhielten, und auch wieder in denſelben zurückgiengen, zu der ſo genannten Benennung der elektriſchen Atmoſphäre Veranlaſſung gegeben.

Aus den beyden Fragen über die Elektricität, welche Newton ſeiner Optik angehängt hat, erhellet, daß Newton dafür gehalten, daß aus elektriſirten Körpern eine elaſtiſche Flüſſigkeit herausgehe, welche das Glas frey durchbringe, und daß dieſes Herausgehen vermittelſt der ſchwingenden Bewegungen der Theile der durch das Reiben elektriſch gemachten Körper bewerkſtelliget werde. Dieſe flüſſige elaſtiſche Materie ziehe anfänglich die leichten Körper an, und ſtoße ſie durchs Ausgehen aus dem weiter elektriſirten Körper wieder zurück.

Als du Fay die beyden entgegengeſetzten Arten der Elektricität entdecket hatte, ſo glaubte er ſich auch berechtiger,

zwey

noch verschiedene elektrische Flüssigkeiten anzunehmen, welche sich selbst zurückstoßen und auch einander anziehen. Allein er zeigt nirgends an, wie er sich die Ursache der gegenseitigen Zurückstoßung und Anziehung vorstelle. Er nimmt bloß die Meinung an, daß das Anziehen und Zurückstoßen aus gewissen den elektrisirten Körpern umringenden Wirbeln herrühre, nur zeigt er den Unterschied zwischen den Wirbeln beyder verschiedenen Arten der elektrischen Flüssigkeiten nicht an.

Nachdem aber die Elektricität anfieng, sich unter einer größern Mannigfaltigkeit von Erscheinungen zu zeigen, und selbst die Werkzeuge der Sinne, nämlich des Geruchs, des Gefühls, Geschmacks und des Gehörs zu afficiren, indem die Körper nicht bloß angezogen und zurückgestoßen, sondern auch aus ihnen Funken herausgelocket wurden, welche oft mit einem ziemlich starken Knall, mit einer schmerzhaften Empfindung und mit einem Phosphorgeruch begleitet waren; so wurden die Physiker dadurch auf die Vermuthung geleitet, daß eine eigene elektrische Materie dabey im Spiele wäre, welche von einigen als elementarisch, von andern für das Elementarfeuer, von noch anderen, und vorzüglich von Boulanger a), für die feinern Theile der Atmosphäre, welche sich auf den Oberflächen der elektrischen Körper anhäuften, indem die gröbern Theile der Luft durch das Reiben hinweggebracht wären, angenommen wurde. Man glaubte, diese Materie habe ihren Sitz vorzüglich in den elektrischen Körpern, werde durch das Reiben locker gemacht und in Thätigkeit gesetzt, und gehe aus den geriebenen Körpern in die daran gehaltenen Leiter über.

Die merkwürdigste unter den damahligen Theorien war des Abts Nollet a) Hypothese der gleichzeitigen Zu- und Ausflüsse. Er bewies zuerst aus den elektrischen Versuchen, daß es eine elektrische Materie gebe, welche weit feiner

ner

---

a) Traité de la cause et des phénomènes de l'électricité. à Paris, 1750. 8.

a) Leçons de physique. Th. VI. S. 426 f.

her als die Luft sey, sich in geraden Linien fortbewege, und um die elektrisirten Körper Atmosphären bilde. Nach Mollets Meinung strömt diese Materie aus den elektrisirten Körpern in gerader Richtung aus, zu gleicher Zeit aber strömt eben so viel von dieser Materie aus den benachbarten Körpern, ja selbst aus der angrenzenden Luft in den Körper hinein. Bey einem starken Grade von Elektricität werden diese beyden gleichzeitigen Ströme durch ihren Stoß gegen einander entzündet. Bey einem jeden durch Reiben elektrisch gemachten Körper, so wie bey jedem, dem die Elektricität mitgetheilet wird, nimmt er zweyerley Zwischenräume an, davon die einen die Ströme herauslassen, und die andern dieselben in sich nehmen, wovon jene nicht so zahlreich als diese sind. Diese Materie soll nach seiner Meinung die Leiter sehr leicht, die Nichtleiter aber schwer oder gar nicht durchbringen, wenn diese nicht gerieben oder erwärmet werden. Sie ist überall verbreitet, und aller Wahrscheinlichkeit nach einerley mit dem Elementarfeuer, nur daß sie sich bisweilen mit einigen feinen Theilen der Körper verbindet.

Aus diesen angenommenen Sätzen erkläret nun Mollet das elektrische Anziehen und Zurückstoßen leichter Körper auf folgende Art: Weil die Anzahl der Zwischenräume, aus welchen die elektrische Materie ausströmet, weit geringer ist, als die Anzahl derjenigen Zwischenräume, in welche die Materie einströmet, so wird ein kleiner leichter Körper in einer gewissen Entfernung von dem elektrisirten Körper durch die zufließenden Strahlen ergriffen, und stärker fortgerissen, als ihn die divergirenden ausfließenden viel schwächern Strahlen abstoßen. Auf diese Weise gelangt er folglich an den elektrisirten Körper, wo die ausfließende Materie mehr concentrirt ist, und durch ihren Ausfluß zurückstößt. Binnen dieser Zeit, da der leichte Körper vom elektrisirten angezogen und abgestoßen wird, erlangt er selbst durch Mittheilung Elektricität, d. h., es entsteht Ausfluß aus seinen eigenen Zwischenräumen, und Einströmen in dieselben. In diesem Zustande kann er nun von dem elektrisirten Körper nicht wieder ange-

zogen

zogen werden, weil seine ausfließende Materie der ausfließenden aus dem elektrisirten Körper gerade entgegengesetzet ist.
Verliert er hingegen seine Elektricität durch Berührung mit
andern Körpern, so befindet er sich alsdann wieder in seinem
vorigen natürlichen Zustande, und das Spiel geht von neuem
wieder an.

In Ansehung der beyden verschiedenen Arten der Elektricitäten machte Nollet weiter keinen Unterschied, er behauptete vielmehr, daß die Elektricität desjenigen Körpers, welcher in die Atmosphäre eines elektrisirten Körpers gebracht
worden, von gleicher Art mit der Elektricität des elektrisirten
Körpers sey.

Nachdem nun der unerwartete Versuch mit der leidner
Flasche bekannt wurde, so waren alle bisher bekannte Theorien über die Elektricität nicht hinreichend, dieses elektrische
Phänomen genugthuend zu erklären. Nollet, welcher diesen Versuch in Frankreich zuerst mit einer Phiale nachmachte,
versuchte ihn nach seiner aufgestellten Hypothese zu erklären,
ohne jedoch Rücksicht auf die verschiedenen Elektricitäten der
beyden Seiten des Glases zu nehmen. Er betrachtete daher diesen Versuch aus einem ganz andern Gesichtspunkte,
als es seiner Natur nach hätte seyn sollen. Seine Begriffe
von der Ladung der leidner Flasche waren folglich ganz irrig,
welche er auch nur als eine Ueberfüllung mit der elektrischen
Materie annahm. Seine Erklärung über die Erschütterung
beym Entladen war diese: er glaubte, daß zwey ausfließende
Ströme, deren einer aus der innern, und der andere aus
der äußern Seite der leidner Flasche komme, und welche
sich im Körper der entladenden Person begegneten, zusam-
menfließen, und dadurch die in ihr enthaltene elektrische Materie erschütterten. Ganz wider alle Erfahrung nahm er auch
an, daß man die leidner Flasche auch isolirt laden könne, und
dieß widerspricht auch seiner Hypothese keines Weges. Auch
läugnet er ebenfalls wider alle Erfahrung beym Entladen die
Nothwendigkeit der Verbindung beyder Seiten.

Gleich

Gleich nach der Entdeckung des leidner Versuchs wurde auch Watsons Erfindung bekannt, daß der geriebene Körper die Elektricität nicht aus sich selbst hervorbringe, sondern aus dem Reibzeug hernehme. Diese Erfindung brachte eine ganz veränderte Vorstellung über die Erregung der Elektricität zu Wege, und selbst Watson bekam dadurch den Begriff von der Plus- und Minus-Elektricität. Daher war er der Meinung, daß diejenige Person, welche aus seiner elektrisirten Glaskugel einen Funken auszog, eben dasjenige durch die Mittheilung erhalte, was ihr das Reibzeug gegeben habe, mithin vor dem Ausziehen des Funkens die Glaskugel mehr Elektricität, das isolirte Reibzeug weniger als sonst, müsse gehabt haben. Watson hat seine Abhandlung hierüber gleich zu Anfange des Jahres 1747 dem Hrn. Martin Folkes, damahligem Präsidenten der königl. Societät zu London, übergeben *), noch ehe man in England wußte, daß Franklin in Amerika eben das entdeckt hatte.

Vorzüglich war aber Franklin der erste, welcher eine Theorie der bekannten elektrischen Phänomene entwarf, welche den bekannten Gesetzen ein Genüge that, und welche auch bis auf den heutigen Tag noch nicht widerleget ist, vielmehr lassen sich alle elektrische Erscheinungen hiernach genugthuend erklären. Wenn zwey Personen auf Wachs standen, deren eine eine gläserne Röhre rieb, und die andere den Funken daraus zog, so zeigten beyde Elektricität, und gaben sich unter einander einen weit stärkern Funken, als wenn eine jede von einer dritten Person berühret ward. Daraus machte Franklin den Schluß, daß eine von beyden das hergebe, was die andere erhalte, und daß folglich vor dem hergestellten Gleichgewichte die eine mehr die andere weniger gehabt habe. Dieß veranlaßte ihn, die eine Elektricität die positive und die andere die negative zu nennen, und daraus entstanden folgende Grundsätze des franklinischen Systems:

*) Philosoph. transact. Vol. XLIV. p. 739. Vol. XLV. p. 93.

1. Es ist in allen Körpern eine einzige ganz feine Materie verbreitet, welche die Ursache von den elektrischen Erscheinungen enthält.

2. Diese feine elektrische Materie ist ein expansibles Fluidum, oder eine solche, deren Theile Repulsionskraft gegen einander ausüben.

3. Diese feine flüssige elektrische Materie wird von den Theilen anderer Körper angezogen, und kann dadurch in den Zustand gebracht werden, daß er aufhört, expansibel zu seyn.

4. Ein jeder Körper kann aber nur eine gewisse Menge von dieser elektrischen Materie enthalten, etwa eben so, wie eine Menge Wasser eine gewisse Quantität Salz im aufgelöseten Zustande erhalten kann. In einem solchen Zustande wird also der Körper gleichsam mit der elektrischen Materie gesättiget seyn, so daß er keine elektrische Erscheinungen mehr geben kann; man nennt ihn alsdann den **natürlichen Zustand der Elektricität des Körpers.**

5. Wenn der Körper eine größere Menge der elektrischen Materie besitzet, als sein natürlicher Zustand erfordert, so wird er positiv elektrisiret oder erlangt Pluselektricität.

6. Wenn im Gegentheil dem Körper von der Menge der elektrischen Materie, die er in seinem natürlichen Zustande enthält, entzogen wird, so wird er negativ elektrisiret, oder erhält die Minuselektricität.

7. Alle nicht isolirte leitende Körper sind im natürlichen Zustande der Elektricität.

8. Der positive oder negative Zustand der Elektricität kann nur isolirten Körpern zukommen.

9. Die elektrische Materie kann nur alsdann aus einem Körper in einen andern übergehen, wenn das elektrische Gleichgewicht gehoben ist und kein Widerstand eines Nichtleiters den Uebergang verhindert.

10. Ein Körper, aus welchem die elektrische Materie an einen andern übergehen soll, muß in Beziehung auf diesen Pluselektricität haben.

H.

11. Aller positiv = oder negative Zustand der Körper ent=
steht entweder durch Uebergang oder Vertheilung.

12. Die elektrische Atmosphäre der Körper oder ihr Wir=
kungskreis ist Luft durch Vertheilung elektrisiret.

Hieraus lassen sich alle oben angeführte elektrische Erschei=
nungen erklären: Wenn die Glasröhre gerieben wird, so
wird dadurch dem Reibzeuge die elektrische Materie entzogen,
und wegen der nicht leitenden Eigenschaft des Glases auf der
Oberfläche desselben angehäuft. Ist nun das Reibzeug iso=
lirt, so kann es seinen Mangel der elektrischen Materie nicht
wieder ersetzen, folglich ist es negativ elektrisiret. In den
Fällen, wo der elektrische Körper negativ elektrisiret wird,
gibt dieser von seiner elektrischen Materie her, und dieß er=
hält das Reibzeug, das folglich in diesem Falle das Reib=
zeug, wenn es isolirt ist, positive Elektricität zeigt, wäh=
rend der geriebene Körper negative hat. Ist das Reibzeug
durch leitende Körper mit der Erde verbunden, und es kann
die von demselben ins Glas übergegangene elektrische Mate=
rie wieder ersetzet werden, so bleibt auch das Reibzeug be=
ständig im natürlichen Zustande, und kann daher immer
neue elektrische Materie in das Glas überführen, wenn diese
abgeleitet wird.

Ein jeder elektrisirter Körper hat einen größern oder ge=
ringern Wirkungskreis, in welchem sich das elektrische An=
ziehen und Abstoßen äußert. Der negativ elektrisirte Körper
hat eben so gut einen elektrischen Wirkungskreis als der posi=
tiv elektrisirte. Dieser entsteht nach diesem System allein
durch Vertheilung der natürlichen elektrischen Materie der
Luft. Wird nämlich ein Körper positiv elektrisiret, so wird
die zurückstoßende Kraft der auf ihm angehäuften elektrischen
Materie auch auf die natürliche elektrische Materie der Luft
wirksam, und stört diese in ihrem Gleichgewichte, so daß sie
nun selbst Zurückstoßungskraft in ihren Theilen und Anzie=
hungskraft gegen andere Materien um den elektrisirten Kör=
per herum zeiget, und zwar nach dem von Coulomb ent=
deckten und oben angeführten Gesetze. Die Luft selbst erhält

hierbey

hierbey, als ein Nichtleiter, keine elektrische Materie durch Mittheilung von dem elektrisirten Körper, als in so fern sie leitende Substanz enthält. Wird im Gegentheil der Körper negativ elektrisiret, so wird ebenfalls der natürliche Zustand der Elektricität der Luft gehoben, ihre natürliche, elektrische Materie strebt in den Körper einzudringen, oder wird von dem Körper angezogen, ohne sich doch wegen der nicht leitenden Eigenschaft der Luft von derselben ihm mittheilen zu können. Weil also dieß Bestreben der elektrischen Materie der Luft gegen den negativ elektrisirten Körper offenbar eine thätige Kraft beweiset, so muß auch nothwendig dieselbe elektrische Materie aus andern benachbarten Körpern anziehen und zwar wiederum nach dem von Coulomb angegebenen Gesetze.

Wenn ein isolirter leitender Körper dem positiv elektrisirten Körper nahe gebracht wird, so daß er in seinen Wirkungskreis kömmt, so äußert die abstoßende Kraft der wirksam gewordenen elektrischen Materie der Luft in diesem Wirkungskreise auf die natürliche elektrische Materie dieses Leiters Thätigkeit, und es sucht sich die elektrische Materie gleichförmig zu verbreiten, ohne jedoch wegen der nichtleitenden Eigenschaft der Luft in den Leiter übergehen zu können. Es wird folglich dadurch die natürliche elektrische Materie des Leiters aus dem Gleichgewichte gebracht; häuft sich folglich in dem entferntern Ende des Leiters mehr an, während sie in dem genäherten Ende unter ihre natürliche Menge vermindert ist. Wäre hingegen der Körper negativ elektrisiret, so strebt die natürliche elektrische Materie des isolirten Leiters diejenige elektrische Materie der Luft, welche ein Bestreben gegen den negativ elektrisirten Körper hat, zu ersetzen; daher wird auch die natürliche elektrische Materie des isolirten Leiters aus dem Gleichgewichte gebracht, und häuft sich folglich in dem genäherten Ende des Leiters an, wird also hier positiv und im entgegengesetzten Ende negativ elektrisiret. Es erkläret sich also hieraus sehr leicht das allgemeine oben angeführte Gesetz der Elektricität.

Wenn

Wenn man den isolirten Leiter, ohne ihn mit einem andern Leiter berühret zu haben, aus dem Wirkungskreise des elektrisirten Körpers entfernet, so verbreitet sich nun wieder seine aus dem Gleichgewicht gebrachte natürliche elektrische Materie gleichförmig, und weil er nichts davon verloren, auch nichts dazu empfangen hat, so kehret er dadurch in seinen vorigen natürlichen Zustand zurück, kann also keine Elektricität zeigen.

Wenn der in den Wirkungskreis des elektrisirten Körpers gebrachte Leiter nicht isolirt ist, so entsteht ebenfalls in dem genäherten Ende die entgegengesetzte Elektricität, aber in dem entfernten Ende setzt sich alles wegen der Nichtisolirung ins natürliche Gleichgewicht. Je näher aber der nicht leitende isolirte oder auch nichtisolirte Körper dem elektrisirten Körper rückt, desto größer ist nun die Wirkung der beyden einander entgegengesetzten Elektricitäten, so daß endlich die auf dem positiv elektrisirten Körper angehäufte elektrische Materie die Luft durchbricht, und sich auf beyde Körper nach den Gesetzen des Gleichgewichtes vertheilet. In diesem Falle entsteht also ein Funke, und wenn der leitende Körper isolirt ist, Elektricität durch Mittheilung, durch Abgabe oder Annahme der elektrischen Materie.

Wenn in den vorangeführten Fällen das entferntere Ende des Leiters mit einem leitenden Körper, z. B. mit dem Finger, berühret wird, während das andere Ende in dem Wirkungskreise des elektrisirten Körpers bleibe, so entsteht ein Funke, und die Elektricität an diesem Ende hört auf. Ist nämlich das Berührte positiv elektrisiret, so geht die elektrische Materie von demselben an den Finger über, und setzt sich ins Gleichgewicht, ist es hingegen negativ elektrisiret, so strömt aus dem berührenden Leiter elektrische Materie in dasselbe, und das Gleichgewicht wird ebenfalls hergestellt. Das dem elektrisirten Körper zugekehrte Ende des Leiters behält wegen der vorhin angegebenen und noch jetzt Statt findenden Ursache die entgegengesetzte Elektricität. Entfernet man nun den Leiter aus dem Wirkungskreise des elektrisirten Kör-

pers,

pers, so hat er nun überall, wenn er isoliret ist, die entgegengesetzte Elektricität des elektrisirten Körpers.

Eben so leicht wird man hieraus das Anziehen und das Abstoßen leicht beweglicher leitender Körper, sie mögen isolirt oder nicht isolirt seyn, nach dem franklinischen System erklären können. Auch ist nach diesem System die Erklärung der Gesetze der entgegengesetzten Elektricitäten gar nicht schwer. Man nehme z. B. zwey Korkkügelchen positiv elektrisiret an, so fliehen sie einander, weil sie ihren Ueberfluß der elektrischen Materie an die umgebende Luft abzusetzen streben. Ein einziges auf diese Weise elektrisirtes Korkkügelchen würde dieß nach allen Seiten hin gleichförmig thun, folglich muß es ruhen. Bey zwey oder mehreren sich berührenden hingegen muß jenes Bestreben nach der äußern Seite hin stärker seyn als nach der andern, und sie scheinen also einander abzustoßen. Gesetzt auch die Korkkügelchen wären negativ elektrisiret, so suchen sie ihren Mangel an elektrischer Materie aus der Luft zu ersetzen, und scheinen sich abzustoßen; weil auch hier die elektrische Materie der umgebenden Luft durchs Anziehen auf ihrer äußern Seite stärker wirkt. Bey zwey ungleichartig elektrisirten isolirten leicht beweglichen leitenden Körperchen, welche einander genähert werden, muß das Streben nach der innern Seite zu stärker als nach der äußern Seite der Wirkungskreise seyn, und sie müssen sich also nähern. Hieraus läßt sich auch das wechselseitige Anziehen und Zurückstoßen eines leicht beweglichen isolirten Leiters zwischen einem elektrisirten und nicht elektrisirten, wie z. B. der Tanz der elektrischen Puppen, das elektrische Glockenspiel u. s. f. ungemein leicht begreifen *).

Eben so leicht läßt sich auch die Erklärung nach dem franklinischen System von der Ladung und Entladung der leidner Flasche geben, wie unter dem Artikel Flasche, geladene gezeiget werden soll.

Mmm 4 Auch

*) Gren Grundriß der Naturlehre. Dritte Auflage, Halle 1797. 3. S. 1313 ff.

Auch die Phänomene des Elektrophors werden nach
diesem Systeme sehr glücklich erkläret. M. f. Elektrophor.

Gegen Franklins positive und negative Elektricität hat
man vorzüglich eingewendet, daß noch niemand durch einen
entscheidenden Versuch habe beweisen können, welche von
beyden die positive oder die im Ueberfluß bestehende elektrische
Materie sey. Es sollten sich nämlich doch hier deutliche Anzeigen finden, wo man den Ueberfluß und Mangel antreffe.
Franklin, welcher schon dieserwegen von seinem Freunde
Kinnersley befraget wurde, nahm die Glaselektricität für
die positive an, wozu ihm folgende Gründe bestimmten:

1. Die Glaselektricität gibt weit stärkere und längere
Funken, als die einer Schwefelkugel. Er erklärt dieß daher, weil die Körper fähiger wären, mehr Elektricität anzunehmen, als die ihnen eigene Elektricität aus sich herzugeben; dieserwegen erhalte auch ein isolirter Leiter, welcher
dem elektrisirten Glase nahe genug ist, weit mehr Elektricität, als wenn er dem elektrisirten Schwefel genähert worden.

2. Wenn die Glaselektricität aus Spitzen ausgeht, so
sind die Feuerbüschel lang, stark und prasselnd; im Gegentheil sind sie kürzer, schwächer und mehr zischend, wenn eine
Spitze Harzelektricität verlieret. Die starken Büschel nimmt
Franklin für Ausströmen des Ueberflusses, die schwächen
für Eindringen an, wodurch Mangel ersetzet werde.

3. Franklin glaubte zu bemerken, daß der Funke zwischen seinem Finger und der Schwefelkugel sich über die Oberfläche des Fingers zu verbreiten schien, gleichsam als ob er
aus dem Finger ausfließe; da im Gegentheil bey der Glaskugel der Erfolg anders war.

4. Sey das Blasen der negativen Spitzen schwächer als
der positiven.

Alle diese von Franklin angegebenen Gründe haben freylich gar kein Gewicht, und sie können sehr leicht von seinen
Gegnern widerleget werden. Allein es dünkt mich, Franklin
und seine Anhänger haben sich keinen distinkten Begriff von
der positiven und negativen Elektricität gemacht. Man kann

an

on und für sich gar nicht sagen, die Glaselektricität sey positiv und die Elektricität des Schwefels negativ; es sind diese
Begriffe von der positiven und negativen Elektricität nur relativ. Es kann nämlich ein Körper in Beziehung eines
andern Körpers nur positiv elektrisiret seyn, in so fern die elektrische Materie aus jenem Körper in diesen übergehen soll. Daraus folgt also natürlich, daß unter gewissen Umständen das
Glas so wohl als auch das Harz positiv und unter andern
Umständen negativ elektrisiret seyn kann. Es ist also die
Frage, welche von beyden die positive elektrische Materie sey,
nicht nur unnöthig, sondern so gar ungereimt. Denn so
bald ein Körper negativ elektrisiret ist, so wird die Elektricität der ihn umgebenden Luft im Gleichgewichte gestöret, und
da diese wegen ihrer nichtleitenden Kraft keine Mittheilung
verstattet, so muß die elektrische Materie um den Körper angehäuft eben so gut wie bey einem positiv elektrisirten Körper
sich wirksam erweisen. Es fällt daher dieser Einwurf gegen
das franklinische System gänzlich weg.

Der franklinischen Theorie steht eine andere entgegen,
deren erster Urheber Robert Symmer *) ist. Nach dieser
giebt es zwey verschiedene elektrische Materien, wovon die eine,
wenn sie einzeln thätig ist, den positiven, die andere aber
den negativen Zustand Franklins zu Wege bringt. Es
rührt folglich dieser letzte Zustand auch von einem positiven
Werth her. Diese beyden verschiedenen Materien ziehen sich
unter einander an, und bey ihrer Vereinigung in einem Körper heben sie sich in ihren Wirkungen gegen einander auf, so
daß sie sich in diesem Zustande gleichsam binden, und alle
sensible Elektricität zernichten. Hieraus sieht man also, daß
nach diesem dualistischen Systeme eine jede der entgegengesetzten elektrischen Materien nur einzeln für sich eine expansible
flüssige Materie ist, daß sie es aber in ihrer Verbindung nicht
mehr sind. Im natürlichen Zustande hat ein jeder Körper,
wo er kein Zeichen der Elektricität von sich giebt, beyde elektrische Materien unter sich verbunden, und zwar so, daß sie

Mmm 5 sich

*) Philosoph. transact. Vol. LL P. L.

sich gegen einander aufheben, und folglich o E machen. Wird
dieß Gleichgewicht der beyden elektrischen Materien auf irgend
eine Art aufgehoben, so wird nun der Körper elektrisiret. Er
wird positiv elektrisiret, wenn ihm ein freyes + E mitgetheilet, oder wenn ihm von seinem natürlichen — E entzogen wird.
Hingegen erhält er die negative Elektricität, wenn ihm freyes
— E mitgetheilet, oder wenn ihm von seinem natürlichen
+ E entzogen wird. Es kann aber auch das freye + E
oder — E eines elektrisirten Körpers das gebundene Gleichnahmige eines Körpers abstoßen, und das Ungleichnahmige
anziehen, so daß Elektricität durch Vertheilung geschiehet.
So viel Anhänger auch dieses dualistische System erhalten
hat, so erinnert doch Herr Gren ganz recht, daß es nicht
mehr und nicht leichter erkläret, als das franklinische, welches so wenig ein bekanntes elektrisches Phänomen unerklärt
läßt, als das dualistische. Nach diesem Systeme gebrauchet
man zur Erklärung der elektrischen Phänomene nicht zwey,
sondern drey Materien; nämlich ein + E, ein — E und ein
o E; denn dieses o E ist eine, aus den beyden andern Materien durch Zusammensetzung entsprungene neue Materie.

Auch Herr de Lüc [*] hat eine eigene Theorie von der
Elektricität entworfen, in welcher er nur ein einziges elektrisches Fluidum annimmt, welches eine sehr große Aehnlichkeit mit dem Wasserdampfe habe. Das Wesentlichste dieser
Theorie besteht im Folgenden:

1. So wie die Wasserdünste aus einem fortleitenden Fluidum (Feuer) und einer bloß schweren Substanz (Wasser) zusammengesetzet sind, so besteht auch das elektrische Fluidum
aus einem fortleitenden Fluidum, welches de Lüc das elektrische fortleitende Fluidum nennt, und einer bloß schweren Materie, welches die elektrische Materie ist.

2. So wie sich die Wasserdünste zum Theil zersetzen, wenn
sie eine zu große Dichtigkeit erlangen, und sodann ihr fortleitendes Fluidum frey wird, eben so zersetzt sich zum Theil
das elektrische Fluidum, wenn es eine zu große Dichtigkeit
erhält,

erhält, und es zeigt sich sein fortleitendes Fluidum. Auf diese Eigenschaft gründet sich die Erscheinung des elektrischen Lichtes, welches als ein Bestandtheil des frey werdenden fortleitenden Fluidums bey den Zersetzungen eben so hervorgehet, wie beym Verbrennen das Feuer.

3. So wie das Feuer, das fortleitende Fluidum der Wasserdünste, das Wasser, womit es in den Dünsten vereiniget ist, verläßt, so bald ein weniger warmer Körper als diese sind, sich ihnen nähert: eben so, aber weit schneller, verläßt das fortleitende elektrische Fluidum, welches ein Körper besitzt, zum Theil die elektrische Materie, womit es verbunden ist, und verbindet sich mit einem Körper nach gewissen Gesetzen, welcher verhältnißmäßig weniger davon hat.

4. So wie das Feuer der Wasserdünste alle Körper durchdringt, um das Gleichgewicht der Temperatur wieder herzustellen, und das Wasser auf der Oberfläche der Körper absetzt, eben so, aber weit schneller, durchdringt das fortleitende elektrische Fluidum alle Körper, um sein Gleichgewicht wieder herzustellen, und setzt ebenfalls die elektrische Materie auf den Körper, welchen es durchdrungen hat, ab; jedoch nach der Natur der Substanzen.

5. So wie das Feuer und Wasser, welche die Wasserdünste ausmachen, wenn sie gleich in diesem Zustande in ihren Eigenschaften sich nicht mehr zu erkennen geben, dennoch ihre Verwandtschaften und ihren Hang zu hygroskopischen Substanzen, worauf sich die ganze Hygrometrie gründet, behalten, eben so behalten die Bestandtheile des elektrischen Fluidums, ungeachtet ihrer Verbindung, ihren Hang und ihre Verwandtschaften zu andern Substanzen, woraus die meisten elektrischen Phänomene entspringen.

6. Die elektrische Materie besonders behält ihre eigenthümlichen Verwandtschaften in ihrem Fluidum, so wie das Wasser die seinigen in den Dünsten; diese beyden Substanzen haben aber noch eine andere sehr merkwürdige Aehnlichkeit. So wie die Verwandtschaften des Wassers, welche die hygroskopischen Phänomene hervorbringen, sich ohne Wahl äußern;

eben

eben so äußern sich die Verwandtschaften der elektrischen Materie mit andern Substanzen auch ohne Wahl.

7. Wenn gleich das Wasser der Wasserdämpfe das Wasser verläßt, um das Gleichgewicht der Temperatur wieder herzustellen, so bleibt doch etwas in dem Orte, wo das meiste dieser Dünste ist; aber ein Theil des Fluidums wird latent, d. h. es äußert seine besondern Eigenschaften nicht mehr. Eben so, wenn das Gleichgewicht des fortleitenden elektrischen Fluidums in den benachbarten Körpern wieder hergestellet ist, enthalten diejenigen, welche verhältnißmäßig mehr elektrische Materie haben, das meiste von diesem fortleitenden Fluidum, aber dieser Ueberschuß ist gleichfalls in dem elektrischen Fluidum verborgen.

8. So wie endlich die ausdehnende Kraft zweyer Massen von Wasserdämpfen im Gleichgewicht seyn kann, obgleich die eine weniger Wasser als die andere, verhältnißmäßig mit ihrem Volumen, enthält, wenn die Voraussetzung angenommen wird, daß sie zu gleicher Zeit mehr Feuer besitzt; eben so kann die ausdehnende Kraft zweyer Massen vom elektrischen Fluidum in Gleichgewicht seyn, obgleich die eine eine geringere verhältnißmäßige Menge elektrischer Materie besitzt, wenn nur zu gleicher Zeit die Menge ihres fortleitenden Fluidums größer ist.

Dieß sind die Aehnlichkeiten zwischen dem elektrischen Fluidum und den Wasserdünsten, welche Herr de Lüc angegeben hat, und welche nur auf die Vorstellungen des Herrn de Lüc von den Wasserdünsten, keinesweges aber auf klare Erfahrungen sich gründen. Herr Lampadius *) hat zu diesen Aehnlichkeiten noch ein Paar andere hinzugesetzet.

9. Die Wasserdämpfe haben im luftleeren oder im verdünnten Raume eine freyere Wirkungskraft, und erzeugen sich daselbst in größerer Menge, als unter dem Drucke der Atmosphäre. Eben so wirkt das elektrische Fluidum im leeren Raume stärker, als in der freyen Luft. Unter andern siehe

man

*) Versuche und Beobachtungen über die Elektricität und Wärme der Atmosphäre. Berlin u. Stett. 1793. 8. Kap. 2. §. 20 u. f.

man dieß an den lichtenbergischen Figuren, welche im luftleeren Raume viel größer und ausgedehnter entstehen.

10. Obgleich das elektrische Fluidum im luftleeren Raume keinen Widerstand antrifft, so zeigt es doch darin sein Licht vorzüglich stark, und dieß ist nach de Lüc's System ein Beweis, daß es sich daselbst zersetze.

Die vorzüglichsten Unterschiede hingegen zwischen dem Wasserdämpfen und dem elektrischem Fluidum sind nach de Lüc folgende:

1. Wenn das Feuer das Wasser in den Wasserdünsten verläßt, um das Gleichgewicht der Temperatur wieder herzustellen, so wird es nicht von andern Substanzen angezogen, sondern dehnt sich bloß so lange aus, bis es im Gleichgewichte ist. Wenn aber das fortleitende elektrische Fluidum die elektrische Materie verläßt, um das elektrische Gleichgewicht wieder herzustellen, so wird es vermöge der Anziehung zu allen Substanzen bewegt, und zwar in dem Augenblicke, da eine benachbarte Substanz verhältnißmäßig weniger davon besitzt.

2. Das Wasser in den Dämpfen äußert seine Verwandtschaft ohne Wahl nur gegen die hygroskopischen Substanzen; da im Gegentheil die elektrische Materie die Verwandtschaft gegen alle Substanzen, selbst gegen die Dünste und gröbern Flüssigkeiten, äußert.

3. Ferner äußert sich die Verwandtschaft des Wassers mit den hygroskopischen Substanzen nur in der Berührung. Der Hang der elektrischen Materie aber zu allen Körpern äußert sich auch schon in Entfernungen, welche nach der verschiedenen Beschaffenheit der Substanzen auch verschieden ist.

Uebrigens gründen sich seine Erklärungen über die elektrischen Erscheinungen auf die mechanisch-physischen Grundsätze seines Lehrers, des Hrn. le Sage in Genf. Diese Grundsätze, welche alles auf Stoß und Bewegung zurückführen, sind freylich so beschaffen, daß sie sehr viel Willkürliches enthalten, welches echt philosophische Naturforscher gewiß nicht befriedigen kann. Indessen ist es doch auf keine Weise zu
läugnen,

läugnen, daß ein nicht geringer Scharfsinn dazu gehöret,
dergleichen Sätze so zu modeln, daß daraus oft sehr schwie-
rige Fälle sehr glücklich erkläret zu seyn scheinen. Allein so
lange es noch andere Sätze gibt, die aus wirklichen Erfahrungen, und den daraus gemachten richtigen Folgen hergeleitet sind, aus denen sich die Phänomene erklären lassen,
so bleiben jene willkürlichen Sätze als künstlich ausgesonnene
Hypothesen weit zurücke, und interessiren den wahren Naturforscher auf keine Weise.

Noch ist eine Theorie der Elektricität zu bemerken, welche
Herr Voigt *), Professor der Mathematik allhier, entworfen hat, und welche eigentlich keine andere, als die symme-
rische oder die dualistische Theorie ist. Herr Voigt nimmt
an, daß durch die ganze Natur, besonders in den Metallen
und Flüssigkeiten, ein zusammengesetzter Stoff verbreitet ist,
welcher aus zwey einfachen Bestandtheilen bestehet, welche
einander stark anziehen, und sich auf das genaueste mit einander verbinden (also müssen sie doch in dieser innigsten Verbindung einen dritten Stoff geben, welcher in der Natur und
den Eigenschaften ganz verschieden von der Natur und den
Eigenschaften der einfachen Bestandtheile seyn muß): Diesen Stoff nennt Herr Voigt den gepaarten. Jeder von
diesen Bestandtheilen hat die Eigenschaft, daß die gleichartigen Theile, woraus er besteht, so lange sie einzeln vorhanden
sind, einander auf das stärkste abstoßen, so daß sie sehr große
Zwischenräume zwischen sich lassen. Ferner hat jeder von
diesen Bestandtheilen die Eigenschaft, daß er sich gern an
das Metall legt, und das Metall hat die Eigenschaft, daß
es jedem, so wohl mit großer Leichtigkeit über seine Oberfläche hinweg zu gehen, als auch seine ganze Masse ohne
alle Schwierigkeit zu durchdringen verstattet, ungefähr so, wie
Wasser leicht in Salze bringt. Das Glas hingegen und alle
die Körper, welche man sonst idioelektrische nennt, haben in
Absicht jener Stoffe die Eigenschaft, daß sie selbige zwar zur
Noth an sich nehmen, aber nur mit vieler Schwierigkeit auf
ihrer

*) Versuch einer neuen Theorie des Feuers ꝛc. Jena, 1793. 8.

ihrer Oberfläche wegleiten oder ihre Maffe von ihnen durchbringen laffen.

Der eine Beftandtheil des gepaarten elektrifchen Stoffs
hat etwas mehr Verwandtfchaft zum Glafe und zu allen den
Körpern, von welchen man fagt, daß fie durch Reiben po-
fitiv elektrifch werden, als zum Harz und allen den Körpern,
welche die negative Elektricität geben. Jenen erftern nennt
er den **männlichen** und diefen letztern den **weiblichen**
elektrifchen Stoff. Der eigenthümliche Charakter des
männlichen elektrifchen Stoffs beftehet darin, daß das Ge-
füge feiner Theile dendritifch ift, fo daß er das Anfehen eines
entblätterten Baumes hat; da hingegen der weibliche mehr
ein fchwammichtes Gewebe zeigt. Die Ausbreitungskraft bey
beyden ift fo beträchtlich, daß man diefe Stoffe zu den aller-
lockerften Körpern rechnen muß, die man kennt. Allein durch
ihr wechfelfeitiges Anziehen, und durch die Luft unferes Dunft-
kreifes oder anderer Körper werden fie zufammengehalten; im
luftleeren Raume hingegen fcheint ihre Ausbreitung ohne
Grenzen zu feyn. Vorzüglich fetzt die reine und trockene Luft
der Ausbreitung diefer beyden Stoffe Schranken, und verwehrt auch beyden, wenn fie im ifolirten Zuftande durch eine
Schicht von ihr getrennt find, die Verbindung; es wäre denn
daß fie bis auf eine gewiffe Entfernung nahe kämen, alsdann
ift die Kraft der Stoffe fich zu vereinigen größer, als die
widerftehende der Luft, und es erfolgt ein plötzliches Gegen-
einanderfahren der beyden Stoffe. Diefes Gegeneinander-
fahren erfchüttert die Theile eines feften oder flüffigen Körpers, welche fich an diefer Stelle befindet, aufs heftigfte,
es geht dieß bis auf die kleinften Theile, und diefe werden,
wenn fie nicht feft genug zufammenhängen, dergeftalt nach
allen Seiten zerftäubt, daß fogar chemifche Umwandlungen
dadurch hervorgebracht werden oder neue Verbindungen entftehen können, wenn Stoffe in der Nähe find, welche zu jenen Theile die erforderlichen Verwandtfchaften haben. Daher entftehen Entzündungen, Verkalkungen, Zerreiffungen.
Ferner werden dabey die Theile der Luft in eine folche Erfchüt-
terung

terung gefeßt, daß ein Knall entfteht; die Lichtmaterie wird
wirkfam gemacht, wie bey den Schütterungen des heftigften
Feuers; die magnetifche Materie wird fo afficiret, daß fie
fich gänz anders zeigt, als vor dem Schlage. Wenn im Gegentheil die Luft mit Waffertheilen oder andern Unreinigkeiten
beladen ift, fo geht an jedem Waffertheile und Staubtheile
eine kleine unmerkliche Paarung vor fich, welche fich nur
durch fo fchwache Erfchütterungen zu erkennen gibt; wie das
Gefühl von Spinneweben, oder durch ein ausftrömendes Licht
im Dunkeln. Noch unmerklicher gefchiehet die Paarung,
wenn die Anhäufungen durch eine vollkommene Kette von
Leitern verbunden find, dergleichen man Ableitungen zu nennen pflegt.

Die **Erregung** der Elektricität durchs Reiben erklärt
Herr **Voigt** nach diefer feiner Theorie auf folgende Art: der
gepaarte elektrifche Stoff, welcher allenthalben fich befindet,
wird auch zwifchen dem Küffen des Reibzeuges und dem
Glascylinder der Elektrifirmafchine angetroffen. Durch
Reibung werden die Theile diefes gepaarten Stoffs von einander getrennt, und es hängt fich wegen der größern Verwandtfchaft der männliche Stoff ans Glas, der weibliche
aber bleibt im Küffen zurück. Ift nun ein Sammler oder
ein ifolirter Leiter in der Nähe, fo zieht fich der am Glafe
hängende männliche Stoff in die Spitzen diefes Leiters hinein,
und hängt fich dafelbft an. Eben dieß gefchieht mit dem
weiblichen, wenn Sammler und Leiter mit dem Reibküffen
verbunden werden. Wenn die Elektrifirmafchine ifolirt ift,
fo kann bloß der in ihr befindliche gepaarte Stoff durchs Reiben zerfetzet werden, und es kann keine ftarke Anhäufung von
Elektricität im Leiter erfolgen; wenn im Gegentheil das ifolirte Küffen durch ein Zuleitungskette mit den benachbarten
Leitern verbunden ift, fo wird dadurch mehr männlicher Stoff,
als in der Mafchine allein war, aus diefen Leitern zugeführ-
ret, und dagegen der weibliche zum Theil mit in diefe Körper geleitet, daher auf diefe Art die pofitive Elektricität im
Leiter weit ftärker wird.

Wenn

Wenn ein Körper mit der einen Art von elektrischen Stoff überladen ist, an den benachbarten Körpern hingegen sich bloß gepaarter befindet, so sondert sich von der Seite des benachbarten Körpers, welche dem elektrisirten am nächsten ist, derjenige Stoff, welcher mit dem des elektrisirten Körpers ungleichartig ist, ab, und drängt sich gleichsam nach jenem hin, so daß bey starkem Andrang und hinlänglicher Annäherung, eben so ein Zusammenschlagen entsteht, als wenn der benachbarte Körper gleich Anfangs bloß mit der ungleichartigen Elektricität beladen gewesen wäre. Diese Art von Elektricität, welche ein Körper durch die Nähe eines elektrisirten erhält, ohne daß sie ihm durch einen Uebergang aus demselben mitgetheilet worden wäre, nennt man die Elektricität durch Vertheilung.

Die Erklärung des elektrischen Anziehens und Abstoßens ist folgende; Wenn ein Körper z. B. die männliche Elektricität hat, so hält sich in seiner Nachbarschaft immer weibliche auf. Diese weibliche Elektricität verbindet sich mit allen nicht isolirten Körpern, welche dahin kommen. Da nun der weibliche Stoff mit dem männlichen eine starke Verwandtschaft hat, so reißt der weibliche Stoff die Körper, wenn sie leicht sind, an den elektrisirten Körper hin. So bald aber die Paarung erfolget ist, reissen sich die Körper wieder los, und folgen dem Eindrucke der Schwere. Wenn aber der leichte Körper isoliret ist, so wird das Anziehen nicht so leicht erfolgen können, es wäre denn, daß demselben weibliche Elektricität durch Berühren oder feuchte Luft mitgetheilet würde. In diesem Falle wird nun zwar der leichte Körper an den elektrisirten hinfahren, allein alsdann wird auch dem berührenden Körper etwas von jenem Uebermaße an männlichen Stoff mitgetheilet werden; folglich wird nun diese weiblichen Stoff aufsuchen, und sich nun vom elektrisirten Körper entfernen. Auf eben diese Weise findet die Erklärung Statt, wenn man im elektrisirten Körper weiblichen Stoff annimmt.

Nnn   Wird

Wird beym Elektrophor der Harzkuchen mit einem Katzenfell gerieben, so bleibt beym Zersetzen des gepaarten Stoffs der weibliche Stoff am Harzkuchen hängen, der männliche Stoff aber wird sich auf der entgegengesetzten untern Seite des Harzkuchens andrängen, um sich mit dem weiblichen zu verbinden, wenn der Kuchen nicht zu dick ist, daß aller Reiz hierzu fehlt. Eine ähnliche Bedingung ist, daß der Kuchen nicht zu dünn sey, weil sonst die Verbindung wirklich vor sich gehen kann. Setzt man nun den Deckel mit den seidenen Schnüren auf den Kuchen, so wird der männliche Theil des Deckels ebenfalls gereizt werden, sich herunter nach dem Kuchen zu ziehen, und den weiblichen oben zurück zu lassen. Ein wirklicher Uebergang wird aber nicht erfolgen, weil an der untern Fläche des Kuchens der männliche Antheil auch zu stark zieht. Hält man nun einen Finger an den untern Theil des Kuchens, und den Daumen hernach an den obern des Deckels, so paart sich, wegen dieser guten Leitung der untere männliche Stoff des Kuchens zum Theil mit dem obern weiblichen des Deckels; sie kommen bey dieser Paarung einander auf halbem Wege mit Energie entgegen, und die Folge ist, daß man in der Hand eine kleine Erschütterung, wie eine Art von Stauchung verspürt; denn da, wo die beyden Materien gegen einander stoßen, gibt es theils eine Seiten; theils eine Rückwirkung, gerade als wenn man sich staucht. Im Apparat aber ist der Erfolg, daß nun der männliche Theil einzeln im Deckel ist. Hebt man also denselben in die Höhe, so findet man ihn mit einer Elektricität versehen, welche der des Kuchens entgegengesetzet ist. Wenn man bey der Berührung des Deckels den einen Finger nicht vorher an die untere Seite des Kuchens gelegt hat, sondern bloß durch den Fußböden und leitende Körper mit diesem untern Theile in Verbindung steht, alsdann nur allein den obern Theil des auf dem Kuchen liegenden Deckels mit dem Finger berühret, so zeigt sich zwar auch ein Funke, aber man fühlt keine Erschütterung, sondern nur einen Stich im Finger, weil hier der Verbindungskreis zu groß und zu unvollkommen ist.

Es entsteht also die Empfindung von der Paarung bloß an
der Stelle, wo sie den ersten und lebhaftesten Eindruck macht.
Stellt man den Elektrophor isoliret, nachdem er gerieben ist,
so bekömmt man auch einen Funken, wenn man die untere
Seite allein berühret: es paart sich nämlich etwas weibliche
Elektricität aus dem Finger mit der einzelnen männlichen,
die sich unten befindet, indem die Isolirung nie ganz vollkommen ist, aber stark wird der Funke nicht, weil der untere
männliche Theil vom weiblichen im Kuchen gezogen wird.

In Ansehung des Condensators wird ein Deckel des
Elektrophors auf eine halbleitende Platte gelegt; bringt man
nun einen z. E. mit männlicher Elektricität schwach elektrisirten Körper an den Deckel, so geht der weibliche Theil durch
den Fußboden in den Halbleiter über, um sich mit dem im
Deckel zu verbinden; da aber die Verbindung wegen der unvollkommenen Leitung nicht vor sich gehen kann, so suchen sich
beyde Theile wenigstens so viel als möglich zu nähern, und
es zieht sich die ganze vorhandene Elektricität aus den berührenden Körpern in den Deckel.

Aus dieser Theorie sieht man, daß sie mit der dualisti-
schen völlig einerley ist, nur daß Herr Voigt andere auf
Bilder sich beziehende Worte gebrauchet, wovon der eine ein
Liebhaber seyn kann, der andere aber nicht.

Was mich anbetrifft, so befriediget mich jetzt die franklinische Theorie am meisten. Denn es ist noch durch keinen
einzigen Versuch entscheidend dargethan worden, daß es zwey
für sich verschiedene elektrische Materien geben müsse, und
außerdem scheint die Annahme von zwey verschiedenen elektrischen Materien mit der Natur, welche in allen ihren Operationen am einfachsten zu Werke gehet, nicht ein Mahl zusammen zu stimmen, indem man auch keinen einzigen Fall
angeben kann, wo zwey specifisch verschiedene Materien beständig einerley Wirkung hervorbrächten, wie es die benden
Arten der elektrischen Materien wirklich thun. Endlich kann
man auch mit der Annahme einer einzigen elektrischen Materie wirklich auskommen, und nach Newtons weisen Re-

geln

geln soll man nie mehr Ursachen annehmen, als zur Erklärung der Erscheinungen nothwendig sind, also nicht zwey, wo eine hinreicht.

Was endlich noch die Natur der elektrischen Materie selbst betrifft, so haben die Naturforscher verschiedene Muthmaßungen angegeben. Anfänglich hielt man die elektrische Materie für ölichte Ausflüsse aus den Körpern selbst. Da man aber ihr Licht, den Funken und selbst die entzündende Kraft gewahr wurde, so war es ganz natürlich, daß man die elektrische Materie für ein gewisses Feuer erklärte, woher auch die Benennung elektrisches Feuer gekommen ist. So viele und große Aehnlichkeit auch das elektrische Feuer mit dem gewöhnlichen Feuer in Ansehung seiner Wirkung haben mag, so findet man doch zwischen beyden specifisch verschiedene Unterschiede. Herr Achard *) hat die Aehnlichkeit der Elektricität mit der Wärme in Rücksicht der Erregung, Wirkung und Mittheilung in einer eigenen Abhandlung zusammengestellt. Er führet an, daß alles Reiben so wohl Elektricität als auch Wärme errege, daß die Elektricität und die Wärme Körper ausdehne, das Wachsthum und die Ausdünstungen befördere, den Umlauf des Blutes beschleunige, Metall schmelze, sich gleichförmig durch die Körper zu verbreiten strebe, und daß selbst diejenigen Körper, welche die Wärme am schnellsten annehmen und verlieren, auch die Elektricität am besten annehmen und leiten. (Einige von diesen Angaben sind durch neuere Versuche theils widerlegt, theils zweifelhaft gemacht.)

Dr. Priestley *) führet an, daß der elektrische Funke, wenn er durch verschiedene Luftarten geht, einerley Wirkung mit einem zugesetzten Phlogiston hervorbringe. Auch bemerket er, daß der elektrische Funke, wenn er durch Luft geht, die Lakmustinktur röthe; wiewohl der Herr Hofrath Lichtenberg anführet, daß dieß ihm in kleinen Röhren nie gelingen wollen. Geschieht es aber in Gefäßen die außer der

Tinktur

*) Mémoires de l'Académie de Prusse 1779.
*) Obs. on different kinds of air. Vol. II. sect. 13.

Tinktur eine beträchtliche Menge Luft enthalten, so könnte
dieß wohl der Salpetersäure zu zuschreiben seyn, die sich nach
Herrn Cavendish's Beobachtung bey dieser Gelegenheit
aus letzterer niederschläget. Nach den Versuchen nimmt
Priestley an, die elektrische Materie sey entweder der Brennstoff selbst, oder enthalte doch dergleichen. Auch nach den
Versuchen des Grafen von Milly wurden die Metallkalke
durchs Elektrisiren reduciret und nach Achards Versuch
wurde der geschmolzene Schwefel durch den elektrischen Schlag
alkalisiret. Alles dieß gründet sich freylich noch auf das phlogistische System, nach welchem Metallkalke mit Phlogiston
verbunden reduciret werden u. s. f. welches aber jetzt nicht
mehr Statt finden kann.

Henly *) nimmt zufolge verschiedener Versuche, die er
selbst angestellt hat, an, daß die elektrische Materie zwar
weder Phlogiston noch Feuer selbst, aber doch eine Modifi-
cation desjenigen Elements seyn möge, welches im Zustande
der Ruhe Phlogiston, und bey seiner gewaltsamen Bewegung Feuer genannt wird. Er sagt, wir bemerken allezeit,
daß, 1. wenn zwey Körper an einander gerieben werden, welche
einerley Menge von Phlogiston enthalten, sie sehr wenig oder
gar keine Elektricität erhalten; 2. daß derjenige Körper,
welcher mehr Phlogiston als der andere hat, auch mehr Elektricität erhält; 3. daß ein gewisser Grad des Reibens Elektricität, ein gewaltsameres Reiben aber Feuer und keine Elektricität hervorbringt, wie man bemerken kann, wenn man zwey
Stück trocknes Holz oder Glas an einander reibt; 4. daß
überhaupt Körper, welche eine größere Menge Phlogiston
enthalten, die elektrische Materie in andere übergehen lassen,
welche dessen weniger enthalten, d. i. daß sie negativ elektrisiret
werden, wenn man sie mit solchen reibt, die weniger Phlogiston enthalten. Hieraus schließt nun Henly, daß das Phlogiston, die Elektricität und das Feuer bloß verschiedene Modificationen eines und eben desselben Elementes seyn; das

Nnn 3   erstere

*) Cavallo, Lehre von der Elektricität. B. I. Th. II. S. 108.

erſtere nämlich ſey ſein ruhender Zuſtand, der zweyte der erſte
Grad der Wirkſamkeit, und das letzte der Zuſtand ſeiner hef-
tigern Bewegung, ſo wie etwa die Gährung zuerſt Wein,
dann Eſſig und zuletzt Fäulniß hervorbringt.

Diejenigen, welche das dualiſtiſche Syſtem angenommen
haben, müſſen die beyden Arten der elektriſchen Materien
aus ſolchen Stoffen beſtehen laſſen, die eine ſehr große Verwandtſchaft gegen einander haben. Herr Wilke [a] läßt die
eine aus Feuer und die andere aus Säure beſtehen, und bedienet ſich beſtändig in ſeinen Abhandlungen ſtatt der Zeichen
+ E und — E der Ausdrücke Feuer und Säure. Herr
Kratzenſtein [β] benennt + E die acide und — E die phlogiſtiſche Elektricität, und ſuchet alle elektriſche Phänomene
aus Dunſtkreiſen herzuleiten, welche aus ſeinen Theilen des
Acidums und des Phlogiſtons, d. i. aus ſchwefligen und
phosphoriſchen Ausflüſſen beſtehen, welche aus dem Körper
herausgetrieben und in eine zitternde Bewegung gebracht
werden.

Herr Karſten nimmt bis auf weitere Unterſuchung
den Stoff des + E für reine mit Elementarfeuer geſättigte
Luft, das — E für das an eine zarte Säure gebundene Phlogiſton, und erklärt hieraus die Erſcheinungen der Elektricität.

De la Metherie [γ] betrachtet die elektriſche Materie
als eine Art von inflammabler Luft, auch Herr de Sauſſüre [δ] ſteht in der Vermuthung, die elektriſche Materie beſtehe aus Feuer mit einem unbekannten Grundtheile verbunden,
und ſey eine der entzündbaren Luft ähnliche aber viel feinere
Materie. Herr Candi hingegen ſucht durch folgenden Verſuch zu beweiſen, daß die elektriſche Materie keine inflammable
Luft ſeyn könne: an den Enden einer mit Waſſer angefüllten
Röhre, wovon das eine völlig verſchloſſen iſt, das andere
offene

---

[a] Schwediſche Abhandlungen. B. 23. S. 271. B. 25. S. 107 u. f.
[β] Anleitung zur gemeinnützlichen Kenntniß der Natur S. 497 f. und
kurzer Entwurf der Naturw. S. 287 und 288.
[γ] Essai analytique ſur l'air pur et les différentes eſpèces d'air à Paris
1785. 8.
[δ] Voyage dans les Alpes Tom. III.

offene Ende aber ins Wasser geht, bringe man zwey Goldfaden dergestalt an, daß zwischen ihnen eine Distanz von ungefähr zwey Linien nach dem verschlossenen Ende zu Statt
findet. Hierdurch werden heftige elektrische Ausladungen er-
weckt, und bey der Explosion eines jeden Funkens macht sich
ein kleines Luftbläschen los. Diese Bläschen erheben sich
nach und nach, um im obern Theile der Röhre sich auszubreiten. Läßt man unter diesen Umständen durch die Luft eine
starke Ausladung gehen, so entzündet sie sich, das Wasser
wird kochend und die Röhre füllt sich damit an. Hieraus
folgert Candi, daß die Elektricität keine brennbare Luft oder
auch Lebensluft sey, und daß sie nicht aus inflammabler und
Lebensluft zusammengesetzt bestehen könne. Denn keine dieser beyden entzünde sich ohne die andere, und beyde zugleich
entzünden sich nicht, ohne von der Flamme oder einem Funken
berühret zu werden. Priestley habe bewiesen, daß eine große
Menge elektrischer Funken die Luft zur Erhaltung der Flamme
untauglich mache, und daß Thiere darin nicht athmen
können. Daraus könne man aber noch nicht schließen, wie
Herr Lavoisier [*] thut, daß der elektrische Funke eine
schwache Verbrennung sey. Es greife das Licht, welches
von einem Brennspiegel abgeworfen werde, die verbrennlichen Körper, die sich im Brennpunkte befinden, an, aber
hieraus folge nicht, daß dieses Licht selbst eine Verbrennung
sey, es erwecke diese nur. Auch bringe der elektrische Funke
eine Art von Veränderung in dem Theile der Lebensluft hervor, welcher in der Atmosphäre sich befindet, und vielleicht
bringe er sie auf den Zustand der fixen Luft; in Ansehung
der Wirkung der Elektricität auf die Lebensluft aber werden
noch viele Erfahrungen erfordert, um sie mit den Wirkungen
auf das Verbrennen und Athemhohlen vergleichen zu können,
indem, da sie sich selbst nicht entzünden kann, man die Art
nicht zu bestimmen im Stande sey, wie sie durch die Wirkung des Funkens verändert werde. Sammele man endlich
alle Entdeckungen der Physiker, um eine gehörige Verglei-

Nnn 4   chung

[*] Rozier journal de physique. Fevr. 1785.

chung anzustellen, so könne man mit dem unsterblichen
Boerhaave annehmen, daß der Feuerstoff nichts anders
als ein und dasselbe Fluidum sey, und daß die verschiedenen
Arten, worunter er sich zeige, nur von den den Körpern
analogen Modificationen, worauf er wirke, und der verschie-
benen Art der Entwickelung abhängen. Vielleicht sey das
elektrische Feuer nichts anders, als das reinste Feuer, das
Elementarfeuer.

Herr de Lüc hält sein elektrisches Fluidum aus einer
feinen fortleitenden Flüssigkeit und aus einer schweren Substanz zusammengesetzt. Er meint, daß vielleicht beyde wiederum aus noch einfachern Stoffen bestehen. Das elektrische
Fluidum wird nach seinem Systeme in der Atmosphäre gebildet, und darin auch zersetzt. Daher müssen die dazu gehörigen Bestandtheile entweder frey, oder in andern Substanzen gebunden, daselbst vorhanden seyn. Nach seiner Vermuthung soll das Licht einen Bestandtheil desselben ausmachen,
und hiervon behalte das elektrische Fluidum, wenn es frey
werde, die Eigenschaft, sich in geraden Linien fortzupflanzen.
Ueber die andern Bestandtheile des elektrischen Fluidums hingegen hat er sich an keiner Stelle weiter ausgelassen. Herr
Lampadius aber hat den Vorstellungen über das elektrische
Fluidum des Herrn de Lüc's gemäß folgende Muthmaßungen von der Natur desselben gegeben. Aus den nach de Lüc
angeführten Aehnlichkeiten und Unterschieden der Wasserdämpfe und des elektrischen Fluidums zieht er die Folge, daß
man dasselbe als eine sehr zarte ausdehnbare Flüssigkeit betrachten könne, welche auch ihre Bewegung der Ausdehnbarkeit zu verdanken habe. Der Analogie zu Folge, glaubt er
in demselben folgende Substanzen anzutreffen: 1. das Feuer,
weil der elektrische Funke Körper anzünde, Metalle verkalke,
und überhaupt die Wirkungen des zersetzten Feuers äußere.
2. Phlogiston, weil der Funke metallische Kalke reducire und
die Luft phlogistisire, welche Wirkungen man doch dem Phlogiston zuschreibe (jetzt aber nicht mehr). 3. Licht sey nicht
allein mit Feuermaterie verbunden, als Feuer, in dem elektrischen

schen Fluidum vorhanden, sondern selbiges enthalte auch noch
mehr gebundenes Licht, wovon vielleicht seine Feinheit und
erstaunlich große Geschwindigkeit herrühre. Dieß beweise der
starke Glanz und die Geschwindigkeit des Blitzes. 4. Sey
noch im elektrischen Fluidum eine unbekannte Substanz, wel-
sich durch den Phosphorgeruch beym Elektrisiren zu erkennen
gebe. Herr Westrumb vermuthe, sie sey Phosphorsäure.
Aus alle diesem erhelle wenigstens, daß das elektrische Fluidum ein sehr zusammengesetzter Stoff sey. Wenn man zwey
elektrische Materien annehme, so lasse sich vielleicht ihr Unterschied durch Ueberfluß oder Mangel von Feuer bey ihrer
Bildung erklären, so wie bey chemischen Zersetzungen bisweilen die Säure, bisweilen ein anderer Stoff das Uebergewicht
habe. Es scheine dieß vorzüglich dadurch eine Bestätigung
zu erhalten, weil diese beyden Materien einander anziehen,
und dadurch alle Elektricität zernichten, welches mit dem in
der Theorie der Wärme bekannten Gesetzen zusammenstimme,
nach welchem sich das Feuer durch alle Substanzen gleichförmig zu verbreiten strebe.

Herr Hofrath Lichtenberg *) meinet, es sey wohl gewiß, daß das elektrische Fluidum zusammengesetzt sey, ob
und wie es bey den Erscheinungen getrennt werde, ist noch
unentschieden. Jedoch sey man der chemischen Kenntniß der
elektrischen Materie in den neuern Zeiten etwas näher gekommen. Der Herr van Marum habe nämlich durch dieselbe
die Salpeterluft eben so zersetzt, wie durch dephlogistisirte;
man habe die flüchtig alkalische Luft in ihre so genannte Bestandtheile, Stick- und inflammable Luft, zerlegt; eine Mischung von Stick- und dephlogistisirter Luft gab durch sie Salpetersäure. Auch sey durch den elektrischen Funken das Wasser
durch die Herrn Paets van Troostwyck und Deimann
in seine Bestandtheile, in Luftgestalt, Oxygen- und Hy-
drogengas, zerlegt. Auch gehören hierher vermuthlich der
erstickende so genannte Schwefelgeruch und Dampf, der sich

in

---

*) Anmerkungen zu den §§. 548. 549. u. der ersteb. Naturlehre. 2te
Auflage.

in Zimmern findet, in welche der Blitz geschlagen hat, auch der ganz eigene widerliche Geruch, der sich zeige, wenn man behaarte oder befederte Thiere durch den elektrischen Schlag tödte, und der von dem Geruch gebrannter Haare und Federn gänzlich verschieden sey. Da die beyden letzten Phänomene auf chemische Verbindung hinzuweisen scheinen, so könne sie auch wohl bey erstern Statt finden. Er sügt in der Vorrede der angeführten erxleb. Naturlehre noch bey: vermuthlich werde bald ein Antiphlogistiker eine chemische Analyse der elektrischen Materie entdecken. Nach seinem Verschlage könne man sie aus oxygène, hydrogèno und calorique bestehen lassen. Etwas müsse hierin über lang oder kurz von der neuern Chemie gethan werden, denn mit der bloßen Versicherung, daß die elektrische Materie bey der chemischen Operation so ganz leer ausgehe, werde sich der unparteyische Naturforscher unmöglich länger abspeisen lassen.

Endlich hat sich Herr Gren *) von der Natur und Zusammensetzung der elektrischen Materie folgende Vorstellung gemacht: weil die positiv-elektrisirten Körper nicht schwerer, die negativ-elektrisirten nicht leichter sind, als in ihrem unelektrisirten Zustande, auch bey Untersuchungen mit den feinsten Wagen, so folgt, daß die elektrische Materie eine inponderable Substanz seyn müsse, in deren Zusammensetzung kein wägbarer Stoff eingehet. Die elektrische Materie wird nur frey, wirksam und thätig in und auf Nichtleitern. Das elektrische Anziehen und Abstoßen, was ein elektrisirter Leiter zeigt, zeigt er nur vermöge der elektrischen Atmosphäre, d. i. der in der Luft, als einem Nichtleiter, thätigen elektrischen Materie. Wäre die Luft ein Leiter, so würden wir gar nichts von elektrischen Erscheinungen wissen. Das elektrische Licht zeigt sich nur bey dem Uebergange oder Eintritte aus oder in einen Leiter durch einen Nichtleiter. Da die torricellische Leere natürlicher Weise kein Leiter ist, so wenig als ein Nichtleiter, so muß auch die elektrische Materie darin am freyesten werden und das stärkste Licht zeigen. Bey dem Uebergange

des

*) Grundriß der Naturlehre. Halle 1797. 8. S. 1408 ff.

des verstärkten elektrischen Funkens durch einen dünnen Draht, der davon glühend und geschmolzen wird, wird das elektrische Fluidum nur in sofern frey, als die wenige Masse die ganze Menge des strömenden elektrischen Fluidums nicht auf ein Mahl fassen kann. In den Leitern, ohne Verbindung mit Nichtleitern, wird also die elektrische Materie nicht so frey, daß sie sich unsern Sinnen bemerkbar zeigte. Es folgt hieraus, daß die Nichtleiter weit weniger Anziehungskraft zur elektrischen Materie haben müssen, als die Leiter. Die thätige elektrische Materie zeigt sich als ein expansives Fluidum, dessen Theile überwiegende Repulsionskraft besitzen, welche nur durch Anziehung anderer Materien dagegen ins Gleichgewicht, und so zur Unthätigkeit gebracht werden kann.

Die Anhäuffung der elektrischen Materie auf einem Leiter geschieht nicht durch chemische Verbindung damit, sondern nur durch Adhäsion. Der Beweis dafür ist, daß die elektrisirten Leiter nur auf der Oberfläche, nicht im Innern, elektrisiret sind, und daß die Vertheilung der Elektricität unter isolirte Leiter sich nicht nach ihren Massen, sondern nach ihren Oberflächen richtet.

Die aus Leitern bey dem Uebergange durch Nichtleiter, wegen mangelnder Anziehung der letztern dagegen, ganz frey werdende elektrische Materie zeigt sich als **Licht**, bey dem wir an sich keine Verschiedenheit von dem Lichte wahrnehmen, das durchs Verbrennen verbrennlicher Substanzen und auf andere Weise entsteht. Soll indessen unser Gesichtsorgan dieses Licht empfinden, so muß es natürlicher Weise, wie alles Licht, eine bestimmte Intensität quoad minimum besitzen. Daher zeigt es sich nur bey Funken, bey dem Ausströmen aus leitenden Spitzen oder bey dem Einströmen in dieselben. Wegen der unvollkommenen nichtleitenden Eigenschaft der Luft und anderer Nichtleiter wird indessen nicht alles durch sie brechende oder strömende elektrische Fluidum frey und zum Lichte; und deßwegen kann durch Funken Mittheilung der Elektricität entstehen.

Aus

Aus allen diesen Thatsachen macht nun Herr Gren den Schluß, daß die elektrische Materie nichts anders ist, als **Lichtmaterie**, oder die Zusammensetzung aus der eigenthümlichen Basis des Lichtes und dem Wärmestoffe, die ihrer ganzen Zusammensetzung nach durch Abhäsion mit andern Materien latent gemacht, doch nicht chemisch gebunden ist. Ihr Bestreben sich ins Gleichgewicht zu setzen, hängt nicht allein von der Repulsionskraft ihrer Theile unter einander, sondern auch von der Anziehungskraft anderer Stoffe dagegen ab. Sie zeigt dieses Bestreben und wird thätig, wenn sie auf einem Körper über seinen Sättigungsgrad angehäuft worden ist. Durch noch stärkere Anhäufung bey nicht genugsamer Anziehung anderer Stoffe, wie die Nichtleiter sind, kann sie endlich ganz frey werden, wo sie sich dann als Licht offenbaret, und als solches zerstreuet. Die Anhäufung der elektrischen Materie auf isolirten Leitern würde indessen durch die Anziehung derselben dagegen allein nicht geschehen können: oder diese würde nicht hinreichend seyn, der Repulsionskraft ihrer Theile unter einander hinlänglich das Gleichgewicht zu halten, so daß sie sich als Licht entwickeln und entweichen müßte, wenn nicht die Repulsionskraft der elektrischen Atmosphäre die Anziehungskraft des Leiters dagegen unterstützte. Die Erscheinungen des elektrischen Lichtes im Vacuum beweisen dieß. Die Wirkungen der Explosion sind Folgen des plötzlich frey werdenden Lichtes oder Feuers, als expansives Fluidum.

Aus diesem Gesagten erhellet, daß das freye Licht nicht mehr die elektrische Materie ist, daß aber auch die Basis des Lichtes allein sie nicht ausmacht, sondern daß das andern Körpern abhärirende Licht nur diesen Nahmen führen kann.

Da die Lichtmaterie aus ihrer eigenthümlichen Basis (Brennstoff) und dem Wärmestoffe zusammengesetzet ist, so muß es auch die elektrische Materie seyn. Das Daseyn des Wärmestoffes in der elektrischen Materie, durch den sie eben ein expansibles Fluidum ist, folgt also schon hieraus; Herr

van

van Marum *) hat aber den Wärmestoff als Bestandtheil der elektrischen Materie auch direkt bewiesen. Das
Schmelzen der Drahte durch den verstärkten elektrischen Funken
gehöret auch zu diesen Beweisen. Der Wärmestoff allein
macht aber nicht allein das elektrische Fluidum aus; dagegen
spricht der Augenschein. Das Daseyn der eigenthümlichen
Basis des Lichtes in der elektrischen Materie folgt nicht nur
aus dem Lichte selbst, zu welchem die elektrische Materie bey
ihrem Freywerden wird; sondern auch aus andern Versuchen,
wie z. B. aus der Zersetzung des Wassers durch den elektrischen Funken, dessen Wasserstoff, wenn er Wasserstoffgas
bilden soll, nothwendig die Basis des Lichtes enthalten muß,
die er hierbey nirgends anders woher, als aus dem elektrischen Fluidum empfangen kann.

Die Afficirung des Geruchsinnes durch elektrisirte Luft,
des Geschmacks durch den elektrischen Strom, welcher die
Nerven der Zunge reitzt, beweiset nicht das Daseyn eines
Riechstoffes, einer Säure u. d. g. in der elektrischen Materie;
beweiset nur, daß unsere Nerven durch Strömung der elektrischen Materie gereitzet werden.

Es folgt hieraus, daß die elektrische Materie in den Körpern zusammengesetzt und zersetzt werden könne. Die ursprüngliche Erregung der Elektricität bey so mannigfaltigen
Prozessen des Schmelzens, Verbrennens, Verdampfens, der
Gas - und Dampfzersetzung, ließe sich daraus erklären. Bey
dem Reiben ist es ohne Zweifel der dabey entwickelte Wärmestoff, welcher der durch Anziehung der Körper unthätig gemachten und ins Gleichgewicht gebrachten elektrischen Materie die nöthige Expansivkraft ertheilt; vielleicht auch sich mit
der in den Körpern befindlichen Lichtbasis erst zur elektrischen
Materie vereinigt. Die verschiedenen Farben, welche das
elektrische Licht bey seinem Ausströmen aus verschiedenen Leitern zeigt, beweiset die Verschiedenheit in dem quantitativen
Verhältnisse seiner Bestandtheile (vielleicht aber noch mehr in
dem

---

*) Versuche zum Erweise, daß in dem elektrischen Fluidum Wärme-
stoff zugegen ist; in Grens neu. Journ. der Physik. B. III. S. 1 ff.

dem qualitativen Verhältnisse derselben), welche aus der ungleichen Anziehung der Körper zum Wärmestoffe entspringt. Die Hauptquelle für die elektrische Materie unseres Erdballes ist das Sonnenlicht, das wir also in dieser Hinsicht wiederum zu etwas mehr, als Tag zu machen, dienen sehen, und das wir so als den Grund vieler anderer sehr großer und wirksamer Kraftäußerungen in der Natur zu betrachten veranlaßt werden.

So käme die Vermuthung über die Natur der elektrischen Materie des Herrn Green mit der des Herrn Candi überein. Indessen bleibt es immer auch nur Vermuthung: ob wirklich die elektrische Materie keinen Riechstoff, keine Säure u. s. f. als Bestandtheil enthalte, läßt sich meiner Meinung nach doch noch nicht gewiß behaupten; denn vermöge angestellter Versuche wird auch das Metall in phlogistisirter Luft durch den elektrischen Funken verkalkt. Auch dünkt mir aus den Versuchen des van Marum's doch noch nicht mit Gewißheit zu folgen, daß bey der Elektricität Wärmestoff entwickelt werde, indem für solche große elektrische Funken die Anzeige der Wärmematerie äußerst gering ist, so daß sie vielmehr durch die Erschütterung der Materien, deren Theile nothwendig dadurch einer kleinen Reibung an einander ausgesetzet werden, entstanden zu seyn scheinet. Doch ich entscheide nicht, und gestehe gern meine Unwissenheit in Ansehung der Natur und der Bestandtheile der elektrischen Materie.

Eine in ihrer Art ganz eigene Theorie der Elektricität und der Natur derselben hat sich Dr. Peart *) entworfen, welcher sich zugleich bemühet hat, die Abgeschmacktheit der franklinischen Hypothese zu zeigen. Nach seinem System von den Grundstoffen der Natur nimmt er überhaupt zweyerley Materie, eine fixe und eine thätige, an, von denen die erstere bloß Anziehen und Durchdringlichkeit besitzt, die Theile der letztern aber von der erstern angezogen werden, und die Eigenschaft besitzen, sich in geradlinige Strahlen zu ordnen, welche von fixen Theilchen aus, wie von einem Mittelpunkte

punkte

*) E. Peart on electricity etc. Gainsborough 1791. 8.

punkte divergiren, und um jene eine Atmosphäre bilden. Diese sind wieder von doppelter Art: Aether und Phlogiston, und von diesen zwey thätigen Stoffen leitet er alle elektrische Erscheinungen her. Sie zeigen eine große Anziehung gegen einander; im natürlichen Zustande sind sie verbunden, und so für uns unbemerkbar; werden sie aber durch irgend eine Veranlassung getrennt, so sind sie sogleich thätig. Sie umgeben alle Körper. Einige Körper aber, die elektrischen, äußern gegen sie eine gewisse anziehende Kraft, und excitiren sie gewissermaßen von Natur, noch mehr aber, wenn erstere gerieben werden, wodurch sie die Fähigkeit erlangen, auch die thätigen Theilchen von andern nahe liegenden Körpern an sich zu ziehen. Wird also ein elektrischer Körper z. B. Glas durch Reiben excitiret, so werden die verbundenen Theilchen von Aether und Phlogiston, welche das Glas umgeben, getrennt, und nun merklich thätig, welches sie zuvor nicht waren, und auf der einen Seite des Glases häuft sich sein Aether, auf der andern sein Phlogiston an. In diesem getrennten Zustande aber ziehen beyde wieder gebundenen Aether und Phlogiston von naheliegenden Körpern an, d. h. der Aether des Glases ziehet Phlogiston, und sein Phlogiston Aether. Dadurch werden die Stoffe gleichfalls thätig, und bilden nun an den Oberflächen des Glases innere Atmosphären, welche von der schon vorhandenen entgegengesetzten äußern umgeben werden; nun ist das Glas elektrisch, d. h. es besitzt auf der einen Seite eine innere Atmosphäre von Phlogiston, und eine äußere von Aether; und auf der andern eine innere von Aether und eine äußere von Phlogiston. Auch verbreiten sich diese Atmosphären auf einem mit der einen Seite des Glases in Berührung gebrachten isolirten Leiter gleichförmig. Kömmt nun ein isolirter nicht elektrischer Körper in die äußere Atmosphäre eines so elektrisirten Leiters, so wird diese den entgegengesetzten Stoff, welcher jenen nicht elektrischen Körper in seinem natürlichen Zustande umgibt, d. i. wenn jene äußere Atmosphäre aus Aether bestehet, sein Phlogiston, mithin zugleich den Körper selbst, wenn er leicht genug ist, anziehen.

Auf

Auf diese Art wird das Phlogiston thätig und genöthiget, den nicht elektrischen Körper als Atmosphäre zu umgeben. Dieß macht, daß der zuvor mit ihm verbundene entgegengesetzte Stoff, hier sein Aether, frey, und ebenfalls thätig und bewogen wird, unmittelbar um jenen Körper herum eine Atmosphäre zu bilden; er befindet sich folglich, in Rücksicht auf den elektrisirten Leiter, in einem entgegengesetzten Zustande der Elektricität. Wird er nun in diesem Zustande dem elektrisirten Leiter so genähert, daß sich beyde innere Atmosphären berühren, so vereinigen sich alle vier Atmosphären, und sättigen sich mit Geräusch und Funken. Beyde haben nun aufgehöret elektrisch zu seyn, wofern nähmlich der dem Leiter genäherte Körper so viel excitirten Aether und Phlogiston besitzt, daß eine Sättigung erfolgen kann. Ist dieß nicht, oder jener erhält von dem Glase wieder neuen Zufluß von Elektricität, so verbreiten sich seine beyden Atmosphären ebenfalls auf der Oberfläche des mit ihm in Berührung gebrachten Körpers; dieser erhält folglich eine gleiche Elektricität, und wird, wenn er leicht genug ist, von jenem zurückgestoßen, doch nicht eigentlich vermöge einer zurückstoßenden Kraft desselben, sondern, weil beyde einander nicht näher kommen können, als bis sich ihre äußere Atmosphären berühren, sie müßten denn mit einer Gewalt gegen einander gestoßen werden, die größer wäre, als das natürliche Bestreben der thätigen Stoffe, eine atmosphärische Gestalt anzunehmen.

Jos. Gardini *) äußert die Vermuthung, daß die elektrische Materie aus zwey einfachen Grundstoffen bestehe, nämlich dem reinen und verdünnten Phlogiston, und dem reinsten Elementarfeuer, welcher das erste verdünnt zurückhalte, daß es unter der Gestalt des Lichtes erscheine.

Schrader *) läßt die elektrische Materie aus drey Bestandtheilen bestehen, nämlich aus Sauerstoff, Lichtstoff und Wärmestoff; und zwar sey der Sauerstoff ihre eigentliche Basis,

a) De electrici ignis natura differt. Mantuae 1792. cum tab. aen.
ß) Versuch einer neuen Theorie der Elektricität; welche auf Grundsätzen des neuen Systems der Chemie beruhet. Altona, 1796. 8.

Basis, der Lichtstoff das Vehikel ihrer freyen Wirksamkeit, oder ihr fortleitendes Fluidum, und durch die Verbindung mit dem Wärmestoffe werde sie zum strahlenden elektrischen Lichte.

Elektricität, medicinische (electricitas medica, électricité medicale). Darunter versteht man die Anwendung der Elektricität zur Heilung einiger Krankheiten bey dem menschlichen Körper.

Nach Entdeckung der Elektrisirmaschinen verfiel man bald auf den Gedanken, die so auffallenden Wirkungen der Elektricität selbst zur Heilung verschiedener Krankheiten am menschlichen Körper anzuwenden. Die größte Veranlassung hierzu gaben allem Vermuthen nach die Wirkungen, welche die Elektricität bey denjenigen Personen, welche sich aus Neugierde elektrisiren ließen, hervorbrachte. Die ihnen dadurch eingedruckten Empfindungen, als z. B. Hitze, Pulszunahme, stärkere Ausdünstung u. d. g., sind aber wohl größtentheils mehr auf Rechnung ihrer Furcht und des Schreckens zu schreiben, als auf die wirkende Kraft der Elektricität. Gerhard *) behauptete so gar, daß das Elektrisiren die Anzahl der Pulsschläge bisweilen verdoppele, manchmahl aber auch vermindere. Die Curen, welche man mittelst der Elektricität gemacht zu haben vorgab, waren bewundernswürdig, und sie wurden bald mit beygefügten Theorien in ganz Europa verbreitet. Der damahlige Zustand der Elektricität war freylich erst im Keimen, und daher kam es auch, daß man nachher, als die Elektricität sich zu einer größern Stufe der Vollkommenheit erhob, mißtrauisch gegen alle diese angeführten Wirkungen der Elektricität wurde. Bey Anwendung der Elektricität auf den kranken Körper fand man auch die Wirkungen auf keine Weise bestätiget, und man gieng zuletzt so weit, daß so gar die Elektricität dem menschlichen Körper mehr nachtheilig als nützlich betrachtet wurde. Ohne allen Zweifel war aber hieran die unzweckmäßige Anwendung der Elektri-

*) Nouveaux mémoires de Berlin 1772.

Doo

Elektricität Schulb. Es blieb daher die Elektricität eine geraume Zeit unter den Händen der Physiker, und obgleich diese die Natur derselben immer vollständiger entwickelt; und dem Ärzte selbige unter gewissen Vorsichtsregeln beym Gebrauche verschiedener Krankheiten empfohlen hatten, so achtete man doch theils wegen Vorurtheilen, theils auch wegen gänzlicher Unwissenheit in der Physik nicht darauf. Erst in den neuern Zeiten hat man wieder angefangen, die Elektricität zweckmäßiger auf die Medicin anzuwenden. Man hat jetzt die wahren Wirkungen der Elektricität aufgefunden, welche Kraft sie unter gewissen Umständen im menschlichen Körper hervorbringt; und es ist nun durch zuverlässige Erfahrungen bewiesen, daß sie nicht ganz unbrauchbar zur Anwendung sey, daß sie vielmehr bey richtiger Behandlung ein unschädliches Mittel sey, verschiedenen Beschwerden bisweilen augenblicklich abzuhelfen, und in den mehresten Fällen viele Krankheiten zu lindern, oft auch völlig zu heben, bey welchen sonst die größten Bemühungen der Wundärzte und Aerzte fruchtlos sind.

Es wird gewöhnlich Kratzenstein als der erste angeführet, welcher im Jahre 1744 zu Halle einen gelähmten Finger durch die Elektricität geheilet habe. Im Jahre 1748 wurde von Jallabert zu Genf eine durch den Schlag des Hammers entstandene Lähmung des Armes durch die verstärkte Elektricität mit Funken und Erschütterungsschlägen geheilet. Ueberhaupt gab man zu der damahligen Zeit mehrentheils starke Schläge und Funken, welche man durch eine lange Reihe von Versuchen und Beobachtungen in den mehsten Fällen unnütz oder gar schädlich befunden hat. Herr Lovet *), welcher die Elektricität schon lange in der Medicin gebrauchet hatte, war der erste, welcher sich den starken Schlägen widersetzte. Er behauptet, daß die in der medicinischen Elektricität gebrauchten Schläge sehr gelind seyn müssen; und bey einer solchen Behandlung sey es ihm fast nie mißlungen, seinen Kranken Besserung oder doch wenigstens Linderung zu verschaffen.

Bey

*) Electricity rendered useful. London 1760. 8.

Bey der medicinischen Elektricität kömmt es vorzüglich
auf eine sehr genaue elektrische Operation an, wenn auch
gleich die Krankheit nicht so genau bekannt wäre. Denn bey
der Anwendung der Elektricität muß man nicht so sehr auf
die Krankheit selbst sehen, als vielmehr die Stärke der Elektricität nach dem Gefühle des Kranken abmessen. Es kann daher auch selbst derjenige, welcher kein großer Kenner in der
Medicin ist, die Elektricität sehr zweckmäßig für den Kranken
einrichten. Ausgemacht bleibt es aber immer doch, daß die
medicinische Elektricität unter den Händen eines geschickten
Arztes weit mehr auszurichten vermögend ist, als unter den
eines in dieser Wissenschaft ganz Unkundigen.

Die Beobachtungen, welche man in dieser Rücksicht gemacht hat, führt Cavallo *) also an: Ob man gleich starke
Schläge bey den Krankheiten vermeiden muß, so ist es doch
rathsam, sich großer Maschinen zu bedienen; denn wenn man
bloß die elektrische Materie will ausströmen lassen, welche
Methode erst neuerlich als die wirksamste ist befunden worden,
so sind dazu meistentheils kleine Maschinen ganz unbrauchbar.
Aller Wahrscheinlichkeit nach werden auch die größten Maschinen keinen Strom geben, welcher für medicinische Absichten allzustark wäre; die brauchbarsten Maschinen, deren
Bewegung nicht zu viel Arbeit macht, und welche doch einen
Strom von hinlänglicher Dichtigkeit geben sollen, müssen
eine Glaskugel oder einen Cylinder von wenigstens 4 Zoll
im Durchmesser haben, welcher mit einem proportionirten
Leiter verbunden gewöhnlich drey Zoll lange Funken gibt.
Mit dergleichen Maschinen kann man den Grad der Elektri-
cität mit der größten Leichtigkeit erhalten und anbringen.
Diese Grade sind: das Ausströmen aus einer metallenen
Spitze, alsdann das aus einer hölzernen, hierauf schwache
Funken, stärkere Funken, und endlich schwache Schläge.
Ein jeder dieser Grade kann durch gehörige Behandlung der
Maschine beträchtlich verstärkt oder geschwächt werden. Un-

Doo 2 möglich

*) Vollständige Lehre der Elektricität, a. d. Engl. B. l. Th. I. Leipz.
1797. 8. S. 37 u. f.

möglich ist es aber, die Grade der Elektricität, welche bey
verschiedenen Krankheiten nöthig sind, genau vorzuschreiben.
Personen von verschiedener Natur erfordern, wenn sie gleich
eine und ebendieselbe Krankheit haben, dennoch verschiedene
Grade der Elektricität. Empfindsame Personen erfordern
geringere Grade der Elektricität als weniger empfindsame.
Beym Anfange der Anwendung der Elektricität kann man
sich durch folgende zwey Regeln helfen. Fürs erste muß man
bey jedem Kranken den ersten Anfang mit dem geringsten
Grade der Elektricität machen, und dieses Verfahren einige
Tage lang fortsetzen, um zu sehen, ob es gute Wirkung thue.
Geschieht dieß nicht, so muß man den Grad der Elektricität
verstärken, und stufenweise so lange fortfahren, bis man endlich den wirksamsten Grad findet, welchen man nun ohne
Veränderung so lange beybehalten muß, bis der Kranke
vollkommen geheilet ist. Ueberhaupt muß man jederzeit den
schwächsten Grad der elektrischen Kraft gebrauchen, welcher
zu dem vorgesetzten Zwecke hinreichend ist. Durch einige
Uebung wird man sich bald die Geschicklichkeit erwerben, auf
ein Mahl und ohne fruchtlose Versuche zu bestimmen, welcher Grad von Elektricität für den Kranken erforderlich sey.
Zweytens muß der gebrauchte Grad von Elektricität niemahls
denjenigen übersteigen, welchen der Kranke ohne Beschwerde
aushalten kann. Die Erfahrung lehret, daß sich die Kranken
selten bessern, wenn ihnen der gebrauchte Grad der Elektricität sehr unangenehme Empfindungen macht.

Die Instrumente, welche außer der Elektrisirmaschine
und ihrem Conduktor zum Gebrauch der medicinischen Elektricität nöthig sind, lassen sich auf drey bringen; nähmlich eine
elektrische Flasche mit dem Elektrometer des Herrn Lane *),
einen isolirten Stuhl, oder ein isolirtes Stativ, auf welches
sich, wenn es nöthig ist, ein gewöhnlicher Stuhl stellen läßt,
und die Direktoren. Die elektrische Flasche muß ungefähr

4 Zoll

---

*) Description of an electrometer; with an account of some experi-
ments made by him with it; in den Philos. transact. Vol. LVI.
p. 451.

4 Zoll im Durchmesser halten, und ihre Oberfläche muß 6 Zoll hoch mit Stanniol belegt seyn, welches ungefähr 73 Quadratzoll belegter Fläche ausmacht. Der messingene Draht, welcher durch den Deckel der Flasche geht, und mit der innern Belegung verbunden ist, hat oben einen messingenen Knopf, an welchem das Elektrometer befestiget ist, reicht aber noch weiter hinauf, und endiget sich mit einem andern messingenen Knopfe, welcher so hoch stehen muß, daß er den Conduktor der Maschine berühret. Das Elektrometer bestehet aus einem unter einem rechten Winkel gebogenen gläsernen Stabe, welcher in zwey messingene Kapseln eingekittet ist. Die eine Kapsel besitzet zugleich eine Hülse, durch welche ein messingener Draht mit einem Knöpfchen in horizontaler Lage hin und her geschoben werden kann, um diesen Knopf nach beliebiger Entfernung von dem Knopfe der Flasche zu stellen. Diese Entfernung braucht nie größer als ¼ Zoll zu seyn, daher man das Elektrometer sehr klein machen kann. Um nun aus dieser Flasche die darin angehäufte elektrische Materie dem Körper zu zuführen, verfährt man also: an dem Ende des Drahtes, welcher am Elektrometer in der Hülse in der horizontalen Lage hin und her geschoben werden kann, wird eine messingene Kette angehängt, und so eine andere mit der äußern Belegung in Verbindung gebracht. Die beyden andern Enden dieser Ketten werden alsdann an die Direktoren befestiget. Es bestehen diese Direktoren aus einem etwas dicken messingenen, entweder geraden oder gebogenen, Drahte, welcher sich in eine Spitze endiget, an welcher Knöpfe von verschiedenen Formen angeschraubet werden können; an dem andern Ende des Drahtes befindet sich ein gläserner Handgriff, auch ist an diesem Ende ein Haken befestiget, an welchem eben die vorhin angeführten Ketten bequem angehänget werden können. Uebrigens ist es ganz gleichgültig, ob der Kranke auf dem Boden des Zimmers oder auf einem isolirten Stativ stehe, oder sich sonst in irgend einer andern Stellung befinde.

Wenn

Wenn auf die kranken Theile des Körpers bloß die Elektricität überströmen soll, ohne denselben einen Schlag, wie bey vorbeschriebener Flasche, beyzubringen, so wird das eine Ende der Kette an den Conduktor der Maschine gehängt, und das andere Ende an den Direktor, bey dem schwächsten Grade der Elektricität, mit welchem gewöhnlich der Anfang gemacht wird, muß alsdann die Spitze des Zuführers von Metall seyn, bey etwas stärkeren Graden gebrauchet man hölzerne Spitzen; hierauf zieht man schwächere und hernach stärkere Funken heraus, und zuletzt werden, wenn es nöthig gefunden wird, schwache elektrische Schläge gegeben. Bey der Operation selbst muß derjenige, welcher sie verrichtet, nicht vergessen, die Spitze des Direktors herumzuführen, damit der ausfließende Strom der elektrischen Materie nicht allein auf den leidenden Theil, sondern auch auf die umliegenden Stellen treffe, die Spitze muß abwechselnd immer wieder auf dieselbe Stelle zurückkommen, jedoch am meisten auf dem vorzüglich leidenden Theile verweilen.

Bisweilen läßt die Kette, welche die Verbindung zwischen dem Conduktor der Maschine und dem Direktor macht, eine beträchtliche Menge elektrischer Materie in die Luft gehen, welches den von der Spitze ausgehenden Strom schwächet. Um dieses zu verhüten, hat Cavallo einen leitenden Draht erfunden, den man in der Ausübung sehr gut befunden hat. Es wird dieser nämlich aus einem Gold-Silber- oder Kupferfaden gemacht, dergleichen man zu den Tressen gebrauchet. Um einen oder zwey solcher Metallfaden wird ein seidenes Bändchen gewickelt, welches dicht um sie herumgehet und zusammengenähet wird, so daß nur an jedem Ende ein kleines Stück der Metallfaden unbedeckt bleibt, von welchen das eine an den Conduktor der Maschine, das andere aber an den Draht des Direktors befestiget werden muß. Diese Art von leitender Verbindung verhütet nicht nur die Zerstreuung der elektrischen Materie, sondern ist auch biegsamer, als der gewöhnlich steife Draht, und läßt sich also leichter behandeln.

Wenn man diese Direktoren gebrauchen will, so muß der Kranke auf ein isolirtes Stativ, d. i. auf ein Gestell mit gläsernen Füßen, auf das man einen Stuhl setzen kann, gebracht werden. Alsdann muß man den Körper des Kranken mit dem Conductor der Maschine verbinden, um ihm dadurch die Elektricität mitzutheilen: Wenn man ihm alsdann einen stumpf geendeten leitenden Körper nähert, so erhält man aus ihm einen Funken, auf eben die Art, als ob man den stumpfen Körper an den Conductor selbst brächte. Wenn nun alles so weit vorbereitet ist, so hält der Operator den Zuführer in der Mitte mit der einen Hand, bringt das Ende desselben in Berührung, oder wenigstens nahe an das Innere des Ohres, des Mundes u. d. g.; mit dem Knöchel des Fingers an seiner andern Hand oder nähert er sich dem Knopfe des Direktors, wodurch ein kleiner Funke aus demselben gezogen wird, zugleich aber auch ein ähnlicher Funke zwischen dem andern Ende des Drahtes in der Glasröhre, und dem kranken Theile des Körpers, auf welchen das Instrument gerichtet ist, entstehe.

Die

dem Körper zu ziehen, bey Taubheit, Ohrenzwang, Zahn-
schmerzen, Geschwulst im Munde u. d. g. sehr gut zu gebrauchen, besonders weil man die Funken nach Gefallen verstär-
den Draht dem Ende
oder ihn weiter davon abziehet.

Durch diese Direktoren lassen sich aber nicht allein Funken,
sondern auch ein Strom der elektrischen Materie aus den leidenden Theilen ziehen. Dieß geschieht, wenn man statt
des Knöchels ein zugespitztes Stück Holz dem kleinen Knopfe

benen Vorschrift verfähret.

Wenn aus irgend einem Theile des Körpers Funken gezogen werden sollen, so muß der Kranke auf ein isolirtes
Stativ gestellt, und auf die oben erwähnte Art mit dem Conduktor der Maschine in Verbindung seyn. Alsdann bringt
der Operator den Knöchel seines Fingers, oder den Knopf

durch dann die Funken aus demselben gezogen werden.

Es gibt noch eine andere Methode, einen kranken Theil
des Körpers zu elektrisiren, welche dem Ausziehen der Funken
sehr nahe kömmt, ob sie gleich eigentlich nicht so genannt werden kann. Diese Art zu elektrisiren ist folgende: Wenn der
Kranke auf das isolirte Stativ gesetzt, und mit dem Conduktor der Maschine verbunden worden ist, so entblößt man
den zu elektrisirenden Theil, und legt über denselben ein
trockenes und warmes Stück Flanell, entweder einfach oder
doppelt, nachdem es die Umstände erfordern. Der Operator bringt den Knopf des Drahtes, welchen er bey dem andern Ende hält, mit dem Flanell in Berührung. Dieser
Knopf des Drahtes wird sehr schnell von einer Stelle zur
andern des Flanells verschoben. Auf diese Art entsteht eine
große Menge außerordentlich kleiner Funken, welche durch
den Flanell hindurchgehen; wodurch gemeiniglich in dem
elektrisirten Theile eine angenehme Wärme entsteht, welche
dem Kranken sehr zuträglich ist, und dabey nicht die geringste
unange-

unangenehme Empfindung verursachet. Bey Lähmungen der Glieder, Flüssen, laufenden Gliederreissen, Kälte einzelner Theile u. s. s. ist diese Behandlung von vorzüglichem Nutzen.

Allgemeine praktische Regeln.

I. Man muß dafür Sorge tragen, daß man vor allen Dingen den schwächsten Grad der Elektricität gebrauche, welcher zur Hebung oder Linderung der Krankheit gerade hinreichend ist. So muß man nie Schläge geben, wenn die Heilung durch Funken verrichtet werden kann; man muß die Funken vermeiden, wenn man die verlangte Wirkung durch das bloße Ausströmen der Materie aus einer hölzernen Spitze erreichen kann; und sogar diese Handlung muß man unterlassen, wenn das Ausströmen aus einer metallenen Spitze schon hinreichend ist. Die Schwierigkeit hierbey besteht in Bestimmung des gehörigen Grades für jede Krankheit, wenn man zugleich das Geschlecht und die Natur des Kranken mit in Betrachtung ziehet. Es ist unmöglich über diesen Punkt bestimmte und unveränderliche Regeln zu geben, da die Umstände von solcher Beschaffenheit und so verschieden sind, daß lange Erfahrung und genaue Aufmerksamkeit auf jedes einzelne Phänomen die einzigen Mittel bleiben, durch welche man den gehörigen Unterricht erhalten kann. Die sicherste Vorschrift, die man hierüber geben kann, ist, wie schon oben bemerket worden, diese, daß man den Anfang mit der gelindesten Behandlung, wenigstens mit einer solchen mache, die, in Betrachtung der Constitution des Kranken, eher zu schwach als zu stark scheine. Hat man diese Behandlung einige Tage lang unwirksam gefunden, welches man daraus erkennet, wenn die Krankheit nicht abnimmt, und der Gebrauch der Elektricität keine Wärme oder keine andere Hoffnung zur Genesung in dem elektrisirten Theile hervorbringt; so kann man die Kraft der Elektricität nach und nach verstärken, bis man endlich den gehörigen Grad derselben findet.

II. In Ansehung der Beurtheilung der Fälle, in welchen die Elektricität dienlich ist, zeigt die Erfahrung, daß

über-

überhaupt alle Arten von Obstruktionen der Bewegung, Circulation oder Absonderung durch die Elektricität sehr oft gehoben oder erleichtert werden: Eben dieß läßt sich von Nervenkrankheiten sagen, welche beyde Klassen schon sehr viele Krankheiten in sich begreifen. Krankheiten, die schon sehr lang gedauret haben, sind durch den Gebrauch der Elektricität selten gänzlich geheilet, dennoch aber mehrentheils gelindert worden. Bey solchen Personen, welche mit dem venerischen Uebel behaftet sind, und bey Schwangern hat man sonst die Elektricität sehr schädlich gehalten; aber man kann versichert seyn, daß sie auch in solchen Fällen kühnlich gebrauchet werden könne, wenn man sie nur behutsam und mit Ueberlegung behandelt. Wenn man schwangere Weiber wegen irgend einer Krankheit elektrisiren soll, so muß man sich der Schläge schlechterdings enthalten; und auch bey andern gelindern Behandlungen beständige Aufmerksamkeit auf jedes Phänomen wenden, welches sich während des Elektrisirens zeigt, um die Methode desselben nach Erfordern der Umstände verstärken, schwächen oder unterbrechen zu können.

III. Bey sich zusammenziehenden Geschwülsten ist die beste Methode, die elektrische Materie durch eine hölzerne, oder, im Fall dieses schmerzhaft ist, durch eine metallene Spitze auszuziehen. Funken und Schläge sind in solchen Fällen oft schädlich. Bey Steifheiten der Glieder, Lähmungen und Flüssen kann man schwache Funken, vorzüglich durch doppelten Flanell, auch wohl sehr schwache Schläge (aufs höchste von $\frac{1}{10}$ Zoll) gebrauchen. Stärkere Schläge dürfen nur bisweilen, aber sehr selten, bey heftigem Zahnweh und gewissen Arten von innern Krämpfen, die noch nicht lange gedauert haben, gebraucht werden.

IV. Wenn ein Glied des Körpers nicht bewegt werden kann, so muß man bedenken, daß die Steifheit nicht allezeit von einer Zusammenziehung der Muskeln, sondern bisweilen auch von einer Erschlaffung derselben herrühren kann. Wenn z. B. die Hand einwärts gekrümmt ist, und der Kranke nicht die Kraft hat, sie gerade auszustrecken, so kann die

Ursache

Ursache eben so wohl in der Schwäche der äußern Muskeln
als in der Zusammenziehung der innern liegen. Da es in
solchen Fällen oft selbst für den besten Anatomiker schwer ist,
die wahre Ursache zu entdecken, so ist es am sichersten, nicht
allein diejenigen Muskeln, welche zusammengezogen scheinen,
sondern auch ihre entgegengesetzten zu elektrisiren, da das
Elektrisiren eines gesunden Muskels nicht im geringsten schädlich seyn kann.

V. Wenn man die elektrische Materie entweder aus einer
hölzernen oder aus einer metallenen Spitze ausströmen läßt,
so muß die Operation wenigstens 3 und längstens 10 Minuten
dauern, und nach Erfordern der Umstände länger oder kürzer eingerichtet werden. Bey Schlägen darf die größte Anzahl nicht über 12 bis 14 steigen, ausgenommen, wenn sie
über den ganzen Körper nach verschiedenen Richtungen gegeben werden. Wenn man Funken gebraucht, so kann die
Anzahl derselben etwas höher, als die eben angegebene Zahl
der Schläge steigen.

VI. Endlich wird es nicht überflüssig seyn, zu erwähnen,
daß man bey Kindern, welche auf einem isolirten Stuhle elektrisiret werden sollen, weil sie selten ruhig sitzen, am besten thut,
wenn man eine andere Person sich auf den Stahl setzen, und
das Kind während der Operation auf dem Schoße halten läßt.
Die vorzüglichsten Krankheiten, bey welchen man die
Elektricität als ein sehr heilsames Mittel befunden hat, sind
Flüsse oder rheumatische Krankheiten, auch wenn sie von
langer Dauer gewesen sind (hier gebrauche man die hölzernd
Spitze zum Ausziehen des elektrischen Stroms aus dem leidenden Theile, oder auch das Ausziehen bey Funken durch
Metall; die Operation selbst muß etwa 4 bis 5 Minut. lang
fortgesetzt, und täglich ein bis zwey Mahl wiederhohlet werden); Taubheit, wenn sie nicht aus einer Zerstörung oder
einem andern unförmlichen Bau der Theile entstehet (es wird
dem entweder Funken mittelst des Direktors aus dem Ohre
ausgezogen, oder man bedienet sich zum Ausströmen der
Elektricität hölzerner Spitzen, bisweilen werden auch äußerst

schwache Schläge von etwa $\frac{1}{10}$ Zoll länge von einem Ohr zum andern gegeben); das Zahnweh, wenn es von Flüssen, Erkältung oder Entzündungen herrühret (man werdet dabey Spitzen an, mit welchen entweder aus dem leidenden Theile oder auch äußerlich aus dem Gesichte die Elektricität gezogen wird; ist aber der Zahn angegriffen, so hat die Elektricität nicht nur gar keinen Nutzen, sondern es vermehrt oft die Schmerzen noch mehr); Geschwülste, welche keine Materie enthalten (wenn man die elektrische Materie mit einer hölzernen Spitze auszieht); Entzündungen von jeder Art; Augenentzündungen (wenn mit einer hölzernen Spitze die elektrische Materie ausgezogen wird, das Auge des Kranken muß dabey offen seyn, jedoch muß man sich sorgfältig hüten, daß man die Spitze nicht zu nahe bringe, damit keine Funken entstehen); der schwarze Staar, wiewohl dieser selten durch Elektricität geheilet werden kann; die Thränenfistel (wenn die elektrische Materie mit einer hölzernen Spitze herausgezogen wird, und sehr schwache Funken aus dem leidenden Theile gezogen werden); Lähmungen (werden doch selten durch Elektricität völlig geheilet); Geschwüre oder offene Schäden von jeder Art, auch wenn sie von langwieriger Dauer sind (hierbey muß man den gelindesten Grad des Elektrisirens gebrauchen). Hautausschläge (werden durch Ausziehung der elektrischen Materie aus hölzernen Spitzen geheilet); der St. Veitstanz (bey dieser Krankheit kann man Schläge ungefähr von $\frac{1}{8}$ Zoll nach verschiedenen Richtungen durch den Körper gehen lassen, und Funken aus demselben ziehen); scrophulöse Geschwülste, wenn sie noch im ersten Anfange sind (wenn man metallene oder hölzerne Spitzen zur Ausziehung der elektrischen Materie anwendet); Krebs (mehrentheils erhält man nichts weiter als einige Linderung der Schmerzen); Abscesse, wenn sie noch im ersten Anfange sind, und überhaupt alle Ansätze zur Eiterung; Lungenentzündungen, welche im ersten Anfange sind; Nervenkopfschmerzen (wenn man die Elektricität aus metallenen oder hölzernen Spitzen ausströ-

men

men läßt); Wasserfucht, wenn sie im Entstehen ist; Podagra (mehrentheils werden, nur die Schmerzen gelindert; Wechselfieber (die sicherste Methode ist das Funkenziehen durch Flanell ungefähr 10 Minuten oder 1 Viertelstunde); Verhalten der monathlichen Reinigung (hierbey läßt man schwache Schläge ungefähr von $\frac{1}{20}$ Zoll durch das Becken gehen).

Bey venerischen Krankheiten, bey welchen man sonst die Elektricität als schädlich hielt, hat man unlängst wahrgenommen, daß eine sehr gelinde Anwendung der Elektricität in verschiedenen Fällen von vorzüglichem Nutzen sey, wenn auch gleich die Krankheit schon lange gedauert hat.

Noch ist zu bemerken, daß in vielen Fällen die Elektricität durch andere von einem Arze von Profession vorzuschreibende Arzneymittel müsse unterstüzet werden.

Die wirkliche Heilung dieser angegebenen Krankheiten durch Hülfe der Elektricität findet man in verschiedenen Schriften angegeben. Dahin gehören vorzüglich Ferguson [a], Hartmann [β], Partington [γ], Fothergill [δ], John Birch [ε], Kühn [ζ], Böckmann [η], Bertholon [θ], van Trooftwyck, Krayenhoff [ι] und Deiman [κ]. Ob-

[a] Introduc. to electricity. Lond. 1770. 8. fec. 6.

[β] Die angewandte Elektricität bey Krankheiten des menschlichen Körpers. Hannover 1770. 8.

[γ] Cavallo vollständige Abhandlung der Elektricität. B. II. Leipz. 1797. S. 57 u. f.

[δ] Philosoph. transact. Vol LXIX.

[ε] Confiderations on the efficacy of electricity in removing female obstructions, to which are annexed cases with remarks. Lond. 1779. 8. Uebersezt in den Sammlungen auserlesener Abhandlungen zum Gebrauche praktischer Aerzte. B. V. St. 4. n. 1.

[ζ] Geschichte der medicinischen und physikalischen Elektricität und der neuesten Versuche, die in dieser nützlichen Wissenschaft gemacht worden sind. Leipz. 1785. 2 Th. 8.

[η] Ueber Anwendung der Elektricität bey Kranken. Durlach 1787. 8.

[θ] De l'électricité du corps humain dans l'état de santé et de maladie. à Paris 1786. II. Tom. 8. Anwendung und Wirksamkeit der Elektricität zur Erhaltung und Wiederherstellung des menschlichen Körpers von K. G. Kühn. Weißenfels u. Leipz. 2 B. 1788. 1789. 8.

[ι] De l'application de l'electricité à la médecine. Amsterd. 1788. 4.

[κ] Von den guten Wirkungen der Elektricität in verschiedenen Krankheiten, aus dem Holländ. mit Anmerk. u. Zuf. von Kühn. Kopenhagen 1793. 2 B. 8.

Obgleich van Troostwyck, Cuthbertson, Deiman und van Marum aus ihren Versuchen mit der großen teplerischen Elektrisirmaschine zu schließen glaubten, wie bereits schon unter dem Artikel Elektricität angegeben worden ist, daß die Vermehrung des Pulsschlages bey elektrisirten Personen mehr der Furcht und dem Schrecken derselben als der Wirkung der Elektricität zu zuschreiben sey; so hat doch jederzeit Herr Partington die gewöhnliche Zahl der Pulsschläge, wo nicht in einem gesunden, doch gewiß in einem ungesunden Zustande des Körpers um ein Beträchtliches vermehrt gefunden. Auch D. Kühn beantwortet die von van Troostwyck und Krayenhoff angeführten Gründe wegen der Nichtvermehrung des Pulsschlages, indem er anführet, es könne die verschiedene Wirkung der Elektricität auf verschiedene Personen bey aller Beständigkeit der Gesetze ihren Grund in Idiosynkrasien haben; selbst der geringste Hautreiß könne im menschlichen Körper außerordentlich große Wirkungen hervorbringen, auch könne vielleicht die Elektricität durchs Einathmen auf Lunge und Herz wirken; von der Größe der Elektrisirmaschine sey überhaupt kein richtiger Schluß auf kleine Maschinen zu machen, weil ein geringerer Reiß durch diese mehr wirken könne, als ein stärkerer durch jene. Auch ist es möglich, daß jene Personen, mit welchen die Versuche angestellt wurden, die Elektricität schon zu sehr gewöhnt gewesen sind, um davon so stark, als andre, gereißt zu werden. Außerdem wurden viele Versuche nur eine Minute lang fortgesetzet, welches eine viel zu kurze Zeit ist, um etwas sicheres daraus schließen zu können. Auch hat Herr Dr. Böckh *) bey 360 Versuchen gefunden, daß so wohl die positive als negative Elektricität den Pulsschlag die mehresten Mahle beschleunigte, und nur selten die Geschwindigkeit verminderte. Man sieht also daraus, daß diese Sache noch nicht völlig entschieden ist, und daß nothwendig

noch

*) Beyträge zur Anwendung der Elektricität auf den menschlichen Körper. Erlangen, 1791. 8.

noch mehrere Versuche erfordert werden, um selbige aufs
Reine zu bringen.

Die bekanntesten Wirkungen der Elektricität auf den
thierischen Körper sind diese, daß die Reizbarkeit der Theile
durch mittelmäßige Grade derselben erhöhet, durch sehr verstärkte Grade aber gänzlich zerstöret werde.

Elektricität, thierische (electricitas animalis,
Electricité animale). Verschiedene Physiker und Physiologen haben überhaupt in den thierischen Körpern eine schon
von Natur erregte Elektricität, oder ein im natürlichen Zustande der Körper gestärktes Gleichgewicht der Elektricität,
angenommen, und behauptet, daß die Elektricität selbst entweder das Lebensprincip selbst ausmache, oder doch wenigstens einen sehr großen und wesentlichen Theil von der Ursache
der Empfindungen und der Muskularbewegungen betrage.
Und eben diese Elektricität nennt man die **thierische Elek-**
tricität oder, von dem Erfinder derselben, den **Galva-**
nismus.

Seit undenklichen Zeiten haben sich die Physiker und
vorzüglich die Physiologen mit Aufsuchung der Ursachen der
Muskularbewegungen beschäftiget. Allein so viele Untersuchungen man auch darüber angestellet hatte, so mußte man
doch bey allen diesen Bemühungen zuletzt offenherzig gestehen, daß man bey weiten noch nicht die Hülle der Natur
aufgedecket, und ihre Geheimnisse durchschauet hätte. Als
aber neuerlich **Aloysius Galvani**, Professor der Arzeney-
kunde zu Bologna, verschiedene Versuche mit der Elektricität
an den Muskeln des thierischen Körpers bekannt gemacht
hatte, so glaubte man dadurch einen neuen Weg zu jenem
Geheimnisse der Natur aufgefunden zu haben, und es ist
nicht zu läugnen, daß diejenigen, welche die aufgedeckte
Spur des Hrn. **Galvani** betraten, sehr wichtige und scharfsinnige Entdeckungen gemacht haben, welche allerdings hier
angeführt zu werden verdienen.

Es ist bekannt genug, daß es einige Arten von Fischen
gibt, welche von Natur ein Vermögen besitzen, elektrische

Erschei-

Erscheinungen zu liefern. M. f. **Zitteraal, Zitterfische.**
Diese hatten schon längst zu der Vermuthung Veranlassung
gegeben, daß überhaupt die elektrische Materie als eine vorzügliche Triebfeder in dem ganzen Thierreiche zu betrachten wäre.

Aloyſius Galvani hat hauptſächlich mit todten Frö-
ſchen Verſuche angeſtellet. Er entdeckte, zufälliger Weiſe,
daß die Muskeln eines todten Froſches durch künſtliche oder
atmoephäriſche Elektricität in Bewegung geſetzt werden können. Er präparirte nämlich in einem Zimmer, in welchem
ſich andere Perſonen mit der Elektricität beſchäftigten, einen
Froſch, und in dem Augenblicke, da er eben mit ſeinem
Scalpell einen Nerven des Froſches berührte, wurde von jemanden ein elektriſcher Funken in einiger Entfernung aus einer
elektriſirten Kette gezogen, und ſogleich zog ſich der ganze
Körper des Froſches convulſiviſch zuſammen.

Noch vor der galvaniſchen Entdeckung findet man eines
beſonderen Umſtandes erwähnet, welcher mit dieſen Unterſuchungen in Verbindung zu ſtehen ſcheinet. Es erzählet
nähmlich Dr. **Cotugno** *), Profeſſor der Anatomie zu
Neapel, in einem Briefe an den Ritter **Vivenzio**, daß er
zwiſchen ſeinen Füßen eine junge Hausmaus bey der Haut
auf dem Rücken ergriffen, und dieſelbe ſo gewandt habe, daß
die untere Seite heraufwärts gekommen ſey. Als er dieſe
nun in der Lage lebendig anatomiren wollte, und den erſten
Schnitt in den Bauch machte, ſo bewegte die Maus ihren
Schwanz, und ſchlug damit ſo heftig an ſeinen dritten Finger, daß er zu ſeinem größten Erſtaunen, durch den linken
Arm bis an den Hals eine Erſchütterung fühlte, welche mit
einem innern Zittern, einer ſchmerzhaften Empfindung in den
Armmuskeln und einem ſolchen Schwindel im Kopfe begleitet
war, daß er für Schrecken die Maus fallen ließ. Der
Krampf im Arme dauerte über eine Viertelſtunde, und er
konnte

*) **Cavallo**, vollſtändige Abhandlung der Elektricität. Band II.
S. 251 und im gothaiſchen Magazin für das neueſte aus der
Phyſik und Naturgeſchichte. B. VIII. St. 3. S. 121.

konnte nachher ohne Schaudern nicht an diesen Vorfall gedenken. Es war ihm vorher gar nicht eingefallen, daß ein
solches Thier elektrisch seyn könnte; allein er wurde durch diese
Erfahrung davon hinlänglich überzeuget. Obgleich Herr
Gehler bemerket, daß diese krampfhafte Erschütterung von
einer gezwungenen Bewegung des Armes entstanden seyn
könnte, so erhellet doch wenigstens daraus, daß Cotugni
der thierischen Elektricität mit ausdrücklichen Worten Erwähnung gethan habe. Der Brief war datirt am 3ten
October 1784.

Nachdem nun Galvani diese merkwürdige Entdeckung
an dem präparirten Frosche gemacht hatte, so gab ihm dieß
Veranlassung noch mehrere Versuche anzustellen, die er in
einer eigenen Schrift beschrieben, und zugleich eine eigene
Theorie über diesen Gegenstand entworfen hat *).

1. Wenn er die Nerven eines getödteten und abgezogenen
Frosches in eine elektrische Atmosphäre brachte, so entstand
ein Zusammenziehen der Muskeln mit einer zitternden convulsivischen Bewegung, und dieß ließ sich einige Stunden
nachher wiederhohlen.

2. Es mochte der Frosch mit dem elektrisirten Körper
wirklich in Berührung gebracht werden oder nicht, er mochte
selbst den Funken erhalten oder nicht, so erfolgten immer jene
Bewegungen, wenn nur eine gewisse Menge elektrischer Materie hindurchgieng, welches bloß durch einen Druck oder
Bewegung der elektrischen Atmosphären geschah.

3. Alle diese Erscheinungen nahm er auch bey andern
eben so präparirten Thieren wahr. Er war selbst neugie-
rig zu erfahren, ob die Elektricität der Wolken auf die präparirten Gliedmaßen den nämlichen Einfluß hätte, als die
künstliche Elektricität der gewöhnlichen Elektrisirmaschinen.

Zu

*) De viribus electricitatis in motu musculari commentarius. Bonon.
1791. 4. Galvani, Abhandlung über die Kräfte der thierischen
Elektricität auf die Bewegung der Muskeln, nebst einigen Schriften der Herrn Valli, Carminati und Volta, von Dr. Joh.
Mayer. Prag, 1793. 8.

Zu dieser Absicht führte er einen Leiter von der Spitze eines Hauses bis zu dem präparirten Thiere, welches bald in freyer Luft auf einem Tische lag, bald in einem gläsernen Recipienten eingeschlossen war. Bey dieser Vorrichtung thaten Blitz und Donner die nämliche Wirkung, wie die Funken aus der Elektrisirmaschine. Es wurde eben dieses Zusammenziehen bemerkt, welches nach der Entfernung und Stärke des Blitzes bald stärker bald schwächer war. Hierbey wurde nun noch dieser besondere Umstand wahrgenommen, daß sich die Gliedmaßen nicht bey jedem Donnerschlage ein Mahl zusammengezogen, sondern mit einer gewissen Art von Zittern oder auf einander folgenden Verzuckungen befallen wurden, welche der Zahl nach dem wiederhohlten Getöse des Donners gleich waren; ein Beweis, daß das Rollen des Donners von keinem Echo, wie man sonst glaubte, herrühre.

4. Noch auffallender war es ihm, daß er dieselben Bewegungen, dieselben Verzuckungen u. s. f. und fast eben so lange an todten, ja auch lebenden Thieren ohne Hülfe von anscheinender Elektricität hervorbrachte. Er trennte nämlich bey einem getödteten Thiere einen Nerven von den Theilen, die ihn umgaben, hierauf entblößte er die Muskeln, welche zu jenem Nerven gehen, von der Haut; nahm sodann ein Stück Metall, z. B. einen Draht, und berührte mit dem einen Ende desselben den Nerven, und mit dem andern die Muskeln, und fand, daß sich die Muskeln eben so bewegten, als wenn eine gewisse Menge Elektricität durch sie hindurchgegangen wäre. Es erfolgten alle diese Erscheinungen, das Präparat mochte auf einem isolirten Gestelle liegen, oder mit der Erde in Verbindung stehen. Wurde hingegen die Verbindung zwischen dem Nerven und den Muskeln nicht durch Metall oder andere Leiter der Elektricität, sondern durch nichtleitende Körper, z. B. Glas, Siegellack, Oel u. f. bewerkstelliget, so wurde keine Bewegung wahrgenommen.

Alles dieß gab ihm Gelegenheit, noch mehrere Versuche anzustellen, welche in der angeführten Schrift weiter nachgelesen werden können. Nach seiner Theorie nahm er an, daß die

die Muskeln gleichsam geladene Flaschen wären, deren Inneres $+$ E, die äußere Oberfläche hingegen $-$ E besitze. Die Nerven vertreten nach ihm die Stelle der Leiter, welche das $+$ E des Innern zu der äußern Fläche führen, auf welcher es im Augenblicke der Wiederherstellung des Gleichgewichtes Reiz und Zusammenziehung erregen soll. Dabey nimmt er aber auch an, daß zwar die innern Theile der Nerven aus einer leitenden Substanz bestehen, die auswendigen aber von einer isolirenden Materie umgeben seyn, welche jedoch unter günstigen Umständen den Uebergang der elektrischen Materie nicht hindere.

Um alles in gedrängter Kürze so viel als möglich zu übersehen, worauf es eigentlich bey diesem Gegenstande ankomme, werde ich die merkwürdigsten Versuche nach Cavallo *), ohne aber die chronologische Ordnung zu beobachten, anführen, und zugleich diejenigen bemerken, welche Cavallo nicht berührt hat.

1. Wenn der elektrische Wirkungskreis so stark ist, daß zwischen der leitenden Substanz, die mit dem Thiere in Verbindung ist, Funken entstehen, oder wenn in der Nachbarschaft des Thieres das Elektrometer afficiret wird, so werden auch ein ganzer Frosch, ein Sperling u. d. g. heftige Convulsionen bekommen. Ist das Thier isoliret, und es geht durch seinen Körper die Elektricität, so wird eine kleine Menge von elektrischer Materie, welche durch einen kleinen Funken aus einem ersten mittelmäßigen Leiter unmittelbar zu erkennen ist, den ganzen lebendigen Frosch afficiren. Wird hiezu eine leidner Flasche genommen, so wird man finden, daß noch eine weit geringere Menge Elektricität zu dieser Absicht nöthig ist, z. B. eine solche Ladung, welche zwar keine Funken mehr gibt, aber doch die Korkkügelchen eines Elektrometers merklich von einander treibt.

2. Ein Frosch aber, welcher nach Galvani's Methode präparirt ist, wird von einer ungleich geringern Menge von

Elektri-

*) Vollständige Abhandlung der Elektricität. Leipz. 1797. Band 2. S. 252 u. f.

Elektricität afficirt. Herr Volta *) bemerkte, daß eine so geringe Quantität von elektrischer Materie, welche auch bey dem empfindlichsten Elektrometer kein Auseinanderfahren bewirken konnte, sondern sich bloß an dem Condensator der Elektricität wahrnehmen ließ, hierzu schon hinreichend sey. Volta schätzt diesen Grad der Elektricität auf $\frac{1}{500}$ bis $\frac{1}{100}$ eines Grades vom cavalloschen Elektrometer. Ladet man z. B. eine leidner Flasche, und stellet sie nach der Entladung so, daß der präparirte Frosch in die zwischen der äußern und innern Belegung gemachte Verbindung kömmt, so ist der Uebergang dieses kleinen Ueberrestes völlig hinreichend, Zuckungen hervorzubringen. Es geben also die so präparirten Froschschenkel gleichsam ein thierisches Elektrometer ab, welches unter allen übrigen das empfindlichste ist, und die allerschwächsten Grade der Elektricität angibt.

3. Wenn der Frosch so präparirt ist, und eine solche Lage erhalten hat, daß die Elektricität durch einen Nerven in einen oder mehrere Muskeln gehen muß, so sind gemeiniglich die convulsivischen Bewegungen heftiger, als wenn man sie auf einen andern Theil des Körpers wirken läßt.

4. Anfänglich ist die Reizbarkeit eines so präparirten Thieres am größten; nach und nach aber vermindert sie sich, bis sie zuletzt ganz aufhört. Außerdem lehren die Versuche, daß die kaltblütigen Thiere diese Eigenschaft, von der Elektricität afficiret zu werden, länger als die warmblütigen behalten. Bey einigen von den warmblütigen ist die Reizbarkeit sehr schwach, und dauert kaum einige Minuten nach dem Tode des Thieres, da im Gegentheil einige kaltblütige Thiere, besonders die Frösche, diese Eigenschaft über 12 Stunden so oft auf 2 bis 3 Tage behalten.

5. Wenn man ohne Beyhülfe der Elektricität bloß durch Berührung des Muskels und des Nerven mit dem Metall oder

*) Schriften über die thierische Elektricität aus dem Italiän. übers. von Dr. Johann Mayer. Prag 1793. 8. ingl. Nachricht von einigen Entdeckungen des Herrn Galvani in zwey Briefen von Volta an Cavallo aus den philosoph. Transact. v. Jahr 1793 übers. in Grens Journal der Phys. B. VIII. S. 303 u.f.

oben die convulsivischen Bewegungen erhalten hat, und nachher das Metall an diesen Theilen beständig läßt, so hören
diese Bewegungen nach einer gewissen Zeit ganz auf, und es
werden nachher, wenn das Metall ist weggenommen worden,
selten noch einige Zuckungen bemerkt.

6. Da wie man in der Natur keine Kraft, außer der
elektrischen, kennen, welche durch Wasser, Metalle u. s. f.
sehr schnell, nicht aber durch Glas, Harze und andere Sub-

stanzen gerathen, daß die beschriebenen Wirkungen von der
Elektricität herrühren, welche sich entweder in einem und dem
andern Theile des Thieres, oder der Körper, welche ihm
nahe sind, oder anderer Körper, welche die Verbindung zwischen den Nerven und den Muskeln ausmachen, erzeuget.
Es ist schwer einzusehen, wie sich eine gewisse Menge elektrischer Materie an einer Stelle des Körpers erzeugen oder anhäufen, und an der andern ein Mangel derselben entstehen
könne, bey einem Thiere, welches durchaus die Elektricität
leitet; und wenn es auch aus Leitern und Nichtleitern bestehen sollte, so würde sich doch das geschwinde Erzeugen der
Elektricität, welches die bey jenen Versuchen bemerkten Wirkungen zu erfordern scheinen, nicht leicht erklären lassen. Herr
Volta glaubte aus den Versuchen des Herrn Galvani,
welche er auch bey den Säugthieren und Vögeln angestellt
hatte, selbst anfänglich einen Beweis zu finden, daß eine allgemeine thierische Elektricität Statt habe.   Aber bald darauf
nahm er die meisten Folgen, die er zum Vortheil für die
thierische Elektricität daraus hergeleitet hatte, wieder zurück.
Durch eine größere Vervielfältigung dieser Versuche fand er,
daß man eben diese convulsivischen Bewegungen im thierischen
Körper hervorbringen könne, wenn man entweder zwey Stellen des Nerven allein, oder auch nur einen einzigen Muskel
an verschiedenen Punkten mit Metallen berühret, wenn man
nur hierzu zwey verschiedene Metalle gebrauchet.   Dieß gab

sondern vielmehr Störung des Gleichgewichtes oder Erregung der Elektricität Statt finde. Er sieht nämlich nicht den thierischen Körper, wie Galvani, gleichsam als eine Ladungsflasche an, sondern bloß als Elektrometer. Nur einige wenige Phänomene bleiben ihm zurück, welche noch auf eine natürliche thierische Elektricität hinzuweisen scheinen. Nachdem in Deutschland die galvanischen Versuche durch die Herrn Ackermann a) und Schmuck b) und selbst durch die galvanische Schrift bekannt wurden, so wiederhohlten sie verschiedene Gelehrte. Unter andern geschahe dieß von Herrn Gren y) in Gegenwart der Herrn Forster, Klügel, Reil und Weber. Er bemerkte aber zugleich, daß es ihm noch zu früh dünke, daraus physiologische Erklärungen zu ziehen, und daß ihm selbst der Nahme thierische Elektricität nicht gut gewählet scheine, da er auf eine Ursache führe, die vielleicht in der Natur nicht Statt finde. Herr Reil gab vielmehr zu erkennen, daß alle diese Erscheinungen nichts weiter anzuzeigen schienen, als eine sehr große Empfindlichkeit der Muskeln gegen äußere Elektricität, welche bloß als ein Reizmittel wirke. Mehr hiervon wird weiter unten angeführet werden. Herr Cavallo bemerket, daß Substanzen unter gewissen, oft zufälligen Umständen bald stärker, bald schwächer, bald gar nicht leiten. Wollte man nun dieß auf jenen Fall der thierischen Elektricität anwenden, so müsse man erst erwägen, daß zwar das ganze Thier ein Leiter der Elektricität sey, dennoch aber jeder einzelne Theil davon sie nicht gut leite. Zugegeben also, oder angenommen, daß in dem Körper des Thieres durch eine uns unbekannte Ursache eine gewisse Menge Elektricität hervorgebracht werde; so folge nothwendig, daß diese Elektricität durch einige Theile leichter

a) Vorläufige Bekanntmachungen wichtiger Erscheinungen aus den neuesten physiologischen Versuchen über die Nerven in der Salzb. medic. chirurg. Zeitung. B. III. S. 259 u. f.

β) Beyträge zur nähern Kenntniß der thierischen Elektricität. Mannheim 1792. 8.

γ) Bemerkungen über die so genannte thierische Elektricität im Journ. der Phys. B. VI. S. 401 u. f. Schreiben des Hr. Prof. Reil über die so genannte thierische Elektricität. Ebendas. S. 411 f.

leichter fortgeleitet werden, und sich daselbst leichter ausbreiten müsse, als in andern; daher werde jene mehr elektrische Materie enthalten, als diese. Da nun aber das Metall, womit man zwischen dem Nerven und dem Muskel eine Verbindung mache, ein besserer Leiter sey als beyde, so stelle es das Gleichgewicht wieder her, und so könne folglich die thierische Elektricität selbst Wirkungen der künstlichen hervorbringen. Hieraus ließe sich gewissermaßen eine Schwierigkeit heben, die nämlich, daß sich die Elektricität bisweilen nicht im Gleichgewichte befinden, dieses aber wiederhergestellet werden kann, in einem Körper oder mehreren mit einander verbundenen Substanzen, welche zwar alle wirkliche, aber nicht gleich gute Leiter der Elektricität sind.

7. Es kann die leitende Verbindung zwischen dem Muskel und Nerven aus einem oder mehreren Stücken bestehen, und diese können einerley oder verschiedene mit einander verbundene Körper seyn, z. B. Metalle, Wasser, mehrere Personen, auch sogar Holz, der Fußboden, die Wände des Zimmers, Muskelfleisch, Morcheln. Zu bemerken ist aber, daß weniger vollkommene Leiter nur dann erst tauglich sind, wenn das präparirte Thier noch viel Kräfte besitzt; denn wenn diese abnehmen, alsdann sind nur vollkommene Leiter, z. B. Metalle, zu gebrauchen, und auch diese äußern verschiedene Wirkungen.

8. Allein in diesem fast erschöpften Zustande der thierischen Elektricität kann man über die Verschiedenheit der leitenden Kraft von mehreren Substanzen einige Untersuchungen anstellen. Aus den Versuchen, welche Cavallo mit Dr. Lind hierüber anstellte, ergab sich folgende Liste von Leitern; sie stehen nach der Ordnung ihrer Vollkommenheit, und der vollkommenste steht oben an. Indessen hält sie Cavallo noch gar nicht für ganz vollkommen, indem eine beträchtliche Verschiedenheit durch Umstände veranlasset werde, die kaum zu bemerken sind, wohin vorzüglich gehöre der veränderliche Zustand des präparirten Thieres, die Fläche der dabey gebrauchten Substanzen, die Quantität der Berührung u. s. f.

1. Hämmerbare Platina, 2. Silber, 3. Gold, 4. Quecksilber, 5. Kupfer, 6. Messing, 7. Zinn, 8. Bley, 9. Eisen, 10. der menschliche Körper, 11. Salzwasser, 12. reines
Wasser.

Dr. Well *) hat entdeckt, daß Metalle fähiger gemacht werden, Zusammenziehungen zu erregen, wenn sie an
verschiedenen andern Substanzen, als an einem andern Metalle, gerieben werden, z. B. an Seide, Wolle, Leder, Fisch-
haut, an der flachen Hand, Siegellack, Marmor und Holz.
Er glaubte, es sey möglich, daß die auf diese Weise geriebenen Metalle einen gewissen Grad von Elektrisirung erhalten haben könnten, der, so schwach er auch sey, doch noch
hinreichend wäre, auf die Nerven zu wirken, welchen sie zu-
geleitet würde. Allein er fand diese seine Vermuthung auf
keinen Fall bestätiget. Denn a. ein Metall, welches durch
Reiben fähig gemacht wurde, Zusammenziehungen zu erregen, zeigte keine Veränderung an Bennets Blattgolds-
elektrometer an; b. theilten feuchte Substanzen dem Metalle,
wenn es damit gerieben wurde, das Vermögen mit, Zusammenziehungen weit sicherer zu erregen, als wenn sie trocken
waren, und wie bekannt, schwächt die Wirkung des Reibens
zur Erregung der Elektricität die Dazwischenkunft von Flüssigkeit; c. wenn die Hand, als ein unvollkommener Leiter,
eine Anhäufung der Elektricität im Metalle beym Reiben
veranlaßt hatte, so müßte gewiß eine stärkere Wirkung dieser Art hervorgebracht werden, wenn das Metall dabey vollkommen isoliret würde, wovon aber das Gegentheil geschah;
d. mit dem geriebenen Theile eines Metallstückes berührte
er das isolirte freye Ende des Nerven von einer gehörig präparirten, auf den Fußboden des Zimmers gelegten Gliedmaße eines Frosches, es erfolgten aber keine Zusammenziehungen. Nachher berührte er damit den Nerven und den
Muskel zugleich, worauf sogleich Zusammenziehungen erreget wurden.

9.

---

*) Philosoph. transact. 1795. P. II. p. 246 f. überf. in Grens neuem
Journal der Physik. B. III. S. 441. ff.

9. Die metallischen Erze sind keine so guten Leiter, als die gereinigten Metalle selbst, und ihre leitende Kraft ist nach der Natur der Erze verschieden; aber auch die metallischen Salze sind ziemlich gute Leiter.

10. Merkwürdig ist es, daß die Flamme eines Talglichtes, welche sonst ein sehr guter Leiter der Elektricität ist, die thierische nicht leiten will, wenn man den Verbindungskreis etwas unterbricht, und sie dazwischen bringt. Nach Cavallo zeigte Holzkohle, in diese Lage gebracht, sich ebenfalls als einen Nichtleiter, ausgenommen wenn sie brennend war. Volta hingegen, welcher es zuerst versuchte, fand gut gebrannte Kohlen dazu geschickt. Auch Well hat die Kohlen als Leiter befunden. Fowler fand sie als Nichtleiter, und Pfaff einige als Leiter, andere als Nichtleiter.

11. Vitriolsäure und Alkohol scheinen die thierische Elektricität besser als das Wasser zu leiten.

12. Ein Draht, welcher über und über, nur nicht da, wo er das präparirte Thier berührt, mit Siegellack oder einer andern nicht leitenden Substanz überzogen ist, thut eben so gute Dienste, als wenn er bloß nackt wäre.

13. Wenn man den Verbindungskreis zwischen dem Muskel und Nerven aus mehreren an einander liegenden Leitern macht, so müssen sich diese völlig berühren, sonst wird sich die verlangte Wirkung nicht ereignen. Ein Metall auf das andere zu legen ist selten hinlänglich, man müßte sie denn gegen einander drücken. Fassen sich zwey oder mehrere Personen bey den Händen, so muß man oft die Verbindung durch Wasser noch vollkommener machen; man benetzt nämlich die Finger hauptsächlich mit Salzwasser. Sind die Finger fettig oder voller Schweiß, so leiten sie bisweilen die thierische Elektricität gar nicht. In diesem Falle muß man sie waschen, und in Salzwasser tauchen. Eine Unterbrechung von höchstens ⅛ Zoll, welche Cavallo in den metallenen Verbindungskreis machte, hinderte die Verbindung der Elektricität zwischen den Nerven und Muskeln von sechs Fröschen, die er alle präparirt und mit einander verbunden hatte.

14. Die Arterien und Venen sind nicht so gute Leiter, als die Nerven. Denn wenn ein Blutgefäß einen Theil des Verbindungskreises ausmacht, so finden die Zuckungen nur dann Statt, wenn nervöse Aeste an ihnen hangen; trennt man diese sorgfältig, so erfolgt keine Bewegung. Eben dieß läßt sich von den Knochen, Sehnen und Häuten behaupten. Denn wenn man einen von diesen Theilen vom Körper trennt, und ihn in den Verbindungskreis zwischen den Muskeln und Nerven eines präparirten Frosches bringt, so wird keine Bewegung erfolgen, diese Theile müßten denn sehr feucht seyn, und den Frosch unmittelbar berühren. Trockne Nerven sind keine Leiter der thierischen Elektricität. Valli fand, daß die innere Substanz eines Nerven besser leite, als die äußere, oder seine Bekleidung.

15. Wenn man ein Stück des Nerven in ein dünnes Stück Metall, z. B. Zinnfolie oder Tackseblev, wickelt, und eine metallische Verbindung zwischen dieser Belegung oder Armatur und den Muskeln macht, so werden stärkere Bewegungen erfolgen. Auch den Muskel selbst kann man mit Metall armiren, oder ihn bloß darauf legen; und wenn man nun hier zwischen der Armatur des Nerven und eines oder mehrern Muskeln eine Verbindung macht, so werden die Bewegungen sehr lebhaft seyn, und länger dauern, als wenn man keine Belegung oder Armatur gebraucht. Außer den Metallen kann die Armatur auch aus Wasser, oder andern Leitern bestehen. Eine solche Armatur scheint die Berührungspunkte zu vermehren. Man hat bemerkt, daß die Wirkung größer und gleichförmiger sey, wenn die metallene Leitung zuerst mit dem Muskel oder seiner Belegung, und dann mit ihrem andern Ende mit der Armatur des Nerven in Berührung gebracht wird, als wenn man den Nerven zuerst damit berühret. Wenn also die Kraft des Thieres geschwächt wird, so kann man sich der erstern Art mit Erfolg bedienen, nicht aber der letztern.

16. Merkwürdig ist es, daß man bey diesem Versuche zwey verschiedene Metalle nehmen muß, nämlich eins, das

der Nerven, und ein anderes, das die Muskeln berühret. Denn wenn sie beyde von einerley Art sind, z. B. von Silber, oder von Zinnfolie, so werden keine Zuckungen Statt finden. Man muß jedoch bemerken, daß Anfangs, wenn die Kraft des präparirten Thiers noch sehr stark ist, Zuckungen entstehen, auch wenn beyde Belegungen von einerley Metall sind, wenn gleich nicht so heftig, als wenn man zwey Metalle gebrauchet. Aber Anfangs, wenn die thierische Elektricität stark ist, lassen sich die Bewegungen auch ohne Belegungen hervorbringen, ja auch, ohne metallene Verbindung. Bloß die Berührung des Tisches, oder Annäherung eines Stücks Metall, ohne wirkliche Berührung, wird oft die Bewegungen hervorbringen. Allein diese große Empfindlichkeit ist von kurzer Dauer; nach einer solchen Periode werden zwey Armaturen von einerley Metall keine Bewegung veranlassen. Der geringste Unterschied in Ansehung der Beschaffenheit der beyden Belegungen ist jedoch hinreichend, schwache Bewegungen hervorzubringen, z. B. wenn sie von Silber von verschiedenem Gehalt oder von verschiedenen Bleyforten u. s. f. gemacht sind. Aus dem nämlichen Grunde ist auch die Wirkung, wenn sie aus zwey sehr verwandten Metallen bestehen, nicht so stark, als wenn beyde Metalle von ungleicher Natur sind. So hat man gefunden, daß Gold und Silber nicht so gut sind, als Silber und Zink, oder Gold und Bley. Gold, Silber, Stahl, Kupfer und Molybdän sind, wenn man sie mit Zinn, Bley oder hauptsächlich mit Zink verbindet, sehr gute Erregungsmittel der Zuckungen an präparirten Thieren. Verbindet man aber je zwey von jenen Metallen, so wird die Wirkung beträchtlich schwächer. Große Stücke von jenen Metallen mit großen Flächen scheinen für diese Versuche besser zu seyn als kleine kompakte.

Herr Berlinghieri *), zu Pisa, hingegen glaubt, daß es keinesweges schlechterdings nothwendig sey, verschiedene Metalle zu den Armaturen als Excitatoren anzuwenden; nach seinen Versuchen sind Wirkungen erfolget, wenn er sich des

Essens

*) Journal de physique. Avril 1793.

Eisens allein, auch sehr oft, wenn er sich des Eisens und Stahls zum Leiter bedienet hatte. Wenn er die Cruralnerven eines Frosches der Länge nach bloß legte, sie hernach in der Mitte quer durchschnitt, und auf einer Glastafel so ausbreitete, daß die Enden 1 Zoll weit von einander entfernet waren, und diesen Zwischenraum mit einem Stück Silber ausfüllte, so zeigten sich bey Anwendung des Excitators sehr lebhafte Erscheinungen, wenn hingegen statt des Silbers Siegellack gebrauchet ward, so verschwanden diese sogleich, und alle Bewegungen hörten auf.

17. Durch neuere Versuche hat man gefunden, daß das bloße Berühren von verschiedenen Metallen Elektricität hervorbringe.

18. Es erfolgen alsdann auch Bewegungen, wenn die Metalle mit der präparirten Gliedmaße nicht unmittelbar in Berührung kommen, wofern sie nur einen Theil des Verbindungskreises ausmachen.

19. Das Präpariren des Frosches oder eines andern Thieres zu dergleichen Versuchen besteht im Allgemeinen darin, daß man einen von den Hauptnerven da, wo er in ein bewegliches Glied hineingehet, von allen ihn umgebenden Theilen entblößet, und mit einer metallenen Folie armiret. Macht man alsdann die Verbindung, so wird sich die Bewegung zeigen. Allein nach und nach nimmt die Kraft dieser Bewegung immer ab, und man kann sie gemeiniglich nicht über zwey bis drey Stunden bemerken. Die Empfänglichkeit der thierischen Organe wird nach dem Hrn. von Humboldt *) ungemein erhöhet, wenn man den Nerven mit oleum tartari per deliquium benetzt: So bald ein Nerve damit ist befeuchtet worden, so werden zwar beym Galvanisiren gleich anfänglich die Zuckungen um vieles verstärkt, in dem Muskel selbst aber, im Fall er auf einer Glasplatte sich selbst überlassen ruht, geht keine sichtliche Veränderung vor. Nach

bis

---

*) Neue Versuche, besonders in Hinsicht auf die verschiedene Empfänglichkeit der thierischen Organe, in Grens neu. Journale der Physik B. III. S. 165 u. f.

bis 4 Minuten hingegen, besonders wenn man den Nerv in die Höhe hebt, damit die alkalische Auflösung nach der Insertion des Nerven in den Muskel herabläuft, sieht man Kennzeichen eines fürchterlichen Stimulus. Der Schenkel auf einer bloßen Glasplatte liegend, mit keinem Metall oder kohlenhaltigem Stoff in Berührung, geräth von selbst in die lebhaftesten Zuckungen. Muskeln, aus welchen man alle Lebenskraft entwichen glaubte, weil ihr Nerv mit Zink und Silber, oder Zink und Gold keinen Reiß mehr erregte, zuckten heftig mit gleichartigen Metallen, als ihr Nerv mit der alkalischen Auflösung getränkt war. Thiere, deren Reizempfänglichkeit durch warme Solutionen von Arsenikkalk zernichtet war, zuckten sogleich lebhaft wieder, als sie mit dem oleum tartari bestrichen wurden.

20. Mit einem auf diese Weise präparirten Frosche lassen sich Versuche von verschiedener Art anstellen; die beyden folgenden Methoden aber sind vorzüglich zu empfehlen, weil sie sehr heftige und in die Augen fallende Bewegungen hervorbringen:

- a. Man halte das eine Bein des Präparats an seinem Ende, und lasse das andere Bein mit dem armirten Nervenbündel und des auf jenem liegende Stück Rückgrath herunterhängen. In dieser Lage bringe man ein Stückchen Silber zwischen den herunterhängenden Schenkel und den Nerven, so daß die eine Fläche von ihm jenen, seine andere oder der Rand desselben aber die metallene Belegung von diesem berühre. Hier wird man finden, daß der herunterhängende Schenkel sehr heftig vibriren wird, bisweilen so stark, daß er gegen die Hand, mit der man das andere Bein hält, schlägt.

- b. Man setze zwey mit Wasser gefüllte Weingläser ganz nahe an einander, doch so, daß sie sich nicht völlig berühren. Hierauf lege man die Schenkel und Beine des präparirten Frosches in das Wasser des einen Glases, und die Nerven über den Rand von beyden Gläsern, so daß das Stück Rückgrath und die Armatur das Wasser

in

im andern Glase berühren. Wenn man nun zwischen
dem Wasser in beyden Gläsern, mittelst eines Ausladers, eine Verbindung macht; oder die Finger der
einen Hand in das Wasser des Glases, worin sich die
Beine befinden, taucht, in der andern Hand aber ein
Stückchen Silber hält, und damit die Belegungen
der Nerven berühret, so wird man sich die präparirten Beine bisweilen so stark bewegen sehen, daß sie
gar aus dem Glase herausspringen.

21. Nähert man den metallenen Auslader dem präparirten Nerven und den damit verbundenen Gliedmaßen, so erfolgen nicht nur im letztern Contractionen, sondern auch in
verschiedenen andern Theilen, welche damit in Verbindung
stehen. Wenn ein präparirter Frosch durch oft wiederhohlte
Berührung mit dem Auslader seine Kraft verloren hat, so
schiebe man die Armatur an eine andere Stelle des nämlichen
Nerven, hauptsächlich näher an die Muskeln, und man wird
die Kraft mehrentheils wieder hergestellt finden.

22. Ein Unterbinden des Nerven, nahe an der Stelle,
wo er in den Muskel geht, verhindert meistens die Bewegungen; unterbindet man ihn aber in einiger Entfernung
von dem Muskel, so geht der Versuch so gut von Statten,
als wenn man ihn nicht unterbunden hätte. Dr. Valli behauptet, daß das Unterbinden des Nerven der künstlichen
Elektricität eben so hinderlich sey als der thierischen.

23. Gebraucht man Armaturen von verschiedenen metallischen Substanzen, und verbindet sie unter einander, so kann
man bey einem lebendigen Frosche auch bey andern lebendigen Thieren Bewegungen hervorbringen. Den Versuch stellt
man auf folgende Art an: man legt den lebendigen Frosch
auf ein Stück Zink, und befestiget einen Streifen Zinnfolie
auf seinem Rücken; ist dieß geschehen, und macht man eine
Verbindung zwischen beyden Armaturen hauptsächlich mit
Silber, so zeigen sich die spasmodischen Zuckungen nicht
nur in den Muskeln, welche die Metalle berühren, sondern
auch in den in der Nähe liegenden. Den Streifen Zinnfolie
kann

kann man, wenn man sich zur Leitung des Silbers bedient, ganz weglassen. Dieser Versuch läßt sich auch unter dem Wasser anstellen.

24. Bey diesen Versuchen ereignet es sich oft, besonders wenn man sie mit Fröschen und jungen Hühnern anstellt, daß man, wenn man die metallene Leitung anbringt, in den präparirten Gliedmaßen keine Bewegungen hervorbringen kann, welche doch das Thier nach Willkür zu bewegen vermag. Ein andermahl hingegen bewirkt der Gebrauch des Ausladers Bewegungen in Gliedmaßen, welche dem Anscheine nach das Thier zu bewegen nicht im Stande ist. So hemmt z. B. Opium, wenn man es an einen Muskel oder Nerven bringt, die willkürlichen Bewegungen des Muskels oder der von jenem Nerven abhängenden Muskeln; der Gebrauch der Armaturen und des Ausladers hingegen bringt Bewegungen in ihnen hervor. Es scheint unbezweifelt zu seyn, daß sich in der thierischen Hülle eine Kraft befinde, welche größtentheils die Wirkung des gebrauchten Metalls, sie sey auch welche sie wolle, aufhebt. Ist das Thier sehr munter, so lassen sich durch jene Mittel selten Zusammenziehungen hervorbringen; hat man hingegen einen Theil des Körpers zuvor durch Reitz u. d. g. empfindlicher gemacht, so kann man von dem Gebrauche der Metalle beträchtlichere Wirkungen erwarten.

25. Auch der Körper eines lebenden Menschen kann für die Wirkungen der Metalle empfänglich gemacht werden, und sie lassen sich so wohl mit Hülfe des Gesichtes, als des Geschmacks wahrnehmen. Man lege jemanden ein Stück Metall auf die Zunge, und ein Stück von einem andern Metalle unter dieselbe; wenn man nun beyde Metalle dadurch, daß man sich ihre Enden berühren läßt, oder ein anderes Stück Metall dazwischen bringt, mit einander verbindet, so wird er eine ganz eigene Empfindung, eine Art von kühlem und säuerlichem Geschmack wahrnehmen, fast wie der, welchen die künstliche Elektricität hervorbringt. Am besten bedient man sich bey diesem Versuche des Silbers und Zinks.

Die

Die Empfindung scheint noch merklicher zu seyn, wenn die Metalle die gewöhnliche Temperatur der Zunge haben. Man kann auch das Silber oder Gold an einen andern Theil des Körpers halten, an den Mund, die Nase, die Ohren oder eine andere empfindliche Stelle des Körpers; und wenn man sodann den Zink an die Zunge bringe, und beyde Metalle verbindet, bemerkt man den Geschmack auf der Zunge. Die Wirkung ist stärker, wenn man den Zink nur wenig, von dem Silber aber ein beträchtliches Stück Fläche berühret, als umgekehrt. Statt der Zunge kann man auch die Metalle an den Gaumen, so weit hinter als möglich anlegen; und man empfindet sodann, wenn man sie verbindet, einen starken Geschmack oder Reitz. Ein sehr auffallendes Reitzmittel hat John Robinson dem Dr. Fowler gemeldet: man bringe eine kleine Zinkplatte inwendig an den einen Backen, und eine Silberplatte an den andern; und zwar bringe man die Backen mit den Metallen in so vielen Punkten als möglich in Berührung. Nun schiebe man eine kleine Zinkstange zwischen den Zink und den einen Backen, und eine ähnliche von Silber zwischen das Silber und den andern Backen, und lasse sich ihre äußern Enden langsam berühren. Hier wird man ein empfindliches convulsivisches Zwicken in den dazwischen liegenden Theilen des Zahnfleisches, mit hellen Blitzen in den Augen begleitet fühlen. Diese Blitze wird man so wohl vor der Berührung sehr deutlich wahrnehmen, als auch nachher zum zweiten Mahle, wenn man die Enden wieder von einander bringt. Verwechselt man die Stäbchen, so erfolgt gar keine Wirkung. Es ist auch schon hinreichend, wenn man hierzu nur ein Stäbchen von Zink und eins von Silber anwendet.

26. Dieser Versuch afficiret nicht jeden in gleichem Grade. Einige bemerken die Empfindung oder den Geschmack nur sehr wenig, oder auch gar nicht; auf andere hingegen wirkt er sehr stark, und ist ihnen sehr zuwider. Andere halten es wiederum mehr für ein Stechen und nicht eigentlich für einen Geschmack. Herr Hofrath Lichtenberg

henkt *) vergleichet die Empfindung beym Silber und Bley mit derjenigen, welche man nach einem schwachen Verbrennen der Zunge fühlt.

27. Die Verbindung zwischen beyden Metallen kann man auf verschiedene Arten zu Wege bringen. Man stelle z. B. zwey grosse Gläser voll Wasser neben einander, ohne daß sie sich berühren. Nun lege man ein ovales Stück Zinnfolie mit einem Ende in das Wasser des einen Glases, so daß das andere Ende herausgehet; in das Wasser des andern Glases aber das eine Ende eines ovalen Silberblättchens, und lasse die herausgehenden Theile einander berühren. Hierauf tauche man die Spitze der Zunge in das Wasser des ersten, und die Finger der einen Hand in das Wasser des zweyten Glases, und man wird sogleich den säuerlichen Geschmack bemerken, und zwar so lange, als man die Finger in dieser Lage erhält.

28. Wenn man Metalle auf den Sinn des Gesichts wirken lassen will, so lasse man jemanden im Dunkeln ein Streifchen Zinnfolie auf das eine Augenlied legen, und ein Stück Silber, z. B. einen Löffel oder dergleichen in den Mund nehmen. Macht man nun zwischen dem Löffel und der Zinnfolie eine Verbindung, so wird ein schwacher Blitz von weissem Lichte vor den Augen erscheinen. Noch besser läßt sich dieser Versuch anstellen, wenn man ein Stück Zink zwischen die Oberlippe und das Zahnfleisch, so hoch als möglich, und eine Silbermünze auf die Zunge legt, oder auch ein Stückchen Silber in das eine Nasenloch steckt, und ein Stückchen Gold oder Zink mit dem obern Theile der Zunge in Berührung bringt. In beyden Fällen wird man den Lichtblick wahrnehmen, so bald beyde Metalle mit einander in Verbindung kommen, entweder durch eine unmittelbare Berührung ihrer Enden, oder wenn man sich dazu anderer Leiter der thierischen Elektricität bedienet. Wird dieser Versuch an einem nur schwach erleuchteten Orte mit offenen Augen angestellt, so

werden

*) Grens Journal der Physik B. VI. S. 415.

werden die Darnebenstehenden gemeiniglich bey der wechselseitigen Berührung der Metalle ein geringes Zusammenziehen der Pupille bemerken.

29. Auch bey solchen Personen, bey denen chirurgische Operationen sind gemacht worden, hat man Versuche angestellet. Herr Creve war der erste, welcher Gelegenheit fand, dergleichen Versuche zu machen. Es mußte nämlich im Juliushospital zu Würzburg einem neunjährigen Knaben das linke Bein zunächst an der Mitte des Oberschenkels abgenommen werden. Sogleich nach der Operation suchte Herr Creve den Kniekehlnerven, brachte um denselben ein Streifchen Stanniol, und berührte Nerven und Stanniol zugleich mit einem französischen Laubthaler. Augenblicklich erfolgten die heftigsten Contraktionen, so wohl in dem Theile, welcher sich oberhalb des Kniegelenks, als in dem andern, welcher sich unterhalb desselben befand. Die Contraktionen zeigten sich aber nicht, wenn der Stanniol vom Nerven abgenommen, oder statt der Silbermünze eine stählerne Pinzette gebrauchet, oder Stanniol und Silber vom Blute verunreiniget war.

30. Wenn man Frösche durch einen gerade so stark erforderlichen elektrischen Schlag tödtet, und sie alsdann auf die gewöhnliche Art präpariret, so finden die Bewegungen Statt; sind sie aber durch sehr starke Schläge getödtet worden, so hören nachher alle Bewegungen auf.

31. Wenn Thiere vorher ertränkt wurden, und man setzte sie nachher der Wirkung der Metalle aus, so zeigten sich, wenn man den Auslader an die Muskeln, und einen zuvor entblößten und armirten Nerven brachte, ganz verschiedene Wirkungen. Bey einigen hatte alle Bewegung aufgehöret; andere zeigten noch einige. Bisweilen waren die Zuckungen noch sehr heftig, dauerten aber nicht lange; einigemahl wird selbst das Thier, wenn man in ihm Zuckungen erregte, wirklich wieder zum Leben gebracht. Herr Creve *) wurde selbst auf

*) Vom Metallreitze, einem neuentdeckten Prüfungsmittel des wahren Todes, mit Kupf. Leipz. und Gera 1796. 8.

uf, den Gedanken geleitet, den Metallreiß als ein Kennzeichen vorzuschlagen, wodurch man den Scheintod von dem wahren unterscheiden könne. Diesen Gegenstand führte Herr Klein *) noch weiter aus. Allein es wird doch der Metallreiß zu dieser Absicht keinesweges mit Sicherheit angewendet werden können, weil man Personen gefunden hat, welche gegen diesen Reiz beynahe gar keine Empfindlichkeit gezeiget haben.

32. Wenn man Thiere durch Gifte oder einen andern Reiz getödtet hatte, so war doch die so genannte thierische Elektricität nicht verloren gegangen. Hatte man aber den Thieren ihr Leben in salpeterartiger oder dephlogistisirter Luft geraubet, so waren diese Bewegungen sehr schwach, und folgten nur nach Verfluß einer ziemlichen Zeit auf einander. Verhungerte oder durch fressenden Sublimat getödtete Thiere, die nachher präpariret sind, und der Wirkung der Metalle ausgesetzt worden, haben gar keine Bewegungen gezeigt.

Die Eigenschaft, sagt Cavallo, durch eine metallene oder andere Verbindung zwischen den Nerven und Muskeln in Bewegung gesetzet zu werden, ist nicht wenigen Thieren allein eigen, sondern scheinet überhaupt allen Thieren zu zu kommen; ein Naturgesetz, welches wenige Ausnahmen zuläßt, und auch diese wenigen sind noch sehr zu bezweifeln. Man hat bereits mit mehreren Thieren, welche auf der Erde, in der Luft und im Wasser leben, Versuche angestellt. An menschlichen Körper bey chirurgischen Operationen, oder an frisch abgelösten Gliedmaßen haben sich, beym Gebrauche der Metalle, Zuckungen gezeigt. Von dem Ochsen und Pferde bis zur Fliege, hat man die Wirkungen des Metallreizes zu wiederhohlten Mahlen, und unbezweifelt wahrgenommen. Bey einigen dauert die Kraft länger, als bey andern; die Bewegungen sind auch mehr zu bemerken, und heftiger nach der verschiedenen Beschaffenheit und Stimmung des Thieres. Das Bein eines so eben gestorbenen Pferdes schlug so gewaltig,

*) Diss. de metallorum irritamento ad explorandam veram mortem. Mogunt. 1794. 4. übers. in Grens neuem Journal der Physik. B. I. S. 36 u. f.

tig, daß ein starker Mann mit aller Gewalt den Schlag nicht
aufhalten konnte. Kaltblütige Thiere behalten jene Kraft insgemein länger, als warmblütige; aber auch unter denen,
welche unter diese Classe gehören, bemerkt man eine beträchtliche Verschiedenheit, welche von der verschiedenen Stärke
oder Reitzbarkeit ihrer Fibern, und vielleicht auch von andern
uns noch unbekannten Ursachen herrühret. Die Thiere, welche von dem obigen allgemeinen Gesetze eine Ausnahme zu
machen scheinen, sind einige Würmer, einige andere Insekten, die Auster und einige andere kleine Seethiere. Allein
da die Organisation dieser Thiere nicht viel Reitzbarkeit zu
besitzen, noch viel Bewegung zu verstatten scheinet, so kan
man annehmen, daß die Wirkung des Metallreitzes zu schwach
sey, als daß wir sie mit unsern Sinnen wahrnehmen könnten. Wirklich hat man auch neuerlich bey verschiedenen Thieren, von denen man zuvor geglaubt hatte, daß die Berührung der Metalle nicht auf sie wirke, Contraktionen hervorgebracht, nachdem man wirksamere metallene Verbindungen
entdeckt, und einige reitzbarere Theile an ihnen gefunden hat.

Alle diese von Cavallo angeführten Versuche sind ebenfalls von Herrn D. Christoph Heinrich Pfaff [a]) in
einer sehr schönen Ordnung vorgetragen, und in einer andern
Schrift [b]) noch mehrere dergleichen Versuche angegeben worden, aus welchen zu erhellen scheinet, daß das galvanische
Fluidum ganz andern Gesetzen, als die elektrische Materie folge.

Die Physiker sind überhaupt unter sich nicht einig, was
eigentlich der Galvanismus sey, und wie er auf die Muskeln
wirke. Viele Physiker nehmen an, der Galvanismus sey
nichts weiter als die Elektricität. Hierbey entsteht aber die
Frage, woher entspringt die Elektricität; wird sie erst während der Versuche erregt, und entstehe sie von außen? oder ist sie
schon

a) Diss. de electricitate animali. Stuttg. 1799. 8. Deutsch; Abhandlung über die so genannte thierische Elektricität, in Grens Journal der Physik B. VIII. S. 195 f. Auch besonders unter dem
Titel: Ueber thierische Elektricität und Reitzbarkeit, ein Beytrag
zu d. neuest. Entdeckungen über diesen Gegenstand. Göttingen 1794.
b) Ueber thierische Elektricität und Reitzbarkeit. Göttingen 1795. 8.

schon erregt in dem thierischen Körper vorhanden? In diesem
letztern Falle erst würde wahre thierische Elektricität Statt
finden. Galvani und Valli behaupteten eben letzteres.
Sie meinten, in dieser Elektricität das Lebensprincip entdeckt
zu haben, von welchem alle Empfindlichkeit und Reizbarkeit
des thierischen Körpers abhienge. Allein diese Annahme ist
bey weitem nicht hinreichend, alle Versuche daher herleiten
zu können. Nimmt man mit Galvani an, daß ein jeder
Muskel gleichsam als eine geladene Flasche zu betrachten sey,
und durch eine leitende Verbindung der äußern und innern
Fläche entladen wird, so kann man auf keine Weise einsehen,
woher die Muskeln das Vermögen nehmen, die Contraktionen so oft und so lang zu wiederhohlen, da doch kein Grund
da ist, warum nach einer Entladung das Innere von neuem
$+$ E wieder erhalten sollte. — Nimmt man aber mit Valli
an, daß die elektrische Materie in den Nerven von Natur angehäuft seyn, und durch den Uebergang in die Muskeln Zusammenziehung erregen soll, so ist diese Anhäuffung der freyen
elektrischen Materie in einer leitenden Substanz, welche allenthalben mit Leitern umgeben ist, aller Analogie entgegen;
außerdem ist auch hiermit der Satz nicht zu vereinigen, daß
die Elektricität in den Nerven bloß als Reizungsmittel wirke,
welchen doch verschiedene Gründe sehr wahrscheinlich machen.
Herr Volta, welcher sich mit diesem Gegenstande unter
allen Physikern am meisten beschäfftiget, und ihn auf eine
sehr vielfache Art untersuchet hat, glaubt, daß die Ursache,
welche Muskularbewegungen erregt und den Geschmacks- und
Gesichtssinn afficiret, das gewöhnliche elektrische Fluidum
ist, welches nicht durch einen thierischen Lebensprozeß, sondern durch Berührung heterogener Leiter unter einander in
Action gesetzet wird. Anfänglich blieben ihm aber doch noch
einige Versuche übrig, welche auf eine natürliche thierische
und eigentlich organische Elektricität hinzuweisen schienen.
Dahin rechnet er diejenigen Versuche, wo man keine verschiedenen Belegungen, oder überhaupt gar keine Belegung nöthig
hat, wo ein bloßer Metalldraht oder jeder andere Leiter, wel-

cher

cher die Stelle eines Ausladers zwischen dem isolirten Nerven und einem davon abhängenden Muskel vertritt, in den
letzteren Zuckungen erregen kann. Hierbey bemerkt er jedoch
zugleich, daß man die Idee, welche beym ersten Anblick
dieser Sache auf eine deutliche Erklärung der Muskelbew-
gungen zu weisen schienen, ganz aufgeben müsse. · Alle seine
Versuche hätten ihm deutlich gezeiget, daß die in den Organen
erregte Elektricität keineswegs auf die Muskeln unmittelba
wirke, daß sie nur die Nerven reitze, und daß diese in Bewegung gesetzt wiederum die Muskeln reitzen.   Endlich s
es ihm gelungen*), die bey der Berührung der verschiedenen
Leiter in Action gesetzte elektrische Materie, durch Hülfe seines
Condensators der Elektricität, welcher nach einer neuen Art
eingerichtet ist, und noch weit besser durch Nicholsons
Diplicator bis zur Wahrnehmung an einem Elektrometer
darzuthun.

   Weil die verschiedenen Leiter nicht gleiches Vermögen
zeigen, bey ihrer Berührung unter einander, einen elektrischen Strom zu veranlassen (n. 8.), so theilet sie Hr. Volta
zu dieser Absicht in zwey Classen ein: in trockene, welche
die erste Classe ausmachen, und wohin vorzüglich die Metalle, die Kiese und Holzkohlen gehören; und in feuchte
Leiter, welche die zweyte Classe ausmachen. · Allezeit nun,
wenn man in einem vollständigem Kreise von Leitern entweder
einen von der zweyten Classe zwischen zwey unter einander
verschiedene von der ersten Classe, oder umgekehrt einen von
der ersten Classe zwischen zwey unter sich verschiedene von der
zweyten Classe bringt, wird zur Rechten oder zur Linken ein
elektrischer Strom veranlasset, welcher bey Unterbrechung des
Kreises wieder aufhöret, bey Wiederherstellung desselben
wieder von neuem veranlasset wird, und so in den reitzbaren
Theilen, welche einen Theil des leitenden Kreises ausmachen,
Empfindung und Bewegung hervorbringt. · Herr Volta
hat durch seine Untersuchungen bewiesen, daß die elektrische
Action hauptsächlich durch die Berührung zwey verschiedener

---

  *) Grens neues Journ. d. Physik B, III. S. 479. B. IV. S. 107 u.f

ter Metalle mit feuchten Leitern veranlasset wird, obgleich
dieselbe auch bey Berührung der trockenen heterogenen Leiter
unter einander, und selbst der feuchten heterogenen Leiter
unter einander Statt findet. Die verschiedenen Arten der
Verbindung der Leiter unter einander zur Veranlassung eines
elektrischen Stroms lassen sich durch Zeichnungen deutlicher
machen, welche ich nach Herrn Volta hier beyfüge. Die
größern Buchstaben deuten die verschiedenen Leiter oder Er-
reger (moteurs) der erstern Classe, und die kleinern die der
zweyten Classe an:

Die fig. 123. kann den Fall vorstellen, wo der Frosch-
nerve den feuchten Leiter a macht, welcher an zwey verschiedenen Stellen, von zwey verschiedenen Metallen oder Leitern
der ersten Classe A (Silber) und Z (Zink) berühret wird, welche sich unter einander wieder selbst berühren, oder a ist die
Spitze der Zunge zwischen Silber und Stanniol, welche sich
unter einander berühren.

Die fig. 124. stellt den Fall vor, wo sich ein Leiter der
erstern Classe zwischen zwey sich berührenden heterogenen Leitern der zweyten Classe in Berührung befindet.

Wenn der Kreis bloß von zwey Arten der Leiter, so verschieden sie auch sind, und so vielfach auch die Anzahl der
Stücke sey, woraus er besteht, zusammengesetzet ist, wie
fig. 125. 126. 127. und 128., so werden sich nun zwey gleiche
Kräfte einander entgegen gesetzet befinden, d. h. es wird das
elektrische Fluidum nach zwey entgegengesetzten Richtungen
gleich stark getrieben, so daß sich kein elektrischer Strom
weder zur Rechten noch zur Linken, noch umgekehrt, bilden
kann, welcher im Stande wäre, Convulsionen zu erregen.

Es gibt auch andere Fälle, andere Verbindungen, wo
die Kräfte ebenfalls im Gleichgewichte sind, und wo folglich kein elektrischer Strom Statt findet, wenigstens kein
solcher, der auf die zartesten Nerven Eindruck machen, oder
in dem aufs vortheilhafteste präparirten Frosche, welcher sich
im Kreise befindet, Erschütterung erregen könnte, ungeachtet
der Dazwischenkunft zwey oder mehrerer verschiedener Metalle.

Dieß

Dieß ist der Fall, wenn jedes dieser Metalle sich zwischen zwey feuchten, oder den der zweyten Classe, und die sehr nahe von einerley Art sind, befindet; welcher Fall die fig. 129. vorstellet, oder wenn auch in dem Kreise aus drey Stücken zwey derselben von einerley Metall, und eins von einem andern Metalle ist, die so verbunden sind, daß sich dieses unmittelbar zwischen jenen befinde, wie fig. 130.

Wenn aber im leztern Falle das mittlere Metallstück A unmittelbar mit einem Ende an eines von den beyden Stücken Z appliciret ist, mit dem andern Ende aber nicht unmittelbar das andere Stück Z, sondern einen dazwischen liegenden feuchten Leiter m, welcher von g verschieden ist, berühret, wie es die fig. 131. vorstellet, so ist die elektrische Materie an beyden Seiten nicht mehr im Gleichgewichte, und es entsteht nun ein elektrischer Strom. Wenn also g ein präparirter Frosch, Z, Z Stücke von Zink, A Silber, und m ein Wassertropfen, ein Stückchen feuchte Morchel, Seife, Kleber, Enweiß u. d. g. ist, so wird der Frosch in Zuckungen gebracht, so bald man den Kreis vollständig macht.

Wenn man einen andern Wassertropfen, oder irgend einen feuchten Leiter zwischen das andere Ende von A, und das andere correspondirende Stück Z bringt, wie fig. 132. zeigt, so sind wiederum die Kräfte von der Rechten zur Linken einander entgegengesetzet, mithin wird der elektrische Strom verhindert, und der Frosch bleibt solcher Gestalt unbewegt. Eben dieß findet auch in dem Falle fig. 133 und fig. 134 Statt.

In den Verbindungen hingegen, welche durch fig. 135. 136. 137. 138 und 139 vorgestellet sind, sind sich die Actionen, welche durch die metallischen Berührungen entspringen, nicht mehr einander entgegengesetzet, mithin entsteht ein elektrischer Strom. In diesen Figuren kann g den präparirten Frosch vorstellen, welcher an der einen Seite bey den Füßen, an der andern beym Rumpfe von feuchten Händen der beyden Personen p, p gehalten wird, A und Z aber Stücke von Silber und Zink;

Fehlt

Fehlte in fig. 136. a zwischen A und Z, so würde diese Verbindung mit der in fig. 134. vorgestellten übereinkommen, und kein elektrischer Strom veranlasset werden. Man kann daher den Versuch auf eine frappante Art abändern. Es sey in fig. 136. im Kreise zur linken p eine Person, welche in der linken feuchten Hand einer silbernen Löffel, worin etwas Wasser a ist, bey dem Stiele hält, in der Rechten auch ein Silberstück A hat; p oben im Kreise zur Rechten halte in der rechten Hand ein Stück Zink, in der linken die untern Extremitäten des präparirten Frosches g, dessen Rumpf von der dritten oder mittleren Person p mit der rechten Hand gehalten wird, während sie in der linken mit einer Stange Zink das Silberstück A der ersten Person berühret. Wenn nun die beyden äußersten Personen ihr Silber und Zink sich trocken berühren lassen, so tritt der Fall fig. 134. ein, und der Frosch bleibt ruhig; er wird aber lebhaft erschüttert, wenn die eine Person, statt mit dem trockenen Zink eine trockene Stelle des silbernen Löffels zu berühren, das Wasser a darin berühret, wodurch der Fall fig. 136. hergestellet wird.

Wenn in dem Falle, den fig. 140. vorstellet, zwischen jedes A und Z ein feuchter Leiter a von einerley Art angebracht wird, so werden dadurch alle Actionen wieder entgegengesetzet, und ins völlige Gleichgewicht gebracht, und folglich die Entstehung des elektrischen Stroms gehindert.

Wenn man einen Frosch, welchem bloß der Kopf abgeschnitten, und welcher bloß dadurch getödtet worden, daß man ihm eine Nadel in das Rückenmark steckt, in zwey nahe an einander gesetzte Gläser mit Wasser so eintauchet, daß der Rumpf in dem einen, der Schenkel aber in dem anderen liegen, so wird er heftig erschüttert werden und sich mit Lebhaftigkeit bewegen, so bald man das Wasser der beyden Gläser durch einen Bogen aus zwey verschiedenen Metallen, wie Silber und Zinn, oder besser Silber und Zink in leitende Verbindung setzet. Dieser Versuch wird selbst sehr gut von Statten gehen, wenn auch der metallene Bogen von einerley

Materie vorzüglich von Silber ist, an beßen einem Ende
etwas Schwefelleber hängt. Den Typus dieses Versuchs
stellt die Fig. 141. vor; wo g der Frosch ist, 2, 2 die beyden
Gläser mit Waßer, A der Bogen eines einzigen Metalls
und m das Stückchen Schwefelleber.

Noch gibt es eine dritte Art, das elektrische Fluidum
zu erregen, obgleich auf eine weit schwächere Weise, welche
kaum vermögend ist, einen vollständig präparirten Frosch,
welcher noch starke Vitalität hat, in Zuckungen zu versetzen.
Sie besteht darin, daß drey verschiedene Leiter, die bloß
aus der zweyten Claße sind, den Kreis bilden, ohne Da-
zwischenkunst eines Metalles oder eines Leiters der ersten
Claße. - Diesen Fall stellt Fig. 142. vor, wobey t der Schenkel des Frosches und eigentlich der harte tendinöse Theil des
musculus gastrocnemius ist, welcher den Rumpf m, oder
die Rückenmuskeln, oder auch die Ischiadnerven, woran
man den genannten tendinösen Theil bringt, berühret, indem an die Berührungsstelle Blut oder die viskose, seifenar-
tige, salzige Feuchtigkeit gebracht ist.

Hieraus schließt nun Herr Volta, daß diese neuen Thatsachen das Princip, daß nämlich die Leiter durch heterogene
Berührungen, d. i. zwey verschiedener unter einander, zu Er-
regern der Elektricität werden, zum Erstaunen allgemeiner
machen, und das schöne Gesetz, welches daraus fließet, bestätigen, daß nämlich zur Entstehung eines elektrischen Stro-
mes nothwendig wenigstens drey verschiedene Leiter den Kreis
bilden müssen. Man habe daher gar nicht nöthig, zu irgend
einem ungebildeten andern Princip einer eigenthümlichen und
activen Elektricität der Organe seine Zuflucht zu nehmen.
So sind also nach Herren Volta's Untersuchungen die bisherigen Entdeckungen in Ansehung der so genannten thierischen
Elektricität für die Physiologie, wie man anfänglich glaubte,
nicht aufklärend und fruchtbar gewesen, jedoch aber desto
mehr für die Naturlehre im Gebiete der elektrischen Erscheinungen.

Richard

Richard Fowler *), ein schottischer Arzt, welcher in Hunter's Gesellschaft die galvanischen Versuche wiederholet und geprüft hat, gibt für die Verschiedenheit dieser Erscheinungen von den elektrischen folgende Gründe an: 1. seyn hier nicht eine, sondern zweyerley metallische Substanzen unumgänglich nothwendig; 2. habe der Wille des Thieres keinen Einfluß auf die Hervorbringung dieser Erscheinungen, wie dieses in Absicht der elektrischen Erscheinungen beym Zitterrochen der Fall sey; 3. ständen in der Skale der Elektricitätsleiter Kohle und Quecksilber höher, als die thierischen Flüssigkeiten oder Wasser, dagegen hier der Fall umgekehrt sey; 4. der auszeichendste und wichtigste Unterschied des Galvanismus und der Elektricität bestehe in der Wirkung auf Zusammenziehung oder Reitzbarkeit der Thiere und Pflanzen, Elektricität zerstöre diese Kraft, der Galvanismus hingegen mache, daß die Thiere länger reitzbar bleiben, und schütze sie vor Fäulniß.

Herr Dr. Pfaff glaubt aus seinen vielfach angestellten Versuchen schließen zu dürfen, daß die Materie, welche hier im Spiele ist, eigenen Gesetzen zu folgen scheine, und vielleicht selbst eine ganz eigene sey, ob sie gleich in verschiedener Rücksicht viele Aehnlichkeit mit der elektrischen Materie zeige. Im Allgemeinen meint er von ihr folgendes behaupten zu können: daß eine wahre Circulation derselben zwischen den beyden Armaturen durch die thierischen oder belebten feuchten Theile, welche eine Verbindung zwischen denselben machen, Statt findet; daß diese Materie durch die eine Armatur aus- und in die andere einströme, und zwar unter der Bedingung, wenn sie wieder dahin zurückströmen kann, wo sie ausgeflossen ist, d. h. wenn eine leitende Verbindung zwischen beyden Armaturen Statt findet; daß sie Zuckungen oder eigenthümliche Empfindungen hervorbringe, je nachdem sie durch diese oder andere Nerven durchströmet; und daß die

Wirkung

*) Experiments and observ. relative to the influence lately discovered by Mr. Galvani and commonly called animal electricity. Edin. and Lond. 1793. 8.

Wirkung desto größer ist, je weniger andere Leiter außer den
Nerven zu ihrem Zurückströmen vorhanden sind, und je größer
die Strecke des Nerven ist, durch welchen sie zurückströmt.
Hierbey bemerkt er zugleich die merkwürdige Verschiedenheit,
daß beständig eine Armatur als Nerven- und die andere
als Muskelarmatur am besten wirkt, und zwar scheint
die Wirkung am größten zu seyn, wenn die Armatur, bey
welche die aus der andern ausströmende Materie einströmt,
den Nerven berühret, während diese, welche gleichsam die
Materie aus dem thierischen Körper entbindet, und an sich
zieht, an die Muskeln angebracht wird. Auch findet er,
daß die Zuckungen nicht allein in dem Augenblicke der Berührung beyder Armaturen, sondern auch in dem Augenblicke der Trennung derselben erfolgen, oft sogar stärker als
im ersten Falle. Er glaubt übrigens vollkommen überzeugt
zu seyn, daß diese Erscheinungen auf keine Weise durch die
bloße Wirkung der Metalle auf einander erkläret werden können; daß die thierischen Theile, z. B. Nerven, hierbey eine
andere Rolle spielen, als die eines bloßen feinen Elektrometers für die Elektricität der Metalle, unter welchen schon
vorher ein Mangel an Gleichgewicht Statt fand, oder in
den Versuchen erst erzeuget ward. Er wagt es aber nicht
zu entscheiden, ob die Materie, welche sich hierbey wirksam
zeiget, der elektrischen Materie analog, oder specifisch von
ihr verschieden sey, und daher vielleicht noch für die Physiologie aufklärend und fruchtbar sey.

Herr Dr. Well ist der Meinung, daß alle die hierher
gehörigen Erscheinungen elektrischen Ursprungs sind, und daß
die Elektricität keines Weges im thierischen Körper vor der
Applicirung der Metalle schon erregt sey, sondern erst von
außen her auf die Theile derselben wirke. Er sagt, man
unterscheide beständig zwey Arten natürlicher Körper als verschieden, wenn man die unterscheidenden Merkmahle, auch
bey der Aehnlichkeit der am mehresten auffallenden Eigenschaften bey genauerer Untersuchung der Zahl noch größer
findet, als die übereinstimmenden. Wenn folglich zwey Sub-

stanzen

stanzen mehrere Eigenschaften mit einander gemein haben,
während ihrer Unterschiede nur wenig sind, und keiner von
diesen schlechterdings einem solchen Schlusse widerspricht, so
schließen wir mit vieler Zuversicht, daß sie einerley sind, ob
wir gleich nicht erklären können, warum ihre Aehnlichkeit
nicht vollkommen ist. Es haben daher auch alle diejenigen,
welche sich mit der Untersuchung der Natur des Einflusses,
dessen Wirkungen in den galvanischen Versuchen so offenbar
sind, beschäftiget haben, ihn ziemlich allgemein und mit allem Rechte für elektrisch gehalten, weil seine Leiter und die
der Elektricität dieselbigen sind. Man hätte zwar Gründe
gegen die Identität beyder Einflüsse vorgebracht, sie seyn
aber theils unerheblich, theils nicht mit hinlänglicher Genauigkeit erwiesen. Was aber besonders diesen Einwurf be-
treffe, daß in keinem Versuche mit Thieren, welche nach
Galvani's Art zubereitet sind, die Erscheinungen von Anziehung und Repulsion bemerkt werden, die wir für Zeugnisse
des Daseyns der Elektricität halten, so könnten diese bey den
galvanischen Versuchen eben nach den bestimmten Gesetzen
der Elektricität nicht vorfallen. Denn da erwiesen sey, daß
von Natur kein zersetztes oder freyes elektrisches Fluidum in
den Nerven und Muskeln der Thiere zugegen sey, so könne
auch kein Zeichen von Anziehen und Abstoßen darin vor der
Applicirung der Metalle oder der Kohle wahrgenommen werden; nach ihrer Applicirung aber werde das Gleichgewicht
des Einflusses niemahls gestört, ohne daß nicht zu gleicher
Zeit die Mittel zu seiner Wiederherstellung verschafft werden.
Um jene Erscheinungen zu zeigen, müßten die Körper einen
merklichen Zeittheil elektrisiret bleiben; auch sey es bekannt,
daß der Uebergang der Ladung einer leidner Flasche von einer
Belegung zur andern das empfindlichste Elektrometer an der
leitenden Verbindung nicht afficire.

Der Herr von Humboldt *) glaube aus seinen vielfältig mit aller nur möglichen Sorgfalt angestellten Versuchen

---

*) Versuche über die gereizte Muskel- und Nervenfaser, nebst Ver-
muthungen über den chemischen Proceß des Lebens in der Thier-
und Pflanzenwelt, 1ter Band Berlin 1797. 8.

chen schließen zu können, daß das galvanische Fluidum von der elektrischen Materie specifisch verschieden sey. Einen gedrängten Auszug aus dessen Werke findet man beym Cavallo von Gotthelf Fischer *). Daselbst heißt es.

Das galvanische Fluidum kann nicht bloß durch eine Kette mehrerer hundert Menschen, welche mit einander in einer leitenden Verbindung stehen, durchgeleitet werden, sondern es ist auch nach der eigenen Erfahrung des Herrn von Humboldt fähig, bey seinem Durchgange Sinnesnerven zu afficiren. Wenn zwey Cantharidenwunden auf dem latissimus dorsi durch Zink und Silber bedeckt sind, und man beyde Metalle durch einen eisernen Draht verbindet, welcher mehreren Personen über die Zunge weggeführet ist, so empfinden alle diese Personen einen sauern Geschmack, wenn die Rückenmuskeln anschwellen oder contrahiret werden.

Das galvanische Fluidum unterscheidet sich übrigens von der Elektricität in folgenden:

1. Elektricität wird geleitet, besser oder wenigstens eben so gut, von Knochen, als von Metallen; das galvanische Fluidum wird durch Knochen isoliret.

2. Elektricität wird vollkommen geleitet durch Lichtflamme und Rauch; — das galvanische Fluidum wird durch beyde isoliret.

3. Heißes Glas leitet die Elektricität; — das galvanische Fluidum nicht.

4. Elektrische Materie wird durch luftdünnen Raum geleitet; — galvanisches Fluidum nicht.

Elektricität ist eine zusammengesetzte Flüssigkeit, das galvanische Fluidum auch; sie können daher, ohne gleichartig zu seyn, mit einander in Verwandtschaft stehen, z. B. wie Blut und Milch, und die Frage, ob das galvanische Fluidum eine Modifikation des elektrischen sey, scheint nicht mehr Sinn zu haben, als die, ob Salpeter eine Art von Kochsalz sey.

Neue

*) Cavallo vollständige Abhandlung der Lehre von der Elektricität. B. II. Heit. 1797. 8. S. 301 u. f.

Neue Versuche, welche zeigen, daß die belebten Organe sich nicht bloß leidend als Elektroskope verhalten, sondern daß die wirksame Flüssigkeit in den Organen selbst angehäuft ist, und daß, eben so wie Metalle und Kohle, also auch tropfbare Flüssigkeiten eine wichtige Rolle als Excitatores spielen, sind folgende:

1. Wenn ein lebhafter Frosch so präpariret wird, daß die obere Extremität mit der untern nur durch die Ischiadnerven zusammenhängt, und man dann in den ersten Minuten nach der Präparation einen Lendenmuskel mit den sympathischen Nerven in leise Berührung bringt, so entstehen Contraktionen, die nicht Folge mechanischer Erschütterungen sind.

2. Wenn bey minder erregbaren Organen homogene Metalle Nerven und Muskeln unmittelbar armiren, und ein einziges heterogenes Metall zwischen jenen liegt, so entstehen keine Zuckungen. — Wird dieß heterogene Metall auf einer Fläche behaucht, so treten die Zuckungen augenblicklich ein; sie verschwinden aber wieder, wenn das heterogene Metall auf beyden Flächen beleget wird.

3. Kettenförmige Verbindung der Stoffe, auf welcher die ganze voltaische Theorie beruhet, ist schlechterdings nicht nöthig. Wird bey Erregbarkeit ein Nerve mit Zink armirt, so entstehen oft Zuckungen, wenn dieser Zink mit irgend einem andern Metalle y irgendwo in Berührung tritt, ohne daß dieß y zugleich die Organe berühret.

4. Aldini's *) Versuche hat Herr von Humboldt bestätiget, nämlich daß gereinigtes homogenes Quecksilber Zuckungen errege, wenn es von Nerven und Muskel berühret werde.

Der galvanische Reiz wirkt auch durch die irritabeln Wirkungskreise der thierischen Materie aus der Entfernung durch, und dient zum Mittel, die Größe der Wirkungskreise zu bestimmen, da mit abnehmender Erregbarkeit die geschnittenen Nervenenden näher an einander gerückt werden müssen.

Herr

---

*) Dissertat. II. de animali electricitate. Bonon. 1794. 4.

Herr von Humboldt sahe bisweilen Schenkel zucken, wenn er sich ihnen mit einem Arme der Pincette nur auf ⅓ Linien Entfernung nahete.

Die belebte Nervenfaser ist als ein feines Anthracoscop zu betrachten. Sie zeigt den kleinsten Theil von Kohlenstoff an, welcher irgend einem Körper beygemischt ist. Herr von Humboldt bemerkte, daß einige Abänderungen des lydischen Steines bey den galvanischen Versuchen sich, wie die Metalle, reizend verhielten. Er untersuchte das Fossil chymisch, glühete es mit ätzendem Alkali, und fand eine Spur von Kohlenstoff, welcher die Ursache das Reizes war. — Mit den Morcheln hat der Herr von Humboldt dieselben Versuche angestellet, welche dem englischen Chymisten, Gibbes, mit dem Muskelfleische glückten. In Schwefelsäure verwandelte er sie in Fett, in Salpetersäure in eine wachsartige Masse. Sie haben eine eigentlich thierische Mischung, und leiten in den galvanischen Ketten durch sich selbst, nicht bloß als befeuchtete Stoffe.

Herr von Humboldt meint, daß wir in der Kenntniß der organischen Materien wie in der Lehre von der Elektricität, dem Magnetismus, der Verdampfung, der Luft und Wasserzersetzung noch viel zu weit zurück seyn, um die großen Erscheinungen des Galvanismus nur einiger Maßen vollständig zu erklären. Er trägt daher die neuen Fakta, abgesondert von allen theoretischen Vermuthungen, vor: doch glaubt er, daß das, was wir bis jetzt über diese Gegenstände wissen, zu folgenden Ideen leiten müsse.

Beymischung des galvanischen Fluidums zu den Elementen der Muskelfaser veranlasset diese Elemente, ihre relative Lage zu verändern, und jede Contraktion ist Folge eines veränderten chymischen Mischungszustandes. In der willkürlichen Muskelbewegung gehe, gleichzeitig mit der Idee des Wollens, in dem Seelenorgane oder der Medullarsubstanz der Nerven, welche Zweige von jenen sind, ein chymischer Proceß vor, durch welchen mehr galvanisches Fluidum plötzlich abgeschieden, oder in die Nerven geleitet wird. Der

Entla-

Entladung der Nerven folgt daher fibröse Erschütterung. Durch die Erschütterung wird das zugeleitete galvanische Fluidum entweder gebunden, oder verflüchtiget, und die Elemente der Muskelfaser treten in ihre vorige Lage, d. h. die Turgescenz hört auf. Bey Krämpfen, oder convulsivischen Erschütterungen geht diese plötzliche Sekretion des galvanischen Fluidums krankhaft, d. h. ungleichzeitig mit der Idee des Wollens vor. Wird ein Muskel gehindert, sich zu bewegen, so strömt die Flüssigkeit in einen andern, wie die chorea der Kinder zeigt, die mit den Händen schlagen, wenn ihnen die Füße gebunden sind, und unerträgliche Schmerzen empfinden, wenn alle freye Bewegungen an ihnen gehindert sind, und der krankhaft angehäufte Stoff reißend auf die Medullarsubstanz wirkt. Dieses Fluidum ist wahrscheinlich kein

Nervenfaser, eigen, nur mit dem Unterschiede, daß es in beyden in ungleicher Menge abgeschieden wird. Krankhafte

von der Asthenie der Muskelfaser herrühret.

Außer der willkürlichen und krankhaften Bewegung muß auch auf folgende Weise unter den Bedingungen der galvanischen Versuche eine Anhäufung vom galvanischen Fluidum in der Muskelfaser entstehen. Wenn ein Theil der Nerven frey heraus präparirt wird, so wird in dem von der Luft umgebenen Theile der Nerven eine größere Anhäufung von galvanischen Fluidum Statt finden, als in dem, welcher von Muskelfleisch umgeben ist. Denn wenn in beyden Theilen eine gleiche Menge von dem galvanischen Fluidum secerniret wird, so muß der Theil, welcher von den leitenden Stoffen umgeben ist, in einem Zeitmomente schwächer geladen seyn, als der, welchem weniger galvanisches Fluidum von der isolirenden Luftschicht geraubet wird. Bringt man daher nach dem obigen Versuche, die Muskeln in unmittelbare Berührung mit dem entblößten Nerven, so muß eine Entladung, als

Rrr Folge

Folge der ungleichen Ladung entstehen. Hieraus erklärt sich, warum jener Versuch mißglückt; erstlich, wenn er zu spät geschieht, zweytens wenn der Nerve nicht frey heraus präpariret, sondern von leitenden Stoffen umgeben ist, und drittens, wenn sich der Muskel von dem entblößten Theile des Nerven nur in geringer Entfernung befindet. Denn in dem ersten Falle wird, da der entblößte Theil mit dem unentblößten, und dieser mit dem Muskel organisch zusammenhängt, die Ueberladung bald aufhören, weil der stärker geladene Theil dem schwächer geladenen nach und nach, und von selbst abgibt; in dem zweyten Falle findet gar keine Ueberladung Statt, weil allen Organen gleich viel von den leitenden Medien geraubet wird; im dritten Falle endlich wird sich das Gleichgewicht von selbst um so früher herstellen, je näher sich die Theile sind. Der Versuch geschieht dann gleichsam immer zu spät.

Liegt aber der Hauptgrund galvanischer Erscheinungen in den belebten Organen selbst, so fragt sich, wie wirken andere thierische, kohlenstoffhaltige und metallische Stoffe dabey excitirend? Hierauf läßt sich antworten: dadurch, daß sie, indem sie dem überströmenden Fluidum Hindernisse in den Weg legen, die Kräfte desselben beym plötzlichen Durchbruche verstärken. — Herr von Humboldt bezieht sich hier auf analoge elektrische Erscheinungen; wie sich z. B. frey liegendes Schießpulver durch elektrische Schläge nicht leicht entzündet, wenn die elektrische Materie durch vollkommene Leiter in das Pulver geleitet wird, die Explosion hingegen sogleich erfolgt, wenn die Leitung durch Halbleiter unterbrochen wird.

Wenn die Erregbarkeit der Organe so schwach ist, daß ein unmittelbarer Contakt keine Zuckungen hervorbringe, so muß das galvanische Fluidum durch thierische Stoffe vom Nerven in den Muskel geleitet werden, um Contraktionen zu veranlassen. Ist dieß Hinderniß zu schwach, so muß ihm ein größeres entgegengestellet werden. Man bediene sich

dann,

dann, da das galvanische Fluidum als thierische Flüssigkeit
leichter durch thierische Stoffe, als durch Metalle strömt,
Eines oder mehrerer homogener Metalle. Ist auch bey diesen der Durchbruch zu schwach, so wird die Anlage heterogener Metalle erforderlich. Kurz, die Kraft wirkt immer um
so stärker, je größer das Hinderniß ist, je mehr Flüssigkeit
sich in dem Leiter anhäuft, und je später der Durchbruch erfolgt. Da die Leiter am Nerven und Muskel oft gleichzeitig
anliegen, so entstehen dadurch zwey Ströme. Das galvanische Fluidum strebt eben sowohl aus dem Muskel, als
aus dem Nerven, die Leitung zu durchbrechen. Findet es
von beyden Seiten gleiche Hindernisse, so werden sich die
durchgehenden Ströme in der Mitte der Leitung begegnen
und sich zurückdrängen. Hieraus erklärt sich die voltaische
Erfahrung, nach welcher Zuckungen entstehen, wenn ein metallener Bogen an beyden Seiten mit verschiedenartigen
Säuren benetzt ist. Liegen nämlich die erregbaren Theile in
zwey Wassergläsern, so wird, bey gleichen Säuren, nur die
Hälfte des galvanischen Fluidums in das eine Glas zurückkehren. Bey ungleichen Säuren hingegen sind die Hindernisse ungleich, der eine Strom bricht daher früher, als der
andere, durch, reißt diesen mit sich fort, und nun kommen
beyde Ströme in ein Glas. Die Wirkung muß also stärker
seyn, wenn die ganze Kraft auf einen Punkt concentrirt ist,
als wenn sie sich in zwey Punkte vertheilt.

Aehnliche Betrachtungen der Leitung erklären die Ursachen, warum es z. B. nicht gleichgültig ist, welches Metall
an Nerven und Muskel anliegt, ob die Armatur weniger
oder mehr Fläche darbietet, ob die Kette vom Nerven und
Muskel ausgeschlossen ist, d. h. ob die silberne Pincette erst
den Zink, und dann das Organ, oder in umgekehrter Folge
berühret u. s. f.

Diese Theorie behält ihre Wahrheit, das galvanische
Fluidum mag zusammengesetzt oder einfach, Elektricität,
Magnetismus, Wärme-Säure-oder Lichtstoff seyn. Sie

gründet

gründet sich auf einfache dynamische Verhältnisse, und zeigt die Möglichkeit, wie unter einerley Lage der Kettenglieder Zuckungen bald erfolgen, bald nicht erfolgen können. Sie erklärt die einfachen wie die zusammengesetzten Bedingungen der Erscheinungen, den Fall, wo die Lende gegen den Ischiadnerven zurückgebogen wird, und den complicirten Versuch, in dem das eine heterogene Metall, welches zwischen den homogenen Metallen liegt, nur auf einer Fläche benetzt seyn darf. Sie schließt aber auch, und das ist ein wichtiger Punkt, keinesweges die Mitwirkung anderer Nebenursachen aus. Es ist dem Urheber derselben vielmehr sehr wahrscheinlich, und er zeigt es durch analoge Versuche, daß die spontane elektrische Ladung, in welcher sich alle Metalle befinden, daß ihre Temperatur und chymische Affinitäten, und besonders, daß der elektrische Proceß, welcher bey Verdampfung von tropfbaren Flüssigkeiten entsteht, die Hindernisse mannigfaltig modificire, welche das galvanische Fluidum bey seinem Durchströmen durch die Leitung findet. So wahrscheinlich es daher auch ist, daß bey jeder Temperatur durch die Metalle Wasser zersetzet werden könne, so unwahrscheinlich ist es doch, daß es in dieser Zersetzung, und in der dabey rege gemachten Elektricität die ganze Ursache der problematischen Erscheinung liege. Wenn man Herrn Creve auch zugibt, daß das elektrische Fluidum aus Hydrogen und Wärmestoff zusammengesetzet sey; wenn man ihm auch zugibt, daß im Nervenmarke eine beträchtliche Menge Wasser enthalten sey; so löset sich dadurch die Frage doch nicht, wie galvanische Contraktionen erfolgen können, wenn man weder Metall, noch Kohle anwendet, sondern vermittelst einer Froschleber den Nerven und Muskel verbindet. Gesetzt auch die Froschleber habe die Eigenschaft, Wasser zu zersetzen, ist es denn wohl wahrscheinlich, daß das minimum von Elektricität, welches aus einer solchen Zersetzung entspringen könnte, die Organe zu kräftigen Zuckungen reizte, während daß eine ungleich größere Menge von Elektricität, die eine geriebene Glasröhre

röhre. in den Nerven leitet, nicht eine Spur von Erschütterung veranlaſſet?

Es zeiget auch die Schrift des Herrn von Humboldt, indem ſie die Grundzüge der vitalen Experimentalchymie durch eine große Zahl von Verſuchen darleget, welchen wichtigen Nußen die Phyſiologie und materia medica aus den Erſcheinungen des Galvanismus ziehen können. Durch den Metallreiß iſt uns nämlich das erſte und beſtimmte Mittel in die Hände gegeben worden, den Zuſtand der Erregbarkeit einzelner Organe.meſſen zu können.

Herr von Humboldt gebraucht.den galvaniſchen Verſuch, um zu beſtimmen, wie die chymiſchen Stoffe (Hydrogen des Alkohols, Azote der Alkalien, Sauerſtoff des Arſenikkalks und der oxygenirten Kochſalzſäure), deren Einwirkung auf die ſenſible Fiber er in einfachen, binären und ternären Verbindungen unterſucht, die Reißempfänglichkeit oder Energie der Organe erhöhen oder herabſtimmen, wie der große Proceß der Vitalität, welcher das gleichzeitige Reſultat mechaniſcher und chymiſcher Geſeße iſt, und unter ſteter Einwirkung des immateriellen Princips geſchieht, unterhalten und geſtört wird. Auf welche andere Weiſe könnte man erfahren, ob einem Cruralnerven die Solution von geſchwefelter Pottaſche in wenigen Minuten die Erregbarkeit geraubt, und ob demſelben dieſe Erregbarkeit durch Auflöſung von Arſenikkalk wieder gegeben ſey, wenn der galvaniſche Verſuch nicht zeigte,. wie die Contraktionen plößlich verſchwinden, und allmählig wiederkehren? — Mittelſt Opium und oleum tartari per deliquium iſt es bereits geglückt, eilf Mahl einem Organe die Erregbarkeit zu rauben und wieder zu geben. Die Verſuche über die Stimmung der Reißempfänglichkeit durch chymiſche Stoffe können, wenn man ſie erweitert, und mühſam verfolge, das Fundament einer rationalen Arzeneymittellehre werden.

M. ſ. verſchiedene einzelne Abhandlungen und Briefe von Valli, Gren, Volta, Pfaff, Reil, Creve, Riel-

Kielmayer, Voigt, Michaelis, von Humboldt, Well in Grens-Journal der Physik B. VI. S. 371. 382. 392. 402. 411. B. VII. S. 323. B. VIII. S. 21. 65. 270. 303. 377. 389. Neues Journal der Physik B. II. S. 141. 471. 479. B. III. S. 165. 441. B. IV. S. 1. 107. Gothaisches Magazin für das Neueste aus der Physik und Naturgeschichte B. VIII. St. 4. S. 85. B. IX. St. 1. S. 124. 140. St. 2. S. 156. St. 3. S. 27. B. X. St. 4. S. 118. Journal der Erfindungen, Theorien und Widersprüche in der Natur und Arzeneywissenschaft. B. I. St. 1. S. 114. St. 2. S. 94. St. 3. S. 118. B. IV. St. 14. S. 128. St. 17. S. 121.

Ende des ersten Theils.

CPSIA information can be obtained
at www.ICGtesting.com
Printed in the USA
BVHW04*1115170918
527714BV00012B/24/P